2026

투자자산운용사 출제동형 PLUS

최신 9회분 기출원형 100%

시대에듀

2026

투자자산운용사 출제동형 PLUS

최신 9회분 기출원형 100%

23년 6월 시험 35회, 23년 11월 시험 36회, 24년 3월 시험 37회, 24년 6월 시험 38회

24년 11월 시험 39회, 25년 1월 시험 40회, 25년 4월 시험 41회, 25년 7월 시험 42회

+43회 2025년 10월 시험

[문제편 / 계산문제 특강노트]

시대에듀

2026

투자자산운용사 출제동형 PLUS

최신 9회분 기출원형 100%

시대에듀

PROFILE

유창호 편저

경 력

서강대학교 경제학과 졸업
동부증권 조사부/리테일
이토마토투자자문 투자자문팀장
IGI투자자문 자산운용팀장
한국투자증권 리테일
금융·보험자격증 수험서 분야 국내 최다 출간 저자

전) YTN 코스닥투데이, 머니라인 고정게스트 출연
전) 노사공동전직지원센터 재무회계 특강강사
전) 한국금융학원 전임강사
전) 금융단기 은행FP, 투자자산운용사, 신용분석사 강사
전) 대구카톨릭대학교, 경남정보대학 금융자격증 출강
전) KB손해보험연수원 보험심사역 출강
현) 삼성화재연수원 보험심사역 출강
현) 시대고시기획, 신지원, 예문사 금융·보험 수험서 저자
현) 와우패스 NCS채용부문 강사
현) NCS기업활용컨설팅 활동(채용부문, 금융투자협회)
현) 토마토패스 금융·보험 전임강사

※저자직강 출강문의(유창호, bumper99@hanmail.net)

편집진행 김준일 · 이경민 · 오다움 | **표지디자인** 김도연 | **본문디자인** 하한우 · 최미림

학습안내

1. '출제동형 PLUS 최신 9회분' 출간

38회차부터 '출제동형 PLUS 최신 9회분'으로 출간하고 있습니다. 이번 회차(44회 시험 대비)에서는 기존 34회차가 제외되고 43회차가 추가됩니다. 제외되는 34회차 100문항 중에서 '이후 9회분'과 중복되지 않은 문항에 대해서는 문항지 말미에 '추가 기출문제(부록)'로 반영하고 있으니 완벽한 시험 대비를 위해서 '추가 기출문제'도 정독하시기를 권장합니다.

2. 'PASSCODE 모의고사'와 '출제동형 PLUS 최신 9회분'의 투트랙(two – track) 전략

① 현재 시중 판매 교재인 'PASSCODE 모의고사'는 2018년부터 꾸준히 수행해 온 기출유형분석의 결과물을 반영하고 있는데, 다행히 매 시험마다 높은 적중률을 보이고 있습니다.

② 다만, 매 시험마다 5~15문항 정도의 신유형 문제도 꾸준히 출제됨으로써 기존의 PASSCODE 문항 풀(전체 500문항)로 모두 담아내기에 부족한 상황이 발생하고 있습니다.

따라서 회원 여러분께 양질의 기출분석 서비스를 지속적으로 제공하기 위해서,

㉠ 'PASSCODE'는 기존의 문항 풀 총량을 유지하되 기출분석의 '대표성'을 유지할 수 있도록 부분적인 보완작업을 지속하고,

㉡ 동시에 '출제동형 PLUS 최신 9회분'을 완성 · 유지함으로써 '최적의 적중 풀(pool)'로 학습에 임할 수 있도록 하겠습니다.

3. '출제동형 PLUS 최신 9회분'에 대한 안내

① 복원완성도 표시

㉠ 복원완성도★★★ (높은 수준의 복원완성도)
→ 정답지문 포함 3개 이상의 지문을 반영하여 복원한 문항

㉡ 복원완성도★★☆ (보통 수준의 복원완성도)
→ 정답지문 포함 2개 정도의 지문을 반영하여 복원한 문항

㉢ 복원완성도★☆☆ (낮은 수준의 복원완성도)
→ 문항과 정답지문 정도만 반영하여 복원한 문항

② 해설 강화

㉠ 기출분석 문항은 그 자체로 반복 출제가 가능하므로 시험에 큰 도움이 됩니다만, 완벽한 시험 준비는 기출분석 문항이 속한 주제를 모두 이해하는 것입니다.

㉡ 최근 들어 기존의 기출유형에서 일부 변형한 형태로 출제하는 경향이 강화되고 있는 것 같습니다. 따라서 해당 주제 전체를 완벽히 이해하는 것은 '매우' 중요합니다. 이를 위해 '해설 정리'에 각별한 노력을 기울였으니 해설을 최대한 활용해서 학습하시길 바랍니다.

4. '출제동형 PLUS 최신 9회분' 학습 방법

① 교재 순서대로 최신 9회분을 정독합니다.

문제편의 부록 **'추가 기출문제'**는 최신 9회차에 반영되지 않은 기출복원문제에 해당하므로 학습을 권장합니다.

② 시간이 부족할 경우는 '출제 주기를 고려한 일부 회차'를 학습합니다.

오랜 기간 출제 주기별 적중률을 관찰해 보았을 때, 당해 시험의 '2회차 전, 3회차 전, 4회차 전' 시험의 적중률이 상대적으로 높았습니다. 따라서 44회 시험 대비로는 '40회·41회·42회'의 3개 회차 기출은 필수로 학습해야 하며, 이를 포함하여 최근 5~6회차 학습을 권장합니다.

③ 부족한 과목을 마스터하고자 할 경우에는 특정 과목을 9회차 연속 학습합니다.

예를 들어 3과목 파생상품운용 과목의 보강이 필요할 경우는 '파생상품운용 문항(82번~87번)'을 9회차 연속으로 학습하면 해당 과목의 집중학습이 가능하며 마스터가 용이합니다.

5. '한권으로 끝내기 문제집'의 중요성 증가

기출분석에 대한 직접 콘텐츠로서 'PASSCODE'와 '회차별 출제동형 PLUS 최신 9회분'을 투트랙(two track)으로 제공합니다만,

회차별 기출분석을 통해 새롭게 보완해야 하는 내용들은 '한권으로 끝내기' 교재에 이론으로 모두 반영이 됩니다. 따라서 한권으로 끝내기 문제집을 2회독 이상 정독을 하면, 자연스럽게 시험의 전 범위에 대한 커버가 가능하며 체계적인 이해에도 도움을 받을 수 있습니다.

6. 맺음

강의에서도 자주 강조드리고 있습니다만 이 시험은 '완주'가 중요합니다. 완주를 하고 나면 너무 쉬운 시험이 되지만(∵평이한 문항이 많으므로), 범위가 방대하여 완주가 어렵고 그래서 평이한 문제도 틀릴 수 있다는 것이 이 시험의 어려움입니다.

완주를 위해서는,
첫째 수험생 여러분의 초심(初心)을 잃지 않는 의지가 필요하고
둘째 완주를 돕는 '확실한 이정표'가 필요한데,
'출제동형 PLUS 최신 9회분'이 '확실한 이정표(Milestone)'가 됨으로써, 여러분의 완주와 합격률 제고에 기여할 것으로 기대합니다.

기출분석 작업에는 저자 입장에서 상당한 에너지가 투입이 됩니다. '저자가 힘들수록 수강생분들이 편해진다'는 일념으로 노력을 계속하고 있습니다. 아무쪼록 동 교재를 최대한 활용하시고 더 좋은 성과를 거두시기를 진심으로 바랍니다.
감사합니다.

유창호 드림

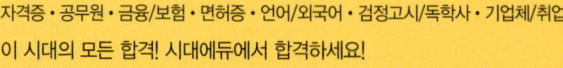

PASSCODE 투자자산운용사 출제동형 PLUS 최신 9회분

이 책의 차례

출제동형 최신 9회분 + 계산문제 특강노트

정답 및 해설

CERTIFIED INVESTMENT MANAGER

투자자산운용사 출제동형 PLUS

최신 9회분

35회차 시험 출제동형

※ 총 평

- 35회 시험은 최근 2~3회 시험과는 다소 상이한 출제경향을 보인 가운데, 직전 시험인 34회 시험보다는 어려운 수준으로 평가됩니다(▶ 합격률 추정 : 32회 30%, 33회 40%, 34회 35%, 35회 32%).
  - 참고로, 토마토패스 현금환급반 기준으로는 합격률은 34회와 유사한 수준이었으나, 95점 이상의 고득점자 수는 현저히 감소하였음
- 최근 2회차 시험 동안 4~5문항에 그치던 신유형 문항 수가 10문항 정도로 증가하였고, 기존 기출 풀의 문항이라도 신유형 지문이 반영된 문항도 20문항 정도 출제됨으로써, 난이도가 상향된 것으로 판단됩니다.

※ 토마토패스 기출 풀 활용방법

- 35회 시험은 '신유형 10문항, 신유형 지문 반영 문항 20문항, 기존 풀로 커버되는 70문항'의 출제경향을 보였는데, 최근 2회 시험에 비해서는 신유형 관련 문항이 10문항 정도 증가한 수준입니다.
- 경험적으로 보았을 때 토마토패스 기출 풀로 커버되는 문항 수는 평균적으로 80문항(쉬울 때는 90문항, 어려울 때는 70문항) 정도로 판단됩니다. 따라서 어렵게 출제된다 하더라도 최소한 70문항 정도는 '토마토패스 기출 풀'에서 커버가 되므로 '토마토패스 기출 풀'을 확실히 이해하는 학습이 무엇보다도 중요합니다.
- '토마토패스 기출 풀(출제동형 또는 패스코드)'을 확실히 이해하는 학습이란, 해설정독을 통해 '기출주제'를 파악・정리하고 이로써 기출변형에 효과적으로 대비할 수 있는 수준에 이르는 학습을 말합니다.
  '토마토패스 기출 풀'의 학습에서는, 해설이 좀 더 풍부한 출제동형 교재(최신 8회분)를 메인으로 활용하고 패스코드교재로 보완하는 학습을 권장합니다.
  - 시간제약 등의 이유로 하나의 교재를 선택해야 할 경우 출제동형 교재로 학습을 권장합니다.

투자자산운용사 출제동형 PLUS 최신 9회분	
35회차 (2023. 06. 11 시험)	문항 수 : 100문항 시험시간 : 120분

1-1 세제관련 법규/세무전략(7문항)

복원완성도 ★★★

01 다음 중 국세가 아닌 것은?

① 증권거래세
② 상속세
③ 재산세
④ 부가가치세

복원완성도 ★★☆

02 우리나라 소득세 제도에 대한 설명이다(과세대상 : 거주자). 틀린 것으로 연결한 것은?

> 가. 소득을 그 종류와 관계없이 일정기간 단위로 합산하여 과세하는 방식은 종합과세방식인데, 현행 소득세법은 종합과세 제도를 원칙으로 하고 예외로서 분리과세와 분류과세 제도를 두고 있다.
> 나. 과세기간이 끝나는 때에 납세의무가 성립되며, 정부가 과세표준과 세액을 결정함으로써 납세금액이 확정되는 부과확정제도를 따른다.
> 다. 소득발생지를 납세지로 한다.

① 가, 나
② 나, 다
③ 가, 다
④ 가, 나, 다

복원완성도 ★★☆

03 다음은 배당소득 중 의제배당소득의 수입시기를 나열한 것이다. 틀린 것은?

① 감자의 경우 : 감자결의일
② 해산의 경우 : 잔여재산가액 확정일
③ 분할합병의 경우 : 분할합병 후 주식을 지급받는 날
④ 잉여금의 자본전입 : 자본전입결의일

복원완성도 ★★☆

04 보기에서 종합소득세 신고·납부를 해야 하는 경우는?(A, B, C, D 모두 기재된 소득 이외의 소득은 없다고 가정함)

〈보기〉

A. 근로소득이 1억 원이고 금융소득의 합계가 1천만 원인 경우
B. 직장공제회 초과반환금이 5천만 원인 경우
C. 비영업대금의 이익이 1천만 원인 경우
D. 정기예금의 이자소득이 2천만 원이고 집합투자기구로부터의 이익이 2,500만 원인 경우

① A
② B
③ C
④ D

복원완성도 ★★☆

05 다음 중 소득세법상 양도소득세(과세대상 : 거주자)의 과세대상이 아닌 것은?

① 상장채권의 매매로 얻은 양도소득
② 등기된 부동산임차권의 매매로 얻은 양도소득
③ 대주주가 상장주식의 매매로 얻은 양도소득
④ 소액주주가 비상장주식의 매매로 얻은 양도소득

복원완성도 ★★★

06 다음 중 증권거래세가 과세되는 경우는?

① 지방자치단체가 주권을 양도하는 경우
② 자본시장법상의 주권매출의 경우
③ 주권을 목적물로 하는 소비대차의 경우
④ 주권으로 대물변제를 한 경우

복원완성도 ★★★

07 증여세와 관련하여 빈칸을 옳게 연결한 것은?(순서대로)

미성년자가 아닌 자에게 증여를 할 경우 (　　)의 기간 동안 (　　)만 원까지 증여공제를 받을 수 있다.

① 10년, 5천만 원
② 5년, 5천만 원
③ 10년, 2천만 원
④ 5년, 2천만 원

1-2 금융상품(8문항)

복원완성도 ★★☆

08 개인종합자산관리계좌(ISA ; Individual Savings Account)에 대한 설명이다. 가장 적절하지 않은 것은?

① 전 금융기관을 통틀어 1인 1계좌만 가입이 가능하고, 가입자는 중개형, 신탁형, 일임형 중 하나를 선택해서 가입해야 한다.

② 납입한도는 연간 2천만 원이고 당해 연도의 미불입한도는 다음 해로 이월이 가능하며, 이와 같은 방식으로 가입기간 동안 최대 1억 원까지 납입이 가능하다.

③ 중개형의 경우 예금을 포함해서 신탁, ELS, REITs 등 각종 투자상품 그리고 국내상장주식까지 편입이 가능하다.

④ ISA의 3가지 가입유형(일반형, 서민형, 농어민형) 모두 의무가입기간은 3년이다.

복원완성도 ★★☆

09 연금저축상품(세제적격 상품)에 대한 설명이다. 옳은 것은?

① 자산운용사에서는 판매할 수 없다.

② 연금계좌상품(연금저축계좌, 퇴직연금계좌, IRP계좌 포함)의 연간 납입한도는 700만 원이다.

③ 연금수령시의 과세율은 연금을 수령하는 연령에 관계없이 동일하다.

④ 가입자가 해외이주를 사유로 연금 외 수령을 할 경우 저율의 분리과세를 한다.

복원완성도 ★★☆

10 집합투자기구의 개념에 대한 설명이다. 틀린 내용으로 연결한 것은?

> 가. 49인 이상의 투자자로부터 모은 금전 등을 투자자로부터 일상적인 지시를 받지 않고 운용을 한다.
> 나. 투자자 또는 각 기금관리주체별로 운용을 한다.
> 다. 사모집합투자기구는 집합투자증권을 사모로만 발행하는 집합투자기구로서 투자자의 총수가 100인 이하인 것을 말하며, 이에 해당하지 않으면 공모집합투자기구에 해당한다.
> 라. 주된 투자대상에 따라서는 '증권 · 부동산 · 특별자산 · 혼합자산 · 단기금융' 집합투자기구로 분류된다.

① 가, 나 ② 다, 라

③ 가, 다 ④ 나, 라

복원완성도 ★★★

11 집합투자기구의 법적형태 중에서 지분증권을 발행할 수 없는 것은?

① 투자신탁　　② 투자유한회사
③ 투자합자회사　　④ 투자익명조합

복원완성도 ★★☆

12 주가지수연동형 상품(ELS, ELD, ELF)에 대한 설명이다. 틀린 것으로 연결한 것은?

> 가. ELD는 주가지수가 하락해도 원금이 보장되는 상품이다.
> 나. ELD는 예금자보호상품으로서 중도에 해지해도 원금이 보장되는 상품이다.
> 다. ELS는 은행이 발행하고 증권사가 판매한다.
> 라. ELS는 공모발행, 사모발행이 모두 가능하다.

① 가, 다　　② 나, 다
③ 가, 라　　④ 다, 라

복원완성도 ★★☆

13 보험상품에 대한 설명이다. 가장 적합한 것은?

① 생명보험의 영업보험료는 순보험료과 부가보험료로 구성되는데, 순보험료는 위험보험료를 말하고 부가보험료는 저축보험료를 말한다.
② 피보험자가 2인 이상인 보험을 단체취급보험이라 한다.
③ 보험계약에 따라 사전에 설정한 기간 내에 피보험자가 사망 시 사망보험금을 지급하는 보험은 정기보험이다.
④ 체증식 보험은 보험기간이 경과함에 따라 보험료가 증가하는 보험으로서 물가지수연동 보험이 대표적이다.

복원완성도 ★★☆

14 자산유동화증권에 대한 설명이다. 틀린 항목으로 연결한 것은?

> 가. 자산보유자는 보유하고 있는 유동화대상 자산을 양도하지 않고 관리하며, 이로부터 발생하는 현금흐름을 바탕으로 유동화전문회사가 자산유동화증권을 발행한다.
> 나. 우량하지 않은 부실채권은 기초자산(유동화 대상자산)이 될 수 없다.
> 다. 신용보강방법에 있어서 신용공여는 외부보강방식이지만 지급보증은 내부보강방식이다.
> 라. 자산유동화증권은 자산보유자의 신용보다 높은 신용도를 가진 증권으로 발행하는 것이 일반적이다.

① 가
② 가, 나
③ 가, 나, 다
④ 가, 나, 다, 라

복원완성도 ★★☆

15 퇴직연금제도에 대한 다음 설명 중 가장 적절하지 않은 것은?

① 근로자의 근속기간 및 급여수준에 따라 근로자가 퇴직 시 받을 수 있는 퇴직금이 사전에 정해지는 것은 확정기여형이다.
② 퇴직적립금의 운용결과에 대한 손익과 책임이 사용자(기업)에게 귀속되는 제도는 확정급여형이다.
③ 확정급여형과 확정기여형 모두 개인형 퇴직연금계좌(IRP)를 통해 추가납입을 할 수 있다.
④ 무주택자의 주택구입 등 대통령령으로 정하는 사유에 해당할 경우 확정급여형의 경우 담보대출만 가능하며, 확정기여형은 담보대출과 중도인출이 모두 가능하다.

1-3 부동산관련 상품(5문항)

복원완성도 ★★☆

16 다음의 부동산 관련 물권 중에서 용익물권이 아닌 것은?

① 저당권
② 지상권
③ 전세권
④ 지역권

복원완성도 ★★☆

17 **부동산 경기국면에 대한 설명이다. 가장 적절하지 않은 것은?**

① 상향시장은 부동산가격이 상승일로에 있고 거래도 활발하지만 경기의 후퇴가능성도 가지고 있다.
② 후퇴시장은 가격의 상승이 중단・반전하고 거래는 점차 한산해지고 금리는 높고 여유자금은 부족해 진다.
③ 하향시장에서는 과거 사례가격은 새로운 거래가격의 상한선이 되고 매도인 우위의 시장이 형성된다.
④ 안정시장은 가격이 가벼운 상승을 하거나 안정되는 국면으로서, 과거 사례가격은 새롭게 신뢰할 수 있는 거래의 기준이 된다.

복원완성도 ★★☆

18 **부동산투자회사(REITs)에 대한 설명이다. 가장 적절하지 않은 것은?**

① 부동산투자회사의 설립은 발기설립으로만 가능하다.
② 부동산투자회사가 자산의 투자・운용업무를 하기 위해서는 부동산투자회사의 종류 별로 국토교통부 장관의 영업인가를 받아야 한다.
③ 부동산투자회사는 해당 연도 이익배당한도의 100분의 90 이상을 주주에게 배당하여야 한다.
④ 부동산투자회사는 자기관리 리츠, 위탁관리 리츠, 개발관리 리츠의 세 종류로 구분된다.

복원완성도 ★★☆

19 **PF(Project Financing)의 안정성 확보 수단으로서 부동산담보신탁과 저당권 설정에 대한 설명이다. 가장 적절하지 않은 것은?**

① 저당권 설정은 후순위의 권리설정을 배제할 수가 없어서 담보가치 유지 면에서 부동산담보신탁에 비해서 불리하다.
② 부동산담보신탁의 경우 담보물에 대한 관리를 채권기관이 아닌 신탁회사가 직접 관리한다.
③ 채권회수가 요구될 경우 저당권과 부동산담보신탁 모두 시장에서의 매도를 통해서 채권실행을 한다.
④ 설정비용이나 환가 가액 측면에서 부동산담보신탁이 저당권에 비해 모두 유리하다.

복원완성도 ★★☆

20 **부동산의 감정평가 3방식에 대한 설명이다. 가장 적절하지 않은 것은?**

① 수익방식에는 직접환원법과 할인현금수지분석법이 있는데, 직접환원법은 대상 부동산의 순영업소득(NOI)을 자본환원율로 나누어서 수익가격을 구하는 방식이다.
② 토지평가에 있어서는 비교방식보다는 원가방식이 좀 더 유용한 측면이 있다.
③ 비교방식에서 거래사례비교법에 의해 산정된 가격은 비준가격, 원가방식에서 원가법에 의해 산정된 가격을 적산가격이라 한다.
④ 기술이 진보할수록 재조달원가나 감가상각액의 파악이 곤란한 것은 원가방식이다.

2-1 대안투자운용/투자전략(5문항)

복원완성도 ★★★

21 다음 중 대안투자상품으로만 연결한 것은?

① MMF, 부동산
② MMF, PEF
③ 부동산펀드, 헤지펀드
④ 채권형펀드, 헤지펀드

복원완성도 ★★☆

22 부동산 개발사업에 대한 설명이다. 가장 적절하지 않은 것은?

① 부동산 개발금융으로서 프로젝트 금융(PF ; Project Financing)은 사업자와 법적으로 독립된 프로젝트로 부터 발생하는 미래 현금흐름을 상환재원으로 자금을 조달하는 금융기법을 의미한다.
② 부동산 개발사업에서 부동산을 건축하는 역할을 담당하는 주체는 시행사이다.
③ 사업부지 전체에 대해서 지주와 일괄계약 및 동시 자금집행을 함으로써, 토지 매입대금의 상승위험을 축소할 수 있다.
④ 일정기한까지 인허가 미승인 시 시공사 채무승인 등의 트리거(trigger) 조건을 설정함으로써 인허가 위험에 대비할 수 있다.

복원완성도 ★★★

23 다음 중 헤지펀드 운용전략 중 '방향성 전략'으로만 연결한 것은?

① 주식시장중립형, 주식의 롱숏
② 글로벌매크로, 부실채권투자
③ 선물거래, 이머징마켓펀드
④ 합병차익거래, 채권차익거래

복원완성도 ★★☆

24 CDO(Collateralized Debt Obligation)에 대한 설명이다. 가장 적절하지 않은 것은?

① CDO는 부채포트폴리오로 구성된 준거자산에 의해 현금흐름이 담보되는 증권으로서 여러 개의 tranche로 구성된다.

② 발행자 입장에서 CDO는 보유하고 있던 신용위험을 전가하는 거래가 되며, 투자자 입장에서 CDO는 구조화된 형태의 신용위험에 노출을 위한 거래의 기회가 된다.

③ 일반적으로 CDO는 Equity, Mezzanine, Senior의 세 가지 트랜치로 구성되는데, 이 중에서 가장 위험도 크고 기대수익도 큰 트랜치는 Equity트랜치이다.

④ 합성CDO는 보장매입자가 보유한 준거자산을 특수목적회사(SPC)에 양도함으로써 신용위험을 전가한다.

복원완성도 ★★★

25 〈보기〉에 부합하는 CDO의 종류는?

〈보기〉

- 기초자산의 수익률과 유동화증권의 수익률 간의 차이에서 발생하는 차익을 취할 목적으로 발행되는 CDO이다.
- SPC(특수목적회사)는 신용도가 높은 선순위 CDO트랜치를 발행함으로써 낮은 이자비용을 발생시키고, 기초자산으로부터 얻는 높은 수익과의 차익을 남긴다.

① Balance Sheet CDO

② Static CDO

③ Arbitrage CDO

④ Dynamic CDO

2-2 해외증권투자운용/투자전략(5문항)

복원완성도 ★★☆

26 국제 분산투자 효과에 대한 설명이다. 옳은 내용으로 연결한 것은?

가. 국가 간 상관관계가 낮을수록 국제 분산투자효과는 커진다. 나. 국내적으로 분산불가능 위험인 체계적 위험도 국제 분산투자를 할 경우 위험의 추가적인 분산효과를 얻는 것이 가능하다. 다. 국제 분산투자를 하더라도 개별기업 특유의 요인에 의한 위험은 제거할 수 없다.

① 가, 나
② 나, 다
③ 가, 다
④ 가, 나, 다

복원완성도 ★★★

27 국제주가지수 등에 대한 설명이다. 가장 적절하지 않은 것은?

① MSCI지수는 유동주식방식(free floating)으로 지수를 산출한다.
② MSCI EM지수는 각국의 주가등락과 환율변동에 따라 각 국가별 편입비중이 매일 바뀐다.
③ FTSE100지수는 런던증권거래소에 상장된 100개의 우량주식으로 구성된 지수이다.
④ FTSE All World Index는 선진시장(advanced), 선진신흥시장(advanced emerging), 신흥시장(emerging)의 3개 그룹으로 구성되는데, 2024년 현재 한국은 선진신흥시장으로 분류되고 있다.

복원완성도 ★★☆

28 국제투자 시 환위험 헤징 전략에 대한 설명이다. 옳은 내용으로 연결한 것은?

가. 선물환계약을 이용해서 환위험 헤지를 할 경우 롤링위험에 노출될 수 있다. 나. 미국 달러화의 가치상승기에 미국 달러화와 양의 상관관계에 있는 국제주식에 투자함으로써 환위험을 헤지하는 방식은 내재적 헤지이다. 다. 국제 주식투자는 환투기를 위한 하나의 수단으로 볼 수도 있다.

① 가, 나
② 나, 다
③ 가, 다
④ 가, 나, 다

복원완성도 ★★☆

29 주식예탁증서(DR ; Depository Receipt)에 대한 설명이다. 가장 적절하지 않은 것은?

① 미국 증시에 상장되기를 원해서 발행 및 상장비용을 해당 기업이 부담하고 DR을 발행하는 것을 Sponsored DR이라 한다.

② 달러표시 해외 DR발행이 미국과 미국 이외의 시장에서 동시에 이루어지면 EDR이 된다.

③ 해외주식발행을 통해 외화자금을 조달하고자 하는 기업은 투자자들의 충분한 관심으로 유동성이 유지될 수 있는 거래소를 골라야 하며, 자금조달이나 기업홍보 관점에서의 이점이 상장을 유지하는데 따르는 비용을 정당화할 수 있어야 한다.

④ 우리나라 기업의 해외 상장의 경우에는 현지의 제도가 DR과 원주상장에 관계없이 DR의 형태로 상장되고 거래된다.

복원완성도 ★★★

30 미국 재무부 채권과 관련하여 빈칸을 옳게 연결한 것은?(순서대로)

• (   )은 만기 1년 이하의 단기채이며 (   )로 발행한다. • (   )은 만기 10년 이상의 장기채이며 (   )로 발행한다.

① T−Bill, 할인채, T−Bond, 할인채

② T−Bill, 할인채, T−Bond, 이표채

③ T−Note, 이표채, T−Bond, 이표채

④ T−Note, 이표채, T−Bill, 할인채

2-3 투자분석기법(12문항)

복원완성도 ★★★

31 증권분석의 통계기초에 대한 내용이다. 가장 적절하지 않은 것은?

① 중앙값은 관찰치를 크기 순서대로 나열하였을 때, 정가운데 있는 값을 의미한다.
② 분산은 산포경향을 나타내는 지표이다.
③ 공분산은 $-\infty$에서 $+\infty$의 어떤 값이든지 가질 수 있다.
④ 상관계수는 공분산을 각각의 분산으로 나누어 준 값이다.

복원완성도 ★★★

32 다음의 재무비율 중에서, 재무상태표와 손익계산서를 같이 활용해서 산출하는 재무비율에 해당하는 것은?

① 총자산회전율
② 이자보상비율
③ 부채-자기자본비율
④ 매출액영업이익률

복원완성도 ★★☆

33 레버리지 분석에 대한 설명이다. 가장 적절하지 않은 것은?

① 결합레버리지도는 매출액의 변화율에 대한 주당순이익의 변화율의 비율로 정의된다.
② 영업레버리지도와 재무레버리지도의 곱으로 얻어진다.
③ 영업고정비와 이자비용이 존재하는 한 결합레버리지도는 항상 1보다 크다.
④ 타인자본 의존도가 낮을수록 결합레버지리도가 높게 나타난다.

복원완성도 ★★☆

34 현금흐름표에 대한 설명이다. 가장 적절하지 않은 것은?

① 현금흐름표 상의 현금이란 현금 및 현금성자산으로 정의되는데, 현금은 보유현금과 요구불예금의 합계를 말하며 현금성자산은 유동성이 매우 높은 단기투자자산을 말한다.
② 원재료 및 상품 등의 구매활동과 제품 생산활동 및 판매활동에서 발생한 현금흐름은 영업활동으로 인한 현금흐름이다.
③ 차입금의 차입이나 상환은 투자활동현금흐름에 속한다.
④ 매출채권의 변동은 영업활동으로 인한 현금흐름에 속한다.

복원완성도 ★★★

35 〈보기〉가 설명하는 지표는 무엇인가?

〈보기〉

- 당기순이익을 기준으로 평가하는 PER의 한계점을 보완한다.
- 기업의 자본구조를 감안한 평가방식이라는 점에서 유용성이 있다.

① EVA
② EV/EBITDA
③ PBR
④ 토빈의 Q

복원완성도 ★★★

36 〈보기〉의 정보에 따를 때 해당 기업의 EVA는 얼마인가?(소수점 이하 절사, 단위는 억 원)

〈보기〉

영업이익 200억 원, 투하자본 500억 원, 자기자본비율 60%, 타인자본비율 40%, 타인자본조달비용 10%, 자기자본의 기회비용 12%, 법인세율 25%

① 94
② 99
③ 104
④ 109

복원완성도 ★★★

37 〈보기〉에 해당하는 갭(Gap)의 종류는?

〈보기〉

- 주가가 거의 일직선으로 급상승하거나 또는 급하락하는 도중에 발생한다.
- 주가 움직임이 급속히 가열되거나 냉각되면서 이전의 추세가 더욱 가속화되고 있음을 확인시켜주는 갭이다.

① 돌파갭
② 급진갭
③ 소멸갭
④ 섬꼴반전

복원완성도 ★★☆

38 OBV(On Balance Volume) 지표에 대한 설명이다. 가장 적합한 것은?

① 전일대비 주가가 상승한 날의 누적 거래량에 전일대비 주가가 하락한 날의 누적거래량을 나누어서 구한다.
② 주가가 뚜렷한 등락을 보일 때 시장이 매집단계에 있는지 분산단계에 있는지를 판단하는 데 유용하다.
③ 약세장에서는 OBV선의 저점이 이전의 저점보다 높게 형성된다.
④ 기산일을 활황장세에서 잡을 경우 주가의 하락전환 시 매매신호가 뒤늦게 발생하여 정확한 분석이 어렵게 된다.

복원완성도 ★★☆

39 기술적 분석의 보조지표와 관련하여 빈칸에 알맞은 것은?

(　　)는 단기 이동평균값에서 장기 이동평균값을 뺀 차이를 그래프상에 나타내어 현재 주가의 움직임이 어떻게 진행되고 있는가를 판단하기 위한 추세분석기법이다.

① MAO(Moving Average Oscillator)
② RSI(Relative Strength Index)
③ Stochastics
④ VR(Volume Ratio)

복원완성도 ★★☆

40 산업연관표(産業聯關表) 분석에 대한 설명이다. 가장 적합한 것은?

① 장래 특정연도에 대한 경제 전체의 공급과 수요를 산업별로 세분하여 예측할 수 있다.
② 투입계수는 총투입액을 중간투입액이나 부가가치액으로 나누어서 구한다.
③ 수입유발계수는 소비, 투자, 수출과 같은 최종수요가 한 단위 증가할 때 각 산업에서 직・간접적으로 유발되는 산출물의 단위를 나타내는 계수이다.
④ 후방연쇄효과는 모든 산업제품에 대한 최종수요가 각각 1단위씩 증가하는 경우 특정산업의 생산에 미치는 영향을 말한다.

복원완성도 ★★☆

41 산업구조변화에 대한 경제이론들이다. 이 중에서 헥셔-올린 모형(Heckscher-Ohlin Model)에 해당하는 것은?

① 전통적 국제무역이론으로서, 노동이 상대적으로 풍부한 국가는 노동집약적 재화를 수출하고 자본집약적 재화를 수입한다고 본다.
② 한 국가의 공급능력변화에서 기술혁신 또는 신제품 개발의 중요성을 강조한다.
③ 규모의 경제와 시장실패를 상정하고 산업 내 무역과 정부개입의 필요성을 강조한다.
④ 인적 자본 등 요소의 내생적 축적에 의하여 산업구조의 변화가 일어난다고 본다.

복원완성도 ★★☆

42 산업정책의 특징을 설명한 것이다. 틀린 내용으로 연결한 것은?

가. 산업정책은 수요지향적 정책이다. 나. 산업정책은 선진국일수록 더욱 강조되는 정책이다. 다. 산업정책은 각 국가가 처한 경제상황에 따라 구체적인 모습이 달라지며 동일한 국가에서도 경제발전단계에 따라 효율적인 정책의 방향과 수단이 달라진다.

① 가, 나
② 가, 다
③ 나, 다
④ 가, 나, 다

2-4 리스크 관리(8문항)

복원완성도 ★★★

43 KOSPI200 주가지수옵션의 가격이 7point, KOSPI200지수가 150point, 주가지수수익률의 1일 기준 표준편차(σ)가 2.5%, 옵션의 델타가 0.8이다. 이 경우 99% 신뢰도 1일 기준의 VaR에 가장 가까운 것은?(99% 신뢰기준의 신뢰상수는 2.33)

① 6.99point ② 8.737point
③ 699point ④ 873.7point

복원완성도 ★★☆

44 각각 두 자산을 편입한 포트폴리오 A, B, C, D가 있다. 두 자산(자산1, 자산2)의 VaR와 두 자산 간의 상관계수가 표와 같다고 할 때, 포트폴리오 VaR이 큰 순서대로 나열한 것은?

구 분	A	B	C	D
자산1의 VaR	4	6	6	6
자산2의 VaR	3	3	5	7
상관계수	1	0	0.8	0.5

① A > B > C > D ② A > C > D > A
③ C > D > A > C ④ D > C > A > B

복원완성도 ★☆☆

45 다음 중 역사적 시뮬레이션법과 몬테카를로 시뮬레이션법의 공통점에 해당하지 않은 것은?

① 완전가치로 평가한다.
② 가치평가모형이 필요하다.
③ 정규분포의 전제를 필요로 하지 않는다.
④ 리스크요인의 변동분포를 과거의 실제 데이터로부터 확보한다.

복원완성도 ★★☆

46 VaR의 측정방법 중 스트레스 검증법(Stress Test)에 대한 설명이다. 가장 거리가 먼 것은?

① 포트폴리오의 위험을 완전가치로 측정한다.
② 과거 데이터가 없는 경우에도 사용할 수 있다.
③ 포트폴리오가 다중의 리스크 요소에 주로 의존할 경우에 적합하다.
④ 다른 VaR 측정법의 보완적인 방법으로서 최악의 경우의 변화를 측정하는데 유용하다.

복원완성도 ★★★

47 다음 중 RAROC지표로 판단할 때 성과가 가장 우수할 것으로 판단되는 포트폴리오는?(투자금액은 동일한 것으로 가정함)

① A 포트폴리오 : 순수익률 3%, VaR 4억 원
② B 포트폴리오 : 순수익률 4%, VaR 4억 원
③ C 포트폴리오 : 순수익률 4%, VaR 5억 원
④ D 포트폴리오 : 순수익률 6%, VaR 5억 원

복원완성도 ★★☆

48 신용리스크와 신용손실분포의 특징에 대한 설명이다. 가장 적절하지 않은 것은?

① 신용리스크는 신용손실 분포로부터의 예상외 손실(Unexpected Loss)로서 정의된다.
② 신용손실분포는 비대칭성이 매우 강하여 한쪽으로 치우치고 얇고 짧은 꼬리를 가진 분포를 한다.
③ 평균과 분산을 이용하여 모수적 방법(parametric method)으로 신용리스크를 측정하는 것 보다는 percentile을 통하여 측정되는 것이 바람직하다.
④ 신용위험을 측정하는 3가지 모형 중 MTM Mode는 부도발생 뿐 아니라 신용등급의 변화에 따른 손실도 신용리스크에 포함시키는 모형이다.

복원완성도 ★★☆

49 다음 중 부도거리(DD ; Distance to Default)로 판단할 때 신용위험이 가장 낮은 자산은?

구 분	A	B	C	D
기대자산가치	100	100	100	100
부채금액	70	60	50	40
표준편차	40	30	25	20

① A　② B
③ C　④ D

복원완성도 ★★★

50 어느 은행이 100억 원의 대출을 하고 있다. 대출의 부도율은 20%이고, 손실률은 60%이다. 이 경우 부도모형(Default Mode) 상의 신용위험액은 얼마인가?(단, 부도율은 베르누이분포를 따른다)

① 12억 원　② 16억 원
③ 20억 원　④ 24억 원

3-1 직무윤리(5문항)

복원완성도 ★★☆

51 **이해상충방지체계의 일환으로서 자기거래(자기계약)금지 규정에 대한 내용이다. 가장 적절하지 않은 것은?**

① 고객으로부터 금융투자상품의 매매를 위탁받은 투자중개업자가 고객의 대리인이 됨과 동시에 그 거래상대방이 될 수 없다.

② 금융투자업종사자는 금융소비자가 동의한 경우를 제외하고는 금융소비자와의 거래당사자가 되거나 자기 이해관계인의 대리인이 되어서는 아니 된다.

③ 투자중개업자가 투자자로부터 장내시장(증권시장, 파생상품시장)에서의 매매를 위탁받아 장내시장에서 그 거래가 이루어지게 한 경우는 자기거래가 허용된다.

④ 투자중개업자가 투자자로부터 다자간체결회사의 매매를 위탁받아 거래가 이루어지게 한 경우는, 다자간체결회사를 통한 거래가 장외시장 거래에 해당되므로 자기거래가 허용되지 않는다.

복원완성도 ★★★

52 **다음 중 금융소비자보호를 위한 상품판매 단계의 원칙(또는 의무) 중에서 일반금융소비자와 전문금융소비자 모두를 대상으로 적용되는 것은?**

① 적합성원칙　　② 적정성원칙
③ 설명의무　　④ 부당권유행위 금지의무

복원완성도 ★★☆

53 **준법감시인에 대한 설명이다. 틀린 항목으로 연결한 것은?**

가. 준법감시인은 이사회 및 대표이사의 지휘를 받아 금융투자회사 전반의 내부통제업무를 수행한다.
나. 금융투자회사가 준법감시인을 임면하려는 경우에는 이사회의 의결을 거쳐야 하며, 해임할 경우에는 주주총회의 결의를 거쳐야 한다.
다. 금융투자회사가 준법감시인을 임면한 때에는 임면일로부터 5영업일 이내에 금융위원회에 보고해야 한다.
라. 금융투자회사는 준법감시인에 대하여 회사의 재무적 경영성과와 연동하지 않는 별도의 보수지급 및 평가기준을 마련·운영해야 한다.

① 가, 나　　② 나, 다
③ 다, 라　　④ 가, 라

복원완성도 ★★☆

54 **금융투자회사의 내부통제위원회에 대한 설명이다. 가장 적합한 것은?**

① 금융투자회사는 준법감시인을 위원장으로 하여 위험관리책임자 및 그 밖에 내부통제 관련업무 담당 임원을 위원으로 하는 내부통제위원회를 두어야 한다.

② 내부통제위원회는 매 분기별 1회 이상 회의를 개최해야 한다.

③ 최근 사업연도말 현재 자산총액이 8천억 원인 상호저축은행은 내부통제위원회를 두지 않아도 된다.

④ 금융투자회사의 경우 최근 사업연도말 자산총액이 5조 원 미만이라 하더라도 운용 중인 고객자산이 20조 원 이상이면 내부통제위원회를 두어야 한다.

복원완성도 ★★☆

55 **준법감시업무의 독립성 확보 차원에서 준법감시인 및 준법감시부서 직원이 수행할 수 없는 업무를 나열하였다. 이 중에서 예외가 인정되는 것은?**

① 자산운용에 관한 업무

② 회사의 본질적 업무 및 그 부수업무

③ 회사의 겸영업무

④ 위험관리업무

3-2 자본시장법 및 금융위규정(11문항)

복원완성도 ★★☆

56 **다음 중 금융투자업의 적용이 배제되는 경우가 아닌 것은?**

① 투자신탁 수익증권, 투자성 있는 예금·보험 및 파생결합증권을 자기가 발행하는 경우

② 한국은행이 공개시장조작을 하는 경우

③ 투자권유대행인이 투자권유를 대행하는 경우

④ 종합금융회사가 어음관리계좌(CMA) 업무를 취급하는 경우

복원완성도 ★★☆

57 자산건전성 규제에 대한 설명이다. 틀린 내용으로 연결한 것은?

가. 금융투자업자는 매 분기마다 자산 및 부채에 대한 건전성을 '정상, 요주의 등'의 4단계로 분류하여야 한다.
나. 고정이하로 분류된 채권은 부실채권을 의미하므로 조기에 상각하여 자산의 건전성을 확보하여야 한다.
다. 한국채택국제회계기준에 따라 적립한 대손충당금 적립액이 감독규정상의 적립기준(정상은 100분의 0.5, 요주의는 100분의 2 등)에 미달할 경우, 그 미달액은 대손준비금으로 적립하여야 한다.

① 가, 나
② 나, 다
③ 가, 다
④ 가, 나, 다

복원완성도 ★★☆

58 순자본비율 규제와 관련된 내용이다. 가장 적절하지 않은 것은?

① 금융투자업자는 자본적정성 유지를 위해 순자본비율을 100% 이상 유지해야 한다.
② 순자본비율은 영업용순자본을 총위험액으로 나눈 비율을 말한다.
③ 필요유지 자기자본은 금융투자업자가 영위하는 인가업무 또는 등록업무 단위별로 요구되는 자기자본을 합계한 금액을 말한다.
④ 순자본비율과 산출내역은 매월말 기준으로 1개월 이내에 업무보고서를 통하여 금감원장에게 제출해야 한다.

복원완성도 ★★★

59 금융투자업자의 순자본비율이 60%일 때 발동되는 적기시정조치의 내용이 아닌 것은?

① 신규업무진출의 제한
② 부실자산의 처분
③ 영업의 일부정지
④ 인력 및 조직운용의 개선

복원완성도 ★★★

60 투자매매업자 또는 투자중개업자에 대한 신용공여 규제 내용이다. 가장 거리가 먼 것은?

① 신용공여행위는 투자매매업자 또는 투자중개업자의 고유업무가 아니지만, 증권과 관련된 경우는 예외적으로 허용된다.
② 신용공여 한도는 총자산의 범위 이내로 한다.
③ 투자자의 신용상태 및 종목별 거래상황 등을 고려하여 신용공여금액의 100분의 140 이상에 해당하는 담보를 징구해야 한다.
④ 투자매매업자는 증권의 인수일로부터 3개월 이내에 투자자에게 본인이 인수한 증권을 매수하게 하기 위한 신용공여는 할 수 없다.

복원완성도 ★★☆

61 집합투자업자의 영업행위규칙으로서 이해관계인과의 거래제한 등에 대한 설명이다. 틀린 내용으로 연결한 것은?

> 가. 이해관계인에는 집합투자업자의 계열회사의 임직원 및 그 배우자도 포함된다.
> 나. 이해관계인이 되기 전 6개월 이전에 체결한 계약에 따른 거래는 예외가 인정된다.
> 다. 이해관계인과의 예외 거래 시 및 이해관계인의 변경 시에는 신탁업자에게 즉시 보고해야 한다.
> 라. 집합투자업자는 집합투자재산을 운용함에 있어서 집합투자기구의 계산으로 집합투자업자가 발행한 수익증권을 취득할 수 없다.

① 가, 나　　② 다, 라
③ 가, 다　　④ 나, 라

복원완성도 ★★☆

62 집합투자재산의 평가와 관련하여 빈칸에 들어갈 수 없는 것은?

> • (　　)는 집합투자재산의 평가결과에 따라 집합투자증권의 기준가격을 산정하여야 한다.
> • (　　)는 기준가격 산정의 적정성 여부를 확인해야 한다.
> • 기준가격을 변경하려는 때에는 (　　)과 (　　)의 확인을 받아야 한다.

① 집합투자업자　　② 신탁업자
③ 집합투자업자의 준법감시인　　④ 채권평가회사

복원완성도 ★★★

63 집합투자기구의 이익금 분배원칙에 대한 설명이다. 틀린 내용으로 연결한 것은?

> 가. 집합투자업자는 집합투자재산 운용에 따라 발생한 이익금을 투자자에게 금전 또는 새로 발행하는 집합투자증권으로 분배해야 한다.
> 나. 투자회사가 이익금의 전액을 새로 발행하는 주식으로 분배하려는 경우에는, 정관이 정하는 바에 따라 발행주식수, 발행시기 및 주식발행에 필요한 사항에 대해 주주총회의 결의를 거쳐야 한다.
> 다. 모든 집합투자기구는 그 집합투자기구의 특성을 고려하여 집합투자규약이 정하는 바에 따라 이익금의 분배를 유보할 수 있다.
> 라. 모든 집합투자기구는 그 집합투자기구의 특성을 고려하여 이익금을 초과하는 분배를 할 수 있는데, 투자회사의 경우 순자산액에서 최저순자산액을 뺀 금액을 초과하는 분배는 할 수 없다.

① 가, 나　　② 나, 다
③ 다, 라　　④ 가, 라

복원완성도 ★★☆

64 투자설명서의 교부 등에 대한 설명이다. 가장 적절하지 않은 것은?

① 투자설명서는 전문투자자와 일반투자자 모두에게 교부하는 것을 원칙으로 한다.
② 투자설명서를 받기를 거부한다는 의사를 서면 뿐 아니라 전화, 모사전송, 전자우편 등으로 표시하는 경우에도 투자설명서의 교부가 면제된다.
③ 이미 취득한 것과 동일한 집합투자증권을 추가로 취득하려는 경우 투자설명서의 교부가 면제되지만, 투자설명서의 내용이 직전에 교부한 투자설명서의 내용과 달라진다면 투자설명서를 교부해야 한다.
④ 예비투자설명서는 증권신고서가 수리된 후부터 신고서의 효력이 발생하기 전의 기간에서만 사용할 수 있다.

복원완성도 ★★★

65 자본시장법상 '미공개 중요정보의 이용금지 조항'을 위반할 가능성이 있는 규제대상자를 모두 묶은 것은?

가. 해당 법인의 계열사 임직원 나. 해당 법인의 주요주주 다. 해당 법인에 대해 법령상 허가, 인가, 지도, 감독의 권한을 가진 자

① 가, 나
② 나, 다
③ 가, 다
④ 가, 나, 다

복원완성도 ★★☆

66 금융기관 검사 및 제재규정에 관한 내용이다. 가장 적절하지 않은 것은?

① 금감원장은 현장검사를 실시하는 경우에는, 검사목적 및 검사기간 등이 포함된 검사 사전예고통지서를 당해 금융기관에 검사착수일 1주일 전까지 통지하는 것을 원칙으로 한다.
② 현장검사는 검사대상기관에 실제로 임하여 필요한 사항을 조사하는 반면 서면검사는 장부, 서류를 제출받아 그 내용을 조사・검토하는 것인데, 종합검사는 대부분 현장검사의 방법으로 실시한다.
③ 검사결과 조치는 금융위 심의・의결을 거쳐 조치하되 금감원장 위임사항은 금감원장이 직접 조치하며, 금융투자업자 또는 그 임직원에 대한 과태료 부과나 자본시장법에 의한 조치・명령 등은 증선위의 사전심의를 거쳐 조치한다.
④ 금감원장이 제재조치를 하는 때에는 그 제재내용을 제재대상자에게 사전에 알리는 것은 원칙상 금지된다.

3-3 한국금융투자협회 규정(3문항)

복원완성도 ★★☆

67 조사분석자료의 작성원칙 및 조사분석업무의 독립성확보와 관련한 협회 규정이다. 틀린 내용으로 연결한 것은?

> 가. 금융투자회사는 제3자가 작성한 조사분석자료는 외부에 공표할 수 없다.
> 나. 금융투자회사는 조사분석자료의 품질 및 생산실적, 투자의견의 적정성 등이 포함되지 않은 보수산정기준을 제정・운영해야 한다.
> 다. 조사분석 담당부서의 임원이 기업금융・법인영업 및 고유계정 운용업무를 겸직하는 것은 조사분석업무의 독립성확보 차원에서 예외 없이 금지된다.

① 가, 나
② 나, 다
③ 가, 다
④ 가, 나, 다

복원완성도 ★★★

68 재산상이익의 가치산정방식에 대한 설명이다. 가장 적절하지 않은 것은?

① 금전의 경우 해당 금액 전체를 재산상이익의 가치로 산정한다.
② 물품의 경우 구입비용 전체를 재산상이익의 가치로 산정한다.
③ 금융투자회사 임직원과 거래상대방이 공동으로 참석한 경우의 접대의 경우, 해당 접대에 소요된 비용 전체를 재산상이익의 가치로 산정한다.
④ 연수・기업설명회・기업탐방・세미나의 경우 거래상대방에게 직접적으로 제공되었거나 제공받은 비용 전체를 재산상이익의 가치로 산정한다.

복원완성도 ★★☆

69 자본시장법상의 금융투자전문인력에 대한 설명이다. 가장 적절하지 않은 것은?

① 투자매매업 또는 투자중개업을 인가받은 회사에서, 특정 금융투자상품의 가치에 대한 주장이나 예측을 담고 있는 자료를 작성하거나 이를 심사・승인하는 업무를 수행하는 인력은 조사분석인력(금융투자분석사)이다.
② 투자운용인력(투자자산운용사)은 집합투자재산 및 신탁재산을 운용하는 업무를 수행하며, 투자일임재산의 경우 투자운용인력의 운용대상에서 제외된다.
③ 파생상품투자권유자문인력은 파생상품 및 파생결합증권, 고난도 금융투자상품 그리고 파생상품 등에 투자하는 특정금전신탁계약 등의 체결을 권유하는 업무를 수행한다.
④ 금융투자회사의 지점 또는 영업소 등에서 해당 지점 또는 영업소 등에 소속된 투자권유자문인력 및 투자권유대행인의 업무에 대한 관리・감독을 수행하는 인력은 투자상담관리인력(투자권유자문관리인력)이다.

3-4 주식투자운용/투자전략(6문항)

복원완성도 ★★★

70 자산집단에 대한 기대수익률의 추정방법 중에서 〈보기〉에 해당하는 것은?

〈보기〉

- 과거자료를 바탕으로 하되 미래의 발생상황에 대한 기대치를 추가하여 예측한다.
- 과거 시계열자료를 토대로 하되 각 자산집단별 리스크 프리미엄 구조를 반영하는 기법이다.

① 추세분석법 ② 시나리오 분석법
③ 근본적 분석법 ④ 시장공통예측치 사용법

복원완성도 ★★★

71 빈칸을 옳게 연결한 것은?

정해진 위험 수준 하에서 가장 높은 수익률을 달성하는 포트폴리오를 (가)라고 부르며, 여러 개의 (가)를 수익률과 위험의 공간에서 연속적으로 연결한 것을 (나)이라고 한다.

	가	나
①	효율적 포트폴리오	효율적 투자기회선
②	최소분산포트폴리오	효율적 투자기회선
③	효율적 포트폴리오	무차별효용곡선
④	최적포트폴리오	효율적 투자기회선

복원완성도 ★★★

72 포트폴리오 보험 전략과 관련하여 〈보기〉에 해당하는 전략은?

〈보기〉

주식을 보유한 상태에서 최저 보장가치를 행사가격으로 하는 풋옵션을 매수함으로써, 만기 시에 보유하고 있는 주식의 가치가 최저보장가치 이하인 경우 풋옵션을 행사하여 최저보장가치를 확보할 수 있는 전략이다.

① Bull Spread전략
② Protective Put전략
③ Short Strangle전략
④ Covered Call Writing전략

복원완성도 ★★☆

73 **다우존스산업평균지수(DJIA) 및 니께이225지수를 산출하는 지수방식에 대한 설명이 아닌 것은?**

① 주가가 높은 종목의 가중치가 커진다는 문제점을 지닌다.

② 주식분할이나 합병과 같이 주식발행자의 결정에 따라 주가가 달라지는 문제점이 있다.

③ 종목별로 1주씩만 보유하면 지수의 성과를 얻을 수 있는 단순함이 하나의 장점이다.

④ 대형이며 성숙기에 있는 기업의 경우 과대평가될 여지가 있다.

복원완성도 ★★☆

74 **준액티브(Semi-Active) 운용에 대한 설명이다. 가장 적절하지 않은 것은?**

① 인덱스펀드의 장점을 살리면서도 초과수익을 추구함으로써 안정적으로 인덱스보다 나은 성과를 달성하려는 목적을 가지고 있다.

② 인덱스 대비 초과수익을 지향하므로 추적오차가 액티브 운용보다 높은 경향을 띤다.

③ 준액티브 운용은 월등하게 좋은 성과를 내는 종목이나 사건을 발견하기 보다는 조그만 성과를 낼 수 있는 종목이나 사건을 많이 발견하는 데에 초점을 맞춘다.

④ 과거자료를 이용한 계량적인 시뮬레이션을 통해 마련된 최적의 운용전략에 따라 운용하는 방식도 준액티브 운용으로 분류된다.

복원완성도 ★☆☆

75 **주식포트폴리오 구성 시의 종목선정 방법으로서, 하향식(top-down approach)에 대한 설명이다. 가장 적절하지 않은 것은?**

① 종목선정보다는 섹터, 산업, 테마의 선정을 강조한다.

② 섹터가 너무 포괄적이거나 너무 세부적으로 구분되어 있으면 최종적인 종목선정이 어려울 수 있다.

③ 섹터 내에서 종목을 선정할 때 개별종목의 가치분석은 무시하고 섹터의 성격을 잘 나타내는 종목을 선정하는 방법을 사용할 수 있다.

④ 어떤 형식으로든 개별종목의 내재가치를 측정하는 기법을 가지고 있다.

3-5 채권투자운용/투자전략(6문항)

복원완성도 ★★★

76 이표채의 현금흐름과 관련하여 빈칸에 알맞은 것은?

채권액면 10,000원, 표면금리 3%, 만기2년, 연단위후급이표채의 경우, 만기수령금액은 (　　)이다.

① 9,700원
② 10,000원
③ 10,300원
④ 10,600원

복원완성도 ★★☆

77 전환사채와 관련하여 빈칸을 옳게 연결한 것은?(순서대로)

• 주식적 측면에서 본 전환사채의 이론가치로서, 현재 주가가 전환가격을 몇 % 상회하고 있는가를 나타내는 지표는 (　　)이다. • 전환된 주식의 시장가치를 나타내며, 일반적으로 전환주수에 전환대상주식의 시장가격을 곱한 것으로 표시되는 지표는 (　　)이다.

① 패리티, 전환가치
② 패리티, 전환비율
③ 패리티가격, 패리티
④ 패리티가격, 괴리율

복원완성도 ★★☆

78 채권가격과 채권수익률에 대한 설명이다. 가장 적절하지 않은 것은?

① 표면금리와 만기수익률이 같을 경우 채권가격과 채권액면가는 동일하다.
② 표면금리가 만기수익률보다 높은 경우 채권가격은 채권액면가보다 낮게 거래된다.
③ 만기수익률은 채권을 만기까지 보유하고 지급된 이자가 만기수익률로 만기까지 재투자될 때에만 실현될 수 있는 약속된 수익률이다.
④ 만기가 길어질수록 또는 이표율이 높을수록 재투자위험이 증가한다.

복원완성도 ★★★

79 채권의 만기수익률이 1% 포인트 상승할 때 채권가격은 2.78% 하락하였다. 수정듀레이션이 2.87인 경우 동 채권의 볼록성(convexity)은 얼마인가?

① 9

② 18

③ 90

④ 180

복원완성도 ★★★

80 현 시점에서 2년 만기 현물이자율(S_2)이 4%, 향후 1년 후의 1년만기 내재선도이자율이 3%일 경우, 현 시점에서 1년 만기 현물이자율(S_1)에 가장 가까운 값은 얼마인가?(불편기대이론에 따름)

① 3.0%

② 4.0%

③ 5.0%

④ 5.5%

복원완성도 ★★★

81 다음 중 적극적인 채권운용전략에 속하지 않는 것은?

① 수익률곡선타기전략

② 현금흐름일치전략

③ 금리예측전략

④ 스프레드운용전략

3-6 파생상품투자운용/투자전략(6문항)

복원완성도 ★★☆

82 선물거래(futures)에 대한 설명이다. 가장 적절하지 않은 것은?

① 반대매매(반대거래)를 통해 결제일 이전에 언제든지 포지션을 청산할 수 있다.

② 증거금제도가 있으며 일일정산 후 증거금이 유지증거금 수준을 밑돌 경우 개시증거금 수준까지 추가 증거금을 납입해야 한다.

③ 신용위험에 노출된다.

④ 경쟁매매 방식으로 거래된다.

복원완성도 ★★★

83 균형선물환율 가격과 관련하여 빈칸에 가장 부합하는 것은?

달러원 현물환율은 '1$ = 1,100₩'이고 달러이자율은 1%(연율), 원화이자율은 3%(연율)이다. 이 경우 이자율등가식(Interest Rate Parity) 조건을 이용한 1년 만기 선물환율의 균형가격은 (　　)이다.

① 1$ = 1,078₩

② 1$ = 1,111₩

③ 1$ = 1,122₩

④ 1$ = 1,133₩

복원완성도 ★★★

84 옵션을 이용한 합성전략에 대한 설명이다. 가장 적절하지 않은 것은?

① 콜불스프레드 전략은 행사가격이 높은 콜옵션을 사고 행사가격이 낮은 콜옵션을 매도하는 전략이다.

② 풋불스프레드 전략의 경우 프리미엄 순수입으로 시작한다.

③ 스트래들 매수전략은 행사가격이 동일한 콜옵션과 풋옵션을 동시에 매수하는 전략이다.

④ 스트랭글 매도전략은 큰 행사가격의 콜옵션과 작은 행사가격의 풋옵션을 동시에 매도하는 전략이다.

복원완성도 ★★★

85 풋콜패리티의 조건에 따를 때, 풋옵션매수와 동등한 포지션은 무엇인가?

① 콜옵션매수 + 채권매수 + 주식매수
② 콜옵션매수 + 채권매수 + 주식대차거래
③ 콜옵션매도 + 채권매도 + 주식매수
④ 콜옵션매도 + 채권매수 + 주식대차거래

복원완성도 ★★★

86 옵션민감도와 관련하여 보기에 대한 설명으로 가장 적합한 것은?

기초자산가격이 100point에서 110point로 상승할 때, 옵션의 가격이 10point에서 12point로 상승하였다.

① 콜옵션의 델타가 +0.2이다.
② 콜옵션의 델타가 −0.2이다.
③ 풋옵션의 델타가 +0.2이다.
④ 풋옵션의 델타가 −0.2이다.

복원완성도 ★★★

87 옵션민감도에 대한 설명이다. 가장 적합한 것은?

① 감마는 잔여만기가 길수록 그 값이 커진다.
② 베가는 금리변화에 대한 옵션가격의 변화분을 나타내는 지표이다.
③ 로우는 시간의 경과에 따른 옵션가격의 변화분을 나타내는 지표이다.
④ 감마와 쎄타의 민감도 부호는 반대이지만 그 절대치는 정(+)의 관계를 가진다.

3-7 투자운용결과분석(4문항)

복원완성도 ★★★

88 시장수익률이 하락할 경우(마이너스 수익률), 포지션의 수익률이 가장 높아지는 포지션베타는 얼마인가?

① −1.2　② −0.5
③ +0.4　④ +1.5

복원완성도 ★★★

89 다음 표에 따를 때 2021년과 2022년의 전체기간에 대한 통합계정수익률(누적기준)은 얼마인가?

구 분	A펀드		B펀드	
	기 초	기 말	기 초	기 말
2021년	900	1,100	1,100	1,200
2022년	1,100	1,300	1,200	1,400

① 30%　② 32%
③ 35%　④ 37%

복원완성도 ★★★

90 보기에 따를 경우 A포트폴리오의 샤프비율은 얼마인가?

〈보기〉

A포트폴리오수익률 6%, 벤치마크수익률 5%, 무위험수익률 3%, 표준편차 10%, 잔차위험 4%

① 0.10　② 0.30
③ 0.50　④ 0.75

복원완성도 ★★☆

91 GIPS(Global Investment Performance Standards)의 성과공시 및 보고방법에 대한 설명이다. 가장 거리가 먼 것은?

① 회사는 수익자정보를 공시해야 한다.
② 회사는 컴포지트 개요를 공시해야 한다.
③ 회사는 벤치마크 개요를 공시해야 한다.
④ 회사는 성과를 나타내기 위해 사용된 통화를 공시해야 한다.

3-8 거시경제(4문항)

복원완성도 ★★☆

92 유동성함정(Liquidity Trap) 이론에 대한 설명이다. 가장 적절하지 않은 것은?

① 유동성함정 구간에서는 화폐수요의 이자율탄력성이 제로가 된다.
② 유동성함정 구간에서는 LM곡선이 수평을 이룬다.
③ 유동성함정 구간에서 확대 재정정책을 집행할 경우 구축효과가 전혀 나타나지 않으므로 재정정책의 효과가 극대화된다.
④ 유동성함정 구간에서는 물가가 하락하는 현상이 나타나는데, 물가하락을 통한 실질잔액효과로 유동성함정을 벗어날 수 있다고 주장한 고전학파의 이론은 피구효과이다.

복원완성도 ★★★

93 빈칸을 옳게 연결한 것은?(순서대로)

경상수지 적자가 지속되면 통화량은 (　　)하고 금리는 (　　)한다.

① 증가, 상승
② 증가, 하락
③ 감소, 상승
④ 감소, 하락

복원완성도 ★★★

94 '통화량 2,000조, 명목GDP 1,600조, 실질GDP 1,200조'의 경우, 통화유통속도는 얼마인가?

① 0.60　② 0.80
③ 1.00　④ 1.20

복원완성도 ★★☆

95 경기순환에 대한 설명이다. 가장 적절하지 않은 것은?

① 경기저점에서 경기정점까지의 기간을 순환주기라 한다.
② 경기변동의 요인은 추세요인, 순환요인, 계절요인, 불규칙요인의 4가지로 구분된다.
③ 경기확장국면이 경기수축국면보다 길게 나타나는 비대칭성을 보인다.
④ 기준순환일이란 국민경제 전체의 순환변동에서 국면전환이 발생하는 경기전환점을 말한다.

3-9 분산투자이론(5문항)

복원완성도 ★★★

96 주식X와 Y를 각각 50%로 편입한 포트폴리오의 기대수익률은?(주식X와 Y의 경기국면별 기대수익률은 표와 같음)

구 분		주식X	주식Y
호 황	확률 50%	16%	8%
정 상	확률 30%	10%	4%
불 황	확률 20%	−20%	−2%

① 4.8% ② 5.9%
③ 7.0% ④ 9.0%

복원완성도 ★★★

97 자산A의 기대수익률은 8%, 표준편차는 4%이다. 자산A와 무위험수익률이 2%인 무위험자산을 6:4로 편입한 포트폴리오의 변동성보상비율(RVAR)은 얼마인가?

① 0.50 ② 0.60
③ 1.50 ④ 2.00

복원완성도 ★★★

98 다음 중 자본자산가격결정모형(CAPM모형)의 가정을 잘못 설명한 것은?

① 투자자는 평균과 분산만 가지고 투자결정을 내리며 구체적으로 상대적으로 높은 평균, 상대적으로 낮은 분산을 가진 자산을 선택한다.
② 모든 투자자는 동일한 단일 투자기간을 가지고 이 단일 투자기간 이후에 발생하는 결과는 무시한다.
③ 투자대상은 공개적으로 거래되고 있는 금융자산에 한정하고 투자위험이 전혀 없는 무위험자산(risk-free asset)이 존재하며, 모든 투자자들은 동일한 무위험이자율 수준으로 얼마든지 자금을 차입하거나 빌려줄 수 있다.
④ 모든 투자자는 각기 다른 방법으로 증권을 분석하고 경제상황에 대한 예측도 달라서, 미래 증권수익률의 확률분포에 대하여 다르게 예측한다.

복원완성도 ★★★

99 빈칸에 가장 부합하는 것은?

> • 현재 시장에서의 A주식의 기대수익률은 7%, 베타는 0.8이다.
> • 현재 시장에서의 B주식의 기대수익률은 15%, 베타는 2.0이다.
> • 현재 무위험이자율은 3%, 시장포트폴리오의 기대수익률은 10%이다.
> • 이 경우, 증권시장선(SML)에 의하면 (   ).

① A주식, B주식 모두 과대평가되었다.
② A주식은 과소평가, B주식은 과대평가되었다.
③ A주식은 과대평가, B주식은 과소평가되었다.
④ A주식, B주식 모두 과소평가되었다.

복원완성도 ★★☆

100 다음은 소극적 투자전략과 적극적인 투자전략에 대한 설명이다. 틀린 항목으로 연결한 것은?

> 가. 소극적인 투자전략은 시장위험을 감수하지 않는 전략을 말한다.
> 나. 적극적인 투자전략은 정보비용과 거래비용을 극소화시키고자 하는 전략이다.
> 다. 단순매입보유전략은 증권을 선택하고자 하는 의도적인 노력 없이 무작위적으로 선택한 증권을 매입하여 보유하는 전략을 말한다.
> 라. 공격적인 투자수단인 주식과 방어적 투자수단인 채권으로 포트폴리오를 구성한 후, 사전에 정한 수준 이상으로 주가가 상승하면 주식을 매도하고 주식을 매도한 만큼 동시에 채권을 매입하는 방식으로 운용하는 것은 포뮬러 플랜이다(주가하락 시는 주식을 매수하고 같은 비중으로 채권을 매도함).

① 가, 나　　② 나, 다
③ 다, 라　　④ 가, 라

투자자산운용사 출제동형 PLUS

최신 9회분

36회차 시험 출제동형

※ **총 평**

36회 시험은 '출제 측의 난이도 조절 노력'이 역력한 가운데, 역대급으로 어려웠던 시험(19년 11월 시험)에 준하는 난이도로 평가됩니다(▶ 합격률 추정 : 25~30%). 어려웠던 요소는 아래와 같습니다.

▶ **가장 많았던 신유형 문항 수** : 평소 신유형 출제 문항 수는 '적게는 5문항・많게는 10문항'이었으나, 이번 시험에서 15문항이 출제되었음

▶ **지엽적인 문항 수 증가** : 신유형은 응용문제와 지엽적 문제('구석구석' 출제)의 두 종류가 있는데, 이번 시험 신유형은 모두 지엽적인 문제로 출제되어 득점에 불리하였음. 그리고 시험 전체적으로 메인 topic보다는 주변 내용에서 다수 출제되었음

▶ **복합문제 비중 확대** : 기존 기출 풀의 동일 반복이나 단순 변형 문제가 감소하고, 기존의 2~3문항을 1문제로 구성하는 복합문제의 비중이 증가하였음

※ **어려워지는 시험에 대한 대비**

(1) 기출 변형 및 복합문제 비중에 대한 대비 : 어떤 유형으로 기출 변형이 된다 하더라도 득점을 할 수 있도록, '기출 주제'를 확실히 이해하는 학습이 매우 중요함

(2) 신유형 문제 증가에 대한 대비 : '토마토패스 기출 풀'을 모두 이해했다는 전제하에, 36회에서 '토마토패스 기출 풀'이 커버한 비중은 '80~85%' 정도로 평가됨. 따라서 신유형 문제의 출제가 증가된다고 해도 '토마토패스 기출 풀'을 확실히 이해할 경우 '무난한' 합격이 가능하므로, 이에 대한 믿음으로 기출 풀을 마스터하는 학습을 권장함

(3) 토마토패스 기출교재 활용법 : 가장 이상적인 것은 '출제동형'과 '패스코드' 두 교재를 모두 학습하는 것이지만, 여건의 제한이 있을 경우 한 가지 교재를 선택하여 집중학습(정독 및 반복)을 한다면 무난한 합격이 가능함.

- 시험이 어려워질수록 기본서 인용을 포함하고 해설이 풍부한 '출제동형 교재'의 효능이 좀 더 클 수 있지만, '패스코드 교재'의 경우도 수록되어 있는 콘텐츠(모의고사 4회, 추가 100문항, 빈출 OX, 프리미엄 강의노트 2회분)를 모두 활용할 경우 훌륭한 시험 대비가 될 수 있음

36회차 (2023. 11. 26 시험)

문항 수 : 100문항
시험시간 : 120분

1-1 세제관련 법규/세무전략(7문항)

복원완성도 ★★☆

01 다음 설명 중 가장 적절하지 않은 것은?

① 증권거래세는 매매거래가 확정되는 때에 납세의무가 성립된다.
② 소득세, 법인세, 부가가치세는 과세기간이 끝나는 때에 납세의무가 성립된다.
③ 소득세, 법인세, 부가가치세는 정부가 과세표준과 세액을 결정함으로써 납세의무가 확정된다.
④ 인지세는 과세문서를 작성하는 때에 납세의무의 성립과 확정이 동시에 이루어진다.

복원완성도 ★★★

02 조세불복제도와 관련하여 빈칸을 옳게 연결한 것은?(순서대로)

- 이의신청 · 심사청구 · 심판청구는 처분청의 처분을 안 날로부터 ( ) 이내에 제기해야 한다.
- ( )는 국세청 또는 감사원에, ( )는 조세심판원에 제기하는 불복이다.

① 60일, 심사청구, 심판청구
② 60일, 심판청구, 심사청구
③ 90일, 심판청구, 심사청구
④ 90일, 심사청구, 심판청구

복원완성도 ★★☆

03 집합투자기구(소득세법상 적격집합투자기구)의 과세에 대한 설명이다. 옳은 것은?

① 집합투자재산에 속한 소득의 내용별로 이자소득 또는 배당소득으로 과세한다.
② 집합투자재산으로 증권시장에 상장된 주식을 매매한 경우, 그 손익과 관계없이 과세대상에서 제외한다.
③ 집합투자재산으로 코스피 200지수를 기초자산으로 한 장내파생상품을 매매한 경우, 그 손익과 관계없이 과세대상에서 제외한다.
④ 집합투자증권을 계좌 간 이체, 계좌 간 명의변경, 실물양도 등의 방법으로 거래하여 발행한 이익은 양도소득세로 과세한다.

복원완성도 ★★★

04 **다음 중 금융소득에 대한 원천징수세율(거주자 기준)이 가장 높은 것은?**

① 법원에 납부한 경매보증금 및 경락대금에서 발생한 이자소득
② 비영업대금의 이익
③ 비실명거래로 인한 이자·배당소득
④ 개인종합자산관리계좌(ISA)의 비과세 한도를 초과하는 이자·배당소득

복원완성도 ★★★

05 **〈보기〉에 따를 때, 금융소득종합과세 신고제도상 종합과세 대상 금액은 얼마인가?**

〈보기〉

- 3년 만기 채권의 이자와 할인액 2,000만 원
- 배당소득을 발생시키는 거래와 파생상품의 시행령요건에 따라 결합된 경우의 파생결합상품의 이익 1,000만 원
- 법원에 납부한 경매보증금 및 경락대금에서 발생한 이자소득 1,000만 원
- 비영업대금의 이익 500만 원
- 근로소득 2,500만 원

① 3,000만 원
② 4,500만 원
③ 6,000만 원
④ 7,000만 원

복원완성도 ★★☆

06 **양도소득세 과세에 대한 설명이다. 가장 적합한 것은?**

① 특정법인에 대한 현물출자는 양도로 보지 않으므로 양도소득세 과세대상이 아니다.
② 자산의 양도가액은 양도 당시의 실지거래가액으로 한다.
③ 파생상품은 양도소득 기본공제(연 250만 원)의 대상이 아니다.
④ 외국법인이 비상장주식을 매매하여 얻은 양도차익은 비과세이다.

복원완성도 ★★★

07 **증여세 절세전략에 대한 설명이다. 가장 거리가 먼 것은?**

① 한 사람의 수증자에게 증여하더라도 증여자를 여럿으로 나누어서 증여하는 것이 유리하다.
② 자녀에게 증여하는 경우 10년 단위로 적용되는 증여공제를 활용하는 것이 유리하다.
③ 장기보유대상인 자산의 경우 고평가된 상태에서 증여하는 것이 저평가된 상태에서 증여하는 것 보다 유리하다.
④ 기대수익률이 높은 자산을 증여하는 것이 유리하다.

1-2 금융상품(8문항)

복원완성도 ★★☆

08 **다음 중 환매조건부채권(RP)에 대한 설명이다. 가장 적절하지 않은 것은?**

① 금융기관이 보유하고 있는 채권을 일정기간 경과 후 사전에 정한 일정가격으로 다시 매수할 것을 조건으로 고객에게 매도하는 것을 환매조건부채권 매도라고 한다.
② 예금자보호 상품이다.
③ RP매도자는 채권매각에 따른 자본손실 없이 단기 필요자금을 조달할 수 있으며, RP매수자는 본인이 원하는 투자기간에 맞추어 확정이자를 얻을 수 있다.
④ 증권회사는 대고객 조건부 채권매도・매수를 모두 할 수 있으나, 은행과 종금사는 대고객 조건부 채권매도만 할 수 있다.

복원완성도 ★★☆

09 **특정금전신탁에 대한 설명이다. 옳은 것으로 연결한 것은?**

> 가. 신탁은 위탁자의 유언으로도 설정될 수 있다.
> 나. 위탁자가 운용자를 지정한다.
> 다. 위탁자와 수익자는 동일해야 한다.
> 라. 다른 신탁과 합동운용을 할 수 없다.

① 가, 나
② 나, 다
③ 다, 라
④ 가, 라

복원완성도 ★★☆

10 **주가연계증권(ELS ; Equity Linked Securities)에 대한 설명이다. 가장 적절하지 않은 것은?**

① 자본시장법상 파생결합증권으로 분류된다.
② 공모와 사모 모두 발행이 가능하다.
③ 모든 ELS는 원금보장형과 원금비보장형을 명시하여 구분해야 한다.
④ ELS는 장외파생상품의 겸영인가를 받은 금융투자회사나 은행이 발행할 수 있다.

복원완성도 ★★☆

11 **랩어카운트(Wrap Account)에 대한 설명이다. 가장 적절하지 않은 것은?**

① 증권회사가 투자자의 투자성향과 투자목적 등을 정밀하게 분석하고 진단한 후 고객에게 맞도록 주식, 채권, 수익증권, 뮤추얼펀드 등의 다양한 투자수단을 대상으로 가장 적합한 포트폴리오를 추천하는 종합자산관리계좌이다.
② 거래 건별 수수료를 부과한다.
③ 일임형 랩어카운트는 일임 운용사가 고객의 투자와 관련한 완전한 일임 및 대리권을 가진다.
④ 영업직원과 고객 간의 이익상충이 적다는 장점이 있다.

복원완성도 ★★☆

12 다음 중 생명보험이 아닌 것은?

① 종신보험
② 생존보험
③ 생사혼합보험
④ 운송보험

복원완성도 ★★☆

13 집합투자기구 수익자총회에 대한 설명이다. 옳은 것은?

① 원칙상 수익자총회의 소집권자는 투자신탁재산을 보관하는 신탁업자이다.
② 수익자총회 소집 시에는 수익자총회를 정하여 7일 전에 각 수익자에게 서면으로 통지를 발송해야 한다.
③ 수익자총회에서는 자본시장법에서 정한 결의사항 또는 신탁계약으로 정한 결의사항에 대해서만 결의할 수 있다.
④ 수익자는 수익자총회에 출석을 해야 의결권을 행사할 수 있다.

복원완성도 ★★☆

14 MMF(단기금융집합투자기구)의 운용제한에 대한 설명이다. 틀린 것으로 연결한 것은?

가. 증권의 차입이나 대여는 금지된다.
나. 환매조건부매수 대상으로서 국채나 지방채를 편입할 경우, 국채는 만기 5년 이내 그리고 지방채는 만기 1년 이내의 요건을 충족해야 한다.
다. 환매조건부매도는 MMF에서 보유하고 있는 증권총액의 100분의 5를 한도로 운용할 수 있다.
라. 다른 채권형 펀드의 집합투자증권에 투자할 수 있다.

① 가, 나
② 다, 라
③ 가, 다
④ 나, 라

복원완성도 ★★★

15 **주택저당증권(MBS)에 대한 설명이다. 옳은 것으로 연결한 것은?**

> 가. 저당대출 중 원리금 균등상환 고정금리부 대출은 매월 동일한 원리금이 상환되는데, 매월 상환액 중 이자부분은 점차 감소하고 원금부분은 점차 증가한다.
> 나. 주택저당증권은 조기상환에 의해 수익이 변동된다.
> 다. 저당대출담보부채권은 채무불이행위험이 투자자에게 귀속되는 형태이다.

① 가, 나
② 나, 다
③ 가, 다
④ 가, 나, 다

1-3 부동산관련 상품(5문항)

복원완성도 ★★★

16 **부동산 공부(公簿)에 대한 설명이다. 가장 적절하지 않은 것은?**

① 토지에 대한 공적인 규제사항은 '토지이용계획확인서'에서 확인할 수 있다.
② 개별 공시지가는 '개별 공시지가 확인원'에서 확인할 수 있다.
③ 건물의 층수, 면적, 용도는 '건축물대장'에서 확인할 수 있다.
④ 소유권에 관한 변동 사항이나 저당권 등 제한물권은 '지적도'에서 확인할 수 있다.

복원완성도 ★★☆

17 부동산투자 지표와 관련해서 빈칸을 옳게 연결한 것은?

- 부동산 자산운용업계에서 주로 활용하는 수익률은 (A)와 (B)가 있다. 'A'는 투자대상 부동산의 현금흐름의 순현재가치가 제로가 되는 할인율을 말하며, 'B'는 해당 기의 순현금흐름을 자기자본으로 나눈 값을 말한다. 'A'는 화폐의 시간가치를 고려한 것인데 비해서 'B'는 화폐의 시간가치를 고려하지 않은 것이다.
- 부동산투자 시 부채의존도를 나타내는 비율들로서 (C)와 (D)가 있는데, 이들은 금융위험을 나타내는 척도로 사용된다. 'C'는 저당대출원금을 부동산가격으로 나누어 계산하며, 부동산투자에 있어서 일정시점의 자본구조만을 나타내 주는 비율이기 때문에 부채의 원리금 상환능력을 적절하게 측정하지 못한다는 단점을 가지고 있다. 따라서 부동산투자의 원리금 상환능력을 측정하기 위한 보조적인 비율로서 'D'가 사용된다. 'D'는 순운용소득을 부채상환액으로 나누어 계산한다.

구 분	A	B	C	D
①	내부수익률	CoC수익률	대출비율	부채상환비율
②	내부수익률	CoC수익률	부채상환비율	대출비율
③	CoC수익률	내부수익률	부채상환비율	대출비율
④	CoC수익률	내부수익률	대출비율	부채상환비율

*CoC수익률 : Cash On Cash수익률

복원완성도 ★★☆

18 부동산 개발사업으로서 지주공동사업에 대한 설명이다. 가장 적절하지 않은 것은?

① 지주가 토지를 개발업자에게 제공하고 개발업자가 그 토지를 개발하고 건축물을 건설한 다음, 완공된 건축물에 대해서 토지평가액과 건설비의 비율로 토지와 건축물을 공유 또는 구분소유하는 방식은 등기교환방식을 말한다.

② 지주가 토지를 제공하고 개발업자가 건축공사비 등의 개발비를 부담하여 건축물을 건설하고, 완공된 건축물의 분양 또는 임대를 통해 발생한 수익을 지주와 개발업자가 투자한 비율에 따라 배분 받는 방식은 합동개발방식을 말한다.

③ 개발업자 등이 사업의 기획에서부터 설계, 시공, 임대 유치 및 운영관리에 이르기까지 일체 업무를 수탁 받아 건물을 완공한 후 건물을 일괄 임대를 받음으로써 사실상 사업수지를 보증하는 방식은 차지개발방식이다.

④ 토지소유자가 부동산신탁회사에게 토지를 위탁하고 부동산신탁회사가 자금조달, 건축 및 분양・임대를 하고 그 수익의 일부를 신탁배당을 통해 토지소유자에게 배분하는 방식은 토지신탁방식이다.

복원완성도 ★★☆

19 **부동산의 감정평가 3방식 중 '비교방식'에 대한 설명이다. 가장 거리가 먼 것은?**

① 대상부동산과 동일성 또는 유사성이 있는 부동산의 거래사례와 비교하여 대상부동산 현황에 맞게 사정보정, 시점수정을 가하여 부동산의 가격을 산정하는 방식이다.

② 대체의 원칙에 이론적 근거를 두고 있어서 현실적이고 실증적이기 때문에 설득력이 있다.

③ 부동산시장이 극단적인 호황이나 불황을 보이고 있을 때에는 적용이 곤란하다.

④ 부동산의 시장성과 수익성이 반영되지 못하는 단점이 있다.

복원완성도 ★★★

20 **투자대상인 A부동산의 매년 순수익이 50억 원이고 자본환원율이 5%이다. 이 경우 A부동산의 가치를 수익환원법에 따른 수익가격으로 평가하면 얼마인가?**

① 50억 원

② 100억 원

③ 500억 원

④ 1,000억 원

2-1 대안투자운용/투자전략(5문항)

복원완성도 ★★☆

21 〈보기〉는 여러 가지 '부동산의 투자성과 지표'를 측정할 때 반영되는 요소들이다. 이에 대한 설명으로 가장 적절하지 않은 것은?

〈보기〉

> 부동산 매입가격(또는 매매가격) 100억 원, 초년도 순영업이익 5억 원, 초년도 세전현금흐름 3억 원, 최초 equity투자액 50억 원, 차입상환액 2억 원, 해당 부동산투자로 창출된 미래현금흐름의 현재가치 150억 원

① 수익환원율은 5%이다.
② Equity배당률은 6%이다.
③ 부채부담능력비율(DCR)은 0.4이다.
④ 수익성지수는 3.0이다.

복원완성도 ★★☆

22 PEF(Private Equity Fund)에 대한 설명 중 옳은 것은?

① PEF의 운영자 역할을 하는 업무집행사원은 무한책임사원 중에서 선정한다.
② PEF 규정상 무한책임사원과 유한책임사원의 내역 모두 등기·등록의 대상이 된다.
③ PEF가 인수한 기업을 다른 PEF에게 매각하는 것은 법 규정상 불가하다.
④ 유상감자는 해당 기업의 수명 단축, 장기 성장성 저해 등의 부작용을 초래할 수 있으므로 PEF의 투자회수(EXIT) 방식으로 사용되지 않는다.

복원완성도 ★★☆

23 헤지펀드 운용 전략에 대한 설명이다. 가장 적절하지 않은 것은?

① 전환사채 차익거래전략은 전환사채의 유동성이 높고 전환사채 기초자산의 변동성이 큰 것을 선호한다.
② Yield curve flattener, Yield curve steepener, Yield curve butterfly 전략은 방향성 전략에 속한다.
③ 캐리 트레이드 전략은 낮은 금리로 자본을 조달하여 높은 금리에 투자하는 전략이다.
④ 글로벌 매크로 전략은 투자결정 시 분석방법으로 탑다운(top down) 방식을 사용한다.

복원완성도 ★★☆

24 합병차익거래 전략에 대한 설명이다. 가장 적절하지 않은 것은?

① 인수합병이 완료될 경우 발생할 수 있는 주식가치 변화로부터 이익을 창출하는 전략으로서 Event-Driven전략에 해당된다.

② 발표되지 않은 추측정보에 투자하지 않는다.

③ 일반적으로 인수기업의 주식을 매수하고 피인수기업의 주식을 매도한다.

④ 합병차익거래 포지션 구축 후에 합병이 취소될 경우, 매수・매도포지션 모두에서 손실이 발생할 수 있다.

복원완성도 ★★☆

25 TRS(Total Return Swap)에 대한 설명이다. 틀린 것으로 연결한 것은?

가. 신용위험뿐만 아니라 시장위험도 거래상대방에게 전가시키는 신용파생상품이다.
나. TRS매도자는 시장기준금리에 TRS Spread를 가산한 금리를 TRS매입자에게 지급한다.
다. TRS만기일의 준거자산의 가치가 최초계약일의 가치보다 떨어져 있을 경우 그 차액을 TRS매도자가 TRS매수자에게 지급해야 한다.
라. TRS계약으로 준거자산의 의결권 등 경영권은 이전되지 않으므로, 고객과의 지속적인 관계유지를 위해 준거자산을 매각하기 곤란한 경우 적합하다.

① 가, 나

② 나, 다

③ 다, 라

④ 가, 라

2-2 해외증권투자운용/투자전략(5문항)

복원완성도 ★★☆

26 환위험 헤징전략에 대한 설명이다. 가장 적절하지 않은 것은?

① 여러 통화에 분산투자함으로써 환위험을 줄일 수 있는데, 이 경우 헤지효과는 통화 간의 상관관계에 따라 결정된다.

② 선물환, 통화선물 등 통화파생상품을 이용하는 전략은, 통화파생상품 시장이 존재한다 하여도 충분한 유동성이 없다면 유용한 헤지 수단으로 이용될 수 없다.

③ 투자기간의 전체를 하나의 계약으로 일시에 헤지하는 것을 롤링헤지라 한다.

④ 아무런 헤지를 않는 것도 중요한 환위험 헤지전략의 하나이다.

복원완성도 ★★★

27 국내 상장기업이 미국시장과 같은 해외 선진 주식시장에 상장할 경우 그 효과와 가장 거리가 먼 것은?

① 해외시장에서 주식발행을 통한 외화자금의 조달 용이

② 신인도 제고, 투명성 제고 등을 통한 기업가치 제고와 자본조달비용 절감

③ 글로벌 고객이나 현지 고객에 대한 홍보효과를 통한 영업환경 개선

④ 국내시장과 해외시장의 동시상장을 통한 상장비용절감

복원완성도 ★★★

28 미국 재무부 채권과 관련하여 빈칸을 옳게 연결한 것은?(순서대로)

• (　　　　)은/는 만기 1년 이하의 단기채이며 (　　　　)로 발행한다. • (　　　　)은/는 만기 1년 초과 10년 이하의 중기채이며 (　　　　)로 발행한다.

① T-Bill, 할인채, T-Bond, 할인채

② T-Bill, 할인채, T-Note, 이표채

③ T-Note, 할인채, T-Bill, 이표채

④ T-Note, 이표채, T-Bond, 이표채

복원완성도 ★★☆

29 **유로채와 외국채에 대한 설명이다. 가장 적절하지 않은 것은?**

① 미달러화 표시 채권이 미국이 아닌 곳에서 발행될 경우 외국채가 된다.

② 미국에서 채권을 발행하는 경우 현지투자자 보호를 위해 미국증권거래위원회(SEC)의 엄격한 공시규정이 적용되며, Moody's 같은 공인된 신용평가기관으로부터 신용등급평가를 받아야 한다.

③ 미국에서 발행되는 채권은 투자자가 미국증권거래위원회(SEC)에 등록되어야 투자자로서의 권리가 인정되는 기명식채권이다.

④ 유로채는 투자자가 익명을 유지할 수 있고 소득에 대한 원천징수가 없다.

복원완성도 ★★☆

30 **해외주식 투자전략에 대한 설명이다. 가장 적절하지 않은 것은?**

① 각국의 거시경제 변수를 보고 국가별 비중을 우선적으로 결정한 다음, 각국에서 산업과 개별 기업별 비중을 결정하는 것은 하향식 접근을 말한다.

② 세계 경제를 글로벌화된 산업들의 집합으로 보는 것은 상향식 접근이다.

③ 적극적인 투자전략은 시장이 비효율적이라는 전제 하에, 환율과 주가전망에 대한 예측을 포트폴리오에 반영하여 벤치마크 대비 초과수익률을 획득하고자 하는 것이다.

④ 소극적인 투자전략으로서 벤치마크의 포트폴리오 구성을 정확히 모방할 경우, 목표수익률이 벤치마크수익률에 근접하게 되며 인덱싱 과정에서의 거래비용도 절감할 수 있다.

2-3 기본적분석(7문항)

복원완성도 ★★☆

31 재무비율 해석에 대한 다음 설명 중 가장 적절하지 않은 것은?

① 비유동자산회전율이 높다는 것은 기업의 생산공정이 매우 효율적이거나 또는 비유동자산에 충분하지 않은 투자를 하고 있다는 의미이다.

② 재고자산회전율이 급격히 증가하는 것은 부실의 징후로 해석할 수 있다.

③ 총자산회전율이 하락하고 있다면 이는 경영효율이 하락하고 있거나 기계설비가 노후화되고 있는 것으로 해석할 수 있다.

④ 고정비용보상비율이 낮다는 것은 해당 기업이 부채 레버리지 효과를 충분히 활용하고 있지 않다는 것을 의미한다.

복원완성도 ★★★

32 다음 중 결합레버리지도(DCL)를 가장 크게 만드는 영업고정비와 재무고정비의 조합은?

	영업고정비	재무고정비
①	120	90
②	150	130
③	140	100
④	130	90

복원완성도 ★★☆

33 간접법으로 영업활동현금흐름을 작성 시에 당기순이익에 가산하는 항목이 아닌 것은?

① 매출채권의 증가

② 매입채무의 증가

③ 재고자산 평가손실

④ 감가상각비

복원완성도 ★★★

34 A기업의 자기자본이익률(ROE)이 5%, 배당성향이 40%이다. A기업에 투자하는 주주의 요구수익률이 11%일 때, 고든의 PER모형을 이용한 주가수익비율(PER)은 얼마인가?(단, PER계산에 적용되는 주당순이익은 다음 기의 예측치를 사용함, 단위 : 배수)

① 5 ② 10
③ 15 ④ 20

복원완성도 ★☆☆

35 PBR에 대한 설명이다. 가장 적절하지 않은 것은?

① 자기자본의 총시장가치를 총장부가치로 나눈 비율이다.
② PER에 기업의 마진, 활동성, 부채비율이 추가로 반영된 지표로서, 자산가치에 대한 평가뿐 아니라 수익가치에 대한 포괄적인 정보도 반영된다는 점에서 유용성이 높다.
③ ROE가 요구수익률(k)보다 낮으면 PBR이 1보다 크게 나타난다.
④ 장부가치에 기반한 지표로서 시가와 장부가의 괴리문제가 발생할 수 있는데, 이는 '토빈의 Q'로 보완할 수 있다.

복원완성도 ★★★

36 EV/EBITDA비율과 관련하여 빈칸에 알맞은 것은?

상장기업인 A기업의 EBITDA는 60억 원, 유사기업의 EV/EBITDA 비율은 15배, 채권자가치는 300억 원, 발행주식수는 100만주이다. 이 경우 A기업의 주당 가치는 ( )이다.

① 5만 원 ② 6만 원
③ 7만 원 ④ 9만 원

복원완성도 ★★☆

37 EVA(Economic Value Added)에 대한 설명이다. 가장 적절하지 않은 것은?

① EVA는 세후순영업이익으로부터 투하자본과 가중평균자본비용을 곱한 금액을 공제한 잔액을 말한다.
② 당기순이익과는 달리 주주자본비용의 기회비용적 성격을 명확히 규정할 수 있다.
③ EVA를 영업성과측정의 도구로 사용할 경우, 자기자본비용 이상의 이익을 실현하는 것을 기업투자의 목표로 설정한다.
④ EVA는 회계관습과 발생주의 회계원칙의 결과로 산출된 회계적 이익으로부터 경제적 이익을 반영하게끔 수정하는 대체적 회계처리에 해당한다고 할 수 있다.

2-4 기술적 분석(3문항)

복원완성도 ★★★

38 **이동평균선(Moving Average)에 대한 설명이다. 가장 적절하지 않은 것은?**

① 이동평균선을 분석하는 기간이 짧을수록 이동평균선은 가파르게 된다.
② 주가와 이동평균선의 괴리가 지나치게 클 때에는 이동평균선으로 회귀하려는 경향이 있다.
③ 약세국면에서 주가가 이동평균선 아래에서 움직일 경우 주가는 조만간 상승반전할 가능성이 높다.
④ 상승하고 있는 이동평균선을 주가가 하향돌파하는 경우 추세는 조만간 하락반전할 가능성이 높다.

복원완성도 ★★★

39 **다음 중 반전형 패턴이 아닌 것은?**

① 역헤드앤쇼울더형
② 이중바닥형
③ 원형바닥형
④ 깃발형

복원완성도 ★★☆

40 **OBV(On Balance Volume)와 VR(Volume Ratio) 지표에 대한 설명이다. 가장 적절하지 않은 것은?**

① OBV는 전일대비 주가가 상승한 날의 누적 거래량에 전일대비 주가가 하락한 날의 누적거래량을 차감하여 구한다.
② 주가지수OBV의 경우 저가주들의 대량거래가 시장전체의 거래량을 왜곡하는 경우가 있으므로 유의해야 한다.
③ VR의 보통수준(또는 균형상태)은 거래량의 상승편향을 감안하여 150%로 본다.
④ VR이 100% 이하이면 단기매입시점으로 본다.

2-5 산업분석(2문항)

복원완성도 ★★☆

41 헥셔올린 모형(Heckscher-Ohlin Model)에 대한 설명이다. 가장 적절하지 않은 것은?

① 산업 간 성장률 격차 또는 산업구조변화를 설명하는 이론은 국제무역이론에서 찾을 수 있는데, 헥셔올린 모형은 완전경쟁이라는 비현실적 가정에 입각한 전통적 무역이론에 속한다.

② 생산요소를 노동과 자본으로 확대하여 생산요소의 상대적 부존도에 따라서 무역패턴이 결정된다는 이론이다.

③ 자본의 상대적 부존도가 상승하게 되면 산업구조도 노동집약적 산업중심에서 자본집약적 산업중심으로 변화하게 된다.

④ 산업구조 변화에 있어서 요소부존보다 요소창출의 중요성도 강조된다는 점에서, 리카도(D. Ricardo)의 비교우위론과 차이점이 있다.

복원완성도 ★★★

42 허핀달(Herfindahl)지수에 대한 설명이다. 가장 적절하지 않은 것은?

① 만일 시장점유율을 소수점으로 측정한다면 허핀달지수의 최대값은 1이다.

② 만일 한 시장 내에 모든 기업의 시장점유율이 같다면 허핀달지수의 역수는 동등규모의 기업체 수를 말한다.

③ 동등기업의 수가 무한히 많을 경우 허핀달지수는 1로 수렴한다.

④ 상위 k개 기업의 점유율 분포가 달라지게 되면, 상위 k개 기업의 집중률지수는 변동이 없을 수도 있지만 허핀달지수는 무조건 변동하게 된다.

2-6 리스크 관리(8문항)

복원완성도 ★★☆

43 재무위험의 종류와 관련해서 빈칸을 옳게 연결한 것은?

- 기업이 소유하고 있는 자산을 매각하고자 할 때, 매입자가 없어서 매우 불리한 조건으로 자산을 매각해야 하는 경우 (　　)에 노출된다.
- (　　)은 거래상대방이 약속한 금액을 지불하지 못하는 경우에 발생하는 손실에 대한 위험이다.

① 신용위험, 법적위험
② 유동성위험, 법적위험
③ 유동성위험, 신용위험
④ 운영위험, 신용위험

복원완성도 ★★★

44 3년 만기 국채의 만기수익률이 정규분포를 따르고 1일 수익률의 증감(Δy)의 1일 기준 표준편차가 0.5%이고 수정듀레이션이 2.4이다. 이 채권을 2,000억 원 보유하고 있을 때 95% 신뢰구간 하에서의 1일 VaR은 얼마인가?(95% 신뢰상수는 1.65, 단위는 억 원)

① 16.5
② 39.6
③ 165.0
④ 396.0

복원완성도 ★★☆

45 옵션상품의 VaR을 델타노말방식으로 측정할 때 필요하지 않은 요소를 모두 고른 것은?

기초자산의 가격, 옵션의 가격, 수익률의 표준편차, 신뢰상수, 옵션의 델타, 무위험이자율

① 무위험이자율
② 옵션가격
③ 기초자산가격
④ 무위험이자율, 옵션가격

복원완성도 ★★★

46 95% 신뢰기준 · 보유기간 1일 기준의 VaR은 3.3억 원이다. 그렇다면, 99% 신뢰기준 · 보유기간 4일 기준의 VaR은 얼마인가?(단위 : 억 원)

① 3.30

② 4.66

③ 9.32

④ 18.64

복원완성도 ★★☆

47 VaR을 측정하는 4가지 방법 중 〈보기〉의 내용을 모두 충족시키는 것은?

〈보기〉

- 개념이해가 쉬울 뿐 더러 과거의 가격데이터만 있으면 비교적 쉽게 VaR을 측정할 수 있는 방법이다.
- 분산, 공분산과 같이 모수(parameter)에 대한 추정을 요구하지 않을 뿐 아니라 수익률의 정규분포와 같은 가정이 필요 없고, 옵션과 같은 비선형의 수익구조를 가진 상품이 포함된 경우에도 문제없이 사용할 수 있는 장점이 있다.
- 한 개의 표본구간 만이 사용되므로 변동성이 임의적으로 증가된 경우에 측정치가 부정확하며, 결과의 질이 표본기간의 길이에 지나치게 의존한다는 단점이 있다.

① 델타분석법

② 역사적 시뮬레이션법

③ 몬테카를로 시뮬레이션법

④ 스트레스 검증법

복원완성도 ★★☆

48 구조화된 몬테카를로 분석법(Structured Monte Carlo)에 대한 설명이다. 가장 적절하지 않은 것은?

① 완전가치평가(full valuation)로 평가하며 가치평가모형(valuation method)이 필요하다.

② 리스크 요인을 얻는 방법만 다르고 그 이외의 과정은 역사적 시뮬레이션법과 동일하다.

③ 주가움직임에 대한 확률모형으로서 가장 흔히 사용되는 것은 기하학적 브라운 운동모형이다.

④ 스트래들매도 포지션의 VaR을 측정할 때 실제 위험을 매우 과소평가하게 되는 단점이 있다.

복원완성도 ★★☆

49 기존 포트폴리오에 신규 포트폴리오(A 또는 B)를 편입할 경우, 성과가 더 좋을 것으로 기대되는 투자대안은 무엇이며 이때의 Marginal VaR은 얼마인가?(기존 포트폴리오의 VaR은 100억 원으로 가정)

구 분	투자대안 A	투자대안 B
기대수익률	10%	10%
VaR	90억 원	80억 원
기존 포트폴리오에 투자대안 편입 후의 포트폴리오의 VaR	150억 원	130억 원

① A, 50억 원
② A, 60억 원
③ B, 30억 원
④ B, 50억 원

복원완성도 ★★☆

50 다음 중 부도거리(DD ; Distance to Default)로 판단할 때 부도율이 가장 높은 자산은?

구 분	A	B	C	D
기대자산가치	140	120	100	100
부채금액	80	60	50	40
표준편차	60	40	25	20

① A
② B
③ C
④ D

3-1 직무윤리(5문항)

복원완성도 ★★☆

51 **금융소비자보호 내부통제위원회에 대한 설명이다. 가장 적절하지 않은 것은?**

① 내부통제위원회 설치요건에 해당하는 금융투자회사는 금융소비자보호 내부통제위원회를 설치해야 한다.

② 금융소비자보호 내부통제위원회는 매 반기 1회 이상 의무적으로 개최해야 하며, 의장은 대표이사가 맡는다.

③ 금융소비자보호 총괄책임자(CCO)는 대표이사 직속의 독립적인 지위를 갖는다.

④ 금융소비자보호 총괄책임자(CCO)의 직무에는 '금융기관의 위험관리에 관한 규정의 제정 및 수립, 금융소비자보호에 필요한 절차 및 기준의 수립, 민원접수 및 처리에 관한 관리・감독업무 등'이 있다.

복원완성도 ★★☆

52 **설명의무(금융소비자보호법 제19조)에 대한 내용이다. 가장 적절하지 않은 것은?**

① 일반금융소비자만을 대상으로 하는 의무이다.

② 금융소비자보호법상의 금융상품 4가지(예금성상품, 보장성상품, 투자성상품, 대출성상품) 모두를 대상으로 이행해야 한다.

③ 금융투자상품판매업자 등은 금융상품의 종류별로 설명에 필요한 설명서를 계약체결권유 사전에 서면으로 일반금융소비자에게 제공해야 하며, 설명의무를 이행한 경우 일반금융소비자가 이해하였음을 서명의 방법으로 확인을 받고 해당 기록을 유지・보관해야 한다.

④ 금융소비자보호법상의 설명의무를 이행하지 않은 금융회사에 대해, 해당 금융상품으로부터 얻는 수입의 최대 50% 이내에서 과징금을 부과할 있으며 별도로 최대 1억 원의 과태료를 부과할 수 있다.

복원완성도 ★★☆

53 내부제보제도에 대한 설명이다. 옳은 항목으로 연결한 것은?

가. 내부제보자가 제보행위를 이유로 인사상 불이익을 받은 것으로 인정되는 경우 준법감시인은 회사에 대해 시정을 요구할 수 있으며, 회사는 정당한 사유가 없는 한 이에 응하여야 한다.
나. 내부제보가 회사의 재산상 손실방지에 기여했을 경우, 해당 내부제보자에 대한 인사상 혜택은 줄 수 있지만 금전적 혜택을 주는 것은 원칙상 금지된다.
다. 미제보자(회사에 중대한 영향을 미칠 수 있는 위법・부당한 행위를 인지하고서도 회사에 제보하지 않는 자)에 대해서 불이익을 부과하는 규정은 반드시 포함되어야 한다.

① 가, 나
② 나, 다
③ 가, 다
④ 가, 나, 다

복원완성도 ★★☆

54 영업점별 영업관리자에 대한 설명이다. 틀린 것으로 연결한 것은?

가. 준법감시인은 위임의 범위와 책임의 한계 등이 명확히 구분된 경우 준법감시업무 중 일부를 영업관리자에게 위임할 수 있다.
나. 영업관리자는 영업점장이 아닌 책임자급에서 임명하는 것을 원칙으로 하며, 해당 영업점에서 1년 이상 근무하고 해당 영업점에서 상근하고 있을 것 등의 요건을 갖추어야 한다.
다. 영업관리자의 임기는 2년 이상으로 한다.
라. 영업관리자에게 업무수행의 결과에 따라 적절한 보상을 지급하는 것은 내부통제기준상 불가하다.

① 가, 나
② 다, 라
③ 가, 다
④ 나, 라

복원완성도 ★★☆

55 내부통제기준 위반 시 회사에 대한 조치로서 1억 원 이하의 과태료 부과 대상이 아닌 것은?

① 내부통제기준을 마련하지 않은 경우
② 준법감시인을 두지 않은 경우
③ 이사회의결을 거치지 않고 준법감시인을 임면한 경우
④ 준법감시인이 자산운용에 관한 업무를 겸직하게 할 경우

3-2 자본시장법 및 금융위규정(11문항)

복원완성도 ★★★

56 금융투자상품의 종류와 관련하여 빈칸에 알맞은 것은?

(　　　　　)은 기초자산의 가격・이자율・지표・단위 또는 이를 기초로 하는 지수 등의 변동과 연계하여 미리 정하여진 방법에 따라 지급금액 또는 회수금액이 결정되는 권리가 표시된 증권을 말한다.

① 수익증권
② 파생결합증권
③ 파생상품
④ 증권예탁증권

복원완성도 ★★★

57 **적기시정조치에 대한 설명이다. 가장 적절하지 않은 것은?**

① 금융투자업자의 순자본비율이 0% 미만인 경우 경영개선명령이 발동된다.

② 금융투자업자의 경영실태평가등급이 4등급 이하일 경우 경영개선명령이 발동된다.

③ 주식의 일부 또는 전부의 소각, 영업의 전부 또는 일부의 양도, 6개월 이내의 영업정지 등은 경영개선명령의 이행조치이다.

④ 금융위는 금융투자업자가 경영개선권고 등의 적기시정조치 요건에 해당되더라도, 자본의 확충 또는 자산의 매각 등으로 단기간 내에 적기시정조치의 요건에 해당되지 아니하게 될 수 있다고 판단되는 경우는 일정기간 조치를 유예할 수 있다.

복원완성도 ★★☆

58 **순자본비율의 계산에 반영되는 총위험액에 대한 설명이다. 가장 적절하지 않은 것은?**

① 총위험액은 금융투자업자가 영업을 영위함에 있어 직면하게 되는 손실을 미리 예측하여 계량화한 것이다.

② 총위험액은 시장위험액과 신용위험액, 운영위험액을 합산하여 구한다.

③ 총위험액이 증가하면 순자본비율도 상승한다.

④ 옵션에 대한 투자위험을 델타분석법으로 측정하여 VaR을 측정했다면 이는 시장위험액으로 반영된다.

복원완성도 ★★★

59 **다음 중 경영공시의 대상이 아닌 것은?**

① 금융사고나 민사소송의 패소로 손실이 발생한 경우로서 그 손실금액이 5억 원인 경우

② 회계기간 변경을 결정한 경우

③ 적기시정조치를 받은 경우

④ 상장법인이 아닌 금융투자투자업자에게 채권채무관계상 중대한 변경을 초래하는 사실이 발생한 경우

복원완성도 ★★☆

60 투자자예탁금의 별도예치제도에 대한 설명이다. 가장 적절하지 않은 것은?

① '투자매매업자 또는 투자중개업자(예탁을 하는 예치 금융투자업자)'가 '증권금융회사 또는 신탁업자(예탁을 받는 예치기관)'에게 투자자예탁금을 예치 또는 신탁하는 경우에는, 그 투자자예탁금이 예치 금융투자업자의 고유재산임을 명시해야 한다.

② 누구든지 예치기관에 예치 또는 신탁한 투자자예탁금을 상계나 압류를 할 수 없다.

③ 예치 금융투자업자가 다른 회사에 흡수합병되거나 금융투자업의 전부 또는 일부를 양도하는 경우에는, 예외적으로 예치기관에 예탁한 투자자예탁금을 양도하거나 담보로 제공할 수 있다.

④ 예치 금융투자업자에게 인가취소나 파산선고 등의 사유발생 시 예치 금융투자업자는 예치기관에 예치 또는 신탁한 투자자예탁금을 인출하여 투자자에게 우선 지급해야한다.

복원완성도 ★★☆

61 집합투자증권으로서 '수익증권'을 발행할 수 있는 집합투자기구의 형태를 모두 묶은 것은?

가. 투자신탁
나. 투자합자조합
다. 투자익명조합
라. 투자회사

① 가
② 가, 나
③ 가, 나, 다
④ 가, 나, 다, 라

복원완성도 ★★★

62 집합투자업자가 산정한 기준가격의 적정성 여부를 판단하는 주체는?

① 신탁업자
② 일반사무관리회사
③ 집합투자기구평가회사
④ 집합투자재산평가위원회

복원완성도 ★★☆

63 **집합투자재산의 운용상 금전차입과 대여의 제한에 대한 내용이다. 가장 적절하지 않은 것은?**

① 집합투자업자는 집합투자재산을 운용함에 있어서 원칙적으로 금전을 차입할 수 없지만, 대량환매청구 발생 등을 사유로 차입당시 순자산총액의 10%까지는 차입을 할 수 있다.

② 집합투자업자는 집합투자재산을 운용함에 있어서 원칙적으로 집합투자재산으로 금전의 대여를 할 수 없지만, 금융기관에 대한 30일 내의 단기대출은 예외가 인정된다.

③ 부동산에 대한 특례로서, 부동산펀드는 부동산개발사업을 영위하는 법인에 대해 금전의 대여를 할 수 있는데 이때 대여한도는 집합투자기구 순자산총액의 100%이다.

④ 부동산에 대한 특례로서, 부동산펀드가 아닌 기타 펀드는 펀드에서 보유하고 있는 부동산 가액의 200%까지 차입할 수 있다.

복원완성도 ★★★

64 **투자일임업자의 금지행위와 관련하여 빈칸에 들어갈 수 없는 것은?**

투자일임업자는 자기 또는 관계인수인이 인수한 증권을 자신의 투자일임재산으로 매수하는 행위는 금지된다. 단, 투자자보호 및 건전한 거래질서를 해할 우려가 없는 경우로서, (　　　　), (　　　　), (　　　　)는 예외가 인정된다.

① 인수일로부터 3개월이 지난 후 매수하는 경우

② 인수한 상장주권을 증권시장에서 매수하는 경우

③ 국채, 지방채, 통안채, 특수채를 매수하는 경우

④ 주식관련사채를 매수하는 경우

복원완성도 ★★☆

65 투자일임업자의 금지행위에 대한 설명이다. 가장 적절하지 않은 것은?

① 투자일임재산으로 자기가 운용하는 다른 투자일임재산, 집합투자재산 또는 신탁재산과 거래하는 행위는 금지된다.

② 투자일임재산으로 투자일임업자의 고유재산과 거래하는 행위는 금지되지만, 일반적인 거래조건에 비추어 투자일임재산에 유리한 경우는 예외가 인정된다.

③ 투자일임업자는 투자일임재산에 속하는 증권의 의결권을 행사하는 행위를 위임받는 것은 원칙상 인정되지만, 투자자보호 또는 건전한 질서를 해할 우려가 있는 경우는 위임이 금지된다.

④ 투자일임재산을 예탁하거나 인출하는 행위를 위임받는 것은 금지되지만, 투자일임업자가 투자매매업자나 투자중개업자로서 대차거래 등을 하기 위하여 투자자의 위임을 받고 투자일임재산을 인출하는 행위는 예외가 인정된다.

복원완성도 ★★★

66 자본시장조사업무 규정상의 조사결과조치에 해당하는 것으로 묶은 것은?

가. 벌금 나. 증권의 발행제한 다. 임원에 대한 해임요구

① 가, 나

② 나, 다

③ 가, 다

④ 가, 나, 다

3-3 한국금융투자협회 규정(3문항)

복원완성도 ★★★

67 펀드판매의 금지사항 및 준수사항에 대한 설명이다. 가장 적절하지 않은 것은?

① 예상수익률의 보장, 예상수익률의 확정적인 단언 또는 이를 암시하는 표현은 금지된다.
② 투자자로부터의 펀드취득자금을 판매회사의 임직원이 아닌 자를 통해서 수취하는 행위는 금지된다.
③ 펀드판매를 다른 금융투자상품과 연계하여 판매하는 경우는 투자권유대행인이 아닌 판매회사의 임직원이 투자권유를 하도록 해야 한다.
④ 일반투자자에게 계열회사인 집합투자업자가 운용하는 집합투자증권을 투자권유하는 경우는 그 집합투자업자가 자기의 계열회사라는 사실을 고지해야 한다.

복원완성도 ★★★

68 펀드의 투자광고 시 의무표시사항을 모두 묶은 것은?

가. 환매수수료 및 환매신청 후 환매금액의 수령이 가능한 구체적인 시기 나. 증권거래비용이 발생할 수 있다는 사실과 투자자가 직·간접적으로 부담하세 되는 각종 보수 및 수수료 다. 손실보전이나 이익보장이 있는 경우 이에 관한 사항

① 가, 나
② 나, 다
③ 가, 다
④ 가, 나, 다

복원완성도 ★★☆

69 신상품보호 규정상의 신상품의 정의에 부합하는 것을 모두 묶은 것은?

> 가. 새로운 비즈니스 모델을 적용한 금융투자상품 또는 이에 준하는 서비스
> 나. 금융공학 등 신금융기법을 이용하여 개발한 금융투자상품 또는 이에 준하는 서비스
> 다. 기존의 금융투자상품 또는 이에 준하는 서비스와 구별되는 독창성이 있는 금융투자상품 또는 이에 준하는 서비스

① 가
② 가, 나
③ 가, 다
④ 가, 나, 다

3-4 주식투자운용/투자전략(6문항)

복원완성도 ★★☆

70 효율적 시장가설(EMH ; Efficient Market Hypothesis) 이론과 관련하여 빈칸에 알맞은 것은?

> (   )의 효율적 시장가설에 의하면, 일단 정보가 공개되면 즉각적으로 주가에 반영되기 때문에 공개된 정보는 종목을 선정하는데 아무런 도움이 되지 않는다. 따라서 공개된 정보로부터 이익을 얻는 것은 불가능하다.

① 약형(weak form)
② 준강형(semi-strong form)
③ 강형(strong form)
④ 준강형(semi-strong form), 강형(strong form)

복원완성도 ★★★

71 다음 중 기대수익률을 추정하는 방법과 가장 거리가 먼 것은?

① 추세분석법

② 시장공통예측치 사용법

③ GARCH

④ 근본적 분석법

복원완성도 ★★★

72 전략적 자산배분의 실행단계를 옳게 연결한 것은?

가. 자산집단의 선택
나. 최적자산배분의 구성
다. 투자자의 투자목적 및 투자제약조건 파악
라. 자산종류별 기대수익, 위험, 상관관계의 추정

① 가 → 나 → 다 → 라

② 다 → 라 → 가 → 나

③ 다 → 가 → 라 → 나

④ 라 → 다 → 가 → 나

복원완성도 ★★☆

73 전술적 자산배분에 대한 설명이다. 가장 적절하지 않은 것은?

① 진술적 자산배분이 성립되기 위해서는 자산집단의 가격이 평균반전(mean reverting process) 과정을 따른다고 가정해야 한다.

② 전술적 자산배분은 본질적으로 역투자전략인데, 내재가치는 시장가격보다 매우 낮은 변동성을 보이므로 역투자전략의 수행을 용이하게 만든다.

③ 증권의 시장가격이 내재가치로부터 상당히 벗어나는 가격착오현상을 이용한다.

④ 시장가격이 내재가치 보다 높게 형성되었을 때 매수하고, 시장가격이 내재가치보다 낮게 형성되었을 때 매도하는 전략이다.

복원완성도 ★★☆

74 〈보기〉에 대한 설명으로 가장 적절하지 않은 것은?

〈보기〉

- 아래와 같이 포트폴리오보험전략을 실행한다.
- 현재 총 투자금액은 120억 원, 1년 후 보장수준은 100억 원, 무위험이자율 4%, 투자기간 1년, 승수가 2이다.

① 보험자산배분전략으로서 OBPI전략에 속한다.
② 투자시점에서의 최저보장가치(floor)는 96.15억 원이며, 만기까지 무위험이자율만큼 최저보장가치가 매일 상승한다.
③ 쿠션(cushion) 금액은 23.85억 원이고 익스포저 금액은 47.70억 원이다.
④ 최초 포트폴리오 구성 시점의 채권투자금액은 72.3억 원이고 만기시점에서의 채권의 평가액은 75.19억 원이다.

복원완성도 ★★★

75 〈보기〉는 주식시장의 이상현상(anomaly)의 종류이다. 이 중에서 '수익률역전 그룹'에 해당하는 것으로 모두 연결한 것은?

〈보기〉

가. 소형주 효과
나. 저 PER 효과
다. 저 베타 효과
라. Winner-Loser 효과

① 가, 나
② 다, 라
③ 가, 다
④ 나, 라

3-5 채권투자운용/투자전략(6문항)

복원완성도 ★★★

76 빈칸에 알맞은 것은?

채권액면 20,000원, 채권액면에 대한 전환주수는 5주이다(전환비율 100%). 현재 채권의 시장가격은 18,000원이고 전환대상 주식의 시장가격은 2,000원이다. 이 경우 동 전환사채의 패리티는 (   )이다.

① 40%
② 50%
③ 90%
④ 200%

복원완성도 ★☆☆

77 채권의 발행시장 및 유통시장에 대한 설명이다. 가장 적절하지 않은 것은?

① 각 응찰자가 제시한 응찰수익률을 낮은 수익률 순으로 배열한 후, 최저수익률부터 발행예정액에 달할 때까지 순차적으로 낙찰자를 결정하는 방식은 공모발행 중 Conventional Auction방식이다.
② 국채를 발행하는 3가지 방식은 경쟁입찰, 첨가소화, 교부방식이다.
③ 채권시장은 우리나라를 포함한 대부분의 나라에서 장외시장의 비중이 더 높다.
④ 채권시장은 주식시장에 비해 유동성이 부족한 편이므로, 장내시장과 장외시장 모두 상대매매 방식으로 거래된다.

복원완성도 ★★☆

78 채권가격의 움직임에 대한 설명이다. 가장 적절하지 않은 것은?

① 채권가격은 채권수익률과 반대방향으로 움직인다.
② 동일한 채권수익률 변동에 대한 채권가격의 변동은 잔존기간이 길수록 커진다.
③ 만기가 일정할 때 채권수익률 하락으로 인한 채권가격의 상승폭은 채권수익률 상승으로 인한 채권가격의 하락폭보다 적다.
④ 표면이자율이 낮을수록 동일한 수익률변동에 대한 채권가격변동폭이 커진다.

복원완성도 ★★☆

79 〈보기〉는 채권의 볼록성(convexity)에 대한 설명이다. 틀린 것으로 연결한 것은?

〈보기〉

가. 동일한 듀레이션에서 볼록성이 큰 채권은 볼록성이 작은 채권에 비해서, 수익률의 상승이나 하락에 관계없이 항상 높은 가격을 지닌다.
나. 채권수익률이 하락할수록 채권의 볼록성은 증가한다.
다. 일정한 수익률과 만기에서 표면이자율이 높을수록 채권의 볼록성은 커진다.
라. 채권의 볼록성은 듀레이션이 증가함에 따라 체감적으로 증가한다.

① 가, 나
② 다, 라
③ 가, 다
④ 나, 라

복원완성도 ★★★

80 채권액면 1만 원, 표면금리 4%, 만기 3년인 할인채의 잔존만기가 91일인 시점에서 만기수익률 5%에 매매하였을 때 동 채권의 매매가격은 얼마인가?(관행적 복할인방식으로 계산, 1년은 365일, 원 미만은 절사함)

① 9,600원
② 9,777원
③ 9,876원
④ 10,000원

복원완성도 ★★★

81 현 시점에서 2년 만기 현물이자율(S_2)이 5%, 향후 1년 후의 1년 만기 내재선도이자율(${}_1f_1$)이 4%일 경우, 현 시점에서 1년 만기 현물이자율(S_1)에 가장 가까운 값은 얼마인가?(불편기대이론에 따름)

① 3.0%
② 4.0%
③ 5.0%
④ 6.0%

3-6 파생상품투자운용/투자전략(6문항)

복원완성도 ★★★

82 〈보기〉에서 장외파생상품의 기초자산이 될 수 있는 것으로 모두 연결한 것은?

〈보기〉

가. 금리
나. 원자재
다. 신용위험

① 가, 나
② 나, 다
③ 가, 다
④ 가, 나, 다

복원완성도 ★★★

83 빈칸을 옳게 연결한 것은?(순서대로)

선물의 시장가격이 현물의 시장가격보다 낮은 상태를 (   ) 또는 (   )이라고 표현한다.

① 콘탱고, 정상시장
② 콘탱고, 역조시장
③ 백워데이션, 정상시장
④ 백워데이션, 역조시장

복원완성도 ★★★

84 주가지수옵션에서 행사가격이 350인 콜옵션의 옵션프리미엄은 8이다. 현재 기초자산가격이 355면 이 옵션의 내재가치는 얼마인가?(단위 : point)

① 3
② 5
③ 8
④ 11

복원완성도 ★★★

85 **행사가격이 300p인 풋옵션을 1계약 매도(프리미엄 5point)하고, 행사가격이 292.5p인 풋옵션을 1계약 매수(프리미엄 1.5point)하였다. 만기시점에 청산된 기초자산가격이 295p라고 할 때, 이 스프레드포지션의 손익은 얼마인가?(단위 : point)**

① 1.5포인트 손실
② 1.5포인트 이익
③ 3.5포인트 손실
④ 3.5포인트 이익

복원완성도 ★☆☆

86 **〈보기〉의 정의에 부합하는 옵션스프레드 전략은 무엇인가?**

〈보기〉

만기는 동일하고 행사가격이 다른 두 개의 옵션에 대해, 매수 및 매도를 동시에 취하는 전략이다.

① 수평스프레드
② 수직스프레드
③ 대각스프레드
④ 시간스프레드

복원완성도 ★★☆

87 **옵션민감도 지표 중 감마(gamma)에 대한 설명이다. 가장 적절하지 않은 것은?**

① 기초자산의 변화에 대한 델타 값의 변화비율을 나타내는 값이다.
② 기초자산가격에 대한 옵션가격의 2차 미분치에 해당하며 옵션가격의 가속도로 해석된다.
③ ATM(At The Money)에서 가장 큰 값을 보이며, 옵션만기가 다가올수록 그 값이 커진다.
④ 풋옵션 매수의 경우 민감도 부호가 음(−)이다.

3-7 투자운용결과분석(4문항)

복원완성도 ★★★

88 **금액가중수익률과 시간가중수익률에 대한 내용이다. 〈보기〉의 내용을 옳게 분류한 것은?**

〈보기〉

가. 최초 및 최종의 자산규모, 자금의 유출입시기에 의해 영향을 받는다.
나. 투자자가 실제로 획득한 수익을 투자기간을 고려하여 측정함에 있어 가장 정확하다.
다. 운용기간 중 각 시점별로 펀드성과와 시장수익률을 비교하기가 용이하다.

	금액가중수익률	시간가중수익률
①	가, 나	다
②	가	나, 다
③	가, 다	나
④	나	가, 다

복원완성도 ★★★

89 **빈칸을 옳게 연결한 것은?(순서대로)**

(　　　　)는 수익률 분포의 '기울어진 정도'를 나타내고, (　　　　)는 수익률 분포에서 가운데 봉우리 부분이 얼마나 뾰족한가를 측정하는 지표이다.

① 왜도, 첨도
② 왜도, 표준편차
③ 첨도, 표준편차
④ 첨도, 왜도

복원완성도 ★★★

90 다음의 위험측정지표 중에서 특정 기준과 비교하여 위험을 측정하는 지표가 아닌 것은?

① 표준편차
② 베타
③ 잔차위험
④ 상대VaR

복원완성도 ★★★

91 포트폴리오 A, B, C, D 중에서 샤프비율과 트레이너비율이 가장 높은 것은?(벤치마크수익률은 10%, 무위험수익률은 3%로 가정)

구 분	A	B	C	D
기대수익률(%)	18	20	24	26
베타	1.2	1.4	1.6	1.8
표준편차(%)	20	25	30	40

	샤프비율	트레이너비율
①	A	D
②	A	C
③	C	B
④	C	D

3-8 거시경제(4문항)

복원완성도 ★★☆

92 IS/LM모형에 대한 설명이다. 가장 적절하지 않은 것은?

① 정부지출(G)이 증가하면 이자율이 하락한다.

② 조세(T)가 증가하면 이자율이 하락한다.

③ 통화량(M)이 증가하면 이자율이 하락한다.

④ 물가(P)가 상승하면 이자율이 상승한다.

복원완성도 ★★☆

93 이자율의 기간구조이론에 대한 설명이다. 가장 적절하지 않은 것은?

① 불편기대이론은 장단기채권 간의 완전한 대체관계가 성립하므로 장기채권에 한번에 투자하는 경우와 단기채권에 나누어 투자하는 경우의 예상수익률이 동일하다고 본다.

② 유동성선호이론은 장기채권과 단기채권 간의 대체관계는 없다고 본다.

③ 시장분할이론은 수익률곡선이 대체로 우상향한다는 사실은 잘 설명하고 있으나, 수익률곡선의 이동은 설명하지 못한다.

④ 특정선호이론에서 장기채권의 금리는 만기까지 예상된 단기이자율의 평균에 기간프리미엄을 더한 값으로 결정된다.

복원완성도 ★★☆

94 거시경제지표와 관련한 설명이다. 가장 적합한 것은?

① 실업률은 실업자수를 생산활동가능인구로 나누어 구한다.

② GDP디플레이터는 실질GDP를 명목GDP로 나누어서 구한다.

③ 경기종합지수는 경기변동의 진폭과 속도를 측정할 수 있다.

④ 기업경기실사지수(BSI)가 80%이면 경기가 확장국면에 있음을 말한다.

복원완성도 ★★★

95 다음 중 경기선행지표에 속하는 것은?

① 코스피지수
② 광공업생산지수
③ 내수출하지수
④ CP유통수익률

3-9 분산투자이론(5문항)

복원완성도 ★★☆

96 투자종목의 수와 위험분산효과에 대한 설명이다. 가장 적절하지 않은 것은?

① 포트폴리오에 편입되는 종목의 수를 무한이 증가시킬 경우 시장위험을 완전히 제거할 수 있다.
② 포트폴리오에 포함하는 종목의 수가 계속 증가할수록 포트폴리오의 위험은 각 종목들 간의 공분산의 평균에 접근해 간다.
③ 자산 간의 상관계수가 0일 경우에도 분산투자효과는 발생한다.
④ 포트폴리오 투자에 있어서 적절한 보상은 분산불능위험인 체계적 위험에 한정된다.

복원완성도 ★★★

97 자산A의 표준편차는 0.3, 자산B의 표준편차는 0.2, 두 자산 간의 상관계수는 −1일 경우, 최소분산포트폴리오가 되는 자산A의 비중은 얼마인가?

① 0.40
② 0.60
③ 0.80
④ 0.80

복원완성도 ★★★

98 포트폴리오의 위험과 관련하여 빈칸에 알맞은 것은?

> 주식형펀드 A의 기대수익률이 15%, 표준편차가 20%, 무위험수익률이 4%이다. 이때 주식형펀드를 40%, 무위험자산을 60%로 하는 새로운 포트폴리오를 구성할 경우, 새로운 포트폴리오의 위험은 (　　)이다.

① 6%
② 8%
③ 12%
④ 20%

복원완성도 ★★★

99 주식J의 정보가 〈보기〉와 같다. 증권시장선(SML)상의 주식J의 요구수익률은 얼마인가?

〈보기〉

> 무위험수익률 0.02, 시장기대수익률 0.07, 시장기대수익률의 표준편차 0.5, 주식J와 시장수익률 간의 공분산 0.4

① 6%
② 7%
③ 7.6%
④ 10%

복원완성도 ★★★

100 빈칸에 알맞은 것은?

> A포트폴리오의 기대수익률은 7%, 베타는 0.2이고 무위험수익률은 4%이다. 자본시장의 균형상태를 가정하였을 때, 기대수익률이 10%인 B포트폴리오의 베타는 (　　)이다.

① 0.1
② 0.4
③ 0.6
④ 0.7

투자자산운용사 출제동형 PLUS

최신 9회분

37회차 시험 출제동형

※ 총 평

35회와 36회가 연속으로 어려운 난이도였던 바, 이에 대한 조정차원에서 37회 시험은 다소 평이하게 출제되었다고 평가됩니다. 신유형 문항 수가 36회 시험에서는 역대 최다 수준인 15문항이 출제되었으나 37회 시험에서는 5문항이 출제됨으로써(매 시험 평균 신유형 문항 수는 7문항), 37회 시험 합격률은 투운사 평균 또는 평균보다 약간 높은 '36~40%' 수준으로 추정됩니다.

※ 난이도 조절에 따른 시험대비 전략

최근 투운사 시험의 난이도는 1~2회를 주기로 '어렵고 쉽고'가 반복이 되는 경향을 보이고 있습니다. 따라서 수험생의 입장에서는 약간의 '운(運)'이 작용하기도 합니다만, 기본적으로 시험 난이도와 관계없이 안정적으로 합격할 수 있는 수준에 도달하도록 실력을 쌓는 것이 가장 확실한 시험전략이라 할 수 있습니다.
'어렵고 쉽고'의 점수 차이는 대략 '5점~10점'차이인데, 80점 이상의 점수가 나올 정도의 실력을 갖춘다면 시험 난이도와 관계없이 안정적인 합격을 할 수 있습니다. '토마토패스 기출 풀 교재(출제동형 또는 패스코드)'가 '85~95%'의 적중률을 보이고 있으므로(교재의 기출주제를 모두 이해했다는 전제하에), 기출 풀 교재를 마스터한다면 시험이 어렵게 나오더라도 무난한 합격을 기대할 수 있다는 결론입니다.

※ 기출 풀 교재 활용법

▶ 토마토 패스 기출 풀 교재는 '출제동형 100문항'과 '패스코드' 교재를 말하는데, 두 교재 모두 공부하는 것이 이상적이지만 하나만 선택할 경우는 출제동형 교재의 학습을 권장합니다.

▶ 출제동형 교재의 문제가 시험 원형과 가장 가깝다고 할 수 있고 9회분의 문항 속에서 동일문항이 반복이 되는 정도까지 파악할 수 있으며(중요도 파악 가능), 풍부한 해설을 통해서 기출주제를 확실히 이해할 경우 기출변형에도 충분한 대비가 될 수 있습니다.
패스코드의 경우 '500문항의 문항 풀'로 2018년 이후의 기출을 반영할 수 있도록 수정・보완이 되어 왔으므로, 자연스럽게 기출변형에 대비할 수 있는 장점이 있습니다. 그리고 '프리미엄 강의노트(최신 2회차)'를 통해 최신 기출 풀을 보완할 수 있고, 빈출 OX퀴즈를 통해서 '전 범위 요약 및 적중률 제고' 효과를 기대할 수 있습니다.

▶ 시험 합격을 위해 가장 중요한 것은 '토마토패스 기출 풀 교재'를 마스터하는 것입니다. 그런데 '마스터'에 소요되는 시간이 부담될 수 있으므로, 최소 시험 2주 전부터는 마스터를 위한 집중학습에 들어가기를 권장합니다. 아무튼 파이팅하시고 수험생 여러분의 합격을 응원합니다!

투자자산운용사 출제동형 PLUS 최신 9회분

37회차 (2024. 03. 10 시험)

문항 수 : 100문항
시험시간 : 120분

1-1 세제관련 법규/세무전략(7문항)

복원완성도 ★★★

01 다음 중 국세가 아닌 것은?

① 소득세
② 취득세
③ 개별소비세
④ 농어촌특별세

복원완성도 ★★☆

02 국세기본법에 대한 내용이다. 가장 적절한 것은?

① 세법에서 정한 기한이 근로자의 날에 해당하는 경우 그 전날을 기한으로 한다.
② 과세 처분청이 필요한 경우 정보통신망을 이용한 송달이 가능하다.
③ 과세표준신고서를 법정신고기한 내에 제출한 자가 과세표준 및 세액을 과다하게 신고하거나 결손금 또는 환급세액을 과소신고한 때에는 해당 과세표준 및 세액의 결정 또는 경정을 법정신고기한이 지난 후 5년 이내에 관할 세무서장에게 청구할 수 있다.
④ 처분청의 처분을 안 날로부터 90일 이내에 국세청 또는 감사원에 제기하는 불복절차는 심판청구이다.

복원완성도 ★★☆

03 〈보기〉에서 종합소득세 신고 · 납부를 해야 하는 경우는?(A, B, C, D 모두 기재된 소득 이외의 소득은 없다고 가정함)

〈보기〉

A. 근로소득이 1억 원인 경우
B. 비실명거래로 인한 금융소득이 3천 만 원인 경우
C. 직장공제회 초과반환금이 2천 만 원인 경우
D. 정기예금의 이자소득이 1천만 원이고 집합투자기구로부터의 이익이 2천만 원인 경우

① A
② B
③ C
④ D

복원완성도 ★★☆

04 **양도소득세 과세에 대한 설명이다. 가장 적합한 것은?**

① 자산의 양도가액은 양도 당시의 기준시가로 한다.
② 비상장주식 매매 시 발생한 증권거래세는 양도차익계산 시 필요경비로 차감한다.
③ 상장주식은 보유기간이 3년 이상인 경우 장기보유특별공제의 대상이 된다.
④ 2025년 현재 파생상품 양도소득에 대해서는 5% 탄력세율을 적용하고 있다.

복원완성도 ★★☆

05 **증권거래세와 관련된 설명 중 가장 적합한 것은?**

① 뉴욕 증권거래소에 상장된 주권을 양도할 경우 증권거래세가 부과되지 않는다.
② 비거주자인 외국인투자자가 국내 증권시장에서 상장된 주권을 양도할 경우 증권거래세가 부과되지 않는다.
③ 코넥스시장에서 거래하는 주권에 대해서는 증권거래세가 부과되지 않는다.
④ 주권을 통한 대물변제의 경우 증권거래세가 부과되지 않는다.

복원완성도 ★★★

06 **국내 사업장이 없는 외국법인이 당해 주권을 금융투자업자를 거치지 않고 국내법인에게 양도하였고, 국내법인은 금융투자회사에 해당 주권을 보관하였다. 이때 당해 주권의 양도에 대한 증권거래세 납부의무자는 누구인가?**

① 금융투자업자
② 양도한 외국법인
③ 양수한 국내법인
④ 예탁결제원

복원완성도 ★★☆

07 **금융소득 종합과세에 대한 설명으로 가장 적절하지 않은 것은?**

① 금융소득은 필요경비가 인정되지 않아서 수입금액이 바로 소득이 된다.
② 부부의 소득에 대해서는 현행법상 부부별산제를 적용하므로, 배우자 명의로 금융소득을 분산하여 기준금액 2천만 원을 초과하지 않도록 하는 것이 유리하다.
③ 만기가 10년 이상이고 보유기간이 3년 이상인 채권(2018년 이전 발행채권)의 경우, 별도의 분리과세 신청을 하지 않아도 무조건분리과세로 납세의무가 종결된다.
④ 비거주자는 분리과세가 원칙이지만 일정 조건에 해당될 경우 종합과세대상이 된다.

1-2 금융상품(8문항)

복원완성도 ★★☆

08 개인종합자산관리계좌(ISA ; Individual Savings Account)에 대한 설명이다. 틀린 항목으로 연결한 것은?

가. 일반형의 경우는 근로소득이 있더라도 만 19세 이상이 되어야 가입할 수 있다. 나. 금융소득종합과세 대상자라 하더라도 총급여 5천만 원 이하 등의 소득요건을 갖춘다면 서민형 가입이 가능하다. 다. ISA계좌에 편입할 금융상품을 직접 고르기를 원하는 투자자에게 적합한 유형은 신탁형과 중개형이다.

① 가, 나
② 나, 다
③ 가, 다
④ 가, 나, 다

복원완성도 ★★☆

09 다음 중 예금자보호상품에 해당하는 것은?

① 주택청약예금, 주택청약부금, 주택청약저축
② 자기신용 대주담보금, 신용거래 계좌설정보증금, 유통금융 대주담보금
③ 청약자 예수금, 선물·옵션거래 예수금, 제세금 예수금
④ 표지어음, 신용부금, 종금사CMA

복원완성도 ★★☆

10 생명보험에 대한 다음의 설명 중 가장 적절하지 않은 것은?

① 체증식 보험은 보험기간이 경과함에 따라 보험료가 증가하는 보험이다.
② 피보험자의 수가 2인 이상인 보험을 연생보험이라 한다.
③ 수십 명 이상의 다수의 사람이 1매의 보험증권으로 가입하는 보험은 단체보험이다.
④ 정기보험은 보험계약에 따라 사전에 설정한 기간 내에 피보험자가 사망할 경우 보험금을 지급하는 보험이다.

복원완성도 ★★☆

11 주가연계증권(ELS ; Equity Linked Securities)에 대한 설명이다. 옳은 것으로 연결한 것은?

> 가. ELS는 중도해지 시 원금손실가능성이 높지만 투자자 요청에 의한 중도해지는 가능하다.
> 나. 증권사와 자산운용사가 ELS를 발행할 수 있다.
> 다. 기초자산 가격이 하락하여 낙인(knock in)이 발생하지 않은 상황에서 3~6개월 마다 주가가 일정수준 이상인 경우 특정 약정수익률로 자동상환되는 구조는 step-down형이다.

① 가, 나 ② 나, 다
③ 가, 다 ④ 가, 나, 다

복원완성도 ★★☆

12 MMF 운용대상인 채무증권의 신용등급 제한에 대한 설명이다. 틀린 것으로 연결한 것은?

> 가. MMF의 운용대상이 되는 채무증권은 상위 2개 등급 이내이어야 하며, 운용 중인 채무증권이 상위 2개 등급에 미달할 경우는 지체 없이 비중을 축소하는 등의 투자자보호조치를 취해야 한다.
> 나. 채무증권의 신용등급이 상위 2개 등급에 미달하는 경우에도 보증인의 신용평가등급이 상위 2개 등급 이내인 채무증권일 경우 MMF의 운용대상이 될 수 있다.
> 다. 채무증권의 신용등급이 없는 경우에도 일반사무관리회사가 상위 2개 등급에 상응한다고 인정하는 채무증권일 경우 MMF의 운용대상이 될 수 있다.

① 가, 나 ② 나, 다
③ 가, 다 ④ 가, 나, 다

복원완성도 ★★☆

13 자산유동화증권(ABS ; Asset Backed Security)에 대한 설명이다. 가장 거리가 먼 것은?

① 자산보유자는 보유하고 있는 유동화대상 자산을 양도하지 않고 관리하며, 이로부터 발생하는 현금흐름을 바탕으로 유동화전문회사가 자산유동화증권을 발행한다.
② 자산유동화증권의 기초자산은 자산의 집합(pooling)이 가능하고 자산의 특성상 동질성을 지니고 있어야 한다.
③ 자산유동화증권은 다양한 구조와 신용보강 등을 통해 일반적으로 자산보유자보다 높은 신용도를 가진 증권으로 발행한다.
④ 자산유동화 과정에서의 모든 위험을 투자자에게 전가함으로써 자산보유자 입장에서 부외효과가 발생하는 것은 패스스루 방식(지분이전증권)이다.

복원완성도 ★★☆

14 **역모기지론(Reverse Mortgage)에 대한 설명이다. 가장 적절하지 않은 것은?**

① 본인 명의의 주택에 대해 담보 및 대출계약을 체결한 뒤 일정금액을 연금의 형태로 수령하는 최신 금융기법 중 하나이다.

② 역모기지 대출이 이루어지기 위해서는 신청자의 미래상환능력 및 신청 시점까지의 신용기록이 중요하게 고려된다.

③ 역모기지 대출을 신청하는 노년층이 장수할 가능성이 높아질수록 역선택의 문제가 발생할 수 있다.

④ 금융기관은 대출자의 장수위험이나 일반주택 가격평가위험, 특정주택가격평가위험 등의 위험에 노출된다.

복원완성도 ★★☆

15 **퇴직연금제도에 대한 설명이다. 틀린 것으로 연결한 것은?**

가. 근로자의 근속기간 및 급여수준에 따라 근로자가 퇴직 시 받을 수 있는 퇴직금이 사전에 정해지는 것은 확성기여형이다. 나. 퇴직적립금의 운용책임이 사용자(기업)에게 있으며 적립금의 운용결과에 따라 사용자가 납부해야 할 부담금이 변동할 수 있는 것은 확정기여형이다. 다. 확정급여형과 확정기여형 모두 개인형 퇴직연금제도(IRP)에 추가 가입할 수 있다. 라. 운용수익률이 임금상승률보다 높으면 확정기여형이 유리하다.

① 가, 나
② 다, 라
③ 가, 다
④ 나, 라

1-3 부동산관련 상품(5문항)

복원완성도 ★★★

16 다음의 민법상 물권 중에서 담보물권과 가장 거리가 먼 것은?

① 점유권
② 유치권
③ 질 권
④ 저당권

복원완성도 ★★☆

17 다음 중 부동산 관련 용어에 대한 설명이 틀린 것은?

① 건폐율 : 대지면적에 대한 건축면적(대지에 2 이상의 건축물이 있는 경우에는 이들 건축면적의 합계)의 비율을 말한다.
② 용적률 : 대지면적에 대한 건축물의 지하층과 지상층의 연면적(대지에 2 이상의 건축물이 있는 경우는 이들 연면적의 합계)의 비율을 말한다.
③ 건축 : 건축법에 의한 건축물의 신축, 증축, 개축, 재축, 이전을 말한다.
④ 용도변경 : 사용승인을 받은 건축물의 최초용도가 아닌 다른 용도로 바꾸어 사용하는 것을 말한다.

복원완성도 ★★☆

18 다음 중 순현재가치(NPV)의 정의에 해당하는 것은?

① 현금유입의 현재가치에서 현금유출의 현재가치를 뺀 값이다.
② 장래 현금흐름의 현재가치를 최초의 부동산투자액으로 나눈 값이다.
③ 투자안의 현금유입의 현재가치와 현금유출의 현재가치를 일치시키는 할인율이다.
④ 저당대출원금을 부동산가격으로 나눈 것으로서 부동산투자의 자본구조를 파악할 수 있다.

복원완성도 ★★☆

19 부동산투자회사(REITs)에 대한 설명이다. 가장 적절하지 않은 것은?

① 부동산투자회사의 설립은 발기설립으로만 가능하다.
② 부동산투자회사가 자산의 투자・운용업무를 하기 위해서는 부동산투자회사의 종류 별로 국토교통부 장관의 영업인가를 받아야 한다.
③ 부동산투자회사는 자기관리 리츠, 위탁관리 리츠, 개발관리 리츠의 세 종류로 구분된다.
④ 자기관리 리츠는 영업인가를 받은 후 6개월 경과 시에는 5명 이상의 자산운용전문인력을 상근으로 두어야 한다.

복원완성도 ★★☆

20 부동산 포트폴리오에 대한 설명이다. 가장 적절하지 않은 것은?

① 부동산 포트폴리오 수익률은 포트폴리오 내 개별부동산 수익률을 가중평균한 값이다.
② 부동산 포트폴리오의 분산은 포트폴리오 내 개별부동산의 분산을 가중평균한 값이다.
③ 부동산은 주식 및 채권과 낮은 상관관계를 지니므로, 부동산을 포함한 혼합 포트폴리오 구성 시 높은 분산투자효과를 기대할 수 있다.
④ 부동산 포트폴리오에서 투자안의 수를 무한대로 증가시키더라도 체계적 위험은 제거할 수 없다.

2-1 대안투자운용/투자전략(5문항)

복원완성도 ★★★

21 다음 중 대안투자상품에 해당하는 것으로 연결한 것은?

가. 부동산 펀드 나. 주식형 펀드 다. MMF 라. 인프라 스트럭처 펀드

① 가, 나　② 나, 다
③ 다, 라　④ 가, 라

복원완성도 ★★☆

22 부동산개발사업에 대한 설명이다. 가장 적절하지 않은 것은?

① 부동산개발금융으로서 프로젝트 금융(PF ; Project Financing)은 사업자와 법적으로 독립된 프로젝트로부터 발생하는 미래 현금흐름을 상환재원으로 자금을 조달하는 금융기법을 의미한다.
② 부동산개발사업에서 부동산을 건축하는 역할을 담당하는 주체는 시공사이다.
③ 에스크로 계좌의 출금은 '제세공과금, 사업경비, 대출원리금, 공사비, 사업이익'의 순으로 집행한다.
④ 지주(地主) 수가 많은 토지에 대해서는 지주 개인 별로 개별계약을 하는 것이 바람직하다.

복원완성도 ★★☆

23 PEF(Private Equity Fund)의 투자회수(EXIT) 방안에 대한 설명이다. 가장 거리가 먼 것은?

① PEF가 인수기업의 가치를 상승시킨 후 일반기업(매각대상 기업과 동종 업종이거나 사업다양화를 지향하는 전략적 투자자)을 대상으로 매각하는 것이 가장 선호되는 전략이다.
② PEF가 인수한 기업을 다른 PEF에게 매각할 경우 일반기업에 매각하는 것이 비해 추가적인 할인율이 적용될 수 있다.
③ PEF가 인수한 회사를 공모절차(IPO)를 통해 주식시장을 거쳐 일반투자자들에게 매각하는 것은 투자회수전략 중 하나인 PEF자체상장 방식을 말한다.
④ 유상감자(recapitalization)나 배당을 통해서 회수하는 것은 해당 기업의 수명단축, 장기 성장성 저해 등의 부작용을 초래할 수 있다.

복원완성도 ★★★

24 **다음 중 헤지펀드 운용전략 중 '방향성 전략'으로만 연결한 것은?**

① 선물거래펀드, 이머징마켓펀드

② 글로벌 매크로, 부실채권투자

③ 합병차익거래, 전환사채차익거래

④ 주식시장중립형, 이자율스프레드

복원완성도 ★★☆

25 **신용파생상품에 대한 설명이다. 가장 적절하지 않은 것은?**

① CDS는 보장매수자가 보장매도자에게 스왑 프리미엄을 지급함으로써 거래가 성립된다.

② TRS는 신용위험 뿐만 아니라 시장위험도 거래상대방에게 전가시키는 신용파생상품이다.

③ CLN은 일반채권에 CDS를 결합한 상품으로서, 신용사건이 발생하지 않은 경우 CLN발행자가 CLN매입자에게 원금과 이자를 지급한다.

④ 합성CDO는 CDO의 특수한 형태로서 자산보유자가 준거자산을 SPC에게 양도하고 SPC는 준거자산의 현금흐름을 바탕으로 다계층의 투자자에게 CLN을 발행함으로써 신용위험을 이전하는 형태이다.

2-2 해외증권투자운용/투자전략(5문항)

복원완성도 ★★☆

26 국제지수와 관련된 내용으로 가장 적절하지 않은 것은?

① 우리나라는 2024년 현재 'MSCI EM지수(신흥시장 지수)'에 편입되어 있다.
② MSCI지수는 정부 및 계열사 보유 지분 등 시장에서 유통되기 어려운 주식도 포함하여 계산하는 산출방식이다.
③ FTSE 100지수는 런던거래소에 상장된 100개의 우량주식으로 구성된 지수이다.
④ MSCI지수에서 특정국가의 비중이 높아지면 그만큼 외국인 투자가 확대될 가능성이 커진다.

복원완성도 ★★★

27 빈칸에 알맞은 것은?

미국투자자가 달러가치상승기에 해외투자 시 환차손을 입을 수 있는데, 이때 달러가치와 양의 상관관계를 보이는 주식을 매수함으로써 환차손을 상계할 수 있다. 이렇게 주가와 통화가치 간의 상관관계를 이용한 환위험 헤지방식을 (　　　　　)라고 한다.

① 베타헤지
② 최소분산헤지
③ 롤링헤지
④ 내재적 헤지

복원완성도 ★★★

28 미국 재무부 채권과 관련하여 빈칸을 옳게 연결한 것은?(순서대로)

T-Bill은 (　　　　　)로, T-Note는 (　　　　　)로, T-Bond는 (　　　　　)로 발행한다.

① 할인채, 이표채, 복리채
② 할인채, 이표채, 이표채
③ 이표채, 복리채, 복리채
④ 이표채, 이표채, 이표채

복원완성도 ★★★

29 **다음 중 미국 국채에 투자할 경우 고려사항과 가장 거리가 먼 것은?**

① 미국 연준(Fed)의 금리정책

② 위험도에 따른 가산금리 수준

③ Yield Curve 분석

④ 미국 달러화의 가치변동

복원완성도 ★★☆

30 **국제 채권(International Bond)에 대한 설명이다. 가장 적절하지 않은 것은?**

① 외국기업이 채권표시 통화의 본국에서 발행하는 채권을 외국채라 한다.

② 미국에서 발행되는 외국채를 양키본드, 일본에서 발행되는 외국채를 사무라이본드라고 한다.

③ 외국기업이 중국에서 위안화로 발행하는 채권은 딤섬본드이다.

④ 유로채 발행에서는 공시나 신용평가등급 등에 대한 규제를 의무로 규정하지 않고 시장참가자의 합의에 따라 어떤 조건이든지 자유롭게 선택할 수 있다.

2-3 기본적 분석(8문항)

복원완성도 ★★☆

31 공분산과 상관계수에 대한 설명이다. 가장 적절하지 않은 것은?

① 두 변수의 관계의 방향과 정도를 나타내 주는 측정치는 상관계수이다.
② 공분산은 $-\infty$에서 $+\infty$ 사이의 어떤 값이든지 가질 수 있으며, 공분산이 0(제로)이면 두 변수 간에 아무런 선형의 상관관계가 없음을 의미한다.
③ 상관계수는 공분산을 각각의 표준편차의 곱으로 나누어 준 값이다.
④ 상관계수가 0(제로)이면 분산투자효과가 발생하지 않는다.

복원완성도 ★★☆

32 재무비율 해석에 대한 다음 설명 중 가장 적절하지 않은 것은?

① 유동비율은 높은데 당좌비율이 낮다면 재고자산 또는 선급금이 많다는 것이다.
② 배당성향이 상승하고 있다면 해당 기업이 점차 성숙단계에 접어들고 있어 더 이상의 설비확장이나 운전자본이 필요하지 않음을 의미한다.
③ 재고자산회전율이나 매출채권회전율이 급격하게 증가하는 것은 부실의 징후로 해석할 수 있다.
④ 고정비용보상비율이 낮다는 것은 해당 기업이 부채의 레버리지효과를 충분히 활용하고 있지 않다는 것을 의미한다.

복원완성도 ★★★

33 배당평가모형과 관련하여 빈칸에 알맞은 것은?

A기업의 배당성향은 50%이며 배당성장률은 4%가 유지될 것으로 추정된다. 당기의 주당순이익은 4,000원이며 현재 주가가 10,400원일 경우, 투자자의 요구수익률은 (　　　　)이다.

① 12.5%
② 16%
③ 24%
④ 38.4%

복원완성도 ★★★

34 빈칸에 알맞은 것은?

매출액순이익률이 0.3(30%)이고 총자산회전율이 3(3회전)일 때, 총자산이익률은 (   )이다.

① 0.3

② 0.6

③ 0.9

④ 0.12

복원완성도 ★★☆

35 레버리지 분석에 대한 설명이다. 가장 적절한 것은?

① 결합레버리지도는 매출액의 변화율에 대한 영업이익의 변화율의 비율로 정의된다.

② 영업레버리지도와 재무레버리지도의 합으로 얻어진다.

③ 영업고정비와 이자비용이 존재하는 한 결합레버리지도는 항상 1보다 크다.

④ 타인자본 의존도가 낮을수록 결합레버지리도가 높게 나타난다.

복원완성도 ★★☆

36 현금흐름표에 대한 설명이다. 가장 적절하지 않은 것은?

① 원재료 및 상품 등의 구매활동과 제품 생산활동 및 판매활동에서 발생한 현금흐름은 영업활동으로 인한 현금흐름이다.

② 매출채권이 증가하면 영업활동현금흐름이 감소한다.

③ 자기주식을 취득하면 투자현금흐름이 감소한다.

④ 차입금을 상환하면 재무활동현금흐름이 감소한다.

복원완성도 ★★★

37 〈보기〉가 설명하는 지표는 무엇인가?

〈보기〉

- 당기순이익을 기준으로 평가하는 PER의 한계점을 보완한다.
- 기업의 자본구조를 감안한 평가방식이라는 점에서 유용성이 있다.

① EVA

② EV/EBITDA

③ PBR

④ 토빈의 Q

복원완성도 ★★★

38 〈보기〉의 정보에 따를 때 해당 기업의 EVA는 얼마인가?(근사치, 단위는 억 원)

〈보기〉

영업이익 250억 원, 영업용 투하자본 500억 원, 자기자본비율 60%, 타인자본비율 40%, 자기자본 기회비용 15%, 타인자본 조달비용 10%, 법인세율 20%

① 122

② 139

③ 146

④ 196

2-4 기술적 분석(3문항)

복원완성도 ★★★

39 기술적 분석에 대한 설명이다. 가장 적절하지 않은 것은?

① 증권의 시장가치는 수요와 공급에 의해서만 결정된다고 전제한다.
② 도표에 나타나는 주가 모형은 스스로 반복하는 경향이 있다고 전제한다.
③ 계량화가 어려운 심리적 요인까지 주가에 반영함으로써 기본적 분석의 한계점을 보완한다.
④ 추세분석으로써 시장이 변동하는 근본 원인을 분석할 수 있다.

복원완성도 ★★☆

40 추세분석에 대한 다음 설명 중 가장 적절하지 않은 것은?

① 추세선의 신뢰도는 저점이나 고점이 여러 번 나타날수록, 또 추세선의 길이가 짧고 기울기가 가파를수록 크다고 할 수 있다.
② 일반적으로 추세선은 직선에 가까운 모습을 보이지만 주가상승이나 하락의 움직임이 급격할 경우에는 직선의 추세선과 방향을 같이 하면서도 곡선의 형태로 나타나기도 하는데, 이를 추세곡선이라 한다.
③ 주가가 상승추세에서 하락추세로 전환된 후 주가가 반등시도를 하다가 다시 하락하는 과정을 반복하면서 고점과 연결되는 여러 저항선의 기울기가 완만해지면서 저항선이 여러개 생기는 것을 부채형 추세선이라 한다.
④ 부채형 추세선이 시간을 두고 여러 개가 형성될 경우 기존의 추세가 둔화되면서 향후 추세전환의 가능성이 커지고 있다고 해석할 수 있다.

복원완성도 ★★☆

41 패턴분석에 대한 설명이다. 가장 적절하지 않은 것은?

① 헤드앤쇼울더형은 가운데 봉우리와 왼쪽 어깨 그리고 오른쪽 어깨로 구성이 되는데, 왼쪽 어깨에서 거래량이 가장 많이 나타난다.
② 주가의 상승추세가 완만한 곡선을 그리면서 서서히 하락추세로 전환되는 패턴은 원형바닥형이다.
③ 삼각형(triangle pattern)은 지속형 중 가장 빈번하게 나타나는 형태로서 최소한 4번 이상의 주가등락이 있어야 한다.
④ 깃발형(flag pattern)과 페넌트형(pennant pattern)은 주가가 거의 수직에 가까운 빠른 속도로 움직인 이후 기존의 주가움직임에 대한 일시적인 반발로 나타나는 패턴으로서 지속형으로 분류된다.

2-5 산업분석(1문항)

복원완성도 ★★☆

42 **산업연관표(産業聯關表)에 대한 설명이다. 가장 적절하지 않은 것은?**

① 산업연관표는 일정기간 동안 국민경제 내에서의 재화와 서비스의 생산 및 처분과정에서 발생하는 모든 거래를 일정한 형식에 따라 기록한 종합적인 통계표로서, 국민소득통계에서 제외된 중간생산물의 산업 간 거래도 포괄한다.

② 장래 특정 연도에 대한 경제 전체의 공급과 수요를 산업별로 세분하여 예측하기는 어렵다는 단점이 있다.

③ 생산유발계수는 소비, 투자, 수출과 같은 최종수요가 한 단위 증가할 때 각 산업에서 직・간접적으로 유발되는 산출물의 단위를 나타내는 계수이다.

④ 특정 산업제품에 대한 최종수요 1단위의 증가가 모든 산업의 생산에 미치는 영향을 후방연쇄효과라고 한다.

2-6 리스크 관리(8문항)

복원완성도 ★★★

43 **다음 중 시장위험(market risk)에 속하지 않은 것은?**

① 운영위험
② 주식위험
③ 이자율위험
④ 환율위험

복원완성도 ★★☆

44 **빈칸을 옳게 연결한 것은?(순서대로)**

특정회사의 거래포지션의 1일 VaR이 신뢰구간 95%에서 3억 원이라면, 이 포트폴리오를 보유함으로써 향후 1일 동안에 (　　　　)을 초과하여 손실이 발생할 확률은 (　　　　)임을 의미한다.

① 1.5억 원, 5%
② 3억 원, 5%
③ 1.5억 원, 95%
④ 3억 원, 95%

복원완성도 ★★☆

45 KOSPI200주가지수옵션의 가격이 20point, KOSPI200지수가 200point, 주가지수수익률의 1일 기준 표준편차(σ)가 3%, 옵션의 델타가 0.6이다. 이 경우 95% 신뢰도 1일 기준의 VaR에 가장 가까운 것은?

① 0.594point

② 5.94point

③ 8.38point

④ 9.90point

복원완성도 ★★★

46 델타노말 분석법으로 옵션의 VaR을 측정할 경우, 측정에 필요한 요소로서 가장 적절한 것은?

① 옵션가격

② 옵션의 행사가격

③ 기초자산가격

④ 무위험이자율

복원완성도 ★★★

47 자산A의 VaR이 9억 원, 자산B의 VaR이 7억 원이고 두 자산 간 상관계수는 +1이라고 할 때, 두 자산으로 구성된 포트폴리오의 VaR는 얼마인가?

① 2억 원

② 7억 원

③ 9억 원

④ 16억 원

복원완성도 ★★☆

48 VaR의 측정방법으로서 델타노말분석법에 대한 설명이다. 가장 적합한 것은?

① 완전가치(full valuation)로 평가한다.
② 가치평가모형(valuation model)을 필요로 하지 않는다.
③ 옵션이나 채권과 같은 비선형 금융상품에 대한 가치평가에 있어 타 방식에 비해 정확성이 제고된다.
④ 정규분포를 전제하지 않아도 된다.

복원완성도 ★★★

49 A기업의 1년 후 기대 기업가치는 40억 원, 부채가치는 16억 원, 표준편차는 4억 원일 경우, A기업의 부도거리(DD)는 얼마인가?

① 3표준편차
② 4표준편차
③ 6표준편차
④ 10표준편차

복원완성도 ★★★

50 어떤 은행이 100억 원의 대출을 하고 있고 대출의 손실률은 30%이다. 부도모형(Default Model)상 기대손실금액(EL)과 기대손실의 변동성금액(σ_{EL})이 동일하다고 가정하였을 때, 동 대출의 부도율은 얼마인가?(단, 부도율은 베르누이분포를 따름)

① 0.25
② 0.50
③ 0.75
④ 0.80

3-1 직무윤리(5문항)

복원완성도 ★★☆

51 **이해상충방지체계의 일환으로서 자기계약(자기거래)금지에 대한 내용이다. 가장 적절하지 않은 것은?**

① 투자매매업자 또는 투자중개업자는 금융투자상품에 관한 매매에 있어서 자신의 본인이 됨과 동시에 상대방의 투자중개업자가 되어서는 아니 된다.

② 자기거래는 이해상충이 크게 발생하므로 금융투자업종사자는 금융소비자가 동의를 했다 하더라도 금융소비자의 거래당사자가 되거나 자기이해관계인의 대리인이 되어서는 아니 된다.

③ 투자중개업자가 투자자로부터 장내시장(증권시장, 파생상품시장)에서의 매매를 위탁 받아 거래가 이루어지게 하는 경우는 자기거래금지가 적용되지 않는다.

④ 투자중개업사가 투자자로부터 다자간매매체결회사에서의 매매를 위탁 받아 거래가 이루어지게 하는 경우는 자기거래금지가 적용되지 않는다.

복원완성도 ★★★

52 **위법계약해지권과 관련하여 빈칸을 옳게 연결한 것은?(순서대로)**

금융소비자는 금융소비자보호법 시행령 제38조 제2항에 따라 금융상품의 계약 체결일로부터 (　　　　) 이내이고 위법계약 사실을 안 날로부터 (　　　　) 이내인 경우에는 해당 위법계약에 대한 해지를 요구할 수 있다.

① 1년, 3개월　　② 1년, 6개월

③ 5년, 6개월　　④ 5년, 1년

복원완성도 ★★☆

53 **금융투사회사의 내부통제위원회에 대한 설명이다. 가장 적절하지 않은 것은?**

① 금융투자회사는 대표이사를 위원장으로 하여 위험관리책임자 및 그 밖에 내부통제 관련 업무 담당 임원을 위원으로 하는 내부통제위원회를 두어야 한다.

② 내부통제위원회는 매 분기별 1회 이상 회의를 개최해야 한다.

③ 최근 사업연도말 현재 자산총액이 7천억 원 미만인 상호저축은행은 내부통제위원회를 두지 않아도 된다.

④ 최근 사업연도 말 현재 자산총액이 5조 원 미만인 금융투자회사는 내부통제위원회를 두지 않아도 된다. 단, 운용 중인 집합투자재산・일임재산・신탁재산의 합계액이 20조 원 이상인 경우는 내부통제위원회를 설치해야 한다.

복원완성도 ★★☆

54 **준법감시인제도에 대한 설명이다. 가장 적절한 것은?**

① 준법감시제도(compliance)는 회사의 임직원 모두가 금융소비자에 대해 선량한 관리자로서의 의무에 입각하여 금융소비자의 이익을 위해 최선을 다했는지, 업무를 수행함에 있어 직무윤리를 포함한 제반 법규를 엄격히 준수하고 있는지에 대해서 사후적으로 통제・감독하는 장치를 말한다.

② 준법감시인은 감사위원회의 지휘를 받아 금융투자회사 전반의 내부통제업무를 수행한다.

③ 금융투자회사가 준법감시인을 임면하려는 경우에는 이사회의 의결을 거쳐야 하며, 해임할 경우에는 주주총회의 결의를 거쳐야 한다.

④ 금융투자회사가 준법감시인을 임면한 때에는 임면일로부터 7영업일 이내에 금융위원회에 보고해야 한다.

복원완성도 ★★☆

55 **금융투자회사의 표준내부통제기준상, 영업점에 대한 내부통제 내용이다. 가장 적절하지 않은 것은?**

① 영업관리자는 해당 영업점에서 금융투자상품의 거래에 관한 지식과 경험이 부족하여 투자중개업자의 투자권유에 사실상 의존하는 금융소비자의 계좌를 별도로 구분하고, 이들 계좌의 매매거래상황 등을 주기적으로 점검하고 직원의 투자권유 등 업무수행을 할 때 관련 법규 및 내부통제기준을 준수하고 있는 지의 여부를 감독하여야 한다.

② 준법감시인은 영업관리자에 대하여 연간 1회 이상의 법규 및 윤리관련 교육을 실시하여야 한다.

③ 회사는 영업점별 영업관리자의 임기를 2년 이상으로 하여야 한다.

④ 영업점별 영업관리자가 준법감시업무로 인하여 인사・급여 등에서 불이익을 받지 아니 하도록 하여야 하며, 영업점별 영업관리자에게 업무수행 결과에 따라 적절한 보상을 지급할 수 있다.

3-2 자본시장법 및 금융위규정(11문항)

복원완성도 ★★☆

56 금융투자업의 적용배제에 대한 설명이다. 가장 적절하지 않은 것은?

① 자기 계산으로 투자신탁의 수익증권을 발행하는 것은 투자매매업에 해당된다.

② 투자권유대행인이 투자권유를 대행하는 것은 투자중개업에 해당하지 않는다.

③ 종금사가 어음관리계좌를 판매하고 운용하기 위해서는 집합투자업의 인가를 받아야 한다.

④ 집합투자기구평가회사, 채권평가회사, 공인회계사 등 해당 법령에 따라 자문용역을 제공하고 있는 자가, 해당 업무와 관련된 분석정보를 제공하는 경우는 투자자문업으로 보지 않는다.

복원완성도 ★★☆

57 금융투자업자의 순자본비율이 90%일 때 발동되는 적기시정조치의 내용이 아닌 것은?

① 신규업무진출의 제한

② 부실자산의 처분

③ 영업의 전부 또는 일부의 양도

④ 점포관리의 효율화

복원완성도 ★★☆

58 투자자예탁금의 별도예치제도에 대한 설명이다. 가장 거리가 먼 것은?

① 투자자예탁금은 투자자로부터 금융투자상품의 매매, 그 밖의 거래와 관련하여 예탁 받은 금전을 의미하며, 투자매매업자 또는 투자중개업자는 이를 고유재산과 구분하여 증권금융회사에 예치하는 것을 원칙으로 한다.

② 겸영금융투자업자는 증권금융회사에 예치하지 않고 신탁업자에게 신탁할 수 있는데, 겸영금융투자업자로서 은행과 보험회사는 자신이 신탁업자로서 투자자예탁금을 보관하는 것은 금지된다.

③ 누구든지 예치기관에 예치 또는 신탁한 투자자예탁금을 상계·압류하지 못하며, 투자자예탁금을 예치 또는 신탁한 투자매매업자 또는 투자중개업자는 시행령으로 정한 경우 외에는 해당 투자자예탁금을 양도하거나 담보로 제공할 수 없다.

④ 예치금융투자업자의 인가취소, 해산결의, 파산선고 등의 경우에는 예치기관에 예치 또는 신탁된 투자자예탁금을 인출하여 투자자에게 우선하여 지급하여야 한다.

복원완성도 ★★☆

59 '집합투자'의 정의와 가장 거리가 먼 것은?

① 2인 이상에게 판매를 한다.
② 투자자로부터 일상적인 운용지시를 받지 아니한다.
③ 투자자별로 자산을 운용한다.
④ 운용의 결과는 투자자에게 귀속된다.

복원완성도 ★★☆

60 특수한 형태의 집합투자기구 중에서 〈보기〉에 가장 부합하는 것은?

〈보기〉

- 같은 집합투자기구에서, 판매보수의 차이로 인하여 기준가격이 다르거나 판매수수료가 다른 여러 종류의 집합투자증권을 발행하는 집합투자기구이다.
- 판매수수료 체계를 제외한 나머지 비용(운용보수, 수탁보수 등)은 동일해야 한다.

① 환매금지형 집합투자기구
② 종류형 집합투자기구
③ 전환형 집합투자기구
④ 모자형 집합투자기구

복원완성도 ★★☆

61 집합투자증권의 환매에 대한 설명이다. 가장 적절하지 않은 것은?

① 환매금지형 집합투자기구가 아닐 경우 투자자는 언제든지 집합투자증권의 환매를 청구할 수 있다.
② 투자자가 환매청구를 할 경우 해당 집합투자증권을 판매한 투자매매업자 또는 투자중개업자에게 환매를 청구해야 한다.
③ 투자자의 환매청구가 있을 경우, 판매업자의 고유재산으로 해당 집합투자증권을 매입하여 환매대금을 지급하는 것을 원칙으로 한다.
④ 환매수수료는 집합투자증권의 환매를 청구하는 투자자가 부담하며 집합투자재산에 귀속된다.

복원완성도 ★★☆

62 **집합투자기구의 이익금의 분배와 관련한 설명이다. 가장 거리가 먼 것은?**

① 집합투자업자는 집합투자재산 운용에 따라 발생한 이익금을 투자자에게 금전 또는 새로 발행하는 집합투자증권으로 분배해야 한다.

② 투자회사가 이익금의 전액을 새로 발행하는 주식으로 분배하려는 경우에는 정관이 정하는 바에 따라 발행주식 수, 발행시기 및 주식발행에 필요한 사항에 대해 이사회의 결의를 거쳐야 한다.

③ 모든 집합투자기구는 그 집합투자기구의 특성을 고려하여 집합투자규약이 정하는 바에 따라 이익금의 분배를 유보할 수 있다.

④ 모든 집합투자기구는 그 집합투자기구의 특성을 고려하여 이익금을 초과하는 분배를 할 수 있는데, 투자회사의 경우 순자산액에서 최저 순자산액을 뺀 금액을 초과하는 분배는 할 수 없다.

복원완성도 ★★☆

63 **집합투자업자의 영업행위규칙으로서 이해관계인과의 거래제한 등에 대한 설명이다. 가장 거리가 먼 것은?**

① 이해관계인에는 집합투자업자의 계열회사의 임직원 및 그 배우자도 포함된다.

② 이해관계인이 되기 전 6개월 이전에 체결한 계약에 따른 거래는 예외가 인정된다.

③ 이해관계인과의 예외 거래 시 및 이해관계인의 변경 시에는 신탁업자에게 즉시 통보해야 한다.

④ 집합투자업자는 집합투자재산을 운용함에 있어서 집합투자기구의 계산으로 집합투자업자가 발행한 수익증권을 취득할 수 없다.

복원완성도 ★★☆

64 **투자일임업자의 금지행위에 대한 설명이다. 가장 적절하지 않은 것은? ★★☆**

① 정당한 사유 없이 투자자의 운용방법에 대한 변경 또는 계약의 해지요구에 응하지 않는 행위는 금지된다.

② 자기 또는 관계인수인이 인수한 증권을 투자일임재산을 인수하는 것은 원칙상 금지되지만, 인수일로부터 3개월이 지난 후에 매수하는 것은 허용된다.

③ 투자일임재산으로 투자일임업자 또는 그 이해관계인의 고유재산과 거래하는 행위는 원칙상 금지되지만, 이해관계인이 되기 3개월 이전에 체결한 계약에 따른 거래는 허용된다.

④ 투자일임재산을 각각의 투자자별로 운용하지 않고 여러 투자자의 자산을 집합하여 운용하는 행위는 원칙상 금지되지만, 투자자보호 및 건전한 질서를 해할 우려가 없는 경우로서 투자일임재산을 효율적으로 운용하기 위한 경우는 허용된다.

복원완성도 ★★★

65 **다음 중 전매제한조치를 위해 예탁된 증권에 대해 예외적으로 인출할 수 있는 사유가 아닌 것은?**

① 통일규격증권으로 교환하기 위한 경우

② 전환권, 신주인수권 등 증권에 부여된 권리행사를 위한 경우

③ 회사의 합병, 분할, 분할합병 또는 주식의 포괄적 교환・이전에 따라 다른 증권으로 교환하기 위한 경우

④ 공개매수신청에 대해 응모를 하기 위한 경우

복원완성도 ★★☆

66 **금융기관에 대한 검사 및 제재 규정에 관한 설명이다. 가장 적절하지 않은 것은?**

① 검사결과에 대한 조치는 금융위 심의・의결을 거쳐 조치하되 금감원장 위임사항은 금감원장이 직접 조치한다.

② 금감원장이 제재조치를 하는 때에는 위규행위 사실, 관련 법규, 제재 예정내용 등을 제재대상자에게 구체적으로 사전 통지하고 상당한 기간을 정하여 구술 또는 서면에 의한 의견진술 기회를 주는 것이 원칙이다.

③ 금융기관 또는 임직원은 금융위원회의 제재사항에 대하여 이의신청을 할 수 있으며, 이때 금감원장은 당해 이의신청에 대해 어떠한 이유로도 금감원장의 직권으로 기각해서는 아니 된다.

④ 제재조치에 대한 이의신청을 하고 그 처리결과에 대해서는 추가적인 이의신청은 불가하다.

3-3 한국금융투자협회 규정(3문항)

복원완성도 ★★☆

67 조사분석자료의 작성 및 공표에 대한 설명이다. 틀린 것으로 연결한 것은?

가. 금융투자회사는 제3자가 작성한 조사분석자료는 외부에 공표할 수 없다. 나. 금융투자분석사와 기업금융업무 관련 부서 간의 의견교환은 예외 없이 금지된다. 다. 금융투자회사가 자신이 발행주식총수의 1% 이상을 보유하고 있는 기업이 발행한 금융투자상품에 대해서는 조사분석자료를 작성・공표를 할 수 없다.

① 가, 나　　② 나, 다
③ 가, 다　　④ 가, 나, 다

복원완성도 ★★☆

68 금융투자전문인력으로서 '투자운용전문인력'과 관련한 설명이다. 옳은 것으로 연결한 것은?

가. 투자자산운용사는 집합투자재산, 신탁재산, 투자일임재산을 운용하는 업무를 수행하는 인력이다. 나. 투자신탁의 집합투자업자는 투자대상 자산의 취득, 처분 등의 업무를 하는 경우에는 집합투자재산의 운용을 담당하는 직원과 그 취득・처분을 실행하는 직원을 구분해야 한다. 다. 금융투자상품에 대한 투자운용업무는 증권운용전문인력에 해당하는 자가 그 업무를 수행할 수 있다.

① 가, 나　　② 나, 다
③ 가, 다　　④ 가, 나, 다

복원완성도 ★★☆

69 집합투자기구의 운용실적을 포함한 광고 규정 중 MMF에 대한 내용이다. 옳은 것으로 연결한 것은?

가. MMF는 운용실적 표시광고에서 벤치마크수익률을 생략해도 된다. 나. MMF는 운용실적을 표시할 때 기준일로부터 과거 1개월 이상 수익률을 사용하되, 과거 6개월 및 1년 수익률을 함께 표시해야 한다. 다. MMF는 다른 금융투자회사가 판매하는 MMM와 실적을 비교하는 광고를 할 수 없다.

① 가, 나　　② 나, 다
③ 가, 다　　④ 가, 나, 다

3-4 주식투자운용/투자전략(6문항)

복원완성도 ★★★

70 효율적 시장가설에 대한 설명이다. 옳은 내용으로 연결한 것은?

가. 효율적 시장가설은 액티브 운용을 반박하는 논거로 이용되기도 한다. 나. 약형 효율적 시장가설이 성립된다면 기술적 분석은 아무런 소용이 없다. 다. 준강형 효율적 시장가설이 성립된다면 공개된 정보로부터 이익을 얻는 것은 불가능하다.

① 가, 나
② 나, 다
③ 가, 다
④ 가, 나, 다

복원완성도 ★★☆

71 자산집단(Asset Class)이 가져야 하는 기본적 속성에 대한 설명이다. 가장 거리가 먼 것은?

① 동질성은 자산집단 내 개별자산 들 간의 상관계수가 높아야 함을 말한다.
② 배타성은 자산집단 간에는 서로 겹치는 부분이 없어야 함을 말한다.
③ 포괄성은 자산배분의 대상이 되는 자산집단은 많을수록 좋다는 것을 말한다.
④ 충분성은 투자활동에 따른 유동성의 문제가 발생하지 않도록 자산집단 내의 개별자산의 수가 충분히 많아야 함을 의미한다.

복원완성도 ★★☆

72 자산집단에 대한 기대수익률의 추정방법 중 근본적 분석법(fundamental analysis)에 대한 설명이다. 가장 적절하지 않은 것은?

① 과거 자료를 바탕으로 하되 미래의 발생상황에 대한 기대치를 추가하여 수익률을 예측하는 방식이다.
② 주로 과거 시계열 자료를 토대로 하되 각 자산집단별 리스크 프리미엄 구조를 반영하는 기법이다.
③ 실질금리에 물가상승률을 더한 다음 각 자산에 대한 리스크 프리미엄을 더해가는 방식으로서 '벽돌쌓기(building block)' 방식이라고도 한다.
④ 주요 경제 변수의 예상 변화 과정을 여러 가지 시나리오로 구성하고, 각각의 시나리오 별 발생확률을 부여하여 경제변동 및 업종별 경기추세를 고려하여 기대수익률을 추정한다.

복원완성도 ★★☆

73 가치투자 스타일에 대한 설명이다. 가장 적절하지 않은 것은?

① 저PER투자, 역행투자, 고배당수익률 투자방식에 해당된다.

② 현재의 수익이나 자산의 가치관점 보다는 미래 성장성을 중시하는 투자방식이다.

③ 기업의 수익은 평균으로 회귀한다는 경향을 이용하는 전략이다.

④ 투자자들이 충분히 인정해주지 않으면 가격이 쌀 수밖에 없다는 것은 가치투자의 위험에 해당한다.

복원완성도 ★★☆

74 준액티브(Semi-Active) 운용에 대한 설명이다. 틀린 것으로 연결한 것은?

가. 주어진 위험범위와 주어진 제약 조건 내에서 벤치마크 성과에 대비해서 가능한 한 좋은 초과수익을 얻으려는 운용방식이다. 나. 추적오차가 액티브 운용보다 높게 나타나는 경향이 있다. 다. 월등하게 좋은 성과를 내는 종목이나 사건을 발견하기 보다는 조그만 성과를 낼 수 있는 종목이나 사건을 많이 발견하는 데에 초점을 맞춘다. 라. 과거자료를 이용한 계량적인 시뮬레이션을 통해 마련된 최적의 운용전략에 따라 운용을 하기도 한다.

① 가, 나

② 다, 라

③ 가, 다

④ 나, 라

복원완성도 ★★☆

75 주식포트폴리오 모형에 대한 설명으로 가장 적합한 것은?

① 주식포트폴리오 모형은 액티브운용에서만 사용된다.

② 가장 대표적인 리스크 모델은 다중요인모형인데, 다중요인모형은 주식의 리스크를 베타, 규모, 성장성, 산업, 해외시장노출도 등의 여러가지 비체계적 요인으로 구분하여 리스크의 특성을 분석한다.

③ 2차함수 최적화 모형은 기대수익률과 기대위험을 정확하게 추정함으로써 기대수익률과 위험의 최적 균형점을 찾을 수 있어서 선형모형의 대안으로 활용된다.

④ 선형계획모형은 일정한 제약조건을 만족하는 것 중에서 기대수익률을 최대화하는 방식이다.

3-5 채권투자운용/투자전략(6문항)

복원완성도 ★★☆

76 〈보기〉의 정의에 부합하는 채권의 종류는?

〈보기〉

액면이자율이 특정 기준금리에 연동되기는 하지만 변동금리채권과는 반대로 기준금리가 상승하면 현금흐름이 감소하도록 설정된 채권이다.

① 할인채
② 외화표시채권
③ 역변동금리채권
④ 감채기금사채

복원완성도 ★★☆

77 다음 중 합성채권에 대한 설명으로 가장 적절한 것은?

① 전환사채는 전환권을 행사하면 부채가 늘고 자본이 감소한다.
② 신주인수권부채권은 신주인수권을 행사해도 기존의 채권은 존속한다.
③ 교환사채는 교환권을 행사하면 자본과 부채가 동시에 줄어든다.
④ 수의상환채권은 금리상승기에 옵션의 행사가능성이 높아진다.

복원완성도 ★★☆

78 〈보기〉는 맥컬레이 듀레이션에 대한 설명이다. 옳은 것으로 연결한 것은?

〈보기〉

가. 복리채의 듀레이션은 만기보다 짧다.
나. 이표채의 듀레이션은 표면금리가 낮을수록 길어진다.
다. 만기수익률이 10%인 영구채의 듀레이션은 11년이다.

① 가, 나
② 나, 다
③ 가, 다
④ 가, 나, 다

복원완성도 ★★★

79 '액면가 10,000원, 표면이율 5%, 3년 만기 연단위 후급 이표채, 시장가격 9,500원, 만기수익률 6%'일 때, 동 채권의 경상수익률은?(근사치)

① 5.26%

② 6.32%

③ 15.78%

④ 18.94%

복원완성도 ★★★

80 채권운용전략 중에서 〈보기〉에 해당하는 전략은 무엇인가?

〈보기〉

서로 다른 두 종목 간의 수익률 격차가 어떤 이유에 선가 일시적으로 확대 또는 축소되었다가 시간이 경과함에 따라 정상적인 수준으로 되돌아오는 특성을 이용하여, 수익률의 격차가 확대 또는 축소되는 시점에서 교체매매를 행함으로써 투자효율을 높이고자 하는 전략이다.

① 바벨형 수익률곡선전략

② 불릿형 수익률곡선전략

③ 스프레드운용전략

④ 면역전략

복원완성도 ★☆☆

81 채권운용전략 중 〈보기〉와 같이 운용하는 전략은 무엇인가?

〈보기〉

- 예를 들어 1년물, 2년물, 3년물, 4년물, 5년물 채권을 20%씩 동일비중으로 편입한다.
- 매년 채권이 상환될 때 마다 해당 자금(20%비중)으로 가장 장기물인 5년물을 편입한다.

① 수익률곡선타기전략 중 롤링효과

② 수익률곡선전략 중 바벨형 포트폴리오

③ 수익률곡선전략 중 불릿형 포트폴리오

④ 사다리형 만기전략

3-6 파생상품투자운용/투자전략(6문항)

복원완성도 ★★☆

82 선도거래에 대한 설명이다. 가장 적절하지 않은 것은?

① 미리 계약을 하고 만기 시점에 가서 미리 정한 가격으로 실물인수도(physical delivery)가 이루어지는 거래를 말한다.

② 배추 밭떼기 거래, 외환시장의 선물환거래가 전통적인 선도거래에 해당한다.

③ 사후적 제로섬 게임의 위험에 노출된다.

④ 상대매매 방식으로 거래하며, 반대거래를 통해서 결제일 이전에 언제든지 포지션을 청산할 수 있다.

복원완성도 ★★★

83 선물거래의 일일정산과 관련하여 빈칸에 알맞은 것은?

선물포지션 구축 시 개시증거금은 120억 원, 유지증거금은 80억 원이었다. 그리고 현 시점에서 일일정산 후의 증거금이 55억 원이라면, 추가로 납부해야 하는 증거금은 (　　　　　)이 된다.

① 25억 원

② 45억 원

③ 65억 원

④ 100억 원

복원완성도 ★★★

84 빈칸을 옳게 연결한 것은?(순서대로)

선물의 시장가격이 현물의 시장가격보다 낮은 상태를 (　　　　　) 또는 (　　　　　)이라고 표현한다.

① 콘탱고, 정상시장

② 콘탱고, 역조시장

③ 백워데이션, 정상시장

④ 백워데이션, 역조시장

복원완성도 ★★★

85 빈칸에 알맞은 것은?

> '옵션프리미엄 P, 만기시점의 주가 S_T, 옵션의 행사가격 X'인 유럽형 풋옵션 매수포지션의 만기시점의 가치는 (   )로 계산된다.

① $P - Max(S_T - X)$
② $P - Max(X - S_T)$
③ $Max(S_T - X) - P$
④ $Max(X - S_T) - P$

복원완성도 ★★★

86 행사가격 100인 콜옵션과 풋옵션을 동시에 매도하였다(프리미엄은 각각 5포인트, 3포인트). 이때 동 포지션의 손익구조상 수익이 발생하는 기초자산가격의 구간을 가장 정확하게 나타낸 것은?(P : 기초자산 가격, 단위 : 포인트)

① 97 < P < 103
② 95 < P < 105
③ 92 < P < 108
④ 90 < P < 110

복원완성도 ★★★

87 다음의 옵션민감도 지표 중에서 콜옵션매도와 풋옵션 매수포지션의 민감도 부호가 동일한 것은?

① 델타
② 감마
③ 베가
④ 쎄타

3-7 투자운용결과분석(4문항)

복원완성도 ★★☆

88 펀드의 회계처리에 대한 설명이다. 가장 적절하지 않은 것은?

① 시장가격으로 평가하되 시장거래가 활발하지 않는 등 평가일 현재 신뢰할 만한 시장가격이 없는 경우에는 공정가액으로 평가한다.

② 공정가액은 운용사에서 자체적으로 가격을 결정하지 않고 채권평가회사와 같은 자산가격 산정을 전문으로 하는 외부 전문기관이 공급하는 가격을 사용하여 평가한다.

③ 손익에 영향을 주는 거래가 발생하면 현금의 수입이나 지출과 관계없이 그 발생시점에서 손익을 인식한다.

④ 거래 체결 후 실제로 현금흐름에 따른 결제가 이루어진 시점을 기준으로 회계처리를 한다.

복원완성도 ★★☆

89 수익률의 계산과 관련하여, 보기에 대한 설명으로 가장 적절한 것은?(이하 시간가중수익률은 연환산기준)

〈보기〉

- 2021년 1월 1일 : A주식 1만주를 10,000원에 매수하였다.
- 2022년 1월 1일 : A주식 1만주를 8,000원에 추가로 매수하였다.
- 2023년 1월 1일 : A주식 2만주를 10,000원에 전량 매도하였다.

① 시간가중수익률은 음의 값을 갖는다.

② 금액가중수익률이 시간가중수익률보다 더 높게 나타난다.

③ 시간가중수익률이 금액가중수익률보다 더 높게 나타난다.

④ 금액가중수익률과 시간가중수익률이 동일하게 나타난다.

복원완성도 ★★☆

90 수익률의 측정과 관련하여 빈칸에 알맞은 것은?

> 1기간의 수익률은 +145%, 2기간의 수익률은 −20%이다. 이 경우 전체 투자기간의 기하평균수익률은 (　　　　)이다.

① 7.7%

② 20%

③ 40%

④ 62.5%

복원완성도 ★★☆

91 아래 표의 정보를 이용하여 계산할 때, A펀드가 B펀드에 비해 우월하게 나오는 성과지표는 무엇인가? (벤치마크수익률은 8%, 무위험수익률은 2%로 가정)

구 분	A펀드	B펀드
포트폴리오수익률	11%	17%
표준편차	10%	12%
베타	1.1	2.0
잔차위험	8.0%	10.0%

① 샤프비율
② 트레이너비율
③ 젠센의 알파
④ 정보비율

3-8 거시경제(4문항)

복원완성도 ★★☆

92 IS/LM모형에 대한 설명이다. 가장 적절하지 않은 것은?

① IS곡선은 재화시장의 균형을 이루는 이자율과 국민소득의 조합이며, LM곡선은 화폐시장의 균형을 이루는 이자율과 국민소득의 조합이다.
② IS곡선에서 외생변수는 G(재정지출)와 T(조세)이다.
③ 재정정책은 IS곡선을 이동시키고 통화정책은 LM곡선을 이동시킨다.
④ LM곡선에서 화폐수요는 이자율과 정의 함수 관계이다.

복원완성도 ★★☆

93 **유동성함정(Liquidity Trap)과 관련한 설명이다. 가장 적절한 것은?**

① 유동성함정 구간에서는 화폐수요의 이자율탄력성이 제로가 된다.

② 유동성함정 구간에서는 LM곡선이 수직을 이룬다.

③ 유동성함정 구간에서 확대 통화정책을 집행할 경우 구축효과가 전혀 나타나지 않으므로 통화정책의 효과가 극대화된다.

④ 유동성함정 구간에서는 물가가 하락하는 현상이 나타나는데, 물가하락을 통한 실질잔액효과로 유동성함정을 벗어날 수 있다고 주장한 고전학파의 이론은 피구효과이다.

복원완성도 ★★☆

94 **국민소득지표(GDP, GNI 등)에 대한 설명이다. 가장 거리가 먼 것은?**

① 국민소득 3면 등가의 원칙이란 만들어서 나누어 가지고 쓰는 양이 모두 같다는 것, 즉 생산국민소득과 분배국민소득과 지출국민소득의 양이 모두 같다는 것을 말한다.

② 국내생산자가 생산한 부가가치의 합계를 국내총생산(GDP)이라 한다.

③ 국민총소득(GNI)은 한나라의 국민이 생산활동에 참여한 대가로 받은 소득의 합계로서, 국내총생산에 해외로부터 거주자가 받은 소득은 포함하고 국내총생산 중에서 외국인에게 지급한 소득을 제외하여 구한다.

④ 실질기준으로 'GNI = GDP + 국외순수취요소소득'으로 정의된다.

복원완성도 ★★★

95 **다음 중 미래의 경기변동을 예측할 수 있는 지표와 가장 거리가 먼 것은?**

① 장단기금리차

② 재고순환지표

③ 코스피지수

④ 내수출하지수

3-9 분산투자이론(5문항)

복원완성도 ★★★

96 A, B, C 세 자산의 기대수익률과 위험이 같으며 세 자산 간의 상관계수는 아래 표와 같다고 가정한다. 이 경우 가장 높은 분산투자효과를 얻을 수 있는 포트폴리오 구성에 대한 설명으로 옳은 것은?

구 분	A자산	B자산	C자산
A자산	1.0	0.8	0.1
B자산	0.8	1.0	−0.3
C자산	0.1	−0.3	1.0

① A자산을 100% 편입한다.
② A를 50%, B를 50%편입한다.
③ B를 50%, C를 50% 편입한다.
④ A를 50%, C를 50% 편입한다.

복원완성도 ★★★

97 빈칸에 알맞은 것은?

> (　　　　　)은/는 위험이 동일한 투자대상들에서는 기대수익이 가장 높은 것을 선택하고, 기대수익이 동일한 투자대상들에서는 위험이 가장 낮은 투자대상을 선택하는 방법을 말한다.

① 패리티
② 분산투자
③ 지배원리
④ 토빈의 분리정리

복원완성도 ★★★

98 자산A의 수익률은 7%, 표준편차는 3%이다. 자산A와 무위험수익률이 1%인 무위험자산을 6:4로 편입한 포트폴리오의 변동성보상비율(RVAR)은 얼마 인가?

① 0.6
② 1.2
③ 2.0
④ 4.0

복원완성도 ★★☆

99 빈칸에 가장 부합하는 것은?

- 현재 시장에서의 A주식의 기대수익률은 4%, 베타는 0.8이다.
- 현재 시장에서의 B주식의 기대수익률은 4%, 베타는 2.0이다.
- 현재 무위험이자율은 1%, 시장 포트폴리오의 기대수익률은 3%이다.
- 이 경우, 증권시장선(SML)에 의하면 (   ).

① A주식, B주식 모두 과대평가되었다.

② A주식은 과소평가, B주식은 과대평가되었다.

③ A주식은 과대평가, B주식은 과소평가되었다.

④ A주식, B주식 모두 과소평가되었다.

복원완성도 ★★☆

100 〈보기〉 중에서 포트폴리오 리밸런싱에 해당하는 항목으로 연결한 것은?

〈보기〉

가. 포트폴리오 구성종목의 상대 가격의 변동에 따라 투자비중의 변화가 생겼을 때, 투자비중의 비율을 원래의 비율로 환원시키고자 하는 기법이다.

나. 자금의 재배분을 통해서 자본이득의 가능성이 사라진 주식에서 앞으로 그 가능성이 큰 주식으로 옮겨가게 되는 이점이 있게 된다.

다. 시장에서 새로운 상황이 전개됨으로써 위험에 비해 상대적으로 높은 수익을 얻거나 기대수익 대비 상대적으로 낮은 위험을 부담하도록 포트폴리오의 구성을 수정하는 기법이다.

라. 성과가 좋은 증권을 찾기보다는 큰 손실을 초래할 증권을 식별하여 그 증권을 포트폴리오에서 제거하는 방법을 사용하는 것이 일반적이다.

① 가, 나

② 다, 라

③ 가, 다

④ 나, 라

투자자산운용사 출제동형 PLUS

최신 9회분

38회차 시험 출제동형

※ 난이도 평가

신유형 문항 수로 판단할 때 38회 시험은 최근 들어 가장 평이한 난이도의 시험으로 평가됩니다(► 신유형 문항 출제 수 : 36회–15문항, 37회–5문항, 38회–2문항).

※ 39회 시험 대비

2회(37회와 38회) 연속으로 시험이 평이하게 나왔으므로, 39회와 40회 시험은 난이도 조절 차원에서 평균보다 어렵게 나올 가능성이 크다고 판단합니다. 따라서 기출 변형에 충분한 대비가 될 수 있도록 '토마토패스 기출 풀'을 확실하게 이해하는 학습을 권장합니다.

※ 기출 풀 교재 활용법

▶ '토마토패스 기출 풀'은 경험적으로 평가하였을 때 '85%~95%' 정도의 적중률을 보이고 있습니다. 신유형 문항 수가 가장 많았던 36회 시험의 경우에도 85% 정도의 적중률을 보였으므로, '토마토패스 기출 풀'을 마스터할 경우 아무리 어려운 시험이라도 무난한 합격을 할 수 있다는 결론을 얻을 수 있습니다.

▶ 기출 풀을 마스터한다는 것은 다양한 기출 변형에도 대비할 수 있는 실력을 갖추는 것을 말합니다. 예를 들어 '분산투자이론–최소분산포트폴리오 계산' 문제에서 기존 기출에서는 계속 A의 비중을 물었으나 38회차에서는 B의 비중을 묻는 문제로 출제되었습니다. 즉 기출 변형이 있더라도 무난하게 득점할 수 있도록 기존의 기출 주제(최소분산포트폴리오 계산 공식)를 확실하게 이해해야 합니다. 이러한 학습으로 토마토패스 기출 풀을 마스터한다면 얼마든지 고득점도 가능하므로 자신감을 가지고 매진하시기를 바랍니다.

▶ 다만, '기출 풀 마스터'에 소요되는 시간이 부담될 수 있습니다. 시험 한 달 전 시점부터 기출 풀 마스터를 위한 집중학습을 권장하며 최소한 시험 2주 전부터는 기출 풀의 집중학습을 시작해야 합니다. 아무튼 파이팅하시고 수험생 여러분의 합격을 응원합니다!

투자자산운용사 출제동형 PLUS 최신 9회분	
38회차 (2024. 06. 09 시험)	문항 수 : 100문항 시험시간 : 120분

1-1 세제관련 법규/세무전략(7문항)

복원완성도 ★★★

01 다음 중 지방세가 아닌 것은?

① 취득세
② 등록면허세
③ 증여세
④ 재산세

복원완성도 ★★☆

02 조세불복제도와 관련하여 빈칸을 옳게 연결한 것은?(순서대로)

> • 심사청구제도는 ( )에 위법 또는 부당한 조세 처분에 대한 시정을 요구하는 제도이다.
> • 심사청구는 처분청의 처분을 안 날로부터 ( ) 이내에 제기해야 한다.

① 국세청장, 30일
② 국세청장, 90일
③ 조세심판원장, 30일
④ 조세심판원장, 90일

복원완성도 ★★☆

03 배당소득의 수입시기를 나열한 것이다. 틀린 것으로 연결한 것은?

가. 감자의 경우 : 감자결의일 나. 해산의 경우 : 해산일 다. 분할합병의 경우 : 분할합병 후 주식을 지급받는 날 라. 잉여금처분에 의한 배당의 경우 : 당해 법인의 잉여금처분 결의일

① 가, 나
② 나, 다
③ 다, 라
④ 가, 라

복원완성도 ★★★

04 다음 중 무조건 분리과세의 대상이 아닌 것은?

① 직장공제회 초과반환금
② 비실명거래로 인한 이자소득
③ 비영업대금의 이익
④ 법원에 납부한 경매보증금 및 경락대금에서 발생하는 이자소득

복원완성도 ★★★

05 빈칸에 알맞은 것은?

연간 (　　　　　) 이하의 기타소득은 분리과세로써 납세의무를 종결할 수 있다.

① 100만 원
② 200만 원
③ 300만 원
④ 500만 원

복원완성도 ★★★

06 증권거래세와 관련된 설명이다. 가장 적절하지 않은 것은?

① 뉴욕증권거래소나 런던증권거래소에 상장된 주권을 양도할 경우 증권거래세가 부과되지 않는다.
② 비거주자인 외국인투자자가 국내 증권시장에서 상장된 주권을 양도할 경우 증권거래세가 부과된다.
③ 자본시장법 제119조에 따라 주권을 매출하는 경우는 증권거래세가 부과되지 않는다.
④ 주권을 통한 대물변제의 경우 증권거래세가 부과되지 않는다.

복원완성도 ★★★

07 증여세 절세전략에 대한 설명이다. 가장 적절하지 않은 것은?

① 증여세는 증여자별 · 수증자별로 과세되므로 한 사람의 수증자에게 같은 금액을 증여하더라도 증여자를 여럿으로 하면 증여세를 줄일 수 있다.
② 자녀에게 직접 증여하는 경우 5년 단위로 적용되는 증여재산공제를 활용하여 어릴 때부터 증여하는 것이 유리하다.
③ 재산을 분할하여 증여하는 경우 기대수익률이 높은 자산을 증여하는 것이 바람직하다.
④ 어떤 자산을 장기보유해야 하는데 해당 자산가치가 저평가되어 있는 상황이라면 증여를 적극 고려할 만하다.

1-2 금융상품(8문항)

복원완성도 ★★☆

08 개인종합자산관리계좌(ISA ; Individual Savings Account)에 대한 설명이다. 틀린 것으로 연결한 것은?

> 가. 소득이 없더라도 만 15세 이상의 거주자일 경우 일반형 가입이 가능할 수 있다.
> 나. ISA의 의무가입 기간은 3년이며 의무가입 기간이 지나면 비과세 등의 세제혜택을 받을 수 있는데, 서민형의 경우 통산순이익 기준 400만 원까지 비과세혜택을 받으며 400만 원을 초과하는 통산순이익은 분리과세율(지방세포함 9.9%)이 적용된다.
> 다. ISA계좌에 편입할 금융상품을 직접 고르기를 원하는 투자자에게 적합한 유형은 일임형이다.

① 가, 나
② 나, 다
③ 가, 다
④ 가, 나, 다

복원완성도 ★★☆

09 금융상품에 대한 설명이다. 틀린 내용으로 연결한 것은?

> 가. 비과세종합저축은 65세 이상의 거주자만 가입이 가능하다.
> 나. 예금주의 환급청구가 있으면 언제든지 조건 없이 지급해야 하는 금융상품은 저축성예금이다.
> 다. 양도성예금증서(CD), 환매조건부채권(RP), 주가지수연동예금(ELD)은 모두 예금자비보호상품이다.

① 가, 나
② 나, 다
③ 가, 다
④ 가, 나, 다

복원완성도 ★★☆

10 **다음 중 신탁상품의 특징에 대한 설명으로 가장 적합한 것은?**

① 신탁은 타인에 의한 재산 관리 · 처분제도의 하나로서, 신탁계약이 체결이 되면 위탁자의 재산권이 수익자에게 이전 또는 처분된다.

② 위탁자는 수탁자에 대해 지시는 할 수 있어도 스스로 신탁대상 자산의 권리를 행사할 수는 없다.

③ 금전신탁은 계약관계상 위탁자와 수익자가 동일해야 한다.

④ 신탁은 실적배당 상품이므로 신탁업자는 신탁 당시 인수한 재산에 대해서 손실보전 및 이익보전 계약을 체결할 수 없으며 이에 대한 예외는 없다.

복원완성도 ★★☆

11 **금전신탁에 대한 설명이다. 틀린 것으로 연결한 것은?**

가. 금전신탁은 위탁자가 신탁재산인 금전의 운용대상 등을 지정하는가 여부에 따라서 특정금전신탁과 불특정금전신탁으로 구분된다.
나. 특정금전신탁은 다른 특정금전신탁 상품과 합동 운용을 할 수 없다.
다. 특정금전신탁의 투자자는 신탁재산의 운용에 있어서 운용대상, 운용방법, 운용조건, 운용자를 지정할 수 있다.
라. 금전신탁은 운용수익에서 신탁보수, 운용보수, 판매보수 등의 비용을 차감한 금액을 실적배당하는 상품이다.

① 가, 나
② 다, 라
③ 가, 다
④ 나, 라

복원완성도 ★★☆

12 **증권사가 발행하는 주가연계증권(ELS ; Equity Linked Securities)에 대한 설명이다. 가장 적합한 것은?**

① 자본시장법상 파생상품으로 분류된다.

② 장내거래가 아니므로 사모로만 발행할 수 있다.

③ 발행 시 원금보장형과 원금비보장형을 명시 · 구분해야 한다.

④ 순자본비율이 100% 이상인 금융투자회사(투자매매업자)가 발행할 수 있다.

복원완성도 ★★☆

13 보기에 가장 부합하는 보험의 종류는?

〈보기〉

• 기간이 경과함에 따라 보험금이 점차 증가하는 보험이다.
• 보통 소비자물가지수 인상분만큼 사망보험금이 증가한다.

① 체증식 보험
② 체감식 보험
③ 감액보험
④ 변액보험

복원완성도 ★★☆

14 집합투자기구의 관계회사와 관련하여 빈칸에 알맞은 것은?

투자회사의 위탁을 받아 투자회사 주식의 발행 및 명의개서, 투자회사 재산의 계산 등의 업무를 영위하는 자를 (　　　　　)라고 한다.

① 일반사무관리회사
② 집합투자기구평가회사
③ 채권평가회사
④ 신용평가회사

복원완성도 ★★☆

15 퇴직연금제도에 대한 다음 설명 중 가장 적절하지 않은 것은?

① 기업이 부담할 부담금이 사전에 확정되어 있는 것은 확정기여형(DC형)이다.
② 확정기여형(DC형)에서 적립금의 운용주체는 근로자이며 운용의 결과는 근로자에게 귀속된다.
③ 개인형 퇴직연금계좌(IRP)를 통해 추가납입이 가능한 것은 확정기여형(DC형)에 한정된다.
④ 확정기여형(DC형)은 담보대출과 중도인출이 모두 가능하다.

1-3 부동산관련 상품(5문항)

복원완성도 ★★☆

16 부동산투자 시 사업타당성 및 리스크관리 분석에 활용되는 지표에 대한 설명이다. 가장 적절하지 않은 것은?

① 운용현금흐름의 판단에 사용되는 지표로서 부채상환비율은 부채상환액을 순운용소득으로 나누어서 구한다.

② 순소득승수는 총투자액을 순운용소득으로 나누어서 구하며, 자본회수기간으로도 이용된다.

③ 대출비율(LTV)은 저당대출원금을 부동산가격으로 나눈 것으로서, 부동산투자의 자본구조를 나타낸다.

④ Cash On Cash수익률은 해당 기의 순현금흐름을 자기자본으로 나눈 것을 말하며, 화폐의 시간가치를 고려하지 않는다.

복원완성도 ★★★

17 다음 중 '국토의 계획 및 이용에 관한 법률'에 의해 용도지역으로 지정되는 것이 아닌 것은?

① 수산지역

② 자연환경보전지역

③ 관리지역

④ 도시지역

복원완성도 ★★☆

18 다음의 개발행위 중 특별시장 · 광역시장 · 시장 또는 군수의 허가를 받아야 하는 대상과 가장 거리가 먼 것은?

① 경작을 위한 토지의 형질변경

② 토석채취

③ 토지의 분할

④ 녹지지역 · 관리지역 또는 자연환경보전지역에 물건을 1개월 이상 쌓아놓는 행위

복원완성도 ★☆☆

19 **부동산의 감정평가 3방식(비교방식/원가방식/수익방식)에 대한 설명이다. 틀린 것으로 연결한 것은?**

가. 토지를 평가할 때 가장 적합한 방식은 원가방식이다. 나. 건물의 가치를 '재조달원가-감가상각액'으로 평가하는 것은 비교방식이다. 다. 부동산의 시장성과 수익성을 반영하지 못하는 단점이 있는 것은 원가방식이다. 라. 대상부동산의 순영업소득을 환원이율로 직접 수익환원하여 부동산의 가치를 평가하는 방식은 수익방식이다.

① 가, 나
② 다, 라
③ 가, 다
④ 나, 라

복원완성도 ★★★

20 **투자부동산의 매년 순수익이 50억 원이고 자본환원율이 5%이다. 이 경우 수익환원법에 따른 해당 부동산의 수익가격은 얼마인가?**

① 100억 원
② 200억 원
③ 500억 원
④ 1,000억 원

2-1 대안투자운용/투자전략(5문항)

복원완성도 ★★☆

21 대안투자상품에 대한 설명이다. 가장 적절하지 않은 것은?

① 대안투자상품은 대부분 장내시장에서 거래되므로 유동성이 풍부한 편이다.

② 전통적인 투자상품과 낮은 상관관계를 가지고 있어 전통투자와 포트폴리오를 구성하면 높은 분산투자효과를 얻을 수 있다

③ 매수 중심의 전통투자의 거래방식과 달리 차입, 공매도, 파생상품의 활용이 높아 이에 대한 위험관리가 중요한 이슈가 된다.

④ 전통투자에 비해 운용자의 스킬이 중요시되고 이 때문에 보수율은 높은 수준이며, 성공보수가 함께 징구 되는 경우가 많다.

복원완성도 ★★☆

22 부동산금융에 대한 설명이다. 가장 거리가 먼 것은?

① 증권발행으로 자금을 조달하는 것이 아니라 프로젝트에 직접 투자를 받아 자금을 조달하는 것을 PF(프로젝트금융)라 하며, PF는 수익형 부동산금융에 해당한다.

② 자산유동화증권(ABS)의 발행을 통해, 자산보유자의 입장에서는 보유하고 있는 유동성이 낮은 자산을 유동화시킴으로써 유동성위험을 회피할 수 있다.

③ 주택저당증권(MBS)은 ABS의 일종으로서, 주택자금대출로부터 발생하는 채권과 당해 채권의 변제를 위해 담보로 확보하는 저당권과 기업매출채권 등을 기초자산으로 하여 새롭게 발행하는 증권을 말한다.

④ 다수의 투자자로부터 자금을 모아서 이 자금을 부동산 및 부동산관련 사업에 투자한 후 투자자에게 배당을 통해 이익을 분배하는 회사는 REITs(부동산투자회사)이며, REITs의 주권을 증권시장에 상장함으로써 발행사는 유동성이 확보되고 일반투자자는 소액의 자금으로도 부동산투자가 가능하다.

복원완성도 ★★☆

23 헤지펀드 운용전략에 대한 설명이다. 가장 적절하지 않은 것은?

① 'Yield curve flattener, Yield curve steepener, Yield curve butterfly'와 같은 채권차익거래전략은 방향성전략에 속한다.

② 전환증권 차익거래전략은 전환사채를 매수하고 기초자산 주식을 매도하는 전략이다.

③ 캐리 트레이드 전략은 낮은 금리로 자본을 조달하여 높은 금리에 투자하는 전략이다.

④ 무상증자 이벤트 전략은 무상증자 권리락일에 해당 종목의 주가가 높은 확률로 상승하는 이례적 현상을 이용하는 전략이다.

복원완성도 ★★☆

24 CDO와 관련해서 빈칸을 옳게 연결한 것은?(순서대로)

- CDO를 통한 위험전가의 결과로 자산보유자는 재무비율의 개선 및 감독규정상의 최저 요구자본 요건 충족 및 대출여력 확충 등과 같은 효과를 얻을 수 있는 것은 (　　　　)이다.
- 기초자산의 수익률과 유동화증권의 수익률 간의 차이에서 발생하는 차익을 취할 목적으로 발행되는 CDO는 (　　　　)이다.

① Balance Sheet CDO, Arbitrage CDO

② Balance Sheet CDO, Static CDO

③ Static CDO, Arbitrage CDO

④ Static CDO, Dynamic CDO

복원완성도 ★★☆

25 CDO(Collateralized Debt Obligation)의 세 가지 트랜치(tranche)에 대한 설명이다. 가장 적절하지 않은 것은?

① Equity트랜치 투자자의 수익은 초기에 한 번에 받으며(up-front 방식), 만기에 남아있는 담보자산의 원금을 받는다.

② Mezzanine트랜치는 Senior트랜치와 Equity트랜치의 중간에 위치하며, 잔여이익에 대한 참여권을 가진다.

③ Senior트랜치는 'mark-to-market'위험이 있다.

④ Super Senior트랜치는 Senior트랜치에서 추가적인 손실이 발생하는 경우를 가정으로 하는데, 투자자의 입장에서는 신용평가사의 신용등급 없이 투자하게 된다.

2-2 해외증권투자운용/투자전략(5문항)

복원완성도 ★★☆

26 **국제 분산투자 효과에 대한 설명이다. 틀린 내용으로 연결한 것은?**

> 가. 국가 간 상관관계가 높을수록 국제 분산투자 효과는 커진다.
> 나. 국내적으로 분산불가능 위험인 체계적 위험도 국제 분산투자를 할 경우 위험의 추가적인 분산효과를 얻는 것이 가능하다.
> 다. 국제 분산투자를 하더라도 개별기업 특유의 요인에 의한 위험은 제거할 수 없다.
> 라. 글로벌 동조화가 강화될수록 국제 분산투자효과는 작아진다.

① 가, 나
② 다, 라
③ 가, 다
④ 나, 라

복원완성도 ★★☆

27 **국제 주식시장의 규모에 대한 설명이다. 가장 적절하지 않은 것은?**

① 각국의 거래소 규모는 시가총액과 거래량으로 파악할 수 있는데, 어느 기준으로 보는가에 따라서 시장규모의 순위는 상당한 차이를 가질 수 있다.
② 단기매매차익을 노리는 투자자의 비중이 클수록 해당 시장의 매매회전율이 낮게 나타나는데, 이 경우 거래량 기준 상의 시장규모 순위가 하락할 수 있다.
③ 경제규모에 비해 주식시장의 규모가 큰 국가는 자본시장의 역할이 상대적으로 크고 효율적인 증권시장을 가진 것으로 이해할 수 있다.
④ 국제투자의 활성화와 함께 직접금융의 증가로 대부분의 국가에서 경제규모대비 주식시장 시가총액의 규모가 커지고 있다.

복원완성도 ★★☆

28 **주식예탁증서(DR ; Depository Receipt)에 대한 설명이다. 가장 적절하지 않은 것은?**

① DR은 해당 기업이 본국의 은행에 예치한 주식을 바탕으로 하여, 해외 현지 거래소에서 거래되기 편리하고 유동성을 높일 수 있는 형태로 발행하는 것을 말한다.

② 우리나라 기업의 해외 상장의 경우에는 현지의 제도가 DR과 원주상장에 관계없이 DR의 형태로 상장되고 거래된다.

③ 달러표시 해외 DR발행이 미국과 미국 이외의 시장에서 동시에 이루어지면 EDR에 해당된다.

④ 미국 증시에 상장되기를 원하는 당해 기업이 DR발행 및 상장과 관련한 비용을 직접 부담하는 것을 Sponsored DR이라 한다.

복원완성도 ★★☆

29 **양키본드(Yankee Bond)에 대한 설명이다. 가장 적절하지 않은 것은?**

① 비거주자가 미달러화 표시 채권을 미국에서 발행한 채권을 말한다.

② 현지 투자자 보호를 위해 미국증권거래위원회(SEC)의 엄격한 공시규정이 적용되며, Moody's 같은 공인된 신용평가기관으로부터 신용등급평가를 받아야 하며, 신용도가 낮거나 규모가 크지 않은 기업의 경우 자금조달 비용이 높아지게 된다.

③ 투자자가 미국증권거래위원회(SEC)에 등록되어야 투자자로서의 권리가 인정되는 기명식채권(registered bond)이다.

④ 역외채권(off shore bond)이라고 할 수 있다.

복원완성도 ★★☆

30 **해외주식 투자전략에 대한 설명이다. 가장 적절하지 않은 것은?**

① 투자자가 가진 정보에 따라 투자대상국의 주가 및 환율을 전망하고 가장 전망이 밝은 나라의 투자비중을 높임으로써 수익률을 극대화하고자 하는 전략은 적극적 또는 공격적 전략이며, 이 경우 시장의 비효율성이 존재함을 전제한다.

② 환율과 주가 전망을 투자결정에 거의 반영하지 않고 벤치마크 포트폴리오를 모방하는 전략은 소극적 또는 방어적 전략인데, 이때 벤치마크 포트폴리오를 정확하게 모방할 경우 목표수익률이 벤치마크수익률에 최대한 근접하게 되며 인덱싱 과정에서의 거래비용도 절감할 수 있다.

③ 하향식 접근(top down approach)은 세계 경제를 완전히 통합되지 않고 분리된 각국 경제의 결합체로 본다.

④ 기업분석과 산업분석을 통해서 투자대상 주식과 주식 별 투자액을 미리 정하고 그 결과 전체 포트폴리오에서 차지하는 각국의 투자비중이 결정되는 것은 상향식 접근(bottom up approach)이다.

2-3 기본적 분석(6문항)

복원완성도 ★★☆

31 보기는 각종 재무비율에 대한 해석이다. 틀린 설명으로 연결한 것은?

〈보기〉

가. 총자산회전율이 하락하고 있다면 이는 경영효율이 하락하고 있거나 기계설비가 노후화되고 있는 것으로 해석할 수 있다.
나. 재고자산회전율이나 매출채권회전율이 급격하게 증가하는 것은 부실의 징후로 해석할 수 있다
다. 고정비용보상비율이 낮다는 것은 해당 기업이 부채 레버리지 효과를 충분히 활용하고 있지 않다는 것을 의미한다.
라. 배당성향이 하락하고 있다면 해당 기업이 점차 성숙단계에 접어들고 있어 더 이상의 설비확장이나 운전자본이 필요하지 않음을 의미한다.

① 가, 나
② 다, 라
③ 가, 다
④ 나, 라

복원완성도 ★★★

32 ROE가 ROA의 5배이고 총자산이 300억 원일 때, 총부채는 얼마인가?

① 100억 원
② 200억 원
③ 225억 원
④ 240억 원

복원완성도 ★★☆

33 레버리지도에 대한 설명이다. 가장 적절하지 않은 것은?

① 결합레버리지도는 영업레버리지도와 재무레버리지도의 곱으로 얻어진다.
② 영업레버리지도는 판매량의 변화율을 영업이익의 변화율로 나누어서 구한다.
③ 재무레버리지도는 주당이익의 변화율을 영업이익의 변화율로 나누어서 구한다.
④ 결합레버리지는 타인자본 의존도가 높을수록 크게 나타난다.

복원완성도 ★★★

34 투자자의 요구수익률이 10%, 자기자본이익률이 10%, 배당성향이 30%일 때, 고든의 PER모형에 의한 PER는 얼마인가?(단위 : 배수)

① 5
② 10
③ 15
④ 20

복원완성도 ★★★

35 EV/EBITDA비율과 관련하여 빈칸에 알맞은 것은?

> 상장기업인 A기업의 EBITDA는 60억 원, 유사기업의 EV/EBITDA 비율은 20배, 채권자가치는 400억 원, 발행 주식수는 200만주이다. 이 경우 A기업의 주당 가치는 (　　　　　)이다.

① 4만 원
② 5만 원
③ 6만 원
④ 8만 원

복원완성도 ★★★

36 보기의 조건에 따를 때, 해당 기업의 EVA를 최적으로 만드는 타인자본비중과 자기자본비중의 조합은 무엇인가?(단위 : %)

〈보기〉

> 세후 순영업이익 100억 원, 투하자본 250억 원, 타인자본비용과 자기자본비용은 모두 10%이고 법인세율은 30%로 가정한다.

① 타인자본 80, 자기자본 20
② 타인자본 60, 자기자본 40
③ 타인자본 40, 자기자본 60
④ 타인자본 20, 자기자본 80

2-4 기술적 분석(2문항)

복원완성도 ★★★

37 다음 중 반전형 패턴이 아닌 것은?

① 역헤드앤쇼울더형
② 이중 바닥형
③ 확대형
④ 깃발형

복원완성도 ★★★

38 기술적 분석의 보조지표와 관련하여 빈칸에 알맞은 것은?

( )는 단기 이동평균 값에서 장기 이동평균 값을 뺀 차이를 그래프상에 나타내어 현재 주가의 움직임이 어떻게 진행되고 있는가를 판단하기 위한 추세분석기법이다.

① MAO(Moving Average Oscillator)
② RSI(Relative Strength Index)
③ Stochastics
④ VR(Volume Ratio)

2-5 산업분석(4문항)

복원완성도 ★★☆

39 산업구조변화에 대한 경제이론 들이다. 가장 적절하지 않은 설명은?

① 리카도의 비교우위론은 국가 간 요소 부존도에 따라 각 제품생산에 투입되는 노동 투입량의 비교우위가 나타나게 되고, 이러한 비교우위를 가진 산업을 중심으로 산업구조가 변화한다고 본다.

② 헥셔–올린 모형은 생산요소를 노동과 자본으로 확대하여 생산요소의 상대적 부존도 차이에 의해서 무역패턴이 결정된다고 보며, 노동이 상대적으로 풍부한 국가는 자본 집약적 산업 중심으로 산업구조가 변화한다고 본다.

③ 제품수명주기 이론은 기술혁신 또는 신제품개발 등 공급능력의 중요성을 분석한 이론으로서, 공급능력에 의해 산업구조가 변화한다고 본다.

④ 내생적 성장 이론은 인적자본 등 요소의 내생적 축적에 의해서 경제성장이 이루어지고 산업구조도 변화도 이루어진다고 본다.

복원완성도 ★★☆

40 산업연관표(産業聯關表) 분석에 대한 설명이다. 틀린 것으로 연결한 것은?

> 가. 장래 특정연도에 대한 경제 전체의 공급과 수요를 산업별로 세분하여 예측할 수 있다.
> 나. 투입계수는 총투입액을 중간투입액이나 부가가치액으로 나누어서 구한다.
> 다. 생산유발계수는 소비, 투자, 수출과 같은 최종수요가 한 단위 증가할 때 각 산업에서 직・간접적으로 유발되는 산출물의 단위를 나타내는 계수이다.
> 라. 후방연쇄효과는 모든 산업제품에 대한 최종수요가 각각 1단위씩 증가하는 경우 특정산업의 생산에 미치는 영향을 말한다.

① 가, 나
② 다, 라
③ 가, 다
④ 나, 라

복원완성도 ★★☆

41 **산업정책에 대한 설명이다. 가장 적합한 것은?**

① 산업정책은 수요지향적 정책이다.

② 국민경제의 실제 생산수준을 잠재적 생산수준에 접근시켜 실업을 해소하거나 인플레이션 압력을 완화하고자 하는 정책이다.

③ 국민경제의 성장잠재력이 훼손되는 상황에서도 강조되는 경향이 있다.

④ 산업정책은 산업구조정책과 산업조직정책으로 구분되는데, 바람직한 최적산업구조를 상정하고 현재의 산업구조를 최적 산업구조로 전환하기 위해 의도적으로 산업 간 자원배분의 변화를 도모하는 정책은 산업조직정책이다.

복원완성도 ★★☆

42 **다음 중 라이프사이클 분석(Life Cycle Analysis)에서 쇠퇴기에 해당하는 것을 연결한 것은?**

가. 과도한 고정비, 판매비, 시장선점경쟁 등으로 적자를 보이거나 이익이 저조하다.
나. 수요 감소 등으로 매출액증가율이 시장평균보다 낮게 되거나 감소하게 된다.
다. 이익률은 더욱 하락하여 적자기업이 다수 발생하게 된다.
라. 제품수명주기 연장을 위한 노력이나 새로운 제품개발을 위한 연구개발비 지출증가가 필요하다.

① 가, 나

② 나, 다

③ 가, 다

④ 나, 라

2-6 리스크 관리(8문항)

복원완성도 ★★☆

43 재무위험(financial risk)에 대한 설명이다. 틀린 것은?

① 시장위험은 시장가격의 변동으로부터 발생하는 위험으로서 주식위험, 이자율위험, 환위험, 상품가격 위험 등이 포함된다.

② 신용위험은 거래상대방이 약속한 금액을 지불하지 못하는 경우에 발생하는 손실에 대한 위험이다.

③ 유동성위험은 부적절한 내부시스템, 관리실패, 잘못된 통제, 사기, 인간의 오류 등으로 인해 발생하는 손실에 대한 위험이다.

④ 법적위험은 계약을 집행하지 못함으로 인해 발생하는 손실에 대한 위험이다.

복원완성도 ★★★

44 3년 만기 국채의 만기수익률이 정규분포를 따르고 1일 수익률의 증감(y)의 1일 기준 표준편차가 0.8%이고 수정듀레이션이 2.5이다. 이 채권을 2,000억 원 보유하고 있을 때 95% 신뢰구간 하에서의 1일 VaR은 얼마인가?(95% 신뢰상수는 1.65, 99% 신뢰상수는 2.33, 단위는 억 원)

① 33

② 60

③ 66

④ 82.5

복원완성도 ★★★

45 99% 신뢰기준 · 보유기간 1일 기준의 VaR은 4.66억 원이다. 그렇다면 95% 신뢰기준 · 보유기간 4일 기준의 VaR은 얼마인가?(단위 : 억 원)

① 3.30

② 4.66

③ 6.60

④ 13.2

복원완성도 ★★☆

46 역사적 시뮬레이션 방법(Historical Simulation Method)에 대한 설명이다. 틀린 것으로 연결한 것은?

가. 수익률의 정규분포를 전제로 하지 않으며, 부분가치가 아닌 완전가치로 평가한다.
나. 확률모형으로부터 위험요인을 무한히 생성해 낼 수 있으므로 VaR 값의 확률적 신뢰성이 높은 편이다.
다. 옵션과 같은 비선형의 수익구조를 가진 상품이 포함된 경우에도 문제없이 사용할 수 있는 장점이 있다.
라. 포지션의 시장위험을 VaR로 측정할 경우 델타분석법 및 몬테카를로 시뮬레이션법에 의한 VaR 값과 동일하게 나타난다.

① 가, 나
② 다, 라
③ 가, 다
④ 나, 라

복원완성도 ★★☆

47 VaR의 측정방법 중 스트레스 검증법(Stress Test)에 대한 설명이다. 가장 거리가 먼 것은?

① 포트폴리오의 위험을 완전가치로 측정한다.
② 과거 데이터가 없는 경우에도 사용할 수 있다.
③ 포트폴리오가 다중의 리스크 요소에 수로 의존할 경우에 적합하다.
④ 다른 VaR 측정법의 보완적인 방법으로서 최악의 경우의 변화를 측정하는데 유용하다.

복원완성도 ★★★

48 다음 중 RAROC지표로 판단할 때 성과가 가장 우수할 것으로 판단되는 포트폴리오는?(투자금액은 동일한 것으로 가정함)

① A 포트폴리오 : 순수익률 8%, VaR 4억 원
② B 포트폴리오 : 순수익률 10%, VaR 4억 원
③ C 포트폴리오 : 순수익률 10%, VaR 6억 원
④ D 포트폴리오 : 순수익률 12%, VaR 6억 원

복원완성도 ★★★

49 **신용손실분포의 특징에 대한 설명이다. 옳은 것으로 연결한 것은?**

가. 신용리스크는 신용손실 분포로부터의 예상외 손실(Unexpected Loss)로서 정의된다. 나. 신용수익률은 비대칭성이 강하여 한쪽으로 두꺼우면서도 긴 꼬리를 가진 분포를 한다. 다. 평균과 분산을 이용한 모수적 방법으로 측정하는 것이 바람직하다.

① 가, 나
② 나, 다.
③ 가, 다
④ 가, 나, 다

복원완성도 ★★★

50 **부도모형(Default Mode)에서 신용위험을 측정 시 고려하지 않는 요소는?**

① 부도대상금액(익스포저)
② 부도율
③ 신용등급
④ 손실률

3-1 직무윤리(5문항)

복원완성도 ★★★

51 다음 중 이해상충의 대표적 사례인 과당매매(excess trading)의 판단기준과 가장 거리가 먼 것은?

① 일반투자자가 부담하는 수수료 총액
② 손실 여부를 포함한 계좌의 수익 총액
③ 일반투자자의 재산상태 및 투자목적에 적합한지의 여부
④ 일반투자자의 투자지식이나 경험에 비추어 당해 거래에 수반되는 위험을 잘 이해하고 있는지의 여부

복원완성도 ★★★

52 다음 중 금융소비자보호를 위한 상품판매 단계의 원칙(또는 의무) 중에서 일반금융소비자와 전문금융소비자 모두를 대상으로 적용되는 것은?

① 적합성 원칙
② 적정성 원칙
③ 설명의무
④ 부당권유행위 금지의무

복원완성도 ★☆☆

53 부당권유행위 금지(금소법 제21조)에 대한 내용이다. 가장 적절하지 않은 것은?

① 불확실한 사항에 대하여 단정적 판단을 제공하거나 확실하다고 오인하게 할 여지가 있는 내용을 알리는 행위는 금지된다.
② 금융소비자로부터 계약의 체결권유를 해줄 것을 요청받지 아니하고 방문・전화 등 실시간 대화의 방법을 이용하는 행위는 원칙상 금지된다.
③ 계약체결의 권유를 받은 금융소비자가 이를 거부하는 취지의 의사를 표시한 후 1개월이 지난 후에 동일 금융투자상품에 대해서 다시 권유하는 행위는 금지된다.
④ 부당권유행위 금지의무를 위반한 금융투자회사에 대해서는 해당 금융상품 계약으로부터 얻는 수익의 최대 50% 이내에서 과징금을 부과할 수 있으며, 별도로 최대 1억 원 이내에서 과태료를 부과할 수 있다.

복원완성도 ★★☆

54 **상품판매 이후 단계의 금융소비자보호와 관련한 내용이다. 가장 적절하지 않은 것은?**

① 금융투자업 종사자는 금융소비자로부터 위임받은 업무를 처리한 경우 그 결과를 금융소비자에게 지체 없이 보고하고 그에 따라 필요한 조치를 해야 한다.

② 금융소비자는 금융상품판매업자 등이 기록 및 유지・관리하는 자료의 열람을 요구할 수 있는데, 금융소비자의 자료열람권은 분쟁조정이나 소송수행 등 권리구제를 위한 목적으로만 행사가 가능하다.

③ 금융소비자가 자료열람권을 행사할 경우 금융회사는 금융소비자의 권리보호차원에서 해당 자료열람권의 행사를 무조건적으로 승인해야 한다.

④ 금융투자업자는 직무상 알게 된 정보로서 외부에 공개되지 아니한 정보를 정당한 사유 없이 자기 또는 제3자의 이익을 위하여 이용해서는 아니 된다.

복원완성도 ★★☆

55 **금융위원회의 행정제재에 대한 내용이다. 가장 적절하지 않은 것은?**

① 거짓 또는 그 밖의 부정한 방법으로 금융투자업의 인가를 받거나 등록한 경우는 금융투자업의 인가나 등록을 취소할 수 있다.

② 금융위원회는 투자자보호 및 건전한 거래질서를 유지하기 위해서 금융투자업자의 경영 및 업무개선에 관한 사항 등에 대한 조치명령권을 행사할 수 있다.

③ 금융투자업자의 임원에 대한 해임을 요구할 수 있지만 직원에 대한 면직은 요구할 수 없다.

④ 금융위원회의 처분 또는 조치에 대해 불복하는 자는 해당 처분 또는 조치의 고지를 받은 날로부터 30일 이내에 그 사유를 갖추어 금융위원회에 이의신청을 할 수 있으며, 이때 금융위원회는 해당 이의신청에 대해서 60일 이내에 결정을 하여야 하며, 부득이한 사정으로 그 기간 내에 결정을 할 수 없을 경우에는 30일의 범위에서 그 기간을 연장할 수 있다.

3-2 자본시장법 및 금융위규정(11문항)

복원완성도 ★★☆

56 **자본시장법상 금융투자상품의 포괄적 정의와 관련하여 빈칸을 옳게 연결한 것은?**

> • '금융상품의 권리를 취득하기 위해서 지급하였거나 지급하여야 할 금전 등의 총액이 그 권리로부터 회수하였거나 회수할 수 있는 금전 등의 총액을 초과하게 될 위험'이 있는 것은 (가)이다.
> • 취득과 동시에 어떤 명목으로든 추가적인 지급의무를 부담하지 않는 금융투자상품은 (나)이다.

	가	나
①	금융투자상품	증권
②	금융투자상품	파생상품
③	증권	파생상품
④	증권	장내파생상품

복원완성도 ★★★

57 **다음 중 재무건전성 규제상 금융위원회가 긴급조치를 발동할 수 있는 사유가 아닌 것은?**

① 발행한 어음이나 수표의 부도 또는 은행과의 거래가 정지되는 경우
② 유동성악화로 인한 투자자예탁금 등이 지급불능 상태에 이른 경우
③ 휴업 또는 영업중지 등으로 돌발사태가 발생하여 정상적인 영업이 불가능한 경우
④ 순자본비율이 100%에 미달하게 된 경우

복원완성도 ★★★

58 **투자매매업자 또는 투자중개업자에 대한 신용공여 규제에 대한 설명으로 가장 적절하지 않은 것은?**

① 신용공여를 하고자 하는 경우 투자자와 신용공여에 관한 약정을 체결해야 하고, 투자자로부터 신용거래를 수탁 받은 때에는 신용거래계좌를 설정해야 한다.
② 신용공여 한도는 총자산의 범위 이내로 한다.
③ 투자자의 신용상태 및 종목별 거래상황 등을 고려하여 신용공여금액의 100분의 140 이상에 해당하는 담보를 징구해야 한다.
④ 한국거래소가 투자경고종목이나 투자위험종목 또는 관리종목으로 지정한 증권은 신규의 신용거래가 불가하다.

복원완성도 ★★★

59 집합투자기구의 법적 형태 중에서 지분증권을 발행할 수 없는 것은?

① 투자신탁
② 투자유한책임회사
③ 투자합자조합
④ 투자익명조합

복원완성도 ★★☆

60 집합투자재산의 운용상 금전차입과 대여의 제한에 대한 내용이다. 가장 적절하지 않은 것은?

① 집합투자업자는 집합투자재산을 운용함에 있어서 원칙적으로 금전을 차입할 수 없지만, 대량환매청구 발생 등을 사유로 차입 당시 순자산총액의 10%까지는 차입을 할 수 있다.
② 부동산펀드가 아닌 기타의 펀드는, 펀드재산으로 보유하고 있는 부동산 가액의 70%까지 차입이 가능하며 이때 차입금액은 부동산운용으로만 사용되어야 한다.
③ 부동산에 대한 특례로서, 부동산펀드는 펀드 순자산액의 200%까지 차입을 할 수 있다.
④ 부동산에 대한 특례로서, 부동산펀드는 부동산개발사업을 영위하는 법인에 대해 금전의 대여를 할 수 있는데 이때 대여 한도는 펀드 순자산총액의 120%이다.

복원완성도 ★★★

61 다음 중 원칙상 환매금지형으로 설정·설립해야 하는 집합투자기구를 모두 묶은 것은?

가. 부동산집합투자기구 나. 특별자산집합투자기구 다. 혼합자산집합투자기구

① 가, 나
② 나, 다
③ 가, 다
④ 가, 나, 다

복원완성도 ★★☆

62 **다음 중 모자형 집합투자기구의 정의 및 설정·설립 요건에 대한 설명이다. 틀린 것으로 연결한 것은?**

> 가. 모자형 집합투자기구는 자집합투자기구가 발행한 집합투자증권을 모집합투자기구가 취득하는 구조의 집합투자기구를 말한다.
> 나. 자집합투자기구와 모집합투자기구의 집합투자재산을 운용하는 집합투자업자가 동일하지 않아야 한다.
> 다. 자집합투자기구 외의 자가 모집합투자기구의 집합투자증권을 취득하는 것이 허용되지 않아야 한다.
> 라. 자집합투자기구가 모집합투자기구의 집합투자증권 외의 다른 집합투자증권을 취득하는 것이 허용되지 않아야 한다.

① 가, 나
② 다, 라
③ 가, 다
④ 나, 라

복원완성도 ★★☆

63 **환매금지형 집합투자기구는 원칙적으로 집합투자증권을 추가로 발행할 수 없지만 다음 중 어느 하나의 요건을 충족하면 집합투자증권을 추가로 발행할 수 있다. 그 요건을 잘못 나열한 것은?**

① 이익분배금의 범위 내에서 집합투자증권을 추가로 발행하는 경우
② 기존투자자의 이익을 해할 우려가 없다고 신탁업자의 확인을 받은 경우
③ 기존투자자의 전원의 동의를 받은 경우
④ 각종 보수의 지급이나 환매대금 마련을 위해 필요한 경우로서 판매업자나 신탁업자의 확인을 받은 경우

복원완성도 ★★☆

64 **다음 중 사업보고서를 제출하지 않아도 되는 자는?**

① 주권 상장 법인
② 전환사채권·신주인수권부사채권·이익참가부사채권 또는 교환사채를 증권시장에 상장한 발행인
③ 파생결합증권을 증권시장에 상장한 발행인
④ 집합투자증권을 증권시장에 상장한 발행인

복원완성도 ★★☆

65 '미공개중요정보의 이용금지(내부자거래 금지, 자본시장법 제174조)' 조항에 대한 설명이다. 가장 적절하지 않은 것은?

① 내부자거래 규제의 적용대상 법인은 상장법인 및 6개월 이내 상장이 예정된 법인이다.

② 내부자거래 규제대상 증권은 당해 법인이 발행한 증권 및 그 증권을 기초자산으로 하는 기타의 금융투자상품이 포함되는데 이에는 증권예탁증권, ELS나 ELW와 같은 파생결합증권, 콜옵션・풋옵션과 같은 파생상품도 포함된다.

③ 내부자거래 규제 대상자로는 내부자, 준내부자, 정보수령자가 있는데 해당 법인(계열사 포함)의 주요주주는 내부자에 속한다.

④ 내부자거래 규제대상 행위는 해당 증권의 매매거래를 금지하는 것을 말한다.

복원완성도 ★★☆

66 자본시장 조사업무규정에 대한 설명이다. 가장 적절하지 않은 것은?

① 자본시장 불공정거래에 대한 조사는 원칙적으로 당사자의 동의와 협조를 전제로 한 청문적 성격의 행정상 임의조사의 성격을 띠지만, 시세조종 등에 대한 조사와 같이 압수・수색 등 강제조사의 성격이 함께 혼재된 특수한 성격을 갖는다.

② 한국거래소로부터 위법행위의 혐의 사실을 이첩 받은 경우는 조사를 실시할 수 있다.

③ 당해 위법행위에 대한 제보가 익명 또는 가공인 명의의 진정・탄원・투서 등에 의해 이루어질 경우 조사의 면제대상이 된다.

④ 조사결과에 대한 조치로서 형사벌칙이 되는 대상에 대한 고발 또는 수사기관통보, 시정명령, 과태료 및 과징금 부과, 벌금 부과 등이 있다.

3-3 한국금융투자협회 규정(3문항)

복원완성도 ★★☆

67 '주요 매체 별 위험고지 표시기준 강화' 규정(협회 투자광고 규정)에 대한 설명이다. 가장 거리가 먼 것은?

① 바탕색과 구별되는 색상으로 선명하게 표시해야 한다.

② A4용지 기준 9포인트 이상의 활자체로 투자자가 쉽게 알아볼 수 있도록 표시할 것. 다만, 신문에 전면으로 게재하는 광고물의 경우 10포인트 이상의 활자체로 표시해야 한다.

③ 영상매체를 이용한 투자광고의 경우 1회당 투자광고 시간의 3분의 1 이상의 시간 동안 투자자가 쉽게 알아볼 수 있도록 충분한 면적에 걸쳐 해당 위험고지내용을 표시하거나 1회 이상(단, 10분 이상의 광고물은 2회 이상) 소비자가 명확하게 인식할 수 있는 속도의 음성과 자막으로 설명해야 한다.

④ 인터넷 배너를 이용한 투자광고의 경우 위험고지를 하지 않아도 된다. 단, 파생상품 등 투자위험성이 큰 경우에는 해당 위험고지내용이 3초 이상 보이도록 해야 한다.

복원완성도 ★★☆

68 재산상이익의 제공 및 수령에 대한 설명이다. 가장 거리가 먼 것은?

① 금융투자회사 및 그 종사자가 거래상대방에게 제공하거나 거래상대방으로부터 수령한 재산상이익의 가액이 10억 원을 초과할 경우 즉시 공시해야 한다.

② 금융투자회사가 거래상대방에게 재산상이익을 제공하거나 제공받은 경우 제공 또는 수령 기간, 제공 또는 수령받은 자가 속하는 업종, 제공 또는 수령 목적, 제공 또는 수령한 경제적 가치의 합계액을 5년 이상 기록·보관해야 한다.

③ 금융투자회사 및 그 종사자의 재산상이익의 제공현황 및 적정성 점검 결과는 3년마다 이사회에 보고해야 한다.

④ 금융투자회사는 이사회가 정한 금액을 초과하는 재산상이익을 제공하고자 하는 경우에는 미리 이사회 의결을 거쳐야 한다.

복원완성도 ★★☆

69 **신상품보호에 관한 금융투자협회 규정에 대한 설명이다. 가장 거리가 먼 것은?**

① 신상품이란 새로운 비즈니스 모델을 적용한 금융투자상품 또는 이에 준하는 서비스 등을 말하는데, 단 국내・외에서 이미 공지되었거나 판매된 적이 없어야 한다.

② 배타적 사용권이란 신상품을 개발한 금융투자회사가 일정 기간 동안 독점적으로 신상품을 판매할 수 있는 권리를 말한다.

③ 배타적 사용권에 대한 직접적인 피해가 발생하고 금융투자회사가 침해배제신청을 한 경우, 협회 심의위원회 위원장은 침해배제 신청접수일로부터 10영업일 이내에 심의위원회를 소집하고 심의해야 하며 침해배제신청이 이유 있다고 결정된 경우 심의위원회는 지체 없이 침해회사에 대해 침해의 정지를 명할 수 있다.

④ 금융투자회사 및 금융투자회사 임직원이 심의위원회에 제출하는 자료의 고의적인 조작행위 등의 금지행위를 위반한 경우, 협회는 인터넷 홈페이지 등을 통해 공시하고 자율규제위원회에 제재를 요청할 수 있다.

3-4 주식투자운용/투자전략(6문항)

복원완성도 ★★★

70 **자산집단에 대한 기대수익률의 추정방법 중에서 보기에 해당하는 것은?**

> • 과거 자료를 바탕으로 하되 미래의 발생 상황에 대한 기대치를 추가하여 예측한다.
> • 과거 시계열 자료를 토대로 하되 각 자산집단별 리스크 프리미엄 구조를 반영하는 기법이다.

① 추세분석법

② 시나리오 분석법

③ 근본적 분석법

④ 시장공통예측치 사용법

복원완성도 ★★★

71 빈칸에 가장 적합한 것은?

수익률과 위험의 공간에서 정해진 위험 수준 하에서 가장 높은 수익률을 달성하는 포트폴리오 여러 개를 연속선으로 연결한 것을 (　　　　　)이라고 한다.

① 효율적 투자기회선
② 무차별 효용곡선
③ 자본시장선
④ 증권시장선

복원완성도 ★★☆

72 전술적 자산배분에 대한 설명이다. 가장 적절하지 않은 것은?

① 시장의 변화 방향을 예상하여 사전적으로 자산구성을 변동시켜 나가는 전략이다.
② 시장가격이 내재가치 보다 높게 형성되었을 때 매수하고, 시장가격이 내재가치보다 낮게 형성되었을 때 매도하는 전략이다.
③ 자본시장이 새로운 정보에 대해서 지나치게 낙관적이거나 비관적으로 반응하는 것을 이용하는 전략이다.
④ 현재까지 이용가능 하거나 미래에 예측가능한 모든 정보가 증권가격에 반영되어 있다면 성립할 수 없는 전략이다.

복원완성도 ★★☆

73 **주가지수의 종류에 대한 설명이다. 가장 적절하지 않은 것은?**

① 다우존스산업평균지수(DJIA)는 주가가중방식으로 산출한다.

② Nikkei225는 시가가중방식으로 산출한다.

③ 모든 종목을 동일하게 취급하여 실제적으로 소형기업의 가중치가 높아지는 경향이 있는 지수산출방식은 동일가중방식이다.

④ 대형이며 성숙기에 있는 기업이 많을 경우 지수가 과대평가될 여지가 있는 것은 시가가중방식이다.

복원완성도 ★★☆

74 **패시브 운용을 위한 인덱스 구성방법에 대한 설명이다. 가장 거리가 먼 것은?**

① 완전복제법은 벤치마크를 구성하는 모든 종목을 벤치마크의 구성 비율대로 사서 보유하는 것으로서 가장 단순하고 직접적인 인덱싱 방식이다.

② 표본추출법은 벤치마크에 포함된 대형주는 모두 포함하고 중소형주들은 펀드의 성격이 벤치마크와 유사하도록 일부종목만을 포함하는 인덱싱 방식이다.

③ 최적화법은 포트폴리오 모형을 이용하여 주어진 벤치마크에 대비한 잔차위험이 허용 수준 이상이 되도록 하는 인덱싱 방식이다.

④ 벤치마크를 완벽하게 추종할 수 있지만, 타 방식에 비해 거래비용이나 유지비용이 많이 든다는 단점이 있는 것은 완전복제법이다.

복원완성도 ★★☆

75 **가치투자와 성장투자 스타일에 대한 설명이다. 가장 거리가 먼 것은?**

① 성장투자스타일은 매출성장률은 시장보다 높으며 PER은 시장보다 낮은 투자대상을 선호한다.

② 기업의 주당순이익이 미래에 증가하고 PER이 낮아지지 않는다면 주가는 최소한 주당순이익(EPS)만큼 상승할 것으로 가정하는 것은 성장투자 스타일이다.

③ 기업의 수익은 평균으로 회귀한다는 경향을 있다고 전제하는 것은 가치투자 스타일이다.

④ 투자자들이 충분히 인정해 주지 않으면 가격이 쌀 수밖에 없다는 것은 가치투자 스타일의 위험에 해당한다.

3-5 채권투자운용/투자전략(6문항)

복원완성도 ★★★

76 이표채의 현금흐름과 관련하여 빈칸에 알맞은 것은?

> 채권액면 10,000원, 표면금리 6%, 만기 3년, 연단위후급 이표채의 경우, 만기수령금액은 (　　　　　) 이다.

① 9,700원
② 10,000원
③ 10,300원
④ 10,600원

복원완성도 ★★★

77 보기의 개념에 가장 부합하는 것은?

〈보기〉

> 주식적 측면에서 본 전환사채의 이론가치로서, 현재 주가가 전환가격을 몇 % 상회하고 있는가를 나타내는 지표이다.

① 패리티
② 패리티가격
③ 괴리율
④ 헤지비율

복원완성도 ★★☆

78 채권유통시장에 대한 설명이다. 가장 적합한 것은?

① 채권시장은 우리나라를 포함한 대부분의 나라에서 장외시장의 비중이 더 높은 것이 특징이다.
② 장외시장에서는 비상장채권만이 거래될 수 있다.
③ 채권은 장내시장, 장외시장 모두 상대매매 방식으로 거래된다.
④ 장내시장과 장외시장의 결제방식은 모두 익일결제 방식이다.

복원완성도 ★★★

79 현 시점에서 1년 만기 현물이자율($_0R_1$)이 3%, 2년 만기 현물이자율($_0R_2$)이 3.5%일 때, 향후 1년 후의 1년 만기 내재선도이자율($_1f_1$)에 가장 가까운 값은 얼마인가?(불편기대이론에 따름)

① 3.0%
② 3.5%
③ 4.0%
④ 5.0%

복원완성도 ★★★

80 다음 중 적극적인 채권운용전략에 속하지 않는 것은?

① 수익률곡선타기전략
② 불릿형 포트폴리오전략
③ 사다리형 만기전략
④ 스프레드운용전략

복원완성도 ★★☆

81 전통적인 채권면역전략에 대한 설명이다. 가장 적절하지 않은 것은?

① 목표투자기간 중 시장수익률의 변동에 관계없이 채권매입 당시에 설정하였던 수익률을 목표기간 말에 차질 없이 실현하도록 하는 전략이다.
② 투자자의 목표 기간과 채권의 듀레이션을 일치시킴으로써 면역상태를 유도할 수 있다.
③ 시장수익률의 변동방향과 상관없이 채권가격의 상승과 이자수익의 증가를 동시에 추구하는 전략이다.
④ 면역전략 자체도 위험요소를 지니고 있으므로 면역전략 구성 후 상황변화에 따른 리밸런싱이 필요하다.

3-6 파생상품투자운용/투자전략(6문항)

복원완성도 ★★☆

82 선도거래(foward)에 대한 설명이다. 가장 적절하지 않은 것은?

① 장외파생상품이다.

② 반대매매(반대거래)를 통해 결제일 이전에 언제든지 포지션을 청산할 수 있다.

③ 신용위험에 노출된다.

④ 상대매매 방식으로 거래된다.

복원완성도 ★★★

83 균형선물환율 가격과 관련하여 빈칸에 가장 부합하는 것은?

> 달러 원 현물환율은 '1$ = 1,300₩'이고 달러이자율은 3%(연율), 원화이자율은 2%(연율)이다. 이 경우 이자율 등가식(Interest Rate Parity) 조건을 이용한 1년 만기 선물환율의 균형가격은 (   )이다.

① 1$ = 1,078₩

② 1$ = 1,200₩

③ 1$ = 1,287₩

④ 1$ = 1,313₩

복원완성도 ★★☆

84 KOSPI200 선물 9월물이 250포인트이고, 12월물이 255포인트이다. 향후 두 월물 간의 스프레드가 축소될 것으로 예상될 경우 가장 적절한 포지션은 무엇인가?

① 9월물 매수, 12월물 매수

② 9월물 매수, 12월물 매도

③ 9월물 매도, 12월물 매수

④ 9월물 매도, 12월물 매도

복원완성도 ★★★

85 현재 주가가 100인 무배당주 주식의 가격이 1기 후 110 또는 90이 되는 이항모형에서, 위험중립확률을 60%라고 할 때 콜옵션(행사가격 100)의 가격과 가까운 값은?(무위험이자율은 2%로 가정, 단위는 Point)

① 4.88point
② 5.88point
③ 6.88point
④ 7.88point

복원완성도 ★★★

86 블랙숄즈모형에서 콜옵션의 가격을 결정하는 요소에 해당하지 않은 것은?

① 기초자산의 기대수익률
② 기초자산의 변동성
③ 콜옵션의 행사가격
④ 만기까지의 무위험이자율

복원완성도 ★★★

87 다음의 옵션민감도 지표 중에서 콜옵션과 풋옵션의 민감도 부호가 모두 양의 값을 가지는 것은?(매수포지션 기준)

① 델타
② 감마
③ 로우
④ 쎄타

3-7 투자운용결과분석(4문항)

복원완성도 ★★☆

88 다음 중 '수익률의 안정성을 중시하는 전략'에 사용할 수 있는 위험지표로서 가장 부합한 것은?

① 표준편차
② 베타
③ 잔차위험
④ 상대VaR

복원완성도 ★★☆

89 위험지표 베타와 관련하여 빈칸을 옳게 연결한 것은?(순시대로)

> 개별 포지션의 베타가 각각 −1.2, −0.5, +0.4, +1.5이다. 이 경우 시장수익률이 +10%일 경우 수익률이 가장 높게 나타나는 것은 베타가 (　　　　)인 포지션이며, 시장수익률이 −10%일 경우 수익률이 가장 높게 나타나는 것은 베타가 (　　　　)인 포지션이다.

① −0.5, +0.4
② −1.2, +1.5
③ +1.5, −1.2
④ +0.4, −0.5

복원완성도 ★★☆

90 **기준지표(벤치마크)의 바람직한 속성이다. 틀린 것으로 연결한 것은?**

가. 벤치마크는 평가기간이 시작된 후에도 선정이 가능하다.
나. 적극적인 운용의 대상이 되는 모든 종목에 투자하고 보유할 수 있을 정도로 실행 가능한 투자 대안이어야 한다.
다. 일반에게 공개된 정보로부터 계산할 수 있어야 하며, 원하는 기간마다 기준지표 자체의 수익률을 계산할 수 있어야 한다.
라. 기준지표를 구성하고 있는 종목명과 비중이 정확히 표시되어야 하며, 객관적인 방법으로 구성되어야 한다.

① 가, 나
② 나, 다
③ 다, 라
④ 가, 라

복원완성도 ★★★

91 **포트폴리오 A, B, C, D 중에서 샤프비율과 트레이너비율이 가장 높은 것은?(벤치마크수익률은 10%, 무위험수익률은 3%로 가정)**

구 분	A	B	C	D
기대수익률(%)	18	20	24	26
베타	1.2	1.4	1.6	1.8
표준편차(%)	20	25	30	40

	샤프비율	트레이너비율
①	A	D
②	A	C
③	C	B
④	C	D

3-8 거시경제(4문항)

복원완성도 ★★☆

92 IS/LM모형에 대한 설명이다. 가장 적절하지 않은 것은?

① 정부지출(G)이 증가하면 이자율이 상승한다.
② 조세(T)가 증가하면 이자율이 상승한다.
③ 통화량(M)이 증가하면 이자율이 하락한다.
④ 물가(P)가 하락하면 이자율이 하락한다.

복원완성도 ★★★

93 보기에 가장 부합하는 경제이론은 무엇인가?

〈보기〉

경기불황이 심해짐에 따라 물가가 급속히 하락하고 경제주체들이 보유한 화폐량의 실질가치가 증가하게 되어 민간의 부(wealth)가 증가하고 그에 따라 소비 및 총수요가 증대한다.

① 구축효과
② 피구효과
③ 유동성함정
④ 깁슨의 패러독스

복원완성도 ★★★

94 고용지표와 관련하여 빈칸을 옳게 연결한 것은?(순서대로)

취업자 수 15명, 실업자 수 5명, 비경제활동인구가 5명일 때 실업률은 (   ), 경제활동참가율은 (   )이다.

① 20%, 75%
② 20%, 80%
③ 25%, 75%
④ 25%, 80%

복원완성도 ★★☆

95 **통화유통속도에 대한 설명이다. 가장 적절하지 않은 것은?**

① 통화유통속도는 일정량의 통화량이 일정기간(1분기 또는 1년) 동안 몇 번을 회전하여 명목GDP에 해당하는 만큼의 거래를 뒷받침하였는가를 반영한다.

② 통화유통속도는 사후적으로만 추계가 가능하여 경기변화 및 인플레이션 압력 등을 예측하는데 유용성이 높지 않다.

③ 통화량이 2,000조, 명목GDP가 1,600조, 실질GDP가 1,250조일 경우 통화유통속도는 1.28이다.

④ 우리나라의 경우 통화유통속도는 장기적으로 하락하는 추세에 있으며 EC방식에 의한 연간 통화증가율 목표치 설명에 중요한 변수로 사용되고 있다.

3-9 분산투자이론(5문항)

복원완성도 ★★★

96 **주식X와 Y를 각각 50%로 편입한 포트폴리오의 기대수익률은?(주식X와 Y의 경기국면별 기대수익률은 표와 같음)**

구 분		주식X	주식Y
호 황	확률 30%	20%	10%
정 상	확률 40%	10%	6%
불 황	확률 30%	−10%	−8%

① 4.8%

② 5.0%

③ 5.5%

④ 6.4%

복원완성도 ★★★

97 자산A의 표준편차는 0.3, 자산B의 표준편차는 0.4, 두 자산 간의 상관계수는 0일 경우, 최소분산포트폴리오가 되는 자산B의 비중은 얼마인가?

① 0.25
② 0.36
③ 0.64
④ 0.75

복원완성도 ★★★

98 다음 중 자본자산가격결정모형(CAPM모형)의 가정을 잘못 설명한 것은?

① 투자자는 평균과 분산만 가지고 투자결정을 내리며 구체적으로 상대적으로 높은 평균, 상대적으로 낮은 분산을 가진 자산을 선택한다.
② 개인투자자는 자본시장에서 가격순응자이고 거래비용과 세금이 존재하지 않아 자본과 정보의 흐름에 아무런 마찰이 없다.
③ 투자대상은 공개적으로 거래되고 있는 금융자산에 한정하고, 투자위험이 전혀 없는 무위험자산(risk-free asset)이 존재하며, 모든 투자자들은 동일한 무위험이자율 수준으로 얼마든지 자금을 차입하거나 빌려줄 수 있다.
④ 모든 투자자는 각기 다른 방법으로 증권을 분석하고 경제상황에 대한 예측도 달라서, 미래 증권수익률의 확률분포에 대하여 다르게 예측한다.

복원완성도 ★★★

99 주식J의 정보가 보기와 같다. 증권시장선(SML)상의 주식J의 요구수익률은 얼마인가?

〈보기〉

무위험수익률 0.04, 시장포트폴리오의 기대수익률 0.06, 시장포트폴리오 기대수익률의 표준편차 0.4, 주식J와 시장포트폴리오 간의 공분산 0.2

① 5.0%
② 6.0%
③ 6.5%
④ 7.0%

복원완성도 ★★★

100 수익률의 측정과 관련하여 빈칸에 알맞은 것은?

(   )은 서로 상이한 시점에서 발생하는 현금흐름의 크기와 화폐의 시간적 가치가 고려된 평균수익률 개념으로서, 현금유출액의 현재가치와 현금유입액의 현재가치를 일치시켜주는 할인율로 계산된다.

① 산술평균수익률
② 기하평균수익률
③ 내부수익률
④ 내재선도이자율

투자자산운용사 출제동형 PLUS

최신 9회분

39회차 시험 출제동형

※ 총 평

39회 시험은 지난 2회 시험(37회 / 38회)보다는 확실히 어려웠으며 난이도는 매우 어려웠던 36회와 매우 쉬웠던 38회의 중간 정도로 평가됩니다(추정 : 30~35%).

39회 시험의 특징은 아래와 같습니다.

▶ 문항 수 : 36회-15문항, 37회-5문항, 38회-2문항, 39회-8문항

▶ 문제 유형 도입 : '옳은 또는 틀린 항목의 개수는?'의 형태가 처음 도입되었는데, 확실히 이해를 해야만 답을 찾을 수 있다는 점에서 체감 난이도가 높아졌다고 이해할 수 있습니다.

※ 향후 난이도 전망

39회 시험은 신유형 문항 수를 대폭 증가시키지 않으면서도 '새로운 문제 유형 도입 & 응용 지문 증가' 등으로 난이도를 조절하고자 하는 출제의도가 돋보인 시험이었습니다. 따라서 향후의 시험에서도 기존의 출제방식(절충형 문제은행식)을 유지하면서도 '신유형 문항 수와 새로운 문제유형'의 비중 증가를 통해서 최근 3년간 높아졌던 합격률을 조정하고자 하는 난이도로 출제될 것으로 예상합니다.

▶ 2019년까지는 30% 내외, 21년 · 22년 · 23년의 최근 3년 평균은 37.22%

※ 시험 전략 : 토마토패스 기출교재의 '기출 주제를 확실히 이해하는 것'이 최선의 전략!

(1) '쉽고 어렵고'의 점수 차이는 '5~10점' 정도입니다. 따라서 80점 이상 득점할 수 있는 실력을 갖춘다면 시험 난이도와 상관없이 안정적으로 합격할 수 있습니다.

(2) '토마토패스 기출교재'는 매 시험 시험문제가 어떻게 나왔든 간에 수년간 일정한 적중률(85%~95%)을 보임으로써 확실히 검증받은 교재입니다. 따라서 토마토패스 기출교재의 기출 주제는 곧 전체 시험의 Main-Stream이라 할 수 있고 토마토패스 기출교재의 '기출 주제를 확실히 이해'하면 시험이 아무리 어렵게 나온다 하더라도 무난한 합격이 가능하다는 결론이 나옵니다.

(3) '기출 주제를 확실히 이해하면' 어떠한 기출 변형에도 대비가 되며 신유형 문제도 일정부분 커버할 능력이 생김으로써 고득점도 가능해집니다. 40회 시험을 앞두고 연간 시험 횟수 4회로 변경, 40회부터 많이 어려워질 것이라는 루머가 도는 등 어수선함이 있습니다만, '토마토패스 기출 풀'에 대한 믿음을 가지고 학습에 집중한다면 좋은 성과가 있을 것으로 봅니다. 수험생 여러분의 합격을 응원합니다!

39회차 (2024. 11. 03 시험)

문항 수 : 100문항
시험시간 : 120분

※ 시험난이도 상향에 대비하는 차원에서, 동일문항 기출이 반복될 경우 '변형복원'을 적극 반영하고 있습니다. 따라서 '변형된 기출' 문항을 학습 시에는 해설의 학습안내를 참고하여 '변형 전 기출'도 꼭 확인하시길 바랍니다.

1-1 세제관련 법규/세무전략(7문항)

복원완성도 ★★★

01 다음 중 간접세에 해당하는 것은?

① 소득세
② 법인세
③ 부가가치세
④ 종합부동산세

복원완성도 ★★☆

02 다음 중 납부의무 소멸사유에 해당하지 않은 것은?

① 부과의 취소가 있는 때
② 납부최고나 독촉이 있는 때
③ 소멸시효가 완성될 때
④ 제척기간이 만료될 때

복원완성도 ★★☆

03 이자소득 및 배당소득의 수입시기에 대한 설명이다. 가장 거리가 먼 것은?

① 기명채권의 이자는 약정에 의한 지급일을 이자소득의 수입시기로 한다.
② 무기명주식의 이익이나 배당은 결산확정일을 배당소득의 수입시기로 한다.
③ 잉여금 처분에 의한 배당은 잉여금처분결의일을 배당소득의 수입시기로 한다.
④ 해산으로 의제배당이 발생한 경우 잔여재산가액 확정일을 배당소득의 수입시기로 한다.

복원완성도 ★★★

04 원천징수세율과 관련하여 빈칸을 합한 숫자로 옳은 것은?(세율은 지방세 제외)

- 법원에 납부한 경매보증금 또는 경락대금에서 발생하는 이자소득에 대해서는 ( )%의 세율로 원천징수하고 납세의무를 종결한다.
- ISA의 통산순이익 중 비과세한도를 초과한 이자나 배당소득에 대해서는 ( )%의 세율로 원천징수하고 납세의무를 종결한다.

① 22%
② 23%
③ 28%
④ 39%

복원완성도 ★★☆

05 금융소득 종합과세에 대한 설명으로 가장 적절하지 않은 것은?

① 금융소득은 필요경비가 인정되지 않아서 수입금액이 바로 소득이 된다.
② 만기가 10년 이상이고 보유기간이 3년 이상인 채권(2018년 이전 발행채권)의 경우, 별도의 분리과세 신청을 하지 않아도 무조건분리과세로 납세의무가 종결된다.
③ 직장공제회 초과반환금은 무조건분리과세 대상이므로 종합소득세 신고를 할 필요가 없다.
④ 근로소득과 퇴직소득만 있는 경우는 종합소득세 신고를 하지 않아도 된다.

복원완성도 ★☆☆

06 비거주자 과세에 대한 내용이다. 틀린 항목의 개수는?

가. 비거주자는 거주자가 아닌 개인을 말하며, 거주자는 국내에 주소를 두거나 3개월 이상의 거소를 둔 자를 말한다.
나. 대사관 직원이나 내국법인의 해외파견직원은 거주자로 본다.
다. 비거주자인 외국인투자자가 국내 증권시장에서 주권을 양도할 경우 증권거래세가 부과되지 않는다.
라. 국내사업장을 가지고 있지 않은 비거주자가 금융투자업자를 통하지 않고 주권을 양도하는 경우 증권거래세 신고납부자는 양도인이 아니라 양수인이다.
마. 비거주자와 외국법인에 대해서는 세법에서 정하고 있는 국내 원천소득에 대해서만 과세한다.
바. 국내원천소득으로서 금융소득을 분리과세할 경우 20%(채권이자는 14%) 원천징수세율과 조세조약상의 제한세율 중 높은 세율을 적용한다(조세조약이 체결된 경우).
사. 비거주자의 국내원천소득 중 유가증권 양도소득에 대해서는 유가증권의 종류와 거래 주체에 따라 과세유형을 달리하고 있는데, 국내사업장이 없는 비거주자의 장내 파생상품 소득과 위험회피목적상의 장외파생상품 소득은 국내 원천소득으로 보지 않으므로 비과세된다.

① 1개
② 2개
③ 3개
④ 4개

복원완성도 ★★★

07 증여세와 관련하여 빈칸을 옳게 연결한 것은?(순서대로)

미성년자가 아닌 자에게 증여를 할 경우 ( )의 기간 동안 ( )만 원까지 증여공제를 받을 수 있다.

① 10년, 5천만 원
② 5년, 5천만 원
③ 10년, 2천만 원
④ 5년, 2천만 원

1-2 금융상품(8문항)

복원완성도 ★★☆

08 주가지수연동형 상품(ELS, ELD, ELF)에 대한 설명이다. 틀린 항목의 개수는?

가. ELD는 기초자산인 주가지수가 하락해도 원금이 보장되는 상품이다. 나. ELD는 예금자보호상품으로서 중도에 해지를 해도 원금이 보장되는 상품이다. 다. ELS는 증권사가 발행한다. 라. ELF는 중도환매가 가능하다.

① 0개
② 1개
③ 2개
④ 3개

복원완성도 ★★☆

09 다음 중 예금자보호대상 상품은?

① 외화예금
② 환매조건부채권(RP)
③ 양도성예금증서(CD)
④ 주택청약종합저축

복원완성도 ★★☆

10 다음 중 손해보험이 아닌 것은?

① 화재보험　　② 자동차보험
③ 해상보험　　④ 생존보험

복원완성도 ★★☆

11 집합투자기구 수익자총회에 대한 설명이다. 가장 적합한 것은?

① 원칙상 수익자총회의 소집권자는 투자신탁재산을 보관하는 신탁업자이다.
② 수익자총회 소집 시에는 수익자총회를 정하여 7일 전에 각 수익자에게 서면으로 통지를 발송해야 한다.
③ 수익자총회에서는 자본시장법에서 정한 결의사항 또는 신탁계약으로 정한 결의사항에 대해서만 결의할 수 있다.
④ 수익자는 수익자총회에 출석을 해야 의결권을 행사할 수 있다.

복원완성도 ★☆☆

12 집합투자기구의 기준가격에 대한 설명이다. 가장 적절하지 않은 것은?

① 기준가격의 공고·게시일 전날의 대차대조표상에 계상된 자산총액에서 부채총액을 뺀 금액을 그 공고·게시일 전날의 집합투자증권 총수로 나누어 계산하며, 통상 1,000좌 단위로 표시한다.
② 상장주식의 매매손익이나 평가손익이 발생하는 펀드에서는 과세기준가격(과표기준가격)이 기준가격을 초과할 수 없다.
③ 집합투자업자는 산정된 기준가격을 매일 공고·게시하는 것이 원칙이지만, 외화자산에 투자하는 등의 사유로 매일 공고·게시가 곤란한 경우는 기준가격의 공고·게시의 주기를 15일 이내의 범위에서 별도로 정할 수 있다.
④ 기준가격의 산정오류나 평가오류로 인해 기준가격을 변경하려는 경우에는 집합투자업자의 준법감시인과 신탁업자의 확인을 받아야 한다.

복원완성도 ★★☆

13 **자산유동화 증권(ABS)의 신용보강 방법 중 외부보강 방식에 해당하는 것은?**

① 후순위증권 발행
② 초과스프레드 적립
③ 예치금 적립
④ 신용공여

복원완성도 ★☆☆

14 **주택저당증권(MBS)에 대한 설명이다. 옳은 항목의 개수는?**

> 가. 저당대출 중 원리금 균등상환 고정금리부 대출은 매월 동일한 원리금이 상환되는데, 매월 상환액 중 이자부분은 점차 증가하고 원금부분은 점차 감소한다.
> 나. 주택저당대출의 만기와 대응하므로 통상 단기로 발행된다.
> 다. 저당대출담보부 채권은 채무불이행 위험이 투자자에게 귀속되는 형태이다.

① 0개 ② 1개
③ 2개 ④ 3개

복원완성도 ★★☆

15 **퇴직연금 제도에 대한 설명이다. 가장 거리가 먼 것은?**

① 퇴직적립금의 운용주체가 사용자이며 적립금의 운용결과에대한 손익과 책임이 사용자에게 귀속되는 제도는 확정급여형이다.
② 가입자가 받는 미래의 퇴직금이 사전에 확정되는 제도는 확정급여형이다.
③ 개인형 퇴직연금제도(IRP)는 가입자가 퇴직하는 즉시 퇴직금을 지급하는 제도이다.
④ 확정급여형과 확정기여형 가입자 모두 개인형 퇴직연금제도(IRP)에 추가로 가입할 수 있다.

1-3 부동산관련 상품(5문항)

복원완성도 ★★☆

16 부동산 등기법상 본등기의 효력이 아닌 것은?

① 물권변동적 효력
② 순위보전적 효력
③ 대항적 효력
④ 점유적 효력

복원완성도 ★★☆

17 부동산 타당성 지표와 관련한 설명이다. 틀린 항목으로 연결한 것은?

> 가. 현금유입의 현재가치에서 현금유출의 현재가치를 뺀 값을 순현재가치(NPV)라고 하며, NPV는 0보다 커야 투자안을 채택할 수 있다.
> 나. 내부수익률은 NPV를 1로 만드는 할인율과 같다.
> 다. 내부수익률(IRR)은 요구수익률(k)보다 커야 투자안을 채택할 수 있다.
> 라. 수익성지수(PI)는 0보다 커야 투자안을 채택할 수 있다.

① 가, 나
② 다, 라
③ 가, 다
④ 나, 라

복원완성도 ★★☆

18 PF(Project Financing)의 안정성 확보 수단으로서 부동산담보신탁에 대한 설명이다. 가장 적절하지 않은 것은?

① 신탁보수 비용이 발생하는데 저당권 설정에 비해서는 비용이 절감된다.
② 저당권과 달리 후순위 권리설정을 배제할 수 있어서 담보가치 유지에 유리하다.
③ 채권회수가 요구될 경우 신탁회사가 직접 매도할 수 없으므로 법원경매 절차를 통해서 채권실행을 할 수 있다.
④ 담보물은 부동산 신탁회사가 직접 관리한다.

복원완성도 ★★☆

19 '국토의 계획 및 이용에 관한 법률'상 도시지역 내의 용적률 한도가 가장 높은 지역은?

① 주거지역
② 상업지역
③ 공업지역
④ 녹지지역

복원완성도 ★★☆

20 부동산 개발사업으로서 지주공동사업에 대한 설명이다. 가장 적절하지 않은 것은?

① 지주가 토지를 개발업자에게 제공하고 개발업자가 그 토지를 개발하고 건축물을 건설한 다음, 완공된 건축물에 대해서 토지평가액과 건설비의 비율로 토지와 건축물을 공유 또는 구분 소유하는 방식은 등가교환방식을 말한다.

② 지주가 토지를 제공하고 개발업자가 건축공사비 등의 개발비를 부담하여 건축물을 건설하고, 완공된 건축물의 분양 또는 임대를 통해 발생한 수익을 지주와 개발업자가 투자한 비율에 따라 배분받는 방식은 합동개발방식을 말한다.

③ 개발업자 등이 사업의 기획에서부터 설계, 시공, 임대유치 및 운영관리에 이르기까지 일체 업무를 수탁 받아 건물을 완공한 후 건물을 일괄임대를 받음으로써 사실상 사업수지를 보증하는 방식은 사업수탁방식이다.

④ 개발업자가 지주로부터 특정 토지에 대한 이용권을 설정 받아 그 토지를 개발하고 건물을 건설한 후 이용(임대 또는 제3자 양도)을 하는데 이용기간 중 지주에게 임차료를 지불하고 차지권의 만료 시 토지는 무상반환하고 건물은 시가로 양도하는 방식은 토지신탁방식이다.

2-1 대안투자운용/투자전략(5문항)

복원완성도 ★★☆

21 다음 중 대안투자상품으로만 연결한 것이 아닌 것은?

① 부동산, 헤지펀드
② 부동산, 채권형펀드
③ 인프라스트럭처펀드, PEF
④ Commodity펀드, PEF

복원완성도 ★★☆

22 PEF(Private Equity Fund)에 대한 설명 중 가장 적절하지 않은 것은?

① PEF의 운영자 역할을 하는 업무집행사원은 무한책임사원과 유한책임사원 중 출자규모가 가장 큰 사원으로 선정한다.
② PEF의 무한책임사원은 펀드운용에 따른 최종책임을 부담하는데, 본인이 출자한 금액을 초과하는 금액까지도 책임을 지기도 한다.
③ PEF가 인수한 기업을 다른 PEF에게 매각하는 것은 PEF의 EXIT방안 중 하나이다.
④ 유한책임사원의 내역은 PEF의 등기・등록 사항에서 제외된다.

복원완성도 ★☆☆

23 다음의 헤지펀드 운용전략 중에서 '상황의존형 전략'으로만 연결한 것은?

① 주식시장중립형, 주식의 롱숏
② 전환사채차익거래, 합병차익거래
③ 합병차익거래, 부실채권투자
④ 부실채권투자, 매도전문펀드

복원완성도 ★★☆

24 **글로벌 매크로(Global Macro) 전략에 대한 설명이다. 가장 거리가 먼 것은?**

① 개별기업의 증권가치보다는 전체 자산가치의 변화로부터 투자수익을 추구하는 전략이다.
② 헤지를 하지 않고 경제추세나 특정한 사안에 영향을 받는 시장방향에 대한 예측을 근거로 시장방향성에 투자를 한다.
③ 투자판단을 위한 분석기법으로는 탑다운(top-down) 방식을 사용한다.
④ 헤지펀드운용전략 중 차익거래전략으로 분류된다.

복원완성도 ★☆☆

25 **신용파생상품에 대한 설명이다. 옳은 것은?**

① CDS는 보장매도자가 보장매수자에게 스왑프리미엄을 지급함으로써 거래가 성립된다.
② TRS만기일의 준거자산의 가치가 최초계약일의 가치보다 떨어져 있을 경우 그 차액을 TRS매도자가 TRS매수자에게 지급해야 한다.
③ CLN은 일반채권에 CDS를 결합한 상품으로서, 보장매입자는 준거자산의 신용위험을 CLN발행자에게 전가하고 CLN발행자는 이를 다시 채권의 형태로 변형하여 투자자들에게 발행함으로써 위험을 전가한다.
④ 합성CDO는 CDO의 특수한 형태로서 자산보유자가 준거자산을 SPC에게 양도하고 SPC는 준거자산의 현금흐름을 바탕으로 다계층의 투자자에게 CLN을 발행함으로써 신용위험을 이전하는 형태이다.

2-2 해외증권투자운용/투자전략(5문항)

복원완성도 ★★☆

26 MSCI지수에 대해 설명이다. 틀린 항목으로 연결한 것은?

> 가. 한국은 2025년 현재 MSCI World Index(세계지수)에 편입되어 있다.
> 나. MSCI지수는 주가등락과 환율변동에 따라 각 국가별 편입비중이 매일 변경된다.
> 다. MSCI한국지수의 경우 주가가 오르더라도 원화가치가 크게 떨어진다면 지수는 하락할 수도 있다.
> 라. 시가총액방식으로 산출한다.

① 가, 나 ② 나, 다
③ 다, 라 ④ 가, 라

복원완성도 ★★☆

27 환위험 및 환위험 헤징전략에 대한 설명이다.가장 적절하지 않은 것은?

① 한국투자자가 해외주식에 투자하였을 때 해외주식으로부터의 투자수익이 없다 하더라도 원화가치가 하락하면 양(+)의 투자수익률을 얻을 수 있다.
② 해외주식에 투자한 경우 투자기간과 금액이 동일한 선물환 계약을 통하여 본국 통화를 미리 매입해 둠으로써 환위험을 헤지할 수 있다.
③ 달러화와 높은 양의 상관관계를 가진 해외주식에 투자하는 미국투자자라면 별도의 헤지를 하지 않아도 환위험 헤지효과를 얻을 수 있는데 이를 롤링헤지라 한다.
④ 국제 주식투자는 환투기를 위한 하나의 수단으로 볼 수도 있다.

복원완성도 ★★☆

28 국내 상장기업이 미국시장에 상장하는 경우의 효과와 가장 거리가 먼 것은?

① 상장자격이 까다로운 미국시장에 상장함으로써 공신력이 제고되며 이를 통해 주가 상승 그리고 자본조달 시 할인율이 낮아지는 효과를 기대할 수 있다.
② 글로벌 기업으로서의 이미지를 본국과 현지의 일반 대중에게 인식시키고 현지 고객이나 글로벌 고객, 혹은 소비자에게 널리 알리는 홍보효과를 기대할 수 있다.
③ 미국투자자의 입장에서는 해외 유망기업주식을 자국시장에서 투자할 수 있기 때문에 해외 직접투자에 비해 정보비용과 거래비용을 절감할 수 있다.
④ 국내시장과 해외시장에 동시상장을 하는 과정에서 상장비용을 절감할 수 있다.

복원완성도 ★★☆

29 **국제 채권(International Bond)에 대한 설명이다. 가장 적절하지 않은 것은?**

① 미국에서 미 달러화 표시 채권을 발행할 경우 유로달러채가 된다.
② 일본에서 엔화표시 채권을 발행할 경우 외국채가 된다.
③ 유로채는 무기명채권으로 발행한다.
④ 유로채 발행 시에는 공시나 신용평가등급 등에 대한 규제를 의무로 규정하지 않고 시장참가자의 합의에 따라 어떤 조건이든지 자유롭게 선택할 수 있다.

복원완성도 ★★☆

30 **미 재무부 채권에 대한 설명이다. 옳게 설명한 항목의 개수는?**

가. T-Bill은 할인채이다.
나. T-Note는 복리채이다.
다. T-Bond는 중기채이다.

① 0개
② 1개
③ 2개
④ 3개

2-3 기본적 분석(7문항)

복원완성도 ★★☆

31 수익률의 분포가 〈보기〉와 같을 때, 다음 중 그 값이 가장 적은 통계 지표는 무엇인가?

〈보기〉

−15%, −9%, −7%, −2%, 3%, 4%, 7%, 7%, 15%

① 산술평균
② 범 위
③ 중앙값
④ 최빈값

복원완성도 ★★☆

32 배당평가모형과 관련하여 빈칸에 알맞은 것은?

A기업의 유보율은 60%이며 주당순이익의 성장률은 4%가 유지될 것으로 추정된다. 당기의 주당순이익은 5,000원이며 현재 주가가 10,400원일 경우, 투자자의 요구수익률은 (　　　　)이다.

① 12.5%
② 16%
③ 24%
④ 38.4%

복원완성도 ★★☆

33 다음 중 결합레버리지도(DCL)를 가장 크게 만드는 영업고정비와 재무고정비의 조합은?

	영업고정비	재무고정비
①	100	80
②	200	50
③	250	40
④	250	60

복원완성도 ★★☆

34 현금흐름표에 대한 설명이다. 틀린 항목의 개수는?

가. 현금흐름표 상의 현금이란 현금 및 현금성자산으로 정의되는데, 현금은 보유현금과 요구불예금의 합계를 말하며 현금성자산은 유동성이 매우 높은 단기투자자산을 말한다.
나. 원재료 및 상품 등의 구매활동과 제품 생산활동 및 판매활동에서 발생한 현금흐름은 투자활동으로 인한 현금흐름이다.
다. 자기주식을 취득하면 투자활동으로 인한 현금흐름이 감소한다.
라. 차입금을 상환하면 재무활동으로 인한 현금흐름이 증가한다.

① 0개
② 1개
③ 2개
④ 3개

복원완성도 ★★☆

35 간접법으로 영업활동현금흐름을 작성 시에 현금흐름의 플러스 항목에 해당하는 개수는?

가. 매출채권의 감소
나. 매입채무의 감소
다. 재고자산의 감소
라. 유가증권평가이익의 감소

① 0개
② 1개
③ 2개
④ 3개

복원완성도 ★☆☆

36 토빈의 Q 비율(Tobin's Q)에 대한 설명이다. 틀린 것으로 연결한 것은?

가. 토빈의 Q는 자본의 시장가치를 자산의 대체원가로 나누어서 구하는데, 이때 대체 원가는 장부가에 기반한다.
나. 토빈의 Q가 1보다 높다면 투자수익성이 양호하고 경영이 효율적임을 의미한다.
다. 토빈의 Q가 1보다 낮다면 적대적인 M&A의 대상이 되는 경향이 있다.
라. 토빈의 Q는 PER을 보완하는 지표이다.

① 가, 나
② 나, 다
③ 다, 라
④ 가, 라

복원완성도 ★★☆

37 **EVA(Economic Value Added)와 당기순이익의 관계에 대한 설명으로 옳은 것은?**

① 손익계산서 상의 당기순이익은 기업이 일정기간 동안 경영활동에 투입한 타인자본에 따른 비용을 반영하지 못한다.

② 당기순이익은 주주자본비용의 기회비용적 성격을 명확히 설정할 수 있게 한다.

③ EVA를 영업성과측정의 도구로 사용할 경우, 자기자본비용 이상의 이익을 실현하는 것을 기업투자의 목표로 설정한다.

④ EVA는 회계관습과 발생주의 회계원칙의 결과로 산출된 회계적 이익으로부터 경제적 이익을 반영하게끔 수정하는 대체적 회계처리에 해당한다고 할 수 있다.

2-4 기술적 분석(5문항)

복원완성도 ★★☆

38 **기술적 분석에 대한 설명이다. 가장 적절하지 않은 것은?**

① 수요와 공급의 변동은 그 발생이유와 관계없이 시장움직임을 나타내는 도표에 의하여 추적될 수 있으며, 도표에 나타나는 주가모형은 스스로 반복하는 경향이 있다고 전제한다.

② 계량화가 어려운 심리적 요인까지 주가에 반영함으로써 기본적 분석의 한계점을 보완한다.

③ 기본적 분석의 방법으로는 제공하지 않는 매매시점 포착에 유용하다.

④ 추세분석으로써 시장이 변동하는 근본원인을 분석할 수 있다.

복원완성도 ★★☆

39 **〈보기〉는 다우이론의 장기추세 6국면 중 어디에 해당하는가?**

〈보기〉

- 전문투자자들이 투자수익을 취한 후 빠져나가는 단계이므로 분배단계라고 한다.
- 주가가 조금만 하락해도 거래량이 늘어나지만 새로운 상승추세로 진행되지 못한다.

① 강세 3국면
② 약세 1국면
③ 약세 2국면
④ 약세 3국면

복원완성도 ★★☆

40 이동평균선(Moving Average)의 8가지 특징을 나열하였다. 잘못된 항목의 개수는?

> 가. 일반적으로 주가가 이동평균선을 돌파하는 시점이 의미 있는 매매타이밍이 된다.
> 나. 이동평균을 하는 분석기간이 길수록 이동평균선은 완만해진다.
> 다. 주가가 이동평균선과 괴리가 지나치게 클 때에는 이동평균선으로 회귀하려는 경향이 있다.
> 라. 주가가 장기 이동평균선을 돌파할 경우에는 주추세가 반전될 가능성이 크다.
> 마. 강세국면에서 주가가 이동평균선 위에서 움직일 경우 주가는 조만간 하락반전할 가능성이 크다.
> 바. 약세국면에서 주가가 이동평균선 아래에서 움직일 경우 주가는 조만간 상승반전할 가능성이 크다.
> 사. 상승하고 있는 이동평균선을 주가가 하향돌파 할 경우 추세는 조만간 하락반전할 가능성이 크다.
> 아. 하락하고 있는 이동평균선을 주가가 상향돌파 할 경우 추세는 조만간 상승반전할 가능성이 크다.

① 2개　　② 3개
③ 4개　　④ 5개

복원완성도 ★★☆

41 주가 패턴(Pattern)에 대한 다음 설명 중 가장 거리가 먼 것은?

① 확대형은 주가 고점은 점점 높아지고 저점은 점점 낮아지는 패턴으로서, 투자자들의 심리가 극도로 불안정한 상태에 있음을 말하며 상승추세의 말기적 현상으로 간주된다.
② 직사각형이 형성되기 위해서는 최소한 두개의 산과 두개의 골이 형성되어서 4번 이상의 주가등락이 있어야 한다.
③ 쐐기형은 깃발형과 삼각형의 혼합형태로서 상승쐐기형은 하락추세가 지속될 때 나타난다.
④ 주가의 상승추세가 완만한 곡선을 그리면서 서서히 하락추세로 전환되는 패턴은 원형바닥형이다.

복원완성도 ★★☆

42 OBV(On Balance Volume)에 대한 설명이다. 가장 적절하지 않은 것은?

① 주가가 뚜렷한 등락을 보이지 않고 정체되어 있을 때 시장이 매집단계인지 분산단계인지를 파악할 수 있는 지표이다.
② 전일에 비해 상승한 거래량을 전일에 비해 하락한 거래량으로 나누어서 구한다.
③ 강세장에서는 OBV선의 고점이 이전의 고점보다 높게 형성되고, 약세장에서는 OBV선의 저점이 이전의 저점보다 낮게 형성된다.
④ 기산일을 활황장세에서 잡으면 주가가 하락으로 돌아설 때 매매신호가 뒤늦게 발생되어 정확한 분석을 하지 못한다.

2-6 리스크 관리(8문항)

복원완성도 ★★☆

43 재무위험(financial risk) 중 〈보기〉에 해당하는 위험은 무엇인가?

〈보기〉

- 포지션을 마감하는 데서 발생하는 비용에 대한 위험이다.
- 기업이 소유하고 있는 자산을 매각하고자 할 경우 매입자가 없어 매우 불리한 조건으로 자산을 매각해야만 할 때 발생하는 손실에 대한 위험이다.

① 시장위험 ② 신용위험
③ 유동성위험 ④ 운영위험

복원완성도 ★★☆

44 각각 두 자산을 편입한 포트폴리오 A, B, C, D가 있다. 두 자산(자산1, 자산2)의 VaR와 두 자산 간의 상관계수가 표와 같다고 할 때, 포트폴리오 VaR이 큰 순서대로 나열한 것은?

구 분	A	B	C	D
자산1의 VaR	4	6	6	6
자산2의 VaR	3	4	5	3
상관계수	1	0.5	0.3	0

① A > B > C > D ② A > C > D > B
③ C > D > A > B ④ C > B > A > D

복원완성도 ★★☆

45 VaR의 측정방법으로서 델타분석법에 대한 설명이다. 옳은 항목의 개수는?

가. 델타노말분석법은 부분가치이지만 델타감마분석법은 완전가치로 평가한다.
나. 정규분포를 전제하지 않아도 된다.
다. 가치평가모형을 필요로 한다.
라. 옵션이나 채권과 같은 비선형 금융상품에 대한 가치평가에 있어 타 방식에 비해 정확성을 제고할 수 있는 방식이다.

① 0개 ② 1개
③ 2개 ④ 3개

복원완성도 ★★☆

46 빈칸에 옳게 연결한 것은?

- 기존 포트폴리오의 VaR는 100억 원이다.
- 투자대안 A의 기대수익률은 15%이고 VaR는 80억 원이다. 그리고 투자대안 A를 기존 포트폴리오에 편입했을 경우 변경 후 포트폴리오의 VaR는 160억 원이다.
- 투자대안 B의 기대수익률은 15%이고 VaR는 100억 원이다. 그리고 투자대안 B를 기존 포트폴리오에 편입했을 경우 변경 후 포트폴리오의 VaR는 150억 원이다.
- 이 경우, 기존 포트폴리오의 편입대상으로서 성과가 더 좋을 것으로 기대되는 자산은 (　　　　　)이며, 해당 투자대안의 한계 VaR는 (　　　　　)이다.

① A, 60억 원　　② B, 60억 원
③ A, 50억 원　　④ B, 50억 원

복원완성도 ★★☆

47 VaR(Value at Risk)의 한계점에 대한 내용이다. 가장 적절하지 않은 것은?

① 리스크요인에서 과거에 발생하지 않았던 새로운 큰 변화가 생길 경우 오차가 크게 발생하여 신뢰성이 떨어지게 되는데, 이 경우 스트레스검증법으로 보완할 수 있다.

② VaR측정에 필요한 자료이용에 제한이 있을 수 있으며 이 경우 손실의 계량화가 어려울 수 있는데, 이 경우 특히 역사적 시뮬레이션법의 사용이 불가하다.

③ 옵션이나 채권과 같은 비선형상품의 경우, 델타분석법과 몬테카를로 시뮬레이션법 등 측정방법과 관계없이 VaR값이 동일하게 나타난다.

④ 보유기간이 1일이 아닌 경우의 VaR은 '1일 VaR × $\sqrt{보유기간}$'으로 측정하는데, 만일 보유기간이 매우 길어지게 되면 단기간에는 무시해도 좋을 변수가 리스크에 반영되어 이 경우 VaR를 단순히 '1일 VaR × $\sqrt{보유기간}$'으로 계산할 때 그 해석에 유의해야 한다.

복원완성도 ★★☆

48 신용위험 측정모형으로서 KMV의 EDF모형에 대한 설명이다. 가장 적절하지 않은 것은?

① 기업의 주식가치를 자산가치가 기초자산(S)이고 부채금액이 행사가격(X)인 콜옵션으로 간주하고, 미래에 자산가치가 부채를 감당할 수 없을 정도로 낮아질 때 기업의 채무불이행이 나타난다고 보는 모형이다.
② 일반적으로 신용평가기관들은 신용평가 시에 주로 시간이 지난 회계자료에 대한 의존도가 높다. 반면에 EDF모형은 현재의 기업에 대한 정보를 많이 반영하고 있는 주가를 이용하고 있다는 것이 장점이다.
③ 이론적 EDF와 실증적 EDF는 동일하지 않다.
④ 부도거리(DD)가 3표준편차일 경우, 부도율은 표준정규분포상 3표준편차 이내에 있는 확률을 말한다.

복원완성도 ★★☆

49 신용손실분포의 특징에 대한 설명이다. 옳은 항목의 개수는?

가. 신용리스크는 신용손실 분포로부터의 예상손실(Expected Loss)로서 정의된다. 나. 신용수익률은 비대칭성이 강하여 한쪽으로 치우치고 얇고 짧은 꼬리를 가진 분포를 한다. 다. 평균과 분산을 이용한 모수적 방법으로 측정하는 것이 바람직하다.

① 0개
② 1개
③ 2개
④ 3개

복원완성도 ★★★

50 어느 은행이 100억 원의 대출을 하고 있다. 대출의 부도율은 10%이고, 손실률은 40%이다.이 경우 부도모형(Default Mode) 상의 신용위험액은 얼마인가?

① 10억 원
② 12억 원
③ 15억 원
④ 18억 원

3-1 직무윤리(5문항)

복원완성도 ★★☆

51 금융소비자보호 총괄책임자(CCO)의 업무를 나열한 것이다. 해당되지 않은 것은?

① 금융소비자보호 총괄기관의 업무통할
② 금융소비자보호 관련 제도의 기획 및 개선, 기타 필요한 절차 및 기준의 수립
③ 민원접수 및 처리에 관한 관리·감독업무
④ 위험관리에 관한 규정의 제정 및 개정

복원완성도 ★★☆

52 금융투자회사 표준윤리준칙 제16조 대외활동에 대한 설명이다. 틀린 것으로 모두 연결한 것은?

가. 회사의 공식의견이 아닌 사견(私見)은 밝힐 수 없다.
나. 대외활동으로 인하여 회사의 모든 업무에 지장을 주어서는 안 된다.
다. 대외활동으로 인해 금전적인 보상을 받을 수 없다.

① 가, 나
② 나, 다
③ 가, 다
④ 가, 나, 다

복원완성도 ★★☆

53 〈보기〉는 준법감시인에 대한 설명이다. 옳은 항목의 개수는?

〈보기〉

가. 준법감시인은 이사회 및 대표이사의 지휘를 받아 금융투자회사 전반의 내부통제업무를 수행한다.
나. 준법감시인을 임면하려는 경우에는 이사회의 의결을 거쳐야 하며, 해임할 경우에는 이사 총수의 과반수 이상의 찬성으로 의결하도록 규정하고 있다.
다. 준법감시인의 임기는 3년 이상으로 한다.
라. 준법감시인을 임면한 후에는 임면일로부터 7영업일 이내로 협회에 신고해야 한다.

① 0개
② 1개
③ 2개
④ 3개

복원완성도 ★★☆

54 **금융투자회사의 표준내부통제 기준상, 영업점의 내부통제에 대한 내용이다. 가장 적절하지 않은 것은?**

① 영업점에 대한 내부통제를 위하여 임명하는 영업관리자는 영업점장이 아닌 책임자급에서 임명하는 것을 원칙으로 한다.

② 영업관리자는 대상 영업점 중 1개의 영업점에 상근하고 있어야 하며, 그 임기는 1년 이상으로 한다.

③ 준법감시인은 영업관리자에 대하여 연간 1회 이상의 법규 및 윤리관련 교육을 실시하여야 한다.

④ 영업관리자에게 업무수행의 결과에 따라 적절한 보상을 지급하는 것은 내부통제 기준상 불가하다.

복원완성도 ★★☆

55 **〈보기〉는 내부통제기준 위반 시 회사에 대한 조치로서 과태료 부과 대상에 해당하는 것을 나열한 것이다. 이 중에서 '1억 원 이하의 과태료 부과 대상'에 해당하는 개수는?**

〈보기〉

가. 준법감시인에 대한 별도의 보수지급 및 평가기준을 마련·운영하지 않은 경우
나. 준법감시인이 자산운용업무 등에 대한 겸직금지의무를 위반한 경우
다. 준법감시인의 임면사실을 금융위원회에 보고하지 않은 경우
라. 금융위원회의 제재조치를 이행하지 않은 경우

① 0개
② 1개
③ 2개
④ 3개

3-2 자본시장법 및 금융위규정(11문항)

복원완성도 ★★☆

56 **자본시장법상 금융투자업을 영위하기 위해서는 금융위원회로부터 인가 또는 등록을 받아야 하는 바, 다음 중 등록대상 금융투자업이 아닌 것은?**

① 신탁업
② 투자일임업
③ 투자자문업
④ 온라인소액투자중개업

복원완성도 ★★☆

57 **순자본비율 규제(재무건전성 규제)에 대한 설명이다. 가장 적절하지 않은 것은?**

① 금융투자업자는 자본적정성 유지를 위해 순자본비율을 100% 이상 유지해야 한다.
② 순자본비율의 기초가 되는 금융투자업자의 자산, 부채, 자본은 연결 재무제표에 계상된 장부가액을 기준으로 한다.
③ 순자본비율은 영업용순자본을 총위험액으로 나눈 비율을 말한다.
④ 필요유지자기자본은 금융투자업자가 영위하는 인가업무 또는 등록업무 단위별로 요구되는 자기자본을 합계한 금액을 말한다.

복원완성도 ★★☆

58 **투자자예탁금의 별도예치제도에 대한 설명이다. 틀린 항목으로 연결한 것은?**

가. '투자매매업자 또는 투자중개업자(예탁을 하는 예치 금융투자업자)'가 '증권금융회사 또는 신탁업자(예탁을 받는 예치기관)'에게 투자자예탁금을 예치 또는 신탁하는 경우에는, 그 투자자예탁금이 예치 금융투자업자의 고유재산임을 명시해야 한다.
나. 겸영금융투자업자는 증권금융회사에 예치하지 않고 신탁업자에게 신탁할 수 있는데, 겸영금융투자업자로서 은행과 보험회사가 자신이 신탁업자로서 투자자예탁금을 보관하는 것은 금지된다.
다. 예치 금융투자업자가 다른 회사에 흡수합병되거나 금융투자업의 전부 또는 일부를 양도하는 경우에는, 예외적으로 예치기관에 예탁한 투자자예탁금을 양도하거나 담보로 제공할 수 있다.
라. 예치 금융투자업자에게 인가취소나 파산선고 등의 사유발생 시 예치 금융투자업자는 예치기관에 예치 또는 신탁한 투자자예탁금을 인출하여 투자자에게 우선 지급해야 한다.

① 가, 나
② 다, 라
③ 가, 다
④ 나, 라

복원완성도 ★★☆

59 공모형 집합투자기구에 대한 운용제한과 관련하여 빈칸을 옳게 연결한 것은?

> • 각 집합투자기구의 자산총액의 (   )를 초과하여 동일종목의 증권에 투자할 수 없다.
> • 동일종목 증권에 대한 투자 제한의 예외로서, 각 집합투자기구의 자산총액의 (   )까지 파생결합증권에 투자할 수 있다.

① 10%, 20%
② 10%, 30%
③ 20%, 30%
④ 20%, 50%

복원완성도 ★★☆

60 공모형 집합투자기구의 운용제한에 대한 설명이다. 가장 적절하지 않은 것은?

① 국채나 통안채에는 집합투자재산의 100%까지 투자할 수 있다.
② ETF의 집합투자재산으로 동일종목 증권에 투자할 경우 ETF 집합투자재산의 20%까지 투자할 수 있다.
③ 다른 펀드의 집합투자증권에 투자하는 경우, 동일 운용사가 운용하는 전체 펀드의 집합투자증권을 대상으로 집합투자재산의 50%까지 투자할 수 있다.
④ 국내 부동산을 취득한 경우 취득 후 1년의 기간 이내에는 처분할 수 없는 것이 원칙이다.

복원완성도 ★★☆

61 집합투자기구의 금전차입에 대한 내용이다. 빈칸의 수를 합한 숫자는?

> • 집합투자업자는 집합투자재산을 운용함에 있어서 집합투자기구의 계산으로 금전을 차입할 수 없다. 단, 대량 환매청구나 매수청구가 발생하는 경우 집합투자기구 순자산액의 (   )% 이내에서 예외적인 차입이 가능하다.
> • 집합투자재산으로 부동산을 취득하는 경우 금전차입이 예외적으로 허용되는 바, 부동산집합투자기구는 순자산액의 (   )%를 한도로 차입이 가능하다.

① 80
② 110
③ 210
④ 300

복원완성도 ★☆☆

62 투자일임업자의 금지행위에 대한 설명이다. 가장 적절하지 않은 것은?

① 투자일임재산으로 자기가 운용하는 다른 투자일임재산, 집합투자재산 또는 신탁재산과 거래하는 행위는 금지되지만, 일반적인 거래조건에 비추어 투자일임재산에 유리한 거래의 경우는 예외가 인정된다.

② 투자일임재산을 예탁하는 투자매매업자·투자중개업자를 지정하거나 변경하는 행위를 위임받는 것은 금지된다.

③ 투자일임업자는 투자일임재산에 속하는 증권의 의결권을 행사하는 행위를 위임받는 것은 금지되지만, 주식매수청구권 행사나 공개매수 응모 등을 위하여 위임받는 것은 가능하다.

④ 투자일임재산을 예탁하거나 인출하는 행위를 위임받는 것은 금지되지만, 투자일임업자가 투자매매업자나 투자중개업자로서 대차거래 등을 하기 위하여 투자자의 동의를 받고 인출을 위임받는 경우는 가능하다.

복원완성도 ★★☆

63 특수한 형태의 집합투자기구와 관련하여 빈칸에 알맞은 것은?

공통의 집합투자규약에 의하여 복수의 집합투자기구 간에 각 집합투자기구의 투자자가 소유하고 있는 집합투자증권을 다른 집합투자기구의 집합투자증권으로 전환할 수 있는 권리를 투자자에게 부여하는 구조의 집합투자기구는 (   ) 집합투자기구이다.

① 환매금지형
② 종류형
③ 전환형
④ 모자형

복원완성도 ★★☆

64 집합투자증권의 환매에 대한 설명이다. 틀린 항목의 개수는?

가. 투자자는 환매금지형 집합투자기구를 제외한 모든 집합투자기구에 대해 언제든지 환매청구를 할 수 있다. 나. 투자자는 해당 집합투자기구의 신탁업자에게 환매청구를 하는 것이 원칙이다. 다. 투자자의 환매청구가 있을 경우, 판매업자의 고유재산으로 해당 집합투자증권을 매입하여 환매대금을 지급하는 것을 원칙으로 한다. 라. 투자자 전원의 동의를 얻은 경우에는 금전이 아닌 집합투자재산으로 환매대금을 지급할 수 있다. 마. 시장성 없는 자산에 펀드재산의 10%를 초과하거나 외화자산에 펀드재산의 50%를 초과하여 투자하는 경우는 법정환매기일(15일)을 초과하는 기일을 정하여 환매에 응할 수 있다. 바. 환매를 연기한 경우 4주 이내에 집합투자자 총회를 개최하여 환매에 관한 사항을 결의해야 한다. 사. 환매수수료는 집합투자증권의 환매를 청구하는 투자자가 부담하며 집합투자재산에 귀속된다.

① 1개
② 2개
③ 3개
④ 4개

복원완성도 ★★★

65 집합투자재산의 평가와 관련하여 빈칸을 옳게 연결한 것은?(순서대로)

> 집합투자재산은 (　　　　　)로 평가하는 것을 원칙으로 하되, 동 원칙의 적용이 어려울 경우는 (　　　　　)으로 평가한다.

① 시가, 장부가액
② 시가, 공정가액
③ 장부가액, 공정가액
④ 공정가액, 장부가액

복원완성도 ★★☆

66 금융기관 검사 및 제재규정에 관한 내용이다. 틀린 항목의 개수는?

> 가. 검사결과 조치는 금융위 심의・의결을 거쳐 조치하되 금감원장 위임사항은 금감원장이 직접 조치하며, 금융투자업자 또는 그 임직원에 대한 과태료 부과 그리고 자본시장법에 의한 조치・명령 등은 증선위의 사전심의를 거쳐 조치한다.
> 나. 검사결과에 대해 금감원이 조치를 할 경우, 금감원장은 제재대상자에 대해 제재내용을 사전에 알려서는 안 된다.
> 다. 제재를 받은 금융기관 또는 그 임직원은 당해제재처분 또는 요구의 조치요구가 위법 또는 부당하다고 인정되는 경우에는금융위 또는 금감원에 이의를 신청할 수 있으며, 해당 이의신청에 대해 금융위가 '기각,처분의 취소,처분의 변경' 중 하나로 조치하는 것이 원칙인데 금감원장 직권으로 이의신청을 기각할 수는 없다.
> 라. 이의신청의 처리결과에 대해서 재차이의신청이 있을 경우는 자율규제위원회에서 심의・결정한다.

① 0개
② 1개
③ 2개
④ 3개

3-3 한국금융투자협회 규정(3문항)

복원완성도 ★★☆

67 펀드판매의 금지사항 및 준수사항에 대한 설명이다. 가장 적절하지 않은 것은?

① 펀드판매의 대가로 집합투자재산의 매매주문을 판매회사나 제3자에게 배정하도록 집합투자업자에게 요구하는 행위는 금지된다.

② 투자자로부터 집합투자증권 취득자금을 투자권유대행인을 통해서 수취하는 행위는 금지된다.

③ 펀드판매를 다른 금융투자상품과 연계하여 판매하는 경우, 투자권유대행인으로 협회에 등록되어 있는 자가 투자권유를 할 수 있다.

④ 일반투자자에게 계열회사인 집합투자업자가 운용하는 집합투자증권을 투자권유하는 경우, 그 집합투자업자가 자기의 계열회사라는 사실을 고지해야 한다.

복원완성도 ★★☆

68 재산상이익의 제공 및 수령에 관한 금융투자협회규정상 '재산상이익으로 보지 않는 범위'를 잘못 나열한 것은?

① 금융투자상품에 대한 가치분석·매매정보 또는 주문의 집행 등을 위해 자체적으로 개발한 소프트웨어 및 해당 소프트웨어의 활용에 불가피한 컴퓨터 등의 전산기기

② 금융투자회사가 자체적으로 작성한 조사분석자료

③ 경제적가치가 10만 원 이하의 물품, 식사, 신유형상품권(물품제공형), 거래실적에 연동되어 거래상대방에게 차별없이 지급되는 포인트 및 마일리지

④ 20만 원 이하의 경조비 및 조화·화환

복원완성도 ★★☆

69 펀드의 투자 광고 시 의무표시사항을 모두 묶은 것은?

> 가. 환매수수료 및 환매신청 후 환매금액의 수령이 가능한 구체적인 시기
> 나. 증권거래비용이 발생할 수 있다는 사실과 투자자가 직·간접적으로 부담하게 되는 각종 보수 및 수수료
> 다. 손실보전이나 이익보장이 있는 경우 이에 관한 사항

① 가, 나　　② 나, 다
③ 가, 다　　④ 가, 나, 다

3-4 주식투자운용/투자전략(6문항)

복원완성도 ★★☆

70 다음 중 자산의 기대수익률을 추정하는 방법과 가장 거리가 먼 것은?

① 추세분석법
② 경기순환접근방법
③ GARCH
④ 시장타이밍 방법

복원완성도 ★★★

71 전략적 자산배분의 실행단계를 옳게 연결한 것은?

> 가. 자산집단의 선택
> 나. 최적자산배분의 구성
> 다. 투자자의 투자목적 및 투자제약조건 파악
> 라. 자산종류별 기대수익, 위험, 상관관계의 추정

① 가 → 나 → 다 → 라
② 다 → 라 → 가 → 나
③ 다 → 가 → 라 → 나
④ 라 → 다 → 가 → 나

복원완성도 ★★☆

72 보험자산배분전략(Insured Asset Allocation)에 대한 설명이다. 가장 거리가 먼 것은?

① 포트폴리오 보험전략은 위험자산에 투자하면서도 극단적으로 위험을 회피하는 전략이다.
② 최저보장수익률은 반드시 무위험수익률 이하로 결정해야 한다.
③ 오로지 포트폴리오 가치에만 의존하여 운용하는 전략이다.
④ 포트폴리오 가치가 하락하면 위험자산의 비중을 증가시키는 방식으로 운용한다.

복원완성도 ★★☆

73 고정비율 포트폴리오 보험전략(CPPI)과 관련하여 빈칸에 알맞은 것은?(근사치)

> 현재 총 투자금액은 120억 원, 1년 후 보장수준은 100억 원, 무위험수익률 4%, 투자기간 1년, 승수가 2라고 할 때, CPPI전략의 실행을 위한 주식투자금액(익스포저)은 (　　　　　)이다.

① 7.7억 원　　② 23.85억 원
③ 40억 원　　④ 47.7억 원

복원완성도 ★★☆

74 패시브 운용을 위한 인덱스 구성 방법에 대한 설명이다. 옳은 항목의 개수는?

> 가. 완전복제법은 벤치마크를 구성하는 모든 종목을 벤치마크의 구성 비율대로 사서 보유하는 것으로 가장 단순하고 직접적인 방식으로서, 이 경우 인덱스수익률은 벤치마크수익률과 동일하게 된다.
> 나. 표본추출법은 벤치마크를 구성하는 대형주와 소형주의 비율대로 샘플링을 해서 인덱스를 구성하는 방식이다.
> 다. 최적화법은 포트폴리오 모형을 이용하여 주어진 벤치마크에 대비한 잔차위험이 허용 수준 이상이 되도록 하는 방식이다.

① 0개　　② 1개
③ 2개　　④ 3개

복원완성도 ★★☆

75 〈보기〉에서 가치투자스타일에 해당하는 개수는?

〈보기〉

> 가. 기업의 미래 성장성보다는 현재의 수익이나 자산의 가치관점에서 상대적으로 가격이 싼 주식에 투자한다.
> 나. 기업의 수익은 평균으로 회귀하는 경향을 가진다는 것을 논리적 근거로 한다.
> 다. 기업의 주당순이익이 미래에 증가하고 PER이 낮아지지 않는다면 주가는 최소한 EPS의 증가율만큼 상승할 것이라고 가정한다.
> 라. 저PER, 저PBR, 고배당주에 투자한다.

① 1개　　② 2개
③ 3개　　④ 4개

3-5 채권투자운용/투자전략(6문항)

복원완성도 ★★☆

76 〈보기〉에 대한 설명으로 틀린 항목으로 묶은 것은?

〈보기〉

가. 복리채는 재투자를 고려하지 않고 만기에 원금과 이자를 동시에 지급하는 채권이다.
나. 할인채는 만기일에 액면금액을 만기수익률로 할인하여 지급하는 채권이다.
다. 통화안정증권 대부분과 금융채 일부가 할인채로 발행된다.

① 가
② 나
③ 가, 나
④ 가, 나, 다

복원완성도 ★★☆

77 다음의 채권 중에서 채권에 내재된 옵션을 채권투자자가 행사하는 것이 아닌 것은?

① 교환사채
② 신주인수권부사채
③ 수의상환채권
④ 수의상환청구채권

복원완성도 ★★★

78 채권액면 1만 원, 표면금리 2%, 만기 2년인 할인채의 잔존만기가 73일인 시점에서 만기수익률 4%에 매매하였을 때 동 채권의 매매가격은 얼마인가?(관행적 복할인방식으로 계산, 1년은 365일, 원 미만은 절사함)

① 9,600원
② 9,920원
③ 9,960원
④ 10,119원

복원완성도 ★★☆

79 **채권가격의 움직임에 대한 설명이다. 가장 적절하지 않은 것은?**

① 채권가격은 채권수익률과 반대방향으로 움직인다.

② 채권가격의 변동폭은 만기가 길수록 증가하지만 그 증가폭은 체감한다.

③ 만기가 일정할 때 채권수익률 하락으로 인한 채권가격의 상승폭은 채권수익률 상승으로 인한 채권가격의 하락폭보다 적다.

④ 표면이자율이 낮을수록 동일한 수익률 변동에 대한 채권가격변동폭이 커진다.

복원완성도 ★★★

80 **채권의 만기수익률이 1% 포인트 상승할 때 채권가격은 3.14% 하락하였다. 수정듀레이션이 3.22인 경우 동 채권의 볼록성(convexity)은 얼마인가?**

① 8　　② 16

③ 80　　④ 160

복원완성도 ★★☆

81 **〈보기〉에 가장 부합하는 채권투자위험은?**

〈보기〉

채권투자자가 채권에 명시되어 있는 원금 또는 이자를 발행자로부터 전부 또는 일부를 받지 못하는 위험을 말한다.

① 구매력 위험

② 재투자 위험

③ 채무불이행 위험

④ 중도상환 위험

3-6 파생상품투자운용/투자전략(6문항)

복원완성도 ★☆☆

82 선물(futures)의 헤지 거래에 대한 설명이다. 가장 적절하지 않은 것은?

① 보유하고 있는 현물 포지션에 대해서 선물로 헤지를 할 경우 시장위험을 회피할 수 있지만 베이시스 위험에 노출될 수 있다.

② 베이시스(basis)는 임의의 거래일에 있어서 선물가격과 현물가격의 차이를 말하는데 선물시장가격과 현물시장가격의 차이를 시장베이시스라고 한다.

③ 이론베이시스는 보유비용과 같다.

④ 보유 현물과 선물헤지포지션을 만기 시점에서 동시에 청산할 경우 베이시스 위험에 노출되지 않는데 이를 랜덤 베이시스 헤지라고 한다.

복원완성도 ★★☆

83 행사가격이 2천 원인 풋옵션의 현재 프리미엄이 1천원이고 기초자산가격이 3천 원이라면 동 옵션의 프리미엄에 반영된 시간가치와 Moneyness(등가격 / 내가격 / 외가격)를 옳게 연결한 것은?

① 0원, 등가격

② 0원, 외가격

③ 1,000원, 외가격

④ 2,000원, 내가격

복원완성도 ★★☆

84 행사가격이 300p인 풋옵션을 1계약 매도(프리미엄 3point)하고, 행사가격이 295p인 풋옵션을 1계약 매수(프리미엄 1point)하였다. 만기시점에 청산된 기초자산가격이 297.5p라고 할 때, 이 스프레드포지션의 손익은 얼마인가?(단위 : point)

① 0.5포인트 손실

② 1.0포인트 손실

③ 1.0포인트 이익

④ 2.5포인트 이익

복원완성도 ★★★

85 행사가격 100인 콜옵션과 풋옵션을 동시에 매도하였다(프리미엄은 각각 3.5 포인트, 2.5 포인트). 이때 동 포지션의 손익구조상 수익이 발생하는 기초자산가격의 구간은?(P : 기초자산가격, 단위 : 포인트)

① 97.5 < P < 106.5
② 96.5 < P < 107.5
③ 94 < P < 106
④ P < 94, P > 106

복원완성도 ★★☆

86 〈보기〉는 옵션민감도의 부호(+, −)에 대한 설명이다. 옳은 내용으로 연결한 것은?

〈보기〉

가. 콜옵션 매도의 델타는 (−)이다.
나. 풋옵션 매도의 감마는 (+)이다.
다. 콜옵션 매수의 쎄타는 (+)이다.
라. 풋옵션 매수의 로우는 (−)이다.

① 가, 나　　② 나, 다
③ 다, 라　　④ 가, 라

복원완성도 ★★☆

87 옵션민감도와 관련하여 〈보기〉에 대한 설명으로 가장 적합한 것은?

〈보기〉

기초자산가격이 100point에서 102point로 상승할 때, 옵션 프리미엄이 10point에서 10.4point로 상승하였다.

① 콜옵션의 델타가 +0.2이다.
② 콜옵션의 감마가 +0.2이다.
③ 풋옵션의 감마가 +0.2이다.
④ 풋옵션의 델타가 −0.2이다.

3-7 투자운용결과분석(4문항)

복원완성도 ★★☆

88 **펀드평가 7단계 프로세스의 2단계인 투자수익률 계산과 관련하여, 다음 중 금액가중수익률에 해당하는 내용을 모두 연결한 것은?**

가. 펀드에 투자한 현금흐름의 현재가치와 펀드에서 발생하는 수익의 현재가치를 일치시키는 할인율이다. 나. 펀드매니저와 투자자의 공동의 성과를 반영하는 수익률이다. 다. 운용기간 중 각 시점별로 펀드성과와 시장수익률을 비교하기가 용이하다. 라. 펀드매니저의 능력을 평가하는 지표로 적합하다.

① 가, 나
② 나, 다
③ 다, 라
④ 가, 라

복원완성도 ★★☆

89 **왜도, 첨도에 대한 설명이다. 가장 적절하지 않은 것은?**

① 투자위험을 측정하는 지표이다.
② 왜도는 수익률 분포의 기울어진 정도를 나타낸다.
③ 첨도는 수익률 분포에서 가운데 봉우리 부분이 얼마나 뾰족한가를 측정하는 지표이다.
④ 정규분포는 왜도와 첨도가 모두 0(제로)인 분포를 말한다.

복원완성도 ★★☆

90 〈보기〉에 따를 경우 샤프비율은 얼마인가?

〈보기〉

포트폴리오의 평균수익률 7%, 기준지표의 평균수익률 5%, 무위험자산의 평균수익률 2%, 포트폴리오 수익률의 표준편차 10%

① 0.2
② 0.5
③ 0.7
④ 1.0

복원완성도 ★★☆

91 〈보기〉의 조건에 따를 때 젠센의 알파는 얼마인가?

〈보기〉

포트폴리오 수익률 7%, 무위험수익률 3%, 벤치마크수익률 5%, 베타 1.5, 표준편차 10%

① −1.0%
② +1.0%
③ +1.5%
④ +2.0%

복원완성도 ★★☆

92 IS/LM모형에 대한 설명이다. 각 외생변수에 대한 국민소득(Y)에 대한 움직임을 잘못 설명한 것으로 연결한 것은?

가. 정부지출(G)이 증가하면 국민소득이 감소한다. 나. 조세(T)가 감소하면 국민소득이 증가한다. 다. 통화량(M)이 증가하면 국민소득이 감소한다. 라. 물가(P)가 하락하면 국민소득이 증가한다.

① 가, 나
② 다, 라
③ 가, 다
④ 나, 라

복원완성도 ★★☆

93 유동성함정(Liquidity Trap) 이론에 대한 설명이다. 옳은 항목의 개수는?

가. 유동성함정 구간에서는 화폐수요의 이자율탄력성이 제로이다. 나. 유동성함정 구간에서는 LM곡선이 수직을 이룬다. 다. 유동성함정 구간에서 확대 재정정책을 집행할 경우 완전구축효과가 발생하여 재정정책의 효과는 나타나지 않으므로 재정정책은 무용하다. 라. 유동성함정 구간에서는 물가가 하락하는 현상이 나타나는데, 물가하락을 통한 실질 잔액효과로 유동성함정을 벗어날 수 있다고 주장한 고전학파의 이론은 피구효과이다.

① 0개
② 1개
③ 2개
④ 3개

복원완성도 ★★☆

94 **이자율의 기간구조이론에 대한 설명이다. 가장 적절하지 않은 것은?**

① 불편기대이론은 장단기 채권 간의 완전한 대체관계가 성립하므로 장기채권에 한 번에 투자하는 경우와 단기채권에 나누어 투자하는 경우의 예상수익률이 동일하다고 본다.

② 유동성선호이론은 장기채권과 단기채권 간의 대체관계는 없다고 본다.

③ 유동성선호이론에 반영되는 유동성프리미엄은 항상 양(+)의 값을 갖는다.

④ 특정 선호이론에서 장기채권의 금리는 만기까지 예상된 단기이자율의 평균에 기간프리미엄을 더한 값으로 결정된다.

복원완성도 ★★☆

95 **빈칸을 옳게 연결한 것은?(순서대로)**

경상수지 흑자가 확대되면 통화량은 (　　　　)하고 금리는 (　　　　)한다.

① 증가, 상승

② 증가, 하락

③ 감소, 상승

④ 감소, 하락

3-9 분산투자이론(5문항)

복원완성도 ★★☆

96 다음 중 지배원리를 충족하는 효율적 포트폴리오는 무엇인가?

① 기대수익률이 5%이고 표준편차가 3%인 포트폴리오
② 기대수익률이 5%이고 표준편차가 5%인 포트폴리오
③ 기대수익률이 7%이고 표준편차가 5%인 포트폴리오
④ 기대수익률이 7%이고 표준편차가 3%인 포트폴리오

복원완성도 ★★☆

97 자산A의 기대수익률 6%, 표준편차 2%, 무위험수익률 5%, A비중 60%, B비중 40%일 때 변동성보상비율(RVAR)은?(B는 무위험자산을 말함)

① 0.3
② 0.5
③ 0.6
④ 0.8

복원완성도 ★★☆

98 빈칸에 알맞은 것은?

A포트폴리오의 기대수익률은 20%, 베타는 1.5이고 무위험수익률은 5%이다. 자본시장의 균형상태를 가정하였을 때, 기대수익률이 8%인 B포트폴리오의 베타는 (   )이다.

① 0.3
② 0.6
③ 0.8
④ 1.0

복원완성도 ★★☆

99 빈칸에 가장 부합하는 것은?

- 현재 시장에서의 A주식의 기대수익률은 5%, 베타는 0.8이다.
- 현재 시장에서의 B주식의 기대수익률은 11%, 베타는 1.5이다.
- 현재 무위험이자율은 2%, 시장포트폴리오의 기대수익률은 7%이다.
- 이 경우, 증권시장선(SML)에 의하면 (   ).

① A주식, B주식 모두 과대평가되었다.
② A주식은 과소평가, B주식은 과대평가되었다.
③ A주식은 과대평가, B주식은 과소평가되었다.
④ A주식, B주식 모두 과소평가되었다.

복원완성도 ★★☆

100 빈칸에 알맞은 것은?

X주식의 베타는 1.5, Y주식의 베타는 2.5, 무위험이자율은 3%, 시장포트폴리오의 기대수익률은 6%이다. 이 경우 X와 Y를 동일가중으로 편입한 포트폴리오의 베타는 (   )이다.

① 0.5
② 1.0
③ 1.5
④ 2.0

투자자산운용사 출제동형 PLUS

최신 9회분

40회차 시험 출제동형

※ 총 평

높은 합격률(23년 합격률 : 투자자산운용사 37.69%, 펀드투자권유자문인력 32.45%)과 난이도 주기를 고려했을 때 40회 시험이 어려울 것으로 예상하였으나, 예상 외로 평이한 난이도로 출제되었습니다.

▶ 신유형 문항 수 : 36회-15문항, 37회-5문항, 38회-2문항, 39회-8문항, 40회-3문항

▶ 신유형 문항 수보다는 높은 체감 난이도 : 39회 시험에서 처음 나왔던 '개수 고르기' 문항의 비중이 더 높아졌고, 기출변형이나 응용의 비중도 증가하여, 신유형 문항 수로만 볼 때는 38회와 유사하였지만 체감난이도는 38회보다 높은 수준이었다고 평가함

※ **시험 전략 : 기출교재의 '기출주제를 확실히 이해하는 것'이 최선의 전략!**

(1) 39회와 40회 시험에서 '새로운 문제유형과 기출응용의 비중이 높아진' 경향이 뚜렷하게 보이는 바, 기출 풀을 '확실히 이해하는 학습'이 더욱 더 중요해진 것으로 이해할 수 있습니다.

(2) 기출 풀의 기출주제를 '확실히 이해하면' 어떤 문제 유형이든 어떻게 응용이 되든 간에 '확실히' 득점할 수 있습니다. '확실한 이해'를 위해서 강의나 기출교재의 해설을 잘 활용해야 합니다.

(3) '기출교재'는 매 시험 시험문제가 어떻게 나왔던 간에 '수년 간' 일정한 적중률(85%~98%)을 보임으로써 확실히 검증을 받은 교재입니다. 시험이 쉽든 어렵든 간에 '토마토패스 기출주제를 확실히 이해하는' 시험전략은 동일하며, 믿음을 가지는 만큼 학습 성과도 커질 것으로 기대합니다. 수험생 여러분의 합격을 응원합니다!

투자자산운용사 출제동형 PLUS 최신 9회분

40회차 (2025. 01. 19 시험)

문항 수 : 100문항
시험시간 : 120분

※ 시험난이도 상향에 대비하는 차원에서, 동일문항 기출이 반복될 경우 '변형복원'을 적극 반영하고 있습니다. 따라서 '변형된 기출' 문항을 학습 시에는 해설의 [학습안내]를 참고하여 '변형 전 기출'도 꼭 확인하시길 바랍니다.

1-1 세제관련 법규/세무전략(7문항)

복원완성도 ★★★

01 다음 중 지방세가 아닌 것은?

① 취득세
② 상속세
③ 주민세
④ 담배소비세

복원완성도 ★★☆

02 국세기본법에 대한 내용이다. 옳은 것은?

① 세법에서 정한 납부기한이 공휴일에 해당할 때에는 그 전날을 기한으로 한다.
② 서류의 송달을 받을 자가 신청한 경우 정보통신망을 이용한 송달이 가능하다.
③ 과세표준신고서를 법정신고기한 내에 제출한 자가 과세표준 및 세액을 과다하게 신고하거나 결손금 또는 환급세액을 과소신고한 때에는 해당 과세표준 및 세액의 결정 또는 경정을 법정신고기한이 지난 후 2년 이내에 관할 세무서장에게 청구할 수 있다.
④ 조세불복제도의 하나로서, 처분청의 처분을 안 날로부터 90일 이내에 국세청 또는 감사원에 제기하는 불복절차는 심판청구이다.

복원완성도 ★★☆

03 소득세법상의 적격 집합투자기구에서 발생하는 소득으로서, 다음 중 '집합투자기구로부터의 이익'에 해당하지 않는 항목의 개수는?

가. 상장주식의 매매차익 나. 상장채권의 매매차익 다. 상장주식을 기초자산으로 하는 장내파생상품의 매매차익 라. 코스피200지수를 기초자산으로 하는 장내파생상품의 매매차익 마. 비상장주식으로서 벤처기업법에 따른 벤처기업주식의 매매차익 바. 부동산 매매차익

① 1개 ② 2개
③ 3개 ④ 4개

복원완성도 ★★★

04 빈칸에 알맞은 것은?

연간 (　　　　　) 이하의 기타소득은 분리과세로써 납세의무를 종결할 수 있다.

① 100만 원
② 300만 원
③ 2,000만 원
④ 5,000만 원

복원완성도 ★☆☆

05 양도소득세의 과세와 관련하여 빈칸에 들어갈 수 없는 것은?

양도가액 – (　　　　　　　　　　　　　　) = 양도차익

① 취득가액으로서 실지거래가액
② 양도 대상 부동산에 투입한 자본적 지출액
③ 증권거래세, 신고서 작성비용, 인지대
④ 3년 이상 보유한 토지・건물에 대한 장기보유특별공제액

복원완성도 ★★☆

06 **증권거래세와 관련된 설명 중 옳지 않은 것은?**

① 뉴욕 증권거래소에 상장된 주권을 양도할 경우 증권거래세가 부과되지 않는다.
② 코넥스시장에서 거래하는 주권에 대해서는 증권거래세가 부과되지 않는다.
③ 자본시장법에 따른 주권매출의 경우 증권거래세가 부과되지 않는다.
④ 주권을 목적물로 하는 소비대차의 경우 증권거래세가 부과되지 않는다.

복원완성도 ★★☆

07 **거주자 대상 소득세 과세 제도에 대한 내용이다. 가장 적절하지 않은 것은?**

① 거주자란 국내에 주소를 두거나 183일 이상의 거소를 둔 개인을 말한다.
② 외국을 항해하는 선박 또는 항공기의 승무원의 경우 그 승무원과 생계를 같이하는 가족이 거주하는 장소 또는 그 승무원이 근무기간 외의 기간 중 통상 체재하는 장소로 판정한다.
③ 소득발생지를 납세지로 한다.
④ 거주자인 부부의 금융소득은 합산기준이 아닌 별산 기준으로 금융소득종합과세 여부를 판정한다.

1-2 금융상품(8문항)

복원완성도 ★★☆

08 **개인종합자산관리계좌(ISA ; Individual Savings Account)에 대한 설명이다. 가장 적절하지 않은 것은?**

① 중개형 ISA의 경우 예금을 포함해서 신탁, ELS, REITs 등 각종 투자상품 그리고 국내상장주식까지 편입이 가능하다.
② 납입한도는 연간 2천만 원이고 당해 연도의 미불입한도는 다음 해로 이월이 가능하며, 이와 같은 방식으로 가입기간 동안 최대 1억 원까지 납입이 가능하다.
③ ISA의 의무가입기간은 3년이며 의무가입기간이 지나면 비과세 등의 세제혜택을 받을 수 있는데, 서민형의 경우 통산순이익 기준 400만 원까지 비과세혜택을 받으며 400만 원을 초과하는 통산순이익은 분리과세율(지방세 포함 9.9%)이 적용된다.
④ 금융회사가 가입자의 위험성향과 자금운용목표를 고려하여 제시하는 모델 포트폴리오 중 하나를 선택하여 투자하는 방식은 일임형 ISA이다.

복원완성도 ★★☆

09 신탁상품의 일반적 특징에 대한 설명이다. 가장 적절하지 않은 것은?

① 신탁은 타인에 의한 재산 관리・처분제도의 하나로서, 신탁계약이 체결되면 위탁자의 재산권이 수탁자에게 이전 또는 처분된다.

② 신탁재산을 관리・처분한 결과로 생긴 제3자와의 권리・의무는 신탁재산의 관리기관인 수탁자에게 귀속하고, 위탁자 또는 수익자에게 직접 귀속하지 않는다.

③ 신탁재산은 수탁자의 상속재산, 파산재단에 속한다.

④ 신탁재산인 채권과 다른 채무와의 상계가 금지된다.

복원완성도 ★★☆

10 다음 중 주가연계증권(ELS, 증권사 발행)에 대한 설명 중 가장 적절하지 않은 것은?

① 자본시장법상 파생결합증권으로 분류된다.

② 공모와 사모 모두 발행이 가능하다.

③ 장외파생상품의 겸영업무 인가를 획득한 투자매매업자만이 발행할 수 있다.

④ 원금보장형 ELS의 경우 발행사의 신용위험에 노출되지 않는다.

복원완성도 ★☆☆

11 빈칸에 알맞은 것은?

(　　　　　)는 증권사 등이 투자자에게 가장 적합한 증권 포트폴리오에 관한 상담결과에 따라 자산을 운용(또는 자산운용회사를 소개)해주고 이에 부수되는 주문집행, 결제 등의 업무를 일괄 처리해 주며, (　　　　　)에 근거한 일정비율의 수수료를 받는 '자산종합관리계좌'를 말한다.

① CMA, 거래금액

② CMA, 잔고평가금액

③ 랩어카운트, 거래금액

④ 랩어카운트, 잔고평가금액

복원완성도 ★★★

12 **보험상품에 대한 설명이다. 가장 거리가 먼 것은?**

① 생명보험상품의 보험료는 순보험료와 부가보험료로 구성된다.
② 종신보험은 사전에 설정한 보험기간 동안 사망한 경우에만 사망보험금이 지급되는 보험이다.
③ 체증식 보험은 기간이 경과함에 따라 보험금이 증가되는 보험으로서 물가지수연동보험이 대표적이다.
④ 화재보험은 화재에 따른 직접손해(화재 및 벼락손해), 소방손해, 피난손해 및 잔존물제거 비용을 보상하는 보험이다.

복원완성도 ★★☆

13 **단기금융집합투자기구(MMF)의 운용대상에 대한 설명이다. 틀린 항목의 개수는?**

가. CD(양도성 예금증서)는 남은 만기가 6개월 이내이어야 한다. 나. RP(환매조건부채권)로 매수하는 국채는 남은 만기가 5년 이내 이어야 한다. 다. RP(환매조건부채권)로 매수하는 지방채는 남은 만기가 1년 이내 이어야 한다. 라. 타 집합투자증권은 채권형 펀드의 집합투자증권이어야 한다.

① 1개 ② 2개
③ 3개 ④ 4개

복원완성도 ★☆☆

14 **〈보기〉의 정의에 가장 부합하는 증권은?**

〈보기〉

기업이나 금융기관이 보유하고 있는 자산을 표준화하고 특정 조건별로 집합하여 이를 특수목적회사에 양도하고, 양도받은 자산을 기초로 하여 해당 특수목적회사가 다계층의 투자자를 대상으로 새롭게 발행하는 증권을 말한다.

① 채무증권 ② 집합투자증권
③ 자산유동화증권 ④ 증권예탁증권

복원완성도 ★★☆

15 **주택저당증권(MBS)에 대한 설명이다. 틀린 항목으로 연결한 것은?**

가. 주택저당대출의 만기와 대응하므로 통상 단기로 발행된다. 나. 자산이 담보되어 있고 보통 별도의 신용보강이 이루어지므로 회사채보다 높은 신용등급의 채권으로 발행된다. 다. 저당대출담보부채권(MBB)은 저당대출의 채무불이행위험이 투자자에게 이전된다.

① 가, 나
② 나, 다
③ 가, 다
④ 가, 나, 다

1-3 부동산관련 상품(5문항)

복원완성도 ★★☆

16 **다음 중 부동산관련 물권 중에서 제한물권이 아닌 것은?**

① 소유권
② 지상권
③ 지역권
④ 전세권

복원완성도 ★★☆

17 **부동산 경기국면에 대한 설명이다. 가장 적절하지 않은 것은?**

① 상향시장(호황국면)은 부동산가격이 상승일로에 있고 거래도 활발하지만 경기의 후퇴가능성도 가지고 있다.
② 후퇴시장(후퇴국면)은 거래가 점차 한산해지고 금리는 높고 여유자금은 부족해진다.
③ 하향시장(불황국면)에서는 과거 사례가격은 새로운 거래가격의 상한선이 되고 매도인우위의 시장이 형성된다.
④ 회복시장(회국국면)은 가격의 하락이 중단・반전하고 거래는 늘어나기 시작하는 단계로서, 투자 또는 투기심리 작용의 여지가 높다.

복원완성도 ★★☆

18 **부동산투자 시 사업타당성 및 리스크관리 분석에 활용되는 지표에 대한 설명이다. 가장 적절하지 않은 것은?**

① 순운용소득이 10억 원이고 부채상환액이 4억 원이라면 부채상환비율(DSCR)은 0.4배이며, 이 비율을 통해서 해당 부동산사업의 부채상환능력을 파악할 수 있다.

② 부동산가격이 100억 원이고 차입투자액(대출원금)이 70억 원이라면 대출비율(LTV)은 70%이며, 이 비율을 통해서 해당 부동산투자의 자본구조를 이해할 수 있다.

③ 내부수익률(IRR)은 투자안의 현금유입의 현재가치와 투자안의 현금유출의 현재가치를 일치시키는 할인율로서, 순현재가치(NPV)를 제로(0)로 만드는 할인율이다.

④ Cash On Cash 수익률은 해당 기의 순현금흐름을 자기자본으로 나눈 것을 말하며, 화폐의 시간가치를 고려하지 않는다.

복원완성도 ★★☆

19 **부동산 임대사업의 현금흐름이 보기와 같다. 이 경우 수익성지수(PI) 또는 편익비용비율은 얼마인가?**

- 최초투자액(또는 투입액의 현재가치) : 10,000원
- 투자기간 동안의 임대현금흐름의 현재가치 : 1,500원
- 투자기간 동안의 매매현금흐름 : 12,500원
- 투자기간 발생하는 현금흐름에 대한 현재가치계수 : 0.8

① 1.05　　② 1.10

③ 1.15　　④ 1.30

복원완성도 ★★☆

20 **부동산투자회사(REITs)에 대한 설명이다. 틀린 항목으로 연결한 것은?**

가. 부동산투자회사 제도는 자본시장법에 근거한다.
나. 부동산투자회사의 설립은 발기설립과 현물출자의 방법 모두 가능하다.
다. 부동산투자회사가 자산의 투자・운용업무를 하려는 때에는 부동산투자회사의 종류별로 국토교통부 장관의 영업인가를 받거나 국토교통부에 등록해야 한다.
라. 부동산투자회사는 최저자본금 준비기간이 끝난 후에는 매 분기말 현재 총자산의 100분의 80 이상을 부동산, 부동산관련 증권 및 현금으로 구성해야 한다. 이 경우 총자산의 100분의 70 이상은 부동산이어야 한다.

① 가, 나　　② 나, 다

③ 다, 라　　④ 가, 라

2-1 대안투자운용/투자전략(5문항)

복원완성도 ★★☆

21 부동산금융에 대한 설명이다. 가장 적절하지 않은 것은?

① 프로젝트금융(PF)은 사업자와 법적으로 독립된 프로젝트로부터 발생하는 미래 현금흐름을 상환재원으로 하여 자금을 조달하는 것을 말하며, 수익형 부동산금융에 속한다.

② 자산유동화 증권(ABS)의 발행을 통해, 자산보유자의 입장에서는 보유하고 있는 유동성이 낮은 자산을 유동화시킴으로써 유동성위험을 회피할 수 있다.

③ 주택저당증권(MBS)은 ABS의 일종으로서, 주택자금 대출로부터 발생하는 채권과 당해 채권의 변제를 위해 담보로 확보하는 저당권을 기초자산으로 하여 새롭게 발행하는 증권을 말한다.

④ 부동산투자회사(REITs)는 거액의 자금으로 부동산에 투자하는데 적합한 형태이다.

복원완성도 ★★★

22 다음 중 PEF의 투자자금회수(EXIT) 방안과 가장 거리가 먼 것은?

① 증 자

② 배 당

③ IPO후 증권시장에서 지분매각

④ 다른 PEF에 매각

복원완성도 ★★☆

23 합병차익거래 전략에 대한 설명이다. 가장 적절하지 않은 것은?

① 인수합병이 완료될 경우 발생할 수 있는 주식가치 변화로부터 이익을 창출하는 전략으로서 Event-Driven전략에 해당된다.

② 발표되지 않은 추측정보에 투자하지 않는다.

③ 일반적으로 인수기업의 주식을 매수하고 피인수기업의 주식을 매도한다.

④ 합병차익거래는 포지션 구축 후에 이벤트 리스크를 재평가하고 새로운 이벤트를 예의 주시하면서 포트폴리오의 위험을 관리해야 하는 바, 이때 새로운 이벤트는 '합병완료의 가능성, 합병완료까지의 시간, 교환비율의 변화' 등이며 만일 합병이 취소된다면 매수・매도포지션 모두에서 손실이 발생할 수 있다.

복원완성도 ★★☆

24 **CDS, TRS, CDO 등의 신용파생상품에 대한 설명이다. 가장 적절하지 않은 것은?**

① CDS는 보장매입자가 위험선호자인 보장매도자에게 신용위험 프리미엄을 지급한다.
② TRS만기일의 준거자산의 가치가 최초계약일의 가치보다 떨어져 있을 경우는, 그 차액을 TRS매도자가 TRS매수자에게 지급해야 한다.
③ CDO의 세 가지 트랜치 중에서, 초기시점에서 수익을 한 번에 받으며(up-front 방식) 이후 만기시점에서 남아있는 담보자산의 원금을 받는 것은 Equity트랜치이다.
④ 합성CDO는 CDO의 특수한 형태로서 보장매입자가 준거자산을 양도하는 것이 아니라 신용파생상품을 이용하여 SPC에게 신용위험을 이전하고, SPC는 이를 바탕으로 신용위험과 연계된 CDO를 발행함으로써 최초 보장매입자로부터 전가된 신용위험을 다시 투자자에게 이전하는 것을 말한다.

복원완성도 ★★☆

25 **CDO와 관련해서 빈칸을 옳게 연결한 것은?(순서대로)**

• CDO를 통한 위험전가의 결과로 자산보유자는 재무비율의 개선 및 감독규정상의 최저 요구자본 요건 충족 및 대출여력 확충 등과 같은 효과를 얻을 수 있는 것은 (　　　　　　)이다. • 기초자산의 수익률과 유동화증권의 수익률 간의 차이에서 발생하는 차익을 취할 목적으로 발행되는 CDO는 (　　　　　　)이다.

① Balance Sheet CDO, Arbitrage CDO
② Balance Sheet CDO, Static CDO
③ Static CDO, Arbitrage CDO
④ Static CDO, Dynamic CDO

2-2 해외증권투자운용/투자전략(5문항)

복원완성도 ★★★

26 DR(Depository Receipt)에 대한 설명으로 가장 적절하지 않은 것은?

① ADR은 보관은행에 보관한 외국주식을 바탕으로 발행하는 증권의 형태를 띠게 되며 미국의 증권거래위원회(SEC)에 등록되고 뉴욕증권거래소나 나스닥 등의 미국거래소에서 거래된다.

② ADR을 발행한 기업이 배당을 하면 보관은행을 거쳐 ADR의 발행은행으로 전달되고 이 배당금이 미달러화로 전환되어 ADR투자자에게 지급된다.

③ ADR의 발행은 발행기업이 미국증시에 상장되기를 원하여 발행 및 상장관련 비용을 부담하는 Sponsored DR의 형태가 일반적이다.

④ 미국과 미국 이외의 국가에서 DR을 같이 상장할 경우 EDR로 분류된다.

복원완성도 ★★☆

27 딤섬본드와 관련하여 빈칸을 옳게 연결한 것은?(순서대로)

딤섬본드는 (　　)에서 (　　) 표시로 발행하는 (　　) 채권이다.

① 중국, 위안화, 기명식

② 중국, 위안화, 무기명식

③ 홍콩, 위안화, 무기명식

④ 홍콩, 홍콩달러, 기명식

복원완성도 ★★★

28 〈보기〉에서 미국 국채 투자 시 분석상 유의사항을 모두 연결한 것은?

〈보기〉

가. Yield Curve분석
나. 각 채권의 수요공급현황
다. 미국의 GDP나 실업률 등 거시경제지표
라. 각 채권의 위험도에 따른 가산금리

① 가, 나, 다　　② 나, 다, 라

③ 가, 다, 라　　④ 가, 나, 다, 라

복원완성도 ★★☆

29 미 재무부 채권에 대한 설명이다. 옳게 설명한 항목의 개수는?

가. T-Bill은 이표식으로 발행한다.
나. T-Note의 만기는 10년을 초과한다.
다. T-Bond는 복리채이다.

① 0개
② 1개
③ 2개
④ 3개

복원완성도 ★☆☆

30 해외주식 투자전략 중 하향식 접근(top down approach)에 대한 설명이다. 가장 적절하지 않은 것은?

① 국제 주식시장이 비효율적이라고 전제한다.
② 환율과 주가전망 예측을 적극적으로 하고 포트폴리오에 반영함으로써 위험을 부담하면서도 수익률을 극대화하고자 하는 전략이다.
③ 각국의 거시경제 변수를 보고 국가별 비중을 우선적으로 결정한 다음, 각국에서 산업과 개별 기업별 비중을 결정한다.
④ 세계 경제를 글로벌화된 산업들의 집합으로 본다.

2-3 투자분석기법(12문항)

복원완성도 ★★☆

31 기업의 현금흐름 추정방식에 대한 설명이다. 옳게 설명한 항목의 개수는?

가. 현금흐름은 세전 기준으로 추정되어야 한다.
나. 감가상각비는 실제 현금유출을 수반하지 않으므로 현금흐름 추정에 반영되지 않는다.
다. 현금흐름 추정 시 기회비용과 매몰비용은 모두 반영되어야 한다.
라. 현금유입액은 재무상태표상의 비유동자산, 유동자산, 유동부채로부터 추정된다.

① 0개
② 1개
③ 2개
④ 3개

복원완성도 ★★☆

32 증권분석의 통계기초에 대한 내용이다. 틀린 내용으로 연결한 것은?

가. 최빈값은 관찰치를 크기 순서대로 나열하였을 때, 정가운데 있는 값을 의미한다.
나. 분산은 각각이 평균으로부터 떨어진 거리들의 평균으로 측정이 되며, 산포경향을 나타내는 지표에 속한다.
다. 공분산은 어떤 값이든지 가질 수 있으며, 공분산이 0보다 크면 양의 관계이고 0보다 작으면 음의 관계, 0이면 아무런 선형의 관계가 없음을 의미한다.
라. 상관계수는 공분산을 각각의 표준편차의 곱으로 나누어 준 값이다.

① 가, 나
② 다, 라
③ 가, 다
④ 나, 라

복원완성도 ★★☆

33 빈칸에 알맞은 것은?

매출액순이익률이 0.2(20%)이고 총자산회전율이 4(4회전)일 때, 총자산이익률은 (   )이다.

① 0.2
② 0.4
③ 0.6
④ 0.8

복원완성도 ★☆☆

34 레버리지도에 대한 설명이다. 틀린 항목의 개수는?

가. 영업레버리지도는 영업이익의 변화율을 판매량의 변화율로 나누어서 구한다.
나. 재무레버리지도는 주당이익의 변화율을 영업이익의 변화율로 나누어서 구한다.
다. 결합레버리지도는 주당이익의 변화율을 매출액의 변화율로 나누어서 구한다.
라. 타인자본의존도가 높을수록 재무레버리지도가 높아진다.

① 0개
② 1개
③ 2개
④ 3개

복원완성도 ★★☆

35 〈보기〉가 설명하는 지표는 무엇인가?

〈보기〉

- 당기순이익을 기준으로 평가하는 PER의 한계점을 보완한다.
- 기업의 자본구조를 감안한 평가방식이라는 점에서 유용성이 있다.

① 토빈의 Q
② EV/EBITDA
③ PSR
④ PBR

복원완성도 ★★☆

36 〈보기〉의 정보에 따를 때 해당 기업의 EVA는 얼마인가?(소수점 이하 절사, 단위는 억 원)

〈보기〉

영업이익 500억 원, 투하자본 1,000억 원, 자기자본비율 60%, 타인자본비율 40%, 타인자본조달비용 10%, 자기자본의 기회비용 15%, 법인세율 20%

① 270
② 278
③ 292
④ 296

복원완성도 ★★☆

37 그랜빌의 주가 · 이동평균선 분석상으로 매도신호에 해당하지 않은 것은?

① 이동평균선이 상승한 후 평행 또는 하락국면에서 주가가 이동평균선을 하향 돌파한 경우
② 이동평균선이 하락하고 있을 때 주가가 일시적으로 이동평균선의 위로 상승하는 경우
③ 주가가 이동평균선 아래에서 상승세를 보이다가 이동평균선을 상향 돌파를 못하고 하락하는 경우
④ 주가가 하락하고 있는 이동평균선을 하향 돌파한 후 다시 급락하는 경우

복원완성도 ★★☆

38 〈보기〉의 설명에 부합하는 갭(Gap)의 종류는?

〈보기〉

- 주가가 거의 일직선으로 급상승하거나 급하락 하는 도중에 주로 발생한다.
- 다우이론의 추세 추종 국면 또는 엘리어트 3번 파동에서 주로 발생한다.
- 주가의 예상목표치의 중간지점에서 주로 발생한다.

① 소멸갭
② 보통갭
③ 급진갭
④ 아일랜드갭

복원완성도 ★☆☆

39 **OBV(On Balance Volume)와 VR(Volume Ratio)에 대한 설명이다. 틀린 항목의 개수는?**

가. OBV는 전일대비 주가가 상승한 날의 누적 거래량에 전일대비 주가가 하락한 날의 누적거래량을 나누어서 구한다.
나. 주가지수OBV의 경우 저가주들의 대량거래가 시장전체의 거래량을 왜곡하는 경우가 있으므로 유의해야 한다.
다. 기산일을 활황장세에서 잡으면 주가가 하락으로 돌아설 때 매매신호가 뒤늦게 발생되어 정확한 분석을 하지 못한다.
라. VR의 보통수준(또는 균형상태)은 거래량의 상승편향을 감안하여 150%로 본다.
마. VR이 450%를 초과하면 단기적으로 주가의 경계신호가 되고 70% 이하이면 단기매입 시점으로 본다.
바. VR은 바닥권보다는 천정권의 신뢰도가 높다.

① 0개 ② 1개
③ 2개 ④ 3개

복원완성도 ★★★

40 **일정기간 동안의 주가 변동폭 중 금일 종가의 위치를 백분율로 나타낸 지표는 무엇인가?**

① 스토캐스틱(stochastic)
② RSI
③ ROC
④ MAO

복원완성도 ★★☆

41 **산업구조변화이론과 관련하여 빈칸에 들어갈 수 없는 이론은?**

전통적 무역이론이 설명하지 못하는 부분들은 이후의 새로운 이론들에 의해 보완되고 있다. (　　　　)은 한 국가의 공급능력 변화에서 기술혁신 또는 신제품 개발이 갖는 중요성을 분석하였다. 전략적 무역정책을 포함하는 (　　　　)에서는 규모의 경제와 불완전경쟁 등 시장실패를 상정하여 산업 내 무역과 정부개입의 필요성을 보이고 있다. (　　　　)은 경제성장을 인적자본 등 요소의 내생적 축적에 의해서 이루어진다고 보고 있으며, 이를 국제무역에 응용하면 동태적 비교우위와 산업구조의 변화에서 요소부존보다 요소창출이 더욱 중요해 진다.

① 헥셔-올린 모형 ② 제품수명주기이론
③ 신무역이론 ④ 내생적 성장이론

복원완성도 ★★☆

42 **포터(Porter)의 산업경쟁력 이론에 대한 설명이다. 옳게 설명한 항목의 개수는?**

가. 한 국가의 산업경쟁력은 생산요소의 비교우위를 통해서 결정된다고 본다. 나. 직접요인과 간접요인을 종합적으로 고려하는 다이아몬드 모형으로 산업경쟁력을 설명한다. 다. 산업경쟁력 결정요인의 하나인 정부요인은 직접요인으로 분류된다.

① 0개 ② 1개
③ 2개 ④ 3개

2-4 리스크 관리(8문항)

복원완성도 ★★☆

43 **다음 중 시장위험(market risk)에 속하지 않은 것은?**

① 운영위험
② 주식위험
③ 이자율위험
④ 환율위험

복원완성도 ★★☆

44 **특정회사의 거래포지션의 1일 VaR이 신뢰구간 99%에서 10억 원이라면, 이는 회사가 이 포트폴리오를 보유함으로써 향후 1일 동안에 ( )는 의미이다. 빈칸에 부합하는 것으로 연결한 것은?**

가. 1%의 확률로 10억 원을 초과해서 손실을 볼 수 있다. 나. 1%의 확률로 10억 원 이내에서 손실을 볼 수 있다. 다. 99%의 확률로 10억 원을 초과해서 손실을 볼 수 있다. 라. 99%의 확률로 10억 원 이내에서 손실을 볼 수 있다.

① 가, 나 ② 나, 다
③ 다, 라 ④ 가, 라

복원완성도 ★★☆

45 KOSPI200 주가지수옵션의 가격이 8point, KOSPI200지수가 100point, 주가지수수익률의 1일 기준 표준편차(σ)가 2.0%, 옵션의 델타가 0.60이다. 이 경우 99% 신뢰도 1일 기준의 VaR에 가장 가까운 것은?(99% 신뢰기준의 신뢰상수는 2.33)

① 0.22point ② 2.79point
③ 4.66point ④ 279.6point

복원완성도 ★★☆

46 빈칸에 알맞은 것은?(순서대로)

포트폴리오A의 VaR은 8억 원, 포트폴리오B의 VaR은 15억 원이다. 포트폴리오A와 B 간의 상관계수가 제로(0)일 때, 포트폴리오(A + B)의 VaR은 ( )이며 이때의 분산투자효과는 ( )이다.

① 23억 원, 0원 ② 17억 원, 6억 원
③ 15억 원, 8억 원 ④ 8억 원, 15억 원

복원완성도 ★★★

47 95% 신뢰기준 보유기간 1일 기준의 VaR은 4.95억 원이다. 그렇다면, 99% 신뢰기준과 보유기간 4일 기준의 VaR은 얼마인가?

① 7.01억 원 ② 9.90억 원
③ 13.98억 원 ④ 27.96억 원

복원완성도 ★★☆

48 구조화된 몬테카를로 분석법(Structured Monte Carlo)에 대한 설명이다. 가장 적합한 것은?

① 주가움직임에 대한 확률모형으로서 가장 흔히 사용되는 것은 기하학적 브라운 운동모형이다.
② 리스크 요인의 변동분포를 과거 실제 데이터로부터 얻은 후, 포지션의 가치변동의 분포로부터 VaR을 측정한다.
③ 완전가치평가와 부분가치평가를 모두 이용하여 VaR을 측정한다.
④ 채권이나 옵션과 같은 비선형의 상품에 대한 VaR 측정 시 정확성이 떨어진다는 단점이 있다.

복원완성도 ★☆☆

49 스트레스 검증법에 대한 설명이다. 옳은 항목의 개수는?

> 가. 포트폴리오의 주요 변수들에 큰 변화가 발생하였을 때 포트폴리오의 가치가 얼마나 변할 것인지를 측정하기 위해 주로 이용되며, 시나리오 분석이라고도 한다.
> 나. 과거 데이터가 없으면 사용할 수 없다.
> 다. 다른 VaR측정 방법을 대체할 수 있다.
> 라. 포트폴리오가 다중의 리스크 요소에 주로 의존할 경우에 적합하다.

① 0개
② 1개
③ 2개
④ 3개

복원완성도 ★★☆

50 다음 중 RAROC지표로 판단할 때 성과가 두 번째로 우수할 것으로 판단되는 포트폴리오는?(투자금액은 100억 원으로 동일하다고 가정함)

① A 포트폴리오 : 순수익률 8%, VaR 4억 원
② B 포트폴리오 : 순수익률 10%, VaR 4억 원
③ C 포트폴리오 : 순수익률 10%, VaR 6억 원
④ D 포트폴리오 : 순수익률 18%, VaR 6억 원

3-1 직무윤리(5문항)

복원완성도 ★★☆

51 금융투자업규정상 이해상충의 발생사례로서 과당매매를 판단하는 요소를 모두 묶은 것은?

> 가. 일반투자자가 부담하는 수수료의 총액
> 나. 일반투자자의 재산상태 및 투자목적에 적합한지의 여부
> 다. 일반투자자의 투자지식이나 경험에 비추어 당해 거래에 수반되는 위험을 잘 이해하고 있는지의 여부
> 라. 개별 매매거래 시 권유내용의 타당성 여부

① 가, 나, 다
② 가, 다, 라
③ 나, 다, 라
④ 가, 나, 다, 라

복원완성도 ★☆☆

52 다음 중 '부당권유행위 금지(금소법 제21조)' 대상의 예외로 적용될 수 없는 것은?

① 일반금융소비자로부터 계약의 체결권유를 해줄 것을 요청받지 아니하고 방문·전화 등 실시간 대화의 방법을 이용하여 장내파생상품을 권유하는 행위

② 전문금융소비자로부터 계약의 체결권유를 해줄 것을 요청받지 아니하고 방문·전화 등 실시간 대화의 방법을 이용하여 장내파생상품을 권유하는 행위

③ 권유를 받은 투자자가 이를 거부하는 취지의 의사를 표시한 후 금융위원회가 정하여 고시하는 기간(1개월)이 지난 후에 다시 권유를 하는 행위

④ 권유를 받은 투자자가 이를 거부하는 취지의 의사를 표시한 후 금융위원회가 정하여 고시하는 기간(1개월)과 관계없이 다른 종류의 금융투자상품에 대하여 권유를 하는 행위

복원완성도 ★★★

53 위법계약해지권과 관련하여 빈칸을 옳게 연결한 것은?(순서대로)

> 금융소비자는 금융소비자보호법 시행령 제38조 제2항에 따라 금융상품의 계약체결일로부터 (   ) 이내이고 위법계약 사실을 안 날로부터 (   ) 이내인 경우에는 해당 위법 계약에 대한 해지를 요구할 수 있다. 이 경우 금융상품판매업자는 해지를 요구 받은 날로부터 (   ) 이내에 금융소비자에게 수락 여부를 통지하여야 한다.

① 3년, 6개월, 7일
② 3년, 1년, 10일
③ 5년, 6개월, 7일
④ 5년, 1년, 10일

복원완성도 ★★☆

54 금융투자회사 표준윤리준칙 제6조 '정보보호'에 대한 내용이다. 틀린 내용으로 연결한 것은?

> 가. 회사의 재무건전성이나 경영 등에 중대한 영향을 미칠 수 있는 정보 또는 고객의 신상정보나 거래내역 정보 등은 기록형태나 기록유무와 관계없이 비밀정보로 본다.
> 나. 임직원은 어떠한 경우라도 자신 또는 제3자를 위해 비밀정보를 이용해서는 아니 된다.
> 다. 특정한 정보가 비밀정보인지 불명확한 경우 그 정보를 이용하기 전에 준법감시인의 사전확인을 받아야 하며, 준법감시인의 사전확인을 받기 전까지 당해 정보는 표준내부 통제기준이 정하는 바에 따라 비밀정보로 분류·관리되어야 한다.
> 라. 비밀정보의 제공은 그 필요성이 인정되는 경우에 한하여 제공을 하며, 제공을 한 경우 지체 없이 보고를 해야 한다.

① 가, 나
② 다, 라
③ 가, 다
④ 나, 라

복원완성도 ★★☆

55 금융투자회사의 내부통제위원회에 대한 설명이다. 옳은 항목의 개수는?

> 가. 금융투자회사는 준법감시인을 위원장으로 하여 위험관리책임자 및 그 밖에 내부통제 관련업무 담당 임원을 위원으로 하는 내부통제위원회를 두어야 한다.
> 나. 내부통제위원회는 매 분기별 1회 이상 회의를 개최해야 한다.
> 다. 내부통제기준을 제정하고 운영하는 금융회사는 모두 내부통제위원회를 설치해야 한다.

① 0개 ② 1개
③ 2개 ④ 3개

3-2 자본시장법 및 금융위규정(11문항)

복원완성도 ★☆☆

56 다음 설명 중에서 내용이 틀린 항목의 개수는?

> 가. 순자본비율이 50% 이상 100% 미만이면 경영개선권고 조치가 발동된다.
> 나. 경영실태평가등급이 4등급 이하이면 경영개선명령조치가 발동된다.
> 다. 2년 연속 적자이면서 레버리지 비율이 1,100%를 초과할 경우 경영개선요구 조치가 발동된다.
> 라. 순자본비율이 0% 미만이면 긴급조치 발동사유가 된다.

① 0개 ② 1개
③ 2개 ④ 3개

복원완성도 ★★☆

57 금융투자회사의 위험관리체제 구축에 대한 설명이다. 가장 적절하지 않은 것은?

① 금융투자회사는 각종 거래에서 발생하는 제반위험을 적시에 인식・평가・감시・통제하는 등 위험관리를 위한 체제를 갖추고 위험을 효율적으로 관리하기 위하여 부서별, 거래별 또는 상품별 위험부담한도・거래한도 등을 적절히 설정하고 운영하여야 한다.
② 자회사가 있을 경우 주요 위험변동상황을 자회사와 연결하여 종합적으로 인식하고 감시해야 한다.
③ 금융투자회사는 위험을 관리하기 위해 순자본비율 및 자산부채비율 수준, 운용자산의 내용과 위험의 정도, 고위험자산의 기준과 운용한도 등 위험관리지침을 마련하고 이를 준수해야 한다.
④ 위험관리지침은 주주총회의 결의로서 제정하고 개정한다.

복원완성도 ★★☆

58 **투자자예탁금의 별도예치제도에 대한 설명이다. 틀린 항목으로 연결한 것은?**

> 가. '투자매매업자 또는 투자중개업자(예탁을 하는 예치 금융투자업자)'가 '증권금융회사 또는 신탁업자(예탁을 받는 예치기관)'에게 투자자예탁금을 예치 또는 신탁하는 경우에는, 그 투자자예탁금이 예치 금융투자업자의 고유재산임을 명시해야 한다.
> 나. 겸영금융투자업자는 증권금융회사에 예치하지 않고 신탁업자에게 신탁할 수 있는데, 겸영금융투자업자로서 은행과 보험회사 등이 자신이 신탁업자로서 투자자예탁금을 보관하는 것은 금지된다.
> 다. 예치 금융투자업자가 다른 회사에 흡수합병 되거나 금융투자업의 전부 또는 일부를 양도하는 경우에는, 예치기관에 예치한 투자자예탁금을 인출하여 투자자에게 우선 지급해야 한다.

① 가, 나
② 나, 다
③ 가, 다
④ 가, 나, 다

복원완성도 ★★☆

59 **〈보기〉 중에서 공모형 집합투자기구가 동일종목 증권에 투자할 때 집합투자기구 자산총액의 100분의 10을 초과하여 투자할 수 있는 항목의 개수는?**

〈보기〉

> 한국은행 통화안정증권, 특수채, 파생결합증권

① 0개
② 1개
③ 2개
④ 3개

복원완성도 ★★☆

60 **빈칸에 알맞은 것은?**

> 부동산집합투자기구에 대한 특례로서, 부동산집합투자기구는 부동산개발사업을 영위하는 법인에 대해 예외적으로 대여가 가능하며 그 대여한도는 집합투자기구 (   )이다.

① 자산총액의 100%
② 자산총액의 200%
③ 순자산총액의 100%
④ 순자산총액의 200%

복원완성도 ★★☆

61 **집합투자기구의 이익금 분배원칙에 대한 설명이다. 틀린 항목의 개수는?**

> 가. 집합투자업자는 집합투자재산 운용에 따라 발생한 이익금을 투자자에게 금전 또는 새로 발행하는 집합투자증권으로 분배하여야 한다.
> 나. 투자회사가 새로 발행하는 주식으로 이익금을 분배하고자 할 경우 이사회 결의를 거쳐야 한다.
> 다. 집합투자기구의 특성을 고려하여 이익금의 분배를 집합투자기구에 유보할 수 있다. 단, MMF(단기금융집합투자기구)의 경우 유보가 허용되지 않는다.
> 라. 집합투자기구의 안정성을 위해서 이익금을 초과하는 분배는 허용되지 않는다.

① 0개 ② 1개
③ 2개 ④ 3개

복원완성도 ★★☆

62 **집합투자업자가 산정한 기준가격의 적정성 여부를 판단하는 주체는?**

① 신탁업자
② 일반사무관리회사
③ 집합투자기구평가회사
④ 채권평가회사

복원완성도 ★☆☆

63 **다음 설명 중 가장 적절하지 않은 것은?**

① 투자매매업자 또는 투자중개업자는 금융투자상품의 매매가 체결된 경우 그 월간 매매내역, 월간 손익내역, 월말 현재 잔액현황 등에 대한 매매명세를 체결된 날의 다음 달 20일까지 투자자에게 통지하여야 한다.
② 집합투자업자는 자산운용보고서를 작성하여 신탁업자의 확인을 받아 2개월에 1회 이상 투자자에게 제공해야 한다.
③ 누구든지 증권신고서의 효력이 발생한 증권을 취득하고자 하는 일반투자자에게 투자설명서를 미리 교부하지 않으면 그 증권을 취득하게 하거나 매도할 수 없다.
④ 투자자가 서면, 전화, 전자우편 등의 방식으로 수령의 거부의사를 밝힐 경우는 매매명세의 통지나 자산운용보고서의 제공이나 투자설명서의 교부를 하지 않아도 된다.

복원완성도 ★☆☆

64 증권신고서와 관련된 내용 중 옳지 않은 것은?

① 증권신고서의 제출의무자는 대표주관회사이다.
② 증권신고서가 수리된 후 일정기간이 지나야 효력이 발생한다.
③ 모집은 50인 이상이 새로 발행한 증권의 취득의 청약을 권유하는 행위이다.
④ 매출은 50인 이상의 투자자에게 이미 발행한 증권의 매도의 청약을 하거나 매수의 청약을 권유하는 행위이다.

복원완성도 ★★☆

65 투자일임업자의 금지행위와 관련하여 빈칸에 들어갈 수 없는 것은?

투자일임업자는 자기 또는 관계인수인이 인수한 증권을 자신의 투자일임재산으로 매수하는 행위는 금지된다. 단, 투자자보호 및 건전한 거래질서를 해할 우려가 없는 경우로서, ( ), ( ), ( )는 예외가 인정된다.

① 인수일로부터 3개월이 지난 후 매수하는 경우
② 인수한 상장주권을 증권시장에서 매수하는 경우
③ 국채, 지방채, 통안채, 특수채를 매수하는 경우
④ 주식관련사채를 매수하는 경우

복원완성도 ★★☆

66 전매제한조치를 위해 예탁된 증권(보호예수된 증권)에 대해서, 예외적으로 인출이 허용되는 사유가 아닌 것은?

① 공개매수신청에 대해 응모를 하기위한 경우
② 전환권, 신주인수권 등 증권에 부여된 권리행사를 위한 경우
③ 회사의 합병, 분할, 분할합병 또는 주식의 포괄적 교환・이전에 따라 다른 증권으로 교환하기위한 경우
④ 액면 또는 권면의 분할 또는 합병에 따라 새로운 증권으로 교체하기 위한 경우

3-3 한국금융투자협회 규정(3문항)

복원완성도 ★★☆

67 금융투자회사의 영업 및 업무에 관한 규정상의 설명의무에 대한 설명이다. 가장 적절하지 않은 것은?

① ELS, ELW를 포함한 공모형 파생결합증권은 핵심설명서 교부대상이다.

② 금융투자회사는 일반투자자가 최초로 ELW나 ETN을 매매하고자 하는 경우에는 기존에 위탁매매거래 계좌가 있더라도 서명 등의 방법으로 매매의사를 별도로 확인해야 한다.

③ 금융투자회사는 일반투자자가 1배를 초과하는 레버리지 ETF, 레버리지 ETN을 매매하고자 하는 경우는 협회가 인정하는 교육을 사전에 이수하도록 해야 한다.

④ 선물, 옵션 등 장내파생상품을 매매하고자 하는 경우 적격 개인투자자 자격을 위해 1시간 이상의 파생상품 교육과정과 3시간 이상의 파생상품 모의거래 과정을 이수하도록 해야 한다.

복원완성도 ★★☆

68 집합투자기구의 운용실적을 포함한 광고에 대한 내용이다. 가장 적절하지 않은 것은?

① 기준일 현재 집합투자기구의 설정·설립일로부터 1년 이상 경과하고 순자산총액이 100억 원 이상의 집합투자기구에 한하여 투자광고에 운용실적을 표시할 수 있다.

② 투자광고에 운용실적을 표시할 경우, 기준일로부터 과거 1개월 이상 수익률을 사용하되 과거 6개월 및 1년 수익률을 함께 표시하고 3년 이상 경과된 펀드는 과거 1년 및 3년 그리고 설정·설립일로부터 기준일까지의 수익률을 함께 표시해야 한다.

③ 종류형 집합투자기구의 운용실적을 표시하는 경우 종류별 집합투자기구에 부과되는 보수나 수수료의 차이로 인해 운용실적이 달라질 수 있다는 사실을 표시해야 한다.

④ MMF의 운용실적에 대해서 타 회사의 MMF와 비교광고를 할 경우 과거 1개월 기준의 수익률을 표시해야 한다.

복원완성도 ★★★

69 다음 중 재산상이익의 가치를 선정하는 방식이 틀린 것은?

① 금전의 경우 해당 금액 전체

② 물품의 경우 구입비용 전체

③ 금융투자회사 임직원과 거래상대방이 공동으로 참석한 경우의 접대의 경우, 해당 접대에 소요된 비용 전체

④ 연수·기업설명회·기업탐방·세미나의 경우 거래상대방에게 직접적으로 제공되었거나 제공받은 비용 전체

3-4 주식투자운용/투자전략(6문항)

복원완성도 ★★☆

70 **효율적 시장가설에 대한 설명이다. 옳게 설명한 항목의 개수는?**

가. 약형 효율적 시장가설에 의하면 과거 주가의 움직임은 미래 주가의 움직임의 방향이나 그 크기에 대한 어떤 정보도 제공하지 않는다.
나. 준강형 효율적 시장가설에 의하면 일단의 정보가 공개되면 즉각적으로 주가에 반영되기 때문에 공개된 정보는 종목을 선정하는데 아무런 도움이 되지 않는다.
다. 강형 효율적 시장가설에 의하면 기업에 대해 알려졌거나 예측가능한 정보는 주가분석에 도움이 되지 않는다.
라. 만약 강한 형태의 효율적 시장가설이 어떤 형태의 패시브 운용도 시도할 필요가 없다.

① 1개 ② 2개
③ 3개 ④ 4개

복원완성도 ★☆☆

71 **전략적 자산배분에 대한 설명이다. 가장 적절하지 않은 것은?**

① '시장은 단기적으로는 비효율적이지만 장기적으로는 효율적이다'는 평균반전현상을 이용하는 전략이다.
② 장기적으로 자산집단 별 투자비중을 결정하고 중기적으로 각 자산집단이 변화할 수 있는 투자비율의 한계를 결정하는 의사결정을 말한다.
③ 전략 수립에 사용된 각종 변수들에 대한 가정이 근본적으로 변화하지 않는 이상, 처음 구성하였던 자산배분을 변경하지 않고 계속해서 유지해 나간다.
④ 자산배분의 변경으로 인한 운용성과의 변화에 대해서는 투자자가 책임을 진다.

복원완성도 ★★☆

72 **다음은 인덱스펀드의 구성하는 방법을 설명한 것이다. '표본추출법'에 해당하는 것은?**

① 벤치마크를 구성하는 모든 종목을 벤치마크의 구성비율대로 사서 보유한다.
② 벤치마크에 포함된 대형주는 모두 포함하되 중소형주들은 펀드의 성격이 벤치마크와 유사하게 되도록 일부의 종목만을 포함한다.
③ 포트폴리오모형을 이용하여 주어진 벤치마크에 대비한 잔차위험이 허용수준 이하인 포트폴리오를 만든다.
④ 인덱스펀드를 구성하는 방법 중에서 가장 단순하고 직접적인 방법이다.

복원완성도 ★★☆

73 성장투자스타일(growth investment style)에 대한 설명이다. 가장 적절하지 않은 것은?

① 역행투자(contrarian) 방식이다.

② 기업의 주당순이익이 미래에 증가하고 PER이 낮아지지 않는다면 주가는 최소한 주당순이익(EPS) 만큼 상승할 것으로 가정한다.

③ 성장모멘텀 투자의 위험은 예측했던 EPS증가율이 예상대로 실현되지 않는 것이다.

④ 성장스타일은 장기적인 성장성 외에도 단기적인 이익탄력성에도 투자하기도 한다.

복원완성도 ★★☆

74 준액티브(Semi-Active) 운용에 대한 설명이다. 가장 적절하지 않은 것은?

① 인덱스펀드의 장점을 살리면서도 초과수익을 추구함으로써 안정적으로 인덱스보다 나은 성과를 달성하려는 목적을 가지고 있다.

② 인덱스대비 초과수익을 지향하므로 추적오차가 액티브 운용보다 높은 경향을 띤다.

③ 준액티브 운용은 월등하게 좋은 성과를 내는 종목이나 사건을 발견하기 보다는 조그만 성과를 낼 수 있는 종목이나 사건을 많이 발견하는 데에 초점을 맞춘다.

④ 과거자료를 이용한 계량적인 시뮬레이션을 통해 마련된 최적의 운용전략에 따라 운용하는 방식도 준액티브 운용으로 분류된다.

복원완성도 ★☆☆

75 주식포트폴리오 모형에 대한 설명이다. 옳은 항목의 개수는?

가. 주식포트폴리오 모형은 주식리스크 모형이라고도 하는데 액티브 운용에서만 사용한다. 나. 가장 대표적인 리스크 모델은 다중요인 모형인데, 다중요인 모형은 주식의 리스크를 베타, 규모, 성장성, 산업, 해외시장노출도 등의 여러 가지 비체계적 요인으로 구분하여 리스크의 특성을 분석한다. 다. 2차함수 최적화 모형은 기대수익률과 기대위험을 정확하게 추정함으로써 기대수익률과 위험의 최적균형점을 찾을 수 있으므로 선형계획모형의 대안으로 활용된다.

① 0개　　② 1개

③ 2개　　④ 3개

3-5 채권투자운용/투자전략(6문항)

복원완성도 ★★☆

76 채권의 분류 체계상 나머지 셋과 다른 종류의 채권은?

① 회사채
② 이표채
③ 지방채
④ 특수채

복원완성도 ★★☆

77 〈보기〉에 대한 설명으로 가장 적절하지 않은 것은?

〈보기〉

채권액면 10,000원, 채권액면에 대한 전환주수는 2주이다(전환비율 100%). 그리고 동 전환사채의 시장가격은 13,000원, 전환대상 주식의 시장가격은 6,000원이다.

① 패리티 비율은 120%이다.
② 전환가치는 6,000원이다.
③ 전환프리미엄은 +1,000원이다.
④ 동 전환사채의 전환권을 행사하게 될 경우 발행사의 재무상태표 상으로 부채가 감소하고 동시에 자본이 증가한다.

복원완성도 ★★☆

78 액면가 10,000원, 표면이율 6%, 3년 만기 연단위 후급 이표채, 시장가격 9,500원, 만기수익률 5%, 동 채권의 경상수익률은?(근사치)

① 6%
② 6.32%
③ 18%
④ 18.94%

복원완성도 ★★☆

79 〈보기〉는 맥컬레이 듀레이션에 대한 설명이다. 옳은 것으로 연결한 것은?

〈보기〉

가. 복리채나 할인채의 듀레이션은 잔존만기보다 짧다.
나. 이표채의 경우 잔존만기가 곧 듀레이션이다.
다. 이표채의 듀레이션은 표면금리가 낮을수록 커진다.
라. 만기수익률이 10%인 영구채의 듀레이션은 11년이다.

① 가, 나
② 다, 라
③ 가, 다
④ 나, 라

복원완성도 ★★☆

80 듀레이션과 관련하여 빈칸을 옳게 연결한 것은?(순서대로)

수정듀레이션이 2.72이다. 만기수익률이 5%에서 4%로 하락할 경우 힉스듀레이션으로 측정한 채권가격의 변동률은 (   )이며, 그리고 이 경우 힉스듀레이션으로 측정한 채권가격의 변동폭은 실제 채권가격의 변동폭을 (   )하게 된다.

① +2.72%, 과소평가
② −2.72%, 과대평가
③ +2.85%, 과소평가
④ −2.85%, 과대평가

복원완성도 ★★☆

81 현 시점에서 2년 만기 현물이자율(S_2)이 4%, 향후 1년 후의 1년 만기 내재선도이자율($_1f_1$)이 3%일 경우, 현 시점에서 1년 만기 현물이자율(S_1)에 가장 가까운 값은 얼마인가?(불편기대이론에 따름)

① 3.0%
② 3.5%
③ 4.0%
④ 5.0%

3-6 파생상품투자운용/투자전략(6문항)

복원완성도 ★★☆

82 장외파생상품에 대한 설명이다. 틀린 항목으로 연결한 것은?

> 가. 옵션은 장내파생상품으로만, 스왑은 장외파생상품으로만 존재한다.
> 나. 장외파생상품의 거래는 경쟁매매방식을 통해 이루어진다.
> 다. 장외파생상품은 맞춤형 거래가 가능하며, 거래상대방끼리만 동의하면 어떠한 조건도 삽입이 가능하다.
> 라. 장외파생상품 거래는 시장조성자(웨어하우스 : warehouse)와 고객 간의 일대일 계약형태로 나타나는 것이 대부분이다.

① 가, 나
② 다, 라
③ 가, 다
④ 나, 라

복원완성도 ★★☆

83 선물거래의 일일정산과 관련하여 빈칸에 알맞은 것은?

> 선물포지션 구축 시 개시증거금은 120억 원, 유지증거금은 80억 원이다. 그리고 일일정산 후의 증거금이 90억 원이라면, 추가로 납부해야 하는 증거금은 (　　)이 된다.

① 0원
② 10억 원
③ 30억 원
④ 40억 원

복원완성도 ★☆☆

84 옵션을 이용한 합성전략에 대한 설명이다. 틀린 항목의 개수는?

> 가. 콜불스프레드 전략은 행사가격이 높은 콜옵션을 사고 행사가격이 낮은 콜옵션을 매도하는 전략이다.
> 나. 풋불스프레드 전략은 기초자산가격이 하락할 때 수익이 나는 전략이다.
> 다. 스트래들 매수전략은 행사가격이 동일한 콜옵션과 풋옵션을 동시에 매수하는 전략이다.
> 라. 스트랭글 매도전략은 큰 행사가격의 콜옵션과 작은 행사가격의 풋옵션을 동시에 매도하는 전략이다.

① 0개
② 1개
③ 2개
④ 3개

복원완성도 ★★☆

85 풋콜패리티(Put Call Parity)의 조건에 따를 때, 채권매수와 동일한 포지션은?

① 콜옵션매수 + 풋옵션매수 + 기초자산매수
② 콜옵션매도 + 풋옵션매수 + 기초자산매수
③ 콜옵션매도 + 풋옵션매수 + 주식대차거래
④ 콜옵션매수 + 풋옵션매도 + 주식대차거래

복원완성도 ★★☆

86 다음 중 '기초자산 매수'와 동일한 효과를 내는 옵션포지션은 무엇인가?

① 콜옵션매수 + 풋옵션매수
② 콜옵션매수 + 풋옵션매도
③ 콜옵션매도 + 풋옵션매도
④ 콜옵션매도 + 풋옵션매수

복원완성도 ★★☆

87 〈보기〉에서 콜옵션매수 포지션과 풋옵션매수 포지션의 민감도 부호가 모두 양(+)의 값인 항목의 개수는?

〈보기〉

델타, 감마, 베가, 쎄타, 로우

① 0개
② 1개
③ 2개
④ 3개

3-7 투자운용결과분석(4문항)

복원완성도 ★★☆

88 **펀드평가 7단계 프로세스의 1단계인 펀드회계처리에 대한 내용이다. 가장 적절하지 않은 것은?**

① 공정가치(fair value)로 평가한다.

② 신뢰할 만한 시가가 없는 경우에는 운용회사의 자체기준에 따라 평가한 가액을 공정가액으로 하여 평가한다.

③ 손익에 영향을 끼치는 거래가 발생하면 현금의 수입이나 지출과 관계없이 그 발생시점에서 손익을 인식한다.

④ 거래의 체결이 확인되면 미수증권이나 미지급금과 같이 실제로 현금흐름에 따라 결제가 일어나지 않았더라도 회계상에 반영한다.

복원완성도 ★★☆

89 **펀드평가 7단계 프로세스의 2단계인 투자수익률의 계산과 관련하여, 다음 중 금액가중수익률에 해당하는 내용을 모두 연결한 것은?**

가. 최초 및 최종의 자산규모, 자금의 유출입 시기에 의해 영향을 받는다. 나. 운용기간 도중 각 시점 별로 펀드성과와 시장수익률을 비교하기가 어렵다. 다. 펀드매니저의 능력을 평가하는 지표로 적합하다.

① 가, 나　　② 나, 다
③ 가, 다　　④ 가, 나, 다

복원완성도 ★★☆

90 펀드A와 B의 2023년과 2024년 수익률이 보기와 같다. 이 경우 전체기간에 대한 연환산기준의 통합계정수익률과 누적기준의 통합계정수익률은 각각 얼마인가?('연환산기준, 누적기준'의 순서, 근사치로 구함)

구 분	A펀드		B펀드	
	기 초	기 말	기 초	기 말
2023년	900	1,100	1,100	1,300
2024년	1,100	1,600	1,300	2,000

① 20%, 50%
② 25%, 50%
③ 34%, 50%
④ 34%, 80%

복원완성도 ★★☆

91 아래 표에 대한 설명으로 가장 적절하지 않은 것은?(벤치마크수익률은 8%, 무위험수익률은 2%로 가정)

구 분	A포트폴리오	B포트폴리오
포트폴리오수익률	12.5%	17%
표준편차	10%	12%
베타	0.6	1.5
잔차위험	5%	10%

① 샤프비율은 B포트폴리오가 A포트폴리오 보다 높다.
② 트레이너비율은 A포트폴리오가 B포트폴리오 보다 높다.
③ 젠센의 알파는 A포트폴리오가 B포트폴리오 보다 크다.
④ 정보비율은 B포트폴리오가 A포트폴리오 보다 높다.

3-8 거시경제(4문항)

복원완성도 ★★☆

92 IS/LM모형에 대한 설명 중 틀린 것은?

① 정부지출(G)이 증가하면 실질국민소득(Y)이 증가하고 이자율(R)이 상승한다.
② 조세(T)가 감소하면 실질국민소득(Y)이 증가하고 이자율(R)이 상승한다.
③ 화폐공급(M)이 증가하면 실질국민소득(Y)이 증가하고 이자율(R)이 상승한다.
④ 물가(P)가 하락하면 실질국민소득(Y)이 증가하고 이자율(R)이 하락한다.

복원완성도 ★★☆

93 국민소득 지표와 관련한 설명이다. 틀린 항목으로 연결한 것은?

가. 국내생산자가 생산한 부가가치의 합계를 국내총생산(GDP)이라 한다.
나. 국민총소득(GNI)은 한나라의 국민이 생산활동에 참여한 대가로 받은 소득의 합계로서, 국내총생산 중에서 외국인에게 지급한 소득은 포함하고 해외로부터 거주자가 받은 소득은 제외한다.
다. '실질GNI = 실질GDP + 실질 국외순수취요소소득'이다.

① 가, 나　　② 나, 다
③ 가, 다　　④ 가, 나, 다

복원완성도 ★☆☆

94 〈보기〉는 경기종합지수(CI ; Composite Index)를 구성하는 지표를 나열한 것이다. 이 중에서 경기선행지표에 해당하는 항목의 개수는?

〈보기〉

재고순환지표, 건설기성액, 코스피지수, 장단기금리차, 내수출하지수, 취업자수

① 1개　　② 2개
③ 3개　　④ 4개

복원완성도 ★★☆

95 거시경제지표와 관련한 설명이다. 가장 적합한 것은?

① 기업경기실사지수(BSI)가 80%이면 경기가 확장국면에 있음을 말한다.
② 경기종합지수는 경기변동의 진폭과 속도를 측정할 수 있다.
③ 통화유통속도는 명목GDP를 실질GDP로 나누어서 구한다.
④ 실업률은 실업자수를 생산활동가능인구로 나누어 구한다.

3-9 분산투자기법(5문항)

복원완성도 ★★☆

96 주식 X를 60%, 주식 Y를 40%를 편입한 포트폴리오의 기대수익률은?(주식 X와 Y의 경기국면별 기대수익률은 표와 같음)

구 분		X주식	Y주식
호 황	확률 30%	10%	15%
정 상	확률 40%	4%	5%
불 황	확률 30%	−5%	−10%

① 3.10% ② 3.26%
③ 3.30% ④ 3.50%

복원완성도 ★★★

97 빈칸에 알맞은 것은?

( )은/는 위험이 동일한 투자대상들에서는 기대수익이 가장 높은 것을 선택하고, 기대수익이 동일한 투자대상들에서는 위험이 가장 낮은 투자대상을 선택하는 방법을 말한다.

① 패리티
② 분산투자
③ 지배원리
④ 토빈의 분리정리

복원완성도 ★★☆

98 자산X의 표준편차는 0.2, 자산Y의 표준편차는 0.3, 두 자산 간의 상관계수는 −0.5일 경우, 최소분산포트폴리오가 되는 자산X의 비중은 얼마인가?(근사치로 함)

① 15%
② 37%
③ 63%
④ 85%

복원완성도 ★★☆

99 주식J의 정보가 보기와 같다. 증권시장선(SML)상의 주식J의 요구수익률은 얼마인가?

무위험수익률 2%, 시장기대수익률 6%, 시장기대수익률의 표준편차 40%, 주식J와 시장기대수익률 간의 공분산 20%

① 4%
② 5%
③ 6%
④ 7%

복원완성도 ★★☆

100 포트폴리오 투자전략에 대한 설명이다. 틀린 항목으로 연결한 것은?

가. 소극적인 투자전략은 시장평균 정도의 위험을 감수하는 전략이다.
나. 적극적인 투자전략은 정보비용과 거래비용이 많이 발생한다.
다. 주식시장과 채권시장 동향에 대한 예측을 근거로 주식시장펀드 혹은 무위험자산펀드에 대한 투자비율을 유리하게 하는 적절한 투자시점을 포착하고자 하는 전략은 포뮬러플랜이다.
라. 포트폴리오 구성 종목의 상대가격 변동에 따른 투자비율의 변화를 원래대로의 비율로 환원시키는 투자기법은 업그레이딩이다.

① 가, 나
② 다, 라
③ 가, 다
④ 나, 라

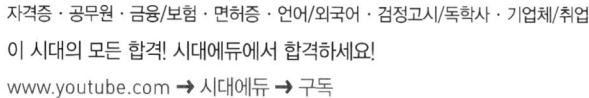

투자자산운용사 출제동형 PLUS

최신 9회분

41회차 시험 출제동형

※ **총 평**

'개수 고르기' 문제의 비중이 39회 이후로 계속 증가하고 있어 체감 난이도가 확연하게 올라간 가운데, 신유형 문항 수(7문항)도 적지 않았으므로 41회 시험은 36회 이후로 가장 어려웠던 시험으로 평가됩니다.

▶ 신유형 문항수 : 37회-5문항, 38회-2문항, 39회-8문항, 40회-3문항, 41회-7문항

▶ 합격률 예상 : 40회는 30% 후반, 41회는 30% 초반으로 예상

※ **시험 전략 : 출제동형 100문항의 '기출 주제를 확실하게 이해하는 것'이 최선의 전략!**

'출제동형 100문항'은 매 시험 시험문제가 어떻게 나왔든 간에 수년에 걸쳐 일정한 적중률(85%~98%)을 시현해 온, 검증받은 교재입니다. 따라서 시험이 아무리 어렵게 나온다 하더라도 '기출 풀을 확실히 이해하는 전략'이 가장 확실한 시험전략이라고 할 수 있습니다.

'확실히 이해한다'함은 해당 문항의 기출 주제를 확실히 이해하는 것을 말합니다. '개수 고르기' 문항 비중이 증가하는 최근의 출제경향을 감안할 때, 기출 주제 전체를 확실히 이해하는 것은 더욱 중요한 과제가 되었습니다. '출제동형 100문항'의 해설은 '오랜 기간의 강의 경력과 집필 경력'이 녹아 있는 것입니다. '좋은 해설'은 기출 주제 마스터에 큰 힘이 됩니다. 해설로 이해하고 회독 수를 늘려간다면 실력이 '부쩍' 늘어나는 것을 체감할 수 있습니다.

아무튼 시험 준비에 수고가 많습니다. '출제동형 100문항'에 대한 믿음이 클수록 성과도 커질 것입니다. 수험생 여러분의 합격을 열렬히 응원합니다!

41회차 (2025. 04. 20 시험)

문항 수 : 100문항
시험시간 : 120분

※ 시험난이도 상향에 대비하는 차원에서, 동일문항 기출이 반복될 경우 '변형복원'을 적극 반영하고 있습니다. 따라서 '변형된 기출' 문항을 학습 시에는 해설의 학습안내를 참고하여 '변형 전 기출'도 꼭 확인하시길 바랍니다.

1-1 세제관련 법규/세무전략(7문항)

복원완성도 ★☆☆

01 다음 중 간접세에 해당하지 않는 것은?

① 종합부동산세
② 부가가치세
③ 증권거래세
④ 개별소비세

복원완성도 ★★☆

02 국세기본법상 소멸시효 등에 대한 내용이다. 가장 적절하지 않은 것은?

① 국가가 납세의무자에게 국세를 부과할 수 있는 법정기간을 제척기간이라 하며, 제척기간이 만료될 경우 납세의무도 소멸된다.
② 국세징수권은 국가가 권리를 행사할 수 있는 때부터 일정기간 동안 행사하지 않으면 소멸시효가 완성되고 납세의무도 소멸된다.
③ 5억 원 이상의 국세채권의 소멸시효는 10년이다.
④ 납부고지나 독촉이 있는 경우에도 이미 경과한 시효기간의 효력은 중단되지 않는다.

복원완성도 ★★☆

03 조세불복제도와 관련하여 빈칸을 옳게 연결한 것은?(순서대로)

• 심판청구 제도는 (　　　　　)에 위법 또는 부당한 조세 처분에 대한 시정을 요구하는 제도이다.
• 심판청구는 처분청의 처분을 안 날로부터 (　　　　　) 이내에 제기해야 한다.

① 국세청장, 30일
② 국세청장, 90일
③ 조세심판원장, 30일
④ 조세심판원장, 90일

복원완성도 ★★☆

04 다음은 배당소득 중 의제배당소득의 수입시기를 나열한 것이다. 틀린 것은?

① 감자의 경우 : 감자결의일
② 해산의 경우 : 잔여재산가액 확정일
③ 분할합병의 경우 : 분할합병 후 주식을 지급받는 날
④ 잉여금의 자본전입 : 자본전입결의일

복원완성도 ★★☆

05 〈보기〉에서 양도소득세의 과세대상(거주자 기준)이 되는 항목의 개수는?

〈보기〉

가. 한국토지주택공사가 발행하는 토지상환채권에 대한 매매차익
나. 소액주주가 장외에서 거래하는 상장주식의 매매차익
다. 세법상 대주주가 장내에서 거래하는 상장주식의 매매차익

① 0개　　② 1개
③ 2개　　④ 3개

복원완성도 ★★☆

06 **거주자인 납세의무자 A, B, C, D의 연간 소득이 〈보기〉와 같다(A, B, C, D 모두 〈보기〉의 소득 이외의 소득은 없다고 가정함). 이 경우 당해연도 소득에 대해 종합소득세 신고·납부를 해야 하는 대상자는 몇 명인가?**

〈보기〉

A. 근로소득이 1억 원이고 배당소득이 1천만 원인 자
B. 법원에 납부한 경매보증금 및 경락대금에서 발생한 이자소득이 2,500만 원인 자
C. 비실명거래로 인한 이자소득 및 배당소득이 3천만 원인 자
D. 부동산에 직접투자하여 발생한 양도소득이 5천만 원인 자

① 0명
② 1명
③ 2명
④ 3명

복원완성도 ★★☆

07 **소득세법상 비거주자에 대한 과세방법이다. 가장 적절하지 않은 것은?**

① 비거주자는 거주자가 아닌 개인을 말하며, 거주자는 국내에 주소를 두거나 183일 이상의 거소를 둔 개인을 말한다.
② 비거주자와 외국법인에 대해서는 세법에서 정하고 있는 국내원천소득에 대해서만 과세한다.
③ 국내사업장이 없는 비거주자나 외국법인에게 이자소득 등의 국내원천소득을 지급하는 경우, 당해 비거주자의 국가와 체결한 조세조약상의 제한세율과 법정원천징수세율 중 높은 세율을 적용하여 원천징수한다.
④ 비거주자 등의 국내원천소득 중 유가증권 양도소득에 대해서는 유가증권의 종류와 거래 주체에 따라 과세유형을 달리하고 있는데, 국내사업장이 없는 비거주자가 장내파생상품을 거래하여 얻은 소득과 위험회피목적상으로 장외파생상품을 거래하여 얻은 소득은 국내원천소득으로 보지 않는다.

1-2 금융상품(8문항)

복원완성도 ★★☆

08 **다음 중 RP에 대한 설명이다. 가장 적절하지 않은 것은?**

① 금융기관이 보유하고 있는 채권을 일정기간 경과 후 사전에 정한 일정가격으로 다시 매수할 것을 조건으로 고객에게 매도하는 것을 환매조건부채권 매도라고 한다.

② 국공채를 대상으로 하므로 안전성이 높고 따라서 예금자보호가 되는 상품이다.

③ 만기가 지난 후에는 별도의 이자를 가산해 주지 않는 것이 일반적이다.

④ 주로 통장거래로 이루어지며 30일 이내 중도환매 시에는 당초 약정금리보다 훨씬 낮은 금리가 적용된다.

복원완성도 ★★☆

09 **신탁의 분류에 대한 설명이다. 옳은 내용으로 연결한 것은?**

> 가. 운용자 지정여부에 따라 특정금전신탁과 불특정금전신탁으로 구분된다.
> 나. 운용방법에 따라 합동운용신탁과 단독운용신탁으로 구분된다.
> 다. 원본 또는 이익보전 여부에 따라 약정배당신탁과 실적배당신탁으로 구분된다.

① 가, 나

② 나, 다

③ 가, 다

④ 가, 나, 다

복원완성도 ★☆☆

10 **주가연계증권(ELS)에 대한 설명이다. 옳은 항목의 개수는?**

> 가. 자본시장법상 파생상품으로 분류된다.
> 나. 공모와 사모 모두 발행이 가능하다.
> 다. 순자본비율 100% 이상의 금융투자회사가 발행할 수 있다.
> 라. 원금보장 ELS의 경우 예금자보호 대상이다.

① 0개　　② 1개

③ 2개　　④ 3개

복원완성도 ★★☆

11 **주식워런트증권(ELW)에 대한 설명이다. 가장 적절하지 않은 것은?**

① 증권 및 장외파생상품을 대상으로 하는 투자매매업자(영업용순자본비율 300% 이상)만이 ELW를 발행할 수 있다.

② 상장요건으로서 주가지수ELW 상품의 기초자산은 국내지수인 KOSPI200지수와 KOSDAQ150지수만 가능하다.

③ 높은 가격변동성을 고려하여 가격제한폭을 두지 않는다.

④ 매매수량단위는 10증권이며 지정가호가만 가능하다.

복원완성도 ★★☆

12 **다음의 보험의 종류 중 손해보험에 해당하는 것은?**

① 정기보험
② 생존보험
③ 변액보험
④ 자동차보험

복원완성도 ★★☆

13 **집합투자기구의 법정형태 중에서 지분증권을 발행할 수 없는 것은?**

① 투자신탁
② 투자회사
③ 투자합자회사
④ 투자익명조합

복원완성도 ★★☆

14 **자산유동화증권(ABS ; Asset Backed Security)에 대한 설명이다. 가장 거리가 먼 것은?**

① 자산보유자는 보유하고 있는 유동화 대상 자산을 유동화전문회사에게 양도하고, 해당 유동화전문회사는 양도받은 자산의 현금흐름을 바탕으로 자산유동화증권을 발행한다.

② 자산유동화증권은 투자자의 선호에 부합하여 증권을 설계하기 때문에 일반적으로 다계층증권(tranche)이 발행한다.

③ 자산유동화증권은 다양한 구조와 신용보강 등을 통해 일반적으로 자산보유자보다 높은 신용도를 가진 증권으로 발행한다.

④ 자산유동화 과정에서의 모든 위험을 투자자에게 전가함으로써 자산보유자 입장에서 부외효과가 발생하는 것은 '페이스루방식(원리금이체 채권)'이다.

복원완성도 ★★☆

15 퇴직연금제도에 대한 설명이다. 가장 적합한 것은?

① 확정급여형(DB)와 확정기여형(DC) 모두 사용자의 부담금이 사전에 고정된다.
② 확정급여형(DB)와 확정기여형(DC) 모두 미래 퇴직급여의 계산을 위한 연금계리가 필요하다.
③ 확정급여형(DB)와 확정기여형(DC) 모두 개인형 퇴직연금계좌(IRP)에 추가로 납입할 수 있다.
④ 확정급여형(DB)와 확정기여형(DC) 모두 사용자가 운용책임을 진다.

1-3 부동산관련 상품(5문항)

복원완성도 ★★☆

16 다음의 민법상 물권 중에서 제한물권이 아닌 것은?

① 점유권
② 유치권
③ 질 권
④ 저당권

복원완성도 ★☆☆

17 빈칸을 옳게 연결한 것은?(순서대로)

• (　　　　)은 대지면적에 대한 건축면적(대지에 2 이상의 건축물이 있는 경우에는 이들 건축면적의 합계)의 비율을 말한다.
• 용도지역의 행위제한으로써 상업지역의 용적률은 (　　　　) 이하가 적용된다.

① 건폐율, 500%
② 건폐율, 1,500%
③ 용적률, 500%
④ 용적률, 1,500%

복원완성도 ★☆☆

18 〈보기〉의 개발행위 중 특별시장 · 광역시장 · 시장 또는 군수의 허가를 받지 않아도 되는 것을 연결한 것은?

〈보기〉

가. 경작을 위한 토지의 형질변경
나. 사도개설을 위한 토지분할
다. 녹지지역 · 관리지역 · 자연환경보전지역에서 물건을 1개월 이상 쌓아두는 적치

① 가, 나
② 나, 다
③ 가, 다
④ 가, 나, 다

복원완성도 ★★☆

19 PF(Project Financing)의 물적담보 확보수단으로서 저당권제도에 대한 설명이다. 가장 적절하지 않은 것은?

① 담보물을 신탁회사가 아닌 채권기관이 직접 관리한다.
② 등록세 및 교육세, 채권매입비 등의 비용이 발생하는데 부동산신탁보다는 비용부담이 크다.
③ 채권회수가 요구될 경우 채권기관이 직접 시장에서 공매를 함으로서 채권실행을 한다.
④ 후순위권리의 설정을 배제할 수 없다.

복원완성도 ★★☆

20 투자 부동산의 매년 순수익이 100억 원이고 자본환원율이 8%이다. 이 경우 수익환원법에 따른 해당 부동산의 수익가격은 얼마인가?

① 500억 원
② 800억 원
③ 1,000억 원
④ 1,250억 원

2-1 대안투자운용/투자전략(5문항)

복원완성도 ★★☆

21 〈보기〉에서 대안투자상품에 해당하지 않는 상품의 개수는?

〈보기〉

부동산펀드, 인프라스트럭처펀드, Commodity펀드, PEF, MMF, 해외주식형펀드

① 0개 ② 1개
③ 2개 ④ 3개

복원완성도 ★☆☆

22 부동산금융 중 수익형 부동산금융에 대한 설명이다. 틀린 항목의 개수는?

가. 증권발행으로 자금을 조달하는 것이 아니라 프로젝트에 직접 투자를 받아 자금을 조달하는 것을 PF(프로젝트금융)라 한다.
나. 자산유동화증권(ABS)의 발행을 통해, 자산보유자의 입장에서는 보유하고 있는 유동성이 낮은 자산을 유동화시킴으로써 유동성위험을 회피할 수 있다.
다. 주택저당증권(MBS)은 ABS의 일종으로서, 주택자금대출으로부터 발생하는 채권과 당해 채권의 변제를 위해 담보로 확보하는 저당권과 기업매출채권 등을 기초자산으로 하여 새롭게 발행하는 증권을 말한다.
라. 부동산투자회사(REITs)는 거액의 자금으로 부동산에 투자하는데 적합하다.

① 0개 ② 1개
③ 2개 ④ 3개

복원완성도 ★☆☆

23 헤지펀드 운용전략에 대한 설명이다. 틀린 항목의 개수는?

가. 'Yield curve flattener, Yield curve steepener, Yield curve butterfly'와 같은 채권차익거래전략은 방향성 전략에 속한다.
나. 전환증권차익거래전략은 볼록성이 크고 기초자산의 변동성이 작은 전환사채를 선호한다.
다. 글로벌 매크로 전략은 투자결정 시 바텀업(bottom-up) 분석을 사용한다.
라. 캐리 트레이드 전략은 낮은 금리로 자본을 조달하여 높은 금리에 투자하는 전략이다.

① 0개 ② 1개
③ 2개 ④ 3개

복원완성도 ★★☆

24 〈보기〉에 가장 적합한 CDO의 분류는?

〈보기〉

- 기초자산을 보유한 자산보유자의 신용위험 이전을 목적으로 발행하는 CDO이다.
- CDO를 통한 위험전가의 결과로 자산보유자는 재무비율의 개선 및 감독규정상의 최저 요구자본 요건 충족 및 대출여력 확충 등과 같은 효과를 얻을 수 있다.

① Balance Sheet CDO ② Arbitrage CDO
③ Static CDO ④ Dynamic CDO

복원완성도 ★☆☆

25 빈칸에 알맞은 것은?

(　　　　　)는 CDO의 특수한 형태로서 보장매입자가 준거자산을 양도하는 것이 아니라 신용파생상품을 이용하여 자산에 내재된 신용위험을 SPC에게 이전하는 유동화방식이다.

① Balance Sheet CDO ② Arbitrage CDO
③ Cash Flow CDO ④ Synthetic CDO

2-2 해외증권투자운용/투자전략(5문항)

복원완성도 ★★☆

26 국제 분산투자효과에 대한 설명이다. 틀린 항목의 개수는?

> 가. 시장과의 상관관계가 높은 개별증권의 비중이 클수록 전체 시장의 위험 중 체계적 위험의 비중이 커진다.
> 나. 국내적으로 분산불가능 위험인 체계적 위험도 국제 분산투자를 할 경우 위험의 추가적인 분산효과를 얻는 것이 가능하다.
> 다. 국제 분산투자를 하더라도 개별기업 특유의 요인에 의한 위험은 제거할 수 없다.
> 라. 글로벌 동조화가 강화될수록 국제 분산투자효과는 작아진다.

① 0개 ② 1개
③ 2개 ④ 3개

복원완성도 ★★☆

27 MSCI지수에 대한 설명이다. 틀린 항목의 개수는?

> 가. 글로벌 펀드의 투자기준이 되는 대표적인 지표로서 최초의 국제 벤치마크, 특히 미국계 펀드의 운용에 주요 기준으로 사용된다.
> 나. 유동주식방식(free floating)으로 지수를 산출한다.
> 다. 우리나라는 2025년 현재 MSCI World Index에 편입되어 있다.
> 라. MSCI EM지수는 각국의 주가등락과 환율변동에 따라 각 국가별 편입비중이 매일 변경된다.

① 0개 ② 1개
③ 2개 ④ 3개

복원완성도 ★★☆

28 환위험 및 환위험 헤징전략에 대한 설명이다. 옳은 것은?

① 한국투자자가 해외주식에 투자하였을 때, 투자대상국의 통화가치가 하락하면 원화로 환산한 투자수익률도 낮아진다.

② 여러 통화에 분산투자함으로써 환위험을 줄일 수 있는데, 이 경우 헤지효과는 통화 간의 상관관계가 높을수록 커진다.

③ 환위험 헤징전략으로서 내재적 헤지 방식을 사용할 경우 헤지비용이 많이 드는 편이다.

④ 달러화와 양의 상관관계를 가지는 해외주식에 투자하는 미국투자자라면 별도의 헤지를 하지 않아도 환위험 헤지효과를 얻을 수 있는데 이를 롤링헤지라 한다.

복원완성도 ★☆☆

29 국제 주식시장의 규모와 대한 설명이다. 빈칸을 옳게 연결한 것은?

단기매매차익을 노리는 투자자보다는 장기적 투자수익을 노리거나 안정적 경영권 확보를 위한 기관투자자나 대주주의 비중이 크다면, 시장의 회전율은 상대적으로 (   )질 것이며 이 경우 (   ) 기준 상의 시장규모 순위가 하락할 것이다.

① 높아, 시가총액

② 높아, 거래량

③ 낮아, 시가총액

④ 낮아, 거래량

복원완성도 ★★☆

30 국제 채권(International Bonds)과 관련하여 빈칸을 옳게 채운 것은?(순서대로)

양키본드는 비거주자가 미국에서 달러(USD) 표시로 발행하는 (   )이고 사무라이본드는 비거주자가 일본에서 엔화 표시로 발행하는 (   )이다.

① 외국채, 외국채

② 외국채, 유로채

③ 유로채, 유로채

④ 유로채, 외국채

2-3 투자분석기법(12문항)

복원완성도 ★★☆

31 수익률의 분포가 <보기>와 같을 때, 다음 중 그 값이 가장 적은 통계 지표는 무엇인가?

〈보기〉

−12%, −9%, −6%, −2%, 3%, 5%, 5%, 10%, 15%

① 산술평균
② 범 위
③ 중앙값
④ 최빈값

복원완성도 ★★☆

32 다음의 재무비율 중에서, 재무상태표와 손익계산서를 같이 활용해서 산출하는 재무비율에 속하는 것은?

① 총자산회전율
② 부채-자기자본비율
③ 이자보상비율
④ 매출액영업이익률

복원완성도 ★☆☆

33 〈보기〉에서 재무활동현금흐름이 증가하는 항목의 개수는?

〈보기〉

차입금의 차입, 자기주식의 취득, 대여금의 회수, 유가증권의 처분

① 0개 ② 1개
③ 2개 ④ 3개

복원완성도 ★★☆

34 다음 중 잉여현금흐름(FCF ; Free Cash Flow)을 증가시키는 것은?

① 시설자금의 증가
② 매출채권의 증가
③ 재고자산의 증가
④ 미지급금의 증가

복원완성도 ★★☆

35 투자자의 요구수익률이 10%, 자기자본이익률(ROE)이 10%일 때, 고든의 PER모형에 의한 PER는 얼마인가?

① 5배
② 10배
③ 15배
④ 20배

복원완성도 ★★☆

36 EV/EBITDA비율과 관련하여 빈칸에 알맞은 것은?

> 상장기업인 A기업의 EBITDA는 50억 원, 유사기업의 EV/EBITDA 비율은 20배, 채권자가치는 600억 원, 발행주식수는 400만주이다. 이 경우 A기업의 주당 가치는 (　　　　　)이다.

① 1만 원
② 2만 원
③ 3만 원
④ 4만 원

복원완성도 ★★☆

37 〈보기〉의 조건에 따를 때, 해당 기업의 EVA를 가장 적은 값으로 만드는 타인자본비중과 자기자본바중의 조합은 무엇인가?(단위 : %)

〈보기〉

> 세후 순영업이익 100억 원, 투하자본 250억 원, 타인자본비용과 자기자본비용은 모두 10%이고 법인세율은 30%로 가정한다.

① 타인자본 80, 자기자본 20
② 타인자본 60, 자기자본 40
③ 타인자본 40, 자기자본 60
④ 타인자본 20, 자기자본 80

복원완성도 ★★☆

38 주가이동평균선에 대한 설명이다. 옳은 것은?

① 이동평균을 하는 분석기간이 길수록 이동평균선은 완만해진다.
② 주가와 이동평균선과의 괴리가 지나치게 클 때에는 더욱 괴리가 확대되는 방향으로 주가가 움직이는 경향이 있다.
③ 강세국면에서 주가가 이동평균선 위에서 움직일 경우 조만간 추세가 하락으로 전환될 가능성이 크다.
④ 크로스분석에서 골든크로스란 단기 이동평균선이 장기 이동평균선을 위에서 아래로 하향돌파하는 것을 말한다.

복원완성도 ★★☆

39 다음의 캔들 유형 중에서 추세의 하락반전을 예고하는 신호는?

① 망치형
② 관통형
③ 유성형
④ 샛별형

복원완성도 ★★☆

40 엘리어트 파동이론에 대한 설명이다. 가장 적절하지 않은 것은?

① 엘리어트 파동이론상 주가는 상승5파와 하락3파에 의해서 끊임없이 순환한다.
② 엘리어트 파동은 충격파동과 조정파동으로 구분되는데 주가의 진행방향과 같은 방향으로 움직이는 파동을 충격파동이라 한다.
③ 상승5파의 파동 중에서 2번파동이 가장 길게 나타나는 것이 일반적이다.
④ 4번파동은 3번파동의 하위파동인 4번파동과 일치하거나 3번파동을 38.2% 만큼 되돌리는 경향이 있다.

복원완성도 ★☆☆

41 산업연관표 분석과 관련하여 빈칸에 알맞은 것은?

(   )는 각 산업의 생산물 1단위 생산에 필요한 중간재와 생산요소의 투입비중을 나타내므로, 이를 통해 산업별 또는 상품별 생산기술구조를 파악할 수 있다.

① 투입계수
② 생산유발계수
③ 전방연쇄효과
④ 후방연쇄효과

복원완성도 ★★☆

42 허핀달(Herfindahl)지수에 대한 설명이다. 가장 적절하지 않은 것은?

① 만일 시장점유율을 소수점으로 측정한다면 허핀달지수의 최댓값은 1이다.
② 만일 한 시장 내에 모든 기업의 시장점유율이 같다면 허핀달지수의 역수는 동등규모의 기업체 수를 말한다.
③ 동등기업의 수가 무한히 많을 경우 허핀달지수는 0으로 수렴한다.
④ 상위 k개 기업의 점유율 분포가 달라졌지만 상위 k개 기업의 집중률지수가 같을 경우 허핀달지수도 변동하지 않는다.

2-4 리스크 관리(8문항)

복원완성도 ★★☆

43 다음 중 시장위험(market risk)에 속하지 않은 것은?

① 신용위험
② 주식위험
③ 이자율위험
④ 환율위험

복원완성도 ★★☆

44 옵션상품의 VaR을 델타노말 방식으로 측정할 때 필요하지 않은 요소는?

① 표준편차
② 옵션의 가격
③ 옵션의 델타
④ 기초자산의 가격

복원완성도 ★★☆

45 3년 만기 국채의 만기수익률이 정규분포를 따르고 1일 수익률의 증감(△y)의 1일 기준 표준편차가 2%이고 수정듀레이션이 2이다. 이 채권을 1,000억 원 보유하고 있을 때 99% 신뢰구간 하에서의 1일 VaR은 얼마인가?(99% 신뢰상수는 2.33, 단위는 억 원)

① 23.3　　② 46.6
③ 69.9　　④ 93.2

복원완성도 ★★☆

46 포트폴리오VaR 계산과 관련하여, 빈칸에 들어갈 수 없는 수는?

> 자산 X의 VaR은 12억 원, 자산 Y의 VaR은 5억 원이다. 그리고 두 자산 간의 상관계수별 포트폴리오XY의 VaR을 계산한다면, 상관계수가 +1일 경우는 (　　), 상관계수가 0일 경우는 (　　), 상관계수가 −1일 경우는 (　　), 상관계수가 0.4일 경우는 (　　)이다.

① 7　　② 13
③ 17　　④ 20

복원완성도 ★★☆

47 VaR의 측정방법으로서 델타노말분석법에 대한 설명이다. 가장 거리가 먼 것은?

① 부분가치로 평가한다.
② 가치평가모형(valuation model)을 필요로 하지 않는다.
③ 옵션이나 채권과 같은 비선형 금융상품을 평가할 경우 델타분석법 측정값과 역사적 시뮬레이션법이나 몬테카를로 시뮬레이션법의 측정값은 동일하게 나타난다.
④ 정규분포를 전제로 한다.

복원완성도 ★★☆

48 역사적 시뮬레이션 방법(Historical Simulation Method)에 대한 설명이다. 가장 적절하지 않은 것은?

① 과거 일정기간 동안의 위험요인의 변동을 향후에 나타날 변동으로 가정하고, 현재 보유하고 있는 포지션의 가치변동분을 측정한 후 그 분포로부터 VaR을 계산하는 방식이다.
② 완전가치평가방법으로 측정하므로 가치평가모형이 필요하다.
③ 분산, 공분산 등과 같은 모수에 대한 추정을 요구한다.
④ 옵션과 같은 비선형의 수익구조를 가진 상품이 포함된 경우에도 문제없이 사용할 수 있다.

복원완성도 ★★☆

49 신용손실분포의 특징에 대한 설명이다. 옳은 것으로 연결한 것은?

가. 신용리스크 측정치는 신용리스크에 따른 손실의 불확실성, 즉 신용손실분포에 의해 결정된다. 나. 신용수익률은 비대칭성이 강하여 한쪽으로 두꺼우면서도 긴 꼬리를 가진 분포를 한다. 다. 평균과 분산 두 가지 척도만으로도 수익률의 분포를 정확히 얻을 수 있다.

① 가, 나
② 나, 다.
③ 가, 다
④ 가, 나, 다

복원완성도 ★★☆

50 Default Mode와 관련하여 빈칸에 알맞은 것은?

어느 은행의 익스포저(Exposure)는 100억 원이고 부도율은 30%, 부도 시의 회수율은 60%이다(부도율은 베르누이분포를 따름). 이때 예상손실금액(EL)은 (　　　　)로 측정된다.

① 12억 원
② 18억 원
③ 18.33억 원
④ 30억 원

3-1 직무윤리(5문항)

복원완성도 ★★☆

51 **금융소비자보호 총괄책임자(CCO)의 업무가 아닌 것을 모두 연결한 것은?**

가. 금융기관의 위험관리에 대한 규정의 제정 및 개정 나. 금융소비자보호 관련 제도기획 및 개선, 기타 필요한 절차 및 기준의 수립 다. 민원접수 및 처리에 관한 관리・감독업무 라. 임직원의 위법・부당행위 등과 관련하여 이사회, 대표이사, 감사(위원회)에 대한 보고 및 시정요구

① 가, 나
② 나, 다
③ 가, 라
④ 나, 라

복원완성도 ★☆☆

52 **다음 중 '부당권유행위 금지(금소법 제21조)' 조항에 해당하지 않은 것은?**

① 금융회사의 우월적 지위를 이용하여 금융소비자의 권익을 침해하는 행위
② 불확실한 사항에 대하여 단정적 판단을 제공하거나 확실하다고 오인하게 할 소지가 있는 내용을 알리는 행위
③ 금융소비자로부터 계약의 체결권유를 해줄 것을 요청받지 아니하고 방문・전화 등 실시간 대화의 방법을 이용하는 행위
④ 계약의 체결권유를 받은 금융소비자가 이를 거부하는 취지의 의사를 표시하였는데도 계약의 체결권유를 계속하는 행위

복원완성도 ★★☆

53 **금융투자회사의 내부통제체제에 대한 설명이다. 가장 적절하지 않은 것은?**

① 내부제보자가 제보행위를 이유로 인사상 불이익을 받은 것으로 인정되는 경우, 준법감시인은 회사에 대해 시정을 요구할 수 있으며 회사는 정당한 사유가 없는 한 이에 응해야 한다.
② 내부제보가 회사의 재산상 손실방지에 기여했다 하더라도 직무윤리 준수차원에서 해당 내부제보자에 대한 인사상 또는 금전적 혜택을 주는 것은 금지된다.
③ 금융사고발생우려가 높은 직무를 수행하는 임직원을 대상으로는 일정기간 휴가를 명령하여 해당 임직원의 업무수행적정성을 점검하는 명령휴가제도를 운영해야 한다.
④ 회사는 영업점별 영업관리자의 임기를 1년 이상으로 해야 하며, 준법감시인은 영업점별 영업관리자에 대하여 연간 1회 이상의 법규 및 윤리교육을 실시해야 한다.

복원완성도 ★★☆

54 **준법감시인에 대한 설명이다. 틀린 항목의 개수는?**

> 가. 준법감시인은 회사의 사내이사 또는 업무집행자 중에서 선임하여야 한다.
> 나. 준법감시인을 임면하려는 경우에는 이사회 결의를 거쳐야 하며, 해임할 경우에는 이사 총수의 3분의 2 이상의 찬성으로 의결해야 한다.
> 다. 준법감시인의 임기는 2년 이상으로 한다.
> 라. 금융투자회사는 준법감시인에 대하여 재무적 경영성과와 연동되지 않는 별도의 보수 지급 및 평가기준을 마련·운영하여야 한다.
> 마. 준법감시인은 위임의 범위와 책임의 한계 등이 명확할 경우 준법감시업무 중 일부를 준법감시업무를 담당하는 임직원에게 위임할 수 있다.
> 바. 준법감시인은 자산운용에 관한 업무나 회사의 본질적 업무 등에 대해 겸직할 수 없다.
> 사. 준법감시인을 임면한 때에는 임면일로부터 7영업일 이내에 금융위원회에 보고해야 한다.
> 아. 준법감시인은 이사회 및 대표이사의 지휘를 받아 금융투자회사 전반의 내부통제업무를 수행한다.

① 0개　　② 1개
③ 2개　　④ 3개

복원완성도 ★★☆

55 **〈보기〉는 내부통제기준 위반 시 회사에 대한 조치로서 과태료 부과 대상에 해당하는 것을 나열한 것이다. 이 중에서 '3천만 원 이하의 과태료 부과 대상'에 해당하는 개수는?**

> 가. 준법감시인에 대한 별도의 보수지급 및 평가기준을 마련·운영하지 않은 경우
> 나. 준법감시인이 자산운용업무 등에 대한 겸직금지의무를 위반한 경우
> 다. 준법감시인의 임면사실을 금융위원회에 보고하지 않은 경우
> 라. 내부통제기준을 마련하지 않은 경우

① 0개　　② 1개
③ 2개　　④ 3개

3-2 자본시장법 및 금융위규정(11문항)

복원완성도 ★★☆

56 **자본시장법상 금융투자상품의 정의에 대한 설명이다. 틀린 항목의 개수는?**

> 가. '금융상품의 권리를 취득하기 위해서 지급하였거나 지급하여야 할 금전 등의 총액이 그 권리로부터 회수하였거나 회수할 수 있는 금전 등의 총액을 초과하게 될 위험'이 있는 것은 금융투자상품이다.
> 나. 취득과 동시에 어떤 명목으로든 추가적인 지급의무를 부담하지 않는 것은 증권이다.
> 다. 원금손실 가능성 여부에 따라 증권과 파생상품으로 구분된다.
> 라. 양도성예금증서(CD)의 경우 원화표시와 외화표시의 관계없이 자본시장법상의 금융투자상품으로 인정되지 않는다.

① 0개　　② 1개
③ 2개　　④ 3개

복원완성도 ★★☆

57 **다음 중 재무건전성 규제상 금융위원회가 긴급조치를 발동할 수 있는 사유가 아닌 것은?**

① 발행한 어음이나 수표의 부도 또는 은행과의 거래가 정지되는 경우
② 유동성 악화로 인한 투자자예탁금 등이 지급불능 상태에 이른 경우
③ 휴업 또는 영업중지 등으로 돌발사태가 발생하여 정상적인 영업이 불가능한 경우
④ 순자본비율이 100%에 미달하게 된 경우

복원완성도 ★★☆

58 **공모형 집합투자기구의 운용제한에 대한 설명이다. 가장 적절하지 않은 것은?**

① 동일종목 증권에 투자할 경우, 각 집합투자기구 자산총액의 10%까지 투자할 수 있는 것이 원칙이지만 국채나 통화안정증권에 대해서는 100%까지 투자가 가능하다.

② 동일법인이 발행한 지분증권에 투자할 경우, 각 집합투자기구 기준으로는 해당 법인의 발행주식 총수의 10%까지 투자가 가능하지만 동일 집합투자업자가 운용하는 전체 집합투자기구 기준으로는 해당 법인의 발행주식 총수의 20%까지 투자가 가능하다.

③ 다른 집합투자증권에 투자할 경우, 동일 집합투자업자가 운용하는 개별 집합투자기구의 집합투자증권을 대상으로는 각 집합투자기구의 자산총액의 20%까지 투자가 가능하며 동일 집합투자업자가 운용하는 전체 집합투자기구의 집합투자증권을 대상으로는 각 집합투자기구의 자산총액의 50%까지 투자가 가능하다.

④ 부동산에 투자할 경우, 국내 주택법상의 주택이 아닌 부동산을 취득한 경우 집합투자규약이 정하는 기간 이내에는 해당 부동산을 처분할 수 없다.

복원완성도 ★★☆

59 **다음 중 원칙상 환매금지형으로 설정 · 설립해야 하는 집합투자기구를 모두 묶은 것은?**

가. 부동산집합투자기구
나. 특별자산집합투자기구
다. 혼합자산집합투자기구
라. 집합투자기구 자산총액의 20%를 초과하여 부동산, 특별자산, 혼합자산, 비상장 주식 등 시장성 없는 자산에 투자할 수 있는 집합투자기구

① 가, 나
② 나, 다
③ 가, 나, 다
④ 가, 나, 다, 라

복원완성도 ★★☆

60 **환매금지형 집합투자기구는 원칙적으로 집합투자증권을 추가로 발행할 수 없지만 다음 중 어느 하나의 요건을 충족하면 집합투자증권을 추가로 발행할 수 있다. 그 요건을 잘못 나열한 것은?**

① 이익분배금의 범위 내에서 집합투자증권을 추가로 발행하는 경우
② 기존 투자자의 이익을 해할 우려가 없다고 신탁업자의 확인을 받은 경우
③ 기존 투자자의 전원의 동의를 받은 경우
④ 각종 보수의 지급이나 환매대금 마련을 위해 필요한 경우로서 판매업자나 신탁업자의 확인을 받은 경우

복원완성도 ★★☆

61 **집합투자기구 수익자총회에 대한 설명이다. 틀린 항목의 개수는?**

가. 수익자총회의 소집권자는 원칙상 집합투자기구를 설정한 집합투자업자이며, 투자신탁재산을 보관・관리하는 신탁업자와 수익증권 총수의 3% 이상을 보유한 수익자가 예외로 인정된다.
나. 수익자총회를 소집할 때에는 수익자총회를 정하여 2주 전에 각 수익자에 대하여 서면 또는 전자문서로 통지를 발송하여야 한다.
다. 수익자총회에서는 자본시장법에서 정한 결의사항과 신탁계약으로 정한 결의사항에 대해서만 결의할 수 있다.
라. 수익자총회는 출석한 수익자의 의결권의 과반수와 발행된 수익증권 총 좌수의 4분의 1 이상의 수로 결의한다(단, 자본시장법상의 결의사항에 한함).

① 0개
② 1개
③ 2개
④ 3개

복원완성도 ★☆☆

62 **혼합형펀드에서 기준가격 및 과세기준가격 산출을 위한 운용손익 정보가 〈보기〉와 같다. 이 경우 해당 펀드의 기준가격과 과세기준가격 간의 관계를 정확히 설명한 것은?**

〈보기〉

• 금융상품 및 채권으로부터 발생한 이자소득 +100만 원
• 상장채권에 대한 매매손익 +300만 원
• 상장주식으로부터 발생한 배당소득 +200만 원
• 상장주식에 대한 매매손익 −400만 원

① 기준가격과 과세기준가격은 동일하다.
② 기준가격이 과세기준가격보다 높다.
③ 기준가격이 과세기준가격보다 낮다.
④ 기준가격과 과세기준가격은 위의 보기의 정보와 관계없이 무조건 동일하다.

복원완성도 ★★☆

63 집합투자기구의 관계회사와 관련하여 빈칸에 알맞은 것은?

투자회사의 위탁을 받아 투자회사 주식의 발행 및 명의개서, 투자회사 재산의 계산 등의 업무를 영위하는 자를 (　　　　)라고 한다.

① 일반사무관리회사
② 집합투자기구평가회사
③ 채권평가회사
④ 신용평가회사

복원완성도 ★★☆

64 투자일임업자의 금지행위에 대한 설명이다. 가장 적절하지 않은 것은?

① 투자자로부터 금전·증권, 그 밖의 재산의 보관·예탁을 받는 행위는 원칙적으로 금지된다.
② 투자권유자문인력 또는 투자운용인력이 아닌 자에게 투자자문업 또는 투자일임업을 수행하게 하는 행위는 원칙적으로 금지된다.
③ 투자일임재산으로 투자일임업자의 고유재산과 거래하는 행위는 금지되지만, 일반적인 거래조건에 비추어 투자일임재산에 유리한 경우는 예외가 인정된다.
④ 투자일임재산을 각각의 투자자별로 운용하지 않고 여러 투자자의 자산을 집합하여 운용하는 행위는 금지되며 이에 대한 예외는 없다.

복원완성도 ★★☆

65 〈보기〉에서 '사업보고서를 제출해야 하는 경우'에 해당하는 항목의 개수는?

〈보기〉

가. 주권 상장 법인
나. 전환사채권·신주인수권부사채권·이익참가부사채권 또는 교환사채를 증권시장에 상장한 발행인
다. 파생결합증권을 증권시장에 상장한 발행인
라. 집합투자증권을 증권시장에 상장한 발행인

① 1개　　② 2개
③ 3개　　④ 4개

복원완성도 ★☆☆

66 〈보기〉에서 '미공개 중요정보 이용(내부자거래)의 금지' 규정의 대상이 '될 수 있는 자'를 모두 묶은 것은?

〈보기〉

가. 정책입안자
나. 당해 법인의 회계감사 업무를 수행하는 회계사
다. 장내파생상품의 기초자산이 되는 금융투자상품의 판매대리・중개업자

① 가, 나
② 나, 다
③ 가, 다
④ 가, 나, 다

3-3 한국금융투자협회 규정(3문항)

복원완성도 ★★☆

67 펀드판매 시 금지사항 및 주의사항에 대한 내용이다. 옳게 설명한 항목의 개수는?

가. 투자자로부터의 집합투자증권 취득자금을 수취할 때 판매회사 임직원이 아닌 자를 통해서 수취하는 행위는 금지된다.
나. 계열사가 집합투자업자가 운용하는 펀드의 집합투자증권을 판매하는 행위는 금지된다.
다. 집합투자증권의 판매를 다른 금융투자상품과 연계하여 판매할 경우에는 투자권유대행인이 아닌 판매회사의 임직원이 투자권유를 하도록 해야 한다.

① 0개
② 1개
③ 2개
④ 3개

복원완성도 ★★☆

68 조사분석업무와 관련한 협회 규정에 대한 내용이다. 가장 적절한 것은?

① 금융투자회사는 제3자가 작성한 조사분석자료를 외부에 공표할 수 없다.
② 금융투자회사는 조사분석자료의 품질 및 생산실적, 투자의견의 적정성 등이 포함된 보수산정기준을 정해야 한다.
③ 금융투자분석사와 기업금융업무관련 부서 간의 의견교환은 이해상충이 발생할 여지가 크므로 예외 없이 금지된다.
④ 금융투자회사가 조사대상기업의 지분을 1% 이상 보유하고 있는 경우는 해당 기업에 대한 조사분석자료를 공표할 수 없다.

복원완성도 ★★☆

69 **불성실 수요예측의 참여행위 및 수요예측 참여제한 등에 대한 설명이다. 가장 적절하지 않은 것은?**

① 수요예측에 참여하여 공모주식을 받은 벤처기업투자신탁의 신탁계약이, 설정일로부터 1년 이내 또는 공모주식 배정일로부터 3개월 이내에 해지되는 경우는 불성실 수요예측 참여행위로 본다.

② 수요예측에 참여하여 공모주식을 배정받은 고위험고수익투자신탁의 신탁계약이, 설정・설립일로부터 1년 이내 또는 공모주식을 배정받은 날로부터 3개월 이내에 해지되는 경우는 불성실 수요예측 참여행위로 본다.

③ 사모의 방법으로 설정된 벤처기업투자신탁이, 수요예측 등에 참여하여 공모주식을 배정 받은 후 최초 설정일로부터 1년 6개월 이내에 환매하는 경우 불성실 수요예측 참여행위로 본다.

④ 기업공개와 관련하여 불성실 수요예측 참여자로 지정된 경우 위반금액 규모에 따라 최대 36개월까지 수요예측 참여가 제한된다.

3-4 주식투자운용/투자전략(6문항)

복원완성도 ★★☆

70 **자산집단에 대한 기대수익률의 추정방법 중에서 〈보기〉에 해당하는 것은?**

〈보기〉

- 과거자료를 바탕으로 하되 미래의 발생상황에 대한 기대치를 추가하여 예측한다.
- 과거 시계열 자료를 토대로 하되 각 자산집단별 리스크 프리미엄 구조를 반영하는 기법이다.

① 추세분석법

② 시나리오 분석법

③ 근본적 분석법

④ 시장공통예측치 사용법

복원완성도 ★★☆

71 빈칸을 옳게 연결한 것은?

정해진 위험 수준 하에서 가장 높은 수익률을 달성하는 포트폴리오를 (가)라고 부르며, 여러 개의 (가)를 수익률과 위험의 공간에서 연속적으로 연결한 것을 (나)이라고 한다.

	가	나
①	효율적 포트폴리오	효율적 투자기회선
②	최소분산포트폴리오	효율적 투자기회선
③	효율적 포트폴리오	무차별효용곡선
④	최적포트폴리오	효율적 투자기회선

복원완성도 ★★☆

72 〈보기〉에서 전술적 자산배분의 실행도구에 해당하는 것으로 묶은 것은?

〈보기〉

가. 시장가치접근방법
나. 포뮬러 플랜(Formula Plan)
다. 기술적 분석

① 가, 나
② 나, 다
③ 가, 다
④ 가, 나, 다

복원완성도 ★★☆

73 주가지수의 산출방식과 관련하여 다음 설명 중 틀린 것은?

① DJIA지수는 주가가중방식으로 산출한다.
② Nikkei225지수는 시가가중방식으로 산출한다.
③ KOPSI200지수는 유동시가가중방식으로 산출한다.
④ 동일 가중방식은 모든 종목의 비중을 동일하게 반영하는 지수산출방식이다.

복원완성도 ★★☆

74 **패시브 운용을 위한 인덱스 구성방식과 관련하여 빈칸을 옳게 연결한 것은?(순서대로)**

• (   )은 벤치마크를 구성하는 모든 종목을 벤치마크의 구성비율과 동일하게 매수하여 인덱스를 구성하는 방식으로서 가장 단순하고 직접적인 방식이다. • (   )은 벤치마크에 포함된 대형주는 모두 포함하되 중소형주들은 펀드의 성격이 벤치마크와 유사하게 되도록 일부만을 포함하여 인덱스를 구성하는 방식이다.

① 완전복제법, 표본추출법

② 완전복제법, 최적화법

③ 최적화법, 표본추출법

④ 최적화법, 완전복제법

복원완성도 ★☆☆

75 **〈보기〉에 가장 부합하는 주식운용전략은 무엇인가?**

〈보기〉
• 추가적인 위험을 많이 발생시키지 않으면서 벤치마크에 비해 초과수익을 획득하고자 하는 전략이다. • 동 전략의 운용에서도 잔차위험은 증가할 수밖에 없지만 증가된 수익률이 그러한 위험을 보상하고도 남을 수준이 되어야 한다.

① 액티브(active) 운용

② 준액티브(semi-active) 운용

③ 패시브(passive) 운용

④ 사회적책임투자(SRI ; Sociality Responsble Investing)

3-5 채권투자운용/투자전략(6문항)

복원완성도 ★★☆

76 〈보기〉의 개념에 가장 부합하는 것은?

〈보기〉

주식적 측면에서 본 전환사채의 이론가치로서, 현재 주가가 전환가격을 몇 % 상회하고 있는가를 나타내는 지표이다.

① 패리티
② 패리티가격
③ 괴 리
④ 괴리율

복원완성도 ★★☆

77 채권액면 1만 원, 표면금리 3%, 만기 2년인 할인채의 잔존만기가 1년 73일인 시점에서 만기수익률 5%에 매매하였을 때 동 채권의 매매가격은 얼마인가?(관행적 복할인방식으로 계산, 1년은 365일, 원 미만은 절사함)

① 9,429원
② 9,619원
③ 9,766원
④ 10,000원

복원완성도 ★★☆

78 〈보기〉는 채권의 볼록성(convexity)에 대한 설명이다. 틀린 항목의 개수는?

〈보기〉

가. 동일한 듀레이션에서 볼록성이 큰 채권은 볼록성이 작은 채권에 비해서, 수익률의 상승이나 하락에 관계없이 항상 높은 가격을 지닌다.
나. 채권의 볼록성은 듀레이션이 증가함에 따라 체증적으로 증가한다.
다. 일정한 수익률과 만기에서 표면이자율이 낮을수록 채권의 볼록성은 커진다.

① 0개
② 1개
③ 2개
④ 3개

복원완성도 ★★☆

79 채권의 만기수익률이 2% 포인트 하락할 때 채권가격은 7.32% 상승하였다. 수정듀레이션이 3.24인 경우 동 채권의 볼록성(convexity)은 얼마인가?

① 21
② 42
③ 210
④ 420

복원완성도 ★★☆

80 〈보기〉에 가장 부합하는 채권투자 위험의 종류는?

〈보기〉

- 보유하고 있는 채권을 현재시장 가격으로 또는 시장 가격에 근접한 가격으로 얼마나 쉽게 매각할 수 있는가에 대한 위험을 말한다.
- 채권딜러가 제시하는 매도호가와 매수호가 간의 스프레드가 클수록 동 위험이 크다고 볼 수 있다.

① 재투자위험
② 채무불이행위험
③ 유동성위험
④ 중도상환위험

복원완성도 ★★☆

81 〈보기〉에서 적극적인 채권운용전략이 아닌 항목의 개수는?

〈보기〉

스프레드운용전략, 사다리형만기보유전략, 채권면역전략, 현금흐름일치전략, 수익률곡선타기전략

① 1개
② 2개
③ 3개
④ 4개

3-6 파생상품투자운용/투자전략(6문항)

복원완성도 ★★☆

82 선도거래(forward)에 대한 설명이다. 틀린 것으로 연결한 것은?

가. 거래조건이 표준화되지 않으므로 맞춤형거래가 가능하지만 유동성이 부족한 편이다. 나. 거래상대방의 신용이 중시되지 않는다. 다. 계약 후 손실발생 시 추가증거금을 납부해야 한다. 라. 가격과 거래제한이 없다.

① 가, 나
② 나, 다
③ 다, 라
④ 가, 라

복원완성도 ★★☆

83 빈칸을 옳게 연결한 것은?(순서대로)

선물의 시장가격이 현물의 시장가격보다 높은 상태를 (　　　　) 또는 (　　　　)이라고 표현한다.

① 콘탱고, 정상시장
② 콘탱고, 역조시장
③ 백워데이션, 정상시장
④ 백워데이션, 역조시장

복원완성도 ★★☆

84 빈칸을 옳게 연결한 것은?(가격단위는 포인트이며 'P'는 기초자산의 가격을 말한다)

기초자산의 가격이 100일 때, 행사가격이 105인 콜옵션을 옵션프리미엄 3에 매도하고 행사가격이 95인 풋옵션을 옵션프리미엄 2에 매도하였다. 이 포지션의 명칭은 (　　　　)이며, 이 포지션의 손익구조상 수익이 발생하는 기초자산 가격의 구간은 (　　　　)로 표시될 수 있다.

① 스트래들 매도 포지션, $95 < P < 105$
② 스트랭글 매도 포지션, $95 < P < 105$
③ 스트래들 매도 포지션, $90 < P < 110$
④ 스트랭글 매도 포지션, $90 < P < 110$

복원완성도 ★☆☆

85 방어적 풋(Protective Put) 전략에 대한 설명으로서 틀린 항목으로 연결한 것은?

가. 기초자산을 매도하고 풋옵션을 매수하는 포지션이다. 나. 옵션매수를 위한 비용이 투입되는 포지션이다. 다. 기초자산가격이 하락하면 수익이 발생하는 포지션이다.

① 가, 나
② 나, 다
③ 가, 다
④ 가, 나, 다

복원완성도 ★☆☆

86 블랙숄즈 공식으로 옵션가격을 결정할 때 사용되지 않는 변수의 개수는?

기초자산의 현재가격, 기초자산의 변동성, 풋옵션의 행사가격, 무위험이자율

① 0개
② 1개
③ 2개
④ 3개

복원완성도 ★☆☆

87 옵션민감도 지표와 관련하여 빈칸을 옳게 연결한 것은?(순서대로)

• 옵션민감도 지표 중 기초자산에 대한 1차 미분치에 해당하는 것은 (　　　　)이다. • 옵션민감도 지표 중 기초자산에 대한 2차 미분치에 해당하는 것은 (　　　　)이다.

① 델타, 감마
② 감마, 베가
③ 델타, 베가
④ 듀레이션, 컨벡시티

3-7 투자운용결과분석(4문항)

복원완성도 ★★☆

88 빈칸을 옳게 연결한 것은?(순서대로)

> • (　　　　　)는 수익률 분포의 '기울어진 정도'를 나타낸다.
> • (　　　　　)는 수익률 분포에서 가운데 봉우리 부분이 얼마나 뾰족한가를 측정하는 지표이다.

① 왜도, 첨도
② 첨도, 왜도
③ 왜도, 표준편차
④ 첨도, 표준편차

복원완성도 ★☆☆

89 빈칸에 알맞은 것은?

> (　　　　　)는 평가기간이 시작되기 전에 미리 정해져야 함으로써, 자산운용의 지침이나 제약조건이 될 수 있는 최소한의 기준역할을 하며, 사후적으로는 투자성과를 평가하는 잣대로 사용될 수 있다.

① 지수(Index)
② 기준지표(Benchmark)
③ 표준편차(Standard Deviation)
④ 베타(Beta)

복원완성도 ★★☆

90 〈보기〉의 조건에 따를 때 '젠센의 알파'는 얼마인가?

〈보기〉

> 포트폴리오 수익률 10%, 무위험수익률 5%, 시장포트폴리오수익률(또는 벤치마크수익률) 7%, 베타 0.8

① +0.4%
② +1.0%
③ +3.4%
④ +4.4%

복원완성도 ★☆☆

91 위험조정성과지표(RAPM)에 대한 설명이다. 가장 적절하지 않은 것은?

① 연간 샤프비율은 월간 샤프비율의 분자인 월평균 초과수익률에 12를 곱하고 분모인 월간 표준편차에 $\sqrt{12}$ 를 곱하여 전환할 수 있다.
② 트레이너비율은 체계적 위험 한 단위 당 어느 정도의 보상을 받았는가 하는 위험보상율을 말한다.
③ 완전히 분산투자를 하고 있는 포트폴리오라면 샤프비율과 트레이너비율은 거의 동일하게 나타난다.
④ 정보비율이 높을수록 초과수익 단위 당 잔차위험이 크다는 것을 의미한다.

3-8 거시경제(4문항)

복원완성도 ★★☆

92 IS/LM모형에 대한 설명이다. 틀린 내용으로 연결한 것은?

> 가. IS곡선은 재화시장의 균형을 이루는 이자율과 국민소득의 조합이며, LM곡선은 화폐시장의 균형을 이루는 이자율과 국민소득의 조합이다.
> 나. IS곡선에서 기업의 투자지출수요는 이자율의 감소함수이다.
> 다. LM곡선에서 화폐수요는 소득과 이자율의 증가함수이다.
> 라. 재정정책은 LM곡선을 이동시키고 통화정책은 IS곡선을 이동시킨다.

① 가, 나　　② 다, 라
③ 가, 다　　④ 나, 라

복원완성도 ★★☆

93 〈보기〉에 가장 부합하는 경제이론은 무엇인가?

〈보기〉

> 합리적 경제주체는 현재 세금의 감소를 미래 세금의 증가로 인식하기 때문에, 세금감소는 민간의 저축을 증가시킬 뿐 총수요에는 변동이 없다고 본다.

① 구축효과
② 피구효과
③ 리카르도 불변정리
④ 정책무용성 정리

복원완성도 ★★☆

94 고용지표에 대한 설명이다. 옳은 항목의 개수는?

> 가. 군인은 생산활동가능인구에서 제외된다.
> 나. 구직단념자는 비경제활동인구로 분류된다.
> 다. 실업률은 실업자를 생산활동가능인구로 나누어서 구한다.
> 라. 경제활동참가율은 취업자수를 생산활동가능인구로 나누어서 구한다.

① 0개 ② 1개
③ 2개 ④ 3개

복원완성도 ★☆☆

95 경기순환 및 경기예측 지표에 대한 내용이다. 옳게 설명한 항목의 개수는?

> 가. 경기저점에서 경기정점까지의 기간을 순환주기라 한다.
> 나. 기준순환일이란 국민경제 전체의 순환변동에서 국면전환이 발생하는 경기전환점을 말한다.
> 다. 기업경기실사지수(BSI)가 80%이면 경기가 확장국면에 있음을 말한다.
> 라. 경기확산지수(DI)는 경기변동의 진폭과 속도를 측정할 수 있다.

① 0개 ② 1개
③ 2개 ④ 3개

3-9 분산투자기법(5문항)

복원완성도 ★★☆

96 A, B, C 세 자산의 기대수익률과 위험이 각각 동일하며 세 자산 간의 상관계수는 아래 표와 같다고 가정한다. 이 경우 가장 높은 분산투자효과를 얻을 수 있는 포트폴리오 구성에 해당하는 것은?

구 분	A자산	B자산	C자산
A자산	1.0	0.6	0.2
B자산	0.6	1.0	−0.4
C자산	0.2	−0.4	1.0

① A자산을 100% 편입한다.
② A를 50%, B를 50%편입한다.
③ B를 50%, C를 50% 편입한다.
④ A를 50%, C를 50% 편입한다.

복원완성도 ★★☆

97 A, B, C, D 증권 각각의 기대수익률이 표와 같고 표준편차가 각각 10%, 5%, 10%, 5%이다. 이 경우 지배원리를 충족하는 효율적 증권은 무엇인가?

구 분		A	B	C	D
호 황	확률 50%	30%	20%	15%	9%
정 상	확률 30%	10%	6%	5%	5%
불 황	확률 20%	−40%	−9%	−20%	−5%

① A
② B
③ C
④ D

복원완성도 ★★☆

98 자산A의 기대수익률은 9%, 표준편차는 5%이다. 자산A와 무위험수익률이 3%인 무위험자산을 5:5로 편입한 포트폴리오의 변동성보상비율(RVAR)은 얼마인가?

① 0.50
② 0.60
③ 1.20
④ 2.00

복원완성도 ★☆☆

99 자본자산가격결정모형(CAPM모형)의 가정이다. 틀린 설명으로 모두 연결한 것은?

> 가. 모든 투자자는 동일한 단일투자기간을 갖고 이 단일투자기간 이후에 발생하는 결과는 무시한다.
> 나. 투자대상은 공개적으로 거래되고 있는 금융자산에 한정하고, 투자위험이 없는 무위험자산이 존재하며, 모든 투자자들은 얼마든지 자금을 차입하거나 빌려줄 수 있는데 이때 차입이자율은 대여이자율보다 높아야 한다.
> 다. 모든 투자자는 각각 다른 방법으로 증권을 분석하고 경제상황에 대한 예측도 달라서, 미래 증권수익률의 확률분포에 대하여 다르게 예측을 한다.

① 가, 나
② 나, 다
③ 가, 다
④ 가, 나, 다

복원완성도 ★★☆

100 빈칸에 알맞은 것은?

> A포트폴리오의 기대수익률은 8%, 베타는 2.0이다. 그리고 B포트폴리오의 기대수익률은 6%이고 무위험수익률은 3%이다. 이때 자본시장에서 더이상 차익거래가 일어나지 않는 상태가 되기 위한 B포트폴리오의 베타는 (　　)이다.

① 1.0　　② 1.2
③ 1.5　　④ 2.0

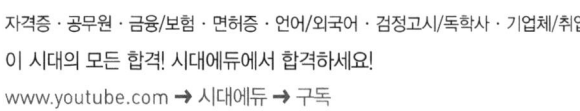

투자자산운용사 출제동형 PLUS

최신 9회분

42회차 시험 출제동형

42회 시험은 평이한 수준으로 출제되었습니다. 최근 '39회~41회'시험에서의 실제 합격률이 협회 측의 기대보다 낮게 나온 것으로 추정되는 가운데 그 반작용으로 42회 시험의 난이도가 하향한 것으로 짐작되며, 따라서 향후로도 매 시험의 실제 합격률에 따라 '어렵고, 쉽고'가 반복이 되는 상황을 예상할 수 있겠습니다.

※ 42회 시험 특징 Ⅰ

► 신유형 : 6문항으로 평상 수준으로 출제
→ 주식 양도소득세 세율 합계, ELW 내가격, 금융소비자보호 내부통제위원회 실무, 공공적 법인, 베이시스, 통화정책 무용성 정리(이 중 5문제가 난이도 상)

► 계산문제 : 14문항으로 평상 수준으로 출제
→ PI 계산, ROE 계산, 허핀달 계산, 부도율 50%, 내재선도이자율, 스프레드 손익, RAPM 종합, 유동성프리미엄 계산 등 14문제 출제(출제동형 교재에서 정확히 커버)

► 개수 고르기 유형 : 2문항으로 전 회차 대비 급감
→ 직전 회차에서 '개수 고르기(0개, 1개 등)' 유형이 10문제 정도였으나 이번 회차에서는 2문제(전환사채 요건 등)에 그쳐 난이도 하향에 기여한 것으로 평가(단, 기출복원 상으로는 5문제)

► ㉠, ㉡, ㉢ 유형 : 11문항으로 평상 수준으로 출제
→ 4지 선다 유형 보다 어려운 '㉠, ㉡, ㉢' 유형은 보통 10문제 정도 출제되는데 이번 회차에서도 비슷한 수준이었음(단, 기출 복원상으로는 20문제)

※ 42회 시험 특징 Ⅱ

신유형 6문항 외에도 3문제 정도의 신유형 지문도 있었고 개념문제에서 까다로운 문제도 있었으나, 기출교재 중심으로 정상적으로 학습하였다면 80문항 정도는 무난히 답을 찾아낼 수 있는 수준이었으므로 42회 합격률은 24년도 평균치(39% 내외)로 예상됩니다.

※ 시험 전략

교재의 '기출주제를 확실히 이해하는 것'이 최선의 전략! '출제동형 100문항 9회분'은 매 시험 시험문제가 어떻게 나왔든 간에 수년에 걸쳐 일정한 적중률(85%~98%)을 시현해 온, 검증받은 교재입니다. 따라서 시험이 아무리 어렵게 나온다 하더라도 '기출 풀을 확실히 이해하는 전략'이 가장 확실한 시험전략이라고 할 수 있습니다. 수험생 여러분의 합격을 열렬히 응원합니다!

투자자산운용사 출제동형 PLUS 최신 9회분	
42회차 (2025. 07. 20 시험)	문항 수 : 100문항 시험시간 : 120분

※ 시험난이도 상향에 대비하는 차원에서, 동일문항 기출이 반복될 경우 '변형복원'을 적극 반영하고 있습니다. 따라서 '변형된 기출' 문항을 학습 시에는 해설의 학습안내를 참고하여 '변형 전 기출'도 꼭 확인하시길 바랍니다.

1-1 세제관련 법규/세무전략(7문항)

복원완성도 ★★☆

01 다음 중 국세가 아닌 것은?

① 취득세
② 부가가치세
③ 증권거래세
④ 개별소비세

복원완성도 ★★☆

02 빈칸에 알맞은 것은?

양도소득과 (　　　　　　)은 분류과세로서 종합소득과 구분하여 별도 과세한다.

① 사업소득
② 연금소득
③ 퇴직소득
④ 기타소득

복원완성도 ★★☆

03 **집합투자기구(소득세법상 적격 집합투자기구)의 과세에 대한 설명이다. 옳은 항목의 개수는?**

> 가. 집합투자재산에 속한 소득의 내용별로 이자소득 또는 배당소득으로 과세한다.
> 나. 집합투자재산으로 증권시장에 상장된 주식을 매매한 경우, 그 손익과 관계없이 과세대상에서 제외한다.
> 다. 집합투자재산으로 코스피200지수를 기초자산으로 한 장내파생상품을 매매한 경우, 그 손익과 관계없이 과세대상에서 제외한다.
> 라. 집합투자재산으로 상장채권을 매매한 경우, 그 손익과 관계없이 과세대상에서 제외한다.

① 0개
② 1개
③ 2개
④ 3개

복원완성도 ★★★

04 **다음 중 금융소득에 대한 원천징수세율(거주자 기준)이 가장 높은 것은?**

① 분리과세를 신청한 장기채권의 이자와 할인액
② 비영업대금의 이익
③ 비실명거래로 인한 이자·배당소득
④ 개인종합자산관리계좌(ISA)의 비과세 한도를 초과하는 이자·배당소득

복원완성도 ★★☆

05 **양도소득세 부과대상으로서 양도소득세율에 대한 내용이다. 빈칸의 숫자를 모두 합한 수는 얼마인가? (세율은 지방세 제외 기준)**

> • 소액주주가 양도하는 중소기업주식에 대한 양도소득세율은 과세표준의 ( )%이다.
> • 대주주가 양도하는 대기업 주식에 대한 양도소득세율은 과세표준의 ( )%이다(단, 보유기간은 1년 미만으로 가정).
> • 코스피200을 기초자산으로 하는 장내파생상품에 대한 양도소득세율은 2025년 현재 과세표준의 ( )%이다.

① 30
② 40
③ 50
④ 60

복원완성도 ★★☆

06 국내 사업장이 없는 외국법인이 당해 주권을 금융투자업자를 거치지 않고 국내법인에게 양도하였고, 국내법인은 금융투자회사에 해당 주권을 보관하였다. 이때 당해 주권의 양도에 대한 증권거래세 납부의무자는 누구인가?

① 주권을 보관한 금융투자업자
② 양도한 외국법인
③ 양수한 국내법인
④ 예탁결제원

복원안성도 ★★★

07 증여세 절세전략과 관련하여 빈칸을 옳게 연결한 것은?(순서대로)

미성년자에게 (　　　　　)의 기간 동안 (　　　　　) 이내로 증여할 경우는 증여재산공제가 적용되어 증여세를 내지 않아도 된다.

① 5년, 2천만 원
② 5년, 5천만 원
③ 10년, 2천만 원
④ 10년, 5천만 원

1-2 금융상품(8문항)

복원완성도 ★★☆

08 ISA(개인종합자산관리계좌)에 대한 설명이다. 틀린 것으로 연결한 것은?

가. 일반형의 경우 금융소득종합과세 대상자가 아닐 경우 소득이 없어도 가입이 가능한데, 이때 금융소득종합과세 대상자 여부의 판단은 직전 연도를 기준으로 한다.
나. ISA의 의무가입 기간은 3년이며 의무가입 기간이 지나면 비과세 등의 세제혜택을 받을 수 있는데, 서민형의 경우 통산순이익 기준 400만 원까지 비과세 혜택을 받으며 400만 원을 초과하는 통산순이익은 분리과세율(지방세 포함 9.9%)이 적용된다.
다. 금융회사가 가입자의 위험성향과 자금운용목표를 고려하여 제시하는 모델포트폴리오 중 하나를 선택하여 투자하는 방식은 중개형 ISA이다.

① 가, 나
② 나, 다
③ 가, 다
④ 가, 나, 다

복원완성도 ★★☆

09 연금저축상품(세제적격 상품)에 대한 설명이다. 옳은 것은?

① 자산운용사에서는 판매를 할 수 없다.
② 연금계좌상품(연금저축계좌, 퇴직연금계좌, IRP계좌 포함)의 연간 납입한도는 1,200만 원이다.
③ 연금저축 납입 시 세액공제 혜택이 주어지며, 연금수령 시에는 세액공제 여부와 관계없이 그 원금과 수익분에 대해서 연금소득세가 부과된다.
④ 가입자가 해외이주를 사유로 연금 외 수령을 할 경우, 연령 별로 3.3%에서 5.5%의 세율로 원천징수하고 납세의무를 종결한다.

복원완성도 ★★☆

10 〈보기〉에서 예금자보호상품으로만 연결한 것은?

〈보기〉

가. 표지어음
나. 금융상품 중 매수에 사용되지 않고 고객계좌에 현금으로 남아 있는 금액
다. 청약자예수금

① 가
② 가, 나
③ 나, 다
④ 가, 나, 다

복원완성도 ★★☆

11 생명보험에 대한 설명이다. 틀린 내용으로 연결한 것은?

가. 보험기간이 경과함에 따라 보험금이 점점 증가하는 보험은 체증식 보험이다.
나. 보험기간이 경과함에 따라 보험금이 점차 감소하는 보험은 감액보험이다.
다. 사전에 설정한 보험기간 중에 사망 시 사망보험금을 지급하는 보험은 종신보험이다.

① 가, 나
② 나, 다
③ 가, 다
④ 가, 나, 다

복원완성도 ★☆☆

12 집합투자의 정의를 잘못 기술한 것을 모두 묶은 것은?

집합투자란 ㉠ 49인 이상의 투자자로부터 모은 금전 등을 ㉡ 투자자로부터 일상적인 운용지시를 받지 아니하면서 ㉢ 재산적 가치가 있는 투자대상자산을 취득, 처분 그 밖의 방법으로 운용하고 ㉣ 그 결과를 수탁자에게 배분하여 귀속시키는 것을 말한다.

① ㉠
② ㉠, ㉣
③ ㉡, ㉣
④ ㉡, ㉢

복원완성도 ★☆☆

13 **주식워런트증권(ELW)의 가격구조와 관련하여, 〈보기〉에 대한 설명으로 틀린 것은?**

〈보기〉

주식워런트증권 가격 = 내재가치(행사가치) + 시간가치

① 행사가치는 권리를 행사함으로써 얻을 수 있는 이익으로 내재가치라고 할 수 있으며, 콜워런트의 행사가치(내재가치)는 '기초자산가격 − 권리행사가격'이다.
② 시간가치는 만기까지의 잔존기간 동안 기초자산의 변동성 등에 따라 얻게 될 기대가치에 해당한다.
③ 내재가치가 0보다 커서 현재 권리행사 가능 구간으로서 돈이 되는 영역을 외가격이라 한다.
④ 콜워런트와 풋워런트 모두 만기에 근접할수록 시간가치는 감소하여 0(제로)에 수렴한다.

복원완성도 ★★☆

14 **MBS(주택저당증권)에 대한 설명이다. 가장 적절하지 않은 것은?**

① 주택저당대출 만기와 대응하므로 통상 단기로 발행된다.
② 조기상환에 의해 수익이 변동된다.
③ 채권구조가 복잡하고 현금흐름이 불확실하기 때문에 국채나 회사채보다 수익률이 높다.
④ 자산이 담보되어 있고 보통 별도의 신용보강이 이루어지므로 회사채보다 높은 신용등급의 채권으로 발행된다.

복원완성도 ★★☆

15 **퇴직연금제도에 대한 설명이다. 가장 적절하지 않은 것은?**

① 확정기여형(DC) 제도는 기업이 부담해야 할 부담금 수준이 사전에 확정되고 근로자가 운용의 주체가 되어 적립금을 운용한 후 그 손익에 따라 근로자의 퇴직급여가 변동된다.
② 확정기여형(DC)은 연금계리가 필요하지 않다.
③ 확정급여형(DB)와 확정기여형(DC) 모두 개인형 퇴직연금계좌(IRP)에 추가로 납입할 수 있다.
④ 개인형 퇴직연금제도(IRP)는 가입자가 퇴직하는 즉시 퇴직연금을 지급한다.

1-3 부동산관련 상품(5문항)

복원완성도 ★★☆

16 **부동산투자 시 사업타당성 및 리스크관리 분석에 활용되는 지표에 대한 설명이다. 가장 적절하지 않은 것은?**

① 운용현금흐름의 판단에 사용되는 지표로서 부채부담능력비율은 순운용소득을 부채상환액으로 나누어서 구하는데, 이 비율이 높을수록 사업의 변동성도 크다고 할 수 있다.

② Cash On Cash수익률은 해당 기의 순현금흐름을 자기자본으로 나눈 것으로서, 화폐의 시간가치를 고려하지 않는다.

③ 대출비율(LTV)은 저당대출원금을 부동산가격으로 나눈 것으로서, 부동산투자의 자본구조를 나타낸다.

④ 수익성지수는 부동산투자로부터 얻어지게 될 장래의 현금흐름의 현재가치를 최초의 부동산투자액으로 나눈 것으로서, 투자로부터 얻어지는 편익을 비용으로 나눈 비율이라는 점에서 편익비용 비율이라고도 한다.

복원완성도 ★★☆

17 **부동산 임대사업의 현금흐름이 〈보기〉와 같다. 이 경우 수익성지수(PI) 또는 편익비용비율은 얼마인가?(투자기간은 3년)**

〈보기〉

- 최초투자액(또는 투입액의 현재가치) : 1,000원
- 3년 동안 발생한 임대현금흐름의 현재가치 : 150원
- 3년 후 매각현금흐름 : 2,600원
- 3년 후 매각현금흐름에 대한 현재가치계수 : 1/1.3

① 1.15　　② 1.50

③ 2.00　　④ 2.15

복원완성도 ★★☆

18 **'국토의 계획 및 이용에 관한 법률'상 도시지역 내의 용적률 한도가 큰 순서로 나열된 것은?**

① 주거지역 > 상업지역 > 공업지역

② 상업지역 > 공업지역 > 주거지역

③ 상업지역 > 주거지역 > 공업지역

④ 공업지역 > 주거지역 > 상업지역

복원완성도 ★★☆

19 부동산투자회사법상의 부동산투자회사(REITs)에 해당하지 않은 것은?

① 자기관리 부동산투자회사
② 위탁관리 부동산투자회사
③ 개발관리 부동산투자회사
④ 기업구조조정 부동산투자회사

복원완성도 ★★☆

20 부동산 감정평가 3방식 중 '시장접근법'에 대한 설명이다. 가장 거리가 먼 것은?

① 대상부동산과 동일성 또는 유사성이 있는 부동산의 거래사례와 비교하여 대상부동산 현황에 맞게 사정보정, 시점수정을 가하여 부동산의 가격을 산정하는 방식이다.
② 대상부동산의 순영업소득을 환원이율로 직접 수익환원하여 부동산의 가치를 평가한다.
③ 토지의 평가에 있어서 가장 중추적인 역할을 한다.
④ 부동산시장이 극단적인 호황이나 불황을 보이고 있을 때에는 적용이 곤란하다.

2-1 대안투자운용/투자전략(5문항)

복원완성도 ★★☆

21 다음 중 대안투자상품에 투자하는 펀드로만 연결한 것은?

① MMF, PEF
② PEF, 해외주식형펀드
③ 부동산펀드, 일반상품펀드
④ 부동산펀드, 채권형펀드

복원완성도 ★★☆

22 **PEF(Private Equity Fund)에 대한 설명이다. 틀린 내용으로 연결한 것은?**

가. PEF를 운영하는 업무집행자는 출자금액이 가장 큰 유한책임사원 중에서 선정한다. 나. 유한책임사원은 PEF에 출자한 금액의 범위 내에서만 책임을 진다. 다. 무한책임사원과 유한책임사원의 내역은 PEF의 등기·등록사항을 통해서 공개한다.

① 가, 나
② 나, 다
③ 가, 다
④ 가, 나, 다

복원완성도 ★★☆

23 **전환차익거래에 유리한 전환사채의 속성을 나열하였다. 옳게 나열한 항목의 개수는?**

가. 유동성이 낮은 전환사채 나. 높은 전환프리미엄을 가진 전환사채 다. 높은 배당률을 갖는 기초자산을 가진 전환사채

① 0개
② 1개
③ 2개
④ 3개

복원완성도 ★★☆

24 **글로벌 매크로(Global Macro) 전략에 대한 설명이다. 가장 거리가 먼 것은?**

① 개별기업의 증권가치보다는 전체 자산가치의 변화로부터 투자수익을 추구하는 전략이다.
② 헤지를 하지 않고 경제추세나 특정한 사안에 영향을 받는 시장방향에 대한 예측을 근거로 시장방향성에 투자를 한다.
③ 투자판단을 위한 분석기법으로는 바텀업(Bottom Up) 방식을 사용한다.
④ 어느 한 시장이나 상품에 전문화되어 있지 않고 전 세계 여러 시장 및 상품에 투자하며, 수익률제고를 위해 파생상품이나 차입을 이용하므로 수익률과 위험이 다른 전략에 비해 큰 편이다.

복원완성도 ★★☆

25 신용파생상품에 대한 설명이다. 가장 적합한 것은?

① TRS의 총수익매도자는 본인이 자본조달비용이 높은 경제주체일 경우, TRS를 통해 직접 준거자산에 투자하는 비용보다 더 낮은 비용으로 준거자산의 수익을 합성할 수 있게 된다.
② TRS 만기일의 준거자산의 가치보다 최초 계약일의 준거자산 가치가 작을 경우 총수익 매수자가 그 차이만큼을 총수익매도자에게 지급해야 한다.
③ CDO트랜치 중 업프론트(up-front 방식) 방식으로 수익을 지급하는 것은 Equity트랜치이다.
④ Mezzanine트랜치는 두 번째로 손실을 입은 트랜치로서, 비슷한 신용등급의 회사채 혹은 ABS에 비해 높은 수익이 지급되며 잔여이익에 대한 참여권을 가진다.

2-2 해외증권투자운용/투자전략(5문항)

복원완성도 ★★☆

26 DR(Depository Receipt)에 대한 설명이다. 틀린 것으로 연결한 것은?

가. 외국주식을 DR이 아닌 원주 그대로를 수입하여 자국의 증권시장에 상장시키는 원주상장(元株上場)도 가능하다. 나. 미국증시에 상장되기를 원하는 해당 기업이 DR발행 및 상장과 관련한 비용을 직접 부담하는 것을 Unsponsored DR이라 한다. 다. 달러화 표시 해외 DR발행이 미국과 미국 이외의 시장에서 동시에 이루어지면 이는 EDR이 된다.

① 가, 나　　② 나, 다
③ 가, 다　　④ 가, 나, 다

복원완성도 ★★☆

27 DR발행기업의 입장에서 복수상장의 효과와 가장 거리가 먼 것은?

① 해외신인도 상승을 통한 기업가치 제고
② 기업정보에 대한 투명성제고를 통한 자본조달비용 절감
③ 글로벌 고객이나 현지 고객에 대한 홍보효과
④ 국내시장과 해외시장의 동시상장을 통한 상장비용 절감

복원완성도 ★★☆

28 미국 재무부 채권과 관련하여 빈칸을 옳게 연결한 것은?(순서대로)

T-Note는 (　　　　　)로 발행하며, T-Bond는 (　　　　　)로 발행한다.

① 할인채, 할인채　　② 할인채, 이표채
③ 이표채, 이표채　　④ 이표채, 할인채

복원완성도 ★☆☆

29 다음 중 외국채(foreign bond) 발행에 해당하지 않은 것은?

① 비거주자가 미달러화 표시 채권을 미국에서 발행하는 경우
② 비거주자가 파운드화 표시 채권을 영국에서 발행하는 경우
③ 비거주자가 원화 표시 채권을 한국에서 발행하는 경우
④ 비거주자가 위안화 표시 채권을 홍콩에서 발행하는 경우

복원완성도 ★★☆

30 해외주식 투자전략에 대한 설명이다. 가장 적절하지 않은 것은?

① 투자자가 가진 정보에 따라 투자대상국의 주가 및 환율을 전망하고 가장 전망이 밝은 나라의 투자비중을 높임으로써 수익률을 극대화하고자 하는 전략은 적극적 또는 공격적 전략이며, 이 경우 시장의 비효율성이 존재함을 전제한다.
② 환율과 주가전망을 투자결정에 거의 반영하지 않고 벤치마크 포트폴리오를 모방하는 전략은 소극적 또는 방어적 전략인데, 이때 벤치마크 포트폴리오를 정확하게 모방할 경우 목표수익률이 벤치마크수익률에 최대한 근접하게 되며 인덱싱 과정에서의 거래비용도 절감할 수 있다.
③ 적극적인 전략 중에서 세계 경제를 글로벌화된 산업의 집합체로 보는 방식은 상향식 접근(bottom up approach)이다.
④ 기업분석과 산업분석을 통해서 투자대상 주식과 주식 별 투자액을 미리 정하고 그 결과 전체 포트폴리오에서 차지하는 각국의 투자비중이 결정되는 것은 상향식 접근(bottom up approach)이다.

2-3 투자분석기법(12문항)

복원완성도 ★★☆

31 증권분석의 통계기초에 대한 내용이다. 가장 적절하지 않은 것은?

① 중앙값(median)은 관찰치를 크기 순서대로 나열하였을 때 정가운데 있는 값을 말하는데, 분포의 수가 짝수일 경우는 가운데 위치한 두 분포 값 중 하나의 값이 중앙값이 된다.
② '분산'은 '각각이 평균으로부터 떨어진 거리의 제곱들을 평균'한 것을 말하고, 산포경향을 나타내는 지표에 속한다.
③ 상관계수는 공분산을 각각의 표준편차의 곱으로 나누어 준 값이다.
④ 정규분포에서는 산술평균과 최빈값과 중앙값이 모두 동일하다.

복원완성도 ★★☆

32 재무비율 해석에 대한 다음 설명 중 가장 적합한 것은

① 유동비율은 높은데 당좌비율이 낮다면 재고자산 또는 선급금이 적다는 것이다.
② 부채비율이 높을수록 주주들의 기대수익률은 낮아진다.
③ 배당성향이 하락하고 있다면 해당 기업이 점차 성숙단계에 접어들고 있어 더 이상의 설비확장이나 운전자본이 필요하지 않음을 의미한다.
④ 총자산회전율이 하락하고 있다면 이는 경영효율이 하락하고 있거나 기계설비가 노후화되고 있음을 의미한다.

복원완성도 ★★☆

33 빈칸에 알맞은 것은?

매출액순이익률이 0.2(20%)이고 총자산회전율이 2(2회전)일 때, 총자산이익률은 (　　)이다.

① 0.1　　② 0.2
③ 0.3　　④ 0.4

복원완성도 ★★☆

34 **레버리지도에 대한 설명이다. 가장 적절하지 않은 것은?**

① 영업레버리지도는 판매량의 변화율을 영업이익의 변화율로 나누어서 구한다.
② 재무레버리지도는 주당이익의 변화율을 영업이익의 변화율로 나누어서 구한다.
③ 결합레버리지도는 주당이익의 변화율을 매출액의 변화율로 나누어서 구한다.
④ 결합레버리지도는 영업레버리지도와 재무레버리지도의 곱으로 얻어진다.

복원완성도 ★★☆

35 **간접법으로 영업활동현금흐름을 작성 시에 당기순이익에 가산하는 항목이 아닌 것은?**

① 매출채권의 증가
② 매입채무의 증가
③ 설비자산의 처분손실
④ 감가상각비

복원완성도 ★★☆

36 **토빈의 Q비율에 대한 설명이다. 가장 적절하지 않은 것은?**

① 자본의 시장가치를 자산의 대체원가로 나눈 비율을 말한다.
② 자산의 대체원가는 자산들의 장부가에 기반을 둔 대체원가를 말한다.
③ Q비율이 높을수록 투자수익성이 양호하고 경영이 효율적임을 의미한다.
④ Q비율이 낮을수록 적대적 M&A의 대상이 되는 경향이 있다.

복원완성도 ★★☆

37 〈보기〉는 다우이론의 장기추세 6국면 중 어디에 속하는가?

〈보기〉

- 전반적인 경제여건 및 기업의 영업수익이 호전됨으로써 일반투자자들의 관심이 고조되어 주가가 상승하고 거래량도 증가한다.
- 기술적 분석을 이용하여 주식을 투자하는 사람이 가장 많은 수익을 올릴 수 있는 국면이다.
- Mark Up 국면이라고도 한다.

① 강세 1국면
② 강세 2국면
③ 강세 3국면
④ 약세 1국면

복원완성도 ★★☆

38 그랜빌의 주가 · 이동평균선 분석상으로 매도신호에 해당하지 않은 것은?

① 이동평균선이 상승한 후 평행 또는 하락국면에서 주가가 이동평균선을 하향 돌파한 경우
② 이동평균선이 하락하고 있을 때 주가가 일시적으로 이동평균선의 위로 상승하는 경우
③ 주가가 이동평균선 아래에서 상승세를 보이다가 이동평균선을 상향 돌파를 못하고 하락하는 경우
④ 주가가 하락하고 있는 이동평균선을 하향 돌파한 후 다시 급락하는 경우

복원완성도 ★★☆

39 주가 패턴(Pattern)에 대한 다음 설명 중 가장 거리가 먼 것은?

① 다이아몬드형은 확대형과 대칭삼각형이 서로 합쳐진 모양으로, 주가의 큰 변동이 있고 난 이후 많이 나타나는 패턴이다.
② 이중바닥형은 두 번째 바닥이 첫 번째 바닥보다 더 완만하게 그리고 더 높게 형성되는 패턴을 말한다.
③ 직사각형은 주가가 수주일에서 수개월에 걸쳐서 매수와 매도세력이 서로 균형을 이루면서 횡보하는 패턴으로서, 위 아래 저항선과 지지선이 수평으로 평행을 이룬다.
④ 주가의 상승추세가 완만한 곡선을 그리면서 서서히 하락추세로 전환되는 패턴은 원형바닥형이다.

복원완성도 ★★☆

40 **다음은 산업구조변화에 대한 경제이론 들이다. 헥셔-올린 모형(Heckscher-Ohlin Model)에 해당하는 것은?**

① 인적 자본 등 요소의 내생적 축적에 의하여 산업구조의 변화가 일어난다고 본다.
② 기술혁신 또는 신제품개발 등에 의한 공급능력을 통해 산업구조가 변화한다고 본다.
③ 생산요소의 절대적 부존도에 의해 비교우위가 달성되고 비교우위를 확보한 산업을 중심으로 산업구조가 변화한다고 본다.
④ 자본의 상대적 부존도가 상승하게 되면 산업구조도 노동집약적 산업 중심에서 자본집약적 산업 중심으로 변화하게 된다고 본다.

복원완성도 ★☆☆

41 **〈보기〉는 라이프사이클의 단계별 특징을 나열한 것이다. 그렇다면 이 네 가지 특징을 라이프사이클의 단계별 순서에 맞게 배열한 것은?**

〈보기〉

가. 매출액증가율이 시장 평균보다 낮게 되거나 감소하게 되며, 이익률은 더욱 하락하여 적자기업이 다수 발생하게 된다.
나. 매출증가율이 낮으며, 이익은 과도한 고정비와 판매비 그리고 시장선점경쟁 등으로 적자를 보이거나 저조한 것이 보통이다.
다. 산업 내 기업들이 안정적인 시장점유율을 유지하면서 매출이 완만하게 늘어나며, 이익률은 시장점유율 유지를 위한 가격경쟁과 판촉경쟁 등으로 하락하고 기업별로 경영실적에 따른 영업실적의 차이가 크게 나타난다.
라. 매출액이 급증하며 시장경쟁도 약하여 이익증가가 매출증가보다 빨라 수익성이 높아지게 된다.

① 가 → 나 → 다 → 라
② 나 → 다 → 라 → 가
③ 나 → 라 → 다 → 가
④ 가 → 라 → 다 → 나

복원완성도 ★★★

42 **한 산업 내에 점유율이 동등한 4개의 기업이 존재하는 경우 허핀달 지수(HHI)는 얼마인가?(단, 허핀달 지수는 소수점 단위로 표시함)**

① 0.05
② 0.20
③ 0.25
④ 0.50

2-4 리스크 관리(8문항)

복원완성도 ★★☆

43 빈칸에 알맞은 것은?

> 포트폴리오A의 VaR은 8억 원, 포트폴리오B의 VaR은 15억 원이다. 포트폴리오A와 B 간의 상관계수가 +0.5일 때, 포트폴리오(A + B)의 VaR은 (   )이며 이때의 분산투자 효과는 (   )이다.

① 약 23억 원, 0원
② 약 20.22억 원, 약 2.78억 원
③ 약 18.7억 원, 약 4.3억 원
④ 약 17억 원, 약 6억 원

복원완성도 ★★☆

44 구조화된 몬테카를로 분석법(Structured Monte Carlo)에 대한 설명이다. 옳은 내용으로 연결한 것은?

> 가. 가치평가모형을 통해 완전가치로 평가하므로 채권이나 옵션과 같은 비선형상품의 VaR측정을 오차 없이 정확하게 측정한다.
> 나. VaR 측정에 사용되는 리스크 요인의 분포를 과거 실제로 일어났던 수치를 통해서 구한다.
> 다. 주가움직임에 대한 확률모형으로서 기하학적 브라운 운동 모형을 주로 사용한다.

① 가, 나
② 나, 다
③ 가, 다
④ 가, 나, 다

복원완성도 ★★☆

45 스트레스 검증법에 대한 설명이다. 틀린 항목으로 연결한 것은?

> 가. 과거 데이터가 없으면 사용할 수 없다.
> 나. 다른 VaR측정 방법을 대체할 수 있다.
> 다. 포트폴리오가 다중의 리스크 요소에 주로 의존할 경우에 적합하다.

① 가, 나
② 나, 다
③ 가, 다
④ 가, 나, 다

복원완성도 ★★☆

46 VaR(Value at Risk)의 한계점에 대한 내용이다. 가장 적절하지 않은 것은?

① 리스크 요인에서 과거에 발생하지 않았던 새로운 큰 변화가 생길 경우 오차가 크게 발생하여 신뢰성이 떨어지게 된다.
② VaR 측정에 필요한 자료이용에 제한이 있을 수 있으며 이 경우 손실의 계량화가 어려울 수 있다.
③ 옵션이나 채권과 같은 비선형상품에 대한 VaR 측정값은, 델타분석법과 역사적 시뮬레이션법 및 몬테카를로 시뮬레이션법에서 동일하게 나타난다.
④ 설정하는 보유기간에 따라서도 VaR 값은 달라지게 된다.

복원완성도 ★★☆

47 기존 포트폴리오에 신규 포트폴리오(A 또는 B)를 편입할 경우, 성과가 더 좋을 것으로 기대되는 투자대안은 무엇이며 이 때의 Marginal VaR은 얼마인가?(기존 포트폴리오의 VaR은 110억 원으로 가정)

구 분	투자대안 A	투자대안 B
기대수익률	10%	10%
VaR	100억 원	80억 원
기존포트폴리오에 투자대안 편입 후의 포트폴리오의 VaR	150억 원	170억 원

① A, 40억 원
② A, 50억 원
③ B, 60억 원
④ B, 90억 원

복원완성도 ★★☆

48 신용리스크와 신용손실분포의 특징에 대한 설명이다. 가장 적절하지 않은 것은?

① 신용리스크는 신용손실 분포로부터의 예상외 손실(Unexpected Loss)로서 정의된다.
② 신용손실분포는 비대칭성이 매우 강하여 한쪽으로 치우치고 얇고 짧은 꼬리를 가진 분포를 한다.
③ 신용리스크는 평균과 분산을 이용한 모수적인 방법으로 측정하기가 어렵다.
④ 신용위험을 측정하는 3가지 모형 중 MTM Mode는 부도 발생뿐 아니라 신용등급의 변화에 따른 손실도 신용리스크에 포함시키는 모형이다.

복원완성도 ★★☆

49 신용위험 측정모형으로서 KMV의 EDF모형에 대한 설명이다. 가장 적절하지 않은 것은?

① 기업의 주식가치를 자산가치가 기초자산(S)이고 부채금액이 행사가격(X)인 콜옵션으로 간주하고, 미래에 자산가치가 부채를 감당할 수 없을 정도로 낮아질 때 기업의 채무불이행이 나타난다고 보는 모형이다.
② 일반적으로 신용평가기관들은 신용평가 시에 주로 시간이 지난 회계자료에 대한 의존도가 높다. 반면에 EDF모형은 현재의 기업에 대한 정보를 많이 반영하고 있는 주가를 이용하고 있다는 것이 장점이다.
③ 이론적 EDF와 실증적 EDF는 동일하지 않다.
④ 부도거리(DD)가 3표준편차일 경우, 부도율은 표준정규분포상 3표준편차 이내에 있는 확률을 말한다.

복원완성도 ★★★

50 어떤 은행이 100억 원의 대출을 하고 있고 대출의 손실률은 30%이다. 부도모형(Default Mode)상 기대손실금액(EL)과 기대손실의 변동성금액(σ_{EL})이 동일하다고 가정하였을 때, 동 대출의 부도율은 얼마인가?(단, 부도율은 베르누이분포를 따름)

① 0.25 ② 0.50
③ 0.75 ④ 0.80

3-1 직무윤리(5문항)

복원완성도 ★★☆

51 금융투자업자와 금융소비자 간에서 발생하는 이해상충의 대표적인 사례는 과당매매이다. 그렇다면 특정거래가 과당매매(excess trading)인지 아닌지의 여부를 판단할 수 있는 기준과 가장 거리가 먼 것은?

① 일반투자자가 부담하는 수수료총액
② 일반투자자의 재산상태 및 투자목적에 적합한지의 여부
③ 일반투자자의 투자지식이나 경험에 비추어 당해 거래에 수반되는 위험을 잘 이해하고 있는지의 여부
④ 해당 거래를 통해 달성한 이익 또는 손실의 정도

복원완성도 ★★☆

52 다음 중 금융소비자보호를 위한 상품판매 단계의 원칙(또는 의무) 중에서 일반금융소비자와 전문금융소비자 모두를 대상으로 적용되는 것은?

① 적합성 원칙
② 적정성 원칙
③ 설명의무상의 투자설명서 제공의무
④ 부당권유행위 금지의무

복원완성도 ★★☆

53 〈보기〉는 금융소비자보호 내부통제위원회의 의결 및 심의사항을 나열한 것이다. 옳은 항목으로 연결한 것은?

〈보기〉

가. 중요 민원·분쟁에 대한 대응결과에 관한 사항
나. 금융상품의 개발, 영업방식 및 관련 정보공시에 관한 사항
다. 임직원의 성과보상체계에 대한 금융소비자보호 측면에서의 평가에 관한 사항

① 가, 나
② 나. 다
③ 가, 다
④ 가, 나, 다

복원완성도 ★☆☆

54 **금융투자회사 표준윤리준칙 제6조 '정보보호'에 대한 내용이다. 가장 적절하지 않은 것은?**

① 고객 또는 거래상대방에 관한 신상정보, 매매거래내역 등은 기록형태나 기록유무와 관계없이 비밀정보로 본다.

② 비밀정보는 회사에서 정한 기준에 따라 정당한 권한을 보유하고 있거나 권한을 위임받은 자 만이 열람할 수 있다.

③ 임직원은 어떠한 경우에도 자신 또는 제3자를 위하여 비밀정보를 이용해서는 안 된다.

④ 임직원이 회사를 퇴직하는 경우 퇴직 이전에 회사의 경영관련 서류, 기록, 데이터 및 고객관련 정보 등 일체의 비밀정보를 회사에 반납해야 한다.

복원완성도 ★★☆

55 **영업점별 영업관리자에 대한 설명이다. 가장 적절하지 않은 것은?**

① 영업관리자는 영업점에서 1년 이상 근무한 경력이 있거나 준법감시・감사업무를 1년 이상 수행한 경력이 있는 자로서 당해 영업점에서 상근하고 있을 것 등의 요건을 갖추어야 한다.

② 준법감시인은 위임의 범위와 책임의 한계 등이 명확히 구분된 경우 준법감시업무 중 일부를 영업관리자에게 위임할 수 있다.

③ 영업관리자는 원칙적으로 영업점장이 아닌 책임자급에서 임명하며 임기는 1년 이상으로 한다.

④ 영업점별 영업관리자에게 업무수행의 결과에 따른 보상을 지급할 수는 없지만, 준법감시업무로 인하여 인사・급여 등에서 불이익을 받지 않도록 해야 한다.

3-2 자본시장법 및 금융위규정(11문항)

복원완성도 ★★☆

56 금융투자상품의 정의와 관련하여 빈칸을 옳게 연결한 것은?(순서대로)

> • (　　　)은 특정 투자자가 그 투자자와 타인 간의 공동사업에 금전 등을 투자하고 주로 타인이 수행한 공동사업의 결과에 따른 손익을 귀속 받는 계약상의 권리가 표시된 증권이다.
> • (　　　)은 기초자산의 가격・이자율・지표・단위 또는 이를 기초로 하는 지수 등의 변동과 연계하여 미리 정해진 방법에 따라 지급금액 또는 회수금액이 결정되는 권리가 표시된 증권이다.

① 수익증권-파생상품
② 수익증권-파생결합증권
③ 투자계약증권-파생상품
④ 투자계약증권-파생결합증권

복원완성도 ★★★

57 자본시장법상 금융투자업을 영위하기 위해서는 금융위원회로부터 인가 또는 등록을 받아야 하는 바, 다음 중 인가대상 금융투자업이 아닌 것은?

① 투자매매업　② 투자중개업
③ 투자일임업　④ 신탁업

복원완성도 ★☆☆

58 재무건전성 규제(순자본비율규제, 레버리지규제 등)와 관련하여 옳은 항목을 모두 묶은 것은?

> 가. 순자본비율은 영업용순자본을 총위험으로 나눈 비율을 말한다.
> 나. 필요유지자기자본은 금융투자업자가 영위하는 인가업무 또는 등록업무 단위별로 요구되는 자기자본을 합계한 금액을 말한다.
> 다. 레버리지 비율은 개별 재무상태표상의 자기자본 대비 총자산의 비율로 계산된다.

① 가, 나　② 나, 다
③ 가, 다　④ 가, 나, 다

복원완성도 ★☆☆

59 **부당권유행위 금지(금소법 제21조)에 대한 내용이다. 가장 적절하지 않은 것은?**

① 불확실한 사항에 대하여 단정적 판단을 제공하거나 확실하다고 오인하게 할 여지가 있는 내용을 알리는 행위는 금지된다.

② 금융상품의 가치에 중대한 영향을 미치는 사항을 미리 알고 있으면서 금융소비자에게 알리지 않는 행위는 금지된다.

③ 금융소비자로부터 계약의 체결권유를 해줄 것을 요청받지 아니하고 방문・전화 등 실시간 대화의 방법을 이용하는 행위는 원칙상 금지된다.

④ 계약체결의 권유를 받은 금융소비자가 이를 거부하는 취지의 의사를 표시하였는데도 계약의 체결권유를 계속하는 행위는 금지되지만, 동일 금융투자상품에 대해서 1년이 지난 후부터 다시 권유하는 것은 예외로 인정된다.

복원완성도 ★★☆

60 **투자매매업자 또는 투자중개업자에 대한 신용공여 규제에 대한 설명으로 가장 적절하지 않은 것은?**

① 신용공여를 하고자 하는 경우 투자자와 신용공여에 관한 약정을 체결해야 하고, 투자자로부터 신용거래를 수탁 받은 때에는 신용거래계좌를 설정해야 한다.

② 신용공여 한도는 총자산의 범위 이내로 한다.

③ 신용거래 융자는 매수한 증권을, 신용거래 대주는 매도대금을 담보로 징구한다.

④ 신용공여의 하나로서 청약자금대출의 경우에는 청약하여 배정받은 증권을 담보로 징구해야 한다.

복원완성도 ★★☆

61 **투자자예탁금의 별도예치제도에 대한 설명이다. 옳은 항목의 개수는?**

가. '투자매매업자 또는 투자중개업자(예탁을 하는 예치 금융투자업자)'가 '증권금융회사 또는 신탁업자(예탁을 받는 예치기관)'에게 투자자예탁금을 예치 또는 신탁하는 경우에는, 그 투자자예탁금이 예치 금융투자업자의 고유재산임을 명시해야 한다.
나. 겸영금융투자업자는 증권금융회사에 예치하지 않고 신탁업자에게 신탁할 수 있는데, 겸영금융투자업자로서 은행과 보험회사 등이 자신이 신탁업자로서 투자자예탁금을 보관하는 것은 금지된다.
다. 예치 금융투자업자가 다른 회사에 흡수합병되거나 금융투자업의 전부 또는 일부를 양도하는 경우에는, 예치기관에 예치한 투자자예탁금을 인출하여 투자자에게 우선 지급해야 한다.

① 0개　② 1개
③ 2개　④ 3개

복원완성도 ★★☆

62 〈보기〉 중에서 공모형 집합투자기구가 동일종목 증권에 투자할 때 집합투자기구 자산총액의 100분의 30까지 투자할 수 있는 항목으로 연결한 것은?

〈보기〉

가. 지방채
나. 한국은행 통화안정증권
다. 파생결합증권

① 가, 나
② 나, 다
③ 가, 다
④ 가, 나, 다

복원완성도 ★★☆

63 집합투자기구의 금전차입에 대한 내용이다. 빈칸의 수를 합한 숫자는?

- 집합투자업자는 집합투자재산을 운용함에 있어서 집합투자기구의 계산으로 금전을 차입할 수 없다. 단, 대량 환매청구나 매수청구가 발생하는 경우 집합투자기구 순자산액의 (　　)% 이내에서 예외적인 차입이 가능하다.
- 집합투자업자는 집합투자재산을 운용함에 있어서 집합투자재산으로 금전을 대여할 수 없다. 단, 부동산 개발사업을 영위하는 법인에 대해서는 집합투자기구 순자산총액의 (　　)%를 한도로 대여가 가능하다.

① 110
② 170
③ 210
④ 300

복원완성도 ★☆☆

64 집합투자기구의 이익금의 분배와 관련한 설명이다. 옳은 것은?

① 집합투자업자는 집합투자재산 운용에 따라 발생한 이익금을 투자자에게 금전으로만 분배해야 한다.
② 투자회사가 이익금의 전액을 새로 발행하는 주식으로 분배하려는 경우에는, 정관이 정하는 바에 따라 발행주식 수, 발행시기 및 주식발행에 필요한 사항에 대해 주주총회의 결의를 거쳐야 한다.
③ 모든 집합투자기구는 그 집합투자기구의 특성을 고려하여 집합투자규약이 정하는 바에 따라 이익금의 분배를 유보할 수 있다.
④ 모든 집합투자기구는 그 집합투자기구의 특성을 고려하여 이익금을 초과하는 분배를 할 수 있는데, 투자회사의 경우 순자산액에서 최저순자산액을 뺀 금액을 초과하는 분배는 할 수 없다.

복원완성도 ★☆☆

65 **투자일임업자는 자기 또는 관계인수인이 인수한 증권을 투자일임재산으로 매수하는 행위는 금지된다. 단, 투자자보호 및 건전한 거래질서를 해할 우려가 없는 경우는 예외가 인정되는 바, 〈보기〉 중에서 예외로 인정되는 항목의 개수는 몇 개인가?**

〈보기〉

가. 인수일로부터 1개월이 지난 후 매수하는 경우
나. 인수한 상장주권을 증권시장에서 매수하는 경우
다. 국채, 지방채, 통안채, 특수채를 매수하는 경우
라. 주식관련사채를 매수하는 경우
마. 상각형 조건부 자본증권을 매수하는 경우

① 1개 ② 2개
③ 3개 ④ 4개

복원완성도 ★☆☆

66 **자본시장법상의 공공적 법인에 대한 내용이다. 옳은 것으로 묶은 것은?**

가. 주주 별 소유한도는 발행주식 총수의 100분의 3을 원칙으로 한다.
나. 공공적법인의 상장 당시 발행주식 총수의 100분의 10 이상을 소유한 주주는 그 소유 비율까지 소유할 수 있다.
다. 의결권이 없는 주식은 발행주식 총수에 포함되지 않는다.

① 가, 나 ② 나, 다
③ 가, 다 ④ 가, 나, 다

3-3 한국금융투자협회 규정(3문항)

복원완성도 ★★☆

67 재산상 이익의 제공 및 수령에 대한 설명이다. 가장 거리가 먼 것은?

① 금융투자회사 및 그 종사자가 거래상대방에게 제공하거나 거래상대방으로부터 수령한 재산상 이익의 가액이 10억 원을 초과할 경우 즉시 공시해야 한다.

② 금융투자회사가 거래상대방에게 재산상 이익을 제공하거나 제공받은 경우 제공목적, 제공내용, 제공일자, 거래상대방, 경제적 가치 등을 5년 이상 기록・보관해야 한다.

③ 금융투자회사 및 그 종사자의 재산상 이익의 제공현황 및 적정성 점검 결과는 3년마다 이사회에 보고해야 한다.

④ 금융투자회사는 이사회가 정한 금액을 초과하여 동일한 거래상대방과 재산상 이익을 제공하거나 수령하려는 경우 이사회의 사전승인을 받아야 한다.

복원완성도 ★★☆

68 금융투자전문인력과 자격시험에 관한 규정에 대한 설명이다. 틀린 내용으로 연결한 것은?

가. 금융투자상품에 대한 투자운용업무는 증권운용전문인력에 해당하는 자가 그 업무를 수행할 수 있다.
나. 사회기반시설 투자운용업무는 사회기반시설운용전문인력에 해당하는 자가 그 업무를 수행할 수 있다.
다. 투자자산운용사(투자운용인력)는 집합투자재산과 신탁재산을 운용하는 업무를 수행하며 투자일임재산은 투자자산운용사의 운용대상에서 제외된다.
라. 투자신탁의 집합투자재산 운용에 있어서 집합투자재산의 운용을 담당하는 업무와 그 취득・처분을 실행하는 업무의 겸직이 가능하다.

① 가, 나
② 다, 라
③ 가, 다
④ 나, 라

복원완성도 ★★☆

69 금융투자회사의 약관운용에 관한 규정이다. 틀린 내용으로 연결한 것은?

가. 금융위원회는 건전한 거래질서를 확립하고 불공정한 내용의 약관이 통용되는 것을 방지하기 위하여 금융투자업 영위와 관련하여 표준이 되는 약관을 정할 수 있다.
나. 금융투자회사는 업무와 관련하여 표준약관을 그대로 사용하거나 수정하여 사용하거나 또는 새롭게 제정하여 사용할 수 있다.
다. 외국집합투자증권 매매거래에 관한 표준약관은 표준약관 그대로 사용해야 한다.
라. 금융투자회사는 금융투자업의 영위와 관련하여 약관을 제정·변경하는 경우에는 약관의 제정·변경 후 10일 이내에 협회에 보고하는 것이 원칙이다.

① 가, 나 ② 나, 다
③ 다, 라 ④ 가, 라

3-4 주식투자운용/투자전략(6문항)

복원완성도 ★★☆

70 〈보기〉에서 틀린 내용으로 모두 묶은 것은?

〈보기〉

가. 약형의 효율적 시장가설에 의하면 과거 주가의 움직임은 미래 주가 움직임의 방향이나 그 크기에 대한 어떠한 정보도 제공하지 않는다.
나. 준강형의 효율적 시장가설에 의하면 기업에 대해 알려졌거나 예측 가능한 정보는 주가분석에 도움이 되지 않는다.
다. 만약 강한 형태의 효율적 시장가설이 어떤 형태의 패시브 운용도 시도할 필요가 없다.

① 가, 나 ② 나, 다
③ 가, 다 ④ 가, 나, 다

복원완성도 ★☆☆

71 **보험자산배분전략(Insured Asset Allocation)에 대한 설명이다. 가장 거리가 먼 것은?**

① 자산배분을 초단기적으로 변경하는 전략으로서 가능한 한 미래예측치를 사용하지 않고 시장가격의 변화 추세만을 반영하여 운용하는 수동적인 전략이다.

② 보험자산배분 전략은 옵션을 이용하지 않고 보험 포트폴리오의 수익구조를 창출하기 위한 것으로서, 포트폴리오 가치가 하락할 경우 위험자산의 비중을 증가시키는 방식으로 운용한다.

③ 보험자산배분 전략 중 OBPI(옵션모형을 이용한 포트폴리오 보험) 전략은 내재변동성 추정에 있어서 과대추정 또는 과소추정의 문제가 발생한다.

④ 보험자산배분 전략 중 CPPI(고정비율 포트폴리오 보험) 전략은 쿠션에 승수를 곱한 만큼 위험자산(주식투자금액)에 투입한다.

복원완성도 ★★☆

72 **〈보기〉의 지수 중에서 '주가가중방식'에 해당하는 것으로 묶은 것은?**

〈보기〉

가. 코스피200 지수(KOSPI200)
나. 다우존스 산업평균 지수(DJIA)
다. 니께이 225 지수(Nikkei 225)

① 가, 나
② 나, 다
③ 가, 다
④ 가, 나, 다

복원완성도 ★☆☆

73 **인덱스 펀드를 구성하는 세가지 방식 중 최적화법(optimization)에 해당하는 내용으로 묶은 것은?**

가. 벤치마크를 구성하는 모든 종목을 벤치마크의 구성비율대로 사서 보유하는 방식이다.
나. 벤치마크에 포함된 대형주는 모두 포함하되 중소형주들은 펀드의 성격이 벤치마크와 유사하도록 일부 종목만을 포함하는 방식이다.
다. 포트폴리오 모형을 이용하여 주어진 벤치마크에 대비한 잔차위험이 허용수준 이하인 포트폴리오를 만드는 방식이다.
라. 모형에 사용된 가격정보가 과거 자료라는 점에서 근본적인 문제가 있는데, 미래의 시장이 과거시장과 상당히 다르다면 실제로 실현된 잔차는 인덱스펀드를 구성할 때의 잔차와 상당히 다를 수 있다.

① 가, 나
② 다, 라
③ 가, 다
④ 나, 라

복원완성도 ★★☆

74 성장투자스타일(growth investment style)에 대한 설명이다. 옳은 항목으로 묶은 것은?

> 가. 기업의 주당순이익이 미래에 증가하고 PER이 낮아지지 않는다면 주가는 최소한 주당순이익(EPS) 만큼 상승할 것으로 가정한다.
> 나. 기업의 수익은 평균으로 회귀하는 경향을 가진다는 것을 논리적 근거로 한다.
> 다. 고배당주에 투자한다.
> 라. 예측했던 EPS증가율이 예상대로 실현되지 않을 경우 큰 투자손실을 볼 수 있다.

① 가, 나
② 나, 다
③ 다, 라
④ 가, 라

복원완성도 ★★☆

75 주식포트폴리오 모형에 대한 설명이다. 옳은 것으로 연결한 것은?

> 가. 패시브 운용에서는 포트폴리오의 위험요소를 벤치마크의 위험요소와 동일한 수준으로 유지하기 위한 목적으로 주식포트폴리오 모형을 이용한다.
> 나. 2차함수 최적화 모형은 기대수익률과 추정 위험 간의 최적의 균형점을 찾아 최적의 투자를 하고자 하는 모형인데, 현실적으로 기대수익률과 위험에 대한 정확한 값을 찾을 수 없다는 문제점이 있다.
> 다. 일정한 제약조건을 만족시키는 포트폴리오 중에서 기대수익률을 최대화하는 방법을 찾는 것은 선형계획 모형이다.

① 가, 나
② 나, 다
③ 가, 다
④ 가, 나, 다

3-5 채권투자운용/투자전략(6문항)

복원완성도 ★★☆

76 옵션부채권에 대한 설명이다. 틀린 항목의 개수는?

가. 수의상환채권은 채권자에게 불리하므로 일반채권에 비해 높은 액면이자율로 발행하는 것이 일반적이다.
나. 수의상환채권의 가치는 '일반채권의 가치−콜옵션의 가치'이다.
다. 수의상환채권은 채권수익률이 하락할 경우 중도상환위험이 높아진다.
라. 수의상환채권에서의 콜옵션 행사는 해당 채권의 듀레이션을 감소시킨다.

① 0개 ② 1개
③ 2개 ④ 3개

복원완성도 ★☆☆

77 채권의 유통시장에 대한 설명이다. 옳은 것은?

① 채권 유통시장은 우리나라를 포함한 대부분의 나라에서 장외시장의 비중이 더 높은 것이 특징이다.
② 장내시장에서 개설된 국채전문시장에서의 국고채의 매매수량 단위는 100억 원이다.
③ 채권은 장내시장, 장외시장 모두 상대매매 방식으로 거래된다.
④ 채권의 장외시장에서는 장외채권만 거래된다.

복원완성도 ★★☆

78 채권가격과 채권수익률에 대한 설명이다. 가장 적절하지 않은 것은?

① 표면금리가 만기수익률보다 높은 경우 채권가격은 채권액면가보다 낮게 거래된다.
② 이표채의 경우, 만기수익률은 채권을 만기까지 보유하고 중도에 지급된 이자를 만기수익률과 동일한 수익률로 만기까지 재투자 될 때에만 실현될 수 있는 약속된 수익률이다.
③ 무이표채의 경우 만기까지 보유 시 약속된 만기수익률을 실현할 수 있다.
④ 만기가 길어질수록 또는 이표율이 높을수록 재투자위험이 증가한다.

복원완성도 ★★☆

79 **채권가격의 움직임에 대한 설명이다. 가장 적절하지 않은 것은?**

① 채권가격은 채권수익률과 반대방향으로 움직인다.

② 채권의 잔존기간이 길수록 채권가격의 변동폭은 체감적으로 증가한다.

③ 만기가 일정할 때 채권수익률 하락으로 인한 채권가격의 상승폭은 채권수익률 상승으로 인한 채권가격의 하락폭보다 적다.

④ 이자의 지급주기가 짧아지면 채권가격의 변동이 적어진다.

복원완성도 ★★★

80 **현 시점에서 1년 만기 현물이자율($_0R_1$)이 3%, 2년 만기 현물이자율($_0R_2$)이 3.5% 일 때, 향후 1년 후의 1년 만기 내재선도이자율($_1f_1$)에 가장 가까운 값은 얼마인가?(불편기대이론에 따름)**

① 3.0% ② 3.5%

③ 4.0% ④ 5.0%

복원완성도 ★☆☆

81 **채권 운용전략에 대한 내용이다. 가장 적절하지 않은 것은?**

① 시장이 효율적일 경우는 채권교체전략을 통해 초과수익을 얻을 수 없다.

② 금리수준이 일정하더라도 잔존기간이 짧아지면 그만큼 수익률이 하락하여 채권가격이 상승하는데, 이를 통해 매매차익을 얻고자 하는 전략은 숄더효과를 말한다.

③ 채권별 보유량을 각 잔존기간마다 동일하게 유지함으로써 시세변동위험을 평준화시키고 수익성도 적정수준을 확보하려는 전략은 사다리형 만기전략이다.

④ 채권인덱싱전략은 채권시장 전체의 흐름을 그대로 따르는 포트폴리오를 구성하여 채권시장의 전체 수익률을 달성하려는 전략이며, 채권시장이 효율적이라고 전제한다.

3-6 파생상품투자운용/투자전략(6문항)

복원완성도 ★★☆

82 빈칸을 옳게 연결한 것은?(순서대로)

선물의 시장가격이 현물의 시장가격보다 높은 상태를 ( ) 또는 ( )이라고 표현한다.

① 콘탱고, 정상시장
② 콘탱고, 역조시장
③ 백워데이션, 정상시장
④ 백워데이션, 역조시장

복원완성도 ★★☆

83 빈칸에 알맞은 것은?

( )는 임의의 거래일에 있어서 현물가격과 선물가격의 차이를 의미한다.

① 베타
② 표준편차
③ 공분산
④ 베이시스

복원완성도 ★★☆

84 옵션의 기본개념이다. 가장 적절하지 않은 것은?

① 기초자산을 미래의 일정시점에서 미리 정한 가격에 매수할 수 있는 권리가 있는 상품을 콜옵션이라 한다.
② 보유하고 있는 옵션에 대한 권리행사를 만기 시점 이전에 아무 때나 한번 행사할 수 있는 옵션은 미국식 옵션이다.
③ 콜옵션이든 풋옵션이든 내재가치가 양의 값을 보이는 상태를 내가격이라 한다.
④ 행사가격이 동일하되 만기가 다른 서로 다른 두 개의 옵션에 대해 동시에 매수와 매도를 하면 수직스프레드가 된다.

복원완성도 ★★☆

85 행사가격이 300p인 풋옵션을 1계약 매도(프리미엄 5point)하고, 행사가격이 295p인 풋옵션을 1계약 매수(프리미엄 1point)하였다. 만기시점에 청산된 기초자산가격이 297p라고 할 때, 이 스프레드포지션의 손익은 얼마인가?(p : point)

① 0.5포인트 손실
② 1.0포인트 손실
③ 1.0포인트 이익
④ 2.5포인트 이익

복원완성도 ★★☆

86 다음 중 변동성이 확대될 때 수익이 나는 포지션은?

가. 스트래들 매수 나. 스트랭글 매수 다. 콜옵션 매수 라. 콜옵션 매도

① 가, 나
② 가, 나, 다
③ 나, 다, 라
④ 가, 나, 다, 라

복원완성도 ★★☆

87 옵션민감도 지표에 대한 설명으로 옳은 것은?

① 델타는 기초자산의 변동성 변화에 따라 옵션가격이 얼마나 변하는가 하는 민감도를 보여주는 지표이다.
② 로우는 기초자산이 변화할 때 델타가 얼마나 변하는가 하는 민감도를 보여주는 지표이다.
③ 쎄타는 시간의 경과에 따라 옵션가격이 얼마나 변하는가 하는 민감도를 보여주는 지표이다.
④ 감마는 기초자산이 변화할 때 옵션가격이 얼마나 변하는가 하는 민감도를 보여주는 지표이다.

3-7 투자운용결과분석(4문항)

복원완성도 ★★☆

88 금액가중수익률과 시간가중수익률에 대한 내용이다. 보기의 내용을 옳게 분류한 것은?

> 가. 투자자가 실제로 획득한 수익을 투자기간을 고려하여 측정함에 있어 가장 정확하다.
> 나. 펀드에 투자한 현금흐름의 현재가치와 펀드에서 발생하는 수익의 현재가치를 일치시키는 할인율이다.
> 다. 운용기간 중 각 시점별로 펀드성과와 시장수익률을 비교하기가 용이하다.

	금액가중수익률	시간가중수익률
①	가, 나	다
②	가	나, 다
③	가, 다	나
④	나	가, 다

복원완성도 ★★☆

89 시장수익률이 상승할 경우(플러스 수익률), 포지션의 수익률이 가장 낮아지는 포지션 베타는 얼마인가?

① −1.0
② −0.5
③ +0.5
④ +1.0

복원완성도 ★★☆

90 기준지표(벤치마크)의 바람직한 속성이다. 옳은 것으로 연결한 것은?

> 가. 벤치마크는 평가기간이 시작되기 전에 미리 정해져야 한다.
> 나. 실행가능한 투자대안이어야 하며, 적극적인 운용을 하지 않는 경우에 기준지표의 구성종목에 투자하여 보유할 수 있어야 한다.
> 다. 일반에게 공개된 정보로부터 계산할 수 있어야 하며, 원하는 기간마다 기준지표 자체의 수익률을 계산할 수 있어야 한다.

① 가, 나
② 나, 다
③ 가, 다
④ 가, 나, 다

복원완성도 ★★☆

91 아래 표의 정보를 이용하여 계산할 때, A펀드가 B펀드에 비해 우월하게 나타나는 성과지표는 무엇인가?(벤치마크수익률은 5%, 무위험수익률은 2%로 가정)

구 분	A 펀드	B 펀드
포트폴리오수익률	8%	14%
표준편차	10%	20%
베타	0.5	2.0
잔차위험	5%	10%

① 샤프비율
② 트레이너비율
③ 젠센의 알파
④ 정보비율

3-8 거시경제(4문항)

복원완성도 ★★☆

92 유동성함정(Liquidity Trap)에 대한 설명이다. 틀린 것으로 연결한 것은?

> 가. 이자율이 임계이자율 이하로 하락하면, 사람들은 더 이상 이자율이 내려가지 않을 것으로 판단하여 채권보유를 포기하고 모두 화폐를 보유함으로써 화폐수요가 폭발적으로 증가한다. 즉 임계이자율 지점에서는 화폐수요탄력성이 무한대가 된다.
> 나. 유동성함정 구간에서 LM곡선은 수직의 상태를 보인다.
> 다. 유동성함정 구간에서 확대재정정책을 집행할 경우 완전구축효과가 나타난다.
> 라. 유동성함정 구간을 탈출할 수 있는 고전학파의 이론은 '피구효과(Pigou Effect)'이다.

① 가, 나
② 나, 다
③ 다, 라
④ 가, 라

복원완성도 ★☆☆

93 경제이론에 대한 설명이다. 가장 적절하지 않은 것은?

① 확대재정정책이 이자율을 상승시켜 민간투자를 위축시키는 현상을 구축효과라고 한다.

② 경기불황이 심해짐에 따라 물가가 급속히 하락하고 경제주체들의 보유한 화폐량의 실질가치가 증가하게 되어 민간의 부가 증가하고 그에 따라 소비 및 총수요가 증대되는 현상을 피구효과라고 한다.

③ 리카르도 불변정리는 합리적 경제주체가 현재 세금의 감소를 미래 세금의 증가로 인식하기 때문에 세금감소는 민간의 저축을 증대시킬 뿐 총수요에는 변동이 없다고 보았다.

④ 합리적 기대학파는 정부의 통화정책이 예측된 것인가 아니면 예측되지 못한 것인가에 따라 통화정책의 효과가 상이하다고 주장하는데, 예상치 못한 통화정책 즉 화폐충격은 계속해서 사용하더라도 화폐공급의 증가가 생산을 촉진시킬 수 있다고 보았다.

복원완성도 ★★☆

94 빈칸에 알맞은 것은?(〈보기〉의 내재선도이자율은 불편기대이론상의 내재선도이자율을 말함)

〈보기〉

- 1년 만기 현물이자율($_0R_1$)은 5%이며, 1년 후부터 향후 1년 간의 내재선도이자율($_1f_1$)은 6%, 2년 후부터 향후 1년간의 내재선도이자율($_2f_1$)은 7%이다.
- 이 3기간 모형에서 유동성프리미엄이론 상의 3년 만기 채권수익률이 7.5%이라고 가정할 때, 불편기대이론 상의 3년 만기 채권수익률에 가산된 3년 만기 유동성프리미엄은 (　　)이다.

① 0.5%　　② 1.0%

③ 1.5%　　④ 2.0%

복원완성도 ★★☆

95 〈보기〉의 정보에 따를 때, 통화유통속도는 얼마인가?

〈보기〉

통화량 2,000조, 실질GDP 3,200조, GDP디플레이터 0.5

① 0.50　　② 0.80

③ 1.25　　④ 1.60

3-9 분산투자기법(5문항)

복원완성도 ★☆☆

96 투자종목의 수와 위험분산효과에 대한 설명이다. 가장 적합한 것은?

① 포트폴리오에 포함하는 종목의 수가 계속 증가할수록 포트폴리오의 위험은 각 종목들 간의 공분산의 평균에 접근해 간다.

② 포트폴리오에 편입되는 종목의 수를 무한히 증가시키면 시장위험이 0(제로)으로 수렴한다.

③ 자산 간의 상관계수가 0일 경우에는 종목의 수를 늘려도 위험분산효과가 발생하지 않는다.

④ 포트폴리오 투자에 있어서 적절한 보상은 비체계적 위험에 한정된다.

복원완성도 ★★★

97 자산X의 표준편차는 0.2, 자산Y의 표준편차는 0.3, 두 자산 간의 상관계수는 −1일 경우, 최소분산포트폴리오가 되는 자산X의 비중은 얼마인가?

① 0.40　　② 0.60

③ 0.80　　④ 0.90

복원완성도 ★★☆

98 주식J의 정보가 보기와 같다. 증권시장선(SML)상의 주식J의 요구수익률은 얼마인가?

무위험수익률 2%, 시장기대수익률 3%, 시장기대수익률의 분산 4%, 주식J와 시장기대수익률 간의 공분산 16%

① 4%　　② 5%

③ 6%　　④ 7%

복원완성도 ★★☆

99 베타 계산과 관련하여 빈칸에 알맞은 것은?

X주식의 베타는 2.5, Y주식의 베타는 0.5, 무위험이자율은 3%, 시장포트폴리오의 기대수익률은 6%이다. 이 경우, 동일가중 포트폴리오를 구성할 때 동 포트폴리오의 베타는 (　　)이다.

① 0.5
② 1.0
③ 1.5
④ 2.0

복원완성도 ★★☆

100 수익률의 측정과 관련하여 빈칸에 알맞은 것은?

(　　　　)은 서로 상이한 시점에서 발생하는 현금흐름의 크기와 화폐의 시간적 가치가 고려된 평균수익률 개념으로서, 현금유출액의 현재가치와 현금유입액의 현재가치를 일치시켜주는 할인율로 계산된다.

① 산술평균수익률
② 기하평균수익률
③ 내부수익률
④ 시간가중수익률

투자자산운용사 출제동형 PLUS

최신 9회분

43회차 시험 출제동형

43회 시험은 어렵게 출제되었습니다. 최근 3년 내 가장 어려웠던 시험은 신유형이 15문항 출제되었던 36회이었고 그 다음으로는 개수고르기 유형이 가장 많이 나왔던(11문항) 41회였는데, 43회 시험의 신유형은 8문항, 개수유형은 11문항이 출제되어 36회 보다는 쉬웠으나 41회 보다는 어려웠다고 평가할 수 있습니다.

단 이렇게 어려웠던 시험에서도 기출교재(출제동형 또는 패스코드)를 정독하였다면 평이하게 정답을 찾을 수 있는 문항이 80~85문항이 나왔다는 점에서, 기출교재가 시험합격에 얼마나 큰 기여를 하는지를 다시 한 번 확인할 수 있는 시험이었습니다.

※ 43회 시험 특징

▶ 신유형 : 8문항으로 평상보다 약간 많은 수준으로 출제

→ '청약철회, 온라인소액투자, 볼록성계산, 우선주가치평가 등 8문제가 출제되었는데, 이 중 4문제가 '난이도 상'이어서 어려움이 있었음

▶ 계산문제 : 12문항으로 평상보다 낮은 수준으로 출제

→ 'EVA계산, RAROC, VaR전환, 옵션VaR, CPPI, 볼록성 2문제 등' 12문제로서 평소보다 적은 수준인데, 이는 기본적 분석의 문항수(4문항 출제) 감소와 분산투자이론의 계산문제 감소에 의한 것으로 분석됨

→ 테일러 공식을 활용한 볼록성 계산은 '연번 문제(79번, 80번)'로 출제되었는데, 연번문제가 출제된 것은 43회가 처음으로 추정됨

▶ 개수고르기 유형 : 11문항으로 직전 회차 대비 급증

→ 42회 시험에서 개수 고르기 유형은 2문제가 출제되었으나 이번 회차에서 11문항이 출제되었음. 최다 수준으로서(41회 수준), 이번 시험을 어렵게 한 중요 요인으로 작용

※ 시험 전략 : 출제동형 100문항의 '기출주제를 확실이 이해하는 것'이 최선의 전략!

늘 강조드리고 있습니다만, '기존의 기출주제를 확실히 이해'하는 것이 최선의 전략이 됩니다.
합격하지 못한다면 이는 '신유형 때문'이 아니라 '기존 기출주제에서 충분한 득점을 못했기 때문'입니다. 이번 시험에서도 검증된 것처럼, '출제동형 교재 기출풀을 확실히 히 이해하면' 시험이 아무리 어렵게 나오더라도 무난히 합격할 수 있습니다. 그리고 '출제동형과 패스코드'는 시중 모든 기출교재의 리딩교재로서, POOL의 양적·질적인 경쟁력에서 당연히 앞서 있습니다. 따라서 적중률과 실력향상 면에서도 최고일 수 밖에 없으니 믿고 학습하시길 바랍니다. 수험생 여러분의 합격을 응원합니다!

투자자산운용사 출제동형 PLUS 최신 9회분	
# 43회차 (2025. 10. 19 시험)	문항 수 : 100문항 시험시간 : 120분

※ 시험난이도 상향에 대비하는 차원에서, 동일문항 기출이 반복될 경우 '변형복원'을 적극 반영하고 있습니다. 따라서 '변형된 기출' 문항을 학습 시에는 해설의 학습안내를 참고하여 '변형 전 기출'도 꼭 확인하시길 바랍니다.

1-1 세제관련 법규/세무전략(7문항)

복원완성도 ★★☆

01 국세기본법에 대한 내용이다. 가장 적절하지 않은 것은?

① 송달장소가 분명하지 아니한 경우와 같이 송달이 곤란한 때에는 서류의 주요 내용을 공고한 날로부터 14일이 경과함으로써 서류가 송달된 것으로 본다.

② 정보통신망을 이용한 송달은 서류의 송달을 받아야 할 자가 신청하는 경우에 한하여 가능하다.

③ 과세표준신고서를 법정신고기한 내에 제출한 자가 과세표준 및 세액을 과다하게 신고하거나 결손금 또는 환급세액을 과소신고한 때에는 해당 과세표준 및 세액의 결정 또는 경정을 법정신고기한이 지난 후 5년 이내에 관할 세무서장에게 청구할 수 있다.

④ 처분청의 처분을 안 날로부터 90일 이내에 국세청 또는 감사원에 제기하는 불복절차는 심판청구이다.

복원완성도 ★★☆

02 〈보기〉에서 국세기본법상 '납부의무 소멸사유'에 해당하지 않는 항목의 개수는?

〈보기〉

가. 납부하였거나, 충당되었거나, 부과처분이 취소된 경우
나. 과세기간이 끝나는 때
다. 납부고지·독촉 또는 교부청구나 압류가 있는 때
라. 소멸시효가 완성된 때

① 0개 ② 1개
③ 2개 ④ 3개

복원완성도 ★★☆

03 〈보기〉에서 무조건분리과세 대상에 해당하는 항목의 개수는?

〈보기〉

직장공제회 초과반환금, 비실명거래로 인한 이자소득, 비영업대금의 이익, 법원보관금에서 발생한 이자소득, 300만 원 이하의 기타소득, 파생결합증권으로부터의 이익

① 2개
② 3개
③ 4개
④ 5개

복원완성도 ★★☆

04 〈보기〉 중에서 양도소득세가 부과될 수 있는 대상의 개수는?(거주자 대상)

〈보기〉

가. 소액주주가 양도한 비상장주식에서 발생한 양도소득
나. 한국토지주택공사가 발행한 토지상환채권에서 발생한 양도소득
다. 주가지수관련 장외파생상품에서 발생한 양도소득

① 0개
② 1개
③ 2개
④ 3개

복원완성도 ★★☆

05 비거주자 과세에 대한 설명이다. 가장 적절하지 않은 것은?

① 비거주자가 국내 증권시장에서 유가증권을 양도하여 얻은 소득에 대해서는 비과세한다.
② 국내사업장이 없는 비거주자가 국내증권시장에서 장내파생상품을 양도하여 얻은 소득에 대해서는 비과세한다.
③ 비거주자가 위험회피목적상으로 장외파생상품을 양도하여 얻는 소득에 대해서는 비과세한다.
④ 비거주자의 국내원천소득 지급자는 법정원천징수세율을 적용하여 원천징수 하되, 그 원천징수세율이 해당 조세조약상의 제한세율보다 높은 경우에는 조세조약상의 제한세율을 적용한다.

복원완성도 ★★☆

06 다음의 증권시장에서 주권을 양도할 때 농어촌특별세가 부과되는 시장은 무엇인가?

① 유가증권시장
② 코스닥시장
③ 코넥스시장
④ K-OTC시장

복원완성도 ★★☆

07 증권거래세와 관련된 설명이다. 틀린 항목으로 연결한 것은?

가. 뉴욕증권거래소나 런던증권거래소에 상장된 주권을 양도할 경우 증권거래세가 부과되지 않는다.
나. 비거주자인 외국인투자자가 국내 증권시장에서 상장된 주권을 양도할 경우 증권거래세가 부과되지 않는다.
다. 자본시장법 제119조에 따라 주권을 매출하는 경우는 증권거래세가 부과되지 않는다.
라. 주권을 통한 대물변제의 경우 증권거래세가 부과되지 않는다.

① 가, 나
② 다, 라
③ 가, 다
④ 나, 라

1-2 금융상품(8문항)

복원완성도 ★☆☆

08 특정금전신탁에서 위탁자가 지정하지 않는 것을 모두 고른 것은?

가. 운용자
나. 운용조건
다. 운용방법
라. 운용대상

① 가
② 가, 나
③ 가, 나, 다
④ 가, 나, 다, 라

복원완성도 ★★☆

09 **신탁재산의 독립성에 대한 설명이다. 가장 거리가 먼 것은?**

① 신탁재산에 대한 강제집행 및 압류가 불가하다.
② 신탁재산은 수탁자의 상속재산 또는 파산재단에 속한다.
③ 신탁재산인 채권과 다른 채무와의 상계가 금지된다.
④ 수탁자가 사망 또는 사임하더라도 신탁관계는 종료되지 않는다.

복원완성도 ★★☆

10 **다음 중 주가연계증권(ELS)에 대한 설명 중 가장 적절하지 않은 것은?**

① 투자자 입장에서 발행사의 신용위험에 노출된다.
② 공모와 사모 모두 발행이 가능하다.
③ 장외파생상품의 겸영업무 인가를 획득한 투자매매업자만이 발행할 수 있다.
④ 원금보장형 ELS의 경우 예금자보호 대상이다.

복원완성도 ★☆☆

11 **주식워런트증권(ELW)에 대한 설명이다. 틀린 것으로 연결한 것은?**

가. ELW의 상장요건으로서 기초자산은 지수만 가능한데, 지수에는 코스피200지수 및 코스닥150지수 그리고 해외지수로서 니케이225와 항생지수가 있다.
나. 1증권 단위로 거래되며 지정가 호가만을 사용하며 가격제한폭은 상하 30%이다.
다. 기초자산 가격이 상승하면 콜ELW 가격은 상승하고 풋ELW 가격은 하락한다.
라. 변동성이 커지면 콜ELW와 풋ELW 가격은 모두 상승한다.

① 가, 나
② 나, 다
③ 다, 라
④ 가, 라

복원완성도 ★★☆

12 투자신탁의 수익자총회에 대한 설명이다. 틀린 항목으로 연결한 것은?

가. 자본시장법에서 정한 결의사항 또는 신탁계약으로 정한 결의사항에 대해서만 결의할 수 있다.
나. 발행된 수익증권 총 좌수의 100분의 3 이상을 소유한 수익자도 총회를 소집할 수 있다.
다. 총회 소집 시에는 수익자총회를 열기로 한 날로부터 7영업일 전에 각 수익자에 대하여 서면 또는 전자문서로 소집통지를 발송하여야 한다.
라. 수익자총회에서 결의가 이루어지지 않은 경우는 그날로부터 2주 이내에 연기수익자총회를 소집하여야 하며, 연기수익자총회의 의결요건은 기존 총회의 요건보다 완화 적용된다.

① 가, 나　　② 나, 다
③ 다, 라　　④ 가, 라

복원완성도 ★★☆

13 주택저당증권(MBS)에 대한 설명이다. 틀린 항목의 개수는?

가. 저당대출 중 원리금 균등상환 고정금리부 대출은 매월 동일한 원리금이 상환되는데, 매월 상환액 중 이자부분은 점차 증가하고 원금부분은 점차 감소한다.
나. 저당대출 만기와 대응하므로 통상 단기로 발행한다.
다. 주택저당증권은 조기상환에 의해 수익이 변동될 수 있다.
라. 저당대출담보부채권(MBB)은 채무불이행 위험이 투자자에게 귀속되는 형태이다.

① 1개　　② 2개
③ 3개　　④ 4개

복원완성도 ★★☆

14 역모기지론(Reverse Mortgage)에 대한 내용이다. 틀린 항목으로 연결한 것은?

가. 대출이 이루어지기 위해서는 신청자의 미래상환능력 및 신청시점까지의 신용기록이 중요하게 고려된다.
나. 역모기지 계약이 체결되면 금융기관은 종신시점까지 상환청구권을 행사할 수 없다.
다. 가입자 부부가 사망 시에는 주택을 처분하여 정산하며, 연금수령액 등이 집값을 초과하여도 상속인에게 청구하지 않으며 반대로 집값이 남을 경우는 대출자의 상속인에게 잔액을 지급하지 않는다.
라. 금융기관입장에서는 대출자의 장수위험 등에 노출되며 대출자입장에서는 금융기관의 파산위험 등에 노출된다.

① 가, 나　　② 다, 라
③ 가, 다　　④ 나, 라

복원완성도 ★☆☆

15 **퇴직연금제도에 대한 설명이다. 옳게 설명한 항목의 개수는?**

> 가. 근로자의 근속기간 및 급여수준에 따라 근로자가 퇴직 시 받을 수 있는 퇴직금이 사전에 정해지는 것은 확정기여형이다.
> 나. 퇴직적립금의 운용책임이 사용자(기업)에게 있으며 적립금의 운용결과에 따라 사용자가 납부해야 할 부담금이 변동할 수 있는 것은 확정기여형이다.
> 다. 운용수익률이 임금상승률보다 높으면 확정급여형이 유리하다.
> 라. 무주택자의 주택구입 등 대통령령으로 정하는 사유에 해당할 경우 확정급여형과 확정기여형 모두 담보대출과 중도인출이 가능하다.

① 0개
② 1개
③ 2개
④ 3개

1-3 부동산관련 상품(5문항)

복원완성도 ★★☆

16 **다음의 민법상 물권 중에서 그 종류가 나머지 셋과 다른 하나는?**

① 지상권
② 유치권
③ 질 권
④ 저당권

복원완성도 ★★☆

17 **부동산 타당성 지표와 관련한 설명이다. 틀린 항목의 개수는?**

> 가. 현금유입의 현재가치에서 현금유출의 현재가치를 뺀 값을 순현재가치(NPV)라고 하며, NPV는 0보다 커야 투자안을 채택할 수 있다.
> 나. 내부수익률은 NPV를 0(제로)으로 만드는 할인율과 같다.
> 다. 요구수익률(k)이 내부수익률(IRR)보다 커야 투자안을 채택할 수 있다.
> 라. 수익성지수(PI)는 0보다 커야 투자안을 채택할 수 있다.

① 0개
② 1개
③ 2개
④ 3개

복원완성도 ★★☆

18 **부동산투자 시 사업타당성 및 리스크관리 분석에 활용되는 지표에 대한 설명이다. 가장 적절하지 않은 것은?**

① 순운용소득이 10억 원이고 부채상환액이 4억 원이라면 부채상환비율(DSCR)은 0.4배이며, 이 비율을 통해서 해당 부동산사업의 부채상환능력을 파악할 수 있다.

② 부동산가격이 100억 원이고 차입투자액(대출원금)이 70억 원이라면 대출비율(LTV)은 70%이며, 이 비율을 통해서 해당 부동산투자의 자본구조를 이해할 수 있다.

③ 순소득승수는 총투자액을 순운용소득으로 나누어서 구하며, 자본회수기간으로도 이용된다.

④ Cash On Cash수익률은 해당 기의 순현금흐름을 자기자본으로 나눈 것을 말하며, 화폐의 시간가치를 고려하지 않는다.

복원완성도 ★★☆

19 **다음 중 국토의 계획 및 이용에 관한 법률에 의해 지정되는 '용도지역 내 도시지역'에 해당하지 않은 것은?**

① 녹지지역

② 계획관리지역

③ 주거지역

④ 공업지역

복원완성도 ★☆☆

20 **부동산 감정평가 3방식에 대한 설명이다. 이 중에서 거래사례비교법(비교방식)에 해당하는 것은?**

① 대상부동산과 동일성 또는 유사성이 있는 부동산의 거래사례와 비교하여 대상부동산 현황에 맞게 사정보정, 시점수정을 가하여 부동산의 가격을 산정하는 방식이다.

② 대상물건의 재조달원가에 감가수정을 하여 대상물건의 가액을 산정한다.

③ 대상물건이 장래 산출할 것으로 기대되는 순수익이나 미래의 현금흐름을 할인하여 대상물건의 가액을 산정한다.

④ 대상부동산의 순영업소득을 환원이율로 직접 수익환원하여 부동산의 가치를 평가한다.

2-1 대안투자운용/투자전략(5문항)

복원완성도 ★★☆

21 **부동산금융 중 수익형 부동산금융에 대한 설명이다. 가장 거리가 먼 것은?**

① 프로젝트금융(PF)은 사업자와 법적으로 독립된 프로젝트로부터 발생하는 미래 현금흐름을 상환재원으로 하여 자금을 조달하는 것을 말하며, 주택금융에 속한다.

② 자산유동화증권(ABS)의 발행을 통해, 자산보유자의 입장에서는 보유하고 있는 유동성이 낮은 자산을 유동화시킴으로써 유동성위험을 회피할 수 있다.

③ 주택저당증권(MBS)은 ABS의 일종으로서, 주택자금 대출로부터 발생하는 채권과 당해 채권의 변제를 위해 담보로 확보하는 저당권을 기초자산으로 하여 새롭게 발행하는 증권을 말한다.

④ 다수의 투자자로부터 자금을 모아서 이 자금을 부동산 및 부동산관련 사업에 투자한 후 투자자에게 배당을 통해 이익을 분배하는 회사는 REITs(부동산투자회사)이며, REITs의 주권을 증권시장에 상장함으로써 발행사는 유동성이 확보되고 일반투자자는 소액의 자금으로도 부동산투자가 가능하다.

복원완성도 ★☆☆

22 **〈보기〉는 PEF(Private Equity Fund)의 EXIT방안의 일부에 해당되는데, PEF가 EXIT방안으로서 선호하는 순서대로 나열한 것은?**

〈보기〉

가. PEF가 인수한 기업의 가치를 증가시킨 후 해당 기업 인수를 희망하는 동업종의 일반기업에게 매각한다.
나. PEF가 인수한 기업의 가치를 증가시킨 후 다른 PEF에 매각한다.
다. PEF가 인수한 기업을 공모절차(IPO)를 통해 주식시장에 상장시킨 후 지분매각을 한다.

① 가 → 나 → 다
② 나 → 다 → 가
③ 다 → 가 → 나
④ 가 → 다 → 나

복원완성도 ★★☆

23 **헤지펀드(hedge fund)에 대한 설명이다. 가장 적절하지 않은 것은?**

① 사모펀드이지만 환매가 자유로운 편이다.

② 저위험·고수익을 위해 공매도, 레버리지, 파생상품 등 다양한 투자수단을 활용한다.

③ 제한된 수의 기관투자자에게 투자가 허용되는 편이다.

④ 헤지펀드 운용자가 자신이 운용하는 펀드에 투자참여를 하는 것이 허용된다.

복원완성도 ★★☆

24 헤지펀드 운용전략에 대한 설명이다. 틀린 내용으로 연결한 것은?

가. 합병차익거래 전략은 차익거래전략에 속한다.
나. Yield curve flattener, Yield curve steepener, Yield curve butterfly 등의 수익률곡선 차익거래전략은 방향성 전략에 속한다.
다. 캐리 트레이드 전략은 낮은 금리로 자본을 조달하여 높은 금리에 투자하는 전략이다.
라. 무상증자 이벤트 전략은 무상증자 권리락일에 해당 종목의 주가가 높은 확률로 상승하는 이례적 현상을 이용하는 전략이다.

① 가, 나　　② 다, 라
③ 가, 다　　④ 나, 라

복원완성도 ★★☆

25 CDO(Collateralized Debt Obligation)에 대한 설명이다. 옳은 항목으로 연결한 것은?

가. Equity트랜치 투자자의 수익은 초기에 한번에 받으며(up-front 방식), 만기에 남아있는 담보자산의 원금을 받는다.
나. Mezzanine트랜치는 Equity트랜치와 Senior트랜치의 중간에 위치한 트랜치로서 잔여이익에 대한 참여권을 가지는 것이 일반적이다.
다. CDO의 세 가지 트랜치 중에서 mark-to-market 위험에 노출되는 트랜치는 equity트랜치이다.
라. 일반적으로 CDO는 Equity, Mezzanine, Senior의 세 가지 트랜치로 구성되는데, 이 중에서 가장 위험이 크고 기대수익도 큰 트랜치는 Equity트랜치이다.

① 가, 나　　② 나, 다
③ 다, 라　　④ 가, 라

2-2 해외증권투자운용/투자전략(5문항)

복원완성도 ★☆☆

26 분산투자효과에 대한 설명이다. 가장 적절하지 않은 것은?

① 개별기업 특유의 요인에 의한 위험은 국내 분산투자를 통해서도 위험의 분산이 가능하다.
② 포트폴리오에 시장과의 상관성이 큰 개별기업이 많을 경우 해당 포트폴리오의 체계적 위험이 커지며, 체계적 위험이 클수록 분산투자를 통해 얻을 수 있는 위험의 분산효과가 작아진다.
③ 국제적으로 분산투자를 할 경우 국내적으로 분산이 불가능했던 체계적 위험의 일부를 제거할 수 있다.
④ 국제 동조화가 강해질수록 국제 분산투자효과는 커진다.

복원완성도 ★★☆

27 MSCI지수 등에 대한 설명이다. 옳은 항목의 개수는?

가. 우리나라는 2025년 현재 MSCI World Index에 편입되어 있다. 나. 정부 및 계열사 보유 지분 등 시장에서 유통되기 어려운 주식까지 포함하여 지수를 산출한다. 다. MSCI EM지수는 각국의 주가등락과 환율변동에 따라 각 국가별 편입비중이 매일 변경되며, 대상국가가 외국인투자를 제한하는 경우 지수반영비율도 줄어든다. 라. FTSE100지수는 런던증권거래소에 상장된 100개의 우량주식으로 구성된 지수이다.

① 0개
② 1개
③ 2개
④ 3개

복원완성도 ★★☆

28 국제 채권(International Bonds)에 대한 설명이다. 가장 적절하지 않은 것은?

① 국제채는 채권발행자와 채권표시통화의 관계에 따라, 채권표시통화의 본국에서 발행되는 유로채와 채권표시통화의 본국 외에서 발행되는 외국채로 분류된다.
② 유로채 발행에서는 공시나 신용평가등급 등에 대한 규제를 의무로 규정하지 않고 시장참가자의 합의에 따라 어떤 조건이든지 자유롭게 선택할 수 있다.
③ 유로채는 역외채권(offshore bond)이며 무기명채권(bearer bond)로 발행한다.
④ 외국기업이 중국에서 위안화로 발행하는 채권은 판다본드이다.

복원완성도 ★★☆

29 미 재무부 채권에 대한 설명이다. 옳게 설명한 항목의 개수는?

가. T-Bill은 이표채이다. 나. T-Note는 할인채이다. 다. T-Bond는 만기 10년 이상의 장기채이다.

① 0개
② 1개
③ 2개
④ 3개

복원완성도 ★★★

30 다음 중 미국 국채에 투자할 경우 고려사항과 가장 거리가 먼 것은?

① 미국 연준(Fed)의 금리정책
② 위험도에 따른 가산금리 수준
③ Yield Curve 분석
④ 미국 달러화의 가치변동

2-3 투자분석기법(12문항)

복원완성도 ★★☆

31 증권분석을 위한 통계기초에 대한 내용이다. 옳은 항목의 개수는?

가. 표준편차는 각각의 분포가 평균으로부터 떨어진 거리들을 평균하여 측정한다. 나. 범위는 분포의 최대값에서 최소값을 차감하여 측정한다. 다. 모집단이 아니고 표본인 경우 분산과 표준편차는 자유도로 나누어 측정한다.

① 0개
② 1개
③ 2개
④ 3개

복원완성도 ★★☆

32 ㈜K산업은 자사가 발행한 우선주에 대해 매년 1,000원의 배당금을 지급하고 있다. 투자자의 요구수익률이 20%일 경우 이 우선주의 가치는 얼마로 추정될 수 있는가?

① 1,000원
② 5,000원
③ 10,000원
④ 20,000원

복원완성도 ★★☆

33 현금흐름표의 유용성에 대한 설명이다. 가장 적절하지 않은 것은?

① 분석대상 기업의 미래 현금흐름 추정에 도움을 준다.
② 당기순이익과 영업활동현금흐름의 차이와 원인을 파악하는데 도움을 준다.
③ 영업활동현금흐름을 통해 자산, 부채의 증감원인을 구체적으로 파악할 수 있다.
④ 기업의 부채상환능력 및 배당지급능력을 파악할 수 있다.

복원완성도 ★★☆

34 〈보기〉에 따를 때 해당 기업의 EVA는 얼마인가?(소수점 이하 절사, 단위는 억 원)

〈보기〉

• EVA = NOPLAT − (IC × WACC)
※ NOPLAT : 세후순영업이익, IC : 투하자본, WACC : 가중평균자본비용
• 영업이익 400억 원, 투하자본 500억 원, 자기자본비율 20%, 타인자본비율 80%, 타인자본 조달비용 5%, 자기자본의 기회비용 10%, 법인세율 30%

① 235
② 247
③ 256
④ 260

복원완성도 ★★☆

35 **기술적 분석에 대한 설명이다. 가장 적절하지 않은 것은?**

① 증권의 시장가치는 수요와 공급에 의해서만 결정된다고 전제한다.

② 도표에 나타나는 주가 모형은 스스로 반복하는 경향이 있다고 전제한다.

③ 계량화가 어려운 심리적 요인까지 주가에 반영함으로써 기본적분석의 한계점을 보완한다.

④ 추세분석으로써 시장이 변동하는 근본원인을 분석할 수 있다.

복원완성도 ★★☆

36 **〈보기〉는 다우이론의 장기추세 6국면 중 어디에 해당하는가?**

〈보기〉

- 전문투자자들이 투자수익을 취한 후 빠져나가는 단계이므로 분배단계라고 한다.
- 주가가 조금만 하락해도 거래량이 늘어나지만 새로운 상승추세로 진행되지 못한다.

① 강세 1국면

② 강세 2국면

③ 약세 1국면

④ 약세 2국면

복원완성도 ★★☆

37 **추세분석에 대한 다음 설명 중 가장 적절하지 않은 것은?**

① 저항선은 고점과 고점을 수평으로 이은 선이며 지지선은 저점과 저점을 수평으로 이은 선인데, 만일 저항선을 상향돌파하게 되면 기존의 저항선은 지지선으로 역할이 바뀌게 된다.

② 지지선이나 저항선은 장기간에 걸쳐 형성되거나 최근에 만들어진 것 일수록 신뢰도가 높다.

③ 추세선의 신뢰도는 저점이나 고점이 여러 번 나타날수록, 또 추세선의 길이가 길고 기울기가 가파를수록 크다고 할 수 있다.

④ 추세곡선은 기존 추세의 기울기가 점점 급격해질 때 나타난다.

복원완성도 ★★☆

38 OBV(On Balance Volume) 지표에 대한 설명이다. 가장 적합한 것은?

① 전일대비 주가가 상승한 날의 누적 거래량에 전일대비 주가가 하락한 날의 누적거래량을 나누어서 구한다.

② 주가가 뚜렷한 등락을 보일 때 시장이 매집단계에 있는지 분산단계에 있는지를 판단하는 데 유용하다.

③ 약세장에서는 OBV선의 저점이 이전의 저점보다 높게 형성된다.

④ 기산일을 활황장세에서 잡을 경우 주가의 하락전환 시 매매신호가 뒤늦게 발생하여 정확한 분석이 어렵게 된다.

복원완성도 ★★☆

39 스토캐스틱(Stochastics) 지표에 대한 설명이다. 가장 적절하지 않은 것은?

① 상승 중일 때에는 금일 종가가 주가 변동폭 중 최고가 부근에, 하락 중일 때에는 금일종가가 주가 변동폭의 최저가 부근에서 형성된다는 성질을 이용한 지표이다.

② 일정기간 동안의 주가변동폭 중 금일종가의 위치를 백분율로 나타낸 것이다.

③ 스토캐스틱은 %K와 %D 두 지표로 나타내는데, 주요선은 %K이며 %K의 이동평균선을 %D라고 한다.

④ 150%를 균형점으로 하고 70% 이하는 과매도권, 450% 이상은 과매수권으로 인식한다.

복원완성도 ★☆☆

40 포터(Porter)의 산업경쟁력 이론에서 말하는 4가지 직접요인에 해당되지 않은 것은?

① 기업경쟁과 경쟁여건

② 정부요인

③ 연관산업 및 지원산업

④ 요소조건

복원완성도 ★★☆

41 **산업정책에 대한 설명이다. 틀린 내용으로 연결한 것은?**

> 가. 총수요를 관리함으로써 국민경제의 실제 생산수준을 잠재 생산수준으로 근접시키는 정책을 말한다.
> 나. 국민경제의 성장잠재력이 훼손되는 상황에서도 강조되는 경향이 있다.
> 다. 산업정책은 해당 국가의 경제발전단계와 관계없이 정책의 방향과 수단이 유사한 경향이 있다.

① 가, 나
② 나, 다
③ 가, 다
④ 가, 나, 다

복원완성도 ★★☆

42 **허핀달(Herfindahl) 지수에 대한 설명이다. 가장 적절하지 않은 것은?**

① 만일 시장점유율을 소수점으로 측정한다면 허핀달 지수의 최대값은 1이다.
② 만일 한 시장 내에 모든 기업의 시장점유율이 같다면 허핀달 지수의 역수는 동등규모의 기업체 수를 말한다.
③ 동등기업의 수가 무한히 많을 경우 허핀달 지수는 0으로 수렴한다.
④ 상위 k개 기업의 점유율 분포가 달라졌지만 상위 k개 기업의 집중률지수가 같을 경우 허핀달 지수도 변동하지 않는다.

2-4 리스크 관리(8문항)

복원완성도 ★★☆

43 **KOSPI200 주가지수옵션의 가격이 8point, KOSPI200지수가 100point, 주가지수수익률의 1일 기준 표준편차(σ)가 3.0%, 옵션의 델타가 0.50이다. 이 경우 95% 신뢰도 1일 기준의 VaR에 가장 가까운 것은?(95% 신뢰기준의 신뢰상수는 1.65)**

① 0.20point
② 2.47point
③ 3.50point
④ 24.75point

복원완성도 ★★☆

44 99% 신뢰기준 · 보유기간 1일 기준의 VaR은 2.33억 원이다. 그렇다면, 95% 신뢰기준 · 보유기간 4일 기준의 VaR은 얼마인가?(단위 : 억 원)

① 1.65
② 2.33
③ 3.30
④ 6.58

복원완성도 ★★☆

45 VaR의 측정방법으로서 델타노말 분석법에 대한 설명이다. 가장 적절하지 않은 것은?

① 리스크 요인에 대한 변동성과 리스크 요인 간의 상관계수 추정에 있어서, 리스크 요인이 많아질수록 상관계수의 추정이 어려워진다.
② 정규분포의 전제를 함으로써 표준편차를 통해 리스크 요인의 변동가능성을 확률로 표현할 수 있게 된다.
③ 옵션이나 채권과 같은 비선형 금융상품에 대한 가치평가에 있어 타 방식에 비해 정확도를 제고할 수 있는 방식이다.
④ 델타 감마 분석법을 사용할 경우 좀 더 정확하게 시장 리스크를 측정할 수 있다.

복원완성도 ★★☆

46 VaR 측정방법 중 역사적 시뮬레이션법에 대한 설명이다. 옳은 것으로 연결한 것은?

가. 완전가치평가방법으로 측정하므로 가치평가모형이 필요하지 않다. 나. 분산, 공분산 등과 같은 모수(parameter)에 대한 추정을 요구하지 않는다. 다. 옵션과 같은 비선형의 수익구조를 가진 상품이 포함된 경우에도 문제없이 사용할 수 있다. 라. 표본의 길이와 관계없이 안정적인 측정치를 얻을 수 있다.

① 가, 나
② 나, 다
③ 다, 라
④ 가, 라

복원완성도 ★☆☆

47 VaR을 측정하는 4가지 방법 중 〈보기〉에 모두 부합하는 것은?

〈보기〉

- 완전가치로 평가한다.
- 가치평가모형을 필요로 한다.
- 과거의 가격데이터가 없어도 VaR측정이 가능하다.
- 확률모형 하에서 리스크 요인 간의 상관계수를 정확히 추정한다.

① 델타분석법
② 역사적 시뮬레이션법
③ 스트레스검증법
④ 몬테카를로 시뮬레이션법

복원완성도 ★☆☆

48 RAROC지표와 관련하여, 〈보기〉에 대한 설명으로 가장 적합한 것은?

〈보기〉

A. 투자금액 100억 원, 순수익률 1%, VaR 2억 원
B. 투자금액 100억 원, 순수익률 2%, VaR 4억 원
C. 투자금액 200억 원, 순수익률 3%, VaR 8억 원
D. 투자금액 400억 원, 순수익률 2%, VaR 10억 원

① 위험이 가장 적은 A가 가장 우수한 성과를 낼 것으로 기대된다.
② 위험이 가장 큰 D가 가장 나쁜 성과를 낼 것으로 기대된다.
③ 순수익률이 가장 높은 C가 가장 우수한 성과를 낼 것으로 기대된다.
④ 위험보상비율이 가장 높은 D가 가장 우수한 성과를 낼 것으로 기대된다.

복원완성도 ★★★

49 A기업의 1년 후 기대 기업가치는 30억 원, 부채가치는 18억 원, 표준편차는 6억 원일 경우, A기업의 부도거리(DD)는 얼마인가?

① 1표준편차
② 2표준편차
③ 3표준편차
④ 4표준편차

복원완성도 ★☆☆

50 〈보기〉에 대한 설명으로 가장 적절하지 않은 것은?(p는 부도가 일어날 확률을 말함)

〈보기〉

예상손실의 변동성(σ_{EL}) = 익스포저(EAD) × $\sqrt{p(1-p)}$ × 손실률(LGD)

① 부도모형(Default Mode)에서 신용위험액을 측정하는 공식이다.
② 부도가 발생한 경우에만 신용손실이 발생한 것으로 간주하여 신용위험액을 측정하는 산식이다.
③ 부도율의 베르누이분포를 전제로 한다.
④ 익스포저가 100억 원, 부도율이 10%, 회수율이 40%일 경우 신용위험액은 6억 원이다.

3-1 직무윤리(5문항)

복원완성도 ★★☆

51 청약의 철회(금융소비자보호법 제46조)'에 대한 내용이다. 틀린 항목의 개수는?

가. 전문금융소비자는 청약철회권을 행사할 수 없다.
나. 금융상품판매업자의 고의나 과실 등 귀책사유가 없는 경우, 금융상품판매업자는 금융소비자의 청약철회권 행사에 응하지 않을 수 있다.
다. 투자성상품의 경우 청약철회권은 계약체결일 또는 계약서류를 제공받은 날로부터 7일까지 행사할 수 있으며, 그 청약의 철회의사를 밝히기 위해 서면 등을 발송한 날로부터 철회의 효력이 발생한다.
라. 금융상품판매업자는 해당 금융소비자에 대해 청약철회에 따른 손해배상 또는 위약금의 지급을 청구할 수 없다.

① 0개 ② 1개
③ 2개 ④ 3개

복원완성도 ★☆☆

52 매매명세의 통지에 대한 내용이다. 가장 적절하지 않은 것은?

① 투자매매업자 또는 투자중개업자는 금융투자상품의 매매가 체결된 경우 그 월간 매매내역, 월간 손익내역, 월말 현재 잔액현황 등에 대한 매매명세를 체결된 날의 다음 달 10일까지 투자자에게 통지하여야 한다.

② 집합투자증권의 매매가 체결된 경우 집합투자기구에서 발생한 모든 비용을 반영한 실질 투자수익률, 투자원금 및 환매예상금액, 그 밖에 금융위가 고시하는 사항을 매월 마지막 날까지 통지하여야 한다.

③ 투자매매업자 또는 투자중개업자는 서면교부, 전화, 전자우편 등 투자자와 미리 합의된 방식으로 통지를 하되, 투자자가 통지를 받기를 원치 않을 경우는 영업점에 비치하거나 인터넷홈페이지를 통해 수시조회가 가능하게 함으로써 통지에 갈음할 수 있다.

④ 투자자가 보유한 집합투자증권이 상장지수집합투자기구, 단기금융집합투자기구, 사모집합투자기구의 집합투자증권일 경우는, 투자자의 통지수령의 거부의사가 없어도 영업점에 비치하거나 인터넷홈페이지를 통해 수시조회가 가능하게 함으로써 통지에 갈음 할 수 있다.

복원완성도 ★★★

53 위법계약해지권과 관련하여 빈칸을 옳게 연결한 것은?(순서대로)

금융소비자는 금융소비자보호법 시행령 제38조 제2항에 따라 금융상품의 계약체결일로부터 (　　　) 이내이고 위법계약 사실을 안 날로부터 (　　　) 이내인 경우에는 해당 위법계약에 대한 해지를 요구할 수 있다. 이 경우 금융상품판매업자는 해지를 요구받은 날로부터 (　　　) 이내에 금융소비자에게 수락 여부를 통지하여야 한다.

① 3년, 6개월, 7일
② 3년, 1년, 10일
③ 5년, 6개월, 7일
④ 5년, 1년, 10일

복원완성도 ★★☆

54 금융투자회사 표준윤리준칙 제16조 대외활동에 대한 설명이다. 가장 거리가 먼 것은?

① 금융투자업 종사자는 소속회사의 직무수행에 영향을 줄 수 있는 지위를 겸하거나 업무를 수행할 때에는 사전에 회사의 승인을 얻어야 하고 부득이한 경우에는 사후에 즉시 보고해야 한다.

② 회사의 공식의견이 아닌 경우 사견임을 명백히 밝히고 그 의견을 낼 수 있다.

③ 임직원의 자택에서 고객과 이메일을 주고받았다면 표준윤리준칙 등 관계법령 상의 대외활동으로 보지 않는다.

④ 임직원이 인터넷 게시판이나 웹사이트 등에 특정 금융투자상품에 대해서 기술적 분석에 따른 투자권유를 하였다면 표준윤리준칙 등 관계법령상의 대외활동으로 보지 않는다.

복원완성도 ★★☆

55 준법감시인에 대한 설명이다. 옳은 항목으로 연결한 것은?

> 가. 준법감시인은 회사의 사내이사 또는 업무집행자 중에서 선임하여야 한다.
> 나. 준법감시인은 감사위원회의 지휘를 받아 금융투자회사 전반의 내부통제업무를 수행한다.
> 다. 준법감시인을 임면하려는 경우에는 이사회 결의를 거쳐야 하며, 해임할 경우에는 이사 총수의 3분의 2 이상의 찬성으로 의결해야 한다.
> 라. 준법감시인을 임면한 때에는 임면일로부터 10영업일 이내에 금융투자협회에 보고해야 한다.

① 가, 나
② 다, 라
③ 가, 다
④ 나, 라

3-2 자본시장법 및 금융위규정(11문항)

복원완성도 ★★☆

56 금융투자업의 적용배제에 대한 설명이다. 틀린 항목의 개수는?

> 가. 자기의 계산으로 투자신탁의 수익증권을 발행하는 것은 투자매매업에 해당하지 않는다.
> 나. 투자권유대행인이 투자권유를 대행하는 것은 투자중개업에 해당하지 않는다.
> 다. 종금사가 어음관리계좌를 판매하고 운용하는 것은 집합투자업에 해당하지 않는다.
> 라. 집합투자기구평가회사, 채권평가회사, 공인회계사 등 해당 법령에 따라 자문용역을 제공하고 있는 자가, 해당 업무와 관련된 분석정보를 제공하는 경우는 투자자문업에 해당하지 않는다.

① 0개
② 1개
③ 2개
④ 3개

복원완성도 ★★☆

57 온라인소액투자중개업에 대한 설명이다. 가장 적절한 것은?

① 온라인소액투자중개업자는 온라인상에서 누구의 명의로 하든지 타인의 계산으로 채무증권, 지분증권, 파생결합증권의 모집 또는 사모에 관한 중개를 영업으로 하는 투자중개업자를 말한다.
② 주요 인가요건으로서 5억 원 이상의 자기자본을 갖추어야 한다.
③ 온라인소액투자중개업자는 온라인소액증권발행인의 요청에 따라 투자자의 자격 등을 합리적이고 명확한 기준에 따라 제한할 수 있다.
④ 온라인소액투자중개업자는 자신이 운영하는 홈페이지에 투자광고를 게시할 수 있으며 다수의 투자자를 상대로 투자광고 내용을 문자로 전송할 수 있다.

복원완성도 ★★☆

58 '자기거래(자기계약)의 금지'와 관련한 다음 설명 중 가장 적절하지 않은 것은?

① 투자자로부터 금융투자상품의 매매위탁을 받은 투자중개업자가 본인이 투자매매업자로서 투자자의 거래상대방이 되고자 한 경우는 자기거래가 허용된다.

② 투자매매업자 또는 투자중개업자가 투자자의 매매위탁을 받고 증권시장 또는 파생상품시장에서 매매가 이루어지게 한 경우는 자기거래가 허용된다.

③ 투자매매업자 또는 투자중개업자가 투자자의 매매위탁을 받고 다자간매매체결회사를 통해 매매가 이루어지게 한 경우는 자기거래가 허용된다.

④ 종합금융투자사업자가 법령에 따른 단기금융업무 상으로 금융투자상품의 장외매매가 이루어지게 한 경우는 자기거래가 허용된다.

복원완성도 ★★☆

59 투자매매업자 및 투자중개업자의 불건전 영업행위 금지에 대한 내용이다. 가장 적절하지 않은 것은?

① 투자중개업자 또는 투자매매업자는 투자자로부터 금융투자상품의 가격에 중대한 영향을 미칠 수 있는 매수 또는 매도의 청약이나 주문을 받거나 받게 될 가능성이 큰 경우, 고객의 주문을 체결하기 전에 자기의 계산으로 매수 또는 매도하거나 제3자에게 매수 또는 매도를 권유하는 행위를 할 수 없다.

② 투자매매업자 또는 투자중개업자는 특정 금융투자상품의 가치에 대한 주장이나 예측을 담고 있는 자료를 투자자에게 공표함에 있어서, 그 조사분석자료의 내용이 사실상 확정된 때로부터 공표 후 24시간이 경과하기 전까지 그 조사분석자료의 대상이 된 금융투자상품을 자기의 계산으로 매매하는 행위를 할 수 없다.

③ 투자매매업자 또는 투자중개업자는 주권 등 일정한 증권의 모집 또는 매출과 관련된 계약을 체결한 날로부터 그 증권이 최초로 증권시장에 상장된 후 3개월 이내에 그 증권에 대한 조사분석자료를 공표하거나 특정인에게 제공할 수 없다.

④ 투자매매업자 또는 투자중개업자는 투자권유대행인 또는 투자권유자문인력이 아닌 자에게 투자권유를 하도록 할 수 없다.

복원완성도 ★★☆

60 〈보기〉 중에서 공모형 집합투자기구가 동일종목 증권에 투자할 때 집합투자기구 자산총액의 100분의 100까지 투자할 수 있는 항목의 개수는?

〈보기〉

한국은행 통화안정증권, 정부보증채, 부동산투자목적회사가 발행한 지분증권, 특수채, 파생결합증권

① 0개
② 1개
③ 2개
④ 3개

복원완성도 ★★☆

61 공모형 집합투자기구의 운용제한에 대한 설명이다. 가장 적절하지 않은 것은?

① 동일법인이 발행한 지분증권에 투자할 경우, 각 집합투자기구 기준으로는 해당 법인의 발행주식 총수의 10%까지 투자가 가능하지만 동일 집합투자업자가 운용하는 전체 집합투자기구 기준으로는 해당 법인의 발행주식 총수의 20%까지 투자가 가능하다.

② 다른 집합투자증권에 투자할 경우, 동일 집합투자업자가 운용하는 개별 집합투자기구의 집합투자증권을 대상으로는 각 집합투자기구의 자산총액의 20%까지 투자가 가능하며 동일 집합투자업자가 운용하는 전체 집합투자기구의 집합투자증권을 대상으로는 각 집합투자기구의 자산총액의 50%까지 투자가 가능하다.

③ 파생상품에 투자할 경우, 파생상품 투자에 따른 위험평가액이 집합투자기구 순자산의 100%를 초과하여 투자할 수 없다.

④ 부동산에 투자할 경우, 국내 주택법상의 주택이 아닌 부동산을 취득한 경우 집합투자규약이 정하는 기간 이내에는 해당 부동산을 처분할 수 없다.

복원완성도 ★★☆

62 집합투자증권의 환매에 대한 설명이다. 가장 적합한 것은?

① 투자자가 환매청구를 할 경우 해당 집합투자재산을 보관·관리하는 신탁업자에게 환매를 청구해야 한다.

② 부동산펀드, 특별자산펀드, 혼합자산펀드는 원칙적으로 환매금지형으로 설정·설립해야 하며, 이외에도 펀드자산총액의 20%를 초과하여 시장성 없는 자산에 투자하는 경우 환매금지형으로 설정·설립해야 한다.

③ 투자자의 환매청구가 있을 경우, 판매업자의 고유재산으로 해당 집합투자증권을 매입하여 환매대금을 지급하는 것을 원칙으로 한다.

④ 환매를 연기한 경우 4주 이내에 집합투자자 총회를 개최하여 환매에 관한 사항을 결의해야 한다.

복원완성도 ★★☆

63 **환매금지형 집합투자기구는 원칙적으로 집합투자증권을 추가로 발행할 수 없지만 다음 중 어느 하나의 요건을 충족하면 집합투자증권을 추가로 발행할 수 있다. 그 요건을 잘못 나열한 것은?**

① 이익분배금의 범위 내에서 집합투자증권을 추가로 발행하는 경우
② 기존투자자의 이익을 해할 우려가 없다고 신탁업자의 확인을 받은 경우
③ 기존투자자의 전원의 동의를 받은 경우
④ 각종 보수의 지급이나 환매대금 마련을 위해 필요한 경우로서 판매업자나 신탁업자의 확인을 받은 경우

복원완성도 ★★☆

64 **전매제한조치를 위해 예탁된 증권(보호예수된 증권)에 대해서, 예외적으로 인출이 허용되는 사유가 아닌 것은?**

① 공개매수신청에 대해 응모를 하기위한 경우
② 전환권, 신주인수권 등 증권에 부여된 권리행사를 위한 경우
③ 회사의 합병, 분할, 분할합병 또는 주식의 포괄적 교환・이전에 따라 다른 증권으로 교환하기위한 경우
④ 액면 또는 권면의 분할 또는 합병에 따라 새로운 증권으로 교체하기 위한 경우

복원완성도 ★★☆

65 **투자실명서에 내한 내봉이다. 가장 적절하지 않은 것은?**

① 투자설명서는 일반투자자를 상대로 하는 법정투자권유문서이므로, 그 일반투자자가 투자설명서의 교부를 받지 않겠다는 의사를 표시함에도 불구하고 교부되어야 한다.
② 이미 취득한 것과 같은 집합투자증권을 계속하여 추가로 취득하는 경우 그리고 해당 집합투자증권의 투자설명서 내용이 직전과 동일할 경우는 투자설명서 교부의무가 면제된다.
③ 개방형 집합투자증권 및 파생결합증권의 발행인은 투자설명서 및 간이투자설명서를 제출한 후 1년마다 1회 이상 다시 고친 투자설명서 및 간이투자설명서를 금융위에 제출해야 한다.
④ 증권신고서가 수리된 후 그리고 신고의 효력이 발생하기 전에는 예비투자설명서를 사용할 수 있으며, 예비투자설명서는 사용 시 신고의 효력이 발생하기 전이라는 사실을 명시하고 사용해야 한다.

복원완성도 ★★☆

66 **조사결과에 대한 조치(자본시장 조사업무 규정)로서 부과할 수 있는 제재를 모두 연결한 것은?**

> 가. 과태료부과, 과징금부과
> 나. 1년 이내 범위에서의 증권발행제한
> 다. 임원에 대한 1년 이내의 직무정지

① 가, 나
② 나, 다
③ 가, 다
④ 가, 나, 다

3-3 한국금융투자협회 규정(3문항)

복원완성도 ★★☆

67 **집합투자증권의 판매회사 변경제도에 대한 설명이다. 틀린 것으로 연결한 것은?**

> 가. 판매회사 변경에 대한 투자자 요청이 있을 경우는 고객보호차원에서 어떠한 경우에도 판매회사 변경절차를 이행해야 한다.
> 나. 투자자의 요청으로 판매회사를 변경할 경우, 판매회사는 판매회사 변경 이행을 대가로 투자자에게 환매수수료를 징구할 수 없으나 별도의 비용은 징구할 수 있다.
> 다. 판매회사를 변경한 펀드의 경우 환매수수료 면제를 위한 기산일은 해당 펀드의 최초가입일로부터 계산한다.

① 가, 나
② 나, 다
③ 가, 다
④ 가, 나, 다

복원완성도 ★★☆

68 **집합투자기구의 투자광고 시 펀드운용실적 또는 유형별 판매실적 등을 비교하고자 하는 경우 준수사항에 대한 설명이다. 가장 적절하지 않은 것은?**

① 비교대상이 동일한 유형의 집합투자기구이어야 한다.
② 기준일로부터 과거 1년, 2년 및 3년 수익률과 설정일 또는 설립일로부터 기준일까지의 수익률을 표시하되, 연 단위 비교대상 내의 백분위 순위 또는 서열순위 등을 병기해야 한다.
③ MMF가 타회사가 운용하는 MMF의 실적과 비교해서 광고할 경우 과거 1개월 기준의 수익률을 표시해야 한다.
④ 평가자료의 출처 및 공표일을 기록해야 한다.

복원완성도 ★★☆

69 불성실 수요예측의 참여행위 및 수요예측 참여제한 등에 대한 설명이다. 틀린 것으로 연결한 것은?

가. 수요예측에 참여하여 주식 또는 무보증사채를 배정받은 후 청약을 하지 아니하거나 청약 후 주금 또는 무보증사채의 납입금을 납입하지 않은 경우는, 불성실 수요예측 참여 행위로 본다.
나. 수요예측에 참여하여 공모주식을 배정받은 고위험 고수익 투자신탁의 신탁계약이, 설정・설립일로부터 1년 이내 또는 공모주식을 배정받은 날로부터 3개월 이내에 해지되는 경우는 불성실 수요예측 참여행위로 본다.
다. 기업공개와 관련하여 불성실 수요예측 참여자로 지정된 경우 위반금액 규모에 따라 최대 36개월까지 수요예측 참여가 제한된다.
라. 위원회가 제재금 또는 금전의 납부를 부과한 경우, 위원회는 불성실 수요예측 참여자로 지정된 자에 대한 수요예측참여 제한의 병과는 할 수 없다.

① 가, 나
② 다, 라
③ 가, 다
④ 나, 라

3-4 주식투자운용/투자전략(6문항)

복원완성도 ★★☆

70 다음 중 자산의 기대수익률을 추정하는 방법과 가장 거리가 먼 것은?

① 추세분석법
② 경기순환접근방법
③ GARCH
④ 시장타이밍방법

복원완성도 ★★★

71 전략적 자산배분의 실행단계를 옳게 연결한 것은?

가. 자산집단의 선택
나. 최적자산배분의 구성
다. 투자자의 투자목적 및 투자제약조건 파악
라. 자산종류별 기대수익, 위험, 상관관계의 추정

① 가 → 나 → 다 → 라
② 다 → 라 → 가 → 나
③ 다 → 가 → 라 → 나
④ 라 → 다 → 가 → 나

복원완성도 ★☆☆

72 전술적 자산배분 전략에 대한 설명이다. 가장 적합한 것은?

① 전략적 자산배분에 의해 결정된 포트폴리오를 투자전망에 따라 초단기적으로 변경하는 실행과정이다.
② 주가상승 시 매수하고 주가 하락 시 매도함으로써, 주가상승 시 상승이익에 동참하고 주가 하락 시 포지션의 가치가 일정수준 이하로 하락하는 것을 방어하는 전략이다.
③ 가치평가모형, 기술적 분석, 포뮬러플랜 등을 통해서 전략을 수행한다.
④ 입력변수의 추정오차로 인해 자산집단 배분이 극단적으로 편중되는 문제가 발생할 수 있다.

복원완성도 ★★☆

73 고정비율 포트폴리오 보험전략(CPPI)과 관련하여 빈칸에 알맞은 것은?(근사치)

> 현재 총 투자금액은 100억 원, 1년 후 보장수준은 80억 원, 무위험수익률 3%, 투자기간 1년, 승수가 2라고 할 때, CPPI전략의 실행을 위한 주식투자금액(익스포저)은 (   )이다.

① 7.7억 원　　② 23.85억 원
③ 40억 원　　④ 44.66억 원

복원완성도 ★★☆

74 패시브 운용을 위한 인덱스 구성방법에 대한 설명이다. 틀린 것으로 연결한 것은?

> 가. 완전복제법은 벤치마크를 구성하는 모든 종목을 벤치마크의 구성비율과 동일하게 매수하여 인덱스를 구성하는 방식으로서 가장 단순하고 직접적인 방식이다.
> 나. 완전복제법은 벤치마크를 거의 완벽하게 추종할 수 있으나 벤치마크에 비해 수익률이 낮게 나타난다.
> 다. 표본추출법은 벤치마크에 포함된 중소형주는 모두 포함하되 대형주들은 펀드의 성격이 벤치마크와 유사하게 되도록 일부만을 포함하여 인덱스를 구성하는 방식이다.
> 라. 최적화법은 포트폴리오 모형을 이용하여 주어진 벤치마크에 대비한 잔차위험이 허용수준 이상이 되도록 인덱스를 구성하는 방식이다.

① 가, 나　　② 나, 다
③ 다, 라　　④ 가, 라

복원완성도 ★★☆

75 〈보기〉에서 가치투자스타일에 해당하는 설명으로 묶은 것은?

〈보기〉

가. 기업의 수익은 평균으로 회귀하는 경향을 가진다는 것을 논리적 근거로 한다.
나. 현재의 수익이나 자산의 가치관점보다는 미래 성장성을 중시하는 투자방식이다.
다. 단기적 이익탄력성에 투자하기도 한다.
라. 저PER투자, 역행투자, 고배당수익률 투자방식에 해당된다.

① 가, 나
② 나, 다
③ 다, 라
④ 가, 라

3-5 채권투자운용/투자전략(6문항)

복원완성도 ★★☆

76 채권의 분류체계상 나머지 셋과 다른 종류의 채권은?

① 회사채
② 이표채
③ 복리채
④ 할인채

복원완성도 ★★☆

77 빈칸을 옳게 연결한 것은?(순서대로)

• (　　)은/는 주식적 측면에서 본 전환사채의 이론가치로서 현재의 주가가 전환가격을 몇 % 상회하고 있는가를 나타낸다.
• (　　)은/는 전환사채의 시장가격을 패리티가격으로 뺀 값을 패리티가격으로 나누어서 구하는 것으로서, 현재 전환사채의 가격수준이 적정가격대비 얼마나 싼지 또는 비싼지의 정도를 나타낸다.

① 패리티, 괴리율
② 패리티, 전환가치
③ 패리티가격, 괴리율
④ 패리티가격, 패리티

복원완성도 ★★☆

78 듀레이션에 대한 설명이다. 옳은 항목으로 연결한 것은?

> 가. 복리채의 듀레이션은 복리채의 잔존만기와 같다.
> 나. 이표채의 듀레이션은 잔존만기보다 항상 짧다.
> 다. 표면이자율이 높을수록 잔존만기가 짧을수록 채권가격의 변동성은 커진다.

① 가, 나
② 다, 라
③ 가, 라
④ 나, 다

※ '액면 1만 원, 표면금리 6%, 만기 2년, 만기수익률 10%'인 연후급 이표채의 현금흐름과 만기별 가중현금흐름의 현재가치가 표와 같을 때, 다음 물음에 답하시오(79번, 80번).

t	CF_t	$t(t+1) \cdot CF_t$	$t(t+1) \cdot CF_t \ / \ (1+r)^{t+2}$
1	600	1,200	901.58
2	10,600	63,600	43,439.66

(t : 현금흐름 발생기간, CF_t : 채권에서 발생하는 각 기의 현금흐름, 단위 : 원)

복원완성도 ★★☆

79 채권가격이 9,305.78원일 때, 동 채권의 볼록성(convexity)은 얼마인가?(근사치)

① 0.68
② 3.95
③ 4.76
④ 6.96

복원완성도 ★★☆

80 만기수익률이 10%에서 9%로 변동할 때 볼록성에 기인한 채권가격의 변동률은 얼마인가?(근사치)

① 0.0197%
② 0.0238%
③ 0.0348%
④ 0.0476%

복원완성도 ★★☆

81 **전통적인 채권면역전략에 대한 설명이다. 가장 적절하지 않은 것은?**

① 목표투자기간 중 시장수익률의 변동에 관계없이 채권매입 당시에 설정하였던 수익률을 목표기간 말에 차질없이 실현하도록 하는 전략이다.
② 투자자의 목표기간과 채권의 듀레이션을 일치시킴으로서 면역상태를 유도할 수 있다.
③ 시장수익률의 변동방향과 상관없이 채권가격의 상승과 이자수익의 증가를 동시에 추구하는 전략이다.
④ 면역전략에 의해 구성된 포트폴리오도 상황변화에 따른 리밸런싱이 필요하다.

3-6 파생상품투자운용/투자전략(6문항)

복원완성도 ★★☆

82 **선도계약에 대한 설명이다. 가장 적절하지 않은 것은?**

① 계약 당사자가 상호 합의에 의해 거래조건을 결정한다.
② 일반적으로 만기일에 특정 상품을 인도・인수한다.
③ 거래의 중개자 없이 계약 당사자가 직접 거래하므로 계약 당사자의 신용이 중시된다.
④ 경쟁매매 방식으로 거래된다.

복원완성도 ★★☆

83 **선물거래의 일일정산제도와 관련하여 빈칸을 옳게 연결한 것은?(순서대로)**

> 가. 선물포지션 구축 시 개시증거금은 115억 원, 유지증거금은 100억 원이었다. 그리고 현 시점에서 일일정산 후의 증거금이 65억이라면, 추가로 납부해야 하는 증거금은 (　　)이다.
> 나. 선물포지션에서 일일정산 후 증거금 수준이 60억 원이고 유지증거금이 70억 원, 마진콜 후 추가로 납부한 증거금이 40억 원이라면 이때 개시증거금은 (　　)이다.
> 다. 선물포지션 구축 시 개시증거금은 120억 원, 유지증거금은 80억 원이었다. 그리고 현 시점에서 일일정산 후의 증거금이 85억이라면, 추가로 납부해야 하는 증거금은 (　　)이다.

① 35억 원, 100억 원, 0원
② 50억 원, 100억 원, 0원
③ 35억 원, 110억 원, 10억 원
④ 50억 원, 110억 원, 10억

복원완성도 ★★☆

84 선물(Futures)의 베이시스(Basis) 대한 설명이다. 가장 적절하지 않은 것은?

① 선물이론가격(F^*)과 현물시장가격(S_t)의 차이를 이론베이시스라 하며 이는 해당 선물에 대한 보유비용과 같다.

② 선물가격과 현물가격의 차이를 베이시스(basis)라 하고, 선물시장가격(F_t)이 현물시장가격(S_t)보다 높은 상태를 콘탱고(Contango) 또는 정상시장이라 한다.

③ 현물(S)을 보유한 상태에서 선물매도로 헤지포지션을 구축한 후, 선물만기 시점에서 헤지포지션을 청산하는 경우를 랜덤 베이시스 헤지라고 한다

④ 랜덤베이시스 헤지는 시장 리스크를 피하기 위해 베이시스 리스크를 취하는 전략에 해당된다.

복원완성도 ★★☆

85 KOSPI200 선물 9월물이 250포인트이고, 12월물이 255포인트이다. 향후 두 월물 간의 스프레드가 확대될 것으로 예상될 경우 가장 적절한 포지션은 무엇인가?

① 9월물 매수, 12월물 매수

② 9월물 매수, 12월물 매도

③ 9월물 매도, 12월물 매수

④ 9월물 매도, 12월물 매도

복원완성도 ★★☆

86 옵션의 합성포지션에 대한 설명이다. 옳은 것으로 연결한 것은?

> 가. 스트래들 매수포지션의 포지션 쎄타의 민감도부호는 마이너스(−)이다.
> 나. 스트랭글 매수포지션 구축 시 지불하는 비용은 스트래들 매수포지션 구축 시 지불하는 비용보다 크다.
> 다. 콜불스프레드 포지션은 수직스프레드에 해당한다.

① 가, 나　　② 나, 다

③ 가, 다　　④ 가, 나, 다

복원완성도 ★★☆

87 옵션의 민감도지표에 대한 설명이다. 옳은 것으로 연결한 것은?

> 가. 기초자산의 가격이 변화할 때 옵션 프리미엄이 얼마나 변하는가를 나타내는 민감도 지표는 델타이다.
> 나. 풋옵션의 델타는 −1에서 0까지의 값을 갖는다.
> 다. 콜옵션매수와 풋옵션매수의 감마는 모두 양수(+)가 된다.

① 가, 나
② 나, 다
③ 가, 다
④ 가, 나, 다

3-7 투자운용결과분석(4문항)

복원완성도 ★★☆

88 펀드의 회계처리(펀드평가프로세스 1단계)에 대한 설명이다. 틀린 것으로 연결한 것은?

> 가. 시가가 형성되지 않은 채권 등의 경우에는 운용회사 자체적으로 자산의 가격을 결정하지 않고 채권평가회사와 같은 외부전문기관이 공급한 가격을 사용한다.
> 나. 이자나 배당 등이 약정일에 지급될 것이 확실하다고 해도, 약정일이 아닌 실제 지급일을 기준으로 회계처리 한다.
> 다. 유가증권의 거래에서는 소유권의 이전과 유가증권의 교환이 일어나는 시점을 기준으로 하여 회계처리 한다.

① 가
② 나, 다
③ 가, 다
④ 가, 나, 다

복원완성도 ★★☆

89 펀드평가 7단계 프로세스의 2단계인 투자수익률 계산과 관련한 설명이다. 이 중에서 시간가중수익률에 해당하는 항목을 연결한 것은?

> 가. 펀드에 투자한 현금흐름의 현재가치와 펀드에서 발생하는 수익의 현재가치를 일치시키는 할인율이다.
> 나. 펀드매니저와 투자자의 공동의 성과를 반영하는 수익률이다.
> 다. 운용기간 중 각 시점 별로 펀드성과와 시장수익률을 비교하기가 용이하다.
> 라. 펀드매니저의 능력을 평가하는 지표로 적합하다.

① 가, 나
② 나, 다
③ 다, 라
④ 가, 라

복원완성도 ★★☆

90 펀드평가프로세스 3단계로서, 상대적 위험지표에 해당하지 않은 것은?

① 표준편차
② 잔차위험
③ 추적오차
④ 베타

복원완성도 ★★☆

91 다음 중 샤프비율과 트레이너비율이 가장 높은 것은?(벤치마크수익률은 10%, 무위험수익률은 3%로 가정)

구 분	A	B	C	D
기대수익률(%)	18	20	24	26
베타	1.2	1.4	1.6	1.8
표준편차(%)	20	25	30	40

	샤프비율	트레이너비율
①	A	D
②	A	C
③	C	B
④	C	D

3-8 거시경제(4문항)

복원완성도 ★★☆

92 〈보기〉에 가장 부합하는 경제이론은 무엇인가?

〈보기〉

경기불황이 심해짐에 따라 물가가 급속히 하락하고 경제주체들이 보유한 화폐량의 실질가치가 증가하게 되어 민간의 부(wealth)가 증가하고 그에 따라 소비 및 총수요가 증대한다.

① 구축효과
② 피구효과
③ 유동성함정
④ 깁슨의 패러독스

복원완성도 ★★☆

93 **이자율의 기간구조이론에 대한 설명이다. 틀린 내용의 항목의 개수는?**

가. 불편기대이론은 장단기 채권 간의 완전한 대체관계가 성립하므로 장기채권에 투자하든 단기채권에 투자하든 동일기간에 대한 예상수익률은 동일하다고 본다.
나. 유동성선호이론은 장기채권과 단기채권이 완전히 대체되는 것은 아니라고 본다.
다. 시장분할이론은 수익률곡선의 이동을 설명하지 못한다.
라. 불편기대이론은 현실적으로 수익률곡선이 우상향하는 현상을 설명하지 못한다.

① 0개
② 1개
③ 2개
④ 3개

복원완성도 ★☆☆

94 **경기종합지수(CI ; Composite Index)를 구성하는 지표 중에서 후행지표로만 연결한 것은?**

① 재고순환지표, 생산자제품재고지수
② 취업자수, 소비재수입액
③ 기계류내수출하지수, 내수출하지수
④ 코스피지수, CP유통수익률

복원완성도 ★★☆

95 **거시경제지표와 관련한 설명이다. 옳은 것은?**

① 기업경기실사지수(BSI)가 80%이면 경기가 확장국면에 있음을 말한다.
② 경기종합지수는 경기변동의 진폭과 속도를 측정할 수 있다.
③ 통화유통속도는 명목GDP를 실질GDP로 나누어서 구한다.
④ 국민총소득(GNI)은 한나라의 국민이 생산활동에 참여한 대가로 받은 소득의 합계로서, 국내총생산 중에서 외국인에게 지급한 소득은 포함하고 해외로부터 거주자가 받은 소득은 제외한다.

3-9 분산투자이론(5문항)

복원완성도 ★★☆

96 A, B, C 세 자산의 기대수익률과 위험이 각각 동일하며 세 자산 간의 상관계수는 아래 표와 같다고 가정한다. 이 경우 가장 높은 분산투자효과를 얻을 수 있는 포트폴리오 구성에 해당하는 것은?

구 분	A자산	B자산	C자산
A자산	1.0	0.5	−0.8
B자산	0.5	1.0	−0.2
C자산	−0.8	−0.2	1.0

① C자산을 100% 편입한다.
② A를 50%, B를 50%편입한다.
③ B를 50%, C를 50% 편입한다.
④ A를 50%, C를 50% 편입한다.

복원완성도 ★★☆

97 빈칸에 알맞은 것은?

> (　　　)은/는 위험이 동일한 투자대상들에서는 기대수익이 가장 높은 것을 선택하고, 기대수익이 동일한 투자대상들에서는 위험이 가장 낮은 투자대상을 선택하는 방법을 말한다.

① 분산투자　　② 효율적 투자
③ 지배원리　　④ 토빈의 분리정리

복원완성도 ★★☆

98 빈칸을 옳게 연결한 것은?

> (　　　)은 효율적 포트폴리오의 기대수익률과 위험의 선형적 관계를 나타낸 반면, (　　　)은 개별증권의 기대수익률과 위험의 선형적 관계를 나타낸 것이다.

① 자본배분선, 자본시장선　　② 자본시장선, 증권시장선
③ 증권시장선, 자본시장선　　④ 자본시장선, 자본배분선

복원완성도 ★★☆

99 빈칸에 알맞은 것은?

A포트폴리오의 기대수익률은 6%, 베타는 0.8이다. 그리고 B포트폴리오의 기대수익률은 9.5%이고 무위험수익률은 2%이다. 이 때 자본시장에서 더 이상 차익거래가 일어나지 않는 상태가 되기 위한 B포트폴리오의 베타는 ( )이다.

① 1.0
② 1.2
③ 1.5
④ 2.0

복원완성도 ★☆☆

100 액티브 운용과 관련하여 빈칸에 알맞은 것은?

( )의 목적은 상황변화가 있을 경우 포트폴리오가 갖는 원래의 특성을 그대로 유지하고자 하는 것이다. 주로 구성종목의 상대가격 변동에 따른 투자비율의 변화를 원래의 비율로 환원시키는 방법을 사용한다.

① 포트폴리오 리밸런싱
② 포트폴리오 업그레이딩
③ 포뮬러 플랜
④ 시장투자적기포착방법

투자자산운용사 출제동형 PLUS

부록

추가 기출문제(35회 이전)

투자자산운용사 출제동형 PLUS 최신 9회분	
추가 기출문제 (35회 이전)	문항 수 : 66문항

1-1 세제관련 법규/세무전략

기출복원 32회

01 〈보기〉의 설명에 부합하는 것은?

〈보기〉

과세표준 신고서를 법정신고기한 내에 제출한 자가 과세표준 및 세액을 과다하게 신고하거나 결손금 또는 환급세액을 과소신고한 때에는 최초 신고 및 수정신고한 국세의 과세표준 및 세액의 결정 또는 경정을 법정신고기한이 지난 후 5년 이내에 관한 세무서장에게 청구할 수 있다.

① 수정신고
② 경정청구
③ 기한 후 신고
④ 이의신청

보기는 경정청구에 해당한다(보기는 2025 기본서 1권, p9 인용).

※ 수정신고, 경정청구 및 기한 후 신고

(1) **수정신고서** : 법정신고 기한 내에 과세표준 및 세액을 **과소하게 신고한 경우로서**, 과세표준수정신고서를 법정신고기한 경과 후 **2년 이내**에 제출하는 경우는 과소신고 가산세액의 일부를 경감한다.

(2) **경정청구서** : 법정신고 기한 내에 과세표준 및 세액을 **과다하게 신고한 경우로서**, 최초 신고한 과세표준 및 세액의 경정을 법정신고기한 경과 후 **5년 이내**에 청구할 수 있다(과다액에 대한 환급 가능).

(3) **기한 후 신고** : 과세표준신고서를 법정신고기한이 지난 후 **6개월 이내**에 기한 후 신고를 한 경우에는 그 경과기간에 따라 해당 가산세액의 일부를 경감한다.

정답 ②

기출복원 30회

02 납세의무의 확정에 대한 설명이다. 가장 거리가 먼 것은?

① 부가가치세는 납세의무자가 과세표준과 세액을 정부에 신고함으로써 확정된다.
② 상속세는 납세의무가 성립되는 때에 특별한 절차없이 확정된다.
③ 증여세는 정부가 과세표준과 세액을 결정함으로써 확정된다.
④ 인지세는 납세의무가 성립되는 때에 특별한 절차없이 확정된다.

상속세와 증여세는 부과확정으로서, 정부가 과세표준과 세액을 결정함으로써 확정된다.
학습안내 '납세의무 확정'에 대한 상세내용은 '36회 01번 해설'을 참조할 것

정답 ②

기출복원 32회

03 다음 중 배당소득(소득세법 제17조)과 가장 거리가 먼 것은?

① 직장공제회 초과반환금
② 국외 집합투자기구로부터의 이익
③ 파생결합증권(ELS)으로부터의 이익
④ 출자 공동사업자의 손익분배금

'직장공제회 초과반환금'은 이자소득(소득세법 제16조)이다.

※ 이자소득과 배당소득의 종류

이자소득(소득세법 제16조)	배당소득(소득세법 제17조)
(1) 채권·증권의 이자와 할인액	(1) 이익배당
(2) 국내·외에서 받는 예금·적금의 이자	(2) 법인으로 보는 단체로부터 받는 배당 또는 분배금
(3) 채권 또는 증권의 환매조건부매매차익	(3) 의제배당
(4) 저축성보험의 보험차익	(4) 인정배당
(5) 직장공제회 초과반환금	(5) 국내·외에서 받은 집합투자기구로부터의 이익
(6) 비영업대금의 이익	(6) 파생결합증권 또는 파생결합사채로부터 이익
(7) 파생결합상품의 이익(이자소득과 결합)	(7) 외국법인으로부터의 배당
(8) 유사 이자소득	(8) 출자 공동사업자의 손익분배금[주1]
	(9) 파생결합상품의 이익(배당소득과 결합)
	(10) 유사 배당소득

* 주1 : 출자 공동사업자로부터의 손익분배금은 배당소득이지만, '공동사업자로부터 받는 분배금'은 사업소득이 된다.

정답 ①

기출복원 29회

04 원천징수세율과 관련하여 빈칸을 합한 숫자로 옳은 것은?(세율은 지방세 제외)

- 대금업에 해당하지 않는 금전대여를 하고 이를 통해 이자를 수령할 경우 (　　)%의 원천징수세율을 적용한다.
- 소득세법상 적격의 요건을 갖춘 집합투자기구로부터의 이익을 지급 시에는 (　　)%의 원천징수세율을 적용한다.

① 28　　② 39
③ 44　　④ 56

원천징수세율의 합은 '25%(비영업대금의 이익) + 14%(집합투자기구로부터의 이익) = 39%'이다.
- '집합투자기구로부터의 이익'은 아래 표에서 '그 밖의 이자소득 · 배당소득'에 해당되어 원천징수세율은 14%이며 조건부 종합과세한다.

※ **금융소득에 대한 원천징수세율**(세율은 지방세 제외 기준)

항 목	원천징수세율	비 고
(분리과세를 신청한) 장기채권의 이자와 할인액	30%	무조건 분리과세
직장공제회 초과반환금	기본세율 (6%~45%)	
법원에 납부한 경매보증금 및 경락대금에서 발생한 이자소득	14%	
비실명거래로 인한 이자 · 배당소득[주1]	45% 또는 90%	
ISA 비과세한도를 초과하는 이자 · 배당소득	9%	
비영업대금의 이익	25%	조건부 종합과세
그 밖의 이자소득 또는 배당소득	14%	

* 주1 : 금융기관을 통해 지급되는 비실명 금융소득은 90%, 금융기관을 통하지 않은 비실명금융소득은 45%가 적용된다.

정답 ②

기출복원 30회

05 〈보기〉에 따를 때, 금융소득종합과세 신고제도상 종합과세 대상금액은 얼마인가?

〈보기〉

- 3년만기 채권의 이자와 할인액 2,100만 원
- 비영업대금의 이익 200만 원
- 직장공제회 초과반환금 1,000만 원
- 근로소득 2,000만 원

① 2,000만 원　　② 2,200만 원
③ 4,100만 원　　④ 4,300만 원

신고제도상 종합과세 대상금액은 4,300만 원이다(아래 해설).

(1) 무조건 분리과세 대상을 제외한다. : 즉 직장공제회 초과반환금 1,000만 원 제외

(2) 조건부종합과세를 한다. : 2천만 원 이하는 분리과세, **2천만 원을 초과할 경우는 금융소득 전체 금액과 타 종합소득 금액을 합산하여 종합과세한다.** 즉 '금융소득 2,300만 원(2,100만 원 + 200만 원) + 근로소득 2,000만 원 = **4,300만 원**주1)'이 종합과세 대상금액이 된다.

* 주1 : 동 문항에서 **현행 신고제도상 종합과세 대상금액은 4,300만 원이지만 금융소득 2,000만 원까지는 14%의 원천징수 세율로 과세하고 납세의무가 종결되므로,** 실질적으로 종합과세가 적용되는 종합소득은 '금융소득 2천만 원 초과분과 타 종합소득을 합산한' 2,300만 원이다.

정답 ④

1-2 금융상품

기출복원 33회

06 〈보기〉는 ELS(주가연계증권)의 수익구조 중 어디에 해당하는가?

〈보기〉

투자기간 중 사전에 정해 둔 주가수준에 도달하면 확정된 수익으로 조기상환되며, 그 외의 경우에는 만기 시 주가에 따라 수익이 정해지는 구조이다. 투자기간 중 기초자산이 한번이라도 사전에 정한 일정주가를 초과(장중 포함) 상승하는 경우는 만기 시 주가와 상관없이 최종수익률은 리베이트 수익률로 확정된다.

① Knock Out형

② Bull Spread형

③ Digital형

④ Reverse Convertible형

〈보기〉는 Knock Out형을 말한다.

학습안내 'ELS수익구조(knock out, step down형 등)'에 상세 내용은 '37회 11번 해설'을 참조할 것

정답 ①

기출복원 30회

07 주식워런트 증권(ELW ; Equity Linked Warrant)의 가격결정에 대한 설명이다. 가장 거리가 먼 것은?

① 콜 ELW는 기초자산이 올라가면 가격이 상승한다.
② 풋 ELW는 행사가격이 낮을수록 가격이 하락한다.
③ 풋 ELW는 만기가 가까워지면 가격이 상승한다.
④ 금리가 올라갈수록 콜 ELW의 가격은 상승하고 풋 ELW의 가격은 하락한다.

만기가 가까워지면(잔존만기가 짧아지면) 콜ELW, 풋ELW 모두 가격이 하락한다(∵시간가치가 감소하므로).
학습안내 'ELW 가격결정요인'에 대한 상세 내용은 '43회 11번 해설'을 참조할 것

정답 ③

기출복원 34회

08 보험 상품에 대한 설명이다. 틀린 내용으로 연결한 것은?

가. 생명보험의 영업보험료는 예정위험률, 예정이율, 예정사업비율, 예정손해율에 의해 산출된다.
나. 양로보험이란 피보험자가 일정기간 동안 사망하거나 중도 또는 만기 생존 시 보험금이 지급되는 보험인데, 생사혼합보험이라고도 한다.
다. 해상보험은 생명보험으로 분류된다.

① 가, 나　② 나, 다
③ 가, 다　④ 가, 나, 다

틀린 내용은 '가, 다'이다.
가. 생명보험의 영업보험료는 '예정위험률, 예정이율, 예정사업비율(이상 '3가지 예정기초율)'에 의해 결정된다(예정손해율은 없음)
다. 해상보험은 손해보험이다(생명보험-사망보험 / 생존보험 / 생사혼합보험, 손해보험-화재보험, 해상보험, 자동차보험, 배상책임보험 등).

※ 생명보험의 보험료 구성

영업보험료	순보험료		부가보험료		
	위험보험료	저축보험료	신계약비	유지비	수금비
부과 근거	예정위험률	예정이율	예정사업비율		

정답 ③

기출복원 31회

09 개인형 퇴직연금제도(IRP)에 대한 설명으로 옳은 것은?

① 확정급여형(DB형) 가입자의 경우 IRP를 통한 추가납입이 불가하다.
② 적립금의 운용과 수급방법은 확정급여형(DB형)과 동일하다.
③ IRP는 가입자가 퇴직하는 즉시 퇴직연금을 지급한다.
④ 기존의 연금계좌 가입자도 IRP를 포함하여 연간 1,800만 원까지 납입을 할 수 있다.

연금계좌(연금저축 + DB / DC / IRP) 통틀어서 연간 1,800만 원까지 납입이 가능하다(만일 연금저축이나 DB/DC형 퇴직연금에 가입되지 않은 상태라면 IRP에서만 연간 1,800만 원까지 납입가능).
① DC형 뿐 아니라 DB형 가입자도 IRP 가입이 가능하다.
► IRP 가입대상자 : DC・DB형 가입자로서 IRP를 추가로 설정하려는 자 / 퇴직연금을 일시금으로 수령한 자 / 자영업자・공무원 등 소득이 있는 자
② 적립금의 운용과 수급방법은 확정기여형(DC형)과 동일하다.
③ DB형, DC형, IRP 모두 퇴직연금 개시는 55세 이후부터 가능하다.

정답 ④

1-3 부동산관련 상품

기출복원 30회

10 PF(프로젝트 파이낸싱) 사업의 대표적인 안정성 확보 수단 중에서, 시공사를 통한 수단에 해당하지 않는 것은?

① 사업부지에 대한 부동산담보신탁
② 책임준공 약정
③ 책임분양 약정
④ 차주에 대한 연대보증

사업부지에 대한 부동산담보신탁은 시행사를 통한 채무안정성 확보 수단이다.

※ **PF사업의 대표적인 안정성 확보수단**(2025 기본서, 1권, p443 참조)
(1) 시행사를 통한 수단 : 사업부지에 대한 저당권설정 또는 부동산담보신탁
(2) 시공사를 통한 수단 : 책임준공, 책임분양, 채무인수, 연대보증 등
(3) 제3자를 통한 수단 : PF보증(주택금융공사), 이행보증(서울보증보험) 등

정답 ①

기출복원 28회

11 **다음 중 부동산의 가치발생 3요인에 해당하지 않는 것은?**

① 부동산의 효용성
② 부동산의 동질성
③ 부동산의 상대적 희소성
④ 부동산의 유효수요

부동산 가치발생의 3요인은 '효용성, 유효수요, 희소성'이다(암기 발. 효. 유. 희).

※ **부동산 가치의 발생요인**(2024 기본서, 1권, p457 인용)

부동산의 가치는 부동산의 효용성(utility), 부동산의 유효수요(effective demand), 부동산의 상대적 희소성(relative scarcity)에 의해서 발생한다.

(1) 부동산의 효용성이란 부동산을 사용하고 수익함으로써 얻을 수 있는 사용가치성을 의미한다.
(2) 부동산 유효수요는 부동산을 수요하려는 욕구와 동시에 이를 구매할 수 있는 능력을 갖춘 수요를 말한다.
(3) 부동산의 상대적 희소성이란 자원(부동산)의 양이 한정되어 있기 때문에 가치가 발생하는 것을 의미한다.

정답 ②

2-1 대안투자

기출복원 30회

12 **부동산 개발사업 관련 주요 위험 및 관리방안에 대한 설명이다. 가장 적절하지 않은 것은?**

① 지주(地主) 수가 많은 토지의 경우 지주 개인 별로 개별계약을 한으로써 토지매입대금의 상승위험에 대비한다.
② 사업부지에 대해서 담보신탁이나 저당권을 설정함으로써 사업위험에 대비한다.
③ 신용도가 양호한 시공사를 선정함으로써 시공위험에 대비한다.
④ 일정 기한까지 인・허가가 승인되지 않을 경우 시공사의 채무승인 등 트리거(trigger)조건을 설정함으로써 인・허가 위험에 대비한다.

지주 수가 많을 경우 지주와 개별적으로 계약하는 것보다 전체 지주와 일괄계약을 함으로써 토지매입대금의 상승위험을 줄일 수 있다.

정답 ①

기출복원 29회

13 PEF(Private Equity Fund)에 대한 설명이다. 가장 적절하지 않은 것은?

① PEF의 사원은 1인 이상의 무한책임사원(GP ; General Partners)과 1인 이상의 유한책임사원(LP ; Limited Partners)으로 구성되며 그 총수는 100인 이하이어야 한다.

② PEF의 무한책임사원(GP)은 펀드를 설립하고 투자와 운영을 책임지는 사원이며 동시에 펀드의 운영 과정에서 발생하는 계약상의 사후손실보상 등 펀드운용에 따를 최종 책임을 부담하며, 이 과정에서 본인이 출자한 금액을 초과하는 금액까지도 책임을 지기도 한다.

③ PEF정관내용 중 '회사의 목적, 상호, 소재지, 회사의 존립기간, 회사의 해산사유를 정한 경우 그 내용, 유한책임사원의 성명 · 주민등록번호 및 주소'에 대해서는 등기사항으로 한다.

④ 연기금이나 은행, 보험, 재단 등은 주로 유한책임사원(LP)으로 PEF에 참여한다.

'유한책임사원의 성명 · 주민등록번호 및 주소'에서 유한책임사원이 아니라 무한책임사원이 옳다.

학습안내 PEF 법적 형태에 대한 상세 내용은 '42회 22번 해설'을 참조할 것

정답 ③

기출복원 34회

14 헤지펀드 운용전략과 관련하여 빈칸에 알맞은 것은?

> (　　　　　　) 전략은 위험을 적극적으로 취하고, 상황에 따라 공매도와 차입을 사용한다. 동 전략은 기업의 합병, 사업개편, 청산 및 파산 등 기업상황에 영향이 큰 사건을 예측하고 이에 따라 발생하는 가격변동을 이용하여 수익을 창출하고자 하는 전략이다.

① Global Macro

② Event Driven

③ Market Neutral Strategy

④ Long Biased

Event Driven 전략(상황의존형 전략)을 말한다. 상황의존형 전략에는 '합병차익거래, 부실채권투자전략'등이 있다. ①은 글로벌매크로전략(방향성전략), ③은 주식시장중립형(차익거래전략), ④는 주식의 롱숏(long biased 또는 short biased)이다.

학습안내 '헤지펀드 전략의 종류'에 대한 상세내용은 '37회 24번'해설을 참조할 것

정답 ②

2-2 해외증권투자운용/투자전략

기출복원 28회

15 **세계증권시장의 통합과 동조화에 대한 설명이다. 가장 적절하지 않은 것은?**

① 세계증권시장이 완전히 통합된다면 국제 분산투자효과는 전혀 발생하지 않는다.
② 국가 간 교역이 증대되면 동조화 현상은 약화된다.
③ 동조화 현상은 글로벌 금융위기와 같은 위기상황에서 더 강해진다.
④ 글로벌화가 진전된 IT산업이나 중간재 산업 등에서 동조화 현상은 두드러지게 나타나고 있다.

국가 간 교역이 증가되면 동조화 현상은 강화된다.

※ 세계증권시장의 통합과 동조화

(1) '통합'은 자본시장 개방 등 제도적 요인에 의한 인위적인 현상이며, '동조화'는 글로벌 교역증대나 세계공통요인(유가나 미국금리 등)의 존재로 인한 자연적 현상이다.
(2) 세계시장이 완전히 통합된다면 국제 분산투자효과는 전혀 발생하지 않는다(세계가 하나의 시장이므로 상관계수가 +1이 됨).
- 나라별 통화의 차이나 기타 장벽 등으로 인해 현실적으로 완전한 통합은 어렵다.

(3) 글로벌화에 따른 **국가 간 교역의 증대, 유가나 미국금리 등 세계 경제에 큰 영향을 주는 공통요인이 존재함으로써 국가 간 상관관계가 높아지는 현상을 동조화라고 한다.**
- 동조화가 강해질수록 국제 분산투자 효과는 낮아진다.
- 동조화는 글로벌 금융위기 등 위기상황에서 더욱 강해지는 경향이 있다.
- 글로벌화가 진전된 IT산업이나 중간재산업의 동조화 현상은 기타 산업보다 더 강하다.

정답 ②

2-3 투자분석기법

기출복원 34회

16 다음 중 산포경향(Degree of Dispersion)을 나타내는 것과 가장 거리가 먼 것은?

① 최빈값 ② 범 위
③ 분 산 ④ 표준편차

최빈값은 중심위치에, 나머지는 모두 산포경향에 해당한다.

※ **증권분석을 위한 통계지표**(2023 기본서, 2권, p214~216 참조)

중심위치	산포경향
산술평균, 최빈값, 중앙값	범위, 평균편차, 분산, 표준편차

- 중심위치 : '자료가 어떤 값을 중심으로 분포하는가'를 나타내는 대표치(평균에 해당).
- 산포경향 : '자료가 중심위치로부터 어느 정도 흩어져 있는가'를 나타내는 지표(위험에 해당)

정답 ①

기출복원 31회

17 주당순이익의 성장률 8%, 다음 기의 예상 주당순이익은 10,000원, 요구수익률은 10%, 배당성향이 20%일 때, 배당평가모형으로 평가한 동 주식의 가격은?

① 20,000원 ② 25,000원
③ 50,000원 ④ 100,000원

고든의 항상성장모형으로 평가한 주식가격은 100,000원이다(아래 풀이).

(1) 배당이 일정비율로 성장하므로 고든의 항상성장모형을 적용한다.

► $P = \dfrac{D_1}{k - g} = \dfrac{2,000}{0.10 - 0.08} = \dfrac{2,000}{0.02}$ = 100,000원

- D_1 = 2,000원 [∵ 10,000원(다음 기 예상주당순이익) × 20%(배당성향) = 2,000원]

(2) 보기에서 '주당순이익 성장률' 8%는 '배당성장률 8%'와 같은 의미이다.

- 배당은 주당순이익의 일정비율에 해당하므로, 주당순이익의 성장률은 곧 배당성장률과 같다.

학습안내 동 문항은 P를 구하는 것으로, 33회와 37회는 요구수익률(k)을 묻는 문제로 출제되었다.

정답 ④

기출복원 30회

18 다음의 재무비율 중 활동성지표에 해당하는 것은?

① 매출채권회전율
② 총자산이익률
③ 유동비율
④ 부채-자기자본비율

매출채권회전율은 활동성지표, 총자산이익률은 수익성지표, 유동비율은 유동성지표, 부채-자기자본비율은 안정성지표이다.

학습안내 재무비율에 대한 전체 내용은 '36회 31번 해설'을 참조할 것

정답 ①

기출복원 30회

19 총자산회전율이 1.5배, 총자산이 1,200억 원일 때 순매출액은?(단위 : 억 원)

① 1,000
② 1,200
③ 1,800
④ 2,700

순매출액은 1,800억 원이다(아래 풀이).

(1) $\text{총자산회전율} = \frac{\text{순매출액}}{\text{총자산}}$

(2) $\frac{\text{순매출액}}{\text{총자산}} = 1.5$, $\frac{\text{순매출액}}{\text{1,200억 원}} = 1.5$, $(\therefore)$ 순매출액 = 1,800억 원

학습안내 재무비율에 대한 전체 내용은 '36회 31번 해설'을 참조할 것

정답 ③

20 레버리지분석과 관련하여 빈칸에 알맞은 것은?

현재의 영업이익이 100억 원, 이자비용이 20억 원, 세전이익이 80억 원, 법인세 40억 원, 세후순이익은 40억 원이다. 이후 영업이익이 140억 원, 이자비용이 20억 원, 세전이익이 120억 원, 법인세가 60억 원, 세후순이익이 60억 원으로 증가하였다면 이때 재무레버지리도는 (　　　　　)이다.

① 1.20　　② 1.25
③ 1.40　　④ 1.50

재무레버리지도(DFL)는 1.25이다(아래 두 가지 풀이방식 참조).

※ 재무레버리지도(DFL) 계산

(1) $\text{재무레버리지도(DFL)} = \dfrac{\text{주당이익의 변화율}}{\text{영업이익의 변화율}} = \dfrac{\dfrac{60-40}{40}}{\dfrac{140-100}{100}} = \dfrac{50\%}{40\%} = 1.25$

(2) $\text{재무레버리지도(DFL)} = \dfrac{\text{매출액} - \text{변동비} - \text{고정비}}{\text{매출액} - \text{변동비} - \text{고정비} - \text{이자비용}}$

$= \dfrac{\text{영업이익}}{\text{영업이익} - \text{이자비용}} = \dfrac{100}{100-20} = 1.25$

참고 분자의 주당이익은 '$\dfrac{\text{세후 순이익}}{\text{주식수}}$'인데, 변화율의 측면에서는 세후순이익의 변화율이나 주당이익의 변화율은 동일한 값이다.

► 재무레버리지도(2025 기본서, 2권, p259 인용)

(2) 재무레버리지도

재무레버리지도(Degree of Financial Leverage ; DFL)는 영업이익의 변화율에 대한 주당이익의 변화를 나타내는 비율이다.

[표 3-6] 재무레버리지와 세후순이익(EAT)의 변화

구 분	40% 감소	현 재	40% 증가
영업이익 이자	60 20	100 20	140 20
세전 이익(EBT) 법인세	40 20	80 40	120 60
세후 순이익(EAT)	20	40	60

- EBT(Earning Before Tax)는 '법인세 차감 전 순이익', EAT(Earning After Tax)는 '법인세 차감 후 순이익'을 말함
- 영업이익과 나머지 항목이 변동할 때 이자비용은 20으로 고정되어 있다(→ 재무고정비).

풀이 1 영업이익이 40% 증가할 때(100 → 140), 세후순이익은 50% 증가한다(40 → 60).

재무레버리지도(DFL)는 '영업이익의 변화율에 대한 주당이익의 변화율(세후순이익의 변화율)의 비율'로 정의되므로 '$\dfrac{50\%}{40\%} = 1.25$'이다.

풀이 2 'DFL = $\frac{매출액 - 변동비 - 고정비}{매출액 - 변동비 - 고정비 - 이자비용}$'에서 '매출액 - 변동비 - 고정비 = 영업이익'이므로 DFL은 '$\frac{영업이익}{영업이익 - 이자비용}$'와 같다. 따라서 동 예시에서의 재무레버리지도는 $\frac{100}{100 - 20}$ = 1.25이다[주1].

*주 1 : $\frac{영업이익}{영업이익 - 이자비용}$으로 계산 시 '$\frac{140}{140 - 20}$(변동 후 기준)'이 아니라 '$\frac{100}{100 - 20}$(변동 전 기준)'이 옳다. 왜냐하면 레버리지도는 고정비가 투입되는 시점('변동 전' 시점)을 기준으로 계산되기 때문이다.

정답 ②

기출복원 34회

21 산업분석에 대한 다음의 설명 중에서 틀린 항목으로 연결한 것은?

가. 소비와 관련성이 큰 산업은 경기선행산업이다.
나. 소득수준이 상승함에 따라 노동력의 구성비가 1차산업에서 2차로, 2차에서 3차로 갈수록 그 비중이 높아진다는 것은 호프만의 법칙이다.
다. 노동과 자본 중에서 노동이 상대적으로 풍부한 국가는 노동집약적 산업을 중심으로 산업구조가 변화한다고 보는 것은 헥셔 올린 모형이다.
라. 라이프사이클의 4단계 중에서, 안정적인 시장점유율을 유지하면서 매출이 완만하게 늘어나는 단계는 성숙기이다.

① 가, 나
② 다, 라
③ 가, 다
④ 나, 라

틀린 항목은 '가, 나'이다.
가. 소비와 연관성이 큰 산업은 경기후행산업, 투자와 연관성이 큰 산업은 경기선행산업이다.
나. 소득수준이 상승함에 따라 노동력의 구성비가 1차산업에서 2차로, 2차에서 3차로 갈수록 그 비중이 높아진다는 것은 Petty의 법칙이며, 이때 노동력뿐 아니라 생산 및 자본에서도 이 법칙이 성립된다는 것은 쿠즈네츠 이론이다.
► **호프만(Hoffman)의 법칙** : 소득수준이 상승함에 따라 2차산업 내에서 소비재산업 보다 생산재산업의 비중이 높아진다는 것을 말한다(cf 중간재 산업의 비중이 증가한다는 것은 뵘바베르크 이론이다.

보충('라') 성숙기는 산업의 성숙해진 단계로서 매출변동이 크지 않다. 따라서 매출액이 완만하게 증가하고 안정적인 시장점유율을 유지하는 단계이다(cf 성장기는 '매출과 이익이 급증하는 단계).

학습안내 라이프사이클 분석에 대한 상세 내용은 '38회 42번 해설'을 참조할 것

정답 ①

기출복원 33회

22 산업연관표(産業聯關表)에 대한 설명이다. 가장 적합한 것은?

① 산업연관표는 다른 국민소득통계와 마찬가지로 중간생산물의 산업 간 거래를 포괄하지 않는다.
② 투입계수를 통해 산업 간 상호의존관계의 정도를 파악할 수 있다.
③ 생산유발계수를 통해 산출물의 가격변화가 생산물의 가격변화를 얼마나 유발시키는지를 파악할 수 있다.
④ 미래 특정연도의 총공급과 총수요를 산업 별로 세분하여 예측할 수 있다.

---

④만 옳은 내용이다.
① 산업연관표(Input–Output Analysis)는 중간생산물의 산업 간 거래를 포괄한다는 점에서 다른 국민소득통계와는 차이가 있다.
② 산업 간 상호의존관계를 파악할 수 있는 것은 생산유발계수이다(cf 투입계수는 생산 기술구조를 파악할 수 있음).
• 상호의존관계는 전방연쇄효과와 후방연쇄효과로 나타난다.
③ 반대로 기술되었다. 생산유발계수는 '생산물의 가격변화가 산출물의 가격변화를 얼마나 유발시키는지'를 파악할 수 있다. 여기서 생산물은 최종수요의 대상인 최종생산물을 의미한다.
► **생산유발계수 : 소비, 투자, 지출과 같은 최종수요가 한 단위 증가할 때 각 산업에서 직・간접적으로 유발되는 산출물의 단위를 말한다.**

학습안내 '산업연관표 분석'에 대한 전체 내용은 '37회 42번 해설'을 참조할 것

정답 ④

기출복원 28회

23 〈보기〉는 라이프사이클의 4단계 중 어디에 속하는가?

〈보기〉

• 이익률은 시장점유율 유지를 위한 가격경쟁과 판촉경쟁 등으로 하락하고 기업별로 경영능력에 따른 영업실적의 차이가 크게 나타난다.
• 기업들은 원가절감이나 철저한 생산관리로 이윤의 하락추세를 만회하려 하기도 한다.
• 제품수명주기를 연장하기 위한 노력 또는 새로운 제품을 개발하기 위한 연구개발비 지출증가가 필요하다.

① 도입기　② 성장기
③ 성숙기　④ 쇠퇴기

성숙기에 해당한다. 시장이 성숙기에 접어들었으므로 매출은 완만하게 증가하고 시장점유율은 안정적으로 유지된다. 성장기에 비해 경쟁이 격화되어 수익성이 악화되므로 원가절감, 생산관리가 필요한 단계이다.

정답 ③

기출복원 28회

24 산업경쟁력 분석모형의 3가지 기본적 요소 중에서 '산업성과' 요소에 속하지 않는 것은?

① 산업성장률 ② 생산성
③ 정부규제 ④ 수출실적

정부규제는 '시장구조' 요소에 속한다.

※ **산업경쟁력 분석모형(3가지 요소)** : 2024 기본서, 2권, p410 표 참조

경쟁자산	시장구조	산업성과
기술력, 인적자본, 물적자본, 인프라, 수요조건, 국가경쟁력	산업의 구성(수평・수직), 연관산업경쟁력, 경쟁정도, 정부규제, 시장지배사업자 등	산업성장률, 수출실적, 생산성, 외부효과 등

정답 ③

2-4 리스크관리

기출복원 33회

25 재무위험의 종류로서 보기는 어떤 위험을 말하는가?

〈보기〉

부적절한 내부시스템, 관리 실패, 잘못된 통제, 사기, 인간의 오류 등으로 발생하는 손실에 대한 위험이다.

① 시장위험 ② 신용위험
③ 운영위험 ④ 유동성위험

운영위험(operating risk)을 말한다.

학습안내 재무위험의 5가지 종류에 대해서는 '36회 43번 해설'을 참조할 것

정답 ③

3-1 직무윤리

기출복원 29회

26 **적합성 원칙(금융소비자보호법 제17조)에 대한 설명이다. 가장 적절하지 않은 것은?**

① 계약체결권유를 하기에 앞서 해당 금융소비자가 계약체결권유를 원하는지 아니면 원하지 않는지를 확인해야 한다.

② 전문금융소비자를 대상으로는 적합성의 원칙을 이행하지 않아도 된다.

③ KYC Rule에 따라 취득한 고객의 정보는 서명, 기명날인, 녹취 등의 방법으로 고객의 확인을 받아 이를 유지・관리해야 하며, 해당 금융소비자에게 제공은 하지 않아도 된다.

④ KYC Rule에 의해 얻어진 금융소비자의 정보를 고려하여 해당 금융상품이 적합하지 않다고 판단되는 경우에는 계약체결을 권유할 수 없다.

KYC Rule에 따라 취득한 고객의 정보는 기명날인, 녹취 등의 방법으로 고객의 확인을 받아 이를 유지・관리해야 하며, **확인받은 내용은 해당 금융소비자에게 지체 없이 제공해야 한다.**

※ **적합성의 원칙(Principle of Suitability)** : 금융소비자보호법 제17조

(1) 금융상품판매업자등은 금융상품계약체결등을 하거나 자문업무를 하는 경우에는 **상대방인 금융소비자가 일반금융소비자인지 전문금융소비자인지를 확인하여야 한다.**

설명 '적합성원칙/설명의무/적정성원칙'은 일반금융소비자를 대상으로 하므로, 일반금융소비자에 한하여 적합성원칙의 절차를 이행한다.

(2) 금융상품판매업자등은 일반금융소비자에게 금융상품의 계약체결을 권유하는 경우에는 면담・질문 등을 통하여 각 상품별 정보를 파악하고, 일반금융소비자로부터 서명, 기명 날인, 녹취 등의 방법으로 확인을 받아 이를 유지・관리해야 하며, 확인 받은 내용을 일반금융소비자에게 지체 없이 제공하여야 한다.

(3) 금융상품판매업자등은 KYC Rule에 따라 파악한 정보(각 상품별 정보)를 고려하여 그 일반금융소비자에게 적합하지 않다고 인정되는 계약의 체결을 권유해서는 아니 된다.

정답 ③

27 **상품판매 이후 단계의 금융소비자보호조치로서 자료열람권(금융소비자보호법 제28조)을 설명한 것이다. 틀린 내용으로 연결한 것은?**

> 가. 금융소비자는 금융상품판매업자 등(이하 '금융회사')이 기록 및 유지·관리하는 자료의 열람을 요구할 수 있는데, 이때 열람 사유에 대한 제한은 없다.
> 나. 금융소비자의 권리를 보호하는 차원에서, 금융소비자가 자료열람권을 행사할 경우 금융회사는 무조건적으로 승인해야 한다.
> 다. 금융상품판매업자 등은 금융소비자로부터 열람의 요구를 받았을 때에는, 요구받은 날로부터 6영업일 이내에 금융소비자가 해당 자료를 열람할 수 있도록 해야 한다.
> 라. 금융회사는 금융소비자의 자료열람권 행사에 응하기 위해 발생한 자료 우송료, 자료의 생성 시 발생한 수수료 등의 비용을 금융소비자에게 청구할 수 있다.

① 가, 나　　② 다, 라
③ 가, 다　　④ 나, 라

틀린 내용은 '가, 나'이다. 그리고 금융소비자의 자료열람 요구에 응하기 위해 발생한 비용에 대해서는 금융회사가 소비자를 대상으로 청구할 수 있다(라).

가. 자료열람요구권은 금융소비자의 권익을 증진하기 위해 금소법에서 신설한 제도 중 하나로서, **분쟁조정이나 소송의 수행 등 권리구제를 위한 목적으로만** 행사가 가능하다.

나. 금융소비자의 자료열람요구권에 대해 금융회사는 **무조건적으로 승인해야 하는 것은 아니다**(영업기밀침해 등의 사유가 있는 경우는 거절 가능).

학습안내 자료열람권에 대한 전체 내용은 '38회 54번 해설'을 참조할 것

정답 ④

기출복원 34회

28 재산상 이익의 제공 및 수령에 관한 설명이다. 가장 적절하지 않은 것은?

① 경제적 가치의 크기가 일반인이 통상적으로 이해하는 수준을 초과하는 경우 제공이나 수령이 금지된다.

② 법인 기타 단체의 고유재산관리업무를 수행하는 자에게 제공하는 경우로서, 금전이나 공연관람권을 제공하는 것은 금지된다.

③ 거래상대방만 참석한 여가 및 오락활동 등에 수반되는 비용을 제공하는 것은 금지된다.

④ 투자매매회사 또는 투자중개회사가 판매회사의 변경 또는 변경에 따른 이동액을 조건으로 하여 재산상 이익을 제공하는 것은 금지된다.

특정목적으로 '금전, 상품권, 금융투자상품'을 제공하는 것은 금지되지만, 상품권 중에서 **공연・운동경기관람이나 도서・음반구입 등 문화활동으로 한정된 상품권의 제공은 허용된다.**

학습안내 '(부당한) 재산상이익의 제공 및 수령 금지대상'에 대한 상세내용은 '39회 68번 해설'을 참조할 것

정답 ②

3-2 자본시장법

기출복원 30회

29 자산건전성 규제에 대한 설명이다. 가장 적절하지 않은 것은?

① 금융투자업자는 매 분기마다 자산 및 부채에 대한 건전성을 '정상, 고정, 회수의문, 추정손실'의 4단계로 분류한다.

② '정상'으로 분류된 자산에 대해서는 해당 자산의 1,000분의 5 이상의 대손충당금을 설정하는 것이 원칙이다.

③ 매 분기말 현재 고정이하로 분류된 자산에 대해서는 적정한 회수예상가액을 산정해야 하고, 회수의문과 추정손실로 분류된 자산은 조기에 상각하여 자산의 건전성을 확보해야 한다.

④ 금융투자업자는 자산건전성 분류기준의 설정 및 변경, 동 기준에 따른 자산건전성 분류 결과 및 대손충당금 등 적립결과를 감독원장에게 보고하여야 한다.

'정상, 요주의, 고정, 회수의문, 추정손실'의 5단계이다.

학습안내 자산건전성 규제에 대한 상세 내용은 '35회 57번 해설'을 참조할 것

정답 ①

기출복원 34회

30 **순자본비율의 산정에 반영되는 총위험에 포함되는 위험을 모두 연결한 것은?**

> 가. 시장위험
> 나. 신용위험
> 다. 운영위험
> 라. 유동성위험

① 가 ② 가, 나
③ 가, 나, 다 ④ 가, 다, 다, 라

'순자본비율 = $\frac{\text{영업용순자본} - \text{총위험액}}{\text{필요유지자기자본}}$'에서 총위험액은 '시장위험, 신용위험, 운영위험'을 말한다.

학습안내 '순자본비율 규제'에 대한 전체 내용은 '35회 58번 해설'을 참조할 것

정답 ③

기출복원 30회

31 **다음 중 적기시정조치에 해당하는 것으로 모두 연결한 것은?**

> 가. 경영개선권고
> 나. 경영개선요구
> 다. 경영개선계획 제출 및 평가
> 라. 경영개선계획의 이행실적에 대한 결과보고

① 가, 나 ② 가, 나, 다
③ 가, 나, 라 ④ 가, 나, 다, 라

적기시정조치는 '경영개선권고/경영개선요구/경영개선명령' 등 세 가지 조치를 말한다.

학습안내 적기시정조치 발동요건 등은 '36회 57번 해설'을, 적기시정조치 세부용은 '35회 59번 해설'을 참조할 것

정답 ①

32 규제대상 행위로서 〈보기〉에 해당하는 것은?

〈보기〉

투자매매업자 또는 투자중개업자는 투자자가 그 대리인으로부터 금융투자상품의 매매의 청약 또는 주문을 받지 아니하고는 투자자로부터 예탁받은 재산으로 금융투자 상품의 매매를 할 수 없다(자본시장법 제70조).

① 일임매매　② 임의매매
③ 통정매매　④ 자기매매

자본시장법상 '임의매매'의 금지조항에 해당된다.

※ **투자매매업자 또는 투자중개업자에 대한 영업행위규제**(2025 기본서, 3권, p217~219 참조)

(1) **매매형태의 명시** : 투자매매업자 또는 투자중개업자는 투자자로부터 금융투자상품의 매매에 관한 청약 또는 주문을 받는 경우에는 사전에 그 투자자에게 자기가 투자매매업자인지 투자중개업자인지를 밝혀야 한다.
- 단, 사전에 알리는 방법상의 제한은 없다(서면이나 구두 모두 가능).

(2) **자기계약의 금지** : 투자매매업자 또는 투자중개업자는 금융투자상품에 매매에 있어서, 자신이 본인이 됨과 동시에 상대방의 투자중개업자가 될 수 없다.
- 단 '장내시장(증권시장 또는 파생상품시장)을 통한 매매' 등의 경우 예외가 인정된다.

(3) **최선집행의무** : 투자매매업자 또는 투자중개업자는 금융투자상품의 매매에 관한 투자자의 청약이나 주문을 처리함에 있어서, 최선의 거래조건으로 집행하기 위한 기준을 마련하고 공표하여야 한다.
- 그리고 3개월마다 최선집행기준의 내용을 점검해야 한다.

(4) **임의매매 금지** : 투자매매업자 또는 투자중개업자는 투자자가 그 대리인으로부터 금융 상품의 매매의 청약 또는 주문을 받지 아니하고는 투자자로부터 예탁 받은 재산으로 금융투자상품의 매매를 할 수 없다(자본시장법 제70조).
- 위반 시 5년 이하의 징역 또는 2억 원 이하의 벌금에 처할 수 있다.

정답 ②

기출복원 33회

33 투자신탁의 수익증권발행에 대한 설명이다. 가장 적절하지 않은 것은?

① 투자신탁을 설정한 집합투자업자는 수익증권의 발행가액 전액이 납입된 경우 신탁업자의 확인을 받아 예탁결제원을 명의인으로 하여 수익증권을 발행하여야 한다.
② 수익증권은 액면 · 무기명식으로 발행한다.
③ 수익자는 신탁원본의 상환 및 이익의 분배 등에 관하여 수익증권의 좌수에 따라 균등한 권리를 가진다.
④ 투자신탁을 설정한 집합투자업자는 수익증권에 집합투자업자 및 신탁업자의 상호, 수익증권의 발행일 등을 기재하고 신탁업자의 대표이사가 기명날인 또는 서명하여야 한다.

수익증권은 무액면 · 기명식으로 발행한다(투자회사의 주식도 '무액면 · 기명식'으로 발행함).

정답 ②

기출복원 32회

34 빈칸에 알맞은 것은?

집합투자기구 자산총액의 100분의 (　　)를 초과하여 부동산, 특별자산, 비상장주식 등 시장성 없는 자산에 투자하는 경우 환매금지형 집합투자기구로 설정 · 설립해야 한다.

① 10　　② 20
③ 40　　④ 50

펀드자산총액의 20% 이상을 시장성 없는 자산에 투자할 경우 환매금지형펀드로 설정 · 설립해야 한다(cf 자산총액의 10%를 초과하여 시장성 없는 자산에 투자하는 경우는 환매기일의 연기사유에 해당됨).
학습안내 '환매금지형 집합투자기구'에 대한 전체 내용은 '38회 61번 해설'을 참조할 것

정답 ②

35 집합투자기구를 평가하고 이를 투자자에게 제공하는 업무를 영위하는 자는?

① 일반사무관리회사
② 집합투자기구 평가회사
③ 채권평가회사
④ 투자회사

집합투자기구 평가회사이다.

※ 집합투자기구 관계회사 요건

일반사무관리회사	집합투자기구 평가회사	채권평가회사
자기자본 20억 원	자기자본 5억 원	자기자본 30억 원
집합투자재산 계산전문인력 2인 이상	집합투자기구 평가전문인력 3인 이상	집합투자재산 평가전문인력 10인 이상
투자회사 주식발행 및 명의개서, 기준가격계산·공시 등	집합투자기구 등급평가 등	집합투자재산에 속하는 채권 등의 자산가격평가
등록요건을 갖추어 금융위원회에 등록(인가대상이 아님)		

정답 ②

36 **공모형 집합투자기구의 성과보수 제한규정에 대한 설명이다. 가장 거리가 먼 것은?**

① 공모형 집합투자기구의 경우 일정한 요건을 충족 시 예외적으로 인정되며, 인정될 경우는 성과보수한도의 제한은 받지 않는다.

② 집합투자업자가 임의로 변경할 수 없는 객관적인 지표 또는 수치를 기준으로 성과보수를 산정할 것 등의 요건을 갖추어야 한다.

③ 집합투자업자는 성과보수를 받고자 하는 경우, 성과보수 산정방식 등을 투자설명서 및 집합투자규약에 기재해야 한다.

④ 사모집합투자기구는 성과보수제한규정이 적용되지 않는다.

예외가 인정된다 해도 성과보수의 상한선을 정해야 한다.

※ **성과보수의 제한**(2025 기본서, 3권, p251 참조)

1. 공모 집합투자기구는 운용실적에 연동하여 미리 정해진 산정방식에 따른 보수(성과보수)를 받는 것이 원칙적으로 금지된다. 다만, 다음 요건을 모두 충족하면 예외적으로 성과보수를 받을 수 있다.
   (1) 집합투자업자가 임의로 변경할 수 없는 객관적인 지표 또는 수치(기준지표 등)를 기준으로 성과보수를 산정할 것
   (2) 운용성과가 기준지표 등의 성과보다 낮은 경우 성과보수를 적용하지 않는 경우 보다 적은 운용보수를 받게 되는 보수체계를 갖출 것
   (3) 환매금지형 집합투자기구인 경우에는 최소 존속기한이 1년 이상이어야 하며, 이에 해당하지 아니하는 집합투자기구인 경우에는 존속기한이 없을 것
   (4) 성과보수의 상한을 정할 것
2. 집합투자업자는 성과보수를 받고자 하는 경우 성과보수 산정방식 등을 투자설명서 및 집합투자기구에 기재하여야 한다.
3. 사모 집합투자기구는 성과보수를 받을 수 있다.

정답 ①

37 **집합투자업자의 의결권행사 규정에 대한 설명이다. 틀린 것으로 연결한 것은?**

> 가. 집합투자증권에 대한 의결권은 신탁업자가 집합투자업자의 확인을 받아서 행사한다.
> 나. 집합투자재산에 속하는 주식 발행법인이 계열사이거나 사실상의 지배력을 행사하는 관계일 경우는 중립투표(shadow voting)을 하는 것이 원칙이다.
> 다. 동일종목, 동일법인 발행증권, 계열사 발행증권 투자한도 규정을 위반하여 취득한 주식에 대해서는 의결권을 행사할 수 없다.
> 라. 제3자와의 계약에 의한 의결권의 교차행사가 가능하며 이에 대한 제한규정은 없다.

① 가, 나　　② 나, 다
③ 다, 라　　④ 가, 라

틀린 내용은 '가, 라'이다.
가. 의결권행사는 집합투자업자가 충실의무에 입각하여 행사한다.
라. 의결권행사제한규정을 면하기 위해서 집합투자업자가 제3자와의 계약에 의하여 의결권을 교차하여 행사하는 등의 행위는 금지된다.

※ **의결권행사 및 공시 등**(2025 기본서, 3권, p251~253 참조)

(1) 원칙 : 집합투자업자는 투자자의 이익을 보호하기 위해서 집합투자재산에 속하는 주식의 의결권을 충실하게 행사하여야 한다(법 제87조 제1항).
(2) 집합투자업자는 계열회사 관계 등 이해관계가 있는 경우에는 해당 의결권에 대해서 중립투표(shadow voting)을 해야 한다. 단, 이해관계가 있다 하더라도 의결권행사 대상 법인의 합병, 정관변경 등 집합투자재산에 손실을 초래할 우려가 있는 사항일 경우에는 충실의무에 입각한 정상적인 의결권 행사가 가능하다.
(3) 집합투자업자는 동일종목, 동일법인 발행증권, 계열사 발행증권 투자한도 규정을 위반하여 취득한 주식에 대해서는 의결권을 행사할 수 없다.
(4) 의결권행사제한규정을 면하기 위해서 **집합투자업자가 제3자와의 계약에 의하여 의결권을 교차하여 행사하는 등의 행위는 금지된다.**
(5) 금융위는 집합투자업자가 의결권행사제한규정을 위반하여 의결권을 행사한 경우 6개월 이내의 기간을 정하여 그 주식의 처분을 명할 수 있다.

학습안내 31회, 34회 기출

정답 ④

기출복원 31회

38 다음 중 집합투자업자의 수시공시사항과 가장 거리가 먼 것은?

① 투자운용인력의 변경
② 환매연기 또는 환매재개의 결정 및 사유
③ 집합투자자총회의 결의내용
④ 집합투자규약에 따른 투자설명서 변경

'집합투자규약에 따른' 투자설명서의 변경은 중요사항이 아니므로 수시공시대상에서 제외된다.

※ 집합투자업자의 수시공시사항

(1) 투자운용인력의 변경
(2) 환매연기 또는 환매재개의 결정 및 사유
(3) 부실자산이 발생한 경우의 명세 및 상각률
(4) 집합투자자총회 결의내용
(5) 그 밖에 대통령령으로 정하는 경우
- 투자설명서의 변경(**단, 집합투자규약에 따른 투자설명서 변경은 제외**)
- 집합투자업자의 합병・분할 또는 영업의 양수・양도

정답 ④

39 다음 중 간주모집으로 인정되는 것과 가장 거리가 먼 것은?

① 전환권 등이 부여된 경우 권리행사금지기간을 1년 이상으로 정한 경우
② 지분증권의 경우 같은 종류의 지분증권이 모집 또는 매출된 실적이 있거나 증권시장에 상장된 경우
③ 기업어음의 만기가 365일 이상인 경우
④ 단기사채의 만기가 6개월인 경우

---

②, ③, ④는 전매가능성이 인정되는 것이므로 간주모집에 해당되며, ①은 전매제한조치에 해당하므로 간주모집으로 인정되지 않는다.

※ **전매가능성 판단기준**(2025 기본서, 3권, p298 참조)
아래와 같이 전매가능성이 있다고 판단될 경우 간주모집으로 인정된다(간주모집으로 인정시 증권신고서 제출의무부과).

(1) 지분증권 : 지분증권의 경우 같은 종류의 지분증권이 모집이니 매출이 된 적이 있거나 또는 상장된 경우(단, 상장시장에서 코넥스시장은 제외)
(2) 지분증권 이외의 증권 : 지분증권이 아닌 경우에는 50매 이상으로 발행되거나 발행 후 50매 이상으로 권면분할되어 거래될 수 있는 경우
(3) 전환권 등의 권리가 부여된 증권(CB, BW, EB 등) : 전환권, 신주인수권 등 증권에 부여된 권리의 목적이 되는 증권이 (1) 또는 (2)에 해당되는 경우
(4) 기업어음증권
- 50매 이상으로 발행된 경우
- 기업어음의 만기가 365일 이상인 경우
- 기업어음이 특정금전신탁에 편입되는 경우

※ **전매제한조치**(2025 기본서, 3권, p298~300 참조)
아래와 같이 전매제한조치에 해당되면 간주모집으로 인정되지 않으므로 증권신고서 제출의무가 부과되지 않는다.

(1) 증권을 발행한 후 지체 없이 예탁결제원에 예탁하고 그 예탁일로부터 1년간 해당 증권을 인출하거나 매각하지 않기로 한 경우(→ 보호예수)
(2) 50매 미만으로 발행된 경우에는 증권이 권면에 발행 후 1년 이내 분할금지특약을 기재하는 경우
(3) 전환권 등이 부여된 경우에는 권리행사금지기간을 발행 후 1년 이상으로 정하는 경우
(4) 기업어음 및 파생결합증권이 특정금전신탁에 편입되는 경우, 해당 증권의 발행 후 특정금전신탁의 위탁자가 50인 이상이 될 수 없다는 뜻을 계약서에 기재한 경우
(5) 단기사채로서 만기가 3개월 이내인 경우

정답 ①

3-3 한국금융투자협회 규정

기출복원 34회

40 **집합투자기구의 명칭에 대한 설명이다. 가장 적절하지 않은 것은?**

① 판매회사의 명칭은 사용할 수 없다.

② 운용전문인력의 이름은 사용할 수 없다.

③ 사모집합투자기구의 경우 '사모'를 포함하지 않아도 된다.

④ 다른 금융투자회사가 사용하는 명칭과 동일하거나 유사한 명칭은 사용할 수 없다.

사모펀드의 경우 '사모'를 포함해야 한다.

※ 집합투자기구의 명칭

(1) 반드시 포함할 것 : 주된 투자대상(주식, 채권, 부동산 등), 사모펀드의 경우 '사모'

(2) 포함할 수 있는 것 : 운용회사 명칭(사용 시 명칭 앞 부분에 위치시켜야 함)

(3) 포함할 수 없는 것 : 판매회사 명칭, 운용전문인력 이름, 다른 금융투자회사가 사용하고 있는 명칭과 동일하거나 유사한 명칭 등

학습안내 29회, 32회, 34회 기출

정답 ③

41 주식발행 시 주관업무 제한과 관련하여 빈칸에 알맞은 것은?

> 금융투자회사가 그 이해관계인과 합하여 발행회사의 주식을 100분의 10은 넘지 않지만 100분의 (　　) 이상을 보유하고 있는 경우, 주관업무를 수행할 수 있지만 어느 정도 이해관계가 있다고 간주하여 다른 금융투자회사와 공동으로 주관업무를 수행하도록 하고 있다.

① 5　　② 3

③ 2　　④ 1

발행회사 주식에 대한 보유지분율이 '100분의 5 이상, 100분의 10 미만'일 경우 공동주관업무가 가능하다. 그리고 이때 공동으로 주관업무를 수행할 수 있는 다른 금융투자회사는 '발행회사 주식을 보유하고 있지 않아야 하며 그 이해관계인도 아니어야 한다'는 요건을 충족해야 한다.

※ **주식발행 시 주관회사의 제한 요건**(2024 기본서, 3권, p559~560 참조)

(1) 발행회사 및 발행회사의 이해관계인이 합하여 금융투자상품 주식 등을 100분의 5 이상 보유한 경우
(2) 금융투자회사가 발행회사 주식 등을 100분의 5 이상 보유한 경우
(3) 금융투자회사와 그 이해관계인이 합하여 발행회사 주식 등을 100분의 10 이상 보유한 경우
- '100분의 5 이상 100분의 10 미만'의 경우에는 다른 금융투자회사가 공동으로 주관회사 업무를 수행할 수 있음

(4) 동일인 주주가 금융투자회사의 주식 등과 발행회사 주식 등을 각각 100분의 5 이상 보유하고 있는 경우
(5) 금융투자회사의 임원이 발행회사의 주식 등을 100분의 1 이상 보유한 경우
(6) 금융투자회사의 임원이 발행회사의 임원이거나 발행회사 임원이 금융투자회사의 임원인 경우
(7) 금융투자회사가 발행회사의 최대주주이거나 계열회사인 경우

정답 ①

기출복원 33회

42 주식을 운용하는 포트폴리오 A, B, C, D 중에서 가장 순수한 인덱스 운용이라고 할 수 있는 것은?

포트폴리오	A	B	C	D
(목표)초과수익률	0%	1.0%	1.5%	4$
추적오차	0.5%	1.5%	2.0%	10%
정보비율	0	0.67	0.75	0.4

① A　② B
③ C　④ D

①은 순수인덱스(pure index), ②와 ③은 인핸스드 인덱스(enhanced index), ④는 액티브(active) 운용에 속한다.
• 순수인덱스 운용은 '초과수익률 0%, 추적오차 < 1%, 정보비율 0'의 특성을 보인다(아래 표 참조).

※ **운용방식별 특성비교**(2025 기본서, 4권, P82 표6-1 인용)

운용방식	순수인덱스	인핸스드인덱스	액티브
초과수익률(연간)	0%	1~2%	2%+
추적오차	<1%	1~2%	4%+
정보비율	0	0.75	0.50

(1) 정보비율 공식은 $\frac{R_P - R_B}{sd(R_P - R_B)}$ 이다. 분모항목 $sd(R_P - R_B)$은 '초과수익률의 표준편차'로서 추적오차(tracking error) 또는 잔차위험이라 한다(비체계적위험에 해당됨).
• 정보비율은 인핸스드인덱스 운용에서 가장 높게 나타난다.

(2) 순수인덱스 운용은 벤치마크를 추종하는 운용을 하므로 '$R_P - R_B = R_B - R_B = 0$' 즉 벤치마크 대비 초과수익률은 제로(0)가 된다.

(3) 순수인덱스 운용의 추적오차가 제로(0)가 아닌 것은, 벤치마크수익률과 해당 벤치마크를 추종하는 순수인덱스펀드의 수익률이 동일하지 않음을 의미한다.
• 벤치마크수익률은 이론상의 수익률이지만, 순수인덱스펀드의 수익률은 거래비용 등을 반영하므로(예 운용보수 / 신탁보수 / 판매보수, 매매 시 거래비용, 매매 시 충격비용) 이론상의 수익률인 벤치마크수익률보다 낮게 나타난다.

정답 ①

기출복원 30회

43 포트폴리오 보험전략과 관련하여 빈칸을 옳게 연결한 것은?(순서대로)

포트폴리오 보험전략의 가장 고전적인 기법인 ( )은 주식과 채권 사이의 투자비율을 동적으로 조정해 감으로써, 마치 위험자산과 이에 대한 풋옵션을 함께 보유한 경우와 동일한 성과 즉 ( )의 성과를 모방해 내고자 하는 전략이다.

① 합성풋옵션전략, 방어적 풋

② 합성콜옵션전략, 이자추출전략

③ CPPI전략, 방어적 풋

④ 보험자산배분, 이자추출전략

'합성풋옵션전략(OBPI전략), 방어적 풋'이다.

학습안내 포트폴리오 보험전략에 대한 전체 내용은 '34회 72번 해설'을 참조할 것

정답 ①

기출복원 34회

44 ESG는 ( ), ( ), ( )를 줄인 말에 해당한다. 빈칸을 옳게 연결한 것은?

① Environment, Social, Government

② Environment, Social, Governance

③ Economy, Social, Government

④ Economy, Society, Governance

ESG는 'Environment(환경), Social(사회), Governance(지배구조)'를 말한다.

※ ESG

ESG는 **환경(Environment), 사회(Social), 지배구조(Governance)**를 말하는데, 기존의 재무정보에 포함되지는 않지만 기업의 중장기 지속발전가능성에 영향을 주는 새로운 프레임워크(framework)라고 할 수 있다.

- ESG를 반영한 경영을 ESG경영, ESG를 반영한 투자를 ESG투자라고 한다(ESG투자는 곧 '지속가능투자 또는 책임투자'의 개념으로 사용).

학습안내 31회, 34회 기출

정답 ②

3-5 채권투자운용/투자전략

기출복원 29회

45 전환사채(CB ; Convertible Bond)에 대한 설명으로 옳은 것은?

① 전환사채의 전환권을 행사하면 자본과 자산이 동시에 증가한다.

② 일반사채보다 높은 금리로 발행한다.

③ 일반채권으로서의 가치보다 전환가치가 더 클 경우 일반채권과 같이 거래된다.

④ 주가가 상승하면 패리티가 오르고 반대로 주가가 하락하면 패리티도 떨어진다.

---

④만 옳은 내용이다.

① 전환권을 행사하면 자본이 증가하고(주식증가), 부채가 감소한다(채권소멸). 그리고 자본증가와 부채감소가 상쇄되므로 자산의 변화는 없다.

② 전환사채에는 주식으로 전환할 수 있는 전환권이 들어 있어서 주가상승 시 추가수익을 기대할 수 있다. 따라서 일반사채보다 유리하므로, 전환사채발행은 일반사채보다 낮은 금리로 발행할 수 있다(예 일반채권의 금리가 4%라면 전환사채의 금리는 1%).

③ '일반채권으로서의 가치 > 전환가치' → 일반채권과 같이 거래되며,
'일반채권으로서의 가치 < 전환가치' → 주식의 가치가 반영되어 거래된다.
- 이때 '전환가치'는 전환된 주식의 시장가치로서 '패리티가격'을 의미한다.

④ '패리티(parity) = $\frac{주가}{전환가격} \times 100$'이다. 즉, 주가가 상승하면 패리티가 상승한다(주가와 패리티는 정의 관계).

정답 ④

46 빈칸을 옳게 연결한 것은?

〈발행요건〉
• 만기요건 : 발행일 2019년 9월 15일, 만기일 2021년 9월 15일
• 표면금리 : 2% (6개월 후급 이표식으로 지급)
• 채권액면 : 10,000원

〈매매상황〉
2020년 10월 20일에 만기수익률 4%로 동 채권을 매입하여 만기까지 보유하였다. 이때 투자자가 이자를 지급받는 횟수는 (　　)이며, 각 회차 별 받는 이자금액은 (　　)이다.

① 100원, 1회
② 100원, 2회
③ 200원, 1회
④ 200원, 2회

'100원, 2회'이다.

※ 풀 이

(1) 이자지급횟수
2년 만기 6개월 후급 이표채이므로 만기 동안 이자지급시기는, '2020.3.15(1회차), 2020.9.15(2회차), 2021.3.15
(3회차), 2021.9.15(4회차, 만기)'로 총 4회차이다.
그런데 채권을 2020.10.20에 매입하였으므로 잔존만기 중 이자를 지급받는 회수는 2회이다(3회차와 4회차).

(2) 이자지급금액
채권액면 10,000원, 표면금리 2%에 6개월 후급이므로, 매 회차에 100원을 지급한다. 발행사가 이자를 지급하는 금액은 표면금리(2%)에 의해 지급하는 것이므로 만기수익률(4%)과는 관련이 없다.

정답 ②

47 **국채전문딜러(PD)에 대한 설명이다. 옳은 항목으로 연결한 것은?**

가. 국채전문딜러의 자격을 갖추기 위해서는 자본시장법상 국채에 대한 투자매매업의 인가를 받고, 일정 요건을 갖춘 상태에서 기획재정부의 지정을 받아야 한다. 나. 국채전문딜러의 국고채 인수의무로서, 국채전문딜러는 지표종목별로 매월 경쟁입찰 발행물량의 10% 이상을 인수해야 한다. 다. 국채전문딜러의 호가의무로서, 국채전문딜러는 국채전문유통시장(IDM)에서 각 지표 종목에 대하여 매수·매도 호가를 각 10개 이상씩 장내시장 개장시간동안 제출해야 한다.

① 가　　② 가, 나
③ 나, 다　　④ 가, 나, 다

모두 옳은 내용이다.

※ **국채전문딜러(PD ; Primary Dealer) 제도**(2025 기본서, 4권, p173~175 참조)

(1) **국채전문유통시장(IDM)과 국채전문딜러(PD)**
- 채권유통시장은 장내경쟁매매보다 장외상대매매의 비중이 더 높은 바, 장내시장 활성화 차원에서 국채딜러 간 매매거래시장(IDM ; Inter Dealer Market)을 장내시장에 개설하였다.
- 국채전문딜러(PD) 제도 : IDM에서 딜러자격으로 매매에 참여하기 위해서는 국채전문딜러(Primary Dealer)의 자격을 갖추어야 한다.
  - 1999년 PD제도 도입, 2011년에 PPD(Pre Primary Dealer)제도를 도입하였다.

(2) **국채전문딜러의 지정** : 자본시장법상의 투자매매업의 인가를 받은 상태에서, 재무건전성 요건과 실적기준 등을 충족하였을 때 기획재정부로부터 지정을 받는다.
- PD로 지정받기 위해서는 우선 PPD로 지정받아야 한다.

(3) **국채전문딜러의 의무**

㉠ 국고채 인수의무: 지표종목별로 매월 경쟁입찰 발행물량의 **10% 이상**을 인수해야 한다. cf 국채전문딜러(PD)는 경쟁입찰 발행물량의 30%까지 인수할 수 있는 권한이 있다(PPD는 15%). 즉 30%까지 인수할 권한이 있으며 이 중 10% 이상은 의무적으로 인수해야 한다.

㉡ 호가의무 : 지표종목별로 매수·매도 호가를 각 **10개 이상**씩 장내시장 개장시간 동안 제출해야 한다.

㉢ 유통의무 : 기관별 평균국고채 거래량의 **110% 이상**을 거래해야 한다.

㉣ 보유의무 : 매분기별 자기매매용 국고채보유 평균잔액을 **1조원 이상** 유지해야 한다.

㉤ 매입·교환의무 : 매입 또는 교환물량의 5% 이상을 낙찰받아야 한다.

정답 ④

48 **채권수익률의 여러 종류에 대한 설명이다. 가장 적절하지 않은 것은?**

① 채권으로부터 발생하는 현금흐름의 현재가치와 그 채권의 시장가격을 일치시키는 할인율을 만기수익률이라 한다.

② 채권가격이 상승하면 채권의 경상수익률도 상승한다.

③ 이표채의 경우 만기수익률은 만기 중에 지급된 이자가 만기수익률로 만기까지 재투자될 때에만 실현될 수 있는 수익률이다.

④ 2기간의 현물이자율은 1기간의 현물이자율과 1년 후 시점부터 1년간의 선도이자율 간의 기하평균과 같다.

'채권의 경상수익률 = $\frac{\text{표면이자금액}}{\text{채권의 시장가격}}$' 이므로 채권의 시장가격이 올라가면 경상수익률은 하락한다.

※ 채권수익률의 종류

(1) **만기수익률(YTM ; Yield To Maturity)** : 채권으로부터 발생하는 미래현금흐름의 현재가치와 현재의 채권가격을 일치시키는 할인율로서, 채권의 내부수익률(IRR)에 해당한다.

㉠ 이표채(coupon bond)의 경우 : 만기 중에 지급된 이자가 동일한 만기수익률로 만기까지 재투자될 때에만 약속된 만기수익률이 실현될 수 있다(즉 이표채는 재투자위험에 노출된다).

㉡ 무이표채(zero coupon bond)의 경우 : 만기까지 보유 시 약속된 만기수익률을 실현할 수 있다(이표채와는 달리 재투자위험이 존재하지 않음).

(2) **경상수익률(Current Yield)** : 채권의 연간이자지급액을 채권의 시장가격으로 나눈 것으로서 주식의 배당수익률(주당배당금/주식의 시장가격)과 유사한 개념이다.

- 주식의 배당수익률 : 주식매입금액 대비 배당을 얼마나 받는가?
- 채권의 경상수익률 : 채권매입금액 대비 이자를 얼마나 받는가?

(3) **선도이자율(Implied forward rate ; 내재선도이자율)** : 장기채수익률에 내재된 수익률로서 미래 일정시점으로부터 향후 1년간의 수익률을 말한다.

- 2기간의 현물이자율은 1기간의 현물이자율과 1년 후 시점부터 1년간의 선도이자율 간의 기하평균과 같다.
- 이자율이 우상향하는 기간구조라면 '선도이자율 > 현물이자율 > 만기수익률'의 관계를 보인다(cf 이자율이 우하향할 경우는 반대 관계 즉 '선도 < 현물 < 만기수익률'이다).

정답 ②

49 **채권 A, B, C, D의 표면이율, 잔존기간, 만기수익률이 보기와 같다고 가정할 때, 듀레이션이 큰 순서대로 나열한 것은?**

A. 표면이율 5%, 잔존기간 3년, 만기수익률은 7% B. 표면이율 4%, 잔존기간 4년, 만기수익률은 6% C. 표면이율 5%, 잔존기간 4년, 만기수익률은 6% D. 표면이율 5%, 잔존기간 4년, 만기수익률은 7%

① A > B > C > D ② B > A > C > D
③ B > C > D > A ④ D > C > A > B

듀레이션이 큰 순서대로 나열한 것은 'B > C > D > A'이다.

※ 채권가격의 변동성(듀레이션)↑ = f (표면이율↓, 잔존만기↑, 만기수익률↓)

(1) 먼저 듀레이션이 가장 큰 채권을 찾는다. '표면이율이 가장 낮고, 잔존기간이 가장 길고, 만기수익률이 가장 낮은' 3가지 요건을 동시에 충족하는 B의 듀레이션이 가장 크다.
(2) 다음으로는 3가지 요건 중에서 두 가지 요건이 일치하면 듀레이션의 크고 작음을 비교할 수 있고 순차적으로 적용하면 그 순서를 알 수 있다.
  ㉠ B와 C는 잔존기간과 만기수익률이 동일한데 표면이율에서 B가 낮다. 따라서 B의 듀레이션이 C보다 크다(→ B > C).
  ㉡ C와 D는 표면이율과 잔존기간이 동일한데 만기수익률에서 C가 낮다. 따라서 C의 듀레이션이 D보다 크다(→ C > D).
  ㉢ D와 A는 표면이율과 만기수익률이 동일한데 잔존기간에서 D가 더 길다. 따라서 D의 듀레이션이 A보다 크다(→ D > A).
(3) 따라서 최종적으로 듀레이션이 큰 순서는 'B > C > D > A'이다.

학습안내 29회, 34회 기출

정답 ③

50 할인채에 대한 정보가 보기와 같고 불편기대이론을 따른다고 가정한다. 이 경우 향후 1년 후 시점부터 1년 간의 내재선도이자율은 얼마인가?(가장 가까운 값으로 함)

만 기	채권의 액면가격	채권의 시장가격
1년	10,000원	9,433.96원
2년	10,000원	8,734.39원

① 7.5%　② 7.7%
③ 8.0%　④ 8.4%

할인채 계산공식을 통해 1년만기 수익률(S_1), 2년만기 수익률(S_2)을 계산한 다음, 불편기대이론상의 '장기채수익률 = 단기현물이자율과 내재이자율의 기하평균'의 산식을 이용하여 내재이자율을 계산한다(아래 상세 풀이).

※ 불편기대이론 하에서의 내재선도이자율 구하기

(1) 불편기대이론 하에서는 장·단기 채권의 완전대체관계가 성립하므로 장기채수익률은 단기채수익률(현물이자율)과 내재선도이자율의 기하평균과 같다.

(2) 향후 1년 후부터 1년 간의 내재이자율(${}_1f_1$)을 구하기 위해서는 1년만기 단기채이자율(S_1)과 2년만기 단기채이자율(S_2)을 먼저 구하고 기하평균식을 활용하여 계산할 수 있다.

㉠ S_1 구하기 : 1년 후(만기 1년)에 액면 10,000원을 받는 할인채로서 현재 채권의 시장가격이 9,433.96원일 경우, 1년만기 현물이자율은 6%이다.

► $9,433.96 = \dfrac{10,000}{(1+S_1)^1}$ → 따라서 $S_1 = \dfrac{10,000}{9,433.96} - 1 = 0.06$(즉 6%)

㉡ S_2 구하기 : 2년 후(만기2년)에 액면 10,000원을 받는 할인채로서 현재 채권의 시장가격이 8,734.39원일 경우, 2년만기 현물이자율은 7%이다.

► $8,734.39 = \dfrac{10,000}{(1+S_2)^2}$ → 따라서 $S_2 = \sqrt{\dfrac{10,000}{8,734.39}} - 1 = 1.07 - 1 = 0.07$(즉 7%)

㉢ **내재선도이자율(${}_1f_1$) 구하기** : $(1+0.07)^2 = (1+0.06)(1+{}_1f_1)$, 따라서

$\rightarrow {}_1f_1 = \dfrac{(1+0.07)^2}{(1+0.06)} - 1$, $(\therefore)\ {}_1f_1 = 1.08 - 1 = 0.08$(즉 8%)

(3) 약식계산(내재이자율 구하기) : $\dfrac{(2 \times 7\%) - (1 \times 6\%)}{2-1} = 14\% - 6\% = 8\%$

학습안내 34회에서 신유형으로 첫 출제 이후 43회까지 출제되지 않고 있다(고급응용 문제).

정답 ③

51 〈보기〉의 내용에 해당하는 채권수익률곡선 이론은?

〈보기〉

- '금융기관들은 이자율변동위험을 회피하기 위해서 그들의 부채와 만기가 일치하는 자산에 투자한다'는 헷징의 형태에서 이론적 근거를 찾고 있다.
- 각 하위시장에서의 채권의 수요·공급의 상태에 따라 단기채의 수익률이 장기채의 수익률보다 높을 수도 있고 낮을 수도 있다.

① 불편기대이론　② 시장분할이론
③ 편중기대이론　④ 선호습관가설

'시장분할이론'에 해당한다(아래 기본서 내용 참조).

※ **시장분할이론**(2025 기본서, 4권, p222~223 인용)

시장분할이론의 이론적 근거는 금융기관들의 헤징 형태에서 찾고 있다. 금융기관들은 이자율 변동위험을 회피하기 위해 그들의 부채와 만기가 일치하는 자산에 투자한다는 것이다.

따라서 단기부채가 많은 금융기관들은 단기채권에만 투자하고 장기부채가 많은 금융 기관들은 장기채권에만 투자하게 되며 이들 장단기채권시장은 **장·단기 채권 간에 차익거래가 가능하지 않은 완전히 분리된 시장이기 때문에 장단기 채권의 수익률은 양자 간에 아무런 관련이 없이 각각 분할된 시장에서 각각의 수요 공급에 따라 결정된다**는 것이다.

따라서 수익률곡선은 만기별로 체계적인 관련성을 갖지 않고 각 하위시장 나름대로의 수익률곡선을 갖게 된다. 그리고 **각 하위시장에서의 채권에 대한 수요와 공급의 상태에 따라 단기채권의 수익률이 장기채권의 수익률보다 높을 수도 있고 낮을 수도 있다**(중략).

► 비교 선호영역시장가설(preferred habitat hypothesis)

(1) 기본적으로 시장분할이론에 따라 투자자 개개인의 현금수요기간에 해당하는 만기의 채권을 선호하지만,
(2) 다른 만기영역의 채권의 기대수익률이 현저하게 클 경우 약간의 위험을 감수하더라도 다른 만기영역의 채권을 선택하게 된다는 이론이다.

정답 ②

52 채권운용전략 중에서 〈보기〉에 해당하는 전략은 무엇인가?

〈보기〉

우상향하는 수익률곡선에서 금리수준이 일정하더라도 잔존기간이 짧아지면 그만큼 수익률이 하락하여 채권가격이 상승하게 되는데, 이러한 관계를 이용하여 자본소득을 올리고자 하는 전략이다.

① 롤링효과
② 숄더효과
③ 면역전략
④ 스프레드운용전략

수익률곡선타기전략 중 '롤링효과'에 해당한다.

※ **수익률곡선타기전략(채권운용전략 중 Active전략)** : 2024 기본서, 4권, p239~241 인용

(1) 롤링효과

수익률곡선이 일반적으로 우상향의 형태를 보이는 때가 많다. 이때 **금리수준이 일정하더라도** 잔존기간이 짧아지면 그만큼 수익률이 하락하여 채권가격이 상승하게 되는데, 이것을 롤링효과라 한다.

(2) 숄더효과

일반적으로 수익률곡선은 각 잔존기간별로 그 수익률 격차가 일정하지 않으며 잔존기간이 장기에서 단기로 단축될수록 수익률하락폭이 더 크게 되는데, 이처럼 **수익률하락이 급격한 구간에 있는** 채권에 투자하면 동일기간 동안 장기채에 투자하는 경우보다 수익률하락으로 인한 가격상승폭이 더 크게 나타나는데, 이를 이용한 전략은 숄더효과라고 한다.

키워드 롤링 효과 → 금리수준이 일정하더라도, 숄더 효과 → 수익률하락이 급격한 구간에 있는

정답 ①

기출복원 30회

53 소극적인 채권운용전략에 대한 설명이다. 가장 거리가 먼 것은?

① 사다리형 만기전략은 중기채를 매입하지 않고 단기채와 장기채를 편입하여 시세변동위험을 평준화시키고 수익성도 적정수준으로 확보하려는 전략이다.

② 전통적 면역전략은 투자자의 목표투자기간과 채권의 듀레이션을 일치시킴으로써 시장수익률의 변동에 관계없이 채권매입당시 설정한 일정한 수익률을 목표기간 말에 실현할 수 있도록 하는 전략이다.

③ 순자산가치 면역전략은 자산의 시장가치 가중 듀레이션과 부채의 시장가치 가중 듀레이션을 일치시킴으로써 순자산가치의 변동성을 최소화하고자 하는 전략이다.

④ 채권인덱싱전략은 채권시장 전체의 흐름을 그대로 따르는 포트폴리오를 구성하여 채권시장의 전체 수익률을 달성하려는 전략이며, 채권시장이 효율적이라고 전제한다.

사다리형 만기전략은 채권별 보유량을 각 잔존기간 마다 동일하게 유지한다. 따라서 중기채를 제외하는 것은 틀린 내용이다.

보충 단기채와 장기채를 매수하는 전략 → 액티브 운용 중 Barbell전략

학습안내 채권운용전략의 전체 내용에 대해서는 '42회 81번 해설'을 참조할 것

정답 ①

기출복원 33회

54 빈칸에 알맞은 것은?

자산의 시장가치 가중 듀레이션과 부채의 시장가치 가중 듀레이션을 일치시키는 전략은 (　　　　　) 이다.

① 전통적 면역전략　　② 순자산가치 면역전략

③ 상황대응적 면역전략　　④ 채권인덱싱전략

순자산가치 면역전략이다.

※ 순자산가치 면역전략(자산부채의 연계 면역전략)

(1) 정의 : 자산의 시장가치 가중 듀레이션과 부채의 시장가치 가중 듀레이션을 일치시키는 전략

(2) 순자산가치 면역전략의 메커니즘 : 듀레이션갭을 제로(0)로 만들면 순자산가치 면역상태가 된다.

예시 총자산 100억 원, 부채 60억 원, 자기자본이 40억 원인 은행부채의 듀레이션은 5년이다. 순자산가치 면역상태가 되기 위한 총자산의 듀레이션은?

→ DGAP = 0,

$$A \cdot D_A - L \cdot D_L = 100 \cdot D_A - 60 \cdot 5 = 0,\ \text{따라서}\ D_A = 3$$

학습안내 '전통적인 면역전략'에 대한 상세내용은 '38회 81번 해설'을 참조할 것

정답 ②

3-6 파생상품투자운용/투자전략

기출복원 29회

55 선물환율의 균형가격을 감안할 때, 〈보기〉의 경우 가장 적절한 차익거래포지션은?

〈보기〉

현물환율은 1$ = 1,100₩, 원화이자율은 4%(연), 달러이자율은 2%(연), 1년 만기 선물환율은 1$ = 1,150₩, 차익거래포지션의 만기는 1년

① 선물매도, 원화차입, 현물매수, 달러예금
② 선물매도, 원화예금, 현물매수, 달러차입
③ 선물매수, 원화차입, 현물매도, 달러예금
④ 선물매수, 원화예금, 현물매도, 달러차입

'선물매도/원화차입/현물매수/달러예금'이다.

※ 현물환 · 선물환의 차익거래포지션

(1) 먼저 균형선물환율(F^*)을 구한다.

→ $F^* = S\{1 + (r_d - r_f)\} = 1,100\{1 + (0.04 - 0.02)\} = 1,100 \times 1.02 = 1,122$ ₩

(2) 선물균형가격이 1,122원인데 현재 1,150원(선물시장가격)에 거래되고 있으므로 선물환율의 고평가 상태이다.

(3) 따라서 '(고평가된) **선물환매도**/(상대적으로 저평가된) **현물환매수**'로 차익거래포지션을 구축한다.

- '1$ = 1,100₩'의 환율표기[주1]에서 현물환은 달러($)이다. 따라서 현물환매수는 달러매수이며, 차익거래이므로 달러매수를 위해서는 원화차입(1$매수를 위해서는 1,100₩의 원화를 차입)을 해야 하고, 매수한 달러로 달러운용을 한다(달러예금을 달러이자를 받는 것).
  - * 주1(참고) : '1$ = 1,100₩'의 환율표기를 지급환율이라 하는데 '외화 1$를 매입하기 위해서 얼마의 원화를 지급해야 하는가?'의 의미이다. 즉 거래대상은 $이므로 현물환매수는 달러매수라고 이해할 수 있다.
- 따라서 동 차익거래 포지션을 좀 더 세부적으로 표현하면 '**선물매도/원화차입/달러매수/달러예금**'이 된다.

정답 ①

56 **현물과 선물 간의 매수차익거래가 가능한 조건과 가장 거리가 먼 것은?**

① 만기가 가까운 근월물의 가격이 만기가 먼 원월물의 가격보다 높은 경우
② 선물의 이론가격이 선물의 시장가격보다 낮은 경우
③ 보유비용이 0보다 큰 경우
④ 시장베이시스가 0보다 큰 경우

매수차익거래는 '원월물가격 > 근월물가격'상태에서 발생한다. 나머지(②, ③, ④)는 모두 매수차익거래 요건에 해당된다.

※ 추가설명 : 매수차익거래 조건

(1) 선물의 시장가격이 선물의 이론가격보다 큰 경우($F_t > F^*$),
→ 고평가된 선물(F_t)을 매도하고 저평가된 현물(S_t)을 매수하는,
→ **매수차익거래**(차익거래명칭은 '현물포지션'의 방향과 일치)를 실행할 수 있다.

(2) **즉, 매수차익거래는 '$F_t > F^*$ 또는 $F_t > S_t$'의 조건에서 발생한다.**

• 선물 이론가 공식 $F^* = \left\{S_t\left[1 + (r - d) \times \frac{T - t}{365}\right]\right\}$에서, 금융선물에서는 $(r - d)$가 양(+)의 상태인 것이 정상이므로 '$F^* > S_t$이다.

따라서 '$F_t > F^*$'이면 '$F_t > S_t$'이 성립한다. 즉 $F_t > F^*$ 조건을 $F_t > S_t$조건으로 대체할 수 있다(이론가 F_t는 거래대상이 될 수 없으므로 S_t로 대체하는 것이 필요).

(3) '$F_t > S_t$'의 조건은

㉠ '$F_t - S_t > 0$'으로서 **콘탱고 상태를** 말한다(콘탱고 정의 : F_t가 S_t보다 큰 상태).
㉡ '$F_t - S_t$'는 시장베이시스를 말하므로 '**시장베이시스 > 0**'인 상태를 말한다.
㉢ '$F_t - S_t$'는 시장베이시스이고 동시에 '선물포지션이 현물을 보유하는 비용'이다. 즉 '**보유비용 > 0**'인 상태를 말한다.

• 보유비용은 '$S_t\left\{(r - d) \times \frac{T - t}{365}\right\}$'이다.

(∴) 매수차익거래는 '콘탱고 상태, 시장베이시스가 0보다 큰 상태, 보유비용이 양(+)인 상태, 선물시장가격이 선물이론가격보다 큰 상태($F_t > F^*$)'에서 실행될 수 있다.

보충 '원월물가격 > 근월물가격'의 상태는 곧 콘탱고 상태를 말한다. 선물이론가 공식 $F^* = \left[S_t\left\{1 + (r - d) \times \frac{T - t}{365}\right\}\right]$에서, $(r - d)$가 양의 값으로 작동하는 상태(콘탱고 상태)에서는 만기$\left(\frac{T - t}{365}\right)$가 길수록 선물가격이 상승함을 알 수 있다. 즉 콘탱고 상태에서는 원월물의 가격이 근월물의 가격보다 비싸다.

학습안내 29회, 34회 기출

정답 ①

57 만기가 다른 두 개의 선물계약 간의 스프레드 전략 중 '강세 스프레드'에 대한 설명이다. 가장 적절하지 않은 것은?

① 시간스프레드(Calendar Spread) 전략에 해당된다.
② 강세시장에서는 근월물이 원월물보다 더 많이 상승할 것으로 예상할 때 사용한다.
③ 약세시장에서는 근월물이 원월물보다 덜 하락할 것으로 예상할 때 사용한다.
④ 두 선물계약의 가격차이가 지금보다 더 벌어질 것이라고 예상할 때 사용한다(선물시장은 정상적인 상태 즉 콘탱고 상태를 가정함).

강세스프레드는 근월물이 원월물보다 더 많이 상승할 것으로 예상될 때이므로(강세장의 경우), 두 계약 간의 스프레드가 축소될 것으로 예상하고 구축하는 포지션이다.

※ 만기가 다른 두 선물계약간의 스프레드 전략

강세스프레드 (스프레드 축소 전략)	약세 스프레드 (스프레드 확대 전략)
근월물이 원월물보다 강할 것으로 예상(상승장에서는 근월물이 더 많이 상승하고 하락장에서는 근월물이 덜 하락할 것으로 예상)	근월물이 원월물보다 약할 것으로 예상(상승장에서는 원월물이 더 많이 상승하고 하락장에서는 원월물이 덜 하락할 것으로 예상)
근월물 매수 & 원월물 매도 → 스프레드 축소를 예상한 포지션 구축	근월물 매도 & 원월물 매수 → 스프레드 확대를 예상한 포지션 구축

► '스프레드 축소/확대 여부'에 대해서는 선물시장의 콘탱고를 전제한다.

정답 ④

기출복원 28회

58 기초자산가격이 상승할 것으로 예상될 경우 가장 적합한 포지션은?

① 콜옵션매도　　② 풋옵션매수
③ 강세콜스프레드　　④ 스트래들매도

강세콜스프레드 또는 콜불스프레드(Call Bull Spread)이다.

※ 옵션전략

(1) 방향성 전략

구 분	강세전략 (기초자산가격이 상승 시 수익)	약세전략 (기초자산가격이 하락 시 수익)
단일옵션	콜옵션매수(적극적) 풋옵션매도(소극적)	풋옵션매수(적극적) 콜옵션매도(소극적)
스프레드	콜불스프레드 풋불스프레드	콜베어스프레드 풋베어스프레드

(2) 변동성 전략
㉠ 변동성 확대전략(변동성 매수전략) : 스트래들매수, 스트랭글매수
㉡ 변동성 축소전략(변동성 매도전략) : 스트래들매도, 스트랭글매도

보충 '풋매수, 콜베어스프레드, 풋불스프레드, 콜매도' 중 기초자산가격이 하락할 때 수익이 나는 포지션이 아닌 것은? → 풋불스프레드(Put Bull Spread)

정답 ③

기출복원 33회

59 포트폴리오 보험전략과 관련하여 옳은 내용을 모두 고른 것은?

가. 보호적 풋 전략은 기초자산인 주식포트폴리오를 매입하는 동시에 기초자산에 대한 풋옵션을 매수하는 전략이다.
나. 이자추출전략은 채권을 매입하고 해당 채권의 이자금액만큼 콜옵션을 매도하는 전략이다.
다. 동적자산배분전략은 주식과 채권으로 자금을 운용함으로써 상승포텐셜과 하락위험 방어라는 두가지 목표를 동시에 달성하고자 하는 전략이다.

① 가, 나　　② 나, 다
③ 가, 다　　④ 가, 나, 다

옳은 내용은 '가, 다'이다.
나. 이자추출전략은 '채권매수 + 콜옵션매수'의 포지션이다.

학습안내 포트폴리오 보험전략의 전체 내용은 '41회 85번 해설'을 참조할 것

정답 ③

60 옵션을 이용한 차익거래전략과 관련하여 빈칸을 옳게 연결한 것은?(순서대로)

> 컨버전 전략은 합성선물을 (   )하고 현물을 (   )하는 (   )차익거래에 해당한다.

① 매도, 매수, 매수
② 매도, 매수, 매도
③ 매수, 매도, 매도
④ 매수, 매도, 매수

'매도, 매수, 매수'이다. 컨버전(conversion)전략은 '합성선물매도 & 현물매수' 포지션으로서 매수차익거래에 해당한다.

※ 옵션차익거래 개념

(1) 풋콜패리티($c_t + B_t = p_t + S_t$)가 성립하지 않을 때 옵션차익거래가 가능하다.
컨버전은 '$c_t + B_t > p_t + S_t$'의 상황일 때 수행할 수 있는 차익거래 전략이다.

(2) 컨버전 VS 리버설

컨버전(Conversion)	리버설(Reversial)
$c_t + B_t > p_t + S_t$	$c_t + B_t < p_t + S_t$
−(c + B) & + (p + S)	+(c + B) & −(p + S)
[콜옵션매도 / 풋옵션매수] + [주식매수]	[콜옵션매수 / 풋옵션매도] + [주식매도]
합성선물매도 + 기초자산**매수**	합성선물매수 + 기초자산**매도**
매수차익거래	**매도**차익거래

► 약식이해 : 컨버전은 매수차익거래이다(암기).
→ 컨버전 / 리버설은 옵션을 이용한 차익거래이고 컨버전은 **매수**차익거래이므로
→ '합성선물매도 & 현물**매수**'이고
→ '콜옵션매도 / 풋옵션매수 & 현물매수'이다.

정답 ①

3-7 투자운용결과분석

기출복원 30회

61 〈보기〉에 대한 설명으로 가장 적절하지 않은 것은?

〈보기〉

$P = P - B + B = M + (B - M) + (P - B) = M + S + A$ 즉, $P = M + S + A$이다.
※ P : 포트폴리오수익률, B : 기준지표수익률, M : 시장인덱스수익률, $A = P - B$, $S = B - M$

① 액티브운용을 하여 시장수익률을 초과할 경우 그 초과수익률은 '$S + A$'로 나타나며, 이때 S는 스타일효과, A는 종목선정효과에 해당한다.
② 액티브운용을 하는 펀드매니저의 기준지표(B)가 시장인덱스(M)와 같다면 S가 제로가 되는데, 이는 해당 액티브펀드가 스타일투자를 하고 있지 않음을 의미한다.
③ 인덱스펀드를 운용하는 경우 기준지표(B)는 시장인덱스(M)가 되므로 S는 제로가 된다.
④ 패시브운용의 성과는 '$P - M$'에 해당한다.

$P = M + S + A$, $P - M = S + A$, 즉 '$P - M$'은 액티브운용의 성과($S + A$)를 말한다. 패시브의 운용성과는 M이다.

► 패시브 운용(인덱스펀드)은 벤치마크수익률이 곧 목표수익률이 된다. 따라서 '$A = P - B$'에서 P가 곧 B이므로 '$A = P - B \rightarrow A = B - B = 0 \rightarrow A = 0$', 즉 패시브운용에서 종목선정효과(A)는 존재하지 않는다.

예시 포트폴리오수익률(P)이 12%, 기준지표수익률(B)이 10%, 시장인덱스수익률(M)이 7%라고 한다면, **스타일투자효과는 3%, 종목선정효과는 2%가 된다.**

$\rightarrow P = M + (B - M) + (P - B)$,

$\rightarrow 12\% = 7\% + (10\% - 7\%) + (12\% - 10\%)$

스타일효과 S(B−M) **종목선정효과** A(P−B)

※ **액티브운용의 성과분해 예시** : P(12%) = M(7%) + S(3%) + A(2%)

포트폴리오수익률(P)	12%		
		+2% (P − B = 2%)	종목선정효과(A)
성장주지수(B)	10%		
		+3% (B − M = 3%)	스타일효과(S)
KOSPI지수(M)	7%		

※ **기준지표를 이용한 성과분해**

(1) '$P = M + S + A$'에 대한 해석

→ 액티브 운용 시의 포트폴리오수익률(P)이 패시브 운용에 해당하는 시장인덱스수익률(M)을 초과한다면, 그 초과수익률은 $S + A$로 나타난다.

- $S = B - M$: 기준지표(벤치마크)를 잘 선정하여 시장인덱스수익률(M)보다 초과수익률을 달성하였다면 $S > 0$이 된다. 즉 **S는 마켓타이밍전략(스타일투자)에 해당한다.**
- $A = P - B$: 포트폴리오수익률(P)이 기준지표수익률(B)를 초과하였다면 종목선정을 잘해서 기준지표대비 초과수익을 달성한 것이므로 **A는 종목선정효과에 해당한다.**

(2) 액티브 운용을 하되 마켓타이밍 전략을 사용하지 않는다면(스타일투자를 하지 않는다면), 기준지표(B)를 사용하지 않고 시장인덱스(M)을 그대로 사용한다는 것을 의미하므로 'S = B − M'에서 'S = M − M, **S = 0**'가 된다.

(3) 인덱스펀드를 운용한다는 것은 시장인덱스(M)에만 투자하는 것을 말하므로 '**S = 0, A = 0**'가 된다.

- S = B − M : 기준지표(B)를 별도로 사용하지 않으므로 M이 곧 B이다. 따라서 'S = M − M = 0'이다. 패시브 운용에서는 스타일효과(S)가 존재하지 않는다.
- A = P − B : 인덱스 운용(패시브 운용)은 벤치마크수익률이 곧 목표수익률이 된다. 따라서 'A = P − B'에서 P가 곧 B이므로 'A = P − B → A = B − B = 0 → A = 0', 즉 패시브 운용에서는 종목선정효과(A)는 존재하지 않는다.

정답 ④

기출복원 30회

62 **GIPS(Global Investment Performance Standards)의 회계처리 규칙과 관련한 내용이다. 가장 거리가 먼 것은?**

① 모든 수익률은 해당기간 중 발생한 실제 매매비용을 공제한 후 계산되어야 하며, 추정된 매매비용은 사용하지 말아야 한다.

② 보수를 지급하지 않는 재량권 없는 포트폴리오는 회사의 컴포지트에 포함되지 않아야 한다.

③ 모의실험된 또는 모형 포트폴리오의 성과는 실제 성과에 연결시키지 않아야 한다.

④ 컴포지트 개요, 벤치마크 개요, 수익자정보 등을 공시해야 한다.

컴포지트 개요, 벤치마크 개요 등은 공시대상이지만 수익자정보는 공시대상이 아니다.

학습안내 GIPS에 대한 전체 내용은 '35회 91번 해설'을 참조할 것

정답 ④

기출복원 30회

63 경기예측지표에 대한 설명이다. 가장 거리가 먼 것은?

① 경기종합지수(CI)가 전월대비 상승하면 경기가 호전된 것으로 본다.
② 기업경기실사지수(BSI)가 전월대비 하락하면 경기가 하강 중에 있다고 본다.
③ 기업경기실사지수(BSI)는 균형점인 100을 중심으로 경기변동의 전환점을 파악할 수 있다.
④ 소비자태도지수(CSI)는 특히 경기수축기에 있어서 기업실사지수(BSI)보다 일정기간 선행한다.

기업실사지수(BSI)는 경기변동의 진폭이나 속도를 측정할 수 없으므로, 전월대비 증감율로써 경기변동의 정도를 파악하는 해석은 불가하다(반면, CI는 가능함).

학습효과 경기예측지표의 해석 방법에 대한 상세 내용은 '36회 94번 해설'을 참조할 것

정답 ②

기출복원 28회

64 경기호전을 예상한 업체의 비율은 70%, 경기악화를 예상한 업체의 비율은 30%일 때, 기업경기실사지수(BSI ; Business Survey Index)는 얼마인가?

① 40
② 60
③ 140
④ 160

$BSI = \frac{(70-30)}{100} \times 100 + 100 = 140$. BSI는 '0%~200%'에 존재하며, BSI가 균형점인 100%를 상회하면 경기확장국면, 100%를 하회하면 경기수축국면을 의미한다.

정답 ③

3-9 분산투자이론

기출복원 34회

65 자본자산가격결정모형(CAPM모형)에 대한 설명이다. 틀린 내용으로 연결한 것은?

가. 여러 개의 효율적 포트폴리오를 기대수익률과 위험의 공간에서 연속선으로 연결한 것을 자본시장선이라고 한다.
나. 이성적인 투자자라면 자신의 위험선호도와 관계없이 모두 동일하게 시장포트폴리오를 선택하게 된다.
다. 증권시장선은 개별증권의 기대수익과 총 위험 간의 선형적 관계를 나타낸다.
라. 모든 투자자들은 동일한 무위험이자율 수준으로 얼마든지 자금을 차입하거나 빌려줄 수 있다.

① 가, 나 ② 다, 라
③ 가, 다 ④ 나, 라

틀린 내용은 '가, 다'이다. '가'는 자본시장선(CML)이 아니라 효율적 투자기회선(efficient frontier)을 말한다. '다'에서 증권시장선(SML)은 기대수익률과 체계적 위험 또는 베타위험 간의 선형적 관계에 해당한다.

※ **추가해설**

가. 여러 개의 **효율적 포트폴리오**[주1]를 기대수익률과 위험의 공간에서 연속선으로 연결한 것을 '**효율적 투자기회선**(efficient frontier)'이라 한다.

* 주1(효율적 포트폴리오) : 정해진 위험수준 하에서 가장 높은 수익률을 달성하는 포트폴리오를 말한다.

나. 자본시장선은 무위험자산과 시장포트폴리오(M)를 연결한 선으로서, 자본배분선 중에서 위험보상비율(RVAR)이 가장 높은 상태가 되며 또한 효율적 투자기회선보다도 지배원리가 개선된 상태가 되어 가장 효율적인 투자기회집합이 된다. 따라서 이성적인 투자자라면 자신의 위험선호도와 관계없이 모두 동일하게 시장포트폴리오를 선택하게 된다[주2].

* 주2(**토빈의 분리정리이론**) : 첫째 시장포트폴리오(M)에 투자한다(M점이 RVAR이 가장 높으므로). 둘째 투자자들의 위험선호도에 따라 대출포트폴리오(보수적 투자) 또는 차입포트폴리오(공격적 투자)를 선택한다.

→ CML의 어떤 점에 투자하든 모두 동일하게 시장포트폴리오에 투자하게 되는 것이며, 투자자의 위험선호도에 따라 시장포트폴리오와 무위험자산 간의 비중이 결정된다는 것을 의미한다.

다. 증권시장선은 모든 개별자산의 기대수익률과 체계적 위험(베타) 간의 선형적 관계를 나타낸다.

► 비교하여 자본시장선은 완전히 분산투자된 포트폴리오와 총위험(표준편차) 간의 선형적 관계를 나타낸다.

라. CAPM모형은 엄격한 가정을 전제로 하는데 '라'의 내용은 4번째 가정(무위험자산의 존재 가정)에 해당한다.

학습안내 자본시장선과 증권시장선을 비교내용은 '32회 98번 해설'을 참조할 것

정답 ③

66 **트레이너 블랙 모형(Treynor-Black Model)에 대한 설명이다. 가장 거리가 먼 것은?**

① 적극적 투자관리의 일환으로서 소수종목을 선택하여 초과수익을 획득하면서도 적절한 분산투자로 비체계적 위험을 가급적 줄이고자 하는 전략이다.

② 초과수익가능성과 비체계적 위험의 감소 간에 균형을 이루도록 각 증권에 대한 최적투자비율을 구한다.

③ 개별증권의 초과수익 알파(α)는 기대수익률에서 요구수익률을 뺀 차이로 추정되며, 요구수익률은 증권시장선(SML)으로 구한다.

④ 비체계적 위험이 적은 증권일수록 투자비중이 줄어든다.

초과수익이 클수록, 비체계적 위험이 적을수록 투자비중이 높게 결정된다.

※ **트레이너 블랙모형**(2024 기본서, 5권, p183~184 참조)

(1) 개 념

적극적인 투자전략으로서, '포트폴리오의 초과수익을 높이면서도 분산가능위험(비체계적 위험)을 줄이고자 하는 전략'이다.

(2) 평가비율 = $\dfrac{\text{초과수익}}{\text{비체계적 위험}} = \dfrac{\alpha_j}{\sigma(\epsilon_j)}$ (분자의 초과수익은 젠센의 알파를 사용)

- $\alpha_j = R_j - k$(k : 요구수익률로서 '$kkk = E(R_j) = R_f + \beta_j(R_m - R_f)$'을 말함.

(3) 트레이너 블랙모형에서의 개별증권의 최적투자비율 = $\dfrac{\text{개별증권의 평가비율}}{\text{전체의 평가비율(개별증권 평가비율의 합계)}}$

- 즉 **개별증권의 평가비율이 높을수록(초과수익이 높을수록/비체계적 위험이 적을수록)**, 더 높은 비중으로 편입한다.

정답 ④

투자자산운용사 계산문제 특강노트 기출 65題

계산문제 '기출 65題' 학습효과는?

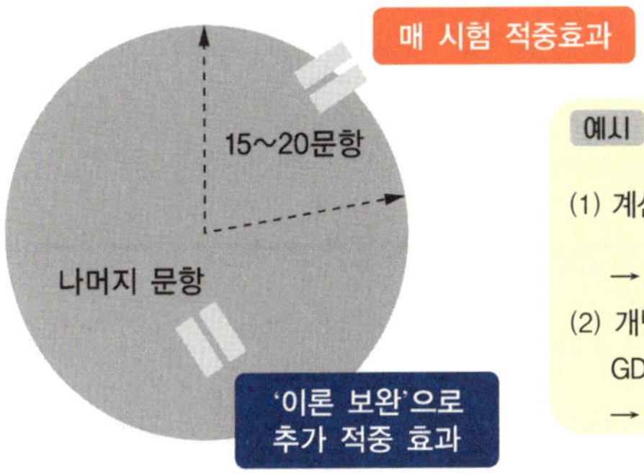

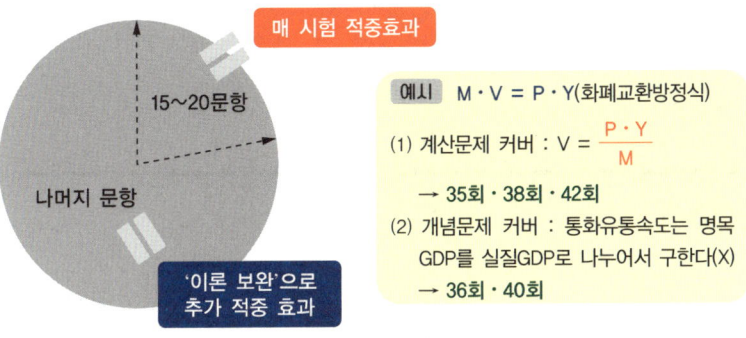

예시 M · V = P · Y(화폐교환방정식)

(1) 계산문제 커버 : $V = \frac{P \cdot Y}{M}$

→ 35회 · 38회 · 42회

(2) 개념문제 커버 : 통화유통속도는 명목 GDP를 실질GDP로 나누어서 구한다(X)

→ 36회 · 40회

역대 계산문제 '기출 65題' 분포

1과목 (5문항)	세 제	금융상품	부동산
	3문항	0문항	2문항

2과목 (23문항)	대안투자	해외투자	투자분석기법	리스크관리
	0문항	0문항	13문항	10문항
3과목-1 (19문항)	법 규	주식운용	채권운용	파생운용
	0문항	1문항	9문항	9문항

3과목-2 (18문항)	투자결과분석	거시경제	분산투자이론
	5문항	4문항	9문항

01

[30회, 32회, 36회 기출(동일유형)]

〈보기〉에 따를 때, 금융소득종합과세 신고제도상 종합과세 대상금액은 얼마인가?

> 3년 만기 채권의 이자와 할인액 2,100만 원, 비영업대금의 이익 200만 원, 직장공제회 초과반환금 1,000만 원, 근로소득 2,000만 원

① 2,000만 원
② 2,200만 원
③ 4,100만 원
④ 4,300만 원

(1) 무조건분리과세 대상을 제외한다. : 직장공제회 초과반환금 1,000만 원 제외

(2) 금융소득이 2천만 원을 초과할 경우 그 전액(2천만 원 초과분이 아님)을 금융소득 종합과세대상에 포함시킨다. 즉, 종합과세대상금액은 '금융소득 전체금액 + 타 종합소득'이므로, '비영업대금이익 200만 원 + 만기3년 채권이자 2,100만 원 + 근로소득 2,000만 원 = 4,300만 원'이다.

▸ 단 종합과세 대상이라도 금융소득 2천만 원까지는 14%(지방세 제외)로 과세하고 납세의무를 종결하므로, 실제로 종합과세율이 적용되는 금융소득은 '2천만 원 초과분'에 해당한다.

정답 ④

더 알아보기

금융소득 종합과세

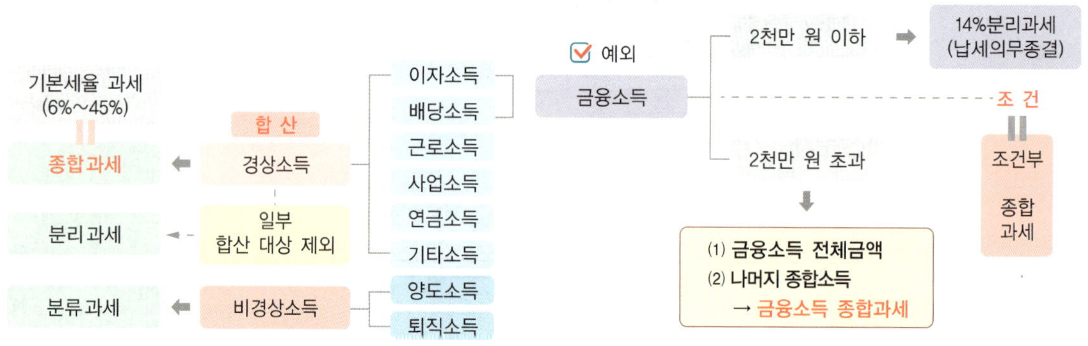

1-1

[36회 기출]

〈보기〉에 따를 때, 금융소득종합과세 신고제도상 종합과세 대상금액은 얼마인가?

- 3년 만기 채권의 이자와 할인액 2,000만 원
- 배당소득을 발생시키는 거래와 파생상품의 시행령요건에 따라 결합된 경우의 파생결합상품의 이익 1,000만 원
- 법원에 납부한 경매보증금 및 경락대금에서 발생한 이자소득 1,000만 원
- 비영업대금의 이익 500만 원
- 근로소득 2,500만 원

① 3,500만 원
② 4,500만 원
③ 6,000만 원
④ 7,000만 원

③ 신고제도상 종합과세 대상금액은 6,000만 원이다.

▸ 무조건분리과세 대상을 제외한 금융소득 전체금액(2,000만 원 + 1,000만 원 + 500만 원) + 나머지 종합소득(근로소득 2,500만 원) = 6,000만 원(종합과세 대상금액)

정답 ③

더 알아보기

해 설

(1) 무조건분리과세 대상을 제외한다. : 즉 '법원보관금에서 발생한 이자소득'은 무조건분리과세 대상(분리과세율 14%)이므로 제외

(2) 조건부종합과세를 한다. : 무조건분리과세 대상소득을 제외한 금융소득이 2천만 원 이하인 경우는 원천징수(원천징수율 14%)로 납세의무 종결되고, 2천만 원을 초과할 경우는 금융소득의 전체금액을 종합과세 대상에 포함한다. 즉 '금융소득 3,500만 원(2,000만 원 + 1,000만 원 + 500만 원) + 근로소득 2,500만 원 = 6,000만 원'이 종합과세 대상금액이 된다.

▸ 동 문항에서 현행 신고제도상 종합과세 대상금액은 6,000만 원이지만 금융소득 2,000만 원까지는 14%의 원천징수세율로 과세하고 납세의무가 종결되므로, 실질적으로 종합과세율(6%~45%)이 적용되는 종합소득은 '금융소득 2천만 원 초과분과 타 종합소득을 합산한' 4,000만 원이다.

조건부 종합과세

금융소득

3,000만원
2,000만원

신고제도상 종합과세 대상금액 → 5천만 원

단, 2천만 원까지는 14%로 분리과세

▶ 과세표준이 45% 구간에 있는 납세의무자의 금융소득이,

(1) **2,000만 원인 경우** → (2,000만 원 × 14%) = **280만 원** 과세

(2) **2,100만 원인 경우** → (2,100만 원 × 45%) = 945만 원 과세(→ 금융소득이 100만 원 증가했을 뿐인데 세액은 665만 원 증가함, 매우 불합리)

따라서 이러한 '문턱효과방지' 차원에서 2,000만 원 이하는 14%로 과세한다.

즉, (2,000만 원 × 14%)+(100만 원 × 45%) = **325만 원** 과세(→ 금융소득이 100 만원 증가할 때 세액은 45만 원 증가하였음, 합리적)

02

[30회 기출]

빈칸을 합한 숫자는?(아래 채권은 2018년 이전에 발행된 채권에 한하며, 세율은 지방소득세 제외)

> 만기가 10년 이상이고 보유기간이 3년 이상인 채권의 이자소득에 대해 분리과세 신청을 할 경우 (　　)%의 세율로 과세하고 납세의무가 종결된다. 그러나 분리과세 신청을 하지 않을 경우는 이자지급 시 (　　)%를 원천징수하고 조건부 종합과세 대상이 된다.

① 21

② 28

③ 34

④ 44

각각 '30%, 14%' 이다.

▸ '만기 10년 이상 & 보유기간 3년 이상'의 장기채권은

(1) 분리과세를 신청한 경우 → 30%로 분리과세 후 납세종결

(2) 분리과세를 신청하지 않을 경우 → 조건부 종합과세

정답 ④

더 알아보기

금융소득에 대한 원천징수세율

원천징수 = 징수편의, 분리과세 = 과세방법

항 목	원천징수세율	비 고	
(분리과세를 신청한) 장기채권의 이자와 할인액	30%	분리과세세율	무조건 분리과세
직장공제회 초과반환금	기본세율 (6~45%)		
법원에 납부한 경매보증금 및 경락대금에서 발생한 이자소득	14%		
비실명거래로 인한 이자·배당소득	90% 또는 45%		
ISA 비과세한도를 초과하는 이자·배당소득	9%		
비영업대금의 이익	25%	조건부종합과세	
그 밖의 이자소득 또는 배당소득	14%		

기본세율
6%
15%
24%
35%
38%
40%
42%
45%

'무조건분리과세' 대상이 아니면 '조건부 종합과세' 대상이 된다.

✔ 장기채권 : '만기10년 이상 & 보유기간 3년 이상' 채권

계산문제 특강노트 '기출 65題' **1과목 세제**

2-1

[39회 기출]

원천징수세율과 관련하여 빈칸을 합한 숫자로 옳은 것은?(세율은 지방세 제외)

- 법원에 납부한 경매보증금 또는 경락대금에서 발생하는 이자소득에 대해서는 (　　　)%의 세율로 원천징수하고 납세의무를 종결한다.
- ISA의 통산순이익 중 비과세한도를 초과한 이자나 배당소득에 대해서는 (　　　)%의 세율로 원천징수하고 납세의무를 종결한다.

① 22　　② 23
③ 28　　④ 39

② 원천징수세율의 합은 '14%(법원보관금의 이자소득) + 9%(ISA의 비과세한도를 초과하는 이자・배당소득) = 23%'이다.

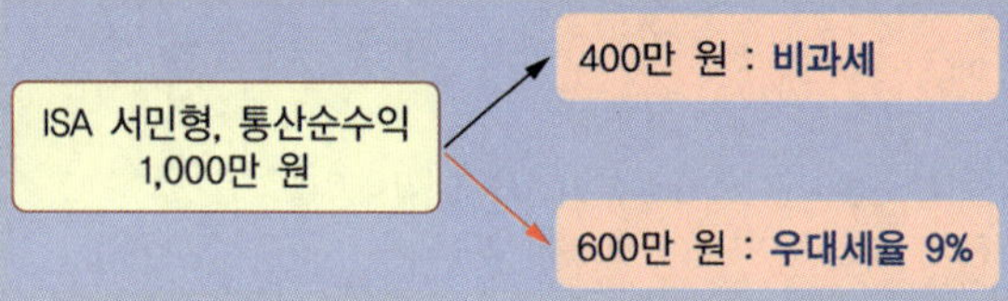

정답 ②

계산문제 특강노트 '기출 65題' **1과목 세제**

03

[42회 기출(신유형)]

양도소득세 부과대상으로서 양도소득세율에 대한 내용이다. 빈칸의 숫자를 모두 합한 수는 얼마인가?

- 소액주주가 양도하는 중소기업주식에 대한 양도소득세율은 과세표준의 (　　)%이다.
- 대주주가 양도하는 대기업 주식에 대한 양도소득세율은 과세표준의 (　　)%이다(단, 보유기간은 1년 미만으로 가정).
- 코스피200을 기초자산으로 하는 장내파생상품에 대한 양도소득세율은 2025년 현재 과세표준의 (　　)%이다.

① 30　　② 40
③ 50　　④ 60

50%이다(차례대로 '10%, 30%, 10%').

▸ 암기법 : 소 / 소 10%, 대 / 대 30%, 나머지 20%

[20% 적용 예시] 소액주주가 양도하는 대주주 주식, 대주주가 양도하는 중소기업주식

정답 ③

더 알아보기

양도소득세 과세대상(열거주의)

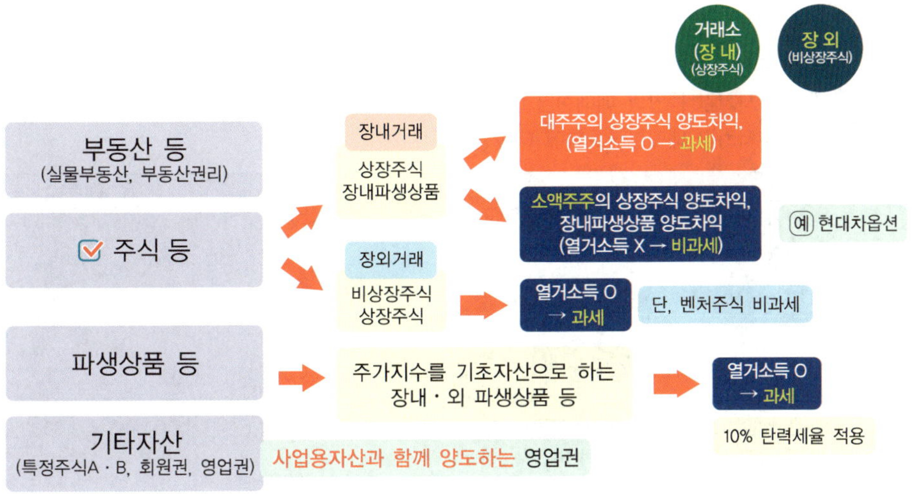

양도소득세율

과세대상		양도소득세율
주 식	㉠ 소액주주가 양도하는 중소기업주식	10%
	㉡ 대주주가 양도하는 대기업주식(보유기간 1년 미만)	30%
	그 밖의 경우(㉠, ㉡이 아닌 경우)	20%
파생상품 등(주가지수를 기초자산으로 하는 장내 · 외 파생상품 등)		탄력세율 10%
미등기자산		70%
이상에 해당하지 않는 나머지 자산		기본세율(6~45%)

※ 그 밖의 경우(20% 적용 예시)
(1) 소액주주가 양도하는 대기업 주식
(2) 대주주가 양도하는 중소기업 주식

예상

양도소득세 부과대상으로서 양도소득세율에 대한 내용이다. 빈칸의 숫자를 모두 합한 수는 얼마인가?

- 소액주주가 양도하는 중소기업주식에 대한 양도소득세율은 과세표준의 (   )%이다.
- 대주주가 양도하는 대기업 주식에 대한 양도소득세율은 과세표준의 (   )%이다(단, 보유기간은 1년 미만으로 가정).
- 소액주주가 양도하는 대기업 주식에 대한 양도소득세율은 과세표준의 (   )%이다.

① 30　　② 40　　③ 50　　④ 60

60%이다(차례대로 '10%, 30%, 20%').

정답 ④

04

[24회, 40회, 42회 기출(동일유형)]

부동산임대사업의 현금흐름이 〈보기〉와 같다. 이 경우 수익성지수(PI) 또는 편익비용비율은 얼마인가?

- 최초 투입액 : 1,000억 원
- 투자기간 동안의 임대현금흐름의 현재가치 : 300억 원
- 투자기간 동안의 매매현금흐름 : 1,250억 원
- 투자기간 매매현금흐름에 대한 현재가치계수 : 0.800

① 1.24 ② 1.25 ③ 1.30 ④ 1.55

$$\frac{PV \cdot Output}{PV \cdot Input} = \text{PI지수}$$

$$\text{수익성지수(PI)} = \frac{\text{현재가치(임대현금흐름 + 매매현금흐름)}}{\text{최초 투자액}} = \frac{1{,}300}{1{,}000} = 1.30$$

- Output의 현재가치 = 임대현금흐름의 현재가치(300) + 매매현금의 현재가치(1,000) = 1,300
- 매매현금흐름 현재가치 = 1,250 × 0.800 = 1,000

정답 ③

더 알아보기

NPV(Net Present Value), PI(Profitability Index), IRR(Internal rate of return)

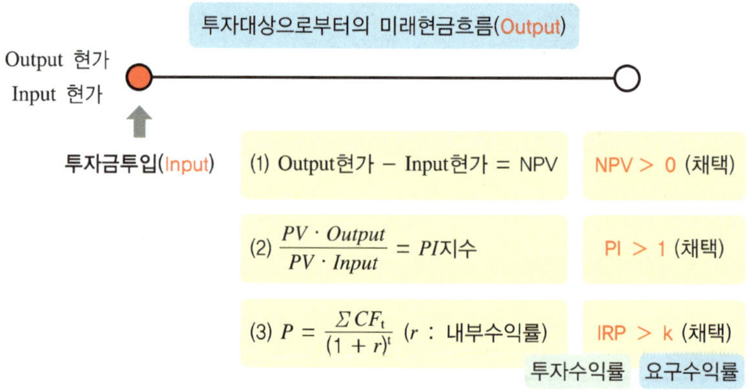

4-1

[42회 기출]

부동산 임대사업의 현금흐름이 〈보기〉와 같다. 이 경우 수익성 지수(PI) 또는 편익비용비율은 얼마인가?(투자기간은 3년)

- 최초투자액(또는 투입액의 현재가치) : 1,000원
- 3년 동안 발생한 임대현금흐름의 현재가치 : 150원
- 3년 후 매각현금흐름 : 2,600원
- 3년 후 매각현금흐름에 대한 현재가치계수 : 1/1.3

① 1.15 ② 1.50 ③ 2.00 ④ 2.15

$$\text{수익성지수(PI)} = \frac{\text{투자로부터 발생하는 장래 현금흐름의 현재가치}}{\text{투입액의 현재가치}}$$

$$= \frac{150 + 2{,}000}{1{,}000} = 2.15$$

※ 부동산 투자 시 타당성 분석 지표 – 수익성지수(PI ; Profitability Index) 계산

$$\text{수익성지수(PI)} = \frac{\text{임대현금흐름의 현재가치} + \text{매매현금흐름의 현재가치}}{\text{투입액의 현재가치}}$$

(1) 분모 : 투입액의 현재가치 = 1,000원

(2) 분자 : ㉠ 임대현금흐름 현재가치 = 150원

㉡ 매매현금흐름 현재가치 = 2,600원 $\times \frac{1}{1.3}$ = 2,000원

→ 따라서 '수익성지수(PI) = $\frac{150 + 2{,}000}{1{,}000}$ = 2.15'이다.

정답 ④

05

[29회, 34회, 36회, 38회, 42회 기출(동일유형)]

투자대상인 A부동산의 매년 순수익이 50억 원이고 자본환원율이 5%이다. 이 경우 A부동산의 가치를 수익환원법에 따른 수익가격으로 평가하면 얼마인가?

① 50억 원 ② 100억 원

③ 500억 원 ④ 1,000억 원

수익가격은 '$\frac{\text{순수익}}{\text{자본환원율}} = \frac{50}{0.05}$ = 1,000억 원'이다(분자 : 순수익 또는 순영업소득).

수익환원법 (수익가격)	☑ 직접환원법	순수익이 영구적인 것으로 가정
	할인현금수지분석법	미래현금흐름을 현재가치로 할인 $P = \frac{\sum CF_t}{(1+k)^t}$

정답 ④

06

[39회, 41회 기출(동일유형)]

수익률의 분포가 〈보기〉와 같을 때, 다음 중 그 값이 가장 적은 통계 지표는 무엇인가?

−15%, −9%, −7%, −2%, 3%, 4%, 7%, 7%, 15%

① 산술평균
② 범위
③ 중앙값
④ 최빈값

① '산술평균은 0.33, 중앙값은 3, 최빈값은 7, 범위는 30'이다. 따라서 지표의 값이 가장 적은 것은 산술평균이다.

▸ 풀 이

① 산술평균 : Σ분포값/N = (−15−9−7−2+3+4+7+7+15) / 9 = 0.33
② 범위 : 최대값−최소값 = +15−(−)15 = 30
③ 중앙값 : 정 가운데 값 즉 3
④ 최빈값 : 빈도수가 가장 높은 관찰치, 즉 7

정답 ①

더 알아보기

☑ 증권분석을 위한 통계기초(2024 기본서, 2권, p214~217 참조)

(1) 중심위치(Central Tendency) : 자료가 어떤 값을 중심으로 분포하는가를 나타내는 대표치로서, 산술평균과 최빈값, 중앙값 등이 자주 쓰인다.

㉠ 산술평균(mean) : 분포 값의 합계를 분포의 수로 나눈 값(Σ분포값/N)

㉡ 최빈값(mode) : 빈도수가 가장 많은 관찰치를 의미한다.

㉢ 중앙값(median) : 관찰치를 크기 순서대로 나열하였을 때, 정가운데 있는 값을 의미. N이 홀수일 때는 정가운데 값이 중앙값이 되지만, N이 짝수일 때는 가운데 두 분포의 값의 평균이 중앙값이 된다.

예시 분포의 수가 짝수일 경우의 중앙값

→ '2, 4, 6, 8, 10, 12'의 분포일 경우 (6 + 8) / 2 = 7 즉 7이 중앙값이 된다.

(2) 산포 경향(Degree of Dispersion) : 자료가 중심위치로부터 어느 정도 흩어져 있는가를 나타내는 지표로서 범위, 평균편차, 분산, 표준편차 등이 자주 쓰인다.

㉠ 범위(range) : 최대값−최소값. 동 문항 예시에서는 −15 ~ +15 = 30. 또는 최대값 15에 최소값 −15를 뺀 값으로서 30이 된다.

㉡ 평균편차(mean deviation) : 각각이 평균으로부터 떨어진 거리들의 평균으로 측정한다.

㉢ 분산(variance)과 표준편차(standard deviation) : 분산은 각각이 평균으로부터 떨어진 거리의 제곱들을 평균한 것이고 분산의 제곱근이 표준편차이다.

보충 모집단이 아니고 표본인 경우에는 분산과 표준편차를 자유도(degree of freedom : 분산과 표준편차의 경우는 n−1)로 나누어 측정한다.

07

[31회 기출]

주당순이익의 성장률 8%, 다음 기의 예상 주당순이익은 10,000원, 요구수익률은 10%, 배당성향이 20%일 때, 배당평가모형으로 평가한 동 주식의 가격은?

① 20,000원 ② 25,000원
③ 50,000원 ④ 100,000원

(1) 배당이 일정비율로 성장하므로 고든의 항상성장모형을 적용한다.

$$P=\frac{D_1}{k-g}=\frac{2,000}{0.10-0.08}=\frac{2,000}{0.02}=100,000\text{원}$$

D_1 = 2,000원[∵ 10,000원(다음 기 예상주당순이익) × 20%(배당성향) = 2,000원]

(2) 문제에서 주당순이익의 성장률은 8%는 배당성장률 8%와 같은 의미이다.
- 배당은 주당순이익의 일정비율에 해당하므로, 주당순이익의 성장률은 곧 배당성장률과 같다.

정답 ④

계산문제 특강노트 '기출 65題' 2과목 투자분석기법

7-1

[33회, 37회, 39회 기출(동일유형)]

배당평가모형과 관련하여 빈칸에 알맞은 것은?

> A기업의 배당성향은 50%이며 배당성장률은 4%가 유지될 것으로 추정된다. 당기의 주당순이익은 4,000원이며 현재 주가가 10,400원일 경우, 투자자의 요구수익률은 (   )이다.

① 12.5% ② 16%
③ 24% ④ 38.4%

③ 요구수익률은 15%이다. 주당순이익을 당기로 제시하였으므로 당기의 배당금(D_0)이 나오는데, 여기에 배당성장률 5%를 적용하여 D_1을 구하고 D_1을 공식에 적용하는 것이 포인트이다.

※ 고든의 항상성장모형 공식 적용 : $P=\frac{D_1}{k-g}$, $10,400=\frac{D_1}{k-0.04}$

→ 당기의 주당순이익이 4,000원이고 배당성향이 50%이므로 D_0는 2,000원이다.

따라서 D_1은 2,000(1 + 0.04) = 2,080원이다. 여기서 D_1 = 2,080원을 위 산식에 적용하면, $10,400=\frac{2,080}{k-0.04}$, $(k-0.04)=\frac{2,080}{10,400}$ 따라서 $k=0.24$(즉 24%)

정답 ③

7-2

[26회 기출]

빈칸에 알맞은 것은?

> 어떤 회사의 현재 배당금은 주당 500원이다. 향후 2년 동안은 배당이 20%로 성장할 것으로 예상되며, 그 이후에는 5%의 배당성장률이 지속될 것으로 예상한다. 요구수익률이 10%일 경우, 배당평가모형으로 평가한 이 회사의 보통주의 가치는 (　　　　)이다.

① 3,000원
② 3,900원
③ 13,636원
④ 18,636원

아래 해설 풀이 참고

정답 ③

더 알아보기

초기고속성장모형 계산

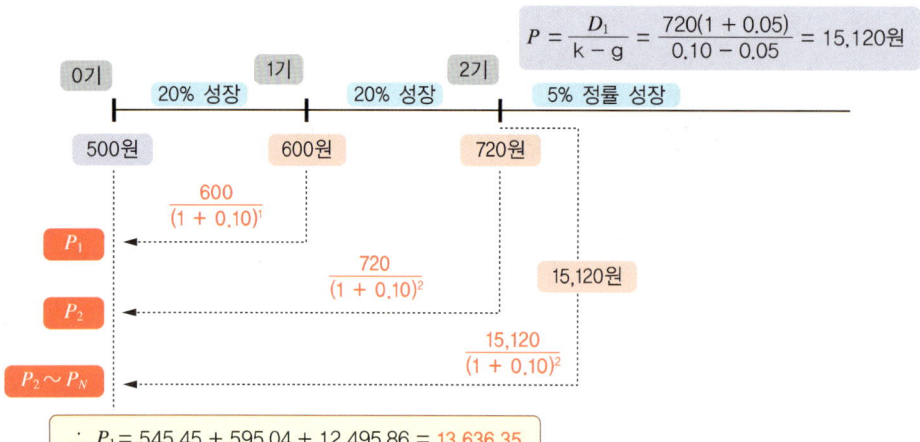

$$P = \frac{D_1}{k-g} = \frac{720(1+0.05)}{0.10-0.05} = 15{,}120\text{원}$$

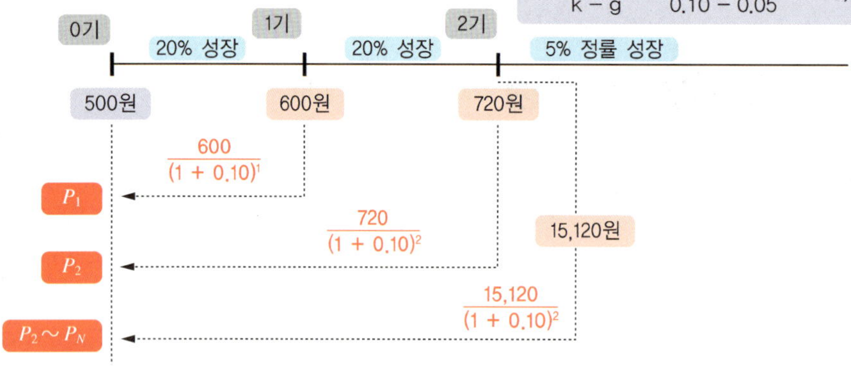

$$\therefore P_1 = 545.45 + 595.04 + 12{,}495.86 = 13{,}636.35$$

해 설

(1) 1기(0기~1년)의 현금흐름은 D_1이므로 D_1을 요구수익률로 할인한다.

→ 1기의 가치(P_1) = $\frac{500(1 + 0.20)}{(1 + 0.10)}$ = 545.45원[D_1 = 500(1 + 0.2) = 600원]

(2) 2기(1년~2년)의 현금흐름은 D_2이므로 D_2를 요구수익률로 할인한다.[D_2 = $500(1 + 0.2)^2$ = 720원]

→ 2기의 가치(P_2) = $\frac{500(1 + 0.20)^2}{(1 + 0.10)^2}$ = 595.04원

(3) 2기간 이후의 가치는 '요구수익률 10%, 배당성장률 5%'의 항상성장모형으로 평가한 다음(이때 g는 0.05가 적용됨에 유의), 해당 값을 현재시점으로 할인하여 구한다.

[1단계] 2기간 이후의 기간에 해당하는 보통주의 가치 = $\frac{720(1 + 0.05)}{0.01 - 0.05}$ = 15,120원

[2단계] 15,120원을 현재시점으로 할인하여 2기 이후의 가치($P_2 \sim P_N$)를 평가한다.

→ $P_2 \sim P_N$ = $\frac{15,120}{(1 + 0.10)^2}$ = 12,495.86원

∴ (P_1) + (P_2) + ($P_2 \sim P_N$) = 약 13,636원

08

[30회 기출]

총자산회전율이 1.5배, 총자산이 1,200억 원일 때 순매출액은?(단위 : 억 원)

① 1,000
② 1,200
③ 1,800
④ 2,700

(1) 총자산회전율 = $\frac{\text{순매출액}}{\text{총자산}}(\frac{\text{매출액}}{\text{총자산}})$

(2) $\frac{\text{순매출액}}{\text{총자산}} = 1.5$, $\frac{\text{순매출액}}{\text{1,200억 원}} = 1.5$, (∴) 순매출액 = 1,800억 원

▸ 순매출액 : 매출액에서 '매출할인'이나 '매출에누리'를 공제한 금액

정답 ③

계산문제 특강노트 '기출 65題' 2과목 투자분석기법

09

[33회, 37회, 40회, 42회 기출(동일유형)]

빈칸에 알맞은 것은?

매출액순이익률이 0.2(20%)이고 총자산회전율이 2(2회전)일 때, 총자산이익률은 (　　)이다.

① 0.1
② 0.2
③ 0.3
④ 0.4

총자산이익률 즉 ROA(Return On Asset)은 0.4(40%)이다.

※ ROA = $\frac{\text{순이익}}{\text{총자산}}$

▸ 듀퐁분석 활용 : $\frac{\text{순이익}}{\text{총자산}} = \frac{\text{순이익}}{\text{매출액}} \times \frac{\text{매출액}}{\text{총자산}}$, ROA = 0.2 × 2 = 0.4

정답 ④

10

[29회, 32회, 34회, 38회 기출(동일유형)]

ROE가 ROA의 4배이고 총자산이 400억 원일 때, 총부채는 얼마인가?

① 100억 원
② 150억 원
③ 200억 원
④ 300억 원

※ 풀이(듀퐁분석 활용)

→ $\frac{\text{순이익}}{\text{자기자본}} = \frac{\text{순이익}}{\text{매출액}} \times \frac{\text{매출액}}{\text{총자산}} \times \frac{\text{총자산}}{\text{자기자본}}$, $ROE = ROA \times \frac{\text{총자산}}{\text{자기자본}}$

→ ROE는 ROA의 4배이므로 '$4ROA = ROA \times \frac{\text{총자산}}{\text{자기자본}}$'이다.

총자산이 400이므로 '$4 = \frac{400}{\text{자기자본}}$'이고, 따라서 자기자본은 100이다.

→ 최종적으로 총부채는 300이다(총자산400 = 총부채 + 자기자본100).

정답 ④

더 알아보기

ROE 듀퐁산식 정리

$$ROE = \left(\frac{\text{순이익}}{\text{자기자본}}\right) = \frac{\text{순이익}}{\text{매출액}} \times \frac{\text{매출액}}{\text{총자산}} \times \frac{\text{총자산}}{\text{자기자본}}$$

마진 / 활동성 / 부채레버리지

$$ROE = ROA \times \frac{\text{총자산}}{\text{자기자본}}$$

↓

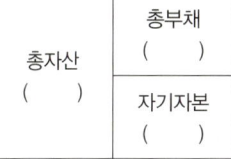

▸ 약식이해 : ROE가 ROA의 **4배**이다. → 총자산이 자기자본의 **4배**이다.

총자산 (　　)	총부채 (　　)
	자기자본 (　　)

11

[24회 기출]

빈칸에 알맞은 것은?

> 어떤 기업의 판매량이 200개에서 400개로 증가할 때 영업이익은 10억 원에서 50억 원으로 증가하였다. 이 경우 판매량이 200개일 때의 영업레버리지도는 (　　　)이다.

① 1　　② 2
③ 2.5　　④ 4

▸ $\text{DOL} = \dfrac{\text{영업이익 변화율}}{\text{매출액 변화율}}$ 또는 $\dfrac{\text{매출액} - \text{변동비}}{\text{매출액} - \text{변동비} - \text{고정비}}$

▸ $DOL = \dfrac{\dfrac{\Delta EBIT}{EBIT}}{\dfrac{\Delta Q}{Q}} = \dfrac{\dfrac{(50-10)}{10}}{\dfrac{(400-200)}{200}} = \dfrac{4}{1} = 4$

• 즉 판매량(또는 매출액)이 1단위 변화할 때 영업이익은 4배 변동한다.

정답 ④

더 알아보기

레버리지도 분석

Degree of Operating Leverage　Degree of Financial Leverage　Degree of Combined Leverage

	By 영업고정비	By 재무고정비	By 영업고정비 + 재무고정비
	영업레버리지(DOL)	재무레버리지(DFL)	결합레버리지(DCL)
정의	$\dfrac{\text{영업이익변화율}}{\text{매출액변화율}}$	$\dfrac{\text{주당순이익변화율}}{\text{영업이익변화율}}$	$\dfrac{\text{주당순이익변화율}}{\text{매출액변화율}}$
계산	$\dfrac{\text{매출액} - \text{변동비}}{\text{매출액} - \text{변동비} - \text{고정비}}$	$\dfrac{\text{영업이익}}{\text{영업이익} - \text{이자비용}}$	$\dfrac{\text{매출액} - \text{변동비}}{\text{매출액} - \text{변동비} - \text{고정비} - \text{이자비용}}$
해석	고정비가 클수록, 매출액이 적을수록 DOL이 커진다.	이자비용이 클수록, 영업이익이 적을수록 DFL이 커진다. $\dfrac{\text{매출액} - \text{변동비} - \text{고정비}}{\text{매출액} - \text{변동비} - \text{고정비} - \text{이자비용}}$	▸ (고정비용 + 이자비용)이 클수록 DCL이 커진다. ▸ 영업고정비와 이자비용이 존재하는 한 DCL은 항상 1보다 크다.

☑ 매출액변화율에 대한 영업이익변화율의 비율

12

[26회 기출]

재무레버지리도(DFL)가 2이고 영업이익이 5천 억 원일 때, 재무고정비인 이자비용은 얼마인가?

① 1,000억 원
② 2,000억 원
③ 2,500억 원
④ 4,000억 원

매출액	100억 원		
– 매출원가	70억 원	영업비용	변동비(VC) 50억 원
– 판관비	10억 원		고정비(FC) 30억 원
영업이익	20억 원		

$$DFL = \frac{\text{매출액} - \text{변동비} - \text{고정비}}{\text{매출액} - \text{변동비} - \text{고정비} - \text{이자비용}} = \frac{\text{영업이익}}{\text{영업이익} - \text{이자비용}} = 2$$

∴ 이자비용 = 2,500

정답 ③

계산문제 특강노트 '기출 65題' 2과목 투자분석기법

12-1

[32회 기출]

레버리지분석과 관련하여 빈칸에 알맞은 것은?

> 현재의 영업이익이 100억 원, 이자비용이 20억 원, 세전이익이 80억 원, 법인세 40억 원, 세후순이익은 40억 원이다. 이후 영업이익이 140억 원, 이자비용은 20억 원, 세전이익이 120억 원, 법인세가 60억 원, 세후순이익이 60억 원으로 변동하였다면, 이때의 재무레버지리도는 (　　) 이다.

① 1.20
② 1.25
③ 1.40
④ 1.50

$$\text{재무레버리지도(DFL)} = \frac{\text{주당이익의 변화율}}{\text{영업이익의 변화율}} = \frac{\frac{60-40}{40}}{\frac{140-100}{100}} = \frac{50\%}{40\%} = 1.25$$

$$= \frac{\text{영업이익}}{\text{영업이익} - \text{이자비용}} = \frac{100}{100-20} = \frac{50\%}{40\%} = 1.25$$

정답 ②

더 알아보기

재무레버리지와 세후순이익(EAT)의 변화

구 분	(−)변동	현재(변동 전)	(+)변동
영업이익	60 (40% 감소)	100	140 (40% 증가)
이 자	20	20	20
세전이익	40	80	120
법인세(50%)	20	40	60
세후순이익	20 (50% 감소)	40	60 (50% 증가)

(1) 재무레버리지도(DFL) $= \dfrac{\text{주당이익의 변화율}}{\text{영업이익의 변화율}} = \dfrac{\frac{60-40}{40}}{\frac{140-100}{100}} = \dfrac{50\%}{40\%} = 1.25$

(2) 재무레버리지도(DFL)

$$= \frac{\text{매출액} - \text{변동비} - \text{고정비}}{\text{매출액} - \text{변동비} - \text{고정비} - \text{이자비용}} = \frac{\text{영업이익}}{\text{영업이익} - \text{이자비용}} = \frac{100}{100-20} = 1.25$$

(2)의 공식 사용 시 '변동 전'인 현재 시점의 숫자를 적용함

13

[30회, 32회, 34회, 36회 기출(동일유형)]

투자자의 요구수익률이 12%, 자기자본이익률이 10%, 배당성향이 20%이다. 이 경우 고든의 PER모형에 의한 당해 주식의 PER는 얼마인가?(단위 : 배수)

① 5배 ② 8배

③ 10배 ④ 20배

① '$PER = \frac{1-b}{k-g}$, $g = b \times ROE$' 식을 활용하여 계산한다.

(k = 요구수익률, g = 배당성장률, b = 유보율, ROE = 자기자본이익률)

※ 풀 이

$$\rightarrow PER = \frac{1-b}{k-g} = \frac{1-b}{k-b \times ROE} = \frac{0.2}{0.12-(0.8 \times 0.1)} = \frac{0.2}{0.04} = 5(배)$$

정답 ①

더 알아보기

고든의 PER모형 – 산식

$\frac{D_1}{E_1} = 1-b$

$P = \frac{D_1}{k-g}$ 에서 도출

$PER = \frac{주가}{EPS}$

$$\frac{P}{E_1} = \frac{1-b}{k-g} = \frac{1-b}{k-b \times ROE}$$

g = b × ROE

① 성장률 g와 (+), 자본비용 k와는 (−)의 관계

② 배당성향(1 − b)은, b가 분자/분모 모두에 위치하므로 일정한 관계가 없다.

- ROE < k이면 → 배당성향과 (+)
- ROE > k이면 → 배당성향과 (−)

(예 'ROE = 8% > k = 5%' 경우, 수익성이 요구수익률을 상회하므로 배당을 하지 않고 투자를 많이 할수록 기업의 수익성이 높아지고 따라서 주가의 멀티플, PER는 상승한다)

기출지문

ROE가 요구수익률보다 클 경우에는 PER와 배당성향은 부(−)의 관계이다. → O

배당을 적게 할수록 PER가 상승하므로 반대관계

13-1

[28회, 38회, 41회 기출(동일유형)]

투자자의 요구수익률이 10%, 자기자본이익률(ROE)이 10%일 때, 고든의 PER모형에 의한 PER는 얼마인가?(단위 : 배수)

① 5 ② 10
③ 15 ④ 20

고든의 PER모형상 PER는 $\frac{1-b}{k-g}$ 이며(b : 유보율, k : 요구수익률, g : 배당성장률), 아래와 같이 풀이한다.

→ $PER = \frac{1-b}{k-g} = \frac{1-b}{k-b \times ROE}$

→ $PER = \frac{0.3}{0.10-0.7\times 0.10} = \frac{0.3}{0.10-0.07} = \frac{0.3}{0.03} = 10$ ∴ PER = 10배

▸ 'ROE = k'일 경우

→ $PER = \frac{1-b}{k-g} = \frac{1-b}{k-b\times ROE} = \frac{1-b}{k-b\times k} = \frac{1-b}{(1-b)k} = \frac{1}{k}$

∴ $PER = \frac{1}{k} = \frac{1}{0.1}$ = 10배

정답 ②

14

[29회 기출]

재무정보가 〈보기〉와 같을 때, 이 기업의 PBR은?

자기자본 1,000억 원, 당기순이익 200억 원, 발행주식수 100만주, 주가 120,000원

① 0.5배 ② 1.0배
③ 1.2배 ④ 1.5배

두 가지 방식으로 풀이 할 수 있다.

(1) PBR = $\frac{주가}{BPS} = \frac{120{,}000}{BPS} = \frac{120{,}000}{100{,}000}$ = 1.2배(BPS = $\frac{자기자본}{100만주} = \frac{1{,}000억}{100만}$ = 100,000원)

(2) PBR = ROE × PER, ROE = $\frac{200억\ 원}{1{,}000억\ 원}$ = 0.2, PER = $\frac{120{,}000}{20{,}000}$ = 6 ∴ PBR = 0.2 × 6 = 1.2배

정답 ③

[30회, 41회 기출(동일유형)]

빈칸에 알맞은 것은?

> A기업의 EBITDA는 2천만 원, 유사기업의 EV/EBITDA 비율이 20, 채권자 가치는 1억 원, 발행 주식 수는 10만주이다. 이 경우 A기업의 시가총액은 (   )이다.

① 1억 원　② 2억 원
③ 3억 원　④ 4억 원

시가총액(주주가치)은 3억 원이다(아래 풀이).

※ EV/EBITDA비율을 이용한 상장기업(A기업)의 시가총액 추정　$\frac{\text{시가총액 + 채권자가치}}{\text{EBITDA}} = 20$

(1) A기업의 기업가치 : 유사기업의 $\frac{\text{EV}}{\text{EBITDA}}$ × 상장기업의 EBITDA = 20 × 2천 만 원 = 4억 원

(2) A기업의 기업가치(EV) = 주주가치(시가총액) + 채권자가치, 4억 원 = 시가총액 + 1억 원, ∴ 시가총액 = 3억 원

약식이해 $\frac{\text{EV}}{\text{EBITDA}} = \frac{\text{시가총액(주주가치) + 순차입금(채권자가치)}}{\text{영업이익 + 감가상각비}}$

$\frac{\text{시가총액 + 1억 원}}{\text{2천만 원}} = 20$ → 시가총액 + 1억 원 = 4억 원 (∴) 시가총액 = 3억 원

정답 ③

더 알아보기

EV/EBITDA 모형

$\frac{\text{EV}}{\text{EBITDA}} = \frac{\text{시가총액 + 순차입금}}{\text{이자비용·세금·감가상각비 차감 전 이익}}$ ← 영업이익 + 감가상각비

① EV는 주주가치와 채권자가치를 합계한 금액이다.
→ 기업의 자본구조를 감안한 평가방식이라는 점에 유용성이 있다.

② EBITDA는 영업이익에 감가상각비를 더한 금액이다.
→ 설비투자가 많은 기업의 현금흐름을 잘 반영한다.

PER 보완

EV : Enterprise Value
EBITDA : Earning Before Interest, Tax, Depreciation and Amortization

15-1

[33회, 36회, 38회 기출(동일유형)]

EV/EBITDA비율과 관련하여 빈칸에 알맞은 것은?

> 상장기업인 A기업의 EBITDA는 60억 원, 유사기업의 EV/EBITDA 비율은 15배, 채권자가치는 300억 원, 발행주식수는 100만주이다. 이 경우 A기업의 주당 가치는 (　　　)이다.

① 5만 원　　② 6만 원
③ 7만 원　　④ 9만 원

주당가치는 6만 원이다(아래 풀이).

※ 약식계산(EV/EBITDA 공식 활용)

(1) $\frac{\text{시가총액 + 채권자가치}}{\text{EBITDA}} = 15$, $\frac{\text{시가총액 + 300억 원}}{\text{60억 원}} = 15$, 시가총액 + 300억 원 = 900억 원, 따라서 시가총액은 600억 원

(2) 주당가치 추정 : $\frac{\text{시가총액}}{\text{발행주식수}} = \frac{\text{600억 원}}{\text{100만주}} = 60{,}000$원

(∴) A기업의 주당가치는 60,000원이다.

정답 ②

16

[29회 기출]

〈보기〉의 경우 EVA모형으로 평가한 기업가치는 얼마인가?

> 세후순영업이익 50억 원, 자기자본비용 12%, 타인자본비용(세후) 8%, 자기자본 100억 원, 타인자본 100억 원

① 417억 원　　② 500억 원
③ 625억 원　　④ 700억 원

※ 기업가치 = IC(투하자본) + MVA(미래EVA의 현재가치)

→ 기업가치 = 200억 원 + $\frac{\text{EVA}}{k}$(부채를 사용하므로 자본비용 k는 가중평균자본비용 즉 WACC이다)

→ EVA = 50억 원 − (200억 원 × WACC)

→ WACC = (0.5 × 8%) + (0.5 × 12%) = 10%(→ k = 0.1)

(∴) 기업가치 = 200억 원 + $\frac{30}{0.1}$ = 500억 원(채권자가치가 100억 원 + 주주가치는 400억 원)

약식계산 $\frac{\text{NOPLAT}}{k} = \frac{\text{세후순영업이익}}{\text{가중평균자본비용}} = \frac{50}{0.1} = 500$ ∴ EVA = 500억 원

정답 ②

더 알아보기

EVA = 세후순영업이익 – (투하자본 × WACC)

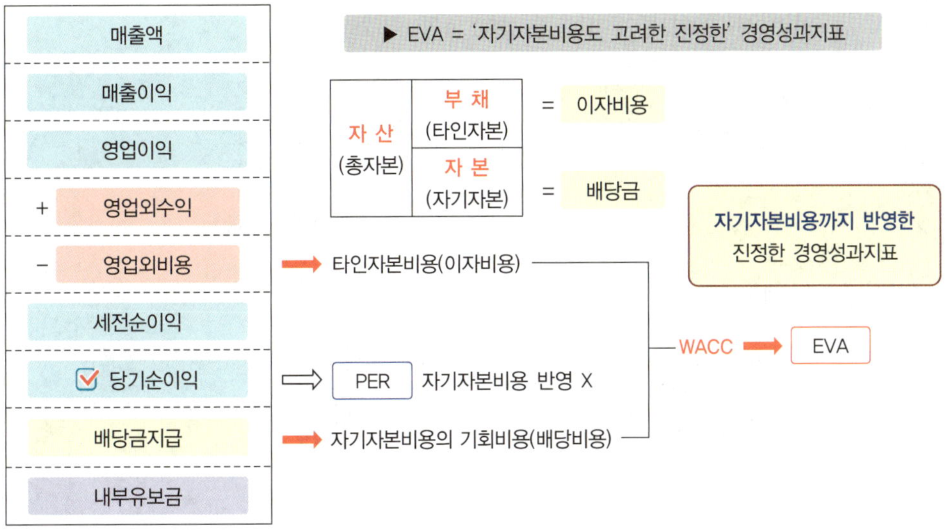

17

[28회, 31회, 35회, 37회 기출(동일유형)]

〈보기〉의 정보에 따를 때 해당 기업의 EVA는 얼마인가?(소수점 이하 절사, 단위는 억 원)

영업이익 200억 원, 투하자본 500억 원, 자기자본비율 60%, 타인자본비율 40%, 타인자본조달비용10%, 자기자본의 기회비용 12%, 법인세율 25%

① 94억 원　② 99억 원
③ 104억 원　④ 109억 원

✓ EVA = 세후순영업이익 − (투하자본 × 가중평균자본비용) = 99억 원

※ 풀 이

(1) 세후순영업이익 = 200억 원 × (1 − 0.25) = 150억 원

(2) 가중평균자본비용
= (타인자본비율 × 세후 타인자본비용) + (자기자본비율 × 자기자본비용)
= {0.4 × 0.10 × (1 − 0.25)} + (0.6 × 0.12)
= 0.03 + 0.072
= 0.102

(3) 따라서, EVA = 150억 원 − (500 × 0.102)
= 150억 원 − 51억 원
= 99억 원

정답 ②

계산문제 특강노트 '기출 65題' 2과목 투자분석기법

17-1

[33회, 38회, 41회 기출(동일유형)]

〈보기〉의 조건에 따를 때, 기업의 EVA를 최적으로 만드는 타인자본비중과 자기자본비중의 조합은 무엇인가?(단위 : %)

세후순영업이익 100억 원, 투하자본 250억 원, 타인자본비용과 자기자본비용은 모두 10%이고 법인세율은 20%로 가정한다.

① 타인자본 80, 자기자본 20　② 타인자본 60, 자기자본 40
③ 타인자본 40, 자기자본 60　④ 타인자본 20, 자기자본 80

▸ EVA = 세후순영업이익 − (투하자본 × WACC)
= 100억 원 − (250억 원 × WACC)

즉 **타인자본비중이 높을수록** 법인세절감효과가 크게 반영되어 WACC가 가장 낮아지고 EVA가 가장 크게 달성된다.

정답 ①

18

[30회, 34회, 42회 기출(동일유형)]

한 산업 내에 점유율이 동등한 5개의 기업이 존재하는 경우 허핀달지수(HHI)는 얼마인가?(단, 허핀달지수는 소수점 단위로 표시함)

① 0.1
② 0.2
③ 0.5
④ 1.0

※ $HHI = \sum S_i^2$(백분율 단위 : $20^2 \times 5 = 2{,}000$)

(1) 소수점 단위 : $0.2^2 + 0.2^2 + 0.2^2 + 0.2^2 + 0.2^2 = 0.2^2 \times 5 = 0.2$

▸ 소수점 단위일 경우 단일기업의 점유율이 곧 HHI 값이 된다.

(2) HHI지수의 역수는 동등기업의 수이므로,

$\frac{1}{HHI} = 5$이다. 따라서 $HHI = \frac{1}{5}$, ∴ HHI = 0.2

정답 ②

더 알아보기

집중률지수

시장집중률 지수	허핀달 지수
CR_k	$HHI = \sum S_i^2$
상위 k개 개업의 시장점유율 → 소수 대기업의 점유율 파악 용이, 간편한 측정이 가능 예 A산업, B산업, C산업의 CR_3는 각각 30, 59.5, 90이다. • 한국 – CR_3, 영국 – CR_4, 미국 – CR_4 등	집중곡선상의 정보를 좀 더 완벽하게 반영한다(CR_k에서 파악할 수 없는'불균등도' 파악 가능). 예 A산업의 HHI = 1,000, B산업의 HHI = 3,126.25, C산업의 HHI = 2,720 → 즉, B산업의 불균등도가 가장 크다. • HHI의 최대값은 10,000(산업에 1개 기업만이 존재한다면 해당 기업의 점유율은 100%이다. 이때 S_i는 %단위로 100, 따라서 HHI는 100^2 = 10,000이다)

18-1

[24회 기출]

하나의 산업에 동등한 시장점유율을 가진 10개의 기업이 있다. 이 경우 허핀달지수(HHI)와 시장집중률지수(CR_k)가 같아지는 k값은 얼마인가?(HHI지수는 소수점 단위로 표시)

① 1
② 2
③ 3
④ 4

(1) 한 시장 내의 모든 기업의 시장점유율이 같다면 HHI의 역수는 동등기업의 수로 해석된다. 10개의 기업이 동등한 시장점유율을 가지고 있으므로 $\frac{1}{HHI} = 10$이다. 따라서 HHI = 0.1이다.

(2) 시장점유율지수(CR_k)는 상위 k개 기업의 점유율을 말한다. 동 문항의 경우 HHI가 0.1이므로, 이와 일치하는 집중률지수는 CR_1 = 0.1이다. 따라서 k값은 1이다.

▸ '소수점 단위일 경우 단일기업의 점유율이 곧 HHI 값이 된다'와 동일 원리

정답 ①

19

[29회, 32회, 35회, 37회, 40회 기출(동일유형)]

KOSPI200 주가지수옵션의 가격이 7point, KOSPI200지수가 150point, 주가지수수익률의 1일 기준 표준편차(σ)가 2.5%, 옵션의 델타가 0.8이다. 이 경우 99% 신뢰도 1일 기준의 VaR에 가장 가까운 것은?(99% 신뢰기준의 신뢰상수는 2.33)

① 6.99point
② 8.737point
③ 699point
④ 873.7point

$$\sigma(\Delta V) \cdot z = \sigma(\Delta C) \cdot z = \sigma(f' \cdot \Delta S) \cdot z = S \cdot \sigma(\frac{\Delta S}{S}) \cdot z \cdot f',$$

따라서 신뢰구간 99% 1일 VaR는

▸ '150point × 2.5% × 2.33 × 0.8 = 150point × 2.5 × 0.01 × 2.33 × 0.8 = 6.99point

정답 ①

더 알아보기

☑ 풀 이

일정한 신뢰구간 하에서의 포지션의 가치변동위험

델타(f') $= \dfrac{\Delta c}{\Delta S}$

$$\sigma(\Delta V) \cdot z = \sigma(\Delta C) \cdot z = \sigma(f' \cdot \Delta S) \cdot z$$

$$= S \cdot \sigma\left(\frac{\Delta S}{S}\right) \cdot z \cdot f'$$

σ : 수익률의 변동성이므로 '수익률 단위'로 전환

(∴) 150point × 2.5% × 2.33 × 0.8 = 6.99point

20

[31회, 34회, 36회, 38회 기출(동일유형)]

5년 만기 국채의 만기수익률이 정규분포를 하고 수익률 증감(Δy)의 1일 기준 표준편차가 0.05%이고 수정듀레이션이 3.5이다. 이 채권을 200억 원 보유하고 있을 때 95% 신뢰도의 1일 VaR는 얼마인가?(95% 신뢰기준의 신뢰상수 : 1.65)

① 5,775만 원
② 8,155만 원
③ 57억 7,500만 원
④ 81억 5,500만 원

$\sigma(\Delta V) \cdot z = \sigma(\Delta B) \cdot z = \sigma(B \times D^* \cdot \Delta y) \cdot z = B \cdot \sigma(\Delta y) \cdot z \cdot D^*$

→ 200억 원 × 0.05% × 1.65 × 3.5 = 0.5775(5,775만 원)

정답 ①

더 알아보기

풀 이

$\frac{\Delta B}{B} = (-) \times \frac{\text{맥컬레이듀레이션}}{(1 + YTM)} \times \Delta Y$ $\Delta B = \text{수정듀레이션} \times \Delta y \times B$

$$\sigma(\Delta V) \cdot z = \sigma(\Delta B) \cdot z = \sigma(B \times D^* \cdot \Delta y) \cdot z = B \times \sigma(\Delta y) \times z \times D^*$$

(∴) 200억 원 × 0.05% × 1.65 × 3.5 = 0.5775(5,775만 원)

21

[29회, 30회, 31회, 32회, 33회, 34회, 35회, 37회, 39회 기출(동일주제)]

포트폴리오VaR 계산과 관련하여, 빈칸에 들어갈 수 없는 수는?

> 자산 X의 VaR은 12억 원, 자산 Y의 VaR은 5억 원이다. 그리고 두 자산 간의 상관계수별 포트폴리오XY의 VaR을 계산한다면, 상관계수가 +1일 경우는 (　　　), 상관계수가 0일 경우는 (　　　), 상관계수가 −1일 경우는 (　　　), 상관계수가 0.4일 경우는 (　　　)이다.

① 7　　② 13

③ 17　　④ 20

※ **포트폴리오 VaR 산식** : $VaR_P = \sqrt{VaR_X^2 + VaR_Y^2 + 2 \cdot \rho \cdot VaR_X \cdot VaR_Y}$

(1) 상관계수 +1

→ $12 + 5 = 17$

(2) 상관계수 0

→ $\sqrt{12^2 + 5^2} = \sqrt{144 + 25} = 13$

(3) 상관계수 −1

→ $12 - 5 = 7$

(4) 상관계수 0.4

→ $\sqrt{12^2 + 5^2 + 2 \times 0.4 \times 12 \times 5} = \sqrt{144 + 25 + 48} = 14.73$

정답 ④

더 알아보기

포트폴리오 VaR

포트폴리오 VaR = $\sqrt{Var_A^2 + VaR_B^2 + 2 \cdot \rho \cdot VaR_A \cdot VaR_B}$　계산

$\rho = +1 \rightarrow VaR_A + VaR_B$　　$\sqrt{(VaR_A + VaR_B)^2}$

$\rho = -1 \rightarrow |VaR_A - VaR_B|$　　$\sqrt{(VaR_A - VaR_B)^2}$

$\rho = 0 \rightarrow \sqrt{VaR_A{}^2 + VaR_B{}^2}$

21-1

[40회, 42회 기출]

빈칸에 알맞은 것은?

> 포트폴리오A의 VaR은 8억 원, 포트폴리오B의 VaR은 15억 원이다. 포트폴리오A와 B 간의 상관계수가 제로(0)일 때, 포트폴리오(A+B)의 VaR은 (　　　　)이며 이때의 분산투자효과는 (　　　　)이다.

① 23억 원, 0원　　② 17억 원, 6억 원

③ 15억 원, 8억 원　　④ 8억 원, 15억 원

17억 원, 6억 원이다.

※ 분산투자효과 계산

(1) 포트폴리오(A + B)의 VaR을 먼저 계산한다.

$\rightarrow VaR_P = \sqrt{VaR_A^2 + VaR_B^2 + 2 \cdot \rho \cdot VaR_A \cdot VaR_B} = \sqrt{8^2 + 15^2 + 2 \cdot 0 \cdot 8 \cdot 15}$

$= \sqrt{64 + 255} = 17$

(2) 분산투자효과가 전혀 없는 경우는 A와 B 간의 상관계수가 +1일 때이다. 즉 분산투자효과가 없을 때의 포트폴리오(A+B)의 VaR은 '8 + 15 = 23'이다.

(3) 따라서 분산투자효과는 아래 산식의 X에 해당된다.

→ (8 + 15) − X = 17, X = 6, 즉 분산투자효과는 6억 원이다.

정답 ②

계산문제 특강노트 '기출 65題' 2과목 리스크관리

22

[28회, 31회, 32회, 33회, 34회, 36회, 40회(동일유형)]

95% 신뢰기준 · 보유기간 1일 기준의 VaR은 3.3억 원이다. 그렇다면 99% 신뢰기준 · 보유기간 4일 기준의 VaR은 얼마인가?(단위 : 억 원)

① 3.30　　② 4.66

③ 9.32　　④ 18.64

3.3억 원 $\times \frac{2.33}{1.65} \times \sqrt{4}$ = 9.32억 원

※ VaR의 전환 예시(신뢰구간, 보유기간 변경 시)

(1) 95% 신뢰기준의 1일 VaR이 1억 원일 때, 99% 신뢰기준의 25일 VaR은?

→ 1억 원 $\times \frac{2.33}{1.65} \times \sqrt{25}$ = 7.06억 원

(2) 99% 신뢰기준의 1일 VaR이 1억 원일 때, 95% 신뢰기준의 25일 VaR은?

→ 1억 원 $\times \frac{1.65}{2.33} \times \sqrt{25}$ = 3.54억 원

정답 ③

22-1

[38회 기출]

99% 신뢰기준 · 보유기간 1일 기준의 VaR은 4.66억 원이다. 그렇다면 95% 신뢰기준 · 보유기간 4일 기준의 VaR은 얼마인가?(단위 : 억 원)

① 3.30

② 4.66

③ 6.60

④ 13.2

$$4.66\text{억 원} \times \frac{1.65}{2.33} \times \sqrt{4} = 6.6\text{억 원}$$

정답 ③

계산문제 특강노트 '기출 65題' 2과목 리스크관리

23

[29회, 34회, 36회, 39회, 42회(동일유형)]

〈보기〉에 대한 설명으로 옳은 것은?

- 기존 포트폴리오의 VaR 100억 원, 투자대안 A의 VaR 80억 원, 투자대안B의 VaR 50억 원
- 기존포트폴리오에 투자대안 A를 편입할 경우, 변경 후 포트폴리오의 VaR는 120억 원
- 기존포트폴리오에 투자대안 B를 편입할 경우, 변경 후 포트폴리오의 VaR는 130억 원
- 이 경우, 기존포트폴리오에 편입대상으로서 더 성과가 좋을 것으로 기대되는 투자대안은 (　　)이며, 해당 투자대안의 Marginal VaR는 (　　　)이다.

① A, 20억 원

② A, 80억 원

③ B, 30억 원

④ B, 50억 원

기존 포트폴리오에 편입 시 Marginal VaR가 적은 투자대안이 더 우수한 투자대안이 된다.

기존 VaR	편입 VaR	최종 VaR	한계 VaR	
100	80(A)	120	+20	더 우수
100	50(B)	130	+30	

정답 ①

23-1

[36회 기출]

기존 포트폴리오에 신규 포트폴리오(A 또는 B)를 편입할 경우, 성과가 더 좋을 것으로 기대되는 투자대안은 무엇이며 이때의 Marginal VaR은 얼마인가?(기존 포트폴리오의 VaR은 100억 원으로 가정)

구 분	투자대안 A	투자대안 B
기대수익률	10%	10%
VaR	90억 원	80억 원
기존포트폴리오에 투자대안 편입 후의 포트폴리오의 VaR	150억 원	130억 원

① A, 50억 원
② A, 60억 원
③ B, 30억 원
④ B, 50억 원

'B–30억 원'이다. MarginalVaR(한계VaR)은 새로운 투자대안을 편입시켰을 때의 VaR의 순증가분을 말하는데, Marginal VaR이 적을수록 좋은 투자대안이 된다.

정답 ③

계산문제 특강노트 '기출 65題' 2과목 리스크관리

24

[31회, 33회, 35회, 38회, 40회(동일유형)]

다음 중 RAROC지표로 판단할 때 성과가 가장 우수할 것으로 판단되는 포트폴리오는?(투자금액은 동일한 것으로 가정함)

① A 포트폴리오 : 순수익률 3%, VaR 4억 원
② B 포트폴리오 : 순수익률 4%, VaR 4억 원
③ C 포트폴리오 : 순수익률 4%, VaR 5억 원
④ D 포트폴리오 : 순수익률 6%, VaR 5억 원

RAROC는 차례대로 '0.75, 1.0, 0.80, 1.2'이다. RAROC는 위험조정성과지표로서 지표 값이 높을수록 좋으므로 가장 우수한 포트폴리오는 D포트폴리오이다.

정답 ④

더 알아보기

VaR의 유용성 – RAROC($\frac{\text{순수익}}{VaR}$) (RAPM지표)

구 분	AA등급 채권	BB등급 채권
투자금액	100억 원	100억 원
순수익	0.8%	3%
VaR	2억 원	15억 원
RAROC	$\frac{0.8}{2}$ = 40%	$\frac{3}{15}$ = 20%

→ 순수익률로만 볼 때는 BB채권이 더 우수하지만, 위험조정수익률인 RAROC 지표로는 AA채권이 더 우수하다.

계산문제 특강노트 '기출 65題' 2과목 리스크관리

24-1

[28회 기출]

자산A에 대한 투자금액이 200억 원이고 순수익률이 3%이며, VaR가 5억 원일 때 A의 RAROC는?

① 0.025

② 0.83

③ 1.20

④ 1.66

- RAROC = $\frac{\text{6억 원}}{\text{5억 원}}$ = 1.2(순수익은 200억 원의 3%이므로 6억 원이다)
- 그리고 위험조정수익률(샤프비율, 트레이너비율, RAROC 등)은 높을수록 좋다.

정답 ③

25

[29회, 30회, 32회, 35회, 36회(동일유형)]

다음 중 부도거리(DD : Distance to Default)로 판단할 때 부도율이 가장 높은 자산은?

구 분	A	B	C	D
기대자산가치	140	120	100	100
부채금액	80	60	50	40
표준편차	60	40	25	20

① A

② B

③ C

④ D

부도거리($DD = \frac{\text{기대자산가치} - \text{부채금액}}{\text{표준편차}}$)를 계산하면 'A = 1표준편차, B = 1.5표준편차, C = 2표준편차, D = 3표준편차'이다. 부도거리는 표준편차의 거리로 나타나는데, 부도거리가 짧을수록 부도율은 높게 나타난다. 따라서 부도율이 가장 높은 것은 A이다.

정답 ①

더 알아보기

KMV의 EDF모형 – 부도거리

▶ $DD = \frac{A - D}{\sigma}$

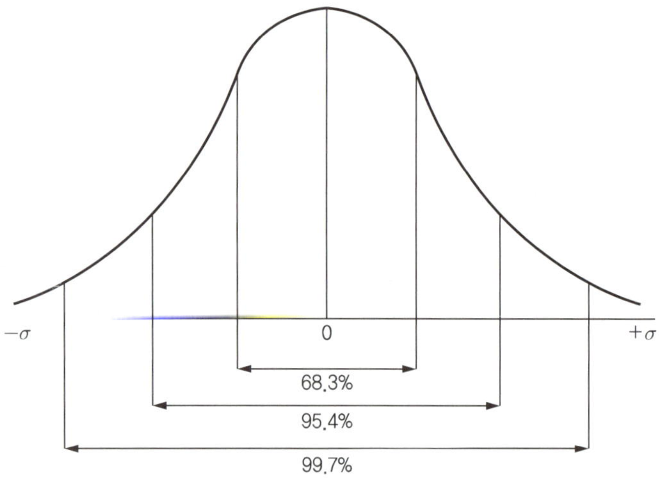

$\frac{100 - 40}{20}$

$\frac{100 - 60}{20}$

$\frac{100 - 80}{20}$

부도거리	부도확률
-3σ	0.15%
-2σ	2.30%
-1σ	15.85%

▶ 부도거리 : 부도점에 도달하는 거리 → 즉 부도거리가 멀수록 안전 → 부도거리가 길수록 부도위험은 낮다.

▶ 부도거리($\pm 1\sigma$, $\pm 2\sigma$, $\pm 3\sigma$)를 알면 → 부도확률을 알 수 있음(∵ 표준정규분포를 가정하므로)

25-1

[37회 기출]

K기업의 1년 후 기대 기업가치는 40억 원이고 부채가치는 16억 원, 표준편차는 4억 원일 경우, K기업의 부도거리(DD)는 얼마인가?

① 3표준편차
② 4표준편차
③ 6표준편차
④ 10표준편차

$$DD = \frac{A - D}{\sigma_A} = \frac{40 - 16}{4} = 6(\text{표준편차})$$

정답 ③

계산문제 특강노트 '기출 65題' 2과목 리스크관리

26

[33회, 41회 기출(동일유형)]

어느 은행이 200억 원의 대출을 하고 있다. 대출의 부도율은 10%이고, 회수율은 20%이다. 이 경우 부도모형(Default Mode)상의 기대손실(EL) 금액은?

① 4억 원
② 16억 원
③ 20억 원
④ 200억 원

EL = 200억 원 × 0.1 × (1 − 0.2) = 16억 원
회수율이 20%이면 손실률은 80%이다.
▸ 손실률 = (1 − 회수율)

정답 ②

더 알아보기

Default Mode(부도 모형)

MTM mode(신용등급변화도 신용손실로 인정)

(1) 부도(default) 발생 시에만 신용손실이 발생한 것으로 추정한다.

(2) 부도모형에서는 신용위험을 'EL의 불확실성'으로 측정한다.

EL의 변동성

(3) 신용손실은 'EAD, 부도율, 부도 시 손실률'에 의해 결정된다.

- 부도율은 '베르누이 분포'를 함

$EL = EAD \times$ 부도율$(p) \times LGD$

⬇ ⬇

$\sigma_{EL} = EAD \times \sqrt{p(1-p)} \times LGD$

EL의 변동성

부도율의 표준편차
(부도율의 변동성)

회수율과 EAD의 불확실성이 없다고 가정하면
예상손실의 변동성은 '부도율의 표준편차'에 의해 추정될 수 있다.

27

[32회, 35회, 37회, 39회 기출(동일유형)]

어떤 은행이 100억 원의 대출을 하고 있고, 대출의 부도율은 10%, 손실률이 30%일 때 예상손실의 변동성은 얼마인가?(단, 부도율은 베르누이 분포를 따름)

① 3억 원
② 7억 원
③ 9억 원
④ 21억 원

※ 풀 이

부도모형에서 신용위험액은 '예상손실의 변동성(σ_{EL})'으로 측정한다.

'예산손실의 변동성(σ_{EL}) = 익스포저(EAD) × $\sqrt{p(1-p)}$ × 손실률(LGD)'이므로

→ σ_{EL} = 100억 원 × $\sqrt{0.1(1-0.1)}$ × 0.3 = 9억 원이다.

정답 ③

계산문제 특강노트 '기출 65題' 2과목 리스크관리

28

[32회, 37회, 42회 기출(동일유형)]

어떤 은행이 100억 원의 대출을 하고 있고 대출의 손실률은 30%이다. 부도모형(Default Model)상 기대손실금액(EL)과 기대손실의 변동성금액(σ_{EL})이 동일하다고 가정하였을 때, 동 대출의 부도율은 얼마인가?(단, 부도율은 베르누이분포를 따름)

① 0.25
② 0.50
③ 0.75
④ 0.80

'EL = σ_{EL}'을 만족하는 부도율(p)은 0.5이다.

※ 상세 풀이

(1) EL = EAD × 부도율(p) × 손실률 = 100억 원 × p × 0.3

(2) σ_{EL} = EAD × $\sqrt{p \cdot (1-p)}$ × 손실률 = 100억 원 × $\sqrt{p \cdot (1-p)}$ ×0.3

→ (1)과 (2)가 같으므로 '$p = \sqrt{p \cdot (1-p)}$'이다.

이를 풀면,

$p^2 = p \cdot (1-p)$, $p^2 = p - p^2$, $2p^2 = p$, $2p = 1$, 따라서 '$p = 0.5$'이다.

즉 'EL = σ_{EL}'을 만족하는 부도율(p)은 0.5이다.

정답 ②

29

[33회, 36회, 39회 기출(동일유형)]

고정비율 포트폴리오 보험전략(CPPI)과 관련하여 빈칸에 알맞은 것은?(근사치)

> 현재 총 투자금액은 110억 원, 1년 후 보장수준은 100억 원, 무위험수익률 2%, 투자기간 1년, 승수가 3이라고 할 때, CPPI전략의 실행을 위한 주식투자금액(익스포저)은 (   )이다.

① 6.47억 원　　② 11.96억 원
③ 35.88억 원　　④ 74.12억 원

CPPI전략 실행을 위한 주식투자금액은 35.88억 원, 채권투자금액은 74.12억 원이다.

※ CPPI전략의 실행

(1) 1년 후의 최저보장금액(floor) : $\frac{100}{1+0.02} = 98.039$, 약 **98.04억 원**

(2) 쿠션(cushion) = 포트폴리오 금액 − floor의 현재가치
= 110 − 98.04 = **11.96억 원**

(3) **익스포저 = 쿠션 × 승수 = 11.96 × 3 = 35.88억 원**

정답 ③

더 알아보기

CPPI전략

주식투자금액 (익스포저)	채권투자금액
익스포저 = 쿠션 × 승수	전체금액 − 주식투자금액

- 쿠션(Cushion) = 포트폴리오 평가액 − 최저보장가치
- 주식투자금액을 Exposure, 최저보장가치를 Floor라 한다.
- 승수는 운용자의 경험에 의해 직관적으로 정한다.

단순화

▸ OBPI 전략(합성 풋옵션 전략)
(1) 주식투자금액은 풋옵션의 델타를 활용해서 구한다.
(2) 내재변동성 추정이 어렵다는 문제점이 있다(← CPPI는 없음).

$c = f(S,\ X,\ r,\ T-t,\ \sigma)$

예시 최초투자금액 100억 원, 보장수준(floor) 90억 원, 무위험수익률 4%, 만기 1년, 승수 2

현재시점의 floor	➡ 90억 원/(1 + 0.04) = 86.53억 원
Cushion	➡ 100억 원 − 86.53억 원 = 13.47억 원
Exposure	➡ 13.47억 원 × 2 = 26.94억 원
안전자산	➡ 100억 원 − 26.94억 원 = 73.06억 원

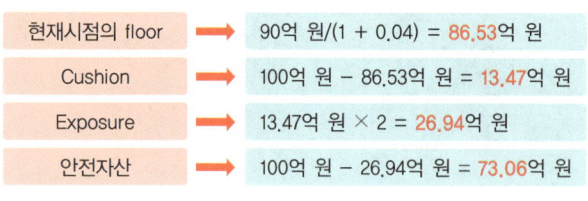

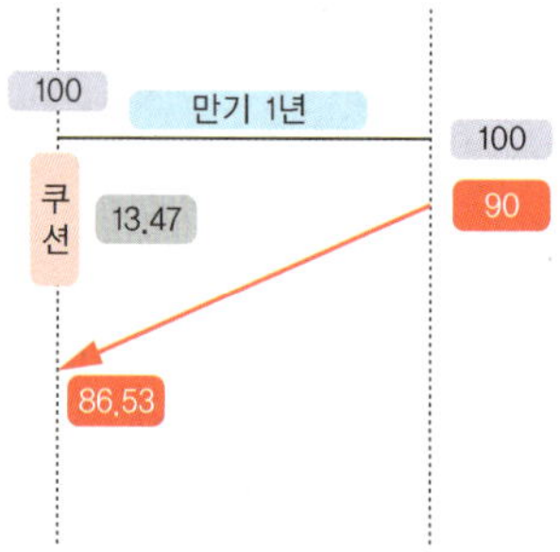

30

[24회 기출]

채권액면 10,000원, 표면이율 5%, 만기 2년인 연단위 복리채가 있다. 만기수익률이 6%일 때의 동 채권의 만기상환금은 얼마인가?

① 11,000원
② 11,025원
③ 11,200원
④ 11,236원

$10{,}000(1 + 0.05)^2 = 11{,}025$원

$P = \dfrac{10{,}000(1 + 0.05)^2}{(1 + 0.06)^2}$(← 잔존만기 2년, 만기수익률 6% 조건 하의 동복리채의 채권가격공식)

정답 ②

더 알아보기

이자지급식별 현금흐름

(발행금리, CR)

액면 10,000원, 표면금리 8%, 만기3년, 연후급(이표채)의 경우 →

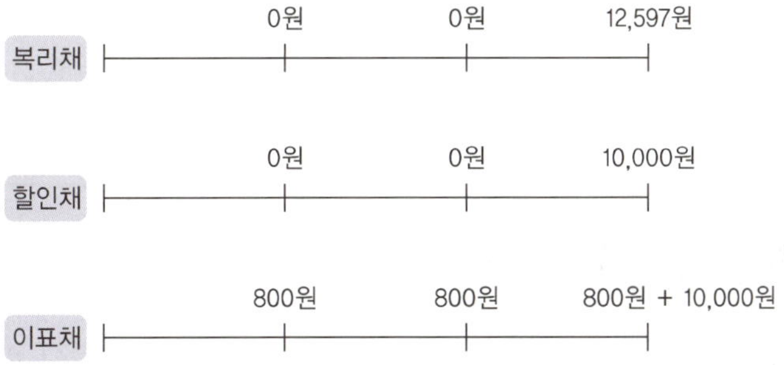

31

[29회 기출]

2년 만기 표면이율 8%, 연단위 할인채의 현금흐름으로 올바른 것은?(액면 10,000원)

① 1년 후 800원, 2년 후 10,800원
② 1년 후 800원, 2년 후 11,664원
③ 1년 후 0원, 2년 후 10,000원
④ 1년 후 0원, 2년 후 11,664원

③ 할인채는 매입 시 할인된 가격으로 매입하고 만기에 액면을 받는다(중도에 현금흐름은 발생하지 않음).
▸ ①은 이표채, ④는 복리채

정답 ③

32

[35회, 38회 기출(동일유형)]

이표채의 현금흐름과 관련하여 빈칸에 알맞은 것은?

> 채권액면 10,000원, 표면금리 3%, 만기 2년, 연단위후급 이표채의 경우, 만기수령금액은 (   )이다.

① 9,700원
② 10,000원
③ 10,300원
④ 10,609원

- 1년 지난 시점에서 이자 300원(10,000원 × 3%),
- 2년 만기 시점에서 10,300원(이자 300원 + 액면 10,000원)을 수령한다.

정답 ③

32-1

[28회 기출]

빈칸을 옳게 연결한 것은?

〈발행조건〉
- 만기요건: 발행일 2019년 9월 15일, 만기일 2021년 9월 15일
- 표면금리: 2% (6개월 후급 이표식으로 지급)
- 채권액면: 10,000원

〈매매상황〉
2020년 10월 20일에 만기수익률 4%로 동 채권을 매입하여 만기까지 보유하였다. 이 때 투자자가 이자를 지급받는 횟수는 (　　　)이며, 각 횟수 별 받는 이자금액은 (　　　)이다.

① 1회, 100원　　② 2회, 100원
③ 1회, 200원　　④ 2회, 200원

2회, 100원이다.(보충 액면 1만 원 / 표면금리 2%이므로 연 이자지급액은 200원인데, 6개월 후급방식이므로 6개월에 100원씩 지급한다)

정답 ②

더 알아보기

풀 이

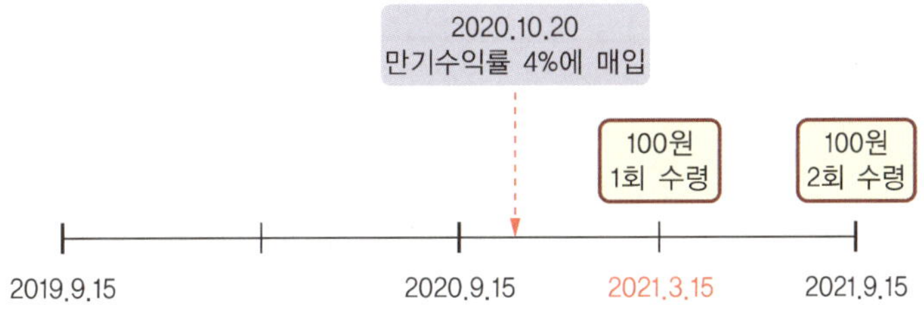

33

[31회, 36회, 40회 기출(동일유형)]

빈칸에 알맞은 것은?

> 채권액면 100,000원, 채권액면에 대한 전환주수는 4주이다(전환비율 100%). 현재 채권의 시장가격은 95,000원이고 전환대상 주식의 시장가격은 20,000원이다. 이 경우 동 전환사채의 패리티는 (　　　　)이다.

① 80%　　② 84%

③ 95%　　④ 125%

'패리티 $= \frac{20,000원}{25,000원} \times 100\%$, 패리티 = 80%'이다. 그리고 전환사채 시장가격 95,000원은 계산에 반영되지 않는다는 점에 유의해야 한다.

(1) 전환사채의 패리티 $= \frac{\text{전환대상주식의 시가}}{\text{전환가격}} \times 100\%$

- 전환대상 주식의 시장가격은 20,000원이다(제시).
- 전환가격은 '전환주수 $= \frac{\text{채권액면가액}}{\text{전환가격}}$'을 활용하여 구한다(전환비율 100% 전제).

  '$4 = \frac{100,000}{\text{전환가격}}$'이므로 전환가격은 25,000원이다.

* 전환비율은 '채권액면의 몇 %를 주식으로 전환하는가?'를 말하는데, 전환비율 100%는 채권액면 100,000원이 전부 주식으로 전환됨을 의미한다.

(2) 따라서 '패리티 $= \frac{20,000원}{25,000원} \times 100\%$, 패리티 = 80%'이다.

정답 ①

더 알아보기

전환사채 패리티

(1) **패리티(parity) : 전환대상 주가의 현재가격이 전환가격을 몇 % 상회하고 있는가를 나타내는 지표이다.**

▶ 패리티(비율) $= \frac{\text{전환대상주식의 시장가격}}{\text{전환가격}} \times 100\%$

해석 패리티가 140%라면, 현재 전환대상주식으로 전환 시 전환가대비 40%의 수익을 보는 상태이다.

(2) **패리티가격 : 패리티에 채권의 액면금액을 곱한 가격으로서, 전환가치라고 한다.**

▶ 전환가치(패리티가격) $= \frac{\text{전환대상주식의 시장가격}}{\text{전환가격}} \times$ 채권액면　▶ 전환가치 : 전환된 주식의 시장가치

- 또는 '전환가치 = 전환대상주식의 시장가격 × 전환주수($\frac{\text{채권액면}}{\text{전환가격}}$)'이다.

(3) **괴리(전환프리미엄) : 괴리 = 전환사채의 시장가격 − 패리티가격**

(4) **괴리율(%) : 괴리를 패리티가격으로 나눈 값을 말한다.**

보충 괴리율은 '전환사채의 가격수준이 적정가격(패리티가격)에 비해 얼마나 싼지 또는 비싼지의 정도'를 나타낸다.

예시 액면가 1만 원, 전환가격 5,000원, 전환대상주식의 현재가격 7,000원, 전환사채의 시장가격 15,000원

(1) '패리티 = $\frac{7,000}{5,000}$ × 100% = 140%

(2) 패리티가격 = $\frac{7,000}{5,000}$ × 10,000원 = 14,000원

☑ 전환가치 = '전환대상 주식의 시장가격 × 전환주수($\frac{\text{채권액면}}{\text{전환가격}}$)

= 7,000원 × 2주($\frac{10,000}{5,000}$) = 14,000원

(3) 괴리(전환프리미엄) = 15,000원 − 14,000원 = 1,000원이다(괴리는 양의 값을 보이는 것이 일반적).

(4) 괴리율 = $\frac{1,000}{14,000}$ × 100 = 7.14%

34

[28회, 41회 기출(동일유형)]

액면가 1만 원, 만기수익률이 3.75%, 만기가 1년 61일이 남은 할인채의 가격은?(가장 가까운 값을 선택)

① 8,800원
② 9,600원
③ 9,800원
④ 10,600원

$$P = \frac{10{,}000원}{(1 + 0.0375)(1 + 0.0375 \times \frac{61}{365})}$$

= 9,580원이다. 만기가 1년을 초과하는 경우(동 문항)와 만기가 1년 이하인 경우(34-1번 문항)의 계산식이 다르다는 점에 유의해야 한다.

정답 ②

계산문제 특강노트 '기출 65題' 3과목 채권투자운용

34-1

[33회, 36회, 39회 기출(동일유형)]

채권액면 1만 원, 표면금리 4%, 만기 3년인 할인채의 잔존만기가 91일인 시점에서 만기수익률 5%에 매매하였을 때 동 채권의 매매가격은 얼마인가?(동 채권은 이자 선지급식 · 원금 만기상환방식의 채권이며, 계산은 관행적 복할인 방식으로 하고 1년은 365일, 원 미만은 절사함)

① 9,600원
② 9,777원
③ 9,876원
④ 10,000원

'채권가격 $P = \frac{10{,}000원}{(1 + 0.05 \times \frac{91}{365})}$ = 9,876.87원, 즉 9,876원'이다.

정답 ③

35

[31회, 40회 기출(동일유형)]

액면 1만 원, 표면금리 8%인 채권의 시장가격이 9,600원이라면 경상수익률은?

① 6%

② 8.33%

③ 9.2%

④ 9.55%

※ 경상수익률 : 연 이자지급액을 채권시장가격으로 나눈 값(연이자지급액 = 800원, 채권시장가격 = 9,600원)

$$\frac{C}{P} = \frac{800}{9,600} = 8.33\%$$

정답 ②

계산문제 특강노트 '기출 65題' 3과목 채권투자운용

35-1

[37회 기출]

액면가 10,000원, 표면이율 6%, 3년 만기 연단위 후급 이표채, 채권의 시장가격 9,500원, 만기수익률 5%이다. 이 경우 동 채권의 경상수익률은?

① 6%

② 6.32%

③ 18%

④ 18.94%

$$\text{경상수익률} = \frac{\text{쿠폰금액(연이자금액)}}{\text{채권의 시장가격}} = \frac{600}{9,500} = \text{약 } 6.32\%$$

정답 ②

36

[40회 기출]

빈칸을 옳게 연결한 것은?

> 수정듀레이션이 2.72이다. 만기수익률이 10%에서 9%로 하락할 경우 듀레이션으로 측정한 채권가격의 변동률은 (　　　)이며, 그리고 이 경우 실제 채권가격의 변동폭을 (　　　)평가하게 된다.

① +2.72, 과소
② +2.72, 과대
③ −2.72, 과소
④ −2.72, 과대

$$\frac{\Delta P}{P} = (-) \times \frac{\text{맥컬레이듀레이션}}{(1+YTM)} \times dY$$

▸ 듀레이션측정치의 입장에서 본다면, '수익률하락-채권가격 상승' 시에는 **실제가격의 상승폭을 과소평가하게 되고**, '수익률상승- 채권가격하락' 시에는 **실제가격의 하락폭을 과대평가하게 된다**.

정답 ①

더 알아보기

채권실제가격 VS 듀레이션가격

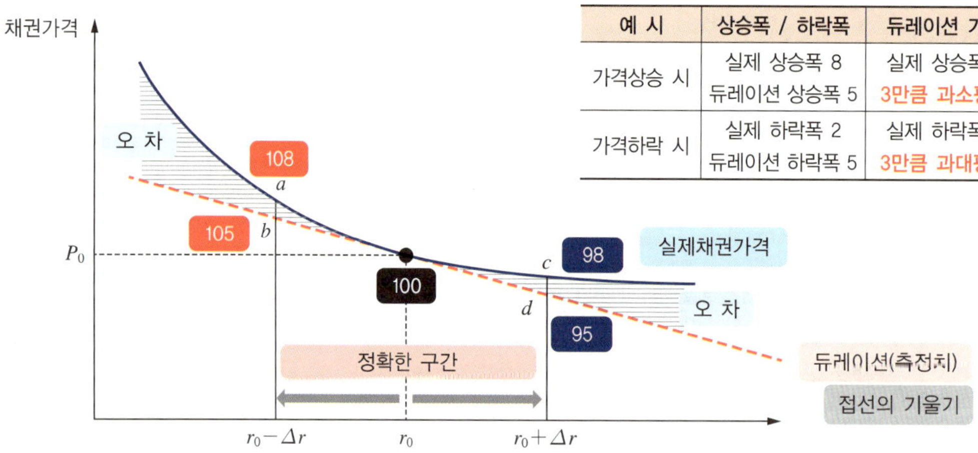

예 시	상승폭 / 하락폭	듀레이션 기준
가격상승 시	실제 상승폭 8 듀레이션 상승폭 5	실제 상승폭을 3만큼 과소평가
가격하락 시	실제 하락폭 2 듀레이션 하락폭 5	실제 하락폭을 3만큼 과대평가

→ 듀레이션 측정치의 입장에서는,
채권가격 상승 시에는 채권가격 상승폭을 과소평가하고,
채권가격 하락 시에는 채권가격 하락폭을 과대평가한다. 상. 소. 하. 대

36-1

[32회 기출]

듀레이션과 관련하여 빈칸을 옳게 연결한 것은?

> 수정듀레이션이 2.72이다. 만기수익률이 5%에서 6%로 상승할 경우 힉스듀레이션으로 측정한 채권가격의 변동률은 (   )이며, 그리고 이 경우 힉스듀레이션으로 측정한 채권가격의 변동폭은 실제 채권가격의 변동폭을 (   )하게 된다.

① +2.72, 과소평가
② −2.72, 과대평가
③ +2.86, 과소평가
④ −2.86, 과대평가

(1) $\frac{\Delta P}{P} = (-) \cdot MD \cdot \Delta y \rightarrow \frac{\Delta P}{P} = (-) \cdot 2.72 \cdot (+)1\% = (-)2.72\%$

(2) 실제 채권의 가격은 볼록성의 성질에 의해서, 듀세이션으로 측정한 가격보다 항상 '**더 올라가고 덜 내려간다**'
'수익률하락 → **채권가격상승**' 시는 실제채권가격 상승폭을 **과소평가**하고,
'수익률상승 → **채권가격하락**' 시는 실제채권가격 하락폭을 **과대평가**한다.

정답 ②

계산문제 특강노트 '기출 65題' 3과목 채권투자운용

37

[35회, 39회 기출(동일유형)]

채권의 만기수익률이 1%포인트 상승할 때 채권가격은 2.78% 하락하였다. 수정듀레이션이 2.87인 경우 동 채권의 볼록성(convexity)은 얼마인가?

① 9
② 18
③ 90
④ 180

② 동 채권의 볼록성(convexity)은 180이다.

정답 ②

더 알아보기

☑ 풀이(볼록성 계산)

듀레이션과 볼록성을 모두 반영한 채권가격변동률의 공식은

$\frac{\Delta P}{P} = \left\{(-) \times \frac{\text{맥컬레이듀레이션}}{(1 + r)} \times \Delta r\right\} + \left\{\frac{1}{2} \times convexity \times (\Delta r)^2\right\}$이다.

$\rightarrow \frac{\Delta P}{P} = \{(-) \times \text{수정듀레이션} \times \Delta r\} + \left\{\frac{1}{2} \times convexity \times (\Delta r)^2\right\}$

$\rightarrow (-)2.78\% = \{(-) \times 2.87 \times 1\%\} + \left\{\frac{1}{2} \times convexity \times (0.01)^2\right\}$

$\rightarrow (-)0.0278 = (-)0.0287 + 0.00005 \times convexity$

$\rightarrow (+)0.0009 = 0.00005 \times convexity$

$\rightarrow convexity = \frac{0.0009}{0.00005}$, $(\therefore)\ convexity = 18$

▶ 약식계산(% 단위의 숫자를 그대로 사용하는 방식 : 양변에 100을 곱하는 방식)

$\rightarrow \frac{\Delta P}{P} = \{(-) \times \text{수정듀레이션} \times \Delta r\} + \left\{\frac{1}{2} \times convexity \times (\Delta r)^2\right\}$

$\rightarrow (-)2.78\% = \{(-) \times 2.87 \times 1\%\} + \left\{\frac{1}{2} \times convexity \times (1\%)^2\right\}$ ← 양변에 100을 곱하면 아래 식이 됨

$\rightarrow (-)2.78 = (-)2.87 + \left\{\frac{1}{2} \times convexity \times 1\%\right\}$ ← 양변에 100을 곱하면 아래 식이 됨

$\rightarrow (+)9 = \frac{1}{2} \times convexity \times 1$

$\rightarrow convexity = 18$

→ 따라서 동 채권의 볼록성(convexity)은 18이다.

※ 주의 : 약식계산은 편리하지만, 만기수익률의 **변동이** 1%가 아닐 경우는 추가절차가 필요하므로 오리지널 산식으로 푸는 것이 좋다(41회 시험에서는 2%변동으로 기출).

37-1

[41회 기출]

채권의 만기수익률이 2%포인트 하락할 때 채권가격은 7.32% 상승하였다. 수정듀레이션이 3.24인 경우 동 채권의 볼록성(convexity)은 얼마인가?

① 21 ② 42

③ 210 ④ 420

동 채권의 볼록성(convexity)은 42이다.

정답 ②

더 알아보기

✅ 풀이(볼록성 계산)

듀레이션과 볼록성을 모두 반영한 채권가격변동률의 공식은

$$\frac{\Delta P}{P} = \left\{(-) \times \frac{\text{맥컬레이듀레이션}}{(1 + r)} \times \Delta r\right\} + \left\{\frac{1}{2} \times convexity \times (\Delta r)^2\right\}$$이며,

이 산식을 이용하여 볼록성을 구할 수 있다.

$$\rightarrow \frac{\Delta P}{P} = \{(-) \times \text{수정듀레이션} \times \Delta r\} + \left\{\frac{1}{2} \times convexity \times (\Delta r)^2\right\}$$

$$\rightarrow (+)7.32\% = \{(-) \times 3.24 \times (-)2\%\} + \left\{\frac{1}{2} \times convexity \times (0.02)^2\right\}$$

$$\rightarrow (+)7.32\% = \{(+) \times 6.48\%\} + \left\{\frac{1}{2} \times convexity \times 0.0004\right\}$$

$$\rightarrow (+)0.84\% = \left\{\frac{1}{2} \times convexity \times 0.0004\right\},$$

$$\rightarrow 0.0084 = \left\{\frac{1}{2} \times convexity \times 0.0004\right\}$$

$$\rightarrow 0.0084 = 0.0002 \times convexity$$

$$\rightarrow convexity = \frac{0.0084}{0.0002},\ (\therefore)\text{convexity} = 42$$

[30회, 38회, 40회, 42회 기출(동일유형)]

현 시점에서 1년 만기 현물이자율($_0R_1$)이 3%, 2년 만기 현물이자율($_0R_2$)이 3.3%일 때, 향후 1년 후의 1년 만기 내재선도이자율($_1f_1$)은 얼마인가?(불편기대이론에 따름, 근사치)

① 3.0%　　② 3.3%

③ 3.6%　　④ 3.9%

※ 불편기대이론 하에서의 내재선도이자율 구하기

(1) 불편기대이론 하에서는 장·단기 채권의 완전대체관계가 성립하므로 장기채수익률은 단기채수익률과 내재선도이자율이 기하평균과 같다.

(2) 따라서, $(1+0.033)^2 = (1+0.03)(1+{}_1f_1)$

$\rightarrow {}_1f_1 = \dfrac{(1+0.033)^2}{(1+0.03)} - 1$, $(\therefore)\,{}_1f_1 = 0.036009$, 즉 3.6009%

(3) 약식계산 : $\dfrac{(2\times 3.3\%)-(1\times 3\%)}{2-1} = 6.6\% - 3\% = 3.6\%$

정답 ③

더 알아보기

불편기대이론 – (내재)선도이자율 구하기

※ 장기채수익률은 단기채수익률과 내재선도이자율이 기하평균과 같다.

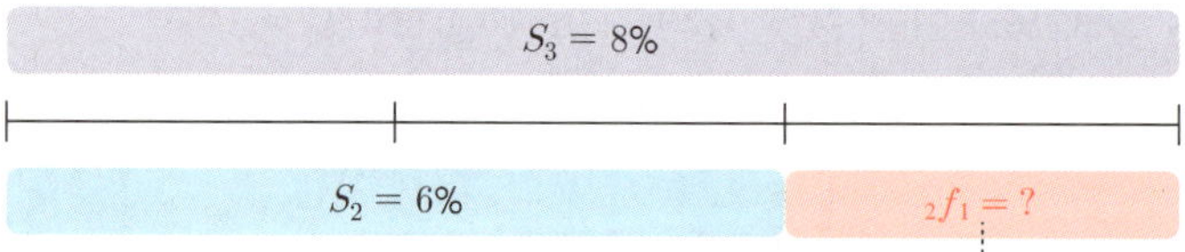

약식계산법 : $\dfrac{t_3\times 8\% - t_2\times 6\%}{t_3 - t_2} = \dfrac{24\% - 12\%}{3-2} = 12\%$

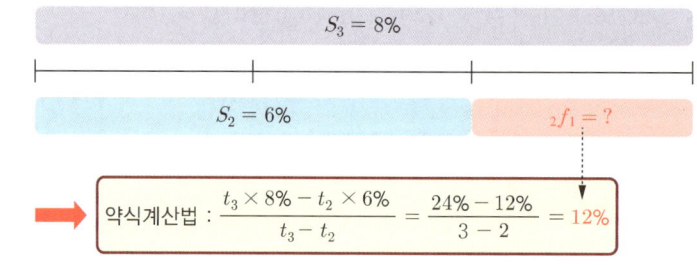

$$(1+S_3)^3 = (1+S_2)^2(1+{}_2f_1) \rightarrow {}_2f_1 = \frac{(1+S_3)^3}{(1+S_2)^2} - 1 \rightarrow {}_2f_1 = 12.11\%$$

38-1

[34회, 35회, 36회 기출(동일유형)]

2년만기 현물이자율이 5.0%, 1년 후부터 향후 1년간의 내재선도이자율이 5.3%일 경우 1년만기 현물이자율은 얼마인가?(불편기대이론에 따름, 근사치)

① 4.0%
② 4.7%
③ 5.0%
④ 5.16%

불편기대이론상의 장・단기 채권의 완전대체관계를 적용한 공식, 즉 '장기채권이자율은 단기현물이자율과 내재이자율의 기하평균이다'를 적용하여 계산한다.

→ $(1+0.05)^2 = (1+X)(1+0.053)$

→ $(1+X) = \dfrac{(1+0.05)^2}{1+0.053}$

→ $X = \dfrac{(1+0.05)^2}{1+0.053} - 1 = 0.0470$(즉 4.7%)

▸ $\dfrac{(2\times 5\%)-(1\times \chi\%)}{2-1} = 5.3\%,\ \chi = 4.7\%$

정답 ②

39

[29회, 31회, 36회 기출(동일유형)]

선물거래의 일일정산과 관련하여 빈칸에 알맞은 것은?

> 선물포지션 구축 시 개시증거금은 115억 원, 유지증거금은 100억 원이었다. 그리고 현 시점에서 일일정산 후의 증거금이 65억이라면, 추가로 납부해야 하는 증거금은 (   )이 된다.

① 45억 원
② 50억 원
③ 60억 원
④ 65억 원

개시증거금 − 일일정산 후 증거금 = 추가증거금(또는 변동증거금), 따라서 '115 − 65 = 50' 즉 추가증거금은 50억 원이다.

정답 ②

더 알아보기

☑ 일일정산제도

가정 선물 1계약이 1억 원, 개시증거금률 15%, 유지증거금률이 10%일 경우,

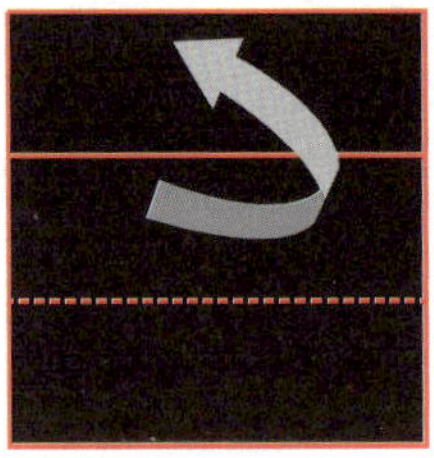

개시증거금 1,500만 원

유지증거금 1,000만 원

⟵ 일일정산 후 증거금이 700만 원이라면(유지증거금 미만),

↓

마진콜 발동

↓

개시증거금 수준까지 추가증거금 납부의무

계산문제 특강노트 '기출 65題' **3과목 파생상품운용**

39-1

[34회 기출]

선물거래에서 일일정산 후 증거금 수준이 60억 원이고 유지증거금이 70억 원, 마진콜 후 추가로 납부한 증거금이 40억 원이라면, 개시증거금은 얼마인가?

① 95억 원

② 100억 원

③ 115억 원

④ 135억 원

▸ 추가증거금 = 개시증거금 − 일일정산 후 증거금

40억 원 = 개시증거금 − 60억 원

∴ 개시증거금 = 100억 원

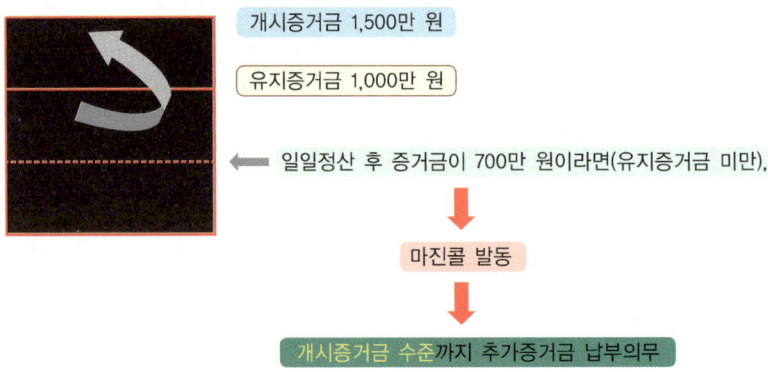

정답 ②

39-2

[40회 기출]

선물거래의 일일정산과 관련하여 빈칸에 알맞은 것은?

> 선물포지션 구축 시 개시증거금은 120억 원, 유지증거금은 80억 원이었다. 그리고 현 시점에서 일일정산 후의 증거금이 90억 원이라면, 추가로 납부해야 하는 증거금은 (　　　)이 된다.

① 0원
② 10억 원
③ 30억 원
④ 40억 원

추가증거금은 일일정산 후 정산금이 유지증거금보다 낮을 경우 마진콜이 발생하고, 마진콜이 발생하면 '개시증거금 – 일일정산 후 증거금 = 추가증거금(또는 변동증거금)'의 추가증거금을 납부해야 한다. 그런데 동 문항에서는 일일정산 후 증거금(90억 원)이 유지증거금(80억 원)보다 높으므로 마진콜이 발생하지 않는다. 즉 **추가로 납부해야 할 증거금은 0원이다**.

▸ '추가증거금 = 0원'이 답이 되는 문제'는 40회가 처음이다(응용 문제).

정답 ①

40

[31회, 35회, 38회 기출(동일유형)]

달러원환율이 '1$=1,200₩'이다. 달러이자율은 1%(연율), 원화이자율은 2%(연율)일 경우 이자율 등가식(Interest Rate Parity)에 의한 1년 만기 선물환율의 균형가격은?

① 1$ = 1,188₩ ② 1$ = 1,200₩

③ 1$ = 1,212₩ ④ 1$ = 1,248₩

(1) 이자율평행이론(IRP)에 의한 균형선물환율 산출식은 '$F^* = S_t\left\{1+(r_d - r_f)\times\frac{T-t}{365}\right\}$'이다. 만기가 1년이므로 $F^* = S_t\{1+(r_d - r_f)\}$이고, 따라서 $F^* = 1{,}200\{1 + (0.02 - 0.01)\} = 1{,}212$이다($r_d$: 원화이자 2%, r_f : 달러이자 1%). 즉 이상의 조건에서 1년 만기 달러원균형선물환율은 1$ = 1,212₩이다.

(2) 환율명칭 : 1$ = 1,000₩는 정확히 달러원환율이다. 관행적으로 원달러환율로 많이 표시해왔으나 최근 정확한 표시차원에서 '달러원환율'로 수정하여 명칭하는 경향이 있다.

정답 ③

더 알아보기

선물환율 균형식

$$F_t^* = S_t\left[1+(r_d - r_f)\times\frac{T-t}{365}\right]$$

더 이상의 차익거래가 일어나지 않는 균형상태라면,
→ '국내에서 1원을 빌려 원화이자를 받는 것(좌변)'과 '1원을 달러로 바꿔 달러이자를 받고 1년 후 원화로 교환하는 것(우변)'은 같아야 한다.

$$(1 + r_d) = \frac{1}{S_0}\times(1+r_f)\times S_1$$

$$(1 + r_d) = \frac{1}{S_0}\times(1+r_f)\times F_0$$

$$F_0 = S_0\left[1\times(r_d - r_f)\times\frac{T-t}{365}\right]$$

이자율등가식(IRP) 선물환가격은 양국간의 금리차이에 의해 결정

40-1

[29회 기출]

선물환율의 균형가격을 감안할 때, 가장 적절한 차익거래포지션은 무엇인가?

> 현물환율 1$ = 1,150원, 원화이자율 = 연 2%, 달러이자율 = 연 4%, 1년만기 선물환가격 1$ = 1,140원, 차익거래만기 = 1년

① 원화차입 – 달러운용
② 달러차입 – 원화운용
③ 원화차입 – 달러차입
④ 달러운용 – 원화운용

(1) 균형선물가격(1$)
= 1,150{1 + (0.02 – 0.04) × 1년}
= **1,127원**
(2) 차익거래포지션
→ 고평가된 선물환매도(**1,140원**) / 저평가된 현물환매수
(3) 현물환매수는 달러매입
→ [원화차입 / 달러운용] 을 의미함

정답 ①

41

[30회, 33회, 38회 기출(동일유형)]

KOSPI200 선물 9월물이 250포인트이고, 12월물이 255포인트이다. 향후 두 월물 간의 스프레드가 축소될 것으로 예상될 경우 가장 적절한 포지션은 무엇인가?

① 9월물 매수, 12월물 매수
② 9월물 매수, 12월물 매도
③ 9월물 매도, 12월물 매수
④ 9월물 매도, 12월물 매도

'9월물매수, 12월물매도'이다. 스프레드 축소전략이므로 '근월물 매수 / 원월물 매도'이다.

정답 ②

더 알아보기

스프레드 거래

스프레드 확대예상	스프레드 축소예상
시장의 Contango를 가정하면,	
원월물매수 & 근월물매도	원월물매도 & 근월물매수
비싼 원월물을 매수하고, 싼 근월물을 매도한다.	비싼 원월물을 매도하고, 싼 근월물을 매수한다.

계산문제 특강노트 '기출 65題' 3과목 파생상품운용

41-1

[24회 기출]

KOSPI200 선물 9월물이 250p이고 12월물이 253p인데, 양 차이가 향후 확대될 것으로 예상될 경우 가장 적절한 전략은?

① 9월물 매수, 12월물 매수
② 9월물 매수, 12월물 매도
③ 9월물 매도, 12월물 매수
④ 9월물 매도, 12월물 매도

향후의 스프레드가 확대될 것으로 예상되므로, 비싼 것(12월물)을 매수하고 싼 것(9월물)을 매도하면 된다.

정답 ③

42

[36회, 39회 기출(동일유형)]

주가지수옵션에서 행사가격이 395인 콜옵션의 옵션프리미엄은 8이다. 현재 기초자산가격이 400이라면 이 옵션의 내재가치는 얼마인가?(단위 : point)

① 3

② 5

③ 8

④ 11

※ 옵션프리미엄 = 옵션의 내재가치 + 옵션의 시간가치

(1) 콜옵션의 내재가치 = Max(0, S − X) = Max(0, 400 − 395) = 5point

(2) 옵션프리미엄(8point) = 옵션의 내재가치(5point) + 옵션의 시간가치(3point)

정답 ②

더 알아보기

옵션의 수익구조 이해

✔ 옵션가격(P) = 내재가치 + 시간가치

(1) 콜옵션매수의 내재가치

Y_c = S − X

(2) 풋옵션매수의 내재가치

Y_p = X − S

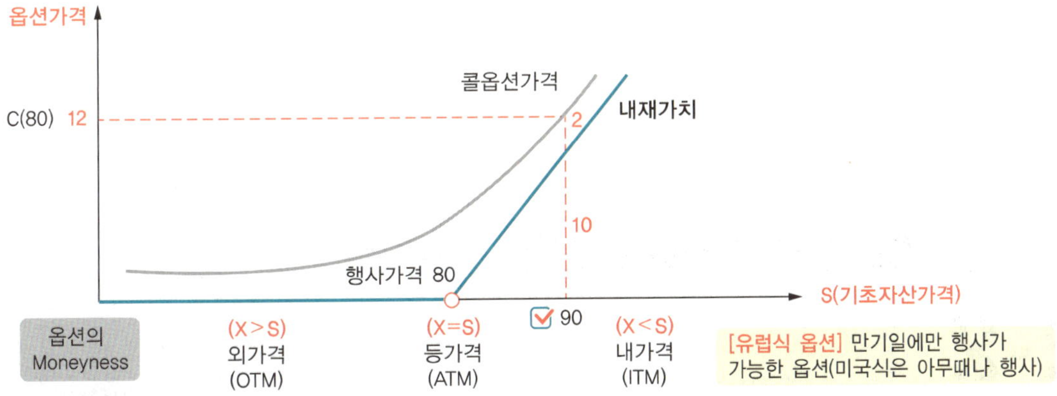

42-1

[29회, 32회 기출(동일유형)]

주가지수옵션에서 행사가격이 105인 콜옵션의 현재 가격은 1.80이다. 현재 기초자산(KOSPI 200)의 가격이 100 이라면 이 콜옵션의 시간가치는?(단위 : point)

① 0
② 0.8
③ 1.8
④ 3.2

옵션가격(옵션프리미엄)	내재가치(Y_c)	시간가치
1.8	0	1.8
$Y_c = Max(S_T - X,\ 0) = Max(100 - 105,\ 0) = 0$		

S = 100, X = 105

→ 즉 외가격 옵션이므로, 가격은 시간가치로만 구성된다.

정답 ③

계산문제 특강노트 '기출 65題' 3과목 파생상품운용

42-2

[30회 기출]

KOSPI200지수를 기초자산으로 하는 주가지수옵션에서, 기초자산가격이 253point이고 행사가격이 250point인 풋옵션의 프리미엄이 1.0point이다. 이 경우 동 풋옵션의 시간가치는 얼마인가?(단위 : point)

① 0
② 1
③ 2
④ 3

풋옵션의 내재가치(Y_P)는 '$Max(0,\ X - S_T)$'이므로 'Max(0, 250 − 253) = 0'이다. 따라서 동 풋옵션의 옵션프리미엄에는 시간가치만 존재한다.

※ P(250)의 옵션프리미엄(1.0) = 내재가치(0) + 시간가치(1.0)

정답 ②

43

[28회, 36회, 39회, 42회 기출(동일유형)]

행사가격이 300p인 풋옵션을 1계약 매도(프리미엄 5point)하고, 행사가격이 295p인 풋옵션을 1계약 매수(프리미엄 1point)하였다. 만기시점에 청산된 기초자산가격이 297p라고 할 때, 이 스프레드포지션의 손익은 얼마인가?

① 0.5포인트 손실
② 1.0포인트 손실
③ 1.0포인트 이익
④ 2.5포인트 이익

옵션스프레드 포지션의 손익은 매수포지션과 매도포지션으로 나누어 차례로 계산한다(아래 풀이).

정답 ③

더 알아보기

옵션스프레드 손익계산

(1) 풋옵션 매수포지션의 손익 : 295p에 매수하고 297p에 종료되었으므로, 손익은 'Max(295−297, 0)−1.0 = 0 −1.0 = (−)1.0 point'이다.

- 풋옵션매수는 매수 후 기초자산가격이 하락해야 수익이 나는데, 동 문항에서는 상승하였으므로 프리미엄손실만 발생하였다.

(2) 풋옵션 매도포지션의 손익 : 300p에 매도하고 297p에 종료되었으므로 풋옵션 매수자의 수익 +3.0point를 결제를 해주어야 하는 입장이다. 따라서 손익은 '−{Max(300−297, 0)}+5.0 = −3.0 + 5.0 = (+)2.0 point'이다.

- 옵션매도자는 옵션매수자에게 수익발생 시 결제해야 할 의무가 생기므로, 옵션매수자의 손익을 먼저 계산하고 반대(−)로 적용하면 된다.

(3) 따라서 동 포지션(풋 불 스프레드)의 최종손익은 '−1.0+2.0 = +1.0 point'이다.

만기 297 마감 시	① 프리미엄손익	② 정산손익
P(295) 매수	−1.0	0
P(300) 매도	+5.0	−3.0
③ 최종손익	+4.0 −3.0 = (+)1.0	

43-1

[24회 기출]

한 투자자가 행사가격이 295인 KOSPI200 주가지수콜옵션을 3.0에 1계약 매수하고 행사가격이 300인 콜옵션을 1.0에 1계약 매도하였다. 옵션 만기시점 주가지수가 300으로 끝났다면 동 스프레드의 손익은?

① 2.0포인트 손실
② 2.0포인트 이익
③ 3.0포인트 손실
④ 3.0포인트 이익

구 분	프리미엄손익	정산손익
C(295) 매수	−3.0	+5.0
C(300) 매도	+1.0	0
☑ 최종손익	−2.0 +5.0 = (+)3.0	

정답 ④

44

[31회, 33회, 37회, 39회, 41회 기출(동일유형)]

행사가격 100인 콜옵션과 풋옵션을 동시에 매도하였다(프리미엄은 각각 5포인트, 3포인트). 이때 동 포지션의 손익구조상 수익이 발생하는 기초자산가격의 구간을 가장 정확하게 나타낸 것은?(P : 기초자산 가격, 단위 : 포인트)

① 95 < P < 103
② 97 < P < 105
③ 92 < P < 108
④ P < 92, P > 108

'92 < P < 108'이다.
행사가격 100에서 옵션을 양매도함으로써 수취하는 프리미엄은 8point이다(콜옵션 5 + 풋옵션 3). 따라서 상승BEP는 108(100 + 8)이 되고, 하락BEP는 92(100 − 8)가 된다. 상승BEP를 초과하는 상승이 나오지 않으면 또는 하락BEP를 초과하는 하락이 나오지 않으면 수익이 발생한다. 따라서 상승BEP와 하락BEP 사이에 있는 구간 즉 '92 < P < 108'이 동 포지션의 수익구간이 된다.

정답 ③

더 알아보기

Short Straddle(스트래들 매도) 변동성 매도 전략

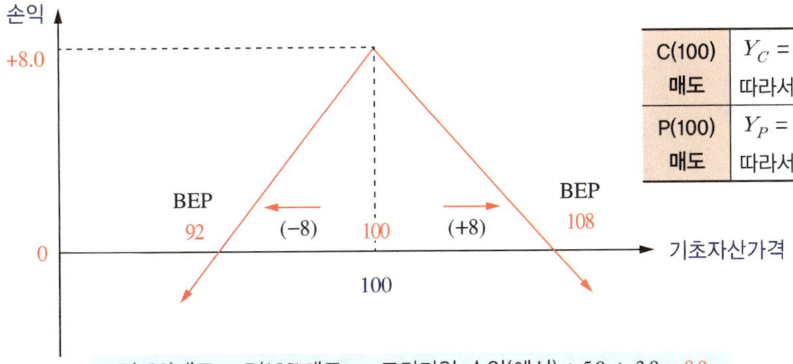

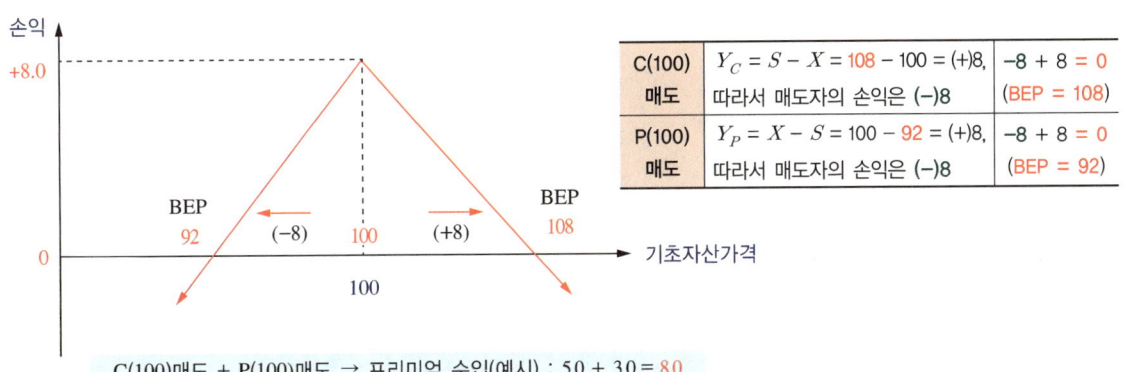

C(100) 매도	$Y_C = S - X = 108 - 100 = (+)8$, 따라서 매도자의 손익은 (−)8	−8 + 8 = 0 (BEP = 108)
P(100) 매도	$Y_P = X - S = 100 - 92 = (+)8$, 따라서 매도자의 손익은 (−)8	−8 + 8 = 0 (BEP = 92)

C(100)매도 + P(100)매도 → 프리미엄 수입(예시) : 5.0 + 3.0 = 8.0

45

[28회 기출]

〈보기〉에 따를 때 행사가격이 200인 풋옵션의 프리미엄은 얼마인가?

> KOSPI200현물지수가 200포인트, 이자율은 연 4%, 옵션의 잔존만기는 3개월, 행사가격이 200인 유럽식 콜옵션의 프리미엄은 4포인트이다.

① 2.02point
② 2.56point
③ 3.34point
④ 4.00point

(1) $c + B = p + S$이다.

(2) $4.0 + \dfrac{200}{(1 + 0.04 \times \frac{3}{12})} = p + 200$(분모의 산식은 관행적복할인 방식이다)

(3) $p = 2.02$

정답 ①

더 알아보기

풋 콜 패리티(Put Call Parity)

기초자산(S)과 행사가격(X)이 동일한 경우 $c_t + B_t = p_t + S_t$

$$c + \frac{X}{(1+r)^{T-t}} = p + S_t$$

'만기에 X의 가치가 되는 채권(B_t 또는 $Xe^{-r(T-t)}$)과 콜옵션 1개를 보유하는 것(좌변)'은 '풋옵션으로 보험을 든 주식포지션(우변)의 가치'와 동일하다.

46

[32회, 38회 기출(동일유형)]

현재 주가가 100이고 1기 후 주가가 110 또는 90이 되고, 위험중립확률은 40%이고 무위험이자율이 2%일 때 콜옵션의 가격과 가장 가까운 값은?(근사치)

① 3.67point ② 3.92point

③ 4.92point ④ 5.92point

※ 위험중립적 확률모형으로 콜옵션가격 구하기

현재 주가가 100, 1기 후 주가가 110 또는 90이 되는 이항모형을 전제했을 때,

(1) 1단계 : 위험중립확률(p) 구하기

$$100 = \frac{110p + 90(1-p)}{1+0.02} \rightarrow 20p + 90 = 102 \rightarrow p = 0.6$$

(2) 2단계 : 콜옵션가격 구하기

$$c = \frac{10p + 0(1-p)}{1+0.02} \rightarrow c = \frac{10 \times p}{1.02} = \frac{10 \times 0.6}{1.02} \rightarrow (\therefore) c = 5.88$$

단, 문항에서 위험중립확률(p)을 40%로 제시하였으므로,

$$c = \frac{10p + 0(1-p)}{1+0.02} \rightarrow c = \frac{10 \times p}{1.02} = \frac{10 \times 0.4}{1.02} \rightarrow (\therefore) c = 3.92$$

정답 ②

더 알아보기

위험중립모형 – 콜옵션가격 도출

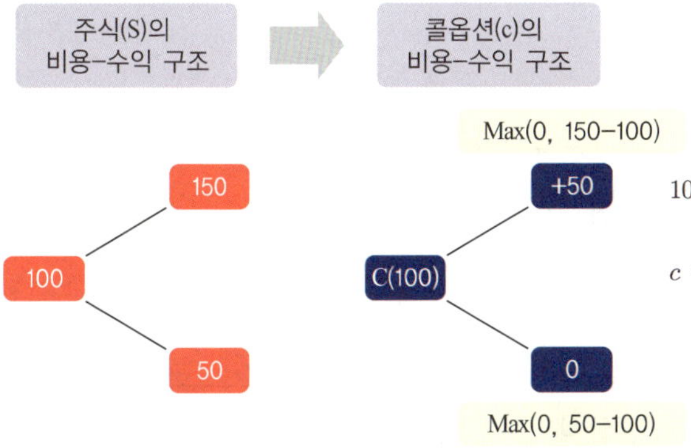

$$100 = \frac{150p + 50(1-p)}{(1+0.01)} \quad p = 0.51$$

$$c = \frac{50p + 0(1-p)}{(1+0.01)} = \frac{(50 \times 0.51) + 0(1-p)}{(1+0.01)}$$

$$(\because)\ c = \frac{25.50}{(1+0.01)} = 25.24$$

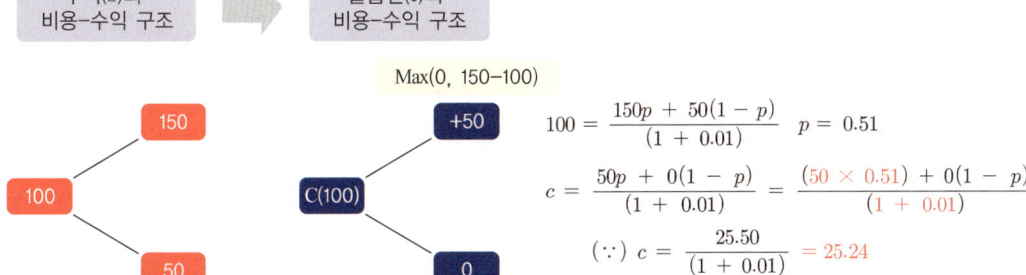

위험중립확률 – 콜옵션가격 계산

→ 이항모형의 위험중립확률(p)을 통한 콜옵션가격 도출

(1) 주식의 현재가치(무위험이자율 = 1%)

$$100 = \frac{150p + 50(1-p)}{(1+0.01)},\ p = 0.51$$

(2) 콜옵션의 만기가치

$$c = \frac{50p + 0(1-p)}{(1+0.01)} = \frac{(50 \times 0.51) + 0(1-p)}{(1+0.01)} \quad (\therefore)\ c = \frac{25.50}{(1+0.01)} = 25.24$$

46-1

[28회 기출]

현재 주가가 110이고 다음 주가는 120 또는 100이 된다. 콜옵션의 프리미엄이 3p이고 무위험이자율이 1%일 때 위험중립확률은?

① 30%　　② 30.3%

③ 45%　　④ 50.5%

(1) $110 = \dfrac{120p + 100(1-p)}{(1+0.01)} \rightarrow 110 = \dfrac{20p + 100}{(1+0.01)}$

∴ p = 0.555(p : 위험중립적 확률이라고도 함)

(2) $c = \dfrac{10p + 0(1-p)}{(1+0.01)} \rightarrow c = \dfrac{10 \times 0.555}{1.01} \quad \therefore c = 5.495$

※ $c = \dfrac{10p + 0(1-p)}{(1+0.01)} \rightarrow 3 = \dfrac{10p}{1.01} \quad \therefore p = 0.303(p\text{: } 30.3\%)$

학습안내 동 문항의 이항분포에서는 'c = 5.495point'가 정확하지만, 시험문제에서 'c'를 별도로 제시(동문항 : 'c = 3point')할 경우, 그 제시값을 적용하여 계산한다

정답 ②

47

[35회, 39회 기출(동일유형)]

빈칸에 알맞은 것은?

> 기초자산가격이 100에서 110으로 변동할 때, 옵션의 가격은 5에서 6으로 변동하였다. 이 경우 이 옵션의 델타는 (　　　)이다.

① 0.05　　② 0.1

③ 0.5　　④ 1.2

(1) 델타($\dfrac{\partial C}{\partial S}$)는 독립변수(기초자산) 변화분에 대한 종속변수(옵션)의 변화분의 비율로 계산한다(변화율이 아닌 변화분의 비율로 표시함).

(2) $\dfrac{(6-5)}{(110-100)} = \dfrac{1}{10} = 0.1$

정답 ②

계산문제 특강노트 '기출 65題' 3과목 파생상품운용

47-1

[32회 기출]

옵션민감도와 관련하여 〈보기〉에 대한 설명으로 가장 적합한 것은?(단위 : point)

> 기초자산가격이 100point에서 110point로 상승할 때, 옵션의 가격이 10point에서 8point로 하락하였다.

① 콜옵션의 델타가 +0.2이다.
② 콜옵션의 델타가 −0.2이다.
③ 풋옵션의 델타가 +0.2이다.
④ 풋옵션의 델타가 −0.2이다.

(1) 델타는 기초자산의 가격변화분에 대한 옵션가격의 변화분으로 계산한다.

→ '델타 = $\frac{\Delta p}{\Delta S}$ = $\frac{-2point}{10point}$ = (−)0.2'이다.

(2) 기초자산가격이 상승할 때 콜옵션의 가격은 상승하고(동일방향으로 움직이므로 민감도 부호가 +), 풋옵션의 가격은 하락한다(반대방향으로 움직이므로 민감도 부호가 −).

정답 ④

계산문제 특강노트 '기출 65題' 3과목 투자운용결과분석

48

[32회, 34회, 37회 기출(동일유형)]

수익률의 계산과 관련하여, 〈보기〉에 대한 설명으로 가장 적절한 것은?(이하 수익률은 연환산 기준)

> 2021년 1월 1일 : A주식 1만주를 10,000원에 매수하였다.
> 2022년 1월 1일 : A주식 1만주를 8,000원에 추가로 매수하였다.
> 2023년 1월 1일 : A주식 2만주를 10,000원에 전량 매도하였다.

① 시간가중수익률은 음의 값을 갖는다.
② 금액가중수익률이 시간가중수익률보다 더 높게 나타난다.
③ 시간가중수익률이 금액가중수익률보다 더 높게 나타난다.
④ 금액가중수익률과 시간가중수익률이 동일하게 나타난다.

시간가중수익률은 0%이고 금액가중수익률은 +7%이므로 '금액가중수익률 > 시간가중수익률'이다. 약식으로는 '단일기간 2기의 수익률이 단일기간 1기의 수익률보다 높으므로' 금액가중수익률이 시간가중수익률보다 높게 나타난다.

정답 ②

더 알아보기

금액가중수익률 VS 시간가중수익률(연환산 기준)

1기간 수익률	2기간 수익률
$\frac{(8,000-10,000)}{10,000}=(-)20\%$	$\frac{(10,000-8,000)}{8,000}=(+)25\%$

10,000원	8,000원	10,000원
-1억 원	-0.8억 원	+2억 원
2021.1.1 0기	2022.1.1 1기	2023.1.1 2기

- 시간가중수익률 : $R=\sqrt{(1-0.2)(1+0.25)}-1=1-1=0\%$
- 금액가중수익률 : $1억\ 원+\frac{0.8억\ 원}{1+r}=\frac{2억\ 원}{(1+r)^2}$, 시행착오법으로 풀면 r = 0.07(근사치), 즉 +7%

약식이해

투자기간 중 금액의 변화를 고려하지 않는다면 → 수익률은 제로(즉 시간가중수익률 = 0%)

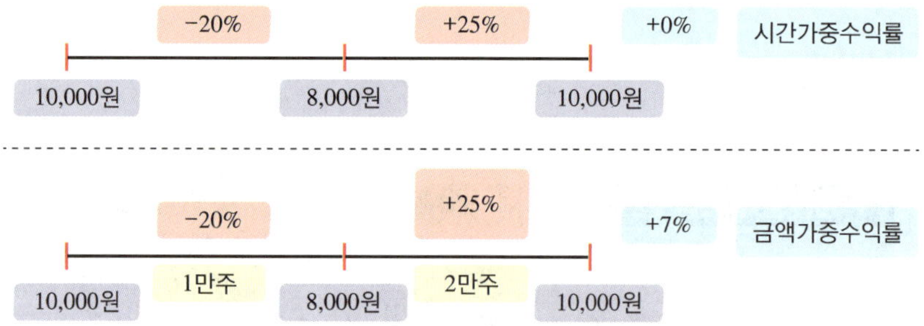

투자기간 중 금액의 변화를 모두 고려한다면 →
- 1기 수익률 < 2기 수익률 = 시간가중수익률 < 금액가중수익률
- 1기 수익률 > 2기 수익률 = 시간가중수익률 > 금액가중수익률

예상

수익률의 계산과 관련하여, 〈보기〉에 대한 설명으로 가장 적절한 것은?(이하 수익률은 연환산 기준)

2021년 1월 1일 : A주식 1만주를 10,000원에 매수하였다. 2022년 1월 1일 : A주식 1만주를 20,000원에 추가로 매수하였다. 2023년 1월 1일 : A주식 2만주를 10,000원에 전량 매도하였다.

① 시간가중수익률은 음의 값을 갖는다.
② 금액가중수익률이 시간가중수익률보다 더 높게 나타난다.
③ 시간가중수익률이 금액가중수익률보다 더 높게 나타난다.
④ 금액가중수익률과 시간가중수익률이 동일하게 나타난다.

'단일기간 1기 수익률 > 단일기간 2기 수익률' → '금액가중수익률 > 시간가중수익률'이고(48번 문항),
'단일기간 1기 수익률 < 단일기간 2기 수익률' → '금액가중수익률 < 시간가중수익률'이다(동 문항).

정답 ③

49

[35회, 40회 기출(동일유형)]

〈보기〉에 따를 때 2023년과 2024년의 전체기간에 대한 통합계정수익률은 얼마인가?

구 분	A펀드		B펀드	
	기 초	기 말	기 초	기 말
2023년	900	1,020	1,100	1,220
2024년	1,100	1,375	1,200	1,500

① 20%　　② 30%

③ 40%　　④ 50%

구 분	A펀드		B펀드		① 자산가중
	기 초	기 말	기 초	기 말	
2023년	900	1,020	1,100	1,220	12%
2024년	1,100	1,375	1,200	1,500	25%
② 시간가중	▸ 누적기준 : (1 + 0.12)(1 + 0.25) − 1 = 40% ▸ 연환산기준 : $\sqrt{(1+0.12)(1+0.25)} - 1$ = 0.183, 즉 18%				

정답 ③

더 알아보기

통합계정수익률 계산(풀이)

통합계정수익률은 (1) 각 기간의 자산가중수익률을 계산한 후, (2) 기간 별 수익률을 기하적으로 연결하는 2단계로 계산한다.

(1) 자산가중수익률

- 2023년 : $\frac{\text{기말} - \text{기초}}{\text{기초}} = \frac{(1{,}020 + 1{,}220) - (900 + 1{,}100)}{(900 + 1{,}100)} = \frac{2{,}240 - 2{,}000}{2{,}000} = 0.12$, 즉 12%
- 2024년 : $\frac{\text{기말} - \text{기초}}{\text{기초}} = \frac{(1{,}375 + 1{,}500) - (1{,}100 + 1{,}200)}{(1{,}100 + 1{,}200)} = \frac{2{,}875 - 2{,}300}{2{,}300} = 0.25$, 즉 25%

(2) 시간가중수익률

▸ 누적기준 : $R = (1 + 0.12)(1 + 0.25) - 1 = 40\%$

▸ 연환산기준 : $R = \sqrt{(1 + 0.12)(1 + 0.25)} - 1 = 0.183$, 즉 18.32%

주의 시간가중수익률에는 '㉠ 전체기간에 대한 누적기준 수익률 ㉡ 연환산 기준 수익률'의 두 가지 기준이 있는데, 문항에서 '연환산 기준'이 명시되지 않으면 누적기준으로 계산해야 한다.

49-1

수익률의 측정과 관련하여 빈칸을 옳게 연결한 것은?

1기간의 수익률은 +145%, 2기간의 수익률은 −20%이다. 이 경우 기하평균수익률은 (   ) 이다.

① 7.7%　　② 20%
③ 40%　　④ 62.5%

2기간의 기하평균수익률은 +40%이다(아래 계산).

※ 투자수익률의 측정 : 산술평균수익률 VS 기하평균수익률

(1) 산술평균수익률 : $R = \frac{+145\% - 20\%}{2} = \frac{125\%}{2} = (+)62.5\%$

(2) 기하평균수익률 : $R = \sqrt{(1+1.45)(1-0.2)} - 1 = \sqrt{1.96} - 1 = (+)40\%$

보충 산술평균은 모두 더하고 1/N, 기하평균은 모두 곱한 다음 루트로 풀어준다. 그리고 항상 산술평균수익률이 기하평균수익률보다 크거나 같다.

정답 ③

계산문제 특강노트 '기출 65題' 3과목 투자운용결과분석

50

[31회, 35회 기출(동일유형)]

〈보기〉에 따를 경우 샤프비율은 얼마인가?

포트폴리오 수익률 6%, 시장수익률 5%, 무위험수익률 3%, 표준편차 10%, 잔차위험 4%

① 0.10　　② 0.30
③ 0.50　　④ 0.75

'샤프비율 = $\frac{R_P - R_F}{\sigma_P} = \frac{6\% - 3\%}{10\%} = 0.3$', 샤프비율은 0.3이다. 즉 동 포트폴리오에 투자할 경우 표준편차 한 단위당 0.3배의 초과수익률을 얻는다는 의미이다.

정답 ②

더 알아보기

Risk Adjusted Performance Measurement 지표

4단계 : 성과비교 - (2) 위험조정성과지표

① 샤프비율 $= \dfrac{R_P - R_F}{\sigma_P}$

② 트레이너비율 $= \dfrac{R_P - R_F}{\beta_P}$

위험보상비율 (①, ②, ④)

③ 젠센의 알파 $\alpha_P = (R_P - R_F) - [\beta_P \times (R_B - R_F)]$

④ 정보비율 $= \dfrac{R_P - R_B}{sd(R_P - R_B)}$ $\dfrac{\alpha_P}{sd(\epsilon_P)}$

추적오차 잔차위험 표준오차

50-1

[39회 기출]

〈보기〉에 따를 경우 샤프비율은 얼마인가?

> 포트폴리오의 평균수익률 7%, 기준지표의 평균수익률 5%, 무위험자산의 평균수익률 2%, 포트폴리오 수익률의 표준편차 10%

① 0.2

② 0.5

③ 0.7

④ 1.0

② '포트폴리오 평균수익률'은 포트폴리오 기대수익률'과 같다(∵ 표본의 평균수익률 ≒ 모집단에 대한 추정 기대수익률). 따라서 '샤프비율 $= \frac{7\% - 2\%}{10\%} = 0.5$'이다. 즉 동 포트폴리오에 투자할 경우 위험(표준편차) 한 단위당 0.5배의 초과수익을 얻을 수 있다고 기대된다.

정답 ②

계산문제 특강노트 '기출 65題' 3과목 투자운용결과분석

50-2

[33회 기출]

연율화된 샤프비율은 얼마인가?(근사치)

> 월평균 펀드수익률 13%, 월평균 표준편차 4%, 무위험자산의 월평균수익률 3%

① 2.50

② 3.25

③ 8.66

④ 11.26

→ 연간 샤프비율 $= \frac{(0.13 - 0.03) \times 12}{0.04 \times \sqrt{12}} = \frac{1.2}{0.1385} ≒ 8.66$

정답 ③

51

[33회, 39회, 41회 기출(동일유형)]

〈보기〉의 조건에 따를 때 '젠센의 알파'는 얼마인가?

> 포트폴리오 수익률 10%, 무위험수익률 5%, 시장포트폴리오수익률(또는 벤치마크수익률) 7%, 베타 0.8

① +0.4%
② +1.0%
③ +3.4%
④ +4.4%

젠센의 알파는 +3.4%이다.

▸ 젠센의 알파 $\alpha_P = (R_P - R_F) - \beta(R_B - R_F)$,

→ α_P = (10% − 5%) − 0.8(7% − 5%) = 5% − 1.6% = +3.4%

정답 ③

더 알아보기

젠센의 알파

젠센의 알파 $\alpha_P = (R_P - R_F) - [\beta_P \times (R_M - R_F)]$

$\alpha_P = R_P - \{R_F + \beta_P \times (R_M - R_F)\}$

$\alpha_P = R_P - E(R_P)$

- ☑ 포트폴리오수익률이 요구수익률(균형수익률)을 얼마나 초과하였는가?
- ☑ 젠센의 알파가 클수록 펀드매니저의 운용능력이 뛰어남을 의미한다.

참조 젠센의 알파공식 '$\alpha_P = (R_P - R_F) - [\beta_P \times (R_M - R_F)]$'에서 R_M을 사용하는 것이 일반적이지만, 시장수익률이 아닌 다른 지수를 벤치마크로 사용할 경우는 R_B를 사용한다.

52

[30회, 37회, 40회, 42회 기출(동일유형)]

아래 표의 정보를 이용하여 계산할 때, A펀드가 B펀드에 비해 우월하게 나오는 성과지표는 무엇인가?(벤치마크수익률은 5%, 무위험수익률은 2%로 가정)

구 분	A펀드	B펀드
포트폴리오수익률	8%	14%
표준편차	10%	20%
베타	0.5	1.5
잔차위험	5%	10%

① 샤프비율
② 트레이너비율
③ 젠센의 알파
④ 정보비율

A펀드가 B펀드보다 우수하게 나타나는 성과지표는 트레이너비율이다.

정답 ②

더 알아보기

풀 이

RAPM지표	A펀드	B펀드
샤프비율	$\frac{8-2}{10}=0.6$	$\frac{14-2}{20}=0.6$
트레이너비율	$\frac{8-2}{0.5}=12.0$	$\frac{14-2}{2.0}=6.0$
젠센의 알파	(8% − 2%) − 0.5(5% − 2%) = 4.5%	(14% − 2%) − 2.0(5% − 2%) = 6.0%
정보비율	$\frac{8-5}{5}=0.6$	$\frac{14-5}{10}=0.9$

참고 트레이너비율 계산 시 베타(β)의 단위는 %단위로 간주한다

계산문제 특강노트 '기출 65題' **3과목 투자운용결과분석**

52-1

[32회, 36회, 38회 기출(동일유형)]

다음 중 샤프비율과 트레이너비율이 가장 높은 것은?(시장포트폴리오의 기대수익률은 15%, 무위험수익률은 3%로 가정)

구 분	A	B	C	D
기대수익률	18%	20%	24%	26%
베타	1.2	1.4	1.6	1.8
표준편차	20%	25%	30%	40%

	샤프비율	트레이너비율		샤프비율	트레이너비율
①	A	D	②	A	C
③	C	B	④	C	D

'샤프비율은 A, 트레이너비율은 C'가 가장 높게 나타난다.

구 분	A	B	C	D
샤프비율	$\frac{18-3}{20}=0.75$	$\frac{20-3}{25}=0.68$	$\frac{24-3}{30}=0.70$	$\frac{26-3}{40}=0.58$
트레이너비율	$\frac{18-3}{1.2}=12.5$	$\frac{20-3}{1.4}=12.1$	$\frac{24-3}{1.6}=13.1$	$\frac{26-3}{1.8}=12.7$

정답 ②

계산문제 특강노트 '기출 65題' **3과목 거시경제**

53

[32회, 42회 기출(동일유형)]

빈칸에 알맞은 것은?(내재선도이자율은 불편기대이론상의 내재선도이자율)

- 1년 만기 현물이자율($_0R_1$)은 5%이며, 1년 후부터 향후 1년 간의 내재선도이자율($_1f_1$)은 6%, 2년 후부터 향후 1년간의 내재선도이자율($_2f_1$)은 7%이다.
- 이 3기간 모형에서 유동성프리미엄이론 상의 3년 만기 채권수익률이 7.5%이라고 가정할 때, 불편기대이론상의 3년 만기 채권수익률에 가산된 유동성프리미엄은 (　　)이다.

① 0.5%　　② 1.0%
③ 1.5%　　④ 2.0%

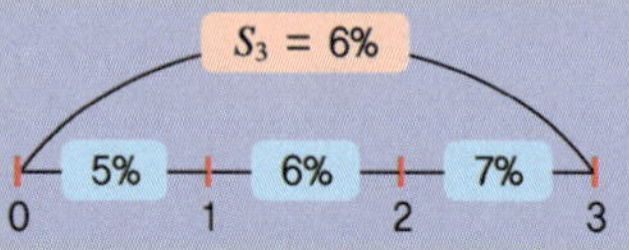

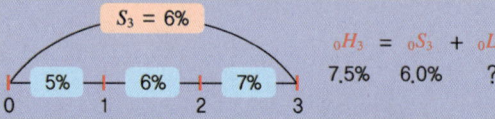

$_0H_3 = {_0S_3} + {_0L_3}$
7.5%　6.0%　?

정답 ③

더 알아보기

풀 이

(1) 불편기대이론 하에서의 3년만기 채권수익률(3년만기 현물이자율)을 먼저 구한다.

• 불편기대이론 하에서의 장기채수익률 $\chi({}_0R_3)$은 단기채수익률$({}_0R_1)$과 내재선도이자율$({}_1f_1,\ {}_2f_1)$의 기하평균(오리지널 방식)이므로,

→ $(1+\chi)^3 = (1+0.05)(1+0.06)(1+0.07)$

→ $\chi = \sqrt[3]{(1+0.05)(1+0.06)(1+0.07)} - 1$

→ $\chi = 0.0599$(약 6%)이다.

▸ 산술평균 : $\dfrac{0.05+0.06+0.07}{3} = 0.06$(3기간 모형의 경우 기하평균과 산술평균은 거의 동일함)

(2) 이제 3년만기 채권수익률(유동성프리미엄이론)에 내재된 유동성프리미엄을 구할 수 있다.

→ 유동성프리미엄이론 하에서의 3년만기 채권수익률$({}_0H_3)$

= 불편기대이론 하의 3년만기 채권수익률$({}_0R_3$ 또는 ${}_0S_3)$ + 유동성프리미엄$({}_0L_3)$

→ 7.5% = 약 6% + 유동성프리미엄$({}_0L_3)$

∴ 유동성프리미엄$({}_0L_3)$ = 1.5%이다.

54

[35회, 38회 기출(동일유형)]

통화량 2,500조, 명목GDP 2,000조, 실질GDP 1,250조일 경우, 통화유통속도는 얼마인가?

① 0.50 ② 0.80

③ 1.25 ④ 1.60

$MV = PY$, $V = \dfrac{P \times Y}{M}$, $V = \dfrac{2{,}000}{2{,}500}$, 따라서 V(통화유통속도) = 0.8

▸ $V = \dfrac{ㅁ}{ㅌ} = \dfrac{2{,}000}{2{,}500} = 0.8$, GDP디플레이터 $= \dfrac{ㅁ}{ㅅ} = \dfrac{2{,}000}{1{,}250} = 1.6$

정답 ②

더 알아보기

통화유통속도, GDP디플레이터

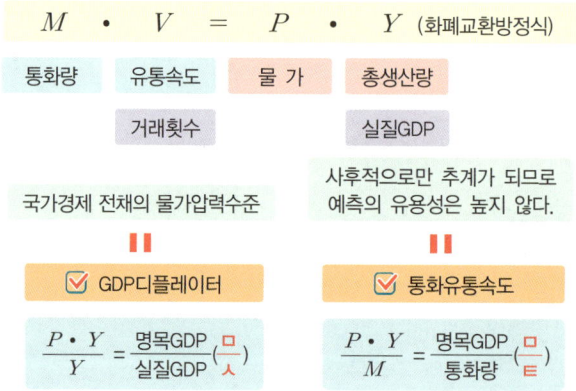

$M \cdot V = P \cdot Y$ (화폐교환방정식)

M	V	P	Y
통화량	유통속도	물 가	총생산량
	거래횟수		실질GDP

국가경제 전체의 물가압력수준 = GDP디플레이터

$\dfrac{P \cdot Y}{Y} = \dfrac{\text{명목GDP}}{\text{실질GDP}}\left(\dfrac{ㅁ}{ㅅ}\right)$

사후적으로만 추계가 되므로 예측의 유용성은 높지 않다. = 통화유통속도

$\dfrac{P \cdot Y}{M} = \dfrac{\text{명목GDP}}{\text{통화량}}\left(\dfrac{ㅁ}{ㅌ}\right)$

54-1

[42회 기출]

〈보기〉의 정보에 따를 때, 통화유통속도는 얼마인가?

통화량 2,000조, 실질GDP 3,200조, GDP디플레이터 0.5

① 0.50 ② 0.80
③ 1.25 ④ 1.60

$MV = PY,\ V = \frac{P \times Y}{M},\ V = \frac{0.5 \times 3,200}{2,000}$, 따라서 V(통화유통속도) = 0.8

※ 통화유통속도 계산

(M : 통화량, V : 통화유통속도, P : GDP디플레이터, Y : 실질GDP)

→ $MV = PY,\ V = \frac{P \times Y}{M},\ \frac{P \times Y}{2,000}$ 여기서 Y는 3,200조, P는 0.5이다.

→ 따라서, $V = \frac{P \times Y}{M},\ \frac{0.5 \times 3,200}{2,000} = \frac{1,600}{2,000}$ = 0.8

정답 ②

55

[31회, 38회 기출(동일유형)]

고용지표와 관련하여 빈칸을 옳게 연결한 것은?(순서대로)

취업자 수 20명, 실업자 수 5명, 비경제활동인구가 25명일 때 실업률은 (   ), 경제활동참가율은 (   )이다.

① 10%, 40% ② 10%, 50%
③ 20%, 40% ④ 20%, 50%

차례대로 '20%, 50%'이다. 계산에 사용되는 '경제활동인구'와 '생산활동가능인구'를 직접 제시하지 않은 것이 포인트이다.

(1) 실업률 $= \frac{\text{실업자수}}{\text{경제활동인구}} = \frac{5}{25} = 20\%$

▸ 경제활동인구(25) = 취업자수(20) + 실업자수(5)

(2) 경제활동참가율 $= \frac{\text{경제활동인구}}{\text{생산활동가능인구}} = \frac{25}{50} = 50\%$

▸ 생산활동가능인구(50) = 경제활동인구(25) + 비경제활동인구(25)

정답 ④

55-1

[29회 기출]

취업자수 300명, 경제활동인구 400명, 생산활동가능인구 500명일 경우, 실업률은 얼마인가?

① 10% ② 15%
③ 20% ④ 25%

→ 실업률 $= \dfrac{\text{실업자(100명)}}{\text{경제활동인구(400명)}} \times 100 = 25\%$

▸ 경제활동참가율 $= \dfrac{\text{경제활동인구(400명)}}{\text{생산활동가능인구(500명)}} \times 100 = 80\%$

정답 ④

56

[28회 기출]

기업경기실사지수(BSI)와 관련하여, 빈칸을 옳게 연결한 것은?(순서대로)

- 전체 응답자 수가 100명이고, 이 중에서 60명이 경기가 호전될 것으로 응답하였고 40명이 경기가 악화될 것으로 응답하였다.
- 이 경우 BSI지수는 ( )이며, 경기국면으로 본다면 ( )이다.

① 20, 경기확장국면 ② 20, 경기수축국면
③ 120, 경기확장국면 ④ 120, 경기수축국면

※ BSI산출방식 $= \dfrac{\text{긍정적 응답자 수} - \text{부정적 응답자 수}}{\text{전체 응답자 수}} \times 100 + 100$

※ BSI(약식) $= \dfrac{\text{긍정적 응답자 수}}{\text{전체 응답자 수}} \times 200$

정답 ③

57

[30회, 32회, 35회, 38회, 40회 기출(동일유형)]

주식X와 Y를 각각 50%로 편입한 포트폴리오의 기대수익률은?(주식X와 Y의 경기국면별 기대수익률은 표와 같음)

구 분		X주식	Y주식
호 황	확률 50%	16%	8%
정 상	확률 30%	10%	4%
불 황	확률 20%	−20%	−2%

① 4.8% ② 5.9%

③ 7.0% ④ 9.0%

※ 포트폴리오 기대수익률의 계산(가중평균) : 시나리오분석법

(1) 1단계 : 시나리오별 확률과 기대수익률을 가중평균하여 개별자산(X, Y)의 기대수익률을 계산한다.

▸ X주식 : (16% × 0.5) + (10% × 0.3) + (−20% × 0.2) = +8%+3%−4% = 7%

▸ Y주식 : (8% × 0.5) + (4% × 0.3) + (−2% × 0.2) = 4.0%+1.2%−0.4% = 4.8%

(2) 2단계 : X와 Y의 기대수익률과 편입비중(5:5)을 가중평균하여 포트폴리오의 기대수익률을 계산한다.

▸ 포트폴리오XY의 기대수익률 = (7% × 0.5) + (4.8% × 0.5) = 3.5% + 2.4% = 5.9%

정답 ②

계산문제 특강노트 '기출 65題' 3과목 분산투자이론

58

[32회, 34회, 39회 기출(동일유형)]

다음 중 지배원리를 충족하는 효율적 포트폴리오는 무엇인가?

① 기대수익률이 5%이고 표준편차가 3%인 포트폴리오

② 기대수익률이 5%이고 표준편차가 5%인 포트폴리오

③ 기대수익률이 7%이고 표준편차가 5%인 포트폴리오

④ 기대수익률이 7%이고 표준편차가 3%인 포트폴리오

④ 동일한 위험수준 하에서는 기대수익률이 높은 증권이 우월하고 동일한 기대수익률하에서는 위험이 적은 증권이 우월하다는 논리를 적용하여 가장 효율적인 포트폴리오를 찾는다. ①과 ④간에는 기대수익률이 더 높은 ④가 우월하고, ②와 ③간에는 기대수익률이 더 높은 ③이 우월하다. 그리고 최종적으로 ③과 ④간에는 위험이 더 적은 ④가 우월하다.

▸ 약식이해 : 4개의 선지 중에서 '기대수익률이 제일 높고 위험이 제일 적은 것을 동시에 충족시키는' ④가 가장 효율적인 포트폴리오가 된다.

정답 ④

더 알아보기

지배원리(Dominance Principle)

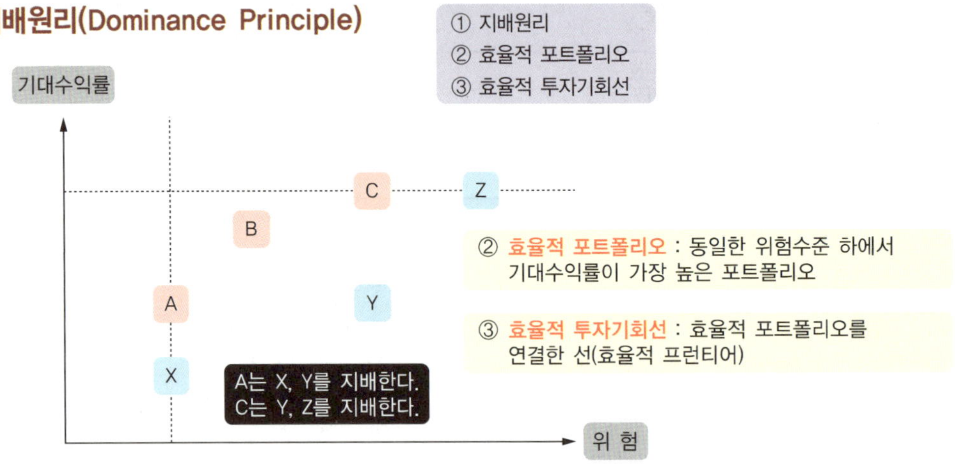

① 지배원리
② 효율적 포트폴리오
③ 효율적 투자기회선
기대수익률
C
Z
B
A
Y
X
A는 X, Y를 지배한다.
C는 Y, Z를 지배한다.
위 험
② 효율적 포트폴리오 : 동일한 위험수준 하에서 기대수익률이 가장 높은 포트폴리오
③ 효율적 투자기회선 : 효율적 포트폴리오를 연결한 선(효율적 프런티어)

① 지배원리 : 위험이 동일한 경우 기대수익률이 가장 높은 증권을 선택하고, 기대수익률이 동일한 경우는 위험이 가장 적은 증권을 선택하는 원리

계산문제 특강노트 '기출 65題' 3과목 분산투자이론

58-1

[41회 기출]

A, B, C, D 증권 각각의 기대수익률이 표와 같고 표준편차가 각각 10%, 5%, 10%, 5%이다. 이 경우 지배원리를 충족하는 효율적 증권은 무엇인가?

구 분		A증권	B증권	C증권	D증권
호 황	확률 50%	30%	20%	15%	9%
정 상	확률 30%	10%	6%	5%	5%
불 황	확률 20%	−40%	−9%	−20%	−5%

① A증권　　② B증권
③ C증권　　④ D증권

② 가중평균방식으로 각각의 기대수익률을 계산하면 'A 10%, B 10%, C 5%, D 5%'이다. 각각의 표준편차가 'A 10%, B 5%, C 10%, D 5%'이므로, 지배원리를 충족하는 증권은 '기대수익률이 가장 높고 동시에 위험이 가장 적은' B증권이다.

정답 ②

59

[31회, 36회, 42회 기출(동일유형)]

자산 X의 표준편차는 0.2, 자산 Y의 표준편차는 0.3, 두 자산 간의 상관계수는 −1일 경우, 최소분산포트폴리오가 되는 자산 X의 비중은 얼마인가?

① 0.40　　② 0.60
③ 0.80　　④ 0.90

최소분산포트폴리오를 만드는 X의 비중 W_X는 60%이다.

※ 최소분산포트폴리오(GMVP) 계산

(1) $W_X = \dfrac{\sigma_Y^2 - \sigma_{XY}}{\sigma_X^2 + \sigma_Y^2 - 2\sigma_{XY}} = \dfrac{0.3^2 - (-1) \cdot 0.2 \cdot 0.3}{0.2^2 + 0.3^2 - 2(-1) \cdot 0.2 \cdot 0.3} = \dfrac{0.09 + 0.06}{0.04 + 0.09 + 0.12} = \dfrac{0.15}{0.25}$
$= 0.60$

▸ $\sigma_{XY} = \rho_{XY} \cdot \sigma_X \cdot \sigma_Y$

(2) 즉 자산 X를 60%, 자산 Y를 40% 편입할 경우 최소분산포트폴리오가 달성된다.

정답 ②

더 알아보기

최소분산포트폴리오 개념과 공식

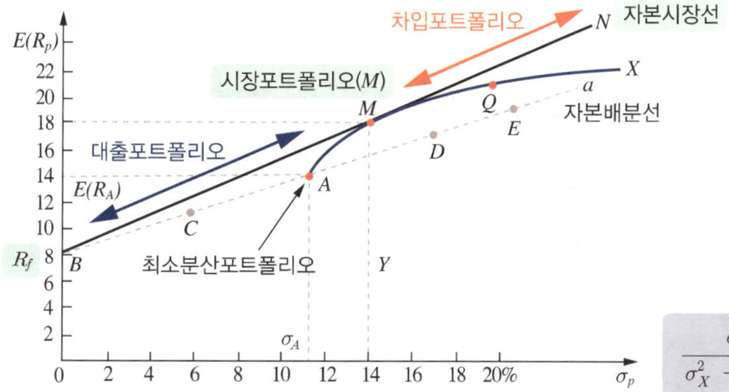

$$\frac{\sigma_Y^2 - \sigma_{XY}}{\sigma_X^2 + \sigma_Y^2 - 2\sigma_{XY}}$$

최소분산포트폴리오 : '효율적 포트폴리오' 중에서 위험이 가장 적은 포트폴리오

59-1

[34회, 40회 기출(동일유형)]

자산 X의 표준편차는 0.1, 자산 Y의 표준편차는 0.2, 두 자산 간의 상관계수는 0일 경우, 최소분산포트폴리오가 되는 자산 X의 비중은 얼마인가?

① 0.2 ② 0.4

③ 0.6 ④ 0.8

최소분산포트폴리오를 만드는 X의 비중 W_X는 60%이다.

※ 최소분산포트폴리오 계산

(1) $W_X = \dfrac{\sigma_Y^2 - \sigma_{XY}}{\sigma_X^2 + \sigma_Y^2 - 2\sigma_{XY}} = \dfrac{0.2^2 - (0) \cdot 0.1 \cdot 0.2}{0.1^2 + 0.2^2 - 2(0) \cdot 0.1 \cdot 0.2} = \dfrac{0.04}{0.01 + 0.04} = \dfrac{0.04}{0.05} = 0.80$

▸ 산식 분자에서 σ_{XY}는 $\rho_{XY} \cdot \sigma_X \cdot \sigma_Y$로 전환될 수 있다.

(2) 즉 자산 X를 80%, 자산 Y를 20% 편입할 경우 최소분산포트폴리오가 달성된다.

정답 ④

계산문제 특강노트 '기출 65題' 3과목 분산투자이론

59-2

[38회 기출]

자산A의 표준편차는 0.3, 자산B의 표준편차는 0.4, 두 자산 간의 상관계수는 0일 경우, 최소분산포트폴리오가 되는 자산B의 비중은 얼마인가?

① 0.25 ② 0.36

③ 0.64 ④ 0.75

최소분산포트폴리오를 만드는 B의 비중 W_B는 36%이다.

※ 풀 이

(1) $W_B = \dfrac{\sigma_A^2 - \sigma_{AB}}{\sigma_A^2 + \sigma_B^2 - 2\sigma_{AB}} = \dfrac{0.3^2 - 0 \cdot 0.3 \cdot 0.4}{0.3^2 + 0.4^2 - 2 \cdot 0 \cdot 0.3 \cdot 0.4} = \dfrac{0.09}{0.09 + 0.16} = \dfrac{0.09}{0.25} = 0.36$

▸ $\sigma_{AB} = \rho_{AB} \cdot \sigma_A \cdot \sigma_B$

(2) 즉 자산B를 36%, 자산A를 64% 편입할 경우 최소분산포트폴리오가 달성된다.

주의 기존의 기출에서는 자산A의 비중을 묻는 문제로 출제되었는데 공식의 분자항목($W_A = \dfrac{\sigma_B^2 - \sigma_{AB}}{\sigma_A^2 + \sigma_B^2 - 2\sigma_{AB}}$, $W_B = \dfrac{\sigma_A^2 - \sigma_{AB}}{\sigma_A^2 + \sigma_B^2 - 2\sigma_{AB}}$)에 유의하여 계산해야 한다.

정답 ②

60

[34회 기출]

빈칸을 옳게 연결한 것은?(순서대로)

> 주식펀드 A의 기대수익률이 20%이고, 표준편차가 12%이다. 무위험이자율을 4%라고 할 때, 주식펀드 A를 60% 편입하고 무위험자산을 40% 편입한 새로운 포트폴리오의 기대수익률은 (   ), 표준편차는 (   )이다.

① 10.4%, 4.8% ② 13.6%, 4.8%
③ 13.6%, 7.2% ④ 24%, 12%

$E(R_P) = (1 - \omega_a) \cdot R_f + w_a \cdot R_a$

0.4 4% 0.6 20%

$\sigma_P = \omega_a \cdot \sigma_a$

0.6 12%

정답 ③

더 알아보기

자본배분선의 기대수익률과 위험

(1) 포트폴리오 기대수익률

$E(R_P) = (1 - \omega_a) \cdot R_f + w_a \cdot R_a$ 자본배분선

(2) 포트폴리오 위험(표준편차) $\sigma_f = 0$

$\sigma_P = \sqrt{\omega_a^2 \sigma_a^2 + (1 - \omega_a)^2 \sigma_f^2 + 2 w_a \sigma_a (1 - \omega_a) \sigma_f \rho_{af}}$

$\sigma_p = \sqrt{\omega_a^2 \sigma_a^2} = w_a \sigma_a$ $\sigma_P = \omega_a \cdot \sigma_a$

60-1

[36회 기출]

포트폴리오의 위험과 관련하여 빈칸에 알맞은 것은?

> 주식형펀드 A의 기대수익률이 15%, 표준편차가 20%, 무위험수익률이 4%이다. 이때 주식형펀드를 40%, 무위험자산을 60%로 하는 새로운 포트폴리오를 구성할 경우, 새로운 포트폴리오의 위험은 (   )이다.

① 6%　　② 8%
③ 12%　　④ 20%

'$\sigma_P = \omega_\alpha \times \sigma_\alpha = 0.4 \times 20 = 8\%$'

[약식계산]	위험자산	무위험자산	위험 : 무위험 = 4 : 6
기대수익률	15%	4%	(15% × 0.4) + (4% × 0.6) = 8.4%
위 험	20%	0%	(20% × 0.4) + (0% × 0.6) = 8%

정답 ②

계산문제 특강노트 '기출 65題' 3과목 분산투자이론

61

[31회, 33회, 37회, 39회, 41회 기출(동일유형)]

자산A의 수익률은 6%, 표준편차는 4%이다. 자산A와 무위험수익률이 3%인 무위험자산을 5:5로 편입한 포트폴리오의 변동성보상비율(RVAR)은 얼마인가?

① 0.75　　② 0.85
③ 1.00　　④ 1.25

▸ 위험자산A의 변동성보상비율(RVAR)은 $\frac{E(R_A) - R_F}{\sigma_A}$ 이다(Reward To Variability Ratio ; 부담한 위험 대비 초과수익의 비율).

→ 변동성보상비율(RVAR) = $\frac{E(R_A) - R_F}{\sigma_A} = \frac{6\% - 3\%}{4\%} = 0.75$

※ 변동성보상비율은 투자비중과 관계없이 일정하다(자본배분선 상의 모든 점의 RVAR은 동일함).

- 5:5의 경우 : 포트폴리오수익률은 '(6% × 0.5) + (3% × 0.5) = 4.5%, 포트폴리오 표준편차는 (4% × 0.5) = 2%, 따라서 RVAR은 (4.5% − 3%) / 2% = 0.75
- 7:3의 경우 : 포트폴리오수익률은 '(6% × 0.7) + (3% × 0.3) = 5.1%, 포트폴리오 표준편차는 (4% × 0.7) = 2.8%, 따라서 RVAR은 (5.1% − 3%) / 2.8% = 0.75

정답 ①

더 알아보기

자본배분선과 자본시장선

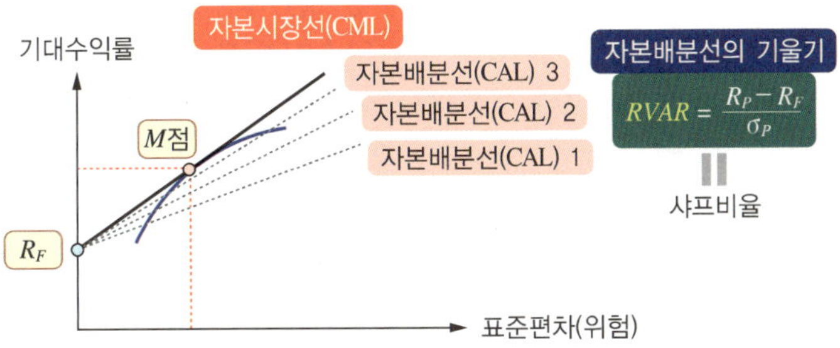

계산문제 특강노트 '기출 65題' 3과목 분산투자이론

61-1

[35회 기출]

자산A의 기대수익률은 8%, 표준편차는 4%이다. 자산A와 무위험수익률이 2%인 무위험자산을 6:4로 편입한 포트폴리오의 변동성보상비율(RVAR)은 얼마인가?

① 0.50
② 0.60
③ 1.50
④ 2.00

변동성보상비율(RVAR) = $\frac{R_A - R_F}{\sigma_A} = \frac{8\% - 2\%}{4\%}$ = 1.5, 즉 변동성보상비율(위험보상비율)은 1.5이다. 그리고 변동성보상비율은 편입자산의 비중차이와 관계없이 동일하다.

정답 ③

62

[31회, 33회, 36회, 39회 기출(동일유형)]

빈칸에 알맞은 것은?

> A포트폴리오의 기대수익률은 7%, 베타는 0.2이고 무위험수익률은 4%이다. 자본시장의 균형상태를 가정하였을 때, 기대수익률이 10%인 B포트폴리오의 베타는 (   )이다.

① 0.1
② 0.4
③ 0.6
④ 0.7

자본시장의 균형상태에서는 어떤 위험자산에 투자하든 위험자산 간의 위험프리미엄(위험보상비율 ; RVAR)은 동일해야 한다. 즉 자본시장의 균형상태에서는 A포트폴리오와 B포트폴리오의 위험보상비율이 동일하다.

따라서 $\frac{7-4}{0.2} = \frac{10-4}{X} \rightarrow \frac{3}{0.2} = \frac{6}{X} \rightarrow X = \frac{1.2}{3}$, $X = 0.4$ (∴) B포트폴리오의 베타 = 0.4

정답 ②

더 알아보기

SML식의 도출

균형상태에서는

시장포트폴리오의 위험프리미엄과 개별자산의 위험프리미엄이 동일해야 하므로 아래의 산식이 성립한다.

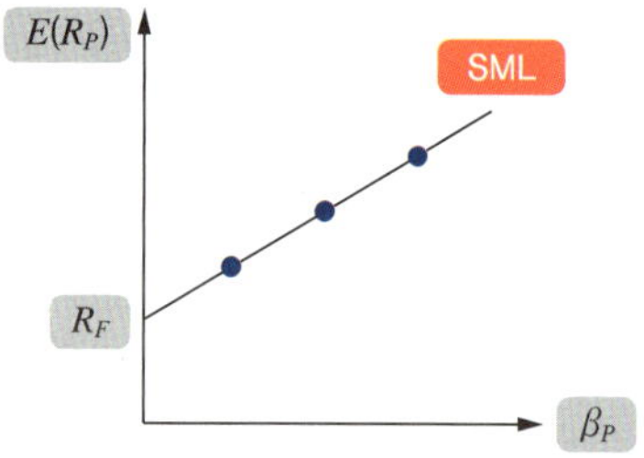

$$\frac{\text{초과수익}}{\text{위 험}} = \frac{E(R_m) - R_f}{\beta_m} = \frac{E(R_j) - R_f}{\beta_j}$$ 기 출

☑ 이를 정리하면, $E(R_j) = kkk = R_f + \beta_j[E(R_m - R_f)]$ 기 출

$$\beta_j = \frac{\sigma_{jm}}{\sigma_m^2}$$

62-1

[28회, 41회 기출(동일유형)]

빈칸에 알맞은 것은?

A포트폴리오의 기대수익률은 7%, 베타는 0.1이다. 그리고 B포트폴리오의 기대수익률은 8%이고 무위험수익률은 3%이다. 이 때 자본시장에서 더 이상의 차익거래가 일어나지 않는 상태가 되기 위한 B포트폴리오의 베타는 (　　　)이다.

① 0.08　　② 0.1
③ 0.125　　④ 0.25

자본시장의 균형상태에서는(또는 더 이상 차익거래가 일어나지 않는 상태), 어떤 위험자산에 투자하든 위험자산 간의 위험프리미엄(위험보상비율 ; RVAR)은 동일해야 한다. 즉 자본시장의 균형상태에서는 A포트폴리오와 B포트폴리오의 위험보상비율이 동일하다. 따라서 $\frac{7-3}{0.1} = \frac{8-3}{X} \rightarrow \frac{4}{0.1} = \frac{5}{X} \rightarrow X = \frac{0.5}{4} = 0.125$

(∴) B포트폴리오의 베타 = 0.125

정답 ③

계산문제 특강노트 '기출 65題' 3과목 분산투자이론

63

[32회, 36회, 38회, 42회 기출(동일유형)]

주식J의 정보가 〈보기〉와 같다. 증권시장선(SML)상의 주식J의 요구수익률은 얼마인가?

무위험수익률 2%, 시장기대수익률 3%, 시장기대수익률의 분산 4%, 주식J와 시장기대수익률 간의 공분산 16%

① 4%　　② 5%
③ 6%　　④ 7%

6%이다.

※ 상세 풀이

(1) J자산의 요구수익률(증권시장선에 의한 균형수익률)

$E(R_J) = kkk = R_F + \beta_J[E(R_M) - R_F] = 2\% + \beta_J(3\% - 2\%)$

(2) 베타는 $\beta_j = \frac{\sigma_{jm}}{\sigma_m^2} = \frac{0.16}{0.04} = 4.0$

(3) 베타가 4.0이므로, $E(R_J) = kkk = R_F + \beta_J[E(R_M) - R_F] = 2\% + 4(3\% - 2\%) = 6\%$

정답 ③

63-1

[40회 기출]

주식J의 정보가 〈보기〉와 같다. 증권시장선(SML)상의 주식J의 요구수익률은 얼마인가?

> 무위험수익률 2%, 시장기대수익률 6%, 시장기대수익률의 표준편차 40%, 주식J와 시장기대수익률 간의 공분산 20%

① 4%　② 5%
③ 6%　④ 7%

7%이다.

※ 상세 풀이

(1) J자산의 요구수익률(증권시장선에 의한 균형수익률)

$E(R_J) = kkk = R_F + \beta_J[E(R_M) - R_F]$ = 2% + β_J(6% − 2%)

(2) 베타는 $\beta_J = \frac{\sigma_{jm}}{\sigma_m^2} = \frac{0.2}{0.4^2}$ = 1.25(∵ 분모에서, 표준편차를 분산으로 전환해야 한다 → 0.4^2)

(3) 베타가 1.25이므로, $E(R_J) = kkk = R_F + \beta_J[E(R_M) - R_F]$ = 2% + 1.25(6% − 2%) = 7%

정답 ④

계산문제 특강노트 '기출 65題' 3과목 분산투자이론

63-2

[31회 기출]

주식J의 정보가 다음과 같다. 요구수익률은?

> 무위험수익률 0.03, 시장기대수익률 0.13, 시장기대수익률의 분산 0.25, 주식과 시장기대수익률 간의 상관계수 0.5, 주식J의 표준편차 0.8

① 8.0%　② 9.0%
③ 10%　④ 11%

▶ CAPM식(SML식)

1) $E(R_j) = kkk = R_F + \beta_j[E(R_m) - R_f]$

2) $\beta = \frac{0.5 \times 0.8 \times 0.5}{0.5^2} = 0.8$

$\beta_j = \frac{\sigma_{jm}}{\sigma_{m}^2}$

3) kkk = 0.03 + 0.8(0.13−0.03) = 0.11(11%)

정답 ④

64

[32회, 37회, 39회 기출(동일유형)]

빈칸에 가장 부합하는 것은?

- 현재 시장에서의 A주식의 기대수익률은 4%, 베타는 0.8이다.
- 현재 시장에서의 B주식의 기대수익률은 4%, 베타는 2.0이다.
- 현재 무위험이자율은 1%, 시장 포트폴리오의 기대수익률은 3%이다.
- 이 경우, 증권시장선(SML)에 의하면 (   ).

① A주식, B주식 모두 과대평가되었다.
② A주식은 과소평가, B주식은 과대평가되었다.
③ A주식은 과대평가, B주식은 과소평가되었다.
④ A주식, B주식 모두 과소평가되었다.

(1) A주식
- 요구수익률(k) = 1% + 0.8(3% − 1%) = 2.6%
- 요구수익률이 2.6%인데 현재 시장에서의 기대수익률은 4%(SML선의 위에 위치)
  → 따라서 **A주식은 현재 과소평가되고 있다.**

(2) B주식
- 요구수익률(k) = 1% + 2.0(3% − 1%) = 5%
- 요구수익률이 5%인데 현재 시장에서의 기대수익률은 4%(SML선의 아래에 위치)
  → 따라서 **B주식은 현재 과대평가되고 있다.**

정답 ②

더 알아보기

증권시장선을 활용한 투자결정

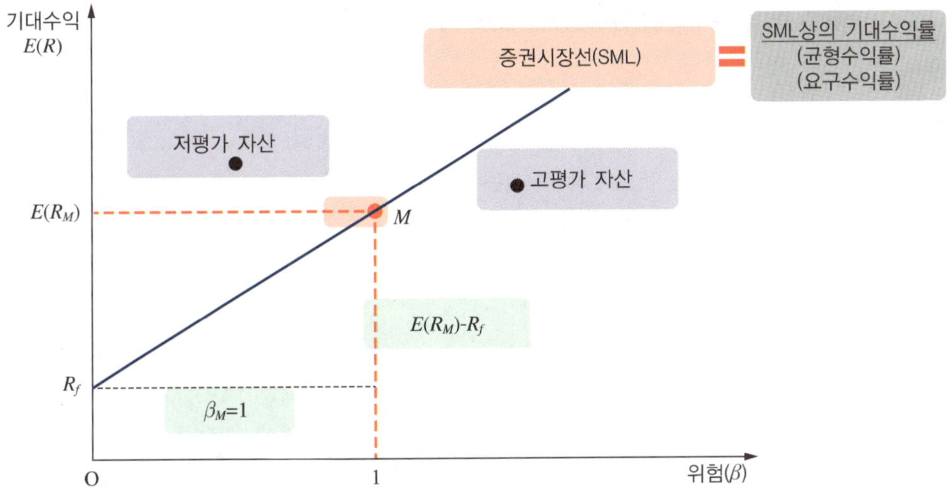

▶ 증권시장선 위에 있는 자산은 저평가, 아래에 있는 자산은 고평가이다.

SML식 : $E(R_j)=kkk=R_f+\beta_j\times(R_m-R_f)$

64-1

[30회, 35회 기출(동일유형)]

빈칸에 가장 부합하는 것은?

> • 현재 시장에서의 A주식의 기대수익률은 5%, 베타는 0.5이다.
> • 현재 시장에서의 B주식의 기대수익률은 9%, 베타는 1.5이다.
> • 현재 무위험이자율은 2%, 시장포트폴리오의 기대수익률은 6%이다.
> • 이 경우, 증권시장선(SML)에 의하면 (   ).

① A주식, B주식 모두 과대평가되었다.
② A주식은 과소평가, B주식은 과대평가되었다.
③ A주식은 과대평가, B주식은 과소평가되었다.
④ A주식, B주식 모두 과소평가되었다.

▸ A주식 : k = 2% + 0.5(6% − 2%) = 4%, 기대수익률은 5%로서 SML선 위 → 과소평가(저평가)
▸ B주식 : k = 2% + 1.5(6% − 2%) = 8%, 기대수익률은 9%로서 SML선 위 → 과소평가(저평가)

정답 ④

계산문제 특강노트 '기출 65題' 3과목 분산투자이론

65

[39회, 42회 기출(동일유형)]

빈칸에 알맞은 것은?

> X주식의 베타는 1.5, Y주식의 베타는 0.5, 무위험이자율은 3%, 시장포트폴리오의 기대수익률은 6%이다. 이 경우, 동일가중 포트폴리오를 구성할 때 동 포트폴리오의 베타는 (   )이다.

① 0.5
② 1.0
③ 1.5
④ 2.0

▸ 동일가중 포트폴리오이므로 'X주식:Y주식 = 5:5'로 편입한다. 따라서 포트폴리오 베타는 '(1.5 × 50%) + (0.5 × 50%) = 0.75 + 0.25 = 1.0'이다.

정답 ②

65-1

[30회 기출]

빈칸에 알맞은 것은?

> 단일지표모형이 성립한다고 가정한다. 주식J의 베타는 1.2, 주식K의 베타는 0.8일 경우, 주식 J에 60%, 주식 K에 40%를 투자하는 포트폴리오의 베타는 (   )이다.

① 9.2

② 1.0

③ 1.04

④ 2.0

▸ 샤프의 단일지표모형 : $R_p = \beta_p R_m + \alpha_j + \epsilon_j$

$\beta_p = \sum \omega_j \cdot \beta_j = (0.6 \times 1.2) + (0.4 \times 0.8) = 0.72 + 0.32 = 1.04$

정답 ③

행운이란 100%의 노력 뒤에 남는 것이다.

– 랭스턴 콜먼 –

시대에듀
금융시리즈
시대에듀 금융, 경제 · 경영과 함께라면
쉽고 빠르게 단기 합격!

금융투자협회	펀드투자권유대행인 한권으로 끝내기	18,000원
	펀드투자권유대행인 출제동형 100문항 + 모의고사 3회분 + 특별부록 PASSCODE	18,000원
	증권투자권유대행인 한권으로 끝내기	18,000원
	증권투자권유대행인 출제동형 100문항 + 모의고사 3회분 + 특별부록 PASSCODE	18,000원
	펀드투자권유자문인력 한권으로 끝내기	31,000원
	펀드투자권유자문인력 실제유형 모의고사 4회분 + 특별부록 PASSCODE	21,000원
	증권투자권유자문인력 한권으로 끝내기	32,000원
	증권투자권유자문인력 실제유형 모의고사 4회분 + 특별부록 PASSCODE	21,000원
	파생상품투자권유자문인력 한권으로 끝내기	32,000원
	투자자산운용사 한권으로 끝내기(전2권)	38,000원
	투자자산운용사 실제유형 모의고사 + 특별부록 PASSCODE	55,000원
	투자자산운용사 출제동형 PLUS 최신 9회분	35,000원
금융연수원	신용분석사 1부 한권으로 끝내기 + 무료동영상	24,000원
	신용분석사 2부 한권으로 끝내기 + 무료동영상	24,000원
	은행FP 자산관리사 1부 [개념정리 + 적중문제] 한권으로 끝내기	20,000원
	은행FP 자산관리사 1부 출제동형 100문항 + 모의고사 3회분 + 특별부록 PASSCODE	17,000원
	은행FP 자산관리사 2부 [개념정리 + 적중문제] 한권으로 끝내기	20,000원
	은행FP 자산관리사 2부 출제동형 100문항 + 모의고사 3회분 + 특별부록 PASSCODE	17,000원
	은행텔러 한권으로 끝내기	23,000원
	한승연의 외환전문역 Ⅰ종 한권으로 끝내기 + 무료동영상	25,000원
	한승연의 외환전문역 Ⅱ종 한권으로 끝내기 + 무료동영상	25,000원
기술보증기금	기술신용평가사 3급 한권으로 끝내기	31,000원
매일경제신문사	매경TEST 단기완성 필수이론 + 출제예상문제 + 히든노트	30,000원
	매경TEST 600점 뛰어넘기	23,000원
한국경제신문사	TESAT(테셋) 한권으로 끝내기	28,000원
	TESAT(테셋) 초단기완성	23,000원
신용회복위원회	신용상담사 한권으로 끝내기	27,000원
생명보험협회	변액보험판매관리사 한권으로 끝내기	20,000원
한국정보통신진흥협회	SNS광고마케터 1급 7일 단기완성	20,000원
	검색광고마케터 1급 7일 단기완성	20,000원
한국보건의료인국가시험원	국가고시 안경사 기출동형 단기완성	30,000원

※ 도서의 제목 및 가격은 변동될 수 있습니다.

2026

투자자산운용사 출제동형 PLUS

최신 9회분 기출원형 100%

본 교재는 투운사 인강 1위 업체인 토마토패스 수강생분들의 복기 이벤트 응모 자료를 바탕으로 매 회차 100문항을 정성 들여 복원하고 기록물처럼 유지·관리하고 있는 교재입니다. 따라서 특정 문항에 대한 타사 출판사의 기출 회차 표기가 본 교재와 다를 경우 '본 교재의 표기가 정확한 것'임을 알립니다.

[문제편 / 계산문제 특강노트]

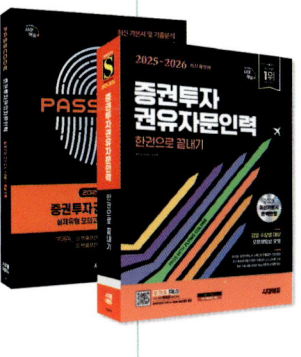

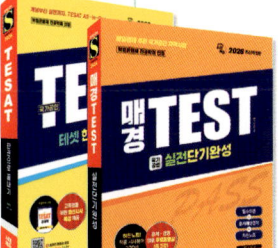

2026

투자자산운용사 출제동형 PLUS

최신 9회분 기출원형 100%

35회, 36회, 37회, 38회, 39회, 40회, 41회, 42회, 43회

정답 및 해설

시대에듀

35회차 정답 및 해설

01	02	03	04	05	06	07	08	09	10	11	12	13	14	15	16	17	18	19	20
③	②	③	④	①	④	①	③	④	①	①	②	③	③	①	①	③	④	③	②
21	22	23	24	25	26	27	28	29	30	31	32	33	34	35	36	37	38	39	40
③	②	③	④	③	①	④	②	②	②	④	①	④	③	②	②	②	④	①	①
41	42	43	44	45	46	47	48	49	50	51	52	53	54	55	56	57	58	59	60
①	①	①	④	④	③	④	②	④	④	④	④	②	④	④	①	①	②	③	②
61	62	63	64	65	66	67	68	69	70	71	72	73	74	75	76	77	78	79	80
②	④	②	①	④	④	④	③	②	③	①	②	④	②	④	③	①	②	②	③
81	82	83	84	85	86	87	88	89	90	91	92	93	94	95	96	97	98	99	100
②	③	③	①	②	①	④	①	③	②	①	①	③	②	①	②	③	④	①	①

1-1 세제관련 법규/세무전략(7문항)

01

정답 ③

재산세는 지방세이다(부동산 보유세에서 종합부동산세는 국세, 재산세는 지방세).

※ **국세와 지방세**(2023 기본서, 1권, p3 참조)

(1) 국 세
- 직접세 : 소득세, 법인세, 상속세, 증여세, 종합부동산세 등
- 간접세 : 부가가치세, 증권거래세, 인지세, 주세, 개별소비세 등
- 목적세 : 교육세, 농어촌특별세, 교통・에너지・환경세 등

(2) 지방세
- 보통세 : '취득세 / 등록면허세 / 레저세 / 지방소비세 등(이상 道稅)', '주민세 / 재산세 / 자동차세 / 지방소득세 / 담배소비세 등(이상 市郡稅)'
- 목적세 : 지역자원시설세, 지방교육세

암기팁 '**소. 법. 부**(소득세 / 법인세 / 부가가치세)'는 국세이며 '**취・등록세**(취득세 / 등록면허세)'는 지방세이다. 종부세는 국세이고 재산세는 지방세이다.

학습안내 28회, 31회, 34회, 35회 기출

02

정답 ②

• 나 : 과세기간이 끝나는 때에 납세의무가 성립하는 것은 옳은 내용이지만, 부과확정이 아니라 신고확정이라는 점에서 틀린 내용이다.

► 신고확정제도 : 납세의무자가 과세표준과 세액을 신고함으로써 납세금액을 확정하는 제도(예 소득세, 법인세, 부가가치세 등)

• 다 : 주소지를 납세지로 한다.

※ **우리나라 소득세 제도의 특징**(2023 기본서, 1권, p13~15, 19 참조)

(1) 종합과세제도
'종합과세'를 원칙으로 하되 '분리과세'와 '분류과세(양도소득/퇴직소득)'의 예외를 둔다.

(2) 열거주의 과세
소득원천설에 따라 열거한 소득에 대해서만 과세하고 비열거소득에 대해서는 과세하지 않는다. 단, 이자소득과 배당소득에 대해서는 유형별 포괄주의를 적용한다.

(3) 개인단위 과세
• 개인을 과세단위로 하여 과세하며 공동합산과세의 예외를 둔다.
• 부부의 소득에 대해서는 합산과세하지 않고 각각의 소득에 대해서 과세한다.
 – 2002.8.29 부부합산과세가 위헌으로 판결, 따라서 이후 부부개별과세 채택

(4) 주소지과세제도
소득의 발생지에도 불구하고 주소지를 납세지로 한다.

(5) 신고납세제도
납세의무자가 다음해 5/1~5/31의 기간에 과세표준액을 확정해서 신고함으로써 납세의무가 확정된다(신고확정).
cf 부과확정 : 정부가 과세표준과 세액을 결정한다(상속세, 증여세).

(6) 누진과세제도
조세의 소득재분배기능을 고려하여 과세표준구간 별로 6%~45%의 누진세율을 적용한다.

(7) 과세기간
• 원칙적으로 1/1~1/31을 과세기간으로 하며, 사망 시는 '1/1~사망 시' 그리고 비거주가 되어 출국 시에는 '1/1~출국일'까지이다.
• 소득세의 과세기간은 법인세와 달리 사업개시나 폐업에 영향을 받지 않으며, 과세기간을 임의로 설정하는 것은 불가하다.

03

정답 ③

분할합병의 경우는 '분할합병등기일'이다.

의제배당의 종류	수입시기(수입금액의 귀속연도)
감 자	감자 결의일
해 산	잔여재산가액 확정일(주의 : 해산일 ×)
합 병	합병등기일
분할 또는 분할합병	분할등기일 또는 분할합병등기일
잉여금의 자본전입	자본전입 결의일

※ **의제배당의 수입시기**
cf 인정배당의 수입시기 : 당해 사업연도의 결산확정일

04

정답 ④

D만 종합소득세 신고·납부대상이다.

※ 상세해설

A. 근로소득만 있고 금융소득이 2천만 원 이하인 경우로서 신고·납부대상이 아니다.
- 근로소득이나 퇴직소득만 있는 경우는 연말정산절차로써 종합소득세 신고납부에 갈음
- 종합과세대상 금융소득이 2천만 원 이하인 경우는 분리과세로 납세의무 종결됨

B. '직장공제회 초과반환금'은 무조건분리과세로써 납세의무가 종결되므로 금액을 불문하고 종합소득세 신고·납부대상이 아니다.

C. 다른 소득이 없고 금융소득만 있는 경우로서 종합과세대상 금융소득이 2천만 원 이하인 경우는, 분리과세(원천징수율)로써 납세의무가 종결되므로 종합소득세 신고·납부대상이 아니다.

D. 다른 소득은 없고 금융소득만 있는 경우로서 종합과세대상 금융소득이 2천만 원을 초과하므로(2천만 원 + 2,500만 원), 종합소득세 신고·납부대상이 된다.

학습안내 동 사례형 문제는 33회에서 신유형으로 출제되고 35회에서 두 번째로 출제되었다(► '종합소득세 신고·납부 대상여부'에 대한 상세내용은 '41회 06번 해설'을 참조할 것).

05

정답 ①

①은 비열거소득(비과세), ②, ③, ④는 열거소득(과세)에 해당한다.

① 소득세법상 채권의 직접투자 시 매매차익은 상장·비상장 구분 없이 과세대상이 아니다(cf 채권의 이자소득은 과세).

② 양도소득세의 열거주의 과세대상으로서 '부동산에 관한 권리'에 포함된다.

③ 양도소득세의 열거주의 과세대상으로서 '주식 및 출자지분'에 포함된다(상장주식의 경우 세법상 대주주의 양도소득에 대해서만 과세).

④ 양도소득세의 열거주의 과세대상으로서 '주식 및 출자지분'에 포함된다(비상장주식의 경우 세법상 대주주 구분없이 과세).

※ 양도소득의 범위(열거주의상 과세대상)

구 분		내용
부동산 등	실물부동산	토지와 건물
	부동산권리	지상권 / 전세권 / 등기된 부동산임차권 / 아파트당첨권 / 토지상환채권[주1] 등
주 식	상장주식	세법상 대주주[주2]가 상장주식을 장내에서 매매하여 얻은 매매차익(소액주주의 경우 '비열거소득'으로서 비과세)
	비상장주식	소액주주, 대주주 구분 없이 모두 과세함(단, ⓐ 벤처기업주식과 ⓑ K-OTC에서 소액주주가 양도하는 非대기업주식은 비과세)
기타자산	특정주식(A)	과점주주가 소유하는 부동산과다보유법인의 주식 → 50% 이상 매도 시 과세
	특정주식(B)	'부동산보유비중이 80% 이상 & 골프장·스키장 등을 영위하는 법인의 주식' → 1주를 매매해도 과세대상이 됨
	특정시설물 이용권	골프회원권, 콘도회원권 등
	영업권	사업용자산과 함께 양도하는 영업권
파생상품 등		주가지수를 기초자산으로 하는 장내·외 파생상품 등

* 주1 : 일반 채권의 매매차익은 소득세법상 비과세이지만, LH공사가 발행하는 토지상환채권·주택상환채권의 매매차익은 부동산권리에 해당되어 양도소득세 과세대상이 된다(41회 기출).
* 주2(세법상 대주주의 요건) : 유가증권시장의 경우 '1% 또는 50억 원' 이상, 코스닥시장은 '2% 또는 50억 원 이상', 코넥스시장은 '4% 또는 50억 원' 이상 보유한 자(직전 사업연도 종료일 현재의 최종시세가액 기준)

학습안내 28회, 29회, 31회, 33회, 35회 기출

06

정답 ④

'주권을 통한 대물변제'는 증권거래세의 비과세대상이 아니다.

► 주권의 대물변제는 '자산의 사실상 유상이전'으로서 '양도'로 간주되는데, 증권거래세는 '주권의 유상양도'에 대해 부과되는 것이므로 주권의 대물변제 시에도 증권거래세가 부과된다.

※ **증권거래세 비과세 대상**(2023 기본서, 1권, p46 참조)

(1) 증권거래세는 주권의 유상양도에 대해서 부과하는 조세이므로, 채권의 유상양도나 주권의 무상이전(상속, 증여)에 대해서는 과세하지 않는다.

(2) 주권의 유상양도로서 원칙상 증권거래세 부과대상이지만 아래의 경우는 그 예외로서 증권거래세가 부과되지 않는다(증권거래세법 제6조).

㉠ 국가 또는 지자체가 주권 등을 양도하는 경우(단, 국가재정법에 따른 각종 기금의 주권양도 시는 과세함)

㉡ 자본시장법 제119조에 따라 주권을 매출하는 경우(발행매출)

㉢ 주권을 목적물로 하는 소비대차의 경우(주권의 대차거래)

07

정답 ①

'10년, 5천만 원'이다. 성인자녀는 '10년, 5천만 원', 미성년자녀는 '10년, 2천만 원'이다. 참고로 자녀에게 증여재산공제 한도 내에서 증여를 하고 증여신고는 하지 않는 경우가 많은데, 이후 증여재산의 증식에 대비하여 증여세 신고를 하고 자금출처의 정당성을 확보하는 것이 바람직하다.

학습안내 29회, 33회, 35회에서 유사유형으로 출제되었다(► '증여세 절세전략' 전체내용은 '36회 07번 해설'을 참조할 것).

1-2 금융상품(8문항)

08

정답 ③

중개형의 경우 예금은 편입할 수 없다.

※ **운용유형별 편입상품**

예 금	신탁, ELS, RP, 리츠 등	국내상장주식
신탁형 O 일임형 O 중개형 X	신탁형 O 일임형 O 중개형 O	신탁형 X 일임형 X 중개형 O

► 중개형ISA는 유일하게 국내상장주식을 편입할 수 있으나, 예금은 편입할 수 없다.

학습안내 28회, 30회, 32회, 33회, 35회 기출(► ISA에 대한 전체내용 정리는 '42회 08번 해설'을 참조할 것)

09

정답 ④

가입자의 사망, 해외이주, 파산선고 등 부득이한 사유로 인한 연금 외 수령 시에는 예외적으로 저율의 분리과세율(3.3%~5.5%)을 적용한다(원칙 연금 외 수령 시는 기타소득세율 16.5%로 과세).

① 금융투자회사(증권사, 자산운용사 등)는 연금저축펀드를 판매한다.

② 연금계좌상품의 연간 납입한도는 1,800만 원이다.

③ 연령별로 차등 적용한다(3.3%~5.5%).

※ **연금저축상품 내용 정리**(2023 기본서, 1권, p138~140 참조)

(1) 개 요

- 개인의 노후생활 및 장래의 생활안정을 목적으로 일정금액을 적립하여 일정기간 후에 연금으로 수령할 수 있는 장기 금융상품이다.
- 개인의 노후생활보장 장려 차원에서 연금저축상품 납입금액에 대해서 세액공제 혜택을 부여하고 있다(국가에서 세제혜택을 주는 연금상품은 민간에서 판매하는 연금상품과 구분하는 차원에서 '세제적격 연금상품'이라 함).
- 가입제한이 없으며, 5년 이상 가입하면 55세 이후부터 연금을 수령할 수 있다.

(2) 연금계좌 가입한도 : 연간 1,800만 원

- 연금계좌란 '연금저축계좌, 퇴직연금계좌, 개인연금계좌(IRP)'를 모두 합한 개념이다(즉 세제혜택이 주어지는 연금상품으로서 합산 기준으로 연 1,800만 원까지 납입가능).

(3) 판매회사 : 세제적격 연금상품은 대부분의 금융기관에서 판매가 가능하다.

은행	보험 (생명보험, 손해보험)	금융투자회사 (증권사, 자산운용사 등)
연금저축신탁 (2018년부터 신규판매중단)	연금저축보험	연금저축펀드

- 연금저축펀드의 경우 예금자보호가 되지 않음(신탁이나 보험에 비해서 운용위험이 높기 때문)

(4) 연금수령한도 : $\text{연금수령한도} = \dfrac{\text{적립금 평가액(과세기간개시일 기준)}}{11 - \text{연금수령연차}} \times 120\%$

㉠ 연금수령한도 내에서 연금을 수령할 경우 분리과세율이 적용되는데, **이때 분리과세율은 연금수령 연령에 따라 차등 적용된다.**

- 55세~70세 : 5.5%, 70세~80세 : 4.4%, 80세 이상 : 3.3%(→ 즉 늦게 수령할수록 과세율이 낮아짐. 세율은 지방세 포함)

㉡ 연금수령한도를 초과하여 수령할 경우(연금 외 수령), 기타소득세가 부과된다(기타소득세 세율은 16.5%). **단, 부득이한 사유(천재지변이나 가입자의 사망·해외이주·파산선고 등)로 연금수령한도를 초과하여 수령할 경우는 16.5%가 아닌 '3.3%~5.5%'의 세율로 분리과세한다(저율의 분리과세).**

학습안내 연금저축상품의 세부내용에 대한 문항으로서 35회에서 처음으로 출제되었다.

10

정답 ①

틀린 항목은 '가, 나'이다.

- 가 : 49인 이상이 아니라 2인 이상이다.
- 나 : 투자자별 운용이 아니라 투자자로부터 모은 자금을 모아서(pooling) 운용한다.

※ **집합투자기구의 개념**

(1) 정의 : **2인 이상의 투자자로부터 모은** 금전 등을 투자자 또는 각 기금관리 주체로부터 **일상적인 지시를 받지 아니하면서** 재산적 가치가 있는 투자대상 자산을 취득·처분, 그 밖의 방법으로 운용하고 그 결과를 투자자 또는 각 기금관리주체에게 배분하여 귀속시키는 것을 말한다.

(2) 사모집합투자기구 개요

㉠ 정의 : 사모집합투자기구는 집합투자증권을 사모로만 발행하는 집합투자기구로서 투자자 총수가 100인 이하[주1]인 것을 말하며, 이에 해당하지 않으면 공모 집합투자기구에 해당한다.

* 주1 : 100인 이하는 '전문투자자(금융기관 등 기관투자자는 제외) + 일반투자자'의 수를 말하는데, 이때 일반투자자의 수는 49인 이하이어야 한다.

㉡ 사모집합투자기구의 분류 : 21년 10월 제도 개편에 따라 사모집합투자기구는 '기관전용사모펀드, 일반사모펀드'로 분류된다. 그리고 보통 **기관전용사모펀드는 PEF로, 일반사모펀드는 헤지펀드라고 부른다.**

(3) 집합투자기구의 분류

㉠ 주된 투자대상에 따른 분류 : '증권 / 부동산 / 특별자산 / 혼합자산 / 단기금융'집합투자기구

㉡ 특수한 형태에 따른 분류 : '환매금지형 / 종류형 / 전환형 / 모자형 / 상장지수형'집합투자기구

11

정답 ①

투자신탁은 수익증권을 발행한다. 나머지는 모두 지분증권이다.

※ 집합투자증권의 발행형태(집합투자기구 법적형태별)

투자신탁	투자회사	투자유한회사	투자유한책임회사	투자합자회사	투자합자조합	투자익명조합
수익증권	주 식	출자증권				
	지분증권					

학습안내 31회, 35회 동일 기출

12

정답 ②

틀린 내용은 '나, 다'이다.

• 나 : ELD는 발행자인 은행이 원리금의 지급을 보장하는 상품(예금자보호상품)이어서, 기초자산인 주가의 변동과 관계없이 원금 이상이 보장된다. 그러나 **중도에 해지를 할 경우는 원금이 보장되지 않는다.** 왜냐하면 ELD는 약속된 만기를 채워야 해당 기간의 이자를 가산하여 원금을 보장하는 구조인데, 중도해지를 할 경우 남은 기간의 이자를 포기하게 되어 원금 보장이 되지 않는다.

• 다 : ELS는 증권사가 발행하고 판매한다(ELD는 은행이 발행하고 판매).

※ ELS(ELS ; Equity Linked Securities) 내용 정리

(1) 통칭 ELS는 발행주체에 따라 'ELD(은행), ELS(증권사), ELF(운용사)'로 분류된다.

• ELD는 원금이 보장되므로 예금자보호상품이다.

• ELS는 원금보장형의 설계가 가능하지만 예금자보호상품은 아니다.

• ELF는 펀드상품으로서 실적배당형이므로 원금보장자체가 불가하다.

(2) **ELS는 자본시장법상 파생결합증권의 한 종류이며, 장외파생상품의 겸영인가를 받은 증권사만이 발행할 수 있다.**

• ELS는 증권사가 발행(매도)하고 투자자가 매입하는 구조로서, 투자자는 원금초과손실위험을 부담하지 않으므로 자본시장법상 파생상품이 아닌 파생결합증권으로 분류된다(ELS에 내재된 옵션매도의 원금초과손실위험은 발행사가 부담함).

• 장외파생상품의 겸영인가를 받기 위해서는 영업용순자본비율이 300% 이상이어야 한다(**투자자의 신용위험을 최소화하기 위해 우량한 증권사만 발행할 수 있도록 함**).

(3) **ELS는 공모, 사모 발행이 모두 가능하다.**

(4) ELS는 원금보장형과 원금비보장형 설계가 모두 가능한데, 원금비보장형이 주종을 이룬다.
- 발행 시 원금보장형과 원금비보장형을 명시해야 한다.
- 원금보장형 ELS를 ELB(Equity Linked Bond)라고 한다(발행사가 망하지 않는 한 원금이 보장하는 채권과 유사하므로).

(5) ELS 형태 : 내재된 옵션의 형태에 따라 knock out형, digital형, spread형, reverse convertible형, step down형으로 구분된다(► 'ELS수익구조'는 '37회 11번 해설'을 참조할 것).

학습안내 28회, 31회, 34회, 35회 기출

13

정답 ③

'보험기간(보험계약가입시점~종료시점) 중 사망'을 요건으로 사망보험금을 지급하는 보험은 정기보험이다(► 종신보험은 보험기간이 종신이므로 사망시점과 관계없이 사망보험금을 지급한다).

① 생명보험의 보험료 = 순보험료 + 부가보험료
- 순보험료 = 위험보험료 + 저축보험료, 부가보험료 = 신계약비 + 유지비 + 수금비

② 피보험자가 2인 이상이 보험은 연생보험이다(2인이면 2연생보험, 3인이면 3연생보험).

④ 체증식 보험은 보험기간 경과에 따라 보험금이 증가하는 보험으로서, 물가지수연동보험(물가가 상승하는 만큼 사망보험금이 증가하는 보험)이 대표적이다.

14

정답 ③

틀린 내용은 '가, 나, 다'이다.

- 가 : 자산보유자가 기초자산을 양도하고, 양도받은 유동화전문회사(SPC)가 그 현금흐름을 바탕으로 자산유동화증권(ABS)을 발행한다.
- 나 : 부실채권도 유동화대상 자산이 된다(새로운 유형의 유동화대상 자산). 부실채권은 '고위험 고수익'을 원하는 에쿼티 투자자의 니즈를 충족시키는 상품으로 설계될 수 있다.
  ► 기본서 참조(2023, 1권, p264~265)
  자산유동화증권의 기초자산은 다양한 자산이 될 수 있으며 주로 유동화가 이루어지는 자산들로는 주택저당채권, 자동차할부금융, 대출채권, 신용카드채권, 리스채권, 기업대출, 기업매출채권, 부동산 PF 대출채권, 회사채 등이다. 최근에는 미래현금흐름, 부실대출(non-performing loan), 임대료, 무형자산 등을 자산유동화하는 사례가 크게 증가하고 있다.
- 다 : 신용공여, 지급보증 모두 외부보강방식이다.
  ► 내부보강방식 : 상환순위설정(후순위증권 발행), 현금흐름차액적립(초과스프레드), 예치금, 풋백옵션 등

학습안내 자산유동화 증권에 대한 전체 내용은 '37회 13번 해설'을 참조할 것

15

정답 ①

근로자가 '퇴직 시 받을 퇴직금(퇴직급여)'이 사전에 확정되는 것은 확정급여형(DB형)이다.

※ **퇴직연금제도 내용 정리**

(1) **확정급여형(DB형)은** 미래에 근로자가 수령할 퇴직급여가 사전에 확정되는 제도이며, **확정기여형(DC형)**은 기업이 부담할 부담금이 사전에 확정되는 제도이다.

(2) 퇴직적립금에 대한 운용책임

㉠ 확정급여형(DB형) : 운용책임이 기업(사용자)에게 있으며, 운용결과에 따라 기업이 납입하는 부담금이 변동될 수 있다.

㉡ 확정기여형(DC형) : 기업(사용자)이 부담해야 할 부담금수준이 사전에 확정되고 근로자(피용자)가 운용주체가 되어 적립금을 운용한 후 그 손익에 따라 근로자의 퇴직급여가 변동되는 제도이다.

(3) 연금계리는 확정급여형에서만 필요하다

• 연금계리는 미래에 받을 퇴직금액을 사전에 확정하고 이를 유지하기 위해서 부담금의 크기를 조정해 나가는 것을 말한다.

(4) 확정기여형과 확정급여형 모두 적립금의 100%를 사외적립해야 한다(기업이 도산을 해도 돈을 떼일 염려가 없음).

(5) 확정급여형, 확정기여형 모두 대통령령으로 정한 사유(주택구입 등)에 해당 시 적립금에 대한 담보대출이 가능하며, 확정기여형의 경우 중도인출까지 가능하다.

(6) IRP(개인형 퇴직연금제도) 관련 내용

㉠ 확정급여형, 확정기여형 가입자 모두 IRP에 추가가입을 할 수 있다(납입한도는 연금계좌 통틀어서 연간 1,800만 원).

㉡ IRP의 적립금 운용방식과 수급방식은 확정기여형과 동일하다.

㉢ 확정급여형, 확정기어형, IRP 모두 퇴직연금의 지급은 55세 이후부터 가능하다.

학습안내 29회, 30회, 32회, 33회, 35회 기출

1-3 부동산관련 상품(5문항)

16

정답 ①

저당권은 담보물권이다(용익물권 : 지상권, 지역권, 전세권).

※ **민법상 물권의 종류**

(1) 물권은 우선 점유권[주1]과 물권본권으로 구분되며,

* 주1 : 점유권은 오랜기간 동안 사실상 지배하는 자에게 그 소유권을 인정하는 것으로서 등기를 요하지 않는다.

(2) 물권본권은 특정 물건에 대해 가장 강력한 물권인 **소유권**과 이 소유권의 권리를 제한하는 **제한물권**[주2]으로 구분된다.

* 주2 : 제한물권 중 용익물권(지상권 / 지역권 / 전세권)은 소유권의 '사용 · 수익'권리를 제한하며, 담보물권(유치권 / 질권 / 저당권)은 소유권의 '처분'권을 제한한다.

학습안내 '29회 16번'과 '31회 16번'에서는 '다음 중 제한물권이 아닌 것은?'으로 출제되었으나, 동 문항은 '용익물권이 아닌 것은?'으로 출제되었다(약간의 변형).

17

정답 ③

하향시장은 매수인우위의 시장(매도가 많으므로 → '매수인 중시 현상'이 강함), 상향시장은 매도인우위의 시장(매수가 많으므로 → '매도인 중시 현상'이 강함)이 된다.

※ **부동산시장의 경기별 유형**(2023 기본서, 1권, p354~355 인용)

부동산시장은 일반 경기순환의 확장, 후퇴, 수축, 회복의 4국면 외에 부동산 고유의 특성인 안정시장이라는 특수한 국면을 가지고 있다.

(1) 하향시장 : 일반 경기의 수축에 해당하는 부동산 시장으로 부동산가격이 하락하여 거래는 한산하고 금리와 공실률이 높아짐. **과거의 사례가격은 새로운 거래가격의 상한선이 되며 부동산 전문가의 활동에 있어서 매수자 중시 현상이 커진다.**

(2) 회복시장 : 불황이던 **시장이 잠에서 깨어나 거래가 늘어나기 시작하는 단계**로 경기의 회복은 개별 혹은 지역별로 회복되는 것이 통상이다. 가격의 하락이 중단・반전하여 가격이 상승하기 때문에 투자 또는 투기심리 작용의 여지가 늘고 과거의 사례가격은 새로운 가격의 기준가격이 되거나 하한선이 된다.

(3) 상향시장 : 일반 경기의 확장에 해당하는 부동산 시장으로 **부동산가격이 활발하나 경기가 후퇴할 가능성을 가진다. 과거의 사례가격은 새로운 거래가격의 하한선이 되면 부동산 전문가의 활동에 있어서 매도자 중시 현상이 커진다.**

(4) 후퇴시장 : **가격의 상승이 중단・반전(하락)하여 경기의 후퇴가 시작하여 거래는 점차 한산해지고 금리는 높고 여유자금은 부족해진다.**

(5) 안정시장 : 부동산 시장만이 지니고 있는 특수한 국면으로 시장이 안정되어 간다. 가격은 가벼운 상승을 유지하거나 안정되고 불황에 강한 부동산, 즉 위치가 좋은 적정규모의 주택 등이 대상이 된다. 과거의 사례가격은 새로이 신뢰할 수 있는 거래의 기준이 된다.

18

정답 ④

부동산투자회사(REITs)에는 '자기관리 리츠, 위탁관리 리츠, 기업구조조정 리츠(CR-REITs)'의 세 가지 종류가 있다.

※ **부동산투자회사(REITs)**(2023 기본서, 1권, p500~510 참조)

(1) 부동산펀드는 자본시장법, 부동산투자회사(REITs)는 부동산투자회사법의 규제를 받는다.
- 부동산투자회사법 : 건전한 부동산의 간접투자를 활성화하기 위해 2001.4.7에 제정
- **부동산투자회사 업무를 영위하기 위해서는 국토교통부장관의 영업인가를 받아야 한다.**

(2) REITs의 종류
- ㉠ **자기관리REITs** : 유일하게 실체가 있는 회사로서 자산의 투자・운용을 직접 수행, 최저자기자본 요건은 70억 원
- ㉡ **위탁관리REITs** : 실체가 없는 paper company. 자산의 투자・운용을 자산관리회사에 위탁, 최저자기자본요건은 50억 원
- ㉢ **기업구조조정REITs** : 실체가 없는 paper company. 자산의 투자・운용을 자산관리회사에 위탁하는데 기업구조조정 부동산을 투자대상으로 함. 최저자기자본요건은 50억 원

(3) 주요사항
- **발기설립의 방법으로만 설립이 가능하다(현물출자 불가).**
- 당해연도 이익배당한도의 90% 이상을 주주에게 배당하여야 한다.
- 영업인가일로부터 2년 이내에 발행주식의 30% 이상을 일반청약자에게 제공해야 한다.
- 매분기말 현재 총자산의 80% 이상을 부동산, 부동산관련자산 및 현금으로 구성해야 한다(이 중 70% 이상은 부동산이어야 함).

학습안내 28회, 31회, 34회 기출

19

정답 ③

저당권은 법원경매로써, 담보신탁은 신탁회사가 시장에서 직접 매도함으로써 채권실행을 할 수 있다(환가액에서 부동산담보신탁이 유리함).

※ **저당권 VS 담보신탁**(2023 기본서, 1권, p446 인용)

(1) PF사업의 물적담보확보수단인 저당권과 담보신탁은 아래와 같이 구분된다.

(2) 담보신탁은 저당권에 비해 목적물 관리의 안전성 및 효율성, 채권실행의 편리성 등의 장점이 있다.

구 분	저당제도	담보신탁제도
담보설정방식	(근)저당권 설정	신탁설정(신탁등기)
담보물 관리	채권기관에서 관리	신탁회사가 직접 관리(부동산가격변동, 임대차 등 변동여부 점검)
소요경비	• 등록세 및 교육세(채권최고액의 0.24%) • 채권매입비(채권최고액의 1%)	• 등록세, 교육세, 채권매입비 면제 • 신탁보수 : 수익권증서 금액의 0.4% 이하
채권실행방법	법원 경매	신탁회사가 직접 공매
채권실행비용 및 소요기간	• 등록세, 경매수수료 등 경매비용 과다소요 • 장기간 소요	• 현저히 절감 • 단시일 내에 정리
환가 가액	저가처분(폐쇄시장에서 경매, 매각활동 전무)	상대적 고가처분(일반 공개시장에서 공매, 적극적 매각활동)
신규임대차 · 후순위권리 설정	배제 불가	배제 가능(담보가치유지에 유리)

학습안내 28회, 31회, 32회, 34회, 35회에서 유사유형으로 출제되었다.

20

정답 ②

토지평가에 있어서 중추적인 역할을 하는 것은 비교방식(거래사례비교법)이다. 토지는 재생산이 불가하므로 재조달원가가 감가공제액으로 가치를 평가하는 원가방식은 사용할 수 없다.

학습안내 28회, 31회, 32회, 33회, 35회 기출(► '감정평가 3방식'에 대한 상세 내용은 '43회 20번 해설'을 참조할 것)

2-1 대안투자운용/투자전략(5문항)

21

정답 ③

부동산투자, PEF투자, 헤지펀드투자 등은 대안투자로 분류된다. MMF와 채권형펀드는 전통투자상품이다(전통투자상품 : 주식 또는 채권에 투자하는 상품).

학습안내 33회, 35회 기출(► '대안투자상품 개요'에 대한 전체 내용은 '38회 21번 해설'을 참조할 것)

22

정답 ②

부동산의 건축을 담당하는 주체는 시공사이다.

※ 부동산 개발사업의 주체 : 시행사 VS 시공사(2023 기본서, 2권, p10~12 참조)

(1) 시행사

- **시행사는 토지를 매입하는 등 해당 사업의 주체가 되어 시행하는 업체를 말한다.**
- 대부분의 시행사는 자본금이 작은 중소업체들로서 신용등급이 높지 않아 일반적인 관점에서 신용등급을 바탕으로 한 대출을 받기 어렵다. 그런데, 추진하고자 하는 부동산 개발사업이 충분한 가치를 보유하고 있을 경우, 매입예정된 토지와 부동산사업이 가진 미래현금흐름을 바탕으로 프로젝트 금융(PF)을 실시할 수 있다.
- 시행사는 사업을 진행하는 주체로서 사업전반에 대한 위험을 부담하는 대신, 사업참여자 중에서 가장 많은 수익을 가지게 된다.

(2) 시공사

- **시공사는 부동산 개발사업에서 부동산을 건축하는 역할을 담당한다.**
- 이때 부동산 완공에 대한 책임이 발생하는데, 이에 대해 대주단 및 부동산펀드에 대해 시행사가 사업을 진행함에 있어 공급받은 자금에 대해 필요시 일정 부분 이상을 보증하게 된다.
- 인허가 이후에 발생하는 공사비는 기성 혹은 분양률에 따라 지급받게 된다.

► PF채권에 대한 안정성 확보 수단

시행사를 통한 수단	시공사를 통한 수단
사업부지에 대한 저당권설정, 부동산담보신탁	책임준공, 책임분양, 연대보증, 채무인수 등

※ 부동산 개발 시 주요위험에 대한 관리방안

(1) 토지확보위험 : **사업부지의 전체 지주와 일괄 계약 및 동시자금집행 등**

(2) 사업위험 : 사업부지에 대한 채권확보, 에스크로계좌[주1] 분양수입금 관리 등

* 주1 : 에스크로계좌(escrow account) : 부동산 개발사업에 있어 발생하는 수익금인 분양수입금 관리계좌로서 부동산 개발사업의 참여자 전원의 동의가 있을 경우에만 자금이 인출되는 계좌를 말함(엄격한 자금관리를 통한 사업위험 감소)

(3) 인허가위험 : 트리거 조건 설정, 인・허가승인 조건부로 자금인출 등

(4) 시공위험 : 신용도가 양호한 시공사 선정 등

23

정답 ③

방향성전략으로만 연결한 것은 '선물거래, 이머징마켓펀드'이다(아래 표 참조).

※ 헤지펀드 운용전략의 구분

전략의 구분	세부 종류
차익거래 전략	전환사채차익거래, 채권차익거래, 주식시장중립형 등
상황의존형 전략	합병차익거래, 부실채권투자 등
방향성 전략	주식의 롱숏, 글로벌매크로, 이머징마켓펀드, 선물거래, 매도전문펀드 등

- '주식시장중립형(Equity Market Neutral)'은 5:5의 롱숏전략을 말하며, '주식의 롱숏'은 6:4 또는 4:6과 같이 롱(long)이나 숏(short)에 편중된 전략을 말한다.
- 채권차익거래에는 '수익률곡선차익거래', '이자율스프레드' 등이 있다.

24

정답 ④

합성CDO(Synthetic CDO)는 CDO의 특수한 형태로서 보장매입자가 **준거자산을 양도하는 것이 아니라** 신용파생상품을 이용하여 자산에 내재된 신용위험을 SPC에게 이전하는 유동화방식이다(2023 기본서, 2권, p102 인용).

※ **자산보유자가 신용위험을 전가하는 방식(매각 여부)**

(1) 자산보유자의 입장에서 보유자산을 양도(매각)함으로써 신용위험을 전가하는 방식 : **ABS, CDO**(→ 고객사와의 우호적 관계가 훼손될 수 있음)

(2) 자산보유자(보장매입자)가 보유자산(준거자산)을 양도하지 않고 신용파생상품을 활용하여 신용위험을 전가하는 방식 : **CDS, CLN, 합성CDO**(→ 고객사와의 관계악화 방지)

학습안내 28회, 33회, 35회 기출

25

정답 ③

보기는 'Arbitrage CDO'를 말한다. Arbitrage CDO는 차익을 얻기 위해 CDO의 기초자산을 주로 수익률이 높은 자산으로 구성한다.

학습안내 '32회 24번'과 동일유형으로 출제되었다(► CDO종류의 전체 내용은 '40회 25번 해설'을 참조할 것).

2-2 해외증권투자운용/투자전략(5문항)

26

정답 ①

옳은 내용은 '가, 나'이다.

• 다 : '개별 기업 특유의 요인에 의한 위험'은 비체계적 위험을 말하며, 비체계적 위험은 국내 분산투자로도 제거할 수 있다.

※ **국제 분산투자효과**(2023 기본서, 2권, p126~127 참조)

(1) 분산투자이론에 의하면 개별 주식이 가진 총위험은 분산투자로 제거할 수 있는 비체계적 위험과 분산투자로도 제거할 수 없는 체계적 위험으로 나누어진다.

(2) **개별기업 특유의 요인은** 개별기업의 주가가 서로 다르게 움직이도록 작용하여 포트폴리오 투자가 이루어졌을 때 서로 다른 움직임이 상쇄되어 위험분산이 가능하다. 반면, **시장공통적인 요인에 의한 체계적 위험은** 분산투자를 하더라도 서로 상쇄되지 않으므로 위험분산이 불가능하다.

(3) **국내적으로 분산불가능한 위험인 체계적 위험도 투자대상을 외국증권으로 확대하여 국제적으로 분산투자할 경우에는 위험의 추가적인 분산효과를 얻는 것이 가능하다.**

• 즉 특정국가의 정치적 위험이나 독립적인 금융제도나 외환정책 등 특정국가의 체계적 위험은 국제 분산투자 시 부분적으로 제거될 수 있다.

(4) **국가 간의 상관관계가 높을수록 국제분산투자효과는 작아진다.**

27

정답 ④

우리나라는 2024년 현재 FTSE지수상에서는 선진시장(developed)으로 분류된다.

※ MSCI지수와 FTSE지수

(1) MSCI지수는 크게 MSCI World Index (MSCI세계지수 ; 선진시장 지수)와 MSCI Emerging Market Index(MSCI 신흥시장지수)으로 구분된다.

- 우리나라는 2024년 현재 MSCI EM지수에 편입되어 있음

(2) FTSE지수는 'FTSE100, FTSE World Index, FTSE All World Index'로 구분된다.

㉠ FTSE100 : 런던거래소에 상장된 100개의 우량주식으로 구성된 지수

㉡ FTSE World Index : 30개국의 기업이 편입. 상당수 유럽계투자자가 해외투자 시 각국의 투자비중을 결정하는 기준으로 활용되는 지수

㉢ FTSE All World Index : FTSE World Index의 30개국을 49개국으로 확장하였다.

'ⓐ Developed(선진시장), ⓑAdvanced Emerging(선진신흥시장), ⓒEmerging(신흥시장)'의 3개 그룹으로 구분함

– 우리나라는 2024년 현재 Developed(선진시장)에 편입되어 있음

[학습안내] MSCI지수에 대한 전체 내용은 '41회 27번 해설'을 참조할 것

28

정답 ②

옳은 항목은 '나, 다'이다.

- 가 : 롤링위험(rolling risk)은 장내상품인 선물을 이용하여 장기간 헤지하고자 할 때 발생하는 위험으로서, 장외상품인 선물환계약을 통해서는 발생하지 않는다.

※ 추가해설

- 나 : 내재적 헤지는 미국투자자의 입장에서 '㉠ 미달러화 강세기에서, ㉡ 미달러화와 양의 상관관계를 보이는 국제주식을 매수하여, ㉢ 환차손과 주식투자이익이 상쇄됨으로써' 국제주식투자 그 자체에서 헤지가 되는 방식을 말한다.

[주의 1] 내재적 헤지에는 별다른 헤지비용이 들지 않는다(다른 헤지수단을 사용하지 않으므로).

[주의 2] '미달러화와 양의 상관관계를 보이는 국제주식'과 '투자대상국 통화와 음의 상관관계를 보이는 국제주식'은 동일한 의미이다.

- 다 : 국제투자펀드는 환위험 헤지를 적극적으로 하지 않는다(∵ 환율변동을 수익의 원천으로 보므로).
  - 대부분의 국제투자펀드는 환위험 헤지를 거의 하지 않거나 환율이 한 방향으로 크게 변동할 것으로 예상하는 경우 부분적으로 환헤지를 할 뿐이다.
  - 국제 주식투자는 환투기를 위한 하나의 수단으로 볼 수도 있다.

29

정답 ②

달러표시 DR을 미국과 미국 이외의 시장에서 동시에 발행(또는 상장)하면 GDR(Global Depository Receipt)이 된다.

※ 해외 DR의 발행(2023 기본서, 2권, p155~157 참조)

(1) 자국의 상장기업이 본국의 예탁원(기본서에서는 은행으로 표시)에 원주를 예탁하고 이를 바탕으로 해외 주식시장에 예탁증서 형태로 발행하는 것을 DR이라 한다.

- 본국 거래소와 해외 거래소에 같이 상장하므로 복수상장이라 한다.

(2) 미국시장에서 DR을 발행할 경우 ADR(American Depository Receipt)이 되는데, 발행기업이 상장관련 비용을 부담하는 경우를 Sponsored DR이라 하고 미국의 증권회사가 부담하는 경우를 Unsponsored DR이라 한다.
(3) 달러표시 DR을 미국이 아닌 시장에서 상장할 경우 EDR(Euro DR)이라 하며, 미국과 미국이 아닌 시장에서 동시에 상장할 경우 GDR(Global DR)이라 한다.
(4) 우리나라 기업의 해외 상장의 경우에는 현지의 제도가 DR과 원주상장에 관계없이 DR의 형태로 상장되고 거래된다(∵ 원화가 글로벌 통화가 아니므로 원주상장의 케이스가 없음).
(5) DR포함 해외 상장 시 상장유지 비용이 발생하며(미국 뉴욕시장은 특히 비싼 편), 상장의 혜택(신인도제고 효과, 자금조달 등)이 상장비용을 상회하지 못한다면 상장유지의 정당성을 확보하기가 어렵다.

학습안내 29회, 31회, 32회, 33회, 35회에서 유사유형으로 출제되었다.

30

정답 ②

차례대로 'T-Bill, 할인채, T-Bond, 이표채'이다.

※ 미국 재무부 채권(Treasury Bond)의 종류

구 분	T-Bill	T-Note	T-Bond
만 기	만기 1년 이하 (단기채)	만기 1년 이상 10년 미만 (중기채)	만기 10년 이상 (장기채)
이자지급식	할인채	이표채	이표채

학습안내 29회, 31회, 34회, 35회 기출

2-3 투자분석기법(12문항)

31

정답 ④

상관계수는 공분산을 각각의 표준편차의 곱으로 나눈 값이다($\rho_{xy} = \frac{\sigma_{xy}}{\sigma_x \sigma_y}$).

학습안내 '34회 31번'은 중심위치와 산포경향의 종류를 묻는 간단한 문제였지만, 35회 시험에서는 세부개념을 묻는 문제로 출제되어 난이도가 상향되었다.(► '증권분석을 위한 통계지표'에 대한 전체내용 정리는 '42회 31번 해설'을 참조할 것)

32

정답 ①

총자산회전율($\frac{\text{매출액}}{\text{총자산}}$)은 재무상태표(분모 : 총자산)와 손익계산서(분자 : 매출액)를 같이 활용하여 산출하는 재무비율이다.

※ 재무비율의 구성방식에 따른 분류

재무상태표 항목으로만 구성된 재무비율	손익계산서 항목으로만 구성된 재무비율	재무상태표와 손익계산서 항목을 혼합한 재무비율
유동비율 당좌비율 현금비율 부채-자기자본비율 등	매출액영업이익률 매출액순이익률 이자보상비율 등	총자산회전율 매출채권회전율 총자산이익률(ROA) 자기자본이익률(ROE) 등

학습안내 29회, 32회, 35회에서 동일유형으로 출제되었다.

33

정답 ④

타인자본 의존도가 높을수록 결합레버지리도가 높게 나타난다.

► 타인자본 의존도가 높을수록 → 이자비용이 많아지고 → DCL이 높아진다(아래 공식상 이자비용이 많아지면 분모값이 작아져서 전체 DCL이 높아진다).

※ 레버리지도 분석 : 개념 및 산식

구 분	영업레버리지도(DOL)	재무레버리지도(DFL)	결합레버리지도(DCL)
개 념	$\frac{\text{영업이익변화율}}{\text{매출액변화율}}$	$\frac{\text{주당순이익변화율}}{\text{영업이익변화율}}$	$\frac{\text{주당순이익변화율}}{\text{매출액변화율}}$
산 식	$\frac{\text{매} - \text{변}}{\text{매} - \text{변} - \text{고}}$	$\frac{\text{매} - \text{변} - \text{고}}{\text{매} - \text{변} - \text{고} - \text{이}}$	$\frac{\text{매} - \text{변}}{\text{매} - \text{변} - \text{고} - \text{이}}$

[매 : 매출액, 변 : 변동비, 고 : (영업)고정비, 이 : 이자비용]

※ 결합레버리지도 기본서 全文(2023 기본서, 2권, p261)

(2) 결합레버리지도

결합레버리지도(DCL)는 매출액(또는 판매량)의 변화율에 대한 주당순이익의 변화율의 비율로 정의된다. 그런데 결합레버리지도는 영업레버리지도와 재무레버리지도의 합이 아니라, **두 레버리지의 곱으로 얻어진다.**

(산식 생략) 위 식으로부터 **영업고정비와 이자비용이 존재하는 한 결합레버지도는 항상 1보다 크다는 것을 알 수 있다.** 기업의 영업고정비와 이자비용을 많이 지급할수록 결합레버리지가 커지면 기업의 주당순이익의 변화율은 매출액 변화율보나 항상 확내되어 나타난다. 특히 영입고정비를 많이 지출하는 중화학공입 또는 장치산업에 속하는 기업이나 **타인자본 의존도가 높은 기업은 결합레버리지도가 높다.**

학습안내 레버리지도 개념문제('30회 32번', '33회 34번')인데, 35회에서는 결합레버리지도 단독문항으로 출제된 것이 특징이다(④번 지문은 신유형에 해당함).

34

정답 ③

차입금의 차입이나 상환은 '재무활동으로 인한 현금흐름'에 속한다.

※ **현금흐름표**(2023 기본서, 2권, p263~264 참조)

(1) 현금의 범위 : 현금흐름표 상의 현금은 '현금 및 현금성자산'으로 정의된다.

- 현금 : 보유현금과 요구불예금
- 현금성자산 : 유동성이 매우 높은 단기 투자자산(큰 거래비용없이 현금화가 가능한 자산)

(2) 현금흐름표의 구성

㉠ **영업활동으로 인한 현금흐름(영업현금흐름)** : 원재료 및 상품 등의 구매활동과 제품 생산활동 및 판매활동에서 발생한 현금흐름

- 매출채권, 재고자산, 매입채무의 변동은 영업활동으로 인해 자산이나 부채의 증감으로 나타나는 것이므로 영업활동현금흐름에 속한다.
  - ► '매출채권 / 재고자산 / 매입채무'의 현금흐름의 증감에 대한 세부내용은 '34회 35번 해설'을 참조할 것

㉡ **투자활동으로 인한 현금흐름(투자현금흐름)** : 현금의 대여와 회수 활동 그리고 유가증권, 투자자산 및 비유동자산의 취득과 처분 활동상 발생한 현금흐름

- 설비자산의 취득과 처분, 유가증권의 매입과 처분, 대여금의 대여와 회수 등

㉢ **재무활동으로 인한 현금흐름(재무현금흐름)** : 차입금의 차입이나 상환, 자기주식의 취득이나 처분 등 재무활동으로 발생하는 현금흐름

- 차입금의 차입과 상환, 자기주식의 취득과 처분, 유상증자 등

(3) 현금흐름표 작성 방식(간접법을 주로 사용)

- 직접법 : 현금흐름을 발생시키는 항목 별로 직접 표시
- 간접법 : 당기순이익에 출발하여 역으로 특정 항목을 가감하는 방식
  - ► 역산방법 : 비현금비용(예 감가상각비, 대손상각비 등)은 가산하고, 비현금수익(예 유가증권평가이익, 재고자산평가이익 등)은 차감한다.

학습안내 현금흐름의 입출방향에 대한 문제는 자주 출제된 편이나(28회 / 31회 / 34회), 현금흐름표에 대한 개념문제는 35회에서 처음으로 출제되었다(난이도 중하).

35

정답 ②

EV/EBITDA 비율을 말한다.

※ **EV/EBITDA비율의 의의**

(1) PER의 한계점을 보완한다.

→ PER는 당기순이익을 기준으로 평가하지만 EV/EBITDA는 영업이익[주1]을 기준으로 하므로 아래 두 가지 관점에서 PER를 보완한다.

㉠ 당기순손실이지만 영업이익이 흑자인 기업을 평가할 수 있으므로 PER보다 평가범위가 더 넓다.

㉡ 영업이익에 감가상각비를 가산함으로서 PER에서 반영할 수 없는 현금흐름도 보완할 수 있다.

* 주1 : EBITDA는 '영업이익(EBIT)에 감가상각비(DA)를 가산한 것'을 말함

(2) 자본구조를 감안한 평가방식의 의미 : 분자항목인 EV는 '시가총액 + 순차입금'을 말하는데, 이는 '주주가치 + 채권자가치'를 의미한다. 따라서 자본구조(자기자본 / 타인자본)를 반영한다.

학습안내 29회, 32회, 35회 기출(► EV/EBITDA비율에 대한 기본서 전체 내용은 '40회 35번 해설'을 참조할 것)

36

정답 ②

EVA = 세후순영업이익 − (투하자본 × 가중평균자본비용) = 99억 원

※ **풀 이**

(1) 세후순영업이익 = 200억 원 × (1 − 0.25) = 150억 원

(2) 가중평균자본비용 = (타인자본비율 × 세후 타인자본비용) + (자기자본비율 × 자기자본비용[주2])

= {0.4 × 0.10 × (1 − 0.25)[주1]} + (0.6 × 0.12) = 0.03 + 0.072 = 0.102

* 주1 : 타인자본비용 사용 시 법인세 절감효과가 있으므로 세후 타인자본비용을 적용

* 주2 : **자기자본비용을 '자기자본의 기회비용'이라고도 하는 이유** :

- 타인자본을 사용하는 대가로 지급하는 이자비용은 명시적 비용이지만, 자기자본을 사용하는 대가로 지급하는 비용에서는 명시적 비용이 없다(이자처럼 의무적으로 지급하는 비용이 아니기 때문). 따라서 기업의 입장에서는 그 기회비용으로 자본비용을 추정한다.
- 이론상 자기자본비용은 CAPM이론상의 기대수익률(SML식으로 나오는 균형수익률)로 보지만, 현실적으로는 주주들에 대해 지급하는 배당금비용이 자기자본비용이라고 볼 수 있다.

(3) 따라서, EVA = 150억 원 − (500억 원 × 0.102) = 150억 원 − 51억 원 = 99억 원

학습안내 28회, 31회, 35회에서 동일유형으로 출제되었다.

37

정답 ②

급진갭(run away gap)에 해당한다.

※ **급진갭 개념**(2023 기본서, 2권, p326~327 인용)

(3) 급진갭(run−away gap)

급진갭은 주가가 거의 일직선으로 급상승하거나 또는 급하락하는 도중에 주로 발생한다. 급진갭은 주가움직임이 급속히 가열되거나 냉각되면서 이전의 추세가 더욱 가속화되고 있음을 확인시켜주는 갭으로 볼 수 있다.
급진갭은 다우이론의 추세추종국면이나 엘리어트파동 이론의 3번파동에서 주로 발생한다. 급진갭은 **주가의 예상 목표치의 중간지점에서 주로 발생하기 때문에** 또한 급진갭을 확인할 수만 있다면 향후 주가움직임을 미리 알 수가 있기 때문에 급진갭을 중간갭 또는 측정갭이라 부르기도 한다.

※ 비교 **소멸갭, 섬꼴반전**(2023 기본서, 2권, p327 참조)

(1) 소멸갭(exhaustion gap)

- 주가가 장기간에 걸쳐 급격한 수직상승을 지속하는 도중에 나타난다.
- 주가 상승 막바지에 한두 갭이 발생하고 그 후 바로 주가상승이 멈추고 하락으로 반전되는 경우, 바로 앞에서 발생하는 갭이 소멸갭이다.

(2) 섬꼴반전(island reversal 또는 island gap)

- 상승 소멸갭에 의해 발생한 갭상승과 뒤이어 하향 돌파갭에 의해 발생한 갭하락이 동시에 나타나면서 형성되는 모양이다.
- 섬꼴반전이 나타나면 이제까지의 상승추세가 끝나고 새로운 하락추세가 시작된다는 반전신호로 인식한다.

38

정답 ④

④만 옳은 내용이다.

① 전일대비 상승한 날의 거래량을 더하고 전일대비 하락한 날의 거래량을 차감한 누적차수로 산출한다.

② 주가가 뚜렷한 등락을 보이고 있지 않을 때(즉 횡보국면에서), 유용한 지표이다.

③ 강세장에서는 U마크가 생기며(고점을 갱신), 약세장에서는 D마크(저점을 갱신)가 형성된다.

학습안내 OBV에 대한 전체 내용은 '39회 39번 해설'을 참조할 것

39

정답 ①

MAO를 말한다.

※ **MAO(Moving Average Oscillator)**(2023 기본서, 2권, p360 참조)

(1) 정의 : 단기 이동평균값에서 장기 이동평균값을 뺀 차이를 그래프상에 나타내어 현재 주가의 움직임이 어떻게 진행되고 있는가를 판단하기 위한 추세분석기법이다.

(2) 계산 : MAO = 단기 이동평균값 − 장기 이동평균값

비교 '단기이평선 − 장기이평선' 값을 막대로 표시한 것이 MAO이며 선으로 표시한 것이 MACD이다. MAO는 막대의 움직임 자체로 매매신호를 얻으며, MACD는 MACD의 이평선인 시그널과의 교차를 통해 매매신호를 얻는다.

(3) 설 명

- MAO의 값이 (+)이면 현재 주가가 상승추세에 있고, (−)이면 하락추세에 있음을 나타낸다.
- 양전환 시 매수신호, 음전환 시 매도신호가 된다.
  - 양전환 : MAO가 (−)에서 0선(기준선)을 상향돌파하여 (+)로 전환하는 것을 말한다.
  - 음전환 : MAO가 (+)에서 0선(기준선)을 하향돌파하여 (−)로 전환하는 것을 말한다.

학습안내 MAO지표의 정의를 묻는 문제로서 신유형 문제이다(난이도 중하).

40

정답 ①

옳은 내용은 ①번이다.

※ **추가해설**

② 투입계수는 각 산업이 재화와 서비스의 생산에 사용하기 위하여 다른 산업으로부터 구입한 **중간투입액과 부가가치액을 총투입액(또는 총산출액)으로 나눈 것**으로 중간투입계수와 부가가치계수로 나누어진다(2023 기본서, 2권, p399 인용).

► 중간투입계수 = $\frac{\text{중간투입액}}{\text{총투입액}}$, 부가가치계수 = $\frac{\text{부가가치액}}{\text{총투입액}}$

③ 생산유발계수의 정의이다.

④ 전방연쇄효과의 정의이다.

► 후방연쇄효과 : 특정 산업제품에 대한 최종수요 1단위의 증가가 모든 산업의 생산에 미치는 영향을 의미한다.

암기팁 후방연쇄 : 특정산업 → 모든산업, 전방연쇄 : 모든 산업 → 특정산업(화살표는 미치는 영향의 방향을 의미)

학습안내 29회, 33회, 35회 기출(► 산업연관표에 대한 전체 내용은 '37회 42번 해설'을 참조할 것)

41

정답 ①

'① 헥셔-올린 모형, ② 제품수명주기이론, ③ 신무역이론, ④ 내생적성장이론'이다. 리카도이론과 헥셔-올린 모형은 전통적 국제무역이론이며, 나머지(②, ③, ④)는 현대적 무역이론이다.

※ **전통적 무역이론 : 리카도의 비교무위론, 헥셔-올린 모형**(2023 기본서, 2권, p391 인용)

리카도(D. Recardo)의 비교우위론에서는 국가 간에 각 생산제품에 필요한 노동투입량, 다시 말하면 상대적 생산비가 다르므로 각 국은 상대적으로 생산비가 낮은(비교우위가 있는) 제품의 생산에 특화하여 이를 수출하는 것이 이익이다. 이 경우 수출산업은 빠르게 성장하여 산업구조변화를 초래하게 될 것이다. 다음으로 **헥셔-올린 모형(Heckscher-Ohlin Model)은 노동과 자본으로 확대하여** 생산요소의 상대적 부존도의 차이가 무역패턴을 결정한다는 것이다. 간단히 설명하며, **노동이 상대적으로 풍부한 국가는 노동의 상대가격이 싸므로 노동을 상대적으로 많이 사용하는 노동집약적인 제품에서 비교우위를 갖는다.** 따라서 한 국가의 경제가 발전함에 따라 자본의 상대적인 부존도가 상승하게 되면 산업구조도 노동집약적인 산업 중심에서 자본집약적인 산업 중심으로 변화하게 될 것이다(중략).

학습안내 산업구조변화이론에 대한 전체 내용은 '38회 39번 해설'을 참조할 것

42

정답 ①

틀린 내용은 '가, 나'이다.

- 가 : 산업정책은 공급지향적이다(공급정책).
  - ► 수요지향적인 것은 케인즈의 총수요 관리정책으로서 재정정책과 통화정책을 말한다.
- 나 : 산업정책은 역사적으로 볼 때 경쟁력이 뒤떨어진 후발국에서 강조되었다.

※ **산업정책의 특징**(2025 기본서, 2권, p414~415 인용)

산업정책은 다음과 같은 특징을 가지고 있다.

첫째, 산업정책은 공급지향적 정책이다. 즉 경제성장을 직접적인 목표로 하여 총공급 관리정책에 초점을 맞추는 것이다. 이는 **재정 및 금융수단을 통해 총수요를 관리함으로써 단기적인 경제안정을 직접적 목표로 하는 케인즈적 거시경제정책과는 구별되는 점이다.** 거시경제정책으로 추진되는 총수요관리정책은 국민경제의 실제 생산수준을 잠재적 생산수준에 접근시켜 실업을 해소하거나 인플레이션 압력을 완화하고자 하는 것으로서 잠재적 생산수준을 주어진 제약조건으로 파악하는데 비해 산업정책은 잠재적 생산수준 자체의 확충을 시도하는 것이다.

둘째, 산업정책은 생산자원의 공급과 배분에 정부가 개입함으로써 산업활동을 지원, 조정 또는 규제하여 그 효과가 발생하게 된다. 이 경우 정부개입의 정당성을 확보하여 주는 근거는 이른바 시장실패, 즉 시장가격기구를 통한 최적 자원배분이 이루어지지 않는 현상이 발생할 수 있다는 것이다. 따라서 **산업정책의 범위와 내용은 시장실패의 범위 및 내용과 긴밀하게 연관되어 있다.**

셋째, 산업정책은 역사적으로 볼 때 경제발전이 뒤떨어진 후발국에서 강조되었다. 또한 어떤 이유에서든 **국민경제의 성장잠재력이 훼손되는 상황에서도 강조되는 경향이 있다.**

넷째, 산업정책은 각 국가가 처한 경제상황에 따라 구체적인 모습이 달라지며 동일한 국가에서도 경제발전 단계에 따라 효율적인 정책의 방향과 수단이 달라진다.

2-4 리스크 관리(8문항)

43

정답 ①

$$\sigma(\Delta V) \bullet z = \sigma(\Delta C) \bullet z = \sigma(f' \bullet \Delta S) \bullet z = S \bullet \sigma(\frac{\Delta S}{S}) \bullet z \bullet f',$$

따라서 신뢰구간 99% 1일 VaR는

'150point × 2.5% × 2.33 × 0.8 = 150point × 2.5 × 0.01 × 2.33 × 0.8 = 6.99point

학습안내 29회, 32회, 35회에서 동일유형으로 출제되었다(► 비교하여 채권의 VaR 계산은 '31회, 33회'에서 출제됨).

44

정답 ④

VaR이 큰 순서는 'D > C > A > B'이다(아래 계산).

※ **포트폴리오 VaR 산식** : $VaR_p = \sqrt{VaR_X^2 + VaR_Y^2 + 2 \bullet \rho \bullet VaR_X \bullet VaR_Y}$

→ 포트폴리오 VaR 산식을 이용하여 계산한다.

- A : $VaR_A = \sqrt{4^2 + 3^2 + 2 \bullet 1 \bullet 4 \bullet 3} = 4 + 3 = 7$
- B : $VaR_B = \sqrt{6^2 + 3^2} = 6.71$
- C : $VaR_C = \sqrt{6^2 + 5^2 + 2 \bullet 0.8 \bullet 6 \bullet 5} = \sqrt{36 + 25 + 48} = 10.44$
- D : $VaR_D = \sqrt{6^2 + 7^2 + 2 \bullet 0.5 \bullet 6 \bullet 7} = \sqrt{36 + 49 + 42} = 11.27$

45

정답 ④

리스크요인의 변동분포를 과거의 실제 데이터로부터 확보하는 것은 역사적 시뮬레이션이며, 몬테카를로 시뮬레이션은 확률모형으로부터 리스크요인의 변동분포를 무한히 생성해 낼 수 있다(이 차이점 외에는 두 모형이 모두 동일함).

※ **몬테카를로 시뮬레이션 방법**(2024 기본서, 2권, p450~454 참조)

(1) 이 방법은 향후 위험요인의 변동을 몬테카를로 시뮬레이션을 이용하여 얻은 후, 보유하고 있는 포지션이 가치변동분으로부터 VaR을 측정하는 방법이다. 이때 포지션의 가치변동은 역사적 시뮬레이션 방법에서와 마찬가지로 완전가치 평가(full valuation)방법으로 측정한다. 따라서 위험요인이 변동할 때 포지션의 가치변동을 측정하기 위한 **가치평가모형(valuation model)이 필요하다.**

(2) 역사적 시뮬레이션 방법과 다른 점은 **ΔV 측정에 사용되는 $\Delta \chi$가 과거 실제 일어났던 수치가 아니라 위험요인의 확률모형으로부터 몬테카를로 시뮬레이션으로 얻은 수치라는 점이다. 이후의 과정은 역사적 시뮬레이션 방법과 동일하다.**

(3) 역사적 시뮬레이션에서는 위험요인의 변동분을 과거 실제 일어났던 자료로부터 얻으므로 자료의 수가 제한적이라는 단점이 있다. **그러나 몬테카를로 시뮬레이션 방법에서는 컴퓨터에서 random number를 무한히 생성할 수 있기 때문에 위험요인도 원하는 개수만큼을 생성해 낼 수 있다.** 이는 새로운 포지션의 분포도 많은 관찰치로부터 얻을 수 있게 되는 것을 의미하며 결국 VaR값의 확률적인 신뢰성이 높아지게 된다. 따라서 위험요인에 대한 확률모형이 적절하다면 VaR을 측정하는 방법으로 가장 적절한 방법으로 알려져 있다. **다만 이 분석법의 단점은 계산비용이 많이 든다는 점이다.** 시스템 시설과 데이터 처리능력을 개발시키는데 많은 비용이 든다.

학습안내 역사적 시뮬레이션에 대한 상세 내용은 '36회 47번 해설'을 참조할 것

46

정답 ③

포트폴리오가 한 개의 리스크 요소에 주로 의존할 경우 스트레스 검증법이 적절히 사용될 수 있다(시나리오를 가정하여 리스크를 측정하므로 단일의 요소에 의존하여 측정하는 것으로 이해할 수 있음).

※ **스트레스 검증법**(2023 기본서, 2권, p456~457 참조)

(1) 완전가치로 평가한다.

► 완전가치평가법 : 역사적 시뮬레이션/몬테카를로 시뮬레이션/스트레스 검증법

► 부분가치평가법 : 델타분석법(델타노말/델타감마)

(2) 이 방법은 포트폴리오의 주요 변수들에 큰 변화가 발생하였을 때 포트폴리오의 가치가 얼마나 변할 것인지를 측정하기 위해 주로 이용되며 시나리오 분석이라고도 한다.

(3) 금융시장에는 예기치 못한 사건으로 인해 금융시장 가격이 급변하는 경우가 종종 있는데 주식시장붕괴나 환율폭락 등과 같은 **최악의 경우(worst case)에 주로 사용된다.**

• 극단적인 상황이 아니라도 시장상황변화에 대한 시나리오를 만들고 각 시나리오에 따른 포트폴리오의 변화를 측정하는 것은 유용하다.

(4) 이 방법의 장점은 **과거의 데이터가 없는 경우에도 사용할 수 있다**는 것이다.

► 역사적 시뮬레이션은 과거의 데이터가 없는 경우에는 사용이 불가함

(5) 그러나 스트레스 검증법은 다른 VaR측정방법처럼 과학적으로 VaR을 계산하지는 못한다(시나리오 자체가 주관적이므로).

(6) 이러한 단점에도 불구하고 **포트폴리오가 단 한 개의 리스크 요소에 주로 의존하는 경우에는** 스트레스 검증법이 적절히 사용될 수 있다.

(7) 따라서 스트레스 검증법은 **다른VaR 측정법의 대체방법이라기 보다는 보완적인 방법으로 최악의 경우의 변화를 측정하는데 유용하다.**

• 주관적인 시나리오에 의존하므로 과학적인 VaR를 측정할 수 없다(따라서 대체수단이라기 보다는 보완적인 수단이 됨).

학습안내 '29회 47번'과 '32회 48번'과 유사유형이나, ③번 지문이 신유형으로 반영되었다.

47

정답 ④

RAROC는 차례대로 '0.75, 1.0, 0.80, 1.2'이다(아래 표). RAROC는 위험조정성과지표로서 지표 값이 높을수록 좋으므로 가장 우수한 포트폴리오는 D포트폴리오이다.

※ RAROC(Risk Adjusted Return on Capital)

(1) 정의 : 투자에서 얻은 수익을 그 수익을 얻기 위해 사용한 리스크로 조정한 것이다.

(2) 의의 : VaR의 유용성 중의 하나로서, VaR을 위험지표로 하여 RAPM지표로 활용할 수 있다.

(3) 계산 : RAROC도 RAPM지표이므로 높을수록 좋다(높을수록 위험대비 성과가 좋음을 의미).

포트폴리오	A	B	C	D
RAROC($\frac{순수익}{VaR}$)	$\frac{3}{4}$ = 0.75	$\frac{4}{4}$ = 1.0	$\frac{4}{5}$ = 0.80	$\frac{6}{5}$ = 1.2

• 투자금액 100억 원 가정 시

학습안내 28회, 31회, 33회, 35회 기출

48

정답 ②

신용손실분포는 '**한쪽으로 치우치고(skewed), 두껍고 긴 꼬리(fat tail)**'를 가진 분포를 한다.

학습안내 33회, 35회 기출(► '신용손실분포 특징'에 대한 전체 내용은 '42회 48번 해설'을 참조할 것)

49

정답 ④

신용위험(부도위험)이 가장 낮은 자산은 D이다.

※ 상세풀이

(1) 부도거리(DD = $\frac{\text{자산가치} - \text{부채금액}}{\text{표준편차}}$)를 계산하면 'A = 0.75, B = 1.33, C = 2.0, D = 3.0(단위 : 표준편차)'이다.

구 분	A	B	C	D
부도거리 (단위 : 표준편차)	$\frac{100-70}{40} = 0.75$	$\frac{100-60}{30} = 1.33$	$\frac{100-50}{25} = 2.0$	$\frac{100-40}{20} = 3.0$

(2) **부도거리가 길수록 부도위험(신용위험)이 낮아진다.** 즉 부도거리가 제일 긴 D자산의 신용위험이 가장 낮다.

(3) 부도거리와 부도율 해석

► 표준정규분포상의 신뢰구간으로 해석(→ ⓐ 부도거리가 길수록 ⓑ 부도위험이 낮아진다)

구 분	A	B	C	D
부도거리 (단위 : 표준편차)	1표준편차	1.5표준편차	2표준편차	3표준편차
	→ ⓐ 부도거리가 길수록			
신뢰구간	68.26%	86.64%	95.44%	99.74%
신뢰구간을 벗어날 확률(㉠)	31.74%	13.14%	4.56%	0.26%
부도율 (단측검정 : ㉠ × 1/2)	15.87%	6.57%	2.28%	0.13%
	→ ⓑ 부도위험(부도율)은 낮아진다.			

► 직관적 이해 : 부도거리 공식 'DD = $\frac{\text{자산가치} - \text{부채금액}}{\text{표준편차}}$'에서, 자산가치와 표준편차가 동일하다고 가정하면, **부채금액이 클수록 분자의 크기가 작아져서 부도거리가 짧게 나타남을 알 수 있다**(부도거리가 짧을수록 부도위험은 증가함). 부채금액이 클수록 재무위험이 높아져서 부도위험이 높아지는 것은 당연하다.

학습안내 35회 실제 시험에서는 간단히 부도거리(DD)를 계산하는 문제로 출제되었으나 (30회 49번과 동일), 학습효과 차원에서 변형복원하였다.

50

정답 ④

$\sigma_{EL} = EAD \times \sqrt{p(1-p)} \times LGD$ (EAD : 익스포저, LGD : 손실률, p : 부도율)

$= 100$억 원 $\times \sqrt{0.2(1-0.2)} \times 0.6$

$= 100$억 원 $\times 0.4 \times 0.6$

$= 24$억 원

※ **부도모형(Default Mode) 개념이해**(2023 기본서, 2권, p472~473 참조)

(1) **부도가 발생한 경우에만 신용손실이 발생한 것으로 간주하여 리스크를 추정하는 모형을 말한다.** 따라서 신용손실은 EAD(Exposure at default), 부도율(Default proprobility)과 부도 시의 손실률(LGD ; Loss Given Default)에 의해 결정된다. 신용리스크에 따른 손실을 예상손실(EL ; Expected Loss)과 예상치 못한 손실(UL ; Unexpected Loss)로 구분할 때, **예상손실은 'EL = EAD × 부도율 × LGD'로 계산된다.**

(2) **EL의 불확실성은 EL의 변동성으로 측정한다.** 따라서 부도모형에서 신용리스크의 측정은 EL의 변동성을 측정하는 것이 된다. 만약 회수율과 EAD의 불확실성이 없다고 가정하면 예상손실의 변동성은 부도율의 표준편차에 의해 추정될 수 있다. 부도율은 베르누이 분포를 하므로 신용리스크는 '$\sigma_{EL} = EAD \times \sqrt{p(1-p)} \times LGD$'로 나타낼 수 있다.

3-1 직무윤리(5문항)

51

정답 ④

다자간체결회사를 통한 거래는 장외시장 거래이지만 장내시장과 동일한 특성[주1]을 가지고 있으므로 장내시장거래와 마찬가지로 자기거래가 예외적으로 허용된다.

* 주1 : 장외거래이지만 일정한 시스템을 갖추어 불특정다수 간에 거래가 이루어지도록 하므로, 거래상대방이 우연히 결정되어 고객(투자자)의 이익을 해칠 가능성이 발생하지 않는다는 점에서 장내시장 거래와 동일하다(따라서 다자간체결회사를 통한 거래는 자기거래금지의 예외가 인정됨).

학습안내 ► '자기거래금지'에 대한 전체 내용은 '37회 51번 해설'을 참조할 것

52

정답 ④

'적합성원칙, 적정성원칙, 설명의무'는 일반금융소비자만을 대상으로 적용되지만, **부당권유행위 금지의무(금소법 제21조)는 전문금융소비자에게도 적용된다.**

53

정답 ②

틀린 항목은 '나, 다'이다.

- 나 : 해임도 이사회의결을 거친다. 단 선임 시보다 엄격한 요건으로서 이사 총수의 3분의 2 이상의 찬성을 요한다(선임 시는 과반, 해임 시는 2/3 이상의 찬성으로 의결가능).
- 다 : 5영업일이 아니라 7영업일이다.

※ **준법감시인**(2025 기본서, 3권, p117~118 참조)

(1) 임면 등

- 준법감시인은 **이사회 및 대표이사의 지휘를 받아** 금융투자회사 전반의 내부통제업무를 수행한다.
- 준법감시인은 회사의 사내이사 또는 업무집행자 중에서 선임하여야 한다.
- 준법감시인을 임면하려는 경우 이사회의 의결을 거쳐야 한다.

• 준법감시인의 독립성 보장 차원에서, 임기는 2년 이상으로 하며 해임 시에는 **이사 총수의 2/3 이상의 찬성을 얻어 의결하도록 규정하고 있다.**

• 임면한 후에는 **임면일로부터 7영업일 이내로 금융위에 보고해야 한다.**

• 준법감시인에 대한 보수지급 및 평가기준은, 준법감시인의 독립성 확보를 위해 회사의 **재무적 경영성과와 연동되지 않도록 마련하고 운영해야 한다.**

• 준법감시인은 자산운용에 관한 업무나 회사의 본질적 업무 등에 대해 겸직할 수 없다.

(2) 위 임

• 준법감시인은 위임의 범위와 책임한계 등이 명확한 경우 준법감시업무 중 일부를 준법감시업무를 담당하는 임직원(영업관리자)에게 위임할 수 있다.

• **영업관리자**

– '영업관리자는 영업점에서 1년 이상 근무한 경력이 있거나 준법감시·감사업무를 1년 이상 수행한 경력이 있는 자로서 당해 영업점에 상근하고 있을 것/영업점장이 아닌 책임자급일 것 등'의 요건을 갖추어야 한다.

– 회사는 영업점별 영업관리자의 임기를 1년 이상으로 해야 하며, 영업점별 영업관리자가 준법감시업무로 인하여 인사·급여에서 불이익을 받지 않도록 해야 하며, 영업점별 영업관리자에게 업무수행 결과에 따라 보상을 지급할 수 있다.

예시 1 준법감시인인 감사위원회의 지휘를 받는다. → ×(이사회 및 대표이사의 지휘)

예시 2 준법감시인의 임면은 주주총회의 의결을 거친다. → ×(이사회의 의결)

예시 3 준법감시인은 자신의 업무를 타 임직원에게 위임할 수 없다. → ×(영업관리자에게 위임가능)

예시 4 영업관리자는 준법감시업무 수행의 결과로 보상을 받을 수 없다. → ×(보상받을 수 있다)

54

정답 ④

① 대표이사가 위원장, ② 매 반기별 1회, ③ 상호저축은행의 경우 최근 연도말 기준 자산총액이 8천억 원이면 내부통제위원회를 두어야 한다(7천억 원 미만이어야 면제).

※ **내부통제위원회 개요**(2023 기본서, 3권, p116~117 참조)

(1) 금융투자회사는 **대표이사를 위원장으로 하여** 준법감시인, 위험관리책임자 및 그 밖에 내부통제 관련업무 담당임원을 위원으로 하는 내부통제위원회를 두도록 규정하고 있다.

• 위원장은 지배구조법 시행령 및 표준내부통제기준상 최고경영자를 위원장으로 한다.

(2) 내부통제위원회는 **매 반기별 1회 이상 회의를 개최**해야한다(아래는 수행역할).

• 내부통제 점검결과의 공유 및 임직원평가반영 등 개선방안 검토

• 금융사고 등 내부통제 취약부분에 대한 점검 및 대응방안 노력

• 내부통제관련 주요사항 협의

• 임직원의 윤리의식·준법의식 제고 노력

(3) **내부통제위원회 설치면제요건** : 최근 사업연도말 현재 자산총액이,

• 7천 억 원 미만인 상호저축은행과

• 5조 원 미만인 보험회사, 여신전문회사와

• 5조 원 미만인 금융투자회사는 면제된다(∵소규모인 점을 고려). 단, 금융투자회사의 경우는 자산총액이 5조 원 미만이라도 운용하는 고객자산(집합투자재산 / 신탁재산 / 일임재산)이 20조 원 이상인 경우에는 내부통제위원회를 설치해야 한다.

55

정답 ④

위험관리업무는 예외가 인정된다. 소규모 금융회사[주1]의 경우 임원수 부족 등을 고려하여 예외적으로 위험관리업무를 수행할 수 있도록 하고 있다.

* 주1 : 내부통제위원회 설치 면제요건에 해당하는 금융회사(예 자산총액이 7천억 원 미만인 상호저축은행, 5조 원 미만인 보험회사 등)는 '위험관리업무'에 대해서 예외가 인정된다(단, 이 경우에도 주권상장법인으로서 자산총액이 2조 원 이상이라면 예외가 인정되지 않음).

3-2 자본시장법 및 금융위규정(11문항)

56

정답 ①

'투자신탁 수익증권, 투자성 있는 예금·보험 및 파생결합증권'을 **제외한** 다른 증권을 자기가 발행하는 경우는 투자매매업의 적용이 배제된다.

※ **금융투자업 적용배제**(2023 기본서, 3권, p161~165 참조)

금융투자업의 적용배제는, 유사한 업무로서 해당 금융투자업의 인가나 등록을 받는 것이 원칙이지만 신속한 업무수행을 촉진하는 등 규제완화차원에서 그 적용을 배제함을 말한다.

(1) **투자매매업의 적용배제**
- '투자신탁 수익증권, 투자성이 있는 예금·보험, 특정 파생결합증권을 발행하는 경우'를 제외한 나머지 증권을 자기가 발행(자기의 계산으로 발행)하는 경우
- 한국은행이 공개시장조작을 하는 경우

(2) **투자중개업의 적용배제**
- 투자권유대행인이 투자권유를 대행하는 경우(► 동 업무에 대해서 투자중개업의 인가를 받게 한다면 개인에 대한 투자중개업의 단위를 신설해야 하는 부담이 있다)
- 거래소가 증권시장 및 파생상품시장을 개설·운영하는 경우
- 협회가 장외 주식중개시장(K-OTC)을 개설·운영하는 경우

(3) **집합투자업의 적용배제**
- 투자자예탁금의 예치·신탁
- 종합금융투자사업자의 종합투자계좌업무
- 종합금융회사의 어음관리계좌(CMA) 업무

(4) **투자자문업의 적용배제**
- 역외영업 특례적용에 해당하는 역외 투자자문업
- 불특정다수인을 대상으로 발행·송신되고, 불특정다수인이 수시로 구입·수신할 수 있는 간행물·출판물·통신물·방송 등을 통하여 조언을 하는 경우(→ 유사투자자문업)

(5) **투자일임업의 적용배제**

- 투자중개업자가 투자자의 매매주문을 받아 이를 처리하는 과정에서 투자판단의 전부 또는 일부를 위임받을 필요가 있는 경우

  예 투자자가 금융투자상품의 매매거래일(하루에 한정)과 그 매매거래분의 총매매 수량이나 총매매 지정금액을 지정한 경우로서 투자자로부터 그 지정범위에서 금융투자상품의 수량・가격・시기에 대한 투자판단의 일임을 받는 경우

(6) **신탁업의 적용배제**

- 담보부사채신탁법에 따른 담보부사채신탁업, 저작권법에 따른 저작권신탁관리업

학습안내 28회, 33회, 35회 기출

57

정답 ①

틀린 항목은 '가, 나'이다.

- 가 : '정상 / 요주의 / 고정 / 회수의문 / 추정손실'의 5단계로 분류한다.
- 나 : 고정이하 자산(고정 / 회수의문 / 추정손실)에 대해서 적정한 회수예상가액을 산정해야하며, 이 중에서 '회수의문 / 추정손실'로 분류되는 자산에 대해서는 조기에 상각하여 자산의 건전성을 확보해야 한다(한권으로 끝내기 2권, p82 보충문제 2 심화이해 참조).

※ **자산건전성 규제**(2023 기본서, 3권, p186~187 참조)

► 건전성 규제에는 '자산건전성 규제(대손충당금 적립의무)와 재무건전성 규제(순자본비율 규제)'가 있다.

(1) 자산건전성의 분류

㉠ 금융투자업자는 매 분기마다 자산 및 부채에 대한 건전성을 '**정상, 요주의, 고정, 회수의문, 추정손실'의 5단계로 분류하여야 하며, 매 분기말 현재 '고정이하'로 분류된 채권에 대하여 적정한 회수예상가액을 산정하여야 한다.**

㉡ 감독원장은 금융투자업자의 자산건전성 분류 및 대손충당금등 적립의 적정성을 점검하고 부적정하다고 판단되는 경우 이의 시정을 요구할 수 있다. **금융투자업자는'회수의문' 또는 '추정손실'로 분류된 자산을 조기에 상각하여 자산의 건전성을 확보하여야 한다.**

㉢ 금융투자업자는 자산건전성 분류기준의 설명 및 변경, 동 기준에 따른 자산건전성 분류결과 및 대손충당금 등 적립결과를 감독원장에게 보고하여야 함

(2) 충당금 적립기준(감독규정상의 대손충당금 최소적립한도)

정 상	요주의	고 정	회수의문	추정손실
0.5%	2%	20%	75%	100%

- 적립한 충당금이 위의 최소적립한도액에 미달할 경우, 그 미달액은 대손준비금으로 적립해야 한다.

  예시 회수의문에 해당하는 자산이 100억 원이고 K-IFRS기준상의 대손충당금이 50억 원이라 할 때, 감독규정상의 대손충당금 최소적립액 75억 원(100억 원 × 75%) 대비 25억 원이 부족하며 이 경우 25억 원을 대손준비금으로 적립해야 한다.

- 정형화된 거래로 발생하는 미수금과 '정상'으로 분류된 대출채권 중 '콜론, 환매조건부매수 등'은 대손충당금을 적립하지 않을 수 있다.

58

정답 ②

순자본비율은 '영업용순자본을 총위험액으로 차감한 금액을 필요유지자기자본으로 나눈 비율'을 말한다(→ 순자본비율 = $\frac{\text{영업용순자본 - 총위험액}}{\text{필요유지자기자본}}$).

※ **순자본비율**(2023 기본서, 3권, p187~191 참조)

(1) **순자본비율은 금융투자업자의 재무건전성지표(감독당국의 감독수단)이다.**

- 금융투자업자는 자본적정성 유지를 위해 순자본비율을 100% 이상 유지해야 하는데, 100%에 미달 시 적기시정조치(경영개선 권고 / 요구 / 명령)가 발동된다.

(2) **순자본비율공식 : 순자본비율 = $\frac{\text{영업용순자본 - 총위험액}}{\text{필요유지자기자본}}$**

㉠ 영업용순자본 : 기준일 현재 금융투자업자의 순자산가치로서 순재산액(자산 - 부채)에서 현금화가 곤란한 자산을 차감하고 보완자본을 가산하여 계산한 금액

㉡ 총위험액(시장위험액 + 신용위험액 + 운영위험액) : 금융투자업자가 영업을 영위함에 있어 직면하게 되는 손실을 미리 예측하여 계량화한 금액

㉢ 필요유지자기자본 : 금융투자업자가 영위하는 인가업무 또는 등록업무 단위별로 요구되는 자기자본을 합계한 금액

(3) **순자본비율산정원칙**

㉠ 순자본비율의 기초가 되는 금융투자업자의 자산, 부채, 자본은 연결 재무제표에 계상된 장부가액을 기준으로 한다.

㉡ 시장위험과 신용위험을 동시에 내포하는 자산에 대하여는 시장위험액과 신용위험액을 **모두 산정한다.**

㉢ 영업용순자본의 차감항목에 대해서는 원칙적으로 위험액을 산정하지 않는다.

㉣ 영업용순자본의 차감항목과 위험액 산정대상 사이의 위험회피효과가 있는 경우에는 위험액 산정대상 자산의 위험액을 감액할 수 있다.

㉤ 부외자산과 부외부채에 대해서도 위험액을 산정하는 것을 원칙으로 한다.

(4) **산정 및 보고시기**

㉠ 순자본비율과 산출내역은 매월말 기준으로 1개월 이내에 업무보고서를 통하여 금감원장에게 제출해야 한다.

㉡ 순자본비율이 100% 미만이 된 경우에는 지체 없이 금감원장에게 보고해야 한다.

학습안내 28회, 30회, 32회, 35회에서 유사유형으로 출제되었다.

59

정답 ③

'영업의 일부정지'는 경영개선요구 단계의 조치이다(나머지는 경영개선권고 단계의 조치에 해당됨).

※ **적기시정조치**(2023 기본서, 3권, p192~193참조)

적기시정조치 (순자본비율 기준)	조치 내용
경영개선권고 (50% 이상 100% 미만)	(1) 인력 및 조직운용의 개선 (2) 경비절감 (3) 점포관리의 효율화 (4) 부실자산의 처분 (5) 영업용순자본 감소행위의 제한 (6) 신규업무진출의 제한 (7) 자본금의 증액 및 감액 (8) 특별대손충당금의 설정 등

경영개선요구 (0% 이상 50% 미만)	(1) 고위험자산보유제한 및 자산처분 (2) 점포의 폐쇄, 통합 또는 신설제한 (3) 조직의 축소 (4) 자회사의 정리 (5) 임원진 교체 요구 (6) 영업의 일부정지 (7) '합병 · 제3자인수 · 영업의 전부 또는 일부의 양도 · 금융지주회사의 자회사로 편입'에 관한 계획수립 등
경영개선명령 (0% 미만)	(1) 주식의 전부 또는 일부의 소각 (2) 임원의 직무집행정지 및 관리인 선임 (3) 합병, 금융지주회사로의 편입 (4) 영업의 전부 또는 일부의 양도 (5) 제3자의 당해 금융투자업 인수 (6) 6개월 이내의 영업정지 (7) 계약의 전부 또는 일부의 이전 등

학습안내 28회, 33회, 35회에서 유사유형으로 출제되었다.

60

정답 ②

투자매매업자 또는 투자중개업자의 신용공여 한도는 **자기자본을 한도로 한다.**

※ **신용공여 규제**(2023 기본서, 3권, p223~226 참조)

(1) 신용공여 행위는 투자매매업자 또는 투자중개업자의 고유업무는 아니지만, 증권과 관련된 경우에는 예외적으로 허용한다.

(2) 신용공여의 방식
- ㉠ 증권의 매매를 위한 매수대금의 융자, 또는 매도증권의 대여
- ㉡ 예탁한 증권을 담보로 한 금전의 융자
- ㉢ 청약자금대출

(3) 신용공여약정 체결과 신용거래계좌 설정

(4) 신용공여 회사별 한도 : 회사별 총 신용공여한도는 **자기자본의 범위 이내로 한다.**

(5) 담보비율 : 신용공여금액의 **100분의 140**

(6) 담보징구 방법
- ㉠ 신용거래융자 및 신용거래대주 : 신용거래융자는 '매수한 증권'을, 신용거래대주는 '매도대금'을 담보로 징구한다.
- ㉡ 예탁증권담보융자 : 예탁증권을 담보로 징구
- ㉢ 청약자금대출 : **청약하여 배정받는 증권을 담보로 징구**
  - ► **신용공여 제한**(아래의 증권에 대해서는 신규의 신용거래가 불가함)
  - • 거래소가 투자경고종목, 투자위험종목 또는 관리종목으로 지정한 증권
  - • 거래소가 매매호가 전 예납조치 또는 결제 전 예납조치를 취한 증권

(7) 담보로 제공된 증권의 평가
- • 상장주식이나 ETF의 집합투자증권 : 당일종가
- • 청약주식 : 취득가액으로 하되 상장 후에는 당일종가
- • 상장채권 및 공모파생결합증권 : **둘 이상의 채권평가회사가 제공하는 가격정보를 기초로 산정한 가액**
- • 집합투자증권(ETF제외) : 당일에 고시된 기준가격

(8) 인수증권에 대한 신용공여의 제한 : **투자매매업자는 증권의 인수일로부터 3개월 이내에 투자자에게 그 증권을 매수하게 하기 위한 신용공여는 할 수 없다.**

학습안내 28회, 31회, 35회 기출

61

정답 ②

틀린 내용은 '다, 라'이다.

• 다 : 즉시 보고가 아니라 즉시 통보이다.

► 통보와 보고의 차이 : '통보'는 상황이 종료된 후에 누군가에게 알리는 것을 말하며, '보고'는 현재 진행중인 상황에 대해서 보고대상자에게 그 중간과정을 알리는 것을 말한다.

• 라 : 집합투자업자가 자기의 계산으로 자신이 발행한 집합투자증권을 취득하는 것은 금지되지만 자신이 발행한 수익증권에 대해서는 예외가 인정되어 취득이 가능하다.

주의 실제 35회 시험에서는 위의 '가, 나, 다, 라' 내용이 '4지 선다형'으로 출제가 되었는데, 정확히는 '다, 라'가 모두 틀린 내용이지만 하나만 골라야 할 경우 '라'를 선택하는 것이 합리적으로 본다. 출제 오류('보고'와 '통보'의 개념차이를 간과)일 수 있으나, 가장 틀린 것을 찾는 의미에서는 '라'가 단독 정답이 될 수 있다. 따라서 향후 동 문항과 동일내용으로 '4지 선다형'으로 출제가 되고 두 지문이 동시에 제시될 경우, '라'를 정답으로 선택할 것을 권장한다.

※ **이해관계인과의 거래제한 등**(2023 기본서, 3권, p244 참조)

(1) 이해관계인의 범위

집합투자업자의 대주주 및 그 배우자, 집합투자업자의 임직원(계열사 포함) 및 그 배우자, 관계 투자매매업자 · 투자중개업자 · 신탁업자, 집합투자업자가 법인이사인 투자회사의 감독이사

(2) 이해관계인과의 거래제한의 예외

㉠ 이해관계인이 되기 전 **6개월 전에** 체결한 계약에 따른 거래

㉡ 증권시장 등 불특정다수인이 참여하는 공개시장을 통한 거래

㉢ 일반적인 거래조건에 비추어 집합투자기구에 유리한 거래

㉣ 그 밖에 대통령령으로 정하는 거래

(3) 이해관계인과의 예외 거래 시 및 이해관계인의 변경 시 신탁업자에게 **즉시 통보하여야 한다**(법 제84조 제2항).

(4) 집합투자업자는 집합투자재산을 운용함에 있어서 집합투자기구의 계산으로 **집합투자업자가 발행한 증권(수익증권을 제외)을 취득해서는 아니 된다**(법 제84조 제3항).

62

정답 ④

차례대로 '집합투자업자, 신탁업자, 집합투자업자의 준법감시인, 신탁업자'이다.

※ **집합투자재산의 평가 등**(2023 기본서, 3권, p392~395 참조)

(1) 집합투자재산의 평가

㉠ 시가평가원칙 : **집합투자재산은 시가로 평가하되, 신뢰할 만한 시가가 없는 경우는 공정가액으로 평가한다.**

► 공정가액 : 집합투자재산 평가위원회가 충실의무를 준수하고 일관성을 유지하여 평가한 가액

㉡ 시가평가의 예외 : **MMF의 경우 장부가평가가 가능하다.**

㉢ 집합투자재산 평가기준의 마련

• 집합투자업자는 집합투자재산에 대한 평가가 공정하고 정확하게 이루어질 수 있도록 신탁업자의 확인을 받아서 그 평가기준을 마련해야 한다.

• **신탁업자는 집합투자업자의 집합투자재산에 대한 평가가 공정하게 이루어졌는가를 확인해야 한다.**

(2) 기준가격

㉠ 기준가격 산정 : **집합투자업자는 집합투자재산의 평가결과에 따라 집합투자증권의 기준가격을 산정해야 한다.**

► 집합투자재산의 보관 · 관리하는 **신탁업자는 기준가격 산정이 적정한지 여부에 대한 확인의무가 있는 바**, 집합투자업자가 산정한 기준가격과 신탁업자가 산정한 기준가격의 편차가 1,000분의 3을 초과하는 경우에는 지체 없이 집합투자업자에게 시정을 요구하거나 투자회사의 감독이사에게 보고하여야 한다.

㉡ 기준가격 변경 및 재공고・게시 : 평가오류의 수정에 따라 공고・게시한 기준가격이 잘못 계산된 경우에는 기준가격을 지체없이 변경한 후에 다시 공고・게시해야 한다. 단, 처음 공고・게시한 기준 가격과 변경된 기준가격의 차이가 일정한도를 초과하지 않는 경우는 변경대상에서 제외 한다(예 MMF의 경우 그 차이가 1만분의 5를 초과하지 않으면 변경 대상이 아님).

㉢ **기준가격을 변경하려는 때에는 집합투자업자의 준법감시인과 신탁업자의 확인을 받아야 한다.**

63

정답 ②

틀린 내용은 '나, 다'이다.

• 나 : 주총 결의가 아닌 이사회 결의이다.

• 다 : MMF는 유보가 불가하다.

학습안내 29회, 33회, 35회에서 유사유형으로 출제되었다(► 이익금의 분배원칙에 대한 상세내용은 '37회 62번 해설'을 참조할 것).

64

정답 ①

투자설명서는 일반투자자에게만 교부하는 것을 원칙으로 한다.

※ **투자설명서 제도 전체 내용**(2023 기본서, 3권, p302~305 참조)

(1) 투자설명서의 작성 및 공시

투자설명서는 증권신고서에 기재된 내용과 다른 내용을 표시하거나 그 기재사항을 누락할 수 없다(단, 영업기밀보호 등 필요한 경우는 생략가능).

(2) 개방형 집합투자증권 및 파생결합증권에 특례

㉠ 투자설명서 및 간이투자설명서를 제출한 후 1년마다 1회 이상 다시 고친 투자설명서 및 간이투자설명서를 제출할 것(► 매년 업데이트)

㉡ 변경등록을 한 경우 변경등록의 통지를 받은 날로부터 5일 이내에 그 내용을 반영한 투자설명서 및 간이투자설명서를 제출할 것

(3) 투자설명서의 교부의무

㉠ 누구든지[주1] 증권신고서의 효력이 발생한 증권을 취득하고자 하는 자에게 투자설명서를 미리 교부하지 않으면 그 증권을 취득하게 하거나 매도할 수 없다(► **투자설명서가 법정투자권유문서임을 의미**).

* 주1 : '누구든지'에서 전문투자자와 수령거부의사를 표시한 일반투자자는 제외됨(► 투자설명서는 일반투자자를 대상으로만 교부하는 것이 원칙)

㉡ 투자설명서의 교부가 면제되는 자

ⓐ 전문투자자 등 일정한 전문가(예 신용평가업자, 회계법인, 변호사, 회계사 등)

ⓑ 투자설명서를 받기를 거부한다는 의사를 '서면, 전화・전신・모사전송, 전자우편 및 이와 비슷한 전자통신, 그 밖에 금융위가 정하여 고시하는 방법으로 표시한 자

ⓒ 이미 취득한 것과 같은 집합투자증권을 계속하여 추가로 취득하려는 자. 다만, 해당 집합투자증권의 투자설명서의 내용이 직전에 교부한 투자설명서의 내용과 같은 경우에만 해당함

(4) 투자설명서의 사용방법

㉠ 증권신고의 효력이 발생한 후 투자설명서를 사용하는 방법(► 정식 투자설명서)

㉡ 증권신고서가 수리된 후 신고의 효력이 발생하기 전에 예비투자설명서를 사용하는 방법(► 예비투자설명서는 효력이 발생한 후에는 사용할 수 없음)

㉢ 증권신고서가 수리된 후 신문・방송・잡지 등을 이용한 광고, 안내문・홍보전단 또는 전자전달매체를 통하여 간이투자설명서를 사용하는 방법(► '수리된 후'에 사용가능하므로 결과적으로 간이투자설명서는 효력발생 전과 후 모두 사용이 가능함)

㉣ 집합투자증권의 경우 간이투자설명서만을 가지고 사용할 수 있으나, 투자자가 투자설명서의 사용을 별도로 요청하는 경우에는 그러지 아니하다.

학습안내 28회, 30회, 32회, 35회에서 유사유형으로 출제되었다.

65

정답 ④

미공개중요정보 이용금지 대상자는 '내부자 / 준내부자 / 정보수령자'이다('가, 나'는 내부자, '다'는 준내부자가 될 수 있다).

※ **미공개중요정보의 이용금지 대상자**(2023 기본서, 3권, p445참조)

(1) 내부자

㉠ 그 법인(그 계열회사를 포함) 및 그 법인의 임직원・대리인으로서 그 직무와 관련하여 미공개 중요정보를 알게 된 자

㉡ 그 법인(그 계열회사를 포함)의 주요주주로서 그 권리를 행사하는 과정에서 미공개 중요정보를 알게 된 자

(2) 준내부자

㉢ 그 법인에 대하여 법령에 따른 허가・인가・지도・감독, 그 밖의 권한을 가지는 자로서 그 권한을 행사하는 과정에서 미공개 중요정보를 알게 된 자

㉣ 그 법인과 계약을 체결하고 있거나 체결을 교섭하고 있는 자로서 그 계약을 체결・교섭 또는 이행하는 과정에서 미공개 중요정보를 알게 된 자

㉤ ㉡, ㉢, ㉣의 어느 하나에 해당하는 자의 대리인・사용인, 그 밖의 종업원으로서 그 직무와 관련하여 미공개 중요정보를 알게 된 자

(3) 정보수령자

㉠부터 ㉣까지의 어느 하나에 해당하는 자[주1]로부터 미공개 중요정보를 받은 자

* 주1 : ㉠부터 ㉣까지의 어느 하나에 해당하지 않게 된 날로부터 1년이 경과하지 않은 자 포함

66

정답 ④

제재대상자에게 제재내용을 사전에 알리는 것을 원칙으로 한다.

※ **제재절차 및 이의신청(금융기관의 업무 및 재산상황에 대한 검사 및 제재규정)**

(1) 검사절차

주로 사전조사(자료파악 등) → 검사실시(진술청취 등) → 결과보고(위법사항 적출보고) 검사결과조치(문책 등) → 사후관리(시정사항 이행보고 등)

(2) 검사결과조치에 대한 세부내용

㉠ 검사결과조치는 금융위원회의 심의를 거쳐 조치하되, 금감원장 위임사항은 금감원장이 직접 조치한다.

㉡ 금감원장이 직접 제재조치를 하는 때에는 제재대상자에게 제재내용 등에 대해 **사전통지를 하고 의견진술기회를 주는 것을 원칙으로 한다**(단, 사전통지 등 절차가 명백히 불필요하다고 인정될 만한 사유가 있는 경우는 생략가능).

㉢ 제재를 받은 금융기관이나 임직원은 이의신청을 할 수 있다(단, 당해 이의신청이 이유가 없다고 인정할 명백한 사유가 있는 경우에는 금감원장이 이의신청을 기각할 수 있음).

㉣ 이의신청에 대한 처리결과에 대해서는 재차 이의신청을 할 수 없다.

3-3 한국금융투자협회 규정(3문항)

67

정답 ④

모두 틀린 내용이다.

- 가 : 해당 제3자의 성명(또는 법인명)을 조사분석자료에 기재하고 **외부에 공표할 수 있다.**
- 나 : 포함된 보수산정기준을 제정 · 운영해야 한다.
  - ► 조사분석업무의 독립적 수행을 위한 내부통제기준 제정 등 필요조치 이해의무(2023 기본서, 4권, p499 인용) : 금융투자회사는 금융투자분석사가 조사분석업무를 독립적으로 수행할 수 있도록 내부통제기준 및 조사분석자료의 품질 및 생산실적, 투자의견의 적정성 등이 **포함된 보수산정 기준을 제정 · 운영해야 한다.**
- 다 : 조사분석업무의 독립성확보 차원에서 겸직금지를 원칙으로 하지만, 임원수의 제한 등으로 겸직이 불가피하다고 인정되는 경우에는 **예외가 인정된다.**

68

정답 ③

임직원과 거래상대방이 공동참석한 경우의 접대비는 '**전체 소요경비중 거래상대방이 점유한 비율에 따라 산정된 금액**'으로 산정한다.

※ **재산상이익의 가치산정방법**(2025 기본서, 3권, p519 인용)

(1) 금전의 경우 해당 금액

(2) 물품의 경우 구입 비용

(3) 접대의 경우 해당 접대에 소요된 비용. 단, 금융투자회사 임직원과 거래상대방이 공동으로 참석한 경우 해당 비용은 전체 소요경비 중 거래상대방이 점유한 비율에 따라 산정된 금액

(4) 연수 · 기업설명회 · 기업탐방 · 세미나의 경우 거래상대방에게 직접적으로 제공되었거나 제공받은 비용

(5) 기타 위에 해당하지 않는 재산상이익의 경우 해당 재산상이익의 구입 또는 제공에 소요된 실비

[학습안내] 31회, 35회 기출

69

정답 ②

투자운용인력은 고객의 재산(**집합투자재산 / 일임재산 / 신탁재산**)을 운용하는 자본시장법상의 법정자격이다.

[학습안내] 투자운용인력 자격요건에 대한 전체 내용은 '37회 68번' 해설을 참조할 것

3-4 주식투자운용/투자전략(6문항)

70

정답 ③

근본적 분석법(fundamental analysis)이다. 추세분석법과 구분해야 한다(아래 해설).

※ 기대수익률 추정방식(2023 기본서, 4권, p27~29 참조)

(1) **추세분석법(technical analysis)**

- 자산집단에 대한 과거의 장기간 수익률을 분석하여 미래의 수익률로 사용한다.
- 미국과 같이 자본시장의 역사가 길어서 장기간 수익률 자료가 확보되는 경우는 적합하지만, 우리나라와 같이 자본시장의 역사가 짧은 경우는 사용하기 어려운 방식이다.

(2) **시나리오 분석법(multi-secnario analysis)**

- 단순하게 과거수익률을 사용하기 보다는 여러 가지 경제변수 간의 상관성을 고려하여 시뮬레이션함으로써 수익률 추정의 합리성을 높이는 방식이다.
- 시나리오별 발생확률을 주관적으로 결정해야 하는 단점이 있다.

주의 경기상황을 호황 / 정상 / 불황으로 나누고 각각의 상황별 수익률을 제시한 다음 이를 가중평균하여 포트폴리오 기대수익률을 계산하는 문항이 분산투자이론에서 출제되고 있다(30회 96번, 32회, 96번, 35회 96번 문항 참조).

(3) **펀드멘탈 분석법(fundamental analysis)**

- 과거자료를 바탕으로 하되 미래의 발생상황에 대한 기대치를 추가하여 수익률을 예측하는 방법이다.
- 과거 시계열자료를 토대로 하되 각 자산집단별 리스크 프리미엄의 구조를 반영한다.
- '실질금리 + 물가상승률 + 각 자산의 리스크 프리미엄'을 차곡차곡 더해서 계산한다고 하여 'Building Block 방식'이라고도 한다.
  - 참고로 '실질금리 + 물가상승률'은 무위험수익률과 같다.

주의 추세분석법은 과거수익률 자체를 통해 미래수익률을 추정하는 방식인데 반하여, 근본적 분석법은 '과거수익률에 해당 자산의 리스크 프리미엄을 더하여' 미래수익률을 추정한다는 점에서 차이가 있다.

(4) **시장공통예측치 사용방법**

- 시장참여자들 간에 공통적으로 가지고 있는 미래수익률에 대한 추정치를 이용하는 방법
- 주식의 경우 배당평가모형이나 현금흐름분석법 등을 통해, 채권의 경우 채권수익률곡선 등을 통해 기대수익률을 추정한다.

(5) **그 외에도** 자산집단의 기대수익률을 추정하는 방법으로 경기순환접근방법, 시장타이밍방법, 전문가의 주관적인 방법 등이 있다.

학습안내 기대수익률의 추정방법의 종류를 묻는 문항은 자주 출제되었으나, 세부 종류에 대한 개념문제는 35회에서 처음으로 출제되었다(난이도 중).

71

정답 ①

'효율적 포트폴리오(efficient portfolio), 효율적 투자기회선(efficient frontier)'이다.

※ 개념비교

(1) **최소분산포트폴리오** : 효율적 투자기회선 상의 효율적 포트폴리오 중 분산(위험)이 가장 적은 포트폴리오를 말하는데, 그림 상으로 효율적 투자기회선 상의 제일 왼쪽에 위치하는 점이다.

주의 X와 Y로 구성된 포트폴리오에서 최소분산포트폴리오를 이루는 X의 비중을 계산하는 문제가 31회와 34회에서 출제되었다(3과목 9편 분산투자이론).

(2) **최적포트폴리오** : 효율적 투자기회선 상의 효율적 포트폴리오와 특정투자자의 무차별효용곡선과의 접점을 말한다.

- 최적포트폴리오(optimal portfolio)는 효율적 투자기회선 상에 있는 무수히 많은 효율적 포트폴리오(efficient portfolio) 중에서 투자자의 효용을 동시에 만족시키는 점에서 결정된다(투자자별로 최적포트폴리오는 오직 하나가 존재함).

학습안내 28회, 31회, 35회에서 동일유형으로 출제되었다.

72

정답 ②

보호적 풋(protective put)전략이다(또는 방어적 풋).

※ 포트폴리오보험전략의 종류

방어적 풋 (Protective Put)	이자추출전략 (Cash Extraction)	보험자산배분(옵션복제전략)	
		OPBI전략 (합성풋옵션전략)	CPPI전략
주식매수 + 풋옵션매수	채권매수 + 콜옵션매수	주식 + 채권	주식 + 채권

► 보호적 풋과 이자추출전략은 각각 풋옵션과 콜옵션을 실제로 매수하는 전략이지만, 보험자산배분은 실제로 옵션을 매수하지 않고 '주식 + 채권'의 비중조절을 통해서 옵션을 매수한 것과 같은 효과를 내고자 하는 전략이다(옵션매수비용 절감 효과).

73

정답 ④

①, ②, ③은 주가가중방식이며, ④는 시가가중방식이다.

※ 기본서 참조(2025 기본서, 4권, p85 인용)

주가가중방식은 주가가 높은 종목의 가중치가 커진다는 문제점을 가진다. 주가가 2만 원인 주식은 주가가 1만 원인 주식에 비해 2배로 주가지수에 반영된다. 주가는 주식분할이나 합병과 같이 주식발행자의 결정에 따라 달라질 수 있으므로, 주가가중방식으로 투자하는 것은 적절하지 않다. 그럼에도 불구하고 종목별로 1주만 보유하면 지수의 성과를 얻을 수 있는 단순함이 하나의 장점이다. 다우존스 산업평균지수(DJIA)이 이런 방식으로 계산되고 있으며, 일본의 Nikkei225도 기본적으로 이런 방식을 취하고 있다.

시가가중방식은 시가총액이 큰 종목의 가격변화를 잘 반영한다. 시가총액이 크다는 것은 대형이며 성숙기에 있는 기업이거나 주가가 이미 최고로 상승하여 과대평가된 종목일 가능성을 내포하고 있다. 과대평가됨에 따라 가중치가 높아지는 문제점을 해결하기 위하여 기본적 가치 가중방식이 제안되기도 했다. 여러가지 문제점에도 불구하고 최근에는 유동시가가중방식이 인덱스 포트폴리오를 위한 표준으로 인식되고 있다. 왜냐하면 다양한 자산 가운데 주식으로의 현금유출입을 가장 잘 반영하고 있기 때문이다.

동일 가중방식은 모든 종목을 동일하게 취급한다. 그러나 실제적으로는 훨씬 많은 수의 소형기업이 존재하기 때문에 소형기업의 가중치가 높아지는 경향을 가진다. 이 방식에 따라 인덱스 포트폴리오를 구성하면 가중치를 일치시키기 위해 주기적으로 거래가 발생하고 결과적으로 많은 비용이 발생하게 된다. "끝"

학습안내 28회, 30회, 32회, 35회 기출

74

정답 ②

준액티브 운용의 추적오차(잔차위험)는 액티브보다 낮은 수준이다.

※ **준액티브(Semi-Active) 운용**(2023 기본서, 4권, p92~95 참조)

(1) 준액티브 운용전략은 추가적인 위험을 많이 발생시키지 않으면서 벤치마크에 비해 초과 수익을 획득하려는 전략이다. 액티브 운용과의 가장 큰 차이는 벤치마크와 괴리될 위험을 적절하게 통제하는 데에 있다. 준액티브 운용에서도 잔차위험(추적오차)은 증가될 수 밖에 없지만 증가된 수익률이 그러한 위험을 보상하고도 남을 수준이 되어야 한다.

(2) 인핸스드인덱스펀드(준액티브 운용)는 인덱스펀드에 비해 연 0.5%~2.0% 정도의 초과수익을 추구하되 해당 지수에 대한 **추적오차는 연 1.5% 이내로 낮은 수준을 유지하는 것으로 정의하기도 한다.**

► 준액티브 운용의 추적오차는 1.5% 정도로 액티브 보다 낮으며(액티브는 2% 초과), 따라서 정보비율 ($\frac{\text{초과수익}}{\text{추적오차}}$)은 액티브보다 높다.

• 정보비율 : 순수인덱스 0, 준액티브 0.75, 액티브 0.5(**추가 기출문제** 42번 참조)

(3) 순수한 의미의 액티브 운용자는 벤치마크와 무관하게 그 가치를 판단할 수 없는 종목은 포트폴리오에 포함하지 않지만, 준액티브 운용자는 분석되지 않아서 판단할 수 없는 종목을 벤치마크에서 차지하는 비중만큼을 보유한다는 점에서 차이가 있다(∵ 패시브 운용의 성격을 포함하므로).

(4) 준액티브 운용은 월등하게 좋은 성과를 내는 종목이나 사건을 발견하기 보다는 조그만 성과를 낼 수 있는 종목이나 사건을 많이 발견하는 데에 초점을 맞춘다.

(5) 과거자료를 이용한 계량적인 시뮬레이션을 통해 마련된 최적의 운용전략에 따라 운용하는 방식(계량분석방법)도 준액티브운용으로 분류된다.

► 계량분석방법(계량적 액티브 운용)

• 기업의 적극적인 가치를 발견하는 것이 아니라 과거 주가변동패턴을 이용하여 귀납적으로 전략을 마련한다.
• 기술적 분석을 계량적으로 나타낸 것이라 할 수 있는데, 기술적 분석의 한계도 동시에 가진다.

75

정답 ④

④는 상향식(bottom-up approach)의 특징이다(아래 해설 참조).

※ **하향식 VS 상향식**(2023 기본서, 4권, p107~108 참조)

(1) 하향식 방법(top-down approach)

㉠ **종목선정보다는 섹터, 산업, 테마의 선정을 강조하는 방법**을 일반적으로 하향식 방법이라 부른다. 개별종목은 선정된 섹터, 산업, 테마의 합당한 종목을 중심으로 선정된다.

㉡ **섹터가 너무 포괄적이거나 세부적으로 구분되어 있으면 최종적인 종목선정과정을 어렵게 만들 수 있다.**

㉢ 섹터별 비중이 결정되면 각 섹터별로 종목을 선정하게 된다. 섹터 내에서 종목을 선정하는 방식에는 개별 종목의 가치분석은 무시하고 섹터의 성격을 잘 나타내는 종목을 선정하는 방법과 개별 종목의 가치분석에 따라 섹터 내에서 저평가된 종목을 선정하는 방법이 있다.

(2) 상향식 방법(bottom-up approach)

㉠ 상향식 방법은 유망한 개별종목을 선정하는 것을 중요하게 여긴다.

㉡ **상향식 방법을 어떤 형식으로든 개별종목의 내재가치를 측정하는 기법을 가지고 있다.**

㉢ 내재가치에 비해 시장가격에 낮을수록 투자하기에 유망한 종목으로 인정되며 포트폴리오에서 차지하는 비중 또한 높아진다.

㉣ **산업이나 섹터, 국가별 요소는 부차적인 요소이다.**

3-5 채권투자운용/투자전략(6문항)

76

정답 ③

10,300원이다. 1년 지난 시점에서 이자 300원(10,000원 × 3%), 2년 만기 시점에서 10,300원(이자 300원 + 액면 10,000원)을 수령한다.

※ 채권의 이자지급식 분류별 현금흐름 예시

(1) 이표채 : 채권액면 10,000원, 표면금리 8%, 만기3년, 연단위후급이표채의 경우 →

기 간	1년	2년	3년
수령금액	800	800	10,800

• 이표채는 복리채나 할인채와 달리 중도에 이자를 수령하는 것이 특징이다.

(2) 할인채 : 채권액면 10,000원, 표면금리 8%, 만기3년의 경우 →

기 간	1년	2년	3년
수령금액	0	0	10,000

• 할인채는 할인된 금액으로 매입하고(발행시점에서는 발행가 7,600원에 매입), 만기에 원금(채권 액면)을 수령한다.

(3) 복리채 : 채권액면 10,000원, 표면금리 8%, 만기3년, 연단위복리채의 경우 →

기 간	1년	2년	3년
수령금액	0	0	12,597원

• 복리채는 이자가 재투자되어 만기에 원금과 이자를 한꺼번에 수령한다.

• $S = F(1+CR)^N = 10{,}000\text{원}(1+0.08)^3 = 12{,}597\text{원}$(S : 만기상환금, F : 액면금액, CR : 표면금리, N : 잔존만기)

학습안내 35회에서 신유형으로 출제되었다.

77

정답 ①

'패리티, 전환가치(또는 패리티가격)'이다.

※ 전환사채 용어정리

(1) 패리티(parity) : 전환대상 주가의 현재가격이 전환가격을 몇 % 상회하고 있는가를 나타내는 지표이다.

► $\text{패리티(비율)} = \dfrac{\text{전환대상주식의 시장가격}}{\text{전환가격}} \times 100$

예시 1 채권액면 10,000원, 전환가격 5,000원, 주가의 현재가 8,000원일 경우

→ $\text{패리티(비율)} = \dfrac{8{,}000\text{원}}{5{,}000\text{원}} \times 100\% = 160\%$(즉 현재 주가는 전환가격을 60% 상회하고 있음을 의미함)

(2) 패리티가격 : 패리티에 채권의 액면금액을 곱한 가격으로서, 전환가치라고 한다.

► $\text{전환가치(패리티가격)} = \dfrac{\text{전환대상주식의 시장가격}}{\text{전환가격}} \times \text{채권액면}$

• 또는 '$\text{전환가치} = \text{전환대상주식의 시장가격} \times \text{전환주수}(\dfrac{\text{채권액면}}{\text{전환가격}})$'이다.

예시 2 채권액면 10,000원, 전환가격 5,000원, 주가의 현재가격이 8,000원일 경우

→ 패리티 = $\frac{8,000원}{5,000원}$ × 10,000원 = 16,000원(즉 전환가치는 채권액면금액의 160%인 상태에 있음)

→ 패리티가격은 '전환대상주식의 시장가격 × 전환주수'의 식으로도 나타낼 수 있는데,

즉 '8,000원 × $\frac{10,000원}{5,000원}$ = 16,000원'이다.

(3) 괴리(전환프리미엄) : 괴리 = 전환사채의 시장가격 – 패리티가격
- 전환프리미엄은 보통 양(+)의 값을 가진다.

(4) 괴리율(%) : 괴리를 패리티가격으로 나눈 값을 말한다. 괴리율은 '전환사채의 가격수준이 적정가격(패리티가격)에 비해 얼마나 싼지 또는 비싼지의 정도'를 나타낸다.

78

정답 ②

'표면금리 > 만기수익률'이면 '채권시장가격 > 채권액면가격'이다.

※ 채권가격의 특성 : 표면금리(이표채의 경우 이표율)와 만기수익률의 관계

(1) 표면금리 = 만기수익률 : 채권가격은 채권액면가와 같다.
(2) 표면금리 > 만기수익률 : 채권가격은 채권액면가보다 높게 거래된다.
(3) 표면금리 < 만기수익률 : 채권가격은 채권액면가보다 낮게 거래된다.

학습안내 '표면이율과 만기수익률의 관계(예시 포함)'와 '만기수익률과 재투자위험'에 대한 상세 내용은 '42회 78번 해설'을 참조할 것)

79

정답 ②

동 채권의 볼록성(convexity)은 18이다(아래 상세풀이).

※ 상세풀이

듀레이션과 볼록성을 모두 반영한 채권가격변동률의 공식은

$\frac{\Delta P}{P} = \left\{(-) \times \frac{\text{맥컬레이듀레이션}}{(1 + r)} \times \Delta r\right\} + \left\{\frac{1}{2} \times convexity \times (\Delta r)^2\right\}$이며,

이 산식을 이용하여 볼록성을 구할 수 있다.

$\rightarrow \frac{\Delta P}{P} = \{(-) \times \text{수정듀레이션} \times \Delta r\} + \left\{\frac{1}{2} \times convexity \times (\Delta r)^2\right\}$

$\rightarrow (-)2.78\% = \{(-) \times 2.87 \times 1\%\} + \left\{\frac{1}{2} \times convexity \times (0.01)^2\right\}$

$\rightarrow (-)0.0278 = (-)0.0287 + 0.00005 \times convexity$

$\rightarrow (+)0.0009 = 0.00005 \times convexity$

$\rightarrow convexity = \frac{0.0009}{0.00005}$, $(\therefore)\ convexity = 18$

► 약식계산

$\rightarrow \dfrac{\Delta P}{P} = \{(-) \times \text{수정듀레이션} \times \Delta r\} + \left\{\dfrac{1}{2} \times convexity \times (\Delta r)^2\right\}$

$\rightarrow (-)2.78\% = \{(-) \times 2.87 \times 1\%\} + \left\{\dfrac{1}{2} \times convexity \times (1\%)^2\right\}$, 양변에 100을 곱하면

$\rightarrow (-)2.78 = (-)2.87 + \left\{\dfrac{1}{2} \times convexity \times 1\%\right\}$

$\rightarrow (+)0.09 = \dfrac{1}{2} \times convexity \times 1\%$, 양변에 100을 곱하면

$\rightarrow (+)9 = \dfrac{1}{2} \times convexity,\ (\therefore)\ convexity = 18$

→ 따라서 즉 동 채권의 볼록성(convexity)은 18이다(주의 약식계산은 만기수익률의 변동이 1%일 때에만 유효하다. 기출은 1% 변동으로 나오고 있으나 만일 2% 변동과 같이 출제된다면 위의 '오리지널 방식'으로 풀어야 한다).

학습안내 35회(신유형), 39회 기출

80

정답 ③

1년만기 현물이자율(S_1)은 5%이다(아래 풀이).

※ **불편기대이론 하에서의 내재선도이자율 구하기**

(1) 불편기대이론 하에서는 장・단기 채권의 완전대체관계가 성립하므로 장기채수익률은 단기채수익률과 내재선도이자율이 기하평균과 같다.

(2) 따라서, $(1 + 0.04)^2 = (1 + {}_0R_1)(1 + 0.03)$

$\rightarrow 1.03 = \dfrac{(1 + 0.04)^2}{(1 + S_1)},\ S_1 = \dfrac{(1 + 0.04)^2}{(1 + 0.03)} - 1,\ (\therefore) S_1 = 0.0516$, 즉 약 5%이다.

(3) 약식계산

$\dfrac{(2 \times 4\%) - (1 \times S_1)}{2 - 1} = 3\%,\ 8\% - S_1 = 3\%,\ (\therefore)\ S_1 = 5\%$

TIP 만기가 짧을 경우는 기하평균과 산술평균의 차이가 크지 않으므로 산술평균으로 계산해도 무방하다.

$\rightarrow \dfrac{S_1 + \text{내재이자율}}{2} = S_2$, 즉 $\dfrac{S_1 + 3\%}{2} = 4\%,\ (\therefore)\ S_1 = 5\%$

학습안내 28회, 35회 동일유형 기출

81

정답 ②

현금흐름일치전략은 소극적인 운용전략에 속한다.

※ **채권운용전략의 구분(Active vs Passive)**

적극적인 운용전략(Active)	소극적인 운용전략(Passive)
금리예측전략(듀레이션조절전략)	만기보유전략
채권교체전략(동종교체 / 이종교체)	사다리형만기전략
스프레드운용전략	채권면역전략(전통적 / 순자산가치 / 상황대응적)
수익률곡선타기전략(롤링효과 / 숄더효과)	현금흐름일치전략
수익률곡선전략(바벨형 / 불릿형)	채권인덱싱전략

학습안내 34회 시험에서는 '다음 중 소극적인 채권운용전략이 아닌 것은?'으로 출제되었다.

3-6 파생상품투자운용/투자전략(6문항)

82

정답 ③

선물거래는 신용위험에 노출되지 않는다(∵ 장내거래는 거래소가 결제이행을 대행).

※ **선물거래(futures)와 선도거래(forward) 비교**

선도거래(장외거래)	선물거래(장내거래)
신용위험이 있다(투자자 간의 거래이므로).	신용위험이 없다(거래소의 정산하므로)[주1].
상대거래(호가가 일치해야 거래가 성사) • 주로 '고객 ↔ 웨어하우스' 간 거래	경쟁매매(유리한 호가가 먼저 체결) • 시장에 참여하는 불특정 다수 간 거래
맞춤형가능 but 유동성부족	유동성풍부[주2] but 맞춤형불가

* 주1 : '신용위험'을 없애기 위한 거래소의 제도로서 '증거금제도, 일일정산제도'가 있다.
* 주2 : 거래상품과 거래월물이 표준화되고 증거금이 현물대비 낮은 편이어서 유동성이 풍부하다.

학습안내 29회, 31회, 32회, 34회, 35회 기출

83

정답 ③

이자율등가식(또는 이자율평형이론)에 의한 균형선물환율(F^*) 산출식은 '$F^* = S\left\{1+(r_d-r_f)\times\frac{T-t}{365}\right\}$'이다. 만기가 1년이므로 '$F^* = S\{1+(r_d-r_f)\}$'이고, 따라서 '$F^* = 1{,}100\{1 + (0.03 - 0.01)\}$, $F^* = 1{,}122$'이다.

즉, 이상의 조건에서 1년만기 달러원 선물환율의 균형가격은 1$ = 1,122₩이다.

주의 계산 시 '$(r_d - r_f)$'의 순서에 유의해야 한다. 계산 시 원화이자율이 앞에 나와야 한다. 만일 동 문항에서 '원화이자율 1%, 달러이자율 3%'로 주어진다면, 1년만기 선물환 균형가격은 '1$ = 1,078₩'이다.

학습안내 31회, 35회 기출

84

정답 ①

콜불스프레드(Call Bull Spread)는 행사가격이 낮은 콜옵션을 매수하고 행사가격이 높은 콜옵션을 매도하는 전략이다.

※ **옵션합성전략 예시**

방향성 전략[주1]		변동성 전략[주2]	
콜불스프레드	풋불스프레드	스트래들 매수	스트랭글 매수
C(80) 매수	P(80) 매수	C(80) 매수	C(90) 매수
C(90) 매도	P(90) 매도	P(80) 매수	P(70) 매수
초기 순지출	초기 순수입	동일 행사가격 동시매수	다른 행사가격 동시매수

* 주1 : 옵션스프레드전략은 강세스프레드와 약세스프레드가 있는데, 기본서에서는 강세스프레드, 즉 콜불스프레드와 풋불스프레드만 다루고 있다.
* 주2 : 변동성 전략에는 변동성매수전략과 변동성매도전략이 있는데 표에서는 변동성매수전략만 기술한다(변동성매도전략은 반대로 이해).

► 포지션 이해

① 콜불스프레드(Call Bull Spread) : **행사가격이 낮은 콜옵션을 매수하고 행사가격이 높은 콜옵션을 매도한다**(→ 기초자산가격이 상승할 때 수익이 나는 포지션).

• 비싼 옵션을 매수하고 싼 옵션을 매도하므로 초기순지출이 된다(돈을 내고 시작).

② 풋불스프레드(Putl Bull Spread) : 행사가격이 낮은 풋옵션을 매수하고 행사가격이 높은 풋옵션을 매도한다(→ 기초자산가격이 상승할 때 수익이 나는 포지션).

• 싼 옵션을 매수하고 비싼 옵션을 매도하므로 초기순유입이 된다(돈을 받고 시작).

TIP 콜불스프레드 포지션에서 콜옵션을 풋옵션으로 바꾸면 풋불스프레드가 된다.

③ 스트래들 매수(Long Straddle) : 등가격인 동일 행사가격에서 콜옵션과 풋옵션을 동시에 매수한다(→ 변동성매수전략으로서, 변동성이 커질 때 수익이 나는 포지션).

④ 스트랭글 매도(Short Stangle) : 외가격 옵션으로서 행사가격이 다른 콜옵션과 풋옵션을 매도한다(→ 변동성매도전략으로서, 변동성이 적을 때 수익이 나는 포지션).

• 스트랭글의 매매대상이 되는 옵션은, 외가격옵션으로서 콜옵션은 등가격보다 높은 행사가격이 되고 풋옵션은 등가격보다 낮은 행사가격이 된다(예 등가격이 80일 때 콜옵션은 90, 풋옵션은 70).

학습안내 35회 신유형이다.

85

정답 ②

풋콜패리티의 동등성을 이용한다. '$c + \frac{X}{(1+r)^{T-t}} = p_t + S_t$'에서, p_t를 중심으로 정리하면

'$p_t = c + \frac{X}{(1+r)^{T-t}} - S_t$'이 된다.

즉 '풋옵션매수 = 콜옵션매수 + 채권매수 + 주식대차거래'이다.

주의 $+\frac{X}{(1+r)^{T-t}}$: 채권매수, $-\frac{X}{(1+r)^{T-t}}$: 채권매도, $+S_t$: 주식매수, $-S_t$: 주식대차거래

참고 블랙숄즈모형은 유럽식 콜옵션의 가격을 도출하는 모형인데, 블랙숄즈모형에서도 풋옵션의 가격은 풋콜패리티를 이용하여 구한다.

학습안내 28회, 32회, 35회 기출

86

정답 ①

'콜옵션의 델타 = +0.2'이다.

※ 상세해설

(1) 델타는 기초자산의 가격변화분에 대한 옵션가격의 변화분[주1]으로 계산한다.

→ '델타 = $\frac{\Delta c}{\Delta S} = \frac{+2point}{10point}$ = (+)0.2'이다.

* 주1 : 레버리지도(DOL / DFL / DCL) 계산에서는 '변화율'을 적용하지만, 옵션의 델타를 계산할 때는 '변동분'으로 계산한다.

(2) 기초자산가격이 상승할 때 콜옵션의 가격은 상승하고(동일 방향으로 움직이므로 민감도 부호가 +), 풋옵션의 가격은 하락한다(반대방향으로 움직이므로 민감도 부호가 −). **즉 콜옵션의 델타는 0과 1사이에 존재하고 풋옵션의 델타는 −1과 0 사이에 존재한다.**

► 민감도 부호(옵션매수포지션 기준)

구 분	델타	감마	베가	쎄타	로우
콜옵션	+	+	+	−	+
풋옵션	−	+	+	−	−

학습안내 실제 시험에서는 '기초자산이 100에서 110으로 상승 시 옵션가격이 10에서 12로 상승할 경우, 콜옵션의 델타는 얼마인가?'로 단순한 형태로 출제되었지만, 학습효과 차원에서 변형복원하였다(► '32회 86번'과 동일유형).

87

정답 ④

① 잔여만기가 짧을수록 감마 값은 커진다, ②는 로우의 정의, ③은 쎄타의 정의이다.

※ **옵션민감도 지표 이해**(2023 기본서, 4권, p388~398 참조)

(1) **델타($\frac{\partial c}{\partial s}$) : 기초자산이 변할 때 옵션프리미엄(옵션가격)이 얼마나 변하는가?**

㉠ 옵션가격곡선에 대한 1차 미분치로서 기울기(속도)로 나타난다.

㉡ 등가격(ATM)에서 0.5이며 외가격으로 갈수록 0에 가까워지고 내가격으로 갈수록 1에 가까워진다.

㉢ 블랙숄즈모형에서의 N(d_1)이 델타이다.

㉣ 기초자산의 움직임에 대해서 콜옵션매수는(+), 풋옵션매수는 (−)의 방향을 보인다.

(2) **감마($\frac{\partial^2 c}{\partial s^2}$) : 기초자산이 변할 때 델타가 얼마나 변하는가?**

㉠ 옵션가격에 대한 2차 미분치로서 곡률(가속도)로 나타난다.

㉡ 등가격(ATM)에서 최댓값을 보이며, 잔여만기가 다가올수록 감마값이 커진다.

- 잔여만기가 다가올수록 내재가치에 수렴하게 되므로 곡률 또는 볼록도가 커진다(시대고시, 한권으로 끝내기 2권, p363 그림 참조).

㉢ 기초자산의 움직임에 대해서 콜옵션매수, 풋옵션매수 모두 (+)의 방향을 보인다(∵ 가속도는 양의 방향만 존재하므로).

(3) **베가($\frac{\partial c}{\partial \sigma}$) : 변동성계수가 변할 때 옵션가격이 얼마나 변하는가?**

㉠ 변동성의 움직임에 대해서 콜옵션매수, 풋옵션매수 모두 (+)의 방향을 보인다.

- 변동성이 커진다는 것은 새로운 변수로 인해서 시장의 급등이나 급락의 가능성이 모두 커지는 것을 의미하므로 콜옵션과 풋옵션의 가격이 모두 상승한다.

㉡ 변동성매수전략에는 스트래들매수・스트랭글매수가 있으며, 변동성매도전략에는 스트래들매도・스트랭글매도가 있다.

(4) **쎄타($\frac{\partial c}{\partial t}$) : 시간이 경과할 때 옵션가격이 얼마나 변하는가?**

㉠ 시간의 경과에 대해 콜옵션매수, 풋옵션매수 모두 (−)의 방향을 보인다.

- 옵션매수포지션의 경우 콜옵션과 풋옵션에 관계없이 내가격확률이 낮을수록, 만기가 다가올 때 시간가치 감소현상(time decayed)이 급격하게 나타난다.
- 강세콜스프레드 등 스프레드포지션은 시간가치 감소현상으로부터 자유롭다.

㉡ 감마와 쎄타의 경우 민감도부호는 반대이지만 블랙숄즈 2차 편미분방정식에 의해서 '감마 + 쎄타 = 일정 숫자'의 관계에 있으므로, 감마와 쎄타의 절대치는 정의 관계를 갖는다.

예시 (1) 감마(+6) + 쎄타(−4) = +2, (2) 감마(+8) + 쎄타(−6) = +2, 즉 (1)에서 (2)로 변동할 때 감마는 +2, 쎄타의 절대치도 +2이다(정의 관계).

(5) 로우($\frac{\partial c}{\partial r}$) : 금리가 변할 때 옵션가격이 얼마나 변하는가?

㉠ 금리의 움직임에 대해서 콜옵션매수는 (+), 풋옵션매수는 (-)의 방향을 보인다.

• 금리가 상승하면 기초자산에 대한 지불가격이 낮아지므로 콜옵션매수는 유리하고 풋옵션매수는 불리하게 된다.

㉡ 금리상승은 콜옵션매수포지션에는 호재, 풋옵션매수포지션에는 악재이다.

학습안내 '감마와 쎄타의 절대치는 정의 관계이다'는 35회 시험에서 처음으로 반영된 신유형지문이다(정답 지문으로 제시되었으므로 확실히 이해할 것).

3-7 투자운용결과분석(4문항)

88

정답 ①

베타는 '시장수익률에 대한 개별종목(또는 개별포지션)의 수익률의 비율'을 말하므로, 시장수익률이 마이너스일 경우 베타도 마이너스가 되어야 포지션수익률은 플러스가 된다(아래 표 참조).

※ 예시 주어진 시장수익률 하에서 각각의 베타에 대한 개별 포지션의 수익률

구 분	베타 -1.2	베타 -0.5	베타 +0.4	베타 +1.5
시장수익률 +10%	-12%	-5%	+4%	+15%
시장수익률 -10%	+12%	+5%	-4%	-15%

89

정답 ③

통합계정수익률(누적기준)은 35%이다(아래 상세풀이).

※ 통합계정수익률의 계산

(1) 정의 : GIPS에서는 통합계정(composite)이라는 표현을 사용하고 있다. 통합계정수익률은 통합계정에 속한 펀드들을 대상으로 세부 기간별 순자산가중수익률을 먼저 계산한 후, 세부기간 별 수익률을 기하적으로 연결하는 방식인 시간가중방식으로 계산한다(2023 기본서, 4권, p437 인용).

(2) 통합계정수익률 계산[2단계 계산 : 각 기간의 자산가중수익률을 계산한 후(㉠), 기간별 자산가중수익률을 기하적으로 연결한다(㉡)]

㉠ 자산가중수익률

• 2021년 : $\frac{\text{기말} - \text{기초}}{\text{기초}} = \frac{(1,100 + 1,200) - (900 + 1,100)}{(900 + 1,100)} = \frac{2,300 - 2,000}{2,000}$

$= 0.15$, 즉 15%

• 2022년 : $\frac{\text{기말} - \text{기초}}{\text{기초}} = \frac{(1,300 + 1,400) - (1,100 + 1,200)}{(1,100 + 1,200)} = \frac{2,700 - 2,300}{2,300}$

$= 0.1739$, 즉 17.4%

㉡ 시간가중수익률(누적기준) : $(1 + 0.15)(1 + 0.174) - 1 = 0.3501$, 즉 35%

따라서 통합계정수익률(누적기준)은 35%이다.

주의 시간가중수익률에는 '㉠ 연환산기준 수익률 ㉡ 전체기간에 대한 누적기준 수익률'의 두 가지 기준이 있는데, 동 문항(89번)을 포함하여 두 번의 기출 모두 누적수익률 기준으로 출제되었다. 따라서 '연환산기준'이라고 명시되지 않으면 누적기준으로 풀어야 하며, 연환산기준 계산은 아래와 같다.

→ 통합계정수익률(연환산기준) : $R = \sqrt{(1 + 0.15)(1 + 0.174)} - 1 = 0.1619$, 즉 16.19%이다.

학습안내 통합계정수익률 계산은 35회 시험에서 처음으로 출제되었다(난이도 상).

90

정답 ②

'샤프비율 = $\frac{R_P - R_F}{\sigma_P} = \frac{6\% - 3\%}{10\%} = 0.3$' 즉 샤프비율은 0.3이다. 즉 동 포트폴리오에 투자할 경우 표준편차 한 단위당 0.3배의 초과수익률을 얻는다는 의미이다.

주의 분자는 무위험대비 초과수익률($R_P - R_F$)로서 벤치마크대비 초과수익률($R_P - R_B$)이 아님에 유의하고, 분모는 베타위험이나 잔차위험이 아닌 표준편차를 사용한다.

91

정답 ①

수익자정보는 공시할 수 없다(무한책임을 지는 경우가 아니면 투자자정보는 공개하지 않는 것이 원칙).

※ GIPS 회계기준 정리(1단계~7단계)

(1) 포트폴리오는 공정가치의 정의와 부합되며 GIPS의 평가원칙과 일치하도록 가치평가가 되어야 한다(→ **공정가치 = 시가평가 + '신뢰할 시가가 없는 경우' 공정가액평가**).

(2) 거래일기준 회계를 사용해야 한다(→ **결제일 기준** X).

(3) 확정이자부 증권과 이자수입을 얻는 모든 투자상품에 대해 발생주의 회계를 사용해야 한다(→ 현금주의 X).

(4) 시간가중수익률로 계산하여야 한다(→ **금액가중수익률** X).

(5) 모든 수익률은 해당기간 발생한 실제 매매비용을 공제한 후에 계산되어야 한다. 회사는 **추정된 매매비용을 사용하지 말아야 한다.**

(6) 컴포지트수익률(운용사수익률)은 개별포트폴리오 수익률을 자산가중함으로써 계산되어야 한다(→ **자산가중을 하지 않을 경우 오류 발생**).

(7) 실재하고 보수를 지급하며 재량권 있는 모든 포트폴리오는 컴포지트에 포함될 수 있지만, **재량권 없는 포트폴리오는 회사의 컴포지트에 포함되지 말아야 한다.**

(8) 회사는 **모의실험된 성과 또는 모형포트폴리오의 성과를 실재 성과에 연결시키지 말아야 한다.**

(9) 회사는 컴포지트의 개요, 벤치마크의 개요를 공시해야 한다(→ **수익자정보는 공시하지 않음**).

(10) 회사는 성과를 나타내기 위해 사용된 통화를 공시해야 한다.

(11) 회사는 어떤 내부분산도 지표가 제시되었는지를 공시해야 한다.

(12) 회사는 컴포지트와 벤치마크 모두의 3년 연환산된 사후 표준편차를 제시해야 한다.

(13) **1년 미만의 기간에 대한 수익률을 연환산하지 말아야 한다.**

(14) 검증(Verification)은 독립적인 제3자에 의해 수행되어야 한다(성과뿐 아니라 절차도 평가대상에 해당됨).

학습안내 24회, 26회, 30회, 35회 기출

3-8 거시경제(4문항)

92

정답 ①

유동성함정 구간에서는 이자율에 대한 화폐수요의 탄력성이 무한대가 되고 따라서 LM곡선이 수평을 이루게 된다.

※ **유동성함정 구간의 특징** : '화폐수요탄력도 = ∞, LM곡선 = 수평, 확대재정정책 = 무구축효과'

(1) 이자율이 임계이자율수준까지 하락할 경우 → 화폐수요가 무한대[주1]로 증가 → **LM곡선이 수평(화폐수요탄력도가 무한대)**

* 주1 : '이자율에 대한 화폐수요탄력성이 무한대'가 일반적인 표현이지만, 기본서에서는 '화폐수요의 이자율탄력성이 무한대'로 기술하고 있다.

(2) 확대재정정책 집행 시 무구축효과[주2]가 달성되어(금리상승이 일어나지 않으므로 구축효과가 원천적으로 발생할 수 없음), 확대재정정책의 효과가 극대화된다.

* 주2 : 구축효과의 종류

완전구축효과	부분구축효과	무구축효과
고전학파의 이론적환경 (물가와 임금이 신축적)	일반적인 경우	유동성함정구간일 경우
재정정책효과 없음	재정정책효과 있음	재정정책효과 극대화

► 구축효과(crowding effect)의 정의 : 확대재정정책이 이자율을 상승시켜 민간투자를 위축시키고 이로 인해 총수요가 감소되는 현상을 말한다.

(3) 고전학파의 유동성함정구간 탈출논리 : 피구효과(Pigou Effect)

• 물가하락 → 실질잔액증가 → 소비증가 → 총수요증가 → IS가 우측으로 이동 → 유동성함정 구간 탈출 가능(즉 재정정책 집행없이도 유동성함정 구간을 벗어날 수 있다고 주장)

학습안내 '32회 93번'과 유사한 유형으로 출제되었다(► 피구효과는 28회, 33회에서 단독출제).

93

정답 ③

'감소, 상승'이다. 경상수지와 금리는 강한 음(-)의 관계를 보인다. 즉 경상수지 적자규모가 커지게 되면 통화량은 감소하게 되고 이에 따라 금리는 상승하게 된다.

※ **경상수지와 금리 : 경상수지와 금리는 강한 음(-)의 관계를 갖는다.**

(1) 경상수지 흑자 → 해외로부터 유동성 유입 → 국내 유동성 증가 → 금리하락

(2) 경상수지 적자 → 국내로부터 유동성 유출 → 국내 유동성 감소 → 금리상승

학습안내 거시경제변수와 금리의 변동에 대한 전체내용은 '39회 93번 해설'을 참조할 것

94

정답 ②

MV = PY, $V = \frac{P \times Y}{M}$, $V = \frac{1,600}{2,000}$, 따라서 V(통화유통속도) = 0.8

※ **GDP디플레이터와 화폐유통속도** : 명목GDP 1,600조, 실질GDP 1,200조, 통화량 2,000조의 경우('MV = PY' 화폐교환방정식을 이용해서 계산함)

► GDP디플레이터(P) = $\frac{MV}{Y} = \frac{PY}{Y} \rightarrow \frac{명목GDP}{실질GDP} = \frac{1,600}{1,200} = 1.33$

• GDP디플레이터 = $\frac{명목GDP}{실질GDP}$, 국민경제 전체의 물가압력수준

► 통화유통속도(V) = $\frac{PY}{M} \rightarrow \frac{명목GDP}{통화량} = \frac{1,600}{2,000} = 0.80$

• 통화유통속도는 '명목GDP를 통화량으로 나눈 값'으로서 자금흐름의 속도를 반영한다.
- 유통속도는 일정량의 통화량이 일정기간(1분기 혹은 1년) 동안 몇 번을 회전하여 명목GDP에 해당하는 만큼의 거래를 뒷받침했는가를 반영
- 그러나 **유통속도는 사후적으로만 추계가 가능하므로** 경기변화 및 인플레이션 등을 예측하는 데에는 유용성이 높지 않음

※ **암기팁을 이용한 약식계산**

(1) GDP디플레이터('**믓**'으로 암기) : $\frac{명목GDP}{실질GDP} = \frac{1,600}{1,200} = 1.33$

(2) 통화유통속도('**믙**'으로 암기) : $\frac{명목GDP}{통화량} = \frac{1,600}{2,000} = 0.80$

95

정답 ①

'경기저점~(다음)경기저점'의 기간은 순환주기, '경기저점~경기정점'의 기간은 확장국면이며 경기저점과 경기정점 간의 높이는 진폭(또는 심도)이라 한다.

※ **경기순환이론**(2023 기본서, 5권, p67~69 참조)

(1) 경기순환(business cycle)은 경기확장국면과 경기수축국면이 반복되는 현상을 말한다.
(2) 순환주기는 '**경기저점에서 다음 경기저점까지의 기간**'을 의미하며, 순환주기가 일정한 것은 아니다.
(3) 한국의 경우 일부 선진국과는 달리 장기적 성장추세선을 중심으로 경기의 기복현상이 나타나는 성장순환(growth cycle)의 형태가 나타난다.
(4) 주요 경제지표들의 전년동기대비 증가율보다는 전기대비 증감율이 경기국면변화에 대한 정보를 보다 정확하게 보여준다.
(5) 경기변동요인은 '추세요인 / 순환요인 / 계절요인 / 불규칙요인'의 4가지로 구분된다.
(6) 다른 나라와 마찬가지로 한국의 경기순환도 평균적으로 경기확장국면이 경기수축국면 보다 길게 나타나는 비대칭성을 보인다.
(7) 기준순환일(reference date of business cycle)이란 국민경제 전체의 순환변동에서 국면 전환이 발생하는 경기전환점을 말한다.
(8) 불황초기에는 기업매출과 영업이익이 감소하고 재고가 증가하지만 불황이 심화되면 생산량 조정이 이루어지면서 재고가 감소한다.

3-9 분산투자기법(5문항)

96

정답 ②

개별자산(X, Y)의 시나리오별 기대수익률을 먼저 계산한 다음, X와 Y의 기대수익률과 편입비중(5:5)을 반영하여 포트폴리오XY의 기대수익률을 계산한다.

※ 포트폴리오 기대수익률의 계산(가중평균)

(1) **1단계 : 시나리오별 확률과 기대수익률을 가중평균하여 개별자산(X, Y)의 기대수익률을 계산한다.**
- X주식 : (16% × 0.5) + (10% × 0.3) + (−20% × 0.2) = +8% +3% −4% = **7%**
- Y주식 : (8% × 0.5) + (4% × 0.3) + (−2% × 0.2) = 4.0% +1.2% −0.4% = **4.8%**

(2) **2단계 : X와 Y의 기대수익률과 편입비중(5:5)을 가중평균하여 포트폴리오의 기대수익률을 계산한다.**
- 포트폴리오XY의 기대수익률 = (7% × 0.5) + (4.8% × 0.5) = 3.5% + 2.4% = **5.9%**

학습안내 32회, 35회 기출

97

정답 ③

변동성보상비율(RVAR) = $\frac{R_A - R_F}{\sigma_A} = \frac{8\% - 2\%}{4\%}$ = 1.5, 즉 변동성보상비율(위험보상비율)은 1.5이다. 그리고 변동성보상비율은 편입자산의 비중차이와 관계없이 동일하다.

주의 문항에서 표준편차 대신에 분산을 제시할 수도 있다.

학습안내 29회, 31회, 35회 기출

98

정답 ④

모든 투자자는 동일한 방법으로 증권을 분석하고 경제상황에 대한 예측도 동일하다. 따라서 미래증권의 수익률의 확률분포에 대하여 동질적으로 예측(homogeneous expectation)을 한다(2023 기본서, 5권, p132 인용).

학습안내 CAPM이론의 전제(가정)는 '38회 98번' 해설을 참조할 것

99

정답 ①

A주식, B주식 모두 SML선 **아래에 위치하고 있으므로 고평가상태이다.** A, B주식의 SML선을 구하고(균형수익률), SML선 대비 위에 있으면 저평가(과소평가), 아래에 있으면 고평가(과대평가)이다.

※ 상세풀이

(1) A주식

- 요구수익률(k) = 3% + 0.8(10% − 3%) = 8.6%
- 요구수익률이 8.6%인데 현재 시장에서의 기대수익률은 7%이므로 SML선의 아래에 위치한다. 따라서 A주식은 현재 과대평가되고 있다(► 해석 : 동 주식은 주가가 높은 상태로서 현재 기대수익률이 요구수익률 8.6%에도 못미치는 상태이므로 고평가상태에 있다).

(2) B주식

- 요구수익률(k) = 3% + 2.0(10% − 3%) = 17%
- 요구수익률이 17%인데 현재 시장에서의 기대수익률은 15%이므로 SML선의 아래에 위치한다. 따라서 B주식은 현재 과대평가되고 있다(► 해석 : 동 주식은 주가가 높은 상태로서 현재 기대수익률이 요구수익률 17%에도 못미치는 상태이므로 고평가상태에 있다).

100

정답 ①

틀린 항목은 '가, 나'이다.

※ 추가해설

- 가 : 소극적인 투자전략은 시장평균정도의 위험을 감수하는 전략이다.
- 나 : 정보비용과 거래비용을 최소화하는 전략은 소극적 전략이며, 적극적인 전략은 시황변동에 따른 탄력적인 운용을 통해 수익률을 극대화하려는 노력을 하게 되므로 정보비용과 거래비용이 많이 발생하게 된다.
- 다 : 단순매입보유전략은 소극적 전략으로서, 의도적인 노력을 하지 않고 많은 종목을 편입하고 보유하면 평균에 가까운 수익률을 올릴 수 있다는 전략이다.
- 라 : 포뮬러 플랜은 적극적 전략으로서(마켓타이밍전략), '주식 + 채권'의 상태에서 주가가 사전에 정한 수준에 도달 시 '주식매입 & 채권매도(동일비중)' 또는 '주식매도 & 채권매수(동일비중)'로 운용하는 전략을 말한다.

  cf 시장투자적기 포착법 : '위험자산(주식) + 무위험자산'으로 포트폴리오를 구성하고, 주식의 기대수익률이 무위험수익률보다 클 경우는 주식비중을 증가시키고, 반대이면 무위험자산의 비중을 증가시키는 전략이다.

학습안내 29회, 31회, 33회, 35회 기출

투자자산운용사 출제동형 PLUS 최신 9회분

36회차 정답 및 해설

01	02	03	04	05	06	07	08	09	10	11	12	13	14	15	16	17	18	19	20
③	④	②	③	③	②	③	②	④	④	②	④	③	④	①	④	①	③	④	④
21	**22**	**23**	**24**	**25**	**26**	**27**	**28**	**29**	**30**	**31**	**32**	**33**	**34**	**35**	**36**	**37**	**38**	**39**	**40**
③	①	②	③	②	③	④	②	①	④	④	②	①	①	③	②	③	③	④	④
41	**42**	**43**	**44**	**45**	**46**	**47**	**48**	**49**	**50**	**51**	**52**	**53**	**54**	**55**	**56**	**57**	**58**	**59**	**60**
④	③	③	②	④	③	②	④	③	①	④	③	③	②	④	②	②	③	①	①
61	**62**	**63**	**64**	**65**	**66**	**67**	**68**	**69**	**70**	**71**	**72**	**73**	**74**	**75**	**76**	**77**	**78**	**79**	**80**
①	①	④	④	③	②	③	①	④	②	③	③	④	①	②	②	④	③	②	③
81	**82**	**83**	**84**	**85**	**86**	**87**	**88**	**89**	**90**	**91**	**92**	**93**	**94**	**95**	**96**	**97**	**98**	**99**	**100**
④	④	④	②	①	②	④	①	①	①	②	①	②	③	①	①	①	②	④	②

1-1 세제관련 법규/세무전략(7문항)

01

정답 ③

'소득세, 법인세, 부가가치세'는 납세의무자가 과세표준과 세액을 신고함으로써 납세의무가 확정된다(신고확정). 인지세는 납세의무의 성립과 동시에 특별한 절차 없이 납세의무가 확정되므로(자동확정), 과세문서를 작성하는 때에 납세의무의 성립과 확정이 동시에 이루어진다고 할 수 있다.

※ 납세의무의 성립시기

(1) 소득세, 법인세, 부가가치세 : 과세기간이 끝나는 때
(2) 상속세 : 상속이 개시되는 때
(3) 증여세 : 증여에 의하여 재산을 취득하는 때
(4) 인지세 : 과세문서를 작성한 때
(5) 증권거래세 : 해당 매매거래가 확정된 때
(6) 종합부동산세 : 과세기준일
(7) 원천징수하는 소득세, 법인세 : 소득금액 또는 수입금액을 지급하는 때

※ 납세의무의 확정

(1) 신고확정 : 납세의무자가 과세표준과 세액을 정부에 신고함으로써 확정된다(소득세, 법인세, 부가가치세, 증권거래세, 개별소비세 등).

(2) 부과확정 : 정부가 과세표준과 세액을 결정함으로써 확정된다(상속세, 증여세 등).

(3) 자동확정 : 납세의무의 성립과 동시에 특별한 절차 없이 확정된다(인지세, 원천징수 소득세 · 법인세, 중간예납 법인세 등).

학습안내 36회에서 '소멸시효 중단/납세의무 성립/납세의무 확정'을 동시에 반영한 복합문제로 출제되었는데, 학습효과 차원에서 '납세의무 성립/납세의무 확정'을 중심으로 변형복원하였다.

02

정답 ④

차례대로 '90일, 심사청구, 심판청구'이다.

학습안내 조세불복제도에 대한 기본서 全文은 '41회 03번 해설'을 참조할 것

03

정답 ②

일부손익과세제외 제도에 의해 '상/파/벤'은 과세대상에서 제외한다.

① '집합투자기구로부터의 이익'은 배당소득으로 과세하고, '집합투자기구 이외의 신탁(특정금전신탁 등)의 이익'은 재산권에서 발생하는 소득의 내용별로 구분하여 이자소득 또는 배당소득으로 과세한다.

- 집합투자기구에서 발생한 수익은 '집합투자기구로부터의 이익'으로서 소득세법상 배당소득이 된다.

③ 일부손익과세제외 대상이 되는 파생상품은 '상장주식을 기초자산으로 한' 장내파생상품이다.

④ 소득세법상 적격집합투자기구에 대한 과세로서, 집합투자증권의 실물양도나 계좌 간 이체 등으로 발생한 이익도 '집합투자기구로부터의 이익'에 해당되어 배당소득으로 과세한다.

※ **집합투자기구 과세 시 일부손익과세제외 대상** : '상/파/벤'의 경우 직접투자 시 과세되지 않는 점을 펀드투자에도 적용하는 차원에서 '집합투자기구로부터의 이익'에 포함시키지 않는다(즉, 과세대상에서 제외).

(1) 상장주식의 매매손익('**상**')

(2) 상장주식을 기초자산으로 하는 장내파생상품의 매매손익('**파**')

(3) 장외주식으로서 벤처기업법에 따른 벤처기업주식의 매매손익('**벤**')

주의 1 상장채권의 매매손익은 '집합투자기구로부터의 이익'에 포함된다.

- 집합투자재산으로 운용하여 부동산의 양도차익이나 채권의 양도차익이 발생한 경우 모두 '집합투자기구로부터의 이익'에 포함되어 배당소득으로 과세한다.

주의 2 '상/파/벤'의 경우 매매손익과 관계없이 과세대상에서 제외된다.

학습안내 28회, 31회, 34회, 36회 출제되었다.

04

정답 ③

지방세 제외 기준으로 '① 14%, ② 25%, ③ 45% 또는 90%, ④ 9%'이다. 그리고 ①, ③, ④는 무조건분리과세 대상이며 ②는 조건부종합과세 대상이다.

※ 금융소득에 대한 원천징수세율(세율은 지방세 제외 기준)

항 목	원천징수세율	비 고
(분리과세를 신청한) 장기채권의 이자와 할인액	30%	무조건 분리과세
직장공제회 초과반환금	기본세율(6%~45%)	
법원에 납부한 경매보증금 및 경락대금에서 발생한 이자소득	14%	
비실명거래로 인한 이자·배당소득[주1]	45% 또는 90%	
ISA 비과세한도를 초과하는 이자·배당소득	9%	
비영업대금의 이익	25%	조건부 종합과세
그 밖의 이자소득 또는 배당소득	14%	

* 주1 : 금융기관을 통해 지급되는 비실명 금융소득은 90%, 금융기관을 통하지 않은 비실명금융소득은 45%가 적용된다.

05

정답 ③

신고제도상 종합과세 대상 금액은 6,000만 원이다.

※ 상세해설

(1) **무조건분리과세대상을 제외한다.** : 즉 '법원보관금에서 발생한 이자소득'은 무조건분리과세 대상(분리과세율 14%)이므로 제외

(2) **조건부종합과세를 한다.** : 무조건분리과세 대상 소득을 제외한 금융소득이 2천만 원 이하인 경우는 원천징수(원천징수율 14%)로 납세의무 종결되고, 2천만 원을 초과할 경우는 금융소득 전체 금액과 타 종합소득 금액을 합산하여 종합과세한다. 즉 '금융소득 3,500만 원(2,000만 원 + 1,000만 원 + 500만 원) + 근로소득 2,500만 원 = **6,000만 원**[주1]이 종합과세 대상 금액이 된다.

* 주1 : 동 문항에서 현행 신고제도상 종합과세 대상 금액은 6,000만 원이지만 금융소득 2,000만 원까지는 14%의 원천징수세율로 과세하고 납세의무가 종결되므로, 실질적으로 종합과세율(6%~45%)이 적용되는 종합소득은 '금융소득 2천만 원 초과분과 타 종합소득을 합산한' 4,000만 원이다.

보충 '배당소득을 발생시키는 거래와 파생상품의 시행령요건에 따라 결합된 경우의 파생결합상품의 이익'은 배당소득으로 과세하고, '이자소득을 발생시키는 거래와 파생상품의 시행령요건에 따라 결합된 경우의 파생결합상품의 이익'은 이자소득으로 과세한다(둘 다 조건부종합과세).

학습안내 30회, 32회, 36회 기출되었다.

06

정답 ②

양도가액은 양수자와 양도자 간의 실지거래가액으로 하는 것이 원칙이며, 실지거래가액이 확인되지 않을 경우 '매매사례가액 → 감정가액 → 환산가액 → 기준가액(매. 감. 환. 기)' 순으로 추계한다.

① 양도는 등기나 등록에 관계없이 매도, 교환, 현물출자 등으로 인한 자산의 사실상 유상이전을 말하므로, '법인 현물출자'는 양도에 해당되어 양도소득세 과세대상이 된다.

③ 양도소득 기본공제(연간 250만 원)의 대상은 '부동산/주식/파생상품(부/주/파)'이다.

④ 비거주자(외국법인 포함)의 비상장주식 매매는 과세대상이다.

※ **소득세법상 '양도'의 정의**

양도(소득세법 제88조)란 자산에 대한 등기 또는 등록에 관계없이 매도・교환・현물출자, 대물변제나 공용수용 등으로 인하여 그 자산이 유상으로 사실상 이전되는 것을 말한다.

※ **양도소득세 과세 FLOW**

(1) **양도가액**주1 - 필요경비(취득가액/자본적 지출/기타필요경비주2 등) = 양도차익

* 주1 : 양도가액은 양도당시의 실지거래가액으로 한다. 단, 실지거래가액이 확인되지 않을 경우 '매매사례가액 → 감정가액 → 환산가액 → 기준시가'의 순서로 적용하여 추계한다.
* 주2 : 기타필요경비는 '증권거래세, 신고서 작성비용, 인지대' 등을 말하는데, 주식의 매매차익에 대해서 양도소득세가 부과될 경우 증권거래세가 필요경비로 인정된다.

(2) **양도차익** - 장기보유특별공제주3 = 양도소득금액

* 주2 : 장기보유특별공제는 보유기간이 3년 이상인 '1세대 1주택(8%~40%, 최대 80%), 토지 및 건물(6%~30%)'에 적용된다(주식은 적용되지 않음).

(3) **양도소득** - 기본공제(연 250만 원)주4 = 양도소득과세표준

* 주4 : 양도소득 기본공제 대상 : 양도소득이 있는 거주자에 대해서 아래의 호별 자산별로 각각 연 250만 원을 공제함
  - 제1호 : 토지・건물 및 부동산권리(미등기자산 제외)
  - 제2호 : 주식 및 출자지분
  - 제3호 : 파생상품 등

※ **비거주자(외국법인 포함)의 주식양도차익에 대한 과세**

(1) 국내원천소득 중 '유가증권양도소득'으로 과세한다.

(2) 주식양도차익 중 '㉠ 상장주식의 장내거래'는 25% 이상 주주에 한해 과세하고, '㉡ 상장주식의 장외거래와 ㉢ 비상장주식의 거래'는 지분율과 관계없이 과세한다(참고 ㉡, ㉢은 거주자과세와 동일).

(3) 유가증권양도소득으로 과세 시 원천징수방법은 'Min(양도가액의 10%, 양도차익의 20%)'이다.

학습안내 30회, 32회, 34회, 36회 출제되었다(► 동 문항 ④는 신유형 지문이다).

07

정답 ③

저평가된 상태에서 증여하는 것이 증여세과세표준을 낮추게 하므로 증여세 절감에 유리하다.

※ **증여재산공제**(2023 기본서, 1권, p54~56 참조)

(1) 한 사람의 수증자에게 같은 금액을 증여하더라도 증여자를 여럿으로 하는 것이 유리하다.
예 아버지가 아들에게 4억 원을 증여하는 것보다 아버지 2억 원, 할아버지 2억 원으로 나누어 증여하는 것이 더 유리하다. 할아버지가 손자에게 증여할 때 세대생략할증과세(30%)가 적용되지만, 그럼에도 불구하고 증여세 누진세 절감효과가 더 크다.

(2) 자녀에게 직접 증여하는 경우 10년 단위 증여재산공제를 활용하여 어릴 때부터 증여하는 것이 유리하다.
- 증여공제 : 성인 자녀는 10년간 5천만 원, 미성년자녀는 10년간 2,000만 원
- 그리고 증여공제 한도 내에서 증여하더라도 증여신고를 하는 것이 좋다(정당한 자금원 인정 차원).

(3) 장기보유 중인 자산을 증여하고자 할 경우, 고평가된 시점보다는 저평가된 시점에서 증여하는 것이 유리하다.

(4) 기대수익률이 높은 자산을 활용(레버리지 활용) 하여 증여하는 것이 바람직하다.
예 주가 2만 원, 신주인수권 12,000원인 경우, 수증자가 증여받은 현금으로 신주인수권을 매입 후 시가로 매도할 경우 증여받은 현금 금액보다 더 큰 금액을 증여받은 효과가 발생한다.

학습안내 28회, 29회, 30회, 33회, 35회, 36회 출제되었다.

1-2 금융상품(8문항)

08

정답 ②

RP는 예금자보호대상이 아니지만(CD와 RP는 2001년부터 예금자보호에서 제외), 국공채를 대상으로 하므로 안정성이 매우 높은 편이다.

※ **환매조건부채권 매매(RP ; Repurchasing Agreement)**

(1) 보유채권을 미리 정한 가격으로 '다시 살 것을 조건(환매수 조건)'으로 매도하면 RP매도, 반대는 RP매수이다.

(2) RP매도자는 차입자이며 RP매수자는 대여자이다.

- RP매도자는 자본손실 없이 단기간에 필요한 자금을 보다 쉽게 조달할 수 있으며, RP매수자는 원하는 기간에 맞추어 은행이자보다 좀 더 높은 이자소득을 얻을 수 있다.

(3) RP는 예금자 보호 대상이 아니다.

- 예금자보호대상은 아니지만, RP는 주로 국공채를 매매 대상으로 하기 때문에 안전성이 매우 높다(CD와 RP는 2001년부터 예금자보호대상에서 제외).

(4) 대고객 RP와 기관 간 RP가 있는데, 대고객 RP의 경우 은행과 종금사는 RP매도만 가능하다(증권사는 RP매도・매수 모두 가능).

(5) 중도환매 시에는 약정금리보다 훨씬 낮은 이자율이 적용되며, 만기가 지난 후에는 별도의 이자를 지급하지 않는 것이 원칙이다(예외적으로 지급하기도 함).

(6) RP매수자의 입장에서 RP매매로 얻은 매매차익은 소득세법상 이자소득으로 과세한다.

학습안내 31회, 36회 기출

09

정답 ④

옳은 내용은 '가, 라'이다.

- 나 : 특정금전신탁은 위탁자가 수탁자에게 신탁한 신탁재산에 대해서 '운용대상/운용방법/운용조건 등'을 지시하는 신탁인데, 운용자는 지정대상이 아니다.
- 다 : 특정금전신탁에서는 위탁자와 수익자가 동일할 수도 있고 다를 수도 있다.

위탁자가 수익자를 본인으로 지정하면 자익신탁(自益信託), 수익자를 본인이 아닌 다른 사람으로 지정하면 타익신탁(他益信託)이 된다. 그러나 '불특정금전신탁(예 연금신탁)'의 경우 '위탁자=수익자'이어야 한다.

※ **신탁 종합**(2023 기본서, 1권, p130~141 참조)

(1) **신탁의 정의**

신탁이란 신탁의 설정자(**위탁자**)와 신탁을 인수하는자(**수탁자**) 사이의 특별한 신임관계에 의해 위탁자가 특정 재산권을 수탁자에게 이전하고 수탁자로 하여금 **수익자**의 이익을 위해 그 재산권을 관리, 처분하게 하는 법률관계를 말한다.

㉠ **신탁은 위탁자와 수탁자간의 계약 또는 위탁자의 유언으로 설정된다.**

㉡ 신탁을 하게 되면 수탁자가 신탁재산의 명의인(법률상 처분권자)이 된다. 따라서 위탁자는 수탁자에 대해 지시는 할 수 있어도 스스로 신탁재산 상의 권리를 행사할 수는 없다.

(2) **신탁의 종류**

㉠ 금전신탁 : 신탁 만료 시 원본과 수익을 금전으로 교부하는 신탁으로서 특정금전신탁과 불특정금전신탁으로 구분된다.

- 특정금전신탁은 위탁자가 신탁재산인 금전의 운용대상 등을 지정하는 신탁인데, 이때 지정대상은 '**운용대상/운용방법/운용조건 등'이다(운용자는 지정대상이 아님)**.

• 특정금전신탁에서는 '위탁자=수익자(자익신탁)', '위탁자≠수익자(타익신탁)'이 모두 가능하지만, 불특정금전신탁은 위탁자와 수익자가 동일해야 한다.

보충 특정 · 불특정 신탁과 관계없이 '**수탁자는 위탁자나 수익자의 지위를 겸할 수 없다**(∵자기계약의 금지차원)'.

• 신탁은 다른 신탁과 합동하여 운용할 수 없으나(단독운용원칙), 불특정금전신탁(예 연금신탁, 퇴직신탁)은 그 성격상 예외적으로 합동운용이 가능하다.

㉡ 재산신탁 : 신탁만료 시 원본과 수익을 만기일 현재 운용하고 있는 재산형태 그대로 교부하는 신탁이다(유가증권신탁, 부동산신탁 등).

(3) **신탁재산의 독립성** : 신탁재산은 법률상 · 형식상 수탁자에게 귀속되어 있으나 경제상 · 실질상으로는 수익자의 것이므로(이중의 소유권), 신탁재산은 독립적으로 관리되어야 한다.
- 신탁재산에 대한 강제집행 및 경매가 불가하다.
- 신탁재산은 수탁자의 상속재산이나 파산재단에 속하지 않는다.
- 신탁재산인 채권과 다른 채무와의 상계가 금지된다.
- 수탁자가 사망 또는 사임하더라도 신탁관계는 종료되지 않는다.

학습안내 28회, 30회, 31회, 33회, 34회, 36회 출제(► 36회 문항은 기존 신탁문제와 유사하게 출제되었으나 학습효과 차원에서 변형복원)되었다.

10

정답 ④

ELS는 영업용순자본비율이 300% 이상으로서 장외파생상품의 겸영인가를 받은 금융투자회사만이 발행할 수 있다(은행은 ELD를 발행하고 판매).

※ ELS(Equity Linked Securities) 정리

(1) 통칭 ELS는 발행주체에 따라 'ELD(은행), ELS(증권사), ELF(운용사)'로 분류된다.
- ELD는 원금이 보장되므로 예금자보호상품이다.
- ELS는 원금보장형의 설계가 가능하지만 예금자보호상품은 아니다.
- ELF는 펀드상품으로서 실적배당형이므로 원금보장자체가 불가하다.

(2) **ELS는 자본시장법상 파생결합증권의 한 종류이며, 장외파생상품의 겸영인가를 받은 증권사만이 발행할 수 있다.**
- ELS는 증권사가 발행(매도)하고 투자자가 매입하는 구조로서, 투자자는 원금초과손실위험을 부담하지 않으므로 자본시장법상 파생상품이 아닌 **파생결합증권으로 분류된다**(ELS에 내재된 옵션매도의 원금초과손실위험은 발행사가 부담함).
- 장외파생상품의 겸영인가를 받기 위해서는 영업용순자본비율이 300% 이상이어야 한다(투자자의 신용위험을 최소화하기 위해 우량한 증권사만 발행할 수 있도록 함).

(3) **ELS는 공모, 사모발행이 모두 가능하다.**

(4) ELS는 원금보장형과 원금비보장형 설계가 모두 가능한데, 원금비보장형이 주종을 이룬다.
- 발행 시 원금보장형과 원금비보장형을 명시해야 함.
- 원금보장형 ELS를 ELB(Equity Linked Bond)라고 한다(발행사가 망하지 않는 한 원금이 보장되는 채권과 유사하므로).

(5) ELS 수익구조 : 내재된 옵션의 형태에 따라 knock out형, digital형, spread형, reverse convertible형, step down형으로 구분된다.

학습안내 28회, 30회, 31회, 34회, 36회 출제(► 'ELS 수익구조'에 대한 상세 내용은 '37회 11번 해설'을 참조할 것)되었다.

11

정답 ②

랩어카운트 서비스에 대한 수수료는 잔고평가금액에 근거한 일정비율의 수수료를 부과한다(거래 건별 부과가 아님).

※ 랩어카운트(Wrap Account)

(1) **정의** : 증권회사가 투자자의 투자성향과 투자목적 등을 정밀하게 분석하고 진단한 후 고객에게 맞도록 주식, 채권, 수익증권, 뮤추얼펀드 등의 다양한 투자수단을 대상으로 가장 적합한 포트폴리오를 추천하는 종합자산관리계좌이다.

(2) **수수료 부과** : 랩어카운트서비스에 대한 수수료는 자산에 대한 일정비율로 부과한다. **수수료를 거래건별이 아닌 잔고평가금액에 대해 부과함으로써**, 회사와 고객 간의 이익상충이 발생하지 않는 장점이 있다[주1]. 추가로 ㉠ 회사 입장에서는 단기적으로 수수료총수입이 줄어들 여지가 있지만 장기적으로 안정적인 수입기반을 갖출 수 있으며, ㉡ 고객 입장에서는 이익상충없이 전문적인 서비스를 받을 수 있다는 장점이 있다.

* 주1 : 건별 부과의 경우 수수료수입을 늘리기 위해 잦은 매매를 유도할 가능성이 있으며 이 경우, 회사와 고객 간의 이익상충이 발생한다.

(3) **랩어카운트 유형**

① 상품유형별 종류 : **자문형랩어카운트, 일임형 랩어카운트**

㉠ 자문형 랩 : 투자자문사의 자문을 받아 운용하는 랩

㉡ 일임형 랩 : 일임회사 운용자가 고객의 투자와 관련된 완전한 일임 및 대리권을 가지고 운용하는 랩

② 운용방식별 종류 : **펀드형랩, 컨설턴트 랩, 자문사연계형 랩**

ⓐ 펀드형 랩 : 고객의 투자성향에 가장 부합하는 펀드로서 포트폴리오를 구성하여 운용하는 랩

ⓑ 컨설턴트 랩 : 일임사 운용자와의 상담을 통해 고객의 투자스타일을 보다 적극적으로 반영하여 운용하는 랩

ⓒ 자문사연계형 랩 : 고객의 투자자금을 랩계좌로 받은 후 투자자문계약을 맺은 자문사로부터 자문을 받아 운용하는 랩

참조 ㉠은 ⓒ, ㉡은 ⓐ, ⓑ와 매칭된다고 할 수 있다.

학습안내 36회 신유형이다.

12

정답 ④

운송보험은 손해보험이다. 종신보험은 '생명보험-사망보험'으로 분류된다.

※ 보험의 분류

생명보험[주1]	손해보험	사회보험
사망보험[주2] 생존보험 생사혼합보험	화재보험, 운송보험, 해상보험, 배상책임보험, 자동차보험 등	국민연금보험 국민건강보험 산업재해보상보험 고용보험

* 주1 : 보험업법상으로는 보험을 '인보험/손해보험'으로 구분하는데, 이때 인보험은 생명보험과 상해보험을 말한다.

* 주2 : 사망보험에는 '종신보험, 정기보험'이 있다.

학습안내 두 가지 유형으로 출제되고 있다(► 두 가지 유형 : 다음 중 손해보험이 아닌 것은?, 다음 중 손해보험에 해당하는 것은?).

13
정답 ③

① 총회소집권자는 원칙상 집합투자업자이며, 예외적으로 신탁업자 그리고 총좌수의 5% 이상을 소유한 수익자도 소집권자로 인정된다.

② 2주 전에 서면 또는 전자문서로 각 수익자에게 통지를 발송해야 한다.

④ 서면으로 행사할 수 있다.

학습안내 36회 신유형(► 수익자총회에 대한 상세 내용은 '39회 11번 해설'을 참조할 것)

14
정답 ④

틀린 것은 '나, 라'이다.

- 나 : MMF의 집합투자재산으로 국채나 지방채를 직접 운용할 경우는 각각의 만기제한을 받지만, 환매조건부매수의 대상으로서 매입할 경우는 만기제한을 받지 않는다.
- 라 : MMF는 다른 펀드에 투자할 수 있는 것은 '다른 MMF의 집합투자증권'으로 국한된다(∵ 안정적인 운용차원).

※ MMF의 투자대상 요건 및 운용제한 요건

(1) **MMF의 투자대상 요건** : MMF가 투자할 수 있는 단기금융상품은 대통령령으로 정하는 것으로서 '남은 만기가 6개월 이내인 CD/남은 만기가 5년 이내인 국채/남은 만기가 1년 이내인 지방채・특수채・사채권・기업어음/다른 MMF의 집합투자증권/금융회사에 대한 3개월 이내의 단기대출/만기가 6개월 이내인 은행 등 금융회사 예치' 등이 있다.
- RP매수차원에서 국채나 지방채 등을 매입할 경우, 기존의 국채나 지방채 등의 **만기 제한을 받지 않는다**(∵ 보통 1년 이하로 RP자체의 만기가 설정되므로).
- 외화전용 MMF(법인MMF 국한)를 통해 외화자산을 편입할 수 있다(단, 하나의 MMF에서 외화자산과 원화자산을 동시에 편입할 수는 없음).

(2) **MMF의 운용제한 요건** : MMF는 안전성과 유동성을 고려하여 '증권의 차입・대여는 불가하고/RP매도는 보유증권총액의 5% 한도에서만 운용가능하며/펀드재산의 40% 이상을 채무증권으로 운용해야 하며[주1]/잔존만기 1년 이상인 국채[주2]는 펀드재산의 5% 한도에서만 운용가능하고/MMF의 가중평균만기는 75일 이내이어야 한다' 등의 운용제한요건을 두고 있다.

* 주1 : 개별 채무증권의 경우 신용등급이 상위 2개 이내이어야 함, 즉 최상위등급(AAA)과 차상위등급(AA)만 편입이 가능하다.

* 주2 : '남은 만기가 1년 이상인 국채에는 펀드재산의 5% 이내에서 운용할 수 있다'에서 '남은 만기가 1년 이상인 국채'는 그 자체로 '**남은 만기가 1년 이상 5년 이내인 국채**'를 말한다. 왜냐하면 MMF가 투자할 수 있는 대상은 남은 만기가 5년 이내인 국채로 제한되기 때문이다.

학습안내 28회, 29회, 31회, 33회, 34회, 36회 출제되었다.

15
정답 ①

옳은 것은 '가, 나'이다. MBS(저당대출담보부채권 또는 주택저당담보부채권)에서는 채무불이행위험(default risk)이 발행자에게 귀속된다.

※ 주택저당증권(MBS ; Mortgage Backed Securities) : 2023 기본서, 1권, p289~p298 참조

(1) **저당대출(Mortgage)의 특징**

㉠ 대출만기가 통상 20~30년인 장기금융상품으로서 금리 리스크 및 조기상환 리스크에 노출될 가능성이 크다.

㉡ 상환주기가 통상 월단위로 원리금이 동시에 상환되는 할부상환형태로서 현금흐름이 안정적이다.

㉢ 차주에 대한 신용평가, 담보물에 대한 감정평가 및 실사 등 많은 사무처리과정이 필요한 노동집약적 금융상품이다.

㉣ 높은 회수비용, 채무불이행과 관련된 비용 등으로 인해, 담보가 있음에도 불구하고 대출금리가 무위험이자율보다 높다.

(2) **저당대출의 종류**

㉠ 원리금 균등상환 고정금리부 대출 : 매월 동일한 원리금을 상환하는데, **매월 상환액 중 이자부분은 점차 감소하고 원금부분은 점차 증가한다.**

예시 대출금 1,000만 원, 만기 1년, 이자율 12%, 원리금 균등상환방식을 가정하면,

회 차	납입원금	대출이자	월상환금	대출잔금
1회차	788,488원	100,000원	888,488원	9,211,512원
2회차	796,373원	92,115원	888,488원	8,415,139원
3회차	804,336원	84,151원	888,488원	7,610,803원
	⋮	⋮	⋮	⋮
비 고	원금비중 ↑	이자비중 ↓	월상환액 동일	

㉡ 변동금리부 대출 : 기준금리에 연동되어 정기적으로 대출금리가 변동이 되는 방식이다.

(3) **주택저당증권(MBS)의 특성**

㉠ 주택저당대출(모기지)의 만기와 대응하므로 **통상 장기로 발행한다.**

㉡ **조기상환(prepayment)에 의해 수익이 변동한다.**

㉢ 채권구조가 복잡하고 현금흐름이 불확실하기 때문에 국채나 회사채보다도 수익률이 높다.

㉣ 자산이 담보되어 있고 보통 별도의 신용보완이 이루어지므로 회사채보다 높은 신용등급의 채권으로 발행한다.

㉤ 매월 대출원리금 상환액에 기초하여 발행증권에 대해 매달 원리금을 상환한다.

(4) **MBS의 3가지 유형**

저당대출지분이전증권 (pass-through 증권)	저당대출원리금이체증권 (pay-through 증권)	저당대출담보부채권 (Mortgage-Backed Bond)
• 모기지소유권 → 투자자 • cash flow가 투자자에게 그대로 이체 • 부외효과 有(off B/S)	패스스루와 MBB의 중간 형태 (현금흐름지급은 패스스루와 유사, 채권으로서 변제의무를 부담하는 것은 MBB와 유사)	• **발행기관이 모기지 소유** • cash flow를 발행기관이 소유, 투자자에게 별도의 계획으로 상환 • 부외효과 無(on B/S)
Default Risk → **투자자 부담**	Default Risk → 투자자 또는 발행자	Default Risk → 발행자 부담

(5) CMO(Collateralized Mortgage Obiligation)

㉠ 저당대출(모기지)을 담보로 하고 **만기가 다른 복수의 채권**을 발행기관의 부채형태로 발행하는 것을 말한다.

㉡ Pass-Through 투자자의 경우 기초자산인 모기지에서 발생하는 조기상환위험에 노출되어 있는데, 만기가 다른 복수의 트랜치를 하나의 상품으로 구성함으로써 현금흐름의 안정성을 제고하여 **조기상환위험을 완화하고자 하는 취지**이다.

학습안내 36회 신유형(► '가'와 '다' 지문이 신유형)이다.

1-3 부동산관련 상품(5문항)

16

정답 ④

소유권의 변동 사항, 제한물권에 관한 사항은 등기부등본에서 확인할 수 있다.

보충 **부동산공부 관련 기본서 내용**(2025 기본서, 1권, p373 인용)

'부동산은 현장이다'라는 말이 있다. 그만큼 현장 확인이 중요하다는 것이다. 부동산활용에 있어서 관련 공부(公簿)들이 나름대로 표시를 하고 있다. **면적**에 관하여는 토지대장이, 토지의 **형상**에 관하여는 지적도가, 토지의 용도지역지구제 적용에 따른 활용가능성에 대해서는 토지이용계획확인서 등이 있다.

※ **부동산 공부(公簿) 확인내용**(2025 기본서, 1권, p372~375 참조)

(1) **토지이용계획확인원**

㉠ 핵심점검사항(**공적인 규제사항 확인**)

- 국토의 계획 및 이용에 관한 사항
- 그 외 군사시설에 관한 사항, 농지에 관한 사항, 산림에 관한 사항, 자연공원・수도・문화재 및 토지거래에 관한 사항의 점검

㉡ 활 용

- 도로에의 저촉여부, 공원계획에의 포함여부 등 도시계획상의 저촉여부를 알 수 있음
- 건축물의 용도나 규모를 결정할 지역・지구 확인
- 토지의 형태나 도로의 너비, 도로에 접했는지 여부 등을 확인

(2) **지적공부**(토지대장・임야대장・지적도・임야도・수치지적부)

㉠ 핵심점검사항: 지목, **면적(토지대상)**, 소유자, **경계(지적도)**

㉡ 활 용

- 토지면적과 지목을 알 수 있음
- 토지의 분할・합병 등 역사를 알 수 있음
- 토지의 형상을 알 수 있음
- 도로와의 저촉여부를 알 수 있음

(3) **건축물대장**

㉠ 핵심점검사항 : 층수, 면적, 용도

㉡ 활 용

- 건축물의 규모(면적 / 층수)와 구조・준공일자・사용검사일 등을 알 수 있다.
- 건축물의 용도와 용도변경내역을 알 수 있음

(4) **개별 공시지가 확인원**

- 핵심점검사항 : 기준연도, 지번, 개별공시지가

(5) **등기부등본**

㉠ 핵심점검사항

- 표제부에 나와 있는 정확한 번지, 면적은 토지대장과 비교
- 甲구의 소유권에서 현소유자 대조
- 근저당, 지상권 등 乙구 란에서 확인

㉡ 구성 내용

ⓐ 표제부 : 지번, 지목, 면적

ⓑ 甲구 : 소유권에 관한 변동사항

ⓒ 乙구 : 소유권에 대한 **제한물권**, 기타의 권리

학습안내 29회, 31회, 34회, 36회 기출

17

정답 ①

차례대로 '내부수익률, Cash On Cash수익률, 대출비율, 부채상환비율'이다.

※ 추가 해설

A. **내부수익률(IRR ; Internal Rate of Return)** : 내부수익률은 '현금유입의 현재가치와 현금유출의 현재가치를 일치시키는 할인율'로 정의되므로, 곧 투자대상 부동산의 현금흐름의 순현재가치(NPV)가 제로(0)가 되는 할인율이라 할 수 있다(미래 현금흐름을 할인하여 현재가치로 평가하므로 화폐의 시간가치를 반영함).

B. **Cash On Cash수익률(CoC수익률)** : 해당 기의 순현금흐름을 자기자본으로 나눈 것이다(당기의 현금흐름만 사용하므로 화폐의 시간가치를 반영하지 않음).

C. **대출비율(Loan To Value ratio ; LTV)** : 저당대출원금을 부동산가격으로 나눈 것으로서 부동산투자의 자본구조를 파악할 수 있다.

예 부동산가격이 100억 원, 대출원금이 60억 원이라면 LTV는 60%($\frac{60억\ 원}{100억\ 원}$)이다. 이는 타인자본을 통한 투자가 60%, 자기자본으로 인한 투자가 40%임을 말한다.

D. **부채상환비율(Debt Service Coverage Ratio ; DSCR)** : ~~순운용소득~~을 부채상환액으로 나누어서 구하며, 부동산투자 시의 원리금상환능력을 측정한다.

예 순운용소득이 10억 원, 부채상환액이 4억 원이라면, DSCR은 2.5배($\frac{10억\ 원}{4억\ 원}$)이다.

18

정답 ③

③은 '사업수탁방식'을 말한다('차지개발방식'의 정의는 해설을 참조).

※ 지주공동사업의 종류(2023 기본서, 1권, p425~427 참조)

(1) 지주공동사업 개념

① **등가교환방식** : 지주가 토지를 개발업자에게 제공. 개발업자는 토지를 개발하고 건축물을 건설한 다음, 완공된 건축물에 대해서 토지평가액과 건설비의 비율로 '토지와 건축물'의 지분을 배분하는 방식이다.

② **합동개발방식** : 지주가 토지를 제공. 개발업자가 건축공사비 등의 개발비를 부담하여 건축물을 건설하고, 완공된 건축물에 대한 분양·임대 수익을 지주와 개발업자 간 투자비율에 따라 배분하는 방식이다.

③ **사업수탁방식** : 지주가 개발업자에게 토지위탁. 개발업자는 사업일체(사업의 기획, 설계, 시공, 임대유치 및 운영관리)를 위탁받아 건물을 완공하고, 해당 건물에 대해 일괄 임대를 받음으로써 발생하는 사업수익을 투자비율에 따라 지주에게 배분하는 방식이다(사실상 사업수지를 보증하는 방식).

④ **토지신탁방식** : 지주가 부동산신탁회사에 토지를 위탁. 부동산신탁회사가 사업의 일체(자금조달, 건설 및 분양·임대)를 수행하고 그 수익의 일부를 신탁배당을 통해 지주에게 배분하는 방식이다.

비교 토지신탁의 사업주체는 '부동산신탁회사'이며, 사업수탁방식의 사업주체는 '부동산개발업자'이다(사업구조상으로는 유사).

⑤ **차지개발방식** : 지주가 개발업자에게 차지권 제공. 개발업자는 토지이용권을 설정 받아 토지를 개발하고 건물을 건설한 후 이용(임대 또는 제3자 양도)을 하는데, 지주에게는 차지권 이용 기간 중 임차료를 지불하고 차지권 만료 시 토지는 무상반환하며 건물은 시가로 양도하는 방식을 말한다.

(2) 지주공동사업 비교

구 분	지주(地主)	개발업자	지주 보상
등가교환방식	토지 제공	건축물 건축	'토지 · 건축물' 지분배분
합동개발방식	토지 제공	건축물 건축	'분양 · 임대' 수익배분
사업수탁방식	토지 위탁	건축 및 분양 · 임대	사업수지 보증
토지신탁방식	토지 신탁	건축 및 분양 · 임대	신탁 배당
차지개발방식	토지이용권 제공	건축 및 이용	임차료 지급 (만기 시 토지반환 및 건물양도)

학습안내 36회 신유형이다.

19

정답 ④

④는 '원가방식(원가법)'의 단점에 해당한다(비교방식은 거래사례비교법으로 평가하므로 '시장성'을 잘 반영한다).

학습안내 28회, 31회, 33회, 35회, 36회 출제(► '감정평가 3방식'에 대한 전체내용은 '35회 20번 해설'을 참조할 것)되었다.

20

정답 ④

수익환원법으로 평가한 가격(수익가격)은 '$\frac{\text{순수익}}{\text{자본환원율}} = \frac{50}{0.05}$ = 1,000억 원'이다.

※ 부동산 감정평가 3방식 중 '수익환원법(소득접근법)'

(1) 수익환원법의 정의 : 대상부동산이 장래에 산출할 것으로 기대되는 순수익 또는 미래현금흐름을 적정한 비율로 환원 또는 할인하여 평가하는 방법을 말한다.

(2) 수익환원법[주1] 공식 : 수익가격 = $\frac{\text{순수익}}{\text{자본환원율}}$

* 주1 : 수익환원법에는 직접환원법과 할인현금수지분석법이 있는데, **동 공식은 직접환원법에 해당한다.** 직접환원법은 '대상 부동산의 순수익을 환원이율로 직접 수익환원하여 수익가격을 구하는 방법'이며(단, 순수익이 영속적으로 지속된다는 것을 전제), 할인현금수지분석법은 '매 기간 기대되는 현금흐름을 현재가치로 할인하여 대상부동산의 시장가치를 구하는 법(일반적인 밸류에이션 방법과 동일)'이다.

㉠ 순수익 : 가능총소득, 유효총소득, 순영업소득, 세전현금흐름, 세후현금흐름 등이 있는데, 주로 순영업소득(NOI)을 사용한다.

㉡ 자본환원율 : 소득(순수익)을 자본으로 환원하는 비율로서 부동산가격에 대한 순수익의 비율을 말한다.

학습안내 29회, 34회, 36회 출제되었다.

21

정답 ③

부채부담능력비율은 '$\frac{5}{2}$ = 2.5'이다. 즉 해당 부동산으로부터 매년 창출되는 현금흐름이 매년 상환해야할 차입상환액의 2.5배라는 의미이다.

보충 DCR은 최소한 1보다 커야 하며 높을수록 사업의 안정성과 수익성이 높다고 할 수 있다('DCR = 1' → 투자로 얻은 영업이익 전액이 부채상환에 사용된다는 의미).

※ **부동산의 투자성과측정 지표**(2023 기본서, 2권, p8~9 참조)

비율을 이용한 지표	현금흐름을 이용한 지표
(1) 단위면적당 가격	(5) 순현재가치(NPV)
(2) 수익환원율	(6) 수익성지수(PI)
(3) Equity배당률	(7) 내부수익률(IRR)
(4) 부채부담능력비율(DCR)	(8) 조정된 내부수익률(IRR)

(1) 단위면적당 가격 : $\frac{\text{부동산가격}}{1m^2}$

- 단위면적당 가격으로 비교・평가하는 손쉬운 방식(비교대상 건물의 동질성이 있어야 함)

(2) 수익환원율(Capitalization Rate ; Cap Rate) : $\frac{\text{초년도 NOI}}{\text{부동산 매매가격}}$

- 부동산 매입가격의 적정성 평가에 많이 사용(임대수입이나 부동산가격의 상승잠재력을 반영하지 못하는 것이 단점)

(3) Equity배당률 : $\frac{\text{세전현금흐름}}{\text{최초 equity투자액}}$

- 현재 자본이익률의 개략치로서 재무비율의 ROE(자기자본이익률)과 유사한 개념이다.

(4) **부채부담능력비율(Debt Coverage Ratio ; DCR)** : $\frac{\text{초년도 NOI}}{\text{부채상환액(차입상환액)}}$

- 대출위험을 측정하기 위해서 널리 사용되는 지표로서 재무비율의 이자보상비율과 유사한 개념이다.
- 부채상환비율(Debt Service Coverage Ratio ; DSCR)도 같은 의미이다.

(5) 순현재가치법(NPV ; Net Present Value) : **현금유입의 현재가치-현금유출의 현재가치**

- NPV가 0보다 클수록 투자가치가 높다.

(6) 수익성지수법(PI ; Profitability Index) : $\frac{\text{현금유입의 현재가치}}{\text{최초 equity}}$

- PI가 1보다 클수록 투자가치가 높다.

(7) 내부수익률법(IRR ; Internal Rate of Return) : **투자안의 현금유입의 현재가치와 현금유출의 현재가치를 일치시키는 할인율**

- IRR이 k(요구수익률)보다 클수록 투자가치가 높다.

(8) 조정된 내부수익률법(Adjusted IRR) : 투자기간 중 현금유입액을 재투자하는 것을 가정하고 산출한 내부수익률

보충 '부동산투자지표'에 대한 내용은 기본서 커리큘럼상 1과목(부동산편)과 2과목(대안투자편)에 중복되는데 분류 체계는 다음과 같다.

※ 부동산투자의 타당성 분석 지표(1과목 3편 부동산)

간편법 (미래현금흐름을 반영하지 않음)	현금흐름할인법 (미래현금흐름을 반영함)
순소득승수, 투자이율, 자기자본이율	순현재가치, 수익성지수, 내부수익률

(‘32회 17번 해설 참조)

※ 부동산투자의 성과측정 지표(2과목 1편 대안투자)

비율을 사용한 성과측정	미래현금흐름을 반영한 성과측정
단위면적당가격, 수익환원율, Equity배당률, 부채부담능력비율	순현재가치, 수익성지수, 내부수익률

(‘36회 동 해설’ 참조)

학습안내 29회, 31회, 32회, 33회와 유사하게 출제되었으나 학습효과 차원에서 변형복원하였다(► 대안투자로서의 부동산 금융에 대한 세부내용은 ‘29회 22번 해설’을 참조할 것).

22

정답 ①

PEF의 업무집행은 무한책임사원이 한다.

② PEF의 등기・등록사항에서 유한책임사원은 제외한다. 무한책임사원은 PEF의 업무집행을 수행하면서 대외적인 책임(무한대의 책임)을 지므로 등기・등록의 대상으로 규정하고 있다.

③ 다른 PEF에 매각하는 것은 ‘일반기업에 매각하는 방식(가장 선호하는 방식)’ 다음으로 선호되는 PEF의 EXIT방안이다.

④ 유상감자나 배당도 PEF의 EXIT방안에 포함된다(단, 해당 기업의 수명 단축 등의 부작용이 있으므로 공격적인 회수전략에 해당).

※ PEF의 업무집행

(1) **상법상 합자회사의 무한책임사원은 회사의 업무를 집행할 권리와 의무가 있는 사원이며** 유한책임사원은 회사의 업무집행이나 대표행위를 할 수 없는 사원이다. PEF의 유한책임사원이 투자한 기업에 대한 의결권 행사 등 업무관련 의사결정에 영향을 가지지 못하게 하기 위하여, 유한책임사원은 PEF 재산인 주식 또는 지분의 의결권행사에 영향을 미칠 수 없도록 규정하고 있다(2023 기본서, 2권, p27).

(2) **PEF의 운영자 역할을 하는 업무집행사원은 무한책임사원 중에서 선정되도록 하였다.** 업무집행사원은 1인 또는 수인으로 구성할 수 있으며, 업무집행사원은 PEF의 업무를 집행할 권리와 의무를 가진다. 또한, 상법상 회사가 PEF의 업무집행사원이 될 수 있도록 상법상 회사가 무한책임사원이 될 수 없도록 규정하고 있는 상법규정을 배제하고 있다. 한편, 업무집행사원의 경우 PEF를 실질적으로 지배하는 지위에 있어 PEF 운영자로서의 도덕적 해이(moral hazard)를 방지하고 대리인 문제를 극복하기 위하여 여러 가지 법적장치를 두고 있다(2023 기본서, 2권, p29~30).

학습안내 28회, 29회, 31회, 32회, 33회, 36회 기출(► ‘PEF의 법적형태’의 상세 내용은 ‘33회 23번’, PEF의 EXIT방안의 상세 내용은 ‘32회 22번’의 해설을 참조할 것)

23

정답 ②

Yield curve flattener, Yield curve steepener, Yield curve butterfly 전략은 '채권차익거래 전략'으로서 차익거래 전략에 해당한다.

※ **헤지펀드 운용 전략**(2023 기본서, 2권, p53~83 참조)

(1) **차익거래 전략**

① **long/short equity 전략** : long과 short의 비율을 5대5로 하면 주식시장중립형(equity Market neutral)으로서 차익거래 전략에 속한다.

비교 long와 short의 비율이 다르면(예 6대4 또는 3대7 등), long biased 또는 short biased가 되어 방향성위험에 노출되는 방향성 전략이 된다('주식의 롱숏'으로 명칭).

② **전환증권(전환사채) 차익거래 전략** : '(저평가된) 전환사채를 매수하고, 전환사채의 델타만큼 기초자산의 주식을 매도'함으로써 전환사채의 이론가와 시장가격의 괴리를 수익으로 얻고자 하는 차익거래 전략이다.

► 전환증권 차익거래에 유리한 전환사채의 속성

- 기초자산의 변동성이 크고 볼록성(convexity)이 큰 전환사채
- 유동성이 높은 전환사채와 기초주식을 쉽게 빌릴 수 있는 전환사채
- 낮은 전환프리미엄(conversion premium)을 가진 전환사채
- 낮은 배당률을 갖는 기초자산의 전환사채
- 낮은 내재변동성(implied volatility)으로 발행된 전환사채

③ **채권차익거래 전략** : 수익률곡선 차익거래(yield curve arbitrage), 이자율스프레드 등이 있는데 수익률곡선 차익거래는 아래 ㉠, ㉡의 두 가지로 분류된다.

㉠ 단기채와 장기채 간의 기울기를 이용한 차익거래 전략('단. 스. 장. 플') : Yield Curve Flattener전략/Yield Curve Steepener 전략

㉡ 단기채, 중기채, 장기채 간의 수익률곡선 변화를 통한 차익거래 전략(hump형, trough형) : Yield Curve Butterfly 전략

(2) **Event Driven 전략(상황의존형 전략)**

① **합병차익 거래** : 일반적으로 인수기업의 주식을 매도하고 피인수기업의 주식을 매수함으로써 시가와 합병교환비율상의 괴리를 수익원으로 하는 전략인데, 합병무산 리스크에 노출되므로 상황의존형으로 분류된다('동 회차 24번' 문항 참조).

② **부실채권투자 전략** : 파산선언이 예상되는 등 재무적 어려움을 겪는 기업의 주식이나 채권을 매입한 후(저평가되는 경향이 있으므로 저가에 매입가능), 이후 구조조정 과정 등을 통해서 차익을 얻고자 하는 전략이다.

(3) **방향성 전략**

① **주식의 롱숏** : 위의 '(1)-①'설명 참조

② **글로벌 매크로 전략** : 세계경제에 대한 거시경제 분석을 바탕으로(탑다운 분석), 저평가된 글로벌 시장에 투자하는 전략으로서, 헤지펀드 운용전략 중 가장 '고위험・고수익'의 전략에 해당한다. 그리고 환율변동도 수익원으로 인식하므로 환위험 헤지를 하지 않는 특징이 있다.

③ 그 외의 방향성 전략 : 이머징마켓 헤지펀드, 섹터헤지펀드, 매도전문펀드, 선물거래 등이 있다.

(4) **기타 전략**

① **Carry Trade(캐리 트레이드 전략)** : 낮은 금리로 자본을 조달하여 높은 금리에 투자하는 전략(예 엔 캐리 트레이드 전략)이다.

② **무상증자 이벤트 전략** : 무상증자 권리락 일에 해당 종목의 주가가 높은 확률로 상승하는 이례적 현상을 이용하는 전략이다.

③ **TED Spread** : 미국 국채(Treasury Bond)를 매수하고 동일만기의 유로달러(Euro-dollars)를 매도하는 전략이다(미국 국채와 LIBOR금리의 차이를 수익원으로 함).

학습안내 헤지펀드 운용전략 전체에 대한 개념문제로서는 36회가 처음이다.

24

정답 ③

※ **합병차익거래**(2023 기본서, 2권, p64~70 참조)

(1) **합병차익거래 개념**

① 합병차익거래는 발표된 M&A, 공개매수, 분사(spin off) 등과 관련된 주식을 사고파는 이벤트 투자형 차익거래 전략이다.

• 헤지펀드 전략 중 '이벤트 드리븐(event driven) 전략'에 속한다.

② 합병차익거래는 일반적으로 **인수기업 주식을 매도하고 피인수기업 주식을 매수한다**(∵ 합병이 무산될 위험이 있어서, 피인수기업 주식이 M&A로 얻을 수 있는 기대이익에 비해 낮게 거래되는 경향이 있기 때문).

③ 합병차익거래는 발표되지 않은 추측정보에는 투자하지 않는다(발표된 정보에만 의존).

• 추측정보를 이용할 경우 내부자정보를 이용한 거래가 될 수 있다.

④ 합병이 취소된다면 매수포지션, 매도포지션 모두에서 손실이 발생할 수도 있다.

⑤ 일반적으로 합병차익거래는 '잠재적 이익추정 → 차익거래포지션 구축 → 포지션구축 후 리스크 관리'의 3단계를 거쳐 진행된다.

(2) **합병차익거래 종류**

① Cash Mergers : 피인수기업의 주식만 매수하는 전략. 합병 성사 시 이익이 확정되며, 합병무산의 리스크만 남게 된다.

② Stock Swap Mergers : 가장 일반적인 합병차익거래전략(인수기업매도 & 피인수기업매수). 합병무산이나 교환비율 변화 등의 리스크에 노출된다.

③ Stock Swap Mergers with a Collar : 인수기업의 주가변동 구간별로 교환비율을 다르게 적용하는 전략. 일반적이지 않다.

학습안내 36회 신유형이다.

25

정답 ②

틀린 내용은 '나, 다'이다.

• 나 : '시장기준금리 + TRS스프레드'를 TRS매수자가 지급한다.
• 다 : 준거자산의 가치가 하락할 경우 그 하락분은 TRS매수자가 지급한다.

※ **TRS(Total Return Swap ; 총수익스왑)의 구조**(2023 기본서, 2권, p98~99 참조)

(1) TRS(총수익스왑)는,

㉠ TRS매도자가 준거자산에서 발생하는 모든 현금흐름을 TRS매수자에게 지급하기로 하고,

㉡ TRS매수자는 TRS매도자에게 '시장 기준금리에 TRS spread를 가산한 금리(LIBOR + TRS스프레드)'를 지급하는 계약이다.

► TRS매도자(총수익매도자, 위험회피자), TRS매수자(총수익매수자, 위험선호자)

(2) 만기시점에서,

㉠ 준거자산에서 수익이 발생한 경우(만기시점의 준거자산가치 > 계약시점의 가치)는 **TRS매도자가 총수익을 TRS 매수자에게 지급해야 하며,**

㉡ 준거자산에서 손실이 발생한 경우(만기시점의 준거자산가치 < 계약시점의 가치)는 **TRS매수자가 그 차액(손실분)을 TRS매도자에게 지급해야 한다.**

예시 1 준거자산의 최초가치가 100억 원, 만기일의 가치가 130억 원이라면(30억 원 수익발생) → 총수익매도자가 30억 원을 총수익매수자에게 지급한다.

예시 2 준거자산의 최초가치가 100억 원, 만기일의 가치가 70억 원이라면(30억 원 손실발생) → 총수익매수자가 30억 원을 총수익매도자에게 지급한다.

(3) TRS스왑의 장점

㉠ 총수익매도자의 입장 : TRS매도자가 TRS매수자에게 지급하기로 하는 총수익(total return)에는 경영권은 포함되지 않으므로, 고객과의 지속적인 관계를 유지를 위해 준거자산을 매각하기가 곤란할 경우 적합하다.

㉡ 총수익매수자의 입장 : 자산매입을 위한 현금지출없이도 해당 자산을 매입한 것과 동일한 효과를 낼 수 있다.

2-2 해외증권투자운용/투자전략(5문항)

26

정답 ③

롤링헤지는 짧은 헤지기간을 연결해서 전체기간을 헤지하는 방법을 말한다.

※ **환위험 헤지전략의 종류**(2023 기본서, 2권, p190 참조)

(1) 선물환, 통화선물, 통화옵션, 통화스왑 등과 같은 통화파생상품의 이용

- 통화파생상품을 이용한 헤지는, 대상 통화가 글로벌 통화가 아닌 경우는 유동성이 부족하므로 현실적인 제약이 따른다.
- 장내파생상품을 통한 헤지는 롤링위험(또는 롤오버리스크)에 노출된다.

(2) 투자대상국의 주식파생상품 혹은 금리파생상품을 이용하여 해당국 통화에 대한 노출을 최소화

(3) 투자대상 증권과 환율 간의 상관관계를 이용한 내재적 헤지(implicit hedge)

- 미국투자자 입장에서 '미달러화와 양의 상관관계를 보이는 해외주식'을 매입할 경우 환차손과 주식투자수익이 상쇄되어 자체적인 헤지효과를 기대할 수 있다.
- 내재적 헤지의 경우 별도의 헤지상품을 사용하지 않으므로 헤지비용이 발생하지 않는다.

(4) 통화의 분산

- 통화의 분산은 통화 간의 상관관계에 따라 헤지효과가 결정된다(상관관계가 낮을수록 헤지효과가 커짐).

(5) 아무런 헤지도 하지 않음

- 국제투자펀드는 환위험 헤지를 적극적으로 하지 않는데(소극적 헤지 또는 無 헤지), 이는 환율변동을 수익의 원천으로 간주하기 때문이다.
- 국제주식투자는 환투기의 수단이 되기도 한다(주식차익보다는 환차익을 주목적으로 할 경우).

※ **롤링헤지(rolling hedge) 개념**(2025 기본서, 2권, p190 참조)

투자기간(time horizon)을 고려한 헤지기간 결정에 있어서는 투자기간의 전체 기간을 일시에 헤지하는 **장기헤지**와 몇 개의 단기기간으로 나누어서 하나의 기간이 만기가 되면 또 다른 헤지를 이어서 하는 롤링헤지로 나누어 볼 수 있다. 헤지기간을 길게 잡으면 기간에 맞는 파생상품을 찾기 어려우며, 설사 그러한 상품이 있다 하더라도 비용이 높고 유동성이 낮아서 탄력적인 헤지전략으로 사용하기 어렵다. 반면 헤지기간을 짧게 하면 투자기간이 끝날 때까지 여러 번 헤지의 의사결정을 반복하게 된다.

짧은 헤지기간을 연결해서 전체 투자기간을 헤지하는 것을 롤링헤지(rolling hedge)라고 한다. 이 경우에는 유동성 높은 헤지수단을 이용할 수 있어 비용을 낮출 수 있으나, 헤지기간이 종료될 때 마다 파생상품에서 발생한 손익을 정산해야 하므로 정산에 필요한 현금을 확보해야 하는 단점이 있다(후략).

학습안내 28회, 30회, 34회, 35회, 36회 기출

27

정답 ④

동시상장을 한다고 해서 상장비용이 절감되는 것이 아니며, 추가 상장하는 만큼 상장비용이 증가하게 된다. 미국증시뿐 아니라 해외증시에 상장할 경우 일정한 상장비용(상장유지비용 포함)을 부담해야 하며, 주식시장 침체로 주식발행 등이 여의치 않을 경우에는 상장유지비용이 정당화될 수 없어서 상장폐지를 선택하기도 한다.

학습안내 30회, 33회, 36회 기출(► '복수상장시의 상장비용'과 관련한 기본서 全文은 '39회 27번 해설'을 참조할 것)

28

정답 ②

차례대로 'T-Bill, 할인채, T-Note, 이표채'이다.

※ 미국 재무부 채권(Treasury Bond)의 종류

구 분	T-Bill	T-Note	T-Bond
만 기	만기 1년 이하 (단기채)	만기 1년 초과 10년 이하 (중기채)	만기 10년 초과 (장기채)
이자지급식	할인채	이표채	이표채

학습안내 29회, 31회, 34회, 35회, 36회 기출

29

정답 ①

비거주자(외국인)가 미달러화 표시 채권을 미국에서 발행하면 외국채가 되며, 미국 이외의 곳에서 발행하면 유로채가 된다.

보충

(1) 미달러화 표시 채권을 미국에서 발행하면(채권 표시 통화의 본국에서 발행) → 외국채(foreign bond)

(2) 미달러화 표시 채권을 미국 이외의 곳에서 발행하면(채권 표시 통화의 본국 이외의 국가에서 발행) → 유로채(euro bond)

학습안내 29회, 30회, 32회, 34회, 36회 기출(► '유로채와 외국채'에 대한 상세 내용은 '37회 30번 해설'을 참조할 것)

30

정답 ④

벤치마크 포트폴리오 구성을 정확히 모방하는 것은 인덱싱 방법으로서 완전복제법(full replication)을 말하는데, 완전복제법의 경우 인덱싱 방법 중 벤치마크수익률에 가장 근접한다는 장점이 있지만 인덱싱 과정에서 거래비용이 많아지는 단점이 있다.

학습안내 28회, 30회, 34회, 36회 기출(► '해외주식 투자전략'에 대한 상세 내용은 '38회 30번 해설'을 참조할 것)

2-3 기본적분석(7문항)

31

정답 ④

고정비율보상비율(Fixed Charge Coverage Ratio ; FCC)이 **높으면** '해당 기업이 부채레버리지 효과를 충분히 활용하고 있지 않음'을 의미하며, **낮으면** '기업이 과다한 레버리지를 사용하고 있거나 또는 고정비용(이자비용+리스료)에 비해서 충분한 수익을 올리고 있지 못함'을 의미한다.

※ 재무비율 해석

(1) 활동성지표

① **비유동자산회전율**($\frac{\text{매출액}}{\text{비유동자산}}$)

㉠ 낮으면 기업이 투자한 자산대비 빈약한 매출을 올리고 있다는 것을 의미

㉡ 높으면 기업의 생산공정이 매우 효율적이거나 또는 비유동자산에 충분하지 않은 투자를 하고 있음을 의미

② **재고자산회전율**($\frac{\text{매출액}}{\text{재고자산}}$)

㉠ 하락하고 있다면 매출이 둔화되고 있거나 기업이 보유자산을 비효율적으로 사용하고 있음을 의미

㉡ 상승하고 있다면 기업매출이 증가하고 있거나 경영통제가 매우 엄격하게 이루어지고 있다는 것을 의미

주의 **이 비율이 급격히 증가하는 것은 부실의 징후가 될 수 있다**(∵ 현금흐름에 어려움을 겪는 기업이 덤핑으로 재고를 처분하는 것으로 해석될 수 있음).

③ **매출채권회전율**($\frac{\text{매출액}}{\text{매출채권}}$)

㉠ 하락하고 있다면 매출이 둔화되고 있거나 고객들의 대금지불이 지연되고 있음을 의미

㉡ 상승하고 있다면 더욱 효율적으로 영업을 수행과 대금회수정책의 효율성이 높아지고 있음을 의미

주의 **이 비율이 급격히 증가하는 것은 부실의 징후가 될 수 있다**(∵현금흐름에 어려움을 겪는 기업이 높은 할인율로 매출채권을 현금화하는 것으로 해석할 수 있음).

④ **총자산회전율**($\frac{\text{매출액}}{\text{총자산}}$)

㉠ 하락하고 있다면 기업매출의 둔화, 경영효율의 악화, 기계설비의 노후화가 진행되고 있음을 의미

㉡ 상승하고 있다면 기업매출의 신장, 자산의 활용이 더욱 효율화되고 있음을 의미

(2) **보상비율**

① **배당성향**($\frac{\text{배당금}}{\text{순이익}}$)

㉠ 낮으면 영업손실의 발생이나 수익성 악화로 운전자본을 더 필요로 하는 상태에 있음을 의미

㉡ 높으면 성숙단계에 속한 기업으로서 더 이상의 확장이나 많은 운전자본이 필요하지 않은 상태에 있음을 의미

② 고정이자보상비율($\frac{\text{영업이익}}{\text{고정이자비용}}$)

㉠ 낮으면 기업이 과다한 레버리지를 사용하고 있거나, 차입금 대비 수익성이 저조함을 의미

㉡ 높으면 해당 기업이 부채레버리지 효과를 충분히 활용하고 있지 않음을 의미

보충 이자보상비율과 고정이자보상비율의 해석방식은 동일함

- 이자보상비율 = $\frac{\text{영업이익}}{\text{이자비용}}$, 고정이자보상비율 = $\frac{\text{영업이익}}{\text{이자비용 + 리스비용}}$

(3) **안정성지표**

① 지표 : **부채비율**($\frac{총부채}{총자산}$), **부채-자기자본비율**($\frac{총부채}{자기자본}$)

② 해 석

㉠ 낮을수록 기업이익이 안정적이고 발행주식의 위험도가 낮아지게 되며 따라서 주주들의 기대수익률도 낮아진다.

㉡ 높을수록 기업이익의 변동성이 커지고 발행주식의 위험도가 높아지게 되며 따라서 주주들의 기대수익률도 높아진다.

(4) **유동성지표**

① 지표 : 유동비율($\frac{유동자산}{유동부채}$), 당좌비율($\frac{유동자산 - 재고자산 - 선급금}{유동부채}$)

② 해 석

㉠ 높을수록 기업의 단기부채에 대한 상환능력이 양호함을 의미

㉡ **유동비율이 높은데 당좌비율이 낮다면 재고자산 또는 선급금이 많기 때문으로 이해할 수 있다.**

(5) 수익성지표

① 지표 : **매출액영업이익률**($\frac{영업이익}{매출액}$), **총자산이익률**($\frac{순이익}{총자산}$: ROA), **자기자본이익률**($\frac{순이익}{자기자본}$: ROE)

② 해 석

㉠ 높으면 효율적인 영업을 수행하고 있다는 의미이지만, 지나치게 높을 경우는 연구개발에 충분히 투자하고 있지 않은 것으로 해석할 수 있다.

㉡ 낮으면 영업의 비효율 상태 또는 비효과적인 경영을 의미하는 신호로 해석될 수 있다.

※ **재무비율의 분류**

재무비율의 종류	세부 종류
유동성 지표	유동비율, 당좌비율, 현금비율 등
안정성 지표	부채비율, 부채-자기자본비율 등
활동성 지표	비유동자산회전율, 재고자산회전율, 매출채권회전율, 평균회수기간, 총자산회전율 등
수익성 지표	매출액영업이익률, 총자산이익률, 자기자본이익률 등
보상비율	배당성향, 이자보상비율, 고정비용보상비율 등

TIP 활동성지표는 분자가 '매출액'으로서 '회전율'로 명칭이 된다(단 평균회수기간에서 '회수기간'은 '회전율'의 반대개념으로서 활동성에 해당하는 것은 동일함). 그리고 수익성지표는 분자가 '순이익'으로서 '이익률'로 명칭이 된다.

학습안내 28회, 31회, 34회, 36회 기출

32

정답 ②

영업고정비와 재무고정비의 합이 가장 큰 조합(②)에서 DCL이 가장 크게 나타난다.

※ **결합레버리지도(DCL)** $= \frac{매출액 - 변동비}{매출액 - 변동비 - 고정비 - 이자비용}$

→ 여기서 '매출액-변동비'는 분자와 분모에 동일하게 위치하므로 '고정비(영업고정비) + 이자비용(재무고정비)'의 합이 가장 큰 조합에서 결합레버리지도가 가장 크게 나타난다.

학습안내 28회, 31회, 34회, 36회 출제되었다.

33

정답 ①

'매출채권 증가'는 현금흐름 마이너스 요인이고 나머지는 플러스 요인이다.

※ 추가 해설(간접법상의 현금흐름 처리)

① 매출채권(외상매출금)은 현금이 유입되지 않는 매출이므로, 발생주의회계로 처리한 '매출채권 증가'만큼 현금흐름을 차감시켜야 정확한 현금흐름이 된다.

② 매입채무(외상매입금)는 현금이 유출되지 않는 채무이므로, 발생주의회계로 처리한 '매입채무 증가'만큼 현금흐름을 가산해 주어야 정확한 현금흐름이 된다.

③ 재고자산평가손실은 비현금비용(현금이 유출되지 않는 손실)으로서, 발생주의회계상 당기순이익에 손실로 반영된 만큼을 당기순이익에 가산해 주어야 정확한 현금흐름이 된다.

④ 감가상각비는 비현금비용(현금이 유출되지 않는 손실)으로서, 발생주의 회계상 당기순이익에 손실로 반영된 만큼을 당기순이익에 **가산**해 주어야 정확한 현금흐름이 된다.

※ **영업현금흐름의 계산**(간접법 : 간접법은 당기순이익에서 역산함)

(1) + **당기순이익**

(2) + **비현금비용**(감가상각비, 대손상각비, 유가증권평가손실, 재고자산평가손실 등)

　－ 비현금수익(유가증권평가이익, 재고자산평가이익 등)

(3) + **투자/재무활동으로 인한 처분손실**(설비자산처분손실, 유가증권처분손실 등)

　－ **투자/재무활동으로 인한 처분이익**(설비자산처분이익, 유가증권처분이익 등)

(4) ± **영업활동과 관련한 자산·부채의 변동**

　(+) 매출채권**감소**, 재고자산**감소**, 매입채무**증가**

　(−) 매출채권증가, 재고자산증가, 매입채무감소

　보충 '매출채권 / 재고자산 / 매입채무'는 발생주의 회계상으로 매출액과 매출원가에 반영이 된다. 즉 이미 당기순이익에 간접적으로 반영이 되어 있는 상태이므로 간접법상 영업현금흐름 작성시 당기순이익에 대한 역산 대상에 해당된다고 이해할 수 있다.

학습안내 28회, 31회, 34회, 36회 기출

34

정답 ①

'PER = $\frac{1-b}{k-g}$, $g = b \times$ ROE' 식을 활용하여 계산한다(k = 요구수익률, g = 배당성장률, b = 유보율, ROE = 자기자본이익률). 그리고 'PER 계산에 적용되는 주당순이익은 다음 기의 예측치를 사용한다'고 함은, PER 계산 시 분자인 주가는 현시점의 주가를 사용하며 분모의 주당순이익은 예측된 주당이익을 사용하는 것이 합당하다'는 PER 모형의 기본전제를 말한다($\frac{P_0}{E_1} = \frac{1-b}{k-g}$).

→ PER($\frac{P_0}{E_1}$) $= \frac{1-b}{k-g} = \frac{1-b}{k-b \times \text{ROE}} = \frac{0.4}{0.11-(0.6 \times 0.05)} = \frac{0.4}{0.08} = 5$배

학습안내 28회, 30회, 32회, 34회, 36회 기출(► 추가 내용은 '38회 34번 해설'을 참조할 것)

35

정답 ③

$ROE > k$이면 PBR이 1보다 높게 나타난다.

※ **추가 해설**

① $PBR = \frac{주\ 가}{주당순자산} = \frac{주가 \times N}{주당순자산 \times N} = \frac{시가총액}{자기자본(장부가)}$

따라서 PBR(Price Bookvalue Ratio)는 총시장가치를 총장부가치로 나눈 비율이 된다.

②, ③ 고든의 PBR 모형 :

$PBR = \frac{주\ 가}{주당순자산} = \frac{시가총액}{자기자본(장부가)} = \frac{Market\ Value(MV)}{Book\ Value(BV)}$

$\rightarrow\ PBR = \frac{MV}{BV} = \frac{ROE \times (1-b) \times (1+g)}{k-g}$

$(\because MV = P_0 \times N,\ P_0 = \frac{D_0 \times (1+g)}{k-g},\ ROE = \frac{E_0 \times N}{BV})$

$\rightarrow\ PBR = \frac{MV}{BV} = \frac{ROE \times (1-b) \times (1+g)}{k-g} = \frac{ROE_1 \times (1-b)}{k-g}$

$= \frac{ROE_1 - g}{k-g}\ (\because g = b \times ROE)$

→ 따라서,

㉠ 'PBR = ROE × PER'이다($\because$ PER = $\frac{1-b}{k-g}$)

► PBR의 듀퐁분석 :

PBR = ROE × PER = $(\frac{순이익}{매출액} \times \frac{매출액}{총자산} \times \frac{총자산}{자기자본}) \times PER$

즉, 'PBR = (마진 × 활동성 × 부채레버리지) × PER'이다.

㉡ $ROE > k$이면 PBR이 1보다 크게 나타난다($\because PBR = \frac{ROE_1 - g}{k-g}$)

④ '토빈의 Q = $\frac{자본의\ 시장가치}{자산의\ 대체원가}$'인데, 이때 자산의 대체원가는 현재가치(시가)에 기반한 대체원가를 말하므로 'PBR의 시가와 장부가 괴리문제'를 보완할 수 있다.

► **Tobin's Q 비율(2024 기본서, 2권, p270 인용)**

→ Tobin's Q = $\frac{MV(market\ value)}{RC(replacement\ value)}$ (자본의 시장가치 대 자산의 대체원가)

(1) Tobin's Q비율은 자산의 대체원가를 추정하기 어려운 단점이 있다. 그러나 대체원가는 장부가가 아니라 자산들의 현재가치에 기반을 두고 있으므로 PBR의 문제점 중의 하나인 '시간성의 차이'를 극복하고 있는 지표라 할 수 있다.

(2) Q비율이 높을수록 투자수익성이 양호하고 경영이 효율적이다.

(3) Q비율이 낮을수록 적대적 M&A 대상이 되는 경향이 있다.

36

정답 ②

주당가치는 6만 원이다(아래 풀이).

※ **EV/EBITDA비율을 이용한 상장기업의 주당가치 추정**

(1) **오리지널 방식**

㉠ A기업의 EV추정 : 유사기업의 EV/EBITDA × 상장기업의 EBITDA = 15 × 60억 원 = 900억 원

㉡ A기업의 시가총액 추정 : 900원(EV) − 300억 원(채권자가치) = 600억 원

㉢ 주당가치 추정 : $\frac{\text{시가총액}}{\text{발행주식수}} = \frac{\text{600억 원}}{\text{100만주}}$ = 60,000원

(∴) A기업의 주당가치는 60,000원이다.

(2) **약식계산(EV/EBITDA 공식 활용)**

㉠ $\frac{\text{시가총액} + \text{채권자가치}}{EBITDA} = 15$, $\frac{\text{시가총액} + \text{300억 원}}{\text{60억 원}}$ = 900억 원,

따라서 시가총액은 600억 원

㉡ 주당가치 추정 : $\frac{\text{시가총액}}{\text{발행주식수}} = \frac{\text{600억 원}}{\text{100만주}}$ = 60,000원

(∴) A기업의 주당가치는 60,000원이다.

37

정답 ③

EVA를 영업성과측정의 도구로 사용할 경우 자본비용[주1]이 기업투자의 목표로 설정된다.

* 주1 : 자본비용은 '타인자본비용 + 자기자본비용'으로서 총자본비용이라고도 한다.

학습안내 'EVA와 당기순이익'을 비교하는 기본서 全文은 '39회 37번 해설'을 참조할 것

2-4 기술적 분석(3문항)

38

정답 ③

약세국면에서 주가가 이평선 아래에서 움직일 경우 하락세가 지속될 가능성이 높으며, '약세국면에서 주가가 이평선 위에서 움직이는 것'은 약세국면 중의 일시적 상승흐름으로 볼 수 있다.

※ **이동평균선의 특징**(2023 기본서, 2권, p314 인용)

(1) 일반적으로 주가가 이동평균선을 돌파하는 시점이 의미 있는 매매타이밍이다.

(2) 이동평균을 하는 기간(time span)이 길수록 이동평균선은 완만해지며, 짧을수록 가팔라지는 경향이 있다.

(3) 주가가 이동평균선과 괴리가 지나치게 클 경우에는 이동평균선으로 회귀하는 성향이 있다.

(4) 주가가 장기 이동평균선을 돌파할 경우에는 주추세가 반전될 가능성이 크다.

(5) **강세국면에서 주가가 이동평균선 위에서 움직일 경우 상승세가 지속될 가능성이 크다**(정배열).

(6) **약세국면에서 주가가 이동평균선 아래에서 움직일 경우 하락세가 지속될 가능성이 크다**(역배열).

(7) 상승하고 있는 이동평균선을 주가가 하향 돌파할 경우 추세는 조만간 하락반전할 가능성이 높다.

(8) 하락하고 있는 이동평균선을 주가가 상향 돌파할 경우 추세는 조만간 상승반전할 가능성이 높다.

학습안내 28회, 31회, 33회, 36회 출제되었다.

39

정답 ④

깃발형은 지속형이다.

※ 반전형 vs 지속형 패턴

(1) 반전형 패턴 : 헤드앤쇼울더·역헤드앤쇼울더, 이중천장형·이중바닥형, 원형천장형·원형바닥형, 선형, 확대형
(2) 지속형 패턴 : 삼각형, 깃발형, 페넌트형, 쐐기형, 사각형, 다이아몬드형

학습안내 28회, 29회, 30회, 31회, 32회, 33회, 34회, 36회 출제(► 개별패턴에 대한 상세 내용은 '37회 41번' 해설을 참조할 것)되었다.

40

정답 ④

VR이 70% 이하일 때 단기매입시점으로 본다.

※ VR(Volume Ratio) : 2023 기본서, 2권, p369~370 참조

(1) $VR = \dfrac{\text{상승거래량합계} + \text{보합거래량합계}}{\text{하락거래량합계} + \text{보합거래량합계}} \times 100$

(2) VR은 아래 2가지 점에서 OBV를 보완한다.
- OBV는 누적차수이기 때문에 과거 수치와 비교가 어렵지만, VR은 백분율로 나타나므로 과거 수치와 비교가 가능하다.
- OBV는 보합거래량을 반영하지 않지만 VR은 반영한다.

(3) 일반적으로 주가가 하락하는 경우보다 상승 시 거래량이 많기 때문에 VR의 일반적인 수준은 100%가 아닌, 이보다 좀 더 높은 **150%**를 보통수준으로 산정한다. **450%**를 초과하면 단기적으로 주가의 경계신호가 되고 **70%** 이하이면 단기매입시점으로 본다.
(4) 천장권보다 바닥권에서 신뢰도가 높다.

학습안내 OBV와 VR의 합성문제로서 신유형 문제이다(► OBV에 대한 기본서 전체내용은 '39회 39번 해설'을 참조할 것).

2-5 산업분석(2문항)

41

정답 ④

전통적 무역이론(리카도의 비교우위론/헥셔올린 모형)은 요소부존도에 의해서 산업구조변화가 초래된다고 주장하는데, 리카도이론은 노동투입량에 의해서 비교우위가 결정되는 **절대적 비교우위론**이며 헥셔올린 모형은 노동과 자본의 상대적 부존도의 차이에 의해서 비교우위가 결정되는 **상대적 비교우위론**이라는 점에서 차이가 있다.

비교 산업구조변화에 있어서 요소부존보다 요소창출이 더욱 중요하다고 주장하는 이론은 현대적 무역이론(동태적 이론)으로서 '제품수명주기이론/신무역이론/내생적 성장이론'이 있다.

※ 산업구조변화에 대한 경제이론

(1) **전통적 무역이론** : 노동 또는 노동·자본의 비교우위에 의해 산업구조변화를 설명한다(요소부존도에 의해서 산업구조가 결정).
㉠ 리카도의 비교우위론 : 비교우위 요소를 노동에만 둔다.

㉡ 헥셔올린 모형 : 비교우위 요소는 노동과 자본 두 가지이며, 노동으로 특화 시 노동집약적산업이, 자본으로 특화 시 자본집약적 산업이 비교우위가 된다.

(2) **현대적 무역이론** : 기술혁신, 요소창출, 정부개입 등 다양한 이론으로 산업구조변화를 설명한다(요소부존보다 요소창출이 중요).

㉠ 제품수명주기이론 : 기술혁신 또는 신제품개발 등 공급능력의 중요성을 분석한 이론으로서, 공급능력에 의해 산업구조가 변화한다고 본다.

㉡ 내생적 성장이론 : 인적자본 등 요소의 내생적 축적에 의해서 경제성장이 이루어지고 산업구조도 변화도 이루어진다고 본다.

㉢ 신무역이론 : 시장실패(market failure)로 인한 정부개입의 당위성을 주장하고, 정부개입 등에 의해 산업구조변화가 이루어진다는 이론

학습안내 29회, 31회, 35회, 36회 출제되었다.

42

정답 ③

동등기업의 수가 무한히 증가하게 되면 허핀달지수는 0(제로)으로 수렴한다.

예시 '동등기업의 수가 10개일 경우 → $\frac{1}{HHI}$ = 10, 즉 허핀달지수는 0.1'이고 '동등기업의 수가 1,000개일 경우 → $\frac{1}{HHI}$ = 1,000, 허핀달지수는 0.001'이다. 즉 동등기업의 수가 증가할수록 허핀달지수는 0에 수렴한다.

학습안내 32회, 36회 기출

2-6 리스크 관리(8문항)

43

정답 ③

'유동성위험-신용위험'이다.

※ 재무위험(financial risk)의 종류

(1) **시장위험**(Market Risk) : 시장가격의 변동으로부터 발생하는 위험으로서 리스크요인에 따라 주식위험, 이자율위험, 환위험 등으로 세분된다.

(2) **신용위험**(Credit Risk) : 거래상대방이 약속한 금액을 지불하지 못하는 경우에 발생하는 손실에 대한 위험을 말한다.

(3) **유동성위험**(Liquidity Risk) : 포지션을 마감하는 데서 발생하는 비용에 대한 위험 또는 기업이 소유하고 있는 자산을 매각하고자 할 경우 매입자가 없어 매우 불리한 조건으로 자산을 매각해야만 할 때 발생하는 손실에 대한 위험이다.

- '제 때에 제 값을 받지 못할 위험'

(4) **운영위험**(Operating Risk) : 부적절한 내부시스템, 관리실패, 잘못된 통제, 사기, 인간의 오류 등으로 발생하는 손실에 대한 위험을 말한다.

(5) **법적위험**(Legal Risk) : 계약을 집행하지 못함으로 인해 발생하는 손실에 대한 위험을 말한다.

학습안내 28회, 29회, 30회, 33회, 36회 기출

44

정답 ②

$$\sigma(\Delta V) \cdot z = \sigma(\Delta B) \cdot z = \sigma(B \times D^* \cdot \Delta y) \cdot z = B \times \sigma(\Delta y) \times z \times D^*$$
$$= 2{,}000 \times 0.5\% \times 1.65 \times 2.4 = 39.6$$, 즉 39.6억 원이다.

► 계산 시 단위에 유의할 것: '0.5% = 0.005'가 익숙하지 않으면 '0.5 × 0.01'로 계산할 것을 권장

학습안내 31회, 34회, 36회 기출

45

정답 ④

$\sigma(\Delta V) \cdot z = \sigma(\Delta C) \cdot z = \sigma(f' \cdot \Delta S) \cdot z = S \cdot \sigma(\frac{\Delta S}{S}) \cdot z \cdot f'$, 즉 **'기초자산가격(S), 수익률의 표준편차(σ), 신뢰상수(z), 델타(f')'**가 필요하다. 따라서 '옵션가격, 행사가격, 무위험이자율'은 계산에 사용되지 않는다.

46

정답 ③

$$3.3\text{억 원} \times \frac{2.33}{1.65} \times \sqrt{4} = 9.32\text{억 원}$$

※ **VaR의 전환 예시(신뢰구간, 보유기간 변경 시)**

(1) 95% 신뢰기준의 1일 VaR이 1억 원일 때, 99% 신뢰기준의 25일 VaR은?

$$\rightarrow 1\text{억 원} \times \frac{2.33}{1.65} \times \sqrt{25} = 7.06\text{억 원}$$

(2) 99% 신뢰기준의 1일 VaR이 1억 원일 때, 95% 신뢰기준의 25일 VaR은?

$$\rightarrow 1\text{억 원} \times \frac{1.65}{2.33} \times \sqrt{25} = 3.54\text{억 원}$$

학습안내 28회, 31회, 32회, 33회, 34회, 36회 기출

47

정답 ②

역사적 시뮬레이션법(historical simulation method)이다. '과거의 가격데이터가 있으면 쉽게 측정이 가능하다는 것, 표본의 길이에 의해 측정값의 신뢰도가 좌우되는 것'은 역사적 시뮬레이션에만 해당하는 특징이다.

※ **역사적 시뮬레이션법(historical simulation method)** : 2024 기본서, 2권, p447~449 참조

(1) 델타분석법은 부분가치 평가법이지만 역사적 시뮬레이션법은 완전가치평가법(full valuation)이며, 완전가치평가를 위해 가치평가모형을 필요로 한다.
- 가치평가모형을 필요로 하는 것 : 역사적/몬테카를로 시뮬레이션 법

(2) 과거의 실제 가격데이터만 있으면 비교적 쉽게 VaR을 측정할 수 있다.

(3) 분산, 공분산 등과 같은 모수에 대한 추정을 요구하지 않는다('정규분포의 가정이 필요하지 않다'와 같은 의미).

(4) 단 점
- 표본기간의 길이에 따라 결과 값이 달라질 수 있다(표본길이에 지나치게 의존).
- 자료가 없거나 미흡한 자산에 대해서는 추정이 어렵다.

cf 역사적 시뮬레이션법과 몬테카를로 시뮬레이션법은 리스크 요인의 데이터를 확보하는 방법[주1]에서만 차이가 있고 나머지 면에서는 동일하다.

*주1 : 리스크 요인의 변동 $\Delta\chi$를 역사적 시뮬레이션법은 과거의 실제 가격데이터를 통해서 구하고, 몬테카를로 시뮬레이션법은 확률모형으로부터 데이터를 생성해 낸다.

학습안내 28회, 30회, 34회, 36회 출제(► '역사적 시뮬레이션법'에 대한 기본서 全文은 '38회 46번' 해설을 참조할 것)되었다.

48

정답 ④

④는 델타분석법에 해당한다.

보충 스트래들매도 포지션은 등가격에서 콜과 풋을 동시에 매도한 포지션인데, 이 경우 콜매도의 델타(대략 −0.5)와 풋매도의 델타(대략 +0.5)가 상쇄되어 포지션의 델타가 제로에 가깝게 된다. 즉 스트래들매도 포지션은 실제로는 변동성확대위험에 크게 노출되지만, 델타분석법으로 평가할 경우 델타중립상태로서 위험의 거의 없는 것으로 평가하게 되는 문제점이 발생한다.

학습안내 '32회 47번'과 동일유형으로 출제되었으나 학습효과 차원에서 변형복원하였다(► 몬테카를로 시뮬레이션에 대한 상세 내용은 '35회 45번 해설'을 참조할 것).

49

정답 ③

'B−30억 원'이다. Marginal VaR(한계 VaR)은 새로운 투자대안을 편입시켰을 때의 VaR의 순증가분[주1]을 말하는데, **Marginal VaR이 적을수록 좋은 투자대안이 된다.**

* 주1(Marginal VaR계산)

(1) A를 편입할 경우 : 기존 포트폴리오 VaR + **한계 VaR** = 편입 후 포트폴리오 VaR

→ 100억 원 + 한계 VaR = 150억 원, 따라서 한계 VaR는 50억 원이다.

(2) B를 편입할 경우 : 기존 포트폴리오 VaR + **한계 VaR** = 편입 후 포트폴리오 VaR

→ 100억 원 + 한계 VaR = 130억 원, 따라서 한계 VaR는 30억 원이다.

학습안내 29회, 34회, 36회 출제되었다.

50

정답 ①

부도거리($DD = \frac{\text{기대자산가치} - \text{부채금액}}{\text{표준편차}}$)를 계산하면 'A = 1표준편차, B = 1.5표준편차, C = 2표준편차, D = 3표준편차'이다. 부도거리는 표준편차의 거리로 나타나는데, **부도거리가 짧을수록 부도율은 높게 나타난다.** 따라서 부도율이 가장 높은 것은 A이다.

학습안내 29회, 32회, 35회, 36회 출제되었다(► 부도거리에 대한 상세 내용은 '35회 49번 해설'을 참조할 것).

3-1 직무윤리(5문항)

51

정답 ④

'위험관리에 관한 업무'는 CCO의 업무가 아니다.

※ **금융소비자보호 내부통제위원회** : 2023 기본서, 3권, p38~40참조

(1) 내부통제위원회 설치의무[주1]가 부과되는 금융회사는 '금융소비자보호 내부통제위원회를 설치해야 한다.

* 주1 : 최근 사업연도 말 자산총액이 7천억 원 이상의 상호저축은행 등(세부내용은 '35회 54번 해설'을 참조할 것)

(2) 금융소비자보호 내부통제위원회는 대표이사를 의장으로 하며, 매 반기 1회 이상 회의를 개최해야 한다.

(3) 금융회사는 금융소비자보호 총괄기관의 장으로서 금융소비자보호업무를 총괄하는 임원을 '금융소비자보호 총괄책임자(CCO)'로 지정해야 하며, CCO(Chief Consumer Officer)는 대표이사 직속의 독립적인 지위를 갖는다.

(4) 금융소비자보호 총괄책임자(CCO)의 직무

- 금융소비자보호 총괄기관의 업무 통할
- 금융소비자보호에 필요한 절차 및 기준의 수립
- 금융상품 각 단계(개발, 판매, 사후관리)별 소비자보호 체계에 관한 관리・감독 업무
- 민원접수 및 처리에 관한 관리・감독업무

비교 '민원, 분쟁의 현황 및 조치결과에 대한 관리'는 CCO가 아닌 총괄기관의 업무이다.

- 금융소비자보호 관련 관계부서 간 피드백 업무 총괄
- 대・내외 금융소비자보호 관련 교육 프로그램 개발 및 운영업무 총괄
- 민원발생과 연계한 관련 부서・직원 평가 기준의 수립 및 평가총괄
- 대표이사로부터 위임 받은 업무
- 그 외 금융소비자보호와 관련된 사항

주의 회사의 위험관리에 관한 규정 및 제정은 CCO의 업무가 아니다.

52

정답 ③

설명서의 제공방법은 '**서면 등**(서면/우편/전자우편 등)'으로, 설명서의 확인방법은 '**서명 등**(서명/기명날인/녹취 등)'으로 한다.

※ **설명의무(금융소비자보호법 제19조)** : 2023 기본서, 3권, p52~55 참조)

(1) 상품판매 전체 단계[주1] 중 '상품판매단계'에 해당하는 금융소비자보호의무이다.

* 주1 : 상품판매 전체 단계 = 상품개발단계/상품판매 이전단계/상품판매단계/상품판매 이후단계

(2) 설명의무는 적합성원칙, 적정성원칙과 함께 **일반금융소비자를 대상으로** 준수해야 하는 금융소비자보호의무이다.

(3) 금융상품판매업자 등은 일반금융소비자에게 계약체결을 권유하는 경우 각 금융상품으로 중요한 사항을 일반금융소비자가 이해할 수 있도록 설명해야 한다.

- 설명의무 적용대상 금융상품 : 금소법 분류상의 금융상품 4가지(예금성상품/보장성상품/투자성상품/대출성상품) 모두에 해당된다.

(4) 금융상품판매업자 등은 금융상품의 종류별로 설명에 필요한 설명서를 일반금융소비자에게 제공해야 하며[주1] 설명한 내용은 일반금융소비자가 이해하였음을 서명, 기명날인, 녹취 또는 그 밖의 방법으로 확인을 받아야 한다.

* 주1 : 설명서의 제공은 계약체결권유 사전에 서면, 우편 또는 전자우편, 휴대전화메시지 등의 방법으로 제공해야 한다.

(5) 금융상품판매업자 등은 일반금융소비자의 합리적인 판단 또는 금융상품의 가치에 중대한 영향을 미칠 수 있는 사항에 대해 거짓 또는 왜곡하여 설명하거나, 중요한 사항을 빠뜨려서는 아니 된다.

(6) 금융소비자보호법상의 설명의무를 이행하지 않은 금융회사에 대해, 해당 금융상품으로부터 얻는 수입의 **최대 50% 이내에서 징벌적과징금을 부과할 있으며** 별도로 **최대 1억 원의 과태료를 부과할 수 있다.**

► '설명의무 / 부당권유행의 금지의무 / 불공정한 영업행위 금지의무' 위반 시 → 수입 50% 이내의 징벌적 과징금과 별도로 최대 1억 원의 과태료를 부과할 수 있다.

학습안내 36회 신유형 문제이다.

53

정답 ③

옳은 항목은 '가, 다'이다.

• 나 : 인사상 혜택 또는 금전적 혜택을 부여하도록 회사에 요청할 수 있다.

※ **내부제보제도 기본서 全文**(2023 기본서, 3권, p120~121 참조)

회사는 내부통제의 효율적 운영을 위하여 임직원이 회사 또는 다른 임직원의 위법・부당한 행위 등을 회사에 신고할 수 있는 내부제보제도를 운영해야 하며, 이에 대한 세부 지침을 정할 수 있다. 내부제보제도에는 내부제보자에 대한 비밀보장・불이익 금지 등 내부자 보호와, 회사에 중대한 영향을 미칠 수 있는 위법・부당한 행위를 인지하고도 회사에 제보하지 않은 **미제보자에 대한 불이익・부과 등에 관한 사항이 반드시 포함되어야 한다.**

만일 내부제보자가 제보행위를 이유로 인사상 불이익을 받은 것으로 인정되는 경우 준법감시인은 회사에 대해 시정을 요구할 수 있으며, 회사는 정당한 사유가 없는 한 이에 응하여야 한다. 또한 준법감시인(또는 감사)은 **내부제보 우수자를 선정하여 인사상 혜택 또는 금전적 혜택을 부여하도록** 회사에 요청할 수 있으나, 내부제보자가 원하지 않는 경우에는 요청하지 않을 수 있다(중략).

일부 금융투자회사는 이러한 내부제보제도에 더하여 계약관계에 있는 상대방, 금융소비자를 포함한 거래상대방 등으로부터 제보를 받을 수 있는 '**외부제보제도**'도 같이 운영하고 있다.

※ **내부제보제도와 관련한 '표준윤리준칙 제12조 위반행위보고' 내용**(2023 기본서, 3권, p101 참조)

(1) 제보자가 제보를 할 때에는 육하원칙에 따른 정확한 사실만을 제보하여야 하며, 회사는 제보자의 신분 및 제조사실을 철저히 비밀로 보장하고[주1], 어떠한 신분상의 불이익 또는 근무조건상의 차별을 받지 않도록 해야 한다.

* 주1 : 단 무고, 음해 등 악의적 목적의 제보의 경우 보호대상이 아니다.

(2) 만일 제보자가 신분상의 불이익을 당한 경우 준법감시인에 대하여 당해 불이익처분에 대한 원상회복, 전직 등 신분보장조치를 요구할 수 있고, 준법감시인은 제보의 내용이 회사의 재산상의 손실 발생 혹은 확대방지에 기여한 경우 **포상을 추천할 수 있다**(3권, p101).

학습안내 31회, 33회, 36회 출제되었다.

54

정답 ②

틀린 내용은 '다, 라'이다.

• 다 : 영업관리자의 임기는 1년 이상으로 하여야 한다

비교 준법감시인의 임기는 2년 이상이어야 한다.

• 라 : 영업점별 영업관리자가 준법감시업무로 인하여 인사・급여 등에서 불이익을 받지 않도록 해야 하며, 영업관리자에게 업무수행의 결과에 따라 적절한 보상을 지급할 수 있다.

학습안내 영업관리자에 대한 세부내용은 '42회 55번 해설'을 참조할 것

55

정답 ④

④는 '3천만 원 이하의 과태료 부과' 조치에 해당한다.

※ **내부통제기준 위반 시 회사에 대한 조치**(2023 기본서, 3권, p125 참조)

(1) **1억 원 이하**의 과태료 부과 대상
- 내부통제기준을 마련하지 않은 경우
- 준법감시인을 두지 아니한 경우
- 사내이사 또는 업무집행책임자 중에서 준법감시인을 선임하지 않은 경우
- 이사회결의를 거치지 않고 준법감시인을 임면한 경우
- 금융위의 제재조치를 이행하지 않은 경우

(2) **3천만 원 이하**의 과태료 부과대상
- 준법감시인에 대한 별도의 보수지급 및 평가기준을 마련・운영하지 않은 경우
- 준법감시인이 '자산운용에 관한 업무/회사의 본질적업무/겸영업무 등'을 겸직하는 경우

(3) **2천만 원 이하**의 과태료 부과대상
- 준법감시인의 임면사실을 금융위에 보고하지 않은 경우[주1]

* 주1 : 금융투자회사가 준법감시인을 임면한 때에는 임면일로부터 7영업일 이내에 금융위에 보고해야 한다.

학습안내 34회, 36회 기출

3-2 자본시장법 및 금융위규정(11문항)

56

정답 ②

파생결합증권의 정의에 해당한다.

※ **자본시장법상 금융투자상품(증권의 6가지)에 대한 정의**

(1) **채무증권** : 발행인에 의하여 원금이 보장되나 유통과정에서 원금손실이 발생할 수 있는 증권

(2) **지분증권** : 법률에 의하여 직접 설립된 법인이 발행한 출자증권, 상법상 합자회사・유한책임회사・유한회사・합자조합・익명조합의 출자지분, 그 밖에 이와 유사한 것으로서 출자지분 또는 출자지분을 취득할 권리가 표시된 증권

(3) **수익증권** : 금전신탁의 수익증권, 투자신탁의 수익증권, 그 밖에 이와 유사한 것으로서 신탁의 수익권이 표시된 것

(4) **투자계약증권** : 특정 투자자가 그 투자자와 타인 간의 **공동사업에** 금전 등을 투자하고 주로 타인이 수행한 공동사업의 결과에 따른 손익을 귀속받는 계약상의 권리가 표시된 증권

(5) **파생결합증권** : 기초자산의 가격・이자율・지표・단위 또는 이를 기초로 하는 지수 등의 변동과 **연계하여** 미리 정해진 방법에 따라 지급금액 또는 회수금액이 결정되는 권리가 표시된 증권

(6) **증권예탁증권** : 채무증권・지분증권・수익증권・투자계약증권・파생결합증권을 예탁받은 자가 그 증권이 **발행된 국가 외의 국가에서** 발행한 것으로서 그 예탁 받은 증권에 관련된 권리가 표시된 증권

학습안내 28회, 32회, 34회, 36회 출제되었다(► 증권의 6가지 종류에 대한 정의문제는 '투자계약증권'과 '파생결합증권'에 대해서 출제되고 있음).

57

정답 ②

경영실태평가등급이 4등급 이하일 경우는 경영개선요구가 발동된다.

※ **적기시정조치 발동요건 등**(2023 기본서, 3권, p192~193 참조)

(1) **적시시정조치 발동요건**(기준 : 순자본비율, 경영실태평가등급, 레버리지비율)

구분	경영개선권고	경영개선요구	경영개선명령
순자본비율	100% 미만~50% 이상	50% 미만~0% 이상	0% 미만
경영실태평가등급	3등급 이상 & 자본적정성부문 4등급 이하	4등급 이하	(요건 없음)
레버리지비율	1,100% 초과 (2년연속 적자 시는 900% 초과 시)	1,300% 초과 (2년연속 적자 시는 1,100% 초과 시)	(요건 없음)

(2) **경영개선명령**

㉠ 경영개선명령 발동요건

- 순자본비율이 0% 미만인 경우(영업용순자본비율의 경우 100% 미만)
- 부실금융기관에 해당하는 경우

㉡ 경영개선명령 발동 시 이행조치

- 주식의 일부 또는 전부소각
- 임원의 직무집행정지 및 관리인 선임
- 합병, 금융지주회사의 자회사로의 편입
- 영업의 전부 또는 일부의 양도
- 제3자의 당해 금융투자업 인수
- 6개월 이내의 영업정지
- 계약의 전부 또는 일부의 이전 등

(3) **적기시정조치의 유예**

금융위는 금융투자업자가 경영개선권고, 경영개선요구, 경영개선명령 요건에 해당하는 경우라도 자본의 확충 또는 자산의 매각 등으로 단기간 내에 적기시정조치의 요건에 해당되지 아니하게 될 수 있다고 판단되는 경우는 일정기간 조치를 유예할 수 있다.

(4) **경영개선계획의 이행기간**

'경영개선권고'를 받은 경우 경영개선 계획의 승인일로부터 **2개월 이내**, '경영개선요구'를 받은 경우 경영개선계획의 승인일로부터 **1년 이내**, '경영개선명령'을 받은 경우에는 금융위가 정한 별도의 기간 이내이다.

[학습안내] 적기시정조치 세부 조치사항은 '35회 59번' 해설을 참조할 것

58

정답 ③

총위험액이 증가하면 순자본비율은 감소한다.

※ **추가 해설(③) : 순자본비율** $= \dfrac{\text{영업용순자본} - \text{총위험액}}{\text{필요유지자기자본}}$

(1) 산식 해석 : 순자본비율의 산식상 총위험액이 증가하면 분자를 감소시키므로 순자본비율이 감소한다.

(2) 직관적 해석 : 순자본비율은 '영업 시 직면하는 위험에 대처하기 위한 회사 자기자본의 양이 얼마나 되는가?'로 간략히 이해할 수 있는데, 총위험액이 증가하거나 자기자본(≒ 영업용순자본)의 크기가 감소하면 순자본비율은 하락하게 된다.

※ **추가 해설(④)** : 시장위험액은 '주식위험액, 옵션위험액, 금리위험액, 환율위험액, 일반상품위험액 등' 주식이나 옵션, 채권, 외환, 일반상품(commodity) 등에 투자할 때의 시장가격 변동위험액을 합산한 것을 말한다.

[학습안내] '34회 58번'과 동일유형으로 출제되었으나 학습효과 차원에서 변형복원하였다(► '순자본비율'에 대한 전체 내용은 '35회 58번 해설'을 참조할 것)

59

정답 ①

금융사고나 민사소송패소로 손실을 입은 경우 그 금액이 10억 원 이하일 경우는 경영공시를 하지 않아도 된다.

※ **경영공시대상**(2023 기본서, 3권, p198 참조)

금융투자업자는 상장법인의 공시의무 사항의 발생, 부실채권 또는 특별손실의 발생, 임직원이 형사처벌을 받은 경우, 그 밖에 다음의 경우에는 금융위에 보고하고 인터넷 홈페이지 등을 이용하여 공시해야 한다.

① 동일기업집단별로 금융투자업자의 직전 분기 말 자기자본의 100분의 10에 상당하는 금액을 초과하는 **부실채권의 발생**

② **금융사고** 등으로 금융투자업자의 직전 분기 말 자기자본의 100분의 2에 상당하는 금액을 초과하는 손실이 발생하였거나 손실이 예상되는 경우(**단, 10억 원 이하는 제외**)

③ **민사소송의 패소** 등의 사유로 금융투자업자의 직전 분기말 자기자본의 100분의 1에 상당하는 금액을 초과하는 손실이 발생한 경우(**단, 10억 원 이하는 제외**)

④ 적기시정조치, 인가 또는 등록의 취소 등의 조치를 받은 경우

⑤ 회계기간을 변경을 결정한 경우

⑥ 상장법인이 아닌 금융투자업자에게 재무구조・채권채무관계・경영환경・손익구조 등에 중대한 변경을 초래하는 사실이 발생한 경우

학습안내 36회 신유형 문제이다.

60

정답 ①

그 투자자예탁금이 투자자의 재산임을 명시해야 한다.

※ **투자자예탁금 별도예치제도**(2023 기본서, 3권, p227~228 참조)

(1) **투자자예탁금의 별도예치**

㉠ 투자자예탁금은 투자자로부터 금융투자상품의 매매, 그 밖의 거래와 관련하여 예탁받은 금전을 의미하며, 투자자매매업자 또는 투자중개업자는 이를 고유재산과 구분하여 증권금융회사나 예치하거나 신탁업자에게 신탁해야 한다.

- 증권금융에 예치하거나 신탁업자에게 신탁하는 투자매매업자 또는 투자중개업자를 '**예치 금융투자업자**'라 하며, 이로부터 예치 또는 신탁을 받는 증권금융이나 신탁업자를 '**예치기관**'이라 한다.

㉡ 예치 금융투자업자가 예치기관에 투자자예탁금을 예치 또는 신탁함에 있어서, 신탁업자에게 신탁할 수 있는 금융투자업자는 '은행, 산업은행, 중소기업은행, 보험회사(겸영 금융투자업자)'이며, 겸영 금융투자업자가 신탁업자일 경우 자신에게 신탁할 수 있다(**자기계약이 가능**).

㉢ 예치 금융투자업자가 예치기관에 투자자예탁금을 예치 또는 신탁할 경우 그 투자자예탁금이 **투자자의 재산이라는 점을 명시해야 한다.**

(2) **투자자예탁금의 관리**

㉠ 누구든지 예치기관에 예치 또는 신탁한 투자자예탁금을 상계・압류하지 못한다.

㉡ 예치 금융투자업자는 '시행령으로 정하는 경우'주1 외에는 예치기관에 예치 또는 신탁한 투자자예탁금을 양도하거나 담보로 제공할 수 없다.

* 주1 : 예외적으로 예치 금융투자업자가 투자자예탁금을 양도하거나 담보로 제공할 수 있는 사유

- 예치 금융투자업자가 다른 회사에 흡수합병, 신설합병되는 경우
- 예치 금융투자업자가 금융투자업의 전부나 일부를 양도하는 경우

㉢ 예치 금융투자업자에게 '인가취소, 파산선고, 금융투자업의 전부양도 등'의 경우 사유가 발생할 경우, 예치 금융투자업자는 예치 또는 신탁한 투자자예탁금을 인출하여 투자자에게 우선지급해야 한다.

- 이상의 사유(투자자예탁금의 우선지급사유)가 발생 시, 예치 금융투자업자는 그 사유발생일로부터 2개월 이내에 그 사실과 투자자예탁금의 지급시기 등과 관련한 사항을 둘 이상의 일간신문에 공고하고, 인터넷 홈페이지 등을 통해 공시해야 한다.

㉣ 기 타

- 예치기관은 예치 또는 신탁 받은 투자자예탁금을 자기재산과 구분하여 신의성실 원칙에 입각하여 관리해야 한다.
- 예치 금융투자업자는 매매 등을 통해 보유하게 되는 '투자자 소유의 증권(투자자예탁증권)'의 경우, 지체 없이 예탁결제원에 예탁해야 한다.

61

정답 ①

수익증권을 발행하는 집합투자기구 형태는 투자신탁이 유일하다(투자신탁은 수익증권, 투자회사는 주식, 나머지는 출자증권을 발행).

※ 집합투자증권의 발행형태(집합투자기구 법적형태별)

투자신탁	투자회사	투자유한 회사	투자유한 책임회사	투자합자 회사	투자합자 조합	투자익명 조합
수익증권	주 식	출자증권				
	지분증권					

학습안내 31회, 35회, 36회 출제되었다(► 동일유형으로 출제되고 있으나 학습효과 차원에서 변형복원하였다).

62

정답 ①

집합투자업자가 산정한 기준가격이 적정하게 산정되었는지 여부에 대한 평가주체는 **신탁업자**이다.

학습안내 33회, 35회, 36회 출제(► '기준가격산정의 적정성 여부 판단'을 포함한 집합투자재산 평가에 대한 전체 내용은 '35회 62번 해설'을 참조할 것)되었다.

63

정답 ④

부동산에 대한 특례로서, 부동산펀드의 차입한도는 순자산총액의 200%이고 대여 한도는 순자산총액의 100%이다. 그리고 부동산이 아닌 펀드의 경우 보유하고 있는 부동산 가액의 70%까지 차입이 가능하다.

※ 집합투자기구의 금전차입, 금전대여의 제한

(1) 집합투자재산의 운용상 금전차입과 대여는 원칙적으로 금지된다(부실화방지).

㉠ 금전차입의 예외적 허용 : 대량환매청구, 대량매수청구 등의 사유가 있을 경우 순자산총액의 10%까지 예외적으로 금전차입이 가능함

㉡ 금전대여의 예외적 허용 : 금융기관에 대한 30일 이내에 단기대출은 가능함

(2) 집합투자재산으로 해당 집합투자기구 외의 자를 위한 채무보증, 담보제공은 금지된다.

(3) 부동산에 대한 특례

㉠ 금전차입 특례 : 부동산펀드가 부동산을 취득시 예외적으로 차입이 허용되는데, **차입한도는 순자산총액의 200%**이다. 만일 부동산펀드가 아닐 경우는, 해당 펀드가 보유하고 있는 **부동산가액의 70%**까지 차입이 가능하다.

- 차입상대방 및 차입금 사용용도: 차입이 허용되어도 그 상대방은 '은행/보험사/기금/다른 부동산펀드 등'이어야 하며, 차입금은 원칙상 부동산에 운용하는 방법으로만 사용해야 한다.

㉡ 금전대여 특례 : 부동산펀드는 부동산개발사업을 영위하는 법인에 대해 예외적으로 대여가 가능한데, 이때 **대여한도는 순자산총액의 100%**이다.

학습안내 29회, 32회, 34회, 36회 출제되었다.

 정답 ④

사채권의 매수는 국공채와 마찬가지로 예외가 인정되지만, 사채권 중 '주식관련사채나 상각형 조건부자본증권'은 예외가 인정되지 않는다.

※ **투자일임업자의 금지행위**(2023 기본서, 3권, p257~260 참조)

투자일임업자는 투자일임재산을 운용함에 있어서 다음 어느 하나의 행위를 해서는 아니 된다.

(1) 정당한 사유 없이 투자자의 운용방법의 변경 또는 계약의 해지요구에 응하지 않는 행위

(2) **자기 또는 관계인수인이 인수한 증권을 투자일임재산으로 매수하는 행위. 다만, 투자자보호 및 건전한 질서를 해할 우려가 없는 경우로서, 아래(㉠, ㉡, ㉢)는 예외가 인정된다.**

㉠ 인수일로부터 3개월이 지난 후 매수하는 경우

㉡ 인수한 상장주권을 증권시장에서 매수하는 경우

㉢ 국채, 지방채, 통안채, 특수채, 사채권(**주식관련사채 및 상각형 조건부자본증권은 제외**)을 매수하는 경우

► **32회, 36회 시험에 반영**

(3) 특정투자자의 이익을 해하면서 자기 또는 제3자의 이익을 도모하는 행위

(4) 투자일임재산으로 자기가 운용하는 다른 투자일임재산, 집합투자재산 또는 신탁재산과 거래하는 행위

(5) 투자일임재산으로 투자일임업자 또는 그 이해관계인의 고유재산과 거래하는 행위. 다만 투자자보호 및 건전한 거래질서를 해할 우려가 없는 경우로서, 이해관계인이 되기 **6개월 이전에** 체결한 계약에 따른 거래, 불특정다수인이 참여하는 **공개시장에서의 거래**, 일반적인 거래조건에 비추어 투자일임재산에 **유리한 거래** 등의 거래는 예외가 인정된다.

(6) 투자자의 동의없이 투자일임재산으로 투자일임업자 또는 그 이해관계인이 발행한 증권에 투자하는 행위

(7) 투자일임재산을 각각의 투자자별로 운용하지 않고 여러 투자자의 자산을 집합하여 운용하는 행위. 다만, 투자자보호 및 건전한 질서를 해할 우려가 없는 경우로서 개별 투자일임재산을 효율적으로 운용하기위한 경우 등은 예외가 인정된다.

(8) 투자자로부터 '㉠ 투자일임재산을 예탁하거나 인출하는 행위, ㉡ 투자일임재산을 예탁하는 투자매매업자·투자중개업자를 지정하거나 변경하는 행위, ㉢ 투자일임재산에 속하는 증권의 의결권을 행사하는 행위'를 위임받는 행위는 금지된다. 단, 투자자보호 및 건전한 거래질서를 해할 우려가 없는 경우로서 '주식매수청구권 행사, 유상증자 청약, 공개매수응모' 등을 위해 ㉢의 위임을 받는 것은 가능하다.

► **36회, 37회 시험에 반영**

(9) 투자일임업자가 투자매매업자나 투자중개업자로서 증권의 대차거래 등을 하기 위한 경우, ⓐ와 ⓑ의 예외가 인정된다.

ⓐ 투자자의 동의를 받고 투자일임업자의 고유재산과 거래하는 행위(위 (5)의 예외)

ⓑ 투자자의 위임을 받고 투자일임재산을 인출하는 행위(위 '(8)-㉠'의 예외)

► **30회, 36회 시험에 반영**

(10)그 밖에 투자자보호 또는 건전한 거래질서를 해할 우려가 있는 행위로서 아래의 행위

- 일반투자자와 같은 대우를 받겠다는 전문투자자의 요구에 정당한 사유없이 동의하지 않는 행위
- 투자일임계약을 위반하여 투자일임재산을 운용하는 행위
- 투자일임의 범위, 투자목적 등을 고려하지 않고 투자일임재산으로 지나치게 자주 매매하는 행위
- 투자자 또는 거래상대방에게 법상의 기준을 위반하여 직·간접으로 재산상이익을 제공하거나 제공받는 행위
- 법상의 금지나 제한을 회피할 목적으로 장외파생상품거래, 신탁계약, 연계거래 등을 이용하는 행위
- 채권자로서 그 권리를 담보하기 위하여 백지수표나 백지어음을 받는 행위

학습안내 32회(신유형), 36회 기출

65

정답 ③

의결권행사를 위임받는 것은 원칙상 금지되지만, 투자자보호나 건전한 질서를 해할 우려가 없는 경우로서 주식매수청구권의 행사나 유상증자 청약 등을 위해서 위임을 받는 것은 가능하다.

학습안내 의결권 위임의 금지 및 예외에 대해서는 '동 회차 64번 해설 (8)-㉢'을 참조할 것

66

정답 ②

벌금은 해당되지 않는다.

※ 추가 해설

가. 자본시장조사업무규정상 형사제재는 직접 하지 않으므로(관계자 고발 수사기관 통보), **징역이나 벌금은 부과대상이 아니다.**

나. 증권의 발행제한(1년 이내의 범위에 한함)

다. 임원에 대해서는 '해임요구, 6개월 이내의 직무정지, 문책경고, 주의적 경고, 주의 등'이 있고, 직원에 대해서는 '면직, 6개월 이내의 직무정지, 감봉, 견책, 경고, 주의 등'이 있다.

주의 임원에 대해서 1년 이내의 직무정지 조치를 부과할 수 있다. → X ('6개월 이내의 직무정지'가 옳다. 자본시장법 체계상 영업정지기간이나 직무정지기간은 6개월 이내로 한다)

학습안내 29회, 33회, 36회 기출(► '자본시장조사규정'의 전체내용은 '38회 66번 해설'을 참조할 것)

3-3 한국금융투자협회 규정(3문항)

67 정답 ③

다른 금융투자상품과 연계하여 펀드를 판매하는 경우는 '협회에 등록된 펀드투자권유자문인력'[주1]이 권유를 하도록 해야 한다(연계판매 시 투자권유대행인의 투자권유는 불가).

* 주1 : 모든 임직원이 '협회에 등록된 펀드투자권유자문인력'인 것은 아니므로, 임직원 중 협회에 등록한 펀드투자권유자문인력'이 정확하다.

※ **펀드판매 시 금시사항과 준수사항**(2024 기본서, 3권, p489~492 참조)

(1) 금지사항

- 회사가 받는 판매보수 등이 높다는 이유로 특정펀드의 판매에 차별적인 판매촉진 노력을 하는 행위(단, 투자자이익에 부합되는 등 합리적 근거가 있을 경우는 가능)
- 펀드판매의 대가로 집합투자재산의 매매주문을 판매회사나 제3자에게 배정하도록 집합투자업자에게 요구하는 행위
- 펀드판매의 대가로 다른 투자자보다 부당하게 높은 매매거래 수수료를 요구하는 행위
- 예상수익률의 보장, 예상수익률의 확정적인 단언, 실적배당상품의 본질에 반하는 주장이나 설명 등을 하는 행위
- 자기가 판매하는 펀드의 집합투자재산에 관한 정보를 회사 고유재산의 운영 또는 자기가 판매하는 다른 펀드의 판매를 위하여 이용하는 행위
- 집합투자증권의 판매와 관련하여 허위의 사실, 그 밖에 근거 없는 소문을 유포하는 행위
- 판매회사 직원이 집합투자업과 관련된 수탁업무, 자산보관업무, 일반사무관리업무 또는 고유재산 운용업무를 겸직하는 행위
- 정당한 사유 없이 공모로 발행되는 집합투자증권의 판매를 거부하는 행위
- **투자자로부터 집합투자증권의 취득 자금 수취와 관련하여** 다음의 어느 하나에 해당하는 행위
  - **판매회사의 임직원 이외의 자를 통해 자금을 받는 행위**
  - 판매대금을 분할 납부하도록 하거나 판매회사 또는 임직원이 선납하는 행위
  - 자금의 실제 납입이 이루어지기 전에 납입이 이루어진 것으로 처리하는 행위
- **일반투자자에게 계열회사인 집합투자회사의 집합투자증권만을 투자권유하거나 안내하는 행위**

(2) 준수 사항

- 펀드판매창구의 구분 및 표시 : 영업점 내에서 통상적인 창구와 구분될 수 있도록 창구에 별도로 표시하거나, 판매직원이 협회에 펀드투자권유자문인력으로 등록된 자임을 투자자가 확인할 수 있도록 표시해야 한다.
- 펀드 연계판매 시 준수 사항 : 판매회사는 집합투자증권의 판매를 다른 금융투자상품 등의 판매와 연계하는 경우 다음의 사항을 준수해야 한다.
  - 관계 법규에서 정하는 금지행위에 해당되거나 규제를 회피할 목적이 아닐 것
  - **펀드투자권유자문인력으로 협회에 등록되어 있는 자가 투자권유를 할 것**(연계 판매 시에는 투자권유대행인의 투자권유는 불가).
  - 투자자에게 환매제한 등의 부당한 제약을 가하지 아니할 것
  - 집합투자증권의 실적배당원칙이 훼손되지 아니할 것
- 펀드 온라인 판매 시 적합성원칙 구현 절차 마련 : 판매회사는 일반투자자에게 투자권유를 하지 않고 온라인거래를 통하여 집합투자증권을 판매 시, 일반투자자가 원하는 경우 해당 투자의 적합 또는 적성여부를 확인할 수 있는 절차를 마련해야 한다.
- **일반투자자에게 계열회사 등인 집합투자회사가 운용하는 집합투자기구의 집합투자증권을 투자권유하는 경우, 그 집합투자회사가 자기의 계열회사 등이라는 사실을 고지해야 한다.**

학습안내 29회, 33회, 36회 기출

68

정답 ①

'다'는 해당되지 않는다. 현행 협회규정상의 '펀드광고 시 의무표시사항'에서 '손실보전이나 이익보장에 관한 사항'은 포함되지 않는다. 또한 투자상품으로서 손실보전이나 이익보장이 가능한 상품은 연금신탁과 퇴직신탁에 국한된다.

※ **펀드투자광고 시 의무표시사항**(2023 기본서, 3권, p505 참조)

(1) 환매수수료 및 환매 신청 후 환매금액의 수령이 가능한 구체적인 시기
(2) 증권거래비용이 발생할 수 있다는 사실과 투자자가 직·간접적으로 부담하게 되는 각종 보수 및 수수료
(3) 고유한 특성 및 위험성 등이 있는 집합투자기구의 경우 해당 특성 및 위험성에 관한 설명
(4) 기타 : 금융소비자보호법 제22조 제3항, 금융투자회사의 의무 고지사항 중 해당 투자광고와 관련한 사항(영업규정 별표 9) 등

약식이해 '환매에 관한 사항, 비용(보수 및 수수료)에 관한 사항, 고유한 위험에 관한 사항' 등은 투자자에게 매우 중요한 사항이므로, 펀드광고 시 이에 관한 사항을 의무적으로 표시해야 한다.

학습안내 29회, 31회와 동일유형의 문제인데 '다' 항목이 신유형지문으로 반영되었다.

69

정답 ④

모두 해당된다. '가, 나, 다' 중 하나에 해당하는 신상품을 개발한 경우 해당 신상품에 대한 배타적 사용권이 인정되며, 타회사에 의해 배타적사용권이 침해된 경우는 협회에 배타적 사용권 침해배제 신청을 할 수 있다. 해당 건의 신청을 접수받은 협회 심의위원회는 **접수일로부터 7영업일 내로 심의해야 하며**, 심의결과 침해배제신청이 이유 있다고 인정되는 경우는 지체없이 침해회사에 대해 침해정지를 명할 수 있다.

학습안내 신상품보호 규정의 모든 기출문제(32회, 32회, 34회, 36회)는 '10영업일'을 오답으로 제시하는 문제로 출제되었으나, 학습효과 차원에서 변형복원하였다.

3-4 주식투자운용/투자전략(6문항)

70

정답 ②

'준강형(semi-strong form)'에 해당한다. 과거정보(기술적분석)로는 초과수익을 올릴 수 없는 것이 약형, 공개된 정보로 초과수익을 올릴 수 없는 것이 준강형, 그리고 모든 정보로도 초과수익을 올릴 수 없는 것이 강형이다. 효율적 시장가설은 액티브운용을 반대하는 논거로 사용된다.

학습안내 29회, 31회, 34회, 36회 기출(► '효율적 시장가설 이론'에 대한 기본서 全文은 '40회 70번 해설'을 참조할 것)

71

정답 ③

GARCH는 위험을 추정하는 방식이다.

※ **자산집단의 위험, 상관관계 추정**(2023 기본서, 4권, p29 참조)

여러 가지 자산집단들의 위험과 상관관계를 추정하는 방식으로는 주로 과거자료를 이용한다. 위험은 주로 자산집단 수익률의 표준편차를 의미하는데 기대수익률과 달리 상당한 안정성과 지속성을 가지고 있기 때문에 과거자료에서 추정하여 사용하고 있는 것이다. 하지만 최근에 들어서는 **GARCH**(Generalized Auto Regressive Conditional Heteroskedacity) **와 같은 추정방법을 통해 위험을 좀 더 정교하게 추정하기 위해 노력하고 있다**(후략).

학습안내 30회, 33회, 36회 출제되었다(► '기대수익률 추정방식'의 추가내용은 '35회 70번 해설'을 참조할 것).

72

정답 ③

'다 → 가 → 라 → 나'이다. 순서의 핵심은 '가 → 라'단계인데, '투자대상의 자산집단 들을 선택('가')한 다음에, 해당 자산집단들의 기대수익률과 위험, 상관관계를 추정('라')'하는 것은 당연하다고 할 수 있다.

※ **전략적 자산배분의 실행단계**

(1) 투자자의 투자목적 및 투자제약조건 파악(투자자의 투자성향파악 등) →
(2) 자산집단의 선택(주식, 채권, 부동산 등 투자대상 자산집단선택) →
(3) 자산종류별 기대수익, 위험, 상관관계의 추정(미래수익률과 미래위험 추정) →
(4) 최적자산배분의 구성(지배원리 작동 → 효율적 투자기회집합 추출)

학습안내 28회, 33회, 36회 출제되었다.

73

정답 ④

시장가격이 내재가치보다 높게 형성되었을 때 매도하고(**고가매도**), 시장가격이 내재가치보다 낮게 형성되었을 때 매수하는 전략이다(**저가매수**).

보충 전술적 자산배분은 '고가매도/저가매수(buy low & sell high)' 전략으로서 Negative feedback이다. 비교하여 포트폴리오 보험전략은 '고가매수/저가매도(buy high & sell low)' 전략으로서 positive feedback이다.

※ **전술적 자산배분의 이론적 배경**(2023 기본서, 4권, p46~48 참조)

(1) **평균반전현상**(mean revering process) : 자산의 가격이 단기적으로는 내재가치에서 벗어나지만 장기적으로는 결국 내재가치를 향해 돌아오는 현상을 말한다.
(2) **과잉반응현상**(over-reaction) : 새로운 정보에 의해 지나치게 낙관적이거나 비관적인 반응이 발생함으로써 증권의 시장가격이 내재가치로부터 상당히 벗어나는 가격착오현상을 말한다.
(3) **역투자전략**(contrary strategy) : 내재가치 대비 고평가시 매도하고 내재가치 대비 저평가시 매수하는 전략으로서 negative feedback strategy(음성 피드백 전략)이다.

학습안내 29회, 30회, 32회, 36회 출제되었다.

74

정답 ①

고정비율 포트폴리오 보험전략(CPPI)에 해당한다.

보충 OBPI전략(합성풋옵션전략) : 최저보장가치(floor)를 방어하는 풋옵션을 합성함으로써 '방어적 풋(protective put)'의 성과를 모방하고자 하는 전략

※ CPPI전략의 이해

(1) 먼저 최저보장가치(floor)의 현재가치를 구한다.

→ 1년 후의 최저보장금액(floor) : $\frac{100}{1+0.04}$ = 96.15, 즉 **96.15억 원**

(2) 쿠션을 구한다.

→ 쿠션(cushion) = 포트폴리오 금액 − 최소보장금액의 현재가치

= 120 − 96.15 = **23.85억 원**

(3) 주식투자금액(익스포저)을 구한다

→ 익스포저 = 쿠션 × 승수 = 23.85 × 2 = **47.70억 원**

(∴) 주식투자금액은 47.70억 원, 채권투자금액은 **72.30억 원**(120 − 47.70)이다. 그리고 만기시점의 채권평가액은 만기기간 동안의 이자가 가산되므로 '72.30 × 1.04 = 75.19억 원'이다.

75

정답 ②

수익률역전 그룹은 '다, 라'이다.

※ Anomaly현상(이상현상)의 종류(2023 기본서, 4권, p109~110참조)

(1) **이상현상의 정의** : 시장이 효율적이라면 나올 수 없는 현상으로서, 주식시장에서 '이상현상(anomaly)'이 존재한다는 것은 현실적으로 시장이 비효율적이라는 증거가 된다.

(2) **이상현상의 분류**

정보비효율 그룹	상대적 저가주 효과 그룹	수익률역전현상 그룹
• 수익예상수정효과 • 수익예상추세효과 • 무시된 기업효과 • 소형주 효과 • 1월 효과	• 저 PER 효과 • 저 PBR 효과	• 장기수익률역전현상 (winner–loser 효과) • 저 베타 효과 • 잔차수익률 역전현상 • 고유수익률역전현상

① **정보비효율 효과** : 정보가 효율적으로 반영되지 않음으로써 초과수익이 발생하는 현상

예 소형주 효과 : 소형주의 수익률이 대형주의 수익률을 초과하는 현상을 말함(∵ 소형주는 리서치대상에서 제외되는 경우가 많아서 저평가되는 경향이 있기 때문)

② **상대적 저가주 효과** : 저 PER주의 수익률이 고 PER주의 수익률을 초과하는 현상

예 저 PER 효과 : 저 PER주는 내재가치 대비 저평가된 경우가 많으므로 고 PER주에 비해서 초과수익이 날 가능성이 높다.

③ **수익률역전 효과** : 일정기간 수익률이 낮았던 종목의 수익률이 일정기간 수익률이 높았던 종목의 수익률을 초과하는 현상

예 장기수익률역전현상(winner–loser 효과) : 장기적으로 상승률이 낮았던 종목의 수익률이 장기적으로 상승률이 높았던 종목의 수익률을 초과하는 현상(∵ 중・장기적으로 시장평균에 회귀하려는 속성이 있으므로)

예 저 베타 효과 : 시장수익률대비 적게 올랐던 저 베타주의 수익률이, 시장수익률대비 많이 올랐던 고 베타주의 수익률을 초과하는 현상을 말함

학습안내 36회 신유형 문제이다.

3-5 채권투자운용/투자전략(6문항)

76

정답 ②

'패리티 = $\frac{2,000원}{4,000원}$ × 100%, 패리티 = 50%'이다.

※ 상세풀이

(1) 전환사채의 패리티 = $\frac{전환대상주식의\ 시가}{전환가격}$ × 100%,

- 전환대상 주식의 시장가격은 2,000원이다(제시).
- 전환가격은 '전환주수 = $\frac{채권액면가액}{전환가격}$'을 활용하여 구한다(전환비율 100%[주1] 전제).

'5 = $\frac{20,000}{전환가격}$'이므로 전환가격은 4,000원이다.

* 주1 : 전환비율은 '채권액면의 몇 %를 주식으로 전환하는가?'를 말하는데, 전환비율 100%는 채권액면 20,000원이 전부 주식으로 전환됨을 의미한다. 만일 동 예제에서 전환비율이 50%라고 가정한다면 채권액면 20,000원 중 10,000원만 전환하는 것이며, 이때 전환가격은 '5 = $\frac{10,000}{전환가격}$', 전환가격 = 2,000원'이 된다.

(2) 따라서 '패리티 = $\frac{2,000원}{4,000원}$ × 100%, 패리티 = 50%'이다.

- 참고로, 패리티가격은 '패리티가격 = $\frac{2,000원}{4,000원}$ × 20,000원(채권액면) = 10,000원'이다.

학습안내 31회, 36회 출제(► 31회 신유형 출제 이후 두 번째)되었다.

77

정답 ④

장내시장은 경쟁매매, 장외시장은 상대매매 방식이다.

보충 장내거래는 '거래소에 상장된 증권을 대상으로 거래소가 마련한 표준화된 거래조건에 의해 경쟁매매로 체결시키는 거래'의 의미를 가지고 있다.

※ 채권발행시장

(1) 공모발행의 종류

직접발행				간접발행		
매출발행	공모입찰발행			위탁모집	잔액인수	총액인수
	Conventional	Dutch	차등낙찰			

- **Conventional Auction** : 발행예정액에 도달할 때까지 낮은 응찰수익률부터 순차적으로 낙찰시키는 방식이다. 복수의 낙찰수익률이 발생하므로 '복수가격 낙찰방식'이라 한다.
- **Dutch Auction** : 발행예정액에 도달할 때까지 낮은 응찰수익률부터 순차적으로 낙찰하되, 낙찰수익률 중 '가장 높은 수익률(가장 낮은 채권가격)'을 일률적으로 적용하여 발행하는 방식이다. 낙찰수익률이 하나가 존재하므로 '단일가격 낙찰방식'이라 한다.
- **차등가격 낙찰방식** : 컨벤셔널방식과 더치방식을 혼합한 방식. 전체 응찰수익률의 구간을 나누고, 각 구간별로 가장 높은 수익률로 낙찰시키는 방식이다.

(2) 국채발행의 3가지 방식 : 경쟁입찰(외평채 등), 첨가소화(국민주택채권 등), 교부발행(토지보상채권 등)

※ **채권유통시장의 구조**(채권은 대부분 장외시장에서 거래)

구 분	장내시장		장외시장	
	일반채권시장	국채딜러간 시장(IDM)	대고객 상대매매	채권딜러간 중개거래(IDB)
거래장소	증권거래소		장외시장 창구거래	
매매수량단위	1,000원	**10억 원**	매매수량제한 없음	
매매방식	**경쟁매매**		**상대매매**	
거래채권	상장채권만 매매		상장채권, 비상장채권 모두 매매	

학습안내 30회, 36회 출제되었다.

78

정답 ③

채권수익률 하락으로 인한 채권가격의 상승폭이 채권수익률 상승으로 인한 채권가격의 하락폭보다 **크다**(→ 말킬의 4정리에 해당하며 이러한 성질은 채권가격의 볼록성에 기인한다).

※ **말킬의 채권가격정리(Bond Price Theorem) 5가지**

(1) 1정리 : 채권가격과 채권수익률은 역(逆)의 관계이다.

(2) 2정리 : 일정한 수익률변동에 대한 채권가격변동폭은 잔존기간이 길수록 커진다(예 만기수익률 4%인 채권과 6%인 채권이 있다고 할 때, 두 채권의 가격변동폭의 차이는 잔존기간이 길수록 크게 나타난다).

(3) 3정리 : 채권가격변동폭은 만기가 길어질수록 증가하나 그 증가폭은 체감한다.

(4) 4정리 : 만기가 일정할 때 채권수익률 하락으로 인한 채권가격상승폭은 채권수익률 상승으로 인한 채권가격하락폭보다 크게 나타난다.

(5) 5정리 : 표면이자율이 낮을수록 동일한 수익률변동에 대한 채권가격변동폭이 커진다.

► 이를 종합하면,

'**채권가격의 변동성(듀레이션)↑ = f(표면이율↓, 잔존만기↑, 만기수익률↓)**'이다.

학습안내 28회, 31회, 34회, 36회 기출(► '말킬의 정리' 상세 내용은 '42회 79번 해설'을 참조할 것)

79

정답 ②

틀린 내용은 '다, 라'이다.

• 다 : 표면이자율이 낮을수록 채권의 볼록성은 커진다.

보충 듀레이션이 증가할 때 볼록성은 가속도로 증가하므로, 채권가격결정요인(표면금리, 잔존기간, 만기수익률)에 대한 방향성은 듀레이션과 볼록성이 동일하다. 즉, 표면이율이 낮을수록 볼록성이 커진다.

► **채권가격의 변동성(듀레이션 또는 볼록성)↑** $= f(CR\downarrow,\ T-t\uparrow,\ YTM\downarrow)$

• 라 : 채권의 볼록성은 듀레이션이 증가함에 따라 체증적으로 증가한다(채권가격의 볼록한 성질에 의함).

※ **추가설명('가')**

채권가격곡선의 볼록한 성질로 인해, 동일한 채권수익률 변동에 대해 채권수익률 하락 시의 채권가격 상승폭이 채권수익률 상승시의 채권가격하락폭보다 크게 나타난다. 즉 **볼록성이 큰 채권은 볼록성이 적은 채권에 비해서 상승폭은 확대되고 하락폭은 축소된다**. 따라서 볼록성이 큰 채권일수록 높은 가치를 지니게 된다.

학습안내 볼록성 개념에 대한 단독문제는 36회에서 처음으로 출제되었다.

80

정답 ③

'채권가격 $P = \dfrac{10{,}000\text{원}}{(1 + 0.05 \times \dfrac{91}{365})} = 9{,}876.87\text{원}$, 즉 9,876원'이다.

학습안내 33회, 36회 출제되었다.

81

정답 ④

1년 만기 현물이자율(S_1)은 6%이다(아래 풀이).

※ 불편기대이론 하에서의 내재선도이자율 구하기

(1) 불편기대이론 하에서는 장·단기 채권의 완전대체관계가 성립하므로, 장기채수익률은 단기채수익률과 내재선도이자율의 기하평균과 같다.

(2) 따라서, $(1+0.05)^2 = (1+S_1)(1+0.04)$

$\rightarrow S_1 = \dfrac{(1+0.05)^2}{(1+0.04)} - 1$, $(\therefore)\ S_1 = 0.060096$, 즉 약 6%이다.

(3) 약식계산 : $\dfrac{(2 \times 5\%) - (1 \times S_1)}{2 - 1} = 4\%$, $10\% - S_1 = 4\%$, $(\therefore) S_1 = 6\%$

TIP 만기가 짧을 경우는 기하평균과 산술평균의 차이가 크지 않으므로 산술평균으로 계산해도 무방하다.

$\rightarrow \dfrac{S_1 + \text{내재이자율}}{2} = S_2$, 즉 $\dfrac{S_1 + 4\%}{2} = 5\%$, $(\therefore)\ S_1 = 6\%$

학습안내 28회, 30회, 34회, 35회, 36회 출제되었다.

3-6 파생상품투자운용/투자전략(6문항)

82

정답 ④

'가, 나, 다' 모두 해당된다(5대 기초자산 모두 장외파생상품의 기초자산이 될 수 있다).

※ 파생상품의 기초자산

(1) **주. 채. 통. 상. 신(5대 기초자산)** : '**주**'는 주식으로서 주가변동위험, '**채**'는 채권으로서 금리변동위험, '**통**'은 통화로서 환율변동위험, '**상**'은 상품(commodity)으로서 상품가격변동위험, '**신**'은 신용스프레드(credit spread)로서 신용스프레드 변동위험에 노출된다.

(2) **장내 vs 장외**

기초자산위험	장내파생상품	장외파생상품
주가변동	KOSPI200지수선물 · 지수옵션, 개별주식선물 · 옵션 등	주식스왑 등
금리변동	국채선물, 유로달러선물	금리선도(FRA) 금리스왑, 금리옵션(금리캡/금리플로어)
환율변동	통화선물, 통화옵션	선물환
상품가격변동	Commodity Futures Contracts[주1]	Commodity Forward, Swap 등
신용위험변동	–	CDS, CLN 등

* 주1 : 상품선물로서 국내에 상장되어 있는 것은 '금선물, 돈육선물'이 있다.

중요 파생상품의 기초자산 '주가, 금리, 환율, 상품, 신용위험' 중에서 통화는 장외파생상품의 기초자산이 될 수 없다. [O, X] → X (5대 기초자산 모두 장외파생상품의 거래대상이 됨)

학습안내 36회 신유형 문제이다.

83

정답 ④

'$F_t > S_t$'이면 콘탱고(Contango) 상태 또는 정상시장이라 하며, '$F_t < S_t$'이면 백워데이션(Backwadation)상태 또는 역조시장이라 한다.

학습안내 '33회 82번'과 동일 문항으로 출제되었으나 학습효과 차원에서 변형복원하였다(► 콘탱고와 백워데이션에 대한 기본서 全文은 '33회 82번 해설'을 참조할 것).

84

정답 ②

5point이다.

※ 옵션프리미엄 = 옵션의 내재가치 + 옵션의 시간가치

(1) 콜옵션의 내재가치 = $Max(0, S_T - X) = Max(0,\ 355 - 350) = 5point$

(2) 옵션프리미엄(8point) = 옵션의 내재가치(5point) + 옵션의 시간가치(3point)

〈옵션가격〉

옵션가격(옵션프리미엄)	내재가치(Y_c)	시간가치
8	5	3
$Y_c = Max(S_T - X, 0) = Max(355 - 350, 0) = 5$		

학습안내 29회, 30회, 32회, 36회 출제되었다.

85

정답 ①

옵션스프레드 포지션의 손익은 매수포지션과 매도포지션으로 나누어 차례로 계산한다(아래 풀이).

※ 옵션스프레드 손익계산

(1) 풋옵션 매수포지션의 손익 : 292.5p에 매수하고 295p에 종료되었으므로, 손익은 'Max(292.5−295, 0) − 1.5 = 0 − 1.5 = (−)1.5point'이다.

• 풋옵션매수는 매수 후 기초자산가격이 하락해야 수익이 나는데 동 문항에서는 상승하였으므로, 프리미엄손실만 발생하였다.

(2) 풋옵션 매도포지션의 손익: 300p에 매도하고 295p에 종료되었으므로 풋옵션매수자의 수익 +5point를 결제를 해주어야 하는 입장이다. 따라서, 손익은 '− {Max(300−295, 0)} + 5.0 = −5 + 5 = 0point'이다.

• 옵션매도자는 옵션매수자에게 수익발생 시 결제해야 할 의무가 생기므로, 옵션매수자의 손익을 먼저 계산하고 반대(−)로 적용하면 된다.

(3) 따라서 동 포지션(풋불스프레드)의 최종 손익은 (−)1.5point이다.

► 약식풀이

㉠ **초기순수입 또는 초기순지출 판단** : P(300)매도를 통한 프리미엄수입이 +5, P(292.5) 매수를 통한 프리미엄지급이 −1.5, 따라서 초기순수입 포지션이다(+5 − 1.5 = 3.5 순수입).

㉡ 초기순수입 포지션은 순수입이 최대이익이 되고 만기시점의 청산가격에 따라 결제손익이 발생하는데, 이 둘을 합치면 최종손익이 된다.

(1) 최대이익 (옵션프리미엄 순수취수익)	(2) 만기정산손익
+5.0 − 1.5 = **(+)3.5p**	풋을 300에 매도하고 295에 청산되므로 5p 손실발생 → **(−)5.0p**
(∴) 총손익 [(1) + (2)] = (+)3.5 − 5.0 = **(−)1.5p**	

학습안내 28회, 36회 동일유형 기출

86

정답 ②

수직스프레드이다. 만기가 다른 두 옵션을 매수/매도하는 전략은 수평스프레드, 행사가격이 다른 두 옵션을 매수/매도하는 전략은 수직스프레드이다.

※ 옵션스프레드 전략 정의(2023 기본서, 4권, p339)

수평스프레드(horizonal spread)는 만기가 서로 다른 두 옵션에 대해 매수・매도가 동시에 취해지는 경우를 의미하고, 수직스프레드(vertical spread)는 행사가격이 서로 다른 두 옵션에 대해 매수・매도를 동시에 취하는 경우를 말한다. 빈도는 낮지만 대각 스프레드(diagonal spread)는 만기도 다르고 행사가격도 다른 두개 이상의 옵션을 가지고 스프레드 포지션을 구축한 경우를 의미한다.

► **옵션스프레드 전략 예시**

수평스프레드	수직스프레드	대각스프레드
C(80) 1개월물 1계약 매수 C(80) 2개월물 1계약 매도	C(80) 1개월물 1계약 매수 C(90) 1개월물 1계약 매도	C(80) 1개월물 1계약 매수 C(90) 2개월물 1계약 매도
동일행사가격 **다른 만기**	동일 만기 **다른 행사가격**	**다른 만기 다른 행사가격**

87

정답 ④

풋옵션 매수의 감마의 부호는 양(+)이다. 감마는 2차 미분치로서 가속도를 의미하는데, 가속도는 양의 방향만 존재하므로 콜옵션 · 풋옵션에 관계없이 옵션매수포지션의 감마는 양(+)의 값을 보인다.

※ **감마($\frac{\partial^2 c}{\partial s^2}$) : 기초자산이 변할 때 델타가 얼마나 변하는가?**

(1) 정의 : 기초자산의 변화에 대한 델타 값의 변화비율을 나타내는 값이다.

(2) 기초자산가격에 대한 옵션가격의 2차 미분치에 해당하며 곡률(가속도)로 나타난다.
- 델타 : 1차미분치/속도, 감마 : 2차미분치/가속도

(3) 등가격(ATM)에서 최댓값을 보이며, 잔여만기가 다가올수록 감마 값이 커진다.
- 잔여만기가 다가올수록 내재가치에 수렴하게 되므로 곡률 또는 볼록도가 커진다(시대에듀 한끝 교재 2권, p363 그림 참조).

(4) 기초자산의 움직임에 대해서 콜옵션매수, 풋옵션매수 모두 (+)의 방향을 보인다(∵ 가속도는 양의 방향만 존재하므로).

※ **민감도 부호**(옵션매수포지션 기준)

구 분	델타	감마	베가	쎄타	로우
콜옵션	+	+	+	−	+
풋옵션	−	+	+	−	−

학습안내 28회, 29회, 30회, 32회, 33회, 35회, 36회 출제(►'옵션민감도 5가지 지표'에 대한 상세개념은 '35회 87번 해설'을 참조할 것)되었다.

3-7 투자운용결과분석(4문항)

88

정답 ①

'가, 나'는 금액가중수익률, '다'는 시간가중수익률이다.

※ **금액가중수익률 vs 시간가중수익률**

금액가중수익률	시간가중수익률
자금의 유출입에 영향을 받는다.	자금의 유출입에 영향을 받지 않는다.
내부수익률(IRR)	기하수익률
펀드매니저와 투자자의 공동의 성과 (투자기간을 고려한 투자자의 실제수익률)	펀드매니저만의 운용능력 측정
펀드 간 비교불가	펀드 간 비교가능

학습안내 '금액가중수익률'에 대한 전체 내용은 '39회 88번 해설'을 참조할 것

89

정답 ①

‘왜도(skewness), 첨도(kurtosis)’이다. 수익률분포가 정규분포를 이루지 않는다면, 실현수익률이 기대수익률보다 낮을 가능성은 표준편차만으로 측정할 수 없으며 수익률 분포의 또 다른 통계적 특성, 즉 첨도나 왜도 같은 지표를 포함해야 한다(2023 기본서, 4권, p441 인용).

보충 정규분포는 ‘왜도 = 0, 첨도 = 3’인 분포를 말한다.

학습안내 30회, 34회, 36회 출제되었다.

90

정답 ①

상대적 위험지표가 아닌 것을 묻는 문제이다. 베타, 잔차위험(또는 추적오차), 상대VaR은 상대적 위험지표이며, 표준편차는 절대적 위험지표이다.

※ 위험지표의 종류

절대적 위험지표		상대적 위험지표
전체위험 지표	하락위험 지표	
표준편차	절대VaR, 하락편차, 반편차, 적자위험	베타, 추적오차, 잔차위험, 상대VaR
수익률의 안정성을 중시하는 전략에 유용한 지표	목표수익률을 추구하는 투자에 유용한 지표	기준지표가 미리 정해진 투자에 유용한 지표

- 위험의 종류는 자산이 독립적으로 가지는 위험을 측정한 **절대적 위험**(absolute risk)과 특정대상과 비교하여 위험을 측정하는 **상대적 위험**(relative risk)으로 분류할 수 있으며, 수익률이 기준대비 높은 경우와 낮은 경우를 동일하게 반영하여 측정한 **전체위험**과 기준에 비해 낮은 수익률만을 고려하여 측정한 **하락위험**(downside rIsk)으로 구분할 수도 있다(2023 기본서, 4권, p438 인용).

학습안내 33회, 36회 동일유형으로 출제되었다.

91

정답 ②

‘샤프비율은 A, 트레이너비율은 C’가 가장 높게 나타난다.

※ 계 산

구 분	A	B	C	D
샤프비율	$\frac{18-3}{20}=0.75$	$\frac{20-3}{25}=0.68$	$\frac{24-3}{30}=0.70$	$\frac{26-3}{40}=0.58$
트레이너비율	$\frac{18-3}{1.2}=12.50$	$\frac{20-3}{1.4}=12.14$	$\frac{24-3}{1.6}=13.13$	$\frac{26-3}{1.8}=12.78$

학습안내 32회, 36회 기출(► 30회 · 37회 · 40회에서는 ‘샤프비율 / 트레이너비율 / 젠센의 알파 / 정보비율’ 모두를 계산하는 유형으로 출제되었다)

3-8 거시경제(4문항)

92

정답 ①

정부지출(G)이 증가하면 IS곡선이 우로 이동(shift)하여 가로축인 실질국민소득(Y) 증가와 세로축인 이자율상승이 동시에 나타난다.

※ **IS/LM모형에서 외생변수에 따른 메커니즘 이해** : 모형의 외생변수가 변동할 때, IS균형식인 'Y = C + I + G + (X − M)'과 LM균형식인 '$\frac{M}{P} = L(Y, R)$'을 통한 작동원리를 이해해야 한다.

외생변수		작동 메커니즘
IS 곡선	G (정부지출)	• G증가(확대재정정책) → IS곡선이 우측으로 Shift → IS/LM의 균형점이 위로 이동 → 실질국민소득(Y)증가 & 이자율(R)상승[주1] • G증가 → 총수요 증가 → Y증가 및 물가상승 · 이자율 상승
	T (조세)	• T증가(세율인상정책) → IS곡선이 좌측으로 Shift → IS/LM의 균형점이 아래로 이동 → Y감소 & R하락[주2] • T증가 → 총수요감소 → Y감소 및 물가하락 · 이자율하락
LM 곡선	M (통화량)	• M증가(확대통화정책) → LM곡선이 우측으로 Shift → IS/LM의 균형점이 아래로 이동 → Y증가 & R 하락[주3] • M증가 → 화폐공급증가 → 이자율 하락
	P (물가)	• P상승(인플레 상황) → LM곡선이 좌측으로 Shift → IS/LM의 균형점이 위로 이동 → Y감소 & R상승[주4] • P상승 → 실질화폐공급감소 → 이자율 상승

* 주1, 주2, 주3, 주4 : IS/LM모형의 그림이해 권장

학습안내 28회, 31회, 32회, 33회, 34회, 36회 기출(► IS/LM모형의 균형식에 대한 상세 내용은 '41회 92번 해설'을 참조할 것)

 정답 ②

유동성선호이론은 장기채권과 단기채권 간의 '불완전 대체관계'를 가정한다.

※ 상세해설 : 이자율의 기간구조 이론

구 분	불편기대이론	유동성선호이론	시장분할이론	특정시장선호이론
장단기 대체관계	**완전 대체**	불완전 대체	**대체관계 없음**	불완전 대체
수익률곡선 이동	**가장 잘 설명**	잘 설명	**설명 못함**	잘 설명
우상향	**설명 못함**	**가장 잘 설명**	어느 정도 설명	어느 정도 설명

(1) 장단기채권 간의 대체관계

㉠ **불편기대이론** : 장단기채권 간에는 완전한 대체관계가 있다고 전제한다.

보충 장단기채권 간의 완전대체관계가 성립하므로, 예를 들어 5년물에 투자하는 수익률과 1년물에 다섯 번 연속으로 투자하는 수익률이 동일하게 된다.

㉡ **유동성선호이론** : 장단기채권 간에는 불완전 대체관계가 있다고 전제한다.

보충 '유동성선호이론 = 불편기대이론 + 유동성프리미엄'이므로, 유동성프리미엄이 존재하는 만큼 완전하지 않은 대체관계(불완전 대체관계)가 된다.

㉢ **시장분할이론** : 하위시장이 단절되어 있어 장단기채권 간의 대체관계는 없다고 전제한다.

보충 법적·제도적·자금의 운용방식 등에 의해 채권시장은 몇 개의 하위시장으로 분할되므로, 하위시장(단기/중기/장기) 간의 대체관계는 존재하지 않는다.

㉣ **특정시장선호이론** : 장단기채권 간에는 불완전 대체관계가 있다고 전제한다.

보충 '특정시장선호이론상의 장기채수익률 = 불편기대이론상의 단기채수익률 + 기간프리미엄'이므로, 기간프리미엄이 존재하는 만큼 완전하지 않은 대체관계(불완전 대체관계)가 된다.

(2) 수익률곡선의 이동

㉠ **불편기대이론, 유동성선호이론, 특정시장선호이론** : 장기채권금리와 단기채권금리의 연계성이 평균식[주1]에 의해 확보되므로 수익률곡선의 이동을 잘 설명한다.

* 주1(**수익률곡선이론별 장기채권의 금리**)
- 불편기대이론 : 만기 중 단기채권 예상금리의 평균
- 유동성선호이론 : 만기 중 단기채권 예상금리의 평균 + **유동성프리미엄**
- 특정시장선호이론 : 만기 중 단기채권 예상금리의 평균 + **기간프리미엄**

㉡ **시장분할이론** : 하위시장이 단절되어 있어 장단기 금리 간의 연계성이 없으므로 수익률곡선의 이동을 설명할 수 없다.

(3) 수익률곡선의 우상향

㉠ **불편기대이론** : 단기금리에 대한 예상에 따라 우상향, 우하향, 수평형 모두 설명할 수 있으나 '수익률곡선의 우상향'만에 대해서는 설명할 수 없다.

㉡ **유동성선호이론** : 유동성프리미엄은 항상 양(+)의 값을 가지게 되고, 채권의 만기가 길어질수록 유동성프리미엄이 커지므로 '수익률곡선의 우상향'을 가장 잘 설명한다.

- 유동성선호이론상의 채권금리 = 불편기대이론상의 채권금리 + 해당기간의 유동성프리미엄

㉢ **시장분할이론** : 채권시장의 수요공급에 따라 단기채권금리는 하락하고 장기채권금리는 상승하는 경향이 있으므로, 시장분할이론상의 채권금리는 대체로 우상향한다. 따라서 '수익률곡선의 우상향'을 어느 정도 설명할 수 있다.

㉣ **특정시장선호이론** : 기간프리미엄은 양(+)의 값 또는 음(−)의 값 모두 가능한데[주2], 대체로 양의 값을 띤다. 따라서 대체로 장기채권금리가 단기채권금리보다 높게 형성되므로 '수익률곡선의 우상향'을 어느 정도 설명할 수 있다.

* 주2 : 단기채선호자가 장기채를 매입하도록 하기 위해서는 기간프리미엄이 양(+)이 되어야 하며, 장기채선호자가 단기채를 매입하도록 하기 위해서는 기간프리미엄이 음(−)이 되어야 한다.

예 '장기채금리 4% = 단기채금리 3% + 기간프리미엄 1%'의 경우, 단기채를 선호하더라도 기간프리미엄이 양(+1%)으로 작동하므로 장기채에 투자하는 것이 수익률 면에서 유리하다(4% > 3%).

학습안내 29회, 33회, 36회 출제되었다.

94

정답 ③

CI(경기종합지수)는 경기변동의 진폭이나 속도를 측정할 수 있다(cf DI/BSI/CSI는 경기방향이나 전환점파악에는 용이하지만 경기변동의 진폭이나 속도는 측정할 수 없다).

① 실업률은 '$\frac{\text{실업자수}}{\text{경제활동인구}}$'이다. 비교하여 경제활동참가율은 '$\frac{\text{경제활동인구}}{\text{생산활동가능인구}}$'이다.

• 생산활동가능인구 = 경제활동인구 + 비경제활동인구
= (취업자수 + 실업자수) + 비경제활동인구

② GDP디플레이터 = $\frac{\text{명목}GDP}{\text{실질}GDP} \times 100$, 즉 명목GDP를 실질GDP로 나눈 값이다.

④ BSI는 균형점 100%을 기준으로 하며, 100%를 상회하면 경기확장국면, 100%를 하회하면 경기수축국면으로 본다.

※ 추가 해설 : 경기예측지표 해석방식

DI	BSI	CSI
0~100, 균형점 50	0~200, 균형점 100	0~200, 균형점 100

경기변동의 방향과 전환점 식별에 용이하지만, 경기변동의 진폭이나 속도를 측정할 수 없다는 단점이 있다.

예시 1 BSI가 전월 90, 금월 110 → 경기가 하강에서 상승으로 전환되었다. (O)

예시 2 BSI가 전월 40, 금월 80 → 경기하강국면 중에 있으나 상승에너지가 두배로 증가하였다. (X)

예시 3 CI가 전월 100, 금월 105 → 경기의 상승에너지가 5만큼 호전되었다. (O)

※ 예시 1은 BSI / CSI / DI가 경기의 전환점 파악에 용이한 것을 나타내며, 예시 2은 BSI/CSI/DI는 경기변동의 진폭이나 속도를 파악할 수 없음을 의미하며, 예시 3은 CI는 경기변동의 진폭이나 속도를 측정할 수 있음을 의미한다.

학습안내 31회, 33회, 36회 출제(► 추가로 'GDP디플레이터와 통화유통속도의 계산은 '35회 94번', 실업률계산은 '32회 93번' 해설을 참조할 것)되었다.

95

정답 ①

코스피지수는 선행지표, 광공업생산지수와 내수출하지수는 동행지표, CP유통수익률은 후행지표이다.

암기 팁 '주가는 경기에 선행하고, 금리는 경기에 후행한다.'

※ 경기종합지수(CI ; Composite Index)의 구성지표

경기선행지표	경기동행지표	경기후행지표
재고순환지표	비농림어업취업자수	취업자수
경제심리지수(BSI, CSI등)	광공업생산지수	생산자제품재고지수
기계류내수출하지수	서비스업생산지수	소비물가지수변화율
건설수주액	소매판매액지수	소비재수입액
수출입물가비율	내수출하지수	CP유통수익률
코스피지수	건설기성액	
장단기금리차	수입액	

※ 비교주의

(1) 기계류내수출하지수는 선행지표, 내수출하지수는 동행지표
(2) 건설수주액은 선행지표, 건설기성액은 동행지표
(3) 재고순환지표는 선행지표, 생산자제품재고지수는 후행지표
(4) 수입액은 동행지표, 소비재수입액은 후행지표
(5) 비농림어업취업자수는 동행지표, 취업자수는 후행지표

학습안내 29회, 33회, 36회 출제되었다.

3-9 분산투자이론(5문항)

96

정답 ①

포트폴리오 편입종목의 수를 무한히 늘릴 경우 비체계적 위험이 제거된다. 즉 시장위험이 모두 제거되는 것은 아니다(시장위험 = 체계적 위험 + 비체계적 위험).

► 체계적 위험(systematic risk) : 분산불능위험, 시장위험(market risk)

► 비체계적 위험(non-systematic risk) : 분산가능위험, 기업고유위험(firm-specific risk)

※ 추가 해설

② '공분산의 평균'은 개별 공분산의 평균을 말하고 이는 포트폴리오 내의 모든 자산에 공통적으로 연관되는 정도를 말하므로 곧 체계적 위험이라고 할 수 있다. 즉 편입종목의 수를 무한히 증가시키면 '공분산의 평균에 수렴하게 된다(비체계적 위험이 모두 제거된다/체계적 위험만 남게 된다)'.

③ 상관계수가 +1이 아닌 한 분산투자효과는 발생한다.

④ 비체계적 위험은 분산투자를 통해 제거가 가능하므로 비체계적 위험에 대한 보상은 없다. 즉 '피할 수 없는 위험 즉 체계적 위험'을 얼마나 부담하는가에 따라서 포트폴리오의 기대수익률이 결정된다.

학습안내 31회, 36회 기출

97

정답 ①

최소분산포트폴리오[주1]를 만드는 A의 비중 W_A는 40%이다(아래 풀이).

* 주1(최소분산포트폴리오) : 효율적 투자기회선상에서 위험(분산)이 최소가 되는 포트폴리오

※ 풀 이

(1) $W_A = \dfrac{\sigma_B^2 - \sigma_{AB}}{\sigma_A^2 + \sigma_B^2 - 2\sigma_{AB}} = \dfrac{0.2^2 - (-1) \cdot 0.3 \cdot 0.2}{0.3^2 + 0.2^2 - 2(-1) \cdot 0.3 \cdot 0.2} = \dfrac{0.04 + 0.06}{0.09 + 0.04 + 0.12} = \dfrac{0.10}{0.25}$

$= 0.40$

► $\sigma_{AB} = \rho_{AB} \cdot \sigma_A \cdot \sigma_B$

(2) 즉 자산X를 40%, 자산Y를 60% 편입할 경우 최소분산포트폴리오가 달성된다.

학습안내 31회(신유형), 34회, 36회 기출

98

정답 ②

'$\sigma_P = \omega_A \times \sigma_A$'이다. 위험자산과 무위험자산을 결합한 포트폴리오이므로, 포트폴리오의 위험은 '위험자산의 표준편차에 그 편입비중을 곱한 값'으로 결정된다. 즉, '$\sigma_P = 0.4 \times 0.2 = 0.08$', 즉 8%이다.

※ **포트폴리오(위험자산 + 무위험자산)의 기대수익률과 위험**(계산은 동 문항의 조건에 따름)

(1) **기대수익률 계산** : 위험자산A와 무위험자산 기대수익률의 가중평균

• $E(R_P) = \omega \cdot E(R_A) + (1 - \omega) \cdot R_F = (0.4 \times 0.15) + (0.6 \times 0.04) = 0.06 + 0.024 = 0.084$, 즉 포트폴리오의 기대수익률은 8.4%이다.

(2) **위험의 계산**

• 위험자산과 무위험자산의 두개 자산으로 구성된 포트폴리오의 위험(표준편차)은,

$\sigma_P = \sqrt{\omega^2\sigma_A^2 + (1-\omega)^2\sigma_f^2 + 2 \cdot \omega \cdot (1-\omega) \cdot \sigma_A \cdot \sigma_f \cdot \rho_{Af}}$

$= \sqrt{\omega^2\sigma_A^2}$ ($\because \sigma_f = 0$ 이므로)

→ 따라서, $\sigma_P = \omega \times \sigma_A = 0.4 \times 0.20 = 0.08$, 즉 8%이다.

► **약식풀이**

구 분	위험자산 (편입비중 40%)	무위험자산 (편입비중 60%)	포트폴리오
기대수익률	15%	4%	(15%×0.4) + (4%×0.6) = 8.4%
위험(표준편차)	20%		**(20%×0.4)** + (0%×0.6%) = **8%**

학습안내 28회, 34회, 36회 출제(► 약식풀이 권장)되었다.

99

정답 ④

10%이다.

※ **상세풀이**

(1) J자산의 요구수익률(증권시장선에 의한 균형수익률) :

$E(R_J) = kkk = R_F + \beta_J[E(R_M) - R_F] = 2\% + \beta_J(7\% - 2\%)$

(2) 베타는 $\beta_J = \dfrac{\sigma_{jm}}{\sigma_m^2} = \dfrac{0.4}{0.5^2} = 1.6$

(3) 베타가 1.6이므로,

$E(R_J) = kkk = R_F + \beta_J[E(R_M) - R_F] = 2\% + 1.6(7\% - 2\%) = 10\%$

► **계산 유의사항**

• 베타를 계산할 때, 분모의 시장수익률의 분산을 바로 제시하지 않고 **표준편차**로 제시한 점에 유의한다.

• 상관계수로 주어지면 공분산에서 상관계수 식으로 전환해야 한다($\beta_J = \dfrac{\sigma_{jm}}{\sigma_m^2} = \dfrac{\rho_{jm} \times \sigma_j \times \sigma_m}{\sigma_m^2}$).

• '시장수익률(7%) − 무위험수익률(2%)'을 '시장위험프리미엄(5%)'로 제시할 수 있다(시장위험프리미엄 = 시장수익률 − 무위험수익률).

학습안내 32회, 36회 출제되었다.

100

정답 ②

자본시장의 균형상태에서는 어떤 위험자산에 투자하든 위험자산 간의 위험프리미엄(위험보상비율 ; RVAR)은 동일해야 한다. 즉 자본시장의 균형상태에서는 A포트폴리오와 B포트폴리오의 위험보상비율이 동일하다.

따라서 $\dfrac{7-4}{0.2} = \dfrac{10-4}{X} \rightarrow \dfrac{3}{0.2} = \dfrac{6}{X} \rightarrow X = \dfrac{1.2}{3} = 0.4$ ($\therefore$)B포트폴리오의 베타 = 0.4

학습안내 28회, 31회, 33회, 36회 출제되었다.

투자자산운용사 출제동형 PLUS 최신 9회분

37회차 정답 및 해설

01	02	03	04	05	06	07	08	09	10	11	12	13	14	15	16	17	18	19	20
②	③	④	②	①	③	③	①	④	①	③	③	①	②	①	①	②	①	③	②
21	22	23	24	25	26	27	28	29	30	31	32	33	34	35	36	37	38	39	40
④	④	③	①	④	②	④	②	②	③	④	④	③	③	③	③	②	②	④	①
41	42	43	44	45	46	47	48	49	50	51	52	53	54	55	56	57	58	59	60
②	②	①	②	②	③	④	②	③	②	②	④	②	④	③	③	③	②	③	②
61	62	63	64	65	66	67	68	69	70	71	72	73	74	75	76	77	78	79	80
③	③	④	③	④	③	④	④	③	④	①	④	②	①	④	③	②	②	①	③
81	82	83	84	85	86	87	88	89	90	91	92	93	94	95	96	97	98	99	100
④	④	③	④	④	③	①	④	②	③	②	④	④	④	④	③	③	③	②	①

1-1 세제관련 법규/세무전략(7문항)

01

정답 ②

취득세는 지방세이다. 소득세는 '국세/직접세'이며, 개별소비세는 '국세/간접세'이며, 농어촌특별세는 '국세/목적세'이다.

※ **국세와 지방세**(2024기본서, 1권, p3 참조)

(1) 국 세

㉠ 직접세 : 소득세, 법인세, 상속세, 증여세, 종합부동산세 등

㉡ 간접세 : 부가가치세, 증권거래세, 인지세, 주세, 개별소비세 등

㉢ 목적세 : 교육세, 농어촌특별세, 교통·에너지·환경세 등

(2) 지방세

㉠ 보통세 : '취득세/등록면허세/레저세/지방소비세 등(이상 道稅)', '주민세/재산세/자동차세/지방소득세/담배소비세 등(이상 市郡稅)'

㉡ 목적세 : 지역자원시설세, 지방교육세

암기 팁 '소, 법, 부(소득세/법인세/부가가치세)'는 국세이며 '취·등록세(취득세/등록면허세)'는 지방세이다. 종부세는 국세이고 재산세는 지방세이다.

학습안내 '35회 01번'과 동일 유형인데 선지 중에서 개별소비세, 농어촌특별세가 처음으로 반영되었다.

02

정답 ③

옳은 내용은 ③번이다.

※ 추가 해설

① 세법에서 정한 기한이 근로자의 날에 해당하는 경우 **그 다음날을 기한으로 한다.**

② 정보통신망을 이용한 송달은 **서류의 송달을 받아야 할 자가 신청하는 경우에 한하여 행한다.**

• 송달의 종류 : 교부송달, 우편송달, 전자송달, 공시송달

③ 법정신고기한 내에 신고를 한 경우로서, 과세표준 및 세액을 과소신고한 경우는 **수정신고**[주1], 과다신고한 경우는 **경정청구**[주2]의 대상이다.

* 주1 : 법정신고기한 경과 후 2년 이내 수정신고서를 제출 시 가산세 일부를 경감 받음

* 주2 : 법정신고기한 경과 후 5년 이내 경정청구를 할 경우 과다납부한 세액을 환급 받음

④ 90일 이내에 국세청 또는 감사원에 제기하는 것은 심사청구이다.

• 조세불복절차의 종류 : 이의신청(처분청에 제기), 심사청구(국세청 또는 감사원에 제기), 심판청구(조세심판원에 제기)

03

정답 ④

D만 종합소득세 신고·납부 대상이다.

※ 추가 해설

A. 근로소득만 있는 경우로서 신고·납부대상이 아니다.

• 근로소득이나 퇴직소득만 있는 경우는 연말정산절차로써 종합소득세 신고납부에 갈음

B. '비실명거래로 인한 이자소득·배당소득'은 무조건분리과세로써 납세의무가 종결되므로 금액을 불문하고 종합소득세 신고·납부 대상이 아니다.

C. '직장공제회 초과반환금'은 무조건분리과세로써 납세의무가 종결되므로 금액을 불문하고 종합소득세 신고·납부 대상이 아니다.

D. 다른 소득은 없고 금융소득만 있는 경우로서 종합과세대상 금융소득이 2천만 원을 초과하므로(1천만 원 + 2천만 원), 종합소득세 신고·납부 대상이 된다.

• 다른 소득이 없고 금융소득만 있는 경우로서 종합과세대상 금융소득이 2천만 원 이하인 경우는, 분리과세(원천징수율)로써 납세의무가 종결된다.

학습안내 33회, 35회, 37회 기출(► '종합소득세 신고·납부 대상여부'에 대한 이론은 '41회 06번 해설'을 참조할 것)

04

정답 ②

옳은 내용은 ②번이다.

※ 추가 해설

① 양도가액은 양수자와 양도자 간의 실지거래가액으로 하는 것이 원칙이며, 실지거래가액이 확인되지 않을 경우 '매매사례가액 → 감정가액 → 환산가액 → 기준가액(매. 감. 환. 기)' 순으로 추계한다.

③ 장기보유특별공제 대상은 '㉠ 3년 이상 보유한 토지 및 건물, ㉡ 1세대 1주택'이다.

• 주식의 경우 보유기간과 관계없이 장기보유특별공제 대상이 되지 않음

④ 파생상품 양도소득에 대한 과세 기본세율은 20%이지만, 2018년 이후부터 한시적으로 10%가 적용되고 있다(탄력세율 10%).

학습안내 양도소득세 과세 FLOW 전체내용은 '36회 07번 해설'을 참조할 것

05

정답 ①

옳은 내용은 ①번이다.

① 증권거래세는 주권의 유상양도에 대해서 부과하는 조세이지만, 외국증권거래소에 상장된 주권양도 시에는 부과하지 않는다.

② 비거주자인 외국인투자자가 국내 증권시장에서 상장된 주권을 양도할 경우 증권거래세가 부과된다.

③ 코넥스시장에서 거래 시 매도금액의 0.10%에 해당하는 증권거래세가 부과된다. 증권거래세 기본세율은 0.35%, 유가증권시장은 0%(농특세 0.15% 추가), 코스닥시장은 0.15%, 코넥스시장은 0.10%이다(증권거래세율은 2025년 개정 기준).

④ 주권을 통한 대물변제는 주권의 유상양도에 해당하므로 증권거래세가 부과된다. cf '주권을 목적물로 하는 소비대차'는 증권거래세 비과세대상이다.

학습안내 31회, 32회, 34회, 37회 기출

06

정답 ③

'양수한 국내법인'이다. 개인 간의 직접거래는 거래징수(한국예탁결제원과 금융투자업자가 증권거래세를 원천징수한 후 다음달 10일까지 신고・납부하는 제도)의 대상이 아니며, 이때 양도한 자가 신고・납부하는 것이 원칙이다. 단, 국내사업장이 없는 비거주자(외국법인 포함)가 거주자(또는 국내법인)에게 양도한 경우에는 예외로서, 당해 주권의 '양수인(거주자 또는 국내법인)'이 신고・납부해야 한다.

※ 증권거래세 납세의무자

(1) 장내 또는 금융투자협회가 개설한 장외시장(K-OTC)에서 주권 등을 양도 시 → 예탁결제원

(2) 금융투자회사를 통하여 주권 등을 양도 시 → 금융투자회사

(3) 위의 (1), (2)가 아닌 개인 간의 양도 시 → 양도인. 단, 국내사업장이 없는 비거주자(외국법인 포함)가 거주자에게 양도할 경우는 거주자가 납세의무를 진다.

학습안내 29회, 33회, 37회 기출

07

정답 ③

장기채권의 경우 분리과세를 신청한 경우에만 무조건분리과세대상이다.

※ 추가해설

① **금융소득은 필요경비를 인정하지 않는다.**
소득은 일반적으로 '수입'에서 '경비'를 공제한 순이익을 말한다. 따라서 사업소득도 특정사업을 통해 벌어들인 수입금액에서 이에 필요한 경비를 제한 후의 금액이 되고 근로소득도 의료비, 교육비, 근로소득공제 등 제반 경비를 제한 후의 금액이 된다. 그러나 금융소득의 경우에는 필요경비가 인정되지 않으므로 수입금액이 바로 소득이 된다(2021 기본서, 1권, p66 인용).

② **우리나라는 부부별산제가 적용된다**(2002.8.29 부부합산제 위헌판결 이후).

③ **10년 이상의 장기채권[주1]에 대해서 분리과세를 받고 싶으면 이자를 받을 때에 분리과세를 받겠다고 금융기관 창구직원에게 신청하여야만 한다.** 따라서 분리과세 신청을 하지 않으면 일반 원천징수세율(14%)로 원천징수되고 종합과세된다. 그러나 여기서 주의해야 하는 것은 10년 이상 장기채권에 대한 분리과세 신청이 종합과세대상이 될 수 있는 모든 납세자에게 유리한 것은 아니라는 것이다[주2](중략, 2024 기본서, 1권, p69 인용).

* 주1 : '만기 10년 이상 & 보유 3년 이상'이 요건이며 2018.1.1 이전 발행한 채권에 대해서만 적용된다.

* 주2 : 종합과세 과세표준 구간이 30%가 넘는 납세자에게만 분리과세가 유리하다.

④ **비거주자는 분리과세가 원칙인데 일정 조건(아래)에 해당될 경우는 종합과세한다.**
- 조세협약 미체결국가의 비거주자 : 국내에 사업장이 있거나 부동산임대사업소득이 있는 경우 종합과세함
- 조세협약 체결국가의 비거주자 : 당해 금융소득이 국내 사업장이나 부동산임대사업소득과 연관성이 있는 경우 종합과세함

학습안내 28회, 37회 기출

1-2 금융상품(8문항)

08

정답 ①

틀린 내용은 '가, 나'이다. '다'에서, 일임형은 가입자의 투자성향을 고려하여 운용자가 포트폴리오를 선택하여 운용하므로 가입자가 편입상품을 직접 선택하는 기능은 없다.
- 가 : 일반형은 'ⓐ 만 19세 이상 거주자 또는 ⓑ 근로소득이 있는 만 15세 이상 19세 미만'의 거주자가 가입할 수 있다. 즉 근로소득이 있는 경우는 만 15세 이상부터 가입이 가능하다.
- 나 : 소득요건을 충족해도 '금융소득종합과세 대상자(직전 3개년 중 1회 이상)'가 되면 가입이 불가하다.

※ **개인종합자산관리계좌(ISA)**

(1) 가입자 유형별 분류(가입요건 및 혜택)

구 분	일반형	서민형	농어민형
가입요건 (㉠ + ㉡ 동시충족)	㉠ 만 19세 이상 or 근로소득이 있는 만 15세 이상 19세 미만 거주자	㉠ 총급여 5천만 원 or 종합소득 3,800만 원 이하 거주자	㉠ 종합소득 3,800만 원 이하 농어민
	㉡ 직전 3개년 중 1회 이상 금융소득종합과세의 대상이 아닌 자		
비과세한도 (통산순이익 기준)	200만 원	400만 원	400만 원
	비과세한도 초과분은 '9.9%(지방세 포함)'로 분리과세		
의무가입기간	3년 (의무가입기간을 지나면 ISA의 세제혜택을 받을 수 있음)		
납입한도	연간 2천만 원, 최대 1억 원 (특정연도의 납입한도 미달분은 다음해로 이월해서 납입가능)		
중도인출	납입금 한도 내에서 중도인출 가능(횟수제한 없음)		

► 의무가입기간 중 중도해지를 하면 ISA 세제혜택을 받을 수 없지만, 가입자의 사망·해외이주 등의 부득이한 사유로 중도해지를 할 경우는 세제혜택을 받을 수 있다.

(2) 운용 유형별 분류

구 분	중개형	신탁형	일임형
투자가능상품	예금 X, 국내상장주식 O	예금 O, 국내상장주식 X	모델 포트폴리오 (펀드, ETF 등 포함)
	펀드, ELS, ETN, 리츠, RP, 회사채 등		
운용방식	투자자가 편입상품을 직접 선택 (가입자 시가 없으면 다른 상품으로 교체불가)		모델 포트폴리오 중 하나를 운용자가 선택하여 운용
보수 및 수수료	중개형-상품별 수수료, 신탁형-신탁보수, 일임형-일임수수료		

► 전 금융기관을 통틀어 '1인 1계좌'만 가능하므로 '중개형/신탁형/일임형' 중에서 하나를 선택하여 가입해야 한다.

학습안내 28회, 30회, 32회, 33회, 35회, 37회 기출

09

정답 ④

4개 지문에서 예금자보호가 되는 것은 '주택청약부금, 자기신용 대주담보금/신용거래 계좌설정보증금, 신용부금/표지어음/종금사CMA'이다(정답은 ④).

※ 추가해설 1

① 주택청약저축, 주택청약종합저축은 공공주택에 청약할 수 있는 상품으로서 그 기금을 공적기관인 주택관리기금에서 관리하므로 별도의 예금자보호가 필요하지 않다.

② 대주는 거래증권사의 주식을 빌려서 매도하는 자기대주와 증권금융으로부터 주식을 빌려서 매도하는 유통금융대주가 있는데, 유통금융 대주담보금은 준공적기관인 증권금융에서 보호하므로 별도의 예금자보호가 필요하지 않다.

• 신용거래설정보증금, 자기신용 대주담보금은 투자자가 신용거래를 하기 위해서 보증금 또는 담보금으로 설정한 금액인데, 이 금액은 투자에 사용되지 않으므로 예금자보호가 된다.

③ 예수금 중에서 고객계좌에서 금융투자상품을 매입하고 남아있는 잔액(위탁자예수금)은 예금자보호를 하지만, 나머지(청약자 예수금/선물・옵션거래 예수금/제세금 예수금)는 예금자보호대상이 아니다.

④ 종금사CMA는 예금자보호대상이지만 증권사CMA는 예금자보호대상이 아니다.

• 증권사CMA는 'RP형/MMF형/MMW형'으로 구분된다. 종금사CMA는 표지어음 등 예금자보호상품에 투자하므로 예금자보호 대상이며, 증권사CMA는 예금자보호대상이 아닌 RP, CD, MMF 등에 투자하므로 예금자비보호이다.

※ 추가해설 2 : **예금자보호상품 종류**

구 분	예금자보호	예금자비보호
은행상품	각종 예・적금, 상호부금, 원금보전신탁, 주택청약부금, 표지어음 등	CD/RP, 특정금전신탁, 펀드, 주택청약저축/주택청약종합저축 등
보험회사	개인보험계약, 원금보전신탁, 변액보험의 특약 등	법인보험계약, 재보험, 보증보험, 변액보험의 주계약 등
투자매매업자・투자중개업자	위탁자예수금, 신용거래설정보증금, 자기신용대주담보금, 원금보전신탁 등	선물옵션거래예수금, 청약자예수금, 제세금예수금, 랩어카운트, 증권사CMA 등
종금사	발행어음, 종금사CMA 등	기업어음 등
상호저축은행	보통예금, 신용부금 등	–

학습안내 29회, 34회, 37회 기출

10

정답 ①

체증식 보험은 보험기간이 경과함에 따라 **보험금이 증가**하는 보험이다.

※ 보험의 분류

(1) **손해보험의 종류** : 화재보험(일반화재・장기화재/주택화재), 배상책임보험, 해상보험, 자동차보험, 특종보험(레저보험/도난보험 등)

(2) **생명보험의 분류**

㉠ 보험사고에 따른 분류 : 사망보험, 생존보험, 생사혼합보험(양로보험)

'보험기간(보험계약가입시점~종료시점) 중 사망'을 요건으로 사망보험금을 지급하는 보험은 정기보험이다. cf 종신보험은 보험기간이 종신이므로 사망시점과 관계없이 사망보험금을 지급한다.

㉡ 피보험자수에 따른 분류 : 단생보험, 연생보험
피보험자의 수가 2인 이상인 보험을 연생보험이라 한다(피보험자가 2인이면 2연생보험, 3인이면 3연생보험).
㉢ 계약대상자수에 따른 분류 : 개인보험, 단체취급보험, 단체보험
5인 이상의 계약대상자를 1매의 보험증권으로 일괄 가입하는 보험은 단체취급보험, 수십 명 이상이면 단체보험이다.
㉣ 보험금 정액유무에 따른 분류
ⓐ 정액보험 : 일반적인 종신보험, 정기보험 등
ⓑ 부정액보험 : 체증식 보험/체감식 보험/감액보험/변액보험
체증식 보험은 보험기간 경과에 따라 보험금이 증가하는 보험으로서, 물가지수 연동보험(물가가 상승하는 만큼 사망보험금이 증가하는 보험)이 대표적이다.

학습안내 31회, 33회, 35회, 37회 기출

11

정답 ③

옳은 내용은 '가, 다'이다.

• 나 : 자산운용사는 ELF를 발행한다(ELD는 은행사, ELS는 증권사, ELF는 자산운용사가 발행).

보충 ELS는 장외파생상품의 겸영인가를 받은 획득한 증권사(투자매매업자)가 발행할 수 있다.

※ 추가해설

• 가 : ELS는 자동 조기상환(Step-down형) 또는 만기상환이 원칙이지만 투자자 요청에 의한 중도상환(중도해지)은 가능하다. 단, ELS는 만기까지 보유해야 일정한 수익률을 얻을 수 있도록 설계되므로 중도해지 시에는 원금손실이 발생할 가능성이 크다.
• 다 : ELS의 수익구조 5가지(Knock-Out형/Bull Spread형/Digital형/Reverse Convertible형/Step-down형) 중 'Step-down형'을 말한다.

► **ELS(주가연계증권)의 수익구조**(2024 기본서, 1권, p240~241 참조)

(1) **Knock Out형**
투자기간 중 사전에 정해둔 주가수준에 도달하면 확정된 수익으로 조기상환되며, 그 외의 경우에는 만기 시 주가에 따라 수익이 정해지는 구조이다. 투자기간 중 기초자산이 한번이라도 사전에 일정주가 이상 초과(장중 포함) 상승하는 경우는 만기 시 주가와 상관없이 최종 수익률은 리베이트 수익률로 확정된다.

(2) **Bull Spread형**
만기 시점의 주가수준에 비례하여 손익을 얻되 최대수익 및 최대손실이 일정 수준으로 제한되는 구조이다.

(3) **Digital형**
만기 시점의 주가가 일정수준을 상회하는지 여부(상승률 수준과는 무관)에 따라 사전에 정한 두 가지 수익 중 한 가지를 지급하는 구조이다.

(4) **Reverse Convertible형**
미리 정한 하락폭 이하로 주가가 하락하지만 않으면 사전에 약정한 수익률을 지급하며 동 수준 이하로 하락하면 원금에 손실이 발생하는 구조이다.

(5) **Step down형**
낙인(knock in)이 발생하지 않고 주가가 일정수준이상이면 주기별로 조기상환되는 구조인데, 주기별 상환요건은 점차 완화(step-down)된다.

► **Knock-Out 요건, Knock-In 요건**

(1) 낙아웃(Knock-Out) 요건 : 만기 중, 미리 정해둔 주가수준(낙아웃 배리어)을 한번이라도 터치하게 되면 확정된 수익(리베이트)으로 조기상환 되는 구조→ 원금 보장형 ELS에 주로 사용

(2) 낙인(Kncok-In) 요건 : 만기 시(또는 조기상환 주기의 만기 시)에, 미리 정해둔 주가수준(낙인 배리어)에 도달하면 원금손실이 발생하는 구조 → 원금 비보장형 ELS에 주로 사용

학습안내 Step-down형은 37회 신유형 지문이다.

12

정답 ③

틀린 내용은 '가, 다'이다.

- 가 : MMF가 운용 중인 채무증권이 상위 2개 등급에 미달할 경우는 당해 채무증권을 지체 없이 처분하는 등의 투자자보호 조치를 취해야 한다(비중축소가 아니고 처분).
- 다 : 일반사무관리회사가 아닌 집합투자재산평가위원회가 인정한 채무증권이다.

※ **추가해설 : MMF운용대상인 채무증권에 대한 신용등급제한**(기본서 3권, p424 참조)

(1) MMF의 집합투자재산으로 운용할 수 있는 채무증권은 그 신용등급이 상위 2개 등급 이내이어야 한다.
  - 상위 2개는 최상위등급으로서 AAA등급, 최상위등급의 차하위등급(또는 차상위등급)으로서 AA등급'을 말함

(2) 운용 중인 채무증권의 등급이,
  ㉠ 최상위등급(AAA)이 차상위등급(AA)으로 하락한 경우 : 당해 채무증권의 비중축소
  ㉡ 상위 2개 등급에 미달하는 경우 : 당해 채무증권을 **처분**하는 등의 투자자보호 조치를 취해야 한다.

(3) 운용대상 채무증권이 상위 2개 등급에 미달 또는 신용등급이 없는 경우라 하더라도,
  ㉠ 보증인의 신용평가등급이 상위 2개 등급 이내인 경우
  ㉡ 담보 또는 처분 옵션을 감안하여 집합투자재산평가위원회가 상위 2개 등급에 상응한다고 인정하는 경우
  ㉢ 신용평가등급이 없는 채무증권으로서 집합투자재산평가위원회가 상위 2개 등급에 상응한다고 인정하는 경우는 MMF의 운용대상이 될 수 있다.

학습안내 37회 신유형으로 출제되었다.

13

정답 ①

자산유동화증권(ABS)은, 유동화대상 자산을 보유한 자산보유자(Originator)가 해당 자산을 유동화전문회사에게 양도하는 것을 선결요건으로 한다.

※ **자산유동화증권**(2024 기본서, 1권, p260~262 참조)

(1) 자산유동화의 기본개념

자산유동화란 기업이나 금융기관[주1]이 보유하고 있는 자산을 표준화하고 특정조건별로 집합(pooling)하여 **이를 유동화회사에 양도하고**, 해당 유동화전문회사가 이러한 자산을 기초로 하여 증권을 발행하고 기초자산의 현금흐름을 이용하고 증권을 상환하는 일련의 행위를 의미한다.

* 주1 : 유동화대상 자산을 보유하고 있는 기업이나 금융기관이 자산보유자(Originator)가 된다.

(2) 자산유동화증권의 특성
  ㉠ 자산의 집합(pooling)이 가능하고 자산의 특성상 **동질성을 지니고 있는 자산**이 주로 유동화 되고 있다.
  ㉡ 자산유동화증권은 다양한 구조와 신용보강 등을 통해 일반적으로 자산보유자보다 **높은 신용도**를 지닌 증권으로 발행된다.
  ㉢ 자산유동화증권은 투자자의 선호에 부합하여 증권을 설계하기 때문에 일반적으로 다계층증권(tranche)이 발행된다.

(3) 자산유동화증권의 기초자산
  ㉠ 전통적인 자산 : 기업대출, PF대출채권, 주택저당채권, 자동차할부, 신용카드 등
  ㉡ **새로운 자산** : 부실채권, 세수, 공연수입, 무형자산 등

(4) 현금수취방식

㉠ **패스스루(pass through ; 지분이전증권)** : 기초자산에서 발생하는 현금흐름을 투자자에게 그대로 이전한다.

- 지분을 투자자에게 이전함으로써 유동화과정의 모든 위험이 투자자에게 전가되며, 따라서 자산보유자 입장에서는 **부외효과(off balance)가 발생**

㉡ **페이스루(pay through, 원리금이체 채권)** : 기초자산의 현금흐름을 SPC가 적립 · 조정하고 그 현금흐름을 다계층 투자자에게 상환순위에 맞게 지급한다.

- 상환순위가 다른 채권을 투자자에게 발행함으로써, 투자자는 상환청구권을 가진다(유동화과정의 모든 위험이 투자자에 완전히 전가되지 않음으로써 부외효과가 발생하지 않음).

(5) 신용보강의 종류

㉠ 내부보강 : 지불의 우선순위를 달리하는 후순위증권의 발행, 자산의 수익률과 발행증권 수익률 차이에 따란 초과스프레드(excess spread) 그리고 예치금(reserve) 등과 같이 현금흐름 조정을 통한 신용보강을 내부신용보강이라 한다.

㉡ 외부보강 : 신용도 높은 외부기관이 보증 및 신용공여 등에 의해 발행 유동화증권의 상환가능성을 제고시키는 방법도 널리 사용되는데, 이와 같은 방법을 외부신용보강이라 한다.

학습안내 29회, 32회, 33회, 35회, 37회 기출

14

정답 ②

대출신청자의 미래상환능력 및 신용기록이 중시되는 것은 모기지론이다.

※ **역모기지론**(2024 기본서, 1권, p308~312 참조)

(1) 역모기지 정의

역모기지란 본인 명의의 주택에 대해 담보 및 대출계약을 체결한 뒤 일정금액을 연금의 형태로 수령하는 최신 금융기법 중 하나이다. 역모기지계약이 체결될 경우 금융기관은 종신시점까지 상환청구권을 행사할 수 없으며 대출자는 중도상환의무를 부담하지 않고 연금을 수령한다.

(2) 모기지와 역모기지의 차이

㉠ 모기지 : 신청자의 미래상환능력 및 신청 시점까지의 신용기록이 중요하다.

㉡ 역모기지 : **미래 특정시점에서 예상되는 주택가치가 핵심요소이다**(대출금액의 규모가 대출시점에서 예상하는 미래 주택가치에 근거해서 결정되므로).

(3) 역모기지 관련 위험

㉠ 금융기관이 부담하는 위험 : 대출신청자의 장수위험, 이자율위험, 일반주택 가격평가위험, 특정주택 가격평가위험, 비용위험 등

㉡ 대출자가 부담하는 위험 : 금융기관 파산위험 등

학습안내 28회, 31회, 33회, 37회 기출

15

정답 ①

틀린 내용은 '가, 나'이다. '라'에서 '운용수익률 > 임금상승률'이면 확정기여형이 유리하고 반대로 '운용수익률 < 임금상승률'이면 확정급여형이 유리하다.

- 가 : 미래에 수령할 퇴직급여가 사전에 확정되는 것은 확정급여형(DB형)이다.

  cf 사용자가 부담할 부담금 수준(연간 임금총액의 1/12 이상)이 사전에 확정되는 것은 확정기여형(DC형)이다.

- 나 : 적립금의 운용결과에 따라 사용자가 납부해야 할 부담금이 변동하는 것은 확정급여형(DB형)이다.

학습안내 29회, 30회, 32회, 33회, 35회, 37회 기출(► 퇴직연금제도에 대한 전체 내용은 '35회 15번' 해설을 참조할 것)

1-3 부동산관련 상품(5문항)

16

정답 ①

점유권은 등기 없이 점유만으로 인정되는 물권으로서 물권 본권이 아니다. 물권 본권(등기로 인정되는 권리)은 '㉠ 소유권과 ㉡ 제한물권(소유권을 제한)'으로 구분되며, 제한물권은 다시 'ⓐ 용익물권과 ⓑ 담보물권'으로 구분된다.

※ **민법상 물권의 종류**

(1) 물권은 우선 점유권[주1]과 물권 본권으로 구분되며,

* 주1 : 점유권은 오랜 기간 동안 사실상 지배하는 자에게 그 소유권을 인정하는 것으로서 등기를 요하지 않는다.

(2) 물권 본권은 특정 물건에 대해 가장 강력한 물권인 소유권과 이 소유권의 권리를 제한하는 제한물권[주2]으로 구분된다.

* 주2 : 제한물권 중 용익물권(지상권/지역권/전세권)은 소유권의 '사용 · 수익'권리를 제한하며, 담보물권(유치권/질권/저당권)은 소유권의 '처분'권리를 제한한다.

학습안내 29회, 31회, 33회, 35회, 37회 기출

17

정답 ②

연면적은 지상층 연면적을 의미하며, 지하층과 지상 주차장 면적은 제외한다.

※ **용도지역의 건폐율과 용적률**(2024 기본서, 1권, p393~395 참조)

'국토의 계획 및 이용에 관한 법률'에서는 용도지역의 건폐율 및 용적률의 최대한도를 정하고, 그 범위 내에서 관할구역의 면적 및 인구규모, 용도지역의 특성 등을 감안하여 특별시 · 광역시 · 시 또는 군의 도시계획조례로 용도지역의 건폐율 및 용적률의 최대한도를 정하고 있다. 즉, 용도지역의 건폐율 및 용적률은 도시계획조례로 정하는 비율을 초과하여서는 아니 된다(중략).

예시 대지면적이 $1{,}000m^2$, 건축면적이 $400m$, 지상층 연면적이 $6{,}000m^2$일 경우

→ 건폐율 : $\frac{400}{1{,}000} \times 100 = 40\%$, 용적률 : $\frac{6{,}000}{1{,}000} \times 100 = 600\%$

- 이상의 건폐율과 용적률을 볼 때, 동 물건은 지상 15층 건물(40% × 15층 = 600%)이며, 용적률 제한상 상업지역임을 알 수 있다(∵ 용적률 제한 : 상업지역 1,500%, 주거지역 500%, 공업지역 400%, 녹지지역 100%).

※ **건축법상의 건축의 정의**(2024 기본서, 1권, p402~404 참조)

건축법상의 건축이란 건축물의 '신축 · 증축 · 개축 · 재축 · 이전'을 말한다.

(1) 신축 : 건축물이 없는 대지에 새로이 건축물을 축조하는 것

(2) 증축 : 기존 건축물이 있는 대지 안에서 건축물의 건축면적 · 연면적 · 층수 또는 높이를 증가시키는 것

(3) 개축 : 기존 건축물의 전부 또는 일부를 철거하고 그 대지 안에 종전과 동일한 규모의 범위 안에서 다시 축조하는 것

(4) 재축 : 건축물이 천재지변 기타 재해에 의하여 건축물의 전부 또는 일부가 멸실된 경우 그 대지 안에 종전과 동일한 규모의 범위 안에서 다시 축조하는 것

암기 팁 천, 재 → **천**재지변에 의하여 다시 축조하는 것은 **재**축

학습안내 30회, 34회, 37회 기출

18

정답 ①

① 순현재가치(NPV), ② 수익성지수(PI), ③ 내부수익률(IRR), ④ 대출비율(LTV)

학습안내 29회, 32회, 34회, 36회, 37회 기출(► 부동산투자 타당성 분석 지표에 대한 상세내용은 '38회 16번' 해설을 참조할 것)

19

정답 ③

부동산투자회사(REITs)에는 '자기관리 리츠, 위탁관리 리츠, 기업구조조정 리츠(CR-REITs)'의 세 가지 종류가 있다.

※ **부동산투자회사(REITs)** : 2024 기본서, 1권, p498~508 참조

(1) 부동산펀드는 자본시장법, 부동산투자회사(REITs)는 부동산투자회사법의 규제를 받는다.

- 부동산투자회사법 : 건전한 부동산의 간접투자를 활성화하기 위해 2001.4.7에 제정
- **부동산투자회사 업무를 영위하기 위해서는 국토교통부장관의 영업인가를 받아야 함**

(2) REITs의 종류

㉠ **자기관리REITs** : 유일하게 실체가 있는 회사로서 자산의 투자·운용을 직접 수행, 최저자기자본 요건은 70억 원

► 영업인가를 받은 후 6개월 경과 시 5명 이상의 자산운용전문인력을 상근으로 두어야 함

㉡ **위탁관리REITs** : 실체가 없는 paper company. 자산의 투자·운용을 자산관리회사에 위탁. 최저자기자본요건은 50억 원

㉢ **기업구조조정REITs** : 실체가 없는 paper company. 자산의 투자·운용을 자산관리회사에 위탁하는데 기업구조조정 부동산을 투자대상으로 함. 최저자기자본요건은 50억 원

► 위탁관리 리츠와 기업구조조정 리츠는 서류상의 회사이므로, 투자 및 운용업무는 자산관리회사에 위탁하고 주식발행업무 등 일반적인 사무는 일반사무관리회사에 위탁해야 한다.

(3) 주요사항

- **발기설립의 방법으로만 설립이 가능하다(현물출자 불가).**
- 당해 연도 이익배당한도의 **90% 이상을 주주에게 배당하여야 한다.**
- 영업인가일로부터 2년 이내에 발행주식의 30% 이상을 일반청약자에게 제공해야 한다.
- 매분기말 현재 총자산의 80% 이상을 부동산, 부동산관련자산 및 현금으로 구성해야 한다(이 중 70% 이상은 부동산이어야 함).

학습안내 28회, 31회, 35회, 37회 출제

20

정답 ②

포트폴리오의 분산은 개별부동산 분산의 가중평균 값에 **공분산이 추가된다.** ④에서, 분산투자로 제거할 수 있는 위험은 비체계적 위험이다.

※ **부동산 포트폴리오**(2024 기본서, 1권, p450~454 참조)

(1) **포트폴리오의 수익률과 위험**

㉠ 포트폴리오 수익률은 개별 부동산의 포트폴리오수익률에 포트폴리오 전체에서 해당 자산이 차지하는 비중을 곱한 것을 더한 값, 즉 가중평균한 값이다.

㉡ 포트폴리오의 위험은 단순히 두 부동산의 분산을 가중평균한 값이 아니라 거기에 두 자산 간의 공분산이 포함된다.

► 포트폴리오의 수익률(R_P) = ($\omega_A \times R_A$) + ($\omega_B \times R_B$), [ω_A : A의 비중, ω_B : B의 비중]

► 포트폴리오의 분산(σ_P^2) = ($\omega_A^2 \times \sigma_A^2$) + ($\omega_B^2 \times \sigma_B^2$) + $2\omega_A\omega_B\sigma_{AB}$, [$\sigma_{AB}$: A, B의 공분산]

(2) **포트폴리오의 분산투자의 효과**

㉠ 부동산투자의 전체위험을 총위험이라고 하면, 이 총위험은 시장의 불확실성에서 발생하는 위험인 체계적 위험과 투자대상 부동산의 고유한 특성에 의해서 발생하는 위험인 비체계적 위험으로 나눌 수 있다.

- 체계적 위험 : 포트폴리오에 부동산을 추가로 편입시켜도 분산이 불가능한 위험이며 '피할 수 없는' 위험이라 한다.
- 비체계적 위험 : 포트폴리오의 수를 늘릴수록 제거되는 위험이다(분산가능위험).

㉡ 부동산은 주식 및 채권과 낮은 상관관계를 지니므로 부동산을 포함한 혼합 포트폴리오를 구성할 때 전반적인 위험을 감소시키는 것으로 알려져 있다.

㉢ 부동산 및 부동산 관련 자산들에 주로 투자하는 부동산펀드의 경우에도 부동산 유형별, 지역별로 포트폴리오를 구성하면 부동산의 총위험을 줄일 수 있고, 유형별과 지역별 포트폴리오 구성을 동시에 하면 부동산의 총위험의 감소효과가 더욱 큰 것으로 보고되고 있다.

학습안내 28회, 30회, 33회, 37회 출제

2-1 대안투자운용/투자전략(5문항)

21

정답 ④

'가, 라'는 대안투자상품, '나, 다'는 전통투자상품이다.

※ **대안투자(Alternative Investment) 개념**(2024 기본서, 2권, p2 참조).

(1) 대안투자 : 전통투자가 아닌 새로운 투자대상에 투자하는 것을 말한다.

- 전통투자는 주식과 채권에 투자하는 것을 말하고, 그 외의 투자대상에 투자하는 것이 대안투자 또는 대체투자이다.

(2) 대안투자대상 : '부동산, 인프라, 일반상품(commodity)' 등이 있으며, 이러한 대상에 투자하는 펀드로서 '부동산펀드, 인프라스트럭처펀드, 헤지펀드, 일반상품펀드(commodity펀드), PEF' 등이 있다.

학습안내 29회, 31회, 33회, 34회, 35회, 37회 기출(► 대안투자에 대한 상세개념은 '38회 21번' 해설을 참조할 것)

22

정답 ④

사업부지 전체에 대해서 **지주와 일괄계약 및 동시 자금집행**을 함으로써, 토지 매입대금의 상승위험을 축소할 수 있다.

※ **부동산개발사업의 구조**(2024 기본서, 2권, p10~12 참조)

(1) 시행사

- **시행사는 토지를 매입하는 등 해당 사업의 주체가 되어 시행하는 업체를 말한다.**
- 대부분의 시행사는 자본금이 작은 중소업체들로서 신용등급이 높지 않아 일반적인 관점에서 신용등급을 바탕으로 한 대출을 받기 어렵다. 그런데, 추진하고자 하는 부동산개발사업이 충분한 가치를 보유하고 있을 경우, 매입예정된 토지와 부동산사업이 가진 미래현금흐름을 바탕으로 프로젝트 금융(PF)을 실시할 수 있다.
- 시행사는 사업을 진행하는 주체로서 사업전반에 대한 위험을 부담하는 대신, 사업참여자 중에서 가장 많은 수익을 가지게 된다.

(2) 시공사

- **시공사는 부동산개발사업에서 부동산을 건축하는 역할을 담당한다.**
- 이때 부동산완공에 대한 책임이 발생하는데, 이에 대해 대주단 및 부동산펀드에 대해 시행사가 사업을 진행함에 있어 공급받은 자금에 대해 필요 시 일정부분 이상을 보증하게 된다.
- 인허가 이후에 발생하는 공사비는 기성 혹은 분양률에 따라 지급받게 된다.

(3) 기 타

㉠ 부동산개발금융에서 자금을 공급하는 역할을 하는 주체를 대주단이라 하는데, 대주단은 원리금을 상환받는 순서로서 '선순위(은행), 중순위(부동산펀드), 후순위(시행사 또는 시공사)'의 구조로 만들어 진다.

㉡ 에스크로 계좌(escrow account) : 부동산개발사업 참여자 전원의 동의가 있어야만 인출되는 계좌를 에스크로계좌라고 하는데, 에스크로 계좌의 출금 집행은 '제세공과금, 필수경비, 대출원리금, 공사비, 사업이익'의 순서로 이루어진다.

※ 부동산개발 시 주요위험에 대한 관리방안

(1) 토지확보위험 : **사업부지의 전체 지주와 일괄계약 및 동시자금집행 등**

(2) 사업위험 : 사업부지에 대한 채권확보, 에스크로계좌[주1] 분양수입금 관리 등

* 주1 : 에스크로계좌(escrow account) : 부동산개발사업에 있어 발생하는 수익금인 분양수입금 관리계좌로서 부동산개발사업의 참여자 전원의 동의가 있을 경우에만 자금이 인출되는 계좌를 말함(엄격한 자금관리를 통한 사업위험 감소)

(3) 인허가위험 : 트리거 조건 설정, 인・허가승인 조건부로 자금인출 등

(4) 시공위험 : 신용도가 양호한 시공사 선정 등

학습안내 28회, 30회, 35회, 37회 기출

23

정답 ③

③은 EXIT전략의 4가지(매각/상장/유상감자 및 배당/PEF자체상장) 중에서 '상장(lising)'을 말한다. 상장은 복잡한 공모절차를 거쳐야 하고 심사당국의 심사를 통과해야 하는 부담이 있는데, 만일 인수대상기업에 대한 상장이 여의치 않을 때 PEF 자체를 증권시장에 상장시켜 투자자금을 회수하는 전략이 'PEF자체상장'이다.

※ PEF의 EXIT방식(2024 기본서, 2권, p39~40 참조)

매 각	상 장	유상감자 및 배당	PEF자체상장
• 일반기업에 매각 – 가장 선호 • 다른 PEF에 매각	IPO후 증권시장에서 지분매각을 통한 회수(상장심사, 복잡한 공모절차가 단점)	유상감자나 배당을 통해 회수(자본충실도를 약화로 성장성 저하 초래)	PEF자체를 상장 후 지분증권매도로 회수(매도 시 유동성부족 단점)
선 호	차 선	공격적인 회수전략에 해당	

보충 증자(增資)는 설비투자자금 또는 운전자금을 투자자로부터 조달하는 방식으로서, 투자금액의 회수와는 거리가 멀다.

학습안내 28회, 29회, 31회, 32회, 33회, 34회, 36회, 37회 기출(► PEF 법적형태의 상세내용은 '42회 22번'을 참조할 것)

24

정답 ①

방향성 전략으로만 연결한 것은 '선물거래펀드(managed futures fund), 이머징마켓펀드(emerging market hedge fund)'이다.

※ 헤지펀드 운용전략의 구분

전략의 구분	세부 종류
차익거래 전략	전환사채차익거래, 채권차익거래, 주식시장중립형 등
상황의존형 전략	합병차익거래, 부실채권투자 등
방향성 전략	주식의 롱숏, 글로벌 매크로, 이머징마켓펀드, 선물거래펀드, 매도전문펀드, 섹터헤지펀드 등

• '주식시장중립형(Equity Market Neutral)'은 5:5의 롱숏전략을 말하며, '주식의 롱숏'은 6:4 또는 4:6과 같이 롱(long)이나 숏(short)에 편중된 전략을 말한다.

• 채권차익거래에는 '수익률곡선차익거래', '이자율스프레드' 등이 있다.

• 합병차익거래는 'A매수 & B매도'의 형태로서 차익거래의 형태를 보이지만, 손익의 결과는 '합병'이라는 이벤트의 진행상황에 의해 좌우되므로 '상황의존형 전략'으로 분류된다.

학습안내 30회, 35회 기출

25

정답 ④

합성CDO(Synthetic CDO)는 준거자산(또는 기초자산)을 양도하지 않는다.

► 합성CDO는 CDO의 특수한 형태로서 보장매입자가 **준거자산을 양도하는 것이 아니라** 신용파생상품을 이용하여 자산에 내재된 신용위험을 SPC에 이전하는 유동화 방식이다(2024 기본서, 2권, p102 인용).

※ 추가해설 1

① CDS는 보장매수자가 보장매도자에게 프리미엄을 지급하는 스왑이다.
   ㉠ 보장매수자(Protection Buyer, 위험회피자) : 준거자산 부도 시 보장을 받기 위해 CDS프리미엄을 지급함
   ㉡ 보장매도자(Protection Seller, 위험선호자) : 준거자산 부도에 대한 보장을 해주는 대가로 CDS프리미엄을 수취함

② TRS(총수익스왑)는,
   ㉠ TRS매도자가 준거자산에서 발생하는 모든 현금흐름을 TRS매수자에게 지급하기로 하고,
   ㉡ TRS매수자는 TRS매도자에게 '시장 기준금리에 TRS spread를 가산한 금리(LIBOR + TRS스프레드)'를 지급하는 계약이다.

③ CLN은 일반채권에 CDS를 결합한 상품으로서, 보장매입자는 준거자산의 신용위험을 CLN발행자에게 전가하고 CLN 발행자는 이를 다시 채권의 형태로 변형하여 투자자들에게 발행함으로써 위험을 전가한다.
   ㉠ 신용사건이 발생하지 않은 경우 : 원금과 이자를 투자자(CLN매수자)에게 지급한다.
   ㉡ 신용사건이 발생한 경우 : 손실분을 상각한 금액을 투자자에게 지급한다.

※ 추가해설 2 : 신용파생상품 비교

구 분	CDS	TRS	CLN
위험전가자	보장매수자	TRS매도자	CLN발행자
위험인수자	보장매도자	TRS매수자	CLN투자자
전가위험	신용위험	신용위험 + 시장위험	신용위험
특 징	• 가장 간단하고 보편화된 신용파생상품 • 준거자산이 여러 개이면 Basket Default Swap이 된다.	• 현금흐름 복제효과 • TRS매도자 입장에서 경영권은 이전되지 않음	• 일반채권에 CDS를 결합한 상품 • 증권화된 형태로 간단하게 신용파생상품에 투자가능
	준거자산을 매각하지 않으므로 고객사와의 우호적 관계를 유지할 수 있다(신용위험 등의 전가사실을 고객사가 알 수 없음).		

학습안내 33회 25번'과 유사하게 출제되었다(► '기초자산의 매각여부'에 대한 추가내용은 '35회 24번' 해설을 참조할 것).

2-2 해외증권투자운용/투자전략(5문항)

26

정답 ②

②는 시가총액식 지수산출방식을 말하는데, MSCI지수는 유동시가총액방식(free floating방식)으로 산출한다.

※ MSCI지수 산출방식 : 유동시가총액방식(2024 기본서, 2권, p130 인용)
MSCI 지수의 산출기준은 시가총액방식이 아닌 '유동주식방식(free floating)'이다. 시가총액방식은 정부 보유지분이나 계열사 간 상호보유 지분 등 시장에서 유통되지 않는 주식까지 합쳐 계산해 실제 공개시장에 대한 영향력을 정확히 반영하지 못한다는 단점을 가지고 있다. 유동주식방식은 정부 보유 및 계열사 보유 지분 등 유통되기 어려운 주식을 제외한 실제 유동주식을 기준으로 비중을 계산한다.

학습안내 29회, 31회, 33회, 35회, 37회 기출(► MSCI지수에 대한 전체내용은 '41회 27번' 해설을 참조할 것)

27

정답 ④

내재적 헤지(Implicit Hedge)를 말한다.

※ **내재적 헤지(Implicit Hedge)**

(1) 정의 : '㉠ 미달러화 강세기에서, ㉡ 미달러화와 양의 상관관계를 보이는 국제주식을 매수하여, ㉢ 환차손과 주식투자이익이 상쇄됨으로써' 국제주식투자 그 자체에서 헤지가 되는 방식을 말한다.

(2) **내재적 헤지에는 별도의 비용이 발생하지 않는다**(통화선물이나 통화옵션 등 별도의 헤지상품을 이용하지 않으므로 별도의 비용이 발생하지 않음).

(3) **롤링헤지(Rolling Hedge)와의 개념비교** : 롤링헤지는 선물 단기물을 사용하여 장기간 헤지를 할 때 사용하는 전략이다. 짧은 헤지 기간을 선물 단기물로 먼저 헤지한 다음, 선물 단기물을 그 다음 단기물로 계속 이월함으로써 전체 투자기간을 헤지한다(따라서 롤링헤지 과정상에서 발생하는 롤링위험은 장내파생상품 운용 시에만 발생함).

학습안내 29회, 33회, 37회 동일문항으로 출제되었다.

28

정답 ②

T-Bill(단기채)은 할인채로, T-Note(중기채)와 T-Bond(장기채)는 이표채로 발행된다.

학습안내 29회, 31회, 34회, 35회, 36회, 37회 기출

29

정답 ②

미국 국채는 무위험채권으로 분류되므로 가산금리가 붙지 않는다.

※ **미국 국채 투자 시 유의점**(2024 기본서, 2권, p179~180 인용)

즉 미국 재무부 채권은 미국 국채인 만큼 위험성이 없는 채권으로 간주되며, 기타 국가의 채권은 미 재무부 채권(Treasury Bond) 금리에 위험도에 따라 '가산금리'가 붙는 것이다. 채권의 위험도가 적으면 가산금리가 낮아지고 많으면 높아진다. 미국 국채 투자 시 유의사항으로는 ① Yield Curve분석, ② 수급, ③ 달러 움직임, ④ 안전자산 선호, ⑤ 미국 연준(Fed)의 금리정책, ⑥ 기타(물가, GDP, 실업률 등)을 들 수 있다.

학습안내 28회, 30회, 32회, 37회 기출

30

정답 ③

외국기업이 중국에서 위안화로 채권을 발행하면 판다본드(외국채)이며, 외국기업이 홍콩에서 위안화로 채권을 발행하면 딤섬본드(유로채)이다. 참고로 외국기업이 홍콩에서 홍콩달러로 채권을 발행하면 외국채가 된다.

※ **유로채 VS 외국채**

유로채(euro bond)	외국채(foreign bond)
• 채권표시통화의 본국 이외에서 발행되는 채권[주2] 예 런던에서 달러로 발행하는 채권 • 역외채권(offshore bond) • 무기명채권(bearer bond)	• 채권표시통화의 본국에서 발행되는 채권[주1] 예 미국에서 달러로 발행하는 채권 • 역내채권(onshore bond) • 기명채권(registered bond)

* 주1 : 미달러화 표시 채권을 미국에서 발행하면(채권표시통화의 본국에서 발행) → 외국채(foreign bond)

* 주2 : 미달러화 표시 채권을 미국 이외의 곳에서 발행하면(채권표시통화의 본국 이외의 국가에서 발행) → 유로채(euro bond)

학습안내 29회, 30회, 32회, 34회, 36회, 37회 기출

2-3 기본적 분석(8문항)

31

정답 ④

상관계수는 공분산을 각각의 표준편차의 곱하기로 나눈 값($\rho_{xy} = \frac{\sigma_{xy}}{\sigma_x \sigma_y}$)으로서, 상관계수가 +1이면 분산투자효과가 발생하지 않는다.

► '$\rho_{xy} = +1$'은 x와 y가 동일한 자산임을 말하므로 x와 y 간에는 분산투자효과가 발생하지 않는다. 즉 분산투자효과는 '$\rho_{xy} \neq +1$'일 때 발생한다.

학습안내 '35회 31번'과 동일문항으로 출제되었으나 학습효과 차원에서 변형복원하였다(► 증권분석통계지표 및 공분산과 상관계수에 대한 상세내용은 '35회 31번 해설'을 참조할 것).

32

정답 ④

고정비율보상비율(Fixed Charge Coverage Ratio ; FCC)이 **높으면** '해당 기업이 부채레버리지 효과를 충분히 활용하고 있지 않음'을 의미하며, **낮으면** '기업이 과다한 레버리지를 사용하고 있거나 또는 고정비용(이자비용 + 리스료)에 비해서 충분한 수익을 올리고 있지 못함'을 의미한다.

추가설명 1 고정비용보상비율과 이자보상비율은 그 해석원리가 같으나, 고정비용이 이자비용에 리스료까지 포함되므로 고정비용보상비율이 이자보상비율에 비해 해당 기업의 레버리지 효과를 좀 더 포괄적으로 반영한다고 볼 수 있다.

추가설명 2 재고자산회전율이나 매출채권회전율이 급격히 상승한다면, 현금흐름에 어려움을 겪고 있는 기업이 재고를 덤핑으로 처분하거나 높은 할인율로 매출채권을 현금화하고 있다는 것으로 볼 수 있으므로 부실의 징후가 된다.

추가설명 3 유동비율 = $\frac{\text{유동자산}}{\text{유동부채}}$, 당좌비율 = $\frac{\text{유동자산} - \text{재고자산} - \text{선급금}}{\text{유동부채}}$

→ 유동비율이 높은데 당좌비율이 낮다면 산식상으로 재고자산 또는 선급금이 많은 것으로 이해할 수 있다. 유동비율의 분자항목인 '유동자산'은 재고자산과 외상매출금(매출채권)을 포함하고 있기 때문에, 현금화에 곤란을 겪을 수 있는 재고자산 또는 매출채권이 많은 경우에는 유동비율이 높다고 해도 유동성이 부족한 상황이 될 수 있으므로 해석에 유의해야 한다(이를 보완하는 것이 당좌비율).

학습안내 28회, 31회, 34회, 36회, 37회 기출(►전체 재무비율 해석에 대한 상세내용은 '36회 31번' 해설을 참조할 것)

33

정답 ③

요구수익률은 24%이다. 주당순이익을 당기로 제시하였으므로 당기의 배당금(D_0)이 나오는데, 여기에 배당성장률 4%를 적용하여 D_1을 구하고 D_1을 공식에 적용하는 것이 포인트이다.

※ 고든의 항상성장모형 공식 적용 : $P = \frac{D_1}{k - g}$, $10,400 = \frac{D_1}{k - 0.04}$

→ 당기의 주당순이익이 4,000원이고 배당성향이 50%이므로 D_0는 2,000원이다. 따라서 D_1은 2,000(1 + 0.04) = 2,080원이다. 여기서 D_1 = 2,080원을 위 산식에 적용하면, $10,400 = \frac{2,080}{k - 0.04}$, $(k - 0.04) = \frac{2,080}{10,400}$, 따라서 $k = 0.24$(즉 24%)

학습안내 33회, 37회 동일유형 기출(► 배당평가모형 요구수익률 계산문제)

34

정답 ③

총자산이익률 즉 ROA는 0.9이다.

※ 상세풀이(듀퐁분석 활용)

(1) 듀퐁분석 활용 : $\frac{순이익}{총자산} = \frac{순이익}{매출액} \times \frac{매출액}{총자산}$, $ROA = 0.3 \times 3 = 0.9$

(2) 공식으로 풀기

㉠ $ROA = \frac{순이익}{총자산}$,

㉡ 매출액순이익률 $= \frac{순이익}{매출액} = 0.3$, 즉 '순이익 = 0.3 × 매출액'이고 이를 ㉠식에 대입하면,

$ROA = \frac{순이익}{총자산} = \frac{0.3 \times 매출액}{총자산}$, 따라서 '$ROA = 0.3 \times 3 = 0.9$'이다.

학습안내 33회, 37회 동일유형 기출(► 듀퐁분석을 활용한 ROA 계산문제)

35

정답 ③

옳은 내용은 ③이다. '$DCL = \frac{매출액 - 변동비}{매출액 - 변동비 - 고정비 - 이자비용}$'이므로, 산식의 구조상 분모에 있는(고정비 + 이자 비용)이 제로가 아닌 한 DCL은 1보다 크게 나타난다.

※ 추가해설

① 결합레버리지도는 매출액의 변화율에 대한 주당순이익의 변화율의 비율로 정의된다.

② 영업레버리지도와 재무레버리지도의 곱으로 얻어진다.

④ 타인자본 의존도가 높을수록 결합레버지리도가 높게 나타난다.

► 타인자본 의존도가 높을수록 → 이자비용이 많아지고 → DCL이 높아진다(위의 공식상 이자비용이 많아지면 분모값이 작아져서 전체 DCL이 높아진다).

학습안내 '35회 33번'과 동일문항으로 출제되었으나 학습효과 차원에서 변형복원하였다(► 결합레버리지도에 대한 기본서 全文은 '35회 33번 해설'을 참조할 것).

36

정답 ③

자기주식의 취득 · 처분은 재무활동현금흐름에 속한다(자기주식 취득 → 재무활동현금흐름 감소, 자기주식 처분 → 재무활동현금흐름 증가).

※ 현금흐름표의 구성

(1) 영업활동 현금흐름(간접법 : 당기순이익에서 역산)

- **당기순이익** – 비현금비용(감가상각비, 대손상각비 등) + 비현금수익(유가증권평가이익 등)
- 영업활동으로 인한 자산 · 부채의 변동('매출채권/재고자산/매입채무'의 변동)을 가감

(2) 투자활동 현금흐름

(+) 설비자산 처분, 유가증권 처분, 대여금 회수 등

(−) 설비자산 취득, 유가증권 취득, 대여금 대여 등

(3) 재무활동 현금흐름

(+) 차입금 차입, 자기주식 처분 등

(−) 차입금 상환, 자기주식 취득 등

학습안내 동 문항은 '35회 34번'과 동일하게 출제되었으나 학습효과 차원에서 변형복원하였다(► 현금흐름표의 구성에 대한 상세내용은 '35회 34번', 매출채권/재고자산/매입채무의 현금흐름 변동에 대한 상세내용은 '36회 33번' 해설을 참조할 것).

37

정답 ②

EV/EBITDA비율을 말한다. 분모의 EBITDA는 '영업이익 + 감가상각비'를 말하는데 따라서 당기순이익에 기반하고 현금흐름을 반영하지 못하는 PER을 보완하는 의미가 있다. 또한 분자 EV는 '시가총액 + 순차입금'을 말하는데 이는 '주주가치 + 채권자가치'에 해당한다. 따라서 기업의 자본구조를 반영하는 것이다.

학습안내 29회, 32회, 35회, 37회 동일 기출(► EV/EBITDA비율의 의의는 '35회 35번', 기본서 全文은 '40회 35번' 해설을 참조할 것)

38

정답 ②

EVA = 세후 순영업이익 − (투하자본 × 가중평균자본비용) = 36.84억 원

※ 풀 이

(1) 세후 순영업이익 = 250억 원 × (1 − 0.2) = 200억 원

(2) 가중평균자본비용 = (타인자본비율 × 세후 타인자본비용) + (자기자본비율 × 자기자본비용)

$= \{0.4 \times 0.10 \times (1 - 0.2)^{주1}\} + (0.6 \times 0.15) = 0.032 + 0.09 = 0.122$

* 주1 : 타인자본비용 사용 시 법인세 절감효과가 있으므로 세후 타인자본비용을 적용

(3) 따라서, EVA = 200억 원 − (500억 원 × 0.122) = 139억 원

학습안내 28회, 31회, 33회(응용), 35회, 37회 기출

2-4 기술적 분석(3문항)

39

정답 ④

시장의 근본 원인을 알 수 있는 것은 펀드멘탈분석(기본적 분석)이다. 기술적 분석은 시장의 변동에만 집착하기 때문에 시장 변동의 근본 원인은 파악할 수 없다.

학습안내 32회, 37회 기출(► 기술적 분석의 장점 및 한계는 '39회 38번' 해설을 참조할 것)

40

정답 ①

추세선의 신뢰도는 저점이나 고점이 여러 번 나타날수록, 또 추세선의 길이가 **길고** 기울기가 **완만할수록** 크다고 할 수 있다.

► 추세곡선은 기존 추세가 더욱 강화될 때, 부채형 추세선은 기존추세가 약화될 때 나타난다(아래 해설 참조).

※ **추세분석**(2024 기본서, 2권, p308~313 참조)

(1) **지지선과 저항선 분석**

㉠ 저항선은 고점과 고점을, 지지선은 저점과 저점을 연결한 선이다.

㉡ 저항선을 상향돌파하면 기존의 저항선은 새로운 지지선이 된다(반대도 마찬가지).

㉢ 저항선과 지지선의 중요성

- 현재 주가의 최소·최대 목표치 설정에 유용하다.
- 저항선이나 지지선의 돌파시도가 여러 번에 걸쳐 성공하지 못할 경우 추세전환의 신호로 인식할 수 있다.
- 장기간에 걸쳐 형성된 것일수록 신뢰도가 높다.
- 최근에 형성된 것일수록 신뢰도가 높다.
- 매매 전략에 이용할 수 있다.
- 1만원, 2만원, 10만원과 같이 정액의 가격대에서는 심리적인 지지선이나 저항선으로 작용할 수가 있다.

(2) **추세선**

㉠ 상승추세선은 상승추세에서 저점을 연결한 선이고, 하락추세선은 하락추세에서 고점을 연결한 선이다. 그리고 평행추세선은 횡보국면에서 고점이나 저점을 연결한 선을 말한다.

㉡ 추세선의 신뢰도는 저점이나 고점이 여러 번 나타날수록, 또 **추세선의 기울기가 길고 기울기가 완만할수록** 크다고 할 수 있다. 추세선의 길이가 길다는 것은 그 추세가 명확하여 주가 움직임이 일관성을 가지고 있다는 것이며, 기울기가 완만하다는 것은 추세의 변화가 금방 나타나지 않는다는 것을 의미한다.

㉢ 추세선의 변형: 추세곡선, 부채형추세선 등(29회차 37번 해설 참조).

(3) **추세선의 변형**

㉠ 추세곡선 : 기존의 추세상승이나 추세하락이 점점 더 급격해지면서 곡선모양의 추세가 형성되는 경우를 말한다(기존추세의 **강화**).

㉡ 부채형추세선: 주가가 상승추세에서 하락추세로 전환된 후 주가가 반등시도를 하다가 다시 하락하는 과정을 반복하면서 고점과 연결되는 여러 저항선의 기울기가 완만해지는 형태로 생기는데, 이를 부채형 추세선이라 한다(기존 추세의 **둔화**).

► 그림이해(2024 기본서 2권, p312 그림 인용)

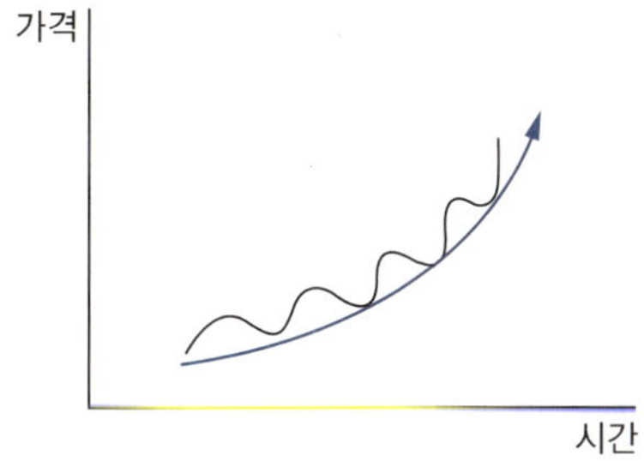

〈추세곡선〉

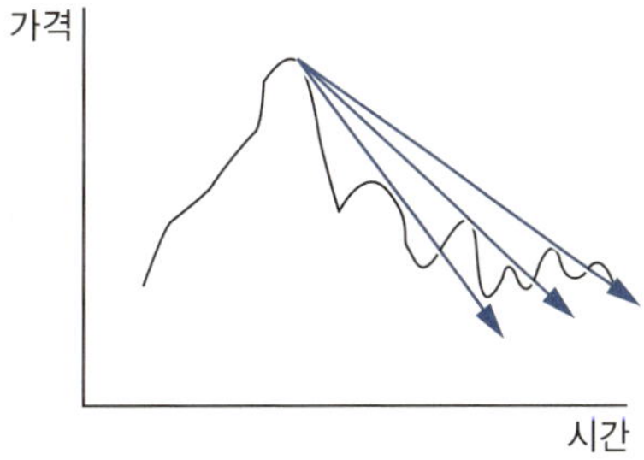

〈부채형 추세선〉

학습안내 29회, 30회, 34회, 37회 기출

41

정답 ②

원형바닥형은 하락에서 상승추세로 전환하는 전환형 패턴이다.

※ **패턴분석**(2024 기본서, 2권, p330~346 참조)

(1) 패턴의 종류

㉠ 반전형 : 헤드 앤 쇼울더형, 역 헤드 앤 쇼울더형, 이중천장형, 이중바닥형, 선형, 원형바닥형, 원형천장형, 확대형

㉡ 지속형 : 삼각형, 깃발형 또는 페넌트형, 쐐기형, 직사각형, 다이아몬드형

(2) 반전형 패턴의 특징

- 헤드 앤 쇼울더형 : 머리와 양쪽 어깨로 구성된 하락반전형. 왼쪽 어깨에서 거래량이 가장 많으며 머리, 오른쪽 어깨로 갈수록 거래량은 계속 감소한다.
- 역 헤드 앤 쇼울더형 : 헤드 앤 쇼율더형의 반대 패턴(상승전환형)이다.
- 이중바닥형 : 두 번째 바닥이 첫 번째 바닥보다 더 완만하게 그리고 더 높게 형성되며, 거래량은 두 번째 바닥에서 월등히 많다.
- 이중천장형 : 첫 번째 고점에 비해 두 번째 고점에서 보조지표의 고점이 현저히 낮아진다.
- 원형 : 추세전환을 서서히 정확히 알 수 있는 패턴인데, 원형바닥형은 주가가 바닥일 때 거래량도 바닥이지만 원형천장형은 주가가 천장일 때 거래량이 바닥을 이룬다.
- 확대형 : 상승추세의 말기적 현상으로서 고점은 올라가고 저점은 내려가는 모습(변동성이 극도로 커지는 현상)이다.

(3) 지속형 패턴의 특징

- 삼각형 : 가장 일반적이 지속형 패턴이며 최소한 4번의 주가등락이 있어야 한다.
- 깃발형 : 주가가 수직에 가까울 정도로 빠른 속도로 상승 또는 하락 후 잠시 횡보를 하는 과정에서 나타난다.
- 쐐기형 : 하락 쐐기형은 상승추세 중에 나타나며 하락 쐐기가 만들어진 이후에는 상승추세가 재차 이어진다(상승 쐐기형은 반대).
- 직사각형 : 매도와 매수세력이 균형상태에 일어나는 형태로서(박스권), 4번 이상의 주가등락이 있는 상태에서 최소한 두개의 산과 골이 형성되어야 한다.
- 다이아몬드형 : 확대형과 대칭삼각형이 합쳐진 형태이며, 과열 후에 점차 안정을 찾아가는 패턴이다.

학습안내 28회, 31회, 32회, 34회, 37회 기출

2-5 산업분석(1문항)

42

정답 ②

장래 특정 연도에 대한 경제 전체의 공급과 수요를 산업별로 세분하여 예측할 수 있다.

► 산업연관표의 가장 중요한 용도 중의 하나는 **장래 특정 연도에 대한 경제 전체의 공급과 수요를 산업별로 세분하여 예측함으로써** 중장기 경제개발계획 수립에 필요한 기초자료를 제공하는 것이다(2024 기본서, 2권, p401 인용).

※ **산업연관분석**(Input-Output Analysis)

(1) 산업연관표

㉠ 의의 : 중간생산물의 산업 간 거래를 포괄함으로써 'ⓐ 장래 특정연도의 경제의 공급과 수요구조를 산업별로 세분하여 예측할 수 있고, ⓑ 경제예측, 정책도구로 활용될 뿐 아니라 수요예측에도 이용되고 있다.'

㉡ 표의 구조

- 세로 방향은 투입구조, 가로 방향은 배분구조(세투가배).
- 총투입액 = 총산출액

(2) 투입계수를 통해 생산기술구조를 파악할 수 있으며, 생산유발계수를 통해서 산업 간 상호 의존관계를 파악할 수 있다.

- 투입계수 : 중간투입액이나 부가가치액을 총투입액으로 나누어서 구한다($\frac{\text{중간투입계수}}{\text{총투입액}}$, $\frac{\text{부가가치계수}}{\text{총투입액}}$)

(3) 생산유발계수 : 소비, 투자, 수출과 같은 최종수요 1단위가 증가할 때 각 산업에서 직・간접적으로 유발되는 산출물의 단위를 나타내는 계수(생산유발계수 = 전방연쇄효과 + 후방연쇄효과)

㉠ 전방연쇄효과 : 모든 산업제품에 대한 최종수요 1단위씩 증가할 경우 특정 산업의 생산에 영향을 미치는 효과(► 모든 산업 → 특정 산업 : 모 / 특 / 전)

㉡ 후방연쇄효과 : 특정 산업제품에 대한 최종수요 1단위의 증가가 모든 산업의 생산에 영향을 미치는 효과(► 특정 산업 → 모든 산업 : 특 / 모 / 후)

학습안내 29회, 30회, 33회, 35회, 37회 기출

2-6 리스크 관리(8문항)

43

정답 ①

'주식위험, 이자율위험, 환율위험, 상품가격위험'은 시장위험(market)의 하위 카테고리이고, 신용위험 · 유동성위험 · 법적위험은 시장위험과 등위에 있는 카테고리이다.

※ 재무위험(financial risk) 카테고리

시장위험 (market risk)	신용위험 (credit risk)	유동성위험 (liquidity risk)	운영위험 (operating risk)	법적위험 (legal risk)
• 주식위험 • 이자율위험 • 환율위험 • 상품가격위험				

학습안내 28회, 29회, 30회, 33회, 36회, 37회(► 재무위험의 정의는 '36회 41번 해설'을 참조할 것)

44

정답 ②

'3억 원, 5%'이다. 1일 동안에 '3억 원을 초과하는 손실이 발생할 확률은 5%, 3억 원 이하의 손실이 발생할 확률은 95%'이다.

※ VaR의 정의(2021 기본서, 2권, p436~437 인용)

VaR은 리스크에 대한 구체적인 수치를 말한다. 즉, VaR은 시장이 불리한 방향으로 움직일 경우 보유한 포트폴리오에서 일정기간 동안에 발생하는 최대손실가능액을 주어진 신뢰구간 하에서 통계적 방법을 이용하여 추정한 수치이다. 예를 들어 특정 회사의 거래포지션의 1일동안 VaR이 신뢰구간 95%에서 10억원이라면, **이는 회사가 이 포트폴리오를 보유함으로써 향후 1일 동안에 10억원을 초과하여 손실을 보게 될 확률이 5% 임을 의미한다.** 즉, 하루 동안에 10억원을 초과하여 손실이 발생할 확률은 20일에 한번 정도 일어날 것이라는 것을 의미한다.

학습안내 30회, 34회, 37회 기출

45

정답 ②

$\sigma(\Delta V) \cdot z = \sigma(\Delta C) \cdot z = \sigma(f' \cdot \Delta S) \cdot z = S \cdot \sigma(\frac{\Delta S}{S}) \cdot z \cdot f'$, 따라서, 신뢰구간 95% 1일 VaR는,

'200point × 3.0% × 1.65 × 0.6 = 200point × 0.03 × 1.65 × 0.6 = 5.94point

보충 1 이때 옵션가격 20point는 계산에 반영되지 않는다. 도출된 공식(위의 해설)에 의해 기초자산가격(S)이 반영됨을 알 수 있다(즉 20point가 아닌 200point로 계산).

► 직관적 이해 : 옵션투자에서 발생하는 위험은 옵션가격변동위험이다. 옵션가격변동분은 '기초자산(S)에 델타를 곱한 것'이므로, VaR측정에도 '기초자산가격(S)과 델타'가 반영된다.

보충 2 표준편차 3%는 '0.03' 또는 '3 × 0.01'로 계산한다.

학습안내 29회, 31회, 32회, 34회, 35회, 36회, 37회 기출(► 옵션과 채권의 VaR계산)

46

정답 ③

$\sigma(\Delta V) \cdot z = \sigma(\Delta C) \cdot z = \sigma(f' \cdot \Delta S) \cdot z = S \cdot \sigma(\frac{\Delta S}{S}) \cdot z \cdot f'$, 즉 '**기초자산가격(S), 수익률의 표준편차(σ), 신뢰상수(z), 델타(f')**'가 필요하다. 따라서 '옵션가격, 행사가격, 무위험이자율'은 계산에 사용되지 않는다.

학습안내 30회, 33회, 36회, 37회 기출

47

정답 ④

$VaR_p = \sqrt{VaR_A^2 + VaR_B^2 + 2 \cdot \rho \cdot VaR_A \cdot VaR_B} = \sqrt{9^2 + 7^2 + 2 \cdot 1 \cdot 9 \cdot 7} = \sqrt{256} =$ **16억 원**

약식으로 '$VaR_A + VaR_B = 9 + 7 =$ **16억 원**'이다. '상관계수 = +1'인 경우에는 분산투자효과가 발생하지 않는다.

※ 포트폴리오 VaR의 계산

상관계수별 포트폴리오 VaR계산은 아래와 같다.

(1) 상관계수가 +1일 경우

$\rightarrow VaR_P = \sqrt{VaR_A^2 + VaR_B^2 + 2 \cdot \rho \cdot VaR_A \cdot VaR_B} = VaR_A + VaR_B = 9 + 7 = 16$억 원

(2) 상관계수가 0일 경우

$\rightarrow VaR_P = \sqrt{VaR_A^2 + VaR_B^2 + 2 \cdot \rho \cdot VaR_A \cdot VaR_B} = \sqrt{VaR_A^2 + VaR_B^2} = \sqrt{130} =$ 약11.4억 원

(3) 상관계수가 −1일 경우

$\rightarrow VaR_P = \sqrt{VaR_A^2 + VaR_B^2 - 2 \cdot \rho \cdot VaR_A \cdot VaR_B} = |VaR_A - VaR_B| = |9 - 7| = 2$억 원

학습안내 29회, 30회, 31회, 32회, 33회, 34회, 37회 기출(► 포트폴리오 VaR 계산)

48

정답 ②

가치평가모형은 완전가치로 평가할 경우 필요하다(델타분석법은 부분가치로 평가).

※ 추가해설

① 델타분석법은 부분가치평가법(partial valuation)으로 평가한다.

③ 비선형상품의 VaR을 정확하게 측정하는 것은 완전가치평가법인 '역사적 시뮬레이션과 몬테카를로 시뮬레이션법'이다.

④ 델타분석법은 정규분포의 전제를 필요로 한다(∵ 위험을 표준편차를 이용하여 측정하므로).

학습안내 31회, 33회, 37회 동일유형 기출(► 델타분석법에 대한 상세내용은 '39회 45번' 해설을 참조할 것)

49

정답 ③

$$DD = \frac{A - D}{\sigma_A} = \frac{40 - 16}{4} = 6(\text{표준편차})$$

► 유의사항 : 부도거리는 공식상 $\frac{\text{자산가치} - \text{부채가치}}{\text{표준편차}}$로 계산하는데, 기본서(2권, p488 예시, p497 16번)에서는 '자산가치'를 '기대 기업가치'로 기술하고 있으므로 '기대 기업가치'를 A값으로 두고 계산하면 된다.

학습안내 28회, 29회, 30회, 32회, 35회, 36회 기출(► 부도거리에 대한 상세내용은 '35회 49번 해설', KMV사의 EDF모형에 대한 상세내용은 '39회 48번 해설'을 참조할 것)

50

정답 ②

'$EL = \sigma_{EL}$'을 만족하는 부도율(p)은 0.5이다.

※ 상세풀이

(1) EL = EAD × 부도율(p) × 손실률 = 100억 원 × p × 0.3

(2) $\sigma_{EL} = ELD \times \sqrt{p \cdot (1-p)} \times$ 손실률 $=$ 100억 원 $\times \sqrt{p \cdot (1-p)} \times 0.3$

→ (1)과 (2)가 같으므로 '$p = \sqrt{p \cdot (1-p)}$'이다.

이를 풀면,

$p^2 = p \cdot (1-p)$, $p^2 = p - p^2$, $2p^2 = p$, 따라서 '$p = 0.5$'이다.

학습안내 32회 신유형 출제 후 37회에서 동일문항으로 두 번째 출제되었다.

3-1 직무윤리(5문항)

51

정답 ②

금융소비자의 동의가 있는 경우는 자기거래금지가 적용되지 않는다.

※ 자기계약(자기거래)의 금지(2024 기본서, 3권, p29~30 참조)

(1) 투자매매업자 또는 투자중개업자는 금융투자상품에 관한 매매에 있어서 자신이 본인이 됨과 동시에 상대방의 투자중개업자가 되어서는 아니 된다.

(2) 금융투자업종사자는 **금융소비자가 동의한 경우를 제외하고**는 금융소비자와의 거래당사자가 되거나 자기이해관계인의 대리인이 되어서는 아니 된다.

(3) 그러나 상대방이 우연히 결정되어 투자자의 이익을 해할 우려가 없는 다음의 경우에는, 자기거래금지의 예외가 인정된다.

㉠ 투자중개업자가 투자자로부터 장내시장(증권시장, 파생상품시장)을 통하여 매매가 이루어지도록 한 경우

㉡ 투자중개업자가 투자자로부터 다자간매매체결회사에서의 매매위탁을 받고, 다자간매매체결회사를 통해 매매가 이루어지게 한 경우

㉢ 투자매매업자 또는 투자중개업자가 자기가 판매하는 집합투자증권을 매수하는 경우

㉣ 종합금융투자사업자가 자본시장법에 따른 단기금융업무 등에 따라 금융투자상품의 장외매매가 이루어지도록 하는 경우

㉤ 그 밖에 공정한 가격형성과 거래의 안정성·효율성 도모 및 투자자 보호에 우려가 없는 경우로서 금융위원회가 정하여 고시하는 경우

학습안내 28회, 29회, 32회, 35회, 37회 기출(► 해설 '㉣'은 24년 기본서 개정사항이다)

52

정답 ④

'5년, 1년'이다. '안 날로부터 1년 & 체결일로부터 5년(두 가지 요건 모두 충족)' 이내에 위법계약에 대한 해지를 요구할 수 있다. 그리고 금융회사는 금융소비자의 위법계약 해지 요구가 있는 경우 해당일로부터 10일 이내에 계약해지 요구의 수락여부를 결정하여 금융소비자에게 통지하여야 한다(이때 금융회사는 정당한 사유 없이는 거절할 수 없고, '정당한 사유'가 있는 경우는 그 사유를 통지해야 함).

53

정답 ②

매 반기별 1회 이상 개최해야 한다.

학습안내 31회, 33회, 35회, 37회 기출(► 내부통제위원회에 대한 상세내용은 '35회 54번' 해설을 참조할 것)

54

정답 ④

옳은 내용은 ④번이다.

※ **추가해설**

① 사전적 또는 상시적으로 통제・감독하는 장치이다(사후적 X).

② 이사회 및 대표이사의 지휘를 받는다(감사위원회 지휘 X).

③ 해임 시에도 이사회 결의를 통한다. 단, 해임 시에는 임명시보다 엄격하게 이사총수의 2/3 이상의 찬성을 얻어 의결하도록 규정하고 있다.

학습안내 29회, 30회, 32회, 35회, 37회 기출(► 준법감시인제도에 대한 상세내용은 '35회 53번 해설'을 참조할 것)

55

정답 ③

영업관리자의 임기는 1년 이상이다. 그리고 '①, ②, ③, ④'의 지문은 '2024년 기본서, 3권, p126'을 인용한 것이다.

학습안내 30회, 36회, 37회 기출(► 영업관리자에 대한 상세내용은 '42회 55번' 해설을 참조할 것)

3-2 자본시장법 및 금융위규정(11문항)

56

정답 ③

종금사의 어음관리계좌(CMA)에 대한 업무는 집합투자업의 적용이 배제된다.

※ **추가해설** : 금융투자업의 적용배제는 유사한 업무이지만 그 적용을 배제함으로써 규제를 완화한다는 취지이다.

① 투자신탁 수익증권을 자기가 발행하는 것은 투자매매업에 속하므로 투자매매업의 인가를 받아야 자기발행이 가능하다.

cf 1 투자매매업의 정의 : 누구의 명의로 하든지 **자기의 계산으로** 금융투자상품의 매매, **증권의 발행**・인수 또는 그 청약의 권유, 청약, 청약의 승낙을 영업으로 하는 것

cf 2 투자매매업의 적용배제

- '투자신탁 수익증권, 투자성 있는 예금・보험, 특정 파생결합증권을 발행하는 경우'를 **제외한 증권을 자기가 발행하는 경우**
- 한국은행이 공개시장조작을 하는 경우 등등

② 투자권유대행인이 투자권유를 대행하는 것은 투자중개업 적용에서 배제되므로 투자중개업의 인가를 받지 않아도 투자권유대행을 할 수 있다.

③ 종금사의 CMA업무는 집합투자업 적용에서 배제되므로, 집합투자업의 인가 없이도 해당 업무를 할 수 있다.

④ 위의 업무는 투자자문업 적용에서 배제되므로 투자자문업 등록을 하지 않아도 해당 업무를 영위할 수 있다.

학습안내 28회, 33회, 35회, 37회 기출(► 금융투자업 적용배제에 대한 상세 내용은 '35회 56번' 해설을 참조할 것)

57

정답 ③

'영업의 전부 또는 일부의 양도'는 경영개선명령단계의 조치이다.

학습안내 28회, 33회, 35회, 37회 기출(► 적기시정조치에 대한 세부사항은 '35회 59번' 해설을 참조할 것)

58

정답 ②

'투자자예탁금을 신탁업자에 신탁할 수 있는 금융투자업자(겸영금융투자업자)'는 은행, 한국산업은행, 중소기업은행, 보험회사이며, 신탁법 제2조에도 불구하고 **자기계약을 할 수 있다**(2024 기본서, 3권, p230 참조). 즉, 자신이 신탁업자로서 투자자예탁금을 보관할 수 있다.

학습안내 30회, 36회, 37회 기출(► '투자자예탁금 별도예치 제도'에 대한 전체 내용은 '36회 60번'해설을 참조할 것)

59

정답 ③

투자자로부터 자금을 모아서(pooling) 운용한다(즉 투자자별로 개별적으로 운용하는 것이 아니라 모아서 동일하게 운용함).

※ **'집합투자'의 정의**(2024 기본서, 3권 p343 참조)

(1) '집합투자'란 **2인 이상의 투자자로부터 모은 금전** 등 또는 국가재정법 제81조에 따른 여유자금을 투자자 또는 기금관리주체로부터 **일상적인 운용지시를 받지 아니하면서** 재산적 가치가 있는 투자대상 자산을 취득, 처분, 그 밖의 방법으로 **운용하고 그 결과를 투자자 또는 각 기금관리주체에게 배분하여 귀속시키는 것**을 말한다(법 제6조 제5항).

(2) '집합투자기구'란 집합투자를 수행하기 위한 수단으로서의 기구(vehicle)를 말한다.

학습안내 28회, 31회, 33회, 37회 기출

60

정답 ②

종류형 집합투자기구를 말한다.

※ **특수한 형태의 집합투자기구**

(1) 환매금지형 집합투자기구

㉠ 정의 : **존속기간을 정한 집합투자기구에 한하여 집합투자증권의 환매를 청구할 수 없도록 설정·설립한 집합투자기구**

㉡ 주요사항

- 펀드의 설정·설립 후 **90일 이내**에 증권시장에 상장해야 한다.
- '부동산펀드 / 특별자산펀드 / 혼합자산펀드'는 환매금지형으로 설정·설립하는 것이 원칙이며, 이들 펀드가 아니라도 '시장성 없는 자산'에 펀드재산의 20%를 초과하여 투자하는 펀드'는 환매금지형으로 설정·설립해야 한다.

(2) 종류형 집합투자기구

㉠ 정의 : **같은 집합투자기구에서 판매보수의 차이로 인하여 기준가격이 다르거나, 판매수수료가 다른 여러 종류의 집합투자증권을 발행하는 집합투자기구**

㉡ 주요사항

- 동일한 집합투자업자가 운용하므로 판매수수료 체계(판매수수료, 판매보수)를 제외한 나머지 비용(운용보수, 수탁보수 등)은 동일해야 한다.
- 특정 종류의 집합투자증권의 투자자만으로 집합투자총회를 개최할 수 있다.
- 종류형 집합투자기구 내의 클래스 간 변경 시에는 포트폴리오가 변경되지 않으므로 환매수수료가 징구되지 않는다.

(3) 전환형 집합투자기구

㉠ 정의 : **공통의 집합투자규약에 의한 복수의 집합투자기구 간에, 각 집합투자기구의 투자자가 소유하고 있는 집합투자증권을 다른 집합투자기구의 집합투자증권으로 전환할 수 있는 권리를 투자자에게 부여하는 구조의 집합투자기구**

㉡ 주요 사항

- 전환대상 집합투자기구 간에 적용되는 공통의 집합투자규약이 있어야 한다.
- 법적 형태가 다른 집합투자기구 간에는 전환이 불가하다([예] 투자신탁과 투자회사 간의 전환은 불가).

(4) 모자형 집합투자기구

㉠ 정의 : **다른 집합투자기구(모집합투자기구)가 발행하는 집합투자증권을 자집합투자기구가 취득하는 구조의 집합투자기구**

㉡ 주요 사항(설정 · 설립 요건)

ⓐ 자집합투자기구가 모집합투자기구의 집합투자증권 외의 다른 집합투자증권을 취득하는 것이 허용되지 아니할 것

ⓑ 자집합투자기구 외의 자가 모집합투자기구의 집합투자증권을 취득하는 것이 허용되지 아니할 것

ⓒ 자집합투자기구와 모집합투자기구의 집합투자재산을 운용하는 집합투자업자가 동일할 것

(5) 상장지수형 집합투자기구(ETF)

㉠ 정의 : **일정 요건을 갖춘 집합투자기구에 대해서 일반투자자가 증권시장에서 매매할 수 있도록 증권시장에 상장하는 집합투자기구**

㉡ 주요 사항

- 펀드의 설정 · 설립일로부터 30일 내로 증권시장에 상장해야 한다.
- 의결권행사는 중립투표(shadow voting)를 원칙으로 한다.
- ETF특례로서 '대주주와의 거래제한, 자산운용보고서 제공의무, 금전납입원칙 등'의 규제가 적용되지 않는다.

학습안내 34회, 37회 기출

61

정답 ③

환매대금은 집합투자업자가 집합투자재산으로 보유 중인 금전 또는 집합투자재산을 처분하여 조성한 금전으로 지급해야 한다. ③에서 판매업자란 '집합투자증권을 판매한 투자매매업자 또는 투자중개업자'를 말한다.

※ 집합투자증권의 환매

(1) 환매금지형이 아닌 경우 언제든지 환매청구가 가능하며, 환매금지형의 경우 집합투자증권의 발행일로부터 90일 이내로 증권시장에 상장해야 한다.

(2) 투자자가 집합투자증권의 환매를 청구하고자 하는 경우에는 **판매업자**(그 집합투자증권을 판매한 투자매매업자 또는 투자중개업자)에게 청구할 것을 원칙으로 한다.

- 지급불능 등 판매업자에게 청구가 불가한 경우는 집합투자업자에게 청구함

(3) 집합투자업자 또는 투자회사 등은 환매대금을 지급하는 경우 **집합투자재산으로 소유 중인 금전 또는 집합투자재산을 처분하여 조성한 금전으로 하여야 한다**(redemption 방식)[주1]. 단, 투자자 전원의 동의를 얻은 경우에는 집합투자재산으로 지급이 가능하다.

* 주1 : 판매업자의 고유재산으로 집합투자증권을 매수하는 환매하는 방식(repurchase 방식)은 현재 사용되지 않는다.

(4) 집합투자업자는 환매청구일로부터 **15일 이내**에서 집합투자규약에서 정한 환매일에 환매대금을 지급하는 것을 원칙으로 한다.

- 아래의 경우[주2] 법정환매기일(15일)을 초과하는 기일을 정하여 환매에 응할 수 있다.

* 주2(법정환매기일의 연기사유)

ⓐ 시장성 없는 자산에 펀드재산의 10%를 초과하여 투자하는 경우

ⓑ 외화자산에 펀드재산의 50%를 초과하여 투자하는 경우

(5) 천재지변, 증권시장폐쇄, 대량환매청구 등 집합투자재산의 처분불가능으로 인해 환매가 연기될 경우, 연기된 때로부터 **6주 이내**에 집합투자자총회를 열고 환매에 관한 사항을 의결해야 한다.
(6) 환매수수료는 투자자가 부담하고 집합투자재산에 귀속된다.

학습안내 28회, 30회, 32회, 34회, 37회 기출

62

정답 ③

MMF(단기금융집합투자기구)는 유보가 불가하다.

※ **집합투자기구의 이익금 분배원칙**

(1) 이익금은 현금이나 새로 발행하는 집합투자증권으로 분배해야 한다(법 제242조 제1항).
- 투자회사가 새로 발행하는 주식으로 분배하고자 할 경우, 그 세부방법에 대해서 **이사회의 결의를 거쳐야 한다.**

(2) (1)의 예외로서 유보나 초과분배도 가능하다.
㉠ 집합투자규약에서 정함이 있는 경우, 이익금의 유보가 가능하다. 단, **MMF는 유보가 불가하다.**
㉡ 집합투자기구의 특성에 따라 초과분배가 필요할 경우 초과분배도 가능하다. 단, 투자회사의 경우 순자산액에 최저순자산액을 뺀 금액을 초과하여 분배할 수 없다.

학습안내 29회, 33회, 35회, 37회 기출

63

정답 ④

집합투자업자는 집합투자재산을 운용함에 있어서 집합투자기구의 계산으로 자신(집합투자업자)이 발행한 증권을 취득할 수 없다. 단, 수익증권의 경우 예외적으로 취득이 가능하다.

학습안내 30회, 33회,35회, 37회 기출(► '이해관계인과의 거래제한'에 대한 상세내용은 '35회 61번' 해설을 참조할 것)

64

정답 ③

이해관계인이 되기 **6개월 이전**에 체결한 거래에 따른 거래는 허용된다.

주의 ②에서 인수 관련해서는 '3개월', ③에서 이해관계인 관련해서는 '6개월'이다

학습안내 '투자일임업자의 금지행위'에 대한 전체 내용은 '36회 64번 해설'을 참조할 것

65

정답 ④

공개매수신청에 응모하고자 인출하는 것은 증권의 소유권이 변경되는 것이므로(전매제한조치에 위배), 보호예수의 예외적 인출사유가 되지 않는다. 나머지(①, ②, ③)의 경우 주권의 소유권이 변경되지 않는 형식상의 사유에 해당하므로 인출이 허용된다.

※ **전매제한조치로서의 보호예수 시 예외적 인출사유** : 예탁결제원은 전매제한조치를 위해 예탁된 증권에 대하여 다음 어느 하나에 해당하는 사유가 발생하는 경우, 발행인의 신청에 의하여 해당 증권의 인출을 허용할 수 있다.

(1) 통일규격증권으로 교환하기 위한 경우
(2) 전환권, 신주인수권 등 증권에 부여된 권리행사를 위한 경우
(3) 회사의 합병, 분할, 분할합병 또는 주식의 포괄적 교환·이전에 따라 다른 증권으로 교환하기 위한 경우
(4) 액면 또는 권면 분할 또는 병합에 따라 새로운 증권으로 교환하기 위한 경우

(5) 전환형 조건부 자본증권을 주식으로 전환하기 위한 경우

(6) 기타 상기 사유와 유사한 것으로서 감독원장이 인정하는 경우

학습안내 29회, 32회, 37회 기출

66

정답 ③

당해 이의신청이 이유 없다고 인정할 만한 명백한 사유가 있는 경우에는 금감원장의 직권으로 이의신청을 기각할 수 있다.

※ 제재절차 및 이의신청(금융기관의 업무 및 재산상황에 대한 검사 및 제재규정)

(1) 검사절차

주로 사전조사(자료파악 등) → 검사실시(진술청취 등) → 결과보고(위법사항 적출보고)검사결과조치(문책 등)[주1] → 사후관리(시정사항 이행보고 등)

(2) 검사결과조치에 대한 세부내용(주1)

㉠ 검사결과조치는 금융위원회의 심의를 거쳐 조치하되, 금감원장 위임사항은 금감원장이 직접 조치한다.

㉡ 금감원장이 직접 제재조치를 하는 때에는 제재대상자에게 제재내용 등에 대해 사전통지를 하고 의견진술기회를 주는 것을 원칙으로 한다(단, 사전통지 등 절차가 명백히 불필요하다고 인정될 만한 사유가 있는 경우는 생략가능).

㉢ 제재를 받은 금융기관이나 임직원은 이의신청을 할 수 있다. 이의신청에 대해서는 금융위가 '기각/처분의 취소/처분의 변경' 중 하나로 조치하는 것이 원칙이지만, 해당 이의신청의 이유가 없음이 명백히 인정되는 경우에는 금감원장 직권으로 이의신청을 기각할 수 있다.

㉣ 이의신청에 대한 처리결과에 대해서는 재차 이의신청을 할 수 없다.

학습안내 28회, 30회, 34회, 37회 기출

3-3 한국금융투자협회 규정(3문항)

67

정답 ④

모두 틀린 내용이다.

- 가 : 제3자의 성명을 기재하고 외부에 공표할 수 있다.

► **2024 기본서 3권, p498**

금융투자회사는 해당 금융투자회사의 임직원이 아닌 제3자가 작성한 조사분석자료를 공표하는 경우, **해당 제3자의 성명(법인의 경우 법인명)을 조사분석자료에 기재해야 한다.**

- 나 : 준법감시부서의 통제 하에 예외적으로 허용하고 있다.

► **2024 기본서 3권, p499**

금융투자분석사와 기업금융업무 관련 부서 간의 의견교환은 원칙적으로 제한되고 있지만, 많은 비용을 수반하는 조사분석담당부서에 대한 활용도를 엄격하게 제한한다는 것은 기업활동을 지나치게 억제하게 되는 부작용이 있다. 따라서 원칙적으로는 기업금융관련 부서와의 의견교환을 제한하되 **준법감시부서의 통제 하에 예외적으로 허용하고 있다.** 금융투자분석사가 기업금융업무 관련 부서와 협의하고자 하는 경우 자료교환은 준법감시부서를 통하고 **준법감시부서 직원의 입회 하에 이루어져야 하며, 회의의 주요내용은 서면으로 기록·유지되어야 한다.**

• 다 : 보유지분율이 5% 이상일 경우는 조사분석자료를 작성·공표할 수 없지만, 1% 이상인 경우는 이해관계를 명시하는 조건으로 작성·공표할 수 있다.

► 2024 기본서 3권, p518

금융투자회사는 **자신이 채무이행을 직·간접적으로 보장하거나, 발행주식 총수의 1% 이상의 주식 등을 보유하는 등 각종 이해관계가 있는 경우** 법인이 발행한 금융투자상품과 해당 법인이 발행한 주식을 기초자산으로 하는 주식선물·주식옵션·주식워런트 증권에 대한 조사분석자료를 공표하거나 특정인에게 제공하는 경우 **회사와의 이해관계를 조사분석자료에 명시하여야한다.**

68

정답 ④

모두 옳은 내용이다.

※ **추가해설('가')** : 투자자산운용사는 '집합투자재산/신탁재산/투자일임재산'을 운용하는 업무를 수행한다.

중요 투자일임재산은 투자자산운용사의 운용대상에서 제외된다. → X

※ **추가해설('나')** : 투자신탁은 집합투자업자가 운용지시를 하고 신탁업자가 그 취득과 처분을 실행한다. 단, 운용의 적시성 등을 고려하여 투자신탁의 집합투자업자가 예외적으로 운용과 그 취득과 처분의 실행을 모두 수행할 수 있는데, **이 경우 운용담당직원과 매매(취득·처분의 실행) 담당직원은 겸직이 불가하다(운용의 투명성 확보 차원).**

※ **추가해설('다')** : 투자대상자산에 따른 투자운용전문인력의 구분

① 증권운용전문인력	② 부동산운용전문인력	③ 사회기반시설운용전문인력
금융투자상품에 대한 투자운용업무 가능	부동산에 대한 투자운용업무 가능	사회기반시설에 대한 투자운용업무 가능
④ 해외자원개발운용전문인력	–	
①에 해당하는 자가 투자운용업무 수행 가능		
⑤ 전문투자형 사모집합투자기구 운용전문인력		
①, ②, ③, ④ 중 하나에 해당하는 자가 수행가능		

예시 1 해외자원개발에 대한 투자운용업무를 수행하기 위해서는 (   )의 요건을 갖추어야 한다. → 증권운용전문인력

예시 2 증권운용전문인력, 부동산운용전문인력, 사회기반시설운용전문인력, 해외자원개발운용전문인력 중 어느 하나에 해당하는 자는 전문투자형 사모집합투자재산에 대한 투자운용업무를 수행할 수 있다. [O, X] → O

참고 '35회 69번'과 유사하게 출제되었으나 학습효과 차원에서 변형 복원하였다.

69

정답 ③

옳은 것은 '가, 다'이다.

• 나 : MMF는 운용실적을 과거 1개월의 수익률로 표시해야 한다(연 환산 가능).

보충 MMF를 제외한 펀드의 경우 '과거 1개월 이상의 수익률을 사용하되, 과거 6개월 및 1년 수익률'을 함께 표시해야 한다(단 3년 이상인 경우에는 '과거 1년 및 3년, 설립일로부터 기준일'까지의 수익률을 함께 표시).

※ **펀드투자광고 시 의무표시사항**(2024 기본서, 3권, p510~512 참조)

(1) 운용실적을 포함한 투자광고를 할 수 있는 집합투자기구는,

㉠ 설정·설립일로부터 1년 이상 지나고 순자산총액은 **100억 원 이상**이어야 한다.

㉡ 단, 동일유형 집합투자기구의 경우는 순자산총액이 500억 원 이상이어야 한다.

(2) 운용실적 표시방법

㉠ 기준일로부터 과거 1개월 이상의 수익률을 사용하되, 과거 6개월 및 1년 수익률을 함께 표시해야 한다.

㉡ 단, 운용기간이 3년 이상인 펀드는 '과거 1년 및 3년, 설립일로부터 기준일까지의 수익률을 함께 표시해야 한다.

보충 동일유형 펀드와 비교광고에 운용실적을 포함하는 경우는 '과거 1년, 2년 및 3년 수익률과 설정 · 설립일로부터 기준일까지의 수익률'을 표시해야 한다.

(3) 의무표시사항

㉠ 집합투자기구의 유형, 순자산총액, 설립일, 수익률산출기준, 수익률, 벤치마크수익률 등

㉡ 단, 벤치마크 선정이 어려운 MMF나 부동산펀드의 경우 벤치마크수익률의 표시는 생략이 가능하다.

(4) MMF특례

㉠ MMF는 운용실적을 표시할 경우 **과거 1개월 수익률**을 표시해야 한다(연 환산 가능).

㉡ **MMF는 타 금융투자회사가 운용하는 다른 MMF와의 운용실적을 비교하는 광고를 할 수 없다.**

3-4 주식투자운용/투자전략(6문항)

70

정답 ④

모두 옳은 내용이다.

※ **효율적 시장가설이론(EMH)**

(1) 효율적 시장가설은 **액티브 운용을 반대하는 논거로 이용되곤 한다.**

• EMH의 주장 : 시장이 효율적이니 액티브 운용을 해봐야 소용이 없다.

(2) 약형, 준강형, 강형

㉠ 약형(weak form) : 과거의 정보는 이미 시장에 반영되어 있다. 즉 기술적 분석으로는 초과수익을 얻을 수 없다.

㉡ 준강형(semi-strong form) : 공개된 정보는 이미 시장에 반영되어 있다. 즉 공시정보 등으로는 초과수익을 얻을 수 없다.

㉢ 강형(strong form) : 모든 정보는 이미 시장에 반영되어 있다. 즉 모든 액티브 운용은 시도할 필요가 없다.

cf 약형이나 준강형의 효율적 시장가설을 신뢰한다면 액티브 운용을 배제할 필요는 없다.

학습안내 29회, 31회, 34회, 36회, 37회 기출(► '효율적 시장가설 이론'에 대한 기본서 全文은 '40회 70번 해설'을 참조할 것)

71

정답 ①

동질성은 자산집단 내의 자산들은 상대적으로 동일한 특성을 가져야 함을 말한다(상관계수를 통한 상관성은 '분산가능성'에 해당).

※ **자산집단(Asset Class)이 갖추어야 하는 기본적 속성** : 2024 기본서, 4권, p23~25 참조

(1) 동질성(homogeneity) : 자산집단 내의 자산들은 상대적으로 동일한 특성을 가져야 한다(자산집단 내 자산들은 경제적 또는 자본시장 관점에서 비슷한 속성을 가져야 함을 의미).

(2) 배타성(exclusiveness) : 자산집단이 서로 배타적이어서 겹치는 부분이 없어야 함을 의미한다.

(3) 분산가능성(diversifiability) : 각 자산집단은 분산투자를 통해 위험을 줄여서 효율적인 포트폴리오를 구성하는데 기여해야 한다. 이를 위해서는 각 자산이 서로 독립적 이어야 한다.

• 자산집단 간 상관계수가 낮을수록(독립성이 클수록) 분산가능성은 커진다.

(4) 포괄성(collectivity) : 자산배분의 대상이 되는 자산집단들 전체는 투자가능한 대부분의 자산을 포함하는 것이 좋다.
(5) 충분성(abundance) : 자산집단 내에서 실제 투자할 대상의 규모와 수가 충분해야 함을 의미한다. 투자자의 투자활동에 따른 유동성의 문제가 발생하지 않을 정도로 개별 자산집단의 규모가 충분히 커야 한다.

학습안내 30회, 33회, 37회 기출

72

정답 ④

④는 '시나리오 분석법'을 말한다.

학습안내 '35회 70번'과 동일하게 출제되었으나 학습 효과 차원에서 변형복원하였다(► '기대수익률 추정방식 4가지'에 대한 전체 내용은 '35회 70번' 해설을 참조할 것).

73

정답 ②

현재의 수익이나 자산의 가치관점에서 투자하는 것은 가치투자 스타일, 미래 성장성을 보고 투자하는 것은 성장투자 스타일이다. 가치투자를 역행투자(negative feedback)라고 하는 것은 '저가매수 & 고가매도'의 방식으로 운용하기 때문이다.

※ **스타일투자 : 가치투자 VS 성장투자**(2024본서, 4권, p88~90 참조)

(1) 가치투자 스타일
- 기업의 미래 성장성보다는 현재의 수익이나 자산의 가치관점에서 상대적으로 가격이 싼 주식에 투자하는 운용방식이다(cf 성장투자 스타일은 미래 성장성을 중시).
- 기업의 수익은 평균으로 회귀하는 경향을 가진다는 것을 논리적 근거로 한다.
  - 최근 이익이 평균보다 낮았고 그 결과 미래 이익전망도 과도하게 하향 조정되어 PER가 낮았던 기업의 경우, 평균회귀경향에 따라 이익이 증가하게 되고 PER도 높아지게 된다.
- 가치투자의 위험은 투자자들이 충분히 인정해주지 않으면 가격이 쌀 수밖에 없다는 원칙을 제대로 이해하지 못하는 점이다.
- 가치투자는 저PER, 저PBR, 고배당주에 투자한다.

(2) 성장투자 스타일
- 기업의 주당순이익이 미래에 증가하고 PER이 낮아지지 않는다면 주가는 최소한 EPS의 증가율만큼 상승할 것이라고 가정한다.
- 성장률이 높은 기업에 대해서 시장PER보다 높은 가격을 지불한다.
- 성장투자 스타일은 지속적인 성장성에 투자하는 방식과 단기적인 이익의 탄력성에 투자하는 방식이 있다.
- 성장주는 매출증가율이 시장보다 높으며 높은 PER, 높은 PBR을 보인다.
- 성장투자의 위험은 예측했던 EPS증가율이 예상대로 실현되지 않는 것이다. 따라서 기업의 이익예상(consensus)을 상회 또는 하회했는지가 주가에 큰 영향을 준다.
- 성장투자는 고PER, 고PBR, 저배당주에 투자한다.

학습안내 29회, 31회, 32회, 34회, 37회 기출

74

정답 ①

틀린 내용은 '가, 나'이다. '가'는 액티브 운용의 특성이며 '나'에서 추적오차는 액티브 운용에서 가장 크게 나타난다.

※ 액티브 운용과 준액티브 운용의 차이

(1) 초과수익

㉠ 액티브 운용 : 주어진 위험범위와 주어진 제약 조건 내에서 벤치마크 성과에 대비해서 가능한 한 좋은 초과수익을 얻으려는 운용방식이다.

㉡ 준액티브 운용 : 추가적인 위험을 많이 발생시키지 않으면서 벤치마크에 비해 초과수익을 획득하려는 전략이다

(2) 잔차위험(추적오차) : 액티브 운용 > 준액티브 운용 > 패시브 운용

학습안내 '35회 74번'과 동일유형으로 출제되었으나 학습효과 차원에서 변형복원하였다(► '준액티브 운용'에 대한 상세 개념은 '35회 74번' 해설을 참조할 것).

75

정답 ④

2차함수 최적화 모형은 기대수익과 기대위험의 정확한 추정에 대한 한계점이 있어서 그대로 사용되지 않으며, 선형계획모형이 2차함수 최적화모형의 대안으로 활용된다(아래 추가해설 참조).

※ **주식포트폴리오 모형**(2024 기본서, 4권, p115~116 참조)

(1) 개 요

① 주식포트폴리오 모형은 포트폴리오의 특성분석을 통해 투자 의사결정에 활용하는 모형인데, 포트폴리오 특성에서 가장 중요한 것은 위험의 특성이므로 주식포트폴리오 모형을 '리스크모형'이라고도 한다.

② **액티브 운용과 패시브 운용 모두 주식포트폴리오 모형을 사용한다(활용목적은 다름).**

㉠ 액티브 운용 : 투자성과는 위험부담에 대한 보상이므로, 초과수익을 위한 위험요소를 선택하기 위해 모형을 활용함

㉡ 패시브 운용 : 운용하는 포트폴리오의 위험요소를 벤치마크의 위험요소와 동일한 수준으로 유지하기 위해 모형을 활용함

(2) 주식포트폴리오 모형의 종류

① **다중요인모형** : 가장 대표적인 리스크 모델은 다중요인모형인데, 다중요인모형은 주식의 리스크를 **베타, 규모, 성장성, 산업, 해외시장노출도 등의 여러 가지 체계적 요인**'으로 구분하여 리스크의 특성을 분석한다.

② **2차함수 최적화 모형** : 기대수익과 위험의 정확한 추정을 통한 최적투자모형

- 최적화를 위해서는 기대수익과 기대위험에 대한 정확한 추정이 필요한데, **현실적으로 오류를 피할 수 없으므로 위험의 과소·과대추정 문제가 발생한다.**
- 이를 보완하는 방법으로는, 일정한 제약조건 하에서 기대수익과 위험을 최적화 시키는 방법(선형계획모형)이 있다.

③ **선형계획모형** : 선형계획모형은 일정한 제약조건을 만족하는 것 중에서 기대수익률을 최대화하는 방식이다.

- 선형계획모형에서의 일정한 제약조건 : 특정산업의 투자비중을 제한하거나 유동성 자산을 일정비중이상으로 하거나 거래비용을 일정수준 이하로 하는 등의 제약을 말한다.

학습안내 28회, 33회, 37회 기출

3-5 채권투자운용/투자전략(6문항)

76

정답 ③

역변동금리채권(Reverse FRN)이다.

※ **추가해설 1 : 이자금액의 변동유무에 따른 분류**(기본서 4권, p153 참조)

(1) 고정금리채권(Fixed Rate Bond) : 확정된 표면이자를 이자지급일에 지급하는 채권으로서, 국공채나 회사채 등 대부분의 채권이 해당된다.

(2) 변동금리채권(FRN ; Floating Rate Note) : 기준금리에 연동되어 지급이자율이 변동되는 채권으로서 회사채 일부가 이에 해당한다.

㉠ **변동금리채권(FRN)** : 일정기간마다 '기준금리(reference) + 가산금리(spread)'로 액면이자를 지급하는 채권. 액면이자율은 기준금리에 연동되어 매 기간 초마다 정해지며, 이자지급은 해당 기간 말에 이루어짐(예 CD수익률 + 0.5%).

- 변동금리채권의 가치는 시장이자율의 변화에 민감하지 않다(∵ 액면이자율은 기준금리를 매순간 반영하는 것이 아니라 정기적으로 조정되기 때문).

㉡ **역변동금리채권(Reverse FRN)** : 액면이자율이 특정 기준금리에 연동되기는 하지만 변동금리채권과는 반대로 기준금리가 상승하면 현금흐름이 감소하도록 설정된 채권이다(예 7% - CD수익률).

※ **추가해설 2 : 감채기금사채**(기본서 4권, p154 참조)

(1) 채권을 만기에 상환하는 것이 아니라, 원금의 일부분을 매년 상환하는 채권을 말한다(이를 위해 감채기금 적립).

(2) 감채기금조건으로 발행할 경우, 채무불이행위험이 감소함으로써 그렇지 않은 경우에 비해 낮은 금리로 발행할 수 있다.

학습안내 37회 신유형

77

정답 ②

옳은 내용은 ②번이다. 신주인수권은 일정기간 경과 후에 일정가격으로 발행사의 주식을 인수할 수 있는 권리를 말하는데, 신주인수권을 행사하게 되면 **기존 채권이 존속한 상태에서** 신주를 인수하게 되므로 신주를 발행하는 만큼 자본이 증가한다.

※ **추가해설 1**

① 전환권을 행사하면 **부채가 줄고(기존채권 소멸), 자본이 증가한다**(채권이 주식으로 바뀌므로). 동일한 크기로 부채가 줄고 자본이 증가하므로 자산의 변화는 없다.

③ 교환권을 행사하면 교환사채와 채권발행사가 보유하고 있는 상장회사의 주식과 교환하게 되므로, **자산(상장사의 주식)과 부채(교환사채)가 동시에 감소한다.**

④ 수의상환채권(콜옵션부채권)의 옵션행사자는 채권의 발행자(기업)인데, **금리하락기가 되면** 옵션을 행사하여 채권을 조기에 상환하고 낮아진 금리로 재발행을 함으로써 기업의 자금조달비용을 낮출 수 있다.

※ **추가해설 2 : 합성채권의 분류**

주식관련사채			옵션부사채	
CB	BW	EB	콜옵션부채권	풋옵션부채권
전환권	신주 인수권	교환권	콜옵션(발행기업)	풋옵션(투자자)
부채 ↓ 자본 ↑	부채 - 자본 ↑	부채 ↓ 자산 ↓	금리하락기에 옵션행사 가능성 ↑	금리상승기에 옵션행사 가능성 ↑
기존채권 소멸	기존채권 존속	기존채권 소멸	채권가치 = 일반채권 - 콜옵션가치	채권가치 = 일반채권 + 풋옵션가치

78

정답 ②

옳은 내용은 '나, 다'이다. 복리채의 듀레이션은 만기와 같다('가'). 채권의 듀레이션은 '표면금리가 낮을수록/잔존만기가 길수록/만기수익률이 낮을수록(낮. 길. 낮)' 길어진다. 그리고 영구채의 듀레이션 공식은 '$\frac{r+1}{r}$'이므로, 만기수익률이 10%인 영구채의 듀레이션은 '$\frac{r+1}{r} = \frac{1+0.10}{0.10}$ = 11년'이다.

※ **'맥컬레이 듀레이션'의 2가지 의미**

(1) **채권투자원금(P)의 가중평균회수기간(현가기준)**

㉠ 듀레이션 공식

$$Duration = \frac{\sum \frac{t \times CF_t}{(1+r)^t}}{\sum \frac{CF_t}{(1+r)^t}} = \frac{\sum \frac{t \times CF_t}{(1+r)^t}}{P}$$

㉡ 공식의 의미 : 분모는 채권가격공식에 해당하므로 채권의 투자원금(P)이 된다. 분자는 채권에서 매기간 발생하는 현금흐름의 현가에 '기간을 가중한(× t)' 것으로써 회수해야 할 가중현금흐름이 된다. 즉 듀레이션 공식은 '채권투자원금에 대한 가중평균회수기간(현가기준)'이 된다.

예시 잔존만기 3년, 표면이율 6%, 연후급 이표채의 만기수익률이 4%일 경우 맥컬레이 듀레이션은 2.84이다(계산과정은 한권으로 끝내기 2권 p282 핵심문제 참조). 이때 2.84(년)는 동 채권의 가중현금흐름을 회수하는 기간이 2.84년임을 말하고, 이는 만기 3년에서 0.16년만큼 회수기간이 짧아진 것을 의미한다. 0.16년만큼 회수 기간이 짧아진 것은 만기가 도래하기 전에 이미 회수한 현금흐름(이표식에 의해 1년과 2년에 수취한 이자)이 존재하기 때문으로 이해할 수 있다.

(2) **이자율에 대한 채권가격의 민감도(채권가격의 변동성)** : 듀레이션으로 측정한 채권가격의 변동률 공식은 '$\frac{\Delta P}{P} = (-) \times \frac{\text{맥컬레이듀레이션}}{(1+r)} \times \Delta r$ [P : 채권가격, r : 만기수익률]'이다. 공식에서 채권가격의 변동률은 맥컬레이듀레이션과 비례해서 증가함을 알 수 있다. 즉 맥컬레이 듀레이션은 만기수익률(r)에 대한 채권가격의 민감도 지표가 된다(채권가격의 민감도 = 채권가격의 변동성).

예시 만기수익률이 1% 포인트 하락했을 때, 수정듀레이션이 3인 채권은 채권가격이 +3%, 수정듀레이션이 10인 채권은 +10% 상승한다(듀레이션이 클수록 가격변동성이 커짐).

► 채권가격의변동성(듀레이션)↑ = f(표면이율↓, 잔존만기↑, 만기수익률↓)

→ 듀레이션은 표면금리가 낮을수록, 잔존만기가 길수록, 만기수익률이 낮을수록 커진다('낮. 길. 낮'으로 암기).

79

정답 ①

경상수익률 = $\frac{\text{쿠폰금액(연이자금액)}}{\text{채권의 시장가격}} = \frac{500}{9,500}$ = 약 5.26%

주의 분자는 연 이자 지급액이므로 500원이 된다. 그런데, 만기가 3년이라고 해서 '500원 × 3년 = 1,500원, $\frac{1,500}{9,500}$ = 15.78%'로 계산하지 말아야 한다.

중요 '채권의 경상수익률 = $\frac{\text{표면이자금액(연간)}}{\text{채권의 시장가격}}$' 이므로 채권의 시장가격이 올라가면 경상수익률은 하락한다.

80

정답 ③

스프레드운용전략이다.

※ **스프레드운용전략**

(1) 정의 : 채권 간의 스프레드가 일시적으로 확대되었을 경우는 스프레드축소전략으로, 일시적으로 축소되었을 경우는 스프레드확대전략으로 포지션을 구축하고 스프레드가 정상수준으로 회귀하였을 때 포지션을 청산함으로써 수익을 올리고자 하는 적극적인 운용전략이다.

(2) 스프레드지수를 활용한 포지션의 구축 및 청산 : 스프레드지수[주1]가 사전에 정한 신뢰구간을 벗어날 경우를 비정상적인 스프레드로 간주하고 포지션을 취하고, 신뢰구간 내로 진입했을 경우 포지션을 청산한다.

$$\text{* 주1 : 스프레드지수} = \frac{\text{(현재 스프레드 − 평균 스프레드)}}{\text{스프레드 표준편차}}$$

학습안내 29회, 31회, 37회 동일 기출(► 채권운용전략 전체에 대한 상세내용은 '42회 81번 해설'을 참조할 것)

81

정답 ④

사다리형 만기전략을 말한다.

※ **사다리형 만기전략**(2024 기본서, 4권, p243~244 참조)

(1) 소극적인 운용전략이다.

(2) 채권별 보유량을 각 잔존기간 마다 동일하게 유지함으로써 시세변동위험을 평준화시키고 수익성도 적정수준으로 확보하려는 전략이다.

(3) 매년 상환되는 자금이 수익률이 가장 높은 장기물로 재투자됨으로써, 소극적 운용전략 중에서는 가장 높은 수익률로 운용된다(단, 액티브 운용전략에 비해서는 수익률이 낮다).

(4) 매년 상환되는 자금으로 새로운 장기물로 편입하기만 하면 되므로, 운용에 있어 금리예측이 필요하지 않다는 장점이 있다.

학습안내 동 문항은 채권운용전략의 종류 구분 문제로서 32회, 34회, 35회'와 동일유형으로 출제되었으나 학습효과 차원에서 변형복원 하였다(► 채권운용전략의 종류구분은 '35회 81번 해설'을 참조할 것).

3-6 파생상품투자운용/투자전략(6문항)

82

정답 ④

반대거래를 통해서 결제일 이전에 언제든지 포지션을 청산할 수 있는 것은 선물거래(futures)의 특징이다(상대매매는 선도거래의 특성이 맞음). ③에서 '사후적 제로섬 게임(Ex-post zero sum game) 위험'이란 거래의 한쪽 당사자가 큰 손실을 봄으로써 채무불이행 위험이 증가하는 상태를 말한다(즉 선도거래의 신용위험을 말함).

※ 선물거래(futures)와 선도거래(forward) 비교

선도거래(장외거래)	선물거래(장내거래)
신용위험이 있다(투자자 간의 거래이므로)	신용위험이 없다(거래소의 정산하므로)[주1]
상대거래(호가가 일치해야 거래가 성사) • 주로 '고객 ↔ 웨어하우스'간 거래	경쟁매매(유리한 호가가 먼저 체결) • 시장에 참여하는 불특정 다수 간 거래
맞춤형 가능 but 유동성 부족	유동성 풍부[주2] but 맞춤형 불가

* 주1 : '신용위험'을 없애기 위한 거래소의 제도로서 '증거금제도, 일일정산제도'가 있다.
* 주2 : 거래상품과 거래월물이 표준화되고 증거금이 현물대비 낮은 편이어서 유동성이 풍부하다.

학습안내 '35회 82번'과 동일 유형으로 출제되었으나 학습효과 차원에서 변형복원하였다.

83

정답 ③

개시증거금 − 일일정산 후 증거금 = 추가증거금(또는 변동증거금), 따라서 '120 − 55 = 65' 즉 마진콜로 인해 추가납부해야 할 추가증거금은 65억 원이다.

학습안내 30회, 34회, 37회 출제되었다(► '일일정산제도와 추가증거금 납부'에 대한 기본서 全文은 '43회 83번 해설'을 참조할 것).

84

정답 ④

'$F_t > S_t$'이면 콘탱고(Contango) 상태 또는 정상시장이라 하며, '$F_t < S_t$'이면 백워데이션(Backwadation)상태 또는 역조시장이라 한다.

학습안내 '36회 변형복원'과 동일하게 출제되었다(► 콘탱고와 백워데이션에 대한 기본서 全文은 '42회 82번 해설'을 참조할 것).

85

정답 ④

④는 풋옵션매수, ②는 풋옵션매도에 해당한다.

※ 옵션 손익계산 예시

행사가격 100인 풋옵션을 2.0포인트로 매수하였다. 만기시점의 기초자산가격이 90일 경우 풋옵션매수와 매도포지션의 손익은?

→ (1) 풋옵션매수 포지션의 손익 : $Max(X - S_T) - P$ = Max(100 − 90) − 2.0 = (+)8.0point

• 풋매수는 기초자산가격이 하락할수록 유리하므로 만기정산손익이 +10포인트, 여기서 매입 시 지불한 풋옵션매수프리미엄을 차감해야 하므로 최종적으로 (+)8포인트 이익이다.

→ (2) 풋옵션매도 포지션의 손익 : $P - Max(X - S_T)$ = 2.0 − Max(100 − 90) = (−)8.0point

• 풋매도는 풋매수자의 수익을 결제하는 입장이므로 만기정산손익이 −10포인트, 그런데 옵션매도 시 프리미엄 2포인트를 수취하였으므로 최종적으로 (−)8포인트이다.

보충 풋옵션매도 포지션은 풋옵션매수 포지션의 수익을 결제하는 입장이다. 따라서 풋옵션매도 포지션의 만기 시 손익은 '$-\{Max(X - S_T) - P\} = P - Max(X - S_T)$'이다.

학습안내 옵션포지션의 손익계산에 대한 응용문제이다(37회 신유형).

86

정답 ③

'92 < P < 108'이다. 행사가격 100에서 옵션을 양매도함으로써 수취하는 프리미엄은 8point이다(콜옵션 5+풋옵션 3). 따라서 상승BEP는 108(100 + 8)이 되고, 하락BEP는 92(100 − 8)가 된다. 상승BEP를 초과하는 상승이 나오지 않으면 또는 하락BEP를 초과하는 하락이 나오지 않으면 수익이 발생한다. 따라서 상승BEP와 하락BEP 사이에 있는 구간 즉 '92 < P < 108'이 동 포지션의 수익구간이 된다.

학습안내 31회, 34회, 37회 동일 기출(► 스트래들 매도포지션의 손익구조에 대한 상세내용은 '39회 85번 해설'을 참조할 것).

87

정답 ①

델타이다. 콜옵션매도포지션은 기초자산가격이 상승할 때 손실이 발생하므로 민감도 부호는 (−)이며, 풋옵션매수포지션은 기초자산가격이 하락할 때 수익이 발생하므로 민감도 부호는 (−)이다.

※ 민감도 부호(옵션매수포지션 기준)

구 분	델타	감마	베가	쎄타	로우
콜옵션	+	+	+	−	+
풋옵션	−	+	+	−	−

► 옵션매도포지션의 민감도 부호는 정확히 표와 반대

학습안내 '옵션민감도 5가지 지표'에 대한 정의 및 상세개념은 '35회 87번 해설'을 참조할 것

3-7 투자운용결과분석(4문항)

88

정답 ④

④는 결제일 기준에 대한 설명으로서 틀린 내용이다(펀드 회계처리는 체결일 기준). 펀드회계처리의 3가지 원칙은 '공정가치평가(①, ②), 발생주의 회계(③), 체결일기준 회계'이다.

학습안내 29회, 31회, 34회, 37회 기출(► '펀드평가프로세스 1단계 펀드회계처리'에 대한 전체 내용은 '40회 88번' 해설을 참조할 것)

89

정답 ②

시간가중수익률은 0%이고 금액가중수익률은 7%이므로 '금액가중수익률 > 시간가중수익률'이다. 약식으로는 '단일기간 2기의 수익률이 단일기간 1기의 수익률보다 높으므로' 금액가중수익률이 시간가중수익률보다 높게 나타난다(► 금액가중수익률의 직접 계산은 시행착오법으로 하는데 시간이 걸리므로 약식풀이를 권장함).

※ 시간가중수익률과 금액가중수익률의 계산(문항 예시)

1기간 수익률	2기간 수익률
$\frac{(8,000-10,000)}{10,000}$ = (−)20%	$\frac{(10,000-8,000)}{8,000}$ = (+)25%

2021.1.1	2022.1.1	2023.1.1
0기	1기	2기
(−1억 원)	(−0.8억 원)	(+2억 원)

► 표 해석

- 단일기간수익률에서 '단일기간'은 보유기간의 '길고 짧음'에 관계없이 매수에서 매도까지의 기간을 말한다. 단, 동 문항과 같이 투입금액이 달라지면 자금을 투입한 횟수만큼 단일기간이 나뉘어진다(동 문항에서는 1기간, 2기간).
- 1기간은 '2021.1.1(1期初)~2022.1.1(1期末 또는 2期初)'이며, 2기간은 '2022.1.1(2期初)~2023.1.1(2期末 또는 3期初)'이다.
- 표 아래 (−)와 (+)는 현금흐름을 말하는데, (−)는 현금의 신규투입을 말하고 (+)는 현금의 유입 즉 매도를 말한다.

► 풀 이

(1) 먼저 단일기간수익률을 구한다 : 1기간수익률은 −20%, 2기간수익률은 +25%이다.

(2) 다기간수익률 중 시간가중수익률(기하평균수익률)과 금액가중수익률(내부수익률)을 구한다.

- **시간가중수익률** : $R = \sqrt{(1-0.2)(1+0.25)}$ $R = \sqrt{(1-0.2)(1+0.25)}$ − 1 = 1 − 1 = 0

  → 최초 1만 원에 매수를 해서 최종 1만 원에 매도하였으므로 수익률 0%이다(시간가중수익률은 투자금액의 변화를 고려하지 않으므로 0%가 맞음).

- **금액가중수익률** : 현금유입의 현재가치와 현금유출의 현재가치를 일치시키는 할인율이 금액가중수익률(또는 내부수익률)이 되므로 아래와 같이 계산된다(좌변은 현금유출 합계, 우변은 현금유입 합계).

  → 1억 원 + $\frac{0.8\text{억 원}}{1+r} = \frac{2\text{억 원}}{(1+r)^2}$, 시행착오법으로 풀면 r = 0.07(근사치), 즉 7%이다.

(3) 따라서 '금액가중수익률(7%) > 시간가중수익률(0%)'이다.

► 약식이해

시간가중수익률은 투입금액의 변화를 반영하지 않고, 금액가중수익률은 투입금액의 변화를 반영한다. 따라서 '누적적으로 더 많은 금액이 투입된 기간'주1 즉 2기의 수익률이 1기보다 **높으면** '금액가중 > 시간가중'이며, 2기의 수익률이 1기보다 **낮으면** '금액가중 < 시간가중'이다. 즉, 동 문항에서는 '2기의 수익률 > 1기의 수익률'이므로 '금액가중수익률 > 시간가중수익률'이다.

* 주1 : 1기에서는 1억 원(1만 원 × 1만주)이 투입되었다. 2기에서는 신규로 투입된 금액은 0.8억 원(8천 원 × 1만주)이지만 누적적 투입금액은 1.8억 원(1기의 1억 원 + 2기의 0.8억 원)이다.

학습안내 32회(신유형), 34회, 37회 기출

90

정답 ③

2기간의 기하평균수익률은 +40%이다(아래 계산). 참고로 산술평균수익률과 기하평균수익률은 그 자체로 연환산 기준이다(평균 : 연평균을 의미).

※ 투자수익률의 측정 : 산술평균수익률 VS 기하평균수익률

(1) 산술평균수익률 : $R = \frac{+145\% - 20\%}{2} = \frac{125\%}{2} = (+)62.5\%$

(2) 기하평균수익률 : $R = \sqrt{(1 + 1.45)(1 - 0.2)} - 1 = \sqrt{1.96} - 1 = (+)40\%$

보충 산술평균은 모두 더하고 1/N, 기하평균은 모두 곱한 다음 루트로 풀어준다. 그리고 항상 산술평균수익률이 기하평균수익률보다 크거나 같다.

91

정답 ②

트레이너비율에서 A가 B보다 우수한 것으로 나타나며, 나머지 지표에서는 모두 B가 우수한 것으로 나타난다.

※ 약식 계산을 통한 풀이

RAPM지표	A펀드(약식 계산)	B펀드(약식 계산)
샤프비율	$\frac{11}{10} = 1.1$ 주1	$\frac{17}{12} = 1.41$ 주2
트레이너비율	$\frac{11}{1.1} = 10$	$\frac{17}{2.0} = 8.5$
젠센의 알파	$(11\% - 2\%) - 1.1(8\% - 2\%) = 2.4\%$	$(17\% - 2\%) - 2.0(8\% - 2\%) = 3.0\%$
정보비율	$\frac{11}{8.0} = 1.375$	$\frac{17}{10} = 1.7$

* 주1, 2 : '샤프비율 = $\frac{11\% - 2\%}{10\%} = 0.9$, 샤프비율 = $\frac{17\% - 2\%}{12\%} = 1.25$'이 정확한 계산이지만, 비교만 하는 되는 것이므로 각각 '$\frac{11\%}{10\%} = 1.1$, $\frac{17}{12} = 1.41$'로 계산해도 무방하다.

학습안내 30회, 37회 기출

3-8 거시경제(4문항)

92

정답 ④

화폐수요는 소득과 정의 함수, 이자율과 부의 함수 관계이다.

※ 추가해설

① 이자율(R)과 실질소득(Y)의 공간에서, 재화시장(goods market)의 균형점을 연결한 곡선이 IS곡선이며 화폐시장(market for money)의 균형점을 연결한 곡선이 LM곡선이다.

② IS곡선의 외생변수는 G(재정지출)와 T(조세)이며, LM곡선의 외생변수는 M(통화량)과 P(물가)이다.

- 내생변수(endogenous variable)는 모형의 내부에서 작동하는 변수이고 외생변수(exogenous variable)는 모형의 외부에서는 주어지는 변수이다.

③ 재정정책은 IS곡선을 이동시키고 통화정책은 LM곡선을 이동시킨다.

- 'Y = C(Y − T) + I(R) + G'에서 확대재정정책을 집행하면 G가 증가하고 우변 총수요가 증가함으로써 좌변 총공급(Y)이 증가한다. 즉 재정정책(G)은 IS를 이동시킨다.
- '$\frac{M^s}{P} = \frac{M^d}{P}$, $\frac{M^d}{P} = L(Y,\ R)$'에서 확대통화정책을 집행하면 M이 증가하고 화폐공급이 증가한다. LM곡선이 균형을 이루기 위해서는 'Y의 증가로 인한 화폐수요가 증가'해야 한다. 따라서 통화정책(M)은 LM곡선을 이동시킨다.

④ '$\frac{M^d}{P} = L(Y,\ R)$'에서 화폐수요($\frac{M^d}{P}$)는 내생변수(Y, R)에 의해 결정되는데, 소득(Y)과는 정의 함수이고 이자율(R)과는 부의 함수이다.

- 화폐수요는 '㉠ 거래적 동기, ㉡ 예비적 동기, ㉢ 투기적 동기'의 3가지 동기에 의해 결정 되는데 소득(Y)이 증가할수록 ㉠, ㉡에 의한 화폐수요가 증가하며, 이자율(R)이 증가할수록 ㉢에 의해 화폐수요가 감소한다(∵ 이자율이 증가하면 화폐보유의 기회비용이 증가하므로 화폐수유가 감소함).

[학습안내] 28회, 30회, 31회, 32회, 33회, 34회, 36회, 37회 기출(► IS/LM모형의 균형식은 '41회 92번', 작동원리는 '38회 92번' 해설의 이론을 참조할 것)

93

정답 ④

유동성함정 구간을 탈출하는 고전학파의 논리는 '피구효과(Pigou Effect)'이고, 케인즈 학파의 논리는 '확대 재정정책'이다.

※ 추가해설

① 유동성함정 구간에서는 **화폐수요의 이자율탄력성이 무한대**가 된다.

② 유동성함정 구간에서는 **LM곡선이 수평**을 이룬다.

- 임계이자율 수준이 되면 이자율에 대한 화폐수요탄력성이 무한대가 되고, 이는 곧 LM곡선의 수평으로 나타난다.

③ 유동성함정 구간에서 **확대 재화정책을 집행할 경우 무구축효과로써** 재정정책의 효과가 극대화된다(통화정책은 무용함).

[학습안내] 29회, 32회, 35회, 37회 기출(► 유동성함정이론의 전체 내용은 '35회 92번' 해설을 참조할 것)

94

정답 ④

실질GNI는 실질GDP에 교역조건변화에 따른 실질무역손익과 실질 국외순수취요소소득을 합한 것으로 정의된다.

※ GNI와 GDP(명목기준과 실질기준)

(1) 명목기준 : 명목GNI = 명목GDP + 명목 국외순수취요소소득

(2) 실질기준 : 실질GNI = 실질GDP + **교역조건변화에 따른 실질무역손익** + 실질국외순수취요소소득

[학습안내] 30회, 34회, 37회 기출

95

정답 ④

내수출하지수는 현재의 경기상황을 파악할 수 있는 경기동행지표이다(나머지는 모두 경기선행지표).

[비교] 기계류 내수출하지수는 선행지표, 내수출하지수는 동행지표이다.

[학습안내] '선행지표/동행지표/후행지표'에 대한 상세내용은 '36회 95번 해설'을 참조할 것

3-9 분산투자기법(5문항)

96

정답 ③

기대수익률과 위험이 동일한 상태에서 포트폴리오의 위험을 가장 낮게 하는 방법은 **상관계수가 가장 낮은 조합**으로 포트폴리오를 구성하는것이다(즉, B와 C의 조합).

학습안내 30회, 34회, 37회 동일유형 기출

97

정답 ③

지배원리(Dominance Principle)이다.

※ 지배원리 관련 개념 정리

(1) **지배원리** : 동일한 위험수준에서는 기대수익이 높은 증권을 선택하고, 기대수익이 동일한 경우는 위험이 적은 증권을 선택하는 원리

(2) **효율적 증권** : 동일한 위험수준에서는 기대수익이 가장 높은 증권을 효율적 증권이라 함

- 포트폴리오의 경우 효율적 포트폴리오(Efficient Portfolio)라고 한다.
- '동일한 위험수준에서 기대수익이 가장 높은 증권'은 동시에 '동일한 기대수준 하에서 위험이 가장 적은 증권'이 된다.

(3) **효율적 투자기회선(Efficient Frontier)** : 효율적 증권(또는 효율적 포트폴리오)을 연결한 선

학습안내 지배원리 문제는 그동안 여러 투자대상들 중에서 지배원리를 충족하는 포트폴리오를 찾는 문제(32회 97번, 34회 98번)로 출제되었으나, 37회에서는 지배원리의 정의를 묻는 문제로 출제되었다.

98

정답 ③

변동성보상비율(위험보상비율)은 2.0이다.

※ 추가해설

(1) 변동성보상비율(RVAR) = $\frac{R_A - R_F}{\sigma_A} = \frac{7\% - 1\%}{3\%} = 2.0$, 즉 변동성보상비율(위험보상비율)은 2.0이다.

(2) **변동성보상비율은 편입자산의 투자비중과 관계없이 일정하다**(아래 예시).

㉠ 6:4의 경우 : 포트폴리오수익률은 (7% × 0.6) + (1% × 0.4) = 4.6%, 포트폴리오 표준편차는 (3% × 0.6) = 1.8%, 따라서 포트폴리오 RVAR = $\frac{4.6\% - 1\%}{1.8\%} = 2.0$

㉡ 5:5의 경우 : 포트폴리오수익률은 (7% × 0.5) + (1% × 0.5) = 4.0%, 포트폴리오 표준편차는 (3% × 0.5) = 1.5%, 따라서 포트폴리오 RVAR = $\frac{4\% - 1\%}{1.5\%} = 2.0$

(3) 변동성보상비율은 자본배분선 상의 기울기에 해당하는데, 동일 선상의 모든 포트폴리오는 동일한 기울기를 가지므로 변동성보상비율도 동일하다.

학습안내 29회, 31회, 33회, 35회, 37회 기출

99

정답 ②

'A주식-과소평가, B주식-과대평가'이다. A, B주식의 SML선을 구하고(균형수익률), SML선 대비 위에 있으면 저평가(과소평가), 아래에 있으면 고평가(과대평가)이다.

※ **풀 이**

(1) A주식

- 요구수익률(k) = 1% + 0.8(3% − 1%) = 2.6%
- 요구수익률이 2.6%인데 현재 시장에서의 기대수익률은 4%이므로 **SML선의 위에 위치한다.** 따라서 A주식은 현재 과소평가되고 있다.

(2) B주식

- 요구수익률(k) = 1% + 2.0(3% − 1%) = 5%
- 요구수익률이 5%인데 현재 시장에서의 기대수익률은 4%이므로 **SML선 아래에 위치한다.** 따라서 B주식은 현재 과대평가되고 있다.

학습안내 30회, 32회, 35회, 37회 기출

100

정답 ①

'가, 나'는 포트폴리오 리밸런싱(portfolio rebalancing), '다, 라'는 포트폴리오 업그레이딩(portfolio upgrading)이다. 참고로 '가, 나, 다, 라'는 모두 기본서 기술(5권, p187)이다.

※ **포트폴리오 리밸런싱과 업그레이딩**(2024 기본서, 5권, p187 참조)

(1) 포트폴리오 리밸런싱

포트폴리오 리밸런싱(portfolio rebalancing)의 목적은 상황변화가 있을 경우 포트폴리오가 갖는 원래의 특성을 그대로 유지하고자 하는 것이다. 주로 구성종목의 상대 가격의 변동에 따른 투자비율의 변화를 원래대로의 비율로 환원시키는 방법을 사용한다.

(2) 포트폴리오 업그레이딩

포트폴리오 업그레이딩(portfolio upgrading)은 위험에 비해 상대적으로 높은 기대수익을 얻고자 하거나, 기대수익에 비해 상대적으로 낮은 위험을 부담하도록 포트폴리오의 구성을 수정하는 것이다.

학습안내 31회, 33회, 35회, 37회

38회차 정답 및 해설

01	02	03	04	05	06	07	08	09	10	11	12	13	14	15	16	17	18	19	20
③	②	②	③	③	④	②	③	④	②	②	③	①	①	③	①	①	①	①	④
21	22	23	24	25	26	27	28	29	30	31	32	33	34	35	36	37	38	39	40
①	③	①	①	②	③	②	③	④	②	②	④	②	②	①	①	④	①	②	④
41	42	43	44	45	46	47	48	49	50	51	52	53	54	55	56	57	58	59	60
③	②	③	③	③	④	③	②	①	③	②	④	③	③	③	①	④	②	①	④
61	62	63	64	65	66	67	68	69	70	71	72	73	74	75	76	77	78	79	80
④	①	④	④	④	④	④	③	③	③	①	②	②	③	①	④	①	①	③	③
81	82	83	84	85	86	87	88	89	90	91	92	93	94	95	96	97	98	99	100
③	②	③	②	②	①	②	①	③	①	②	②	②	④	③	②	②	④	③	③

1-1 세제관련 법규/세무전략(7문항)

01

정답 ③

증여세는 국세이다. 취득세와 등록면허세는 대표적인 지방세이고, 부동산 보유에 대한 과세로서 종합부동산세는 국세이고 재산세는 지방세이다.

학습안내 28회, 31회, 34회, 35회, 37회, 38회 기출(► '국세 vs 지방세' 분류 체계는 '37회 01번 해설'을 참조할 것)

02

정답 ②

'국세청장, 90일'이다. 심사청구제도는 '국세청장(또는 감사원장), 90일'이고 심판청구는 '조세심판원장, 90일'이다.

※ **심사와 심판**(2024 기본서 1권, p10~11인용)

이의신청은 처분청에 재고를 요구하는 것이며, **심사청구**는 국세청 또는 감사원에, **심판청구**는 조세심판원에 제기하는 불복으로, 이의신청은 청구인의 선택에 따라 생략할 수 있고 심사청구와 심판청구는 청구인의 선택에 따라 그 중 하나를 선택해야 한다. 이의신청 · 심사청구 · 심판청구는 처분청의 처분을 안 날로부터 **90일 이내**에 제기해야 하며, 특히 심사청구 · 심판청구 절차는 취소소송(행정소송)의 전제 요건이 도어 있어 본 절차를 거치지 아니하고는 취소소송을 제기할 수 없다.

학습안내 33회, 36회, 38회 기출(► 33회 신유형 출제 후 2회 출제)

03

정답 ②

틀린 것은 '나, 다'이다. 해산의 경우 '잔여재산가액 확정일', 분할합병의 경우 '분할합병등기일'이다.

※ **배당소득의 수입시기**(2024 기본서, 1권, p29 표 참조)

배당소득의 종류		수입시기(수입금액의 귀속연도)
이익배당	잉여금처분 배당	• 당해 법인의 잉여금처분 결의일
	무기명주식 배당	• 실제 지급을 받은 날
의제배당		• 감자의 경우 : 감자결의일 • 해산의 경우 : **잔여재산가액 확정일** • 합병의 경우 : 합병등기일 • 분할 또는 분할합병등기일 : 분할등기일 또는 **분할합병등기일** • 잉여금의 자본전입 : 자본전입 결의일
인정배당		• 당해 법인의 당해 사업연도의 결산확정일
집합투자기구로부터의 이익		• 집합투자기구로부터 이익을 지급받는 날 • 원본전입 특약이 있는 경우 그 특약에 의한 원본 전입일
기 타		• 파생결합상품 배당소득 : 지급을 받은 날 • 기타 수익분배성격의 배당 또는 분배금 : 지급을 받은 날

학습안내 35회와 동일하게 출제되었으나 학습효과 차원에서 변형복원하였다.

04

정답 ③

'비영업대금의 이익, 파생결합증권의 이익 등' 분리과세 대상이 아닌 것은 모두 조건부종합과세 대상이 된다.

※ **무조건 분리과세 대상 및 분리과세율**(2024 기본서, 1권, p30 인용)

(1) 무조건 분리과세(소득세법 제14조, 제129조)

거주자가 국내에서 지급받는 이자·배당소득은 종합소득 과세표준에 합산하지 않고, 당해 소득을 지급하는 자가 그 거주자에 대한 소득세를 원천징수하여 납부함으로써 과세를 종결한다.

무조건 분리과세 소득의 범위	원천징수세율 (지방세 제외기준)	취 지
직장공제회 초과반환금	기본세율	세부담완화
비실명거래로 인한 이자·배당소득	45%, 90%	중과세
법원에 납부한 경매보증금 및 경락대금에서 발생하는 이자	14%	납세편의 고려
1거주자로 보는 단체의 이자·배당소득	14%	
조세특례제한법상의 분리과세소득 – ISA계좌의 비과세한도 초과 이자·배당소득	9%	

학습안내 '금융소득 전체에 대한 원천징수세율(표)'은 '36회 04번 해설'을 참조할 것

05

정답 ③

300만 원이다. 연간 300만 원 이하의 기타소득은 분리과세를 선택할 수 있다. 즉 연간 300만 원 이하의 기타소득에 대해서 분리과세를 신청할 경우 원천징수로서 납세의무가 종결된다.

※ 분리과세 종류

구 분	내 용 (괄호는 분리과세 세율, 지방세 제외)
무조건 분리과세 대상	(1) 직장공제회 초과반환금(기본세율) (2) 비실명거래로 인한 금융소득(45% 또는 90%) (3) 법원보관금에서 발생하는 이자소득(14%) (4) 분리과세를 신청한 장기채권의 이자와 할인액(30%) (5) ISA비과세한도를 초과하는 이자·배당소득(9%)
선택적 분리과세 대상	(1) 연간 300만 원 이하의 기타소득(20%) (2) 연금소득(연금수령 시) • 연간 1,500만 원 이하는 저율분리과세 • 연간 1,500만 원 초과는 16.5% 분리과세 또는 종합과세 선택

- '선택적 분리과세 대상'의 경우 분리과세를 선택할 경우 해당 분리과세율로 원천징수하고 납세의무가 종결되지만, 분리과세를 선택하지 않을 경우는 '조건부 종합과세' 대상이 된다.

학습안내 38회에서 신유형으로 출제되었다.

06

정답 ④

주권의 대물변제는 '주권의 유상양도'에 해당되어 증권거래세가 부과된다.

※ 추가해설

① 증권거래세는 주권의 유상양도에 대해서 부과하는 조세이지만, 외국증권거래소에 상장된 주권의 양도 시에는 부과하지 않는다.

② 국내 증권시장에서 상장주권을 양도하는 경우(주식매도 시), 국내투자자와 외국인 투자자의 구분 없이 기본세율은 0.35%, 유가증권시장은 0%(농특세 0.15% 추가), 코스닥시장은 0.15%, 코넥스시장은 0.10%'의 증권거래세가 부과된다(증권거래세율은 2025년 개정 기준).

③ 증권거래세법 제6조에서 정한 비과세양도대상[주1]이다.

* 주1 : 비과세양도대상(증권거래세법 제6조)

(1) 국가 또는 지자체가 주권 등을 양도하는 경우(단, 국가재정법에 따른 각종 기금의 주권양도 시는 과세함)

(2) 자본시장법 제119조에 따라 주권을 매출하는 경우

(3) 주권을 목적물로 하는 소비대차의 경우

학습안내 31회, 32회, 34회, 37회, 38회 기출

07

정답 ②

증여재산공제는 10년 단위로 '성년자녀 5천만 원, 미성년자녀 2천만 원'이 적용된다.

학습안내 28회, 29회, 30회, 33회, 35회, 36회, 38회 기출(► '증여세 절세전략'에 대한 상세 내용은 '36회 07번 해설'을 참조할 것)

1-2 금융상품(8문항)

08

정답 ③

틀린 항목은 '가, 다'이다.

• 가 : 일반형은 금융소득종합과세 대상자가 아닌 경우로서[주1], 'ⓐ 만 19세 이상 거주자 또는 ⓑ 근로소득이 있는 만 15세 이상 19세 미만'의 거주자가 가입할 수 있다. 즉 근로소득이 있는 경우는 만 15세 이상부터 가입이 가능하다.

* 주1 : ISA의 모든 가입유형(일반형/서민형/농어민형)은 '직전 3개 연도 중 한 번이라도 금융소득종합과세 대상자에 해당하지 않을 것'을 가입의 전제조건으로 한다.

• 다 : ISA계좌에 편입할 금융상품을 직접 고르기를 원하는 투자자에게 적합한 유형은 신탁형과 중개형이다.

학습안내 28회, 30회, 32회, 33회, 35회, 37회, 38회 기출(► ISA에 대한 전체 내용은 '37회 08번 해설'을 참조할 것)

09

정답 ④

모두 틀린 내용이다.

• 가 : 비과세종합저축의 가입대상자는 'ⓐ 65세 이상 거주자, ⓑ 기타(장애인/기초생활수급자/독립유공자/상이자/5·18민주화운동 부상자/고엽제후유의증환자 등)'이다.

• 나 : 요구불예금의 정의이다.

► **요구불예금 vs 저축성예금**

(1) 요구불예금(보통예금/당좌예금/가계당좌예금) : 예금주의 환급청구가 있으면 조건 없이 지급해야 하는 금융상품으로, 현금과 유사한 유동성을 가져서 통화성 예금이라고도 한다. 인출이 자유로운 대신 저축성 예금에 비해 이율이 낮은 것이 특징이다.

(2) 저축성예금 : 저축성예금은 예금주가 일정기간 동안은 돈을 회수하지 않을 것을 약속하고 일정금액을 은행에 예치하고, 은행은 이에 대해 이자를 지급할 것을 약속하는 예금을 말한다. 저축성예금은 다시 거치식과 적립식으로 구분할 수 있다.

• 다 : CD, RP는 예금자비보호이지만 ELD는 예금자보호상품이다.

학습안내 32회 시험에서 비과세종합저축과 요구불예금이 각각 신유형으로 출제되었는데, 38회 시험에서 하나의 문항으로 출제되었다.

10

정답 ②

옳은 내용은 ②번이다. 신탁을 하면 법률상 소유권이 위탁자로부터 수탁자에게로 이전되므로, 위탁자의 명의로 신탁재산을 직접 운용할 수 없다(법률상 명의가 수탁자에게 있으므로 수탁자에게 운용방법 등을 지시함).

※ 추가해설

① 위탁자와 수탁자 간의 신탁계약이 이루어지면, 위탁자의 재산권이 수탁자에게로 이전 또는 처분된다(법률상 소유권 : **위탁자 → 수탁자**).

③ 금전신탁에서는 '위탁자 = 수익자(自益信託)' '위탁자 ≠ 수익자(他益信託)' 모두 가능하다. 그러나 수탁자는 위탁자 또는 수익자와 동일할 수 없다.

► 위탁자는 수익자의 지위를 겸할 수 있으나(자익신탁), 수탁자는 자기계약금지 차원에서 원칙적으로 수익자 및 위탁자의 지위를 동시에 겸할 수 없다(2024 기본서, 1권, p134 인용).

④ '연금이나 퇴직금의 지급을 목적으로 금융위원회가 정하는 신탁(연금저축신탁/퇴직연금신탁)'은 손실보전이나 이익 보장을 할 수 있다.

학습안내 28회, 30회, 31회, 33회, 34회, 36회, 38회 기출(► '신탁'에 대한 전체 내용은 '36회 09번 해설'을 참조할 것)

11

정답 ②

틀린 내용은 '다, 라'이다.

- 다 : 특정금전신탁은 위탁자가 신탁재산에 대한 '운용대상/운용방법/운용조건'을 지정한다(cf 운용자는 지정대상이 아님).
- 라 : 특정금전신탁에서 실적배당 이익은 '운용수익-신탁보수'이다. 운용보수와 판매보수는 신탁이 아닌 펀드에서 발생하는 비용이다.
  - ► 투자자가 부담하는 수수료 : 신탁-신탁보수, 펀드-운용보수/판매보수/수탁보수

※ **특정금전신탁의 정의**(2024 기본서, 1권, p133~134 참조)

특정금전신탁은 투자자가 자신의 맡긴 돈의 '운용대상, 운용방법, 운용조건 등[주1]'을 은행에 지시하고, 은행은 고객이 지시한 대로 운용하고 운용수익에서 일정한 비용(신탁보수 등)을 차감 후 실적배당하는 상품이다. 고객의 투자성향, 투자기간, 기대수익률 등에 따라 맞춤형 투자가 가능하다(중략).

* 주1 : 운용대상은 '주식, 채권, 부동산 등의 투자대상'을 말하며, 운용방법은 'active운용 또는 passive운용'을, 운용조건은 '손실률제한, 차익실현조건 등'을 말한다.

※ **불특정금전신탁과 특정금전신탁**(2025 기본서, 1권, p137 참조)

(1) 위탁자가 신탁재산에 대한 운용대상 등을 지정하면 특정금전신탁, 지정하지 않으면 불특정금전신탁이다.

(2) 특정금전신탁은 위탁자가 운용대상 등을 지정하는 신탁이고, 따라서 위탁자 별로 운용방법이 다르므로 합동운용이 불가하다.

참고 불특정금전신탁은 '연금저축신탁/퇴직연금신탁'에만 적용되며, 연금사업자가 다수 가입자의 신탁재산을 합동하여 운용한다.

12

정답 ③

옳은 내용은 ③번이다.

※ **추가해설**

① ELS는 자본시장법상 파생결합증권으로 분류된다(∵ ELS의 수익구조상 원금초과손실이 발생하지 않으므로).

② 공모와 사모 모두 발행이 가능하다.

참고 ELS는 사모로 발행을 해왔으나 시장의 인기를 끌면서 공모발행도 증가하였다.

④ ELS는 장외파생상품의 겸영인가를 받은(영업용 순자본 비율이 300% 이상 또는 순자본비율이 150% 이상) 투자매매업자만이 발행할 수 있다(∵ ELS발행사의 신용위험을 최소화하는 차원).

학습안내 28회, 30회, 31회, 34회, 36회, 38회 기출(► ELS에 대한 전체 내용은 '36회 12번 해설'을 참조할 것)

13

정답 ①

체증식 보험에 해당된다.

주의

(1) 보험기간이 경과함에 따라 (보험료 / 보험금)이 증가하는 것은 체증식 보험이다. → 보험금

(2) 보험기간이 경과함에 따라 보험금이 감소하는 것은 (체감식 보험 / 감액보험)이다. → 체감식 보험

학습안내 '보험금의 정액 유무에 따른 분류(체증식 / 체감식 / 감액 / 변액보험)'에 대한 상세 내용은 '42회 11번 해설'을 참조할 것

14

정답 ①

일반사무관리회사(업무 : 발. 명. 계. 소)를 말한다.

※ **일반사무관리회사의 정의**(2024 기본서, 3권, p414 인용)

투자회사의 위탁을 받아 ① 투자회사 주식의 발행 및 명의개서, ② 투자회사재산의 계산, ③ 법령 또는 정관에 의한 통지 및 공고, ④ 이사회 및 주주총회의 소집 · 개최 · 의사록 작성 등에 관한 업무, ⑤ 그 밖에 투자회사의 사무를 처리하기 위하여 필요한 업무로서 금융위로부터 위임받은 기준가격 산정업무 · 투자회사의 운영에 관한 업무를 영위하는 자를 일반사무관리회사라고 한다.

※ **집합투자기구 관계회사의 정의**

(1) 일반사무관리회사 : 투자회사의 위탁을 받아 투자회사 주식의 발행 및 명의개서, 투자회사재산의 계산, 주총소집 등의 투자회사 운영에 관한 업무를 수행하는 자

(2) 집합투자기구평가회사 : 집합투자기구를 평가하고 이를 투자자에게 제공하는 업무를 영위하는 자

(3) 채권평가회사 : 집합투자재산에 속하는 채권 등 자산의 가격을 평가하고 이를 집합투자기구에게 제공하는 업무를 영위하는 자

학습안내 33회, 34회, 38회 기출

15

정답 ③

IRP를 통한 추가납입은 확정급여형(DB형), 확정기여형(DC형) 모두 가능하다.

학습안내 29회, 30회, 32회, 33회, 35회, 37회, 38회 기출(► 퇴직연금제도에 대한 전체 내용은 '35회 15번' 해설을 참조할 것)

1-3 부동산관련 상품(5문항)

16

정답 ①

부채보상비율 또는 부채상환비율은 $\frac{\text{순운용소득(또는 순영업이익)}}{\text{부채상환액}}$이다. 즉, 이 비율이 높을수록 부채상환액을 갚을 수 있는 능력이 크다는 것을 의미한다.

※ **투자의 타당성 평가를 위한 분석기법**

(1) **간편법** : 순소득승수/투자이율/자기자본수익률

• 투자이율 = $\frac{\text{순운용소득}}{\text{총투자액}}$, 순소득승수 = $\frac{\text{총투자액}}{\text{순운용소득}}$, 자기자본이익률 = $\frac{\text{납세전현금흐름}}{\text{자기자본투자액}}$

보충 순소득승수과 투자이율은 역수관계이다(산식 참조). 자기자본이익률은 Cash On Cash수익률과 유사한 개념이다.

(2) 현금흐름할인법 : 순현재가치법(NPV)/수익성지수법(PI)/내부수익률법(IRR)

㉠ 순현재가치법(NPV ; Net Present Value) : 현금유입의 현재가치-현금유출의 현재가치

→ NPV가 0보다 클수록 투자가치가 높다.

㉡ 수익성지수법(PI ; Profitability Index) : 수익성지수 = $\frac{\text{현금유입의 현재가치}}{\text{최초의 부동산 투자액}}$

→ PI가 1보다 클수록 투자가치가 높다.

㉢ 내부수익률법(IRR ; Internal Rate of Return): 투자안의 현금유입의 현재가치와 현금유출의 현재가치를 일치시키는 할인율

→ IRR이 k(요구수익률)보다 클수록 투자가치가 높다.

보충 1 내부수익률은 '해당 투자로부터 발생하는 모든 현금유입의 현재가치와 투자지출의 현재가치를 일치시키는 할인율'로 정의되며, 결과적으로 '해당 투자로부터 발생하는 현금흐름의 순현재가치가 제로가 되는 할인율'이 된다.

보충 2 내부수익률은 화폐의 시간적 가치를 고려한 것인데 비해서, Cash On Cash수익률은 화폐의 시간적 가치를 고려하지 않은 것이다(2024 기본서, 1권, p476 인용).

※ **추가해설**(LTV, DSCR, CoC 수익률)

(1) **대출비율(Loan To Value ratio ; LTV)** : 저당대출원금을 부동산가격으로 나눈 것으로서 부동산투자의 자본구조를 파악할 수 있다.

예 부동산가격이 100억 원, 대출원금이 60억 원이라면 LTV는 60%($\frac{\text{60억 원}}{\text{100억 원}}$)이다. 이는 타인자본을 통한 투자가 60%, 자기자본으로 인한 투자가 40% 임을 말한다.

(2) **부채상환비율(Debt Service Coverage Ratio ; DSCR)** : 순운용소득을 부채상환액으로 나누어서 구하며, 부동산 투자 시의 원리금상환능력을 측정한다.

예 순운용소득이 10억 원, 부채상환액이 4억 원이라면, DSCR은 2.5배($\frac{\text{10억 원}}{\text{4억 원}}$)이다.

(3) **Cash On Cash수익률(CoC수익률)** : 해당 기의 순현금흐름을 자기자본으로 나눈 것이다(당기의 현금흐름만 사용하므로 화폐의 시간가치를 반영하지 않음).

학습안내 29회, 32회, 34회, 36회, 38회 기출

17

정답 ①

용도지역은 '도시지역/관리지역/농림지역/자연환경보전지역(도/관/농/자)'의 4가지이다.

※ **용도지역 · 용도지구 · 용도구역**(2024 기본서, 1권, p388~392 참조)

(1) '용도지역 • 용도지구 • 용도구역제'의 의의

'국토의 계획 및 이용에 관한 법률'상 용도지역 • 지구 • 구역제는 도시관리계획에 의하여 전국의 토지를 대상으로 특정한 용도지역 • 지구 또는 구역을 지정하고, 그 용도에 따라 토지의 이용 및 건축물의 용도 • 건폐율 • 용적률 • 높이 등을 제한함으로써 토지를 경제적 • 효율적으로 이용하고 공공복리의 증진을 도모하기 위한 제도이다. 용도지역은 전국의 토지에 대하여 중복되지 않도록 지정되는데, 지역의 지정은 일시에 할 필요가 없으며 순차적으로 지정해도 되므로 지역의 지정이 없는 토지가 있을 수 있다(중략).

(2) '용도지역 • 용도지구 • 용도구역'의 종류

㉠ 용도지역(4개) : 도시지역/관리지역/농림지역/자연환경보전지역(→ '도. 관. 농. 자'로 암기)

- 도시지역은 다시 '주거지역/상업지역/공업지역/녹지지역'으로 세분됨

㉡ 용도지구(10개) : 경관지구/미관지구/고도지구/방화지구/방재지구/보존지구/시설보호지구/취락지구/개발진흥지구/특정용도제한지구

㉢ 용도구역(4개) : 개발제한구역/도시자연공원구역/시가화조정구역/수산자원보호구역

- 개발제한구역은 '도시의 무질서한 확산방지', 시가화조정구역은 '도시의 무질서한 시가화방지'를 목적으로 한다.

학습안내 29회, 33회, 38회 기출

18

정답 ①

'경작을 위한' 토지의 형질변경은 허가를 받지 않아도 된다.

※ **추가해설**(2024 기본서, 1권, p401 인용)

(4) 개발행위의 허가

도시계획사업에 의하지 않고,

'건축물의 건축 또는 공작물의 설치, 토지의 형질변경 등 개발행위를 하고자 하는 자는, 특별시장 • 광역시장 • 시장 또는 군수의 허가를 받아야 한다. 개발행위에는,

① 건축물의 건축 또는 공작물의 설치

② 토지의 형질변경(**단, 경작을 위한 형질변경은 제외**)

③ 토석채취

④ 토지분할

⑤ 녹지지역 • 관리지역 • 자연환경보전지역에 물건을 1개월 이상 쌓아놓는 행위(→ 적치행위)

가 있다(중략).

학습안내 25회 시험에서 신유형 출제 이후 38회 시험에서 두 번째로 출제되었다.

19

정답 ①

틀린 내용은 '가, 나'이다.

• 가 : 토지를 평가할 때 가장 적합한 방식(중추적인 방식)은 **비교방식(거래사례비교법)이다**. 토지와 같이 재생산이 불가한 자산에 대해서는 원가법을 적용하기가 어렵다. 단, 조성지나 매립지의 경우 토지의 재생산이 아닌 토지의 이용전환으로서 조성 시 투입된 비용으로 평가하는 원가법이 유용하다.

• 다 : '부동산의 가치(복성가격 또는 적산가격) = 토지의 가치 + 건물의 가치'이고 '건물의 가치 = 재조달원가 − 감가누계액'인데, 이와 같이 평가하는 것은 원가법이다.

※ **감정평가 3방식 비교**(약식)

비교방식	원가방식	수익방식
거래사례비교법	원가법	수익환원법
비준가격[주1]	적산가격(복성가격)[주2]	수익가격[주3]
• 시장성 반영(현실적, 실증적) • 토지평가에 가장 적합 • 키워드 : 사정보정/시점수정	• '비시장성/비수익성' 부동산 평가에 적합 • 키워드 : 재조달원가, 감가상각	• 수익성 부동산(오피스텔 등) 평가에 적합 • 키워드 : 순영업소득, 환원이율

* 주1 : 비준가격 = 사례가격 × **사정보정** × **시점수정** × 지역요인보정 × 개별요인보정 × 면적
* 주2 : 적산가격 = 토지가치 + 건물가치(**재조달원가 − 감가수정액**)
* 주3 : 수익가격 = $\frac{\text{순수익}}{\text{환원이율}}\left(\frac{\text{순영업소득}}{\text{자본환원율}}\right)$

학습안내 35회, 36회와 유사하게 출제되었으나 학습효과 차원에서 변형복원하였다(► '감정평가 3방식'에 대한 상세 내용은 '43회 20번 해설'을 참조할 것).

20

정답 ④

수익환원법으로 평가한 가격(수익가격)은 '$\frac{\text{순수익}}{\text{자본환원율}} = \frac{50}{0.05} = 1{,}000$억 원'이다.

학습안내 29회, 34회, 36회, 38회 기출(► '수익환원법 계산'에 대한 상세 내용은 '36회 20번' 해설을 참조할 것)

2-1 대안투자운용/투자전략(5문항)

21

정답 ①

대안투자에서 거래하는 자산은 대부분이 장외시장에서 거래되므로 환금성이 부족하며, 따라서 환매금지기간(lock up period)을 두는 것이 일반적이다.

※ 대안투자상품 개요(2024 기본서, 2권, p2 인용)

투자상품을 분류하는 다양한 방법 중 투자대상 자산군(asset class)에 따라 전통투자대상 자산군(traditional asset class)과 대안투자대상 자산군(alternative class)으로 분류할 수 있다. 전통투자는 투자자에게 친숙한 자산인 **주식, 채권, 환율 등에 투자하는 것을 말하고, 구체적인 펀드형태로는 주식형, 채권형, 혼합형 그리고 MMF 등이 있다.** 이에 반해 대안투자는 새롭게 등장한 투자대상을 통칭한다. 대안투자대상으로는 부동산(real estate), 원자재 등 일반상품(commodity), 사회간접시설 등 인프라스트럭처, 선박, relative value, event driven, Long.Short equity, global macro 등의 차익거래 혹은 헤지전략 등이 있다. 이러한 투자대상에 투자하는 펀드로는 **헤지펀드, 부동산펀드, 일반 상품펀드, 인프라스트럭처 펀드, PEF(Private Equity Fund), Credit Structure** 등이 있다.

※ 대안투자상품의 특징(2024 기본서, 2권, p3~4 참조)

(1) 전통적인 투자상품과 낮은 상관관계를 가지고 있어 전통투자와 포트폴리오를 구성하면 높은 분산투자효과를 얻을 수 있다(단, 최근에는 낮은 상관관계에서 벗어나 상관관계가 점차 높아지는 경향이 있음).

(2) 대안투자에서 거래되는 대부분의 자산이 장외시장에서 거래되는 자산으로서, 환금성이 떨어지게 되고 이로 인해 환매금지기간(lock up period)이 있고 투자기간이 길다.

(3) 기존 투자전략의 매수중심(long only)의 거래방식과 달리 차입, 공매도의 사용 및 파생상품 활용이 높아 이에 대한 위험관리가 중요한 이슈가 되고 있다.

(4) 전통투자에 비해 운용자의 스킬이 중요시되고 이 때문에 보수율은 높은 수준이며, 성공보수가 함께 징구되는 경우가 많다.

학습안내 29회, 31회, 33회, 34회, 38회 기출

22

정답 ③

MBS는 모기지(Mortgage)[주1]를 기초자산으로 한다(기업매출채권과 같은 모기지 외의 자산은 MBS의 기초자산이 될 수 없다).

* 주1 : 모기지는 '주택자금대출로부터 발생하는 채권과 당해 채권의 변제를 위해 담보로 확보하는 저당권'을 말한다.

※ 부동산금융의 종류(2024 기본서, 2권, p5~7 참조)

주택금융	수익형 부동산금융			
	ABS	MBS	REITs	PF

(1) 주택금융 : 담보대출로 자금을 조달하는 금융

(2) 수익형 부동산금융 : 부동산이 창출하는 미래 현금흐름을 전제로 하여 자금을 조달하는 금융으로서, 부동산증권형 금융과 개발금융으로 구분된다.

㉠ 부동산증권형 : 자금조달 주체가 증권을 발행하고 투자자가 해당 증권을 매입하는 형태로 자금을 조달하는 것으로서, 부동산투자회사(REITs)/자산유동화증권(ABS)/주택저당증권(MBS) 등이 있다.

- ABS : 부동산관련 자산을 기초자산으로 하여 ABS를 발행할 경우, 발행사 입장에서 신용위험과 유동성위험을 회피할 수 있다.
- MBS : 모기지를 기초자산으로 하는 ABS가 MBS이다.

• REITs : 부동산 간접투자 도구로서 부동산투자회사법상의 부동산투자회사이다. 증권시장에 상장함으로써 발행사는 유동성을 확보할 수 있으며, 투자자는 소액으로도 부동산에 투자할 수 있는 장점이 있다.

㉡ 부동산개발금융 : 증권발행으로 자금을 조달하는 것이 아니라 프로젝트에 직접 투자를 받아 자금을 조달하는 것을 말하며 프로젝트금융(PF)이라고도 한다.

• 부동산개발금융에 해당하는 프로젝트 파이낸싱(PF)은 차주에 대해 상환청구권을 가지지 않는 대신에 프로젝트 관련 자산 및 미래현금흐름에 원리금회수의 대부분을 의존하는 선진금융기법이다.

학습안내 29회, 31회, 33회, 38회 기출(► 관련하여 '부동산 개발사업'에 대한 상세 내용은 '37회 22번 해설'을 참조할 것)

23

정답 ①

'Yield curve flattener, Yield curve steepener, Yield curve butterfly 전략은 채권차익거래전략으로서 방향성전략이 아니라 차익거래전략에 속한다.

학습안내 36회, 38회 기출(► '해지펀드 운용전략'의 전체 종류에 대한 상세 내용은 '36회 23번 해설'을 참조할 것)

24

정답 ①

보기는 발행목적에 따른 CDO의 분류로서 'Balance Sheet CDO, Arbitrage CDO'에 해당한다.

※ 추가해설

(1) Balanced Sheet CDO

• 위험전가 목적으로 거래하고, 거래를 통해 대차대조표에서 신용위험자산이 감소하여 재무비율이 개선되는 효과를 가지고 있다.

• CDO를 통한 위험전가결과로 자산보유자는 위험관리, 감독규정상의 최저 요구자본 요건 충족 및 대출여력확충 등과 같은 효과를 얻을 수 있다.

(2) Arbitrage CDO

• 기초자산의 수익률과 유동화증권의 수익률 간의 차이에서 발생하는 차익을 취할 목적으로 발행되는 CDO

• SPC는 신용도가 높은 선순위 CDO트랜치를 발행함으로써 낮은 이자비용을 발생시키고, 기초자산으로부터 얻는 높은 수익과의 차익을 남긴다.

학습안내 31회, 32회, 35회, 38회 기출(► 'CDO의 전체 분류'는 '40회 25번 표 해설'을 참조할 것)

25

정답 ②

Mezzanine트랜치는 잔여이익에 대한 참여권이 없다.

※ 추가해설(CDO의 3가지 트랜치)

① equity트랜치에 투자한 투자자는 up-front방식으로 일정한 수익을 먼저 지급받고, 만기시점에서 원금이 남아있으면 원금을 수령하고 그렇지 않으면 원금을 받지 못한다[주1].

* 주1 : equity트랜치에서 부도율이 손실발생 시작점(attachment point)을 지나, 손실발생 종료점(detachment point)에 도달하면 equity트랜치는 원금 전체의 손실을 입게 되고, 이때 수령할 원금은 없다.

② 에쿼티트랜치가 손실발생종료점에 도달하면 메자닌트랜치가 잔여이익에 대한 권리 없이 에쿼티트랜치가 된다.

③ 시니어트랜치는 세 가지 트랜치 중에서 가장 안전하지만 'mark to market위험(신용평가를 통한 신용등급하락위험)'에 노출될 수 있다.

④ 수퍼시니어트랜치는 초우량자산을 보유하는 트랜치이므로, 신용평가사에서 이들 자산에 대한 신용평가를 하지 않는다(회사채 등급기준으로 최상위 등급인 AAA+보다 더 우량한 자산이므로 신용평가사의 신용평가가 필요하지 않다는 의미). 따라서 투자자의 입장에서는 결과적으로 신용평가사의 신용등급 없이 투자하게 된다.

보충 Super Senior트랜치는 재보험사의 보유위험을 헤지할 수 있는 분산투자의 도구로 인식되고 있다.

학습안내 29회, 32회, 34회, 38회 기출

2-2 해외증권투자운용/투자전략(5문항)

26

정답 ③

틀린 내용은 '가, 다'이다.

- 가 : 국가 간 상관계수가 높을수록 국제 분산투자 효과는 작아진다.
  - 글로벌 동조화가 강화될수록(국가 간 상관계수가 높을수록) 국제 분산투자 효과는 작아진다.
- 다 : '개별 기업 특유의 요인에 위험'은 비체계적 위험을 말하며, 비체계적 위험은 국내 분산투자로도 제거할 수 있다.

학습안내 31회, 35회, 38회 기출(► '국제 분산투자 효과'에 대한 상세 내용은 '35회 26번 해설'을 참조할 것)

27

정답 ②

단기투자자의 비중이 높아지면 회전율이 **높게** 나타나며, 이 경우 거래량 기준 상의 순위가 상승할 수 있다.

※ **국제 주식시장의 규모**(2024 기본서, 2권, p154~155 발췌)

(1) 각 거래소의 규모는 해당 거래소에 상장된 주식의 **시가총액(market capitalization)이나 거래량으로 파악해 볼 수 있는데** 어느 기준으로 보느냐에 따라 시장규모의 순위는 상당한 차이를 가질 수 있다.

(2) 경제규모에 비해 주식시장의 규모가 큰 국가는 기업자금조달에서 자본시장의 역할이 상대적으로 크거나 **효율적인 증권시장을 가져서** 국제 증권업무를 많이 유치한 국가들인 것을 알 수 있다.

(3) 각국 주식시장 거래규모의 중요한 결정요인으로는 상장주식 시가총액을 들 수 있지만 **투자자의 거래행태나 주식보유의 동기와 분포도 중요한 결정요인이 된다.**

(4) 시가총액에 대비한 거래량을 회전율이라고 할 때, **단기매매차익을 노리는 투자자의 비중이 큰 시장에서는 회전율이 높아지는 반면** 장기적 투자수익을 노리거나 안정적 경영권 확보를 위한 기관투자자나 대주주의 비중이 크다면 회전율은 상대적으로 낮을 것이다.

학습안내 28회, 31회, 34회, 38회 기출

28

정답 ③

달러표시 DR을 미국과 미국 이외의 시장에서 동시에 상장하면 GDR(Global Depository Receipt)이 된다.

학습안내 29회, 31회, 32회, 33회, 35회, 38회 출제되었다(► 'DR발행'에 대한 상세 내용은 '35회 29번 해설'을 참조할 것).

29

정답 ④

역외채권(off shore bond)은 채권발행 당국의 규제를 받지 않는 채권을 말하는데, 양키본드(외국채)는 채권발행 당국인 미국 증권거래위원회(SEC)의 규제를 받으므로 역내채권(on shore bond)이다.

※ 추가해설

① 미달러화 표시 채권을 미국에서 발행하면(채권표시통화의 본국에서 발행) → 외국채 (foreign bond), 미달러화 표시 채권을 미국 이외의 곳에서 발행하면(채권표시통화의 본국 이외의 국가에서 발행) → 유로채(euro bond)

② 비교해서, 유로채의 경우 공시나 신용등급평가 등에 대한 규제를 받지 않고 시장참가자의 합의에 따라 어떤 조건이든지 자유롭게 선택하여 발행할 수 있다.

③ 비교해서, 유로채는 감독 당국에 등록되지 않고 채권의 소지자가 청구권을 가지는 무기명채권(bearer bond)이다.

④ 외국채(양키본드, 판다본드, 사무라이본드, 아리랑본드 등)는 역내 채권이며, 유로채(딤섬본드, 김치본드 등)는 역외채권이다.

학습안내 34회・36회・37회와 동일유형으로 출제되었으나 학습효과 차원에서 변형복원하였다(► '유로채 vs 외국채'의 상세 내용은 '43회 28번 해설'을 참조할 것).

30

정답 ②

벤치마크 포트폴리오를 정확히 모방하는 것은 완전복제법(full replication)을 말하는데, 완전복제법의 경우 인덱싱 방법 중 벤치마크수익률에 가장 근접한다는 장점이 있지만 거래비용이 많아지는 단점이 있다.

※ 해외주식 투자전략(2024 기본서, 2권, p182~188 참조)

소극적 전략(방어적 전략)	적극적 전략(공격적 전략)	
	하향식 접근 (Top-down Approach)	상향식 접근 (Bottom-up Approach)

• 해외주식 투자에서는 적극적 전략이 소극적 전략보다 우세하다.

(1) 적극적 투자 vs 소극적 투자

① 적극적(공격적)인 투자전략

㉠ 시장이 비효율적이라고 본다.

㉡ 각국의 환율과 주가 전망에 대한 예측을 포트폴리오에 반영하여, 벤치마크대비 초과수익률을 올리고자 하는 전략이다.

② 소극적(방어적)인 투자전략

㉠ 시장이 효율적이라고 본다.

㉡ 벤치마크 지수의 구성을 모방함으로써 벤치마크 수익률과의 괴리를 최소화하고자 하는 전략이다.

• 소극적 전략의 목표수익률 상한은 벤치마크 수익률이 된다(∵ 벤치마크와 동일한 포트폴리오 구축 과정에서 거래비용이 발생하므로 투자수익률은 벤치마크 수익률보다 낮은 것이 일반적).

• 벤치마크의 포트폴리오 구성을 정확히 모방할 경우(완전복제법 ; full replicaion), 목표수익률이 벤치마크 수익률에 근접하게 되지만 인덱싱 과정에서 거래비용이 증가하는 단점이 있다.

(2) 하향식 접근 vs 상향식 접근

① 하향식 접근(top down approach)

㉠ 각국의 거시경제변수를 통해 국가비중을 먼저 결정하고, 이후 해당 국가의 산업과 기업별 비중을 순차적으로 결정하는 전략이다.

㉡ 세계경제를 완전히 통합되지 않고 분리된 각국 경제의 결합체로 본다.

② 상향식 접근(bottom up approach)

㉠ 기업분석과 산업분석을 통하여 투자대상의 주식과 주식 별 투자액을 미리 정하고 그 결과 전체 포트폴리오에서 차지하는 각국의 투자비중이 결정되는 전략이다.

㉡ **세계경제를 글로벌화된 산업의 집합체로 본다.**

학습안내 28회, 30회, 34회, 36회, 38회 기출

2-3 기본적 분석(6문항)

31

정답 ②

틀린 내용은 '다, 라'이다.

- 다 : 고정비율보상비율(Fixed Charge Coverage Ratio ; FCC)이 **높으면** '해당 기업이 부채 레버리지 효과를 충분히 활용하고 있지 않음'을 의미하며, **낮으면** '기업이 과다한 레버리지를 사용하고 있거나 또는 고정비용(이자비용 + 리스료)에 비해서 충분한 수익을 올리고 있지 못함'을 의미한다.
- 라 : 배당성향이 **낮으면** 영업손실의 발생이나 수익성 악화로 운전자본을 더 필요로 하는 상태에 있음을 의미하고, **높으면** 성숙단계에 속한 기업으로서 더 이상의 확장이나 많은 운전자본이 필요하지 않은 상태에 있음을 의미한다.

학습안내 36회와 동일하게 출제되었으나 학습효과 차원에서 변형복원하였다(► '재무비율 해석'에 대한 전체 내용은 '36회 31번 해설'을 참조할 것).

32

정답 ④

총자산이 300억 원, 자기자본이 60억 원, 총부채는 240억 원이다(아래 풀이).

※ **풀이**(듀퐁분석 활용)

→ $\frac{\text{순이익}}{\text{자기자본}} = \frac{\text{순이익}}{\text{총자산}} \times \frac{\text{총자산}}{\text{자기자본}}$, ROE = ROA × $\frac{\text{총자산}}{\text{자기자본}}$

→ ROE는 ROA의 5배이므로 '$5 = \frac{\text{총자산}}{\text{자기자본}}$' 이다.

총자산이 300이므로 '$5 = \frac{300}{\text{자기자본}}$'이고, 따라서 자기자본은 60이다.

→ 최종적으로 총부채는 240이다(► 총자산300 = 총부채240 + 자기자본60).

학습안내 29회, 32회, 34회, 38회 기출

33

정답 ②

영업레버리지도(DOL)는 영업이익의 변화율을 매출액(또는 판매량)의 변화율로 나누어서 구한다.

※ 추가해설

① DCL = DOL × DCL(결합레버리지도 = 영업레버리지도 × 재무레버리지도)

② 영업레버리지도 = $\frac{\text{영업이익변화율}}{\text{매출액변화율}}$

- **매출액(또는 판매량)의 변화율에 대한 영업이익의 변화율의 비율**(→ 기본서 상의 기술)
- 영업이익의 변화율을 매출액(또는 판매량)의 변화율로 나눈 값(응용 표현)

③ 재무레버리지도 = $\frac{\text{주당순이익변화율}}{\text{영업이익변화율}}$

- **영업이익의 변화율에 대한 주당이익의 변화율의 비율**(→ 기본서 상의 기술)
- 주당이익의 변화율을 영업이익의 변화율로 나눈 값(응용표현)

④ 타인자본 의존도가 높을수록 → 이자비용이 많아지고 → DCL이 높아진다(아래 공식상 이자비용이 많아지면 분모값이 작아져서 전체 DCL이 높아진다).

※ 레버리지도 분석 : 개념 및 산식

구 분	영업레버리지도(DOL)	재무레버리지도(DFL)	결합레버리지도(DCL)
개 념	$\frac{\text{영업이익변화율}}{\text{매출액변화율}}$	$\frac{\text{주당순이익변화율}}{\text{영업이익변화율}}$	$\frac{\text{주당순이익변화율}}{\text{매출액변화율}}$
산 식	$\frac{\text{매}-\text{변}}{\text{매}-\text{변}-\text{고}}$	$\frac{\text{매}-\text{변}-\text{고}}{\text{매}-\text{변}-\text{고}-\text{이}}$	$\frac{\text{매}-\text{변}}{\text{매}-\text{변}-\text{고}-\text{이}}$

[매 : 매출액, 변 : 변동비, 고 : (영업)고정비, 이 : 이자비용]

학습안내 '레버리지 분석'은 빈출주제로서 '(1) 레버리지도 전체개념 문제 : 30회 · 33회 · 35회 · 37회 · 38회, (2) 결합레버리지도 개념문제 : 28회 · 31회 · 34회 · 36회, (3) 레버리지도 계산문제: 29회 · 32회'의 3가지 방향으로 출제되고 있다.

34

정답 ②

고든의 PER모형상 PER는 $\frac{1-b}{k-g}$ 이며(b : 유보율, k : 요구수익률, g : 배당성장률), 아래와 같이 풀이한다.

$\rightarrow PER=\frac{1-b}{k-g}=\frac{1-b}{k-b \cdot ROE}$, $g=b\times ROE$ ($\because g=b\times ROE$)

$\rightarrow PER=\frac{0.3}{0.10-0.7 \cdot 0.10}=\frac{0.3}{0.10-0.07}=\frac{0.3}{0.03}=10$, ∴ PER = 10배

참조 요구수익률(k)과 자기자본이익률(ROE)이 동일할 경우 '$k=\frac{1}{PER}$'의 공식으로 PER를 구할 수 있다. 즉 '$PER=\frac{1}{k}=\frac{1}{0.1}=10$(배)'이다. 배당성향을 80%로 가정하면, '$PER=\frac{0.8}{0.10-0.2 \cdot 0.10}=\frac{0.8}{0.10-0.02}=\frac{0.8}{0.08}=10$(배)'이다. 즉 요구수익률과 자기자본이익률이 같을 경우에는 배당성향과 관계없이 '$PER=\frac{1}{k}$'이 된다.

학습안내 28회, 30회, 32회, 34회, 36회, 38회 기출

35

정답 ①

주당가치는 4만 원이다(아래 풀이).

※ EV/EBITDA비율을 이용한 상장기업의 주당가치 추정

(1) 오리지널 방식

㉠ A기업의 EV추정 : 유사기업의 EV/EBITDA × 상장기업의 EBITDA = 20 × 60억 원 = 1,200억 원

㉡ A기업의 시가총액 추정 : 1,200원(EV) − 400억 원(채권자가치) = 800억 원

㉢ 주당가치 추정 : $\frac{\text{시가총액}}{\text{발행주식수}} = \frac{\text{800억 원}}{\text{200만주}}$ = 40,000원

(∴) A기업의 주당가치는 40,000원이다.

(2) 약식계산(EV/EBITDA공식 활용)

㉠ $\frac{\text{시가총액 + 채권자가치}}{EBITDA}$ = 20, $\frac{\text{시가총액 + 400억 원}}{\text{60억 원}}$ = 20, 시가총액 + 400억 원 = 1,200억 원

따라서 시가총액은 800억 원

㉡ 주당가치 추정 : $\frac{\text{시가총액}}{\text{발행주식수}} = \frac{\text{800억 원}}{\text{200만주}}$ = 40,000원

(∴) A기업의 주당가치는 40,000원이다.

학습안내 30회, 33회, 36회, 38회 기출

36

정답 ①

타인자본비중이 가장 높은 조합(①)에서 가중평균자본비용(WACC)이 가장 낮아지고 최종적으로 가장 높은 EVA가 달성이 된다.

※ EVA공식 개념을 통한 문제풀이

(1) EVA공식 이해 : EVA = 세후순영업이익 − (투하자본 × 가중평균자본비용)

따라서 보기의 조건을 대입하면 동 기업의 EVA는,

EVA = 100억 원 − (250억 원 × 가중평균자본비용[주1])'이다. 즉 가중평균자본비용(WACC)이 낮을수록 가장 높은 EVA가 달성된다.

* 주1 : 가중평균자본비용(WACC) = (자기자본비율 × 자기자본비용) + {타인자본비율 × 타인자본비용 × (1 − 법인세율)}

(2) 자기자본비용과 타인자본비용이 동일하다고 전제하였을 때, 타인자본비중이 높을수록 법인세절감효과가 커지고[주2] 그 결과 가중평균자본비용이 낮아진다. 따라서 타인자본비중이 가장 높은 조합(①)에서 가장 높은 EVA가 달성이 된다.

* 주2 : 부채를 사용할 경우 이자비용이 발생하고 이자비용은 기업의 당기순이익을 감소시키고 당기순이익이 감소하는 만큼 법인세가 절감되는 효과가 발생한다.

학습안내 동 문항은 EVA계산의 응용형태로서 33회에서 신유형으로 출제 후 38회에서 두 번째로 출제되었다.

2-4 기술적 분석(2문항)

37

정답 ④

깃발형은 지속형 패턴(continuation pattern)이다.

※ 반전형 vs 지속형 패턴

(1) 반전형 패턴 : 헤드앤쇼울더 · 역헤드앤쇼울더, 이중천장형 · 이중바닥형, 원형천장형 · 원형바닥형, 선형, 확대형

(2) 지속형 패턴: 삼각형, 깃발형, 페넌트형, 쐐기형, 사각형, 다이아몬드형

학습안내 28회, 29회, 30회, 31회, 32회, 33회, 34회, 36회, 38회 기출(► 개별패턴에 대한 상세 내용 은 '37회 41번 해설'을 참조할 것)

38

정답 ①

MAO를 말한다.

보충 MAO는 그 자체로 매매신호를 얻지만(양전환/음전환), MACD는 시그널과의 교차를 통해서 매매신호를 얻는다.

학습안내 35회 신유형 출제 이후 38회에서 동일하게 출제되었다(► 'MAO'에 대한 상세 내용은 '35회 39번 해설'을 참조할 것).

2-5 산업분석(4문항)

39

정답 ②

노동력이 상대적으로 풍부한 국가는 노동집약적 산업 위주로 산업구조가 변화한다.

※ 전통적 무역이론 : 리카도의 비교우위론, 헥셔-올린 모형(2024 기본서, 2권, p391인용)

리카도(D. Recardo)의 비교우위론에서는 국가 간에 각 생산제품에 필요한 노동투입량, 다시 말하면 상대적 생산비가 다르므로 각국은 상대적으로 생산비가 낮은(비교우위가 있는) 제품의 생산에 특화하여 이를 수출하는 것이 이익이다. 이 경우 수출산업은 빠르게 성장하여 산업구조변화를 초래하게 될 것이다. 다음으로 **헥셔-올린 모형(Heckscher-Ohlin Model)은 노동과 자본으로 확대하여** 생산요소의 상대적 부존도의 차이가 무역패턴을 결정한다는 것이다. 간단히 설명하며, **노동이 상대적으로 풍부한 국가는 노동의 상대가격이 싸므로 노동을 상대적으로 많이 사용하는 노동집약적인 제품에서 비교우위를 갖는다.** 따라서 한 국가의 경제가 발전함에 따라 자본의 상대적인 부존도가 상승하게 되면 산업구조도 노동집약적인 산업 중심에서 자본집약적인 산업 중심으로 변화하게 될 것이다(중략).

※ 현대적 무역이론 : 제품수명주기 이론 등 새로운 이론(2024 기본서, 2권, p391인용)

전통적 무역이론이 설명하지 못하는 부분들은 이후의 새로운 이론들에 의해 보완되고 있다. **제품수명주기 이론**은 한 국가의 공급능력 변화에서 기술혁신 또는 신제품개발이 갖는 중요성을 분석하였다. 전략적 무역정책(strategy trade policy)을 포함하는 **신무역 이론에서는** 규모의 경제와 불완전경쟁 등 시장실패를 상정하여 산업 내 무역과 정부개입의 필요성을 보이고 있다. **내생적 성장이론(endogenous growth theory)은** 경제성장을 인적자본 등 요소의 내생적 축적에 의해서 이루어진다고 보고 있으며, 이를 국제무역에 응용하면 동태적 비교우위와 산업구조 변화에서 **요소부존보다 요소 창출이 더욱 중요해 진다**(중략).

학습안내 29회, 31회, 35회, 36회, 38회 기출(► '산업구조변화에 대한 경제이론'의 정리된 내용은 '35회 41번 해설'을 참조할 것)

40

정답 ④

틀린 내용은 '나, 라'이다.

• 나 : 투입계수는 각 산업이 재화와 서비스의 생산에 사용하기 위하여 다른 산업으로부터 구입한 **중간투입액과 부가가치액을 총투입액(또는 총산출액)으로 나눈 것**으로 중간투입계수와 부가가치계수로 나누어진다.

► $\text{중간투입계수} = \dfrac{\text{중간투입액}}{\text{총투입액}}$, $\text{부가가치계수} = \dfrac{\text{부가가치액}}{\text{총투입액}}$

• 라 : 전방연쇄효과의 정의이다(아래 '전방/후방 연쇄효과'의 정의).

㉠ 전방연쇄효과(**모/특/전**) : **모**든 산업 제품에 대한 최종수요가 각각 1단위씩 증가할 경우 **특**정 산업의 생산에 영향을 미치는 효과(참고 전방연쇄효과가 가장 큰 산업은 석유화학산업)

㉡ 후방연쇄효과(**특/모/후**) : **특**정 산업 제품에 대한 최종수요 1단위의 증가가 **모**든 산업의 생산에 미치는 영향을 의미한다.

[영향을 미치는 방향] 모든 산업 → 특정 산업(전방연쇄), 특정 산업 → 모든 산업(후방연쇄)

학습안내 ► '산업연관분석'에 대한 전체 내용은 '37회 42번 해설'을 참조할 것

41

정답 ③

산업정책은 국민경제의 성장잠재력이 훼손되는 상황에서도 강조되는 경향이 있다.

참조 1 실제 시험에서 '성장잠재력이 훼손되는 상황에서도'가 아닌 '성잠잠재력이 훼손되는 상황에서'로 기술되었다고 하는데, 기본서에서는 '상황에서도'로 기술되어 있으며 의미상으로도 '상황에서도'가 더 적절하다.

참조 2 '강조되는 경향이 있다'는 기본서 기술인데, 실제 시험에서는 '강조된다'로 기술되었다고 한다(해석상 유의미한 차이는 없다고 봄).

※ 추가해설

① 산업정책은 공급지향적이다(수요지향적은 총수요관리정책을 말하며 케인즈적인 거시경제정책을 말함).

② 총수요관리정책에 해당한다(cf 산업정책은 잠재적 생산수준 자체를 확충하고자 하는 공급정책).

④ 바람직한 최적 산업구조로 전환하고자 하는 정책은 산업구조정책이다.

► 정 의

㉠ **산업구조정책** : 바람직한 최적산업구조를 상정하고 현재의 산업구조를 최적 산업구조로 전환하기 위해 의도적으로 산업 간 자원배분의 변화를 도모하는 정책

㉡ **산업조직정책** : 기업행동의 규칙, 규범과 시장경제 질서를 정비하여 기업 간 경쟁형태 및 시장구조에 영향을 미침으로써 산업의 효율과 성과를 증진시키는 정책([기출주제] 허핀달지수)

학습안내 31회, 33회, 35회, 38회 기출(► '산업정책'에 대한 기본서 全文은 '35회 42번 해설'을 참조할 것)

42

정답 ②

'가'는 도입기, '라'는 성숙기, '나, 다'는 쇠퇴기이다.

※ **산업의 라이프사이클 분석-단계별 특징**(2025 기본서, 2권, p402~403 참조)

(1) 도입기
- 제품이 처음 시장에 도입되는 시기
- 매출증가율이 낮으며, 이익은 **과도한 고정비**, 판매비, 시장선점경쟁 등으로 적자를 보이거나 저조하다.
- 이 시기에는 사업성공여부가 불확실하므로 판매능력이 중요하며, 이 단계에서 살아남은 모험기업들은 신성장기업군으로 주목받게 된다.

(2) 성장기
- **매출액과 이익이 급증하는 단계**(∵ 시장의 개화)
- 시장경쟁도 약하여 이익의 증가와 매출액의 증가가 빨라 수익성이 높아진다.
- 성장기 후반에는 시장경쟁이 격화되어 이익은 늘어나더라도 이익률은 정점에 도달한 이후 차츰 하락하게 된다.

(3) 성숙기
- 산업 내의 기업들이 **안정적인 시장점유율을 유지하면서 매출은 완만하게 늘어나는 시기**(∵ 시장의 성숙)
- 이익률은 시장점유율 유지를 위한 가격경쟁과 판촉경쟁 등으로 하락하고 기업별로 경영능력에 따른 영업실적의 차이가 크게 나타난다.
- 기업들은 원가절감이나 철저한 생산관리로 이윤의 하락추세를 만회하려 하기도 한다.
- 제품수명주기를 연장하기 위한 노력 또는 새로운 제품을 개발하기 위한 연구개발비 지출증가가 필요하다.

(4) 쇠퇴기
- 수요 감소 등으로 매출액 증가율이 **시장평균보다 낮게 되거나** 감소하게 된다(∵ 사양산업).
- 이익률은 더욱 하락하여 적자기업이 다수 발생하게 된다.
- 산업에서 철수하거나 업종다각화를 적극적으로 실시하게 된다.

학습안내 29회, 32회, 34회, 38회 기출

2-6 리스크 관리(8문항)

43

정답 ③

③은 운영위험을 말한다.

학습안내 37회와 동일하게 출제되었으나 학습효과 차원에서 변형복원하였다(► '5가지 재무위험의 정의'는 '36회 43번 해설'을 참조할 것).

44

정답 ③

$\sigma(\Delta V) \cdot z = \sigma(\Delta B) \cdot z = \sigma(B \times D^* \cdot \Delta y) \times z = B \times \sigma(\Delta y) \times z \times D^* = 2{,}000 \times 0.8\% \times 1.65 \times 2.5 = 66$,
즉 66억 원이다.

학습안내 31회, 34회, 36회, 38회 기출

45

정답 ③

4.66억 원 × $\frac{1.65}{2.33}$ × $\sqrt{4}$ = 6.6억 원

※ **VaR의 전환 예시(신뢰구간, 보유기간 변경 시)**

(1) 95% 신뢰기준의 1일 VaR이 1억 원일 때, 99% 신뢰기준의 25일 VaR은?

→ 1억 원 × $\frac{2.33}{1.65}$ × $\sqrt{25}$ = 7.06억 원

(2) 99% 신뢰기준의 1일 VaR이 1억 원일 때, 95% 신뢰기준의 25일 VaR은?

→ 1억 원 × $\frac{1.65}{2.33}$ × $\sqrt{25}$ = 3.54억 원

► 주의 대부분 (1)의 형태로 출제되었으나 38회 시험에서는 (2)의 형태로 출제되었다.

학습안내 28회, 31회, 32회, 33회, 34회, 36회, 38회 기출

46

정답 ④

틀린 내용은 '나, 라'이다.

- 나 : 역사적 시뮬레이션법에서는 리스크요인의 변동분포를 과거의 실제 데이터로부터 확보한다. 따라서 표본의 길이에 따라 VaR 값의 신뢰도가 달라진다는 단점이 있다.
- 라 : 역사적 시뮬레이션과 몬테카를로 시뮬레이션은 완전가치법으로 평가하므로 VaR 값이 동일하게 나타나지만, 델타분석법은 부분가치로 평가하므로 역사적·몬테카를로 시뮬레이션의 VaR 값과는 차이가 있다.

※ **역사적 시뮬레이션 방법 기본서 全文**(2024 기본서, 2권, p447~449)

(1) 이 방법은 과거 일정기간 동안의 위험요인의 변동을 향후에 나타날 변동으로 가정하여 현재 보유하고 있는 포지션의 가치변동분을 측정한 후, 그 분포로부터 VaR을 계산하는 방법이다. 이때 포지션의 가치변동을 측정할 때 델**타-노말 방법에서는 linear approximation을 통한 부분가치평가(partial valuation) 방법으로 측정하였지만, 여기서는 완전가치평가(full valuation) 방법으로 측정한다.**

(2) 이 방법은 개념이해가 쉬울뿐더러 과거의 가격데이터만 있으면 비교적 쉽게 VaR을 측정할 수 있는 방법이다. **또한 분산, 공분산과 같이 모수(parameter)에 대한 추정을 요구하지 않을 뿐 아니라 수익률의 정규분포와 같은 가정이 필요 없고, 옵션과 같은 비선형의 수익구조를 가진 상품이 포함된 경우에도 문제없이 사용할 수 있는 장점이 있다.** 그러나 이 방법은 한 개의 표본 구간만이 사용되므로 변동성이 임의적으로 증가된 경우에 측정치가 부정확하며, 결과의 질이 표본 기간의 길이에 지나치게 의존한다는 단점을 가지고 있다.

학습안내 28회, 30회, 34회, 35회, 36회, 38회 기출(► '역사적 시뮬레이션법'의 정리된 내용은 '36회 47번'을 참조할 것)

47

정답 ③

포트폴리오가 한 개의 리스크 요소에 주로 의존할 경우 스트레스 검증법이 적절히 사용될 수 있다(시나리오를 가정하여 리스크를 측정하므로 단일의 요소에 의존하여 측정하는 것으로 이해할 수 있음).

학습안내 29회, 32회, 35회, 38회 기출(► '스트레스 검증법'에 대한 전체 내용은 '35회 46번 해설'을 참조할 것)

48

정답 ②

RAROC는 차례대로 '2.0, 2.5, 1.66, 2.0'이다(아래 표). RAROC는 위험조정성과 지표로서 지표 값이 높을수록 좋으므로 가장 우수한 포트폴리오는 B포트폴리오이다.

※ RAROC(Risk Adjusted Return on Capital) 계산

RAROC도 RAPM지표이므로 높을수록 좋다(높을수록 위험대비 성과가 좋음을 의미).

포트폴리오	A	B	C	D
RAROC($\frac{순수익}{VaR}$)	$\frac{8}{4}$ = 2.0	$\frac{10}{4}$ = 2.5	$\frac{10}{6}$ = 1.66	$\frac{12}{6}$ = 2.0

• 투자금액 100억 원 가정 시

학습안내 28회, 31회, 33회, 35회, 38회 기출

49

정답 ①

옳은 내용은 '가, 나'이다.

※ 추가해설

• 가 : 예상된 손실(Expected Loss)은 대손충당금으로 대비하므로 비용으로 인식한다('예상외 손실'은 위험으로 보지만, '예상된 손실'은 위험으로 보지 않는다).

• 나 : 신용손실분포는 '한쪽으로 치우치고(skewed), 두껍고 긴 꼬리(fat tail)'를 가진 분포를 한다('얇고 짧은 꼬리' → X).

• 다 : 신용손실분포는 정규분포가 아니므로 모수적 방법이 아닌 퍼센타일(percentile)을 통하여 측정되는 것이 바람직하다.

– 평균과 분산의 두 가지 척도만으로 수익률분포를 정확하게 얻을 수 있는 것(모수적 방법)은 정규분포를 말한다.

학습안내 28회, 33회, 35회, 38회 기출(► '신용손실분포'에 대한 상세 내용은 '35회 48번 해설'을 참조할 것)

50

정답 ③

부도모형(Default Mode)의 신용위험 측정에서는 신용등급은 고려되지 않는다.

※ 부도모형(Default Mode)에서 신용등급이 고려되지 않는 이유

(1) 개념 : 부도모형(Default Mode)default의 경우에만 신용손실이 발생한 것으로 추정하므로 신용등급의 변화는 고려하지 않는다(신용등급의 변화를 고려하는 것은 'MTM Mode'임).

(2) 공식 : 부도모형(Default Mode)에서의 신용위험은 '기대손실(EL)의 변동성'으로 측정하는데, 공식에서 '신용등급'은 반영되지 않음을 확인할 수 있다.

→ EL의 변동성(σ_{EL}) = $Exposure \times \sqrt{p \times (1-p)} \times LGD$

(Exposure : 신용위험에 노출된 금액, p : 부도율, LGD : 손실률)

학습안내 28회, 31회, 35회, 38회 기출

3-1 직무윤리(5문항)

51

정답 ②

'계좌의 수익달성여부나 손익의 규모'는 과당매매 판단기준이 아니다. 수수료총액은 해당 계좌의 손익여부와 관계없이 과당매매 판단기준에 해당된다.

※ **금융소비자와 이해상충이 발생하는 사례**(2024 기본서 3권, p27 인용)

금융투자업자와 금융소비자 사이에 대표적으로 발생하는 이해상충의 사례 중 하나는 과당매매이다. 금융투자중개업자의 경우 금융소비자로부터 보다 많은 수수료 수입을 창출해야 하는 반면, 금융소비자는 보다 저렴한 수수료를 부담하기를 원하는 경우가 많다. 이때 금융투자중개업자에 속하는 임직원이 회사 또는 자신의 영업실적을 증대시키기 위해 금융소비자의 투자경험 등을 고려하지 않고 지나치게 자주 투자권유를 하여 매매가 발생하는 경우 이해상충이 발생하게 된다. 특히 특정거래가 빈번한 거래인지 또는 과도한 거래인지 여부는 (a) 일반투자자가 부담하는 수수료 총액, (b) 일반투자자의 재산상태 및 투자목적에 적합한지 여부, (c) 일반투자자의 투자지식이나 경험에 비추어 당해 거래에 수반되는 위험을 잘 이해하고 있는지 여부, (d) 개별매매거래 시 권유내용의 타당성 여부 등을 종합적으로 고려하여 판단한다(금융투자업규정 제4조-20조 제1항 제5호, 금융투자회사의 표준내부통제기준 제39조 제1항).

학습안내 29회, 31회, 34회, 38회 기출

52

정답 ④

부당권유행위 금지의무(금소법 제21조)는 일반금융소비자와 전문금융소비자 모두를 대상으로 적용된다.

※ **금소법상 6대 판매원칙(의무)의 적용대상**

구 분	일반금융소비자	전문금융소비자
적합성의 원칙	O	X
적정성의 원칙	O	X
설명의무	O	X
불공정영업행위 금지의무	O	O
부당권유행위 금지의무	O	O
허위・과장광고 금지의무	O	O

- '적합성원칙/적정성원칙/설명의무'는 일반금융소비자를 대상으로만 적용되는 원칙(의무)이다.
- '불공정영업행위/부당권유행위/허위・과장광고 금지'의무는 '일반금융소비자/전문금융소비자' 모두를 대상으로 적용되는 의무이다.

53

정답 ③

③은 재권유금지원칙의 예외로서 금지대상이 아니다.

※ 재권유금지의 예외

금융소비자가 계약체결권유에 대한 거부의사를 밝힌 후 '㉠ **동일** 금융투자상품에 대해서 1개월이 지난 후 다시 권유하는 행위, ㉡ **다른** 금융투자상품에 대해서 권유하는 행위'는 재권유금지의 예외가 적용된다.

※ 금소법상의 제재(④)

금소법상의 '설명의무/부당권유행위 금지의무/불공정영업행위 금지의무'를 위반 시에는 '해당 계약으로부터 얻는 수익의 최대 50% 이내의 과징금부과 그리고 별도로 최대 1억 원까지의 과태료'를 부과할 수 있다.

※ 부당권유행위 금지(금소법 제21조)

금융상품판매업자 등은 계약체결을 권유하는 경우에 아래의 어느 하나에 해당하는 행위를 해서는 아니 된다. 다만, 금융소비자 보호 및 건전한 거래질서를 해칠 우려가 없는 행위로서 대통령령으로 정하는 행위는 제외한다.

(1) 불확실한 사항에 대하여 단정적 판단을 제공하거나 확실하다고 오인하게 할 여지가 있는 내용을 알리는 행위
(2) 금융상품의 내용을 사실과 다르게 알리는 행위
(3) 금융상품의 가치에 중대한 영향을 미치는 사항을 미리 알고 있으면서 금융소비자에게 알리지 않는 행위
(4) 금융상품 내용의 일부에 대하여 비교대상 및 기준을 밝히지 아니하거나 객관적인 근거 없이 다른 금융상품과 비교하여 해당 금융상품이 우수하거나 유리하다고 알리는 행위
(5) **투자성 상품의 경우 다음 각목의 어느 하나에 해당하는 행위**
  가. 금융소비자로부터 계약의 체결권유를 해줄 것을 요청받지 아니하고 방문・전화 등 실시간 대화의 방법을 이용하는 행위(→ '요청하지 않은 투자권유의 금지 '조항을 말함. 예외 있음)
  나. 계약의 체결권유를 받은 금융소비자가 이를 거부하는 취지의 의사를 표시하였는데도 계약의 체결권유를 계속하는 행위(→ '**재권유의 금지**' 조항을 말함. 예외 있음)
  ► '요청하지 않은 투자권유의 금지와 재권유금지'의 상세 내용은 '40회 52번 해설'을 참조할 것
(6) 그 밖에 금융소비자 보호 또는 건전한 거래질서를 해칠 우려가 있는 행위로서 대통령령으로 정하는 행위

54

정답 ③

금융소비자의 자료열람요구권에 대해 금융회사는 무조건적으로 승인해야 하는 것은 아니다(아래 '자료열람요구권 해설' 참조).

※ 상품판매 이후 단계의 금융소비자보호의무

보고 및 기록의무	자료열람요구권	정보의 누설 및 부당이용 금지의무

► **보고 및 기록의무**(2024 기본서, 3권, p71~73 참조)

(1) 처리결과의 보고의무 : 금융투자업 종사자는 금융소비자로부터 위임받은 업무를 처리한 경우 그 결과를 금융소비자에게 지체없이 보고하고 그에 따라 필요한 조치를 해야 한다.
  • '보고'란 **단순한 사실 통지가 아니라** '금융소비자가 업무처리내용을 구체적으로 알 수 있고, 그에 따라 금융소비자가 적절한 지시를 할 수 있도록 필요한 사항을 알리는 것을 말함(→ 투명한 거래상황 보고를 통해 부당・위법한 거래를 억지하는 효과)
  • 매매명세의 통지 : 거래가 체결된 경우 체결된 날의 다음 달 20일까지 월간 매매내역 등을 통지

(2) 기록 및 유지·관리 의무 : 금융투자업 종사자는 업무를 처리함에 있어서 필요한 기록 및 증거물을 금소법에서 정하는 절차에 따라 보관해야 한다.

► 자료열람요구권(2024 기본서, 3권, p74~76 참조)

(1) 금융소비자는 '**분쟁조정이나 소송수행 등 권리 구제를 위한 목적**'**에 한해서** 금융회사에 대해 자료열람권을 행사할 수 있다.

(2) 금융소비자가 자료열람권을 행사할 경우 금융회사는 금융소비자의 권리보호차원에서 해당 자료열람권의 행사를 **무조건적으로 승인해야 하는 것은 아니다.**

㉠ 영업비밀의 침해 등의 사유가 있는 경우에는 자료열람권 행사를 제한하거나 거절할 수 있다.

㉡ 열람의 제한 및 거절에 대한 정당한 사유가 없는 경우에는, 금융소비자로부터 자료열람의 요구를 받은 날로부터 **6영업일 이내로** 해당 자료를 열람할 수 있도록 해야 한다.

㉢ 금융회사는 금융소비자의 자료열람권 행사에 응하기 위해 발생한 자료 우송료, 자료의 생성 시 발생한 수수료 등의 **비용을 금융소비자에게 청구할 수 있다.**

► 정보의 누설 및 부당이용 금지의무(2024 기본서, 3권, p77~78 참조)

(1) 자본시장법 제54조 : 금융투자업자는 직무상 알게 된 정보로서 외부에 공개되지 아니한 정보를 정당한 사유 없이 자기 또는 제3자의 이익을 위해서 이용해서는 아니 된다.

(2) 금융소비자보호 표준내부통제기준 제27조 : 회사는 금융상품 판매와 관련하여 금융소비자의 개인정보의 수집 및 활용이 필요할 경우 명확한 동의절차를 밟아서 그 목적에 부합하는 최소한의 정보만 수집·활용해야 하고, 당해 정보를 선량한 관리자로서의 주의로써 관리하며, 당해 목적 외에는 사용하지 말아야 한다.

학습안내 '자료열람요구권'은 34회 신유형 출제 이후 두 번째 출제이며, 나머지 내용(보고 및 기록의무, 정보의 누설 및 부당이용금지)는 동 문항에서 처음으로 반영이 되었다.

55

정답 ③

직원에 대해서도 면직요구 등의 직접제재가 가능하다.

참고 직원에 대한 금융위원회의 제재로서 '면직요구'와 '면직'을 혼용하고 있는데, 면직에 대한 직접제재가 가능하다는 점에서 동일한 의미라고 할 수 있다.

※ 금융투자업자에 대한 제재권

(1) 금융투자업자에 대한 인가나 등록의 취소권 : '거짓으로 인가를 받았거나/인가조건을 위반하였거나 등'의 경우 '금융투자업자에 대한 인가/등록의 취소' 또는 '6개월 이내의 업무의 전부 또는 일부의 정지' 등의 조치를 취할 수 있다.

(2) 조치명령권 : '금융투자업자의 경영 및 업무개선에 관한 사항/금융투자업자의 고유재산 운용에 관한 사항 등'에 대해서 투자자보호와 건전한 거래질서유지를 위해서 필요한 조치를 취할 수 있다.

※ 금융투자업자 임직원에 대한 조치권

(1) 임원에 대한 조치권 : 해임요구, 6개월 이내의 직무정지, 문책경고, 주의적 경고, 주의 등

(2) 직원에 대한 조치권 : 면직(요구), 6개월 이내의 정직, 감봉, 견책, 경고, 주의 등

※ 청문 및 이의신청

(1) 청문신청 : 인가나 등록의 취소, 임원해임요구, 직원면직요구 등에 대해서는 반드시 청문절차를 거쳐야 한다(주의 직원의 정직은 청문대상이 아님).

(2) 이의신청 : 처분을 고지 받은 날로부터 30일 내로 금융위에 이의신청 가능(이때 금융위는 60일 내로 심의·결정해야 하고, 부득이한 경우 30일 범위에서 기간 연장 가능)

3-2 자본시장법 및 금융위규정(11문항)

56

정답 ①

'가 : 금융투자상품, 나 : 증권'이다. '투자성이 있는 것('가')'은 금융투자상품의 포괄적 정의이다. '어떤 명목으로든지 추가지급의무를 부담하지 않는 것('나')는 증권의 포괄적 정의이다.

※ **금융투자상품의 포괄적 정의**(2024 기본서, 3권, p158~165 참조)

(1) **금융투자상품은 투자성이 있는 것이다(포괄적 정의).**

'금융투자상품'이란 이익을 얻거나 손실을 회피할 목적으로 현재 또는 장래의 특정시점에 금전 그 밖의 재산적 가치가 있는 것을 지급하기로 약정함으로써 취득하는 권리로서, 그 권리를 취득하기 위하여 지급하였거나 지급하여야 할 금전 등의 총액을 초과하게 될 위험이 있는 것을 말한다(의미 '지급총액 > 회수총액 → 원금손실가능성).

→ 약식 정의 금융투자상품은 '투자성(원금손실가능성)'이 있는 것이다.

(2) **금융투자상품은 원금초과손실 가능성 여부에 따라(추가지급의무 부과여부에 따라) 증권과 파생상품으로 구분된다 (► 어떤 명목으로든지 추가지급의무를 부담하지 않는 것 → 증권).**

- 증권은 6가지 종류로 명시한다(명시적 포함) : 채무증권/지분증권/수익증권/파생결합증권/투자계약증권/증권예탁증권
- 파생상품은 다시 정형화된 시장에서의 거래 여부에 따라 장내파생상품과 장외파생품으로 구분된다.

(3) **금융투자상품으로 인정하지 않는 것('명시적 배제' 3종류)**

㉠ 원화표시 양도성예금증서 : 유통과정에서 손실이 발생할 수 있으나, 만기가 짧아 금리변동에 따른 가치변동이 작으면 사실상 예금에 준하여 취급되기 때문에 제외

㉡ 관리신탁의 수익권 : 운용을 하지 않으므로 운용과정에서 손실발생가능성이 없으므로 제외

㉢ 주식매수선택권(스톡옵션) : 취득 시 금전의 지급이 없고 또 유통성도 거의 없으므로 제외

학습안내 29회, 31회, 34회, 38회 기출

57

정답 ④

순자본비율이 100%에 미달하게 되면 적기시정조치가 발동된다(순자본비율은 긴급조치 사유가 아님).

※ **긴급조치**(2024 기본서, 3권, p197 참조)

긴급조치 발동사유	긴급조치 내용
① 발행한 어음 또는 수표가 부도로 되거나 은행과의 거래가 정지 또는 금지되는 경우 ② 유동성이 일시적으로 급격히 악화되어 투자자예탁금 등의 지급불능상태에 이른 경우 ③ 휴업 또는 영업의 중지 등으로 돌발사태가 발생하여 정상적인 영업이 불가능하거나 어려운 경우	(1) 투자자예탁금 등의 일부 또는 전부의 반환명령 또는 지급정지 (2) 투자자예탁금 등의 수탁금지 또는 다른 금융투자업자로의 이전 (3) 채무변제행위의 금지 (4) 경영개선명령조치[주1] (5) 증권 및 파생상품의 매매제한

* 주1 : '순자본비율 0% 미만'이 되면 적기시정조치로서 경영개선명령이 발동된다. 그런데 금융위는 적기시정조치와 별도로 긴급조치로서 경영개선명령 조치를 내릴 수 있다.

► ①, ②, ③ → 긴급조치발동사유, (1), (2), (3), (4), (5) → 긴급조치내용

학습안내 32회, 38회 기출

58

정답 ②

투자매매업자 또는 투자중개업자의 신용공여한도는 **자기자본을 한도**로 한다.

학습안내 28회, 31회, 35회, 38회 기출(► '신용공여 규제'에 대한 상세 내용은 '35회 60번 해설'을 참조할 것)

59

정답 ①

투자신탁은 수익증권을 발행한다. 나머지는 모두 지분증권이다.

※ 집합투자증권의 발행형태(집합투자기구 법적형태별)

<table>
<tr><th>투자신탁</th><th>투자회사</th><th>투자유한
회사</th><th>투자유한
책임회사</th><th>투자합자
회사</th><th>투자합자
조합</th><th>투자익명
조합</th></tr>
<tr><td rowspan="2">수익증권</td><td>주 식</td><td colspan="5">출자증권</td></tr>
<tr><td colspan="6">지분증권</td></tr>
</table>

► 지분증권의 정의

법률에 의하여 직접 설립된 법인이 발행한 출자증권(주식회사가 발행한 주식), 상법상 합자회사·유한책임회사·유한회사·합자조합·익명조합의 출자지분, 그 밖에 이와 유사한 것으로서 출자지분 또는 출자지분을 취득할 권리가 표시된 증권을 말한다.

► 수익증권의 정의

금전신탁의 수익증권, 투자신탁의 수익증권, 그 밖에 이와 유사한 것으로서 신탁의 수익권이 표시된 증권을 말한다.

학습안내 31회, 35회, 36회, 38회 기출

60

정답 ④

부동산에 대한 특례로서, 부동산펀드의 차입한도는 **순자산총액의** 200%이고 대여한도는 **순자산총액의** 100%이다. 그리고 부동산이 아닌 펀드의 경우 보유하고 있는 **부동산 가액의** 70%까지 차입이 가능하다.

학습안내 29회, 32회, 34회, 36회, 38회 기출(► '집합투자기구의 금전차입·금전대여의 제한'에 대한 상세 내용은 '36회 63번 해설'을 참조할 것)

61

정답 ④

모두 해당된다.

※ 환매금지형 집합투자기구

(1) 정의 : 존속기간을 정한 집합투자기구에 한하여 집합투자증권의 환매를 청구할 수 없도록 설정·설립한 집합투자기구

(2) 주요사항

- 펀드의 설정·설립 후 **90일 이내**에 증권시장에 상장해야 한다.
- '부동산펀드/특별자산펀드/혼합자산펀드'와 '시장성 없는 자산에 펀드재산의 **20%를 초과하여** 투자하는 펀드'는 환매금지형으로 설정·설립해야 한다.
- 단위형 펀드로서 존속기간 중 집합투자증권의 추가발행이 원칙적으로 불가하다(예외적으로 발행 가능한 경우는 '30회 62번 해설'을 참조할 것).

학습안내 34회, 38회 기출(► 환매금지형을 포함한 '특수한 형태의 집합투자기구'의 전체 내용은 '37회 60번 해설'을 참조할 것)

62

정답 ①

틀린 내용은 '가, 나'이다.

- 가 : 모집합투자기구가 발행한 집합투자증권을 자집합투자기구가 취득하는 구조의 집합투자기구를 말한다.
- 나 : 자집합투자기구와 모집합투자기구의 집합투자재산을 운용하는 집합투자업자가 동일해야 한다.

※ 모자형 집합투자기구

(1) 정의 : 다른 집합투자기구(모집합투자기구)가 발행하는 집합투자증권을 자집합투자기구가 취득하는 구조의 집합투자기구

(2) 주요 사항(설정・설립 요건)

㉠ 자집합투자기구가 모집합투자기구의 집합투자증권 외의 다른 집합투자증권을 취득하는 것이 허용되지 아니할 것

㉡ 자집합투자기구 외의 자가 모집합투자기구의 집합투자증권을 취득하는 것이 허용되지 아니할 것

㉢ 자집합투자기구와 모집합투자기구의 집합투자재산을 운용하는 집합투자업자가 동일할 것

[학습안내] 34회, 38회 기출(► 환매금지형을 포함한 '특수한 형태의 집합투자기구'의 전체 내용은 '37회 60번 해설'을 참조할 것)

63

정답 ④

④은 추가발행이 가능한 4가지 요건(아래 해설)에 해당하지 않는다.

※ 환매금지형 집합투자기구에서 집합투자증권의 추가발행이 가능한 사유

(1) 이익분배금의 범위 내에서 집합투자증권을 추가로 발행하는 경우

(2) 기존투자자의 이익을 해할 우려가 없다고 신탁업자의 확인을 받은 경우

(3) 기존투자자의 전원의 동의를 받은 경우

(4) 기존투자자에게 집합투자증권의 보유비율에 따라서 추가로 발행되는 집합투자증권의 우선 매수기회를 부여하는 경우

64

정답 ④

집합투자증권의 경우 사업보고서 제출의무 대상에서 제외된다.

[참고설명] 집합투자증권은 운용결과를 투자자에게 그대로 귀속시키는 상품이다. 즉 집합투자증권은 채권이나 주식 등과 달리 발행인의 위험(신용위험 등)에 노출되지 않으므로 사업보고서 제출의무가 면제되는 것으로 이해할 수 있다.

※ 사업보고서 제출의무

(1) 사업보고서 제출대상

① 상장법인 : 주권, 주권이 아닌 지분증권, 무보증사채권, 전환사채권・신주인수권부사채권・이익참가부사채권・교환사채권, 신주인수권증권, 증권예탁증권, 파생결합증권을 증권시장에 상장한 발행인

② 비상장법인 : 외감법상의 외부감사대상법인으로서 모집・매출한 증권의 소유자 수가 500인 이상인 발행인

(2) 사업보고서 제출기한

- 최초로 사업보고서를 제출하는 경우: 제출대상 법인에 해당하게 된 날로부터 5일 이내에 금융위와 거래소에 제출
- 정기 제출의 경우 : 사업보고서는 사업연도 경과 후 90일 이내, 반기보고서 및 분기보고서는 반기 및 분기종료일로부터 45일 이내에 금융위와 거래소에 제출

[학습안내] 38회에서 신유형으로 출제되었다.

65

정답 ④

미공개규제대상 행위는 해당 증권의 매매거래 금지를 말하는 것이 아니라 해당 증권에 대한 미공개중요정보의 이용행위 자체를 말한다.

※ **미공개중요정보의 이용금지**(2024기본서, 3권, p447~449 참조)

(1) 적용대상

내부자거래규제의 적용대상 법인은 상장법인 및 6개월 이내 상장이 예정된 법인이다.

(2) 규제대상 증권

① 당해 법인이 발행한 증권

② 당해 법인이 발행한 증권과 관련된 채무증권(CB, BW, EB 및 PB)

③ 당해 법인이 발행한 증권에 대한 증권예탁증권

④ 당해 법인이 발행한 증권을 기초자산으로 하는 파생결합증권(ELS, ELW)과 파생상품(주식선물, 주식옵션)

(3) 규제대상자 : 내부자, 준내부자, 정보수령자

① 내부자

㉠ 그 법인(그 계열회사를 포함) 및 그 법인의 임직원·대리인으로서 그 직무와 관련하여 미공개 중요정보를 알게 된 자

㉡ 그 법인(그 계열회사를 포함)의 주요주주로서 그 권리를 행사하는 과정에서 미공개 중요정보를 알게 된 자

② 준내부자

㉢ 그 법인에 대하여 법령에 따른 허가·인가·지도·감독, 그 밖의 권한을 가지는 자로서 그 권한을 행사하는 과정에서 미공개 중요정보를 알게 된 자

㉣ 그 법인과 계약을 체결하고 있거나 체결을 교섭하고 있는 자로서 그 계약을 체결·교섭 또는 이행하는 과정에서 미공개 중요정보를 알게 된 자

㉤ ㉡, ㉢, ㉣의 어느 하나에 해당하는 자의 대리인·사용인, 그 밖의 종업원으로서 그 직무와 관련하여 미공개 중요정보를 알게 된 자

③ 정보수령자 : ㉠부터 ㉣까지의 어느 하나에 해당하는 자[주1]로부터 미공개중요정보를 받은 자

* 주1 : ㉠부터 ㉣까지의 어느 하나에 해당하지 않게 된 날로부터 1년이 경과하지 않은 자 포함

(4) 규제대상행위 : 규제대상행위는 업무 등과 관련된 미공개 중요정보를 특정 증권의 매매, 그 밖의 거래에 이용하는 행위를 말한다(즉 증권의 매매거래만이 아니라 해당 증권과 관련한 미공개중요정보의 이용 자체가 금지된다).

학습안내 '29회·33회·35회'와 동일유형으로 출제되었으나 학습효과 차원에서 변형복원하였다.

66

정답 ④

'자본시장조사업무 규정'상 형사제재는 직접 하지 않으므로(관계자 고발 수사기관 통보), **징역이나 벌금은 부과대상이 아니다.**

※ **자본시장 조사업무규정**

(1) 자본시장의 불공정거래행위 등[주1]에 대한 조사업무를 말하며, 조사의 주체는 금융위 산하의 증권선물위원회이다.

* 주1 : 불공정거래행위는 '미공개중요정보 이용행위, 시세조종 등 불공정거래행위, 내부자의 단기매매차익 취득행위, 상장법인의 공시의무위반 등'을 말한다.

(2) 조사의 실시

㉠ 조사대상 : 아래의 경우 조사대상이 됨

- 금융위 및 금감원의 업무와 관련하여 위법행위의 혐의사실을 발견한 경우
- 한국거래소나 기타 행정기관으로부터 위법행위의 혐의사실을 이첩 받은 경우
- 검찰청의 장으로부터 위법행위에 대한 조사를 요청받은 경우
- 위법행위에 관한 제보를 받거나 조사를 의뢰하는 민원을 접수한 경우 등

㉡ 조사의 면제 대상 : 아래의 경우는 조사대상행위에 해당하지만 조사의 면제가 가능

- 혐의내용이 경미하여 조사의 실익이 없다고 판단되는 경우
- 언론보도 등으로 널리 알려진 사실이나 풍문만을 근거로 조사를 의뢰하는 경우
- 민원인의 사적 이해관계로 제기된 것으로 판단되는 등 공익 및 투자자보호와 직접적 연관이 부족할 경우
- **제보가 익명 또는 가공인 명의의 진정・탄원・투서 등에 의해 이루어지거나**, 그 내용이 조사단서로서의 가치가 없다고 판단되는 경우
- 당해 위법행위와 동일한 사안에 대해서 검찰이 수사를 개시한 사실이 확인된 경우

(3) 조사결과조치

㉠ 형사벌칙의 대상이 되는 경우 관계자고발 또는 수사기관통보

- 자본시장조사업무 규정상 형사제재는 직접 하지 않으므로'징역이나 벌금'은 부과대상이 아니다.

㉡ 시정명령

㉢ 상장법인 및 피검사기관에 대한 조치 : 인가・등록취소, 증권발행제한, 임원해임권고 등

㉣ 과징금부과 : 자본시장법 제429조의 규정상 과징금부과대상이 되는 경우

㉤ 과태료부과, 단기매매차익 발생사실의 통보 : 조사규정 제26조 및 제28조

주의 조사결과에 대한 조치로서 과징금은 부과할 수 있으나 과태료는 부과대상이 아니다. [O, X] → X

학습안내 29회, 33회, 36회, 38회 기출

3-3 한국금융투자협회 규정(3문항)

67

정답 ④

인터넷 배너를 이용한 투자광고의 경우 위험고지내용이 3초 이상 보일 수 있도록 할 것. 다만, 파생상품 그 밖의 투자위험성이 큰 거래에 관한 내용을 포함하는 경우 해당 위험고지내용이 5초 이상 보일 수 있도록 하여야 한다.

※ **주요 매체별 위험고지 표시기준 강화**(2024 기본서, 3권, p506~507 인용)

의무표시사항 중 위험고지와 관련되는 사항은 다음의 방법으로 표시하도록 하고 있다.

① 바탕색과 구별되는 색상으로 선명하게 표시할 것

② A4용지 기준 **9포인트** 이상의 활자체로 투자자가 쉽게 알아볼 수 있도록 표시할 것. 다만, 신문에 전면으로 게재하는 광고물의 경우 **10포인트** 이상의 활자체로 표시

③ 영상매체를 이용한 투자광고의 경우 1회당 투자광고 시간의 **3분의 1 이상의 시간**동안 투자자가 쉽게 알아볼 수 있도록 충분한 면적에 걸쳐 해당 위험고지내용을 표시하거나 1회 이상(단, 10분 이상의 광고물은 2회 이상) 소비자가 명확하게 인식할 수 있는 속도의 음성과 자막으로 설명할 것

④ 인터넷 배너를 이용한 투자광고의 경우 위험고지내용이 **3초 이상** 보일 수 있도록 할 것. 다만, 파생상품 그 밖의 투자위험성이 큰 거래에 관한 내용을 포함하는 경우 해당 위험고지내용이 **5초 이상** 보일 수 있도록 하여야 함

학습안내 34회, 38회 기출

68

정답 ③

재산상이익의 제공현황은 **매년** 이사회에 보고해야 하며, 그 제공내역에 대해서는 **5년** 이상 보관해야 한다.

학습안내 28회, 33회, 38회 기출(► '재산상이익의 제공 및 수령에 대한 내부통제기준'의 상세 내용은 '33회 68번 해설'을 참조할 것)

69

정답 ③

10영업일이 아니라 **7영업일 이내**에 심의해야 한다.

학습안내 24회, 30회, 32회, 34회, 36회, 38회 기출(► 모두 '7영업일' 부분을 오답으로 하여 출제)

3-4 주식투자운용/투자전략(6문항)

70

정답 ③

근본적 분석법(fundamental analysis)이다. 근본적 분석법은 '과거 시계열 자료+리스크 프리미엄'의 구조로 기대수익률을 구하는데, 리스크 프리미엄에 펀드멘탈이 반영되므로 '펀드멘탈 분석법(근본적 분석법)'이라 한다.

학습안내 35회, 37회, 38회 동일유형 기출(► '펀드멘탈 분석법'을 포함한 기대수익률 추정방식에 대한 상세 내용은 '35회 70번 해설'을 참조할 것)

71

정답 ①

'효율적 투자기회선(efficient frontier)'이다. '정해진 위험 수준 하에서 가장 높은 수익률을 달성하는 포트폴리오'는 '효율적 포트폴리오(efficient portfolio)'를 말하고, 여러 개의 효율적 포트폴리오를 연속적으로 연결한 것을 '효율적 투자기회선(efficient frontier)'이라 한다.

학습안내 '28회 · 31회 · 35회'와 동일유형으로 출제되었으나 학습효과 차원에서 변형복원하였다(► '효율적 포트폴리오/최소분산포트폴리오/최적포트폴리오'의 개념비교는 '35회 71번 해설'을 참조할 것).

 정답 ②

시장가격이 내재가치보다 높게 형성되었을 때 매도하고(**고가매도**), 시장가격이 내재가치보다 낮게 형성되었을 때 매수하는 전략이다(**저가매수**).

③은 전술적 배분의 이론적 배경으로서 증권시장의 과잉반응현상(over-reaction)을 말한다.

④는 효율적 시장가설(EMH)이 완전히 성립할 경우는 액티브 운용이 소용이 없음을 의미한다.

※ **전술적 자산배분 개요**(2024 기본서, 4권, p44~56 참조)

(1) 시장의 비효율성을 전제한다.

(2) 전략적 자산배분에 의해 결정된 포트폴리오를 투자전망에 따라 중・단기적으로 변경하는 실행과정이다.

(3) 시장의 변화방향을 예상하여 사전적으로 자산구성을 변동시켜 나가는 전략이다.

(4) 저평가된 자산을 매수하고 고평가된 자산을 매도함으로써 펀드의 투자성과를 높이고자 하는 전략이다.

- 전술적 자산배분은 본질적으로 역투자전략(contrary strategy)이다.

(5) 자금 운용자가 투자자산의 과대・과소평가여부를 판단할 수 없다면 최초 수립된 전략적 자산배분에 의한 자산구성을 그대로 유지해야 한다.

(6) 자산배분의 변경으로 인한 운용성과의 변화는 해당 의사결정자가 책임져야 한다.

(7) 증권시장의 과잉반응현상(over reaction)을 활용하는 전략이다.

(8) 자산집단의 가격이 평균반전현상(mean revering process)에 따른다고 가정한다.

- 평균반전이란 자산집단의 가격이 단기적으로는 내재가치에서 벗어나지만 장기적으로는 결국 내재가치를 향해 돌아오는 현상을 말한다(시장은 단기적으로는 비효율적이지만 장기적으로는 효율적이다).

(9) 전술적 자산배분은 가치평가과정이요, 투자위험의 인내과정이다.

(10) 전술적 자산배분의 실행도구는 '가치평가모형/기술적 분석/포뮬러플랜'이 있다.

※ **전술적 자산배분의 이론적 배경**

(1) 전술적 자산배분은 기본적으로 역투자전략(contrary strategy)이므로 음성피드백(negative feedback)전략이다.

비교 전술적 자산배분은 '고가매도/저가매수(buy low & sell high)' 전략으로서 Negative feedback(음성 피드백) 전략, 포트폴리오 보험전략은 '고가매수/저가매도(buy high & sell low)' 전략으로서 positive feedback이다.

(2) 자본시장의 과잉반응현상(overreaction)을 활용하며 평균반전현상(mean reverting process)을 전제로 한다.

- 과잉반응현상 : 시장가격이 내재가치로부터 벗어나는 오버슈팅 또는 언더슈팅을 보임으로써 초과수익의 기회를 제공한다.
- 평균반전현상 : 시장가격이 중・단기적으로 내재가치를 벗어나도 장기적으로는 내재가치로 수렴한다는 전제가 있음으로써 초과수익을 달성할 수 있다.

(3) 과잉반응현상이 발생하는 이론적 근거 : 내재가치와 시장가격의 변동성차이

- 내재가치는 자산의 미래현금흐름을 적정한 할인율로 잔존기간만큼 할인해서 추정하는데, 추정에 필요한 정보(수익추정, 할인율추정 등)는 적어도 분기단위 이상으로 산출된다.
- 시장가격은 단기로 변동하는데 내재가치는 분기단위 이상으로 변동하므로(**내재가치는 시장가격대비 낮은 변동성을 보임**) 시장가격과 내재가치의 격차가 크게 발생할 수 있고 따라서 과잉반응현상이 발생한다고 할 수 있다.

학습안내 29회, 30회, 32회, 34회, 36회, 38회 기출

73

정답 ②

'DJIA, Nikkei225'는 주가가중방식으로 산출한다.

※ 주가지수 산출방식별 장·단점 정리

(1) **주가가중방식주가지수** : 다우존스산업평균지수, 니께이225
  (+) 종목별로 1주씩만 보유하면 지수의 성과를 얻을 수 있는 단순함이 장점이다.
  (−) 주가가 높은 종목의 가중치가 커진다.

(2) **시가가중방식주가지수** : KOSPI, S&P 등 대부분의 지수
  (+) 시가총액이 큰 종목의 가격변화를 잘 반영한다.
  (−) 성숙기에 있는 대형 기업이 많을 경우 지수가 과대평가될 수 있다.
  ► 시가가중 방식의 과대평가 문제를 해결하는 차원에서 유동시가가중방식으로 산출하기도 한다(KOSPI200지수, MSCI지수).

(3) **동일가중주가지수**
  (+) 모든 종목이 동일한 비중으로 반영된 경우의 지수를 알 수 있다.
  (−) 소형기업의 수가 절대적으로 많으므로 소형주의 가중치가 높아진다.

학습안내 28회, 30회, 32회, 35회, 38회 기출

74

정답 ③

잔차위험이 허용 수준 이하이어야 한다(최적화법).

※ 인덱스펀드 구성방법(2024 기본서, 4권, p85~86 참조)

(1) 완전복제법(full replication)
- 벤치마크를 구성하는 모든 종목을 구성비율대로 사서 보유하는 방법이다.
- **가장 단순하고 직접적인 방식이지만, 타 방식에 비해서 거래비용과 유지비용이 많이 발생한다.**
- 매우 간단하면서도 벤치마크를 거의 완벽하게 추종할 수 있는 방식이다[주1].

* 주1 : 완전복제법은 타 방식에 비해 가장 정확하게 벤치마크를 추종하지만, 각종 비용(운용 및 수탁보수/거래비용 등)이 발생하므로 벤치마크수익률과 동일하지 않다(약간 낮게 나타남).

(2) 표본추출법(representative sampling 또는 stratified sampling)
- 벤치마크에 포함된 **대형주는 모두 포함하되 중소형주들은 일부만을 포함**하는 방식
- 벤치마크를 구성하는 모든 종목을 보유하지 않으면서도 벤치마크의 핵심적인 특징을 유사하게 유지하는 포트폴리오를 구성함으로써, 관리비용과 거래비용을 낮추면서도 벤치마크의 성과와 상당히 유사한 성과를 얻을 수 있다.

(3) 최적화법(optimization)
- 포트폴리오모형을 이용하여 주어진 벤치마크에 대비한 **잔차위험이 허용수준 이하**인 포트폴리오를 만드는 방식이다.
- 장점과 단점
  - 장점 : 완전복제법이나 표본추출법에 비해 훨씬 적은 종목이면서도 예상되는 잔차가 충분히 낮은 인덱스펀드를 만들 수 있다.
  - 단점 : 모형의 **한계상 주식의 속성을 정확하게 반영하지 못한다**/과거자료에 기반한 모형이므로 과거와 상당히 다른 시장이 전개된다면 추정된 잔차위험의 오류가 크게 나타날 수 있다.

학습안내 28회, 30회, 34회, 38회 기출

75

정답 ①

성장주는 성장률이 높은 기업에 시장PER보다 높은 가격을 지불한다(높은 PER, 높은 PBR).

비교 성장투자스타일은 '**고**PER, **고**PBR, **저**배당주(고/고/저), 가치투자스타일은 '**저**PER, **저**PBR, **고**배당주(저/저/고)' 투자의 특징을 지닌다.

학습안내 29회, 31회, 32회, 34회, 37회, 38회 기출(► '가치투자/성장투자 스타일'의 상세 내용은 '37회 73번 해설'을 참조할 것)

3-5 채권투자운용/투자전략(6문항)

76

정답 ④

10,600원이다. 1년 지난 시점에서 이자 600원(10,000원 × 6%), 2년 지난 시점에서 이자 600원, 그리고 만기 시점에서 10,600원(이자 600원 + 액면 10,000원)을 수령한다.

학습안내 35회와 동일하게 출제되었으나 학습효과 차원에서 숫자를 변형하여 복원하였다(► '복리채/할인채/이표채'의 현금흐름 비교는 '35회 76번 해설'을 참조할 것).

77

답 ①

패리티(parity)를 말한다.

※ 전환사채 용어 정리

(1) 패리티(parity) : 전환대상 주가의 현재가격이 전환가격을 몇 % 상회하고 있는가를 나타내는 지표이다.

예시 1 채권액면 10,000원, 전환가격 5,000원, 주가의 현재가 7,000원일 경우

→ 패리티 = $\frac{7,000원}{5,000원}$ × 100% = 140%(즉 현재 주가는 전환가격을 40% 상회하고 있음을 의미)

(2) 패리티가격 : 패리티에 채권의 액면금액을 곱한 가격으로서, 전환가치라고도 한다.

예시 2 채권액면 10,000원, 전환가격 5,000원, 주가의 현재가 7,000원일 경우

→ 패리티 = $\frac{7,000원}{5,000원}$ × 10,000원 = 14,000원(즉 전환가치는 채권액면금액의 140%인 상태에 있음)

→ 패리티가격은 '전환대상주식의 시장가격 × 전환주수'[주1]의 식으로도 나타낼 수 있는데,

즉 '7,000원 × $\frac{10,000원}{5,000원}$ = 14,000원'이다.

* 주1 : '전환대상주식의 시장가격 × 전환주수'는 전환가치를 말한다. 즉 전환가치는 전환대상주식의 시장가격을 전환주수로 곱한 것으로 표시한다.

(3) 괴리(전환프리미엄) : 괴리 = 전환사채의 시장가격 − 패리티가격

(4) 괴리율(%) : 괴리를 패리티가격으로 나눈 값을 말한다.

학습안내 32회, 35회, 38회 기출

78

정답 ①

채권의 주식과 달리 거래대상을 표준화하기 어렵고 또 기관투자자 중심의 시장이므로 장외시장의 비중이 크다.

② 장내시장에서는 상장채권만이 거래되지만 장외시장에서는 거래제한이 없으므로 상장채권과 비상장채권 모두 거래대상이 된다.

③ 장내시장은 경쟁매매, 장외시장은 상대매매 방식으로 거래된다.

④ 채권은 대부분 익일결제 방식으로 결제하지만 소액채권 등 일부 채권의 경우 당일 결제 방식으로 결제한다.

※ 채권유통시장의 구조

구 분	장내시장		장외시장주2	
	일반채권시장주1	국채딜러간 시장(IDM)	대고객 상대매매	채권딜러간 중개거래(IDB)
거래장소	증권거래소		장외시장 창구거래	
매매수량단위	1,000원	10억 원	매매수량제한 없음	
매매방식	경쟁매매		상대매매	
결제방식주3	당일결제 또는 익일결제		당일결제 또는 익일결제	
거래채권	상장채권만 매매		상장채권, 비상장채권 모두 매매	

* 주1 : 기존의 '주식관련채권시장, 소액채권시장, 첨가소화부 국공채시장'이 일반채권시장으로 일원화되었으며 매매수량 단위는 1,000원이다.
* 주2 : 채권시장의 경우 주식시장과 달리 장외시장의 거래 비중이 훨씬 높다.
* 주3 : 채권은 대부분 익일결제이지만 소액채권의 경우 당일결제를 적용한다.

학습안내 30회, 36회, 38회 기출

79

정답 ③

향후 1년 후 시점에서의 1년 만기 내재선도이자율은 4.0%이다(아래 풀이).

※ 불편기대이론 하에서의 내재선도이자율 구하기

(1) 불편기대이론 하에서는 장・단기 채권의 완전대체관계가 성립하므로 장기채수익률은 단기채수익률과 내재선도이자율이 기하평균과 같다.

(2) 따라서, $(1+0.035)^2=(1+0.03)(1+{}_1f_1)$

$$\rightarrow {}_1f_1=\frac{(1+0.035)^2}{(1+0.03)}-1,\ (\therefore)\ {}_1f_1=0.0400242,\ 즉\ 4.002\%$$

(3) 약식계산 : $\dfrac{(2\times 3.5\%)-(1\times 3\%)}{2-1}=7\%-3\%=4.0\%$

TIP 만기가 짧을 경우는 기하평균과 산술평균의 차이가 크지 않으므로 산술평균으로 계산해도 무방하다. 즉 $\dfrac{3.0\% + \text{내재이자율}}{2}$ = 3.5%, 따라서 내재이자율은 4.0%이다.

학습안내 30회, 34회, 35회, 36회, 38회 기출(► '30회・38회'는 내재이자율을, '34회・35회・36회'는 1년만기 현물이자율을 계산하는 문제로 출제되었음)

80

정답 ③

사다리형 만기전략은 소극적인 운용전략에 속한다.

※ **채권운용전략의 구분**(Active vs Passive)

적극적인 운용전략(Active)	소극적인 운용전략(Passive)
• 금리예측전략(듀레이션조절전략) • 채권교체전략(동종교체/이종교체) • 스프레드운용전략 • 수익률곡선타기전략(롤링효과/숄더효과) • 수익률곡선전략(바벨형/불릿형)	• 만기보유전략 • 사다리형 만기전략 • 채권면역전략(전통적/순자산가치/상황대응적) • 현금흐름일치전략 • 채권인덱싱전략

학습안내 35회와 동일하게 출제되었으나 학습효과 차원에서 변형복원하였다(► '채권운용전략' 전체에 대한 세부 내용은 '42회 81번 해설'을 참조할 것).

81

정답 ③

면역전략의 특성상 자본소득(채권매매수익)과 이자소득(재투자수익)은 상충적 성격을 지니고 있으므로 양자를 동시에 추구할 수 없다.

※ **채권면역전략 - 전통적 면역전략**(2024 기본서, 4권, p245~247 참조)

(1) 개 념

투자기간과 듀레이션을 일치시킴 → '자본손익(채권매매손익분)과 이자소득(재투자수익 증감분)'이 상쇄[주1] → 시장수익률의 변동방향과 관계없이 일정한 현금흐름을 확보

* 주1 : 시장수익률 상승 시→ '채권가격 하락분과 이자수입 증가분'이 상쇄 → 일정한 현금흐름 유지
시장수익률 하락 시 → '채권가격 상승분과 이자수입 감소분'이 상쇄 → 일정한 현금흐름 유지

(2) 장・단점

㉠ 장점 : 금리위험을 회피하고 목표시점의 운용수익률을 고정시키고자 할 경우 적합한 운용방식

㉡ 단점

- 현실적으로 다양한 듀레이션을 가진 채권을 찾기가 어려움
- 수익률곡선에 대한 전제 등 면역전략 자체의 위험요소를 내포하고 있음. 따라서 면역전략으로 구성된 채권포트폴리오 일지라도 상황에 따라 리밸런싱이 필요할 수 있다.

학습안내 '전통적 면역전략'은 32회 신유형 출제 후 38회에서 두 번째로 출제되었다.

3-6 파생상품투자운용/투자전략(6문항)

82

정답 ②

②는 선물거래에 해당한다. 선도거래(Forward)는 거래상대방 간의 실물결제(physical Delivery)가 대부분이므로 상대방의 동의 없이는 결제일 이전의 포지션 청산은 불가하다.

► 선물거래(Futures)의 특징 : 증거금제도가 있고 반대매매를 통해서 결제일 이전에 언제든지 포지션을 청산할 수 있다.

※ 선물거래(futures)와 선도거래(forward) 비교

선도거래(장외거래)	선물거래(장내거래)
신용위험이 있다(투자자 간의 거래이므로).	신용위험이 없다(거래소의 정산하므로)[주1].
상대매매(호가가 일치해야 거래가 성사) • 주로 '고객 ↔ 웨어하우스' 간 거래	**경쟁매매**(유리한 호가가 먼저 체결) • 시장에 참여하는 불특정 다수 간 거래
맞춤형가능 but 유동성부족	유동성풍부[주2] but 맞춤형불가

* 주1 : '신용위험'을 없애기 위한 거래소의 제도로서 '증거금제도, 일일정산제도'가 있다.

* 주2 : 거래상품과 거래월물이 표준화되고 증거금이 현물대비 낮은 편이어서 유동성이 풍부하다.

학습안내 29회, 31회, 32회, 34회, 35회, 38회 기출

83

정답 ③

이자율 등가식(또는 이자율평형이론)에 의한 균형선물환율(F^*) 산출식은 '$F^* = S\left\{1+(r_d-r_f)\times\dfrac{T-t}{365}\right\}$'이다. 만기가 1년이므로 '$F^* = S\{1+(r_d-r_f)\}$'이고,

따라서 '$F^* = 1,300\{1+(0.02-0.03)\}$, $F^* = 1,287$'이다.

즉, 이상의 조건에서 1년 만기 달러 원 선물환율의 균형가격은 1$ = 1,287₩이다.

주의 계산 시 '(r_d-r_f)'의 순서에 유의해야 한다. 계산 시 원화이자율이 앞에 나와야 한다. 만일 동 문항에서 '원화이자율 3%, 달러이자율 2%'로 주어진다면, 1년만기 선물환 균형가격은 '1$ = 1,313₩'이다.

학습안내 31회, 35회, 38회 기출

84

정답 ②

'9월물매수, 12월물매도'이다. 스프레드 축소전략이므로 '(싼)근월물매수 / (비싼)원월물매도'이다.

※ 스프레드 확대 / 축소전략 원리(선물시장은 컨탱고로 전제함 : 원월물가격 > 근월물가격)

(1) 스프레드 확대 예상 → 비싼 원월물 매수 & 싼 근월물 매도 → 스프레드가 더 확대됨 → 수익

(2) 스프레드 축소 예상 → 비싼 원월물 매도 & 싼 근월물 매수 → 스프레드가 더 좁혀짐 → 수익

학습안내 24회, 30회차, 33회, 38회 기출

85

정답 ②

이항모형에서 위험중립확률을 이용하여 콜옵션의 가격을 구할 수 있다. 아래의 (1), (2)단계를 통해서 콜옵션가격을 도출할 수 있는데, 문항에서 위험중립확률(p)을 60%로 제시하였으므로 바로 (2)단계를 적용하여 계산하면 된다.

※ 위험중립적 확률모형으로 콜옵션가격 구하기

현재 주가가 100, 1기 후 주가가 110 또는 90이 되는 이항모형을 전제했을 때,

(1) 1단계 : 위험중립확률(p) 구하기

$$100 = \frac{110p + 90(1-p)}{1+0.02} \rightarrow 20p + 90 = 102 \rightarrow p = 0.6$$

(2) 2단계 : 콜옵션가격 구하기

$$c = \frac{10p + 0(1-p)}{1 + 00.2} \rightarrow c = \frac{10 \times p}{1.02} = \frac{10 \times 0.6}{1.02} \rightarrow (\therefore)\ c = 5.88$$

학습안내 32회와 동일문항으로 출제되었다.

86

정답 ①

기초자산의 현가(S)는 반영되지만 기초자산의 기대수익률은 반영되지 않는다.

※ 블랙숄즈모형(2025 기본서, 4권, p372 참조)

$$c = f(S,\ X,\ r,\ T-t,\ \sigma)$$
$$\rightarrow c = S_t \cdot N(d_{1,\ t}) - \frac{X}{(1+r)^{T-t}} \cdot N(d_{2,\ t})$$
$$\rightarrow c = S_t \cdot N(d_{1,\ t}) - B_t \cdot N(d_{2,\ t})$$

- S_t : 기초자산의 현가, X : 콜옵션의 행사가격, r : 만기까지의 무위험이자율, $T-t$: 잔여만기(연단위 표시), σ : 기초자산의 변동성
- $N(d_1,\ t)$: 콜옵션의 델타, $\frac{X}{(1+r)^{T-t}}$: 만기에 X를 지급하는 현시점의 채권의 가치, $N(d_2,\ t)$: 콜옵션의 내가격 가능성

보충 기본서 설명

S_t는 주식의 현재가이고, B_t는 옵션 만기 시점에서 X를 지급하는 채권의 현재 할인가이다. 결국 콜옵션의 균형 프리미엄이 현재 시점 기초자산 가격 S_t와 현재 시점의 채권가격 B_t를 기본으로 하여 $N(d_1)$이나 $N(d_2)$를 이용한 확률조정계수를 가미하여 기술하는 것이다. 참고로 **여기서 $N(d_1)$은 콜옵션의 델타 값이고** $N(d_2)$는 콜옵션이 당첨될 확률, 즉 내가격으로 끝날 확률을 말한다.

학습안내 34회와 동일문항으로 출제되었다.

87

정답 ②

감마는 2차 미분치로서 가속도를 의미하는데, 가속도는 양의 방향만 존재하므로 콜옵션 · 풋옵션에 관계없이 옵션매수 포지션의 감마는 양(+)의 값을 보인다.

※ 민감도 부호(옵션매수포지션 기준)

구 분	델타	감마	베가	쎄타	로우
콜옵션	+	+	+	−	+
풋옵션	−	+	+	−	−

► 옵션 매도 포지션의 민감도 부호는 정확히 표와 반대

학습안내 28회, 29회, 30회, 32회, 33회, 35회, 36회, 37회, 38회 기출(► '옵션민감도 5가지 지표'에 대한 정의 및 상세개념은 '35회 87번 해설'을, '감마'에 대한 상세 개념은 '36회 87번 해설'을 참조할 것)

3-7 투자운용결과분석(4문항)

88

정답 ①

'수익률의 안정성을 중시하는 전략'에 적합한 위험지표는 표준편차이다. 4개의 선지 중에서 표준편차는 절대적 위험지표이며, 나머지는 모두 상대적 위험지표이다.

※ 위험지표의 종류

절대적 위험지표		상대적 위험지표
전체위험 지표	하락위험 지표	
표준편차	절대VaR, 하락편차, 반편차, 적자위험	베타, 추적오차, 잔차위험, 상대VaR
수익률의 안정성을 중시하는 전략에 유용한 지표	목표수익률을 추구하는 투자에 유용한 지표	기준지표가 미리 정해진 투자에 유용한 지표

학습안내 33회, 36회와 동일유형으로 출제되었는데 학습효과 차원에서 변형복원하였다.

89

정답 ③

'+1.5, −1.2'이다(아래 표 참조). 베타는 '시장수익률에 대한 개별종목(또는 개별포지션)의 수익률의 비율'을 말하므로, 시장수익률이 마이너스일 경우 베타도 마이너스가 되어야 포지션수익률은 플러스가 된다는 점에 유의해야 한다.

※ 주어진 시장수익률 하에서 베타 별 개별 포지션의 수익률

구 분	베타 −1.2	베타 −0.5	베타 +0.4	베타 +1.5
시장수익률 +10%	−12%	−5%	+4%	**+15%**
시장수익률 −10%	**+12%**	+5%	−4%	−15%

학습안내 32회, 35회와 동일하게 출제되었으나 학습효과 차원에서 변형복원하였다.

90

정답 ①

틀린 내용은 '가, 나'이다.

• 가 : '가'는 사후적 결정을 말하는데, 벤치마크는 사전적으로 결정(specified in advance) 되어야 한다.
• 나 : 실행 가능한 투자 대안이어야 하는 것은, 액티브 운용의 모든 대상을 벤치마크로 구성해야 하는 정도가 아니라 패시브 운용이 가능할 정도임을 말한다.

※ **벤치마크의 속성**(2024 기본서, 4권, p451 인용)

(1) 명확성(Unambiguous) : 기준지표를 구성하는 종목명과 비중이 정확하게 표시되어야 하며, 원칙이 있고 객관적인 방법으로 구성되어야 한다.
(2) 투자가능성(Investable) : 실행 가능한 투자대안이어야 한다. 적극적인 운용을 하지 않는 경우에 기준지표의 구성종목에 투자하여 보유할 수 있어야 한다.
(3) 측정가능성(Measurable) : 일반에게 공개된 정보로부터 계산할 수 있어야 하며, 원하는 기간마다 기준 지표 자체의 수익률을 계산할 수 있어야 한다.
(4) 적합성(Appropriate) : 기준지표가 매니저의 운용스타일이나 성향에 적합하여야 한다.
(5) 투자의견을 반영(Reflective of current investment opinions) : 펀드매니저가 현재 벤치마크를 구성하는 종목에 대한 투자지식(긍정적, 부정적, 중립적)을 가져야 한다. 즉 해당종목에 대한 상태를 판단할 수 있어야 한다.
(6) 사전적으로 결정(Specified in advance) : 벤치마크는 평가기간이 시작되기 전에 미리 정해져야 한다.

학습안내 33회와 동일하게 출제되었으나 학습효과 차원에서 변형복원하였다(► 벤치마크의 속성: 29회, 31회, 33회, 38회 출제).

91

정답 ②

'샤프비율은 A, 트레이너비율은 C'가 가장 높게 나타난다.

※ **계 산**

구 분	A	B	C	D
샤프비율	$\frac{18-3}{20}=0.75$	$\frac{20-3}{25}=0.68$	$\frac{24-3}{30}=0.70$	$\frac{26-3}{40}=0.58$
트레이너비율	$\frac{18-3}{1.2}=12.50$	$\frac{20-3}{1.4}=12.14$	$\frac{24-3}{1.6}=13.13$	$\frac{26-3}{1.8}=12.78$

학습안내 32회, 36회와 동일유형으로 출제되었다.

3-8 거시경제(4문항)

92

정답 ②

정부지출(G)이 증가하면 IS곡선이 우로 이동(shift)하여 가로축인 실질국민소득(Y) 증가와 세로축인 이자율상승이 동시에 나타난다.

※ **IS/LM모형에서 외생변수에 따른 메커니즘 이해** : 모형의 외생변수가 변동할 때, IS균형식인 'Y = C + I + G + (X − M)'과 LM균형식인 '$\frac{M}{P}$ = L(Y, R)'을 통한 작동원리를 이해해야 한다.

외생변수		작동 메커니즘
IS곡선	G (정부지출)	• G증가(확대재정정책) → IS곡선이 우측으로 Shift → IS/LM의 균형점이 위로 이동 → 실질국민소득(Y)증가 & 이자율(R)상승 • G증가 → 총수요증가 → Y증가 및 물가상승 · 이자율상승
	T (조세)	• T증가(세율인상정책) → IS곡선이 좌측으로 Shift → IS/LM의 균형점이 아래로 이동 → Y감소 & R하락 • T증가 → 총수요감소 → Y감소 및 물가하락 · 이자율하락
LM곡선	M (통화량)	• M증가(확대통화정책) → LM곡선이 우측으로 Shift → IS/LM의 균형점이 아래로 이동 → Y증가 & R하락 • M증가 → 화폐공급증가 → 이자율하락
	P (물가)	• P상승(인플레 상황) → LM곡선이 좌측으로 Shift → IS/LM의 균형점이 위로 이동→Y감소 & R상승 • P상승 → 실질화폐공급감소 → 이자율상승

학습안내 28회, 31회, 32회, 33회, 34회, 36회, 38회 기출(► IS/LM모형의 균형식에 대한 상세 내용은 '41회 92번 해설'을 참조할 것)

93

정답 ②

피구효과(Pigou effect)를 말한다. 피구효과는 **케인즈학파의 유동성함정 탈출논리에 대항하기 위해 일부 고전학파가 사용하는 논리**이다. 즉 유동성함정이 존재한다 해도 물가가 신축적이라면 극심한 불황에서 자동적으로 탈출하여 완전고용을 이룩할 수 있다는 논거이다(2024 기본서, 5권, p15 인용).

학습안내 34회와 동일유형으로 출제되었다(► '피구효과'에 대한 전체 내용 및 '깁슨의 패러독스'에 대한 상세 내용은 '43회 92번 해설'을 참조할 것).

94

정답 ④

차례대로 '25%, 80%'이다. 계산에 사용되는 '경제활동인구'와 '생산활동가능인구'를 직접 제시하지 않은 것이 포인트이다.

(1) 실업률 = $\frac{\text{실업자 수}}{\text{경제활동인구}} = \frac{5}{20} = 25\%$

► 경제활동인구(20) = 취업자수(15) + 실업자수(5)

(2) 경제활동참가율 = $\frac{\text{경제활동인구}}{\text{생산활동인구}} = \frac{20}{25} = 80\%$

► 생산활동가능인구(25) = 경제활동인구(20) + 비경제활동인구(5)

95

정답 ③

MV = PY, $V = \frac{P \times Y}{M}$, $V = \frac{1,600}{2,000}$, 따라서 V(통화유통속도) = 0.8

※ GDP디플레이터와 화폐유통속도

명목GDP 1,600조, 실질GDP 1,250조, 통화량 2,000조의 경우('MV = PY' 화폐교환방정식을 이용해서 계산함),

(1) GDP디플레이터(P) = $\frac{MV}{Y} = \frac{PY}{Y} \rightarrow \frac{명목\ GDP}{실질\ GDP} = \frac{1,600}{1,250} = 1.28$ (► 공식 : '뭇'으로 암기)

- GDP디플레이터 = $\frac{명목\ GDP}{실질\ GDP}$, 국민경제 전체의 물가압력수준

(2) 통화유통속도(V) = $\frac{명목\ GDP}{통화량} = \frac{1,600}{2,000} = 0.80$(► 공식 : '뭍'으로 암기)

※ EC방식에 의한 통화량 목표 설정(2024 기본서, 5권, p65 참조)

(1) MV = PY, M = $\frac{PY}{V}$ → 이를 미분하면 'MG = PG + YG − VG'이다.

(MG : 통화량증가율, PG : GDP디플레이터상승률, YG : 실질GDP상승률, VG : 유통속도변화율)

(2) 이때 YG = 4%, PG = 3%, VG = 2%라고 한다면,

→ 통화량증가율(MG) = 3% + 4% − 2% = 5%, 즉 적정한 통화량증가율 목표치는 +5%이다.

학습안내 31회, 36회 동일하게 계산문제로 출제되었으나 학습효과 차원에서 변형복원하였다.

3-9 분산투자기법(5문항)

96

정답 ②

개별자산(X, Y)의 시나리오별 기대수익률을 먼저 계산한 다음, X와 Y의 기대수익률과 편입비중(5:5)을 반영하여 포트폴리오XY의 기대수익률을 계산한다.

※ 포트폴리오 기대수익률의 계산(가중평균)

(1) **1단계 : 시나리오별 확률과 기대수익률을 가중평균하여 개별자산(X, Y)의 기대수익률을 계산한다.**

- X주식 : (20% × 0.3) + (10% × 0.4) + (−10% × 0.3) = +6% + 4% − 3% = +7%
- Y주식 : (10% × 0.3) + (6% × 0.4) + (−8% × 0.3) = +3% + 2.4% − 2.4% = +3%

(2) **2단계 : X와 Y의 기대수익률과 편입비중(5:5)을 가중평균하여 포트폴리오의 기대수익률을 계산한다.**

- 포트폴리오XY의 기대수익률 = (7% × 0.5) + (3% × 0.5) = 3.5% + 1.5% = 5.0%

학습안내 32회, 35회, 38회 기출

97

정답 ②

최소분산포트폴리오[주1]를 만드는 B의 비중 W_B는 36%이다(아래 풀이).

* 주1(최소분산포트폴리오) : 효율적 투자기회선상에서 위험(분산)이 최소가 되는 포트폴리오

※ 풀 이

(1) $W_B = \dfrac{\sigma_A^2 - \sigma_{AB}}{\sigma_A^2 + \sigma_B^2 - 2\sigma_{AB}} = \dfrac{0.3^2 - 0 \cdot 0.3 \cdot 0.4}{0.3^2 + 0.4^2 - 2 \cdot 0 \cdot 0.3 \cdot 0.4} = \dfrac{0.09}{0.09 + 0.16} = \dfrac{0.09}{0.25} = 0.36$

► $\sigma_{AB} = \rho_{AB} \cdot \sigma_A \cdot \sigma_B$

(2) 즉 자산B를 36%, 자산A를 64% 편입할 경우 최소분산포트폴리오가 달성된다.

주의 기존의 기출에서는 자산A의 비중을 묻는 문제로 출제되었는데 공식의 분자항목($W_A = \dfrac{\sigma_B^2 - \sigma_{AB}}{\sigma_A^2 + \sigma_B^2 - 2\sigma_{AB}}$, $W_B = \dfrac{\sigma_A^2 - \sigma_{AB}}{\sigma_A^2 + \sigma_B^2 - 2\sigma_{AB}}$)에 유의하여 계산해야 한다.

학습안내 31회, 34회, 36회, 38회 기출

98

정답 ④

모든 투자자는 동일한 방법으로 증권을 분석하고 경제상황에 대한 예측도 동일하다. 따라서 미래증권의 수익률의 확률분포에 대하여 동질적으로 예측(homogeneous expectation)을 한다.

※ CAPM모형의 가정(2024 기본서, 5권, p131인용)

(1) **평균・분산기준의 가정** : 투자자는 평균과 분산만 가지고 투자결정을 내리며 구체적으로 상대적으로 높은 평균, 상대적으로 낮은 분산을 가진 자산을 선택한다.

(2) **동일한 투자기간의 가정** : 모든 투자자는 동일한 단위 투자기간을 가지고 이 단일기간 이후에 발생하는 결과는 무시한다.

(3) **완전시장의 가정** : 개인투자자는 자본시장에서 가격순응자(price taker)이고, 거래비용과 세금이 존재하지 않아 자본과 정보의 흐름이 아무런 마찰이 없다.

(4) **무위험자산의 존재 가정** : 투자대상은 공개적으로 거래되고 있는 금융자산에 한정하고, 투자위험이 전혀 없는 무위험자산(risk-free asset)이 존재하며, 모든 투자자들은 동일한 무위험이자율 수준으로 얼마든지 자금을 차입하거나 빌려줄 수 있다.

(5) **균형시장의 가정** : 자본시장은 수요와 공급이 일치하는 균형상태에 있다.

(6) **동질적 미래예측의 가정** : 모든 투자자는 동일한 방법으로 증권을 분석하고 경제상황에 대한 예측도 동일하다. 따라서 미래증권의 수익률의 확률분포에 대하여 동질적으로 예측(homogeneous expectation)을 한다.

학습안내 26회, 28회, 30회, 35회, 38회 기출

99

정답 ③

6.5%이다.

※ 상세풀이

(1) J자산의 요구수익률(증권시장선에 의한 균형수익률)

$E(R_J) = kkk = R_F + \beta_J[E(R_M) - R_F] = 4\% + \beta_J(6\% - 4\%)$

(2) 베타는 $\beta_j = \frac{\sigma_{jm}}{\sigma_m^2} = \frac{0.2}{0.4^2} = 1.25$

(3) 베타가 1.6이므로,

$E(R_J) = kkk = R_F + \beta_J[E(R_M) - R_F] = 4\% + 1.25(6\% - 4\%) = 6.5\%$

► 계산 유의사항

- 베타를 계산할 때, 분모의 시장수익률의 분산을 바로 제시하지 않고 **표준편차**로 제시한 점에 유의한다.
- 상관계수로 주어지면 공분산에서 상관계수 식으로 전환해야 한다($\beta_J = \frac{\sigma_{jm}}{\sigma_m^2} = \frac{\rho_{jm \times \sigma_j \times \sigma m}}{\sigma_m^2}$).
- '시장수익률(6%) – 무위험수익률(4%)'을 '시장위험프리미엄(2%)'로 제시할 수 있다(시장위험프리미엄 = 시장수익률 – 무위험수익률).

학습안내 32회, 36회, 38회 기출

100

정답 ③

내부수익률(IRR ; Internal Rate of Return)이다. 다기간수익률(연평균수익률)에는 '산술평균수익률/기하평균수익률(시간가중수익률)/내부수익률(금액가중수익률)'이 있다.

학습안내 33회, 38회 기출(► 내부수익률에 대한 상세 개념은 '42회 100번 해설'을 참조할 것)

39회차 정답 및 해설

01	02	03	04	05	06	07	08	09	10	11	12	13	14	15	16	17	18	19	20
③	②	②	②	②	③	①	②	①	④	③	②	④	①	③	②	④	③	②	④
21	22	23	24	25	26	27	28	29	30	31	32	33	34	35	36	37	38	39	40
②	①	③	④	③	④	③	④	①	②	①	③	④	④	④	④	④	④	②	①
41	42	43	44	45	46	47	48	49	50	51	52	53	54	55	56	57	58	59	60
④	②	③	④	①	④	③	④	①	②	④	④	②	④	②	①	③	①	②	②
61	62	63	64	65	66	67	68	69	70	71	72	73	74	75	76	77	78	79	80
③	①	③	③	②	④	③	③	①	③	③	④	④	①	③	③	③	②	③	②
81	82	83	84	85	86	87	88	89	90	91	92	93	94	95	96	97	98	99	100
③	④	③	①	③	④	①	①	④	②	②	③	②	②	②	④	②	①	③	④

※ 시험난이도 상향에 대비하는 차원에서, 동일문항 기출이 반복될 경우 '변형복원'을 적극 반영하고 있습니다. 따라서 '변형된 기출' 문항을 학습 시에는 [학습안내]를 참고하여 '변형 전 기출'도 꼭 확인하시길 바랍니다.

1-1 세제관련 법규/세무전략(7문항)

01

정답 ③

'부가가치세, 증권거래세, 개별소비세 등'은 간접세이다.

※ **직접세와 간접세**(2024 기본서, 1권, p3 참조)

(1) **직접세** : 납세부담자와 신고납부자가 동일한 조세로서 '소득세, 법인세, 상속 및 증여세, 종합부동산세 등'이 있다.

(2) **간접세** : 납세부담자와 신고납부자가 다른 조세로서 '부가가치세, 증권거래세, 개별소비세, 주세, 인지세 등'이 있다.

[예시] 식당(대표 B)에서 고객(A)이 음식 값으로 11,000원(1,000원 VAT)을 결제하였을 때, 부가세 1,000원을 실제 부담하는 자는 고객(A)이지만, 해당 부가가치세를 신고하고 납부하는 자는 식당 대표인 B이다. 이렇게 실제 납세부담자(A)와 신고납부자(B)가 다른 조세를 간접세라 한다.

[학습안내] '국세 VS 지방세'의 세부내용은 '37회 01번 해설'을 참조할 것

02

정답 ②

'납부최고나 독촉'은 소멸시효의 중단사유로서, 납부의무 소멸사유와는 관련이 없다.

※ 납부의무 소멸사유

(1) 납부・충당되거나 부과의 취소가 있는 때

(2) 국세부과의 제척기간이 만료된 때

(3) 국세징수권의 소멸시효가 완성된 때

비교 '납세 고지, 독촉, 납부 최고, 교부 청구, 압류'는 소멸시효의 중단사유이다.

※ 추가이해 : 납부의무 소멸사유 기본서 全文(2024 기본서, 1권, p6~7인용)

3. **납부의무의 소멸(국세기본법 제26조, 제26조의 2)**

국세・가산세 또는 체납처분비를 납부할 의무는 다음의 경우에 소멸된다. 확정된 납세의무는 다음의 경우에 소멸한다.

(1) 납부・충당(국세환급금을 납부할 국세 등과 상계시키는 것) 되거나 부과가 취소된 때

(2) 국세부과의 제척기간(除斥期間)이 끝난 때

(3) 국세징수권의 소멸시효(消滅時效)가 완성된 때

(1) **국세의 부과제척기간**

국세의 부과제척기간은 국가가 납세의무자에게 국세를 부과할 수 있는 법정기간으로 그 기간이 끝난 날 후에는 국세부과권의 소멸로 인하여 납세의무도 소멸한다.

► '표 1-2 국세의 부과제척기간'은 생략함, 한권으로 끝내기 1권, p8 표 참조

(2) **국세징수권의 소멸시효**

소멸시효는 권리자가 권리를 행사할 수 있음에도 일정기간 권리를 행사하지 않는 경우 그 권리가 소멸되는 것으로 국세징수권은 국가가 권리를 행사할 수 있는 때부터 5년(5억 원 이상의 국세채권은 10년)간 행사하지 않으면 소멸시효가 완성하고 이로 인하여 납세의무도 소멸한다. 다만 납세고지・독촉 또는 납부최고・교부청구・압류의 경우에는 이미 경과한 시효기간의 효력이 중단된다.

4. **납세의무의 승계(국세기본법 제23조, 24조)**

(1) **합병법인의 승계** : 법인이 합병한 경우 합병법인은 피합병법인에게 부과되거나 납부할 국세, 가산세와 체납처분비를 납부할 의무를 진다.

(2) **상속인의 승계** : 상속이 개시된 때에 상속인은 피상속인에게 부과되거나 납부할 국세, 가산세와 체납처분비를 상속받은 재산을 한도로 납부할 의무를 진다.

주의 납세의무자가 사망하면 납세의무가 소멸된다. → X (납세의무는 상속된다)

03

정답 ②

무기명주식의 이익이나 배당은 '실제 지급을 받은 날'을 배당소득의 수입시기로 한다. 무기명채권이나 무기명주식 등 '무기명'증권은 실제 증권 소유자의 증권 제시가 있어야 지급이 가능하므로 '실제 지급일(또는 지급을 받은 날)'이 수입시기가 된다.

※ **이자소득의 수입시기**(2024 기본서, 1권, p27~28 표 참조)

<table>
<tr><th>이자소득의 종류</th><th>수입시기(수입금액의 귀속연도)</th></tr>
<tr><td>양도가능한 채권의 이자와 할인액</td><td>• 무기명의 경우 : 그 지급을 받은 날
• 기명의 경우 : 약정에 의한 지급일
• 채권 등 보유기간 이자 : 매도일 또는 이자지급일</td></tr>
<tr><td>예금·적금 또는 부금의 이자</td><td>• 실제로 이자를 지급받는 날. 단, 원본전입특약이 있는 경우는 '원본전입일', 해약 시에는 '해약일'
• 통지예금의 이자 : 인출일</td></tr>
<tr><td>채권의 환매조건부 매매차익</td><td>약정에 의한 환매수·환매도일. 단, 기일 전 환매수·환매도 시에는 그 환매수일·환매도일</td></tr>
<tr><td>저축성보험의 보험차익</td><td>보험금·환급금의 지급일. 단, 만기 전 해지 시에는 해지일</td></tr>
<tr><td>직장공제회 초과반환금</td><td>약정에 따른 초과이익 및 반환금의 지급일</td></tr>
<tr><td>비영업대금의 이익</td><td>약정에 의한 이자지급일. 단, 약정일이 없거나 약정일 전에 지급받는 경우는 그 지급일</td></tr>
<tr><td>기타 금전사용에 따른 대가성격의 이자</td><td>약정에 의한 이자지급일. 단, 약정일이 없거나 약정일 전에 지급받는 경우는 그 지급일</td></tr>
<tr><td>위의 이자소득이 상속·증여되는 경우</td><td>상속개시일 또는 증여일</td></tr>
</table>

※ **배당소득의 수입시기**(2024 기본서, 1권, p29 표 참조)

<table>
<tr><th colspan="2">배당소득의 종류</th><th>수입시기(수입금액의 귀속연도)</th></tr>
<tr><td rowspan="2">이익배당</td><td>잉여금처분 배당</td><td>당해 법인의 잉여금처분 결의일</td></tr>
<tr><td>무기명주식 배당</td><td>실제 지급을 받은 날</td></tr>
<tr><td colspan="2">의제배당</td><td>• 감자의 경우 : 감자결의일
• 해산의 경우 : 잔여재산가액 확정일
• 합병의 경우 : 합병등기일
• 분할 또는 분할합병 : 분할등기일 또는 분할합병등기일
• 잉여금의 자본전입 : 자본전입 결의일</td></tr>
<tr><td colspan="2">인정배당</td><td>당해 법인의 당해 사업연도의 결산확정일</td></tr>
<tr><td colspan="2">집합투자기구로부터의 이익</td><td>• 집합투자기구로부터 이익을 지급받는 날
• 원본전입 특약이 있는 경우 그 특약에 의한 원본 전입일</td></tr>
<tr><td colspan="2">기 타</td><td>• 파생결합상품 배당소득 : 지급을 받은 날
• 기타 수익분배성격의배당 또는 분배금 : 지급을 받은 날</td></tr>
</table>

학습안내 기존의 기출유형에서는 '의제배당의 수입시기'에 국한되었는데 39회에서는 이자소득과 배당소득을 포괄하여 출제되었다.

04

정답 ②

원천징수세율의 합은 '14%(법원보관금의 이자소득) + 9%(ISA의 비과세한도를 초과 하는 이자·배당소득) = 23%'이다.

※ 금융소득에 대한 원천징수세율(세율은 지방세 제외 기준)

항 목	원천징수세율	비 고
(분리과세를 신청한)장기채권의 이자와 할인액	30%	무조건 분리과세
직장공제회 초과반환금	기본세율(6%~45%)	
법원에 납부한 경매보증금 및 경락대금에서 발생한 이자소득	14%	
비실명거래로 인한 이자·배당소득[주1]	45% 또는 90%	
ISA 비과세한도를 초과하는 이자·배당소득	9%	
비영업대금의 이익	25%	조건부 종합과세
그 밖의 이자소득 또는 배당소득	14%	

* 주1 : 금융기관을 통해 지급되는 비실명 금융소득은 90%, 금융기관을 통하지 않은 비실명금융소득은 45%가 적용됨

05

정답 ②

장기채권의 경우 분리과세를 신청한 경우는 30%의 세율(지방세 제외)로 무조건분리과세를 하며, 분리과세를 신청하지 않은 경우는 조건부종합과세 대상이 된다.

► 신고대상(④) : 근로소득만 있는 경우는 연말정산 절차로 종합소득세 신고를 갈음하므로 종합소득세 신고를 하지 않아도 된다. 퇴직소득의 경우 연말정산 절차가 있으나 기본적으로 분류과세 대상이므로 종합소득세 신고대상이 아니다. 즉, 근로소득만 있거나, 퇴직소득만 있거나, 근로소득과 퇴직소득만 있는 경우는 종합소득세 신고를 하지 않아도 된다.

06

정답 ③

틀린 항목의 개수는 3개(가 / 다 / 바)이다.

• 가 : 3개월 이상이 아니라 183일 이상이다.

• 다 : 국내 증권시장에서 주권을 양도하였을 경우 거주자, 비거주자 구분 없이 증권거래세가 부과된다.

보충 1 증권거래세는 '주권의 유상양도'에 대해서 부과하는 것을 원칙으로 하는데, 거주자가 해외증권시장에서 주권을 양도할 경우는 증권거래세가 부과되지 않는다.

• 바 : 조세조약에 체결된 국가의 비거주자에게 국내원천소득에 대해서 분리과세할 경우 법정 원천징수세율(채권을 제외한 이자소득, 배당소득은 20%)과 제한세율(국가별로 10%~15%) 중 낮은 세율을 적용한다(높은 → 낮은).

보충 2 비거주자의 국내 원천소득에 대해서는 분리과세를 원칙으로 하되, 국내사업장이 있거나 부동산임대사업소득이 있는 경우에는 종합과세를 한다. 단, 비거주자에게도 양도소득이나 퇴직소득에 대해서는 분류과세를 한다.

학습안내 '33회 03번'과 유사하게 출제되었으나 '비거주자 과세에 대한 전체 내용'을 반영하여 변형 복원하였다(► 비거주자 과세체계 전체 내용 정리는 '41회 07번', 비거주자의 세법상 정의는 '34회 07번', 비거주자에 대한 증권거래세 부과내용은 '37회 05번·06번' 해설을 참조할 것).

07

정답 ①

'10년, 5천만 원'이다. 성인자녀는 '10년, 5천만 원', 미성년자녀는 '10년, 2천만 원'이다. 참고로 자녀에게 증여재산공제 한도 내에서 증여를 하고 증여신고는 하지 않는 경우가 많은데, 이후 증여재산의 증식에 대비하여 증여세 신고를 하고 자금출처의 정당성을 확보하는 것이 바람직하다.

학습안내 33회, 35회, 39회 동일 기출(► '증여세 절세전략'에 대한 상세 내용은 '36회 07번 해설'을 참조할 것)

1-2 금융상품(8문항)

08

정답 ②

틀린 항목의 개수는 1개이다(나).

※ 추가 해설

- 가, 나 : ELD는 발행자인 은행이 원리금의 지급을 보장하는 상품(예금자보호상품) 이어서, 기초자산인 주가의 변동과 관계없이 원금 이상이 보장된다. **그러나 중도에 해지를 할 경우는 원금이 보장되지 않을 수 있다.** 왜냐하면 ELD는 약속된 만기를 채워야 해당 기간의 이자를 가산하여 원금을 보장하는 구조인데, 중도해지를 할 경우 남은 기간의 이자를 포기하게 되어 원금보장이 되지 않을 수 있다.
- 다 : ELS는 증권사가 발행한다(ELD는 은행이, ELF는 운용사가 발행).
- 라 : ELF는 중도환매가 가능하다.

► **중도해지 VS 중도환매**

ELD	ELS	ELF
사전 확정형		실적배당형
중도해지가 어려움[주1]		중도환매 용이[주2]

* 주1 : ELD와 ELS(원금보장형)의 경우 만기까지 보유해야 이자수익이 가산되어 원금이 보장되는 구조이므로 중도해지 시 원금 손실이 발생할 수 있다. 따라서 중도해지가 어려운 구조 이지만, 투자자 요청에 의한 중도해지 자체는 가능하다.

* 주2 : ELF는 펀드이므로 규정상 중도환매가 가능하며, 실적배당형이므로 중도환매에 대한 부담도 ELD나 ELS(원금보장형)에 비해서는 적다.

학습안내 '옳은 또는 틀린 항목의 개수는?'의 문제유형은 39회에서 처음으로 출제되었다(► ELS 개요 상세 내용은 '36회 10번', ELS수익구조는 '37회 10번' 해설을 참조할 것).

09

정답 ①

외화예금을 포함한 각 종 예 · 적금(정기예금, 정기적금, 주택청약예금 등)은 모두 예금자보호대상이다. CD, RP는 2001년부터 예금자보호대상에서 제외되었으며(∵ 안전성이 높은 상품), 주택청약종합저축은 공공주택에 청약할 권리가 있는 상품으로서 공적기금에서 직접 관리하므로 예금자보호가 필요하지 않다.

학습안내 34회, 37회, 39회 기출(► 예금자보호에 대한 상세 내용은 '37회 09번 해설'을 참조할 것)

10

정답 ④

생존보험은 생명보험이고 나머지는 손해보험이다(생명보험은 '사람의 신체'를 보험의 대상으로 하며 손해보험은 '재산'을 보험의 대상으로 한다).

※ **보험의 분류**

생명보험[주1]	손해보험	사회보험
사망보험[주2], 생존보험, 생사혼합보험	화재보험, 운송보험, 해상보험, 배상책임보험, 자동차보험 등	국민연금보험, 국민건강보험, 산업재해보상보험, 고용보험

* 주1 : 보험업법상으로는 보험을 '인보험 / 손해보험'으로 구분하는데, 이때 인보험은 생명보험과 상해보험을 말한다.
* 주2 : 사망보험에는 '종신보험, 정기보험'이 있다.

학습안내 29회, 36회, 39회 기출

11

정답 ③

① 총회소집권자는 원칙상 집합투자업자이며, 예외적으로 신탁업자 그리고 총좌수의 5% 이상을 소유한 수익자도 소집권자로 인정된다.
② 2주 전에 서면 또는 전자문서로 각 수익자에게 통지를 발송해야 한다.
④ 서면으로 행사할 수 있다.

※ **수익자총회**(투자신탁–수익자총회, 투자회사–주주총회)

(1) **총회 결의사항** : 자본시장법 또는 신탁계약으로 정한 사항에 대해서만 결의할 수 있다.

참고 법상의 결의사항은 '합병 / 환매연기 / 신탁계약의 중요 내용 변경(보수의 인상, 신탁업자변경, 운용인력변경 등)'을 말함

(2) **총회의 소집**

㉠ 원칙상 총회의 소집권자는 투자신탁을 설정한 집합투자업자이다.

㉡ 예외적으로 **신탁업자**와 **총 좌수의 5% 이상을 소유한 수익자**도 소집권자로 인정된다.

- 신탁업자 또는 5% 이상 수익자가 총회를 소집을 집합투자업자에게 요청할 경우, 집합투자업자는 1개월 이내에 총회를 소집해야 한다.

㉢ 총회의 소집통보 : 수익자총회 소집 시, 총회 **2주 전에** 각 수익자에게 서면 또는 전자문서로 소집통지를 발송해야 한다.

(3) **총회 의결권 행사**

㉠ 서면에 의한 의결권행사가 가능하다.

㉡ 자본시장법상의 총회결의사항에 대해서는 '출석과반수 & 총좌수의 4분의 1' 이상의 수로 결의할 수 있다(cf 신탁계약으로 정한 사항은 '출석과반수 & 총좌수의 5분의 1' 이상의 수로 결의).

(4) **연기수익자총회** : 수익자총회 결의가 이루어지지 않은 경우 집합투자업자는 그날부터 2주 이내에 연기수익자총회를 소집해야 한다.

학습안내 36회(신유형), 39회 기출

12

정답 ②

상장주식의 매매손익 또는 평가손익이 (-)일 경우는 '과표기준가격 > 기준가격'이다.

► 기준가격 : 집합투자증권의 매매 또는 집합투자증권의 추가발행 시에 필요한 추가신탁금 산정의 기준이 되는 가격으로서 집합투자증권의 거래단위당 순자산가치이다.

암기법 '(+), 기 > 과' → 주식의 매매손익이나 평가손익이 (+)일 경우는 '기준가격 > 과표기준가격'이다.

학습안내 32회, 34회, 39회 기출(► 기준가격과 과표기준가격의 관계는 '41회 62번 해설'을 참조할 것)

13

정답 ④

외부보강에는 '신용공여, 지급보증'이 있으며 나머지는 모두 내부보강방식이다.

※ **신용보강(Credit Enhancement)** : 2024 기본서, 1권, p275 인용

신용보강방법은 지불의 우선순위를 달리하는 후순위증권의 발행, 자산의 수익률과 발행증권의 수익률 차이에 따른 초과스프레드(excess spread) 그리고 예치금(reserve) 등 다양한 방식이 도입되며, 이와 같이 자산의 현금흐름의 조정을 통한 신용보강을 내부신용보강이라 한다.

이와 더불어 신용도 높은 외부기관의 보증 및 신용공여 등에 의해 발행 유동화증권의 상환가능성을 제고시키는 방법도 널리 사용되며, 이와 같이 외부의 신용보강기관에 의한 신용보강을 외부 신용보강방법이라고 한다.

14

정답 ①

모두 틀린 내용이다(옳은 항목은 0개).

- 가 : 원리금균등상환방식은, 매월 동일한 원리금을 상환하는데 **매월 상환액 중 이자부분은 점차 감소하고 원금부분은 점차 증가한다.**
- 나 : 모기지(mortgage)가 20~30년의 장기상품이므로, 이를 기초자산으로 하여 발행하는 MBS도 **장기로 발행하는 것이 일반적이다.**
- 다 : MBB(주택저당담보부 채권)에서는 채무불이행위험이 발행자에게 귀속된다.
  - 주식과 달리 채권은 발행자가 원리금상환의무를 부담하므로, MBB(채권)에서의 채무불이행 위험은 발행자에게 귀속된다.

학습안내 36회(신유형), 39회 기출(► MBS에 대한 전체 내용은 '36회 15번 해설'을 참조할 것)

15

정답 ③

확정급여형(DB), 확정기여형(DC), 개인형 퇴직연금제도(IRP) 모두 연금수령은 55세부터 가능하다.

※ **추가해설**

① DB형은 퇴직적립금의 운용주체가 사용자(기업)인데, 적립금의 운용결과에 따라 납부하여야 할 부담금이 변동한다(즉, 운용결과가 좋으면 사용자의 부담금 부담이 감소하고 운용결과가 좋지 않으면 사용자의 부담금 부담이 증가함).

cf DC형은 사용자가 부담할 부담금수준이 확정되고 적립금의 운용결과는 가입자(근로자)에게 귀속된다.

- DC형에서 근로자는 자신의 투자성향에 따라 매 반기 1회 이상 적립금의 운용방식을 스스로 선정할 수 있다.

② 확정급여형은 가입자가 받는 미래의 퇴직금이 사전에 확정되는 제도이며, 확정기여형은 기업이 부담해야 할 부담금의 수준이 사전에 확정되는 제도이다.

④ DB형 가입자, DC형 가입자 모두 IRP에 추가로 가입할 수 있다.

※ **추가이해 : 개인형 퇴직연금제도(IRP)의 의의**(2024 기본서, 1권, p365 참조)

새로이 도입된 개인형 IRP는 직장이동에 따른 퇴직일시금 소진의 부작용을 최소화하기 위해 마련되었다. 더불어 과세를 은퇴 후 퇴직금을 수령하는 시점까지 이연시켜 줌으로써 실질소득이 증가할 수 있도록 했다. 즉, 직장을 이동할 때마다 퇴직금을 쓰지 않고 세금혜택을 받아가면서 개인형 IRP 계좌에 충분히 쌓아두었다가 **일시금 또는 55세 이후 연금으로 수령할 수 있게 된 것이다.**

학습안내 '38회 15번'과 동일하게 출제되었으나 학습효과 차원에서 변형 복원하였다(► 주요 내용 정리는 '35회차 15번 해설'을 참조할 것).

1-3 부동산관련 상품(5문항)

16

정답 ②

순위보전력 효력은 가등기의 효력이다('보전'은 가등기의 키워드).

※ **본등기 효력 VS 가등기 효력**

(1) **본등기 효력** : 물권변동적 효력 / 순위확정적 효력 / 대항적 효력 / 점유적 효력 / 형식적 확정력 / 권리존재 추정력 등

(2) **가등기 효력** : 청구권보전의 효력 / 순위보전의 효력

학습안내 실제 문항에서는 '청구권보전의 효력'이 정답으로 출제되었으나 학습효과 차원에서 '순위보전적 효력'으로 변형 복원하였다(► 문항은 최근 5년 이전의 '오래된 기출유형'에 속한다).

17

정답 ④

틀린 내용은 '나, 라'이다.

- 나 : 내부수익률은 '투자안의 현금유입의 현재가치와 현금유출의 현재가치를 일치시키는' 할인율이므로 'NPV=0'인 상태의 할인율과 같다.
- 라 : 수익성지수에서는 '분자(유입액의 현재가치)가 분모(유출액의 현재가치)보다 커야' 즉 'PI가 1보다 큰' 상태가 되어야 투자수익이 나는 상태임을 말한다.

※ **부동산투자 시 타당성 분석 지표 – 현금흐름할인을 사용하는 지표**

(1) **순현재가치법(NPV ; Net Present Value)** : 현금유입의 현재가치–현금유출의 현재가치

→ NPV가 0보다 클수록 투자가치가 높다(NPV < 0 → 투자안 기각).

(2) **수익성지수법(PI ; Profitability Index)** : 수익성지수 = $\frac{\text{현금유입의 현재가치}}{\text{최초의 부동산투자액}}$

→ PI가 1보다 클수록 투자가치가 높다(PI < 1 → 투자안 기각)

(3) **내부수익률법(IRR ; Internal Rate of Return)** : 투자안의 현금유입의 현재가치와 현금유출의 현재가치를 일치시키는 할인율

→ IRR이 k(요구수익률)보다 클수록 투자가치가 높다(IRR < k → 투자 안 기각).

학습안내 '부동산투자 타당성 분석 지표'에 대한 전체 내용은 '38회 16번' 해설을 참조할 것

18

정답 ③

저당권은 법원경매로써, 담보신탁은 신탁회사가 '시장에서 직접 매도(공매)' 함으로써 채권실행을 할 수 있다(환가액에서 부동산담보신탁이 유리함).

► 담보신탁은 저당권에 비해 목적물 관리의 안정성 및 효율성, 채권실행의 편리성 등의 장점이 있음(2024 기본서, 1권, p444 인용)

학습안내 '32회 19번'과 동일하게 출제되었다(► 부동산담보신탁 제도의 상세 비교내용은 '35회 19번 해설'을 참조할 것).

19

정답 ②

상업지역이다[► 순서(상 / 주 / 공 / 녹) : 상업지역 1,500% > 주거지역 500% > 공업지역 400% > 녹지지역 100%].

※ 추가 이해 : 용도지역별 용적률한도

'국토의 계획 및 이용(개발 / 보전)에 관한 법률'상 용도지역(► '도. 관. 농. 자'로 암기)						
개 발				보 전		
도시지역(► '주. 상. 공. 녹'으로 암기)[주2]				관리지역	농업지역	자연환경 보전지역
주거지역	상업지역	공업지역	녹지지역			
500%	1,500%	400%	100%	80%[주1]	80%	80%

* 주1 : 관리지역의 용적률한도에서, 계획관리지역 100%를 제외한 나머지는 80%이다.
* 주2 : 도시지역은 용적률한도의 크기 순서로는 '상. 주. 공. 녹'으로 암기한다.

학습안내 30회, 32회, 39회 기출(► 30회는 동 문항과 같이 출제되었으며 39회는 순서 문제로 출제되었다)

20

정답 ④

④는 '차지개발방식'을 말한다.

► 토지신탁방식 : 토지소유자가 부동산신탁회사에 토지를 위탁하고 부동산신탁회사가 자금조달, 건축 및 분양・임대를 하고 그 수익의 일부를 신탁배당을 통해 토지소유자에게 배분하는 방식을 말한다.

학습안내 36회(신유형), 39회 기출(► 지주공동사업의 5가지 종류에 대해서는 '36회 18번 해설'을 참조할 것)

2-1 대안투자운용/투자전략(5문항)

21

정답 ②

채권형펀드는 전통투자상품이다(주식형펀드, 채권형펀드, MMF → 전통투자상품).

※ **대안투자(Alternative Investment) 개념**(2024 기본서, 2권, p2 참조).

(1) **대안투자** : 전통투자가 아닌 새로운 투자대상에 투자하는 것을 말한다.

- 전통투자는 주식과 채권에 투자하는 것을 말하고, 그 외의 투자대상에 투자하는 것이 대안투자 또는 대체투자이다.

(2) **대안투자대상** : '부동산, 인프라, Commodity' 등이 있으며, 이러한 대상에 투자하는 펀드로서 '부동산펀드, 인프라스트럭처펀드, 헤지펀드, Commodity펀드, PEF' 등이 있다.

학습안내 29회, 31회, 33회, 34회, 35회, 37회,38회, 39회 기출(► 대안투자에 대한 상세 개념은 '38회 21번' 해설을 참조할 것)

22

정답 ①

PEF의 업무집행은 무한책임사원이 한다.

※ **PEF의 업무집행**(2024 기본서, 2권, p29 인용)

PEF의 운영자 역할을 수행하는 업무집행사원은 무한책임사원 중에서 선정되도록 하였다. 업무집행사원은 1인 또는 수인으로 구성할 수 있으며, 업무집행사원은 PEF의 업무를 집행할 권리와 의무를 가진다(중략).

※ **PEF의 등기 · 등록사항**(2024 기본서, 2권, p26 인용)

PEF의 등기 · 등록 사항에서 유한책임사원의 내역을 제외하고 있는데, 펀드 출자자의 내역을 비공개하고 있는 자본시장법 원칙을 PEF에도 동일하게 적용하고 있다. 반면 업무집행사원을 수행하는 무한책임사원은 PEF의 실질적인 운용자로서 대외적인 책임을 지게 되므로 등기 · 등록의 대상으로 규정하고 있다.

학습안내 28회, 29회, 31회, 32회, 33회, 36회, 39회 기출(► PEF의 법적형태'의 상세 내용은 '42회 22번', PEF의 EXIT방안의 상세 내용은 '40회 22번'의 해설을 참조할 것)

23

정답 ③

상황의존형(Event Driven) 전략은 '합병차익거래 / 부실채권투자'이다. 합병차익거래는 합병이라는 이벤트의 성사여부에 따라 수익이 결정되며, 부실채권투자는 구조조정 등의 이벤트를 이용하여 자산을 싸게 매입한 후 회생프로그램 등을 활용하여 비싸게 팔고자 하는 전략이다.

※ **추가이해 : 헤지펀드 운용전략의 구분**

전략의 구분	세부 종류
차익거래 전략	주식시장중립형, 채권차익거래, 전환사채차익거래
상황의존형 전략	합병차익거래, 부실채권투자
방향성 전략	주식의 롱숏, 글로벌매크로, 이머징마켓헤지펀드, 선물거래, 매도전문펀드, 섹터헤지펀드

학습안내 '37회 24번'과 동일하게 출제되었으나 학습효과 차원에서 변형 복원하였다.

24

정답 ④

글로벌 매크로 전략은 '헤지펀드의 3가지 운용전략(차익거래전략 / 상황의존형전략 / 방향성 전략)' 중 방향성 전략에 속한다.

cf 상황의존형전략(Event-driven전략)에는 '합병차익거래전략 / 부실채권투자전략' 등이 있다.

※ **글로벌 매크로 전략**(2024 기본서, 2권, p83 참조)

(1) 거시경제분석을 바탕으로 특정 국가나 시장에 제한되지 않고 전 세계를 대상으로 역동적으로 자본을 운용하는 전략으로, 여러 헤지펀드 투자전략 중 가장 광범위한 자산에 다양한 투자수단(공매도, 레버리지, 파생상품 등)을 사용하여 제약 없이 투자한다.

(2) 투자결정 시 경제상황에 대한 분석방법으로는 전형적인 '**Top-Down방식**'을 사용하는데, 먼저 거시경제적 측면에서 불균형상태를 찾고 이러한 불균형에서 균형으로 회귀한다는 가정 하에 관련된 금융변수를 찾아 방향성을 갖고 투자한다.

(3) 개별 투자자산을 선택 시 유동성이 풍부한 외환, 국채, 원자재 등에 대한 투자를 선호한다.

학습안내 28회, 33회, 39회 기출

25

정답 ③

③번만 옳은 내용이다.

① CDS스왑은 보장매수자가 보장매도자에게 스왑프리미엄을 지급한다.

- 보장매수자(위험회피자)가 준거자산에 대한 위험보장을 대가로 보장매도자(위험선호자)에게 프리미엄을 지급한다.

② TRS매도자는 준거자산으로부터 발생하는 총수익(TR)을 TRS매수자에게 이전하며, 그 대가로 TRS매수자로부터 일정금리(Libor + TRS스프레드)를 지급받는다.

- TR에서 수익이 발생하면 수익을 TRS매도자가 TRS매수자에게 지급하고, TR에서 손실이 발생하면 TRS매수자가 그 차액을 TRS매도자에게 지급한다.
- TR은 준거자산으로부터 발생하는 모든 손익을 말하는데, 이 손익은 시장위험 뿐 아니라 신용위험으로 인한 손실도 포함하므로 TRS스왑을 통해서 '시장위험 + 신용위험'을 TRS매수자에게 전가할 수 있다.

④ 합성CDO(Synthetic CDO)는 준거자산(또는 기초자산)을 양도하지 않는다.

- 합성CDO는 CDO의 특수한 형태로서 보장매입자가 **준거자산을 양도하는 것이 아니라** 신용파생상품을 이용하여 자산에 내재된 신용위험을 SPC에 이전하는 유동화방식이다(CDO와 CLN을 합성).

학습안내 '37회 25번'과 동일하게 출제되었으나 학습효과 차원에서 변형복원하였다(► 신용파생상품 전체에 대한 상세 내용은 '37회 25번 해설'을 참조할 것).

2-2 해외증권투자운용/투자전략(5문항)

26

정답 ④

틀린 내용은 '가, 라'이다.

- 가 : MSCI지수는 크게 World Index(선진시장)와 Emerging Market Index(신흥시장)으로 구분되는데, 우리나라는 EM지수(신흥시장지수)에 편입되어 있다.
- 라 : MSCI지수는 시가총액방식이 아니라 유동시가총액방식(free floating방식)으로 산출한다.

학습안내 29회, 31회, 33회, 35회, 37회, 39회 기출(► MSCI지수에 대한 기본서 全文은 41회 27번' 해설을 참조할 것)

27

정답 ③

③은 내재적 헤지(implicit hedge)를 말한다.

※ 롤링헤지(rolling hedge)

전체의 투자기간을 몇 개의 단기기간으로 나누고, 단기기간이 만기가 될 때마다 다음 단기기간으로 이월함으로써 전체기간 헤지를 완성하는 헤지방식을 말한다. 그리고 단기기간 헤지는 유동성이 풍부한 장내파생상품을 통한 헤지를 말하므로, 롤링위험(rolling risk)은 장내파생상품을 통한 헤지에서만 노출되는 위험이다(예 장외파생상품인 선물환을 통한 헤지에서는 롤링위험이 발생하지 않음).

※ 해외투자시의 투자수익률(지문 ①)

► $R_{id} = R_{if} + e_i$

(R_{id} : 본국통화로 표시한 투자수익률, R_{if} : 투자대상국(f국) 통화로 표시한 수익률, e_i : 투자대상국의 통화가치 변동으로 인한 수익률)

→ 즉, f국에 투자할 경우의 전체 수익률은 f국 주식으로부터의 투자수익률과 f국의 통화 가치변동률을 통한 환차손익으로 구성된다.

→ 예를 들어 한국투자자가 해외주식(f국 주식)에 투자하였을 때 원화로 표시한 투자수익률(R_{id})은, f국 주식으로부터의 투자수익이 없다 하더라도($R_{if} = 0$) 원화가치가 하락하면 또는 f국의 통화가치가 강세이면 환차익($e_i > 0$)을 얻게 되어 '$R_{id} > 0$'이 된다.

※ 환투기의 개념(지문 ④)

환차익을 주목적으로 국제투자를 하되 환위험헤지를 하지 않는 투자방식을 '환투기'라고 한다(이때 '투기'는 gambling이 아닌 speculating의 개념).

학습안내 28회, 30회, 34회, 35회, 36회, 39회 기출(► ①번은 신유형 지문이다)

28

정답 ④

동시상장을 한다고 해서 상장비용이 절감되는 혜택이 있는 것은 아니다(아래 상세해설 참조). 그리고 해외시장에 복수상장을 하는 기업의 입장에서 ①은 직접적인 효과,②는 간접적인 효과에 해당한다.

※ **복수상장과 상장비용**(2024 기본서, 2권, p158~159 참조)

해외 주식발행을 통하여 외화자금을 조달하고자 하는 기업은 투자자들이 충분한 관심으로 유동성이 유지될 수 있는 거래소를 골라야 하며 **자금조달이나 기업홍보 관점에서 의 이점(利點)이 상장을 유지하는 데 따르는 비용을 정당화할 수 있어야 한다.** 상장 후 가격이 폭락하거나 유동성이 낮아지면 오히려 기업이미지에 악영향을 미칠 가능성이 있으므로 위험요인을 간과해서는 안 된다.

29

정답 ①

미국에서 미 달러화표시 채권을 발행하면 외국채(양키본드)가 된다. 유로채는 무기명식으로 발행하고 외국채는 기명식으로 발행한다(③). 유로채는 채권발행 현지국의 규제를 받지 않는 역외채권(off shore bond)이다(④).

※ **유로채 VS 외국채**

(1) **외국채** : 비거주자가 채권표시 통화의 본국에서 발행하는 채권을 말한다.
- 미 달러화 표시 채권을 미국에서 발행하면 외국채이다(양키본드).
- 파운드화 표시 채권을 영국에서 발행하면 외국채이다(불독본드).
- 엔화 표시 채권을 일본에서 발행하면 외국채이다(사무라이본드).
- 위안화 표시 채권을 중국에서 발행하면 외국채이다(판다본드).

(2) **유로채** : 비거주자가 채권표시 통화의 본국 외에서 발행하는 채권을 말한다.
- 미 달러화 표시 채권을 런던에서 발행하면 유로채이다.
  - 유로채인데 달러화 채권을 발행하는 것이므로 유로달러채가 됨
- 위안화 표시 채권을 홍콩에서 발행하면 유로채이다(딤섬본드).

학습안내 29회, 30회, 32회, 34회, 36회, 37회, 38회, 39회 기출(► '유로채 VS 외국채'에 대한 정리 내용은 '37회 30번 해설'을 참조할 것)

30

정답 ②

옳은 항목은 1개이다('가'). T-Bill은 할인채(단기채)이고, T-Note는 이표채(중기채)이고 T-Bond는 이표채(장기채)이다.

※ **미 재무부 채권 분류(빈출 유형)**

구 분	T-Bill	T-Note	T-Bond
이자지급방식	할인채	이표채	이표채
만 기	단기채	중기채	장기채

학습안내 '미 재무부 채권의 분류'는 매우 자주 출제되는 주제인데 '옳은 항목 또는 틀린 항목의 개수를 고르는' 문제 유형으로는 39회에서 처음으로 출제되었다.

2-3 기술적 분석(7문항)

31

정답 ①

'산술평균은 0.33, 중앙값은 3, 최빈값은 7, 범위는 30'이다. 따라서 지표의 값이 가장 적은 것은 산술평균이다.

► 풀이(단위 : %)

① 산술평균 : Σ분포값 / N = (−15−9−7−2+3+4+7+7+15) / 9 = 0.33

② 범위 : 최댓값 − 최솟값 = +15 − (−)15 = 30

③ 중앙값 : 정 가운데 값, 즉 3

④ 최빈값 : 빈도수가 가장 높은 관찰치, 즉 7

※ **증권분석을 위한 통계기초**(2024 기본서, 2권, p214~217 참조)

(1) **중심위치(Central Tendency)** : 자료가 어떤 값을 중심으로 분포하는가를 나타내는 대표치로서, 산술평균과 최빈값, 중앙값 등이 자주 쓰인다.

㉠ **산술평균(mean)** : 분포 값의 합계를 분포의 수로 나눈 값(Σ분포값 / N)

㉡ **최빈값(mode)** : 빈도수가 가장 많은 관찰치를 의미한다.

㉢ **중앙값(median)** : 관찰치를 크기 순서대로 나열하였을 때, 정중앙에 있는 값을 의미. N이 홀수일 때는 정중앙 값이 중앙값이 되지만, N이 짝수일 때는 가운데 두 분포의 값의 평균이 중앙값이 된다.

[예시] 분포의 수가 짝수일 경우의 중앙값 → '2, 4, 6, 8, 10, 12'의 분포일 경우 (6+8) / 2 = 7 즉 7이 중앙값이 된다.

(2) **산포 경향(Degree of Dispersion)** : 자료가 중심위치로부터 어느 정도 흩어져 있는가를 나타내는 지표로서 범위, 평균편차, 분산, 표준편차 등이 자주 쓰인다.

㉠ **범위(range)** : 최댓값 − 최솟값. 동 문항 예시에서는 −15 ~ +15 = 30. 또는 최댓값 15에 최솟값 −15를 뺀 값으로서 30이 된다.

㉡ **평균편차(mean deviation)** : 각각이 평균으로부터 떨어진 거리들의 평균으로 측정한다.

㉢ **분산(variance)과 표준편차(standard deviation)** : 분산은 각각이 평균으로부터 떨어진 거리의 제곱들을 평균한 것이고 분산의 제곱근이 표준편차이다.

[보충] 모집단이 아니고 표본인 경우에는 분산과 표준편차를 '자유도(degree of freedom : 분산과 표준편차의 경우는 n−1)'로 나누어 측정하는데 그래야 모집단 분산(표준편차)의 불편 추정치(unbiased estimator)가 되기 때문이다.

[학습안내] 중심위치와 산포경향을 구분하는 단순 개념 문제가 간간이 출제되었으나(34회 / 35회 / 37회), 동 문항은 숫자를 제시하고 계산문제로 출제된 것으로서 신유형에 해당한다(► 숫자 예시는 기본서에 없으므로 수준 높은 응용문제라 할 수 있음).

32

정답 ③

요구수익률은 24%이다. 주당순이익을 당기로 제시하였으므로 당기의 배당금(D_0)이 나오는데, 여기에 배당성장률(주당순이익의 성장률)[주1] 4%를 적용하여 D_1을 구하고 D_1을 공식에 적용하는 것이 포인트이다.

* 주1 : 주당순이익 중에서 일정비율로 배당을 하는 것이므로 그 성장률은 동일하다(즉 '주당순이익의 성장률 = 배당성장률').

※ **고든의항상성장모형 공식 적용** : $P = \frac{D_1}{k - g}$, $10{,}400 = \frac{D_1}{k - 0.04}$

→ 당기의 주당순이익이 5,000원이고 배당성향이 40%(∵ 1-유보율 = 배당성향)이므로 D_0는 2,000원이다.

따라서 D_1은 2,000(1 + 0.04) = 2,080원이다. 여기서 $D_1 = 2{,}080$원을 위 산식에 적용하면,

$10{,}400 = \frac{2{,}080}{k - 0.04}$, $(k - 0.04) = \frac{2{,}080}{10{,}400}$, 따라서 $k = 0.24$(즉 24%)

→ 다른 풀이 방식도 있다. $P = \frac{D_1}{k - g}$ 산식을 k중심으로 정리하면, $k = \frac{D_1}{p} + g$가 된다.

따라서 '$k = \frac{2{,}080}{10{,}400} + 0.04$, $k = 0.24$', 즉 요구수익률(k)은 24%이다.

학습안내 동 문항에서는 배당성향 대신 유보율을 제시하였고(배당성향 = 1 - 유보율), 배당성장률 대신 주당순이익의 성장률로 제시하였다는 점에서 기존의 기출과는 차이가 있다(► '배당평가모형 요구수익률 계산문제'는 33회, 37회, 39회 기출).

33

정답 ④

영업고정비와 재무고정비의 합이 가장 큰 조합에서 DCL이 가장 크게 나타난다.

► 결합레버리지도(DCL) = $\frac{\text{매출액 - 변동비}}{\text{매출액 - 변동비 - 고정비 - 이자비용}}$, 여기서 '매출액 - 변동비'는 분자와 분모에 동일하게 위치하므로 '고정비(영업고정비) + 이자비용(재무고정비)'의 합이 가장 큰 조합에서 결합레버리지도가 가장 크게 나타난다.

학습안내 28회, 31회, 34회, 36회, 39회 기출

34

정답 ④

틀린 항목은 3개이다(나, 다, 라).

- 나 : 원재료 및 상품 등의 구매활동과 제품 생산활동 및 판매활동에서 발생한 현금흐름
  → 영업활동으로 인한 현금흐름(약식명칭 : 영업현금흐름)
  cf 투자활동으로 인한 현금흐름(투자현금흐름) : 현금의 대여와 회수활동 그리고 유가증권, 투자자산 및 비유동자산의 취득과 처분활동상 발생한 현금흐름
- 다 : 자기주식 취득 → 재무현금흐름 감소, 자기주식 처분 → 재무현금흐름 증가
- 라 : 차입금 차입 → 재무현금흐름 증가, 차입금 상환 → 재무현금흐름 감소

학습안내 35회(신유형), 37회, 39회 기출(► '현금흐름표 구성'에 대한 상세 내용은 '35회 34번 해설'을 참조할 것)

35

정답 ④

현금흐름이 플러스 되는 항목은 '가, 다, 라'이다(추가해설 참조).

※ **추가 해설**

- 가 : 매출채권(외상매출금)은 현금이 유입되지 않는 매출인데, '매출채권의 증가'는 현금흐름 마이너스, **'매출채권의 감소'는 현금흐름 플러스 요인(매출채권의 감소 → 외상매출의 회수)이 된다.**
- 나 : '매입채무(외상매입금)'는 현금이 지출되지 않는 채무인데, '매입채무의 증가(외상매입)'는 현금흐름의 플러스요인, **'매입채무의 감소(외상매입의 상환)'는 현금흐름의 마이너스 요인이 된다.**
- 다 : 재고자산의 증가는 현금흐름의 마이너스(현금투입 → 재고자산 증가), **'재고자산의 감소'는 현금흐름의 플러스(재고자산의 감소 → 현금회수) 요인이다.**
- 라 : 유가증권평가이익의 증가는 비현금이익의 증가이므로 현금흐름의 마이너스, **'유가증권 평가이익의 감소'는 비현금이익의 감소이므로 현금흐름의 플러스 요인이다.**

학습안내 간접법상의 영업활동 현금흐름 작성에 대한 상세 내용은 '36회 33번 해설'을 참조할 것

36

정답 ④

틀린 내용은 '가, 라'이다.

- 가 : 토빈의 Q비율 = $\frac{\text{자본의 시장가치}}{\text{자산의 대체원가}}$(이때 대체원가는 시가에 기반한다)
- 라 : 토빈의 Q는 PBR을 보완한다(PBR은 장부가에 기반하고 토빈의Q는 시가에 기반하므로).

※ **추가이해 : PBR과 유사한 개념인 Tobin's Q 비율**(2025 기본서, 2권, p270인용)

► Tobin's Q = $\frac{MV(Market\ \ Value)}{RC(Replacement\ Value)}$(자본의 시장가치 대 자산의 대체원가)

(1) Tobin's Q비율은 자산의 대체원가를 추정하기 어려운 단점이 있다. 그러나 대체원가는 장부가가 아니라 자산들의 현재가치에 기반을 두고 있으므로 PBR의 문제점 중의 하나인 '시간성의 차이'를 극복하고 있는 지표라 할 수 있다.

(2) Q비율이 높을수록 투자수익성이 양호하고 경영이 효율적이다.

(3) Q비율이 낮을수록 적대적 M&A 대상이 되는 경향이 있다.

예시 자산의 대체원가가 1,000억 원이고

㉠ '자본의 시장가치(시가총액)'가 1,400억 원이라면 **Q비율은 1.4**이다. → 시가기준 1,000억 원의 순자산을 투입하여 1,400억 원의 가치를 만들어 낸 것이므로 경영을 잘하고 있는 것으로 평가된다.

㉡ '자본의 시장가치(시가총액)'가 700억 원이라면 **Q비율은 0.7**이다. → 가능하다면 시가총액 700억 원을 들여 주식을 모두 사들인 후 시장에서 회사의 순자산을 처분한다면 1,000억 원을 받을 수 있다. 즉 300억 원의 차익이 생기므로 Q비율이 1보다 낮은 경우는 적대적 M&A가 시도될 수 있다.

보충 Tobin's Q비율에서 분자인 '자본의 시장가치'는 시가총액이며, 분모인 '자산의 대체원가(시가기준)'은 맥락상 '순자산의 대체원가(시가기준)'으로 이해할 수 있다.

학습안내 30회, 34회, 36회, 39회 기출

37

정답 ④

① 당기순이익은 자기자본비용을 반영하지 못한다(타인자본비용은 영업외비용의 '이자비용'항목으로 반영함).

② 주주자본비용의 기회비용적 성격을 명확히 설정할 수 있게 하는 것은 EVA이다.

③ EVA를 영업성과 측정의 도구로 사용할 경우, 자본비용(타인자본비용 + 자기자본비용)이 기업투자의 목표로 설정된다(자기자본비용이 아닌 '자본비용 또는 총자본비용'임).

※ **EVA와 당기순이익의 비교**(2024 기본서, 2권, P272~273인용)

(1) 일반적으로 기업의 영업성과를 파악하기 위한 측정수단으로서는 손익계산서 상의 당기순이익이 중시되었으며, 이에 따라 경영자도 당기순이익의 증가에만 관심을 기울여왔다. 그러나 손익계산서 상의 **당기순이익은** 기업이 일정기간 동안 경영활동에 투입한 자기자본에 따른 비용은 반영되어 있지 않다.

(2) 기업이 당기순이익에 근거해 영업의 성과를 측정·평가하게 되면 지분투자자들의 기대수익에 미치지 못하는 당기순이익이 발생하였음에도 불구하고 긍정적인 평가를 하는 불합리한 경우가 있을 수 있다.

(3) 이에 반해 EVA를 영업성과의 측정도구로써 사용하게 되면 투자자들이 제공한 **자본비용**(타인자본비용 + 자기자본비용) 이상의 이익을 실현하는 것을 기업투자의 목표로 설정하게 된다.

(4) EVA는 주주자본비용의 기회비용적 성격을 명확히 설정할 수 있게 한다. 아울러 세후 순영업이익에서 자본비용을 차감한 잔여이익은 기업의 최종적 위험부담자인 주주에게 귀속시킴으로써 기업재무의 궁극적인 목표인 주주 부(wealth)의 극대화로 연결시키는 도구가 된다.

(5) EVA는 회계관습과 발생주의 회계원칙의 결과로 산출된 회계이익이 경제적 이익을 반영하도록 수정하는 대체적 회계처리방법을 사용한다.

학습안내 30회(신유형), 34회, 36회, 39회 기출

2-4 기술적 분석(5문항)

38

정답 ④

시장의 근본원인을 알 수 있는 것은 펀드멘탈분석(기본적 분석)이다. 기술적 분석은 시장의 변동에만 집착하기 때문에 시장 변동의 근본원인은 파악할 수 없다.

※ **기술적 분석의 장점 및 한계**(2024 기본서, 2권, p303인용)

(1) **장 점**

① 주가에는 계량화하기 어려운 심리적 요인까지도 영향을 미치기 때문에 기본적 분석만으로는 주가를 평가하는데 한계가 있는데, 기술적 분석은 이와 같은 기본적 분석의 한계점을 보완할 수 있다.

② 기본적 분석방법으로는 매매시점을 포착하기 어려우나 기술적 분석은 어떤 정보가 있을 때, 처음부터 주가의 장기적인 변화추세까지는 모르더라도 그것이 변화할 것이라는 것과 변화의 방향은 알 수 있다.

(2) **단 점**

① 기술적 분석방법의 전제조건은 과거의 주가추세나 패턴이 반복하는 경향을 가지고 있다는 것이지만, 이것이 미래에도 반복해서 나타난다는 것은 지극히 비현실적인 가정이다.

② 동일한 과거 주가 양상을 놓고 어느 시점이 주가변화의 시발점인가 하는 해석이 각기 다를 수 있다.

③ 가장 결정적인 한계점으로서 투자가치를 무시하고 시장의 변동에만 집착하기 때문에 시장이 변화하는 원인을 분석할 수가 없다.

보충 기술적 분석의 전제 : 시장가격은 수요와 공급에 의해서만 변동하고, 추세는 지속되고 패턴은 반복된다 등의 전제가 있다.

학습안내 29회, 32회, 37회, 39회 기출

39

정답 ②

'약세 1국면(분배단계, The Distribution Stage)'에 해당한다.

※ **추가이해 : 다우이론의 장기추세 6국면**(2024 기본서, 2권, p304~306 참조)

(1) **강세 1국면 : 매집국면 또는 축적단계**
- 외견상 전망은 여전히 어두운 상태이며, 약세장에 지친 일반투자자는 매도하고 전문투자자의 매수세가 쌓이는 국면이다.

(2) **강세 2국면 : 마크업(mark-up) 국면 또는 기술적 추세추종단계**
- 전반적인 경제여건 및 기업의 영업수익이 호전됨으로써 일반투자자들의 관심이 고조되어 주가가 상승하고 거래량도 증가한다(mark-up국면).
- 신고가를 갱신하는 날이 많아지며 경기상승과 기업이익에 대한 기대감이 주가에 잘 반영되는 국면이다.
- 기술적 분석을 이용하여 주식을 투자하는 사람이 가장 많은 수익을 올릴 수 있는 국면이다(기술적 추세추종단계).

(3) **강세 3국면 : 과열국면**
- 경제 전반에 걸쳐 각종 통계자료가 호조를 보이면서 투자가치가 미세한 종목까지 인기가 확산되기 시작한다(과열국면).
- 일반투자자나 주식투자에 경험이 없는 사람들이 뒤늦게 확신을 가지고 적극 매입에 나선다.

(4) **약세 1국면 : 분산국면**
- 주식시장이 지나치게 과열된 것을 감지한 전문투자자들이 투자수익을 취한 후 빠져나가는 단계이므로 분배단계라고 한다.
- 주가가 조금만 하락해도 그동안 매수하지 못한 대기매수세에 의하여 거래량이 증가하지만, 새로운 상승추세로 진행되지 못한다.

(5) **약세 2국면 : 공황국면**
- 경제 전반에 관한 각종 통계자료가 악화됨에 따라 주식을 매도하려는 일반투자자들의 마음이 조급해지면서 매수세력이 상대적으로 크게 위축된다.
- 주가는 거의 수직하락을 하게 되며 거래량도 급격히 감소한다.

(6) **약세 3국면 : 침체국면**
- 공황국면에서 미처 처분하지 못한 일반투자자들의 실망매물이 출회됨으로써 투매양상이 나타난다.
- 투매현상이 나타남에 따라 주가는 계속 하락하지만 시간이 경과할수록 주가의 낙폭은 작아진다.

40

정답 ①

틀린 항목은 2개(마, 바)이다.
- 마 : 강세국면에서 주가가 이동평균선 위에서 움직일 경우 주가는 상승세가 지속될 가능성이 크다(→ 정배열 국면).
- 바 : 약세국면에서 주가가 이동평균선 아래에서 움직일 경우 주가는 하락세가 지속될 가능성이 크다(→ 역배열 국면).

보충 이동평균선은 일정기간 주가를 합산한 후행지표이므로 '상승(하락)하고 있는 이동평균선을 주가가 하향(상향)돌파하는 경우, 추세는 조만간 하락(상승)반전할 것'으로 예상할 수 있다.

학습안내 동 문항은 '36회 38번'과 유사하게 출제되었으나 이동평균선 중요 내용을 모두 반영하여 변형복원하였다(► 28회, 31회, 33회, 36회, 39회 기출, '이동평균선의 특징'에 대한 기본서 全文은 '36회 38번 해설'을 참조할 것).

41

정답 ④

완만한 곡선을 그리면서 상승에서 하락추세로 전환하는 패턴(④)은 원형천장형, 완만한 곡선을 그리면서 하락에서 상승추세로 전환하는 패턴은 원형바닥형이다.

학습안내 28회, 31회, 34회, 37회, 39회 기출(► 패턴에 대한 전체 내용은 '37회 41번 해설'을 참조할 것)

42

정답 ②

OBV는 상승일의 거래량 합계에 하락일의 거래량 합계를 차감하여 누적차수로 집계한다(OBV = Σ상승거래량 − Σ하락거래량).

※ OBV(On Balance Volume) : 2024 기본서, 2권, p367~369 참조

(1) **의의** : 거래량은 주가에 선행한다는 성질을 이용한 거래량 관련 보조지표로서, **주가가 뚜렷한 등락을 보이고 있지 않을 때(횡보국면)시장이 매집단계에 있는지 분산단계에 있는지를 판단하는데 유용하다.**
  - OBV선이 상승하면 매입세력의 집중을, OBV선이 하락하면 분산을 나타낸다.

(2) **산출방식** : 전일대비 주가가 상승한 날의 거래량을 더하고 하락한 날의 거래량을 차감한 누적차수로 산출한다(나누는 것이 아님).

(3) **분석 방법**
  ㉠ OBV선이 직전 고점을 상향돌파하면 U마크로 표시(강세국면), OBV선이 직전저점을 하향돌파하면 D마크로 표시(약세국면)
  ㉡ OBV선의 장기적 상향추세선이 진행되는 가운데저항선을 상향돌파하는 경우 강세장을, 장기적 하향추세선을 하회하면 약세장을 예고
  ㉢ **OBV선이 상승함에도 불구하고 주가가 하락하면 조만간 주가상승이 예상되고**(∵ 외견상 주가는 하락하지만 내부적인 에너지는 좋아지고 있음을 의미), **OBV선이 하락함에도 불구하고 주가가 상승하면 조만간 주가하락이 예상된다.**
  - 보조지표와 주가의 다이버전시 상황에서는 보조지표 중심으로 해석한다.

(4) **한계점**
  ㉠ 거래량에는 기본적으로 상승편향(상승 시 거래량이 하락 시 거래량보다 기본적으로 더 많은 현상)이 있으므로, OBV의 하락폭이 시장상황보다 축소됨에 따른 분석상 오류가 발생할 수 있다.
  ㉡ 자전거래가 발생할 경우 비정상적인 거래량의 급증으로 분석의 유용성 감소
  ㉢ 주가지수를 기준으로 한 OBV의 경우, 저가주의 대량거래가 발생할 경우 시장전체의 거래량왜곡이 발생한다. 따라서 이 경우는 거래대금으로 OBV를 산출·보완할 수 있다.
  ㉣ 기산일을 활황장세로 잡을 경우 주가의 하락전환 시 매매신호가 뒤늦게 발생하여 정확한 분석이 어려움(∵ 활황장세일수록 거래량의 상승편향이 더 강하므로).
  ㉤ 거래량 자체는 주가에 대한 선행지표이지만, OBV지표는 현실적으로 주가가 전환된 후 주가방향으로 따라 움직이므로 후행성의 문제가 발생한다(즉 조기신호지표라기 보다는 추세확인에 그칠 수 있음).
  ㉥ OBV는 거래량의 상승편향과 기산일의 선정에 따라서 과대평가·과소평가 될 수 있다. 따라서 주가와 비교분석 없이 단독으로 주세전환을 파악하는 데는 어려움이 있나.

학습안내 29회, 32회, 35회, 36회, 39회 기출

2-5 리스크 관리(8문항)

43

정답 ③

유동성위험이다. '제때에 제값을 받지 못하는 위험'이라고도 한다.

※ 재무위험(financial risk)의 종류

(1) **시장위험(Market Risk)** : 시장가격의 변동으로부터 발생하는 위험으로서 리스크요인에 따라 주식위험, 이자율위험, 환위험 등으로 세분된다.

► 시장위험의 하위 카테고리 : 주가위험, 금리위험, 환율위험, 상품가격위험

(2) **신용위험(Credit Risk)** : 거래상대방이 약속한 금액을 지불하지 못하는 경우에 발생하는 손실에 대한 위험을 말한다.

(3) **유동성위험(Liquidity Risk)** : 43번 보기 참조

(4) **운영위험(Operating Risk)** : 부적절한 내부시스템, 관리실패, 잘못된 통제, 사기, 인간의 오류 등으로 발생하는 손실에 대한 위험을 말한다.

(5) **법적위험(Legal Risk)** : 계약을 집행하지 못함으로 인해 발생하는 손실에 대한 위험을 말한다.

학습안내 28회, 29회, 30회, 33회, 36회, 37회, 38회, 39회 기출

44

정답 ④

VaR이 큰 순서는 'C > B > A > D'이다(아래 계산).

※ 포트폴리오 VaR 산식

$$VaR_P = \sqrt{VaR_X^2 + VaR_Y^2 + 2 \cdot \rho \cdot VaR_X \cdot VaR_Y}$$

→ 포트폴리오 VaR산식을 이용하여 계산한다.

- A : $VaR_A = \sqrt{4^2 + 3^2 + 2 \cdot 1 \cdot 4 \cdot 3} = 4 + 3 = 7.0$
- B : $VaR_B = \sqrt{6^2 + 4^2 + 2 \cdot 0.5 \cdot 6 \cdot 4} = \sqrt{36 + 16 + 24} = 8.72$
- C : $VaR_C = \sqrt{6^2 + 5^2 + 2 \cdot 0.3 \cdot 6 \cdot 5} = \sqrt{36 + 25 + 18} = 8.89$
- D : $VaR_D = \sqrt{6^2 + 3^2} = 6.71$

학습안내 29회, 30회, 31회, 32회, 33회, 34회, 35회, 37회, 39회 기출(► 계산유형은 35회와 동일)

45

정답 ①

모두 틀린 내용이다(옳은 항목의 개수는 0개).

- 가 : 델타노말과 델타감마 모두 부분가치평가법이다.
- 나 : 델타분석법은 표준편차(정규분포상의 위험지표)를 사용하여 VaR을 측정하므로 정규분포의 전제가 필요하다.
- 다 : 부분가치평가이므로 가치평가모형이 필요하지 않다(가치평가모형이 필요한 것은 '역사적 / 몬테카를로' 시뮬레이션법이다.
- 라 : 곡선상품의 경우 델타분석법은 부분적으로 평가하게 되므로 완전가치평가법에 비해서 정확성이 떨어지는 방식이다.

※ 델타분석법(델타노말, 델타감마) 개요

(1) **정규분포 전제** : 리스크요인의 정규분포를 전제하고 표준편차(σ)를 이용하여 VaR을 측정한다.

(2) **부분가치 평가(partial valuation)** : 리스크요인의 전체 변동이 아니라 1차 미분치(델타)에 해당하는 위험을 측정하므로 완전가치평가가 아닌 부분가치평가에 해당한다.

• 부분가치로 평가하므로 채권이나 옵션과 같은 비선형상품의 경우 실제 위험과 델타분석법상의 위험에서 오차가 발생한다. 이 오차를 줄이는 차원에서 2차 미분치(감마)까지 반영하는 평가법이 '델타감마분석법'이다.

(3) **간편한 사용** : 완전가치평가에 비해서 정확도는 떨어지지만, 간편하게 측정할 수 있다는 장점이 있다.

• Risk-Metrics와 같이 손쉽게 이용할 수 있는 소프트웨어가 존재하여 비교적 많이 사용되는 편이다.

비교 역사적 시뮬레이션과 몬테카를로 시뮬레이션은 완전가치평가법으로서 델타분석법에 비해서 정확하다는 장점이 있으나 간편하게 측정할 수 없다는 단점이 있다(∵ 가치평가모형을 필요로 함).

학습안내 31회, 33회, 37회, 39회 기출

46

정답 ④

'B, 50억 원'이다. Marginal VaR이 낮을수록 더 좋은 투자대안이 된다.

► Marginal VaR 계산

기존포트의 VaR	편입자산의 VaR	변경 후 포트의 VaR	Marginal VaR
100	80 (A)	160	60
100	100 (B)	150	50

→ 개별자산 기준으로는 지배원리상 A가 더 우월한 자산이지만(기대수익률 동일 & 위험이 A가 더 적음), 포트폴리오 편입 기준으로 볼 때는 Marginal VaR(한계 VaR)이 적은 B가 더 우월한 대안이 된다.

※ 투자대안 A와 B의 편입에 따른 분산투자효과

(1) 투자대안 A를 편입시킬 때의 분산투자효과(X)는 20이다.

→ (100 + 80) − X = 160, 따라서 분산투자효과는 20

(2) 투자대안 B를 편입시킬 때의 분산투자효과(X)는 50이다.

→ (100 + 100) − X = 150, 따라서 분산투자효과는 50

(3) **결 론**

• B를 편입시킬 때의 분산투자효과가 훨씬 큰 것은, **기존 포트폴리오와 투자대안 B 간의 상관관계가 A에 비해서 훨씬 낮기 때문에** 더 높은 분산투자효과가 나타난 것으로 이해할 수 있다.

• **투자대안을 편입시킬 때, Marginal VaR(한계VaR)가 낮을수록 더 좋은 투자대안이 된다**(Marginal VaR가 낮을수록 더 높은 분산투자효과가 나타남).

학습안내 29회, 34회, 36회, 39회 기출

47

정답 ③

비선형상품(채권, 옵션)에 대한 VaR 측정 시, 델타분석법과 나머지 측정방법의 VaR값은 차이가 발생한다.

보충 델타분석법은 부분가치 평가법으로서 델타(1차미분치)로 평가하는데 곡선상품(채권, 옵션)의 경우 오차(2차미분치~N차미분치)가 발생한다. 그런데 완전가치평가법은 '1차미분치에서 N차미분치'까지 모든 변동분을 반영하므로 오차가 발생하지 않는다.

학습안내 28회, 31회, 34회, 39회 기출(► 'VaR 한계점'에 대한 전체 내용은 '42회 46번 해설'을 참조할 것)

48

정답 ④

3표준편차 이내가 아니라 '초과'이다.

※ **MV의 EDF모형 심층이해**

(1) 기업의 재무정보의 투명성과 접근성의 한계 등으로 재무정보를 활용한 기업의 신용위험을 측정하는 것이 쉽지 않다. 따라서 이를 극복하는 차원에서 '누구나' 관찰이 가능한 자본시장의 주가 정보를 기본으로 하고, 주가의 옵션적 성격을 이용하여 부도율을 측정하고자 하는 모형이다(지문 ①).

- 신용평가기관들은 **과거정보로서의** 기업재무정보를 활용하여 신용위험을 측정하지만, EDF모형은 현재의 기업정보가 반영된 결과물이라고 할 수 있는 '현재 주가'를 이용하여 신용위험을 측정한다는 점에서 의의가 있다(지문 ②).

(2) 정규분포를 가정하는 모형이다.

- '주가'를 관찰하여 신용위험을 측정하는데 주가변동 등의 시장위험은 기본적으로 정규분포라고 간주하므로, EDF모형은 정규분포를 전제하는 모형이 된다.
- 부도거리DD의 단위는 '표준편차'이며, 표준편차거리를 통해 표준정규분포상에서의 부도율을 계산할 수 있는데 이것이 이론적 EDF이다. 다음 단계로 실증적 EDF와 대응시켜서 최종적으로 부도율을 측정한다[주1]. 이론적 EDF는 정규분포상의 부도율이며, 실증적 EDF는 실제 데이터베이스를 통한 부도율이므로 정규분포가 아니다. 따라서 이론적 EDF와 실증적 EDF는 동일하지 않다(지문 ③ 참조).

  * 주1 : 실증적 EDF는 '현실적으로 확보하고 있는 다수의 데이터베이스를 통한 부도율'을 말하는데, 이론적 EDF상 부도율에 노출된 기업의 수를 먼저 관찰하고 이 기업들 중에서 실제 부도로 연결된 기업의 수를 관찰하여 최종적인 부도율을 도출한다.

(3) **이론적 EDF상의 부도율 구하기** : 부도거리계산 후 표준정규분포상의 확률을 추출한다.

예 해당기업의 기대 자산가치가 100, 부채가치가 60, 표준편차가 20인 경우, 부도거리는 '$\frac{100 - 60}{20} = 2$표준편차'가 된다. 이때 표준정규분포상 2표준편차의 신뢰구간이 95%라 가정한다면, 이론적 EDF상의 부도율은 2표준편차의 **신뢰구간을 벗어나는 확률** 즉 5% 중 하락확률만을 반영한 2.5%가 된다(단측 검정). 즉, EDF모형의 부도율은 **표준편차거리 이내의 확률이 아니라 초과하는 확률에 가깝다**(지문 ④).

학습안내 35회, 36회와 동일 유형으로 출제되었으나 학습효과 차원에서 변형복원하였다(► 부도거리에 대한 상세 내용은 '35회 49번 해설'을 참조할 것).

49

정답 ①

모두 틀린 내용이다(옳은 항목의 개수는 0개).

※ **해 설**

- 가 : '예상 외 손실(Unexpected Loss)'로 정의된다. 예상된 손실(Expected Loss)은 위험으로 보지 않는다(비용으로 인식하고 대손충당금으로 대비함).

  cf 위험은 '불확실성'으로 정의되므로 자기자본으로 대비한다.
- 나 : 신용손실분포는 '한쪽으로 치우치고(skewed), 두껍고 긴 꼬리(fat tail)'를 가진 분포를 한다('얇고 짧은 꼬리' → X).
- 다 : 신용손실분포는 정규분포가 아니므로 모수적 방법이 아닌 퍼센타일(percentile)을 통하여 측정되는 것이 바람직하다.

  – 평균과 분산의 두 가지 척도만으로 수익률분포를 정확하게 얻을 수 있는 것(모수적 방법)은 정규분포를 말한다.

학습안내 35회와 동일하게 출제되었으나 학습효과 차원에서 변형복원하였다(► '신용손실분포'에 대한 상세 내용은 '35회 48번 해설'을 참조할 것).

50

정답 ②

$\sigma_{EL} = EAD \times \sqrt{p(1-p)} \times LGD$ (EAD : 익스포저, p : 부도율, LGD : 손실률)

$= 100$억 원 $\times \sqrt{0.1(1-0.1)} \times 0.4$

$= 100$억 원 $\times 0.3 \times 0.4$

$= 12$억 원

※ **부도모형(Default Mode)** : 2024 기본서, 2권, p472~473 참조

(1) **부도가 발생한 경우에만 신용손실이 발생한 것으로 간주하여 리스크를 추정하는 모형을 말한다.** 따라서 신용손실은 EAD(Exposure at default), 부도율(Default proprobility)과 부도 시의 손실률(LGD ; Loss Given Default)에 의해 결정된다. 신용리스크에 따른 손실을 예상손실(EL ; Expected Loss)과 예상치 못한 손실(UL ; Unexpected Loss)로 구분할 때, **예상손실은 'EL = EAD × 부도율 × LGD'로 계산된다.**

(2) **EL의 불확실성은 EL의 변동성으로 측정한다.** 따라서 부도모형에서 신용리스크의 측정은 'EL의 변동성'을 측정하는 것이 된다. 만약 회수율과 EAD의 불확실성이 없다고 가정하면 예상손실의 변동성은 부도율의 표준편차에 의해 추정될 수 있다. 부도율은 베르누이 분포를 하므로 신용리스크는 '$\sigma_{EL} = EAD \times \sqrt{p(1-p)} \times LGD$' 나타낼 수 있다.

학습안내 30회, 35회, 39회 기출

3-1 직무윤리(4문항)

51

정답 ④

'위험관리에 관한 업무'는 금융소비자보호차원이 아닌 전사적인 차원의 업무이므로,
이사회가 관련 규정을 제정・개정하고 위험관리 전담부서에서 실행한다.

※ **금융소비자보호 내부통제위원회** : 2023 기본서, 3권, p38~40 참조

(1) 내부통제위원회 설치의무[주1]가 부과되는 금융회사는 '금융소비자보호 내부통제위원회를 설치해야 한다.

* 주1 : 최근 사업연도 말 자산총액이 7천억 원 이상의 상호저축은행 등(세부 내용은 '35회 54번 해설'을 참조할 것)

(2) 금융소비자보호 내부통제위원회는 대표이사를 의장으로 하며, 매 반기 1회 이상 회의를 개최해야 한다.

(3) 금융회사는 금융소비자보호 총괄기관의 장으로서 금융소비자보호업무를 총괄하는 임원을 '금융소비자보호 총괄책임자(CCO)'로 지정해야 하며, CCO(Chief Consumer Officer)는 대표이사 직속의 독립적인 지위를 갖는다.

(4) **금융소비자보호 총괄책임자(CCO)의 직무**

- 금융소비자보호 총괄기관의 업무통할
- 금융소비자보호 관련 제도의 기획 및 개선, 기타 필요한 절차 및 기준의 수립
- 금융상품 각 단계(개발, 판매, 사후관리)별 소비자보호 체계에 관한 관리・감독 업무
- 민원접수 및 처리에 관한 관리・감독업무

  비교 '민원, 분쟁의 현황 및 조치결과에 대한 관리'는 CCO가 아닌 총괄기관의 업무이다.
- 금융소비자보호 관련 관계부서 간 피드백 업무 총괄
- 대・내외 금융소비자보호관련 교육 프로그램 개발 및 운영업무 총괄
- 민원발생과 연계한 관련 부서・직원 평가 기준의 수립 및 평가총괄
- 그 외 금융소비자보호와 관련된 사항

주의 1 회사의 위험관리에 관한 규정 및 제정은 CCO의 업무가 아니다.

주의 2 '민원, 분쟁의 현황 및 조치결과에 대한 관리'는 CCO의 업무가 아닌 금융소비자보호 총괄기관의 업무이다(민원에 대한 실무는 총괄기관의 업무이고 민원에 대한 관리・감독업무는 CCO의 업무이다).

학습안내 28회, 32회, 36회, 39회 기출

52

정답 ④

모두 틀린 내용이다.

- 가 : 공식 의견이 아닌 사견(私見)은, 해당 의견이 사견임을 사전에 밝힌 후에 제시할 수 있다.
- 나 : 회사의 주된 업무에 지장을 주어서는 안 된다.
- 다 : 절대 받을 수 없는 것이 아니라, 대외활동의 대가로 지급받는 보수나 보상의 적절성이 고려되어야 한다(보상을 받은 후 신고의무 부과).

※ **추가이해 : 금융투자회사 표준윤리준칙 제16조 : 대외활동**(2024 기본서, 3권, p104~108 참조)

(1) **준수 사항**

1. 회사의 공식 의견이 아닌 경우 **사견임을 명백히 표현하여야 한다.**
2. 대외활동으로 인하여 회사의 **주된** 업무수행에 지장을 주어서는 아니 된다.
3. 대외활동으로 인하여 금전적인 보상을 받게 되는 경우 회사에 신고하여야 한다.
4. 공정한 시장 질서를 유지하고 건전한 투자문화 조성을 위해 최대한 노력하여야 한다.
5. 불확실한 사항을 단정적으로 표현하거나 다른 금융투자회사를 비방해서는 아니 된다.

(2) **대외활동의 범위**

1. 외부강연, 연설, 교육, 기고 등의 활동
2. 신문, 방송 등 언론매체 접촉활동
3. 회사가 운영하지 않는 온라인 커뮤니티(블로그, 인터넷카페 등), 소셜네트워크서비스(SNS), 웹사이트 등을 이용한 대외 접촉활동 등
4. 기타 이에 준하는 사항으로 회사에서 대외활동으로 정한 사항

(3) **허가 등의 절차**

- 대외활동을 위해서는 회사 또는 금융소비자와의 이해상충의 정도에 따라 '**소속 부점장, 준법감시인 또는 대표이사**' **의 사전승인을 받는 것을 원칙으로 한다.**
- 대외활동을 하는 임직원이 그 활동으로 인하여 회사로부터 부여받은 주된 업무를 충실히 이행하지 못하거나 고객, 주주 및 회사 등과의 이해상충이 확대되는 경우 금융투자회사는 그 대외활동의 중단을 요구할 수 있으며,이 경우 해당 임직원은 회사의 요구에 즉각 따라야 한다.

(4) **전자통신수단의 사용**

1. 임직원과 고객 간의 이메일은 **사용장소에 관계없이** 표준내부통제기준 및 관계법령 등의 적용을 받는다.
2. 임직원의 사외 대화방 참여는 공중포럼으로 간주되어 언론기관과 접촉할 때와 동일한 윤리기준을 준수하여야 한다.
3. 임직원이 인터넷게시판이나 웹사이트 등에 특정 금융투자상품에 대한 분석이나 권유와 관련된 내용을 게시하고자 하는 경우 사전에 준법감시인이 정하는 절차와 방법에 따라야 한다. 다만, **출처를 명시하고 그 내용을 인용하거나 기술적 분석에 따른 투자권유의 경우는 그러지 아니하다.**

53

정답 ②

'가'만 옳은 내용이다(옳은 항목의 수는 1개).

• 나 : 해임 시에는 이사회 총수의 2/3 이상의 찬성으로 의결할 수 있다(임명 시에는 과반수).

• 다 : 준법감시인의 임기는 2년 이상으로 한다.

• 라 : 임면일로부터 7영업일 이내로 금융위원회에 보고해야 한다.

► 이외 중요사항 : 준법감시인에 대한 보수기준 및 평가기준은 회사의 재무적 경영성과와 연동되지 않도록 마련하고 운영해야 한다. 위임의 범위와 책임이 명확한 경우 준법감시 업무의 일부를 영업관리자에게 위임할 수 있다.

학습안내 준법감시인에 대한 상세 내용은 '35회 53번 해설'을 참조할 것

54

정답 ④

회사는 영업관리자에게 업무수행의 결과에 따라 적절한 보상을 지급할 수 있다.

► 기본서 인용 : 회사는 영업관리자에 대하여 연간 1회 이상 법규 및 윤리 관련 교육을 실시하여야 한다. 회사는 영업점별 영업관리자의 임기를 1년 이상으로 하여야 하고, 영업점별 영업관리자가 준법감시업무로 인하여 인사·급여 등에서 불이익을 받지 아니하도록 하여야 하며, 영업점별 영업관리자에게 업무수행 결과에 따라 적절한 보상을 지급할 수 있다(2024 기본서, 3권, p125~126 인용).

학습안내 30회, 33회, 36회, 37회, 39회 기출(► 영업관리자에 대한 상세 내용은 '42회 55번 해설'을 참조할 것)

55

정답 ②

'금융위원회의 제재조치를 이행하지 않은 경우(라)'만 1억 원 이하 과태료 부과대상이다.

► 약식이해 : 과태료 부과금액이 '1억 원 이하'가 아닌 것은 통틀어서 3가지이다. '3천만 원 이하'가 2가지(가 / 나)이고, '2천만 원 이하'는 1가지(다)이다. 나머지는 모두 '1억 원 이하'에 해당된다.

학습안내 34회(신유형), 36회, 39회 기출(► 과태료 부과대상에 대한 전체 내용은 '36회 55번 해설'을 참조할 것)

3-2 자본시장법 및 금융위규정(11문항)

56

정답 ①

신탁업은 인가대상이다.

※ 금융투자업의 인가 및 등록대상

인가대상	등록대상
투자매매업, 투자중개업, 집합투자업, 신탁업	투자자문업, 투자일임업, 온라인소액투자중개업, 일반사모집합투자업

• 종합금융투자업(prime brokerage)은 별도의 '지정'대상이며 인가대상은 아니다.

(1) **인가대상**

① **투자매매업** : 누구의 명의로 하든지 자기의 계산으로 금융투자상품을 매도 · 매수, 증권의 발행 · 인수 또는 그 청약의 권유 · 청약 · 청약의 승낙을 업으로 하는 것

② **투자중개업** : 누구의 명의로 하든지 타인의 계산으로 금융투자상품을 매도 · 매수, 그 청약의 권유 · 청약 · 청약의 승낙 또는 증권의 발행 · 인수에 대한 청약의 권유 · 청약 · 청약의 승낙을 업으로 하는 것

③ **집합투자업** : 2인 이상의 투자자로부터 모은 금전 등을 투자자 등으로부터 일상적인 운용지시를 받지 아니하면서 자산을 취득 · 처분 그 밖의 방법으로 운용하고 그 결과를 투자자에게 배분하여 귀속시키는 업

④ **신탁업** : 신탁법에 의한 신탁을 영업으로 하는 업

(2) **등록대상**

① **투자자문업** : 금융투자상품의 가치 또는 투자판단에 관하여 자문을 하는 업

② **투자일임업** : 투자자로부터 금융투자상품에 대한 투자판단의 전부 또는 일부를 일임 받아 투자자별로 구분하여 자산을 취득 · 처분 그 밖의 방법으로 운용하는 업을 말한다. 단 투자중개업자가 그 대가를 받지 않고 불가피하게 투자판단을 일임 받는 경우는 투자일임업으로 보지 않는다.

③ **온라인소액투자중개업** : 투자중개업 중 온라인상에서 누구의 명의로 하든지 타인의 계산으로 일정한 자가 발행하는 채무증권, 지분증권, 투자계약증권의 모집 또는 사무에 관한 중개를 영업으로 하는 업

④ **일반사모집합투자업** : 집합투자업 중 일반사모집합투자기구를 통한 집합투자를 영업으로 하는 업

[학습안내] 31회, 39회 기출

57

정답 ③

순자본비율은 '영업용순자본을 총위험액으로 차감한 금액을 필요유지자기자본으로 나눈 비율'을 말한다(→ 순자본비율 = $\frac{\text{영업용순자본} - \text{총위험액}}{\text{필요유지자기자본}} \times 100$).

※ **추가이해(순자본비율 공식)** : 순자본비율 = $\frac{\text{영업용순자본} - \text{총위험액}}{\text{필요유지자기자본}} \times 100$

(1) **영업용순자본** : 기준일 현재 금융투자업자의 순자산가치로서, 순재산액에서 현금화가 곤란한 자산을 차감하고 보완자본을 가산하여 계산한다.

- 영업용순자본 = 자산 − 부채 − 차감항목 + 보완항목
- 영업용순자본비율 = $\frac{\text{영업용순자본}}{\text{총위험액}} \times 100$

  − 참고로 영업용순자본비율 150%는 순자본비율 100%와 같다.

  [주의] 금융투자업자는 순자본비율을 100% 이상(영업용순자본비율은 150% 이상)으로 유지해야 한다(→ 순자본비율이 100% 미만인 경우는 적기시정조치가 발동됨)

(2) 총위험액 : 시장위험액 + 신용위험액 + 운영위험액

(3) 필요유지자기자본 : 금융투자업자가 영위하는 인가업무 또는 등록업무 단위별로 요구되는 (최저)자기자본을 합계한 금액

[예시] 투자매매업(최저자기자본 500억 원), 투자중개업(최저자기자본 30억 원)을 모두 영위하고자 할 때 필요유지자기자본은 530억 원(500 + 30)이다.

[학습안내] 순자본비율 규제에 대한 전체 내용은 '35회 58번 해설'을 참조할 것

58

정답 ①

틀린 내용은 '가, 나'이다.

• 가 : 그 투자자예탁금이 '투자자의 재산'임을 명시해야 한다.

• 나 : 겸영금융투자업자가 투자자예탁금을 신탁할 때, 겸영금융투자업자가 신탁업자일 경우 자신에게 신탁할 수 있다(즉 자기계약이 가능).

► '투자자예탁금을 신탁업자에 신탁할 수 있는 금융투자업자(겸영금융투자업자)'는 은행, 한국산업은행, 중소기업은행, 보험회사이며, 신탁법 제2조에도 불구하고 **자기계약을 할 수 있다**(2024 기본서, 3권, p230~231 참조). 즉, 겸영금융투자업자는 자신이 신탁업자로서 투자자예탁금을 보관할 수 있다.

학습안내 30회(신유형), 36회, 37회, 39회 기출(► '투자자예탁금의 별도 예치제도'에 대한 상세 내용은 '36회 60번 해설'을 참조할 것)

59

정답 ②

'10%, 30%'이다. 동일종목 증권에 대한 10% 투자제한과 그 예외로서 파생결합증권에 대해서는 30%의 예외가 적용된다.

※ 공모 집합투자기구의 운용제한

공모 집합투자기구에게는 '(1) 동일종목 증권, (2) 동일 지분증권, (3) 파생상품, (4) 집합투자증권, (5) 부동산'에 대한 투자 제한이 적용된다.

(1) **'동일종목 증권'에 대한 투자 제한** : 각 펀드는 펀드재산의 **10%**를 초과하여 '동일종목 증권'에 투자할 수 없다. 단, 아래의 예외가 적용된다.

㉠ **100%까지 투자가 가능한 경우**

ⓐ **국채 · 통안채 · 정부보증채**

ⓑ 부동산투자전문회사가 발행한 증권(부동산개발회사가 발행한 증권, 부동산투자목적회사가 발행한 지분증권)

ⓒ 사회기반시설사업의 시행을 목적으로 하는 법인이 발행한 증권

ⓓ 주택저당담보부채권(또는 금융기관이 보증한 주택저당채권)

ⓔ 부동산 및 부동산관련 자산이 기초자산의 70% 이상을 차지하는 ABS

㉡ **30%까지 투자가 가능한 경우**

ⓐ **지방채, 특수채, 파생결합증권**

ⓑ 금융기관이 발행한 채권, 금융기관이 발행 또는 지급보증한 어음 · CD

ⓒ OECD 가입 국가 또는 중국이 발행한 채권

ⓓ **ETF에서 동일종목 증권에 투자하는 경우**

(2) **'동일법인 지분증권'에 대한 투자 제한** : 동일 운용사가 운용하는 펀드를 기준으로 각 펀드의 경우 해당 법인 지분증권 총수의 10%, 전체 펀드의 경우 해당 법인의 지분증권 총수의 20%를 초과하여 투자하는 것은 금지된다. 단, 아래의 예외가 적용된다.

㉠ 부동산개발회사가 발행하는 지분증권

㉡ 부동산투자목적회사가 발행하는 지분증권

㉢ 사회기반시설사업의 시행을 목적으로 하는 법인이 발행한 주식

(3) **'파생상품'에 대한 투자 제한** : 아래의 행위는 원칙상 금지된다.

㉠ 적격요건을 갖추지 못한 자와 장외파생상품을 매매하는 행위

㉡ 파생상품의 위험평가액이 펀드 순자산의 100%를 초과하여 투자하는 행위

㉢ 기초자산 중 동일 법인이 발행한 증권의 가격변동으로 인한 위험평가액이 펀드자산총액의 10%를 초과하는 행위

㉣ 동일 거래상대방과의 장외파생상품 매매에 따른 거래상대방 위험평가액이 각 펀드자산총액의 10%를 초과하는 행위

(4) **'다른 집합투자증권'에 대한 투자제한** : 동일 운용사가 운용하는 개별 펀드의 집합투자증권을 대상으로는 투자 주체인 펀드재산의 **20%**까지 투자가 가능하며, 동일 운용사가 운용하는 전체 펀드의 집합투자증권을 대상으로는 투자 주체인 펀드재산의 **50%**까지 투자가 가능하다.

(5) **'부동산'에 대한 투자제한** : ㉠, ㉡은 원칙상 금지된다.

㉠ '국내 부동산(ⓐ 주택법상의 주택, ⓑ 주택법상의 주택이 아닌 부동산)'의 경우 부동산 취득 후 1년 이내의 기간 내에 처분하는 행위. 단, ⓐ 중에서 미분양주택의 경우는 집합투자규약이 정하는 기간이 적용

㉡ 국외 부동산의 경우 부동산 취득 후 집합투자규약에 정하는 기간 내에 처분하는 행위

㉢ 펀드재산으로 부동산 매매 시 실사보고서를 작성하고 비치해야 하며, 부동산 개발사업에 투자하는 경우는 사업계획서를 작성하고 비치해야 한다.

학습안내 39회 신유형

60

정답 ②

ETF의 집합투자재산으로 동일종목 증권에 투자할 경우, ETF 집합투자재산의 30%까지 투자가 가능하다(cf 일반 펀드의 경우 펀드재산의 10%까지만 가능).

학습안내 39회 신유형(► 상세 내용은 동 회차 '59번 해설'을 참조할 것)

61

정답 ③

'210(10%, 200%)'이다.

※ 집합투자기구의 금전차입

(1) 집합투자기구는 집합투자재산의운용에 있어서 금전차입이 금지된다.

(2) 단, 아래의 경우 예외가 적용된다.

㉠ 대량의 환매청구 또는 매수청구 발생 시 **순자산의 10%**까지 차입 가능

㉡ 부동산 특례로서,

ⓐ 부동산펀드가 부동산을 취득 시에는 **순자산액의 200%**를 한도로 차입 가능

ⓑ 부동산펀드가 부동산개발사업을 영위하는 법인에 대해 대여를 할 경우, **순자산액의 100%**를 한도로 대여 가능

ⓒ 부동산펀드가 아니라도 부동산을 보유하고 있을 경우, 그 가액의 70%까지 차입 가능

학습안내 29회, 32회, 34회, 36회, 38회, 39회 기출(► '집합투자기구의 금전차입 · 금전대여의 제한'에 대한 상세 내용은 '36회 63번 해설'을 참조할 것)

62

정답 ①

①은 '투자일임재산으로 투자일임업자의 고유재산과 거래하는 행위는 금지되지만, 일반적인 거래조건에 비추어 투자일임재산에 유리한 경우는 예외가 인정된다.'가 옳은 내용인데, '투자일임업자의 고유재산 ↔ 투자자의 일임재산'의 거래는 회사와 고객 간의 이해상충방지 차원에서 금지되는 것이 원칙이지만 해당 거래가 '투자자의 일임재산'에 유리한 방향으로 진행된다면 예외가 인정된다는 의미이다.

그런데 ①의 내용은 '투자일임재산 ↔ 투자일임재산, 투자일임재산 ↔ 집합투자재산, 투자일임재산 ↔ 신탁재산' 즉 투자일임업자의 고객 간 거래이고 이 경우 고객 중 어느 한쪽에서 피해를 볼 수 있기 때문에 예외 없이 금지가 된다.

학습안내 '36회 64번'과 동일하게 출제되었으나 학습효과 차원에서 변형복원하였다(► '투자일임업자 금지행위'에 대한 전체 내용은 '36회 64번, 37회 64번' 해설을 참조할 것).

63

정답 ③

전환형 집합투자기구이다.

※ 전환형 집합투자기구

(1) **정의** : 공통의 집합투자규약에 의한 복수의 집합투자기구 간에, 각 집합투자기구의 투자자가 소유하고 있는 집합투자증권을 다른 집합투자기구의 집합투자증권으로 전환할 수 있는 권리를 투자자에게 부여하는 구조의 집합투자기구

(2) **주요 사항**

㉠ 전환대상 집합투자기구 간에 적용되는 공통의 집합투자규약이 있어야 한다.

㉡ 법적 형태가 다른 집합투자기구 간에는 전환이 불가하다(예 투자신탁과 투자회사 간의 전환은 불가).

학습안내 '특수한 형태의 집합투자기구'의 전체 내용은 '37회 60번 해설'을 참조할 것

64

정답 ③

틀린 항목은 '나, 다, 바'이다(틀린 항목의 개수는 3개).

- 나 : 투자자가 집합투자증권의 환매를 청구하고자 하는 경우에는 **판매업자**(그 집합투자증권을 판매한 투자매매업자 또는 투자중개업자)에게 청구할 것을 원칙으로 한다.
  - 지급불능 등 판매업자에게 청구가 불가한 경우는 집합투자업자에게 청구함
- 다 : 집합투자업자 또는 투자회사 등은 환매대금을 지급하는 경우 **집합투자재산으로 소유 중인 금전 또는 집합투자재산을 처분하여 조성한 금전으로 하여야 한다**(redemption 방식)주1. 단, 투자자 전원의 동의를 얻은 경우에는 집합투자재산으로 지급이 가능하다.

  * 주1 : 판매업자의 고유재산으로 집합투자증권을 매수하는 환매하는 방식(repurchase방식)은 현재 사용되지 않는다.
- 바 : 환매가 연기된 경우 **6주 이내**에 집합투자자총회를 개최하여 환매연기에 관한 사항을 결의해야 한다.

학습안내 30회, 34회, 37회, 39회 기출(► 환매연기에 대한 전체 내용은 '37회 61번 해설'을 참조할 것)

65

정답 ②

'시가, 공정가액'이다.

보충 MMF의 경우 시가평가의 예외로서 장부가 평가가 가능하다. 그리고 장부가로 평가하였을 경우, MMF를 장부가로 평가한 가격과 시가·공정가액으로 평가한 가액의 차이가 1,000분의 5를 초과할 경우 집합투자규약에서 정한 조치를 취해야 한다.

학습안내 29회, 32회, 34회, 39회 기출(► 집합투자재산의 시가평가원칙에 대한 상세 내용은 '35회 62번 해설'을 참조할 것)

66

정답 ④

틀린 내용은 '나, 다, 라'이다(틀린 항목의 개수는 3개).

- 나 : 금감원장이 제재조치를 하는 때에는 위규 행위 사실, 관련 법규, 제재 예정 내용 등을 제재대상자에게 구체적으로 사전통지하고 상당한 기간을 정하여 구술 또는 서면에 의한 의견진술을 할 수 있는 기회를 주는 것을 원칙으로 한다.
- 다 : 이의신청에 대해서는 금융위가 '기각 / 처분의 취소 / 처분의 변경' 중 하나로 조치하는 것이 원칙이지만, 해당 이의신청의 이유 없음이 명백하게 인정될 경우에는 금감원장 직권으로 이의신청을 기각할 수 있다.
- 라 : 이의신청에 대한 처리결과에 대해서는 재차 이의신청이 불가하다.

학습안내 금감원 검사 및 제재규정에 대한 상세 내용은 '37회 66번 해설'을 참조할 것

3-3 한국금융투자협회 규정(3문항)

67

정답 ③

펀드판매를 다른 금융투자상품과 **연계하여 판매할 경우는 펀드투자권유자문인력**으로 등록된 자가 투자권유를 할 수 있다(이 경우 투자권유대행인은 투자권유불가).

학습안내 '펀드판매 시 금지사항 및 준수사항'에 대한 상세 내용은 '36회 67번 해설'을 참조할 것

68

정답 ③

경제적 가치가 3만 원을 초과하는 '물품·식사·신유형상품권'은 부당한 재산상이익으로 보아 제공 및 수령이 금지된다.

※ **(부당한) 재산상이익으로 보지 않는 범위**(2025 기본서, 3권, p518~519인용)

① 금융투자상품에 대한 가치분석·매매정보 또는 주문의 집행 등을 위해 자체적으로 개발한 소프트웨어 및 해당 소프트웨어의 활용에 불가피한 컴퓨터 등의 전산 기기
② 금융투자회사가 자체적으로 작성한 조사분석자료
③ 경제적 가치가 3만 원 이하의 물품, 식사, 신유형상품권(물품제공형), 거래실적에 연동되어 거래상대방에게 차별 없이 지급되는 포인트 및 마일리지
④ 20만 원 이하의 경조비 및 조화·화환
⑤ 국내에서 불특정다수를 대상으로 하여 개최되는 세미나 또는 설명회로서 1인당 재산상이익의 제공금액을 산정하기 곤란한 경우 그 비용, 이 경우 대표이사 또는 준법감시인은 그 비용의 적정성 등을 사전에 확인하여야한다.

※ **(부당한) 재산상이익으로서 제공 및 수령 금지 대상**(2025 기본서, 3권, p521~522 참조)

① 경제적 가치의 크기가 일반인이 통상적으로 이해하는 수준을 초과하는 경우
② 재산상이익의 내용이 사회적 상규에 반하거나 거래상대방의 공정한 업무수행을 저해하는 경우
③ 재산상이익의 제공 또는 수령이 비정상적인 조건의 금융투자상품 매매거래, 투자자문계약, 투자일임계약 또는 신탁계약의 체결 등의 방법으로 이루어지는 경우
④ 다음 각 목의 어느 하나에 해당하는 경우로서, 거래상대방에게 금전, 상품권, 금융투자상품을 제공하는 경우. **다만, 사용범위가 공연·운동경기관람, 도서·음반 구입 등 문화활동으로 한정된 상품권을 제공하는 경우는 제외한다.**
   ㉠ 집합투자회사, 투자일임회사 또는 신탁회사 등 타인의 재산을 일임 받아 이를 금융투자회사가 취급하는 금융투자상품 등에 운용하는 것을 업무로 영위하는 자에게 제공하는 경우
   ㉡ 법인 기타 단체의 고유재산관리업무를 수행하는 자에게 제공하는 경우
   ㉢ 집합투자회사가 자신이 운용하는 집합투자기구의 집합투자증권을 판매하는 투자매매회사 또는 투자중개회사 및 그 임직원과 투자권유대행인에게 제공하는 경우
⑤ 재산상이익의 제공 또는 수령이 위법·부당행위의 은닉 또는 그 대가를 목적으로 하는 경우
⑥ 거래상대방만 참석한 여가 및 오락활동에 수반되는 비용을 제공하는 경우
⑦ 금융투자상품 및 경제정보 등과 관련된 전산기기의 구입이나 통신서비스 이용에 소요되는 비용을 제공하거나 제공받는 경우
⑧ 집합투자회사가 자신이 운용하는 집합투자기구의 집합투자증권의 판매실적에 연동하여 이를 판매하는 투자매매회사·투자중개회사에게 재산상이익을 제공하는 경우
⑨ 투자매매회사 또는 투자중개회사가 판매회사의 변경 또는 변경에 따른 이동액을 조건으로 하여 재산상 이익을 제공하는 경우

중요 법인 기타 단체의 고유재산관리업무를 수행하는 자에게 제공하는 경우로서, 금전이나 공연관람권, 운동경기관람권을 공하는 것은 금지된다. [O, X] → X (금전은 금액불문하고 제공 및 수령이 금지되지만, 문화활동에 한정된 상품권은 예외적으로 제공 및 수령이 가능함)

학습안내 '(부당한) 재산상이익'의 종류는 '34회 53번 해설'을 참조할 것

69

정답 ①

'다'는 해당되지 않는다. 현행 협회 규정상의 '펀드광고 시 의무표시사항'에서 '손실보전이나 이익보장에 관한 사항'은 포함되지 않는다. 또한 투자상품으로서 손실보전이나 이익보장이 가능한 상품은 연금신탁과 퇴직신탁에 국한된다.

※ **펀드투자 광고 시 의무표시 사항**(2024 기본서, 3권, p506 참조)

(1) 환매수수료 및 환매 신청 후 환매금액의 수령이 가능한 구체적인 시기
(2) 증권거래비용이 발생할 수 있다는 사실과 투자자가 직·간접적으로 부담하게 되는 각종 보수 및 수수료
(3) 고유한 특성 및 위험성 등이 있는 집합투자기구의 경우 해당 특성 및 위험성에 관한 설명
(4) 기타 : 금융소비자보호법 제22조 제3항, 금융투자회사의 의무 고지 사항중 해당 투자광고와 관련한 사항 등

학습안내 29회, 31회, 36회, 39회 기출

3-4 주식투자운용/투자전략(6문항)

70

정답 ③

GARCH(Generalized Auto Regressive Conditional Heteroskedacity)는 위험을 추정하는 방식이다. ①, ②는 기대수익률을 추정하는 4가지 방식 중에 해당하고, ④는 4가지 방식 외의 기타에 속하는 방식이다.

※ **기대수익률의 추정방식**

(1) 4가지 기대수익률 추정방식 : 추세분석법, 시나리오분석법, 근본적분석법, 시장공통예측치사용법
(2) 기타의 기대수익률 추정방식 : 그 외에도 자산집단의 기대수익률을 추정하는 방법으로 '경기순환접근방법, 시장타이밍방법, 전문가의 주관적인 방법' 등에 있다(2021 기본서 4권, p29).

학습안내 자산의 기대수익률 추정방식에 대한 상세 내용은 '35회 70번 해설'을 참조할 것

71

정답 ③

'다 → 가 → 라 → 나'이다. 순서의 핵심은 '가 → 라' 단계인데, '투자대상의 자산집단들을 선택('가')한 다음에, 해당 자산집단들의 기대수익률과 위험, 상관관계를 추정('라')'하는 것은 당연하다고 할 수 있다.

※ 전략적 자산배분의 실행단계

(1) 투자자의 투자목적 및 투자제약조건 파악(투자자의 투자성향파악 등) →

(2) 자산집단의 선택(주식, 채권, 부동산 등 투자대상 자산집단선택) →

(3) 자산종류별 기대수익, 위험, 상관관계의 추정(미래수익률과 미래위험 추정) →

(4) 최적자산배분의 구성(지배원리 작동 → 효율적 투자기회집합 추출)

학습안내 28회, 33회, 36회, 39회 기출

72

정답 ④

포트폴리오의 가치가 하락하면 무위험자산의 비중을 증가시키고 동시에 위험자산의 비중을 감소시킨다(주가상승 시 위험자산 비중을 증가시키고, 주가하락 시 위험자산 비중을 축소시킨다 : positive feedback 전략).

※ 보험자산배분의 Positive Feedback

(1) 주가 ↑ → 상승이익에 동참하기 위해 → 주식투자비중 ↑(동시에 채권투자비중 ↓)

(2) 주가 ↓ → 최저보장가치를 지키기 위해 → 주식투자비중 ↓(동시에 채권투자비중 ↑)

∴ 주가방향과 주식비중의 증감이 **같은 방향**으로 변동하므로 'positive feedback'이라 한다.

비교 전술적 자산배분의 경우

(1) 주가 ↑ → 차익실현 매도 → 주식투자비중 ↓

(2) 주가 ↓ → 저가 매수 → 주식투자비중 ↑

∴ 주가방향과 주식비중의 증감이 **반대 방향**으로 변동하므로 'negative feedback'이라 한다.

학습안내 '보험자산배분전략'에 대한 전체 내용은 '42회 71번 해설'을 참조할 것

73

정답 ④

CPPI전략 실행을 위한 주식투자금액은 47.7억 원, 채권투자금액은 72.3억 원이다.

※ CPPI전략의 실행

(1) 먼저 최저보장가치(floor)의 현재가치를 구한다.

→ 1년 후의 최저보장금액(floor) : $\frac{100}{1+0.04}$ = 96.153, 즉 **96.15억 원**

(2) 쿠션을 구한다.

→ 쿠션(cushion) = 포트폴리오 금액 − 최소보장금액의 현재가치
= 120 − 96.15 = **23.85억 원**

(3) 주식투자금액(익스포저)을 구한다

→ 익스포저 = 쿠션 × 승수 = 23.85 × 2 = **47.7억 원**

(∴) 주식투자금액은 47.7억 원, 채권투자금액은 **72.30억 원**(120 − 47.70)이다.

학습안내 33회, 36회, 39회 기출

74

정답 ①

모두 틀린 항목이다(옳은 항목의 개수는 0개).

- 가 : 완전복제법의 경우 인덱스의 포트폴리오가 벤치마크와 동일하지만, 인덱싱 과정에서 거래비용이 발생하기 때문에 인덱스펀드의 수익률은 벤치마크수익률보다 **낮게** 나타나게 된다.
- 나 : 표본추출법은 벤치마크에 포함된 **대형주는 모두 포함하고** 중소형주들은 펀드의 성격이 벤치마크와 유사하도록 일부 종목만을 포함하는 방식이다.
- 다 : 최적화법에서 잔차위험은 **허용 수준 이하**가 되어야 한다.

학습안내 인덱싱방법(완전복제법 / 표본추출법 / 최적화법)의 세부내용은 '38회 74번 해설'을 참조할 것

75

정답 ③

가치투자스타일에 해당하는 항목은 3개이다('다'는 성장투자스타일의 특징이며 나머지는 모두 가치투자스타일).

학습안내 '가치투자와 성장투자스타일의 비교 내용'은 '37회 73번 해설'을 참조할 것

3-5 채권투자운용/투자전략(6문항)

76

정답 ③

'가, 나'가 틀린 항목이다.

- 가 : 복리채는 이자지급기간 동안 이자가 재투자되어(복리형성), 만기상환 시에 원금과 이자를 동시에 지급하는 채권을 말한다.
  - 복리채의 종류 : 국민주택채권 1종 / 2종, 지역개발공채, 금융채 일부
- 나 : 할인채는 만기일 이전에는 이자지급이 없는 채권으로서, 만기에 액면금액을 받는 채권을 말한다.
  - 할인채의 종류 : 통안채[주1], 금융채 일부

* 주1 : 통안채는 만기 1년 이하의 경우 할인채로 발행하고 만기 1년~2년의 경우 이표채로 발행하는데, 대부분은 만기 1년 이하로 발행한다(투운사 기본서는 할인채로 명시함).

※ **채권의 분류-이자지급방법에 따른 분류**(2024 기본서, 4권, p150~151인용)

(2) **이자지급에 따른 분류**

채권은 원리금 상환방법에 따라 이표채, 할인채 및 복리채 등으로 분류할 수 있다.

① 이표채 : 이표채는 채권의 권면에 이표가 붙어 있어 **이자지급일에 일정 이자를 받을 수 있는 채권**을 말한다. **현재 우리나라에서는 회사채가 대부분 이표채로 발행되고 있으며,** 국고채와 비금융특수채 등도 이표채로 발행한다. **국고채는 6개월마다 이자를 지급하며 회사채는 주로 3개월마다 이자를 지급하고 있으며,** 금융채 중에서도 3개월 이표채가 일부 발행되고 있다.

② 할인채(무이표채권) : 할인채는 **만기일 이전에 이자지급이 없는 채권**을 말한다. 대표적인 채권으로 **통화안정증권(통안채)**등 금융채 일부가 이에 속한다. 우리나라 채권시장에서는 이표채 다음으로 할인채의 발행비중이 높으며 거래도 활발하게 이루어지고 있다.

③ 복리채 : **복리채는 이자가 이자지급기간 동안 복리로 재투자되어 만기상환 시에 원금과 이자를 동시에 지급하는 채권**을 말한다. 대표적인 채권에는 **국민주택채권 1종**, 지역개발공채, 금융채 중 일부가 이에 해당한다.

학습안내 28회, 31회, 34회, 39회 기출

77

정답 ③

수의상환채권(콜옵션부채권)은 채권발행자가 콜옵션(조기상환옵션)을 행사할 수 있는 채권이다. 나머지는 모두 채권투자자가 행사할 수 있는 옵션(① 교환권, ② 신주인수권, ④ 풋옵션)이 내재된 채권이다.

학습안내 39회 신유형

78

정답 ②

'채권가격 $P = \dfrac{10{,}000\text{원}}{(1 + 0.04 \times \frac{73}{365})} = 9{,}920.63\text{원}$, 즉 9,920원이다.

학습안내 33회, 36회, 39회 기출

79

정답 ③

채권수익률 하락으로 인한 채권가격의 상승폭이 채권수익률 상승으로 인한 채권가격의 하락폭보다 **크다**(→ 말킬의 4정리에 해당하며 이러한 성질은 채권가격의 볼록성에 기인한다).

※ **말킬의 채권가격정리(Bond Price Theorem) 5가지**

(1) **1정리** : 채권가격과 채권수익률은 역(逆)의 관계이다.

(2) **2정리** : 일정한 수익률변동에 대한 채권가격변동폭은 잔존기간이 길수록 커진다.

(3) **3정리** : 채권가격변동폭은 만기가 길어질수록 증가하나 그 증가폭은 체감한다.

(4) **4정리** : 만기가 일정할 때 채권수익률 하락으로 인한 채권가격상승폭은 채권수익률 상승으로 인한 채권가격하락폭보다 크게 나타난다.

(5) **5정리** : 표면이자율이 낮을수록 동일한 수익률변동에 대한 채권가격변동폭이 커진다.

► 이를 종합하면,

'채권가격의 변동성(듀레이션)↑ = f(표면이율 ↓, 잔존만기 ↑, 만기수익률 ↓)'이다.

학습안내 28회, 31회, 34회, 36회, 39회 출제(► '말킬의 정리' 상세 내용은 '34회 78번 해설'을 참조할 것)

80

정답 ②

동 채권의 볼록성(convexity)은 16이다(아래 상세풀이).

※ 상세풀이

듀레이션과 볼록성을 모두 반영한 채권가격변동률의 공식은

$$\frac{\Delta P}{P} = \left\{(-) \times \frac{\text{맥컬레이듀레이션}}{(1 + r)} \times \Delta r\right\} + \left\{\frac{1}{2} \times convexity \times (\Delta r)^2\right\}\text{이며,}$$

이 산식을 이용하여 볼록성을 구할 수 있다.

$$\rightarrow \frac{\Delta P}{P} = \{(-) \times \text{수정듀레이션} \times \Delta r\} + \left\{\frac{1}{2} \times convexity \times (\Delta r)^2\right\}$$

$$\rightarrow (-)3.14\% = \{(-) \times 3.22 \times 1\%\} + \left\{\frac{1}{2} \times convexity \times (0.01)^2\right\}$$

→ 양변에 100을 곱하면

$$\rightarrow (-)3.14 = (-)3.22 + \left\{\frac{1}{2} \times convexity \times 0.01\right\}$$

$$\rightarrow (+)0.08 = \left\{\frac{1}{2} \times convexity \times 0.01\right\}$$

→ 양변에 100을 곱하면

$$\rightarrow 8 = \frac{1}{2} \times convexity \times 1,\ (\therefore)\ convexity = 16$$

학습안내 35회(신유형), 39회 기출

81

정답 ③

채무불이행 위험 또는 신용위험이다.

※ 추가이해 : 채권투자위험의 종류

(1) **이자율 변동 위험** : 이자율 변동에 따른 채권가격의 변동 위험을 말한다.

(2) **구매력 위험(또는 인플레이션 위험)** : 채권투자로부터 실현된 이득이 물가상승으로 인해 발생하는 구매력 손실을 충분히 보충하지 못하는 위험을 말한다.

예 장기채권에 투자한 기간 동안 인플레이션이 심화될 경우 원리금의 구매력 손실이 커진다.

(3) **재투자 위험** : 이표채의 경우 채권투자 시의 만기수익률은 중도에 지급받는 표면이자를 매입 시의 만기수익률과 동일하게 재투자할 경우 달성이 되는데, 만일 채권투자기간 중 시장금리가 하락할 경우 재투자 수입의 감소로 인해 매입 시의 만기수익률이 실현되지 않을 수 있는데, 이러한 위험을 재투자 위험이라 한다.

(4) **채무불이행 위험 또는 신용위험(credit risk, default risk)** : 채권투자자가 채권발행자로 부터 원리금의 전부 또는 일부를 상환 받지 못할 위험을 말한다.

- 정부가 발행하거나 지급보증을 하는 채권을 신용위험이 없다고 보지만 일반 회사가 발행하는 회사채는 신용위험이 있으므로 Credit Bond라고 한다.

(5) **중도상환 위험(call risk, prepayment risk)** : 콜옵션부채권에서 채권발행자가 콜옵션부채권에 내재된 콜옵션을 행사하여 채권을 조기에 상환할 경우 채권투자자 입장에서 채권가격의 상승기회가 상실될 수 있는데, 이러한 위험을 콜위험 또는 중도상환 위험이라 한다.

(6) **환율 위험** : 외화표시채권(외평채 등)과 같이 환율시세의 변동에 따라 현금흐름이 변동될 수 있는 위험을 말한다.

(7) **유동성 위험(liquidity risk)** : 거래 유동성이 부족하여 보유하고 있는 채권을 현재시장가격으로 매도할 수 없는 위험을 말한다.

학습안내 39회 신유형

3-6 파생상품투자운용/투자전략(6문항)

82

정답 ④

④는 '랜덤 베이시스 헤지(random basis hedge)'가 아니라 '제로 베이시스 헤지(zero basis hedge)'를 말한다.

※ 선물의 헤지거래

(1) 보유 현물(S) 포지션에 대해서 선물(F)로 매도헤지를 할 경우, 현물의 시장위험을 회피할 수 있지만 선물과 현물 간의 가격차이인 베이시스 위험에 노출될 수 있다.

(2) **베이시스(Basis)**

이론베이시스	시장베이시스
$F^* - S_t$ (선물이론가격 - 현물시장가격)	$F_t - S_t$ (선물시장가격 - 현물시장가격)

► 이론베이시스($F^* - S_t$)는 보유비용 $\left[S_t\left\{(r-d) \times \frac{T-t}{365}\right\}\right]$과 같다.

$$\rightarrow F^* - S_t$$

$$\rightarrow F^* - S_t = S_t\left\{1 + (r-d) \times \frac{T-t}{365}\right\} - S_t$$

$$\rightarrow F^* - S_t = S_t\left\{(r-d) \times \frac{T-t}{365}\right\}$$

→ 좌변은 이론베이시스, 우변은 보유비용이다. 즉 '이론베이시스 = 보유비용'

(3) **랜덤 베이시스 헤지 VS 제로 베이시스 헤지 : 헤지포지션의 청산시점에 따른 분류**

㉠ 현물포지션과 선물헤지포지션을 만기 전 임의의 시점에서 청산할 경우 '**랜덤 베이시스 헤지**(random basis hedge)'가 된다.

- 만기 전 임의의 시점에서 청산할 경우 베이시스의 변동 여부에 따라 베이시스 수익 또는 베이시스 손실이 발생한다. 즉 랜덤 베이시스 헤지는 '시장위험을 회피하기 위해 베이시스 위험에 노출되는' 결과가 된다.

㉡ 현물포지션과 선물헤지포지션을 만기 시점에서 청산할 경우 '**제로 베이시스 헤지**(zero basis hedge)'가 된다.

- 만기 시점에서 청산할 경우 베이시스가 제로가 되어($F^* = S_t$, $F^* - S_t = 0$) 베이시스 위험에 노출되지 않는다.

(4) 선물헤지거래 방식(h : 선물헤지 계약수) : '현물포지션의 크기에 대한 선물포지션 크기의 비율'을 헤지비율이라 하고, 헤지비율에는 '현물포지션의 크기에 대해서 선물 한 계약의 액면금액으로 나누어 구하는 단순헤지(㉠) 비율'과 '민감도를 반영하여 구하는 베타헤지(㉡)와 최소분산헤지(㉢) 비율'이 있다.

㉠ 단순 헤지 : $h = \frac{S}{F}$(S : 현물보유금액, F : 선물계약 단위금액)

㉡ 베타 헤지 : $h = \frac{S}{F} \times \beta$($S$: 현물보유금액, F : 선물계약 단위금액, β : 현물포트폴리오의 베타)

㉢ 최소분산헤지 : $h = \frac{COV_S}{V_F} = \frac{\rho_{SF} \times \sigma_S \times \sigma_F}{\sigma_F^2} = \rho_{SF} \times \frac{\sigma_S}{\sigma_F}$($\rho_{SF}$: 현·선물 간 상관계수)

- 최소분산헤지비율은 $\frac{\text{현·선물의 공분산}}{\text{선물의 분산}}$으로서 현·선물 간의 베타와 같다.

학습안내 39회 신유형

83

정답 ③

'1,000원, 외가격'이다.

※ 추가이해 : 옵션프리미엄 = 옵션의 내재가치 + 옵션의 시간가치

(1) 풋옵션의 내재가치 = $Max(0,\ X - S_T) = Max(0,\ 2{.}000 - 3{,}000) = 0$원

- 풋옵션의 경우 행사가격이 내재가치보다 클 경우 내가격(In the money)이 되지만, 동 문항의 경우 그 반대 상태이므로 외가격(Out of the money)에 해당된다.

(2) **옵션프리미엄(1,000원) = 옵션의 내재가치(0원) + 옵션의 시간가치(1,000원)**

학습안내 '36회 84번'과 동일하게 출제되었으나 학습효과 차원에서 변형 복원하였다.

84

정답 ①

옵션스프레드포지션의 손익은 매수포지션과 매도포지션으로 나누어 차례로 계산한다(아래 풀이).

※ 옵션스프레드 손익계산

(1) **풋옵션 매수포지션의 손익** : 295p에 매수하고 297.5p에 종료되었으므로, 손익은 '**Max(295 − 297.5, 0) −1.0 = 0 −1.0 = (−)1.0point**'이다.

- 풋옵션매수는 매수 후 기초자산가격이 하락해야 수익이 나는데 동 문항에서는 상승하였으므로, 프리미엄 손실만 발생하였다.

(2) **풋옵션 매도포지션의 손익** : 300p에 매도하고 297.5p에 종료되었으므로 풋옵션매수자의 수익 +2.5point를 결제를 해주어야 하는 입장이다. 따라서 손익은 '**−{Max(300 − 297.5, 0)} + 3.0 = −2.5 + 3 = 0.5point**'이다.

- 옵션매도자는 옵션매수자에게 수익발생 시 결제해야 할 의무가 생기므로, 옵션매수자의 손익을 먼저 계산하고 반대(−)로 적용하면 된다.

(3) 따라서 동 포지션(풋불스프레드)의 최종손익은 (−)0.5point이다.

► 약식계산

만기 297.5 마감 시	① 프리미엄손익	② 정산손익
P(295) 매수	−1.0	0
P(300) 매도	+3.0	−2.5
③ 최종 손익	+2.0 −2.5 = (−)0.5	

학습안내 28회, 36회, 37회, 39회 기출(► 37회는 신유형 문제로서 계산이 아닌 공식을 묻는 문제로 출제되었다)

85

정답 ③

'94 < P < 106'이다.

※ 스트래들매도 포지션의 손익구조 이해

(1) 스트래들매도(Short Straddle)는 변동성매도전략으로서 기초자산의 변동성이 BEP 수준을 초과하지 않을 때 이익이 발생한다.

(2) 스트래들매도는 동일한 행사가격에서 콜옵션과 풋옵션을 동시에 매도하는 포지션인데, 양 옵션의 매도와 동시에 옵션매수자가 지불하는 프리미엄을 수취하게 된다. 동 문항에서 프리미엄 수취분은 6 포인트이므로, 상승방향의 BEP는 '100 + 6 = 106 포인트[주1]'이며, 하락방향의 BEP는 '100 − 6 = 94 포인트[주2]'이다.

* 주1 : 기초자산가격이 100을 초과하여 상승하면 콜옵션매도(행사가격 100) 포지션에서 손실이 발생한다. 그런데 이미 수취한 프리미엄수입이 6 포인트이므로 BEP는 106 포인트가 된다.

* 주2 : 기초자산가격이 100을 초과하여 하락하면 풋옵션매도(행사가격 100) 포지션에서 손실이 발생한다. 그런데 이미 수취한 프리미엄수입이 6 포인트이므로 BEP는 94 포인트가 된다.

예시 스트래들매수 포지션의 수익 구간은?(행사가격, 프리미엄 : 동일 가정)

→ 'P > 106 또는 P < 94'이다. 즉 기초자산가격이 106을 초과하여 상승하거나 94를 초과하여 하락할 경우 수익이 발생한다.

학습안내 31회(신유형), 34회, 37회, 39회 기출

86

정답 ④

옳은 항목은 '가, 라'이다. 옵션민감도 부호가 (+)라는 것은 민감도 변수와 옵션가격이 같은 방향으로 움직인다는 것이고 (−)는 반대방향으로 움직인다는 것을 말한다.

※ 추가이해 1 : 옵션민감도 부호(옵션매도포지션은 매수포지션과 정확히 반대)

구 분	델타	감마	베가	쎄타	로우
콜옵션매수	+	+	+	−	+
풋옵션매수	−	+	+	−	−

- 가 : 콜옵션 매도의 델타는 (−)이다. → O
- 나 : 풋옵션 매도의 감마는 (+)이다. → X
- 다 : 콜옵션 매수의 쎄타는 (+)이다. → X
- 라 : 풋옵션 매수의 로우는 (−)이다. → O

※ 추가이해 2 : 민감도 지표의 정의

(1) 델타($\frac{\partial c}{\partial s}$) : 기초자산이 변할 때 옵션가격이 얼마나 변하는가?

(2) 감마($\frac{\partial^2 c}{\partial s^2}$) : 기초자산이 변할 때 델타가 얼마나 변하는가?

(3) 베가($\frac{\partial c}{\partial \sigma}$) : 변동성 계수가 변할 때 옵션가격이 얼마나 변하는가?

(4) 쎄타($\frac{\partial c}{\partial t}$) : 시간이 경과할 때 옵션가격이 얼마나 변하는가?

(5) 로우($\frac{\partial c}{\partial r}$) : 금리가 변할 때 옵션가격이 얼마나 변하는가?

학습안내 옵션민감도에 대한 상세 내용은 '35회 87번 해설'을 참조할 것

87

정답 ①

'콜옵션의 델타 = +0.2'이다.

※ 상세해설

(1) 델타는 기초자산의 가격변화분에 대한 옵션가격의 변화분[주1]으로 계산한다.

→ '델타 = $\frac{\Delta c}{\Delta S} = \frac{+0.4point}{2point} = (+)0.2$'이다.

* 주1 : 레버리지도(DOL / DFL / DCL) 계산에서는 '변화율'을 적용하지만, 옵션의 델타를 계산할 때는 '변동분'으로 계산한다.

(2) 기초자산가격이 상승할 때 콜옵션의 가격은 상승하고(동일방향으로 움직이므로 민감도 부호가 +), 풋옵션의 가격은 하락한다(반대방향으로 움직이므로 민감도 부호가 −). 즉 콜옵션의 델타는 0과 1사이에 존재하고 풋옵션의 델타는 −1과 0 사이에 존재한다.

학습안내 32회, 35회, 39회 기출(► 델타 계산문제)

3-7 투자운용결과분석(4문항)

88

정답 ①

'가, 나'는 금액가중수익률, '다, 라'는 시간가중수익률을 말한다.

※ 금액가중수익률 정리

(1) 운용기간 중의 모든 현금흐름을 반영한다.
- '펀드에 유입된 현금흐름의 현재가치와 유출된 현금흐름의 현재가치를 일치시키는 할인율'을 말하는데, 이는 내부수익률(IRR)과 같은 개념이다.

(2) 모든 현금흐름을 반영한다는 것은 펀드의 성과가 펀드매니저의 성과와 투자자의 성과가 혼합되어 있음을 의미한다.

(3) 금액가중수익률은 펀드매니저와 투자자의 공동의 성과를 반영하므로,
㉠ 펀드매니저만의 능력을 측정할 수 없고
㉡ 운용기간 중 펀드 간 성과비교가 어렵다.
비교 시간가중수익률은 펀드매니저만의 성과를 측정함으로써 펀드 간 성과비교가 가능하다.

(4) 즉 금액가중수익률은 펀드매니저의 능력을 평가하는 지표로는 적합하지 않지만, 투자자가 실제 획득한 수익을 투자기간을 고려하여 측정하는 데에는 가장 적합한 수익률이다.

※ 금액가중수익률 기본서 全文(2022 기본서, 4권, p437~439 참조)

(1) 금액가중수익률(dollar-weighted rate of return)은 투자자가 얻은 수익성을 측정하기 위하여 사용한다. 금액가중수익률은 측정 기간 얻은 수익금액을 반영하는 성과지표이다. 수익금액은 펀드매니저의 투자판단뿐만 아니라 투자자의 판단, 즉 펀드에 추가로 투자하거나 인출하는 시점의 규모에 의해서도 결정된다. **금액가중수익률은 펀드매니저와 투자자의 공동의 노력의 결과로 나타나는 수익률 효과가 혼합되어 있는 것이다.** 이것은 펀드매니저의 성과를 측정하는데 사용되는 시간가중수익률과 구분된다.

(2) 금액가중수익률은 계산상 '펀드에 투자한 현금흐름의 현재가치와 펀드로부터의 수익의 현재가치를 일치시키는 할인율'이 되는데, 이러한 관점에서 금액가중수익률을 **내부수익률(IRR ; Internal Rate of Return)이라고도 한다.**

(3) 금액가중수익률을 펀드매니저의 능력을 평가하는 지표로 사용하기에는 몇 가지 문제가 있다. **금액가중수익률은 최초 및 최종의 자산규모, 자금의 유출입 시기에 영향을 받는다.** 그런데 현금유입과 유출의 시점 및 규모는 펀드매니저가 결정할 수 없으며 투자자가 직접 결정하는 것이 일반적이기 때문에, 금액가중수익률은 펀드매니저의 의사결정 이외의 변수에 영향을 받는다. 금액가중수익률은 총운용 기간 동안 단 한 번 계산되고 시장수익률을 측정하는 방식과도 차이가 있기 때문에, **운용기간 중 각 시점 별로 펀드성과와 시장수익률을 비교하기도 어렵다.** 따라서 금액가중수익률은 펀드매니저의 능력을 평가하는 지표로는 적합하지 않다. 그러나 **투자자가 실제로 획득한 수익을 투자기간을 고려하여 측정하는 데에는 가장 정확한 것으로 알려져 있다.**

학습안내 28회, 29회, 31회, 33회, 36회, 39회 기출

89

정답 ④

정규분포는 '왜도(skewness) = 0, 첨도(kurtosis) = 3'인 분포를 말한다.

► 수익률 분포가 정규분포를 이루지 않는다면, 실현수익률이 기대수익률보다 낮을 가능성은 표준편차만으로 측정할 수 없으며 수익률 분포의 또 다른 통계적 특성, 즉 첨도나 왜도와 같은 지표를 포함해야 한다(2024 기본서, 4권, p441).

학습안내 '30회, 34회, 36회'와 동일유형으로 출제되었으나 학습효과 차원에서 변형복원하였다.

90

정답 ②

'포트폴리오 평균수익률'은 '포트폴리오 기대수익률'과 같다(∵ 표본의 평균수익률 ≒ 모집단에 대한 추정 기대수익률). 따라서 '샤프비율 = $\frac{7\% - 2\%}{10\%}$ = 0.5'이다. 즉 동 포트폴리오에 투자할 경우 위험(표준편차) 한 단위당 0.5배의 초과수익을 얻을 수 있다고 기대된다.

보충 샤프비율 계산에서, 분자의 '초과수익률'을 무위험수익률 대비로 계산하는 것($R_P - R_F = 7\% - 2\%$)이 핵심이다. 벤치마크수익률 대비 즉 '$R_P - R_B$'가 아님에 유의한다.

학습안내 28회, 31회, 35회, 39회 기출(► R_P를 '포트폴리오 수익률'이라고 명칭하지 않고 '포트폴리오 평균수익률'로 명칭하여 출제한 것은 39회가 처음이다).

91

정답 ②

젠센의 알파는 +1.0%이다. 참고로 계산에서 표준편차는 사용되지 않는다.

► 젠센의 알파(α_P) $= (R_P - R_F) - \beta(R_B - R_F)$,

→ $\alpha_P = (7\% - 3\%) - 1.5(5\% - 3\%) = 4\% - 3\% = 1\%$

보충 젠센의 알파 공식은 '$\alpha_P = (R_P - R_F) - \beta(R_M - R_F)$'와 같이 R_M을 사용하는 것이 일반적 이지만 별도의 벤치마크를 사용할 경우 R_B를 사용한다.

학습안내 33회, 39회 기출

3-8 거시경제(4문항)

92

정답 ③

틀린 내용은 '가, 다'이다.

- 가 : IS균형식인 'Y = C(Y − T) + I(R) + G'에서 정부지출(G)이 증가하면 우변 총수요가 증가하여 좌변인 총공급(Y, 실질국민소득)이 증가한다.
- 다 : LM균형식인 '$\frac{M}{P}$ = L(Y, R)'에서 통화량(M)이 증가하면 좌변의 화폐공급이 증가하게 되는데, 이때 LM의 균형을 위해서 우변의 화폐수요가 증가해야 한다. 화폐수요는 '거래적 동기 / 예비적 동기 / 투기적 동기'에 의해서 움직이는데 이자율(R)이 고정된 상태이므로 Y가 증가해야 '거래적 동기 / 예비적 동기'에 의해 화폐수요가 증가하게 된다. 따라서 M의 증가 시 LM곡선의 균형 차원에서 Y가 증가하게 된다.

학습안내 IS/LM의 작동원리의 상세 내용은 '38회 92번 해설'을 참조할 것

93

정답 ②

옳은 항목은 1개이다(라). 유동성함정 구간에서는 '화폐수요의 탄력성 무한대 & LM곡선 수평'이며, 확대재정정책 집행 시 구축효과가 나타나지 않으므로 재정정책의 효과가 극대화된다.

학습안내 29회, 32회, 35회, 37회, 39회 기출(► '유동성함정 이론'에 대한 상세 내용은 '35회 93번 해설'을 참조할 것)

94

정답 ②

유동성선호이론은 장기채권과 단기채권 간의 '불완전 대체관계'를 가정한다.

※ **유동성선호이론**

(1) 장·단기 채권 간에는 불완전 대체관계가 있다고 전제한다.
- '유동성선호이론 = 불편기대이론 + 유동성프리미엄'이므로, 유동성프리미엄이 존재하는 만큼 완전하지 않은 대체관계(불완전 대체관계)가 된다.

(2) 유동성선호이론상의 채권수익률 = 만기 중 단기채권 예상금리의 평균 + 유동성프리미엄
- 이때 유동성프리미엄은 장기간의 유동성 포기에 대가로 주어지는 프리미엄으로서 항상 양(+)의 값을 갖는다. 반면 특정 시장선호이론에 반영되는 기간프리미엄은 장·단기채 선호현상에 따라 양(+) 또는 음(−)의 값을 가진다.

학습안내 29회, 33회, 36회, 39회 기출(► 이자율 기간구조에 대한 전체 내용은 '36회 93번 해설'을 참조할 것)

95

정답 ②

'증가, 하락'이다. 경상수지와 금리는 강한 음(−)의 관계를 보인다. 즉 경상수지 흑자 규모가 확대되면 통화량이 증가하게 되고 이에 따라 금리는 하락하게 된다.

※ **추가이해 − 거시경제변수와 이자율의 변동** : 2024 기본서, 5권, p50~53 참조

(1) **물가와 이자율**

경제주체들이 예상하는 기대인플레이션율이 높아질 경우 일정 수준의 실질금리 하에서 명목금리가 상승하게 된다(피셔 효과로 설명할 수 있음).

→ 피셔 효과 : R(명목금리) = r(실질금리) + π(물가상승률)

(2) **통화량과 이자율**
- 통화량이 증가하면 '**유동성효과**(금리하락) → **소득효과**(총수요증가로 인한 금리상승) → **피셔효과**(물가상승으로 인한 금리상승)'가 순차적으로 나타난다.
- 결론적으로 화폐공급은 단기적으로 명목이자율을 하락시킬 수 있으나, 장기적으로 결국 물가와 명목이자율을 상승시킨다.

(3) **경상수지와 이자율** : 경상수지와 금리는 강한 음(−)의 상관관계를 갖는다.
- 경상수지 흑자 → 해외로부터 유동성유입 → 국내유동성 증가 → 금리하락
- 경상수지 적자 → 국내로부터 유동성유출 → 국내유동성 감소 → 금리상승

(4) **환율과 이자율** : 환율과 금리는 뚜렷한 상관관계가 없고, 상황에 따라 다르게 작용한다.

학습안내 30회(신유형), 35회, 39회 기출

3-9 분산투자기법(5문항)

96

정답 ④

동일한 위험수준 하에서는 기대수익률이 높은 증권이 우월하고 동일한 기대수익률 하에서는 위험이 적은 증권이 우월하다는 논리를 적용하여 가장 효율적인 포트폴리오를 찾는다. ①과 ④ 간에는 기대수익률이 더 높은 ④가 우월하고, ②와 ③ 간에는 기대수익률이 더 높은 ③이 우월하다. 그리고 최종적으로 ③과 ④ 간에는 위험이 더 적은 ④가 우월하다.

► 약식이해 : 4개의 선지 중에서 '기대수익률이 제일 높고 위험이 제일 적은 것을 동시에 충족시키는' ④가 가장 효율적인 포트폴리오가 된다.

학습안내 32회, 34회, 39회 기출

97

정답 ②

변동성보상비율(RVAR) = $\frac{R_A - R_F}{\sigma_A} = \frac{6\% - 5\%}{2\%} = 0.5$, 즉 변동성보상비율(위험보상비율)은 0.5배이다.

※ 자본배분선(CAL)의 변동성보상비율

(1) 효율적 투자기회선 상의 위험자산과 무위험자산을 편입한 포트폴리오의 기대수익률은

$E(R_P) = R_F + \frac{E(R_A) - R_F}{\sigma_A}\sigma_P$이다. 이 산식이 자본배분선(CAL)이며, 자본배분선의 변동성보상비율은

$\frac{E(R_A) - R_F}{\sigma_A}$인데 이는 곧 자본배분선의 기울기에 해당한다.

(2) **변동성 보상비율은 편입자산의 투자비중과 관계없이 일정하다**(아래 예시).

㉠ 5:5의 경우 : 포트폴리오수익률은 (6% × 0.5) + (5% × 0.5) = 5.5%, 포트폴리오 표준편차는 (2% × 0.5) = 1%, 따라서 RVAR은 '$\frac{5.5\% - 5\%}{1\%} = 0.5$'이다.

㉡ 6:4의 경우 : 포트폴리오 수익률은 (6% × 0.6) + (5% × 0.4) = 5.6%, 포트폴리오 표준편차는 (2% × 0.6) = 1.2%, 따라서 RVAR은 '$\frac{5.6\% - 5\%}{1.2\%} = 0.5$'이다.

► 다른 해석 : 변동성보상비율은 자본배분선의 기울기에 해당하며, 기울기는 투자비중과 관계 없이 일정하다. 즉 RVAR은 편입비중과 관계없이(A와 B비중에 관계없이) 0.5로 동일하다.

학습안내 29회, 31회, 33회, 35회, 37회, 39회 기출

98

정답 ①

자본시장의 균형상태에서는 어떤 위험자산에 투자하든 위험자산간의 위험프리미엄(위험보상비율 RVAR)은 동일해야 한다. 즉 자본시장의 균형상태에서는 A포트폴리오와 B포트폴리오의 위험보상비율이 동일하다.

따라서 '$\frac{20 - 5}{1.5} = \frac{8 - 5}{X} \rightarrow \frac{15}{1.5} = \frac{3}{X} \rightarrow X = \frac{4.5}{15} = 0.3$ (∴) B포트폴리오의 베타 = 0.3

학습안내 28회, 31회, 33회, 36회, 39회 기출

99

정답 ③

'A주식-과대평가, B주식-과소평가'이다. A, B주식의 SML선을 구하고(균형수익률), SML선 대비 위에 있으면 저평가(과소평가), 아래에 있으면 고평가(과대평가)이다.

(1) **A주식**

- 요구수익률(k) = 2% + 0.8(7% − 2%) = 6%
- 요구수익률이 6%인데 현재 시장에서의 기대수익률은 5%이므로 SML선의 아래에 위치한다. 따라서 A주식은 현재 과대평가되고 있다(► 기대수익률이 요구수익률에 못 미치는 상태이므로 고평가 또는 과대평가).

(2) **B주식**

- 요구수익률(k) = 2% + 1.5(7% − 2%) = 9.5%
- 요구수익률이 9.5%인데 현재 시장에서의 기대수익률은 11%이므로 SML선의 위에 위치한다. 따라서 B주식은 현재 과소평가되고 있다(► 요구수익률보다 더 높은 수익률을 달성할 수 있는 상태이므로 저평가 또는 과소평가).

학습안내 30회, 32회, 35회, 37회, 39회 기출

100

정답 ④

동일가중 포트폴리오이므로 'X주식 : Y주식 = 5:5'로 편입한다. 따라서 포트폴리오 베타는 '(1.5 × 50%) + (2.5 × 50%) = 0.75 + 1.25 = 2.0'이다.

※ 포트폴리오 베타 계산의 이론적 근거

(1) **샤프의 단일지표모형에서의 포트폴리오 베타** : $\beta_P = \sum \omega_j \beta_j$

(2) **포트폴리오의 가법성(加法性)** : 가법성에 따라 개별자산의 베타를 가중평균하여 계산한다.

학습안내 30회, 39회 기출

40회차 정답 및 해설

01	02	03	04	05	06	07	08	09	10	11	12	13	14	15	16	17	18	19	20
②	②	③	②	④	②	③	①	③	④	④	②	③	③	③	①	③	①	③	①
21	22	23	24	25	26	27	28	29	30	31	32	33	34	35	36	37	38	39	40
④	①	③	②	①	④	③	①	①	④	①	①	④	①	②	②	④	③	③	①
41	42	43	44	45	46	47	48	49	50	51	52	53	54	55	56	57	58	59	60
①	②	①	④	②	②	③	①	②	②	④	①	④	④	①	③	④	④	④	③
61	62	63	64	65	66	67	68	69	70	71	72	73	74	75	76	77	78	79	80
②	①	②	①	④	①	①	④	③	③	①	②	①	②	①	②	②	②	②	①
81	82	83	84	85	86	87	88	89	90	91	92	93	94	95	96	97	98	99	100
④	①	①	③	②	②	③	②	①	④	④	③	②	③	②	②	③	③	④	②

※ 시험난이도 상향에 대비하는 차원에서, 동일문항 기출이 반복될 경우 '변형복원'을 적극 반영하고 있습니다. 따라서 '변형된 기출' 문항을 학습 시에는 학습안내 를 참고하여 '변형 전 기출'도 꼭 확인하시길 바랍니다.

1-1 세제관련 법규/세무전략(7문항)

01

정답 ②

상속세는 국세이다. 지방세에는 '취득세, 등록면허세, 지방교육세, 주민세, 재산세, 자동차세, 담배소비세 등'이 있다.

※ 우리나라 조세체계

국 세	내국세	직접세	소득세, 법인세, 상속세, 증여세, 종합부동산세
		간접세	부가가치세, 증권거래세, 인지세, 주세, 개별소비세
		목적세	교육세, 농어촌특별세, 교통 · 에너지 · 환경세
	관 세		
지방세	도 세	보통세	취득세, 등록면허세, 레저세, 지방소비세
		목적세	지역자원시설세, 지방교육세
	시 · 군세	보통세	주민세, 재산세, 자동차세, 지방소득세, 담배소비세

(2025 기본서, 1권, p3 그림 인용)

학습안내 28회, 31회, 34회, 35회, 37회, 38회, 40회 기출

02

정답 ②

②번만 옳은 내용이다.

① 다음 날을 기한으로 한다.

③ 경정청구는 법정신고기한이 지난 후 5년 이내로 할 수 있다.

④ 심판청구는 조세심판원에 제기하는 불복절차이다(국세청 또는 감사원에 제기하는 것은 심사청구).

※ **기간과 기한**(2025 기본서, 1권, p4 참조)

기간은 어느 시점에서 어느 시점까지의 계속된 시간을 뜻하며, **기한**은 법률행위의 효력발생·소멸·채무의 이행 등을 위하여 정한 일정 시점을 뜻한다.

(1) 세법에 규정하는 기한이 공휴일·토요일이거나 근로자의 날에 해당하는 때에는 **그 다음 날을 기한으로 한다.**

(2) 우편으로 서류를 제출하는 경우에는 **통신날짜 도장이 찍힌 날에** 신고된 것으로 본다.

(3) 국세정보통신망이 장애로 가동이 정지된 경우 그 장애가 복구되어 신고 또는 납부할 수 있게 된 날의 **다음 날을 기한으로 한다.**

※ **서류의 송달방식**

(1) 교부송달 : 당해 행정기관의 소속 공무원이 송달할 장소에서 송달받아야 할 자에게 서류를 교부

(2) 우편송달 : 서류의 송달을 우편으로 할 때에는 등기우편으로 하여야 한다.

(3) 전자송달 : 정보통신망을 이용한 송달은 **서류의 송달을 받아야 할 자가 신청하는 경우에 한하여 행한다.**

(4) 공시송달 : 주소 불분명 등으로 송달이 곤란한 경우 **서류의 주요 내용을 공고한 날로부터 14일이 경과함으로써 서류가 송달된 것으로 본다.**

학습안내 34회, 37회, 40회 기출

03

정답 ③

'집합투자기구로부터의 이익'에 속하는 않는 항목의 개수는 3개(가, 다, 마)이다. 펀드재산을 운용하여 발생한 소득은 그 종류와 관계없이 '집합투자기구로부터의 이익'에 해당되어 배당소득으로 과세하는 것이 원칙이나, '가, 다, 마(**상 / 파 / 벤**)'는 '일부손익 과세제외 제도'에 의해 과세대상에서 제외된다. 즉 '상 / 파 / 벤'은 집합투자기구로부터의 이익에 해당하지 않는다.

※ **일부손익과세제외 제도**

(1) 직접투자 시 비과세되는 대상(상 / 파 / 벤)에 대해 간접투자 시(펀드투자 시)에도 비과세를 적용하는 취지에서 도입된 제도이다.

(2) 대상(상 / 파 / 벤) : 매매손익 자체를 과세대상에서 제외한다.

㉠ **상**장주식의 매매손익('상')

㉡ 상장주식을 기초자산으로 하는 장내**파**생상품의 매매손익('파')

㉢ 비상장주식으로서 벤처기업법에 따른 **벤**처기업주식의 매매손익('벤')

보충

나. '채권의 매매차익'은 직접투자 시 비과세지만 펀드에서 매매할 경우 그 차익은 '집합투자기구로부터의 이익'에 해당되어 배당소득으로 과세한다.

라. 코스피200지수를 기초자산으로 하는 장내파생상품을 개인이 매매할 경우 양도소득세 과세대상(**탄력세율 10% 적용**)이지만, 펀드에서 매매할 경우 그 차익은 '집합투자기구로부터의 이익'에 해당되어 배당소득으로 과세한다.

마. 부동산을 개인이 매매하여 양도차익이 발생한 경우 양도소득세 과세대상이지만, 펀드에서 매매할 경우 그 차익은 '집합투자기구로부터의 이익'에 해당되어 배당소득으로 과세한다.

학습안내 28회, 31회, 34회, 36회, 40회 기출

04

정답 ②

연간 300만 원 이하의 기타소득은 분리과세를 선택할 수 있다('선택적 분리과세' 대상). 즉, 연간 300만 원 이하의 기타소득의 경우 분리과세를 신청할 경우 원천징수로서 납세의무가 종결된다.

학습안내 38회(신유형), 40회 기출(► '무조건 분리과세'와 '선택적 분리과세'의 종류는 '38회 05번 해설'을 참조할 것)

05

정답 ④

빈칸에 들어가는 항목은 '필요경비'항목으로서 ①, ②, ③이 해당된다. ④는 장기보유특별공제로서 양도차익에서 공제하는 항목이다.

※ 양도소득세 과세 FLOW

양도가액(총수입금액)		
(−)	필요경비	필요경비 = 취득가액 + 자본적 지출 + 기타필요경비
양도차익		
(−)	장기보유특별공제	3년 이상 보유한 토지·건물 또는 1세대 1주택
양도소득		
(−)	양도소득기본공제	연간 250만 원
양도소득 과세표준		

(1) 필요경비 = 취득가액 + 자본적 지출 + 기타 필요경비

㉠ **취득가액** : 실지거래가액을 적용하되, 실지거래가액이 확인되지 않을 경우 '매매사례가액 → 감정평가액 → 환산가액 → 기준시가'의 순으로(매. 감. 환. 기) 추계한다.

㉡ **자본적 지출** : 매도대상 부동산의 가치를 증가시키기 위해 투입된 자본적 지출이 있다면 필요경비로 공제한다.

㉢ **기타필요경비** : 증권거래세[주1], 신고서 작성비용, 인지대 등

* 주1 : 주식에 대해 양도소득세가 과세되는 경우 증권거래세가 필요경비로 인정된다.

(2) 장기보유특별공제 : 양도차익 − 장기보유특별공제 = 양도가액

• 장기보유특별공제 적용대상 : 3년 이상 보유한 토지 및 건물, 3년 이상 보유한 1세대 1주택

주의 3년 이상 보유한 상장주식의 매매차익은 장기보유특별공제 대상이 아니다. → O

(3) 양도소득기본공제 : '자산의 종류 별(부 / 주 / 파)'로 연간 250만 원을 공제

주의 부동산, 주식, 파생상품의 양도소득에 대해서는 연간 250만 원의 양도소득기본공제가 각각 적용된다. → O

학습안내 '37회 04번'과 유사하게 출제되었으나 학습효과 차원에서 변형복원하였다(► '양도소득세 과세 FLOW'에 대한 상세 내용은 '36회 06번 해설'을 참조할 것).

06

정답 ②

코넥스시장에서 거래 시 매도금액의 0.10%에 해당하는 증권거래세가 부과된다. 증권거래세 기본세율은 0.35%이지만 장내시장에서 거래할 경우 자본시장 육성 차원의 특례가 적용되어 '유가증권시장 0%(농특세 0.15% 별도 부과), 코스닥시장 0.15%, 코넥스시장 0.10%'로 인하 적용된다(증권거래세는 25년 개정 기준).

※ **증권거래세 과세대상(증권거래세법 제1조)** : 2025 기본서, 1권, p43 인용

1. 과세대상(증권거래세법 제1조, 제1조의 2, 제2조)

   증권거래세는 **주권 또는 지분의 유상양도에 대하여 부과하는 조세로** 그 과세대상이 되는 주권이란 ① 상법 또는 특별법에 따라 설립된 법인의 주권, ② 외국법인이 발행한 주권으로서, 자본시장법에 의한 거래소의 유가증권시장이나 코스닥시장, 코넥스시장(이하 '증권시장')에 상장된 것을 말한다.

   다만, **외국증권시장(뉴욕증권거래소, 동경거래소 등)에 상장된 주권을 양도하는 경우** 또는 외국증권시장에 주권을 상장하기 위하여 인수자에게 주권을 양도하는 경우 및 자본시장법에 따라 채무인수를 한 거래소가 주권을 양도하는 경우에는 증권거래세를 부과하지 않는다.

※ **비과세 양도(증권거래세법 제6조)** : 2025 기본서, 1권, p43 인용

아래의 경우에는 증권거래세를 부과하지 아니한다.

(1) 국가 또는 지자체가 주권 등을 양도하는 경우(단, 국가재정법에 따른 각종 기금의 주권양도 시에는 과세함)

(2) 자본시장법 제119조에 따라 주권을 매출하는 경우

(3) 주권을 목적물로 하는 소비대차의 경우

학습안내 31회, 32회, 34회, 37회, 38회, 40회 기출

07

정답 ③

거주자에 대한 소득세 과세는 '주소지'를 납세지로 한다.

► 소득세 과세제도 특징(거주자 대상) : 종합과세, 열거주의 과세, 주소지 과세, 신고확정, 누진과세 등

※ **납세의무자의 구분**(2025 기본서, 1권, p16~17 인용)

1. 납세의무자의 구분

   소득세법상 납세의무자는 다음과 같이 거주자와 비거주자로 구분

   (1) 거주자와 비거주자의 구분 : **'거주자'란 국내에 주소를 두거나 183일 이상 거소를 둔 개인을 말하며, '비거주자'란 거주자가 아닌 개인을 말한다**(중략).

   (2) 주소 여부의 판정 : 주소의 구체적인 판정기준

주소를 가진 것으로 보는 경우	국내에 주소가 없는 것으로 보는 경우
• 계속하여 183일 이상 국내에 거주할 것을 통상 필요로 하는 직업을 가진 때 • 국내에 생계를 같이하는 가족이 있고, 그 직업 및 자산상태에 비추어 계속하여 183일 이상 국내에 거주할 것으로 인정되는 때	국내에 거주 또는 근무하는 자가 외국국적을 가졌거나 외국법령에 의하여 그 외국의 영주권을 얻은 자로서 국내에 생계를 같이 하는 가족이 없고 그 직업 및 자산상태에 비추어 다시 입국하여 주로 국내에 거주하리라고 인정되지 않는 때

   (3) 외국을 항해하는 선박 또는 항공기의 승무원의 경우 그 승무원과 생계를 같이하는 가족이 거주하는 장소 또는 그 승무원이 근무기간 외의 기간 중 통상 체재하는 장소로 판정한다.

   (4) 국외에서 근무하는 공무원 또는 거주자나 내국법인의 국외사업장 또는 해외 현지법인 등에 파견된 임원 또는 직원은 거주자로 본다.

학습안내 34회, 40회 기출

1-2 금융상품(8문항)

08

정답 ①

중개형의 경우 예금은 편입할 수 없다(아래 해설).

※ ISA운용 유형과 편입가능상품

(1) 운용 유형 : 신탁형, 중개형, 일임형

㉠ 신탁형 / 중개형 : 투자자가 편입상품을 직접 선택한다(가입자의 지시가 없으면 다른 상품으로 교체 불가).

㉡ 일임형 : 여러 개의 모델포트폴리오 중에서 가입자 성향에 맞는 것을 선택해서 운용한다.

비교 가입자 유형 : ISA의 가입유형은 '일반형 / 서민형 / 농어민형'의 3가지이다.

(2) 편입가능상품

예 금	신탁, ELS, RP, 리츠 등	국내상장주식
신탁형 O 일임형 O **중개형 X**	신탁형 O 일임형 O 중개형 O	신탁형 X 일임형 X **중개형 O**

학습안내 28회, 30회, 32회, 33회, 35회, 37회, 38회, 40회 기출(► ISA에 대한 전체 내용은 '37회 08번 해설'을 참조할 것)

09

정답 ③

신탁재산은 수탁자의 상속재산, 파산재단에 속하지 않는다.

※ 신탁재산의 독립성 : 신탁재산은 법률상・형식상 수탁자에게 귀속되어 있으나 경제상・실질상으로는 수익자의 것이므로(이중의 소유권), 신탁재산은 독립적으로 관리되어야 한다.

(1) 신탁재산에 대한 강제집행 및 경매가 불가하다.

(2) 신탁재산은 수탁자의 상속재산이나 파산재단에 속하지 않는다.

(3) 신탁재산인 채권과 다른 채무와의 상계가 금지된다.

(4) 수탁자가 사망 또는 사임하더라도 신탁관계는 종료되지 않는다.

※ 신탁상품의 일반적 특성(2024 기본서, 1권, 133~134 인용)

신탁은 타인에 의한 재산관리・처분제도의 하나로 대리, 후견 등과 유사하다. **위탁자가 재산권을 수탁자에게 이전 또는 처분하는 것이며, 수탁자가 그 명의인이 된다.** 수탁자는 신탁재산에 대하여 대외적으로 유일한 관리・처분권자가 된다. 위탁자는 수탁자에 대해 지시할 수는 있어도, 스스로 신탁재산상의 권리를 행사할 수는 없다. 신탁재산을 관리・처분한 결과로 생긴 제3자와의 권리・의무는 신탁재산의 관리기관인 수탁자에게 귀속하고, 위탁자 또는 수익자에게 직접 귀속하지는 않는다.

수탁자는 그 임무의 수행과 권리의 행사를 신탁목적에 따라 수익자를 위해 행하여야 한다. 재산은 법률상・형식상 수탁자에 귀속되어 있으나, 경제상・실질상으로는 수익자에게 귀속되므로 신탁을 '이중의 소유권'이라 한다.

신탁재산은 법률적으로 수탁자에게 귀속하지만 수익자를 위한 재산이므로 수탁자의 고유재산 및 위탁자의 고유재산으로부터 독립되어 있다. **신탁재산은 수탁자의 상속재산, 파산재단에 속하지 않으며, 신탁재산에 대한 강제집행 및 경매가 불가하고, 신탁재산인 채권과 다른 채무와의 상계가 금지된다.**

신탁은 수탁자에 대한 위탁자의 강한 신임관계, 즉 개인적 요소로 성립하나 일단 신탁에 성립되면 수탁자가 사망 또는 사임하여도 신탁은 그대로 존속된다. **위탁자는 수익자의 지위를 겸할 수 있으나(자익신탁), 수탁자는 원칙적으로 수익자 및 위탁자의 지위를 동시에 겸할 수 없다(자기계약금지).**

학습안내 28회, 30회, 31회, 33회, 34회, 35회, 36회, 38회, 40회 기출(► 신탁에 대한 전체 내용은 '36회 09번 해설'을 참조할 것)

10

정답 ④

ELS(Equity Linked Securities)는 증권사가 발행하며, 원금보장형 ELS와 원금비보장형 ELS 모두 발행사인 증권사의 신용위험에 노출된다. 따라서 ELS 투자 시 노출되는 신용위험을 최소화하는 차원에서 엄격한 발행요건[주1]을 두고 있다.

* 주1 : ELS는 '영업용순자본 비율이 300% 이상인 투자매매업자(장외파생상품의 겸영인가요건과 동일)'만이 발행할 수 있다.

학습안내 28회, 30회, 31회, 33회, 34회, 35회, 36회, 37회, 38회, 39회, 40회 기출(► ELS 개요 상세내용은 '36회 10번', ELS수익구조는 '37회 10번' 해설을 참조할 것)

11

정답 ④

랩어카운트 서비스에 대한 수수료는 **잔고평가금액에 근거한 일정비율의 수수료를 부과한다**(거래 건별 부과가 아님). 잔고평가금액에 근거하여 수수료를 부과함으로써 회사와 고객 간의 이익상충문제가 해결되는 장점이 있다(계좌에서 수익이 나면 랩수수료도 증가하므로 회사와 고객 간의 'win-win'관계가 성립).

보충 CMA(Cash Management Account ; **현금관리계좌**)

(1) 입출금이 자유로운 종합자산관리계좌로서, 입금한 자금을 회사가 단기금융상품에 투자하고 그 수익금을 고객에게 지급하는 계좌이다

(2) 자동투자 대상에 따라 'MMF형 CMA, RP형 CMA, MMW형 CMA'로 구분된다.

(3) 종금사 CMA는 예금자보호대상이지만 증권사CMA는 예금자비보호이다.

학습안내 '36회 11번'과 동일하게 출제되었으나 학습효과 차원에서 변형복원하였다(► 랩어카운트에 대한 상세 내용은 '36회 11번 해설'을 참조할 것. 그리고 CMA는 실제 시험에 나오지 않았으나 신유형 대비 차원에서 기출복원에 반영하였다).

12

정답 ②

종신보험은 보험기간이 종신이므로 사망시점과 관계없이 사망보험금을 지급한다.

※ 추가해설

① 생명보험의 보험료 = 순보험료 + 부가보험료
 • 순보험료 = 위험보험료 + 저축보험료, 부가보험료 = 신계약비 + 유지비 + 수금비

② '보험기간(보험계약가입시점~종료시점) 중 사망'을 요건으로 사망보험금을 지급하는 보험은 정기보험이다.

③ 체증식 보험은 보험기간 경과에 따라 **보험금이 증가**하는 보험으로서, 물가지수연동보험(물가가 상승하는 만큼 사망보험금이 증가하는 보험)이 대표적이다.

④ 화재보험은 우연한 화재사고로 인한 '직접손해[주1] / 소방손해 / 피난손해'를 보상하는 보험이다.
 * 주1 : 주택물건에 대해서는 '화재 · 벼락(낙뢰) 및 폭발손해'를 보상하며, 일반물건 및 공장물건은 '화재 · 벼락손해'를 보상한다.

13

정답 ③

틀린 항목의 개수는 3개이다(나, 다, 라).

나. 다. 국채는 남은 만기 5년, 지방채나 특수채는 남은 만기 1년의 만기제한을 받지만, RP로 매수할 경우는 기존의 만기제한을 받지 않는다(∵ RP 자체의 만기 제한을 받기 때문. RP 만기는 1년 미만).

라. MMF가 타 집합투자증권에 투자할 수 있는 것은 타 MMF의 집합투자증권으로 한정된다(즉 채권형 펀드나 주식형 펀드는 편입 불가).

학습안내 'MMF의 운용대상 및 운용제한'에 대한 상세 내용은 '36회 14번 해설'을 참조할 것

14

정답 ③

자산유동화증권(ABS ; Asset Backed Securities)을 말한다. 보기 문장에서 가장 중요한 것은 '양도하고'이다('양도하지 않고'가 아님).

※ 신용위험 이전 시 기초자산의 양도 여부

(1) 기초자산을 **양도하고** 신용위험을 회피하는 상품 : ABS, CDO

(2) 기초자산을 **양도하지 않고도** 신용위험을 회피할 수 있는 상품 : CDS, CLN, TRS, 합성CDO

학습안내 '37회 13번'과 동일하게 출제되었으나 학습효과 차원에서 다른 기출문제로 대체하였다(► 자산유동화증권에 대한 전체 내용은 '37회 13번 해설'을 참조할 것).

15

정답 ③

틀린 내용은 '가, 다'이다.

가. 모기지(mortgage)가 20~30년의 장기상품이므로, 이를 기초자산으로 하여 발행하는 MBS도 장기로 발행하는 것이 일반적이다.

다. 저당대출담보부채권(MBB)에서는 발행기관이 저당대출(mortgage)의 소유권을 보유하고 투자자에게 채권으로 발행하는 것이므로 채무불이행위험을 발행기관이 부담한다. 반면 저당대출지분이전 증권(pass-through securities)은 저당대출에서 나오는 현금흐름을 그대로 투자자에게 이전하는 형태이므로 저당대출의 채무불이행위험은 투자자가 부담한다.

학습안내 36회(신유형), 39회, 40회 기출(► MBS에 대한 전체 내용은 '36회 15번 해설'을 참조할 것)

1-3 부동산관련 상품(5문항)

16

정답 ①

소유권은 물권 본권이며, 지상권·지역권·전세권은 제한물권 중 용익물권에 해당한다.

► 부동산 소유권이란 법률의 범위 내에서 부동산을 자유로이 사용·수익, 처분을 할 수 있는 권리로서 타인의 부동산을 부분적·일시적으로 지배하는 제한물권과 구별된다(2025 기본서, 1권, p343).

학습안내 29회, 31회, 33회, 35회, 37회, 40회 기출

17

정답 ③

하향시장은 **매수인우위**의 시장(매도가 많으므로 → '매수인 중시 현상'이 강함), 상향시장은 매도인우위의 시장(매수가 많으므로 → '매도인 중시 현상'이 강함)이 된다.

※ 부동산경기의 국면별 현상

회복국면 (회복시장)	호황국면 (상향시장)	후퇴국면 (후퇴시장)	불황국면 (하향시장)
가격하락 멈춤, 거래가 늘어나기 시작	가격상승 & 거래활발, 경기후퇴 가능성도 내포	가격상승 멈춤, 거래는 점차 한산	가격하락 & 거래한산, 금리와 공실률 높아짐
	매도인우위 시장 (과거사례가격은 새로운 가격의 하한선)		**매수인우위 시장** (과거사례가격은 새로운 가격의 상한선)

• 안정국면은 부동산시장에만 있으며 우량부동산 위주로 가격이 가볍게 상승하거나 유지되는 국면. 과거 사례가격은 새롭게 신뢰할 수 있는 기준가격이 된다.

학습안내 32회, 35회, 40회 기출(► 부동산 경기국면에 대한 기본서 全文은 '35회 17번 해설'을 참조할 것)

18

정답 ①

부채상환비율은 '$\frac{\text{순용소득}}{\text{부채상환액}} = \frac{\text{10억 원}}{\text{4억 원}} = 2.5$배'이다. 이 예시에서 '부채상환비율(DSCR) 또는 부채부담능력비율(DCR)'은 해당 부동산으로부터 매년 창출되는 현금흐름이 매년 상환해야 할 차입상환액의 2.5배라는 의미이다(이 비율이 높을수록 사업안정성이 높다는 것이며, DCR은 최소한 1보다 커야 한다).

※ 내부수익률(IRR)과 CoC수익률

(1) 내부수익률은 '투자안의 현금유입의 현재가치와 현금유출의 현재가치'를 일치시키는 할인율을 말하며, 미래 현금흐름을 현재가치로 할인해서 계산하므로 **화폐의 시간가치를 고려한다.**

• 내부수익률은 해당 투자로부터 발생하는 모든 현금흐름의 현재가치와 현금유출의 현재가치를 일치시키는 할인율로서, 결과적으로 '해당 투자로부터 발생하는 현금흐름의 순현재가치가 제로(0)가 되는 할인율'을 말한다. 즉 IRR은 NPV(순현재가치)가 제로(0)가 되는 할인율이 된다.

(2) Cash On Cash 수익률은 해당 기의 순현금흐름을 자기자본으로 나눈 수익률로서, 해당기의 현금흐름 만을 고려하므로 **화폐의 시간가치를 고려하지 않는다.**

• CoC수익률은 '내 돈을 부동산에 자하여 매년 순현금을 얼마나 창출할 수 있는가'를 파악하는 지표이다.

학습안내 29회, 32회, 34회, 36회, 37회, 38회, 39회, 40회 기출(► '부동산투자의 타당성'평가 지표에 대한 상세 내용은 '38회 16번 해설'을 참조할 것)

19

정답 ③

$$수익성지수(PI) = \frac{투자로부터\ 발생하는\ 장래\ 현금흐름의\ 가치}{투입액의\ 현재가치}$$

$$= \frac{(12{,}500 \times 0.8) + 1{,}500}{10{,}000} = \frac{10{,}000 + 1{,}500}{10{,}000} = \frac{11{,}500}{10{,}000} = 1.15$$

※ 부동산투자 시 타당성 분석 지표-현금흐름할인을 사용하는 지표

(1) 순현재가치법(NPV ; Net Present Value) : 현금유입의 현재가치-현금유출의 현재가치
→ NPV가 0보다 클수록 투자가치가 높다(NPV < 0 → 투자안 기각).

(2) 수익성지수법(PI ; Profitability Index) : $수익성지수 = \frac{현재유입의\ 현재가치}{최초의\ 부동산투자액}$
→ PI가 1보다 클수록 투자가치가 높다(PI < 1 → 투자안 기각)

(3) 내부수익률법(IRR ; Internal Rate of Return) : 투자안의 현금유입의 현재가치와 현금유출의 현재가치를 일치시키는 할인율
→ IRR이 k(요구수익률)보다 클수록 투자가치가 높다(IRR < k → 투자안 기각).

학습안내 동 문제는 수익성지수에 대한 응용계산문제로서 2019년 11월 시험에서 첫 출제 이후 40회 시험(25년 1월 시험)에서 두 번째로 출제되었다.

20

정답 ①

틀린 항목은 '가, 나'이다.

- 가 : 부동산투자회사(리츠)는 부동산투자회사법에 근거한다.
- 나 : 발기설립의 방법으로만 하여야 하며, **상법 제290조, 제2호에도 불구하고 현물출자에 의한 설립을 할 수 없다**(2025 기본서, 1권, p500).

학습안내 28회, 31회, 35회, 37회, 40회 기출(► REITs에 대한 상세내용은 '37회 19번 해설' 참조할 것)

2-1 대안투자운용/투자전략(5문항)

21

정답 ④

리츠의 주식을 매수하는 것 자체가 부동산에 투자하는 것이므로 소액투자가 가능하다.

► 부동산투자회사(REITs)의 지분은 증권시장에 상장됨으로써 유동성이 확보되고 일반투자자들도 소액의 자금으로 부동산 투자가 가능하다(2025 기본서, 2권, p7).

※ 부동산금융(부동산을 매개로 한 자금조달)의 종류

<table>
<tr><th rowspan="3">주택금융</th><th colspan="5">수익형 부동산 금융</th></tr>
<tr><td colspan="4">부동산증권형</td><td>부동산
개발형</td></tr>
<tr><td>ABS</td><td>MBS</td><td>REITs</td><td>부동산펀드</td><td>PF</td></tr>
</table>

- 수익형 부동산금융 : 투자대상 부동산의 미래현금흐름을 상환재원으로 하여 투자자금을 조달하는 방식

학습안내 29회, 31회, 33회, 38회, 40회 기출(► 부동산금융에 대한 상세 내용은 '38회 22번 해설'을 참조할 것)

22

정답 ①

증자(增資)는 설비투자나 운전자본투자를 위해서 자금을 투입하는 행위로서 엑시트가 아니라 디벨로핑 단계에 해당된다.

※ PEF의 EXIT 방식(2025 기본서, 2권, p39~40 참조)

매 각	상 장	유상감자 및 배당	PEF자체상장
• 일반기업에 매각 – 가장 선호 • 다른 PEF에 매각	IPO후 증권시장에서 지분매각을 통한 회수 (상장심사, 복잡한 공모절차가 단점)	유상감자나 배당을 통해 회수 (자본충실도 약화로 성장성 저해 초래)	PEF자체를 상장시킨 후 지분증권매도로 회수 (매각 시 유동성부족 단점)
선 호	차 선	공격적인 회수전략에 해당	

주의 증자(增資)는 설비투자자금 또는 운전자금을 투자자로부터 조달하는 방식으로서, 투자금액의 회수와는 반대개념이 된다.

학습안내 34회, 40회 동일문항 기출

23

정답 ③

일반적으로 합병차익거래의 포지션은 '**인수기업주식매도 & 피인수기업주식 매수**'로 구성된다.

학습안내 36회, 40회 동일문항 기출(► '합병차익거래에 대한 상세 내용'는 '36회 23번 해설'을 참조할 것)

24

정답 ②

TRS에서의 총수익(TR)이 손실일 경우는 그 차액을 TRS매수자가 TRS매도자에게 지급해야 한다.

※ TRS(Total Return Swap ; 총수익스왑)의 만기시점 현금흐름 지급구조

만기시점에서,

(1) 준거자산에서 수익이 발생한 경우(만기시점의 준거자산가치 > 계약시점의 가치)는
TRS매도자가 그 수익을 TRS매수자에게 지급해야 하며,

(2) 준거자산에서 손실이 발생한 경우(만기시점의 준거자산가치 < 계약시점의 가치)는
TRS매수자가 그 차액(손실분)을 TRS매도자에게 지급해야 한다.

예시 1 준거자산의 최초가치가 100억 원, 만기일의 가치가 130억 원이라면(30억 원 수익발생) → 총수익매도자가 30억 원을 총수익매수자에게 지급한다.

예시 2 준거자산의 최초가치가 100억 원, 만기일의 가치가 70억 원이라면(30억 원 손실발생) → 총수익매수자가 30억 원을 총수익매도자에게 지급한다.

학습안내 최근 신용파생상품 문제는 'CDS, CLN, TRS, CDO'의 혼합문제(37회, 39회, 40회 기출)로 자주 출제되고 있다(► 신용파생상품에 대한 전체 내용은 '37회 25번', TRS에 대한 상세 내용은 '36회 25번' 해설을 참조할 것).

25

정답 ①

보기는 발행목적에 따른 CDO의 분류로서 'Balance Sheet CDO, Arbitrage CDO'에 해당한다.

※ CDO의 구분(2025 기본서, 2권, p107 참조)

기 준	명 칭	특 징
발행목적	Arbitrage CDO	• 기초자산의 수익률과 유동화증권의 수익률 간의 차이에서 발생하는 차익을 취할 목적으로 발행되는 CDO • SPC는 신용도가 높은 선순위 CDO트랜치를 발행함으로써 낮은 이자비용을 발생시키고, 기초자산으로부터 얻는 높은 수익과의 차익을 남김
	Balance Sheet CDO	• 위험전가목적으로 거래하고, 거래를 통해 대차대조표에서 신용위험자산이 감소하여 재무비율이 개선되는 효과를 가지고 있다. • CDO를 통한 위험전가결과로 자산보유자는 위험관리, 감독규정상의 최저 요구자본 요건충족 및 대출여력확충 등과 같은 효과를 얻을 수 있다.
위험전이 방법	Cash Flow CDO	자산을 양도하여 SPV를 구성하며, SPV에서 발행한 트랜치 매각대금으로 자본조달
	Synthetic CDO	기초자산을 양도하지 않고 CDS를 활용하여 위험 전가
CDO 기초자산 운용	Static CDO	포트폴리오의 운용 없이 만기까지 보유
	Dynamic CDO	지정된 운용자에 의해 자산이 운용되는 CDO
	Hybrid CDO	Ram-up기간과 자산으로부터 선지급이 있는 경우 자산을 운용 혹은 대체하는 hybrid structure

► 'Balance Sheet CDO'에서, 표 안의 두 번째 문장의 의미는 '위험전가 → 위험에 대한 규제자본의 경감효과발생[주1] → 최저요구자본 요건충족 용이'를 말한다.

* 주1 : 재무건전성 관리상, 위험자산이 증가할 경우 자기자본을 증가시켜 위험에 대비하도록하는 것을 '규제자본'이라 한다.

학습안내 Balance Sheet CDO와 Arbitrage CDO의 정의문제로서 30회, 31회, 35회, 38회, 40회에 출제되었다.

2-2 해외증권투자운용/투자전략(5문항)

26

정답 ④

미국과 미국 이외의 국가에서 동시에 상장을 하면 GDR(Global DR)이다.

※ ADR의 발행(2025 기본서, 2권, p156 인용)

DR가운데서 가장 많이 언급되는 것이 **미국증시에 상장하는 ADR(Americans Depository Receipt)이다.** ADR은 외국 주식이 미국의 증권으로 등록되고 미국 증시에 상장되어 거래되도록 하는 제도적 장치이다. 복수상장의 다양한 형식 가운데서 미국은 DR의 형태로 제도화하고 있다. 이는 미국 거래소에 상장되는 경우는 외국기업이라 하더라도 달러로 거래가 이루어지도록 하는 의미를 가진다. 미국은 세계 최대의 금융시장인 동시에 세계 최대의 소비시장이라는 점에서 세계의 기업들에게 ADR의 발행은 단순히 복수상장을 통한 저렴한 자금조달 이상의, 본국과 미국의 소비자에게 특별한 이미지를 전달하는 의미를 가진다.

ADR은 보관은행에 보관한 외국주식을 바탕으로 발행하는 증권의 형태를 띠게 되며 미국의 증권거래위원회(SEC)에 등록되고 뉴욕증권거래소나 나스닥 등의 미국거래소에서 거래된다. DR을 발행한 기업이 배당을 하면 보관은행을 거쳐 DR의 발행은행으로 전달되고 이 배당금이 미달러화로 전환되어 DR의 투자자에게 지급된다.

DR의 발행은 일반적으로 해당 기업이 미국 증시에 상장되기를 원하여 발행 및 상장과 관련한 비용을 부담하지만 (Sponsored DR), 해당 기업이 미국시장의 상장을 원하지 않는 경우라도 미국의 투자자들의 관심이 높을 때는 미국의 증권회사가 비용을 부담하며 DR을 발행·상장하는 경우(Unsponsored DR)도 있다(중략).

학습안내 29회, 31회, 32회, 33회, 35회, 38회, 40회 기출(► DR발행에 대한 정리된 내용은 '42회 26번 해설'을 참조할 것)

27

정답 ③

차례대로 '홍콩, 위안화, 무기명식'이다. 딤섬 본드(dimsum bond)는 홍콩에서 위안화로 발행하는 무기명식 채권이다.

※ 딤섬본드 VS 판다본드

채권표시통화	발행국가	본국 여부	분 류
위안화	중국	O	판다본드(외국채)
	홍콩	X	딤섬본드(유로채)

(1) 딤섬본드(Dimsum Bond)는 채권표시통화의 본국 외에서 발행하므로 유로채이다.

cf 홍콩에서 홍콩달러 표시 채권을 발행하는 것은 외국채이다.

(2) 딤섬본드는 유로채이므로, 발행국의 규제를 받지 않는 **역외채권**(off shore bond)이고 이자소득에 대해 원천징수를 하지 않는 무기명식 채권(bearer bond)이다.

cf 외국채는 발행국의 규제를 받으므로 역내채권(on shore bond)이고 이자소득에 대해 원천징수를 하는 기명식 채권(registered bond)이다.

학습안내 '유로채 VS 외국채'에 대한 상세 내용은 '37회 30번 해설'을 참조할 것

28

정답 ①

'각 채권에 위험에 따른 가산금리(라)'는 고려 대상이 아니다. 미국 재무부채권은 위험성이 없는 채권으로 간주되므로 가산금리가 붙지 않는다.

학습안내 28회, 30회, 32회, 37회, 40회 기출(► '미국 국채 투자 시 유의사항'에 대한 기본서 全文은 '37회 29번 해설'을 참조할 것)

29

정답 ①

옳은 항목은 0개이다(모두 틀린 내용). T-Bill은 할인채이자 단기채이고, T-Note는 이표채이자 중기채이며, T-Bond는 이표채이자 장기채이다.

※ 미 재무부 채권 분류(빈출 유형)

구 분	T-Bill	T-Note	T-Bond
이자지급방식	할인채	이표채	이표채
만 기	단기채 (만기 1년 이하)	중기채 (만기 1년 초과~10년 이하)	장기채 (만기 10년 초과)

학습안내 '개수 고르기' 형태로 39회, 40회 연속으로 출제되었다.

30

정답 ④

하향식 접근은 '**세계 경제를 완전히 통합되지 않고 분리된 각국 경제의 결합체**'로 보며, 상향식 접근은 '세계 경제를 글로벌화된 산업들의 집합'으로 본다.

※ **추가설명**

①, ② : 적극적인 투자전략으로서, 하향식 접근(top down approach)과 상향식 접근(bottom up approach) 모두에 해당된다.

③ : 비교하여, 상향식 접근의 경우 '기업분석과 산업분석을 통해서 투자대상 주식과 주식 별 투자액을 미리 정하고 그 결과 전체 포트폴리오에서 차지하는 각국의 투자비중이 결정된다.

학습안내 '36회 30번'과 동일하게 출제되었으나 학습효과 차원에서 변형복원하였다(► '해외주식 투자전략'에 대한 전체 내용은 '38회 30번 해설'을 참조할 것).

2-3 투자분석기법(12문항)

31

정답 ①

옳은 항목의 개수는 0개이다(모두 틀린 내용).

가. 세후 기준으로 추정되어야 한다.

나. 감가상각비는 현금유출을 수반하지 않지만 비용으로 처리되면서 법인세를 감소시키므로 '감가상각비의 절세효과'는 현금흐름 추정에 반영되어야 한다.

다. 기회비용(opportunity cost)은 고려해야 하지만 매몰비용(sunk cost)은 고려하지 않는다.

라. 현금유출은 재무상태표로(**출 / 재**), 현금유입은 손익계산서로부터 추정한다.

※ **현금흐름추정의 기본 원칙**(2025 기본서, 2권, p201~202 참조)

(1) 현금흐름은 증분 기준(incremental basis)으로 추정되어야 한다.
(2) 현금흐름은 세후 기준(after-tax basis)으로 추정되어야 한다.
(3) 현금흐름은 해당 투자안에 의한 모든 간접적 효과(indirect effects)도 고려되어야 한다.
(4) 현금흐름 추정 시 현금유입과 현금유출의 시점을 정확히 추정해야 한다.
(5) 현금흐름 추정 시 매몰원가(sunk cost)는 고려 대상이 아니나 기회비용(opportunity cost)은 고려해야 한다.

※ **현금흐름 추정**(2025 기본서, 2권, p204 인용)

현금흐름은 현금유입과 현금유출로 구분. 현금유출(cash out flow)은 매출액이나 영업이익을 얻는데 필요한 투자에 소요되는 금액을 의미한다. 현금유입(cash in flow)은 투자사업으로부터 창출되는 부가가치를 의미하는데, 현금유입의 추정은 기업의 경제적 수명기간 동안 손익계산서 상의 영업이익을 계산하는 것과 같다. **현금유입액은 손익계산서에서 추정되고 현금유출액은 재무상태표상의 비유동자산과 유동자산 및 유동부채로부터 추정한다.** 따라서 기업가치를 평가하는 두번째 절차는 미래의 경제적 수명기간 동안 추정손익계산서와 추정재무상태표를 작성해 가는 과정이라고 이해할 수 있다.

학습안내 29회, 31회, 33회, 40회 기출

32

정답 ①

틀린 내용은 '가, 나'이다.

가. 관찰치를 크기 순서대로 나열하였을 때, 정가운데 있는 값을 의미하는 것은 '중앙값'이다. cf 최빈값 : 빈도수가 가장 높은 관찰치를 말한다.

나. '각각이 평균으로부터 떨어진 거리들의 평균'으로 측정이 되는 것은 '평균편차'이다. cf '분산'은 '각각이 평균으로부터 떨어진 거리의 제곱들을 평균'한 것을 말하고, 분산의 제곱근이 '표준편차'이다.

※ 증권분석을 위한 통계 기초 : 중심위치 VS 산포경향

중심위치(central tendency)	산포경향(degree of dispersion)
산술평균, 최빈값, 중앙값	범위, 평균편차, 분산, 표준편차

- 산술평균 : 분포 값의 합계를 분포의 수로 나눈 값
- 범위 : 분포의 최댓값 – 분포의 최솟값

학습안내 '35회 31번'과 유사하게 출제되었으나 학습효과 차원에서 변형복원하였다(► 동 지표에 대한 응용계산문제는 '39회 31번' 문항을 참조할 것).

33

정답 ④

총자산이익률(ROA)은 0.8(80%)이다.

※ 상세풀이(듀퐁분석 활용)

$$\frac{순이익}{총자산} = \frac{순이익}{매출액} \times \frac{매출액}{총자산},\ ROA = 0.2 \times 4 = 0.8$$

학습안내 33회, 37회, 40회 기출

34

정답 ①

틀린 항목의 개수는 0개이다(모두 옳은 내용).

※ 추가해설

가. $영업레버리지도(DOL) = \frac{영업이익변화율}{매출액변화율}$

- **매출액(또는 판매량)의 변화율에 대한 영업이익의 변화율의 비율**(→ 기본서 상의 기술)
- 영업이익의 변화율을 매출액(또는 판매량)의 변화율로 나눈 값(응용표현)

나. $재무레버리지도(DFL) = \frac{주당이익변화율}{영업이익변화율}$

- **영업이익의 변화율에 대한 주당이익의 변화율의 비율**(→ 기본서 상의 기술)
- 주당이익의 변화율을 영업이익의 변화율로 나눈 값(응용표현)

다. $결합레버리지도(DCL) = \frac{주당이익변화율}{매출액변화율}$

- **매출액(또는 판매량)의 변화율에 대한 주당이익의 변화율의 비율**(→ 기본서 상의 기술)
- 주당이익의 변화율을 매출액(또는 판매량)의 변화율로 나눈 값(응용표현)

라. 타인자본 의존도가 높을수록 → 이자비용이 많아지고 → DFL이 높아진다(이자비용이 많아지면 공식에서 분모 값이 작아져서 전체 DFL이 높아진다).

※ 레버리지도 분석 : 개념 및 산식

구 분	영업레버리지도(DOL)	재무레버리지도(DFL)	결합레버리지도(DCL)
개 념	$\frac{\text{영업이익변화율}}{\text{매출액변화율}}$	$\frac{\text{주당순이익변화율}}{\text{영업이익변화율}}$	$\frac{\text{주당순이익변화율}}{\text{매출액변화율}}$
산 식	$\frac{\text{매} - \text{변}}{\text{매} - \text{변} - \text{고}}$	$\frac{\text{매} - \text{변} - \text{고}}{\text{매} - \text{변} - \text{고} - \text{이}}$	$\frac{\text{매} - \text{변}}{\text{매} - \text{변} - \text{고} - \text{이}}$

(매 : 매출액, 변 : 변동비, 고 : 고정비, 이 : 이자비용)

학습안내 '레버리지 분석'은 빈출주제로서 '(1) 레버리지도 전체개념 문제 : 30회 · 33회 · 35회 · 37회 · 38회 · 40회, (2) 결합레버리지도 개념문제 : 28회 · 31회 · 34회 · 36회, (3) 레버리지도 계산문제 : 29회 · 32회'의 3가지 방향으로 출제되고 있다.

35

정답 ②

EV/EBITDA 비율을 말한다.

※ EV/EBITDA 비율의 의의

(1) PER의 한계점을 보완한다.

→ PER는 당기순이익을 기준으로 평가하지만 EV/EBITDA는 영업이익[주1]을 기준으로 하므로 아래 두 가지 관점에서 PER를 보완한다.

㉠ 당기순손실이지만 영업이익이 흑자인 기업을 평가할 수 있으므로 PER보다 평가범위가 더 넓다.

㉡ 둘째 영업이익에 감가상각비를 가산함으로써 PER에서 반영할 수 없는 현금흐름도 보완할 수 있다.'

* 주1 : EBITDA는 '영업이익(EBIT)에 감가상각비(DA)를 가산한 것'을 말한다.

(2) 자본구조를 감안한 평가방식의 의미 : 분자항목인 EV는 '시가총액 + 순차입금'을 말하는데, 이는 '주주가치 + 채권자가치'를 의미한다. 따라서 자본구조(자기자본 / 타인자본)를 반영한다.

※ **기본서 全文 인용**(2025 기본서, 2권, p270~271 인용)

4. EV/EBITDA 비율

순수하게 영업으로 벌어들인 이익에 대한 기업가치의 비율을 기준으로 특히 상장기업의 전체 기업가치(EV ; Enterprise Value)를 추정하는 방식이다.

① EV는 주주가치와 채권자가치를 합계한 금액을 의미한다.

EV = [주주가치 + 채권자가치]

EV = [주식시가총액 + (이자지급성부채 − 현금 및 유가증권)]

② EBITDA(Earnings Before Interest, Tax, Depreciation and Amortization)는 이자 및 세금, 상각비 차감 전 이익을 의미하며 영업이익에 감가상각비, 무형자산감가상각비를 더한 금액으로 계산

③ 상장기업의 시장가치 추정시 유사기업의 EV/EBITDA를 산출하고 이를 상장기업의 EBITDA와 비교하여 추정할 수 있음. 구체적으로,

㉠ (유사기업의 EV/EBITDA) × 상장기업의 EBITDA ⇒ 상장기업의 EV를 측정

㉡ 상장기업의 EV − [채권자가치(이자지급성부채 − 현금 및 유가증권)] ⇒ 예상 시가총액 추정

㉢ 예상 시가총액/공모 후 발행주식수 = 주당가치 추정

학습안내 29회, 32회, 35회, 37회, 40회 기출

36

정답 ②

EVA = 세후 순영업이익 - (투하자본 × 가중평균자본비용) = 278억 원

※ 풀 이

(1) 세후 순영업이익 = 500억 원 × (1 - 0.2) = 400억 원

(2) 가중평균자본비용 = (타인자본비율 × 세후 타인자본비용) + (자기자본비율 × 자기자본비용[주2])

= {0.4 × 0.10 × (1 - 0.2)[주1]} + (0.6 × 0.15) = 0.032 + 0.09 = 0.122

* 주1 : 타인자본비용 사용 시 법인세절감효과가 있으므로 세후 타인자본비용을 적용

* 주2 : 자기자본비용을 '자기자본의 기회비용'이라고도 하는 이유는, 타인자본비용(이자비용)은 사전에 확정되지만, 자기자본비용(배당지급액)은 사후적으로 확정되기 때문이다(따라서 '기회비용'으로 추정).

(3) 따라서, EVA = 400억 원 - (1,000 × 0.122) = 278억 원

학습안내 28회 신유형 출제 후 31회, 35회, 37회, 40회 기출(► 33회, 38회에서는 동 계산공식을 이용한 개념문제로 출제되었음)

37

정답 ④

④는 매입신호이다(과도한 하락 후 이동평균선으로 수렴하는 반등을 예상).

※ 그랜빌(J.E.Granville)의 매매신호 - 매수신호 4가지

(1) 매수신호 1 : 이동평균선의 하락이 멈춘 상태에서 주가가 이동평균선을 상향 돌파할 경우 → 추세가 하락에서 상승으로 전환할 것으로 예상

(2) 매수신호 2 : 이동평균선의 상승이 지속될 때 주가가 이동평균선을 하향돌파하는 경우 → 상승추세 속에서의 일시적 주가하락으로 해석

(3) 매수신호 3 : 이동평균선 위에서 주가가 빠르게 하락하다가 이동평균선의 지지를 받고 재차 상승하는 경우 → 상승추세의 지지를 받고 다시 상승하는 것으로 해석

(4) 매수신호 4 : 주가가 하락하고 있는 이동평균선을 하향돌파 후 급락하는 경우 → 과도한 하락 후 이평선으로 수렴하는 반등을 예상

보충 '매입신호 2'의 경우 '이평선의 크로스분석' 상으로는 데드크로스(dead cross)에 해당되어 매도신호가 되지만, **'그랜빌의 매매신호'에서는 이동평균선의 추세를 중시하므로** 매수신호가 된다.

※ 그랜빌(J.E.Granville)의 매매신호 - 매도신호 4가지

(1) 매도신호 1 : 이동평균선의 상승이 멈춘 상태에서 주가가 이동평균선을 하향 돌파할 경우 → 추세가 상승에서 하락으로 전환할 것으로 예상

(2) 매도신호 2 : 이동평균선의 하락이 지속될 때 주가가 이동평균선을 상향돌파하는 경우 → 하락추세 속에서의 일시적 주가상승으로 해석

(3) 매도신호 3 : 이동평균선 아래에서 상승세를 보이다가 이동평균선을 돌파하지 못하고 재차 하락하는 경우 → 하락추세의 저항을 받고 다시 하락하는 것으로 해석

(4) 매도신호 4 : 주가가 상승하고 있는 이동평균선을 상향돌파 후 급등하는 경우 → 과도한 상승 후 다시 이평선으로 수렴하는 반락을 예상

학습안내 40회에서 신유형으로 출제되었다(► 그림 설명은 시대에듀 한권으로 끝내기 1권, p325 참조).

38

정답 ③

급진갭(run away gap)에 해당한다.

※ **급진갭 개념**(2025 기본서, 2권, p326 인용)

(3) 급진갭(run-away gap)

급진갭은 주가가 거의 일직선으로 급상승하거나 또는 급하락하는 도중에 주로 발생한다. 급진갭은 주가움직임이 급속히 가열되거나 냉각되면서 이전의 추세가 더욱 가속화되고 있음을 확인시켜주는 갭으로 볼 수 있다.

급진갭은 다우이론의 추세추종국면이나 엘리어트파동이론의 3번 파동에서 주로 발생한다. 급진갭은 주가의 예상 목표치의 중간지점에서 주로 발생하기 때문에 또한 급진갭을 확인할 수만 있다면 향후 주가움직임을 미리 알 수가 있기 때문에 급진갭을 중간갭 또는 측정갭이라 부르기도 한다.

학습안내 31회, 35회, 40회 기출

39

정답 ③

틀린 항목은 2개(가, 바)이다.

가. OBV는 전일대비 주가가 상승한 날의 누적 거래량에 전일대비 주가가 하락한 날의 누적거래량을 **차감하여** 구한다(OBV = Σ상승거래량 − Σ하락거래량).

cf $VR = \frac{\text{상승거래량합계} + \text{보합거래량합계}}{\text{하락거래량합계} + \text{보합거래량합계}} \times 100$(→ VR은 OBV가 반영하지 않는 보합거래량도 반영함)

바. VR은 천정권보다는 바닥권의 신뢰도가 더 높다.

학습안내 동 문항은 OBV와 VR의 혼합문제로서 '36회 40번'과 유사하게 출제되었으나 학습효과 차원에서 변형복원하였다(► OBV에 대한 전체 내용은 '39회 42번', VR에 대한 전체 내용은 '36회 40번' 해설을 참조할 것).

40

정답 ①

스토캐스틱 지표이다.

※ **추세반전형 VS 추세추종형**

(1) 추세반전형지표 : Stochastic, RSI(Relative Strength Index), ROC(Rate Of Change)

(2) 추세추종형지표 : MACD(Moving Average Convergence & Divergence), MAO(Moving Average Oscillator)

학습안내 33회, 40회 기출

41

정답 ①

차례대로 '제품수명주기이론, 신무역이론, 내생적 성장이론(endogenous growth theory)'이다. 이들은 모두 전통적 무역이론과 대비되는 '현대적 이론(새로운 이론)'에 해당한다(► '보기'의 지문은 '2025 기본서, 2권, p391'에서 인용함, '전통적 무역이론에 대한 기본서 全文은 '38회 39번' 해설 참조).

학습안내 '38회 39번'과 유사하게 출제되었으나 학습효과 차원에서 변형복원하였다(► '산업구조변화에 대한 경제이론'의 정리된 내용은 '36회 41번 해설'을 참조할 것).

42

정답 ②

옳은 항목의 개수는 1개이다('나'). 'Porter의 경쟁우위론'은 4가지 직접요인과 2가지 간접요인을 종합적으로 고려하는 다이아몬드 모형으로서, 기술혁신을 통해서 산업경쟁력 우위를 확보할 수 있다고 보는 이론이다.

※ **마이클 포터(Michael Porter)의 경쟁우위론** : 2025 기본서, 2권, p409 참조

(1) 한 국가의 산업경쟁력은 기술혁신과 요소축적 등을 통해서 경쟁우위를 확보함으로써 얻을 수 있다고 본다.

cf 비교우위를 통해서 산업경쟁력을 확보한다는 이론은 '리카도의 절대적 비교우위론, 헥셔-올린의 상대적 비교우위론'이다.

(2) 산업경쟁력의 결정요인을 4가지 직접요인과 2가지 간접요인으로 구분하고, 이들을 종합적으로 고려하는 **다이아몬드 모형**으로 설명한다.

㉠ 4가지 직접요인 : 요소조건, 수요조건, 연관산업 및 지원산업, 기업전략과 경쟁여건

㉡ 2가지 간접요인 : 정부요인, 우발적 요인

학습안내 40회 신유형

2-4 리스크 관리(8문항)

43

정답 ①

'주식위험, 이자율위험, 환위험, 상품가격위험'은 시장위험(market)의 **하위** 카테고리이고, 신용위험·운영위험·유동성위험·법적위험은 시장위험과 **등위**에 있는 카테고리이다.

※ **재무위험(financial risk) 카테고리**

재무위험	시장위험	주식위험, 이자율위험, 환율위험, 상품가격위험 등
	신용위험	
	운영위험	
	유동성위험	
	법적위험	

학습안내 37회, 38회, 40회 동일 기출(► 재무위험의 정의는 '39회 43번 해설'을 참조할 것)

44

정답 ④

'가, 라'가 옳은 내용이다. 99% 신뢰구간 하에서 1일 동안 발생할 수 있는 최대손실이 10억 원이므로, '10억 원을 초과해서 손실이 발생할 확률은 1% 또는 최대손실이 10억 원 이내일 확률은 99%'이다.

학습안내 30회, 34회, 37회, 40회 기출(► VaR정의에 대한 기본서 全文은 '37회 44번 해설'을 참조할 것)

45

정답 ②

$\sigma(\Delta V) \cdot z = \sigma(\Delta C) \cdot z = \sigma(f' \cdot \Delta S) \cdot z = S \cdot \sigma(\frac{\Delta S}{S}) \cdot z \cdot f'$, 따라서, 신뢰구간 99% 1일 VaR는, '100point × 2% × 2.33 × 0.6 = 100point × 0.02 × 2.33 × 0.6 = 2.796point' 즉 약 **2.79**point이다.

오답 주의 공식에서 기초자산(S) 자리에 옵션가격을 넣는다면,

→ 'VaR = 8point × 0.02 × 2.33 × 0.6 = 약 **0.22**point'이다. 델타분석법으로 옵션투자 시의 VaR을 측정할 때, 옵션가격의 변동성은 '기초자산 × 델타'로 표시되므로 VaR 계산 시 옵션가격(8 포인트)이 아닌 기초자산가격(100 포인트)을 적용해야 한다.

학습안내 29회, 32회, 35회, 37회, 40회 기출(► 비교하여 채권의 VaR 계산은 '31회, 34회, 36회, 38회'에서 출제되었다)

46

정답 ②

※ 분산투자효과 계산

(1) 포트폴리오(A + B)의 VaR을 먼저 계산한다.

→ $VaR_P = \sqrt{VaR_A^2 + VaR_B^2 + 2 \cdot \rho \cdot VaR_A \cdot VaR_B} = \sqrt{8^2 + 15^2 + 2 \cdot 0 \cdot 8 \cdot 15}$

$= \sqrt{64 + 225} = 17$

(2) 분산투자효과가 전혀 없는 경우는 A와 B 간의 상관계수가 +1일 때이다. 즉 분산투자효과가 없을 때의 포트폴리오(A + B)의 VaR은 '8 + 15 = 23'이다.

(3) 따라서 분산투자효과는 아래 산식의 X에 해당된다.

→ (8 + 15) − X = 17, X = 6, 즉 분산투자효과는 6억 원이다.

추가 예시 포트폴리오 A와 B 간의 상관계수가 +0.5일 경우의 분산투자효과는

→ $VaR_P = \sqrt{VaR_A^2 + VaR_B^2 + 2 \cdot \rho \cdot VaR_A \cdot VaR_B} = \sqrt{8^2 + 15^2 + 2 \cdot 0.5 \cdot 8 \cdot 15}$

$= \sqrt{64 + 255 + 120} =$ 약 20.22

→ '(8 + 15) − X = 20.22', X = 2.78, 즉 분산투자효과는 약 2.78억 원이다. 포트폴리오(A + B)의 상관계수가 +0.5일 때보다 0일 때의 분산투자효과가 더 큰 것을 알 수 있다(► **자산 간의 상관계수가 낮을수록 분산투자효과는 더 커진다**).

학습안내 29회, 30회, 31회, 32회, 33회, 34회, 35회, 37회, 39회, 40회 기출(► '분산투자효과 계산'은 포트폴리오 VaR 계산의 응용형태로서 오래된 기출유형이다).

47

정답 ③

$4.95억\ 원 \times \frac{2.33}{1.65} \times \sqrt{4} = 13.98억\ 원$

※ VaR의 전환 예시('신뢰구간 & 보유기간' 변경 시)

(1) 95% 신뢰기준의 1일 VaR이 1억 원일 때, 99% 신뢰기준의 25일 VaR은?

→ $1억\ 원 \times \frac{2.33}{1.65} \times \sqrt{25} = 7.06억\ 원$

(2) 99% 신뢰기준의 1일 VaR이 1억 원일 때, 99% 신뢰기준의 25일 VaR은?

→ $1억\ 원 \times \frac{1.65}{2.33} \times \sqrt{25} = 3.54억\ 원$

학습안내 28회, 31회, 32회, 33회, 34회, 36회, 38회, 40회 기출

48

정답 ①

몬테카를로 시뮬레이션법에서 리스크 요인이 주가(주식가격)일 경우 '기하학적 브라운 운동(GBM ; Geometric Brownian Motion)'모형을 가장 많이 사용한다.

※ **추가해설**

② 리스크요인의 분포를 과거 실제 데이터로부터 얻는 것은 역사적 시뮬레이션이다(몬테카를로는 모형으로부터 생성).

③ 가치평가모형을 필요로 하는 가운데 완전가치로 평가한다.

④ 비선형상품에 대한 VaR측정 시 정확성이 떨어지는 것은 델타분석법(부분가치평가법)이다.

학습안내 32회, 35회, 36회, 40회 기출(► 몬테카를로 시뮬레이션에 대한 상세내용은 '35회 45번 해설'을 참조할 것)

49

정답 ②

옳은 항목의 개수는 1개이다('가').

나. 스트레스 검증법은 **과거 데이터가 없는 경우에도 사용할 수 있다**(∵ 예상 시나리오를 설정하고 측정하므로). 따라서 과거 데이터가 없거나 부족한 영역에서의 VaR 측정 시 스트레스 검증법이 유용하다.

다. 스트레스 검증법은 주관적인 시나리오를 전제로 하기 때문에 과학적으로 VaR를 계산하지 못하고 또한 리스크요인 간의 상관계수를 제대로 계산해 내지 못한다. 따라서 **다른 VaR측정방법을 대체하기 보다는 보완역할을 한다**(최악의 상황에서의 변화를 측정하는데 유용).

라. 포트폴리오가 **한 개의 리스크 요소에 주로 의존할 경우** 스트레스 검증법이 적절히 사용될 수 있다(시나리오를 가정하여 리스크를 측정하므로 단일의 요소에 의존하여 측정하는 것으로 이해할 수 있음).

학습안내 29회, 32회, 35회, 38회, 40회 기출(► '스트레스 검증법'에 대한 전체 내용은 '35회 46번 해설'을 참조할 것)

50

정답 ②

RAROC는 차례대로 '2.0, 2.5, 1.66, 3.0'이다(아래 표). 따라서 보기 중에서 RAROC가 두 번째로 높은 포트폴리오는 B이다(제일 우수한 것은 D).

※ **RAROC(Risk Adjusted Return on Capital) 계산** : RAROC도 RAPM지표이므로 높을수록 좋다(높을수록 위험대비 성과가 좋음을 의미).

포트폴리오	A	B	C	D
RAROC($\frac{순수익}{VaR}$)	$\frac{8}{4}=2.0$	$\frac{10}{4}=2.5$	$\frac{10}{6}=1.66$	$\frac{18}{6}=3.0$

• 투자금액 100억 원 가정 시

학습안내 28회, 31회, 33회, 35회, 38회, 40회 기출(► '두 번째로 높은 것은?'으로 묻는 것은 40회가 처음이다).

3-1 직무윤리(5문항)

51

정답 ④

모두 해당된다.

주의 거래기간 동안 해당 계좌의 손익달성 여부도 과당매매의 판단요소가 된다. → X(높은 수익률을 달성했다고 해서 과당매매 행위가 면책되는 것이 아니다)

학습안내 28회, 31회, 34회, 38회, 40회 기출(► '과당매매'에 대한 기본서 全文은 '38회 51번 해설'을 참조할 것)

52

정답 ①

'요청하지 않은 투자권유의 금지'에서 ②, ③, ④는 예외가 적용되어 권유가 가능하다. 그러나 ①은 예외가 될 수 없다(권유 불가).

※ **부당권유행위 금지 중 '요청하지 않는 투자권유 금지(불초청권유 금지)와 재권유 금지'** : (2025 기본서, 3권, p67~68 참조)

(1) **요청하지 않은 투자권유의 금지(불초청권유 금지, 투자성상품을 대상)**

㉠ 금융소비자로부터 요청이 없음에도 불구하고 자택이나 직장 방문 또는 무작위적인 전화 등을 통해 투자를 권유하는 것은, 개인의 평온한 사생활 침해 및 충동구매 및 불필요한 투자를 유발할 수 있으므로, 이를 부당권유행위로 규정하고 금지대상으로 한다.

㉡ 단, 금융소비자보호 및 건전한 질서를 해할 우려가 없는 경우로서 투자권유 전에 재권유대상의 금융상품에 대한 안내를 미리 하고 해당 금융소비자가 투자권유를 받을 의사를 표시한 경우에는 투자권유를 할 수 있다.

㉢ 그러나 이 경우에도 금융소비자 유형별 금융투자상품의 위험도를 감안하여 아래의 상품은 금지대상이 된다.

ⓐ 일반금융소비자 대상 금지 상품 : 고난도 금융투자상품, 고난도 투자일임계약, 고난도 금전신탁계약, 사모펀드, 장내파생상품, 장외파생상품

ⓑ 전문금융소비자 대상 금지 상품 : 장외파생상품

(2) **재권유의 금지**

투자권유를 받은 금융소비자가 이를 거부하는 취지의 의사를 표시한 경우에는 투자권유를 계속해서는 아니 되며, 다음의 경우에만 예외적으로 허용된다.

㉠ 권유를 받은 금융소비자가 이를 거부하는 취지의 의사를 표시한 후, 금융위원회가 정하여 고시하는 기간(**1개월**)이 지난 후에 다시 권유를 하는 행위

㉡ 권유를 받은 투사사가 이를 거부하는 취지의 의사를 표시한 후, 다른 종류의 금융투자상품에 대하여 권유를 하는 행위

학습안내 31회, 35회, 38회, 40회 기출(► 동 문항은 '요청하지 않는 투자권유의 금지'에 대한 24년 개정사항이 반영된 문항이다)

53

정답 ④

'5년, 1년, 10일'이다.

※ **위법계약해지권 주의점**

(1) 동시 충족 요건 : '**안 날로부터 1년 & 체결일로부터 5년**'의 두 가지 요건을 동시에 충족해야 한다, 즉 해당 계약이 금융상품판매업자의 위법으로 인해 체결된 것을 안 날이 계약체결일로부터 5년이 지난 경우라면 위법계약에 대한 해지권이 인정되지 않는다.

(2) 금융소비자의 위법계약 해지 요구가 있는 경우 해당 금융회사는 요구일로부터 **10일 이내**에 계약해지 요구의 수락여부를 결정하여 금융소비자에게 통지하여야 한다(이때 금융회사는 정당한 사유 없이는 거절할 수 없고, '정당한 사유'가 있는 경우는 그 사유를 통지해야 함).

학습안내 37회(신유형), 40회 기출

54

정답 ④

틀린 내용은 '나, 라'이다.

나. 업무 목적으로는 사용이 가능하다.

► 임직원은 회사가 요구하는 **업무를 수행하는 목적 이외에** 어떠한 경우에도 자신 또는 제3자를 위하여 비밀정보를 이용해서는 아니 된다.

라. 사후보고가 아니라 **사전승인 절차**를 거치고 제공되어야 한다.

► 비밀정보의 제공은 그 필요성이 인정되는 경우에 한하여 회사가 정하는 사전승인 절차에 따라 이루어져야 한다.

※ **금융투자회사 표준윤리준칙 제5조(정보보호)** : 2025 기본서, 3권, p99~101 참조

(1) **금융투자회사 표준윤리준칙 제6조(정보보호)의 정의** : 회사와 임직원은 회사의 업무 정보와 고객정보를 안전하게 보호하고 관리해야 한다.

(2) **비밀정보의 범위** : '회사의 재무건전성이나 경영에 중대한 영향을 미칠 수 있는 정보, 고객 또는 거래상대방의 신상정보나 매매거래내역 등'은 기록 형태나 기록 유무와 관계없이 비밀정보로 본다.

(3) **비밀정보의 관리** : 비밀정보에 대한 관계법령 등의 준수가 요구된다(아래 사항).

- 비밀정보는 회사에서 정한 기준에 따라 정당한 권한을 보유하고 있거나 권한을 위임받은 자만이 열람할 수 있다.
- 임직원은 비밀정보 열람권이 없는 자에게 비밀정보를 제공하거나 보안유지가 곤란한 장소에서 이를 공개하여서는 아니 된다.
- 임직원은 회사가 요구하는 업무를 수행하는 목적 이외에 어떠한 경우라도 자신 또는 제3자를 위하여 비밀정보를 이용해서는 아니 된다.
- 특정 정보가 비밀정보인지 불명확할 경우에는 준법감시인의 사전확인을 받기 전까지는 비밀정보로 분류하고 관리해야 한다.
- 임직원이 회사를 퇴직하는 경우 퇴직 이전에 회사의 경영관련 서류, 기록, 데이터 및 고객관련 정보 등 일체의 비밀정보를 회사에 반납해야 한다.

(4) **비밀정보의 제공 절차** : 비밀정보의 제공은 그 필요성이 인정되는 경우에 한하여 회사가 정하는 사전승인 절차에 따라 이루어져야 한다(사후보고가 아님).

학습안내 31회, 32회, 40회 기출

55

정답 ①

옳은 항목의 개수는 0개이다(모두 틀린 내용).

가. 대표이사를 위원장으로 해야 한다.

※ **금융투자회사는 대표이사를 위원장으로 하여 준법감시인, 위험관리책임자 및 그 밖에 내부통제 관련 업무 담당임원을 위원으로 하는 내부통제위원회를 두도록 규정하고 있다**(2025 기본서, 3권, p119).

나. 매 반기별 1회 이상 회의를 개최해야 한다.

다. 내부통제기준을 제정하고 운영하는 금융회사는 내부통제위원회를 두어야 하는 것이 원칙이지만(지배구조법 시행령 제19조), 소규모 금융회사의 경우 예외를 인정한다(동법 제6조 3항).

► **내부통제위원회 설치면제요건 : 최근 사업연도말 현재 자산총액이,**

(1) **7천억 원 미만**인 상호저축은행

(2) **5조 원 미만**인 보험회사, 여신전문회사

(3) **5조 원 미만**인 금융투자회사는 내부통제위원회 설치 의무가 면제된다(∵ 소규모인 점을 고려). 단, 금융투자회사의 경우는 자산총액이 5조 원 미만이라도 운용하는 고객자산(집합투자재산 / 신탁재산 / 일임재산)이 **20조 원 이상**인 경우는 내부통제위원회를 설치해야 함

학습안내 31회, 33회, 35회, 37회, 40회 기출

3-2 자본시장법 및 금융위규정(11문항)

56

정답 ③

틀린 항목의 개수는 2개이다('나, 라').

나. 경영실태평가등급이 4등급 이하는 경영개선요구 조치가 발동된다.

라. 순자본비율이 0% 미만이면 경영개선명령 조치가 발동된다(긴급조치발동 사유는 아님).

※ **적기시정조치 발동요건**

(1) 순자본비율 기준(► 순자본비율 = $\frac{\text{영업용순자본} - \text{총위험액}}{\text{필요유지자본}} \times 100$)

경영개선권고	경영개선요구	경영개선명령
100% 미만~50% 이상	50% 미만~0% 이상	0% 미만

(2) 레버리지비율 기준(► 레버리지비율 = $\frac{\text{총자본}}{\text{자기자본}} \times 100$)

경영개선권고	경영개선요구	경영개선명령
• 1,100% 초과 시 • 2년연속 적자인 경우는 900% 초과 시	• 1,300% 초과 시 • 2년연속 적자인 경우는 1,100% 초과 시	(기준 없음)

(3) 경영실태평가등급 기준

경영개선권고	경영개선요구	경영개선명령
종합평가등급 3등급 이상 & 자본적정성 부분 4등급 이하	종합평가등급 4등급 이하	(기준 없음)

(4) 적기시정조치 이행기간 : 경영개선권고는 계획 승인일로부터 6개월, 경영개선요구는 계획 승인일로부터 1년, 경영개선명령은 금융위가 정하는 별도의 기간이다.

(5) 적기시정조치의 유예 : 금융투자업자에게 적기시정조치가 발동이 되었다 하더라도, 자본의 확충이나 매각 등으로 단기간 내에 적기시정조치의 요건에서 벗어날 수 있다고 판단될 경우 일정기간 유예를 할 수 있다.

학습안내 동 문항은 '36회 57번'과 유사하게 출제되었으나 학습효과 차원에서 변형복원하였다.

57

정답 ④

④ 위험관리지침의 제정과 개정은 **이사회에서 심의하고 의결한다.** 위험관리에 관한 사항은 적시성・신속성이 중요하므로 주총이 아닌 이사회결의를 거친다고 이해할 수 있다.

※ **위험관리체계 구축**(2025 기본서, 3권, p197~198 참조)

(1) 금융투자회사는 리스크의 평가 및 관리를 최우선 과제로 인식하고 독립적인 리스크 평가와 통제를 위한 리스크 관리체제를 구축해야 한다.

(2) 위험관리체계를 갖추고 위험을 효율적으로 관리하기 위하여 부서별, 거래별 또는 상품별 위험부담한도・거래한도 등을 적절히 설정하고 운영하여야 한다.

• 자회사가 있을 경우 자회사를 연결하여 위험변동상황을 종합적으로 인식하고 감시해야 한다.

(3) 위험관리체제 구축이란 '경영전략에 부합하는 위험관리 기본방침 수립, 금융투자업자가 부담가능한 위험수준의 결정, 적정투자한도 또는 손실허용한도 승인, 위험관리지침의 제정 및 개정사항에 대한 심의・의결 등'을 수행하는 것을 말한다.

• **위험관리지침의 제정과 개정은 이사회에서 심의하고 의결한다.**

(4) 위험관리지침 : 순자본비율 및 자산부채비율 수준, 운용자산의 내용과 위험의 정도, 고위험자산의 기준과 운용한도, 콜차입 등, 단기차입금 한도 등

학습안내 29회(신유형), 33회, 40회 동일 기출

58

정답 ④

모두 틀린 내용이다.

가. 그 투자자예탁금이 '**투자자의 재산**'**임을 명시해야 한다.**

나. 겸영금융투자업자가 투자자예탁금을 신탁할 때, 겸영 금융투자업자 신탁업자일 경우 자신에게 신탁할 수 있다(즉 자기계약이 가능).

► '투자자예탁금을 신탁업자에 신탁할 수 있는 금융투자업자(겸영금융투자업자)'는 은행, 한국산업은행, 중소기업은행, 보험회사이며, 신탁법 제2조에도 불구하고 **자기계약을 할 수 있다**(2025 기본서, 3권, p230~231 참조). 즉, 겸영금융투자업자는 자신이 신탁업자로서 투자자예탁금을 보관할 수 있다.

다. '흡수합병 등'은 '투자자예탁금의 양도 및 담보제공 금지'의 예외 사유가 된다. 비교하여 '투자자예탁금의 우선 인출 사유'는 '인가취소, 해산결의, 파산선고'가 있다.

※ **투자자예탁금의 관리(1)** : 투자자예탁금에 대해서는 상계・압류, 양도나 담보제공이 금지된다. 단, 아래의 어느 하나에 해당할 경우 **예외적으로 양도나 담보제공이 가능하다.**

(1) 예치 금융투자업자가 다른 회사에 **흡수합병**되거나 다른 회사와 신설합병하는 경우

(2) 예치 금융투자업자가 금융투자업의 전부나 일부를 양도하는 경우

(3) 자금이체업무와 관련하여 금융위가 고시하는 한도 내에서 담보로 제공하는 경우

(4) 그 밖에 투자자보호를 해칠 염려가 없는 경우로서 금융위가 정하여 고시하는 경우

※ **투자자예탁금의 관리(2)** : 예치 금융투자업자가 아래의 어느 하나에 해당할 경우, 예치 또는 신탁한 투자자예탁금을 인출하여 **투자자에게 우선 지급해야 한다.**

(1) 인가 취소, 해산 결의, 파산선고

(2) 투자매매업 또는 투자중개업의 전부양도·전부폐지의 승인 및 전부의 정지명령을 받은 경우

(3) 그 밖에 위의 경우에 준하는 사유가 발생한 경우

학습안내 30회(신유형), 36회, 37회, 39회, 40회 기출(► '투자자예탁금의 별도 예치제도'에 대한 상세 내용은 '36회 60번 해설'을 참조할 것)

59

정답 ④

세 가지 모두 해당된다(통화안정증권은 펀드자산총액의 100%, 특수채나 파생결합증권은 30%까지 투자가능).

※ **공모 집합투자기구의 운용제한-동일 종목 증권 투자한도**

각 펀드는 펀드재산의 10%를 초과하여 '동일 종목 증권'에 투자할 수 없으나, 아래의 경우 예외가 적용된다(10%를 초과하여 투자가능).

100%까지 투자가능	30%까지 투자가능
(1) **국채·통안채·정부보증채** (2) 부동산투자전문회사가 발행한 증권(부동산개발회사가 발행한 증권, 부동산투자목적 회사가 발행한 지분증권 (3) 사회기반시설사업의 시행을 목적으로 하는 법인이 발행한 증권	(1) **지방채, 특수채, 파생결합증권** (2) 금융기관이 발행한 채권, 금융기관이 발행 또는 지급보증한 어음·CD (3) OECD 가입국가 또는 중국이 발행한 채권 (4) ETF에서 동일종목 증권에 투자하는 경우

학습안내 39회(신유형), 40회 기출(► '공모형 집합투자기구의 운용제한'에 대한 전체 내용은 '39회 59번 해설'을 참조할 것)

60

정답 ③

부동산집합투자기구의 특례로서 '**차입한도는 펀드 순자산총액의 200%, 대여한도는 순자산총액의 100%**'이다.

학습안내 '36회 63번'과 유사하게 출제되었으나 학습효과 차원에서 변형복원하였다(► '집합투자기구의 금전차입·금전대여의 제한'에 대한 상세 내용은 '36회 63번 해설'을 참조할 것).

61

정답 ②

틀린 항목의 개수는 1개이다('라').

라. 초과분배도 가능하다. 단, 투자회사의 경우 순자산액에서 최저순자산액을 뺀 금액을 초과하는 분배는 할 수 없다.

학습안내 29회, 33회, 35회, 37회, 40회 기출(► '집합투자기구의 이익금 분배'에 대한 전체 내용은 '37회 62번 해설'을 참조할 것)

62

정답 ①

신탁업자이다.

► 집합투자기구 기준가격의 계산 주체는 집합투자업자(운용회사)이며, 집합투자업자가 계산한 기준가격의 적정성 여부를 판단하는 주체는 신탁업자이다.

학습안내 33회(신유형), 36회, 40회 동일 기출(► '기준가격의 적정성 여부 판단'을 포함한 '집합투자재산의 평가'에 대한 전체 내용은 '35회 62번 해설'을 참조할 것)

63

정답 ②

자산운용보고서는 **3개월에 1회 이상** 제공해야 한다(자본시장법 제88조 1항).

※ 추가해설

(1) 매매명세 통지의무

㉠ 투자매매업자 또는 투자중개업자는, 투자자의 매매가 체결된 경우 해당 거래내용(종목, 수량, 가격 등)을 지체없이 투자자에게 통지해야 한다.

㉡ 투자매매업자 또는 투자중개업자는, 투자자의 매매가 체결된 경우 월간 거래내역(월간 매매내역, 월간 손익내역, 월말 현재 잔액현황 등)에 대한 매매명세를 **체결된 날의 다음달 20일까지** 투자자에게 통지하여야 한다.

㉢ **매매명세를 통지하지 않아도 되는 경우**(ⓐ, ⓑ, ⓒ의 경우 홈페이지 접속 등으로 수시조회가 가능하게 함으로써 통지에 갈음)

ⓐ 투자자가 보유한 집합투자증권이 'ETF, MMF, 사모 펀드'의 집합투자증권일 경우

ⓑ 투자자가 보유한 집합투자증권의 평가금액이 10만 원 이하인 경우

ⓒ 투자가가 수령거부의사를 서면, 전화, 전자우편 등의 방식으로 표시한 경우

(2) 자산운용보고서의 제공의무

㉠ 집합투자업자는 자산운용보고서를 작성하여 신탁업자의 확인을 받아 **3개월에 1회 이상** 투자자에게 제공해야 한다.

㉡ **자산운용보고서를 제공하지 않아도 되는 경우**

ⓐ 투자자가 수령거부의사를 서면, 전화, 전자우편 등의 방식으로 표시한 경우

ⓑ MMF의 자산운용보고서를 월 1회 이상 공시하는 경우

ⓒ 집합투자규약에 10만 원 이하의 투자자에게 제공하지 않는다고 정한 경우

(3) 투자설명서의 교부의무

㉠ 누구든지 증권신고서의 효력이 발생한 증권을 취득하고자 하는 일반투자자에게 투자설명서를 미리 교부하지 않으면 그 증권을 취득하게 하거나 매도할 수 없다(→ 투자설명서는 일반투자자를 대상으로 교부해야 하는 법정투자권유문서).

㉡ **투자설명서를 투자자에게 교부하지 않아도 되는 경우**

ⓐ 전문투자자 등 일정한 전문가

ⓑ 투자자가 수령거부의사를 서면, 전화, 전자우편 등의 방식으로 표시한 경우

ⓒ 이미 취득한 것과 같은 집합투자증권을 계속하여 추가로 취득하려는 자(단, 해당 집합투자증권의 투자설명서 내용이 직전에 교부한 투자설명서의 내용과 같은 경우에 한함).

보충 '매매명세 통지와 자산운용보고서의 제공'의무는 일반투자자와 전문투자자 모두를 대상으로 하지만, '투자설명서의 교부'의무는 일반투자자만을 대상으로 한다.

학습안내 '매매명세 통지의무'에 대한 내용은 40회 신유형에 해당한다.

증권신고서의 제출의무자는 **증권의 발행인(발행기업)이다.**

※ **증권신고서 제도**(2025 기본서, 3권, p288~294 참조)

(1) 개 요

불특정 다수인을 상대로 증권시장 밖에서 증권을 새로이 발행하거나 이미 발행된 증권을 분매하는 경우 해당 증권에 관한 사항과 증권의 발행인에 관한 사항을 투자자에게 알리기 위한 제도이다.

발행공시제도는 투자자에게 교부되는 투자설명서와 **투자자에게 제공되는 정보의 진실성을 확보하기 위한 증권신고서 제도**로 구성된다.

(2) 모집 또는 매출의 개념

① 적용대상

자본시장법상 발행공시 규제의 대상이 되는 행위는 증권과 관련된 모든 발행 또는 매도가 아니라 일정한 요건에 해당되는 모집 또는 매출만 해당된다.

② 모집 또는 매출의 의의

㉠ '**모집**'이라 함은 일정한 방법에 따라 산출한 50인 이상의 투자자에게 새로 발행하는 증권 취득의 청약을 권유하는 것

㉡ '**매출**'이라 함은 증권시장 밖에서 일정한 방법에 따라 산출한 50인 이상의 투자자에게 이미 발행된 증권에 대한 매도의 청약을 하거나 매수의 청약을 권유하는 것

③ 50인 산정방법

50인을 산출하는 경우에는 **청약의 권유를 하는 날 이전 6개월 이내에** 해당증권과 같은 종류의 증권에 대하여 모집이나 매출에 의하지 않고 청약의 권유를 받은 자를 합산하되 '국가 · 한국은행 등 전문투자자, 회계법인, 신용평가업자, 발행인에게 용역을 제공하고 있는 회계사 · 변호사 등의 공인자격증 보유자, 5% 이상 지분을 보유한 연고자, 우리사주조합원 등'은 제외한다.

④ 간주모집

청약의 권유를 받는 자의 수가 50인 미만으로서 증권의 모집에 해당하지 아니할 경우에도 해당 증권이 **발행일로부터 1년 이내에 50인 이상의 자에게 양도될 수 있는 경우로서** 증권의 종류 및 취득자의 성격 등을 고려하여 금융위가 정하는 '전매기준'에 해당되는 경우 모집으로 간주된다. 단, 전매제한조치를 취할 경우는 모집에 해당하지 않는다.

(3) 적용면제증권

법상의 '**국채증권, 지방채증권, 특수채증권** 그리고 국가 또는 지자체가 원리금의 지급을 보증한 채무증권 등'은 증권신고서에 관한 규정이 적용되지 않는다.

(4) 신고대상 모집 또는 매출금액

모집 또는 매출금액이 10억 원 이상이면 금융위에 제출한 증권신고서가 수리되지 않으면 이를 할 수 없다.

- **모집 또는 매출금액이 10억 원 미만이면 증권신고서 제출의무가 면제된다.** 단, 이 경우 소액공모 공시제도에 따라 투자자보호와 관련된 일정한 사항을 공시해야 한다.

(5) 신고의무자

증권신고서의 제출의무자는 언제나 해당 증권의 발행인이다. 증권예탁증권을 발행함에 있어서는 그 기초가 되는 증권을 발행하였거나 발행하고자 하는 자를 말한다.

65

정답 ④

사채권의 매수는 국공채와 마찬가지로 예외가 인정되지만, 사채권 중 '**주식관련사채나 상각형 조건부자본증권**'은 예외가 인정되지 않는다.

※ **투자일임업자의 금지행위**(2025 기본서, 3권, p260~263 참조)

(2) 자기 또는 관계인수인이 인수한 증권을 투자일임재산으로 매수하는 행위. 다만, 투자자보호 및 건전한 질서를 해할 우려가 없는 경우로서, 아래(㉠, ㉡, ㉢)는 예외가 인정된다.

㉠ 인수일로부터 3개월이 지난 후 매수하는 경우

㉡ 인수한 상장주권을 증권시장에서 매수하는 경우

㉢ 국채, 지방채, 통안채, 특수채, 사채권(주식관련사채 및 상각형 조건부자본증권은 제외)을 매수하는 경우

학습안내 32회(신유형), 36회, 40회 동일 기출(► '투자일임업자의 금지행위에 대한 전체 내용은 '36회 64번 해설'을 참조할 것)

66

정답 ①

공개매수신청에 응모하기 위해 인출하는 것은 주권의 소유권이 변경되는 것이므로(전매제한조치에 위배), 보호예수의 예외적 인출사유로 인정되지 않는다. 나머지(②, ③, ④)의 경우 주권의 소유권이 변경되지 않는 형식상의 사유에 해당하므로 인출이 허용된다.

학습안내 29회, 32회, 37회, 40회 동일 기출(► '보호예수 된 주식에 대한 예외적 인출 사유'에 대한 전체 내용은 '37회 65번 해설'을 참조할 것)

3-3 한국금융투자협회 규정(3문항)

67

정답 ①

공모형 파생결합증권은 핵심설명서 교부대상이지만 상장이 되어 거래가 되는 ELW와 ETN은 대상에서 제외된다(즉 공모형 ELS는 핵심설명서 교부대상이지만 ELW와 ETN은 교부대상이 아님).

※ 협회 규정 설명의무

(1) 설명의무 정의 : 금융투자회사는 일반투자자에게 투자권유를 하는 경우, 그 중요한 사항에 대해서 일반투자자가 이해할 수 있도록 설명해야 하고 설명한 내용을 그 일반투자자가 이해하였음을 서명 등의 방법으로 확인을 받아야 한다.

(2) 핵심설명서 : 위험도가 높은 상품에 대해서는 투자설명서에 추가하여 핵심설명서를 교부하고 그 내용을 충분히 설명해야 한다.

► **핵심설명서 교부 대상** : ㉠ 고난도 금융투자상품, ㉡ 고난도가 아닌 공모형 파생결합증권(ELW, ETN 제외), ㉢ 신용융자거래, ㉣ FX마진거래

(3) ELW, ETN, ETF 특례(상장거래상품에 대한 특례)

㉠ 최초로 거래하는 ELW, ETN의 경우 기존의 위탁매매거래계좌가 있더라도 서명 등의 방법으로 **별도의 매매의사를 확인해야 하고(별도 거래신청서 작성)**, 최초로 변동성 지수선물을 기초자산으로 하는 ETN을 매매하고자 하는 경우는 별도의 매매의사 확인에 이어 추가적인 매매의사를 확인해야 한다.

㉡ ELW, 레버리지 ETF, 레버리지 ETN의 경우, 협회가 인정하는 **사전교육**을 이수하도록 해야 한다.

• 이때 '레버리지 상품'의 의미는 수익률이 원금의 100%(1배)를 초과하는 비율로 결정되는 상품을 말한다.

(4) 주가지수선물·옵션 등 장내파생상품에 대한 특례(적격 개인투자자제도)

㉠ 사전의무교육 이수 : 1시간 이상의 파생상품 교육과정을 이수하도록 해야 한다.

㉡ 모의거래 이수 : 3시간 이상의 파생상품 모의거래과정을 이수하도록 해야 한다.

학습안내 오래전의 기출유형이다(동 주제에 대한 마지막 출제는 2018년).

68

정답 ④

MMF의 운용실적은 '과거 1개월 기준의 수익률'로 표시하는 것이 옳지만, **MMF는 다른 MMF와 운용실적을 비교하는 투자광고를 할 수 없다.**

※ 추가해설(①)

운용실적의 신뢰도를 위해서 '1년 이상 경과 & 순자산총액 100억 원 이상'의 요건을 부과하고 있다(동일유형의 경우 동일유형의 펀드순자산의 합계가 500억 원 이상이어야 함).

※ 추가해설(④ : MMF 특례)

MMF 운용실적을 표시하는 경우 과거 1개월 수익률(연환산 표시 가능)을 표시할 것, 다른 금융투자회사가 판매하는 MMF와 운용실적 등에 관한 비교광고를 하지 말 것(2025 기본서, 3권, p513 인용)

학습안내 37회(신유형), 40회 기출(► '집합투자기구의 운용실적 표시 광고'에 대한 전체 내용은 '37회 69번 해설'을 참조할 것)

69

정답 ③

임직원과 거래상대방이 공동 참석한 경우의 접대비는 '**전체 소요경비 중 거래상대방이 점유한 비율에 따라 산정된 금액**'으로 산정한다.

※ **재산상이익의 가치 산정 방법**(2025 기본서, 3권, p519 인용)

(1) 금전의 경우 해당 금액

(2) 물품의 경우 구입 비용

(3) 접대의 경우 해당 접대에 소요된 비용. 단, 금융투자회사 임직원과 거래상대방이 공동으로 참석한 경우 해당 비용은 전체 소요경비 중 거래상대방이 점유한 비율에 따라 산정된 금액

(4) 연수・기업설명회・기업탐방・세미나의 경우 거래상대방에게 직접적으로 제공되었거나 제공받은 비용

(5) 기타 위에 해당하지 않는 재산상이익의 경우 해당 재산상이익의 구입 또는 제공에 소요된 실비

학습안내 31회, 35회, 40회 동일 기출

3-4 주식투자운용/투자전략(6문항)

70

정답 ③

옳은 항목은 '가, 나, 다'이다(옳은 항목의 개수는 3개).

※ **추가해설**

가. 약형(weak form) EMH에서는 과거 정보는 이미 시장에 반영되어 있다고 본다. 즉 기술적 분석을 통해서는 초과수익을 올릴 수 없다고 본다.

나. 준강형(semi-strong form) EMH에서는 공개된 정보는 이미 시장에 반영되어 있다고 본다. 즉 공개정보(조사분석자료, 공시정보 등)로는 초과수익을 올릴 수 없다고 본다.

다. 강형(strong form) EMH에서는 이미 알려졌거나 또는 예측 가능한 정보는 이미 시장에 반영되어 있다고 본다. 그리고 예측 불가능한 정보는 그 효과가 불규칙적이다.

라. 강형 EMH가 성립된다면 어떠한 형태의 액티브 운용도 시도할 필요가 없다. 즉 EMH는 액티브 운용을 반대하는 논거로 이용된다.

※ **효율적 시장가설과 포트폴리오 관리방식**(2025 기본서, 4권, p10 인용)

포트폴리오의 관리방식을 본격적으로 다루기 전에 효율적 시장가설이 포트폴리오에 주는 의미를 살펴볼 필요가 있다. **효율적 시장가설은 액티브운용을 반대하는 논거로 이용되곤 한다.**

약형(weak form)의 효율적 시장가설에 의하면 과거 주가의 움직임은 미래 주가의 움직임의 방향이나 그 크기에 대한 어떤 정보도 제공하지 않는다. 다른 말로 하면 기술적 분석은 아무런 가치가 없다.

준강형(semi-strong form)의 효율적 시장가설에 의하면 일단 정보가 공개되면 즉각적으로 주가에 반영되기 때문에 공개된 정보는 종목을 선정하는데 아무런 도움이 되지 않는다. 따라서 공개된 정보로부터 이익을 얻는 것은 불가능하다.

강형(strong form)의 효율적 시장가설에 의하면 기업에 대해 알려졌거나 알 수 있는 정보는 주식의 분석에 도움이 되지 않는다. 알려진 정보나 예측가능한 정보라면 이미 주가에 반영되었을 것이며, 예측할 수 없는 정보라면 그 효과 또는 불규칙적이다.

만약 강한 형태의 효율적 시장가설을 신뢰한다면, **어떤 형태의 액티브운용도 시도할 필요가 없다.** 그러나 약형이나 중간형의 효율적 시장가설을 신뢰한다면 액티브 운용을 배제할 필요는 없다. 특히 시장의 효율성은 국면별로 다르다. 불확실성이 클수록 투자자들은 과잉반응(over-reaction)을 보이게 되고, 초과이익(alpha)의 기회가 주어진다.

학습안내 28회, 31회, 34회, 36회, 37회, 40회 기출

71

정답 ①

평균반전현상을 이용하는 것은 전술적 자산배분이다.

※ **추가해설(①) : 평균반전현상(mean-reverting process)**

평균반전현상은 '**시장가격은 단기적으로는 비효율적이어서 과잉반응이 나타나지만** 장기적으로는 효율적이어서 결국 내재가치로 수렴한다'는 이론이다. 즉 단기적인 주가의 과잉반응 현상을 이용해서 '저가매수 / 고가매도'를 한다. 그리고 이후 장기적인 내재가치 수렴과정을 통해서 주가는 평균으로 수렴하므로 이 과정에서 초과수익이 발생한다는 논리이다. 즉 평균반전현상은 전술적 자산배분의 이론적 배경에 해당한다.

► 전술적 자산배분의 이론적 배경 : 평균반전현상 / 가격착오현상 / 증권시장의 과잉반응현상

cf 전략적 자산배분의 이론적 배경 : 마코위츠의 효율적 투자이론

※ **추가해설(④)** : 펀드의 경우 전략적 자산배분의 결과에 대해서는 투자자가, 전술적 자산배분의 결과에 대해서는 운용자가 책임(의사결정에 대한 책임)을 진다.

• 펀드의 경우 투자자가 주식형 펀드 또는 채권형 펀드를 선택하여 투자하는 것 자체가 전략적 자산배분의 수행이라고 할 수 있으므로, 그 결과에 대한 책임도 투자자가 진다고 볼 수 있다.

※ **전략적 자산배분 개요**(2025 기본서, 4권, p30~41 참조)

(1) 시장의 효율성을 전제한다.
(2) **장기적으로** 자산집단별 투자비중을 결정하고 중기적으로 각 자산집단이 변화할 수 있는 투자비율의 한계를 결정하는 의사결정을 뜻한다.
(3) 전략수립에 사용된 각종 변수들에 대한 가정이 근본적으로 크게 변화되지 않는 이상 처음 구성하였던 자산배분을 변경하지 않고 계속하여 유지해 나가는 장기적인 의사결정이다.
(4) 자금 운용자가 투자자산의 과대・과소평가여부를 판단할 수 없다면 최초 수립된 전략적 자산배분에 의한 자산구성을 그대로 유지해야 한다.
(5) 전략적 자산배분은 **투자자가 정하는 것**이 원칙이다.
(6) 전략적 자산배분은 포트폴리오 이론(위험・수익 최적화 투자)에 토대를 두고 있다.
(7) 입력변수의 추정오차로 인해 자산집단 배분의 극단적 편중 문제가 발생한다.
(8) 입력변수의 추정오차를 반영한 효율적 투자기회선은 영역으로 나타나는데, 이를 **퍼지 투자기회선**이라 한다.
(9) 전략적 자산배분의 실행방법에는 '시장가치접근방법 / 위험수익 최적화방법 / 투자자별 특수상황을 고려하는 방법 / 다른 유사한 기관투자자의 자산배분을 모방' 등의 4가지 방식이 있다.

학습안내 비교하여 '전술적 자산배분 개요'는 '38회 72번 해설'을 참조할 것

72

정답 ②

①, ④는 완전복제법(full replication), ②는 표본추출법(representative sampling), ③은 최적화법(optimization)에 해당된다.

학습안내 28회, 30회, 32회, 34회, 38회, 39회, 40회 기출(► '인덱스 구성방식'에 대한 상세내용은 '38회 74번 해설'을 참조할 것)

73

정답 ①

역행투자라는 것은 '주가상승 시 매도, 주가하락 시 매수하는 전략(고가매도 / 저가매수)'을 말하며 이는 가치투자 스타일에 해당한다.

► 가치투자 스타일은 역행투자방식으로서 '저PER, 저PBR, 고배당주'에 투자하는 특징을 지닌다(cf 성장투자스타일은 '고PER, 고PBR, 저배당주'에 투자하는 특징).

※ **성장투자스타일의 특징**(2025 기본서, 3권, p89~90 참조)

성장투자스타일(growth investment style)은 수익성에 높은 관심을 가진다. 기업의 주당순이익이 미래에 증가하고 PER이 낮아지지 않는다면 주가는 최소한 주당순이익(EPS)의 증가율만큼 상승할 것이라고 가정한다.

성장모멘텀 투자자들은 **성장률이 높은 기업에 대해 시장PER보다 높은 가격을 지불한다.** 또한 성장률이 높은 산업에 투자하는 경향을 가진다. 성장주는 매출증가율이 시장보다 높으며, 높은 PER, 높은 PBR을 보인다. 성장모멘텀 투자의 위험은 예측했던 EPS증가율이 예상대로 실현되지 않는 것이며, 이러한 경우에는 EPS뿐 아니라 PER도 낮아지기 때문에 투자손실은 더욱 확대된다. 그래서 기업의 이익이 예상(consensus)을 상회했는지 또는 하회했는지가 주가에 큰 영향을 미친다.

성장스타일에는 지속적 성장성에 투자하는 방식과 이익의 탄력성(earning momentum)에 투자하는 방식이 있다. 지속적인 성장성은 장기간에 걸쳐 성장성이 나타나는 것을 의미하며 높은 PER을 가지는 경향이 있다. 이에 비해 이익의 탄력성은 단기간에 높은 이익을 나타내는 것을 의미하는데, 훨씬 더 높은 성장잠재력을 가지고 있지만 지속성이 떨어진다. 또 일부의 투자자들은 상대강도지표(RSI)와 같은 주가탄력성을 이용하여 단기투자에 활용하기도 한다.

학습안내 29회, 31회, 32회, 34회, 38회, 40회 기출(► '가치투자 / 성장투자 스타일의 상세 내용은 '37회 73번 해설'을 참조할 것)

74

정답 ②

준액티브 운용의 추적오차(잔차위험)는 액티브 보다 낮은 수준이다.

※ **액티브 운용과 준액티브 운용의 차이**

(1) 초과수익

㉠ 액티브 운용 : 주어진 위험범위와 주어진 제약 조건 내에서 벤치마크 성과에 대비해서 가능한 한 좋은 초과수익을 얻으려는 운용방식이다.

㉡ 준액티브 운용 : 추가적인 위험을 많이 발생시키지 않으면서 벤치마크에 비해 초과수익을 획득하려는 전략이다(약간의 초과수익을 얻고자 하는 전략).

(2) 잔차위험(추적오차) : 액티브 운용 > 준액티브 운용 > 패시브 운용

학습안내 35회(신유형), 37회, 40회 기출(► '준액티브 운용'에 대한 상세 개념은 '35회 74번' 해설을 참조할 것)

75

정답 ①

옳은 항목의 개수는 0개이다(모두 틀린 내용).

가. 액티브 운용과 패시브운용 **모두 주식포트폴리오 모형을 사용한다**(활용목적은 다름).

► 액티브 운용 : 투자성과는 위험부담에 대한 보상이므로, 초과수익을 위한 위험요소를 선택하기 위해 모형을 활용한다.

► 패시브 운용 : 운용하는 포트폴리오의 위험요소를 벤치마크의 위험요소와 동일한 수준으로 유지하기 위해 모형을 활용한다.

나. 다중요인 모형은 **체계적 위험(베타, 규모, 산업 등)**을 다중화하여 리스크를 분석·관리하는 모형이다.

다. 2차함수 최적화 모형은 이론상으로는 최적이지만 현실적으로 기대수익률과 기대위험에 대한 추정오류를 피할 수 없다는 단점이 있다(과소추정 / 과대추정의 문제 발생). 이를 보완하는 방법으로서 일정한 제약조건 하에서 기대수익률과 위험을 최적화시키는 선형계획모형이 사용된다.

학습안내 '33회 75번'과 유사하게 출제되었으나 학습효과 차원에서 변형복원하였다(► 주식포트폴리오 모형에 대한 상세내용은 '37회 75번 해설'을 참조할 것).

3-5 채권투자운용/투자전략(6문항)

76

정답 ②

이표채는 이자지급식 분류이며, 나머지는 발행주체별 분류이다.

※ 채권의 분류

발행주체별 분류	이자지급식 분류
국채, 지방채, 특수채, 회사채	복리채, 이표채, 할인채

(1) 발행주체별 분류 : 국채, 지방채, 특수채, 회사채

(2) 이자지급식 분류 : 복리채, 할인채, 이표채, 거치분할상환채

(3) 기타의 분류

- 상환기간에 따른 분류 : 단기채(1년 미만), 중기채(1년 이상 10년 미만), 장기채(10년 이상)
- 담보제공여부에 따른 분류 : 담보채, 무담보채
- 보증유무에 따른 분류 : 보증채, 무보증채
- 이자금액의 변동여부에 따른 분류 : 고정금리부채권, 변동/역변동 금리부채권(FRN)

학습안내 29회, 33회, 37회, 40회 기출(► '역변동금리부채권'의 정의는 '37회 76번 해설'을 참조할 것)

77

정답 ②

전환가치(패리티가격)는 12,000원이다(► 패리티가격 = $\frac{6,000원}{5,000원}$ × 10,000원 = 12,000원).

※ 추가해설

① '패리티 = $\frac{6,000}{5,000}$ × 120%' 즉 패리티는 120이다(패리티비율 120%).

- 전환대상 주식의 시장가격은 6,000원이다(제시).
- 전환가격은 '전환주수 = $\frac{채권액면가액}{전환가격}$'을 활용하여 구한다(전환비율 100%[주1] 전제). 즉 '2 = $\frac{10,000}{전환가격}$'이므로 전환가격은 5,000원이다.

  * 주1 : 전환비율은 '채권액면의 몇 %를 주식으로 전환하는가?'를 말하는데, 전환비율 100%는 채권 액면 10,000원이 전부 주식으로 전환됨을 의미한다.

- 따라서 '패리티비율 = $\frac{6,000}{5,000}$ × 120%' 즉 패리티 비율은 120%이다.

② 전환가치는 '전환주수 × 전환대상 주식의 시장가격'으로서 패리티가격과 같다.

- 패리티가격 = $\frac{전환대상주식의\ 시장가격}{전환가격}$ × 채권액면 = $\frac{6,000}{5,000}$ × 10,000원 = 12,000원'이다.
- 전환가치 = $\frac{체권액면}{전환가격}$ × 전환대상 주식의 시장가격 = $\frac{10,000원}{5,000원}$ × 6,000원 = 12,000원'이다.

③ 괴리(전환프리미엄) = 전환사채의 시장가격 − 전환가치(패리티가격) = 13,000원 − 12,000원 = (+)1,000원이다.

- 전환프리미엄은 보통 양의 값을 갖는다(∵ 주식으로 전환해서 주식으로 보유하는 것 보다는 전환사채인 상태로 보유하고 있는 것이 더 안전하므로 프리미엄을 지급하는 것이 일반적).

④ 전환권을 행사할 경우 전환사채가 소멸되고 주식으로 전환된다. 즉 전환사채가 소멸되므로 발행사의 부채가 감소하고, 동시에 주식으로 전환된 만큼 자본이 증가한다.

학습안내 31회(신유형), 36회, 40회 출제(► 패리티 계산에 대한 '말 문제'로 출제된 것은 40회가 처음이다).

78

정답 ②

경상수익률 = $\frac{쿠폰금액(연이자금액)}{채권의\ 시장가격}$ = $\frac{600}{9,500}$ = 약 6.32%

주의 1 분자는 연이자지급액 즉 600원이다. 수익률은 연 단위로 산출하므로 '600원 × 3년 = 1,800원, $\frac{1,800}{9,500}$ = 18.94%'로 계산하지 말아야 한다.

주의 2 채권 가격이 올라가면 채권의 경상수익률은 하락한다. → O ('경상수익률 = $\frac{쿠폰금액(연이자금액)}{채권의\ 시장가격}$ = $\frac{600}{9,500}$' 이므로 채권가격이 상승하면 경상수익률은 하락)

학습안내 31회, 37회, 40회 기출

79

정답 ②

옳은 내용은 다, 라이다.

가. 무이표채(복리채 / 할인채)의 듀레이션은 만기와 같다.

예 3년만기 복리채의 듀레이션은 3년이다(잔존만기가 아닌 경우는 발행시점으로 가정).

나. 이표채의 듀레이션은 항상 만기보다 짧다.

예 3년만기 이표채의 듀레이션은 3년보다 짧다(잔존만기가 아닌 경우는 발행시점으로 가정).

※ **영구채 듀레이션 계산** : 영구채의 듀레이션 공식 = $\frac{r + 1}{r}$, 만기수익률(r)이 10%인 영구채의 듀레이션은 '$\frac{r + 1}{r}$

따라서 $\frac{1 + 0.10}{0.10}$ = 11년이다.

학습안내 30회, 33회, 37회, 40회 기출(► '듀레이션 공식'에 대한 세부내용은 '37회 78번 해설'을 참조할 것)

80

정답 ①

'+2.72%, 과소평가'이다. 채권의 볼록성에 의해서, 채권가격이 (+)로 변동할 경우는 과소평가, (−)로 변동할 경우는 과대평가이다.

※ **힉스듀레이션 측정치의 과소평가 / 과대평가 여부**

(1) 만기수익률이 상승하였으므로 힉스듀레이션으로 측정한 채권가격의 변동률[주1]은 +2.72%이다.

* 주1 : $\frac{\Delta P}{P} = (-) \cdot MD \cdot \Delta y \rightarrow \frac{\Delta P}{P} = (-) \cdot 2.72 \cdot (-)1\% = (+)2.72\%$

• 이때 MD는 수정듀레이션(Modified duration)을 말하는데, 힉스(Hicks)가 도출한 개념이므로 '힉스듀레이션'이라고도 한다.

(2) 과소평가 / 과대평가 여부

㉠ 실제 채권의 가격은 볼록성(convexity)의 성질에 의해서, 듀레이션으로 측정한 가격보다 항상 '**더 올라가고 덜 내려간다**(시대에듀 한권으로 끝내기 2권, p289 그림 참조)'.

㉡ 이를 듀레이션 측정치의 입장에서 본다면 '수익률 하락 → 채권가격 상승' 시에는 실제 채권 가격의 상승폭을 **과소평가**하게 되고(동 문항의 경우), '수익률 상승 → 채권가격 하락' 시에는 실제 채권 가격의 하락폭을 과대평가하게 된다.

► 즉, 듀레이션 측정치는 채권가격이 **(+)로 변동**할 경우는 실제 채권가격을 **과소평가**하고, 채권가격이 **(−)로 변동**할 경우는 실제 채권가격을 **과대평가**한다.

학습안내 32회, 40회 기출

81

정답 ④

1년 만기 현물이자율(S_1)은 5%이다(아래 풀이).

※ 불편기대이론 하에서의 내재선도이자율 구하기

(1) 불편기대이론 하에서는 장・단기 채권의 완전대체관계가 성립하므로 장기채수익률은 단기채수익률과 내재선도이자율이 기하평균과 같다.

(2) 따라서, $(1 + 0.04)^2 = (1 + {}_0R_1)(1 + 0.03)$

$\rightarrow 0.03 = \dfrac{(1 + 0.04)^2}{(1 + S_1)} - 1$, $(\therefore)\ S_1 = 0.0516$, 즉 약 5%이다.

(3) 약식계산 : $\dfrac{(2 \times 4\%) - (1 \times S_1)}{(2 - 1)} = 3\%$, $8\% - S_1 = 3\%$, $(\therefore)\ S_1 = 5\%$

학습안내 28회, 30회, 34회, 35회, 36회, 38회, 40회 기출(► '28회・30회・38회・40회'는 내재이자율을, '34회・35회・36회'는 1년만기 현물이자율을 계산하는 문제로 출제되었다)

3-6 파생상품투자운용/투자전략(6문항)

82

정답 ①

틀린 항목은 '가, 나'이다.

가. 옵션은 장내와 장외 모두 존재하고, 스왑은 장외파생상품으로만 존재한다.

나. 장내파생상품은 경쟁매매방식, 장외파생상품은 상대매매방식이다.

► '**상대매매**'는 쌍방 간의 호가가 일치해야만 체결이 되는 방식이며, '**경쟁매매**'는 불특정다수가 참여하는 가운데 상대방에게 가장 유리한 호가가 먼저 체결이 되는 방식이다.

※ 장내파생상품 VS 장외파생상품

구 분	장내파생상품	장외파생상품
선도 / 선물	선물(futures)	선도(forward)
옵 션	• 코스피200옵션 • 개별주식옵션(예 현대차옵션)	• 이색옵션(낙아웃옵션 등) • 금리옵션(금리캡, 금리플로어 등)
스 왑	–	스 왑

※ 추가해설('다')

장외거래의 특징은 상품설계의 유연성, 즉 맞춤형 거래가 가능하다는 점이다. 거래상대방끼리만 동의하면 어떠한 조건도 삽입이 가능하다(2025 기본서, 4권, p266 인용).

※ 추가해설('라')

장외거래는 경제 주체들 사이에서 일어나기는 하지만 실제로는 장외거래를 필요로 하는 고객(일반기업)과 장외파생상품을 전문적으로 취급하는 금융회사 등 시장조성자(market maker 또는 warehouse) 사이에서 일어나는 것이 대부분이다(2025 기본서, 4권, p266 인용).

학습안내 29회, 31회, 34회, 36회, 40회 기출

83

정답 ①

일일정산 후 정산금이 유지증거금보다 낮을 경우 마진콜이 발생하고, 마진콜이 발생하면 추가증거금(개시증거금 − 일일정산 후 증거금 = 추가증거금)을 납부해야 한다. 그런데 **동 문항에서는 일일정산 후 증거금(90억 원)이 유지증거금(80억 원)보다 높으므로 마진콜이 발생하지 않는다.** 즉 추가로 납부해야 할 증거금은 0원이다.

► '추가증거금 = 0원'이 답이 되는 문제'는 40회가 처음이다(응용 문제).

학습안내 30회, 34회, 37회, 40회 기출(► 일일정산제도와 추가증거금 납부에 대한 기본서 全文은 '43회 83번 해설'을 참조할 것)

84

정답 ③

틀린 항목의 개수는 2개이다('가, 나').

가. 콜불스프레드(Call Bull Spread)는 행사가격이 낮은 콜옵션을 매수하고 행사가격이 높은 콜옵션을 매도하는 전략이다.

나. 콜불스프레드(Call Bull Spread), 풋불스프레드(Put Bull Spread) 모두 기초자산가격이 상승할 때 수익이 나는 전략이다.

- 콜불스프레드 : 콜옵션으로 구성된 강세 스프레드 전략
- 풋불스프레드 : 풋옵션으로 구성된 강세 스프레드 전략

보충 옵션투자전략에서 '강세 스프레드(bull spread) 전략'은 기초자산가격이 상승할 때 수익이 나는 전략을 말하고, '약세 스프레드(bear spread) 전략'은 기초자산가격이 하락할 때 수익이 나는 전략을 말한다.

※ 옵션합성전략 예시

방향성 전략		변동성 전략	
콜불스프레드	풋불스프레드	스트래들 매수	스트랭글 매수
C(80) 매수	P(80) 매수	C(80) 매수	C(90) 매수
C(90) 매도	P(90) 매도	P(80) 매수	P(70) 매수
초기 순지출	초기 순수입	동일 행사가격 동시 매수	다른 행사가격 동시 매수

- 스트래들 매수는 등가격 콜 / 풋옵션을 동시 매수하지만, 스트랭글은 외가격 콜 / 풋옵션을 매수함으로써 스트래들 매수 보다 비용을 낮춘 것이 특징이다(기대수익률도 낮아짐).

학습안내 '35회 84번'과 동일하게 출제되었으나 학습효과 차원에서 변형복원하였다(► 옵션합성전략의 각각 포지션에 대한 세부 이해는 '35회 84번 해설'을 참조할 것).

85

정답 ②

풋콜패리티의 동등성을 이용한다. '$c + \frac{X}{(1+r)^{T-t}} = p + S_t$'에서, 채권매수를 중심으로 정리하면 '$\frac{X}{(1+r)^{T-t}} = -c + p + S_t$'이다.

즉 '채권매수 = 콜옵션매도 + 풋옵션매수 + 기초자산매수'이다.

학습안내 28회 • 32회는 '콜옵션 매수', 35회는 '풋옵션 매수', 40회는 '채권매수'의 동등식을 구하는 문제로 출제되었다.

86

정답 ②

'기초자산매수'와 동일한 효과를 내는 옵션 포지션은 '콜옵션매수 + 풋옵션매도'이다.

※ 풀 이

(1) 풋콜패리티의 동등성을 이용하는 방법 : '$c + \frac{X}{(1+r)^{T-t}} = p + S_t$'에서, S_t를 중심으로 정리하면 '$S_t = c - p + \frac{X}{(1+r)^{T-t}}$'이 된다. 즉 '기초자산매수 = 콜옵션매수 + 풋옵션매도 + 채권매수'이다. 따라서 '기초자산매수'와 동일한 효과를 내는 옵션포지션은 '콜옵션매수 + 풋옵션매도'이다.

(2) 합성선물 포지션을 이용하는 방법(합성선물 = 옵션의 합성을 통한 선물포지션) : '기초자산 매수 = 선물 매수 = 합성선물 매수'인데, 합성선물매수는 '콜옵션매수 + 풋옵션매도'로 구성된다.

• 합성선물**매수** = 콜옵션**매수** + 풋옵션매도, 합성선물**매도** = 콜옵션**매도** + 풋옵션매수

학습안내 34회, 40회 동일 기출

87

정답 ③

2개이다(감마와 베가).

※ 민감도 부호(옵션매수포지션 기준) : 옵션매도 포지션은 매수포지션과 정확히 반대

구분	델타	감마	베가	쎄타	로우
콜옵션	+	+	+	−	+
풋옵션	−	+	+	−	−

► 감마는 2차 미분치로서 가속도를 의미하는데, 가속도는 양의 방향만 존재하므로 콜옵션·풋옵션에 관계없이 옵션매수 포지션의 감마는 양(+)의 값을 보인다.

► '옵션매수는 변동성을 먹고 살고[주1], 시간가치에 죽는다[주2].

* 주1 : 콜 / 풋 모두 번동성이 증가하면 가격이 상승한다(즉 민감도부호는 양이다).

* 주2 : 콜 / 풋 모두 시간이 경과할수록 내가격 가능성이 줄어들어 가격이 하락한다(즉 민감도부호는 음이다).

학습안내 28회, 29회, 30회, 32회, 33회, 35회, 36회, 37회, 38회, 39회, 40회 기출(► '옵션민감도 5가지 지표'에 대한 정의 및 상세개념은 '35회 87번 해설'을, '감마'에 대한 상세 개념은 '36회 87번 해설'을 참조할 것)

3-7 투자운용결과분석(4문항)

88

정답 ②

운용사 자체 기준이 아닌, 채권평가회사와 같은 외부전문기관의 평가를 공정가액으로 하여 평가한다. 펀드회계처리방법 중 '①, ②는 공정가치평가 관련 내용, ③은 발생주의, ④는 체결기준'에 해당된다.

※ 펀드회계처리

(1) 성과분석을 위한 회계처리 원칙(2025 기본서, 4권, p427 표2-1 인용)

원 칙	내 용
공정가치 평가 (fair value)	• 자산 및 부채의 가치를 시장에서 평가하는 공정한 가격으로 측정, 시장가, 현재가 적용 • 유동성이 충분하지 않아 현재의 시장가격을 알 수 없는 경우에는 현금흐름을 시장금리로 할인한 이론적인 가격을 사용할 수 있음
발생주의 원칙 (accrual basis)	• 이자나 배당 등이 실제로 지급되지 않았더라도 발생할 것이 확실한 경우에는 수익으로 인식 • 운용보수 등의 비용도 실제 지급하지 않았더라도 시간의 경과에 따라 인식
체결시점 (executiondate)	거래의 체결이 확인되면, 실제로 현금흐름에 따라 결제가 일어나지 않았더라도 회계상에 반영 예 유가증권 매수체결시점의 회계처리 : 미수증권 · 미지급금

(2) 공정가치평가에서 신뢰할 만한 시가가 없는 경우(2025 기본서, 4권, p425 인용)

자본시장법 제238조는 집합투자재산을 시가에 따라 평가(시가평가 : market valuation) 하되, **평가일 현재 신뢰할 만한 시가가 없는 경우에는 공정가액으로 평가하도록 하고 있다.** 이러한 평가업무를 수행하기 위하여 평가위원회를 구성하고 운용하며, 집합투자재산의 평가와 절차에 관한 기준을 마련하도록 하고, 시가가 형성되지 않는 채권 등의 경우에는 **운용회사에서 자체적으로 자산의 가격을 결정하지 않고** 채권평가 회사와 같은 자산가격 산정을 전문으로 하는 외부의 전문기관이 공급하는 가격을 사용하도록 하였다.

학습안내 29회, 31회, 34회, 37회, 40회 기출

89

정답 ①

'가, 나'가 금액가중수익률, '다'는 시간가중수익률에 해당한다.

다. 금액가중수익률은 운용자와 투자자의 공동의 성과를 반영하므로 펀드매니저의 능력만을 별도로 평가할 수 없다.

※ 금액가중수익률 VS 시간가중수익률

금액가중수익률	시간가중수익률
자금의 유출입에 영향을 받는다.	자금의 유출입에 영향을 받지 않는다.
내부수익률(IRR)	기하수익률
펀드매니저와 투자자의 공동의 성과 (투자기간을 고려한 투자자의 실제수익률)	펀드매니저만의 운용능력 측정
펀드 간 비교불가	펀드 간 비교가능

학습안내 29회, 31회, 33회, 36회, 39회, 40회 기출(► '금액가중수익률'에 기본서 全文은 '39회 88번 해설'을 참조할 것)

90

정답 ④

통합계정수익률은 '연환산기준 34%, 누적기준 80%'이다(아래 풀이).

※ 통합계정수익률의 계산

통합계정수익률은 '(1) 각 기간의 자산가중수익률을 계산한 후, (2) 기간별 자산가중수익률을 기하적으로 연결하는' 2단계로 계산한다.

(1) 1단계 자산가중: 기간 별 자산가중수익률은 아래와 같다.

- 2023년 : $\frac{\text{기말} - \text{기초}}{\text{기초}} = \frac{(1{,}100 + 1{,}300) - (900 + 1{,}100)}{(900 + 1{,}100)} = \frac{2{,}400 - 2{,}000}{2{,}000} = 0.20$, 즉 20%
- 2024년 : $\frac{\text{기말} - \text{기초}}{\text{기초}} = \frac{(1{,}600 + 2{,}000) - (1{,}100 + 1{,}200)}{(1{,}100 + 1{,}300)} = \frac{3{,}600 - 2{,}400}{2{,}400} = 0.50$, 즉 50%

(2) 2단계 시간가중: 시간가중수익률의 두 가지 방식(누적기준/연환산기준)에 따라, 누적기준의 통합계정수익률과 연환산기준의 통합계정수익률이 산출된다.

㉠ 통합계정수익률(누적기준) : $R = (1 + 0.2)(1 + 0.5) - 1 = 0.8$, 즉 **80%**

㉡ 통합계정수익률(연환산기준) : $R = \sqrt{(1+0.2)(1+0.5)} - 1 = 0.3416 = 0$, 즉 **34.16%**

주의 통합계정수익률에 대한 계산문제가 2회(35회, 40회) 출제되었는데, 두 번 모두 누적수익률 기준으로 출제되었다. 따라서 시험문항에서 '연환산 기준' 이 별도로 명시되지 않으면 누적기준으로 풀도록 한다.

학습안내 35회(신유형), 40회 기출

91

정답 ④

정보비율은 A와 B포트폴리오가 동일하다.

※ 풀 이

RAPM지표	A포트폴리오	B포트폴리오
샤프비율	$\frac{12.5 - 2}{10}$ = 1.05	$\frac{17 - 2}{12}$ = 1.25
트레이너비율	$\frac{12.5 - 2}{0.6}$ = 17.5	$\frac{17 - 2}{1.5}$ = 10.0
젠센의 알파	(12.5% − 2%) − 0.6(8% − 2%) = **6.9%**	(17% − 2%) − 1.5(8% − 2%) = **6.0%**
정보비율	$\frac{12.5 - 8}{5}$ = 0.9	$\frac{17 - 8}{10}$ = 0.9

참고 트레이너비율 계산 시 베타(β)의 단위는 %단위로 간주한다. 예를 들어, B포트폴리오의 트레이너비율은 '$\frac{17\% - 2\%}{1.5\%}$ = 10(배)'이다.

학습안내 30회, 37회, 40회 기출(► 40회 시험에서는 계산에 대한 '말 문제'로 출제되었다)

3-8 거시경제(4문항)

92

정답 ③

화폐공급이 증가하면 실질국민소득(Y)은 증가하고 이자율(R)은 하락한다.

※ **IS/LM의 메커니즘 이해** : IS균형식인 'Y = C + I + G + (X − M)'과 LM균형식인 '$\frac{M}{P}$ = L(Y, R)'의 작동원리를 이해해야 한다.

① **정부지출 증가** → IS균형식의 우변 총수요 증가 → IS균형식의 좌변 총공급(국민소득) 증가 & 총수요 증가에 따른 물가상승과 이자율상승이 나타난다.
- ► 그림이해 : 정부지출 증가(G의 증가 / 총수요 증가) → IS가 우측으로 Shift → Y증가 & R상승

② **조세감소** → IS균형식의 우변 총수요 증가 → IS균형식의 좌변 총공급(국민소득) 증가 & 총수요 증가에 따른 물가상승과 이자율상승이 나타난다.
- ► 그림이해 : 조세율 감소(T의 감소 / 총수요 증가) → IS가 우측으로 Shift → Y증가 & R상승

③ **통화증가** → LM균형식의 좌변 화폐공급 증가 → LM의 균형을 위해서 우변의 화폐수요가 증가함 → 화폐수요 증가는 'Y의 증가, R의 감소'에 의해 나타난다.
- ► 그림이해 : 통화공급 증가(M의 증가 / 화폐공급 증가) → LM이 우측으로 Shift → Y증가 & R하락

④ **물가하락** → LM균형식의 좌변 화폐공급 증가 → LM의 균형을 위해서 우변의 화폐수요가 증가함 → 화폐수요 증가는 Y의 증가, R의 감소에 의해 나타난다.
- ► 그림이해 : 물가하락(P의 하락 / 실질화폐공급 증가) → LM이 우측으로 Shift → Y증가 & R하락

학습안내 28회, 30회, 31회, 32회, 33회, 34회, 36회, 37회, 38회, 39회, 40회 기출(► IS/LM모형의 균형식은 '41회 92번', 작동원리는 '38회 92번' 해설의 이론을 참조할 것)

93

정답 ②

틀린 내용은 '나, 다'이다.

나. GNI는 한나라의 국민이 생산활동에 참여한 대가로 받은 소득의 합계로서, 해외로부터 국민(거주자)이 받은 소득은 **포함하고** 국내총생산 중에서 외국인(비거주자)에게 지급한 소득은 **제외한다**(2025 기본서, 5권, p57 인용).

다. '명목GNI = 명목GDP + 명목 국외순수취요소소득'이고, '실질GNI = 실질GDP + 실질 국외순수취요소소득 + 실질 교역조건의 변화'이다.

학습안내 34회, 37회와 유사하게 출제되었으나 학습효과 차원에서 변형복원하였다.

94

정답 ③

선행지표는 3개이다(재고순환지표 / 코스피지수 / 장단기금리차). '건설기성액 / 내수출하지수'는 동행지표, '취업자수'는 후행지표이다.

※ 경기종합지수(CI ; Composite Index)의 구성지표

(1) 경기선행지표(7) : 재고순환지표, 경제심리지수(BSI 등), 기계류내수출하지수, 건설수주액, 수출입물가비율, 코스피지수, 장단기금리차

(2) 경기동행지표(7) : 비농림어업취업자수, 광공업생산지수, 서비스업생산지수, 소매판매액지수, 내수출하지수, 건설기성액, 수입액

(3) 경기후행지표(5) : 취업자수, 생산자제품재고지수, 도시가계소비지출, 소비재수입액, CP유통수익률

학습안내 29회, 33회, 36회, 37회와 동일 유형으로 출제되었으나 학습효과 차원에서 변형복원하였다.

95

정답 ②

②만 옳은 내용이다.

► CI(Composite Index ; 경기종합지수)는 경기변동의 진폭이나 속도를 측정할 수 있다.

비교 'DI / BSI / CSI'는 경기방향이나 전환점 파악에는 용이하지만 경기변동의 진폭이나 속도는 측정할 수 없다.

※ 추가해설

① BSI(0%~200%)는 100%를 균형점으로 하며, 100%를 상회하면 경기확장국면, 100%를 하회하면 경기수축국면으로 본다.

비교 DI(0%~100%)는 50%를 균형점으로 하며 50%를 상회하면 경기확장국면, 50%를 하회하면 경기수축국면으로 본다.

② 명목GDP에 실질GDP를 나누어 구하는 것은 GDP디플레이터이다(통화유통속도는 명목GDP를 통화량으로 나누어 구함, 아래 참조).

► **GDP디플레이터와 화폐유통속도** : 명목GDP 1,600조, 실질GDP 1,250조, 통화량 2,000조의 경우('MV = PY' 화폐교환방정식을 이용해서 계산함),

(1) GDP디플레이터(P) = $\frac{MV}{Y} = \frac{PY}{Y} \rightarrow \frac{명목GDP}{실질GDP} = \frac{1,600}{1,250} = 1.28$

(2) 통화유통속도(V) = $\frac{PY}{M} \rightarrow \frac{명목GDP}{통화량} = \frac{1,600}{2,000} = 0.80$

③ 실업률은 '$\frac{실업자수}{경제활동인구}$'이다. 비교하여 경제활동참가율은 '$\frac{경제활동인구}{생산활동가능인구}$'이다.

• 생산활동가능인구 = 경제활동인구 + 비경제활동인구
　　　　　　　　 = (취업자수 + 실업자수) + 비경제활동인구

학습안내 거시경제지표의 혼합문제로서 37회와 유사하게 출제되었다(► 'BSI / CSI / CI'와 CI의 해석방식에 대한 추가설명은 '36회 94번 해설'을 참조할 것).

3-9 분산투자기법(5문항)

96

정답 ②

개별자산(X, Y)의 시나리오별 기대수익률을 먼저 계산한 다음, X와 Y의 기대수익률과 편입비중(6:4)을 반영하여 포트폴리오XY의 기대수익률을 계산한다.

※ 포트폴리오 기대수익률의 계산(가중평균)

(1) 1단계 : 시나리오별 확률과 기대수익률을 가중평균하여 개별자산(X, Y)의 기대수익률을 계산한다.

- X주식 : (10% × 0.3) + (4% × 0.4) + (−5% × 0.3) = 3% + 1.6% − 1.5% = **3.10%**
- Y주식 : (15% × 0.3) + (5% × 0.4) + (−10% × 0.3) = 4.5% + 2% − 3% = **3.50%**

(2) 2단계 : X와 Y의 기대수익률과 편입비중(6;4)을 가중평균하여 포트폴리오의 기대수익률을 계산한다.

- 포트폴리오XY의 기대수익률 = (3.1% × 0.6) + (3.50% × 0.4) = 1.86% + 1.4% = **3.26%**

학습안내 30회, 32회, 35회, 38회, 40회 동일 기출(► 40회에서는 편입비중을 '6:4'로 변형하여 복원하였음)

97

정답 ③

지배원리(Dominance Principle)이다.

※ '지배원리 관련' 개념 정리

(1) 지배원리 : 동일한 위험수준에서는 기대수익이 높은 증권을 선택하고, 기대수익이 동일한 경우는 위험이 적은 증권을 선택하는 원리를 말한다.

(2) 지배원리를 충족시키는 포트폴리오를 효율적 포트폴리오라고 하고, 이러한 효율적 포트폴리오를 연결한 선을 효율적 투자기회선(efficient frontier)이라 한다.

- 효율적 포트폴리오 : 동일한 위험수준에서는 기대수익이 가장 높은 포트폴리오를 말한다.

학습안내 37회, 40회 동일 기출

98

정답 ③

최소분산포트폴리오[주1]를 만드는 X의 비중 W_X는 약 63%이다(아래 풀이).

* 주1(최소분산포트폴리오) : 효율적 투자기회선 상에서 위험(분산)이 최소가 되는 포트폴리오

※ 최소분산포트폴리오 계산

(1) $W_X = \dfrac{\sigma_Y^2 - \sigma_{XY}}{\sigma_X^2 + \sigma_Y^2 - 2\sigma_{XY}} = \dfrac{0.3^2 - (-0.5)0.2 \cdot 0.3}{0.2^2 + 0.3^2 - 2(-0.5)0.2 \cdot 0.3} = \dfrac{0.09 + 0.03}{0.04 + 0.09 + 0.06} = \dfrac{0.12}{0.19} =$ 0.6315(약 63%) ► 산식 분자에서 σ_{XY}는 $\sigma_{XY} = \rho_{XY} \cdot \sigma_X \cdot \sigma_Y$

(2) 즉 자산X를 63%, 자산Y를 37% 편입할 경우 최소분산포트폴리오가 달성된다.

학습안내 31회(신유형), 34회, 36회, 38회, 40회 기출(► 기존의 기출에서는 상관계수를 '0'와 '−1' 두 종류로 제시하였는데, 동 문항에서는 '−0.5'로 변형하였다)

99

정답 ④

7%이다.

※ 상세 풀이

(1) J자산의 요구수익률(증권시장선에 의한 균형수익률)

$E(R_J) = kkk = R_F + \beta_J[E(R_M) - R_F] = 2\% + \beta_J(6\% - 2\%)$

(2) 베타는 $\beta_j = \frac{\sigma_{jm}}{\sigma_m^2} = \frac{0.2}{0.4^2} = 1.25$(∵ 분모에서, 표준편차를 분산으로 전환해야 한다. → 0.4^2)

(3) 베타가 1.6이므로,

$E(R_J) = kkk = R_F + \beta_J[E(R_M) - R_F] = 2\% + 1.25(6\% - 2\%) = 7\%$

주의 만일 공분산을 주지 않고 상관계수를 주었다면 '$\beta_J = \frac{\sigma_{jm}}{\sigma_m^2} = \frac{\rho_{jm} \times \sigma_j \times \sigma m}{\sigma_m^2}$'의 전환과정을 통해 계산할 수 있어야 한다.

학습안내 32회, 36회, 38회, 40회 기출

100

정답 ②

틀린 항목은 '다, 라'이다.

다. 포뮬러 플랜이 아니라 '시장투자적기포착 전략'이다.

► 포뮬러 플랜(formula plan) : 공격적인 투자수단인 **주식**과 방어적 투자수단인 **채권** 사이를 경기 변동에 따라 번갈아 가면서 투자하는 방법인데, 주가가 낮을 때 주식을 매입하고 주가가 높을 때 주식을 매도하도록 운용하는 기법이다.

라. 업그레이딩(upgrading)이 아니라 리밸런싱(rebalancing)이다.

► 포트폴리오 리밸런싱(portfolio rebalancing) : 포트폴리오 비중의 변화가 생길 경우 포트폴리오가 갖는 원래의 특성을 그대로 유지하고자 하는 전략으로서, 구성종목의 상대 가격의 변동에 따른 투자비율의 변화를 원래대로의 비율로 환원시키는 방법을 사용한다.

학습안내 29회, 31회, 33회, 35회, 37회, 40회 기출(► '리밸런싱과 업그레이딩'에 대한 세부 개념 문제는 '37회 100번' 문항을 참조할 것)

투자자산운용사 출제동형 PLUS 최신 9회분

41회차 정답 및 해설

01	02	03	04	05	06	07	08	09	10	11	12	13	14	15	16	17	18	19	20
①	④	④	③	④	①	③	②	②	②	②	④	①	④	③	①	②	①	③	④
21	22	23	24	25	26	27	28	29	30	31	32	33	34	35	36	37	38	39	40
③	③	④	①	④	②	②	①	④	①	①	①	②	④	②	①	④	①	③	③
41	42	43	44	45	46	47	48	49	50	51	52	53	54	55	56	57	58	59	60
①	④	①	②	④	④	③	③	①	①	③	①	②	①	③	③	④	④	④	④
61	62	63	64	65	66	67	68	69	70	71	72	73	74	75	76	77	78	79	80
②	③	①	④	③	④	②	②	④	③	①	②	②	①	②	①	①	①	②	③
81	82	83	84	85	86	87	88	89	90	91	92	93	94	95	96	97	98	99	100
③	②	①	④	③	②	①	①	②	③	④	②	③	③	②	③	②	③	②	②

※ 시험난이도 상향에 대비하는 차원에서, 동일문항 기출이 반복될 경우 '변형복원'을 적극 반영하고 있습니다. 따라서 '변형된 기출' 문항을 학습 시에는 학습안내를 참고하여 '변형 전 기출'도 꼭 확인하시길 바랍니다.

1-1 세제관련 법규/세무전략(7문항)

01

정답 ①

종합부동산세는 직접세이다.

※ **우리나라 조세체계**(2025 기본서, 1권, p3 그림 참조)

<table>
<tr><td rowspan="4">국 세</td><td rowspan="3">내국세</td><td>직접세</td><td>소득세, 법인세, 상속세, 증여세, 종합부동산세</td></tr>
<tr><td>간접세</td><td>부가가치세, 증권거래세, 인지세, 주세, 개별소비세</td></tr>
<tr><td>목적세</td><td>교육세, 농어촌특별세, 교통·에너지·환경세</td></tr>
<tr><td>관 세</td><td></td><td></td></tr>
<tr><td rowspan="3">지방세</td><td rowspan="2">도 세</td><td>보통세</td><td>취득세, 등록면허세, 레저세, 지방소비세</td></tr>
<tr><td>목적세</td><td>지역자원시설세, 지방교육세</td></tr>
<tr><td>시·군세</td><td>보통세</td><td>주민세, 재산세, 자동차세, 지방소득세, 담배소비세</td></tr>
</table>

(1) **직접세** : 납세부담자와 신고납부자가 동일한 조세로서 '소득세, 법인세, 상속 및 증여세, 종합부동산세 등'이 있다.
(2) **간접세** : 납세부담자와 신고납부자가 다른 조세로서 '부가가치세, 증권거래세, 개별소비, 주세, 인지세 등'이 있다.

학습안내 39회와 동일문항으로 출제되었으나 학습효과 차원에서 변형복원하였다.

02

정답 ④

납세고지나 독촉이 있는 경우 **이미 경과한 시효기간의 효력은 중단된다.**

※ 소멸시효의 중단

(1) 납부고지, 독촉, 교부청구, 압류의 경우 이미 경과한 시효기간의 효력이 중단된다. 이때 '이미 경과한 시효기간의 효력이 중단된다'함은 납부고지나 독촉 등의 조치를 통해 '이미 경과된 시효기간의 효력이 상실됨'을 의미하며, 국세징수권의 소멸시효가 다시 원점에서 시작(reset)됨과 같다.
(2) 소멸시효의 중단이 있다고 해서 납세의무가 소멸되는 것은 아니다(소멸시효 중단 ≠ 소멸시효의 완성).
► 납부의무(납세의무)의 소멸사유
㉠ 납부 · 충당되거나 부과가 취소된 때
㉡ 국세 부과의 제척기간이 만료된 때(끝난 때)
㉢ 국세징수권의 소멸시효가 완성된 때

학습안내 31회, 33회, 34회, 39회, 41회 기출

03

정답 ④

'조세심판원장, 90일'이다. 심사청구제도는 '국세청장(또는 감사원장), 90일'이고 심판청구제도는 '조세심판원장, 90일'이다.

※ 심사와 심판(2024 기본서 1권, p10~11인용)

이의신청은 처분청에 재고를 요구하는 것이며, 심사청구는 국세청 또는 감사원에, 심판청구는 조세심판원에 제기하는 불복으로, 이의신청은 청구인의 선택에 따라 생략할 수 있고 심사청구와 심판청구는 청구인의 선택에 따라 그 중 하나를 선택해야 한다. 이의신청 · 심사청구 · 심판청구는 처분청의 처분을 안 날로부터 90일 이내에 제기해야 하며, 특히 심사청구 · 심판청구 절차는 취소소송(행정소송)의 전제 요건이 도어 있어 본 절차를 거치지 아니하고는 취소소송을 제기할 수 없다.

학습안내 38회와 동일문항으로 출제되었으나 학습효과 차원에서 변형복원하였다(► 조세불복제도 기출 : 33회, 36회, 38회, 41회).

04

정답 ③

분할합병의 경우는 '분할합병등기일'이다.

※ 의제배당의 수입시기

의제배당의 종류	수입시기(수입금액의 귀속연도)
감 자	감자결의일
해 산	잔여재산가액 확정일(주의 : 해산일 X)
합 병	합병등기일
분할 또는 분할합병	분할등기일 또는 분할합병등기일
잉여금의 자본전입	자본전입결의일

cf 인정배당의 수입시기 : 당해 사업연도의 결산확정일

학습안내 35회와 동일 문항으로 출제되었다(► 의제배당의 수입시기 기출 : 29회, 35회, 38회, 41회).

05

정답 ④

모두 다 양도소득세의 과세대상이 된다. '가'에서 일반 채권에 대한 매매차익은 소득세법상 비과세이지만, 한국토지주택공사가 발행하는 토지상환채권 또는 주택상환채권은 양도소득세의 열거대상인 '부동산 등(실물부동산과 부동산권리)'에 해당되어 양도소득세 과세대상이 된다.

► 토지상환채권 : 공공개발로 인한 토지 수용 시 사업시행자가 토지매수대금을 현금으로 지급하는 것이 아니라 토지상환채권을 발행하는 것을 말하는데, 토지소유자는 동 채권을 통해 '새로 조성된 토지를 상환'받을 수 있다.

※ **양도소득세 과세대상**(열거주의에 입각한 열거)

(1) 부동산 등 : 실물부동산과 부동산권리

- 부동산 권리 : 부동산 물권(지상권, 전세권, 등기된 임차권), 부동산취득권리(아파트 당첨권, 한국토지주택공사가 발행하는 '토지상환채권, 주택상환채권')

(2) 주식 및 출자지분 : '**소액주주 / 상장주식 / 장내거래**' 경우만 비과세이고 나머지[주1]는 원칙상 모두 과세한다.

* 주1 : 나머지는 '㉠ 대주주의 상장주식 장내거래, ㉡ 소액주주의 상장주식 장외거래, ㉢ 비상장주식 거래'를 말하는데, ㉢중에서 'ⓐ 벤처기업주식, ⓑ 소액주주가 K-OTC에서 양도하는 非대기업주식'은 예외로 한다(즉 비과세).

(3) 기타 자산 : 특정시설물 이용권(골프회원권, 콘도미니엄회원권 등), 영업권, 특정주식A(과점주주가 소유하는 부동산과다보유 법인의 주식), 특정주식B(골프장 · 스키장과 같은 특수업종을 영위하는 부동산과다보유 법인의 주식).

(4) 파생상품 등 : 양도소득세가 과세되는 '**파생상품 등**'은 '㉠ 코스피200을 기초자산으로 하는 장내파생상품(기타 주가지수관련 장외파생상품 포함), ㉡ 해외시장에서 거래되는 장내파생상품 등'을 말한다(→ 시험대비로는 ㉠에 유의).

학습안내 29회, 31회, 33회, 35회, 41회 기출(► '토지상환채권' 내용은 41회 신유형이며, '양도소득세 과세대상'에 대한 상세 내용은 '35회 05번 해설'을 참조할 것)

06

정답 ①

종합소득세 신고 · 납부 대상자는 0명이다(모두 신고대상이 아님).

A. '근로소득 + 금융소득'의 경우 금융소득 합계가 2천만 원 이하인 경우 신고대상이 아니다(cf 금융소득이 2천만 원을 초과할 경우는 근로소득과 합산한 금액을 신고 · 납부해야 함).

B. 법원보관금의 이자는 무조건분리과세로써 납세의무가 종결되므로 종합소득세 신고대상이 아니다.

C. 비실명거래로 인한 금융소득은 무조건분리과세로써 납세의무가 종결되므로 종합소득세 신고대상이 아니다.

D. 양도소득은 분류과세 대상이므로 종합소득세 신고대상이 아니다.

※ **종합소득세 신고 · 납부 대상자 여부**

(1) 근로소득이나 퇴직소득만 있는 경우 → 신고 · 납부 X

- 근로소득은 연말정산 절차로써 종합소득세 신고에 갈음. 퇴직소득은 분류과세 대상이므로 종합소득세 신고대상이 아니다.

(2) 사업소득, 기타소득(300만 원 초과)[주1]이 있는 경우 → 신고 · 납부 O

* 주1 : 300만 원 이하의 기타소득은 분리과세를 선택할 수 있다.

(3) 다른 소득이 전혀 없고 금융소득만 있는 경우 → 금융소득[주2]이 2천만 원을 초과하는 경우에만 신고 · 납부 O

* 주2 : 여기서 '금융소득'은 비과세와 무조건분리과세를 제외한 금융소득을 말한다.

(4) 근로소득과 금융소득이 같이 있는 경우

㉠ 금융소득이 2천만 원 이하인 경우 → 신고 X(∵ 근로소득은 연말정산)

㉡ 금융소득이 2천만 원을 초과하는 경우 → 신고 · 납부 O(금융소득과 근로소득을 합산하여 신고)

학습안내 33회(신유형), 35회, 37회, 39회, 41회 기출

07

정답 ③

조세조약이 체결된 국가의 비거주자의 경우 'Min(법정원천징수세율, 제한세율)'로 과세한다(높은 세율 → 낮은 세율).

※ **추가해설(③)**

예를 들어 국내원천소득 중 배당소득에 대한 원천징수세율은 20%인데 조세조약에 체결된 국가의 비거주자로서 제한세율이 12%일 경우, 'Min(국내원천징수세율, 제한세율) = Min(20%, 12%) = 12%', 즉 12%로 과세한다(→ 법정원천징수세율과 제한세율 중 **낮은 세율을 적용**).

※ **비거주자 과세 종합**

(1) 비거주자에 대해서는 국내 원천소득에 대해서만 과세한다.
- 국내원천소득의 종류: 이자소득, 배당소득, 국내사업소득, 인적용역소득, 근로소득, 퇴직소득, 양도소득, 유가증권양도소득, 기타소득

(2) 비거주자에 대해서는 분리과세를 원칙으로 하고, 국내사업자이나 부동산임대소득이 있는 경우에는 종합과세한다.
- 단, 퇴직소득과 양도소득은 비거주자에게도 분류과세한다.

(3) 원천징수 : 비거주자에 대한 법정원천징수세율을 적용하되, 조세조약이 체결된 국가의 비거주자일 경우 제한세율과 비교하여 **낮은 세율**을 적용한다(위 예시 참조).
㉠ 분리과세의 경우 이상의 원천징수 절차로 납세의무가 종결된다.
㉡ 종합과세의 경우 이상의 원천징수 후 추가적으로 종합과세 신고·납부를 해야 한다.

(4) 비거주자 파생상품 과세 : '국내사업장이 없는 경우의 장내파생상품 소득'과 '위험회피목적상의 장외파생상품 소득'은 국내원천소득 중 유가증권양도소득으로 보지 않으므로 결과적으로 비과세이다.

보충 유가증권양도소득의 과세방법 : Min(양도가액의 10%, 양도차익의 20%)

학습안내 33회, 34회, 39회, 41회 기출

1-2 금융상품(8문항)

08

정답 ②

RP는 국공채를 대상으로 하므로 **예금자보호가 되지 않아도 안전성이 매우 높은** 편이다(► CD와 RP는 2001년도부터 예금자보호대상에서 제외되었음).

학습안내 31회, 36회, 41회 기출(► '환매조건부채권 매매'에 대한 상세 내용은 '36회 08번 해설'을 참조할 것)

09

정답 ②

옳은 내용은 '나, 다'이다. '가'에서 특정금전신탁과 불특정금전신탁을 분류하는 기준은 '운용대상 지정여부'이다.

※ **신탁의 분류**(2025 기본서, 1권, p137 참조)

(1) **운용 대상 지정여부에 따른 분류** : 특정금전신탁, 불특정금전신탁
- '운용대상 등[주1]'을 특정하면 특정금전신탁, 특정하지 않으면 불특정금전신탁이다. 대부분의 신탁은 특정금전신탁이지만 '연금신탁 · 퇴직신탁'은 정책목적상 불특정금전신탁으로 설정한다.

  * 주1 : '운용대상 등'은 '운용대상 / 운용방법 / 운용조건'을 말한다.

(2) **운용방법(공동운용 여부)[주2]에 따른 분류** : 합동운용신탁, 단독운용신탁

• 수탁 받은 금전을 공동으로 운용하면 합동운용신탁, 건 별로 운용하면 단독운용신탁이다. 수탁자금을 합동으로 운용하면 집합투자기구와 동일하게 되므로 업종의 구분을 위해 신탁은 단독운용을 하는 것을 원칙으로 한다. 단 '연금신탁 · 퇴직신탁'은 정책목적상 합동운용을 한다.

* 주2 : '주1'에서 운용방법은 '패시브 또는 액티브 운용'을 말하지만 '주2'에서의 운용방법은 '공동운용여부'로서 그 의미가 다르게 사용되고 있다.

(3) **원본 또는 이익보전 여부에 따른 분류** : 약정배당신탁, 실적배당신탁

• 투자상품인 신탁상품에서 원리금을 보전하는 것은 법에 위배되므로 신탁은 실적배당 신탁으로 판매하며 약정배당 신탁은 판매가 중지되었다. 단, '연금신탁 · 퇴직신탁'은 정책목적상 원금보전신탁[주3]으로 판매한다.

* 주3(참고) : 연금신탁이나 퇴직신탁은 정책목적상 연금개시연령(55세 이후)까지 보유할 경우 원금이 보전되는 혜택을 제공하고 있다.

학습안내 '신탁의 분류(동 문항)'는 41회 신유형이다(► '신탁'에 대한 전체 내용은 '36회 09번 해설'을 참조할 것).

10

정답 ②

옳은 항목의 개수는 1개('나')이다.

※ **상세해설**

가. ELS는 자본시장법상 파생결합증권으로 분류된다(∵ 투자자입장에서는 '옵션매수포지션'에 해당되어 원본초과손실 가능성이 없다. 따라서 파생상품으로 분류되지 않음).

다. ELS를 발행하는 금융투자회사 입장에서는 '옵션매도 포지션'에 해당되어 원본초과손실위험을 부담한다. 따라서 ELS에 투자하는 투자자입장에서는 ELS발행사의 신용위험에 노출되므로, 이러한 신용위험을 최소화하는 차원에서 '우량한 금융투자회사'[주1]가 ELS를 발행하도록 하고 있다.

* 주1 : '우량한 금융투자회사'는 '영업용순자본비율이 300% 이상인 투자매매업자'를 말한다.

라. ELS에 투자시 ELS발행사의 신용위험에 노출되므로 ELS는 원금보장형이라 하더라도 예금자보호가 되지 않는다[주2].

* 주2 : 비교하여 주가연계예금(ELD)은 은행이 발행하는데, 은행은 신용위험이 없으므로 ELD는 예금자보호가 된다.

학습안내 기존 기출(36회 · 40회)와 동일 유형으로 출제되었으나 학습효과 차원에서 변형복원하였다(► 'ELS개념'의 정리된 내용은 '36회 10번 해설'을 참조할 것).

11

정답 ②

주가지수로서 ELW의 기초자산이 될 수 있는 것은 국내지수로는 'KOSPI200지수, KOSDAQ150지수'가 있으며, 해외지수로는 '니케이225지수 / 항생지수'가 있다.

※ **주식워런트 증권(ELW ; Equity Linked Warrant)**

(1) 콜ELW, 풋ELW : 콜ELW는 기초자산을 매수할 권리, 풋ELW는 기초자산을 매도할 권리가 있는 증권이다.

보충 주식이나 선물 · 옵션의 경우 투자자 간에 매매가 이루어지지만(투자자 ↔ 투자자), ELW의 매매는 투자자가 매수하고 증권사가 매도하는 구조이다(투자자매수 ↔ 증권사 매도).

(2) ELW의 상장요건

㉠ 발행자 : 장외파생상품의 겸영인가를 받은 투자매매업자(영업용순자본비율이 300% 이상)[주1]

* 주1 : 모든 금융투자회사가 ELW를 발행할 수 있는 것은 아니다. ELW매도(ELW발행)는 옵션매도 위험(원본초과손실 위험)을 부담하게 되며 따라서 투자자는 ELW매도자의 파산위험(신용위험)에 노출되게 된다. 이러한 신용위험을 최소화하는 차원에서 일정한 요건을 갖춘(NCR 300% 이상) 투자매매업자만이 ELS나 ELW를 발행할 수 있도록 하고 있다.

ⓛ 기초자산

- 주가지수 : 국내지수(코스피200 / 코스닥150지수), 해외지수(니께이225 / 항생지수)
- 개별종목 : '코스피100 및 코스닥150'의 구성종목 및 이를 기초로 하는 주식바스켓

ⓒ 기 타

- 발행총액 : 10억 원 이상
- 잔존만기(잔존권리행사기간) : 상장신청일 기준 3개월 이상 3년 이내

(3) **ELW 매매방식** : 매매수량단위는 10증권(단주매매 불가)이고 지정가호가만 가능하며 가격제한폭이 없다(높은 가격 변동성을 감안).

학습안내 32회, 34회, 41회 기출

12

정답 ④

자동차보험은 손해보험이다(나머지는 생명보험의 종류에 해당됨).

※ **보험의 분류**

(1) 손해보험의 종류 : 화재보험(일반화재 · 장기화재 / 주택화재), 배상책임보험, 해상보험, 자동차보험, 특종보험(레저보험 / 도난보험 등)

(2) 생명보험의 분류

- 보험사고에 따른 분류 : 사망보험, 생존보험, 생사혼합보험(양로보험)
- 피보험자수에 따른 분류 : 단생보험, 연생보험
- 계약대상자수에 따른 분류 : 개인보험, 단체취급보험, 단체보험
- 진단유무에 따른 분류 : 진단보험, 무진단보험
- 보험금 정액유무에 따른 분류
  - 정액보험 : 일반적인 종신보험, 정기보험 등
  - 부정액보험 : 체증식 보험 / 체감식 보험 / 감액보험 / 변액보험

학습안내 '다음 중 손해보험이 아닌 것은?'으로 출제되었으나 기존 기출과 중복 지양 차원에서 변형해서 복원하였다(►36회, 39회, 41회 기출).

13

정답 ①

투자신탁은 수익증권을 발행한다. 나머지는 모두 지분증권이다.

※ **집합투자증권의 발행 형태**(2025 기본서, 1권, p196 참조)

(1) '집합투자증권'이란, 집합투자기구에 대한 출자지분이 표시된 것을 말하는데, 투자신탁은 수익권이 표시된 것을 말한다.

(2) 자본시장법상 집합투자증권을 발행할 수 있는 집합투자기구는 '투자신탁, 투자회사, 투자유한회사, 투자합자회사, 투자익명조합, 투자조합, 사모집합투자기구' 등 7개가 있으며 **투자신탁을 제외한 집합투자기구 투자자의 지위는 출자지분이 표시된 '지분증권'의 소유자가 되나** 투자신탁의 투자자 지위는 수익권이 표시된 수익증권 소유자가 된다.

학습안내 31회, 35회, 41회 기출

14

정답 ④

부외효과(off balance)가 발생하는 것은 '패스스루방식(지분이전증권)'이다.

※ **자산유동화 증권의 현금수취방식에 따른 분류**(2025 기본서, 1권, p261~262 참조)

(1) 패스스루(pass through ; 지분이전증권) : 기초자산에서 발생하는 현금흐름을 투자자에게 그대로 이전한다.
- 지분을 투자자에게 이전함으로써 유동화과정의 모든 위험이 투자자에게 전가되며, 따라서 자산보유자 입장에서는 **부외효과(off balance)가 발생**

(2) **페이스루(pay through, 원리금이체 채권)** : 기초자산의 현금흐름을 SPC가 적립・조정하고 그 현금흐름을 다계층 투자자에게 상환순위에 맞게 지급한다.
- 상환순위가 다른 채권을 투자자에게 발행함으로써, 투자자는 상환청구권을 가진다. 즉, **유동화 과정의 모든 위험이 투자자에 완전히 전가되지 않음으로써 부외효과가 발생하지 않는다.**

학습안내 32회, 33회, 35회, 37회, 39회, 40회, 41회 기출(► '자산유동화증권'에 대한 전체 내용은 '37회 13번 해설'을 참조할 것)

15

정답 ③

DB형과 DC형 모두 IRP에 추가 납입이 가능하다(► 기본서 인용 : 기존에는 확정기여형(DC)에서만 추가납입이 가능하였으나 개인형 IRP 기능이 확대되면서 확정급여형(DB)에서도 개인형 IRP를 통해 연간 1,800만 원까지 추가납입이 가능하게 되었다. 2025 기본서, 1권, p324).

※ **추가 해설**

① 사용자(기업)의 부담금이 사전에 확정되는 것은 DC형이다.
- DB형은 적립금의 운용실적에 따라 사용자의 부담금이 변동한다.

② 연금계리가 필요한 것은 DB형이다.
- DC형은 적립금의 운용결과가 가입자(근로자)에게 귀속이 되므로 미래의 퇴직급여 계산을 위한 연금계리가 필요하지 않다.

④ DB형은 사용자가 운용 및 운용책임을 지며, DC형은 가입자(근로자)가 운용 및 운용책임을 진다.
- DB에서는 운용결과에 따라 사용자의 부담금 규모가 변동할 수 있으며, DC에서는 운용 결과에 따라 가입자의 퇴직급여의 규모가 결정된다.

학습안내 32회, 33회, 35회, 37회, 38회, 39회, 41회 기출(► '퇴직연금제도'에 대한 전체 내용은 '35회 15번 해설'을 참조할 것)

1-3 부동산관련 상품(5문항)

16

정답 ①

점유권은 제한물권이 아니다.

※ 분류표(민법상 물권)

점유권					
물권본권	소유권				
	제한물권	용익물권	지상권	지역권	전세권
		담보물권	유치권	질 권	저당권

→ 점유권은 등기 없이 점유만으로 인정되는 물권으로서 '물권본권'이 아니다. **물권본권**(등기로 인정되는 권리)은 '㉠ **소유권**과 ㉡ **제한물권**(소유권을 제한)'으로 구분되며, 제한물권은 다시 'ⓐ **용익물권**(지상권 / 지역권 / 전세권)과 ⓑ **담보물권**(유치권 / 질권 / 저당권)'으로 구분된다.

학습안내 29회, 31회, 33회, 35회, 37회, 40회, 41회 기출(► 37회에서는 동일한 선지에서 '담보물권이 아닌 것은?'으로 출제되었다)

17

정답 ②

'건폐율, 1,500%'이다.

※ 추가 해설

(1) 건폐율과 용적률의 정의

㉠ 건폐율 : 대지면적에 대한 건축면적(대지에 2 이상의 건축물이 있는 경우에는 이들 건축면적의 합계)의 비율을 말한다.

㉡ 용적률 : 대지면적에 대한 건축물의 지상층의 연면적(대지에 2 이상의 건축물이 있는 경우는 이들 연면적의 합계)의 비율을 말한다.

(2) 용적률 제한 : '용도지역-도시지역'의 용적률 제한은 '상업지역(1,500% 이하) > 주거지역(500% 이하) > 공업지역(400% 이하) > 녹지지역(100% 이하)'이다.

보충 용적률 제한이 높을수록 '빌딩을 높이 올릴 수 있다'는 의미로서 해당 토지의 개발가치가 올라간다.

► 용도지역별 용적률 한도

'국토의 계획 및 이용(개발 / 보전)에 관한 법률'상 용도지역(► '도. 관. 농. 자'로 암기)						
개 발				보 전		
도시지역(► '주. 상. 공. 녹'로 암기)[주2]				관리지역	농림지역	자연환경 보전지역
주거지역	상업지역	공업지역	녹지지역			
500%	1,500%	400%	100%	80%	80%	80%

학습안내 기존 기출(34회 · 37회)와 동일유형으로 출제되었으나 학습효과 차원에서 변형복원하였다(► '건폐율과 용적률'의 상세 내용은 '37회 17번 해설'을 참조할 것)

18

정답 ①

허가면제 대상은 '가, 나'이다.

※ 개발행위 허가대상 및 허가면제

(1) 도시계획사업에 의하지 않고, '**건축물의 건축 또는 공작물의 설치 / 토지의 형질변경 / 토석채취 / 토지분할 / 적치행위**[주1]'의 개발행위를 하고자 하는 자는, 특별시장 · 광역시장 · 시장 또는 군수의 허가를 받아야 한다.

* 주1(적치행위) : 녹지지역 · 관리지역 또는 자연환경보전지역에 물건을 1개월 이상 쌓아놓는 행위

(2) 허가면제 대상 : 개발행위로서 '경미한 사항'은 예외가 적용되어 허가를 받지 않아도 된다.

㉠ 공작물의 경우 무게 50톤, 부피 $50m^3$경우

㉡ **'경작을 위한' 토지의 형질변경**

㉢ 채취면적 $25m^2$ 이하에서의 부피 $50m^3$ 이하의 토석채취

㉣ **사도개설허가를 받아 분할하는 토지분할**

㉤ $25m^2$ 이하 토지에서 부피 $50m^3$ 이하의 적치

학습안내 25회(신유형), 38회, 41회 기출

19

정답 ③

저당권은 법원경매로써, 담보신탁은 신탁회사가 '시장에서 직접 매도(공매)'로써 채권실행을 할 수 있다(환가액에서 부동산담보신탁이 유리함).

학습안내 32회, 34회, 35회, 39회, 41회(► '저당권과 담보신탁'의 상세비교내용은 '35회 19번 해설'을 참조할 것)

20

정답 ④

수익환원법으로 평가한 가격(수익가격)은 '$\frac{순수익}{자본환원률} = \frac{100}{0.08}$ = =1,250억 원'이다.

학습안내 29회, 34회, 36회, 38회, 41회 기출(► '수익환원법 계산'에 대한 상세내용은 '36회 20번' 해설을 참조할 것)

2-1 대안투자운용/투자전략(5문항)

21

정답 ③

대안투자상품에 해당되지 않는 상품은 2개('MMF, 해외주식형펀드')이다. 주식 또는 채권에 투자하는 상품이 전통투자상품이며 나머지는 모두 대안투자상품이다.

학습안내 33회, 35회, 37회, 39회, 41회 기출(► '대안투자'에 대한 전체 내용은 '38회 21번 해설'을 참조할 것)

22

정답 ③

틀린 항목의 개수는 2개('다, 라')이다.

※ 해 설

다. MBS는 모기지(Mortgage)를 기초자산으로 한다(기업매출채권과 같은 '모기지 외의 자산'은 MBS의 기초자산이 될 수 없다).

라. 다수의 투자자로부터 자금을 모아서 이 자금을 부동산 및 부동산관련 사업에 투자한 후 투자자에게 배당을 통해 이익을 분배하는 회사는 REITs(부동산투자회사)이며, REITs의 주권을 증권시장에 상장함으로써 발행사는 유동성이 확보되고 일반투자자는 **소액의 자금으로도 부동산투자가 가능하다.**

학습안내 기존 기출(38회 · 40회)과 동일 유형으로 출제되었으나 학습효과 차원에서 변형복원하였다(► '부동산 금융'에 대한 상세 내용은 '38회 22번 해설'을 참조할 것).

23

정답 ④

틀린 항목의 개수는 3개('가, 나, 다')이다.

※ 해 설

가. 'Yield curve flattener, Yield curve steepener, Yield curve butterfly 전략은 채권차익거래전략으로서 방향성 전략이 아니라 차익거래전략에 속한다.

► 채권차익거래전략에는 수익률 곡선 차익거래와 이자율스프레드 전략이 있는데, 수익률 곡선 차익거래에는 'Yield curve flattener, Yield curve steepener, Yield curve butterfly 전략'이 있다.

나. 전환증권차익거래전략은 채권의 볼록성(convexity)이 크고 **기초자산의 변동성이 큰** 전환사채를 선호한다.

다. 글로벌 매크로(Global Macro) 전략은 탑다운(top-down) 분석을 사용한다.

학습안내 기존 기출(36회 · 38회)과 동일 유형으로 출제되었으나 학습효과 차원에서 변형복원하였다(► '헤지펀드 운용전략'의 전체 종류에 대한 상세 내용은 '36회 23번 해설'을 참조할 것).

24

정답 ①

보기는 발행목적에 따른 CDO의 분류로서, 재무상태표 상의 위험자산을 감소시킴으로써 재무비율 개선을 목적으로 발행하는 Balance Sheet CDO에 해당한다.

보충 ①, ②는 발행목적에 따른 분류이고 ③, ④는 기초자산에 대한 운용방식에 따른 분류이다.

학습안내 30회, 31회, 35회, 38회, 40회, 41회 기출(► 41회는 'Arbitrage CDO'를 답으로 하여 출제가 되었으나 균형적인 기출복원 차원에서 'Balance CDO'를 답으로 복원하였음. 'CDO 분류'에 대한 전체 내용은 '40회 25번 해설'을 참조할 것)

25

정답 ④

합성CDO(Synthetic CDO)이다. 'Cash Flow CDO와 Synthetic CDO'는 위험전이방법에 따른 CDO의 분류인데 Cash Flow CDO는 '기초자산(준거자산)을 양도함으로써 신용위험을 이전하는' 일반적인 CDO를 말하며, **Synthetic CDO는 차주와의 관계 등을 고려하여 '기초자산을 양도하지 않고' 신용위험을 이전하는 특수한 형태의 CDO이다.**

보충 'Balance Sheet CDO와 Arbitrage CDO'는 발행목적에 따른 CDO의 분류인데, 이들도 기초자산을 양도하는 CDO이므로 위험전이방법상의 분류로 따지면 Cash Flow CDO에 해당한다.

※ **합성CDO의 장점** : 2025 기본서, 2권, p102~103 인용

일반적인 CDO와 같이 준거자산을 매각하지 않고 합성(synthesize)하여 CDO를 발행하는 것은 몇 가지 장점을 가지게 된다. 은행의 외형상 규모를 유지하고, 자산매각으로 발생가능한 고객사(借主)와의 관계 악화를 방지할 수 있으며 아직 대출이 발생하지 않은 신용한도(line of credit)에 대한 신용위험의 전가가 가능하다.

학습안내 기존 기출(37회·39회)와 동일하게 출제되었으나 학습효과 차원에서 변형복원 하였다(► '신용파생상품' 전체에 대한 상세 내용은 '37회 25번 해설'을 참조할 것).

2-2 해외증권투자운용/투자전략(5문항)

26

정답 ②

틀린 항목의 개수는 1개(다)이다.

다. '개별기업 특유의 요인에 위험'은 비체계적 위험을 말하며, 비체계적 위험은 국내 분산투자로도 제거할 수 있다.

※ **추가해설('가')** : '개별증권과 시장과의 상관관계가 높다'는 것은 개별증권의 변동요인이 시장 공통요인과 일치하는 부분이 크다는 것을 말하고 따라서 '개별증권의 체계적 위험이 크다'는 것을 의미한다.

► 총위험 = 체계적 위험(시장 공통 요인에 의한 위험) + 비체계적 위험(개별기업 특유의 요인에 의한 위험)

※ **국제 분산투자 효과에 대한 기본서 내용** : 2025 기본서, 2권, p126 인용

개별증권의 체계적 위험은 그 증권의 움직임과 전체 시장 움직임 간에 상관관계로 측정된다. 즉, **상관관계가 높을수록 증권의 체계적 위험이 크다**('가'). 시장과 개별증권이 같이 움직이는 부분은 분산투자를 하더라도 위험이 상쇄되지 않기 때문이다. 체계적 위험을 분산 불가능한 위험이라고 하는 이유도 여기에 있다. 그러나 국내적으로 분산 불가능한 위험인 체계적 위험도 **투자대상을 외국으로 확대하여 국제적으로 분산투자를 할 경우에는 위험의 추가적인 분산투자효과를 얻는 것이 가능하다**('나'). 이것은 기업에 전반적으로 영향을 미치는 요인이 국가 간에 서로 상이하기 때문에 국제적으로 분산투자를 할 경우 개별 국가 특유의 요인이 서로 상쇄되어 국내적으로 분산할 수 없었던 체계적 위험도 어느 정도 제거할 수 있기 때문이다(중략).

학습안내 31회, 35회, 38회, 41회 기출(► '국제 분산투자 효과'에 대한 상세 내용은 '35회 26번 해설'을 참조할 것)

27

정답 ②

틀린 항목의 개수는 1개(다)이다. 우리나라는 2025년 현재 MSCI EM지수(신흥시장 지수)에 편입되어 있다.

※ MSCI지수와 FTSE지수

(1) MSCI지수는 크게 MSCI World Index(MSCI세계지수 ; 선진시장 지수)와 MSCI Emerging Market Index(MSCI 신흥시장지수)으로 구분된다.

► 우리나라는 2025년 현재 **MSCI EM지수로 분류됨**

(2) FTSE지수는 'FTSE100, FTSE World Index, FTSE All World Index로 구분된다.

㉠ FTSE100 : 런던거래소에 상장된 100개의 우량주식으로 구성된 지수

㉡ FTSE World Index : 30개국의 기업이 편입. 상당수 유럽계투자자가 해외투자 시 각국의 투자비중을 결정하는 기준으로 활용되는 지수.

㉢ FTSE All World Index : FTSE World Index의 30개국을 49개국으로 확장함 'ⓐ Developed(선진시장), ⓑ Advanced Emerging(선진신흥시장), ⓒ Emerging(신흥시장)'의 3개 그룹으로 구분함

► 우리나라는 2025년 현재 **Developed(선진시장)로 분류됨**

※ MSCI지수 산출방식 : 유동시가총액 방식(2025 기본서, 2권, p130 인용)

MSCI지수의 산출기준은 시가총액 방식이 아닌 '**유동주식 방식(free floating)'이다.** 시가총액방식은 정부 보유지분이나 계열사 간 상호보유 지분 등 시장에서 유통되지 않는 주식까지 합쳐 계산해 실제 공개시장에 대한 영향력을 정확히 반영하지 못한다는 단점을 가지고 있다. 유동주식 방식은 정부 보유 및 계열사 보유 지분 등 유통되기 어려운 주식을 제외한 실제 유동주식을 기준으로 비중을 계산한다.

※ MSCI EM지수 : 달러로 환산한 주가지수(2025 기본서, 2권, p131 인용)

'MSCI EM지수'의 경우 한국을 포함한 주요 신흥시장 27개국의 기업을 기준으로 산출되며 **주가등락과 환율변동에 따라 각 국가별 편입비중도 매일 바뀐다.** 대상 국가가 외국인 투자자의 매매를 제한하는 경우 역시 반영비율이 줄어들게 된다. 외국 투자기관들은 해외투자 시 각국별 투자비중을 결정하는 기준으로 MSCI지수를 사용하기 때문에 MSCI지수에서 특정국가의 비중이 높아지면 그만큼 외국인투자가 확대될 가능성이 커진다. MSCI지수는 국가별 지수도 발표하는데 우리나라는 MSCI한국지수가 이에 해당한다. MSCI한국지수도 주가등락 뿐 아니라 환율의 변동이 반영된다. 주가가 오르더라도 원화가채가 크게 떨어졌다면 지수는 하락할 수도 있다. 달러로 환산한 주가지수로 이해하면 된다(중략).

학습안내 29회, 31회, 33회, 35회, 37회, 39회, 41회 기출

28

정답 ①

해외투자를 실행한 후 **투자대상국의 통화가치가 상승할 때 환차익이 발생한다.** 즉 한국투자자가 해외투자 후 투자대상국의 통화가치가 하락하면 환차손이 발생하여 원화로 환산한 투자수익률도 낮아진다(► '① 지문'에 대한 상세 내용은 '39회 27번' 해설 참조).

학습안내 32회, 34회, 35회, 36회, 39회, 41회 기출(► 환위험 헤징전략에 대한 전체 내용은 '36회 26번 해설'을 참조할 것)

29

정답 ④

'낮아, 거래량'이다.

► 단기매매차익을 노리는 투자자의 비중이 높다면 → 회전율이 높아지고 → 거래량 기준 상의 시장규모 순위가 상승

► 장기투자수익을 노리는 투자자의 비중이 높거나 경영권확보를 위한 투자의 비중이 높다면 → 회전율이 낮아지고 → 거래량 기준 상의 시장규모순위가 하락

학습안내 기존 기출(31회 · 34회 · 38회)과 유사하게 출제되었으나 학습효과 차원에서 변형복원하였다(► '국제 주식시장규모의 기준과 순위'에 대한 전체 내용은 '38회 27번 해설'을 참조할 것).

30

정답 ①

둘 다 '채권표시 통화의 본국에서 발행하는 채권'이므로 외국채이다.

※ **유로채 VS 외국채**

(1) **외국채** : 비거주자가 **채권표시 통화의 본국에서** 발행하는 채권을 말한다.
- 미 달러화 표시 채권을 미국에서 발행하면 외국채이다(양키본드).
- 파운드화 표시 채권을 영국에서 발행하면 외국채이다(불독본드).
- 엔화 표시 채권을 일본에서 발행하면 외국채이다(사무라이본드).
- 위안화 표시 채권을 중국에서 발행하면 외국채이다(판다본드).

(2) **유로채** : 비거주자가 **채권표시 통화의 본국 외에서** 발행하는 채권을 말한다.
- 미 달러화 표시 채권을 런던에서 발행하면 유로채이다.
  - 유로채인데 달러화 채권을 발행하는 것이므로 유로달러채가 됨
- 위안화 표시 채권을 홍콩에서 발행하면 유로채이다(딤섬본드).

학습안내 34회, 36회, 37회, 38회, 39회, 40회, 41회 기출(► '유로채 VS 외국채'에 대한 정리 내용은 '37회 30번 해설'을 참조할 것)

2-3 투자분석기법(12문항)

31

정답 ①

'산술평균은 1, 중앙값은 3, 최빈값은 5, 범위는 27(단위 : %)'이다. 따라서 지표의 값이 가장 적은 것은 산술평균이다.

※ **풀이(단위 : %)**

① 산술평균 : Σ분포값 / N = (−12−9−6−2+3+5+5+10+15) / 9 = 9 / 9 = 1

② 범위 : 최댓값 − 최솟값 = +15−(−)12 = 27

③ 중앙값 : 정 가운데 값, 즉 3

④ 최빈값 : 빈도수가 가장 높은 관찰치, 즉 5

학습안내 39회(신유형), 41회 기출(► '증권분석을 위한 통계기초'에 대한 상세 내용은 '39회 31번 해설'을 참조할 것)

32

정답 ①

총자산회전율이다(분자인 매출액은 손익계산서, 분모인 총자산은 재무상태표).

※ **재무비율의 구성방식에 따른 분류**

(1) 재무상태표 항목으로 산출되는 재무비율 : 유동비율 / 당좌비율 / 현금비율, 부채비율 / 부채 – 자기자본비율 등

(2) 손익계산서항목으로 산출되는 재무비율 : 매출액영업이익률 / 매출액순이익률, 이자보상비율 등

(3) 재무상태표와 손익계산서 항목을 혼합하여 산출되는 재무비율 : 총자산이익률(ROA) / 자기자본이익률(ROE), 총자산회전율 / 재고자산회전율 / 매출채권회전율 등

► 약식이해 : ROA・ROE와 모든 활동성지표가 '혼합비율'에 해당된다.

학습안내 29회, 32회, 35회, 41회 기출

33

정답 ②

1개(차입금의 차입)이다. '자기주식의 취득'은 재무현금흐름이 (–), '대여금의 회수'와 '유가증권의 처분'은 투자현금흐름이 (+)이다.

※ **현금흐름표 작성 : 현금유입과 현금유출**(2025 기본서, 2권, p264 참조)

구 분	현금유입 : 현금흐름(+)	현금유출 : 현금흐름(–)
영업활동현금흐름[주1] (영업현금흐름)	매출채권의 감소 재고자산의 감소 매입채무의 증가	매출채권의 증가 재고자산의 증가 매입채무의 감소
투자활동현금흐름 (투자현금흐름)	대여금의 회수 유가증권의 처분 설비자산의 처분	대여금의 대여 유가증권의 매입 설비자산의 취득
재무활동현금흐름 (재무현금흐름)	차입금의 차입 자기주식의 처분 유상증자	차입금의 상환 자기주식의 취득 배당금 지급

* 주1 : 표에서의 영업활동현금흐름은 '운전자본의 변동'만 반영한 것임(감가상각비 등 당기순이익 역산 항목의 현금흐름 반영은 '35회 33번 해설'을 참조)

학습안내 기존 기출(35회・37회・39회)과 유사하게 출제되었으나 학습효과 차원에서 변형복원하였다(► '현금흐름표 구성'에 대한 상세 내용은 '35회 33번 해설'을 참조할 것).

34

정답 ④

'미지급금 증가'는 현금이 지출되지 않는 운전자본 증가이므로 '잉여현금흐름의 증가'에 해당한다.

※ **잉여현금흐름(FCF ; Free Cash Flow)**

(1) **잉여현금흐름의 정의** : 본업활동이 창출해낸 현금유입액에서 당해연도 중 새로운 사업에 투자하고 남은 것(즉 '본업에서 창출한 현금흐름 – 설비투자액')

(2) **잉여현금흐름 모형상의 기업가치** : '기업가치 = $\sum PV(FCF_t)$ + 잔여가치'

㉠ $\sum PV(FCF_t)$: 예측가능한 기간동안의 매기의 잉여현금흐름 합계의 현재가치

㉡ 잔여가치 : 예측가능한 기간을 초과하는 기간에 대해서는 '잔여가치'로 평가하며 잔여가치는 최근 3년에서 5년간의 잉여현금흐름의 평균으로 추정하고, 산술적으로 '$\frac{3 \sim 5\text{년의 평균 } FCF}{WACC - g}$(wacc : 가중평균자본비용, g : FCF 성장률)'로 계산한다.

(3) **잉여현금흐름의 증감 : FCF = ① − ②**(► 약식 : 잉여현금흐름 = 영업현금흐름 − 설비투자액)

① 총현금흐름 유입액	② 투하자본 순증가액
순영업이익 + 감가상각비	• 시설자금 증가 • 운전자본 증가 : 매출채권 증가, 재고자산 증가

• 단, '**매입채무 증가**'와 '**미지급금 증가**'는 운전자본을 증가시키지만 '현금지출이 없으므로' ②의 감소요인이 된다. 즉 전체적으로 잉여현금흐름(FCF)의 증가요인이 된다.

학습안내 잉여현금흐름(FCF)에 대한 내용은 41회에 처음으로 출제되었다(단, 영업현금흐름 증감요인을 이해하고 있을 경우 정답을 찾을 수 있는 수준에 해당).

35

정답 ②

고든의 PER모형상 PER는 $\frac{1-b}{k-g}$이며(b : 유보율, k : 요구수익률, g : 배당성장률), 아래와 같이 풀이한다('1−b'는 분자, 분모에 공통으로 존재하므로 **약분 가능**).

$\rightarrow PER = \frac{1-b}{k-g}, \frac{1-b}{k-b \times ROE}$ ($\because g = b \times ROE$)

$\rightarrow PER = \frac{1-b}{0.10 - b \cdot 0.10} = \frac{1-b}{0.10(1-b)} = \frac{1}{0.1}$

∴ PER = 10배

약식이해 요구수익률(k)과 자기자본이익률(ROE)가 같을 경우는 배당성향과 관계없이 '$PER = \frac{1}{k} = \frac{1}{0.1}$ = 10(배)'이다.

► '$PER = \frac{1}{k}$'의 증명 : $PER = \frac{1-b}{k-g} = \frac{1-b}{k-b \times ROE} = \frac{1-b}{k-b \times k} = \frac{1-b}{(1-b)k} = \frac{1}{k}$('k = ROE'일 경우)

학습안내 30회, 32회, 34회, 36회, 38회, 41회 기출

36

정답 ①

주당가치는 1만 원이다(아래 풀이).

※ EV/EBITDA비율을 이용한 상장기업의 주당가치 추정(약식풀이)

(1) $\frac{\text{시가총액 + 채권자가치}}{\text{EBITDA}} = 20$, $\frac{\text{시가총액 + 600억 원}}{\text{50억 원}} = 20$, 시가총액 + 600억 원 = 1,000억 원

(∴) 시가총액은 400억 원

(2) 주당가치 추정 : $\frac{\text{시가총액}}{\text{발행주식수}} = \frac{\text{400억 원}}{\text{400만주}}$ = 10,000원

(∴) A기업의 주당가치는 10,000원이다.

학습안내 30회, 33회, 36회, 38회, 41회 기출

37

정답 ④

타인자본비중이 가장 낮은 조합(④)에서 가중평균자본비용(WACC)이 가장 높아지고 최종적으로 가장 적은 값의 EVA가 달성이 된다.

※ 상세 풀이

(1) EVA공식 : **EVA = 세후 순영업이익 − (투하자본 × 가중평균자본비용)**

(2) 따라서 보기의 조건을 대입하면 동 기업의 EVA는,

EVA = 100억 원 − (250억 원 × 가중평균자본비용[주1])'이다. 즉 가중평균자본비용(WACC)이 클수록 가장 적은 값의 EVA가 달성된다.

* 주1 : 가중평균자본비용(WACC) = (자기자본비율 × 자기자본비용) + {타인자본비율 × 타인자본비용 × (1 − 법인세율)}

(3) 자기자본비용과 타인자본비용이 동일하다고 전제하였을 때, 타인자본비중이 높을수록 법인세 절감효과가 커지고[주2] 그 결과 가중평균자본비용이 낮아진다. 따라서 **타인자본비중이 가장 낮은 조합(④)에서 가장 적은 값의 EVA가 달성이 된다.**

* 주2 : 부채를 사용할 경우 이자비용이 발생하고 이자비용은 기업의 당기순이익을 감소시키고 당기순이익이 감소하는 만큼 법인세가 절감되는 효과가 발생한다.

학습안내 33회(신유형), 38회, 41회 기출(► '33회 · 38회'에서는 '가장 높은 값의 EVA를 달성시키는 자기자본과 타인자본의 조합'을 묻는 문제로 출제되었다)

38

정답 ①

이동평균선의 기준기간(time span)이 길수록 이동평균선의 기울기는 완만해진다.

※ 추가 해설

② 주가와 이동평균선 과의 괴리가 지나치게 클 때에는 주가가 이동평균선으로 회귀하려는 경향이 있다(→ 이격도 분석).

③ 강세국면에서 주가가 이동평균선 위에서 움직일 경우 상승세가 지속될 가능성이 크다(→ 배열도 분석으로서 정배열에 해당됨).

④ 골든크로스는 단기이평선이 장기이평선을 아래에서 위로 상향돌파하는 것을 말하고, 데드크로스는 단기이평선이 장기이평선을 위에서 아래로 하향돌파하는 것을 말한다(→ 크로스 분석).

학습안내 33회, 36회, 39회, 41회 기출(► '이동평균선 분석'에 대한 기본서 전문은 '36회 38번 해설'을 참조할 것)

39

정답 ③

유성형은 하락반전 신호에 해당한다(나머지는 상승반전 신호).

※ 캔들의 종류

구 분	상승반전 신호	하락반전 신호
1개 캔들	망치형, 상승 샅바형, 역전된 망치형	교수형, 하락 샅바형, 유성형
2개 캔들	상승 장악형, 관통형, 상승 잉태형	하락 장악형, 먹구름형, 하락 잉태형
3개 캔들	샛별형	석별형

► 직관적 이해 : 좋은 어감의 캔들(샛별형)은 상승반전 신호가 되고, 나쁜 어감의 캔들(교수형, 유성형, 먹구름형, 석별형)은 하락반전 신호가 된다.

학습안내 41회 신유형이다.

40

정답 ③

상승5파 중에서 일반적으로 가장 길게 나타나는 파동은 3번파동이다(적어도 3번파동은 상승5파 중 가장 짧은 파동이 될 수 없다. → 절대불가침의 법칙). ④는 엘리어트 파동 법칙 중 '4번 파동의 법칙'을 말한다.

※ 엘리어트 파동이론

(1) 기본 개념

- 주가는 '상승5파와 하락3파'로 구성이 되며 끊임없이 순환한다고 본다.
- 상승5파와 하락3파는 충격파동(impulse wave)과 조정파동(corrective wave)로 구성이 되는데 **충격파동은 주가추세와 같은 방향의 파동을 말하고** 조정파동은 주가추세와 반대방향의 파동을 말한다.
  - 상승5파 : '1번, 3번, 5번'파동이 충격파동, '2번, 4번'파동이 조정파동
  - 하락3파 : 'a, c'파동이 충격파동, b파동이 조정파동

(2) 엘리어트파동의 4가지 법칙

㉠ **절대불가침의 법칙**

- 2번파동의 저점은 1번파동의 저점보다 반드시 높아야 한다.
- 3번파동은 상승파동 중 가장 짧은 파동이 될 수 없다.
- 4번파동의 저점은 1번파동의 고점과 겹칠 수 없다.

㉡ **4번파동의 법칙**

4번파동은 3번파동을 38.2% 만큼 되돌리는 경향이 있다. 또는 3번파동의 하위파동인 4번파동과 일치하는 경향이 있다.

㉢ **파동변화의 법칙**

상승5파 중 조정파동인 2번파동과 4번파동은 서로 다른 모양을 형성한다. 즉 2번파동이 '복잡'이라면 4번파동은 '단순'으로 나타난다.

㉣ **파동균등의 법칙**

3번파동이 연장될 경우 5번파동은 1번파동과 같거나 1번의 61.8%를 형성한다.

(3) 엘리어트 파동이론의 한계점 : 융통성이 너무 많다는 점이 약점이다(거의 모든 법칙에 있어서 예외가 인정이 됨).

학습안내 32회, 41회 기출

41

정답 ①

상품의 생산기술구조를 파악하는 것은 투입계수이다.

※ 투입계수와 생산유발계수

(1) 투입계수 : 중산투입계수($\frac{\text{중간투입액}}{\text{총투입액}}$), 부가가치계수($\frac{\text{부가가치액}}{\text{총투입액}}$)가 있음. 고부가가치 상품일수록 중간재투입비중이 낮다.

(2) 생산유발계수 : 산업 간 상호의존관계를 분석하는데 이용되는 계수로서, 소비·투자·수출과 같은 최종수요가 한 단위 증가할 때 각 산업에서 직·간접적으로 유발되는 산출물의 단위를 나타내는 계수로서, 산업 간 상호의존관계(전방연쇄효과 / 후방연쇄효과)를 파악 할 수 있다.

학습안내 기존 기출(35회·37회·38회)와 유사하게 출제되었으나 학습효과 차원에서 변형복원하였다(► '산업연관 분석'에 대한 전체 내용은 '37회 42번 해설'을 참조할 것)

집중률지수 CR_k가 같다고 해도 상위 k개 기업 간의 점유율 분포가 달라지면 불균등도가 변동하는 것이므로 허핀달지수는 변동하게 된다.

※ 상세설명

① 2개 기업이 각 50%의 점유율을 보인다면 허핀달지수는 '$0.5^2 + 0.5^2 = 0.25 + 0.25 = 0.5$, 1개 기업이 100%의 점유율을 보인다면 허핀달지수는 $1^2 = 1$이다. 즉 허핀달지수를 소수점단위로 표시할 경우 최댓값은 1이다.

- 만일 소수점단위가 아닌 %의 제곱단위로 표시할 경우 최댓값은 10,000이다(1개 기업이 100%의 점유율을 보인다면 허핀달지수는 $100^2 = 10,000$).

② 허핀달지수의 역수는 동등기업의 수이다($\frac{1}{\text{HHI}} = \text{N}$, N = 동등기업의 수).

- 5개 기업이 20%씩 점유한 경우 허핀달지수는 →

(1) $\frac{1}{\text{HHI}} = 5$, $\text{HHI} = 0.2$

(2) $0.2^2 + 0.2^2 + 0.2^2 + 0.2^2 + 0.2^2 = 0.04 \times 5 = 0.2$(즉 동등기업의 수가 5개일 경우 허핀달지수는 0.2이다)

③ 동등기업의 수가 무수히 많아질 경우 허핀달지수는 0에 수렴한다.

- 동등기업의 수가 10개일 경우 → $\frac{1}{\text{HHI}} = 10$, 즉 허핀달지수는 0.1이다.
- 동등기업의 수가 100개일 경우 → $\frac{1}{\text{HHI}} = 100$, 즉 허핀달지수는 0.01이다.
- 동등기업의 수가 1,000개일 경우 → $\frac{1}{\text{HHI}} = 1,000$ 즉 허핀달지수는 0.001이다.

⇒ 즉, 동등기업의 수가 무한히 많아질 경우 허핀달지수는 0에 가까워진다.

④ 집중률지수 CR_k가 같다고 해도 허핀달지수는 다를 수 있다.

(1) 상위 3개 기업의 점유율이 30%, 30%, 30%일 경우
→ CR_3는 0.9, HHI는 '$0.3^2 + 0.3^2 + 0.3^2 = 0.09 + 0.09 + 0.09 = 0.27$'이다.

(2) 상위 3개 기업의 점유율이 60%, 20%, 10%일 경우
→ CR_3는 0.9, HHI는 '$0.6^2 + 0.2^2 + 0.1^2 = 0.36 + 0.04 + 0.01 = 0.41$'이다.

⇒ **즉 상위 3개 기업의 CR_3가 동일하더라도 HHI지수는 달라질 수 있다**(동 예시의 경우 불균등도가 증가하였으므로 HHI지수는 상승한다).

학습안내 32회, 36회, 41회 기출

2-4 리스크 관리(8문항)

43

정답 ①

'주식위험, 이자율위험, 환위험, 상품가격위험'은 시장위험(market)의 하위 카테고리이고, 신용위험·운영위험·유동성위험·법적위험은 시장위험과 등위에 있는 카테고리이다.

※ **시장위험(markek risk)의 하위 카테고리 위험** : '주. 채. 통. 상. 신' 위험
시장위험은 자산의 시장가격 변동위험을 말하는데, 가격변동위험의 종류에는 '**주**식가격 변동위험, **채**권가격변동위험(또는 금리변동위험), **통**화상품 가격변동위험(환율변동위험), **상**품가격 변동위험, **신**용스프레드 변동위험'이 있다.

학습안내 37회, 38회, 40회, 41회 기출(► '재무위험의 정의'는 '39회 43번 해설'을 참조할 것)

44

정답 ②

$\sigma(\Delta V) \cdot z = \sigma(\Delta C) \cdot z = \sigma(f' \cdot \Delta S) \cdot z = S \cdot \sigma\left(\frac{\Delta S}{S}\right) \cdot z \cdot f'$, 즉 '**기초자산가격(S), 수익률의 표준편차(σ), 신뢰상수(z), 델타(f')**'가 필요하다. 따라서 '옵션가격, 행사가격, 무위험이자율'은 계산에 사용되지 않는다.

학습안내 30회, 33회, 35회, 36회, 37회, 41회 기출

45

정답 ④

$\sigma(\Delta V) \cdot z = \sigma(\Delta B) \cdot z = \sigma(B \times D^* \cdot \Delta y) \cdot z = B \times \sigma(\Delta y) \times z \times D^* = 1{,}000 \times 2\% \times 2.33 \times 2 = 93.2$, 즉 93.2억 원이다.

학습안내 31회, 34회, 36회, 38회, 41회 기출

46

정답 ④

계산하면 차례대로 '17, 13, 7, 14.73'이다. 참고로 동 문항의 경우 계산을 하지 않아도 정답을 찾을 수 있다(④). 포트폴리오 VaR의 최대치는 상관계수가 +1일 때인 17에 해당하므로 20은 나올 수 없다.

※ **포트폴리오 VaR 산식** : $VaR_P = \sqrt{VaR_X^2 + VaR_Y^2 + 2 \cdot \rho \cdot VaR_X \cdot VaR_Y}$

(1) 상관계수 +1 : 12 + 5 = 17

(2) 상관계수 0 : $\sqrt{12^2 + 5^2} = \sqrt{144 + 25} = 13$

(3) 상관계수 −1 : 12 − 5 = 7

(4) 상관계수 0.4 : $\sqrt{12^2 + 5^2 + 2 \times 0.4 \times 12 \times 5} = \sqrt{144 + 25 + 48} = 14.73$

47

정답 ③

델타노말분석법은 부분가치로 평가(1차 미분치만을 평가)하고 나머지 측정방법(역사적 / 몬테카를로 시뮬레이션법 / 스트레스검증법)은 완전가치로 평가('1차 미분치~N차 미분치')하므로, 델타분석법과 나머지 측정방법의 VaR측정값은 동일하지 않다.

► 델타분석법은 부분가치 평가이므로, 옵션이나 채권과 같은 비선형 금융상품을 평가할 경우 정확성이 떨어지는 단점이 있다.

학습안내 31회, 33회, 37회, 39회, 41회 기출(► '델타분석법'에 대한 정리내용은 '39회 45번 해설'을 참조할 것)

48

정답 ③

역사적 시뮬레이션 방법은 분산, 공분산 등과 같은 모수에 대한 추정을 요구하지 않는다('정규분포의 가정이 필요하지 않다'와 같은 의미).

학습안내 28회, 30회, 34회, 36회, 38회, 41회 기출(► '역사적 시뮬레이션 방법'에 대한 정리내용은 '36회 47번', 기본서 全文은 '38회 46번' 해설을 참조할 것)

49

정답 ①

옳은 내용은 '가, 나'이다.

※ **추가 해설**

가. 신용리스크 측정치는 신용손실의 불확실성, 즉 신용손실분포에 의해 결정된다.
   – '신용리스크는 예상외 손실(unexpected loss)로 정의된다'와 같은 의미

나. 신용손실분포는 한쪽으로 치우치고 '**한쪽으로 치우치고(skewed), 두껍고 긴 꼬리(fat tail)를 가진**' 분포를 한다.

다. '평균과 분산의 두 가지 척도만으로 수익률분포를 정확하게 얻을 수 있는 것(모수적 방법)'은 정규분포를 말한다. 신용손실분포는 정규분포가 아니므로 모수적 방법이 아닌 퍼센타일(percentile : 순위)를 통하여 측정되는 것이 바람직하다.

학습안내 28회, 33회, 35회, 38회, 39회, 41회 기출(► '신용손실분포'에 대한 상세 내용은 42회 48번 해설'을 참조할 것)

50

정답 ①

'EL = 익스포저 × 부도율 × 손실률'이므로 'EL = 100억 원 × 30% × 40% = 12억 원'이다. '회수율(60%) = 1 – 손실률'이므로 손실률은 40%이다.

학습안내 33회, 41회 기출(► 비교 'σ_{EL}, 예상손실의 변동성'은 '32회 · 35회 · 37회 · 39회' 기출)

3-1 직무윤리(5문항)

51

정답 ③

금융소비자보호총괄책임자(CCO)의 업무가 아닌 것은 '가, 라'이다.
가. 위험관리책임자 또는 이사회 업무라고 할 수 있다.
라. 준법감시인의 업무이다.

학습안내 39회와 동일하게 출제되었으나 학습효과 차원에서 변형복원하였다(► 'CCO의 전체업무'에 대해서는 '39회 51번 해설'을 참조할 것).

52

정답 ①

①은 '불공정영업행위의 금지(금소법 제20조)' 조항에 해당하고, ②·③·④는 '부당권유행위 금지' 조항이다. 이 중에서 ③은 '요청하지 않는 투자권유의 금지'조항이고 ④는 '재권유금지'조항이다.

※ **불공정영업행위의 금지(금융소비자보호법 제20조)** : 금융상품판매업자 등은 회사의 우월적 지위를 이용하여 금융소비자의 권익을 해치는 다음의 행위를 해서는 아니 된다.

(1) 대출성 상품, 그 밖에 대통령령으로 정하는 금융상품에 관한 계약체결과 관련하여 금융소비자의 의사에 반하여 다른 금융상품의 계약체결을 강요하는 행위(→ 소위 '꺾기'를 말함)

(2) 대출성 상품, 그 밖에 대통령령으로 정하는 금융상품에 관한 계약체결과 관련하여 부당하게 담보를 요구하거나 보증을 요구하는 행위 등

학습안내 기존 기출(35회·38회·40회)과 유사하게 출제되었으나 학습효과 차원에서 변형복원하였다(► '부당권유행위 금지'조항의 전체 내용은 '38회 53번 해설'을 참조할 것).

53

정답 ②

내부제보자에 대한 보상(인사상 또는 금전적 혜택)이 가능하다.

※ **내부제보자에 대한 보상과 관련한 기본서 내용**

(1) 만일 제보자가 신분상의 불이익을 당한 경우 준법감시인에 대하여 당해 불이익처분에 대한 원상회복, 전직 등 신분보장조치를 요구할 수 있고, 준법감시인은 제보의 내용이 회사의 재산상의 손실 발생 혹은 확대방지에 기여한 경우 **포상을 추천할 수 있다**(3권, p101).

(2) 준법감시인(또는 감사)은 **내부제보 우수자를 선정하여 인사상 또는 금전적 혜택을 부여하도록 회사에 요청할 수 있으나**, 내부제보자가 원하지 않는 경우에는 요청하지 않을 수 있다(3권, p120).

학습안내 31회, 41회 기출

54

정답 ①

틀린 항목의 개수는 0개이다(모두 옳은 내용).

※ **추가해설 : 준법감시인의 임면 규정과 위반 시 과태료 부과**

가. 준법감시인을 회사의 사내이사나 업무집행자 중에서 선임하지 않은 경우 → **1억 원 이하** 과태료 부과 대상

나. 이사회 결의를 거치지 않고 준법감시인을 임명한 경우 → **1억 원 이하** 과태료 부과대상

라. 준법감시인의 보수 지급 및 평가기준을 재무적 경영성과와 연동한 경우 → **3천만 원 이하** 과태료 부과 대상

바. 준법감시인이 겸직금지 의무를 위반한 경우 → **3천만 원 이하**의 과태료 부과 대상

사. 준법감시인 임면일로부터 7영업일 이내에 금융위원회에 보고하지 않은 경우 → **2천만 원 이하** 과태료 부과 대상

학습안내 39회와 동일 문항으로 출제되었으나 학습효과 차원에서 '준법감시인에 대한 핵심내용'을 모두 담아서 변형복원하였다(► '준법감시인'에 대한 정리된 내용은 '35회 53번 해설'을 참조할 것).

55

정답 ③

3천만 원 이하 과태료 부과대상은 2개('가, 나')이다. '다'는 **2천만 원 이하**, '라'는 **1억 원 이하**의 과태료 부과대상이다.

► 약식이해 : 과태료 부과금액이 '1억 원 이하'가 아닌 것은 **통틀어서 3가지**이다. '3천만 원 이하'가 2가지(가 / 나)이고, '2천만 원 이하'는 1가지(다)이다. 나머지는 모두 '1억 원 이하'에 해당된다.

학습안내 34회(신유형), 36회, 39회, 41회 기출(► '과태료 부과대상'에 대한 전체 내용은 '36회 55번 해설'을 참조할 것)

3-2 자본시장법 및 금융위규정(11문항)

56

정답 ③

틀린 항목의 개수는 2개('다, 라')이다. '가'는 '지급총액 > 회수총액'이 되는 위험, 즉 '투자성이 있는 것'을 말하므로 금융투자상품의 정의에 해당한다.

※ **해 설**

다. '원금손실 가능성(투자성)' 여부에 따라 '금융투자상품(O), 비금융투자상품(X)'으로 구분되고, '원금초과손실 가능성(추가지급의무)' 여부에 따라 '증권(X), 파생상품(O)'으로 구분된다.

라. '자본시장법상의 금융투자상품 불인정(명시적 배제)' 대상은 '원화표시 CD[주1] / 관리형 신탁의 수익권 / 주식매수선택권' 3가지이다.

* 주1 : 양도성예금증서의 경우 외화표시로도 발행을 하지만, '외화표시 CD'는 '원화표시 CD'와 달리 환차손 위험에 노출되는 점을 감안하여 자본시장법상 금융투자상품으로 인정된다('원화표시 CD'는 사실상 예금에 준하여 취급될 정도로 안정성이 높으므로 금융투자상품으로 인정되지 않음).

학습안내 28회, 31회, 34회, 38회, 41회 기출(► '금융투자상품의 포괄적 정의'에 대한 상세 내용은 '38회 56번 해설'을 참조할 것)

57

정답 ④

순자본비율이 100%에 미달하게 되면 적기시정조치가 발동된다('순자본비율' 요건은 긴급조치사유가 아니다).

학습안내 32회, 38회, 41회 기출(► '긴급조치 발동사유 & 긴급조치내용'에 대한 상세 내용은 '38회 57번 해설'을 참조할 것)

58

정답 ④

국내 부동산의 경우, **주택법상의 주택과 주택법상의 주택이 아닌 부동산을 불문하고** '취득 후 1년의 기간 이내'에는 처분이 원칙적으로 금지된다.

비교 국외 부동산을 취득한 경우 '집합투자규약에서 정한 기간' 이내에는 처분할 수 없다.

학습안내 39회, 40회, 41회 기출(► '공모형 집합투자기구의 운용제한'에 대한 전체 내용은 '39회 59번 해설'을 참조할 것)

59

정답 ④

모두 해당된다. 자본시장법상의 집합투자기구 5가지 종류(증권 / 부동산 / 특별자산 / 혼합자산 / MMF) 중에서 '부동산 / 특별자산 / 혼합자산'집합투자기구는 기본적으로 환매금지형으로 설정・설립할 것을 원칙으로 한다. 그리고 5가지 종류와 관계없이 '시장성 없는 자산'에 집합투자기구 자산의 20%를 초과하여 투자할 수 있는 펀드는 환매금지형으로 설정・설립해야 한다.

학습안내 38회와 동일문항으로 출제되었으나 학습효과 차원에서 변형복원하였다(► '환매금지형 집합투자기구'에 대한 정리된 내용은 '38회 61번 해설'을 참조할 것).

60

정답 ④

④는 추가발행이 가능한 4가지 요건(아래 해설)에 해당하지 않는다.

※ 환매금지형 집합투자기구에서 집합투자증권의 추가발행이 가능한 사유

(1) 이익분배금의 범위 내에서 집합투자증권을 추가로 발행하는 경우
(2) 기존 투자자의 이익을 해할 우려가 없다고 신탁업자의 확인을 받은 경우
(3) 기존 투자자의 전원의 동의를 받은 경우
(4) 기존 투자자에게 집합투자증권의 보유비율에 따라서 추가로 발행되는 집합투자증권의 우선 매수기회를 부여하는 경우

학습안내 30회, 38회, 41회 기출

61

정답 ②

틀린 항목의 개수는 1개('가')이다. 총회 소집권자로서 수익자는 수익증권 총수의 **5% 이상** 보유자가 옳다.

※ 추가 해설

가. '신탁업자'와 '5% 이상 수익자'가 총회소집을 요구할 경우(총회소집의 목적과 소집이유를 기재한 서면을 집합투자업자에게 제출), 집합투자업자는 1개월 내에 수익자총회를 소집해야 한다.

다/라. 수익자총회 결의사항 별 결의요건은 아래와 같다.

(1) 자본시장법상의 결의사항(합병 / 환매연기 / 신탁계약의 중요 내용 변경 등) : 수익자 의결권의 '출석 과반수 이상 & 전체 1/4 이상'의 수로 결의

(2) 법상이 아닌 신탁계약으로 정한 결의사항(기타 사항) : 수익자 의결권의 '출석 과반수 이상 & 전체 1/5 이상'의 수로 결의

• 그 외 사항

- 서면에 의한 의결권 행사 가능 : 출석해야만 의결권을 행사할 수 있는 것이 아님
- 연기수익자 총회 소집 : 수익자총회에서 결의가 이루어지지 않을 경우 그날부터 2주 이내로 연기수익자총회를 수집해야 하며, 연기수익자 총회에서는 '출석 과반수 이상 & 전체 1/8 이상(신탁계약으로 정한 사항은 1/10 이상)'의 수로 결의한다.

학습안내 동 문항은 기존 기출(36회 • 39회)과 유사하게 출제되었으나 학습효과 차원에서 변형복원하였다(► '수익자 총회'에 대한 전체 내용은 '39회 11번 해설'을 참조할 것).

62

정답 ③

상장주식(또는 장내파생상품)에 대한 매매손실이 있을 경우 '기준가격 < 과세기준가격'이다.

※ 혼합형펀드의 기준가격과 과세기준가격의 관계

(1) 보기에 대한 해석

기준가격 (모든 운용손익을 반영함)	과세기준가격 (상장주식 · 장내파생상품 손익은 제외)
+100만+300만+200만−400만 원 = (+)200만 원	+100만+300만+200만 = (+)600만 원

→ 즉 '기준가격 < 과세기준가격'이다.

► 암기 TIP **('+, 기 > 과')** : 상장주식의 매매손익이 플러스(+)일 경우 '기준가격 > 과세기준가격'이다. 동 예시는 상장주식의 매매손익이 마이너스(−)이므로 반대가 된다.

(2) 기본서 내용 참조(2025 기본서, 1권, p223 참조)

③ **과세기준가격** : 세액산정을 위한 과세표준소득 산출 시 기준이 되는 가격으로 주식 등의 평가 및 매매손익은 **비과세대상으로**, 채권 등의 평가 및 매매손익은 **과세대상으로** 하여 과세표준에 대해 과세하기 위하여 별도로 산출하는 기준가격

ㄱ. 과세기준가격 = (원본 + 과세대상수익 − 과세대상비용) / 총좌수

ㄴ. 과세표준이익 = 과세대상 순이익 증가분(과표기준가격 상승액) × 좌수

기준가격과 과세기준가격의 관계는 아래와 같다. 주식 등 매매 및 평가손실이 큰 경우에는, 투자자인 고객의 입장에서 볼 때 실제 실현수익보다 과표이익이 더 커서 많은 세액을 부담하거나 심지어 투자원본을 하회함으로써 실질적인 수익이 없음에도 불구하고 세액상당액이 원천징수될 수 있다.

ㄱ. 주식 등 매매, 평가손익이 없는 경우 : 기준가격 = 과세기준가격

ㄴ. 주식 등 매매, 평가손익이 +인 경우 : 기준가격 > 과세기준가격**(→ +, 기 > 과)**

ㄷ. 주식 등 매매, 평가손익이 −인 경우 : 기준가격 < 과세기준가격(→ 동 문항 예시)

학습안내 39회와 동일 문항으로 출제되었으나 학습효과 차원에서 변형복원하였다.

63

정답 ①

일반사무관리회사(업무 : 발. 명. 계. 소)를 말한다.

※ **일반사무관리회사의 정의**(2025 기본서, 3권, p414 인용)
투자회사의 위탁을 받아 ① 투자회사 주식의 **발**행 및 **명**의개서, ② 투자회사재산의 **계**산, ③ 법령 또는 정관에 의한 통지 및 공고, ④ 이사회 및 주주총회의 **소**집・개최・의사록 작성 등에 관한 업무, ⑤ 그 밖에 투자회사의 사무를 처리하기 위하여 필요한 업무로서 금융위로부터 위임받은 기준가격 산정업무・투자회사의 운영에 관한 업무를 영위하는 자를 일반사무관리회사라고 한다.

학습안내 33회, 34회, 38회, 41회 기출(► '집합투자기구 관계회사(일반사무관리회사 / 집합투자기구평가회사 / 채권평가회사)'의 정의는 '38회 14번 해설'을 참조할 것)

64

정답 ④

④번도 예외가 인정된다(아래 해설 참조). 그리고 ①・②는 투자자문업자와 투자일임업자의 공통 금지행위이며, ③・④는 투자일임업자 만의 금지행위에 해당된다.

④ 투자일임재산을 각각의 투자자별로 운용하지 않고 여러 투자자의 자산을 집합하여 운용하는 행위는 금지된다. 단, 투자자보호 및 건전한 거래질서를 해할 우려가 없는 경우로서 개별 투자일임재산을 효율적으로 운용하기 위하여 투자대상자산의 매매 주문을 집합하여 처리하고 그 처리결과를 투자일임재산별로 미리 정해진 자산배분 명세에 따라 공동으로 배분하는 경우에는 가능하다(2025 기본서, 3권, p262 인용).

학습안내 32회, 33회, 36회, 39회, 41회 기출(► '투자일임업자의 금지행위'에 대한 전체 내용은 '36회 64번 해설'을 참조할 것)

65

정답 ③

사업보고서 제출대상이 되는 항목은 3개('가, 나, 다')이다. '집합투자증권을 증권시장에 상장한 발행인'은 사업보고서 제출의무 부과대상에서 제외된다.

참고 집합투자증권은 운용결과를 투자자에게 그대로 귀속시키는 상품이다. 즉 집합투자증권은 주식이나 채권 등과 달리 발행인의 위험(신용위험 등)에 노출되지 않으므로 사업보고서 제출의무가 면제되는 것으로 이해할 수 있다.

학습안내 38회와 동일하게 출제되었으나 학습효과 차원에서 변형복원하였다(► '사업보고서 제출의무'에 대한 상세 내용은 '38회 64번' 해설을 참조할 것).

66

정답 ④

모두 '준내부자'로서 내부자거래의 규제 대상이 될 수 있다. '가(정책입안자)'와 '나(회계사)'는 아래 '준내부자 정의 (1)'에 해당되고, '다(판매대리・중개업자)'는 '준내부자 정의 (2)'에 해당된다고 할 수 있다.

► 정책입안자 : 당해 법인과 관련한 정책의 수립으로 당해 법인의 증권 가격에 영향을 줄 수 있는 정책입안자가 해당 증권을 거래하는 것은 내부자거래로 간주된다(규제 대상).

※ **준내부자의 정의**

(1) 그 법인에 대하여 법령에 따른 허가・인가・지도・감독, 그 밖의 권한을 가지는 자로서 그 권한을 행사하는 과정에서 미공개 중요정보를 알게 된 자

(2) 그 법인과 계약을 체결하고 있거나 체결을 교섭하고 있는 자로서 그 계약[주1]을 체결・교섭 또는 이행하는 과정에서 미공개 중요정보를 알게 된 자

* 주1 : 참고 이때 '계약'은 정식계약 뿐 아니라 구두계약이나 가계약도 포함되므로 준내부자의 범위가 포괄적으로 적용됨을 이해할 수 있다.

※ **미공개중요정보 이용금지 규정** : 규제대상자(ⓐ)가 미공개중요정보를 이용하여 규제대상 증권(ⓑ)을 매매하거나 이용하는 행위는 금지된다.

ⓐ 규제대상자	ⓑ 규제대상 증권('특정 증권 등')
① 내부자 • 당해 법인(계열사 포함)의 임직원으로서 그 직무와 관련하여 미공개중요정보를 알게 된 자 • 당해 법인(계열사 포함)의 주요주주로서 그 권리행사과정에서 미공개중요정보를 알게 된 자 ② 준내부자 : 위의 해설 참조 ③ 정보수령자 : ① 또는 ②로부터 미공개중요정보를 받은 자	상장법인[주1]이 발행한, • 주 권 • 주권과 관련된 CB · BW · EB, PB • 주권을 기초자산으로 하는 금융투자상품(파생상품, ELS, ELW 등) • 위의 증권을 원주로 하는 증권예탁증권

* 주1 : 상장법인에는 '6개월 이내로 상장이 예정된 법인'도 포함한다.

학습안내 29회, 33회, 35회, 38회, 41회 기출(► '41회 기출'은 기존 기출에 대한 응용문제로서 신유형에 해당한다)

3-3 한국금융투자협회 규정(3문항)

67

정답 ②

옳은 항목의 개수는 1개('가')이다.

나. 고지[주1] 후 판매가 가능하다. 비교하여 '계열사의 집합투자증권만을 투자권유하거나 안내하는 행위'는 금지대상이다.

* 주1 : 계열사가 운용하는 펀드의 집합투자증권을 판매 시 '집합투자업자가 계열사 관계에 있다'는 사실을 고지해야 한다.

다. 다른 금융투자상품과 연계하여 펀드를 판매하는 경우는 '협회에 등록된 펀드투자권유자문인력'[주2]이 권유를 하도록 해야 한다.

* 주2 : 모든 임직원이 협회에 등록된 펀드투자권유자문인력에 해당하지는 않으므로 '(임직원 중) 협회에 등록된 펀드투자권유자문인력'이 정확하다.

학습안내 29회, 33회, 36회, 39회, 41회 기출(► '펀드판매 시 금지사항과 준수사항'에 대한 상세 내용은 '36회 67번 해설'을 참조할 것)

68

정답 ②

'**포함된**' 보수산정기준을 제정하고 운영해야 한다.

※ **추가 해설**

① 해당 제3자의 성명(또는 법인 명)을 조사분석자료에 기재한 후 외부에 공표할 수 있다.

③ 금융투자분석사와 기업금융업무 관련 부서 간의 의견교환은 이해상충을 이유로 원칙적으로 제한하고 있지만, 이를 엄격히 금지할 경우 기업활동을 지나치게 억제하는 부작용이 있으므로, 준법감시부서의 통제 하에 예외적으로 허용하고 있다.

④ 대상기업의 지분율이 **5% 이상인 경우는 공표금지, 1% 이상(1% 이상, 5% 미만)인 경우는 이해관계를 명시 후 공표할 수 있다.**

※ **추가 이해**

(1) **조사분석업무 독립적 수행을 위한 내부통제기준 제정 등 필요조치이행의무**

금융투자회사는 금융투자분석사가 조사분석업무를 독립적으로 수행할 수 있도록 내부 통제기준 및 조사분석자료의 품질 및 생산실적, 투자의견의 적정성 등이 포함된 보수산정 기준을 제정·운영해야 한다.

(2) **조사분석대상법인의 제한**

㉠ 분석금지대상(요약)

- 자신이 발행한 금융투자상품
- 자신이 발행주식 총수의 **5% 이상**의 지분을 보유하고 있는 법인
- 자신이 공개입찰방식으로 지분매각 또는 지분매입의 주선 등을 하고 있는 법인

㉡ 이해관계 고지 후 공표가능 대상(요약)

- 자신이 채무이행을 직간접으로 보장하고 있는 경우
- 자신이 발행주식 총수의 **1% 이상**의 지분을 보유하고 있는 경우
- 주권을 최초로 상장시키기 위해 대표주관업무를 수행한 경우
  - 최초거래일로부터 1년 간 2회 이상의 조사분석자료를 무료로 공표해야 함

학습안내 32회, 35회, 37회, 41회 기출

69

정답 ④

기업공개와 관련해서 불성실 수요예측 참여자로 지정된 경우 최대 24개월까지 수요예측 참여가 제한된다(cf 무보증사채의 경우 1~4개월 간 수요예측 참여가 제한).

※ **불성실 수요예측 참여행위 및 참여제한**

(1) 불성실 수요예측 참여행위

㉠ 수요예측에 참여하여 주식이나 무보증사채를 배정받은 후 청약을 하지 않거나 청약 후 대금을 납입하지 않은 경우

㉡ 수요예측에 참여하여 의무보유확약을 하고 배정받은 주식을 의무보유확약 기간 내에 처분하는 경우

㉢ 수요예측에 참여하면서 관련 정보를 허위로 작성하는 경우

㉣ 수요예측에 참여하여 공모주식을 배정받은 후 조기에 계약을 해지하거나 환매하는 경우(ⓐ, ⓑ)

ⓐ 벤처기업투자신탁, 고위험고수익투자신탁 : 공모주식을 배정받은 후 해당 신탁계약의 설정일로부터 **1년 이내** 또는 공모주식 배정일로부터 3개월 이내 해지되는 경우

ⓑ 사모로 방법으로 설정된 벤처기업투자신탁 : 공모주식을 배정받는 후 최초설정일로 부터 **1년 6개월 이내**에 환매하는 경우

(2) 불성실 수요예측 참여자에 대한 제한

㉠ 기업공개 시 불성실 수요예측 참여자 : 위반금액 규모에 따라 **최대 24개월**까지 수요 예측 참여가 제한

㉡ 무보증사채 공모 시 불성실 수요예측 참여자 : **1~4개월** 간 수요예측 참여가 제한

(3) 제재의 병과 : 위원회가 제재금 또는 금전의 납부를 부과하는 경우, 불성실수요예측 참여자로 지정된 자의 고유재산에 한하여 수요예측 참여제한을 **병과할 수 있다.**

학습안내 41회 신유형이다('제재 병과'는 43회 기출).

3-4 주식투자운용/투자전략(6문항)

70

정답 ③

근본적 분석법(fundamental analysis)이다. 근본적 분석법은 '과거 시계열 자료 + 리스크 프리미엄'의 구조로 기대수익률을 구하는데, 리스크 프리미엄에 펀드멘탈이 반영되므로 '펀드멘탈 분석법(근본적 분석법)'이라 한다.

학습안내 35회, 37회, 38회, 41회 기출(► '펀드멘탈 분석법'을 포함한 기대수익률 추정방식에 대한 상세 내용은 '35회 70번 해설'을 참조할 것)

71

정답 ①

'효율적 포트폴리오(efficient portfolio), 효율적 투자기회선(efficient frontier)'이다.

※ **개념비교**

(1) **최소분산포트폴리오** : 효율적 투자기회선 상의 효율적 포트폴리오 중 분산(위험)이 가장 적은 포트폴리오를 말하는데, 그림 상으로 효율적 투자기회선 상의 제일 왼쪽에 위치하는 점이다.

참고 '최소분산포트폴리오 계산문제'는 3과목 분산투자이론에서의 빈출유형이다('34회 · 36회 · 38회 · 40회' 기출).

(2) **최적포트폴리오** : 효율적 투자기회선 상의 효율적 포트폴리오와 특정 투자자의 무차별효용곡선과의 접점을 말한다.

- 최적포트폴리오(optimal portfolio)는 효율적 투자기회선 상에 있는 무수히 많은 효율적 포트폴리오(efficient portfolio) 중에서 투자자의 효용을 동시에 만족시키는 점에서 결정된다(투자자별로 최적포트폴리오는 오직 하나가 존재함).

학습안내 28회, 31회, 35회, 38회, 41회 기출

72

정답 ②

실행도구로서 전술적 자산배분에 해당하는 것은 '나, 다'이다.

※ **자산배분의 실행방법 또는 실행도구**

전략적 자산배분의 실행방법	전술적 자산배분의 실행도구
(1) 시장가치 접근방법 (2) 위험수익 최적화 방법 (3) 투자자별 특수상황을 고려하는 방법 (4) 다른 기관투자자의 자산배분을 모방하는 방법	(5) 가치평가모형 (6) 기술적 분석 (7) 포뮬러 플랜

(1) **시장가치접근방법** : 시장지수의 시가총액 구성비율을 그대로 따라하는 전략으로서, 이는 '시장이 효율적'이라는 전제로 벤치마크수익률을 추구하는 장기적인 전략, 즉 전략적 자산배분에 해당된다.

(2) **위험수익최적화 방법** : '기대수익률과 위험을 파악 → 지배원리를 통해 효율적 투자기회선 도출 → 최적 포트폴리오 투자'의 마코위츠의 포트폴리오 이론(평균분산모형)과 같다.

- 마코위츠의 포트폴리오 이론은 전략적 자산배분의 이론적 토대가 된다.

(3) **투자자별 특수상황을 고려하는 방법** : 전략적 자산배분의 토대 위에 운용기관별 요구수익률, 수용 위험수준 등을 고려하는 방법이다.

(4) **다른 기관투자자의 자산배분을 모방하는 방법** : 연기금 등 시장을 주도하는 대형기관투자자의 자산배분전략을 모방하는 것으로서 보편화되어 있는 방법이다.

(5) **가치평가모형** : 다양한 가치평가모형(현금흐름할인모형, 배당평가모형, CAPM, APT 등)을 통해 내재가치를 정확하게 평가하고자 하는 방법이다.

- 전술적 자산배분의 핵심은 내재가치평가를 통한 자산의 고평가・저평가 여부를 판단하는 것이다.

(6) **기술적 분석** : 과거에 성공적이었던 기술적 분석의 경험을 이용하여 적정한 자산의 매매 타이밍을 찾고자 하는 방법이다.

(7) **포뮬러 플랜(Formula Plan)** : '주식 + 채권'으로 포트폴리오를 구성한 후, 주식가격이 사전에 정한 일정 범위에 도달할 경우 매매(상승 시 매도, 하락 시 매수)하여 안정적으로 초과 수익을 달성하고자 하는 기법이다.

- 포뮬러 플랜은 개별자산의 가치평가를 하지 않고 막연하게 시장과 역으로 투자하는 역투자전략에 해당한다.

학습안내 오래 전의 기출유형이다(동 주제에 대한 마지막 출제는 2019년).

73

정답 ②

Nikkei225지수는 주가가중방식 주가지수이다.

※ **주가지수 산출방식**(2025 기본서, 4권, p84~85 참조)

(1) **주가가중(price weighted) 주가지수**

- 절대적인 주당가격이 가중치가 된다.
- 주가지수는 각 주가의 합을 조정된 주식 수[주1]로 나눈 값이다.

  * 주1 : 조정된 주식 수란 액면분할, 유무상증자, 합병 등으로 조정된 주식 수를 반영하는 것임
- 주가가중방식은 시가총액을 고려하지 않고 단순히 주가가 높은 종목의 가중치가 커진다는 단점이 있으나, '지수를 구성하는 모든 종목을 1주씩 매입하여 보유함으로써 주가가중방식의 주가지수 수익률을 얻을 수 있다'는 장점이 있다.
- 해당 지수 : 다우존스산업평균지수(DJIA), 일본의 Nikkei225지수

(2) **시가가중(value weighted 또는 market capitalization weighted) 주가지수**

- '발행된 주식 수에 주가를 곱한 값(시가총액)'이 가중치가 되며, 지수를 구성하는 종목의 모든 발행주식 수를 보유했을 때의 성과를 나타낸다.
- 시가가중방식은 시가총액이 큰 종목의 가격변화를 잘 반영하는데, 시가총액이 크다는 것은 '**대형이며 성숙기에 있는 기업이거나 주가가 이미 최고로 상승하여 과대평가된 종목**'의 **가능성을 내포한다.**
- 한편, 정부나 지배주주 등이 보유하고 있는 주식을 제외하고 실제로 거래가능한 주식을 유동주식(free float)이라 하는데, 유동주식 수에 주가를 곱한 값(유동시가총액)을 가중치로 사용하는 지수를 유동시가가중 주가지수라 한다.
- 해당 지수(시가가중 주가지수 : KOSPI, S&P지수 등 대부분의 지수

  cf KOSPI200지수와 MSCI지수는 유동시가가중 방식이다.

(3) **동일가중(equal weighted) 주가지수**

- 각 종목의 가중치가 동일하게 적용된다.
- 각 종목에 동일한 금액을 투자했을 때의 성과를 나타낸다.
- 동일가중방식은 모든 종목을 동일하게 취급하는데, 실제로는 훨씬 많은 수의 소형 기업이 존재하기 때문에 **소형기업의 가중치가 높아지는 경향을 가진다.**

학습안내 28회, 32회, 35회, 38회, 41회 기출

74

정답 ①

'완전복제법(full replication), 표본추출법(representative sampling)'이다.

학습안내 30회, 32회, 34회, 38회, 39회, 40회, 41회 기출(► '인덱스 구성방식'에 대한 전체 내용은 '38회 74번 해설'을 참조할 것)

75

정답 ②

'준액티브(semi-active)' 운용이다. 준액티브 운용은 벤치마크 대비 **약간의 초과 수익을 획득**하고자 하는 전략이며(cf 액티브 운용은 **최대한의 초과수익을 획득**하고자하는 전략), 준액티브 운용의 잔차위험은 액티브운용의 잔차위험보다 낮은 수준이다(cf 잔차위험 수준 : 액티브 > 준액티브 > 패시브).

※ **준액티브 운용에 대한 기본서 내용**(2025 기본서, 4권, p92~93 인용)

준액티브(semi-active) 운용전략은 추가적인 위험을 많이 발생시키지 않으면서 벤치마크대비 초과수익을 획득하려는 전략이다. 액티브 운용과의 가장 큰 차이는 벤치마크와 괴리될 위험을 적절하게 통제하는 데에 있다. 준액티브 운용자는 자신의 투자 통찰력을 반영하여 포트폴리오를 구성하면서도 거기에 수반되는 위험요소들을 중립화해야 한다. 준액티브 운용에서도 잔차위험은 증가될 수밖에 없지만 증가된 수익률이 그러한 위험을 보상하고도 남을 수준이 되어야 한다. 예를 들어 순수한 의미의 액티브 운용자는 벤치마크와 무관하게 그 가치를 판단할 수 없는 종목은 포트폴리오에 포함하지 않지만, 준액티브 운용자는 분석되지 않아서 판단할 수 없는 종목은 벤치마크에서 차지하는 비중만큼 보유한다는 점에서 차이가 있다. 준액티브 운용은 월등하게 좋은 성과를 내는 종목이나 사건을 발견하기 보다는 조그만 성과를 낼 수 있는 종목이나 사건을 많이 발견하는 데에 초점을 맞춘다(중략).

학습안내 기존 기출(35회 · 37회 · 40회)와 동일하게 출제되었으나 학습효과 차원에서 변형복원하였다(► '준액티브 운용'에 대한 전체 내용은 '35회 74번 해설'을 참조할 것).

3-5 채권투자운용/투자전략(6문항)

76

정답 ①

패리티(parity)이다. 패리티는 % 단위로 표시하므로 패리티비율이라고도 한다.

※ **패리티(Parity)**

(1) 정의 : 전환대상 주가의 현재가격이 전환가격을 몇 % 상회하고 있는가를 나타내는 지표이다.

► 공식 : $\text{패리티 비율} = \dfrac{\text{전환대상 주식의 시장가격}}{\text{전환가격}} \times 100\%$

(2) 의미(예시) : 패리티 비율이 140%라면, 현재 전환사채를 전환대상 주식으로 전환한다면 전환가격 대비 40%의 수익을 보는 상태임을 말한다.

학습안내 '패리티의 정의문제'로서 3회 주기(32회 · 35회 · 38회 · 41회)로 출제되고 있다(► 전환사채 용어정리는 '38회 77번', 패리티 계산에 대한 상세내용은 '40회 77번' 해설을 참조할 것).

77

정답 ①

'채권가격 $P = \dfrac{10{,}000\text{원}}{(1+0.05)^1(1+0.05\times\frac{73}{365})} = 9{,}429.51\text{원}$, 즉 9,429원이다.

학습안내' 28회, 33회, 36회, 39회, 41회 기출(► '28회 · 41회'는 잔존만기가 1년 이상으로, '33회 · 36회 · 39회'는 잔존만기가 1년 미만으로 제시되었다)

틀린 항목의 개수는 0개이다(모두 옳은 내용).

※ **추가 해설**

가. 실제 채권가격곡선의 볼록성(convexity) 성질에 의해서, 수익률의 상승·하락과 상관없이 볼록성이 큰 채권(A)이 볼록성이 작은 채권(B)보다 항상 더 높은 가격을 가지게 된다(아래 그림 참조).

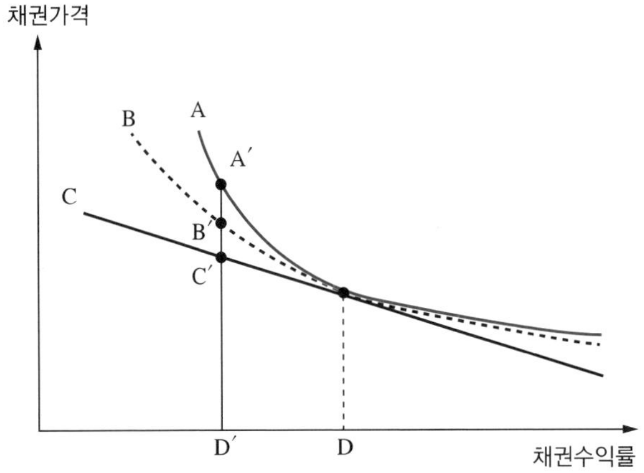

(그림인용 : 시대에듀 한권으로 끝내기, 2권, p287)

► 설명 : 채권수익률이 하락할 경우(D → D′), 볼록성이 큰 A채권의 가격상승폭(A′)이 볼록성이 작은 B채권의 가격상승폭(B′)보다 크다. 반대로 채권수익률이 상승할 경우는 A채권의 가격하락폭이 B채권의 가격하락폭보다 적게 나타난다. 따라서 채권수익률의 변동에 따른 채권가격의 변동측면에서 볼록성이 큰 채권이 무조건 유리하다(따라서 볼록성이 큰 A채권의 가격이 B채권의 가격보다 비싸다).

나. 채권의 볼록성은 듀레이션이 증가함에 따라 체증적으로 증가한다. 듀레이션이 증가할 수록(채권수익률의 하락폭이 클수록) 볼록성이 더 크게(체증적으로) 나타난다.

- 그림으로 볼 때, 채권수익률이 하락할수록((D에서 D′방향으로 움직일수록), 실제 채권가격(곡선)과 듀레이션의 간격이 더 크게 벌어진다(→ 볼록성이 체증적으로 증가함 또는 가속도로 증가함을 의미).

다. 표면이자율이 낮을수록 채권의 볼록성은 커진다.

보충 듀레이션이 증가할 때 볼록성은 가속도로 증가하므로, 채권가격결정요인(표면금리, 잔존기간, 만기수익률)에 대한 방향성은 듀레이션과 볼록성이 동일하다. 즉, 표면이율이 낮을수록 볼록성이 커진다.

► **채권가격의 변동성(듀레이션 또는 볼록성)↑** $= f(CR\downarrow,\ T-t\uparrow,\ YTM\downarrow)$

※ **볼록성(convexity)의 특징** : 2025 기본서, 4권 p206 참조

(1) 동일한 듀레이션에서 볼록성이 큰 채권은 작은 채권보다 수익률의 상승이나 하락에 관계없이 항상 높은 가격을 지님

(2) 수익률이 하락할수록 채권의 볼록성은 증가

(3) 일정한 수익률과 만기에서 표면이자율이 낮을수록 채권의 볼록성은 커짐

(4) 채권의 볼록성은 듀레이션이 증가함에 따라 가속도로 증가

학습안내 36회(신유형), 41회 기출

79

정답 ②

동 채권의 볼록성(convexity)은 42이다.

※ **상세풀이**

듀레이션과 볼록성을 모두 반영한 채권가격변동률의 공식은

$$\frac{\Delta P}{P} = \left\{(-) \times \frac{\text{맥컬레이듀레이션}}{(1+r)} \times \Delta r\right\} + \left\{\frac{1}{2} \times convexity \times (\Delta r)^2\right\}\text{이며,}$$

이 산식을 이용하여 볼록성을 구할 수 있다.

$$\rightarrow \frac{\Delta P}{P} = \{(-) \times \text{수정듀레이션} \times \Delta r\} + \left\{\frac{1}{2} \times convexity \times (\Delta r)^2\right\}$$

$$\rightarrow (+)7.32\% = \{(-) \times 3.24 \times (-)2\%\} + \left\{\frac{1}{2} \times convexity \times (0.02)^2\right\}$$

$$\rightarrow (+)7.32\% = \{(+) \times 6.48\%\} + \left\{\frac{1}{2} \times convexity \times (0.0004)\right\}$$

$$\rightarrow (+)0.84\% = \left\{\frac{1}{2} \times convexity \times 0.0004\right\}$$

$$\rightarrow 0.0084 = \left\{\frac{1}{2} \times convexity \times 0.0004\right\}$$

$$\rightarrow 0.0084 = 0.0002 \times convexity$$

$$\rightarrow convexity = \frac{0.0084}{0.0002},\ (\therefore)\text{convexity} = 42$$

주의 만기수익률의 변동이 1%가 아닌 경우는 '약식계산법(양변에 100을 곱하는 방식, 39회 80번 해설 참조)'을 사용할 수 없고 '오리지널 방식'으로 풀어야 한다.

학습안내 35회(신유형), 39회, 41회 기출

80

정답 ③

'유동성위험(liquiydity risk) 또는 시장위험(market risk)'이다.

※ **채권투자위험의 종류** : 이자율변동위험, 구매력위험(인플레위험), 재투자위험, 신용위험(또는 채무불이행위험), 중도상환위험(call risk), 유동성위험(또는 시장위험), 환율위험

학습안내 39회(신유형), 41회 기출(► '채권투자위험'의 전체 내용은 '39회 81번 해설'을 참조할 것)

81

정답 ③

소극적인(passive) 채권운용전략의 종류는 3개이다(사다리형만기보유전략, 채권면역전략, 현금흐름일치전략).

※ **채권운용전략의 구분(Active vs Passive)**

적극적인 운용전략(Active)	소극적인 운용전략(Passive)
• 금리예측전략(듀레이션조절전략)	• 만기보유전략
• 채권교체전략(동종교체 / 이종교체)	• 사다리형만기전략
• 스프레드운용전략	• 채권면역전략(전통적 / 순자산가치 / 상황대응적)
• 수익률곡선타기전략(롤링효과 / 숄더효과)	• 현금흐름일치전략
• 수익률곡선전략(바벨형 / 불릿형)	• 채권인덱싱전략

학습안내 32회, 34회, 35회, 38회, 41회 기출(► '채권운용전략 전체'에 대한 세부 내용은 '42회 81번 해설'을 참조할 것)

3-6 파생상품투자운용/투자전략(6문항)

82

정답 ②

'나, 다'는 선물거래(futures)의 특징이다. 선도거래는 장외거래이므로 신용위험이 있고(**신용위험이 중시되고**), 선물거래는 거래소가 청산소기능을 수행하므로 신용위험이 없다(**신용위험이 중시되지 않는다**). 신용위험이 없다는 것은 선물거래의 가장 큰 장점인데, 신용위험을 완화하는 장치로서 '일일정산제도 및 추가증거금납부제도'를 선물시장에 두고 있다.

※ **선도계약과 선물계약의 차이점**(2025 기본서, 4권, p294 표 인용)

구 분	선도거래(장외거래)	선물거래(장내거래)
① 거래의 표준화 여부	• 거래조건이 비표준화됨	• 거래조건이 표준화됨
② 상품의 인도·인수 여부	• 일반적으로 만기일에 인수도	• 대부분 만기 전에 반대매매
③ 거래소 유무	• 장외거래 중심	• 정형화된 거래소 내 거래
④ 결제시점	• 만기일에 결제됨	• 일일정산됨
⑤ 유동성	• 직접계약이므로 유동성이 낮다.	• 간접계약이므로 유동성이 높다.
⑥ 가격과 거래제한	• 가격과 거래제한이 없다.	• 가격과 거래제한이 있다.
⑦ 참여 거래자 범위	• 한정된 거래자	• 다수의 거래자

학습안내 기존 기출(32회·35회·38회)과 동일 유형으로 출제되었으나 학습 효과 차원에서 변형복원하였다.

83

정답 ①

'$F_t > S_t$'이면 콘탱고(Contango) 상태 또는 정상시장이라 하며, '$F_t < S_t$'이면 백워데이션(Backwadation)상태 또는 역조시장이라 한다.

학습안내 33회, 34회, 36회, 37회, 41회 기출(► '콘탱고와 백워데이션'에 대한 기본서 全文은 '42회 82번 해설'을 참조할 것)

84

정답 ④

'스트랭글 매도 포지션, 90 < P < 110'이다. 상승방향의 BEP는 110(105 + 5)이고, 하락 방향의 BEP는 90(95 − 5)이다. 따라서 기초자산이 '90~110'에 있을 때는 수익이 발생하고 이를 벗어나는 구간에서는 손실이 발생한다(BEP ; Break Even Point).

※ **스트래들, 스트랭글 포지션 이해**

(1) 기초자산이 100일 때(예시)

㉠ 행사가격이 100인 콜옵션과 풋옵션을 동시에 매도하면 '스트래들 매도 포지션'이다.

• 스트래들 매도 : 등가격옵션인 C(100), P(100) 동시 매도

㉡ 행사가격이 105인 콜옵션과 행사가격이 95인 풋옵션을 동시에 매도하면 '스트랭글 매도 포지션'이다.

• 스트랭글 매도 : 외가격옵션인 C(105), P(95)을 동시 매도

보충 외가격옵션은 등가격옵션보다 가격이 싼 옵션을 말하는데, C(105)는 C(100)보다 가격이 싸며, P(95)는 P(100)보다 가격이 싸다.

(2) 손익구조 : 행사가격별 콜옵션과 풋옵션의 가격(프리미엄)이 표와 같다고 가정할 때 스트래들 매도와 스트랭글 매도의 손익구조는 아래와 같다.

옵 션	P(95) 외가격	P(100) 등가격	C(100) 등가격	C(105) 외가격
옵션프리미엄	3	5	6	4

㉠ 스트래들 매도 포지션에서 수익이 나는 구간은 '89 < P < 111'이다.

• 동시 매도한 옵션프리미엄의 합이 11포인트(6 + 5 = 11)이므로, 상승방향의 BEP는 111포인트(100 + 11)이고 하락방향의 BEP는 89포인트(100 − 11 = 89)이다.

㉡ 스트랭글 매도 포지션에서 수익이 나는 구간은 '88 < P < 112'이다.

• 동시 매도한 옵션프리미엄의 합이 7포인트(4 + 3 = 7)이므로, 상승방향의 BEP는 112포인트(105 + 7)이고 하락방향의 BEP는 88포인트(95 − 7)이다.

보충 스트래들 매도 포지션의 최고 기대수익은 11, 수익구간은 '89~111'이고, 스트랭글 매도 포지션의 최고 기대수익은 7, 수익구간은 '88~112'이다. 즉, 스트랭글 매도는 스트래들 매도에 비해 기대수익률이 낮고 위험도 적다(손실BEP가 늦게 나타남).

학습안내 '스트래들 매도 포지션의 수익구간'을 주제로 반복 출제되고 있으나(31회 · 34회 · 37회 · 39회 · 41회), 동 회차에서는 학습효과 차원에서 변형복원하였다(► '스트래들 매도 포지션의 손익구조'에 대한 상세 내용은 '39회 85번 해설'을 참조할 것).

85

정답 ③

틀린 항목은 '가, 다'이다.

가. 방어적 풋은 '기초자산매수 + 풋옵션매수(S + p)'의 합성포지션이다.

다. 기초자산매수 포지션이므로 S가 상승하면 수익이 발생한다. 그리고 풋옵션매수는, 기초자산가격이 하락할 경우 포지션의 손실이 일정수준(풋옵션의 행사가격 수준)을 초과하지 않도록 방어 역할을 한다.

► 풋옵션매수가 있다고 해서 기초자산가격 하락 시 수익이 발생하는 것이 아님

※ 포트폴리오 보험전략(3가지) 개념(2025 기본서, 4권, p357~363 참조)

(1) 보호적 풋(protective put) : 주식매수 + 풋옵션매수

• 주식 = 상승포텐셜, 풋옵션 = 하락방어

(2) 이자추출전략(cash extraction) : 채권매수 + 콜옵션매수

• 채권 = 하락방어, 콜옵션 = 상승포텐셜

(3) 동적자산배분전략[주1] : 주식매수 + 채권매수[주2]

• 주식 = 상승포텐셜, 채권 = 하락방어

* 주1 : 동적자산배분전략은 'OBPI'와 'CPPI' 두 가지로 세분된다고 할 수 있다('42회 71번' 해설을 참조).

* 주2 : '주식매수 + 채권매수' 포지션은 '선물매도 + 주식매수'로 전환시킬 수 있는데, 이를 '동적헤징전략'이라고 한다. 그리고 동적헤징전략을 포함하여 포트폴리오 보험전략을 4가지로 구분하기도 한다(동적헤징전략은 한권으로 끝내기 2권, p353 심층이해 참조).

※ 보호적 풋(Protective Put)의 수익구조

(1) '주식매수 + 풋옵션매수($S + p$)'이며, 수익구조는 $Max(S_T, X)$[주1] 가 된다(옵션매수비용은 제외 가정).

* 주1 : 보호적 풋 = 주식매수 + 풋옵션매수

→ $S_T + Max(0, X - S_T) = Max(0 + S_T, X - S_T + S_T) = Max(S_T, X)$

(2) 만기 시점에서

㉠ $S_T > X \rightarrow S_T$(만기시점의 주가)로 수익이 확정(따라서 **S_T가 오를수록 유리함**)

㉡ $S_T < X \rightarrow X$(풋옵션의 행사가격) 수준에서 하락을 방어함

예시 1 매입주가 100, 옵션행사가격 80, 만기시점의 주가가 130일 때 포트폴리오보험전략의 수익구조는 'Max(130, 80) = 130'이다(㉠).

예시 2 매입주가 100, 옵션행사가격 80, 만기시점의 주가가 60일 때 포트폴리오보험전략의 수익구조는 'Max(60, 80) = 80'이다(㉡).

학습안내 29회, 31회, 33회, 42회 기출

86

정답 ②

블랙숄즈모형은 유럽식 콜옵션의 가격을 구하는 모형이므로 '풋옵션의 행사가격'은 공식에 반영되지 않는다(아래 공식 참조).

보충 블랙숄즈모형은 콜옵션의 가격을 구하는 모형이며, 콜옵션 가격을 구한 후 '풋-콜 패리티' 공식에 대입하여 풋옵션의 가격을 구한다.

※ **블랙숄즈모형**(2025 기본서, 4권, p372 참조)

$$c = f(S,\ X,\ r,\ T-t,\ \sigma)$$
$$\rightarrow c = S_t \cdot N(d_{1,\ t}) - \frac{X}{(1+r)^{T-t}} \cdot N(d_{2,\ t})$$
$$\rightarrow c = S_t \cdot N(d_{1,\ t}) - B_t \cdot N(d_{2,\ t})$$

► S_t : 기초자산의 현가, X : 콜옵션의 행사가격, r : 만기까지의 무위험이자율, $T-t$: 잔여만기(연단위 표시), σ : 기초자산의 변동성, $\frac{X}{(1+r)^{T-t}}$: 만기에 X를 지급하는 현시점의 채권의 가치, $N(d_1,\ t)$: 콜옵션의 델타, $N(d_2,\ t)$: 콜옵션의 내가격가능성

학습안내 기존 기출(34회·38회)과 동일문항으로 출제되었으나 학습효과 차원에서 변형복원하였다(► 기존 기출은 블랙숄즈모형에 사용되지 않는 변수로서 '기초자산의 현가'를 정답으로 하는 문항으로 출제되었음).

87

정답 ①

1차 미분치는 델타, 2차 미분치는 감마이다(채권의 경우 '듀레이션-컨벡시티').

※ **추가해설(델타와 감마의 정의)**

(1) 델타는 '기초자산가격의 변화에 대해서 옵션가격이 얼마나 변하는가의 비율'로 정의된다. 수학적으로 콜옵션의 델타는 '$\Delta c = \frac{\partial c}{\partial s}$'로 정의되며, 이는 기초자산가격에 대한 **옵션가격의 1차미분치로서, 옵션가격곡선의 기울기로 나타난다.**

(2) 감마는 '기초자산가격의 변화에 대해서 델타가 얼마나 변하는가의 비율'로 정의된다. 수학적으로 감마는 '$\frac{\partial \Delta}{\partial s} = \frac{\partial}{\partial s} \times \frac{\partial c}{\partial s} = \frac{\partial^2 c}{\partial s^2}$'로 정의되며, 이는 **기초자산가격에 대한 옵션가격의 2차 미분치로서, 옵션가격곡선의 곡률로 나타난다.**

► 1차미분치 = 델타, 기울기, 2차미분치 = 감마, 가속도

학습안내 37회와 동일하게 출제되었으나 학습효과 차원에서 변형복원하였다(► 32회에서 '기초자산가격에 대한 옵션가격의 2차 미분치에 해당하는 것은?'으로 출제되었다).

3-7 투자운용결과분석(4문항)

88

정답 ①

'왜도(skewness), 첨도(kurtosis)'이다. 수익률분포가 정규분포를 이루지 않는다면, 왜도와 첨도와 같은 지표를 포함하여 측정하는 것이 바람직하다.

► 정규분포는 '왜도 = 0, 첨도 = 3'인 분포를 말한다.

학습안내 30회, 34회, 36회, 39회, 41회 기출

89

정답 ②

기준지표(benchmark)이다.

※ **기준지표(Benchmark) 개요**

(1) 기준지표는 **사전적으로 정해져야 하며,** 사후적으로는 평가의 잣대가 된다.

(2) **기준지표(벤치마크)의 여섯 가지 속성** : 명확성, 투자가능성, 측정가능성, 적합성, 투자의견의 반영, 사전적인 결정

► '기준지표의 속성'에 대한 기본서 전문은 '38회 90번 해설'을 참조할 것

(3) **기준지표와 지수의 개념차이**(2025 기본서, 4권, p450 인용)

성과를 평가할 때 기준지표와 지수(index)는 종종 유사한 의미로 사용하기도 한다. 그러나 지수가 기준지표로 가장 널리 사용되고 있을 뿐 같은 의미는 아니며, 성과를 평가하는 핵심적인 출발점으로는 기준지표를 사용하여야 한다. 성과평가에 있어서 기준지표는 일반적으로 '투자전략을 효과적으로 실행했는지 여부를 판단하는 기준이 되는 독립적인 수익률'로 정의할 수 있다.

학습안내 기존 기출(31회 · 33회 · 38회)와 동일유형으로 출제되었으나 학습효과 차원에서 변형복원하였다.

90

정답 ③

젠센의 알파는 +3.4%이다.

► 젠센의 알파 $\alpha_P = (R_P - R_F) - \beta(R_B - R_F)$,

→ $\alpha_P = (10\% - 5\%) - 0.8(7\% - 5\%) = 5\% - 1.6\% = +3.4\%$

보충 젠센의 알파 공식은 '$\alpha_P = (R_P - R_F) - \beta(R_M - R_F)$'와 같이 R_M을 사용하는 것이 일반적이지만 별도의 벤치마크를 사용할 경우 R_B를 사용한다.

학습안내 33회, 39회, 41회 기출

91

정답 ④

정보비율이 높을수록 잔차위험 한 단위 당 초과수익이 크다는 것을 의미한다(모든 RAPM지표는 높을수록 위험보상율이 크다는 것을 의미함).

※ RAPM(Risk Adjusted Performance Measurement) 개요

(1) 샤프비율 : $\dfrac{R_P - R_F}{\sigma_P}$ (← $\dfrac{\text{무위험대비 초과수익률}}{\text{총위험}}$)

㉠ 샤프비율은 총위험[주1] 한 단위 당 어느 정도의 보상을 받았는가 하는 위험보상율을 나타낸다.

* 주1 : 총위험(표준편차) = 체계적 위험(베타위험) + 비체계적 위험(잔차위험)

㉡ 월간 샤프비율에서 월간 초과수익률은 '×12'로, 월간 표준편차는 '× $\sqrt{12}$'를 하여 연간 샤프비율로 전환할 수 있다.

예시 월간 초과수익률이 10%, 월간 표준편차가 10%라면, 연율화된 샤프비율은 '$\dfrac{10\% \times 12}{10\% \times \sqrt{12}}$ = 약 3.46'이다.

(2) 트레이너비율 : $\dfrac{R_P - R_F}{\beta_P}$ (← $\dfrac{\text{무위험대비 초과수익률}}{\text{체계적 위험}}$)

㉠ 트레이너비율은 체계적 위험(베타위험) 한 단위 당 어느 정도의 보상을 받았는가 하는 위험보상율을 나타낸다.

㉡ 완전히 분산투자를 하고 있는 포트폴리오라면 샤프비율과 트레이너비율은 거의 동일하게 나타난다[주2].

* 주2 : '총위험(σ) = 체계적 위험(β) + 잔차위험(ϵ)'에서, 완전히 분산투자를 할 경우 비체계적 위험(잔차위험)이 제거되어 체계적 위험만 남게 된다. 따라서 완전히 분산투자를 하게 되면 '총위험(σ) ≒ 체계적 위험(β)'이므로 샤프비율과 트레이너비율은 거의 동일하게 나타난다.

(3) 정보비율 : $\dfrac{R_P - R_B}{sd(R_P - R_B)}$ (← $\dfrac{\text{벤치마크 대비 초과수익률}}{\text{비체계적 위험 또는 잔차위험}}$)

㉠ 정보비율은 비체계적 위험(잔차위험) 한 단위 당 어느 정도의 보상을 받았는가 하는 위험보상율을 나타낸다(또는 벤치마크 대비 초과수익을 얻기 위해서 얼마만큼의 잔차위험을 부담해야 하는가를 의미).

㉡ 정보비율이 높을수록 부담한 잔차위험 대비 더 높은 초과수익률을 얻는다는 것을 말한다[주3].

* 주3 : 샤프비율, 트레이너비율, 정보비율 등 모든 RAPM지표는 높을수록 위험에 대한 보상이 크다는 것을 의미한다.

학습안내 동 문항은 '기존 기출(RAPM 계산문제 : 34회 · 36회 · 37회 · 38회 · 39회 · 40회)'과 달리 RAPM지표에 대한 개념문제로 출제되었다(41회 신유형).

3-8 거시경제(4문항)

92

정답 ②

틀린 항목은 '다, 라'이다.

다. LM곡선에서 화폐수요는 소득(Y)과는 정의 함수, 이자율(R)과는 부의 함수이다.

라. 재정정책은 IS곡선을 이동시키고, 통화정책은 LM곡선을 이동시킨다(이동 = shift).

※ IS/LM 곡선 이해

(1) **IS곡선의 균형식 :** Y = C(Y − T) + I(R) + G

- 소비(C)는 가처분소득(Y−T)에 의해 결정되며 기업의 투자수요(I)는 이자율(R)의 부(−)의 함수이다(∵이자율이 올라가면 자금조달비용이 증가하므로 투자수요가 감소).
- 정부지출(G)과 조세(T)는 외생변수인데, G는 Y의 증가함수이므로 G가 증가하면 IS곡선 자체가 우측으로 이동한다(우로 shift). 반면 T는 Y의 감소함수이므로 T가 증가하면 IS곡선 전체가 좌측으로 이동한다(좌로 shift).

보충 **내생변수와 외생변수 :** Y와 R은 내생변수이고 T와 G는 외생변수이다. 내생변수 간의 관계는 곡선의 기울기(탄력적 또는 비탄력적)를 결정하고 외생변수의 변동은 곡선 자체를 이동(shift)시킨다.

(2) **LM곡선의 균형식 :** $\frac{M^s}{P} = \frac{M^d}{P}$, $\frac{M^d}{P} = L(Y, R)$

- 화폐공급($\frac{M^s}{P}$)은 외생적으로 결정된다(중앙은행이 통화공급을 결정하고, 물가는 외생변수이기 때문).
- 화폐수요($\frac{M^d}{P}$)는 내생변수(Y, R)에 의해 결정되는데, 소득(Y)과는 정의 함수이고 이자율(R)과는 부의 함수이다.
  - 화폐수요는 '㉠ 거래적 동기, ㉡ 예비적 동기, ㉢ 투기적 동기'의 3가지 동기에 의해 결정되는데 소득(Y)이 증가할수록 ㉠ · ㉡에 의한 화폐수요가 증가하며, 이자율(R)이 증가할수록 ㉢에 의해 화폐수요가 감소한다(∵ 이자율이 증가하면 화폐보유의 기회비용이 증가하므로 화폐수요가 감소함).
- 화폐공급이 증가하면(M^s ↑), 소득증가(Y ↑)를 통해 화폐수요가 증가((M^d ↑)하여 LM곡선의 균형이 달성된다. 즉 화폐공급이 증가하면 소득이 증가하므로 LM곡선 전체가 우측으로 이동한다(우로 shift).
- 물가가 상승하면(P ↑), 실질통화감소($\frac{M^s}{P}$ ↓)를 통해 화폐공급이 감소하며 따라서 소득감소(Y ↓)를 통해 화폐수요가 감소(M^d ↓)해야 LM곡선의 균형이 달성된다. 즉 물가가 상승하면 소득이 감소하므로 LM곡선 전체가 좌측으로 이동한다(좌로 shift).

(3) 재정정책과 통화정책

- IS균형식 'Y = C(Y − T) + I(R) + G'에서 외생변수인 G(정부지출)를 증가시키는 것이 확대재정정책이다. 따라서 확대재정정책은 IS곡선을 오른 쪽으로 이동시킨다.
- LM균형식 '$\frac{M^s}{P} = \frac{M^d}{P}$, $\frac{M^d}{P} = L(Y, R)$'에서 외생변수인 M^s(중앙은행의 통화공급)를 증가시키는 것이 확대통화정책이다. 따라서 확대통화정책은 LM곡선을 오른 쪽으로 이동시킨다.

학습안내 32회, 33회, 34회, 36회, 37회, 38회, 39회, 40회, 41회 기출(► 'IS/LM의 작동 메커니즘'은 '38회 92번 해설'을 참조할 것)

93

정답 ③

'리카르도 불변정리(RET ; Recardian Equivalence Thereom)'이다.

※ **리카르도 불변정리**(2025 기본서, 5권, p17 인용)

RET(Recardian Equivalence Thereom)의 주요 결론은 다음과 같다. 합리적 경제주체는 현재 세금의 감소를 미래 세금의 증가로 인식하기 때문에, 세금 감소는 민간의 저축을 증가시킬 뿐 총수요에는 변동이 없다는 것이다. 즉 합리적 기대학파는 정부 공채를 부(wealth)로 간주하지 않음으로써, 소비가 증가하지 않아 총수요가 변동하지 않게 된다고 주장했다.

학습안내 41회 신유형이다.

94

정답 ③

옳은 항목은 2개('가, 나')이다. 군인과 재소자는 생산가능인구에서 제외되며('가'), 구직단념자나 전업주부는 비경제활동인구로 분류된다('나').

다. 실업률은 실업자를 경제활동가능인구로 나누어서 구한다.

► 실업률 = $\frac{\text{실업자}}{\text{경제활동인구}} \times 100$

라. 경제활동참가율은 경제활동인구(취업자 + 실업자)를 생산활동가능인구로 나누어서 구한다.

► 경제활동참가율 = $\frac{\text{경제활동인구(취업자 + 실업자)}}{\text{생산활동가능인구}} \times 100$

※ **생산활동가능인구의 분류**(2025 기본서, 5권, p60~61 참조)

생산활동가능인구 (군인과 재소자를 제외한 만 15세 이상의 인구)		
경제활동인구		비경제활동인구
취업자	실업자	전업주부, 구직단념자, 학생, 심신장애자 등

- **군인과 재소자를 제외한 만 15세 이상의 인구를 생산활동가능인구**(생산연령인구 또는 근로연령인구)라 하며, 이중 일할 수 있는 능력과 취업의사를 동시에 갖춘 사람을 경제활동인구라 한다. 경제활동인구는 현재 취업상태에 있는지의 여부에 따라 취업자와 실업자로 구분된다(2025 기본서, 5권, p60).
- 생산활동가능인구 중 경제활동인구에 포함되지 않은 사람, 즉 일할 능력은 있으나 일하고자 하는 의사가 없는 사람은 비경제활동인구로 분류된다. **비경제활동인구에는 집안에서 가사와 육아를 도맡아하는 가정주부, 학교에 다니는 학생, 일을 할 수 없는 연로자와 심신장애자, 구직단념자 등이 포함된다.**

학습안내 34회와 유사하게 출제되었으나 학습효과 차원에서 변형복원하였다(► 고용지표 기출 : 31회, 34회, 38회, 41회).

95

정답 ②

옳은 항목의 개수는 1개('나')이다.

※ **추가 해설**

가. '경기저점~경기저점'의 기간은 순환주기, '경기저점~경기정점'의 기간은 진폭이다(진폭은 심도라고도 함).

다. BSI(0%~200%)는 100%를 균형점으로 하며, 100%를 상회하면 경기확장국면, 100%를 하회하면 경기수축국면으로 본다.

비교 DI(0%~100%)는 50%를 균형점으로 하며 50%를 상회하면 경기확장국면, 50%를 하회하면 경기수축국면으로 본다.

라. 경기변동의 진폭과 속도를 측정할 수 있는 것은 경기종합지수(CI ; Composite Index)이다.

비교 'DI / BSI / CSI'는 경기방향이나 전환점파악에는 용이하지만 경기변동의 진폭이나 속도는 측정할 수 없다.

학습안내 35회와 유사하게 출제되었으나 학습 효과 차원에서 변형복원하였다(► 경기순환 이론의 전체 내용은 '35회 95번', 경기예측지표의 해석방법에 대해서는 '36회 94번' 해설을 참조할 것).

3-9 분산투자기법(5문항)

96

정답 ③

기대수익률과 위험이 각각 동일한 상태에서 포트폴리오의 위험을 가장 낮게 하는 방법은 상관계수가 가장 낮은 조합으로 포트폴리오를 구성하는 것이다(즉, B와 C의 조합).

학습안내 30회, 34회, 41회 기출

97

정답 ②

지배원리상 가장 효율적인 증권은 B이다.

※ 풀 이

(1) 기대수익률과 표준편차의 매트릭스를 구한다(기대수익률은 주어진 확률을 반영한 가중평균 기대수익률로 계산).

구 분	A	B	C	D
기대수익률	10%	10%	5%	5%
표준편차	10%	5%	10%	5%

- A의 기대수익률 : (0.5 × 30%) + (0.3 × 10%) + (0.2× − 40%) = 15% + 3% − 8% = +10%
- B의 기대수익률 : (0.5 × 20%) + (0.3 × 6%) + (0.2 × −9%) = 10% + 1.8% − 1.8% = +10%
- C의 기대수익률 : (0.5 × 15%) + (0.3 × 5%) + (0.2 × −20%) = 7.5% + 1.5% − 4% = +5%
- D의 기대수익률 : (0.5 × 9%) + (0.3 × 5%) + (0.2 × −5%) = 4.5% + 1.5% − 1% = +5%

(2) 지배원리를 작동시켜 효율적인 증권을 찾는다.

㉠ 기대수익률이나 표준편차가 동일한 증권을 찾아서 비효율적 증권을 순차적으로 제거함으로써 효율적인 증권을 찾는다.

- A−B : B는 A를 지배한다(∵기대수익률이 동일할 경우 위험이 적은 증권을 선택)
  → A제거
- C−D : D는 C를 지배한다(∵ 기대수익률이 동일할 경우 위험이 적은 증권을 선택)
  → C제거
- D−B : B는 D를 지배한다(∵ 위험이 동일할 경우 기대수익률이 높은 증권을 선택)
  → D제거

∴ 따라서 표의 조건에서, 지배원리를 충족하는 효율적 증권은 B이다.

㉡ 약식이해 : 4개의 선지 중에서 '기대수익률이 가장 높고 동시에 위험이 가장 적은' 증권이 지배원리를 충족하는 효율적인 증권이 된다.

학습안내 동 문항은 기존 기출(32회 · 34회 · 39회)의 변형으로서, 기대수익률을 '확률을 반영한 가중평균수익률'로 계산하도록 했다는 점이 포인트이다.

98

정답 ③

변동성보상비율(RVAR) = $\frac{R_A - R_F}{\sigma_A} = \frac{9\% - 3\%}{5\%} = 1.2$, 즉 변동성보상비율(위험보상비율)은 1.2이다. 그리고 변동성보상비율은 편입자산의 비중차이와 관계없이 동일하다.

보충 변동성보상비율(RVAR)은 곧 자본배분선의 기울기에 해당하고, 자본배분선의 기울기는 위험자산과 무위험자산의 비중변화와 관계없이 일정하므로 변동성보상비율도 위험자산과 무위험자산의 비중변화와 관계없이 일정하다(→ 상세 개념은 '39회 97번 해설'을 참조할 것).

학습안내 29회, 31회, 33회, 35회, 37회, 39회, 41회 기출(► 주의 문항에서 표준편차 대신 분산을 제시할 수도 있다)

99

정답 ②

틀린 내용은 '나, 다'이다.

※ 해 설

나. 차입이자율과 대여이자율은 같다고 전제한다([참고] 차입이자율은 '빌리는' 이자율, 대여이자율은 '빌려주는' 이자율을 말함).

다. 동질적으로 예측한다.

학습안내 기존 기출(28회 · 30회 · 35회 · 38회)과 동일하게 출제되었으나 학습효과 차원에서 변형복원하였다(► 'CAPM모형 가정'의 기본서 全文은 '38회차 98번 해설'을 참조할 것).

100

정답 ②

자본시장의 균형상태에서는(또는 더 이상 차익거래가 일어나지 않는 상태), 어떤 위험자산에 투자하든 위험자산 간의 위험프리미엄(위험보상비율 ; RVAR)은 동일해야 한다. 즉 자본시장의 균형상태에서는 A포트폴리오와 B포트폴리오의 위험보상비율이 동일하다. 따라서 '$\frac{8-3}{2.0} = \frac{6-3}{X} \rightarrow \frac{5}{2.0} = \frac{3}{X} \rightarrow X = \frac{6.0}{5} = 1.2$ (∴) B포트폴리오의 베타 = 1.2

학습안내 28회, 31회, 33회, 36회, 39회, 41회 기출

42회차 정답 및 해설

01	02	03	04	05	06	07	08	09	10	11	12	13	14	15	16	17	18	19	20
①	③	②	③	③	③	③	③	④	②	②	②	③	①	④	①	④	③	③	②
21	22	23	24	25	26	27	28	29	30	31	32	33	34	35	36	37	38	39	40
③	③	①	③	③	②	④	③	④	②	①	④	④	①	①	②	②	④	④	④
41	42	43	44	45	46	47	48	49	50	51	52	53	54	55	56	57	58	59	60
③	③	②	③	④	③	①	②	④	②	④	④	④	③	④	④	③	②	④	②
61	62	63	64	65	66	67	68	69	70	71	72	73	74	75	76	77	78	79	80
①	③	①	④	②	④	③	②	④	②	②	②	②	④	④	①	①	①	③	③
81	82	83	84	85	86	87	88	89	90	91	92	93	94	95	96	97	98	99	100
②	①	④	④	③	①	③	①	①	④	②	②	④	③	②	①	②	③	③	③

※ 시험난이도 상향에 대비하는 차원에서, 동일문항 기출이 반복될 경우 '변형복원'을 적극 반영하고 있습니다. 따라서 '변형된 기출' 문항을 학습 시에는 [학습안내]를 참고하여 '변형 전 기출'도 꼭 확인하시길 바랍니다.

1-1 세제관련 법규/세무전략(7문항)

01

정답 ①

취득세, 등록세는 대표적인 지방세이다.

※ 우리나라 조세체계

(1) 국 세
- ㉠ 직접세 : 소득세, 법인세, 상속세, 증여세, 종합부동산세 등
- ㉡ 간접세 : 부가가치세, 증권거래세, 인지세, 주세, 개별소비세 등
- ㉢ 목적세 : 교육세, 농어촌특별세, 교통에너지세, 환경세 등

(2) 지방세
- ㉠ 보통세 : 취득세, 등록면허세, 주민세, 재산세, 자동차세, 지방소득세, 담배소비세 등
- ㉡ 목적세 : 지연자원시설세, 지방교육세 등

[학습안내] 28회, 31회, 34회, 35회, 37회, 38회, 40회, 42회 기출

02

정답 ③

금융소득에 대한 과세방식은 '종합과세 / 분리과세 / 분류과세'의 3가지가 있는데, 양도소득과 퇴직소득은 경상소득이 아니므로 종합과세 대상이 될 수 없고, 별도의 세목(양도소득세, 퇴직소득세)으로 분류과세를 한다.

학습안내 28회, 42회 동일 기출

03

정답 ②

옳은 항목은 1개('나')이다.

가. '집합투자기구로부터의 이익'은 배당소득으로 과세하고, '집합투자기구 이외의 신탁(특정금전신탁 등)의 이익'은 재산권에서 발생하는 소득의 내용별로 구분하여 이자소득 또는 배당소득으로 과세한다.

• 집합투자기구에서 발생한 수익은 '**집합투자기구로부터의 이익**'으로서 소득세법상 배당소득이 된다.

다. 상장주식을 기초자산으로 한 장내파생상품은 과세대상에서 제외되지만(상 / 파 / 벤), 코스피200을 기초자산으로 한 장내파생상품(지수선물 · 지수옵션)은 그 차익에 대해서 양도소득세로 과세한다(2025년 현재 탄력세율 10% 적용).

라. 채권에 직접투자하여 얻은 매매차익은 소득세법상 비과세이지만, 집합투자재산으로 펀드에 투자하여 얻은 매매차익은 '집합투자기구로부터의 이익'에 포함되어 배당소득으로 과세된다.

※ 집합투자기구 과세 시 일부 손익과세 제외 대상

'상 / 파 / 벤'의 경우 직접투자 시 과세되지 않는 점을 펀드투자에도 적용하는 차원에서 '집합투자기구로부터의 이익'에 포함시키지 않는다(즉, 과세대상에서 제외).

(1) 상장주식의 매매손익('**상**')

(2) 상장주식을 기초자산으로 하는 장내파생상품의 매매손익('**파**')

(3) 장외주식으로서 벤처기업법에 따른 벤처기업주식의 매매손익('**벤**')

학습안내 '36회 03번'과 동일하게 출제되었으나 학습효과 차원에서 문제유형을 변형하여 복원하였다(► 28회, 31회, 34회, 36회, 40회, 42회 기출).

04

정답 ③

지방세 제외 기준으로 '① 30%, ② 25%, ③ 45% 또는 90%, ④ 9%'이다. 그리고 ①, ③, ④는 무조건분리과세 대상이며 ②는 조건부종합과세 대상이다.

※ 금융소득에 대한 원천징수세율(세율은 지방세 제외 기준)

항 목	원천징수세율	비 고
(분리과세를 신청한) 장기채권의 이자와 할인액	30%	무조건 분리과세
직장공제회 초과반환금	기본세율 (6%~45%)	
법원에 납부한 경매보증금 및 경락대금에서 발생한 이자소득	14%	
비실명거래로 인한 이자 · 배당소득[주1]	45% 또는 90%	
ISA 비과세한도를 초과하는 이자 · 배당소득	9%	
비영업대금의 이익	25%	조건부 종합과세
그 밖의 이자소득 또는 배당소득	14%	

* 주1 : 금융기관을 통해 지급되는 비실명 금융소득은 90%, 금융기관을 통하지 않은 비실명 금융소득은 45%가 적용된다.

학습안내 원천징수율을 묻는 문제는 '36회, 42회'는 4지선다로, '29회, 39회'는 괄호 넣기 문제로 출제되었다.

05

정답 ③

50%이다(차례대로 '10%, 30%, 10%').

※ **양도소득세율**(2025 기본서, 1권, p42 표 참조)

과세대상		양도소득세율
주 식	㉠ 소액주주가 양도하는 중소기업주식	10%
	㉡ 대주주가 양도하는 대기업주식(보유기간 1년 미만)	30%
	그 밖의 경우(㉠, ㉡이 아닌 경우)[주1]	20%
파생상품 등(코스피200을 기초자산으로 하는 파생상품 등)[주3]		탄력세율 10%[주2]
미등기자산		70%
이상에 해당하지 않는 나머지 자산		기본세율(6~45%)

* 주1 : 그 밖의 경우란 '소액주주가 양도하는 대기업주식, 대주주가 양도하는 중소기업 주식'에 해당한다.
* 주2 : 코스피200을 기초자산으로 하는 장내파생상품에 대한 양도소득세율은 원칙상 20%이지만, 2018년부터 한시적으로 10%를 적용하고 있다(탄력세율 10%).
* 주3 : 양도소득세가 과세되는 '파생상품 등'은 '㉠ 코스피200을 기초자산으로 하는 장내파생상품(기타 주가지수관련 장외파생상품도 포함), ㉡ 해외시장에서 거래되는 장내파생상품 등'을 말한다(→ 시험대비로는 ㉠에 유의).

암기TIP 주식 양도소득세율 '**소 / 소**(㉠)'는 10%, '**대 / 대**(㉡)'는 30%, 나머지는 20%

학습안내 '양도소득세율에 대한 문제'는 42회에서 처음 출제되었다.

06

정답 ③

'양수한 국내법인'이다. 개인 간의 직접거래는 양도인이 신고·납부하는 것이 원칙이지만 **국내사업장이 없는 비거주자(또는 외국법인)가 거주자(또는 국내법인)에게 양도한 경우에는** 거주자인 양수인(또는 국내법인)이 신고·납부해야 한다.

주의 증권거래세는 '주권의 유상양도'에 대해서 부과하는 것이므로 '주권을 보관하는 금융투자회사'는 증권거래세 신고·납부와 관계가 없다.

학습안내 33회, 37회, 42회 동일 기출(► '증권거래세 납세의무자'에 대한 전체 내용은 '37회 06번 해설'을 참조할 것)

07

정답 ③

'10년, 2천만 원'이다. 성인자녀에 대한 증여재산공제는 '10년, 5천만 원'이 적용된다.

학습안내 33회, 35회, 39회, 42회 동일 기출(► 증여세 절세전략의 전체 내용은 '36회 07번 해설'을 참조할 것)

1-2 금융상품(8문항)

08

정답 ③

틀린 것은 '가, 다'이다.

가. '금융소득종합과세 비대상자 요건'은 직전 연도 기준이 아니라 '**직전 3개년도 중 1회 이상 금융소득종합과세 대상이 아닐 것**'으로 한다.

다. 모델포트폴리오 중 하나를 선택하여 투자하는 방식은 일임형 ISA이다.

※ 개인종합자산관리계좌(ISA) 내용 정리

(1) ISA의 가입유형은 '신탁형, 일임형, 중개형'의 세 가지이며, 중복가입이 불가하므로 이 중에서 하나를 선택해서 가입할 수 있다.

- 금융기관 통틀어 1인 1계좌만 가입이 가능함(금융기관 중복가입 불가)

(2) **가입조건 : '직전 3개년 중 1회 이상 금융소득종합과세 대상자가 아니어야 한다'**는 기본 조건을 충족한 상태에서 유형별로 아래 요건을 충족하면 가입이 가능하다.

- 일반형의 경우 만 19세 이상은 소득이 없어도 가입이 가능하다(비교 만 15세 이상 19세 미만으로서 일반형에 가입하기 위해서는 근로소득이 있어야 함).
- 서민형과 농어민형의 소득요건은 '총급여 5,000만 원 이하 또는 종합소득 3,800만 원 이하'인데, 동 소득요건을 초과할 경우 일반형이 된다.

(3) **서민형과 농어민형의 경우, 통산순이익 400만 원까지 비과세이며 400만 원 초과분은 9.9%(지방세 포함) 분리과세한다.**

- 일반형의 경우 통산 순이익 200만 원까지 비과세, 200만 원 초과분은 9.9%로 분리과세한다.

(4) 편입가능상품

예 금	신탁, ELS, RP, 리츠 등	국내상장주식
신탁형 O 일임형 O 중개형 X	신탁형 O 일임형 O 중개형 O	신탁형 X 일임형 X 중개형 O

► 중개형ISA는 유일하게 국내상장주식을 편입할 수 있으나, 예금은 편입할 수 없다.

(5) 운용 유형 : 신탁형, 중개형, 일임형

㉠ 신탁형, 중개형 : 투자자가 편입상품을 직접 선택한다(가입자의 지시가 없으면 다른 상품으로 교체 불가).

㉡ 일임형 : **여러 개의 모델포트폴리오 중에서 가입자 성향에 맞는 것을 선택해서 운용한다.**

학습안내 28회, 30회, 32회, 33회, 35회, 37회, 38회, 39회, 41회, 42회 기출(► ISA에 대한 좀 더 상세한 내용은 '37회 08번 해설'을 참조할 것)

09

정답 ④

옳은 내용은 ④번이다(아래 추가 해설 참조).

① 연금저축보험으로 판매하는 것이 일반적이지만 금융투자회사(증권사, 자산운용사)에서 '연금저축펀드'의 형태로 판매하기도 한다.

② 연금계좌 전체 기준 연간 납입한도는 1,800만 원이다.

③ 세액공제를 받지 않은 원금에 대해서는 그 수익분만 과세가 된다(다음 추가 해설 참조).

④ 부득이한 사유(가입자의 사망, 해외이주, 파산선고, 개인회생 등)로 연금 외 수령을 할 경우 저율(3.3%~5.5%)의 분리과세가 적용된다.

※ **연금저축상품에 대한 과세**(2025 기본서, 1권, p137 참조)

(1) 연금수령한도 내 수령 시에는 연령 별로 저율의 분리과세가 적용된다(단, 연금수령액이 연간 1,500만 원을 초과할 경우는 고율분리과세와 종합과세 중 선택).

55세 이상 70세 미만	70세 이상 80세 미만	80세 이상
5.5%	4.4%	3.3%

→ 연금을 늦게 수령할수록 분리과세율이 낮아진다(나이는 만 나이 기준).

(2) 연금 외 수령(연금수령한도를 초과하는 수령) 시에는 고율(16.5%)의 분리과세가 적용된다.

- **단, 부득이한 사유(가입자의 사망, 해외이주, 파산선고 등)로 연금 외 수령을 하는 경우는 저율의 분리과세가 적용된다.**

(3) 연금소득세의 과세대상은 '세액공제를 받은 원금부분(ⓐ)과 그 수익분(ⓑ) 그리고 세액공제를 받지 않은 원금에 대한 수익분(ⓒ)'의 3가지 부분으로 구성된다.

- ③번 지문은 '세액공제 여부와 관계없이' 그 원금에 대해서 과세한다고 하였으므로 틀린 내용이다.
- 기본서 내용(2025 기본서, 1권, p138 참조) : 연금저축가입자에게는 세액공제 혜택이 주어지며 연금수령 시에는 세액공제받고 저축한 원금과 운용수익에 대해 연금소득세가 부과된다.

보충 ③번 지문은 기본서 범위를 약간 초과한다고 할 수 있는데, 아무튼 42회 시험에서 신유형으로 반영되었다.

학습안내 35회, 42회 기출(► 연금저축상품에 대한 전체 내용은 '35회 09번 해설'을 참조할 것)

10

정답 ②

예금자보호대상은 '가, 나'이다.

► '**금융상품 중 매수에 사용되지 않고 고객계좌에 현금으로 남아 있는 금액**'은 '**위탁자예수금**'을 말한다. 위탁자예수금은 투자가 되지 않고 안전한 상태의 현금으로 남아 있는 것이므로 예금자보호대상이 된다. 그러나 나머지 예수금들(청약자 예수금 / 선물·옵션거래 예수금 / 제세금 예수금)은 예금자보호대상이 아니다.

※ **예금자보호상품**

구 분	예금자보호	예금자비보호
은행상품	각종 예·적금, 상호부금, 원금보전신탁, 주택청약부금, 표지어음 등	CD / RP, 특정금전신탁, 펀드, 주택청약저축 / 주택청약종합저축 등
보험회사	개인보험계약, 퇴직보험계약, 변액보험의 특약 등	법인보험계약, 재보험, 보증보험, 변액보험의 주계약 등
투자매매업자· 투자중개업자	위탁자예수금, 신용거래설정보증금, 자기신용대주담보금 등	선물옵션거래예수금, 청약자예수금, 제세금예수금, 랩어카운트, 증권사CMA 등
종금사	발행어음, 종금사CMA 등	기업어음 등

- 주택청약저축 / 주택청약종합저축은 국민주택기금(공적기금)에서 관리하므로 별도의 예금자보호가 필요하지 않다.
- 종금사CMA는 예금자보호이지만, 증권사CMA는 예금자비보호이다.
- 표지어음과 발행어음은 예금자보호이지만, 기업어음은 예금자비보호이다.

학습안내 29회, 34회, 37회, 39회, 42회 기출

11

정답 ②

틀린 내용은 '나, 다'이다.

나. 보험기간이 경과함에 따라 보험금이 점차 감소하는 보험은 '체감식 보험'이다. 감액보험은 가입초기에 보험사고가 발생하면 보험금을 감액하여 지급하는 보험이다(아래 추가 해설 참조).

다. 보험기간 중 사망을 요건으로 사망보험금을 지급하는 보험은 정기보험이다. 종신보험은 말 그대로 보험기간이 종신이므로 사망시점과 관계없이 사망 시 사망보험금을 지급한다.

※ **보험금의 정액 유무에 따른 분류**(2025 기본서, 1권, p158~159 참조)

(1) **체증식 보험**
- 기간이 경과함에 따라 **보험금**이 증가한다.
- 물가지수연동보험이 대표적인데, 동 보험은 소비자물가지수(CPI) 만큼 보험금이 연동하여 증가되도록 설계된다.

(2) **체감식 보험**
- 기간이 경과함에 따라 보험금이 감소한다.
- 채무상환에 이용될 수 있다(금융회사로부터 원리금 균등상환 대출을 받은 채무자를 대상으로, 채무액을 보험금으로 하고 채무자 사망 시 남아있는 대출잔액을 사망보험금으로 지급함. 기간이 경과하면 대출잔액이 감소하게 되므로 체감식 보험에 해당).

(3) **감액보험**
- 보험가입 후 일정기간 내에 보험사고가 발생할 경우 보험금을 감액 지급하는 보험이다(보험가입자의 역선택 방지 차원).

  예 암진단 보험금이 2천만 원이고 가입 후 2년 이내에 암진단을 받을 경우는 보험금의 50%인 1천만 원을 암진단 보험금으로 지급하는 보험 → 감액보험

(4) **변액보험**
- 가입자가 납입하는 보험료의 대부분을 펀드에 투자하고, 펀드운용결과로써 보험금이 변동하는 보험이다(사망보험금의 화폐가치 하락을 보완하는 차원).

학습안내 보험 문제는 매 회차 출제되고 있다(► '생명보험 분류'에 대한 전체 내용은 '37회 10번 해설'을 참조할 것).

12

정답 ②

틀린 내용은 '㉠, ㉣'이다. ㉠은 '2인 이상'이 옳으며 ㉣은 '투자자에게 귀속'이 옳다.

※ **'집합투자 정의'에 대한 기출 포인트**

(1) **판매는 2인 이상** : 집합투자기구의 운용대상인 금전 등은 49인 이상의 투자자로부터 모은 금전 등이어야 한다. → X(2인 이상)

(2) **풀링(pooling)하여 운용** : 투자자별로 자산을 운용한다. → X(투자자별이 아닌 모아서 펀드재산으로 운용함)

(3) **투자자(수익자)에게 귀속** : 운용결과는 수탁자에게 귀속된다. →X(투자자에게 귀속)

학습안내 28회, 31회, 33회, 37회, 42회 기출

13

정답 ③

'내재가치 > 0' → 돈이 되는 영역 → 내가격(In the money)

※ **ELW의 가격 구조**

(1) ELW 가격 = 내재가치(행사가치) + 시간가치

  예 기초자산가격이 10,000원, 행사가격이 8,000원인 콜ELW의 가격이 2,500원일 경우,

콜ELW가격	= 내재가치(행사가치)	+ 시간가치
2,500원	2,000원	500원

→ ㉠ 콜ELW의 내재가치 = 기초자산가격 – 행사가격 = 10,000원 – 8,000원 = 2,000원
   ㉡ 2,500원 = 2,000원 + 시간가치[주1], 따라서 시간가치 = 500원
   * 주1 : 시간가치는 ELW의 만기 중에 기초자산가격의 변동으로 인하여 내재가치가 더 좋아질 가능성을 가격으로 반영한 것이다. 따라서 ELW의 시간가치는 만기가 많이 남아있을수록 기초자산의 변동성이 큰 상태일수록 커지게 된다.

(2) 내가격 / 등가격 / 외가격 : 내재가치가 양(+)인 상태를 '내가격(In the money)'이라 하고, 내재가치가 제로(0)인 상태를 '등가격(At the money)'이라 하고, 내재가치가 음(–)인 상태를 '외가격(Out of the money)'이라 한다.
   예 콜ELW의 내재가치는 '기초자산가격 > 행사가격'인 상태를 말하는데, 위 예시로 볼 때' 10,000원 > 8,000원 = (+)2,000원'의 상태이므로 즉 내재가치가 양(+)이므로 이 콜ELW는 내가격 상태('돈이 되는 상태')에 있다.

※ **'내가격 / 등가격 / 외가격'에 대한 기본서 全文**(2025 기본서, 1권, p248 인용)
ELW는 내재가치가 있는지 여부, 즉 돈이 되는 영역이 있는지 여부에 따라 내가격, 등가격, 외가격 ELW로 구분. 내재가치가 0보다 커서 현재 권리행사 가능구간으로 돈이 되는 영역에 있는 경우를 **내가격**이라 하고, 행사가격과 기초자산가격이 동일한 경우를 **등가격**, 내재가치가 0보다 작아서 현재 권리행사 포기 가능 구간으로 돈이 되지 않는 영역에 있는 경우를 **외가격**이라 한다.

학습안내 42회 신유형이다(► ELW의 가격원리는 옵션의 가격원리와 동일하므로 '3과목 파생상품 옵션파트'의 학습을 참조할 것).

14

정답 ①

주택저당대출 만기와 대응하므로 통상 장기로 발행된다. 주택저당대출(Mortgage)은 대출만기가 통상 20~30년인 장기금융상품이므로 주택저당증권(MBS)도 **장기로 발행한다**.

※ **추가 설명(지문 ③, ④)**
③ 채권 구조가 복잡하고 현금흐름이 불확실하므로 국채나 회사채보다 수익률이 높다.
   → 모기지는 기업채무에 비해 채권 구조가 복잡하고 현금흐름이 불확실하므로, 이러한 위험을 고려하여 국채나 회사채에 비해서는 수익률이 높게 발행된다.
④ 회사채보다도 높은 신용등급의 채권으로 발행된다.
   → 별도의 신용보강이 이루어지므로 (동급의) 회사채에 비해서는 높은 신용등급으로 발행된다.

학습안내 34회와 동일 기출(► MBS에 대한 전체 내용 정리는 '36회 15번 해설'을 참조할 것)

15

정답 ④

DB형, DC형, IRP 모두 연금수령은 55세부터 가능하다.

※ **퇴직연금제도 전체 내용 정리**
(1) **확정급여형(DB형)은** 미래에 근로자가 수령할 퇴직**급여**가 사전에 **확정**되는 제도이며, **확정기여형(DC형)은** 기업이 부담할 부담금(**기여금**)이 사전에 **확정**되는 제도이다.
(2) 퇴직적립금에 대한 운용책임
   ㉠ 확정급여형(DB형) : 운용책임이 기업(사용자)에게 있으며, 운용결과에 따라 기업이 납입하는 부담금이 변동될 수 있다.
   ㉡ 확정기여형(DC형) : 기업(사용자)이 부담해야 할 부담금 수준이 사전에 확정되고 근로자(피용자)가 운용주체가 되어 적립금을 운용한 후 그 손익에 따라 근로자의 퇴직급여가 변동되는 제도이다.

(3) 연금계리는 확정급여형에서만 필요하다

• 연금계리는 미래에 받을 퇴직금액을 사전에 확정하고 이를 유지하기 위해서 부담금의 크기를 조정해 나가는 것을 말한다.

(4) 확정기여형과 확정급여형 모두 적립금의 100%를 사외적립해야 한다(기업이 도산을 해도 돈을 떼일 염려가 없음).

(5) 확정급여형, 확정기여형 모두 대통령으로 정한 사유(주택 구입 등)에 해당 시 적립금에 대한 담보대출이 가능하며, 확정기여형의 경우 중도인출까지 가능하다.

(6) IRP(개인형 퇴직연금제도) 관련 내용

㉠ 확정급여형, 확정기여형 가입자 모두 IRP에 추가로 가입할 수 있다(납입한도는 연금계좌 통틀어서 연간 1,800만 원).

㉡ IRP의 적립금 운용방식과 수급 방식은 확정기여형(DC)과 동일하다.

㉢ 확정급여형, 확정기여형, IRP 모두 퇴직연금의 지급은 55세 이후부터 가능하다.

학습안내 29회, 30회, 32회, 33회, 35회, 37회, 38회, 39회, 41회, 42회 기출

1-3 부동산관련 상품(5문항)

16

정답 ①

부채부담능력비율[주1]은 $\frac{\text{순운용소득(또는 순영업이익)}}{\text{부채상환액}}$이다. 즉, 이 비율이 높을수록 부채상환액을 갚을 수 있는 능력이 크다는 것을 의미한다(사업안정성이 높아진다는 의미).

* 주1 : 부채부담능력비율(Debt Coverage Ratio ; DCR)은 부채보상비율이라고도 하며, 부채상환비율(Debt-Service Coverage Ratio ; DSCR)과도 같은 의미이다.

※ **부채상환비율**(2025 기본서, 1권, p361 인용)

대출비율(Loan to Value ratio ; LTV)은 부동산투자에 있어서 일정시점의 자본구조만을 나타내주는 재무비율이기 때문에 부채의 원리금 상환능력을 적절하게 측정해 주지 못한다는 단점을 가지고 있다. 따라서 부동산 투자의 원리금 상환능력을 측정하기 위한 보조적인 재무비율로서 부채상환비율이 이용된다. **부채상환비율은 순운용소득을 부채상환액으로 나누어 계산한다.** 즉 부채상환비율은 부채상환에 사용할 수 있는 순운용소득이 부채상환액의 몇 배 인가를 계산함으로써 부채의 안전도를 분석할 수 있다.

학습안내 32회, 34회, 36회, 37회, 38회, 39회, 40회, 42회 기출(► '부동산투자의 타당성 평가 지표'에 대한 전체 내용 정리는 '38회 16번 해설'을 참조할 것)

17

정답 ④

$$\text{수익성지수(PI)} = \frac{\text{투자로부터 발생하는 장래 현금흐름의 현재가치}}{\text{투입액의 현재가치}} = \frac{150 + 2{,}000}{1{,}000} = 2.15$$

※ **부동산투자 시 타당성분석 지표 – 수익성지수(PI ; Profitability Index) 계산**

► $\text{수익성지수(PI)} = \frac{\text{임대현금흐름의 현재가치 + 매매현금흐름의 현재가치}}{\text{투입액의 현재가치}}$

(1) 분모 : 투입액의 현재가치 = 1,000원

(2) 분 자

㉠ 임대현금흐름의 현재가치 = 150원

㉡ 매매현금흐름의 현재가치 = 2,600 × $\frac{1}{1.3}$ = 2,000원

→ 따라서 '수익성지수(PI) = $\frac{150 + 2,000}{1,000}$ = 2.15'이다.

보충 현재가치계수(또는 할인계수) $\frac{1}{1.3}$은 약 0.7692이다. 즉 '2,600원 × 0.7692 = 약 2,000원'이다. **그런데 '현재가치계수 = 1.3'으로 제시가 되었다면 오류가 된다**(현재가치계수는 1보다 적은 숫자이기 때문). 즉 동 문항에서 오류가 없기 위해서는 '3년 후 매각 현금흐름에 대한 현재가치계수 1/1.3' 또는 '최초투자시점으로부터 3년 후의 미래가치계수 1.3' 이렇게 제시가 되어야 한다.

- 2,600원(미래가치) × $\frac{1}{1.3}$(현재가치계수) = 2,000원(현재가치)
- 2,000원(현재가치) × 1.3(미래가치계수) = 2,600원(미래가치)

학습안내 24회(2019년 11월 시험), 40회, 42회 기출

18

정답 ③

'상업지역 > 주거지역 > 공업지역'이다.

► 용적률 한도가 큰 순서(상 / 주 / 공 / 녹) : **상**업지역 1,500% > **주**거지역 500% > **공**업지역 400% > **녹**지지역 100%

※ 추가 이해 : 용도지역별 용적률 한도

'국토의 계획 및 이용(개발 / 보전)에 관한 법률'상 용도지역(► '도. 관. 농. 자'로 암기)						
개 발				보 전		
도시지역(► '주. 상. 공. 녹'으로 암기)				관리지역	농업지역	자연환경 보전지역
주거지역	상업지역	공업지역	녹지지역			
500%	1,500%	400%	100%	80%	80%	80%

학습안내 30회, 39회, 42회 기출

19

정답 ③

부동산투자회사(REITs)의 3가지 종류는 '자기관리REITs, 위탁관리REITs, 기업구조조정REITs(CR-REITs)'이다.

보충 개발리츠는 부동산 개발사업에 특화된 리츠를 말하는데, 법상의 3가지 분류에는 속하지 않는다.

학습안내 33회, 42회 동일 기출(► REITs에 대한 전체 내용 정리는 '37회 19번 해설'을 참조할 것)

20

정답 ②

②는 소득접근법(수익방식)을 말한다.

학습안내 36회와 동일문항으로 출제되었으나 학습효과 차원에서 변형 복원하였다(► '감정평가 3방식'에 대한 전체 내용 정리는 '43회 20번'해설을 참조할 것).

2-1 대안투자운용/투자전략(5문항)

21

정답 ③

'부동산펀드, 일반상품펀드(Commodity Fund)'이다. 지문 중에서 'MMF, 해외주식형펀드, 채권형펀드'는 전통투자상품이다.

※ **대안투자상품 종류**(2024 기본서, 2권, p2 인용)
대안투자는 새롭게 등장한 투자대상을 통칭한다. 대안투자대상으로는 부동산(real estate), 원자재 등 일반상품(commodity), 사회간접시설 등 인프라스트럭처, 선박, relative value, Event driven, long short equity, global macro 등의 차익거래 혹은 헤지전략 등이 있다. 이러한 대상에 투자하는 펀드는 헤지펀드, 부동산펀드, 일반상품펀드, 인프라스트럭처펀드, PEF(Private Equity Fund), Credit Structure 등이 있다.

학습안내 33회, 35회, 37회, 39회, 41회, 42회 기출

22

정답 ③

틀린 내용은 '가, 다'이다.

가. PEF의 운영자 역할을 하는 업무집행사원은 무한책임사원 중에서 선정한다.

► 무한책임사원은 회사의 업무를 집행할 권리가 있으며 손실에 대해 무한책임을 진다.

다. PEF의 등기·등록사항을 통한 내역 공개는 무한책임사원에 한한다(무한책임사원이 무한대의 책임을 지는 차원에서 내역을 공개).

※ **PEF(Private Equity Fund ; 사모투자펀드)의 법적 형태**

(1) PEF의 사원은 1인 이상의 무한책임사원(GP ; General Partners)과 1인 이상의 유한책임사원(LP ; Limited Partners)으로 구성되면 그 총수는 100인 이하이다.

► PEF의 사원 총수는 49인 이하에서 100인 이하로 변경되었다(2021.10.21 자본시장법 개정). '100인 이하'는 '전문투자자 + 일반투자자'를 기준으로 하는데 이때 일반투자자의 수는 49인 이하이어야 한다.

(2) 무한책임사원(GP)는 말 그대로 무한책임을 지며, 유한책임사원은 PEF에 투자한 금액의 범위 안에서만 책임을 진다(무한책임사원 중에서 업무집행사원을 선정함).

- **연기금이나 은행, 보험, 재단 등은 유한책임사원(LP)으로 투자하는 것이 일반적**인데, 이는 우량한 재무건전성을 유지하면서 고객을 보호해야 할 금융기관이 무한대의 책임을 지는 투자에 나서는 것은 곤란하기 때문으로 이해할 수 있다. 따라서 PEF전문운용사, 은행계 자회사 등이 무한책임사원(GP)의 기능을 수행한다.

(3) PEF 등기·등록사항 : **PEF의 등기·등록사항에서 유한책임사원의 내역은 제외**하고 있는데, 이는 펀드출자자의 내역을 비공개하고 있는 자본시장법 원칙을 PEF에도 동일하게 적용하고 있다. 반면, 업무집행을 수행하는 무한책임사원은 PEF의 실질적인 운용자로서 대외적인 책임을 지게 되므로 등기·등록사항으로 규정하고 있다.

학습안내 33회, 36회, 39회, 42회 기출

23

정답 ①

모두 틀린 내용이다(0개). 유동성이 높을수록, 배당률은 낮을수록, 전환프리미엄은 낮을수록 유리하다.

※ **전환증권 차익거래에 유리한 전환사채의 속성**(2025 기본서, 2권, p71 참조)

(1) **델타 트레이딩과 감마 트레이딩에서 수익을 얻을 수 있도록 기초자산의 변동성이 크고 convexity가 큰 사채**
→ 기초자산의 변동성이 크고 볼록성이 클수록 델타 트레이딩 과정에서 수익이 많이 발생한다.

(2) **유동성이 높은 전환사채와 기초주식을 쉽게 빌릴 수 있는 전환사채**

→ 전환차익거래의 포지션은 '전환사채 1단위 매수 & 델타만큼의 주식매도'이다. 즉 주식은 대차를 하여 매도하므로 대차가 용이할수록 유리하며, 주가변동이 생길 때마다 델타 트레이딩을 해야 하므로 유동성이 풍부할수록 유리하다.

(3) **낮은 전환프리미엄을 가진 전환사채**

→ '전환프리미엄 = 전환사채의 시장가격-패리티가격'인데, 전환프리미엄이 낮다는 것은 전환사채의 가격이 낮은 상태임을 말하므로 전환차익거래에 유리하다(전환차익거래 포지션상 전환사채를 싸게 매입할수록 유리하므로).

(4) **배당이 없거나 낮은 배당률을 갖는 기초자산의 전환사채**

→ 전환차익거래 포지션상 주식은 매도포지션이므로 배당을 지급하는 입장이다. 따라서 배당이 없거나 배당률이 낮을수록 유리하다.

(5) **낮은 내재변동성으로 발행된 전환사채**

→ 내재변동성이 높을수록 전환사채의 가격이 올라간다. 즉 내재변동성이 낮은 상태에서 발행된 전환사채라는 것은 전환사채를 싸게 매입할 수 있다는 의미이다(전환사채를 싸게 매입할수록 유리).

[학습안내] 전환차익거래 문제가 단독으로 출제된 것은 2018년 이후 처음이다(► 전환차익거래를 포함한 헤지펀드 운용전략의 전체 내용은 '36회 23번 해설'을 참조할 것).

24

정답 ③

바텀업이 아니라 **탑다운(Top Down)방식**을 사용한다.

[보충] 글로벌 매크로 전략은 '헤지펀드의 3가지 운용전략(차익거래전략 / 상황의존형전략 / 방향성전략)' 중에서 방향성 전략에 속한다.

[학습안내] 28회, 33회, 39회, 42회 기출(► 글로벌 매크로 전략의 상세 내용은 '39회 24번 해설'을 참조할 것)

25

정답 ③

옳은 내용은 ③번이다.

► Equity트랜치 투자자의 수익은 초기에 한 번에 받으며(**up-front 방식**), 만기에 남아있는 담보자산의 원금을 받는다.

※ 해 설

① '총수익매수자'의 입장이다.

- **총수익매도자** : TRS를 통해 준거자산에 대한 신용위험과 시장위험을 한 번에 헤지 할 수 있다는 장점이 있다.
- **총수익매수자** : 본인이 자금조달비용이 높은 입장에서 TRS를 할 경우, 직접 준거자산에 투자하는 것보다 더 낮은 비용으로 준거자산의 수익을 합성할 수 있다는 장점이 있다.

② '만기일의 준거자산 가치 > 최초 계약일의 준거자산 가치'의 상태를 말하므로(즉 준거자산에서 수익이 발생한 경우), TRS매도자가 TRS매수자에게 그 차이만큼(수익금)을 지급해야 한다.

► **기본서 全文**(2025 기본서, 2권, p98)

TRS의 만기일에 **준거자산의 가치보다 최초 계약일의 준거자산의 가치가 작을 경우** 총수익매도자는 그 차이만큼을 총수익매입자에게 지급해야 한다. 반대일 경우는 총수익매입자가 총수익매도자에게 그 차액을 지불하여야 한다. 즉 실제 자산의 양도 및 취득은 발생하지 않았으나 거래 상대방 간에 이와 동일한 현금흐름을 발생시키는 효과를 발생시킨다.

[주의] 이상의 기본서 문장이 매우 난해한 편이지만 이대로 출제가 되었으므로(②번 지문) 유의하도록 한다.

④ Mezzanine트랜치는 잔여이익에 대한 참여권이 없다.

[학습안내] 신용파생상품의 혼합 문제로서 '34회・36회・37회・39회・40회・42회'에 출제되었다(► 신용파생상품에 대한 전체 내용은 '37회 25번 해설'을 참조할 것).

2-2 해외증권투자운용/투자전략(5문항)

26

정답 ②

틀린 내용은 '나, 다'이다. 참고로 이론상 원주상장(직수입상장)이 가능하지만, 한국 기업의 경우 원화가 글로벌 통화가 아니므로 해외시장에서 직수입 상장된 사례는 아직 없다.

나. 상장을 원하는 기업이 직접 비용을 부담하고 발행하는 것은 Sponsored DR이다.

다. 미국과 미국 이외의 시장에서 동시에 상장이 되면 GDR(Global DR)이다.

※ **해외 DR의 발행**(2025 기본서, 2권, p155~157 참조)

(1) 자국의 상장기업이 본국의 예탁원에 원주를 예탁하고 이를 바탕으로 해외 주식시장에 예탁증서 형태로 발행하는 것을 DR이라 한다.
- 본국 거래소와 해외 거래소에 같이 상장하므로 복수상장이라 함

(2) 미국시장에서 DR을 발행할 경우 ADR(American Depository Receipt)이 되는데, **발행기업이 상장 관련 비용을 부담하는 경우를 Sponsored DR이라 하고** 미국의 증권회사가 부담하는 경우를 Unsponsored DR이라 한다.

(3) 달러표시 DR을 미국이 아닌 시장에서 상장할 경우 EDR(Euro DR)이라 하며, **미국과 미국이 아닌 시장에서 동시에 상장할 경우 GDR(Global Depository Receipt)이라 한다.**

(4) 우리나라 기업의 해외 상장의 경우에는 현지의 제도가 DR과 원주상장에 관계없이 DR의 형태로 상장되고 거래된다(∵ 원화가 글로벌 통화가 아니므로 원주상장의 케이스가 없음).

(5) DR포함 해외 상장 시 상장유지비용이 발생하며(미국 뉴욕시장은 특히 비싼 편), 상장의 혜택(신인도제고 효과, 자금조달 등)이 상장비용을 상회하지 못한다면 상장유지의 정당성을 확보하기가 어렵다.

학습안내 31회, 33회, 35회, 38회, 40회, 42회 기출

27

정답 ④

동시상장을 한다고 해서 상장비용이 절감되는 것이 아니며, 추가상장하는 만큼 상장비용이 증가하게 된다. 미국증시뿐 아니라 해외증시에 상장할 경우 일정한 상장비용(상장유지비용 포함)을 부담해야 하며, 주식시장 침체로 주식발행 등이 여의치 않을 경우에는 상장유지비용이 정당화될 수 없어서 상장폐지를 선택하기도 한다.

학습안내 33회, 36회, 39회, 42회 기출

28

정답 ③

T-Bill(단기채)은 할인채로, T-Note(중기채)와 T-Bond(장기채)는 이표채로 발행된다.

※ **미국 재무부 채권(Treasury Bond)의 종류**

구 분	T-Bills	T-Note	T-Bond
만 기	만기 1년 미만(단기채)	만기 1년 이상 10년 미만(중기채)	만기 10년 이상(장기채)
이자지급식	할인채	이표채	이표채

학습안내 29회, 31회, 34회, 35회, 36회, 37회, 39회, 40회, 42회 기출

29

정답 ④

'① 양키본드, ② 불독본드, ③ 아리랑본드'는 외국채이고 '④ 딤섬본드'는 유로채이다.

※ 외국채 : 비거주자가 채권표시 통화의 '본국'에서 발행하는 채권

채권표시통화	본 국	외국채
미달러화 표시 채권	미국	양키본드
파운드화 표시 채권	영국	불독본드
엔화 표시 채권	일본	사무라이본드
원화 표시 채권	한국	아리랑본드
위안화 표시 채권	중국	판다본드

※ 유로채 : 비거주자가 채권표시 통화의 '본국 외'에서 발행하는 채권

채권표시통화	본국 外	유로채
미달러화 표시 채권	스위스 등	유로달러채
달러 등 외화표시 채권	일본	쇼군본드
달러 등 외화표시 채권	한국	김치본드
위안화 표시 채권	홍콩	딤섬본드

- 홍콩의 주 통화는 홍콩달러이므로, 홍콩에서 홍콩달러가 아닌 통화로 채권을 발행하면 유로채가 되는데 이 중에서 위안화로 발행하는 채권이 딤섬본드이다.
- 쇼군본드와 김치본드는 협회 기본서에서 기술되지 않고 있다.

학습안내 '37회 30번'과 동일유형으로 출제되었으나 학습효과 차원에서 변형 복원하였다.

30

정답 ②

벤치마크 포트폴리오를 정확히 모방하는 것은 완전복제법(full replication)을 말하는데, 완전복제법의 경우 인덱싱 방법 중 벤치마크수익률에 가장 근접한다는 장점이 있지만 거래비용이 많아지는 단점이 있다.

학습안내 36회, 38회, 40회, 42회 기출(► '해외주식 투자전략'의 전체 내용은 '38회 30번 해설'을 참조할 것)

2-3 투자분석기법(12문항)

31

정답 ①

분포수가 홀수인 경우 정가운데 값이 중앙값(median)이 되지만, 분포수가 짝수일 경우는 가운데 두 분포 값의 평균을 중앙값으로 한다(아래 예시 참조).

※ 증권분석을 위한 통계 기초 : 중심위치 VS 산포경향(2025 기본서, 2권, p214~217참조)

중심위치(central tendency)	산포경향(degree of dispersion)
산술평균, 최빈값, 중앙값	범위, 평균편차, 분산, 표준편차

(1) **중심위치(Central Tendency)**

중심위치란 자료가 어떤 값을 중심으로 분포하는가를 나타내는 대표치로서 산술평균, 최빈값, 중앙값 등이 자주 쓰인다.

㉠ 산술평균(mean) : 분포 값의 합계를 분포의 수로 나눈 값이다.

㉡ 최빈값(mode) : 빈도수가 가장 높은 관찰치를 말한다.

㉢ 중앙값(median) : 관찰치를 크기 순서대로 나열하였을 때, 정가운데 있는 값을 의미한다. N이 홀수일 때는 정가운데 값이 중앙값이 되지만, N이 짝수일 때는 가운데 두 분포의 값의 평균이 중앙값이 된다.

예시 분포의 수가 짝수일 경우의 중앙값

→ '2, 4, 6, 8, 10, 12'의 분포일 경우 (6 + 8) / 2 = 7 즉 7이 중앙값이 된다.

보충 정규분포는 종모양의 좌우대칭 분포를 보이므로 '산술평균 = 최빈값 = 중앙값'이다.

(2) **산포경향(Degree of Dispersion)**

자료가 중심위치로부터 어느 정도 흩어져 있는가를 나타내는 지표로 범위, 평균편차, 분산, 표준편차 등이 자주 쓰인다.

㉠ 범위(range) : 최대값 − 최소값

㉡ 분산(variance) : 평균으로부터 떨어진 거리의 제곱들을 평균한 것

㉢ 표준편차(standard deviation) : 분산의 제곱근(루트값)

㉣ 평균편차(mean deviation) : 평균으로부터 떨어진 거리들을 평균한 것

보충 분산과 표준편차는 '**자유도**(degree of freedom)'로 나누어 측정한다(모집단이 아니고 표본인 경우).

(3) **공분산과 상관계수**

㉠ 공분산(Covariance)

- **공분산은 −∞ 에서 +∞ 의 어떤 값이든지 가질 수 있다.**
- 공분산이 0보다 크면 양의 관계, 0보다 작으면 음의 관계, 0이면 아무런 선형의 상관관계가 없는 것을 의미한다.
  - 공분산이 양(+)인 경우는 그 크기와 관계없이 두 자산이 같은 방향으로 움직이는 것을 말하고, 공분산이 음(−)인 경우는 그 크기와 관계없이 두 자산이 다른 방향으로 움직이는 것을 말한다.

㉡ 상관계수(Correlation Coefficient)

- 상관계수는 두 변수의 관계의 방향과 정도를 나타내주는 측정치로서, **공분산을 각각의 표준편차의 곱으로 나누어준 값이다**($\rho_{xy} = \dfrac{\sigma_{xy}}{\sigma_x \sigma_y}$).
- 상관계수는 −1에서 +1 사이의 값을 갖는다.
  - 상관계수가 +1이면 두 자산이 완전히 동일하게 움직이는 것을 말하며, −1이면 정확히 반비례하며, 0이면 두 자산은 아무런 관계가 없음을 말한다.

► **증권분석 통계기초에 대한 기출패턴 분석**(최근 9회 중 7회 기출)

(1) '중심위치 VS 산포경향'의 카테고리 문제 : 34회

(2) '중심위치, 산포경향, 공분산, 상관계수'에 대한 개념문제 : 35회, 37회, 40회, 42회

(3) '중심위치'에 대한 응용계산문제 : 39회, 41회

학습안내 34회, 35회, 37회, 39회, 40회, 41회, 42회 기출

32

정답 ④

옳은 내용은 ④번이다(아래 추가 해설 참조).

※ 추가 해설

① 유동비율 = $\dfrac{\text{유동자산}}{\text{유동부채}}$, 당좌비율 = $\dfrac{\text{유동자산} - \text{재고자산} - \text{선급금}}{\text{유동부채}}$

→ 유동비율이 높은데 당좌비율이 낮다면 산식상으로 재고자산 또는 선급금이 **많다는 것을 의미한다.** 유동비율의 분자항목인 '유동자산'은 재고자산과 외상매출금(매출채권)을 포함하고 있기 때문에, 현금화가 곤란한 재고자산이나 매출채권이 많은 경우에는 유동비율이 높다고 해도 유동성이 부족한 상황이 될 수 있으므로 해석에 유의해야 한다(이를 보완하는 것이 당좌비율).

② 부채비율이 높을수록 기업이익의 변동성이 더욱 커지고, 그 결과 위험도 더욱 커지면 또한 주주들의 기대수익률도 더욱 **높아지게 된다.**

• 부채비율이 높을수록 기업의 재무적 위험이 큰 것을 의미하고, 따라서 해당 기업에 투자하는 주주의 입장에서는 'high risk high return'의 차원에서 더 높은 기대수익률을 요구하게 된다.

③ 성숙단계에 접어든 기업은 성장기에 비해서 투자가 감소하고 따라서 **배당성향이 상승한다.**

④ 총자산회전율($\frac{매출액}{총자산}$)이 하락하고 있다면 '기업매출의 둔화, 경영효율의 악화, 기계설비의 노후화가 진행되고 있음'을 의미한다.

cf 총자산회전율이 상승하고 있다면 '기업매출의 신장, 자산의 활용이 더욱 효율화되고 있음을 의미한다.

학습안내 34회, 36회, 37회, 38회, 42회 기출(► '재무비율 해석'에 대한 전체 내용은 '38회 31번 해설'을 참조할 것)

33

정답 ④

듀퐁분석을 이용한다. 'ROA = $\frac{순이익}{총자산} = \frac{순이익}{매출액} \times \frac{매출액}{총자산}$ = 매출액순이익률 × 총자산회전율 = 0.2 × 2 = 0.4'이다.

즉 총자산이익률(ROA ; Return On Assets)는 0.4(40%)이다.

학습안내 33회, 37회, 40회, 42회 기출

34

정답 ①

영업레버리지도는 영업이익의 변화율을 매출액(또는 판매량)의 변화율로 나누어서 구한다.

※ 레버리지도 개념 공식

구 분	영업레버리지도(DOL)	재무레버리지도(DFL)	결합레버리지도(DCL)
개념 공식	$\frac{영업이익변화율}{매출액변화율}$	$\frac{주당순이익변화율}{영업이익변화율}$	$\frac{주당순이익변화율}{매출액변화율}$

(1) 영업레버리지도(DOL) : 영업이익의 변화율을 매출액(또는 판매량)의 변화율로 나누어서 구한다.

(2) 재무레버리지도(DFL) : 주당이익의 변화율을 영업이익의 변화율로 나누어서 구한다.

(3) 결합레버리지도(DCL) : 주당이익의 변화율을 매출액의 변화율로 나누어서 구한다.

(4) 결합레버리지도는 영업레버리지도와 재무레버리지도의 곱으로 얻어진다.

→ $\frac{영업이익변화율}{매출액변화율} \times \frac{주당순이익변화율}{영업이익변화율} = \frac{주당순이익변화율}{매출액변화율}$

→ DOL × DFL = DCL

학습안내 33회, 35회, 37회, 38회, 40회, 42회 기출

35

정답 ①

매출채권의 증가는 현금흐름 마이너스 요인(차감)이고 나머지는 플러스 요인(가산)이다.

※ 추가 해설

① 매출채권(외상매출금)은 현금이 유입되지 않는 매출인데, '매출채권의 증가'는 현금흐름 마이너스, '매출채권의 감소'는 현금흐름 플러스 요인이 된다.

② '매입채무(외상매입금)'는 현금이 지출되지 않는 채무인데, '매입채무의 증가'는 현금흐름의 플러스 요인, '매입채무의 감소'는 현금흐름의 마이너스 요인이 된다.

③ 설비자산처분손실(−)은 영업활동현금흐름이 아니므로 이를 영업활동현금흐름에서 제거하는 차원에서 반대처리(+)[주1]를 한다.

* 주1 : 설비자산처분손실은 투자활동현금흐름에 속하지만 발생주의 회계상 당기순이익에 이미 (−)로 반영된 것이다. 따라서 간접법으로 영업활동현금흐름을 계산하기 위해서는 이를 (+)로 반영함으로써 상쇄처리를 해야 한다.

④ 감가상각비는 당기순이익 계산 시 (−)로 반영되었는데, 현금흐름상으로는 비현금비용(현금지출이 없는 비용)이므로 영업현금흐름 계산 시에는 (+)로 반영해야 정확하다.

► 약식이해 : '매입채무'와 '매출채권 / 재고자산'은 반대의 현금흐름을 보인다. 따라서 동문항의 경우, 선지 ①과 ②가 반대가 되므로 둘 중의 하나가 답이 된다.

매입채무 증가	↔	매출채권 증가	재고자산 증가
현금흐름(+)		현금흐름(−)	현금흐름(−)

학습안내 34회, 36회, 39회, 42회 기출(► '영업현금흐름의 작성방법(간접법)에 대한 상세내용은 '36회 33번 해설'을 참조할 것)

36

정답 ②

자산의 대체원가는 장부가가 아닌 **시가 기준의 대체원가**이다.

※ 'Tobin's Q비율'이 PBR을 보완하는 논리

PBR	Tobin's Q
$\dfrac{주가 \times N}{BPS \times N} = \dfrac{시가총액}{자기자본(장부가\ 기준)}$	$\dfrac{자본의\ 사장가치}{자산의\ 대체원가} = \dfrac{시가총액}{자기자본(시가\ 기준)}$
→ PBR의 문제점(자산의 시가와 장부가와의 괴리문제)을 Tobin's Q 가 보완	

학습안내 30회, 34회, 36회, 39회, 42회 기출(► Tobin's Q에 대한 상세 내용은 '39회 36번 해설'을 참조할 것)

37

정답 ②

'강세 2국면(마크업 국면 / 기술적 추세 추종 단계)'에 해당한다.

학습안내 39회, 42회 기출(► '다우의 장기추세 6국면'에 대한 전체 내용은 '39회 39번 해설'을 참조할 것)

38

정답 ④

④는 매입신호이다(과도한 하락 후 이동평균선으로 수렴하는 반등을 예상).

※ 그랜빌(J.E.Granville)의 매매신호 - 매도신호 4가지

(1) 매도신호 1 : 이동평균선의 상승이 멈춘 상태에서 주가가 이동평균선을 하향 돌파할 경우
→ 추세가 상승에서 하락으로 전환할 것으로 예상

(2) 매도신호 2 : 이동평균선의 하락이 지속될 때 주가가 이동평균선을 상향 돌파하는 경우
→ 하락추세 속에서의 일시적 주가상승으로 해석

(3) 매도신호 3 : 이동평균선 아래에서 상승세를 보이다가 이동평균선을 돌파하지 못하고 재차 하락하는 경우
→ 하락추세의 저항을 받고 다시 하락하는 것으로 해석

(4) 매도신호 4 : 주가가 상승하고 있는 이동평균선을 상향 돌파 후 급등하는 경우
→ 과도한 상승 후 다시 이평선으로 수렴하는 반락을 예상

학습안내 40회(신유형), 42회 동일 기출(► 40회 해설 참조하여 '**매수신호 문제**'에도 대비할 것)

39

정답 ④

완만한 곡선을 그리면서 상승에서 하락추세로 전환하는 패턴(④)은 원형천장형이다.

보충 원형천장형은 **천장을 확인하고** 하락으로 전환하는 패턴, 원형바닥형은 **바닥을 확인하고** 상승으로 전환하는 패턴이다.

학습안내 31회, 34회, 37회, 39회, 42회 기출(► 패턴에 대한 전체 내용 정리는 '37회 41번 해설'을 참조할 것)

40

정답 ④

①은 내생적 성장이론, ②는 제품수명주기이론, ③은 리카르도 비교우위론, ④는 헥셔-올린 모형이다.

※ 산업구조변화이론 : '전통적 무역이론 VS 현대적 무역이론' 종류

(1) 전통적 무역이론 : 리카르도 비교우위론, 헥셔-올린 모형

(2) 현대적 무역이론 : 제품수명주기이론, 신무역이론, 내생적 성장이론

※ 리카도 비교우위론 VS 헥셔-올린 모형

'리카도 비교우위론'은 생산요소를 노동에만 두고 '노동투입량(절대적 요소부존도)에 의해 비교우위가 결정되는 절대적 비교우위론이며, '헥셔 올린 모형'은 생산요소를 자본까지 확대하여 '노동과 자본(상대적 요소부존도)'에 의해 비교우위가 결정되는 상대적 비교우위론이라는 점에서 차이가 있다.

학습안내 31회, 35회, 36회, 38회, 40회, 42회 기출(► '전통적 무역이론 VS 현대적 무역이론'에 대한 정리된 내용은 '36회 41번', 기본서 全文은 '38회 39번' 해설을 참조할 것)

41

정답 ③

'나(도입기) → 라(성장기) → 다(성숙기) → 가(쇠퇴기)'이다.

학습안내 '38회 42번(쇠퇴기 문제)'과 동일하게 출제되었으나 학습효과 차원에서 변형복원하였다(► '산업의 라이프사이클 분석'에 대한 전체 내용은 '38회 42번 해설'을 참조할 것).

42

정답 ③

아래의 두 가지 방식이 있는데 (2)방식이 간단하다.

※ 풀 이

(1) 4개 기업이 동등한 점유율을 가지고 있으므로 각 기업의 점유율은 0.25이다.
따라서, HHI = $0.25^2 + 0.25^2 + 0.25^2 + 0.25^2 = 0.0625 \times 4 = 0.25$

(2) HHI의 역수는 동등기업의 수이므로, $\frac{1}{HHI} = 4$, 따라서 HHI = 0.25

► 약식이해 : 허핀달지수를 소수점단위로 표시할 때, 점유율이 동등한 경우, 단일기업의 점유율이 곧 허핀달지수가 된다(동 문항에서는 동등기업의 수가 4개이므로 1개 기업의 점유율인 0.25가 곧 허핀달지수이다).

학습안내 30회, 34회, 42회 동일 기출

2-4 리스크 관리(8문항)

43

정답 ②

'약 20.22억 원, 약 2.78억 원'이다.

※ 분산투자효과 계산

(1) $VaR_P = \sqrt{VaR_A^2 + VaR_B^2 + 2 \cdot \rho \cdot VaR_A \cdot VaR_B} = \sqrt{8^2 + 15^2 + 2 \cdot 0.5 \cdot 8 \cdot 15}$
$= \sqrt{64 + 225 + 120} =$ 약 20.22

(2) 분산투자효과가 전혀 없는 경우는 A와 B 간의 상관계수가 +1일 때이다. 즉 분산투자효과가 없을 때의 포트폴리오(A+B)의 VaR은 '8 + 15 = 23'이다.

(3) 따라서 분산투자효과는 아래 산식의 X에 해당된다.
→ (8 + 15) − X = 약 20.22, X = 약 2.78, 즉 분산투자효과는 약 2.78억 원이다.

학습안내 '40회 46번'과 동일하게 출제되었으나 향후 변형출제 대비 상관계수 0을 +0.5로 변형하여 복원하였다.

44

정답 ③

옳은 내용은 '가, 다'이다. 몬테카를로 모형은 리스크 요인의 분포를 실제 데이터가 아닌 확률모형으로부터 생성해 낸다.

※ VaR 측정에 사용되는 리스크 요인의 분포를 구하는 방법

(1) 역사적 시뮬레이션법 : 과거 실제 데이터로부터 구한다.

(2) 몬테카를로 시뮬레이션법 : 확률모형으로부터 생성해 낸다.

► VaR 측정방법으로서 역사적 시뮬레이션과 몬테카를로 시뮬레이션은, 리스크 요인의 데이터를 확보하는 방법만 다르고 나머지 면에서는 동일하다.

학습안내 '40회 48번'과 동일문항으로 출제되었으나 학습효과 차원에서 문제유형을 변형하여 복원하였다(► 몬테카를로 시뮬레이션에 대한 상세내용은 '35회 45번 해설'을 참조할 것).

45

정답 ④

모두 틀린 내용이다.

※ 추가 해설

가. 스트레스 검증법은 **과거 데이터가 없는 경우에도 사용할 수 있다**(∵ 예상 시나리오를 설정하고 측정하므로).

나. 스트레스 검증법은 주관적인 시나리오를 전제로 하기 때문에 과학적으로 VaR를 계산하지 못하고 또한 리스크요인 간의 상관계수를 제대로 계산해 내지 못한다. 따라서 **다른 VaR측정방법을 대체하기 보다는 보완역할을 한다**(최악의 상황에서의 변화를 측정·보완에 유용).

다. 포트폴리오가 **한 개의 리스크 요소에 주로 의존할 경우** 스트레스 검증법이 적절히 사용될 수 있다.

학습안내 35회·38회와 동일문항으로 출제되었으나 학습효과 차원에서 문제유형을 변형하여 복원하였다(► '스트레스 검증법'에 대한 전체 내용은 '35회 46번 해설'을 참조할 것).

46

정답 ③

비선형상품(채권, 옵션)의 VaR을 측정함에 있어 델타분석법은 부분가치로 평가하므로(1차 미분치만 평가), 완전가치 평가법(역사적 / 몬테카를로법 등)에 비해 그 값이 적게 나타난다.

※ VaR의 한계점(2025 기본서, 2권, p465~466 참조)

(1) 과거자료에 기반하지 않은 새로운 변수가 나타날 경우 과거자료에 바탕을 둔 VaR측정은 신뢰도가 떨어진다(**이 경우 Stress Test방식으로 보완 가능**).

(2) VaR측정을 위한 자료이용에 제한이 있을 경우 손실의 계량화가 어려울 수 있다(**특히 역사적 시뮬레이션법의 경우 과거자료가 표본으로 확보되지 못하면 사용불가**).

(3) 비선형상품(채권, 옵션)의 VaR을 측정함에 있어 부분가치법(델타분석법)과 완전가치법(몬테카를로법 등)은 그 값이 다르게 나타난다.

(4) 보통 VaR은 포트폴리오 보유기간을 1일로 하여 측정하지만, 투자기간이나 규제목적 등을 사유로 '보유기간을 일정기간'으로 설정할 수 있는데, 이때 '일정기간 VaR은 1일 VaR보다 크게 나타나며 측정방법은 '1일 VaR × $\sqrt{\text{보유기간}}$'이다.

- 만일 보유기간이 매우 길어지게 되면 단기간에는 무시해도 좋을 변수가 리스크에 반영이 되는데 이 경우 VaR을 단순히 '1일 VaR × $\sqrt{\text{보유기간}}$'으로 계산할 때 그 해석에 유의해야 한다.

학습안내 28회, 31회, 34회, 39회, 42회 기출

47

정답 ①

'A – 40억 원'이다. Marginal VaR(한계 VaR)가 낮을수록 더 좋은 투자대안이 된다.

※ Marginal VaR 계산

기존 포트폴리오의 VaR	편입자산의 VaR	변경 후 포트폴리오의 VaR	Marginal VaR
110	100 (A)	150	40
110	80 (B)	170	60

→ 개별자산 기준으로는 지배원리상 B가 더 우월한 자산이지만(기대수익률은 동일 & 위험은 B가 더 적음), 포트폴리오 편입 기준으로 볼 때는 Marginal VaR(한계 VaR)가 더 적은 A가 우월한 대안이 된다.

학습안내 29회, 34회, 36회, 39회, 42회 기출(► 'Marginal VaR'에 대한 추가내용은 '39회 46번 해설'을 참조할 것)

48

정답 ②

신용손실분포는 '**한쪽으로 치우치고(skewed), 두껍고 긴 꼬리(fat tail)**'를 가진 분포를 한다.

※ 신용손실분포의 특징(2025 기본서, 2권, p471~472 참조)

① 신용리스크는 신용손실분포로부터의 예상외 손실로 정의된다. 예상된 손실(Expected Loss)은 대손충당금으로 대비하므로 비용으로 인식한다('예상외 손실'은 위험으로 보지만, '예상된 손실'은 위험으로 보지 않는다).

- 따라서 신용리스크의 측정치는 신용리스크에 따라 손실의 불확실성, 즉 신용손실분포에 의해 결정된다.

② 신용위험분포(비정규 분포)는 비대칭성[주1]이 강하여, '한쪽으로 치우치고(skewed), 두껍고 긴 꼬리(fat-tail)'를 가진 분포를 보인다.

* 주1 : 주식에 투자할 경우 상승확률과 하락 확률이 같은 대칭의 분포를 한다고 보지만, 채권에 투자할 경우 높은 확률로 이자수입을 얻고 낮은 확률로 원금을 잃을 수 있다. 즉 시장위험(예 주식투자 시)과 달리 신용위험(예 채권투자 시)은 비대칭의 분포(skewed, fat-tail)를 보인다.

③ 신용리스크는 정규분포가 아니므로 평균과 분산을 이용한 모수적인 방법(parametric method)으로 측정하기가 어렵다(percentile로 측정되는 것이 바람직).

④ 신용위험을 측정하는 모형은 3가지(EDF모형 / Default Mode / MTM Mode)가 있는데, Default Mode(부도모형)는 부도가 발생한 경우에만 신용손실이 발생하는 것으로 간주하고 신용위험을 측정하며 MTM Mode는 부도 발생뿐 아니라 신용등급의 변화로 인한 신용손실도 포함시켜서 신용위험을 측정한다.

학습안내 33회, 35회, 38회, 39회, 41회, 42회 기출

49

정답 ④

3표준편차 이내의 확률이 아니라 '3표준편차를 초과하는 확률(또는 3표준편차 이상의 확률)'이 옳다.

※ EDF모형의 부도거리(DD)에 대한 해석

(1) 부도거리에 따른 부도율 계산

1단계 기업의 기대 자산가치가 100억 원, 부채는 40억 원, 표준편차가 20억 원일 경우 부도거리는

$$\rightarrow DD = \frac{A - D}{\sigma} = \frac{100 - 40}{20} = 3\text{표준편차},$$

2단계 부도거리가 3표준편차 → 부도율은 3표준편차의 신뢰구간을 벗어나는 확률(즉 3표준편차를 초과하는 확률) → 3표준편차 이내의 확률을 대략 99%라고 한다면 부도확률은 0.50%이다(부도율은 나쁜 방향의 위험이므로 단측 검정).

(2) 부도거리가 짧을수록 부도율(부도확률)은 높다(오른쪽으로 갈수록 부도율이 낮아짐).

부도거리	1표준편차	2표준편차	3표준편차
신뢰구간	대략 68% 신뢰구간	대략 95% 신뢰구간	대략 99% 신뢰구간
신뢰구간을 벗어날 확률	32%	5%	1%
부도율(단측 검정)	16%	2.5%	0.5%

학습안내 '39회 48번'과 동일문항으로 출제되었다(► 'KMV EDF모형'의 전체 내용은 '39회 48번 해설'을 참조할 것).

50

정답 ②

'$EL = \sigma_{EL}$'을 만족하는 부도율(p)은 0.5이다.

※ 상세 풀이

(1) EL = EAD × 부도율(p) × 손실률 = 100억 원 × p × 0.3

(2) $\sigma_{EL} = EAD \times \sqrt{p \cdot (1-p)}$ × 손실률 = 100억 원 × $\sqrt{p \cdot (1-p)} \times 0.3$

→ (1)과 (2)가 같으므로 '$p = \sqrt{p \cdot (1-p)}$'이다.

이를 풀면,

$p^2 = p \cdot (1-p)$, $p^2 = p - p^2$, $2p^2 = p$, $2p = 1$, 따라서 '$p = 0.5$'이다.

► 약식이해 : EL과 EL변동성을 같게 만드는 부도율(p)은 0.5가 유일하다.

학습안내 32회(신유형), 37회, 42회 동일 기출

3-1 직무윤리(5문항)

51

정답 ④

과당매매 여부를 판단하는 기준에서 '해당 매매를 통한 수익률 달성 여부'는 따지지 않는다.

학습안내 34회, 38회, 40회, 42회(► '과당매매'에 대한 기본서 全文은 '38회 51번 해설'을 참조할 것)

52

정답 ④

'적합성 원칙, 적정성 원칙, 설명의무'는 일반금융소비자만을 대상으로 적용되지만, 부당권유행위 금지의무(금소법 제21조)는 전문금융소비자에게도 적용된다.

※ **법령 준수의 대상 : 일반금융소비자 VS 금융소비자**

(1) **적합성 원칙**(금소법 제17조) : 금융상품판매업자 등은 법령에 따라 파악한 정보를 고려하여 그 **일반금융소비자에게 적합하지 않다고** 인정되는 계약의 체결을 권유해서는 아니 된다.

(2) **적정성 원칙**(금소법 제18조) : 금융상품판매업자 등은 법령에 따라 파악한 정보를 고려하여 해당 금융상품이 그 **일반금융소비자에게 적정하지 않다고** 판단되는 경우에는 그 사실을 알리고 그 일반금융소비자로부터 서명 등의 방법으로 확인을 받아야 한다.

(3) **설명의무**(금소법 제19조)

- 금융상품판매업자 등은 일반금융소비자에게 계약체결을 권유하는 경우 및 일반금융소비자가 설명을 요청하는 경우에는 그 금융상품에 관한 중요한 사항을 **일반금융소비자가 이해할 수 있도록** 설명하여야 한다.
- 금융상품판매업자 등은 법령에 따른 설명에 필요한 설명서를 **일반금융소비자에게** 제공하여야 하며, 설명한 내용을 일반금융소비자가 이해하였음을 서명 등의 방법으로 확인을 받아야 한다.

(4) **부당권유행위 금지의무**(금소법 제21조)

- **금융소비자로부터** 계약의 체결권유를 요청받지 않고 방문·전화 등 실시간 대화의 방법을 이용한 행위는 원칙상 금지된다(→ '요청하지 않은 투자권유의 금지').
- 계약의 체결권유를 받은 **금융소비자가** 이를 거부하는 취지의 의사를 표시하였는데도 계약의 체결권유를 계속하는 행위(→ '재권유 금지')

보충 '금융소비자'는 일반금융소비자와 전문금융소비자를 모두 포함하는 개념이다.

학습안내 35회, 38회, 42회 동일 기출

53

정답 ④

모두 해당된다(아래 해설 참조).

※ '**금융소비자보호 내부통제위원회**'**의 의결 및 심의사항**(2025 기본서, 3권, p38 참조)

(1) 금융소비자보호에 관한 경영방향
(2) 금융소비자보호 관련 주요 제도 변경사항
(3) 임직원의 성과보상체계에 대한 대한 금융소비자보호 측면에서의 평가('**다**')
(4) 금융상품의 개발, 영업방식 및 관련 정보공시에 관한 사항('**나**')
(5) 금융소비자보호기준의 적정성・준수실태에 대한 점검・조치 결과
(6) 금융소비자보호실태평가, 감독 및 검사 결과의 후속조치에 관한 사항
(7) 중요 민원・분쟁에 대한 대응 결과('**가**')
(8) 광고물 제작 및 광고물 내부 심의에 대한 내부규정(단, 준법감시인이 별도로 내부규정 마련 시는 제외)
(9) 금융소비자보호 총괄기관과 금융상품 개발・판매・사후관리 등 관련부서 간의 협의 필요사항
(10)기타 금융소비자보호 총괄기관 또는 기타 관련부서가 내부통제위원회에 보고한 사항의 처리에 관한 사항

학습안내 42회 신유형이다.

54

정답 ③

임직원이 회사업무 수행을 목적으로 하는 경우는 비밀정보 사용이 가능하다.

► 임직원은 회사가 요구하는 **업무를 수행하는 목적 이외에** 어떠한 경우에도 자신 또는 제3자를 위하여 비밀정보를 이용해서는 아니 된다.

학습안내 33회, 40회 기출(► '표준윤리준칙 제6조 정보보호'에 대한 전체 내용은 '40회 54번 해설'을 참조할 것)

55

정답 ④

영업점별 영업관리자에게 업무수행의 결과에 따라 적절한 보상을 지급할 수 있다.

※ **영업점별 영업관리자**(2025 기본서, 3권, p125~126 참조)

(1) 영업관리자 자격요건
- 영업점에서 1년 이상 근무한 적이 있거나 준법감시・감사업무를 1년 이상 수행한 경력이 있는 자로서 당해 영업점에 상근하고 있을 것
- 본인이 수행하는 업무가 과다하거나 수행하는 업무의 성격으로 인하여 준법감시업무에 곤란을 받지 않을 것
- 영업점장이 아닌 책임자급일 것. 다만, 당해 영업점의 직원 수가 적어서 영업점장을 제외한 책임자급이 없는 경우에는 그러하지 아니하다.
- 준법감시업무를 효과적으로 수행할 수 있는 충분한 경험과 능력, 윤리성을 갖추고 있을 것

(2) 기 타
- 준법감시인은 영업점별 영업관리자에 대하여 연간 1회 이상 법규 및 윤리관련 교육을 실시하여야 한다.
- 회사는 영업점별 영업관리자의 **임기를 1년 이상으로 하여야 하고,** 영업관리자가 준법감시업무로 인하여 인사・급여 등에서 불이익을 받지 아니하도록 하여야 하며, 영업점별 영업관리자에게 **업무수행 결과에 따라 적절한 보상을 지급할 수 있다.**

학습안내 33회, 36회, 37회, 39회, 42회 기출

3-2 자본시장법 및 금융위규정(11문항)

56

정답 ④

'투자계약증권-파생결합증권'이다.

보충 '증권의 6가지 종류(명시적 포함)'의 정의 문제는 '투자계약증권 / 파생결합증권' 두 가지를 대상으로 출제되고 있다.

학습안내 28회, 32회, 34회, 36회, 42회 기출(► '증권의 6가지 종류'의 정의는 '36회 56번 해설'을 참조할 것)

57

정답 ③

투자일임업은 등록대상이다.

※ 금융투자업의 인가 및 등록대상

인가대상	등록대상
투자매매업, 투자중개업, 집합투자업, 신탁업	투자자문업, 투자일임업, 온라인소액투자중개업, 일반사모집합투자업

- 종합금융투자업(prime brokerage)은 별도의 '지정'대상이며 인가대상은 아니다.

학습안내 30회, 39회, 42회 동일유형 기출(► '인가대상 VS 등록대상'의 상세 내용은 '39회 56번 해설'을 참조할 것)

58

정답 ②

옳은 항목은 '나, 다'이다.

가. 순자본비율은 '영업용순자본에 총위험액을 차감한 금액을 필요유지자기자본으로 나눈 비율'을 말한다.

※ 순자본비율 VS 레버리지비율

구 분		순자본비율	레버리지비율
공 식		$\frac{\text{영업용순자본} - \text{총위험액}}{\text{필요유지자기자본}} \times 100$	$\frac{\text{총자산}}{\text{자기자본}} \times 100$
적기시정조치	경영개선권고	100% 미만~50% 이상	1,100% 초과 시 (단, 2년 연속 적자인 경우는 900% 초과 시)
	경영개선요구	50% 미만~0% 이상	1,300% 초과 시 (단, 2년 연속 적자인 경우는 1,100% 초과 시)
	경영개선명령	0% 미만	(기준 없음)

학습안내 35회, 40회와 동일 유형으로 출제되었으나 학습효과 차원에서 변형하여 복원하였다(► 순자본비율에 대한 전체 내용은 '35회 58번 해설'을 참조할 것).

59

정답 ④

1년이 지난 후부터 → 1개월이 지난 후부터

※ 재권유 금지의 예외

금융소비자가 계약체결권유에 대한 거부의사를 밝힌 후 '㉠ **동일** 금융투자상품에 대해서 **1개월이 지난 후** 다시 권유하는 행위, ㉡ **다른** 금융투자상품에 대해서 권유하는 행위'는 재권유 금지의 예외가 적용된다.

학습안내 '부당권유 행위금지'는 그동안 '3과목 직무윤리'편에서 출제되었으나 42회에서는 '3과목 자본시장법'편에서 출제되었다(► '부당권유행위금지의 전체 내용은 '38회 53번', '요청하지 않는 투자권유의 금지 / 재권유 금지'의 상세 내용은 '40회 52번' 해설을 참조할 것).

60

정답 ②

투자매매업자 또는 투자중개업자의 신용공여 한도는 **자기자본을 한도로 한다**.

학습안내 31회, 35회, 38회, 42회 기출(► '신용공여 규제'에 대한 전체 내용 정리는 '35회 60번 해설'을 참조할 것)

61

정답 ①

모두 틀린 내용이다(옳은 항목의 개수는 0개).

※ 추가 해설

가. 그 투자자예탁금이 '투자자의 재산'임을 명시해야 한다.

나. 겸영금융투자업자가 투자자예탁금을 신탁할 때, 겸영 금융투자업자가 신탁업자일 경우 자신에게 신탁할 수 있다(즉 자기계약이 가능).

► '투자자예탁금을 신탁업자에 신탁할 수 있는 금융투자업자(겸영금융투자업자)'는 은행, 한국산업은행, 중소기업은행, 보험회사이며, 신탁법 제2조에도 불구하고 **자기계약을 할 수 있다**(2025 기본서, 3권, p230~231 참조). 즉, 겸영금융투자업자는 자신이 신탁업자로서 투자자예탁금을 보관할 수 있다.

다. '흡수합병 등'은 '투자자예탁금의 양도 및 담보제공 금지'의 예외 사유로서 '우선인출사유'에는 해당되지 않는다.

► 투자자예탁금의 우선 인출 사유 : 인가취소, 해산결의, 파산선고 등

학습안내 30회(신유형), 36회, 37회, 39회, 40회, 42회 기출(► '투자자예탁금의 별도 예치제도'에 대한 상세 내용은 '36회 60번 해설'을 참조할 것)

62

정답 ③

펀드자산총액의 30%까지 투자할 수 있는 대상은 '가, 다'이다(통안채는 100%까지 투자 가능).

주의 '30%까지'로 하면 통안채는 제외되지만 '30% 이상'으로 한다면 통안채도 포함된다.

※ 공모 집합투자기구의 운용제한 – 동일종목 증권 투자한도

각 펀드는 펀드재산의 10%를 초과하여 '동일종목 증권'에 투자할 수 없으나, 아래의 경우 예외가 적용된다(10%를 초과하여 투자 가능).

100%까지 투자 가능	30%까지 투자 가능
(1) 국채·통안채·정부보증채 (2) 부동산투자전문회사가 발행한 증권(부동산개발회사가 발행한 증권, 부동산투자목적 회사가 발행한 지분증권 (3) 사회기반시설사업의 시행을 목적으로 하는 법인이 발행한 증권	(1) 지방채, 특수채, 파생결합증권 (2) 금융기관이 발행한 채권, 금융기관이 발행 또는 지급보증한 어음·CD (3) OECD 가입국가 또는 중국이 발행한 채권 (4) ETF에서 동일종목 증권에 투자하는 경우

학습안내 39회(신유형), 40회, 42회 기출(► '공모형 집합투자기구의 운용제한'에 대한 전체 내용은 '39회 59번 해설'을 참조할 것)

63

정답 ①

'110(10%, 100%)'이다.

※ 집합투자기구의 금전차입

(1) 집합투자기구는 집합투자재산의 운용에 있어서 금전차입이 금지된다.

(2) 단, 아래의 경우 예외가 적용된다.

㉠ 대량의 환매청구 또는 매수청구 발생 시 **순자산의 10%**까지 차입가능

㉡ 부동산특례로서,

ⓐ 부동산펀드가 부동산을 취득 시에는 **순자산액의 200%**를 한도로 차입가능

ⓑ 부동산펀드가 부동산개발사업을 영위하는 법인에 대해 대여를 할 경우, **순자산액의 100%**를 한도로 대여가능

ⓒ 부동산펀드가 아니라도 부동산을 보유하고 있을 경우, 그 가액의 70%까지 차입가능

학습안내 '39회 61번'의 변형 기출에 해당한다(► '집합투자기구의 금전차입·금전대여의 제한'에 대한 상세 내용은 '36회 63번 해설'을 참조할 것).

64

정답 ④

④만 옳은 내용이다. 투자회사의 경우 초과분배를 하더라도 최저순자산액을 침해하는 수준까지 초과분배를 해서는 안 된다는 의미이다.

① 집합투자업자는 집합투자재산 운용에 따라 발생한 이익금을 투자자에게 금전 또는 새로 발행하는 집합투자증권으로 분배해야 한다.

② 투자회사가 새로 발행하는 주식(집합투자증권)으로 이익금을 분배하고자 할 경우 이사회의 결의를 거쳐야 한다.

③ MMF는 유보가 불가하다.

※ 집합투자기구의 이익금 분배원칙

(1) 이익금은 현금이나 새로 발행하는 집합투자증권으로 분배해야 한다(법 제242조 제1항).

• 투자회사가 새로 발행하는 주식으로 분배하고자 할 경우, 그 세부방법에 대해서 **이사회의 결의를 거쳐야 한다**.

(2) (1)의 예외로서 유보나 초과분배도 가능하다.

㉠ 집합투자규약에서 정함이 있는 경우, 이익금의 유보가 가능하다. 단, **MMF는 유보가 불가하다**.

㉡ 집합투자기구의 특성에 따라 초과분배가 필요할 경우 초과분배도 가능하다. 단, 투자회사의 경우 순자산액에 최저 순자산액을 뺀 금액을 초과하여 분배할 수 없다.

학습안내 29회, 33회, 35회, 37회, 40회, 42회 기출

65

정답 ②

예외가 인정되는 것은 **3가지**(㉠ 인수일로부터 3개월이 지난 후 매수하는 경우, ㉡ 인수한 상장주권을 증권시장에서 매수하는 경우, ㉢ 국채, 지방채, 통안채, 특수채, 사채권(주식관련사채 및 상각형 조건부자본증권은 제외)'이지만, (가)에서 1개월로 잘못 기술이 되었으므로 보기에서 예외가 인정되는 항목은 2개이다.

학습안내 32회, 36회, 40회에서 동일하게 출제되었으나 학습 효과 차원에서 문제유형을 변형하여 복원하였다(► '투자일임업자의 금지행위'에 대한 전체 내용은 '36회 64번 해설'을 참조할 것).

66

정답 ④

모두 옳은 내용이다(아래 해설 참조).

※ **공공적 법인의 주식 소유제한**(2025 기본서, 3권, p442 참조)

(1) 누구든지 공공적 법인이 발행한 주식을 누구의 명의로 하든지 자기의 계산으로 '발행주식 총수의 **100분의 3**'을 초과하여 소유할 수 없다. 단, 그 주식이 상장된 당시에 발행주식 총수[주1]의 100분의 10 이상을 소유한 주주는 그 소유비율까지 소유할 수 있다.

* 주1 : 이때 **'의결권이 없는 주식'은 발행주식 총수에 포함되지 않는다**.

(2) 소유비율 한도를 초과하여 주식을 소유한 자에 대하여 금융위는 6개월 이내의 기간을 정하여 그 기준을 충족시키기 위한 시정조치를 명할 수 있다.

참고 자본시장법상의 공공적 법인은 '한국전력'을 말한다.

학습안내 42회 신유형이다.

3-3 한국금융투자협회 규정(3문항)

67

정답 ③

재산상 이익의 제공현황은 **매년** 이사회에 보고해야 하며, 그 제공내역에 대해서는 **5년** 이상 보관해야 한다.

※ **재산상 이익의 제공 및 수령에 대한 내부통제의 강화**(2025 기본서, 3권, p91~92 참조)

► 금융투자회사의 재산상 이익의 제공 및 수령한도를 폐지하고(2017.5.22시행), 대신 내부통제절차를 강화하였다.

(1) **공시의무 신설**

금융투자회사 및 임직원이 제공하거나 수령하는 재산상 이익의 가액이 **10억 원**을 초과할 경우 즉시 공시하여야 하며(회사 인터넷 홈페이지), 이후에는 10억 원을 초과할 때마다 해당 시점에서 즉시 공시해야 한다.

(2) **재산상 이익의 제공에 대한 적정성 평가 및 점검**

- 제공 시 적정성 평가항목 : 제공하는 금액의 합리성, 기존 거래상대방과의 형평성, 관련 절차의 준수여부, 법령 위반여부' 등
- 금융투자회사 및 그 종사자의 재산상 이익의 제공현황 및 적정성 점검 결과는 **매년 이사회에 보고해야 한다**.

(3) **이사회의 사전승인**

금융투자회사는 이사회가 정한 금액을 초과하여 동일한 거래상대방과 재산상 이익을 제공하거나 수령하려는 경우 이사회의 사전승인을 받아야 한다. 따라서 각 회사별로 자신의 기준에 맞는 금액을 이사회에 사전에 결의하도록 하여야 한다.

(4) **제공 및 수령 내역의 보관**

금융투자회사 및 그 임직원은 재산상 이익을 제공 및 수령하려는 경우 해당 사항을 기록하고 **5년 이상의 기간 동안 관리·유지해야 할 의무가 있다**.

학습안내 28회, 33회, 38회, 42회 기출

68

정답 ②

틀린 내용은 '다, 라'이다.

※ **추가 해설**

다. 투자일임재산도 포함된다.

► 투자자산운용사가 운용하는 고객의 자산은 '**집합투자재산 / 신탁재산 / 투자일임재산**'이 있다.

라. 겸직이 불가하다.

► 투자신탁의 집합투자업자는 투자대상자산의 취득, 처분 등의 업무를 하는 경우에는 집합투자재산의 운용을 담당하는 직원과 그 취득・처분을 실행하는 직원을 **구분해야 한다**(→ 운용의 투명성 차원에서 겸직을 금지하는 것으로 이해할 수 있음).

69

정답 ④

틀린 내용은 '가, 라'이다. 약관은 협회가 정하며('가'), 약관의 제정・변경 후 7일 이내에 협회에 보고하는 것이 원칙이다('라').

※ **약관운용에 관한 협회규정**

(1) 표준약관은 협회가 정한다.

• 약관은 법령으로 강제하는 것이 아닌 표준(standard)을 제시하는 것이므로 자율규제기관인 협회가 정한다.

(2) 금융투자회사의 약관 운용 3가지 방식(약관의 종류 : 표준약관 / 수정약관 / 개별약관)

㉠ 협회가 정한 표준약관을 그대로 사용하는 경우

㉡ 협회가 정한 표준약관을 수정하여 사용하는 경우(표준약관의 수정폭이 크지 않은 경우)

• 단, 외국집합투자증권 매매거래에 관한 표준약관은 그대로 사용해야 한다.

㉢ 개별약관[주1]을 사용하는 경우

* 주1 : 영위하고자 하는 업무의 표준약관이 없는 경우 새로운 약관을 제정하거나, 기존의 표준약관을 변경(수정약관보다는 큰 폭의 변경)하여 사용하는 약관을 말한다.

(3) 보고의무 : 약관을 제정하거나 변경하는 경우에는(개별약관을 사용하고자 하는 경우에는), 약관의 제정이나 변경 후 7일 이내에 협회에 보고해야 한다. 단, 투자자보호에 중대한 영향을 미칠 우려가 있는 약관에 대해서는 제정이나 변경 예정일 10영업일 전까지 금융위에 신고하여야 한다(► **사후 7일내 보고가 원칙**. 단, 중대한 사안의 경우 사전 10영업일 전 신고).

[학습안내] 32회에는 '약관은 금융위가 정한다'를 오답으로, 42회에는 '제정・변경 후 10일 이내 협회에 보고한다'를 오답으로 하여 출제되었다(► 32회, 42회 기출).

3-4 주식투자운용/투자전략(6문항)

70

정답 ②

틀린 내용은 '나, 다'이다.

나. **강형(strong form) EMH에서는** 이미 알려졌거나 또는 예측가능한 정보는 이미 시장에 반영되어 있다고 본다. 그리고 예측불가능한 정보는 그 효과가 불규칙적이다.

보충 준강형 효율적 시장가설에 의하면, 일단 정보가 공개되면 즉각적으로 주가에 반영되기 때문에 공개된 정보는 종목을 선정하는데 아무런 도움이 되지 않는다.

다. 강형 EMH가 성립된다면 어떠한 형태의 액티브 운용도 시도할 필요가 없다. 즉 EMH는 액티브 운용을 반대하는 논거로 이용된다.

※ **효율적 시장가설(EMH ; Efficient Market Hypothesis) 핵심 정리**

(1) 약형(weak form) EMH가 성립이 된다면, **과거 정보를 이용하여** 초과수익을 올리는 것은 불가하다.
 ► 기술적 분석은 아무런 가치가 없다.

(2) 준강형(semi strong form) EMH가 성립이 된다면, **공개 정보를 이용하여** 초과수익을 올리는 것은 불가하다.
 ► 공시정보, 조사분석자료의 공표 등은 아무런 가치가 없다.

(3) 강형(strong form) EMH가 성립이 된다면 **어떠한 정보로도**[주1] 초과수익을 올릴 수 없으므로 어떠한 액티브 운용도 시도할 필요가 없다.
 * 주1 : '어떠한 정보'는 '알려진 정보나 알 수 있는 정보, 예측가능한 정보'를 말한다.

• 따라서, **효율적 시장가설(EMH)은 액티브 운용을 반대하는 논거로 활용되곤 한다.**

학습안내 28회, 31회, 34회, 36회, 37회, 40회, 42회 기출(► 효율적 시장가설에 대한 기본서 全文은 '40회 70번 해설'을 참조할 것)

71

정답 ②

포트폴리오의 가치가 하락하면 위험자산의 비중을 감소시킨다(무위험자산의 비중은 증가).

※ **보험자산배분전략(Insured Asset Allocation)**

(1) 포트폴리오 보험전략을 선호하는 투자자는 기본적으로 비정상적인 투자자이다(위험자산에 투자하면서도 극단적으로 위험을 회피하므로).

(2) 실행메카니즘
 ㉠ 시장을 예측하지 않고 오로지 포트폴리오 가치에만 의존한다(**수동적 운용**).
 cf 전술적자산배분은 시장을 예측하여 초과수익을 올리고자 하는 능동적 운용이다.
 ㉡ 포트폴리오 가치가 하락함에 따라 무위험자산의 비중이 높아지고, 포트폴리오 가치가 상승함에 따라 위험자산에 대한 투자비중이 상승하는 자산배분원칙을 가진다.
 → ⓐ 주가가 큰 폭으로 하락할 경우는 최저보장수익률을 방어하고
 ⓑ 주가가 상승할 경우는 상승이익을 공유할 수 있도록 하기 위해,
 '**ⓐ 주가하락 시 위험자산 매도 / ⓑ 주가상승 시 위험자산 매수)**' 즉 'ⓐ 저가매도 / ⓑ 고가매수(positive feedback)'전략으로 운용한다.
 cf 가치투자는 '저가매수 / 고가매도(negative feedback)'전략이다.

(3) 포트폴리오보험전략의 종류
 ㉠ 보호적 풋(Protective Put) : 주식매수 + 풋옵션매수
 ㉡ 이자추출전략(Cash Extraction) : 채권매수 + 콜옵션매수

㉢ 보험자산배분전략 : 채권매수 + 주식매수

- OBPI전략 : 풋옵션을 합성함으로써 '보호적 풋'을 모방하는 전략인데, 풋옵션 추정 과정에서 내재변동성에 대한 과대 / 과소 추정의 문제가 발생한다.
- CPPI전략 : 단순성과 유연성이 장점으로서 OBPI의 단점인 내재변동성 추정문제가 발생하지 않는다.

학습안내 28회, 34회, 39회, 42회 기출

72

정답 ②

주가가중방식은 '나, 다'이다.

※ **주가지수 종류**

주가가중방식	시가가중방식[주1]	동일가중방식
절대적인 주가의 가중치	시가총액(주가 × N) 가중치	모든 종목의 가중치가 동일
다우존스, 니께이225	KOSPI, S&P 등	-

* 주1 : 시가중방식을 시가총액방식이라고도 하며 대부분의 지수가 시가총액방식을 채택하고 있다. 단, 시가총액방식은 해당 지수 내에 성숙기의 대형주가 많을 경우 지수가 과대평가될 여지가 있는데 이를 보완하는 것이 유동시가가중방식(또는 유동시가총액방식)이며 'KOSPI200, MSCI'가 대표적이다.

- 유동시가총액방식(free floating방식) : 정부나 계열사 보유 지분 등 유통이 되기 어려운 지분을 제외하고 실제로 거래가능한 지분에 대한 시가가중 방식의 지수

학습안내 30회, 32회, 35회, 38회, 41회, 42회(► '주가지수 산출방식'에 대한 전체 내용 정리는 '41회 73번 해설'을 참조할 것)

73

정답 ②

최적화법에 해당하는 것은 '다, 라'이다.

※ **최적화법(optimization)에 대한 기본서 全文**(2025 기본서, 4권, p86)

포트폴리오 모형을 이용하여 주어진 벤치마크에 대비한 잔차위험이 허용수준 이하인 포트폴리오를 만드는 방식이다. 이 방법의 장점은 완전복제법이나 표본추출법에 비해 훨씬 적은 종목이면서도 잔차가 충분히 낮은 인덱스펀드를 만들 수 있다는 점. 이 방식의 문제점은 근본적으로 이 모형에 사용된 가격정보가 과거 자료라는 점이며, 사용된 모형이 주식의 속성을 정확히 반영하지 못한다는 점. 따라서 미래 시장이 과거와 상당히 다르다면 실제로 실현된 잔차는 인덱스펀드를 구성할 때의 잔차와 상당히 다를 수 있다.

학습안내 38회에서 42회까지 5회 연속 출제중이며, 42회 문항은 '38회 74번'과 동일하게 출제되었으나 학습효과 차원에서 변형 복원하였다(► '인덱스 구성방법'에 대한 전체 내용은 '38회 74번 해설'을 참조할 것).

74

정답 ④

'나, 다'는 가치주 스타일에 해당한다. 성장주 투자는 '고PER / 고PBR / 저배당주'의 특징을 보이고, EPS증가율이 예상대로 실현되지 않을 경우는 EPS뿐만 아니라 PER도 낮아지기 때문에 투자손실이 더욱 확대된다(컨센서스 상회 또는 하회 여부가 중요).

학습안내 31회, 34회, 38회, 40회, 42회 기출(► '가치투자 VS 성장투자의 비교정리'는 '37회 73번', 성장투자스타일에 대한 기본서 全文은 '40회 73번' 해설을 참조할 것)

75

정답 ④

모두 옳은 내용이다.

※ **추가 해설**

가. 액티브 운용은, 초과수익을 내기 위한 위험요소를 선택하기 위해 주식포트폴리오 모형을 이용한다.

나. '2차 함수 최적화 모형'의 문제점이 기대수익률과 위험을 정확히 추정할 수 없다는 점인데, 이를 보완하는 것이 '선형계획모형'이다.

► 선형계획모형 → 2차함수 최적화 모형을 보완

다. '일정한 제약조건을 만족시키는'의 과정을 통해 선형계획모형이 2차함수 최적화모형의 단점인 추정오차 문제를 보완한다고 할 수 있다.

[보충] 가장 대표적인 리스크 모델은 다중요인모형인데, 다중요인모형은 주식의 리스크를 베타, 규모, 성장성, 산업, 해외시장노출도 등의 여러 가지 비체계적 요인으로 구분하여 리스크의 특성을 분석한다. → X(비체계적 요인이 아니라 **체계적 요인**이다)

► '다중요인모형'은 매 문항에서 핵심지문으로 제시되었으나 42회 시험에서는 반영되지 않은 것이 특징이다.

[학습안내] 28회, 33회, 37회, 40회, 42회 기출(► '주식포트폴리오 모형'에 대한 전체 내용은 '37회 75번 해설'을 참조할 것)

3-5 채권투자운용/투자전략(6문항)

76

정답 ①

모두 옳은 내용이다(틀린 항목의 개수는 0개).

※ **수의상환채권(콜옵션부채권) 개요**

시장금리가 하락하는 상황에서 발행기업이 수의상환채권(콜옵션부채권)의 콜옵션을 행사하여 채권을 조기상환한 다음, 더 낮은 금리로 채권을 재발행하면 자금조달비용을 낮출 수 있게 된다(콜옵션행사의 목적). 반면 투자자의 입장에서는 콜옵션보유자인 발행기업이 콜옵션을 행사하게 되면 채권가격의 상승기회(시장금리 하락 시 채권가격 상승)를 박탈당하게 된다. 따라서,

(1) 수의상환채권은 일반채권에 비해 핸디캡(발행사의 콜옵션행사 위험)이 있는 것이므로 **수의상환채권의 가치는 '일반채권의 가치－콜옵션의 가치'이다.**

(2) 수의상환채권은 일반채권에 비해 불리하므로 채권발행 시 **일반채권에 비해 높은 액면이자율로 발행하는 것이 일반적이다.**

► 일반적으로 액면 이자율이 높은 순서는 '콜옵션부채권 > 일반채권 > 전환사채'이다.

- 콜옵션부채권은 일반채권에 비해 불리하므로 더 높은 액면이자율로 발행하고, 전환사채는 일반채권에 비해 유리하므로 더 낮은 액면이자율로 발행할 수 있다.

(3) **수의상환채권(콜옵션부채권)은 금리하락기에 콜옵션의 행사가능성이 높아지고** 수의상환청구채권(풋옵션부채권)은 금리상승기에 풋옵션의 행사가능성이 높아진다.

(4) 금리하락기에 **수의상환채권의 콜옵션이 행사되면, 해당 채권의 듀레이션은 감소한다**(∵ 발행기업의 콜옵션을 행사하여 해당 채권을 조기에 상환하면 투자자 입장에서는 원금상환기간이 앞당겨지는 것이므로 듀레이션이 감소하게 된다).

※ 옵션부채권

콜옵션부채권(수의상환채권)	풋옵션부채권(수의상환청구채권)
콜옵션(보유자 : 발행기업)	풋옵션(보유자 : 투자자)
채권투자자에게 불리하므로 일반채권보다 높은 액면이자율로 발행	채권투자자에게 유리하므로 일반채권보다 낮은 액면이자율로 발행
금리하락기에 옵션행사가능성 ↑	금리상승기에 옵션행사가능성 ↑
채권가치 = 일반채권 − 콜옵션가치	채권가치 = 일반채권 + 풋옵션가치
중도상환위험에 노출	

학습안내 30회, 34회, 42회 기출

77

정답 ①

채권은 주식과 달리 거래대상을 표준화하기 어렵고 또 기관투자자 중심의 시장이므로 장외시장의 비중이 크다.

※ 추가 해설

② IDM(국채전문유통시장)에서의 국고채의 매매수량 단위는 10억 원이다.

③ 장내시장은 경쟁매매, 장외시장은 상대매매이다.

④ 장내시장에서는 상장채권만 거래되지만, 장외시장은 매매대상을 제한하지 않으므로 상장채권과 비상장채권이 모두 거래대상이 된다.

학습안내 30회, 36회, 38회, 42회 기출(► '채권발행시장과 유통시장'에 대한 상세 내용은 '36회 77번 해설'을 참조할 것)

78

정답 ①

'표면금리 > 만기수익률'이면 채권가격은 채권액면가보다 높게 거래된다(아래 예시 (2)에 해당).

※ **채권가격의 특성 : 표면금리(이표채의 경우 이표율)와 만기수익률의 관계**

(1) 표면금리 = 만기수익률 : 채권가격은 채권액면가와 같다.

(2) 표면금리 > 만기수익률 : 채권가격은 채권액면가보다 높게 거래된다.

(3) 표면금리 < 만기수익률 : 채권가격은 채권액면가보다 낮게 거래된다.

예시 채권액면 10,000원, 표면금리(이표율) 6%, 만기 2년, 연단위후급 이표채의 경우

(1) 만기수익률이 6%인 경우(표면금리 = 만기수익률)

$$\rightarrow P = \frac{600}{(1+0.06)} + \frac{10{,}600}{(1+0.06)^2} = 566.04 + 9{,}433.96 = 10{,}000$$원(즉 채권가격 = 채권액면)

(2) 만기수익률이 4%인 경우(표면금리 > 만기수익률)

$$\rightarrow P = \frac{600}{(1+0.04)} + \frac{10{,}600}{(1+0.04)^2} = 576.92 + 9{,}800.30 = 10{,}377.22$$(즉 채권가격 > 채권액면)

(3) 만기수익률이 8%인 경우(표면금리 < 만기수익률),

$$\rightarrow P = \frac{600}{(1+0.08)} + \frac{10{,}600}{(1+0.08)^2} = 555.56 + 9{,}087.79 = 9{,}643.35$$(즉 채권가격 < 채권액면)

※ **만기수익률과 재투자위험**(2025 기본서, 4권, p185 참조)

(1) 만기수익률(YTM)은 채권을 만기까지 보유하고 지급된 이자가 만기수익률로 만기까지 재투자될 때만 실현될 수 있는 약속된 수익률이다.

► 이표채의 경우이다.

(2) 만기가 길어질수록 또는 이표율이 높을수록 만기수익률을 실현하기 위해서는 더욱더 이자에 대한 이자에 의존하게 되며 이는 곧 재투자위험이 증가함을 의미

► '이표율(표면금리)이 높을수록 / 만기가 길수록' 재투자수익의 변동성이 커지므로 재투자 위험이 증가한다.

(3) 무이표채(zero-coupon bond)의 경우 만기까지 보유 시 약속된 만기수익률을 실현할 수 있으며 이는 재투자위험이 존재하지 않음을 의미

► 무이표채의 경우 만기 중 지급되는 이표(중간 이자)가 없으므로 재투자위험에 노출되지 않는다.

학습안내 35회, 42회 기출

79

정답 ③

③에서 '수익률 하락 시의 채권가격 상승폭이 수익률 상승 시의 채권가격 하락폭보다 크다'가 옳다(→ 말킬의 4정리에 해당하며 이러한 성질은 채권가격의 볼록성에 기인함).

※ 말킬(Malkeil)의 채권가격 5정리(Bond Price Theorem)

(1) 1정리 : **채권가격은 채권수익률과 반대방향으로 움직인다.**

• 채권수익률이 하락하면 보유채권의 가격은 상승한다.

(2) 2정리 : **채권의 잔존기간이 길수록 동일한 수익률변동에 대한 채권가격의 변동이 커진다.**

예 잔존기간이 길어질수록, 만기수익률이 4%일 때의 채권가격의 변동이 만기수익률이 6%일 때의 채권가격변동보다 크게 나타난다(→ 동일한 수익률변동 즉 만기수익률 4%와 6%의 동일한 변동을 가정했을 때 잔존기간이 길수록 그 변동폭의 차이가 더욱 확대되어 나타남).

(3) 3정리 : **채권의 잔존기간이 길수록 채권가격의 변동은 체감적으로 증가한다.**

• 시세차익의 측면에서 볼 때 잔존기간이 긴 채권일수록 유리하지만 지나치게 만기가 긴 채권의 필요성은 낮아진다고 할 수 있다(∵ 체감적으로 증가하므로).

(4) 4정리 : **채권수익률 하락으로 인한 채권가격의 상승폭은 채권수익률 상승으로 인한 채권가격 하락폭보다 크다.**

• 채권가격의 변동폭은 만기수익률 변동대비 동일하게 나타나지 않는데(채권가격의 상승폭이 더 큼), 이는 채권가격 곡선이 원점에 대해 볼록한 성질을 보이기 때문이다.

(5) 5정리 : **채권의 표면이자율이 높을수록 동일한 크기의 수익률변동에 대한 채권가격의 변동은 적어진다.**

• 추가로, **이자지급주기가 짧아지는 경우에도 채권가격의 변동은 적어진다**(∵ 동일한 표면금리에서 이자지급주기가 짧아지면 중도에 지급받는 가중현금흐름이 증가하여 가중평균회수기간이 짧아지게 됨. 따라서 듀레이션 즉 채권가격의 변동이 적어진다.

► 이를 종합하면,

'채권가격의 변동성(듀레이션)↑ = f(표면이율↓, 잔존만기↑, 만기수익률↓)'이다.

학습안내 28회, 31회, 34회, 36회, 39회, 42회 기출

80

정답 ③

향후 1년 후 시점에서의 1년 만기 내재선도이자율은 4.0%이다(아래 풀이).

※ 불편기대이론 하에서의 내재선도이자율 구하기

(1) 불편기대이론 하에서는 장·단기 채권의 완전대체관계가 성립하므로 장기채수익률은 단기채수익률과 내재선도이자율이 기하평균과 같다.

(2) 따라서, $(1+0.035)^2 = (1+0.03)(1+{}_1f_1)$

$\rightarrow {}_1f_1 = \dfrac{(1+0.035)^2}{(1+0.03)} - 1$, $(\therefore)\ {}_1f_1 = 0.0400242$, 즉 4.002%

(3) 약식계산 : $\frac{(2 \times 3.5\%) - (1 \times 3\%)}{2 - 1} = 7\% - 3\% = 4.0\%$

학습안내 30회, 34회, 35회, 36회, '38회 79번'과 동일문항으로 기출(► '30회 · 38회 · 40회 · 42회'는 내재선도이자율을, '34회 · 35회 · 36회'는 1년만기 현물이자율을 계산하는 문제로 출제되었다).

81

정답 ②

②는 롤링효과(rolling effect)를 말한다(아래 추가 해설 참조).

※ 채권 운용전략(액티브운용)

(1) **금리예측전략(듀레이션 조절전략)**
- 시장수익률 하락 예상(채권가격 상승 예상) → 수익률 극대화 전략 → 듀레이션이 큰 채권매수
- 시장수익률 상승 예상(채권가격 하락 예상) → 손실 최소화 전략 → 듀레이션이 적은 채권매수

(2) **채권교체전략** : 시장의 일시적 불균형상태를 이용하여 초과수익을 내고자 하는 전략(시장이 효율적일때는 불균형상태가 발생하지 않으므로 사용할 수 없는 전략)

㉠ 동종채권 교체전략

㉡ 이종채권 교체전략
- Yield Give Up Swap : 국채매수 & 회사채매도 전략(회사채매도 → give up).
- Yield Pick Up Swap : 국채매도 & 회사채매수 전략(회사채매수 → pick up).

(3) **스프레드운용전략**

서로 다른 두 종목 간의 격차가 균형상태에서 벗어날 경우, 스프레드 확대 또는 축소 전략을 통하여 초과수익을 얻고자 하는 전략

(4) **수익률곡선타기전략**

㉠ 롤링효과 : **금리수준이 일정하더라도** 잔존기간이 짧아지면 그만큼 수익률이 하락하여 채권가격이 상승하는데(장기채에서 나타나는 효과), 이를 통해 매매차익을 얻고자 하는 전략이다.

㉡ 숄더효과 : **수익률 하락이 급격한 구간에 있는** 채권(중 · 단기채)에 투자하면 동일기간 동안 장기채에 투자하는 경우보다 수익률 하락으로 인한 채권가격 상승폭이 더 크게 나타나는 것을 이용하여 매매차익을 얻고자 하는 전략이다.

(5) **수익률곡선전략**

㉠ 단기채와 장기채에 비해 '중기채의 수익률이 상대적으로 더 오르거나 덜 하락할 것으로 예상'[주1]될 경우 → Barbell형 전략(단기채매수 / 중기채매도 / 장기채매수)

* 주1 : 중기채의 가격이 더 하락하거나 덜 상승할 것으로 예상

㉡ 단기채와 장기채에 비해 '중기채의 수익률이 상대적으로 덜 오르거나 더 하락할 것으로 예상'[주2]될 경우 → Bullet형 전략(단기채매도 / 중기채매수 / 장기채매도)

* 주2 : 중기채의 가격이 덜 하락하거나 더 상승할 것으로 예상

※ 채권운용전략(패시브운용)

(1) **만기보유전략**

채권을 매입하여 만기까지 보유함으로써 투자시점에서 미리 투자수익을 확정하는 전략

(2) **사다리형 만기전략**

채권별 보유량을 각 잔존기간마다 동일하게 유지함으로써 시세변동위험을 평준화시키고 수익성도 적정수준을 확보하려는 전략

(3) 채권면역전략 : 전통적 면역전략 / 순자산가치면역전략 / 상황대응적 면역전략[주1]

* 주1 : 3가지 면역전략의 상세내용은 '38회 81번 해설' 참조

(4) **현금흐름일치전략**

채권포트폴리오로부터 발생되는 현금유입액이 향후 예상되는 현금유출액을 상회하도록 적절히 채권포트폴리오를 구성함으로써, 부채상환을 보장하고 이자율변동위험을 제거함과 동시에 이를 위한 자금조달비용을 최소화하는 전략

(5) **채권인덱싱전략**

채권시장 전체의 흐름을 그대로 따르는 포트폴리오를 구성하여 채권시장 전체의 수익률을 달성하려는 전략

학습안내 '35회 • 38회 • 41회'와 같이 채권운용전략의 종류문제로 출제되었으나 학습효과 차원에서 변형복원하였다.

3-6 파생상품투자운용/투자전략(6문항)

82

정답 ①

'$F_t > S_t$'이면 콘탱고(Contango) 상태 또는 정상시장이라 하며, '$F_t < S_t$'이면 백워데이션(Backwadation)상태 또는 역조시장이라 한다.

※ **콘탱고(contango)와 백워데이션(backwadation)** : 2025 기본서, 4권, p296 인용

현물가격과 선물가격 간의 관계에서 선물가격이 현물가격보다 높은 한편, 선물가격 내에서 만기가 먼 원월물(deferred futures) 가격이 근월물(nearby futures) 가격보다 높은 경우, **즉 '$F_t > S_t$'의 관계가 성립할 경우 콘탱고(contango) 상태 또는 정상시장(normal market)이라고 표현한다.** 다시 말해서 선물가격이 현물가격보다 높은 것이 정상적이라는 뜻이다. 반대로 현물가격이 선물가격보다 높은 한편, 선물가격 내에서 만기가 가까운 근월물의 가격이 만기가 먼 원월물의 가격보다 높은 경우, **즉 '$F_t < S_t$'의 관계가 성립할 경우 백워데이션(backwadation)상태 또는 역조시장(inverted market)이라 표현한다.** 다시 말해서 현물가격이 선물가격보다 높다는 것은 보유비용(cost of carry)의 반영이라는 측면에서 거꾸로 되었다는 뜻이다(중략).

학습안내 33회(신유형), 36회, 37회, 41회, 42회 동일유형 기출

83

정답 ④

베이시스(basis)를 말한다.

※ **베이시스(basis)의 의미**(2025 기본서, 4권, p308 참조)

(1) 베이시스란 임의의 거래일에 있어서 현물가격과 선물가격의 차이를 의미한다.

㉠ 시장베이시스 : 선물시장가격-현물시장가격($b_t = F_t - S_t$)

㉡ 이론베이시스 : 선물이론가격-현물시장가격($b^* = F^* - S_t$)

(2) 이론베이시스($F^* - S_t$)는 보유비용 $\left[S_t\left\{(r-d) \times \frac{T-t}{365}\right\}\right]$과 같다.

→ $F^* - S_t$

→ $F^* - S_t = S_t\left\{1 + (r-d) \times \frac{T-t}{365}\right\} - S_t$

→ $F^* - S_t = S_t\left\{(r-d) \times \frac{T-t}{365}\right\}$

→ 좌변은 이론베이시스, 우변은 보유비용이다. 즉 '이론베이시스 = 보유비용'

(3) 랜덤 베이시스 헤지 VS 제로 베이시스 헤지 : 헤지포지션의 청산시점에 따른 분류

㉠ 현물포지션과 선물헤지포지션을 만기 전 임의의 시점에서 청산할 경우 '**랜덤 베이시스 헤지(random basis hedge)**'가 된다.

- 만기 전 임의의 시점에서 청산할 경우 베이시스의 변동여부에 따라 베이시스 수익 또는 베이시스 손실이 발생한다. 즉 랜덤 베이시스 헤지는 '시장위험을 회피하기 위해 베이시스 위험에 노출되는' 결과가 된다.

㉡ 현물포지션과 선물헤지포지션을 만기 시점에서 청산할 경우 '**제로 베이시스 헤지(zero basis hedge)**'가 된다.

- 만기 시점에서 청산할 경우 베이시스가 제로가 되어($F^* = S_t$, $F^* - S_t = 0$) 베이시스 위험에 노출되지 않는다.

학습안내 베이시스(Basis)의 정의에 대해서는 42회에서 처음으로 출제되었다(► '베이시스'와 관련된 개념문제는 '39회 82번 해설'을 참조할 것).

84

정답 ④

행사가격이 동일하되 만기가 다른 두 옵션을 매수 / 매도하는 것은 수평스프레드이다(수직스프레드는 행사가격이 다른 두 옵션을 매수/매도).

※ 옵션의 기초 개념

(1) 옵션의 정의

- '기초자산을(underlying asset을) / 미래의 일정시점에서(만기시점에서) / 미리 정한 가격에(행사가격에) / 매수(또는 매도) 할 수 있는 권리'를 콜옵션(또는 풋옵션)이라 한다.
- 옵션의 권리를 행사함에 있어서, 만기시점에서만 행사가 가능한 것은 **유럽식 옵션**이며 만기 내 아무 때나 행사가 가능한 것이 **미국식 옵션**이다.

(2) 옵션의 내재가치

㉠ 내재가치 공식

콜옵션의 내재가치	풋옵션의 내재가치
$Max(S_T - X, 0)$	$Max(X - S_T, 0)$

- S_T : 만기시점의 기초자산가격, X : 옵션의 행사가격

㉡ 옵션의 Moneyness(내가격 / 등가격 / 외가격)

► 콜옵션의 moneyness

S < X	S = X	S > X
외가격 (out of the money)	등가격 (at the money)	내가격 (in the money)
내재가치가 음(−)인 상태	내재가치가 제로(0)인 상태	내재가치가 양(+)인 상태
옵션을 행사하지 않음		옵션행사가능

- 풋옵션의 경우는 반대로 적용된다. 즉 'X > S'가 내가격, 'X < S'가 외가격이다.

※ 옵션스프레드 전략 정의(2025 기본서, 4권, p339)

수평스프레드(horizonal spread)는 만기가 서로 다른 두 옵션에 대해 매수·매도가 동시에 취해지는 경우를 의미하고, **수직스프레드**(vertical spread)는 행사가격이 서로 다른 두 옵션에 대해 매수·매도를 동시에 취하는 경우를 말한다. 빈도는 낮지만 **대각 스프레드**(diagonal spread)는 만기도 다르고 행사가격도 다른 두 개 이상의 옵션을 가지고 스프레드 포지션을 구축한 경우를 의미한다.

► 옵션스프레드 전략 예시

수평스프레드	수직스프레드	대각스프레드
C(80) 1개월물 1계약 매수 C(80) 2개월물 1계약 매도	C(80) 1개월물 1계약 매수 C(90) 1개월물 1계약 매도	C(80) 1개월물 1계약 매수 C(90) 2개월물 1계약 매도
동일행사가격 **다른 만기**	동일 만기 **다른 행사가격**	다른 만기 다른 행사가격

학습안내 33회, 36회, 42회 기출(► 42회는 '옵션의 기본 개념 / 33회'와 '수평 / 수직스프레드 정의 / 36회'가 혼합된 문제로 출제되었다)

85

정답 ③

옵션스프레드 포지션의 손익은 매수포지션과 매도포지션으로 나누어 차례로 계산한다(아래 풀이).

※ 옵션스프레드 손익계산

(1) **풋옵션 매수포지션의 손익** : 295p에 매수하고 297p에 종료되었으므로, 손익은 'Max(295−297, 0)−1.0 = 0 −1.0 = (−)1.0 point'이다.

- 풋옵션매수는 매수 후 기초자산가격이 하락해야 수익이 나는데, 동 문항에서는 상승하였으므로 프리미엄손실만 발생하였다.

(2) **풋옵션 매도포지션의 손익** : 300p에 매도하고 297p에 종료되었으므로 풋옵션 매수자의 수익 +3.0point를 결제를 해주어야 하는 입장이다. 따라서 손익은 '−{Max(300−297, 0)}+5.0 = −3.0 + 5.0 =(+)2.0point'이다.

- 옵션매도자는 옵션매수자에게 수익발생 시 결제해야 할 의무가 생기므로, 옵션매수자의 손익을 먼저 계산하고 반대(−)로 적용하면 된다.

(3) 따라서 동 포지션(풋 불 스프레드)의 최종손익은 '−1.0+2.0 = +1.0point'이다.

► 약식계산

만기 297 마감 시	① 프리미엄손익	② 정산손익
P(295) 매수	−1.0	0
P(300) 매도	+5.0	−3.0
③ 최종 손익	+4.0 −3.0 = (+)1.0	

학습안내 28회, 36회, 39회, 42회 기출

86

정답 ①

'스트래들 매수 / 스트랭글 매수(가, 나)'는 변동성매수 전략으로서 변동성이 확대될 때 수익이 나는 포지션이다. 콜옵션 매수와 콜옵션 매도는 방향성 전략으로서 변동성과는 관계가 없다.

※ 옵션투자전략의 종류

방향성전략		변동성전략	
ⓐ 상승 시 수익	ⓑ 하락 시 수익	ⓒ 변동성 증가 시 수익	ⓓ 변동성 감소 시 수익
콜옵션 매수 풋옵션 매도	풋옵션 매수 콜옵션 매도	스트래들 매수 스트랭글 매수	스트래들 매도 스트랭글 매도
강세콜스프레드 강세풋스프레드	약세콜스프레드 약세풋스프레드		

• 방향성전략은 변동성과는 관계없이 기초자산이 상승할 때 수익이 나는 '상승방향 전략(ⓐ)'과 기초자산이 하락할 때 수익이 나는 '하락방향 전략(ⓑ)'으로 구분된다.
• 변동성전략은 변동성이 확대될 때 수익이 나는 '스트래들 / 스트랭글 매수(ⓒ) 전략과 변동성이 축소될 때 수익이 나는 '스트래들 / 스트랭글 매도(ⓓ)' 전략으로 구분된다.

87

정답 ③

① 베가, ② 감마, ③ 쎄타, ④ 델타

학습안내 '38회 87번'과 동일문항으로 출제되었으나 학습효과 차원에서 변형복원하였다(► 옵션민감도 5가지 지표에 대한 상세 내용은 '35회 87번' 해설을 참조할 것).

3-7 투자운용결과분석(4문항)

88

정답 ①

'가, 나'는 금액가중수익률, '다'는 시간가중수익률이다. 그리고 '나'는 내부수익률(IRR)을 의미하는데 금액가중수익률은 산출방식에서 내부수익률과 같다.

※ **다 : 시간가중수익률**(2025 기본서, 4권, p432~433 참조)

(1) 시간가중수익률은 '펀드매니저가 통제할 수 없는 투자자금의 유출입에 따른 수익률 왜곡현상을 해결함으로써'[주1] 펀드매니저 만의 운용능력을 측정할 수 있다. 따라서 시간가중수익률은 펀드매니저 만의 성과 측정을 통해 펀드 간 성과비교가 가능케 한다.

* 주1 : 시간가중수익률은 '세부기간 별 수익률을 기하적으로 연결하는 Daily Valuation Method를 통해 투자자로 인한 중도 현금흐름의 반영을 제거하는데, 이때 계산의 단위기간이 되는 세부기간은 그 기간이 짧을수록 투자자금의 입출입에 따른 수익률 왜곡현상이 감소한다.

(2) 펀드수익률은 시간가중수익률로 산출한다(∵ 펀드투자자가 펀드 간 성과비교를 통해 더 좋은 펀드를 선택하는데 도움을 주는 차원).

학습안내 31회, 33회, 36회, 39회, 42회 기출(► '금액가중수익률'에 대한 기본서 全文과 정리된 내용은 '39회 88번 해설'을 참조할 것)

89

정답 ①

베타는 '**시장수익률에 대한 개별 종목(또는 개별 포지션)의 수익률의 비율**'로 정의되는데, 베타의 부호는 시장과의 방향(플러스는 정의 방향 / 마이너스는 부의 방향)을 말하고 베타의 숫자는 변동폭의 크기를 말한다. 따라서 시장수익률이 플러스일 경우 포지션수익률이 가장 낮아지게 하는 베타는 '부호는 (−)/숫자는 선지 중에 가장 큰 1.0'이다. 즉 '베타 = −1.0'이다.

※ 예시 **주어진 시장수익률 하에서 각각의 베타에 대한 개별 포지션의 수익률**

구 분	베타 −1.0	베타 −0.5	베타 0.5	베타 +1.0
시장수익률 +10%	−10%	−5%	+5%	+10%
시장수익률 −10%	+10%	+5%	−5%	−10%

학습안내 28회, 33회, 35회, 38회, 42회 기출

90

정답 ④

모두 옳은 내용이다. '가'는 사전적으로 결정(specified in advance), '나'는 투자가능성(investable)', '다'는 '측정가능성(measurable)'에 해당한다.

※ **기준지표(Benchmark) 개요**

(1) 기준지표는 **사전적으로 정해져야 하며**, 사후적으로는 평가의 잣대가 된다.

(2) **기준지표(벤치마크)의 여섯 가지 속성** : 명확성 / 투자가능성 / 측정가능성 / 적합성 / 투자의견의 반영 / 사전적인 결정

학습안내 31회, 38회, 41회, 42회 기출(► '기준지표의 속성'에 대한 기본서 全文은 '38회 90번 해설'을 참조할 것)

91

정답 ②

A펀드가 B펀드보다 우수하게 나타나는 성과지표는 트레이너비율이다(아래 계산).

※ **풀 이**

RAPM지표	A 펀드	B 펀드
샤프비율	$\frac{8-2}{10} = 0.6$	$\frac{14-2}{20} = 0.6$
트레이너비율	$\frac{8-2}{0.5} = 12.0$	$\frac{14-2}{2.0} = 6.0$
젠센의 알파	(8% − 2%) − 0.5(5% − 2%) = **4.5%**	(14% − 2%) − 2.0(5% − 2%) = **6.0%**
정보비율	$\frac{8-5}{5} = 0.6$	$\frac{14-5}{10} = 0.9$

► **RAPM지표 공식**

(1) 샤프비율 : $\frac{R_P - R_F}{\sigma_P}$ ($\leftarrow \frac{\text{무위험대비 초과수익률}}{\text{표준편차(총위험)}}$)

(2) 트레이너비율 : $\frac{R_P - R_F}{\beta_P}$ ($\leftarrow \frac{\text{무위험대비 초과수익률}}{\text{베타(체계적 위험)}}$)

(3) 젠센의알파(α_P) = $(R_P - R_F) - \beta(R_B - R_F)$

(4) 정보비율 : $\frac{R_P - R_B}{sd(R_P - R_B)}$ ($\leftarrow \frac{\text{벤치마크 대비 초과수익률}}{\text{잔차위험(비체계적 위험)}}$)

학습안내 30회, 37회, 40회, 42회 기출

3-8 거시경제(4문항)

92

정답 ②

틀린 항목은 '나, 다'이다.

나. 유동성함정 구간에서 LM곡선은 수평이다('이자율에 대한 화폐수요탄력도는 무한대 = LM곡선 수평').

다. 재정정책 집행 시 무구축효과가 나타난다(즉 재정정책의 효과는 극대화).

► 유동성함정 구간에서는 통화정책은 무력하고 재정정책의 효과는 극대화된다.

학습안내 29회, 32회, 35회, 37회, 42회 기출(► '유동성함정이론(구축효과 포함)'의 상세 내용은 '35회 92번 해설'을 참조할 것)

93

정답 ④

'예상치 못한 통화정책(화폐충격)'을 **계속 사용한다면**, 합리적 경제주체들이 예상할 수 있게 되고 결국 예상된 통화정책이 되어 생산량을 증가시키지 못하고 물가만 상승시키게 된다.

※ **합리적 기대학파의 통화정책 무용성 정리**(2025 기본서, 5권, p17~18 참조)

(1) '예상된 화폐공급(anticipated money supply)'의 증가는 물가만 상승시킬 뿐 국민소득에 영향을 미칠 수 없으며, '예상치 못한 화폐공급(unanticipated money supply)의 증가는 국민소득에 영향을 미칠 수 있다.

- 예상치 못한 화폐공급은 곧 화폐충격(money shock)을 말한다.

(2) 정부가 통화정책으로 국민소득을 증가시키기 위해서는 사람들의 예상을 벗어나는 정책, 즉 화폐충격을 사용해야 하는데, 정부가 이러한 충격요법을 자꾸 사용하면 사람들은 점점 재화가격의 변동이 정부의 통화정책에 의한 것임을 깨닫고 재화가격이 변하더라도 생산량을 증가시키지 않게 된다.

- 즉 화폐충격을 계속 사용하면 경제주체들이 예상을 벗어나지 않게 되어 화폐충격으로 인한 생산량 증가 효과는 발생하지 않고 물가만 상승시킬 뿐이다.

(3) 이와 같은 주장을 '합리적 기대학파의 정책 무용성 정리(policy inefficient proposition)'라고 한다.

학습안내 '합리적 기대학파의 정책무용성 정리'는 42회에서 처음으로 출제되었다(► 리카르도 불변정리는 '41회 93번', 피구효과는 '34회 92번', 구축효과는 '35회 92번'의 해설을 참조할 것).

94

정답 ③

3기간 모형에서 유동성프리미엄이론 상의 3년만기 채권수익률을 정확히 계산하기 위해서는 두 개의 유동성프리미엄($_1L_1$, $_2L_1$)을 제시해야 하지만, 동 문항에서는 7.5%로 가정하였다. 따라서 불편기대이론 하의 3년 만기 채권수익률을 구한다면 3년 만기 수익률에 내재된 3년 만기 유동성프리미엄(두 수익률 간의 차이에 해당)을 구할 수 있다(아래 풀이).

※ **풀이(2단계)**

(1) 불편기대이론 하에서의 3년 만기 채권수익률(3년 만기 현물이자율)을 먼저 구한다.

- 불편기대이론 하에서의 장기채수익률 $\chi({}_0R_3)$는 단기채수익률 $({}_0R_1)$과 내재선도이자율$({}_1f_1,\ {}_2f_1)$의 기하평균이므로,

→ $(1 + \chi)^3 = (1 + 0.05)(1 + 0.06)(1 + 0.07)$

→ $\chi = \sqrt[3]{(1 + 0.05)(1 + 0.06)(1 + 0.07)} - 1 = 0.0599$(약 **6%**)이다.

► 약식계산법

2기간, 3기간 모형처럼 단기간의 모형에서는 산술평균과 기하평균의 차이는 거의 없다. 따라서 산술평균식으로 계산할 경우는 **0.06**$\left(\dfrac{0.05 + 0.06 + 0.07}{3}\right)$이 된다.

(2) 이제 3년 만기 채권수익률(유동성프리미엄이론)에 내재된 3년 만기 유동성프리미엄을 구할 수 있다.

→ 유동성프리미엄이론 하에서의 3년 만기 채권수익률=불편기대이론 하의 3년만기 채권수익률$({}_0R_3)$ + 3년만기 유동성프리미엄$({}_0L_3)$

→ 7.5% = 약 6% + 유동성프리미엄$({}_0L_3)$, ∴ 3년 만기 유동성프리미엄$({}_0L_3)$은 **1.5%**이다.

95

정답 ②

MV = PY, $V = \dfrac{P \times Y}{M}$, $V = \dfrac{0.5 \times 3{,}200}{2{,}000}$, 따라서 V(통화유통속도) = 0.8

※ **통화유통속도 계산**(M : 통화량, V : 통화유통속도, P : GDP디플레이터, Y : 실질GDP)

→ MV = PY, $V = \dfrac{P \times Y}{M} = \dfrac{P \times Y}{2{,}000}$, 여기서 Y는 3,200조, P는 0.5이다.

→ 따라서 $V = \dfrac{P \times Y}{M} = \dfrac{0.5 \times 3{,}200}{2{,}000} = \dfrac{1{,}600}{2{,}000} = 0.8$

► 보충 **GDP디플레이터 공식을 활용한 풀이 방법**

(1) GDP디플레이터(P) = $\dfrac{MV}{Y} = \dfrac{PY}{Y}$

→ $\dfrac{PY}{Y} = \dfrac{PY}{3{,}200} = 0.5$, 따라서 PY(명목GDP) = 1,600조

(2) MV = PY, $V = \dfrac{P \times Y}{M} = \dfrac{1{,}600}{2{,}000} = 0.8$

학습안내 동 문항에서는 명목GDP(P × Y)를 직접 제시하지 않은 것이 포인트이다(► 화폐유통속도와 GDP디플레이터에 대한 추가 내용은 '35회 94번 해설'을 참조할 것).

3-9 분산투자기법(5문항)

96

정답 ①

'공분산의 평균'은 개별 공분산의 전체 평균을 말하고 이는 포트폴리오 내의 모든 자산에 공통적으로 연관되는 정도를 말하므로 곧 체계적 위험이라고 할 수 있다. 즉 편입종목의 수를 무한히 증가시키면 **공분산의 평균에 수렴하게 된다(또는 비체계적 위험이 모두 제거된다, 체계적 위험만 남게 된다)**'.

※ 추가 해설

② 포트폴리오에 편입되는 종목의 수를 무한히 증가시키면 '비체계적 위험이 0(제로)으로' 수렴한다.

[주의] 편입종목을 무한히 증가시키면 체계적 위험이 0으로 수렴한다. → X

[보충] 시장위험 = 체계적 위험 + 비체계적 위험

③ 상관계수가 +1이 아닌 한 분산투자효과는 발생한다.

④ 포트폴리오 투자의 적절한 보상은 '체계적 위험'에 한정된다. 비체계적 위험은 분산투자를 통해 제거가 가능하므로 비체계적 위험에 대한 보상은 없다. 즉 '피할 수 없는 위험, 즉 체계적 위험'을 얼마나 부담하는가에 따라서 포트폴리오의 기대수익률이 결정된다.

※ **체계적 위험 VS 비체계적 위험**

(1) 체계적 위험(분산불가능위험) : 시장위험(market risk)

(2) 비체계적 위험(분산가능위험) : 기업고유위험(firm-specific risk)

[학습안내] 31회, 36회, 42회 기출

97

정답 ②

최소분산포트폴리오[주1]를 만드는 X의 비중 W_X는 60%이다(아래 풀이).

* 주1(최소분산포트폴리오) : 효율적 투자기회선상에서 위험(분산)이 최소가 되는 포트폴리오

※ **최소분산포트폴리오(GMVP) 계산**

(1) $$W_X = \frac{\sigma_Y^2 - \sigma_{XY}}{\sigma_X^2 + \sigma_Y^2 - 2\sigma_{XY}} = \frac{0.3^2 - (-1) \cdot 0.2 \cdot 0.3}{0.2^2 + 0.3^2 - 2(-1) \cdot 0.2 \cdot 0.3} = \frac{0.09 + 0.06}{0.04 + 0.09 + 0.12}$$

$$= \frac{0.15}{0.25} = 0.60$$

► $\sigma_{XY} = \rho_{XY} \cdot \sigma_X \cdot \sigma_Y$

[약식계산] 상관계수가 -1일 때 최소분산포트폴리오를 만드는 자산X의 비중은 $W_X = \frac{\sigma_Y}{\sigma_X + \sigma_Y} = \frac{0.3}{0.2 + 0.3}$ = 0.60이다.

(2) 즉 자산 X를 60%, 자산 Y를 40% 편입할 경우 최소분산포트폴리오가 달성된다.

※ [보충] **최소분산포트폴리오 계산문제 출제패턴 분석**(최신 12회차 중 6회 기출)

(1) 상관계수 -1, X의 비중 구하기 : 31회, 36회, 42회

(2) 상관계수 0, X의 비중 구하기 : 34회, 40회

(3) 상관계수 0, Y의 비중 구하기 : 38회

[학습안내] 31회(신유형), 34회, 36회, 38회, 40회, 42회 기출

98

정답 ③

6%이다.

※ 상세 풀이

(1) J자산의 요구수익률(증권시장선에 의한 균형수익률)

$E(R_J) = kkk = R_F + \beta_J[E(R_M) - R_F] = 2\% + \beta_J(3\% - 2\%)$

(2) 베타는 $\beta_j = \frac{\sigma_{jm}}{\sigma_m^2} = \frac{0.16}{0.04} = 4.0$

(3) 베타가 4.0이므로,

$E(R_J) = kkk = R_F + \beta_J[E(R_M) - R_F] = 2\% + 4 \cdot (3\% - 2\%) = 6\%$

► 계산 유의사항 : 만일 공분산이 아니라 상관계수를 제시한다면 '$\beta_J = \frac{\sigma_{jm}}{\sigma_m^2} = \frac{\rho_{jm} \times \sigma_j \times \sigma m}{\sigma_m^2}$'의 전환 과정을 통해 계산할 수 있어야 한다.

학습안내 32회, 36회, 38회, 40회, 42회 기출

99

정답 ③

동일가중 포트폴리오이므로 'X주식 : Y주식 = 5 : 5'로 편입한다. 따라서 포트폴리오베타는 '(2.5 × 50%) + (0.5 × 50%) = 1.25 + 0.25 = 1.5'이다.

※ 포트폴리오 베타 계산의 이론적 근거

(1) 샤프의 단일지표모형에서의 포트폴리오 베타 : $\beta_P = \sum \omega_j \beta_j$

(2) 포트폴리오의 가법성(加法性) : 가법성에 따라 개별자산의 베타를 가중평균하여 계산한다.

학습안내 30회, 39회, 42회 기출

100

정답 ③

내부수익률(IRR ; Internal Rate of Return)이다. 다기간 수익률(연평균수익률)에는 '산술평균수익률 / 기하평균수익률(시간가중수익률) / 내부수익률(금액가중수익률)'이 있다.

※ 성과평가를 위한 수익률의 종류

단일기간 수익률 (보유기간 수익률)	다기간 수익률		
	산술평균수익률	기하평균수익률(시간가중수익률)	내부수익률(금액가중수익률)

(1) 투자기간 중 투입자금(Input)의 변화가 없으면 전체기간(매수~매도)이 하나의 단일기간이 되며, 투입자금의 변화가 있다면 투자기간은 여러 개의 단일기간으로 구성된다.

(2) 단일기간 수익률은 각 펀드마다 투자기간이 다르기 때문에 수익률 비교가 불가하다. 따라서 펀드 간 수익률 비교를 위해서 연평균 수익률을 산출한 것이 '다기간 수익률'이며, 다기간 수익률의 종류로는 '산술평균수익률(ARR) / 기하평균수익률(GRR) / 내부수익률(IRR)'의 3가지가 있다.

학습안내 내부수익률(IRR)은 '1과목 3편 부동산' '3과목 7편 투자운용결과분석' '3과목 9편 분산투자이론'에 모두 반영되는 중요개념이므로 확실히 이해하도록 한다(► 28회, 33회, 38회, 42회 기출).

투자자산운용사 출제동형 PLUS 최신 9회분

43회차 정답 및 해설

01	02	03	04	05	06	07	08	09	10	11	12	13	14	15	16	17	18	19	20
④	③	②	④	①	①	④	①	②	④	①	②	③	③	①	①	③	①	②	①
21	22	23	24	25	26	27	28	29	30	31	32	33	34	35	36	37	38	39	40
①	①	①	①	④	④	③	①	②	②	③	②	③	③	④	③	③	④	④	②
41	42	43	44	45	46	47	48	49	50	51	52	53	54	55	56	57	58	59	60
③	④	②	③	③	②	④	④	②	④	②	①	④	③	③	②	③	①	③	④
61	62	63	64	65	66	67	68	69	70	71	72	73	74	75	76	77	78	79	80
④	②	④	①	①	①	①	③	②	③	③	③	④	③	④	①	①	①	③	②
81	82	83	84	85	86	87	88	89	90	91	92	93	94	95	96	97	98	99	100
③	④	②	③	③	③	④	②	③	①	②	②	①	②	②	④	③	②	③	①

※ 시험난이도 상향에 대비하는 차원에서, 동일문항 기출이 반복될 경우 '변형복원'을 적극 반영하고 있습니다. 따라서 '변형된 기출' 문항을 학습 시에는 학습안내 를 참고하여 '변형 전 기출'도 꼭 확인하시길 바랍니다.

1-1 세제관련 법규/세무전략(7문항)

01

정답 ④

90일 이내에 국세청 또는 감사원에 제기하는 것은 심사청구이다. 그리고 서류송달 방법 4가지(교부송달 / 우편송달 / 전자송달 / 공시송달' 중에서 ①은 공시송달, ②는 전자송달에 해당한다.

보충 1 **조세불복절차의 종류** : 이의신청(처분청에 제기), 심사청구(국세청 또는 감사원에 제기), 심판청구(조세심판원에 제기)

보충 2 **수정신고와 경정청구** : 법정신고기한 내에 신고를 한 경우로서, 과세표준 및 세액을 과소신고한 경우는 **수정신고**[주1], 과다신고한 경우는 **경정청구**[주2]의 대상이다.

* 주1 : 법정신고기한 경과 후 2년 이내 수정신고서를 제출시 가산세 일부를 경감 받음
* 주2 : 법정신고기한 경과 후 5년 이내 경정청구를 할 경우 과다납부한 세액을 환급 받음

학습안내 34회, 37회, 40회, 43회 기출

02

정답 ③

납부의무 소멸사유가 아닌 것은 2개('나, 다')이다.

나. '과세기간이 끝나는 때'는 납세의무의 성립시기(소득세 · 법인세 · 부가가치세 등)이다. '납세의무 성립시기'와 '납부의무 소멸사유'는 개념 범주가 다르다.

보충 납세의무가 성립되면 → 신고확정 등을 통해서 구체적인 납세금액이 확정되고 → 납부의무가 발생한다.

다. 납부고지, 독촉, 교부청구, 압류 등은 소멸시효의 중단사유이다. 소멸시효 중단은 소멸시효 완성과 다른 개념으로서, 이미 경과한 시효중단의 효력이 상실되고 새로운 소멸시효가 시작되는 것을 말한다.

※ **국세기본법상 납부의무의 소멸사유**(2025 기본서, 1권, p6 참조)

(1) 납부 · 충당되거나 부과가 취소된 때

(2) 국세부과의 제척기간이 만료된 때

(3) 소멸시효가 완성된 때

학습안내 기존 기출(34회 · 39회)과 동일하게 출제되었으나 학습효과 차원에서 변형복원하였다(► 납부의무소멸에 대한 상세내용은 '39회 02번 해설'을 참조할 것).

03

정답 ②

〈보기〉에서 **무조건분리과세** 대상이 되는 항목의 개수는 '**3개**(직장공제회 초과반환금 / 비실명거래로 인한 이자소득 / 법원보관금에서 발생한 이자소득)'이다. '300만 원 이하의 기타소득'은 **선택적 분리과세** 대상이며 '비영업대금이익 / 파생결합증권으로부터의 이익'은 분리과세 대상이 아니므로 조건부종합과세 대상이다.

보충 1 '조건부종합과세'라 함은 금융소득이 2천만 원 이하일 경우 원천징수로서 납세의무를 종결하고, 2천만 원을 초과할 경우 금융소득의 전체금액과 타종합소득을 합산하여 종합과세를 하는 것을 말한다.

보충 2 **무조건분리과세 VS 선택적 분리과세**

(1) 무조건분리과세 : '직장공제회 초과반환금' 등 종합과세 대상에서 제외되는 일부의 소득은 그 자체로 분리과세 대상이 되어 원천징수로서 납세의무가 종결된다.

(2) 선택적 분리과세 : '300만 원 이하의 기타소득 / 일부 연금소득'은 분리과세를 선택할 수 있다(분리과세를 선택하지 않을 경우는 조건부종합과세 대상이 됨).

학습안내 기존 기출(31회 · 38회)과 동일 유형으로 출제되었으나 학습효과 차원에서 변형복원하였다.

04

정답 ④

과세대상의 개수는 3개(모두 과세대상)이다.

※ **추가설명**

가. 비상장주식의 경우 소액주주 / 대주주 구분 없이 양도소득세 과세대상이다. 단 '㉠ 벤처기업주식, ㉡ K-OTC에서 양도하는 非대기업주식'은 예외가 적용되어 비과세이다.

나. 일반채권과 달리 토지상환채권은 '부동산 등(부동산권리)'에 해당되어 양도소득세 과세대상이다.

다. 주가지수관련 파생상품은 장내, 장외 구분 없이 양도소득세 과세대상이다.

보충 양도소득세가 과세되는 '**파생상품 등**'은 '㉠ 코스피200을 기초자산으로 하는 장내파생상품(기타 주가지수관련 장외파생상품 포함), ㉡ 해외시장에서 거래되는 장내파생상품 등'을 말한다(→ 시험대비로는 ㉠에 유의).

학습안내 31회, 33회, 35회, 41회, 42, 43회 기출(► 41회에서는 '토지상환채권'이, 42회에서는 '주식양도소득세율', 43회에서는 '주가지수관련 장외파생상품'이 각각 신유형으로 출제되었다)

05

정답 ①

비거주자의 유가증권양도소득은 국내원천소득으로서 과세대상이지만, 파생상품의 경우 ②와 ③의 예외를 통해 비과세된다.

보충 1 ④는 '비거주자에게 국내원천소득을 지급 시, 조세조약상의 제한세율과 법정원천징수세율 중 **낮은 세율**을 적용하여 원천징수한다'와 같은 말이다.

보충 2 비거주자의 법정원천소득의 하나인 유가증권양도소득에 대해서는 'Min(양도가액의 10%, 양도차익의 20%)'로 원천징수한다.

학습안내 33회, 34회, 39회, 41회, 43회 기출(► '비거주자 과세'에 대한 전체 내용은 '41회 07번 해설'을 참조할 것)

06

정답 ①

유가증권시장에서 양도하는 주권에 대해서는 농어촌특별세가 0.15% 부과된다.

※ 증권거래세율(2025년 기준)

유가증권시장	코스닥시장	코넥스시장	K-OTC시장
0%	0.15%	0.10%	0.15%

- 유가증권시장의 증권거래세율은 0%이지만 농특세 0.15%가 부과되어, 투자자가 주권양도 시 부담하는 세율은 코스닥시장 0.15%와 동일하다.
- K-OTC시장은 금융투자협회가 운영하는 장외주식시장이다.

학습안내 농어촌특별세 문제는 43회 시험에서 처음으로 출제되었다.

07

정답 ④

틀린 항목은 '나, 라'이다.

나. 국내 증권시장에서 상장주권을 양도하는 경우(주식매도 시), 국내투자자와 외국인 투자자의 구분 없이 '유가증권시장 0%(농특세 0.15% 추가), 코스닥시장 0.15%, 코넥스시장 0.10%'의 증권거래세가 부과된다(세율은 2025년 기준).

라. '주권을 통한 대물변제'는 주권의 유상양도에 해당되어 증권거래세가 부과된다(증권거래세는 주권의 유상양도에 대해 부과).

비교 '주권의 소비대차'는 증권거래세 비과세 대상이다.

※ 증권거래세 비과세 대상(증권거래세법 제6조)

(1) 국가 또는 지자체가 주권 등을 양도하는 경우(단, 국가재정법에 따른 각종 기금의 주권양도 시는 과세함)
(2) 자본시장법 제119조에 따라 주권을 매출하는 경우
(3) 주권을 목적물로 하는 소비대차의 경우

학습안내 **31회, 32회, 34회, 37회, 40회, 43회 기출**

1-2 금융상품(8문항)

08

정답 ①

'운용자'는 지정대상이 아니다.

보충 특정금전신탁은, 투자자가 자신의 맡긴 돈의 '**운용대상, 운용방법, 운용조건 등**[주1]'을 은행에 지시하고, 은행은 고객이 지시한 대로 운용하고 운용수익에서 일정한 비용(신탁보수 등)을 차감 후 실적배당하는 상품이다. 고객의 투자성향, 투자기간, 기대수익률 등에 따라 맞춤형 투자가 가능하다(2025 기본서, 1권, p138 인용).

* 주1 : 운용대상은 '주식, 채권, 부동산 등의 투자대상'을 말하며, 운용방법은 'active운용 또는 passive운용'을, 운용조건은 '손실률제한, 차익실현조건 등'을 말한다.

학습안내 동 문항은 기존 기출(35회 · 37회 · 38회 · 40회 · 41회)과 중복되므로 학습효과 차원에서 변형복원하였다.

09

정답 ②

신탁재산은 수탁자의 상속재산이나 파산재단에 **속하지 않는다.**

보충 신탁관계상 신탁재산의 법적소유자는 '**수탁자**'이지만 최종적으로 신탁재산은 '**수익자**'에게 귀속된다. 따라서 신탁재산은 독립된 재산으로 보호되어야 하는 바, 수탁자가 사망하더라도 수탁자의 상속재산에 포함되지 않고, 수탁자의 파산재단이나 재산분할대상이 되지 않는다.

학습안내 28회, 40회, 43회 기출(► 신탁재산의 독립성에 대한 기본서 全文은 '36회 09번 해설'을 참조할 것)

10

정답 ④

ELS는 원금보장형, 비보장형을 불문하고 예금자보호 대상이 아니다.

※ 주가연계증권 ELS(Equity Linked Securities)

(1) **ELS는 자본시장법상 파생결합증권이다.**
투자자입장에서는 원본초과손실위험이 없으므로, 파생상품이 아닌 파생결합증권으로 분류된다.

(2) **ELS는 공모, 사모 발행이 모두 가능하다.**
ELS는 상장상품이 아니어서 사모발행을 주로 했으나, 시장에서 인기를 끌면서 공모발행도 증가하고 있다.

(3) **ELS에 투자할 경우 발행사의 신용위험에도 노출된다.**
원금보장형 ELS라 하더라도 발행 증권사가 파산할 경우 투자자는 원금을 돌려받지 못 할 수도 있다.

(4) **ELS는 '장외파생상품의 겸영인가를 받은 금융투자업자(영업용순자본비율이 300% 이상인 투자매매업사)'만이 발행할 수 있다.**
ELS의 신용위험을 최소화하는 차원에서 모든 금융투자업자가 아니라 '일정기준을 갖춘 우량한 금융투자업자(NCR 300% 이상 투자매매업자)'가 발행하도록 하고 있다.

(5) **ELS는 예금자보호 대상이 아니다.**
원금보장형 ELS라 하더라도 발행사의 신용위험에 노출되므로 예금자보호가 되지 않는다(채권이 예금자보호가 안되는 것과 같은 논리).

학습안내 30회, 31회, 33회, 34회, 35회, 36회, 38회, 40회, 41회, 43회 기출

11

정답 ①

틀린 내용은 '가, 나'이다.

가. 상장요건으로서 ELW의 기초자산은 개별종목과 그 바스켓, 그리고 지수가 가능하다.

► 개별종목은 '코스피200 및 코스닥150 구성종목'을 말하고, 이들의 바스켓도 기초자산이 될 수 있다.

나. ELW는 매매수량 단위가 10증권이며, 지정가호가만 사용하고, 가격제한폭이 없다.

※ ELW의 가격결정요인(S, X, σ, T-t, r, d)

(1) **기초자산가격(S)** : 기초자산가격이 상승할수록 콜↑, 풋↓

콜 워런트의 내재가치는 'S - X'이다. 따라서 S가 높을수록, X는 낮을수록 콜가격이 상승한다(풋은 반대로 적용).

► 콜ELW의 내재가치 = S - X, 풋ELW의 내재가치 = X - S

(2) **행사가격(X)** : 행사가격이 낮을수록 콜↑, 풋↓

콜 워런트의 내재가치는 'S - X'이다. 따라서 S가 높을수록, X는 낮을수록 콜가격이 상승한다(풋은 반대로 적용).

(3) **변동성(σ)** : 변동성이 증가할 경우 콜↑, 풋↑(둘 다 상승)

변동성 증가 시 그 변동성이 상승이나 하락 어디로 작용할지 모르므로 콜, 풋 모두 상승한다.

(4) **잔존만기(T-t)** : 잔존만기가 길수록 콜↑, 풋↑(둘 다 상승)

콜이든 풋이든 잔존만기가 길수록 가격상승의 여지가 많으므로 둘 다 상승한다.

(5) **금리(r)** : 금리가 높아질수록 콜↑, 풋↓

콜을 행사하면 기초자산을 매입하게 되는데, 금리가 올라가면 매입가격이 하락하므로 콜에 유리하다. 따라서 금리가 올라가면 콜 워런트 가격은 상승한다(풋은 반대).

(6) **배당(d)** : 배당을 하면 콜↓, 풋↑

배당을 하면 배당락에 의해 주가가 낮아진다. 따라서 콜 워런트 가격이 하락하게 된다((1)에서 'S가 낮아지면 콜가격이 낮아지는 것'과 같은 원리, 풋은 반대).

학습안내 32회, 34회, 41회, 43회 기출(► 'ELW의 상장요건 및 매매방식'에 대해서는 '41회 11번 해설'을 참조할 것)

12

정답 ②

틀린 내용은 '나, 다'이다.

나. 총회 소집권자는 원칙상 '집합투자업자'이며, 예외적으로 '신탁업자' 그리고 '총 좌수의 **5% 이상**을 소유한 수익자'도 소집권자로 인정된다.

다 총회소집은 총회일로부터 **2주 전에** 서면 또는 전자문서로 각 수익자에게 통지를 발송해야 한다.

※ **추가설명**

가. 총회 결의사항 : 자본시장법 또는 신탁계약으로 정한 사항에 대해서만 결의할 수 있다.

참고 법상의 결의사항은 '합병 / 환매연기 / 신탁계약의 중요내용 변경(보수의 인상, 신탁업자변경, 운용인력변경 등)'을 말한다.

라. 총회의 의결요건

수익자총회		연기수익자총회 결의사항
자본시장법상 결의사항	신탁계약상 결의사항	
출석과반수 & 총 좌수 1/4 이상 찬성	출석과반수 & 총 좌수 1/5 이상 찬성	출석과반수 & 총 좌수 1/10 이상 찬성

(→ 오른쪽으로 갈수록 결의요건이 완화)

학습안내 36회, 39회와 동일하게 출제되었으나 학습효과 차원에서 변형복원 하였다(► '수익자총회'에 대한 전체 내용은 '39회 11번 해설'을 참조할 것).

13

정답 ③

틀린 항목의 개수는 3개('가, 나, 라')이다.

가. 이자부분은 점차 감소하고 원금부분은 점차 증가한다[주1].

* 주1 : 원금균등상환 방식은 '이자부분 + 원금부분 = 일정금액' 방식으로 매월 동일금액을 납입하는데, 상환을 할수록 원금이 줄게 되므로 전체 채무에 대한 이자부담은 줄게 된다. 즉 매월 동일금액 중 '이자부분'은 감소'하게 되고 동시에 '원금부분'은 증가하게 된다(∵ 원금부분을 증가시켜야 동일금액이 맞추어지므로).

나. 저당대출(모기지)의 만기가 통상 20~30년의 장기이므로, 저당대출증권(MBS)도 장기로 발행한다.

라. 채무불이행위험이 투자자에게 귀속되는 형태는 저당대출지분이전증권(pass-through증권)이다. MBB는 채권형태로서 발행기관이 채권의 원리금 상환의무를 부담하므로, 채무불이행 위험이 발행자에게 귀속된다.

학습안내 36회(신유형), 39회, 40회, 43회 기출(► MBS에 대한 상세 내용은 '36회 15번 해설'을 참조할 것)

14

정답 ③

틀린 항목은 '가, 다'이다.

가. **역모기지**에서는 '미래 특정시점에서 예상되는 주택가치'에 의해 대출금액이 결정되므로 미래주택가치가 핵심요소이다. 신청자의 미래상환능력 및 신청시점까지의 신용기록이 중시되는 것은 **모기지**이다.

다. 가입자 사망시점에서 '연금수령액 > 주택가치'일 경우 차액을 상속인에게 청구하지 않으며 반대로 '연금수령액 < 주택가치'일 경우는 잔액을 상속인에게 지급한다.

학습안내 기존 기출(31회 · 33회 · 37회)와 유사유형으로 출제되었으나 학습효과 차원에서 변형복원 하였다(► 역모기지론에 대한 상세 내용은 '37회 14번 해설'을 참조할 것).

15

정답 ①

옳은 항목의 개수는 0개(모두 틀린 내용)이다.

가. 미래에 수령할 퇴직급여가 사전에 확정되는 것은 확정급여형(DB형)이다.

cf 사용자가 부담할 부담금수준(연간 임금총액의 1/12 이상)이 사전에 확정되는 것은 확정기여형(DC형)이다.

나. 적립금의 운용결과에 따라 사용자가 납부해야 할 부담금이 변동하는 것은 확정급여형(DB형)이다.

다. '운용수익률 > 임금상승률'이면 확정기여형이 유리하고 반대로 '운용수익률 < 임금상승률'이면 확정급여형이 유리하다.

라. 확정급여형은 담보대출만 가능하고 확정기여형은 담보대출, 중도인출이 모두 가능하다.

학습안내 30회, 32회, 33회, 35회, 37회, 38회, 39회, 41회, 42회, 43회 기출(► 퇴직연금제도에 대한 전체 내용은 '42회 15번' 해설을 참조할 것)

1-3 부동산관련 상품(5문항)

16

정답 ①

지상권은 제한물권 중 용익물권(用益物權)이며, 나머지는 제한물권 중 담보물권(擔保物權)이다.

※ 분류표(민법상 물권)

<table>
<tr><td>점유권</td><td></td><td></td><td></td><td></td><td></td></tr>
<tr><td rowspan="3">물권 본권</td><td>소유권</td><td></td><td></td><td></td><td></td></tr>
<tr><td rowspan="2">제한물권</td><td>용익물권</td><td>지상권</td><td>지역권</td><td>전세권</td></tr>
<tr><td>담보물권</td><td>유치권</td><td>질 권</td><td>저당권</td></tr>
</table>

학습안내 31회, 33회, 35회, 37회, 40회, 41회, 43회 기출

17

정답 ③

틀린 항목의 개수는 2개('다, 라')이다.

다. 내부수익률은 해당프로젝트의 투자수익률과 같고 요구수익률은 기회비용과 같으므로 '내부수익률(IRR) > 요구수익률(k)' 일 때 투자안이 채택될 수 있다.

라. 수익성지수(PI)는 '$\frac{\text{현금유입액의 현재가치}}{\text{현금유출액의 현재가치}}$ > 1' 즉 'PI > 1' 상태가 되어야 투자수익이 나는 상태이므로 투자안을 채택할 수 있다.

학습안내 '39회 17번'과 동일유형 기출(► 'NPV, PI, IRR'지표의 정의는 '39회 17번 해설'을 참조할 것)

18

정답 ①

부채상환비율은 '$\frac{\text{순운용소득}}{\text{부채상환액}} = \frac{\text{10억 원}}{\text{4억 원}}$ = 2.5배'이다. 이 예시에서 '부채상환비율(DSCR) 또는 부채부담능력비율(DCR)' 이 2.5배라는 것은 해당 부동산으로부터 매년 창출되는 현금흐름이 매년 상환해야 할 차입상환액의 2.5배라는 의미이다(이 비율이 높을수록 사업안정성이 높다는 것이며, DCR은 최소한 1보다 커야 한다).

※ 추가설명

① **부채상환비율(Debt Service Coverage Ratio ; DSCR)** : 순운용소득을 부채상환액으로 나누어서 구하며, 부동산 투자 시의 원리금상환능력을 측정한다.

주의 부채상환비율은 부채상환액을 순운용소득으로 나누어서 구한다. [O, X] → X

② **대출비율(Loan To Value ratio ; LTV)** : 저당대출원금을 부동산가격으로 나눈 것으로서 부동산투자의 자본구조를 파악할 수 있다.

예 부동산가격이 100억 원, 대출원금이 60억 원이라면 LTV는 60%($\frac{\text{60억 원}}{\text{100억 원}}$)이다. 이는 타인자본을 통한 투자가 60%, 자기자본으로 인한 투자가 40%임을 말한다.

③ **순소득승수**($\frac{\text{총투자액}}{\text{순운용소득}}$)는 총투자액을 순운용소득으로 나누어서 구하며, 자본회수기간과 같다. 예를 들어 총투자액이 1,000억 원, 순운용소득이 200억 원이면 자본회수기간은 5년이다.

④ Cash On Cash**수익률(CoC수익률)** : 해당 기의 순현금흐름을 자기자본으로 나눈 것이다(당기의 현금흐름만 사용하므로 화폐의 시간가치를 반영하지 않음).

비교 내부수익률(IRR)은, 미래 현금흐름을 현재가치로 할인해서 계산하므로 화폐의 시간가치를 고려한다.

학습안내 34회, 36회, 38회, 40회, 42회, 43회 기출(► '부동산투자의 타당성 평가지표'에 전체 내용 정리는 '38회 16번 해설'을 참조할 것)

19

정답 ②

계획관리지역은 '용도지역 내 관리지역'에 속한다.

※ **용도지역 분류**

용도지역	도시지역	주거지역, 상업지역, 공업지역, 녹지지역
	관리지역	보전관리지역, 생산관리지역, 계획관리지역
	농림지역	(세부 분류 없음)
	자연환경보전지역	(세부 분류 없음)

암기 **도. 관. 농. 자**(용도지역), **주. 상. 공. 녹**(도시지역)[주1], **보. 생. 계**(관리지역).

* 주1 : 도시지역을 용적률제한이 높은 순서로 구분할 때는 '**상. 주. 공. 녹**'으로 암기한다.

학습안내 43회 신유형이지만 '도시지역 내 용적률 한도가 제일 높은 순서 : **상. 주. 공. 녹**'을 통해서 문제를 풀 수 있다.

20

정답 ①

① 거래사례비교법(비교방식), ② 원가법(원가방식), ③, ④ 수익환원법(수익방식)

※ **감정평가 3방식**(2025 기본서, 1권, p462~469 참조)

(1) **비교방식(거래사례비교법)** : 대상부동산과 동일성 또는 유사성이 있는 부동산의 거래사례와 비교하여 대상부동산 현황에 맞게 사정보정, 시점수정을 가하여 부동산의 가격을 산정하는 방식이다.

► **비준가격** = 사례가격 × 사정보정 × 시점수정 × 지역요인보정 × 개별요인보정 × 면적

㉠ 장 점
- 대체의 원칙에 이론적 근거를 두고 있어서 현실적이고 실증적이기 때문에 설득력이 있음
- **토지평가에 있어서 세 가지 방식 중에 중추적인 역할 수행**
- 이해하기 쉽고 간편함

㉡ 단 점
- 매매가 잘 이루어지지 않은 부동산에는 적용하기 곤란
- 평가사의 지식, 경험 등에 대한 의존도가 높음
- 사정보정이나 시점수정 등 분석판단에 명확성을 기하기 어려움
- **극단적인 호황이나 불황에는 적용하기 곤란함**

(2) **원가방식(원가법)** : 대상 물건의 재조달원가에 감가수정을 하여 대상물건의 가액을 산정한다.

► **복성가격(적산가격)** = 토지가치 + 건물가치(재조달원가 − 감가수정액)

㉠ 장 점
- 건물, 구축물, 기계장치 등 재생산이 가능한 물건 등에 널리 적용
- 회사의 재산재평가에 유용
- **비시장성, 비수익성 부동산에 대한 평가를 할 때 유용**
- 평가사의 주관적인 개입 여지가 적음

㉡ 단 점

- 토지와 같이 재생산이 불가능한 자산에 적용불가(단, 매립지 토지평가는 원가방식가능)
- 기술이 진보할수록 재조달원가나 감가상각액의 파악이 곤란

(3) **수익방식(수익환원법)** : 대상부동산의 순영업소득을 환원이율로 직접 수익환원하여 부동산의 가치를 평가한다(수익가격으로 평가).

► 수익가격 = $\frac{\text{순수익}}{\text{환원이율}}$(또는 $\frac{\text{순영업소득}}{\text{자본환원율}}$)

환원방식 대부분은 직접환원법 이용

ⓐ 직접환원법 : 대상부동산의 순영업소득을 자본환원율로 직접 수익환원하는 방식

ⓑ 할인현금수지분석법 : 매기간 기대 현금흐름을 현재가치로 할인해서 대상 부동산의 가치를 구하는 방식

㉠ 장 점

- 임대용 부동산, 기업용 부동산 등 수익성 부동산 평가에 유용
- 장래의 미래현금흐름의 현재가치를 구하는 것이므로 매우 논리적이고 이론적임

㉡ 단 점

- **주거용, 교육용, 공공용 등 비수익성 부동산에 대한 적용이 곤란**
- 수익에만 치중하기 때문에 부동산이 노후도의 차이가 크지 않음
- 부동산 시장이 불안정한 지역에서는 순수익과 환원이율의 파악이 어려움

학습안내 '38회 19번'과 유사유형으로 출제되었으나 학습효과 차원에서 변형복원하였다(► 감정평가 3방식에 대한 개념문제 기출 : 32회, 33회, 35회, 36회, 38회, 42회, 43회).

2-1 대안투자운용/투자전략(5문항)

21

정답 ①

프로젝트금융(PF)는 주택금융이 아니라 '수익형 부동산금융'이다(수익형 부동산 중에서는 '증권형'이 아니라 개발사업에 직접 투자를 받는 방식으로 조달하는 '개발형'에 속함).

※ 부동산금융(부동산을 매개로 한 자금조달)의 종류

<table>
<tr><td rowspan="3">주택금융</td><td colspan="5">수익형 부동산금융</td></tr>
<tr><td colspan="4">부동산 증권형</td><td>부동산
개발형</td></tr>
<tr><td>ABS</td><td>MBS</td><td>REITs</td><td>부동산펀드</td><td>PF</td></tr>
</table>

- 수익형 부동산금융 : 투자대상 부동산의 미래현금흐름을 상환재원으로 하여 투자자금을 조달하는 방식(cf 주택금융은 담보를 활용하여 자금을 조달하는 방식)

학습안내 31회, 33회, 38회, 40회, 43회 기출(► 부동산금융에 대한 상세 내용은 '38회 22번 해설'을 참조할 것)

22

정답 ①

선호하는 순서는 '가 → 나 → 다'이다.

※ **PEF의 EXIT방식**(2025 기본서, 2권, p39~40 참조)

매각(trade sale)	상 장	유상감자 및 배당	PEF자체상장
ⓐ 일반기업에 매각 – 가장 선호 ⓑ 다른 PEF에 매각	IPO 후 증권시장에서 지분매각을 통한 회수(상장심사, 복잡한 공모절차가 단점)	유상감자나 배당을 통해 회수(자본충실도 약화로 성장성 저하 초래)	PEF자체를 상장 후 지분증권매도로 회수(매각 시 유동성부족 단점)
선호(ⓐ, ⓑ)	차선(ⓒ)	공격적인 회수전략에 해당	

주의 증자(增資)는 설비투자자금 또는 운전자금을 투자자로부터 조달하는 방식으로서, 투자금액의 회수와는 반대개념이 된다.

► 선호하는 EXIT순서(ⓐ → ⓑ → ⓒ) : PEF가 인수한 기업을 K기업이라 할 때,

ⓐ K기업의 가치를 증가시킨 후(디벨로핑), K기업 인수 시 시장지배력이 확고해지는 등의 니즈를 가지고 있는 '**동업종의 일반기업**'**을 대상으로 매각**하는 것이 가장 유리하다(가장 높은 매각대금을 기대할 수 있음).

ⓑ 일반기업으로의 매각이 여의치 않거나 빠른 투자회수를 원하는 LP투자자들의 요구가 있을 때, **다른 PEF에 매각**하여 현금화한다. 이 경우, ⓐ에 비해 추가적인 할인율이 적용될 가능성이 높다(ⓐ의 후순위 전략).

ⓒ 직접매각(trade sale : ⓐ, ⓑ)의 후순위전략으로서, K기업을 **증권시장에 상장**을 시킨 후 시장에서의 지분매도를 통해서 투자회수를 한다. 이 경우 복잡한 공모절차(IPO)와 감독당국의 심사를 거쳐야 한다는 단점이 있다.

학습안내 기존 기출(34회・40회)와 동일하게 출제되었으나 학습효과 차원에서 변형복원하였다.

23

정답 ①

공모펀드에 비해 환매가 자유롭지 못하다.

보충(④) 헤지펀드는 펀드운용자의 펀드참여가 가능하기 때문에(cf 공모펀드의 경우 자기거래금지 차원에서 참여불가), 투자자와 위험을 공유하고 수익달성에 대한 유인을 제공할 수 있다.

※ **헤지 펀드 주요특징**(2025 기본서, 2권, p43 참조)

(1) 적극적으로 운용되는(actively managed) 사모펀드
- 대부분 사모로 발행하지만 '펀드 오브 헤지펀드(fund of hedge fund)'은 예외적으로 공모발행

(2) 저위험 / 고수익을 위해 공매도, 레버리지, 파생상품 등 다양한 투자수단을 활용
(3) 높은 성과보수 부과 : 최우수 운용인력을 유인
(4) 절대수익률 추구
(5) 고수익보다 자본보존과 꾸준한 수익률 추구
(6) 규제가 적은 반면 투명성은 낮음
(7) 설정과 환매가 비교적 자유롭지 못함
- 최초 설정한 환매금지기간에는 환매가 불가하고 이후 분기별로 환매를 허용하는 것이 일반적

(8) 제한된 수의 적격투자자(주로 기관투자자)에게 허용
(9) 펀드운용자의 펀드참여 허용

학습안내 오래된 기출유형이다(2018년 기출).

24

정답 ①

틀린 내용은 '가, 나'이다.

가. 합병차익거래전략은 상황의존형전략(event driven전략)이다.

나. 'Yield curve flattener, Yield curve steepener, Yield curve butterfly 전략'은 차익거래전략에 속한다(→ 수익률곡선차익거래전략 ⊂ 채권차익거래전략 ⊂ 차익거래전략).

학습안내 36회, 38회, 41회, 43회 기출(► '헤지펀드 운용전략'의 전체 종류에 대한 상세 내용은 '36회 23번 해설'을 참조할 것)

25

정답 ④

옳은 내용은 '가, 라'이다.

나. Mezzanine 트랜치는 잔여이익에 대한 참여권이 없다.

다. 'Mark to market 위험(시가평가위험)'에 노출되는 것은 Senior트랜치이다.

※ **CDO의 세 가지 트랜치의 특징**(2025 기본서, 2권, p115~116 참조)

(1) **Equity트랜치** : 수익은 초기에 한번에 받으며(**upfront방식**), 만기에 남아있는 담보자산의 원금을 받는다.
- High Risk, High Return의 트랜치로서, 기대수익과 위험이 가장 크다.

(2) **Mezzanine트랜치** : 담보자산 pool에 있는 자산들 중에 부도가 높았으면, equity트랜치가 빠른 속도로 작아지고 이러한 상황에서 mezzanine트랜치는 **잔여이익에 대한 권리** 없이 equity트랜치가 된다.

(3) **Senior트랜치** : 일반적으로 senior트랜치에서 실제 현금 손실이 발생하기는 어렵지만, senior트랜치는 **mark-to-market** 위험이 있다.

학습안내 '33회 · 38회 · 43회'는 CDO트랜치 단독 출제이며 '37회 · 39회 · 40회 · 42회'는 신용파생상품 혼합문제로 출제되었다.

2-2 해외증권투자운용/투자전략(5문항)

26

정답 ④

국제 동조화가 강해질수록 → 국가 간 상관관계가 높아지며 → 국제 분산투자효과는 작아진다.

보충③ 국내적으로 분산 불가능한 위험인 체계적 위험도 투자대상을 외국으로 확대하여 국제적으로 분산투자를 할 경우에는 위험의 추가적인 분산투자효과를 얻는 것이 가능하다(2025 기본서, 2권, p126 인용).

학습안내 35회, 38회, 41회, 43회 기출(► 국제 분산투자효과에 대한 기본서 全文은 '41회 26번 해설'을 참조할 것)

27

정답 ③

옳은 항목은 2개('다, 라')이다.

가. 우리나라는 2025년 현재 MSCI EM지수(신흥시장지수)에 편입되어 있다.

비교 FTSE지수에서는 Developed(선진시장)으로 분류된다.

나. MSCI 지수의 산출기준은 시가총액 방식이 아닌 '유동주식 방식(free floating)'으로서, 정부 보유지분이나 계열사 간 상호보유 지분 등 시장에서 유통되지 않는 주식은 **제외한** 실제 유동주식을 기준으로 지수를 산출한다.

학습안내 29회, 31회, 33회, 35회, 37회, 39회, 41회, 43회 기출(► 'MSCI지수와 FTSE 지수에 대한 전체내용은 '41회 27번 해설'을 참조할 것)

28

정답 ①

설명이 반대로 되었다. 국제채(international bond)는 '채권표시통화의 본국에서 발행되는 외국채(foreign bond)'와 '채권표시통화의 본국 외에서 발행되는 유로채(euro bond)'로 구분된다.

※ 유로채 VS 외국채

유로채(euro bond)	외국채(foreign bond)
• 채권표시통화의 본국 이외에서 발행되는 채권[주2] 예 런던에서 달러로 발행하는 채권 • 역외채권(offshore bond) • 무기명채권(bearer bond)	• 채권표시통화의 본국에서 발행되는 채권[주1] 예 미국에서 달러로 발행하는 채권 • 역내채권(onshore bond) • 기명채권(registered bond)

* 주1 : 미달러화 표시 채권을 미국에서 발행하면(채권표시통화의 본국에서 발행) → 외국채(foreign bond)
* 주2 : 미달러화 표시 채권을 미국 이외의 곳에서 발행하면(채권표시통화의 본국 이외의 국가에서 발행) → 유로채(euro bond) 그리고 유로채 중에서 달러로 발행되는 채권을 유로달러채라 함

학습안내 34회, 36회, 37회, 38회, 39회, 40회, 41회, 43회 기출

29

정답 ②

옳은 항목은 1개이다('다'). T-Bill은 할인채 / 단기채이고, T-Note는 이표채 / 중기채이며, T-Bond는 이표채 / 장기채이다.

※ 미 재무부 채권(Treasury Bond) 분류

구 분	T-Bill	T-Note	T-Bond
이자지급방식	할인채	이표채	이표채
만 기	단기채 (만기 1년 이하)	중기채 (만기 1년 초과~10년 이하)	장기채 (만기 10년 초과)

참고 기본서(2권, p179)를 보면, 'T-Bill의 만기는 1년 이하, T-Note는 만기 1년 이상 10년 이하, T-Bond는 만기 10년 이상'으로 기술하고 있다. 즉 '이상 / 초과'가 명확하게 구분되고 있지 않으므로, T-Bond 만기에 대한 기술은 '10년 이상' 또는 '10년 초과' 둘 다 가능하다.

학습안내 31회, 34회, 35회, 36회, 37회, 39회, 40회, 42회, 43회 기출

30

정답 ②

미국 국채는 무위험채권으로 분류되므로 가산금리가 붙지 않는다.

학습안내 28회, 30회, 32회, 37회, 40회, 43회 기출(► '미국 국채 투자 시 유의사항'에 대한 기본서 全文은 '37회 29번 해설'을 참조할 것)

2-3 투자분석기법(12문항)

31

정답 ③

옳은 항목의 개수는 2개('나, 다')이다.

가. '각각의 분포가 평균으로부터 떨어진 거리들을 평균한 것'은 평균편차이다.

※ **평균편차, 분산, 표준편차**(2025 기본서, 2권, p215 참조)

(1) 평균편차(mean deviation) : '각각이 평균으로부터 떨어진 거리들의 평균'으로 측정한다.

(2) 분산・표준편차 : '각각이 평균으로부터 떨어진 거리의 제곱들을 평균한 것'이 분산(variance)이고, 분산의 제곱근이 표준편차(standard deviation)이다.

- 모집단이 아니고 표본인 경우에는 분산과 표준편차를 '자유도(degree of freedom : 분산과 표준편차의 경우는 n−1)'로 나누어 측정하는데 그래야 모집단 분산(표준편차)의 불편 추정치(unbiased estimator)가 되기 때문이다.

► **증권분석 통계기초에 대한 기출패턴 분석**(최근 10회 중 8회 기출)

(1) '중심위치 VS 산포경향' 카테고리 문제 : 34회

(2) '중심위치, 산포경향, 공분산, 상관계수' 개념문제 : 35회, 37회, 40회, 42회, 43회

(3) '중심위치' 응용계산문제 : 39회, 41회

학습안내 34회, 35회, 37회, 39회, 40회, 41회, 42회, 43회 기출(► '증권분석 통계기초'에 대한 전체 내용은 '42회 31번 해설'을 참조할 것)

32

정답 ②

동 우선주의 가치는 '$P = \frac{1,000}{0.2} = 5,000$(원)'이다.

※ **우선주 가치평가**(2025 기본서, 2권, p43 인용)

(1) 우선주는 만기가 없으므로 우선주에 대한 현금흐름은 영구연금으로 취급될 수 있는데, 따라서 영구채권의 평가와 마찬가지로 우선주는 '$P = \frac{D_p}{k_p}$(D_p : 우선주배당금, k_p : 우선주의 요구수익률)'로 가치평가를 한다.

(2) 우선주에 대한 가치평가모형은 배당평가모형에서의 '제로성장모형$P = \frac{D}{k_e}$(D : 배당금, k_e : 주주의 요구수익률)'과 같다.

학습안내 우선주 밸류에이션 문제는 43회에서 처음으로 출제되었다.

33

정답 ③

투자활동과 재무활동현금흐름을 통해서 자산, 부채의 증감원인을 파악할 수 있다(자산의 변동에 직접 영향을 주는 것은 '투자활동현금흐름'이고, 부채의 변동에 직접 영향을 주는 것은 '재무활동현금흐름'이다).

※ **현금흐름표의 유용성(재무상태표나 손익계산서에서 구할 수 없는 정보)** : 2025 기본서, 2권, p262 인용

(1) 분석대상 기업의 미래 현금흐름 추정에 도움
(2) '당기순이익'과 영업활동에서 발생한 '현금흐름'의 차이 및 원인 파악 가능
(3) 현금흐름을 부문별로 구분, 파악함으로써 실상 파악 및 중점관리 부문 파악에 도움
(4) 기업의 부채상환능력 및 배당지급능력 파악
(5) 기업의 투자활동과 재무활동을 파악함으로써 자산, 부채의 증감 원인을 구체적으로 파악

학습안내 43회 신유형

34

정답 ③

EVA = 세후순영업이익 − (투하자본 × 가중평균자본비용) = 256억 원

※ **풀 이**

(1) 세후순영업이익 = 400억 원 × (1 − 0.3) = 280억 원
(2) 가중평균자본비용 = (타인자본비율 × 세후타인자본비용) + (자기자본비율 × 자기자본비용)
= {0.8 × 0.05 × (1 − 0.3)} + (0.2 × 0.10) = 0.028 + 0.02 = 0.048
(3) 따라서, EVA = 280원 − (500 × 0.048) = 280억 원 − 24억 원 = **256억 원**

참고 수강생 복기자료에 따르면 '타인자본비용 10%, 자기자본비용 5%'인데, 이렇게 계산하면 wacc가 0.066이 되어 '280 − (500 × 0.066) = 280 − 33 = 247억 원'이 된다. 그런데 이대로 출제되었다면 오류이다. 왜냐하면 자기자본비용이 타인자본비용보다 크기 때문이다(∵ 주식투자위험이 채권투자위험보다 크기 때문에 '자기자본비용 > 타인자본비용'이 되는 것이 정상).

학습안내 28회(신유형), 31회, 35회, 37회, 40회, 43회 기출(► 33회, 38회에서는 동 계산공식을 이용한 개념문제로 출제되었음)

35

정답 ④

시장의 근본원인을 알 수 있는 것은 펀드멘탈 분석(기본적 분석)이다. **기술적 분석은 시장의 변동에만 집착하기 때문에 시장변동의 근본원인은 파악할 수 없다.**

※ **기술적 분석의 기본 가정**(2025 기본서, 2권, p303 인용)

(1) 증권의 시장가치는 수요와 공급에 의해서 결정
(2) 시장의 사소한 변동을 고려하지 않는다면, 주가는 지속되는 추세에 따라 상당기간 동안 움직이는 경향이 있다.
(3) 추세의 변화는 수요와 공급의 변동에 의해 일어난다.
(4) 수요와 공급의 변동은 그 발생이유와 상관없이 시장의 움직임을 나타내는 도표에 의하여 추적될 수 있으며, 도표에 나타나는 주가모형은 스스로 반복하는 경향이 있다.

학습안내 32회, 37회, 39회, 43회 기출(► 기술적 분석의 장점 및 한계는 '39회 38번' 해설을 참조할 것)

36

정답 ③

'약세 1국면(분배단계, The Distribution Stage)'이다. 주식시장이 지나치게 과열된 것을 감지한 전문투자자들이 투자수익을 취한 후 빠져나가는 단계이므로 분배단계라고 한다.

학습안내 39회, 42회, 43회 기출(► '다우의 장기추세 6국면'에 대한 전체 내용은 '39회 39번 해설'을 참조할 것)

37

정답 ③

추세선의 신뢰도는 저점이나 고점이 여러 번 나타날수록, 또 **추세선의 기울기가 길고 기울기가 완만할수록** 크다고 할 수 있다. 추세선의 길이가 길다는 것은 그 추세가 명확하여 주가 움직임이 일관성을 가지고 있다는 것이며, 기울기가 완만하다는 것은 추세의 변화가 금방 나타나지 않는다는 것을 의미한다(2025 기본서, 2권, p310~311 인용). ④에서 추세곡선은 기존 추세가 **강화**될 때, 부채형 추세선은 기존 추세가 **약화**될 때 나타난다.

보충 저항선・지지선 분석(①, ②). 추세선의 변형(④)의 세부 내용은 '37회 40번 해설'을 참조할 것

학습안내 29회, 30회, 34회, 37회, 43회 기출

38

정답 ④

④만 옳은 내용이다.

① 전일대비 상승한 날의 거래량을 더하고 전일대비 하락한 날의 거래량을 차감한 누적 차수로 산출한다.

② 주가가 뚜렷한 등락을 보이고 있지 않을 때(즉 횡보국면에서), 유용한 지표이다.

③ 강세장에서는 U마크가 생기며(고점을 갱신), 약세장에서는 D마크(저점을 갱신)가 형성된다.

학습안내 32회, 35회, 36회, 39회, 40회, 43회 기출(► OBV에 대한 기본서 전체 내용은 '39회 42번 해설'을 참조할 것)

39

정답 ④

①은 추세반전형 지표의 정의이고, ②는 스토캐스틱 지표의 정의, ③은 스토캐스틱의 세부지표(%K, %D)의 정의이다. ④는 거래량보조지표인 VR에 해당하는 내용이다.

► 추세반전형 지표(스토캐스틱, RSI, ROC 등)는 그 값이 **0%에서 100% 사이에 존재하며** 80% 이상(또는 70% 이상)에서는 과매수권, 20%(또는 30%) 이하에서는 과매도권으로 인식한다.

  참고 %K는 스토캐스틱 Fast, %D는 스토캐스틱 Slow지표에 해당된다.

학습안내 '40회 40번'문항과 동일하게 출제되었으나 학습효과 차원에서 변형복원 하였다(► 33회, 40회, 43회 기출).

40

정답 ②

정부요인은 2가지 간접요인에 해당한다.

보충 Porter는 산업경쟁력의 결정요인을 요소조건, 수요조건, 연관사업 및 지원산업, 기업전략과 경쟁여건 등 **4가지 직접적인 요인**과 정부 및 우발적 요인의 **2가지 간접적 요인**으로 구분하고 이들을 종합적으로 고려하는 **다이아몬드 모형**으로 산업경쟁력을 설명하고 있다(2025 기본서, 2권, p409 인용).

학습안내 '40회 42번'과 동일하게 출제되었으나 학습효과 차원에서 변형복원 하였다(► '마이클 포터의 경쟁우위론'의 전체 내용은 '40회 42번 해설'을 참조할 것).

41

정답 ③

틀린 내용은 '가, 다'이다.

가. 총수요관리정책은 케인즈의 거시경제정책을 말한다(산업정책은 총공급정책).

다. 산업정책은 국가가 처한 경제상황에 따라 구체적인 모습이 달라지며, 동일한 국가에서도 경제발전단계에 따라 정책방향과 수단이 달라진다.

※ 케인즈 거시경제정책 VS 산업정책

구 분	케인즈 거시경제정책	산업정책
수요 VS 공급	총수요관리정책	총공급정책
정책 종류	재정정책, 통화정책	산업정책
정책 목표	실업해소, 인플레이션 완화 등	기술혁신을 통한 생산수준 증가

► 총수요관리정책(재정정책 또는 통화정책)은 국민경제의 실제수준을 잠재수준에 근접시킴으로써 경기과열이나 경기침체를 해소하고자 하는 정책이며, 총공급정책(산업정책)은 기술혁신, 생산성향상 등을 통해서 국민 경제의 잠재생산능력 자체를 증가시키는 것이다.

보충('나') 산업정책은 어떤 이유에서든 국민경제의 성장잠재력이 훼손되는 상황에서도 강조되는 경향이 있다(기본서, 2권, p415 인용).

학습안내 31회, 33회, 35회, 38회, 43회 기출(► 산업정책에 대한 기본서 全文은 '35회 42번 해설'을 참조할 것)

42

정답 ④

집중률지수 CR_k가 같다고 해도 상위 k개 기업 간의 점유율 분포가 달라지면 불균등도가 변동하는 것이므로 허핀달 지수는 무조건 변동하게 된다.

※ **추가설명(④)** : 집중률지수 CR_k가 같다고 해도 허핀달 지수는 다를 수 있다.

(1) 상위 3개 기업의 점유율이 **30%, 30%, 30%**일 경우

→ CR_3는 0.9, HHI는 '$0.3^2 + 0.3^2 + 0.3^2 = 0.09 + 0.09 + 0.09 = 0.27$'이다.

(2) 상위 3개 기업의 점유율이 **60%, 20%, 10%**로 변동하는 경우

→ CR_3는 0.9, HHI는 '$0.6^2 + 0.2^2 + 0.1^2 = 0.36 + 0.04 + 0.01 = 0.41$'이다.

⇒ 즉 상위 3개 기업의 점유율 변동이 있을 경우, CR_3는 동일할 수 있어도 HHI지수는 무조건 변동하게 된다(동 예시의 경우 불균등도가 증가하였으므로 HHI지수는 상승한다).

학습안내 32회, 36회, 41회, 43회 기출(► 동 문항 전체에 대한 상세 설명은 '41회 42번 해설'을 참조할 것)

2-4 리스크 관리(8문항)

43

정답 ②

$\sigma(\Delta V) \cdot z = \sigma(\Delta C) \cdot z = \sigma(f' \cdot \Delta S) \cdot z = S \cdot \sigma(\frac{\Delta S}{S}) \cdot z \cdot f'$,

'100point × 3% × 1.65 × 0.5 = 100point × 0.03 × 1.65 × 0.5 = 2.475point', 즉 약 **2.47**point다.

학습안내 32회, 35회, 37회, 40회, 43회 기출(► 비교하여 '33회, 35회, 36회, 37회, 41회'는 '옵션VaR 공식문제'로 출제되었다)

44

정답 ③

$2.33\text{억 원} \times \frac{1.65}{2.33} \times \sqrt{4} = 3.30\text{억 원}$

※ **추가이해 : VaR의 전환 예시(신뢰구간, 보유기간 변경 시)**

(1) 95% 신뢰기준의 1일 VaR이 1억 원일 때, 99% 신뢰기준의 25일 VaR은?

$\rightarrow 1\text{억 원} \times \frac{2.33}{1.65} \times \sqrt{25} = 7.06\text{억 원}$

(2) 99% 신뢰기준의 1일 VaR이 1억 원일 때, 95% 신뢰기준의 25일 VaR은?

$\rightarrow 1\text{억 원} \times \frac{1.65}{2.33} \times \sqrt{25} = 3.54\text{억 원}$

학습안내 32회, 33회, 34회, 36회, 38회,40회, 43회 기출

45

정답 ③

델타분석법은 부분가치 평가이므로, 옵션이나 채권과 같은 비선형 금융상품을 평가할 경우 정확성이 떨어지는 단점이 있다.

※ **추가설명**

① 리스크 요인이 많아질수록 리크스 요인 간의 상관계수 추정이 어려워지는 것은 당연하다. 따라서 모형의 정확도를 높이기 위해서는 리스크 요인의 수를 줄이는 것이 좋은데, 예를 들어 리스크 요인을 개별주식 200개로 하는 것보다는 이를 반영하는 10개의 주가지수로 사용한다면, 리스크 요인 간의 상관계수 추정 정확도를 개선 시킴으로서 좀 더 정확한 VaR를 측정할 수 있다(→ 43회에 처음으로 반영된 내용).

② 델타분석법을 표준편차를 통해서 VaR를 측정하는 모형인데, 표준편차는 정규분포상의 위험지표 이므로 정규분포의 전제가 필요하다.

③ 델타 노말 분석법은 부분가치로 평가(1차 미분치 만을 평가)하기 때문에, 완전가치로 평가하는 나머지 측정방법(역사적 / 몬테카를로 시뮬레이션법 / 스트레스검증법)에 비해서 VaR 측정값의 정확도가 떨어진다.

④ 델타 노말은 1차 미분치까지 측정하고 델타 감마는 2차 미분치까지 측정하므로, 델타 감마법으로 VaR를 측정할 경우 델타 노말법에 비해서 개선된 측정값을 얻을 수 있다.

• 단, 델타감마도 부분가치평가법이므로 완전가치평가법에 비해서는 여전히 측정값의 오차가 발생한다.

학습안내 31회, 33회, 37회, 39회, 41회, 43회 기출(► '델타분석법'에 대한 정리내용은 '39회 45번 해설'을 참조할 것)

46

정답 ②

옳은 항목은 '나, 다'이다.

가. 완전가치평가법이므로 가치평가모형이 필요하다.

라. 표본기간의 길이에 따라 결과 값이 달라질 수 있다(표본길이에 지나치게 의존한다는 단점이 있음).

[보충] '나'에서, '분산, 공분산 등과 같은 모수에 대한 추정을 요구하지 않는다'는 것은 '정규분포의 가정이 필요하지 않다'와 같은 의미이다.

[학습안내] 28회, 30회, 34회, 36회, 38회, 41회, 43회 기출(► '역사적 시뮬레이션 방법'에 대한 정리내용은 '36회 47번', 기본서 全文은 '38회 46번' 해설을 참조할 것)

47

정답 ④

모두 부합하는 것은 '몬테카를로 시뮬레이션법(Monte Carlo Simulation법)이다.

► **델타분석법**은 완전가치평가가 아니며, **역사적 시뮬레이션법**은 과거 데이터가 있어야 측정이 가능하며, **스트레스검증법**은 주관적 시나리오를 전제로 하기 때문에 리스크 요인 간의 상관관계를 무시한다는 단점이 있다. **몬테카를로 시뮬레이션법**은 이런 모든 단점을 보완하여 정교한 측정을 가능하게 하지만, 확률모형의 정확성에 지나치게 의존하고 계산비용이 많이 든다는 단점이 있다.

[학습안내] 36회, 43회 기출

48

정답 ④

RAROC는 위험조정성과지표(RAPM)으로서, 위험대비 초과수익(또는 순수익)이 가장 높은 것이(RAROC지표가 높을수록) 가장 우수한 성과를 낼 것으로 기대된다. 즉, D가 가장 우수한 펀드이다.

→ RAROC값 : Ⓐ $\frac{1\text{억 원}}{2\text{억 원}} = 0.5$, Ⓑ $\frac{2\text{억 원}}{4\text{억 원}} = 0.5$, Ⓒ $\frac{6\text{억 원}}{8\text{억 원}} = 0.75$, Ⓓ $\frac{8\text{억 원}}{10\text{억 원}} = 0.8$

[학습안내] '40회 50번(RAROC지표로 판단했을 때 성과가 두 번째로 우수한 것은?)' 과 동일하게 출제되었으나 학습효과 차원에서 변형복원 하였다(► 33회 · 35회 · 38회 · 40회 · 43회 기출).

49

정답 ②

$$DD = \frac{A - D}{\sigma_A} = \frac{30 - 18}{6} = 2(\text{표준편차})$$

[보충] 부도거리(DD ; Default Distance)는 부도점에 도달하는 거리를 말한다. 따라서 표준정규분포상으로 측정되는 부도거리가 멀수록 부도위험이 낮다(즉 선지에서는 4표준편차의 부도위험이 제일 낮음).

[학습안내] 30회, 32회, 35회, 36회, 37회, 43회 기출(► 부도거리에 대한 상세내용은 '35회 49번 해설', KMV사의 EDF모형의 상세내용은 '39회 48번 해설'을 참조할 것)

50

정답 ④

부도모형에서는 '예상손실의 변동성(σ_{EL})'을 신용위험액으로 간주하며, 동 예시의 경우 **신용위험액은 1억 8천만 원이다** (회수율 40%를 손실률 60%로 전환하여 풀어야 함).

► 예상손실의 변동성(σ_{EL}) = 익스포저(EAD) × $\sqrt{p(1 - p)}$ × 손실률(LGD)

= 100억 원 × $\sqrt{0.1 \cdot 0.9}$ × 0.6

= 100억 원 × 0.3 × 0.6

= 1억 8천만 원

비교 예상손실액(EL) = 100억 원 × 10% × 60% = 6억 원

학습안내 '38회 50번'과 동일하게 출제되었으나 학습효과 차원에서 변형복원 하였다(► 부도모형에 대한 기본서 全文은 '39회 50번 해설'을 참조할 것).

3-1 직무윤리(5문항)

51

정답 ②

틀린 항목의 개수는 1개('나')이다. 청약철회권은 금융회사의 귀책사유(고의 또는 과실)가 없더라도 일반금융소비자가 행사할 수 있는 권리이다.

보충 **일반금융소비자는 '보장성상품 / 투자성상품(금융투자자문 포함) / 대출성상품'에 대해 청약철회권을 행사할 수 있다.** 즉 '㉠ 전문금융소비자는 청약철회권을 행사할 수 없으며, ㉡ 일반금융소비자라 하더라도 예금성상품에 대해서는 청약철회권을 행사할 수 없음'을 의미한다.

※ **청약의 철회(금소법 제46조)** : 2025 기본서, 3권, p59~60 참조

(1) 일반금융소비자는 '보장성상품 · 투자성상품(금융상품자문 포함) · 대출성상품'에 대해 청약을 철회할 수 있다(서면 등으로 청약 철회 의사를 발송).
  - 청약철회권은 금융회사의 귀책사유(고의 또는 과실)가 없더라도 일반금융소비자가 행사할 수 있는 권리이다.

(2) '투자성상품(금융투자자문 포함)'은 계약체결일로부터 7일, '대출성상품'은 계약체결일로부터 14일까지 청약철회가 가능하다(cf 보장성상품은 기본서 기술 없음).

(3) 청약철회의 효력발생시기
  ㉠ 보장성상품, 투자성상품(금융상품자문 포함) : 청약철회의 의사표시를 위해 서면 등을 발송한 때
  ㉡ 대출성상품 : 청약철회 의사표시를 서면 등으로 발송하고 이미 공급받은 금전 · 재화 등을 반환한 때

(4) 청약이 철회된 경우, 금융상품판매업자는 청약철회를 접수한 날로부터 3영업일 이내에 이미 받은 금전 · 재화 등을 반환하고, 반환이 늦어진 기간에 대해서는 지연이자를 가산하여 지급해야 한다.

(5) 청약이 철회된 경우, 금융상품판매업자는 일반금융소비자에 대해 청약철회에 따른 손해배상 또는 위약금의 지급을 청구할 수 없다.

학습안내 43회 신유형

52

정답 ①

월간 내역에 대한 매매명세는 **체결된 날의 다음 달 20일까지** 투자자에게 통지해야 한다.

[주의] 월간 매매내역에 대해서는 투자자 보호차원에서 투자자가 통지를 받기를 거부하는 의사를 표시하더라도 매매명세를 통지해야 한다. [O, X] → X (통지하지 않아도 된다. 투자자가 통지수령의 거부의사를 밝힐 경우는 영업점 비치나 홈페이지 접속을 통한 조회가 가능케 함으로써 통지에 갈음된다)

※ 매매명세의 통지의무

(1) 투자매매업자 또는 투자중개업자는, 투자자의 매매가 체결된 경우 해당 거래내용(종목, 수량, 가격 등)을 지체없이 투자자에게 통지해야 한다.

(2) 투자매매업자 또는 투자중개업자는, 투자자의 매매가 체결된 경우 월간 거래내역(월간 매매내역, 월간 손익내역, 월말 현재 잔액현황 등)에 대한 매매명세를 **체결된 날의 다음달 20일까지** 투자자에게 통지하여야 한다.

(3) **매매명세를 통지하지 않아도 되는 경우**(ⓐ, ⓑ, ⓒ의 경우 홈페이지 접속 등으로 수시조회가 가능하게 함으로써 통지에 갈음)

ⓐ 투자자가 보유한 집합투자증권이 'ETF, MMF, 사모 펀드'의 집합투자증권일 경우

ⓑ 투자자가 보유한 집합투자증권의 평가금액이 10만 원 이하인 경우

ⓒ 투자가가 수령거부의사를 서면, 전화, 전자우편 등의 방식으로 표시한 경우

[학습안내] 40회(신유형), 43회 기출

53

정답 ④

'5년, 1년, 10일'이다.

※ 위법계약해지권 주의점

(1) 동시 충족 요건 : **'안 날로부터 1년 & 체결일로부터 5년'**의 두 가지 요건을 동시에 충족해야 한다, 즉 해당 계약이 금융상품판매업자의 위법으로 인해 체결된 것을 안 날이 계약체결일로부터 5년이 지난 경우라면 위법계약에 대한 해지권이 인정되지 않는다.

(2) 금융소비자의 위법계약 해지 요구가 있는 경우 해당 금융회사는 요구일로부터 **10일 이내**에 계약해지 요구의 수락여부를 결정하여 금융소비자에게 통지하여야 한다(이때 금융회사는 정당한 사유 없이는 거절할 수 없고, '정당한 사유'가 있는 경우는 그 사유를 통지해야 함).

[학습안내] 37회(신유형), 40회, 43회 동일 기출

54

정답 ③

임직원과 고객 간의 이메일은 사용장소에 관계없이 표준내부통제기준 및 관계법령 등의 적용을 받는다.

※ 추가해설

① 이때 회사의 승인이란, 금융소비자와의 이해상충의 정도에 따라 '소속 부점장, 준법감시인 또는 대표이사'로부터 받는 사전승인을 말한다.

② 사견임을 명백히 밝힌 경우, 공식의견이 아닌 사견도 밝힐 수 있다([예] 대외활동을 할 때에 사견은 절대 밝힐 수 없다. → X).

③ **사용장소에 관계없이 고객과 이메일을 주고 받는 경우, SNS상에서 업무와 관련된 내용으로 접촉할 경우, 사외 대화방 참여 등은 대외활동에 포함된다.**

주의 1 임직원과 고객 간 이메일은 사용장소와 관계없이 대외활동으로 인정하므로 관련 윤리기준을 준수해야 한다. [O, X] → O

주의 2 회사가 운영하지 않는 온라인커뮤니티를 이용한 대외접촉활동도 대외활동으로 본다. [O, X] → O

④ 임직원이 인터넷 게시판이나 웹사이트 등에 특정 금융투자상품에 대한 분석이나 권유와 관련된 내용을 게시하고자 하는 경우 사전에 준법감시인이 정한 절차나 방법을 따라야 한다, 다만, **자료의 출처를 명시하고 그 내용을 인용하거나 기술적 분석에 따른 투자권유를 하는 경우는 그러하지 아니하다**(2025 기본서, 3권, p108 인용).

학습안내 28회, 39회, 43회 기출(►대외활동 규정의 전체 내용은 '39회 52번' 해설을 참조할 것)

55

정답 ③

옳은 항목은 '가, 다'이다.

나. 준법감시인은 **이사회 및 대표이사의 지휘를 받아** 금융투자회사 전반의 내부통제업무를 수행한다.

라. 임면일로부터 **7영업일 내로 금융위원회에** 보고해야 한다.

학습안내 30회, 32회, 35회, 37회, 39회, 41회, 43회 기출(► '준법감시인'에 대한 전체 내용은 '35회 53번 해설'을 참조할 것)

3-2 자본시장법 및 금융위규정(11문항)

56

정답 ②

틀린 항목의 개수는 1개('가')이다. '가'는 투자매매업의 인가를 받아야 가능한 업무이며 나머지는 각각의 금융투자업의 적용이 배제되므로 인가나 등록을 받지 않아도 업무 수행이 가능하다.

보충(가) 자기의 계산으로 '**투자신탁의 수익증권 / 투자성있는 예금 · 보험 / 특정 파생결합증권을 제외한**' 증권을 자기가 발행하는 경우는 투자매매업의 적용이 배제된다. 즉 자기가 '투자신탁의 수익증권을 발행하는 것'은 투자매매업에 해당하므로 투자매매업의 인가를 받아야 발행이 가능하다.

학습안내 28회, 33회, 35회, 37회, 43회 기출(► '금융투자업의 적용배제'에 대한 전체 내용은 '35회 56번 해설'을 참조할 것)

57

정답 ③

옳은 내용은 ③번이다. '① 파생결합증권이 아니라 투자계약증권, ② 인가요건이 아닌 등록요건, ④ 투자광고는 홈페이지 게시로만 하는 것이 원칙'이다.

※ **온라인소액투자중개업**(2025 기본서, 3권, p170~172참조)

(1) **온라인소액투자중개업자 정의** : 온라인상에서 타인의 계산으로 '**채**무증권 / **지**분증권 / **투**자계약증권(암기 TIP 채. 지. 투)'의 모집 또는 중개를 영업으로 하는 투자중개업자이다.

(2) **주요 등록요건** : **5억 원 이상**의 자기자본을 갖출 것, 사업계획이 타당하고 건전할 것 등

보충 등록대상 금융투자업 : 투자자문업, 투자일임업, 온라인소액투자중개업, 일반사모집합투자업

(3) **온라인소액투자중개업자에 대한 영업행위 규제**

㉠ 자신이 중개하는 증권을 자기의 계산으로 취득하거나 청약을 주선 또는 대리하는 행위는 금지된다.

㉡ 발행인의 요청에 따라 투자자의 자격 등을 합리적이고 명확한 기준에 따라 **제한할 수 있다**.

㉢ 증권의 청약기간이 만료된 경우에는 증권의 청약 및 발행에 관한 내역을 지체 없이 투자자에게 통지해야 한다.

㉣ 아래의 행위를 제외하고는 증권청약을 권유하는 일체의 행위는 금지된다(아래 행위는 허용대상).

- 투자광고를 자신의 홈페이지에 게시하거나 '투자광고가 게시된 인터넷 홈페이지 주소 등'을 제공하는 행위
- 온라인소액증권발행인이 게재하는 내용을 자신의 인터넷 홈페이지에 게시하는 행위
- 사모의 방식으로 증권 청약을 권유하는 경우 온라인소액증권발행인이 게재하는 내용을 특정 투자자에게 전송하는 행위

(4) **투자광고특례** : 온라인소액투자중개업자나 발행인은 해당 중개업자가 개설한 **인터넷 홈페이지 이외의 수단을 통해서 투자광고를 하는 행위는 금지된다.**

예 문자전송 방식의 투자광고는 금지된다(문자전송은 '홈페이지 링크제공, 필수 정보제공, 고객관리알림' 등의 안내 차원에서만 허용).

학습안내 43회 신유형이다(► 실제 시험은 '가장 적절하지 않은 것은?'으로 출제되었으나 학습효과 차원에서 변형해서 복원함).

58

정답 ①

①은 자기거래 금지를 말하는 '자기거래 금지의 정의'이고, 나머지(②, ③, ④)는 자기계약 금지의 예외로서 자기거래가 허용되는 대상이다.

※ **'자기거래(자기계약) 금지' 조항의 정의**((1), (2)는 '정의'의 다른 표현)

(1) 투자매매업자 또는 투자중개업자는 금융투자상품의 매매에 있어 자신이 본인이 됨과 동시에 상대방의 투자중개업자가 되어서는 아니 된다.

→ 예를 들어 '**고객의 매수 주문**(by 투자중개업자) ↔ **회사의 매도 주문**(by 투자매매업자)'이 매칭되면 자기거래가 되고 이 경우 고객의 손해가 발생할 우려가 크므로 금지가 된다.

(2) 고객으로부터 금융투자상품의 매매를 위탁받은 투자중개업자가 고객의 대리인이 됨과 동시에 그 거래상대방이 될 수 없다.

→ '고객의 대리인'은 투자중개업자로서의 주문을 받는 것이고 '동시에 그 거래상대방이 되는 것'은 고객의 주문에 대해 투자매매업자로서 본인의 계산으로 그 주문의 상대방이 되는 것을 말한다.

(3) 금융투자업 종사자는 금융소비자가 동의한 경우를 제외하고는 금융소비자와의 거래당사자가 될 수 없다.

→ 금융소비자가 동의를 하는 경우는 자기거래가 허용된다(∵ 투자자보호에 문제가 없다고 볼 수 있으므로).

예외 '㉠ 장내시장(증권시장, 파생상품시장)의 매매, ㉡ 다자간매매체결회사에서의 매매' 등은 예외가 적용된다(∵ 불특정다수 간에 거래가 이루어지는 시장에서는 이도적으로 특정주문의 상대방이 되는 것이 불가하기 때문에 자기거래가 발생할 수 없기 때문).

참고 자기거래 금지 문제는 지금까지 '3과목 직무윤리' 파트에서 출제되었으나 43회에서는 '3과목 자본시장법' 파트에서 출제되었다.

학습안내 29회, 32회, 35회, 37회, 43회 기출(► 자기거래금지에 대한 정리된 내용은 '37회 51번 해설'을 참조할 것)

59

정답 ③

3개월이 아니라 40일이다. ①은 front running(선행매매) 금지를 말하고 ②는 scalping금지를 말한다.

※ **투자매매업자 및 투자중개업자의 불건전 영업행위의 금지**(2025 기본서, 3권, p220~222 참조)

(1) **선행매매(front running) 금지** : 동 문항 ①번 지문

(2) **조사분석자료 공표 후 매매(scalping) 금지** : 동 문항 ②번 지문

(3) **조사분석자료에 대한 성과보수 금지**

조사분석자료의 작성을 담당하는 자에 대해서는 일정한 기업금융업무[주1]와 연동된 성과보수를 지급할 수 없다.

* 주1 : '일정한 기업금융업무'는 조사분석자료의 왜곡가능성이 큰 업무(인수업무, 인수·합병에 대한 조언업무 등)를 말한다.

(4) **모집·매출과 관련된 조사분석자료 공표·제공 금지** : 동 문항 ③번 지문('40일'로 수정)

(5) **투자권유대행인·투자권유자문인력 이외의 자의 투자권유 금지**

투자매매업자 또는 투자중개업자는 투자권유대행인 또는 투자권유자문인력이 아닌 자에게 투자권유를 하도록 할 수 없다.

(6) **일임매매 금지**

투자매매업자 또는 투자중개업자는 투자자로부터 금융투자상품에 대한 투자판단의 전부 또는 일부를 일임받아 투자자별로 구분하여 금융투자상품의 취득·처분, 그 밖의 방법으로 운용하는 행위, 즉 일임매매를 할 수 없다.

- 예외 : 투자일임업 형태로 하는 경우는 당연히 인정되며, 투자매매업·투자중개업의 경우는 투자자보호차원의 일정요건을 충족 시 예외가 인정된다.

(7) **기타 불건전영업행위 금지(일부 발췌)**

- 서면으로 일반투자자와 같은 대우를 받겠다고 통지한 전문투자자의 요구에 정당한 사유 없이 동의하지 않는 행위('전문투자자'에는 금융기관 등의 기관투자자는 제외).
- 투자자에게 해당 투자매매업자·투자중개업자가 발행한 자기주식의 매매를 권유하는 행위
- 손실보전금지 및 불건전영업행위 금지를 회피할 목적으로 하는 행위로서 장외파생상품거래, 신탁계약, 연계거래 등을 이용하는 행위
- 채권자로서 그 권리를 담보하기 위해 백지수표나 백지어음을 받는 행위 등

학습안내 2018년 기출 이후 오랜만에 출제되었다.

60

정답 ④

펀드재산의 100%까지 투자할 수 있는 동일종목 증권은 '3개(통안채, 정부보증채, 부동산투자목적회사가 발행한 지분증권)'이다. 특수채와 파생결합증권은 30%까지이다.

※ **공모 집합투자기구의 운용제한–동일종목 증권 투자한도**

각 펀드는 펀드재산의 10%를 초과하여 '동일종목 증권'에 투자할 수 없으나, 아래의 경우 예외가 적용된다(10%를 초과하여 투자가능).

100%까지 투자가능	30%까지 투자가능
(1) 국채·통안채·정부보증채 (2) 부동산투자전문회사가 발행한 증권(부동산개발회사가 발행한 증권, 부동산투자목적 회사가 발행한 지분증권) (3) 사회기반시설사업의 시행을 목적으로 하는 법인이 발행한 증권	(1) 지방채, 특수채, 파생결합증권 (2) 금융기관이 발행한 채권, 금융기관이 발행 또는 지급보증한 어음·CD (3) OECD 가입국가 또는 중국이 발행한 채권 (4) ETF에서 동일종목 증권에 투자하는 경우

학습안내 39회(신유형), 40회, 43회 기출(► '40회 59번'과 동일하게 출제되었으나 학습효과 차원에서 변형복원함)

61

정답 ④

국내 부동산의 경우, **주택법상의 주택과 주택법상의 주택이 아닌 부동산을 불문하고** '취득 후 1년의 기간 이내'에는 처분이 원칙적으로 금지된다.

비교 국외부동산을 취득한 경우 '집합투자규약에서 정한 기간' 이내에는 처분할 수 없다.

학습안내 39회, 40회, 41회, 43회 기출(► '공모형 집합투자기구의 운용제한'에 대한 전체 내용은 '39회 59번 해설'을 참조할 것)

62

정답 ②

옳은 내용은 ②번이다.

비교 시장성 없는 자산에 펀드재산의 10%를 초과하거나 외화자산에 펀드재산의 50%를 초과하여 투자하는 경우는 법정환매기일(15일)을 초과하는 기일을 정하여 환매에 응할 수 있다.

※ **추가해설**

① 투자자가 집합투자증권의 환매를 청구하고자 하는 경우에는 **판매업자**(그 집합투자증권을 판매한 투자매매업자 또는 투자중개업자)에게 청구할 것을 원칙으로 한다.
- 지급불능 등 판매업자에게 청구가 불가한 경우는 집합투자업자에게 청구함

③ 집합투자업자 또는 투자회사 등은 환매대금을 지급하는 경우 **집합투자재산으로 소유 중인 금전 또는 집합투자재산을 처분하여 조성한 금전으로 하여야 한다**(redemption 방식)[주1]. 단, 투자자 전원의 동의를 얻은 경우에는 집합투자재산으로 지급이 가능하다.

* 주1 : 판매업자의 고유재산으로 집합투자증권을 매수하는 환매하는 방식(repurchase 방식)은 현재 사용되지 않는다.

④ 환매가 연기된 경우 **6주 이내에** 집합투자자총회를 개최하여 환매연기에 관한 사항을 결의해야 한다.

학습안내 30회, 34회, 37회, 39회, 43회 기출(► 집합투자증권의 환매에 대한 전체 내용은 '37회 61번 해설'을 참조할 것)

63

정답 ④

④는 추가발행이 가능한 4가지 요건에 해당하지 않는다. ④는 '**기존투자자에게 집합투자증권의 보유비율에 따라서 추가로 발행되는 집합투자증권의 우선 매수 기회를 부여하는 경우**'가 옳다.

학습안내 30회, 38회, 41회, 43회 동일 기출

64

정답 ①

공개매수신청에 응모하기 위해 인출하는 것은 주권의 소유권이 변경되는 것이므로(전매제한조치에 위배), 보호예수의 예외적 인출사유로 인정되지 않는다. 나머지(②, ③, ④)의 경우 주권의 소유권이 변경되지 않는 형식상의 사유에 해당하므로 인출이 허용된다.

학습안내 29회, 32회, 37회, 40회, 43회 동일 기출(► '보호예수된 주식에 대한 예외적 인출사유'에 대한 전체 내용은 '37회 65번 해설'을 참조할 것)

65

정답 ①

해당 일반투자자가 투자설명서를 받기를 거부하는 의사표시를 서면, 전화 등으로 표시할 경우는 투자설명서를 제공하지 않아도 된다.

보충 **'누구든지 증권신고서의 효력이 발생한 증권을 취득하고자 하는 자에게 투자설명서를 미리 교부하지 아니하면 그 증권을 취득하게 하거나 매도할 수 없다.'** → 투자설명서가 '법정투자권유문서'임을 의미하고, 여기서 '누구든지'는 '전문투자자와 수령거부의사를 표시한 일반투자자를 제외한 투자자'를 말한다.

학습안내 28회, 30회, 32회, 35회, 43회 기출(► 투자설명서에 대한 전체 내용은 '35회 64번 해설'을 참조할 것)

66

정답 ①

부과할 수 있는 제재는 '가, 나'이다. 임원에 대한 제재로서 '다'는 '6개월 이내 직무정지'가 옳다.

※ **자본시장조사업무 규정상의 '조사결과조치'**(2022 기본서, 3권, p477~478 참조)

(1) **형사벌칙 대상행위에 대한 관계자 고발 또는 수사기관 통보**

주의 동 규정상 형사처벌을 직접 하지 않으므로 **징역이나 벌금은 부과대상이 아니다.**

(2) **위법행위 발견 시 시정명령 또는 처분명령**

(3) **과태료부과, 단기매매차익 발생사실의 통보**

(4) **상장법인 및 피검사기관에 대한 조치**

- 인가・등록의 취소
- 증권의 발행제한(1년 이내의 범위 限)
- 임직원에 대한 제재[주1]
  - 임원 : 해임요구, **6개월 이내의 직무정지**, 문책경고, 주의적 경고, 주의
  - 직원 : 면직, 6개월 이내의 정직, 감봉, 견책, 경고, 주의

* 주1 : 임직원에 대한 제재사항(법 제422조)은 '직무윤리 – 외부통제 – 금융위의 임직원에 대한 제재'와 동일하며, 동 내용은 기본서에서 직접기술이 없으나 시험에 출제됨

(5) **과징금부과**

학습안내 29회(신유형), 33회, 36회, 38회, 43회 기출(► 조사업무 규정 전체에 대한 내용은 '38회 66번 해설'을 참조할 것)

3-3 한국금융투자협회 규정(3문항)

67

정답 ①

틀린 내용은 '가, 나'이다.

가. 예외 있음. 전산상 관리곤란 또는 세제상 문제가 있을 경우는 변경이 불가하다.

나. 환매수수료 징구 불가는 물론, 별도의 비용도 징구할 수 없다.

※ **집합투자증권 판매회사 변경제도**(2025 기본서, 3권, p538~539 참조)

(1) **판매회사 변경제도의 취지**

판매회사 간 서비스차별화 등을 통한 공정경쟁 유도와 투자자의 판매회사 선택권 확대 차원에서 도입되었다.

(2) **판매회사 변경제도 적용대상 펀드 범위**

원칙상 판매회사가 판매할 수 있는 모든 펀드를 대상으로 하지만 '전산상 관리가 곤란하거나 세제상 문제가 있는 경우'는 적용대상에서 제외된다.

(3) **판매회사의 의무**

㉠ 위탁판매계약이 체결된 모든 펀드를 대상으로 판매회사 변경대상이 된다.

㉡ 투자자 요청 시, 판매회사의 변경절차를 이행해야 한다.

(4) **변경수수료 부과금지**

판매회사는 판매회사 변경의 절차를 이행하는 대가로 투자자에게 별도의 비용을 청구할 수 없다.

(5) **환매수수료 징구금지**

판매회사의 변경효력이 발생하는 날이 집합투자규약에서 정하는 환매수수료 부과 기간에 해당되더라도, **판매회사는 투자자로부터 환매수수료를 징구할 수 없다**[주1].

* 주1 : 판매회사를 변경한 경우 환매수수료 면제를 위한 기산일은 해당 펀드의 최초가입일로부터 계산한다.

학습안내 28회, 30회, 43회 기출

68

정답 ③

MMF가 운용실적에 대해서 광고를 할 경우, **타회사 MMF와의 비교광고는 할 수 없다.**

※ **MMF투자광고 시 운용실적 표시기준**

MMF가 운용실적을 표시하는 경우 과거 1개월 수익률로 표시해야 하며, 다른 금융투자 회사가 판매하는 MMF와 운용실적 등에 관한 비교광고는 하지 말아야 한다.

보충 MMF가 아닌 집합투자기구가 투자광고에 운용실적을 표시하는 방법은 ②와 같다.

학습안내 37회, 40회, 43회 기출

69

정답 ②

틀린 내용은 '다, 라'이다.

다. 기업공개와 관련해서 불성실 수요예측 참여자로 지정된 경우 **최대 24개월**까지 수요 예측 참여가 제한된다(cf 무보증사채의 경우 1~4개월간 수요예측 참여가 제한).

라. **병과**(두 가지 이상의 제재를 병행해서 부과)가 가능하다.

학습안내 41회(신유형), 43회 기출(► '불성실 수요예측'에 대한 전체 내용은 '41회 69번 해설'을 참조할 것)

3-4 주식투자운용/투자전략(6문항)

70

정답 ③

GARCH(Generalized Auto Regressive Conditional Heteroskedacity)는 위험을 추정하는 방식이다. ①, ②는 기대수익률을 추정하는 4가지 방식 중에 해당하고, ④는 4가지 방식 외의 기타에 속하는 방식이다.

※ 기대수익률의 추정방식

(1) 4가지 기대수익률 추정방식 : 추세분석법, 시나리오분석법, 근본적 분석법, 시장공통 예측치사용법

(2) 기타의 기대수익률 추정방식 : 그 외에도 자산집단의 기대수익률을 추정하는 방법으로 '경기순환접근방법, 시장타이밍방법, 전문가의 주관적인 방법' 등에 있다(2025 기본서, 4권, p29).

학습안내 35회, 39회, 43회 기출(► 기대수익률 추정방식에 대한 상세 내용은 '35회 70번 해설'을 참조할 것)

71

정답 ③

'다 → 가 → 라 → 나'이다. '투자자성향파악**(다)** → 성향에 맞는 자산집단을 선택**(가)** → 선택한 자산집단에 대한 기대수익률과 위험을 추정**(라)** → 최적자산배분 구성**(나)**'이다.

학습안내 28회, 33회, 36회, 39회, 43회 동일 기출

72

정답 ③

옳은 내용은 ③번이다. 전술적 자산배분 전략의 실행도구로서 '가치평가모형 / 기술적 분석 / 포뮬러플랜'이 있다.

① 초단기적으로 변경하는 전략은 보험자산배분 전략이다.

- 전략적 배분 – **장기적** 전략, 전술적 배분 – **중·단기적** 전략, 보험자산배분 – **초단기적** 전략

② 보험자산배분을 말한다(Positive feedback).

- 전술적 자산배분은 '저가매수 / 고가매도'이다(Negative feedback).

④ 자산배분의 극단적 편중 문제가 발생하는 것은 전략적 배분이다.

학습안내 34회, 36회, 38회, 43회 기출(► 전술적 배분전략에 대한 전체 내용은 '38회 72번 해설'을 참조할 것)

73

정답 ④

CPPI전략 실행을 위한 주식투자금액(쿠션 × 2)은 44.66억 원이다.

※ CPPI전략의 실행

(1) 먼저 최소보장가치(floor)의 현재가치를 구한다.

→ 1년 후의 최소보장금액(floor) : $\frac{80}{1 + 0.03} = 77.6699$, 약 77.67억 원

(2) 쿠션을 구한다.

→ 쿠션(cushion) = 포트폴리오 금액 – 최소보장금액의 현재가치 = 100 – 77.67 = 22.33억 원

(3) 주식투자금액(익스포저)을 구한다.

→ 익스포저 = 쿠션 × 승수 = 22.33 × 2 = 44.66억 원

(∴) 최초 포지션 구축 시 각각의 투자금액은 '주식 46.66억 원, 채권 55.34억 원(100 – 44.66)'이다.

학습안내 33회, 36회, 39회, 43회 기출

74

정답 ③

틀린 내용은 '다, 라'이다.

다. 표본추출법은 '대형주는 모두 포함하고 중소형주는 샘플링을 하여' 인덱스를 구성한다.

라. 최적화법은 잔차 위험이 허용수준 이하가 되도록 인덱스를 구성한다.

※ **완전복제법(full replication) 기본서 全文**(2025 기본서, 4권, p86)

벤치마크를 구성하는 모든 종목을 벤치마크의 구성비율대로 사서 보유하는 것으로 가장 단순하고 직접적인 방법이다. 이 방법은 매우 간단하면서도 벤치마크를 거의 완벽하게 추종할 수 있다. 단, 운용 및 관리보수, 포트폴리오조정을 위한 거래비용, 새로운 투자나 투자회수에 따른 거래비용, 보유하고 있는 현금과 주식지수수익률의 차이 등으로 **벤치마크에 비해 수익률이 낮게 나타난다.**

학습안내 34회, 38회, 39회, 40회, 41회, 42회, 43회 기출(► '인덱싱 방식 3가지'에 대한 상세 내용은 '38회 73번 해설'을 참조할 것)

75

정답 ④

'가, 라'는 가치투자, '나, 다'는 성장투자 스타일이다.

※ **추가설명**

나. 가치투자는 기업의 미래성장성 보다는 현재의 수익이나 자산의 가치관점에서 상대적으로 가격이 싼 주식에 투자한다.

다. 이익탄력성에 투자하는 방식은 성장투자스타일이다.

- 성장투자스타일에는 지속적인 성장성에 투자하는 방식과 이익탄력성에 투자하는 방식이 있다.

※ **가치주 투자 기본서 全文**(2025 기본서, 4권, p88~89 참조)

가치투자스타일은 기업의 미래성장성 보다는 현재의 수익이나 자산가치 관점에서 상대적으로 가격이 싼 주식에 투자하는 운용방식이다. 이러한 운용방식을 지지하는 논거로 제시하는 몇 가지 주장이 있다. 첫 번 째는 **기업의 수익은 평균으로 회귀하는 경향을 가진다**는점이다. 최근의 이익이 평균보다 낮았고, 그 결과 미래의 이익전망이 과다하게 하향조정되어 PER가 낮았던 기업의 이익은 평균회귀 경향에 따라 증가하게 되고 결국 PER가 높아지게 될 것이라는 점이다. 또한 가치투자자는 투자자들이 성장주의 나쁜 점은 무시하고 좋은 점만을 과대평가해서 높은 가격을 지불한다고 생각한다. 그러나 이러한 주장은 정확하게 미래수익이나 위험을 근거로 하는 주장이 아니다.

가치투자의 위험은 투자자들이 충분히 인정해주지 않으면 가격이 쌀 수밖에 없다는 경제적인 기본원칙을 제대로 이해하지 못하는 점이다. 또한 투자자가 예상하는 투자기간 내에 저평가된 정도가 회복되지 않을 위험도 존재한다.

가치투자스타일에는 **저PER투자, 역행투자(Contrarian), 고배당수익률 투자방식** 등이 포함된다.

학습안내 34회, 37회, 39회, 43회 기출(► '가치투자 VS 성장투자'의 상세 내용은 '37회 73번 해설'을 참조할 것)

3-5 채권투자운용/투자전략(6문항)

76

정답 ①

'복리채 / 이표채 / 할인채'는 **이자지급식 분류**이며, '국채 / 특수채 / 회사채'는 **발행주체별 분류**이다.

학습안내 40회, 43회 기출(► 채권의 분류체계 전체에 대한 내용은 '40회 76번 해설'을 참조할 것)

77

정답 ①

차례대로 '패리티, 괴리율'이다.

※ 전환사채 용어정리

구 분	공 식	의 미
패리티(비율)	$\frac{\text{전환대상 주식의 시장가격}}{\text{전환가격}} \times 100\%$	현재의 주가가 전환가격을 몇 % 상회하고 있는가?
패리티가격	$\frac{\text{전환대상 주식의 시장가격}}{\text{전환가격}} \times \text{채권액면}$	전환된 주식들의 시장가치가 얼마인가?(전환가치 라고도 함)
괴리율[주1]	$\frac{\text{전환사채시장가격} - \text{패리티가격}}{\text{패리티가격}} \times 100\%$	전환사채의 가격수준이 적정가격에 비해 얼마나 싸거나 비싼가?

* 주1(**괴리율**) : '전환사채시장가격에서 패리티가격으로 뺀 값을 패리티가격'으로 나누어서 구하며, 현재의 전환사채 시장가격이 적정가격(패리티가격)에 비해서 얼마나 싸거나 비싼지의 정도를 나타내는 지표이다.

학습안내 32회, 35회, 38회, 41회, 43회 기출(► '전환사채 용어정리'에 대한 전체 내용은 '38회 77번', 계산 예시는 '40회 77번' 해설을 참조할 것)

78

정답 ①

옳은 항목은 '가, 나'이다.

다. 표면이자율이 낮을수록, 잔존기간이 길수록 채권가격의 변동성은 커진다.

► **채권가격의 변동성(듀레이션)↑ = f(표면이율↓, 잔존만기↑, 만기수익률↓)**

보충(가, 나) 이표채는 만기 전에 수취하는 현금흐름이 있으므로 이표채의 듀레이션은 만기보다 항상 짧다. 반면, 중도에 현금흐름이 발생하지 않는 채권(만기일시상환채 : 복리채 / 할인채)은 듀레이션이 잔존만기와 일치한다.

학습안내 33회, 37회, 40회, 43회 기출(► '듀레이션 정의(채권원금의 가중평균회수기간, 채권가격의 변동성)'에 대한 상세 내용은 '37회 78번 해설'을 참조할 것)

79

정답 ③

볼록성(convexity) = $\frac{44,341.24}{9,308.78}$ = 4.7649, 약 4.76이다.

※ 테일러 공식에 의한 채권의 볼록성(convexity) 계산

(1) 테일러 방정식(Taylor expansion)에 도출되는 채권의 볼록성 공식은 '$\frac{\sum t(t+1) \cdot CF_t / (1+r)^{t+2}}{P}$'이며 (P : 채권의 현재가격), 이 공식에 따라 채권의 볼록성(convexity)을 구하면 아래와 같다.

t	CF_t	$t(t+1) \cdot CF_t$	$t(t+1) \cdot CF_t / (1+r)^{t+2}$
1	600	1 × 2 × 600 = 1,200	1,200 / (1 + 0.1)$^{1+2}$ = 901.58
2	10,600	2 × 3 × 10,600 = 63,600	63,600 / (1 + 0.1)$^{2+2}$ = 43,439.66
합 산			44,341.24

(t : 현금흐름 발생기간, CF_t : 채권에서 발생하는 각 기의 현금흐름, 단위 : 원)

→ 채권가격(분모)이 9,305.78원이므로 볼록성은 '$\frac{\sum t(t+1) \cdot CF_t / (1+r)^{t+2}}{P}$ = $\frac{44,341.24}{9,308.78}$ = 약 4.76'이다.

보충 만일 채권가격을 제시하지 않을 경우는 채권가격을 계산할 수 있어야 하는데, 이표채의 채권가격 도출과정은 아래와 같다.

t	CF_t	$CF_t / (1+r)^t$	가격도출 개념
1	600	600 / (1 + 0.1)^1 = 545.45	매 기의 현금흐름을 현재가치로 환원한 후 모두 더하면 (545.45 + 8,760.33), 이표채의 가격(9,305.78)이 된다.
2	10,600	10,600 / (1 + 0.1)^2 = 8,760.33	
합 산		9,305.78	

80

정답 ②

볼록성(convexity)에 기인한 채권가격의 변동률은 '$\frac{\Delta P}{P} = \frac{1}{2} \times \text{convexity} \times \Delta r^2$'이다.

따라서 '$\frac{\Delta P}{P} = \frac{1}{2} \times 4.76 \times (-0.01)^2 = \frac{1}{2} \times 4.76 \times 0.0001 = 0.000238$, 즉 **0.0238%**이다.

※ 채권가격의 변동률 계산

(1) 전체 채권가격의 변동률은 '듀레이션에 의한 변동분 + 볼록성에 의한 변동분'이다.

따라서 공식은 '$\frac{\Delta P}{P} = \left\{(-) \times \frac{\text{맥컬레이듀레이션}}{(1+r)} \times \Delta r\right\} + \left\{\frac{1}{2} \times \text{convexity} \times \Delta r^2\right\}$'이다.

예시 수정듀레이션이 3.0, 컨벡시티가 20인 이표채에서, 만기수익률이 1% 포인트 하락할 경우 전체 채권가격의 변동률은?

→ '$\frac{\Delta P}{P} = \{(-) \times \text{수정듀레이션} \times \Delta r\} + \left\{\frac{1}{2} \times \text{convexity} \times \Delta r^2\right\}$'이다($\because \frac{\text{맥컬레이듀레이션}}{(1+r)}$ = 수정듀레이션).

→ $\frac{\Delta P}{P} = \{(-) \times 3 \times 0.01\} + \left\{\frac{1}{2} \times 20 \times (-0.01)^2\right\} = (-)0.03 + 0.001 = (-)0.029$, 즉 (−)2.9%

(2) 동 문항은 '볼록성에 기인한 채권가격의 변동률'을 묻고 있으므로 $\left\{\frac{1}{2} \times \text{convexity} \times \Delta r^2\right\}$의 공식으로 풀면 된다.

즉 '$\frac{\Delta P}{P} = \frac{1}{2} \times 4.76 \times (-0.01)^2 = \frac{1}{2} \times 4.76 \times 0.0001 = 0.000238$'이다(즉 0.0238%).

(3) 이제 80번 문항을 '듀레이션도 제시하고 전체 채권가격변동률을 계산하는 문제'로 전환시켜 풀어보도록 한다.

예시 만기수익률이 10%에서 9%로 변동할 때 전체 채권가격의 변동률은 얼마인가?(맥컬레이 듀레이션은 1.94이다)

→ '$\frac{\Delta P}{P} = \left\{(-) \times \frac{\text{맥컬레이듀레이션}}{(1+r)} \times \Delta r\right\} + \left\{\frac{1}{2} \times \text{convexity} \times \Delta r^2\right\}$'이다

→ '$\frac{\Delta P}{P} = \left\{(-) \times \frac{1.94}{1+0.1} \times (-)0.01\right\} + \left\{\frac{1}{2} \times 4.76 \times (-0.01)^2\right\}$

$= (+)0.017636 + 0.000238$

$= 0.017874$', 즉 약 1.79%이다.

보충 1 채권가격이 9,305.78원이므로, 채권가격의 변동폭은 '9,305.78 × 1.79% = 166.5736', 즉 약 166.5원이 변동한다.

보충 2 만일 맥컬레이 듀레이션을 별도로 제시하지 않을 경우는 맥컬레이듀레이션을 계산할 수 있어야 하는데, 동 문항과 같은 조건(액면 1만 원 연후급이표채, 표면금리 6%, 만기 2년, 만기수익률 10%) 하에서 맥컬레이 듀레이션은 아래와 같이 도출된다.

t	CF_t	CF_t / $(1+r)^t$	$t \cdot CF_t$ / $(1+r)^{t+2}$
1	600	600 / $(1+0.1)^1$ = 545.45	545.45 × 1 = 545.45
2	10,600	10,600 / $(1+0.1)^2$ = 8,760.33	8,760.33 × 2 = 17,520.66
합 산		9,305.78	18,066.11

→ 맥컬레이 듀레이션 공식은 '$\frac{\sum t(t+1) \cdot CF_t / (1+r)^{t+2}}{P}$'이다(P : 채권의 현재가격). 즉 동 예시의 경우 '맥컬레이 듀레이션 $= \frac{\sum t(t+1) \cdot CF_t / (1+r)^{t+2}}{P} = \frac{18{,}066.11}{9{,}305.78}$ = 약 1.94'이다.

주의 동 산식과 같이 맥컬레이 듀레이션을 계산하는 문제가 과거(2018년 이전)에 기출된 바 있으므로 시험에 대비하는 것이 좋다.

학습안내 동 문항은 기존의 기출(35회, 39회, 41회)과 달리 테일러 방정식 이론에 따른 볼록성 계산문제로서 43회 신유형이다(► '연번 문제'로 출제된 것은 43회가 최초로 추정된다).

81

정답 ③

면역전략의 특성상 자본손익(채권매매손익분)과 이자소득(재투자수익 증감분)은 상충적 성격을 지기고 있으므로 양자를 동시에 추구할 수 없나.

보충② 투자자의 목표기간과 듀레이션이 일치하는 단일 채권을 찾는 것은 현실적으로 어렵다. 따라서 이 경우 채권 포트폴리오를 구성하여 포트폴리오의 듀레이션을 목표기간과 일치시키면 면역상태를 만들 수 있다.

학습안내 32회(신유형), 38회, 43회 동일 기출(► '전통적 채권면역전략'에 대한 전체 내용은 '38회 81번 해설'을 참조할 것)

3-6 파생상품투자운용/투자전략(6문항)

82

정답 ④

선도거래(forward)는 상대매매 방식으로 거래된다.

※ **추가설명(선도계약 VS 선물계약)** : 2025 기본서, 4권, p293~294 참조

① 선도거래는 계약 당사자가 상호 합의에 의해 거래조건을 결정한다.

비교 선물거래는 공인된 거래소에서만 거래되며 거래조건이 표준화되어 있다.

② 선도거래는 일반적으로 만기일에 특정 상품을 인도·인수한다.

비교 선물거래는 거래소에서의 반대매매(청산거래)를 통해 만기일 이전에 계약을 종료시킬 수 있다.

③ 선도거래는 거래의 중개자 없이 계약 당사자가 직접 거래하므로 계약 당사자의 신용이 중시된다(선도거래는 신용위험에 노출된다).

비교 선물거래는 계약당사자가 청산소를 통해 간접적으로 연결되므로 당사자의 신용이 큰 문제가 되지 않는다(선물거래는 거래소 결제기능에 의해 신용위험에 노출되지 않는다).

④ 선도거래는 상대매매 방식으로 거래된다(상대매매 : 1대1 매칭 거래).

비교 선물거래는 경쟁매매 방식으로 거래된다(경쟁매매 : 불특정다수 간의 호가경쟁을 통한 거래).

학습안내 32회, 34회, 35회, 38회, 41회, 43회 기출(► '선도거래와 선물거래 차이점'에 대한 정리된 내용은 '38회 82번', 기본서 全文은 '41회 82번' 해설을 참조할 것)

83

정답 ②

차례대로 '50억 원, 100억 원, 0원'이다.

※ **선물증거금 계산**

일일정산 후 증거금이 유지증거금 수준을 하회할 경우 개시증거금 수준까지 추가증거금을 납부해야 한다.

가. 일일정산 후 증거금 65억 원 + 추가증거금( ) = 개시증거금 115억 원, 따라서 추가증거금은 50억 원이다.

나. 일일정산 후 증거금 60억 원 + 추가증거금 40억 원 = 개시증거금( ), 따라서 개시증거금은 100억 원이다.

다. 일일정산 후 증거금이 85억 원으로서 유지증거금 80억 원을 상회하므로 마진콜(margin call)이 발생하지 않는다. 따라서 이 경우 추가증거금을 내지 않는다(0원).

※ **'일일정산제도와 추가증거금 납부' 기본서 내용**(2025 기본서, 4권, p284 참조)

여기서 유지증거금은 일종의 임계점(trigger point)의 역할을 하는데 증거금이 이 수준 이하로 하락 시 추가 조치가 발동하게 된다. 추가 조치라 함은 증거금 수준을 원래 수준으로 회복시켜야 하는 의무가 부과되는 것을 의미한다. 예를 들어 일일정산을 실시하는 과정에서 A의 계좌에서 돈이 빠져나가면서 증거금 수준이 유지증거금 이하로 하락하는 상황이 발생하였다고 하자. 이 경우 추가조치가 발동한다. **증거금 수준을 처음 주문을 낼 때의 수준, 곧 초기증거금(개시증거금) 수준으로 회복시켜야 한다. 초기증거금이 100, 유지증거금 수준이 75라 하고 일일정산 후 증거금이 60이라 하자. 이때 증거금 수준을 100으로 회복시키려면 40이 필요하다. 이를 변동증거금(추가증거금)이라 한다.**

학습안내 선물증거금에 대한 기존의 기출유형 3가지를 모두 모아서 한 문제로 변형해서 복원하였다(► 선물증거금 기출 : 30회, 34회, 37회, 40회, 43회).

84

정답 ③

③은 '랜덤 베이시스 헤지(random basis hedge)'가 아니라 '제로 베이시스 헤지(zero basis hedge)'를 말한다

► 선물헤지포지션을 만기시점에서 청산하면 '제로베이시스 헤지', 만기 이전의 임의의 시점에서 청산하면 '랜덤 베이시스 헤지'이다.

학습안내 39회(신유형), 43회 기출(► '랜덤 베이시스 헤지 VS 제로 베이시스 헤지'에 대한 상세 내용은 '39회 82번 해설'을 참조할 것)

85

정답 ③

'9월물매도 & 12월물매수'이다. 스프레드 확대전략이므로 '가격이 싼 9월물(근월물) 매도 & 가격이 비싼 12월물 매수(원월물)'이다.

※ **스프레드 확대 / 축소전략 원리**(선물시장은 콘탱고로 전제함 : 원월물가격 > 근월물가격)

(1) 스프레드 확대 예상 → 비싼 원월물 매수 & 싼 근월물 매도 → 스프레드가 더 확대됨 → 수익

(2) 스프레드 축소 예상 → 비싼 원월물 매도 & 싼 근월물 매수 → 스프레드가 더 좁혀짐 → 수익

학습안내 30회, 33회, 38회, 43회 기출

86

정답 ③

옳은 내용은 '가, 다'이다.

나. 스트래들 매수포지션 구축비용(투입 프리미엄)이 스트랭글 매수포지션의 구축비용 보다 크다.

※ **스트래들 매수포지션의 포지션 민감도**

(1) 스트래들 매수(long straddle)는 등가격의 콜옵션과 풋옵션을 동시에 매수하는 것이므로,

㉠ 델타 : long straddle의 델타는 0(제로)에 가깝다.

예 예를 들어 콜옵션매수의 델타는 +0.51, 풋옵션매수의 델타는 −0.49, 따라서 long Straddle의 포지션 델타는 '+0.51−0.49 = (+)0.02' 즉 0(제로)에 수렴한다.

㉡ 감마 : 콜옵션매수와 풋옵션매수의 감마는 각각 (+)이므로 long straddle의 포지션 감마도 플러스(+)이다.

㉢ 베가 : 콜옵션매수와 풋옵션매수의 베가는 각각 (+)이므로 long straddle의 포지션 베가도 플러스(+)이다.

㉣ 쎄타 : 콜옵션매수와 풋옵션매수의 쎄타는 각각 (−)이므로 long straddle의 포지션 쎄타도 마이너스(−)이다.

(2) 즉 스트래들 매수(long straddle)의 민감도 부호는 '델타 0, 감마 > 0, 베가 > 0, 쎄타 < 0'이다. 반대로 스트래들 매도(short straddle)의 민감도 부호는 '델타 0, 감마 < 0, 베가 < 0, 쎄타 > 0'이다.

※ **옵션프리미엄 : 스트래들 매수 VS 스트랭글 매수**

(1) 스트래들 매수는 등가격의 콜옵션과 풋옵션을 동시에 매수하는 포지션이다. 그런데 등가격에서는 시간가치가 가장 많이 반영되기 때문에 콜옵션과 풋옵션의 프리미엄 모두 가장 비싸다. 따라서 스트래들매수는 포지션 구축에 있어서 비용이 가장 많이 드는 전략이 된다.

(2) 스트랭글 매수는 변동성매수 전략을 취하되 스트래들 매수 보다는 비용을 낮추고자 하는 포지션으로서, 등가격이 아닌 외가격 옵션을 매수함으로써 스트래들 매수보다 비용을 낮출 수 있다.

(3) 예 시

변동성매수전략	스트래들 매수	스트랭글 매수
포지션 구성	C(80)매수 + P(80)매수	C(85)매수 + P(75)매수
투입 프리미엄(비용)	+5.0+4.6 = 9.6	+4.0+3.8 = 7.8

► 기초자산은 80(즉 행사가격이 80인 옵션은 등가옵션), 옵션프리미엄은 C(80)이 5.0, P(80)은 4.6, C(85)은 4.0, P(75)은 3.8로 가정함

보충 옵션프리미엄은 콜옵션의 경우 행사가격이 낮을수록 비싸고($Y_c = S - X$), 풋옵션의 경우 행사가격이 높을수록 비싸다($Y_P = X - S$). 즉 C(80)은 C(85)보다 비싸고, P(80)은 P(75)보다 비싸다.

→ 동 예시에서 볼 때, 스트래들 매수의 포지션 비용은 9.6point이며 스트랭글 매수의 포지션 비용은 7.8point이다. 이와 같이 스트랭글 매수는 스트래들 매수에 비해 포지션 비용을 낮출 수 있는 장점이 있다(단, 매수비용이 낮은 반대급부로 기대수익률은 스트래들 매수보다 낮아진다).

※ **콜불스프레드(call bull spread)**

(1) 콜불스프레드는 행사가격이 낮은 콜옵션을 매수하고 행사가격이 높은 콜옵션을 매도하는 전략이다[예 C(80) 매수 + C(90) 매도].

(2) 콜불스프레드는 수직스프레드이다(아래 표 : 수직 / 수평 / 대각스프레드 예시).

수직스프레드	수평스프레드	대각스프레드
동일만기 다른 행사가격	동일 행사가격 다른 만기	다른 행사가격 다른 만기
C(**80**)1개월물 1계약 매수 C(**90**)1개월물 1계약 매도	C(80) **1개월물** 1계약 매수 C(80) **2개월물** 1계약 매도	C(**80**)**1개월물** 1계약 매수 C(**90**)**2개월물** 1계약 매도

학습안내 동 문항은 기존 기출(35회 · 36회 · 40회)의 복합문제로서 난이도가 상향되었다.

87

정답 ④

모두 옳은 내용이다.

※ **추가설명**

가. 델타($\Delta c = \dfrac{\partial c}{\partial S}$)는 기초자산가격(S)이 변화할 때 옵션 프리미엄(c)이 얼마나 변화하는가를 나타낸다.

비교 주의 감마($\dfrac{\partial^2 c}{\partial S^2}$)는 기초자산이 변화할 때 델타 값이 얼마나 변화하는가를 나타낸다.

나. 콜옵션의 델타값은 0~+1 사이에 존재하고 풋옵션의 델타값은 −1~0 사이에 존재한다.

보충 델타 값은 등가격('S = X'의 상태)에서 약 0.5이며, 과내가격(deep in the money)으로 갈수록 1에 가까워지고 과외가격(deep out of the money)으로 갈수록 0에 가까워진다.

다. 감마는 가속도(변화의 제곱)이므로 콜옵션과 풋옵션 모두 양의 값을 가진다.

보충 감마(gamma)는 옵션 프리미엄의 2차미분치로서 옵션가격곡선의 곡률(곡선이 구부러진 정도, 즉 볼록도)로 나타난다.

- 델타는 '1차미분치, 속도'이며 감마는 '2차미분치, 가속도'이다.
- 등가격에서 옵션가격의 볼록도가 가장 크므로 감마 값은 등가격(ATM)에서 가장 큰 값을 가지고, 만기가 다가올수록 내재가치 수렴과정에서 볼록도가 점점 더 커지게 되므로 감마값도 점점 더 커지게 된다.

학습안내 동 문항은 기존 기출의 복합문제로서 난이도가 상향되었다(► '옵션민감도 지표'의 전체 내용은 '35회 87번 해설'을 참조할 것).

3-7 투자운용결과분석(4문항)

88

정답 ②

틀린 내용은 '나, 다'이다. '가'는 **공정가치 평가원칙**으로서 옳은 내용이다.

나. 펀드회계처리는 약정일 기준(발생주의 회계)으로 한다(cf 실제 지급일 기준으로 처리하는 것은 현금주의).

다. 소유권이전과 유가증권 교환이 일어나는 시점은 '결제일'을 말하는데, 펀드회계 처리는 결제일(T + 2일)이 아닌 '**체결일(T일)**'을 기준으로 한다.

※ **펀드평가프로세스 7단계 중 1단계 – 펀드회계처리 3가지 기준**

(1) **공정가치평가**(↔ 장부가 평가)
- 시가평가를 우선으로 하며, 신뢰할 만한 시가가 없는 경우는 공정가액으로 평가한다.
- 공정가액의 평가 : 공정가액 평가업무를 수행하기 위해서 평가위원회를 구성하고 운용하며 집합투자재산의 평가와 절차에 관한 기준을 마련하도록 하고, 시가가 형성되지 않은 채권 등의 경우에는 **운용회사에서 자체적으로 가격을 결정하지 않고** 채권 평가회사와 같은 자산가격산정을 전문으로 하는 외부의 전문기관이 공급하는 가격을 사용하도록 하고 있다(2025 기본서, 4권, p425).

(2) **발생주의회계**(↔ 현금주의 회계)

현금의 수입이나 지출과 관계없이 발생시점에서 손익을 인식한다.
- 이자나 배당이 실제로 지급되지 않아도 발생할 것이 확실하면 수익으로 인식한다.
- 운용보수 등은 실제로 지급하지 않아도 시간의 경과에 따라 비용으로 인식한다.

(3) **체결일기준회계**(↔ 결제일기준 회계)

거래의 체결이 확인되면, 실제로 현금흐름에 따른 결제가 일어나지 않았다 하더라도(예 미수증권, 미지급금) 회계상에 반영한다.

학습안내 31회, 34회, 37회, 40회, 43회 기출

89

정답 ③

'가, 나'는 금액가중수익률, '다, 라'는 시간가중수익률을 말한다.

※ **금액가중수익률 정리**

(1) 운용기간 중의 모든 현금흐름을 반영한다.
- '펀드에 유입된 현금흐름의 현재가치와 유출된 현금흐름의 현재가치를 일치시키는 할인율'을 말하는데, 이는 내부수익률(IRR)과 같은 개념이다.

(2) 모든 현금흐름을 반영한다는 것은 펀드의 성과가 펀드매니저의 성과와 투자자의 성과가 혼합되어 있음을 의미한다.

비교 시간가중수익률은 Daily Valuation Method 방식을 통해 '투자자로 인한 중도현금흐름을 제거함으로써, 펀드매니저만의 성과를 측정할 수 있다.

(3) 금액가중수익률은 펀드매니저와 투자자의 공동의 성과를 반영하므로,

㉠ 펀드매니저만의 능력을 측정할 수 없고

㉡ 운용기간 중 펀드 간 성과비교가 어렵다.

비교 시간가중수익률은 펀드매니저만의 성과를 측정함으로써 펀드 간 성과비교가 가능하다.

(4) 즉 금액가중수익률은 펀드매니저의 능력을 평가하는 지표로는 적합하지 않지만, 투자자가 실제 획득한 수익을 투자기간을 고려하여 측정하는 데에는 가장 적합한 수익률이다.

학습안내 28회, 29회, 31회, 33회, 36회, 39회 기출(► 금액가중수익률에 대한 기본서 全文은 '39회 88번 해설'을 참조할 것)

90

정답 ①

표준편차는 절대적 위험, 나머지는 상대적 위험을 측정하는 지표이다.

※ **펀드평가프로세스 3단계 – 위험지표의 종류**(2025 기본서, 4권, p438~439 참조)

(1) **절대적 위험(Absolute risk) 지표**

㉠ 정의 : 자산이 독립적으로 가지는 위험을 측정하는 지표

㉡ 종류 : ⓐ 전체위험지표 – 표준편차, ⓑ 하락위험지표 – 하락편차 / 반편차, 적자위험, 절대VaR

(2) **상대적 위험(Relative risk) 지표**

㉠ 정의 : 특정 대상(예 코스피200지수)과 비교하여 위험을 측정하는 지표

㉡ 종류 : 베타, 잔차위험, 추적오차, 상대VaR, 정보비율

학습안내 33회, 36회, 38회, 43회 기출

91

정답 ②

'샤프비율은 A, 트레이너비율은 C'가 가장 높게 나타난다.

※ **계 산**

구 분	A	B	C	D
샤프비율	$\frac{18-3}{20}$ = **0.75**	$\frac{20-3}{25}$ = 0.68	$\frac{24-3}{30}$ = 0.70	$\frac{26-3}{40}$ = 0.58
트레이너비율	$\frac{18-3}{1.2}$ = 12.50	$\frac{20-3}{1.4}$ = 12.14	$\frac{24-3}{1.6}$ = **13.13**	$\frac{26-3}{1.8}$ = 12.78

보충 트레이너비율 계산 시 베타는 %단위로 간주한다. 예를 들어 C의 경우 트레이너비율은 '$\frac{24\% - 3\%}{1.6\ \%}$ = 13.13(배수)'이다. 참고로 '젠센의 알파' 계산 시 베타는 배수 단위로 반영된다.

학습안내 32회, 36회, 38회, 43회 동일 기출

3-8 거시경제(4문항)

92

정답 ②

피구효과(Pigou effect)를 말한다. **피구효과는 케인즈학파의 유동성함정 탈출논리에 대항하기 위해 일부 고전학파가 사용하는 논리**이다. 즉 유동성함정이 존재한다 해도 물가가 신축적이라면 극심한 불황에서 자동적으로 탈출하여 완전고용을 이룩할 수 있다는 논거이다(2025 기본서, 5권, p16 인용).

※ 고전학파의 유동성함정 탈출논리

(1) 유동성함정(liquidity trap) 구간에서는 디플레 상태(물가하락)를 보임 →

(2) 물가하락 시 실질잔액이 증가함(M을 wealth 즉 민간의 부라고 할 때, 물가가 하락하면 실질잔액 $\frac{M}{P}$이 증가하게 됨) →

(3) 증가된 실질잔액은 소비(C)를 증가시켜서 총수요증가를 통한 국민소득(Y)의 증가로 나타난다. →

(4) 즉 물가가 P_1, P_2, P_3와 같이 지속 하락하게 되면 소비가 C_1, C_2, C_3와 같이 증가하여 국민소득이 Y_1, Y_2, Y_3와 같이 증가하게 되고, 최종적으로 유동성함정구간 탈출이 가능하다.

참고 이러한 피구효과가 성립하기 위해서는 물가의 신축적인 조정을 전제로 하는데, 케인즈이론 하에서는 '물가(P)는 단기적으로 고정된 상태'를 전제하므로(즉 IS/LM모형에서는 외생변수로 봄) 피구효과가 성립되지 않는다.

※ 깁슨의 패러독스

(1) 과거 경제이론상 '금리와 물가는 역(-)의 관계'가 정설인 상황에서 깁슨(A. H. Gibson, 1923)은 실증분석을 통해서 '금리와 물가의 정(+)의 관계'를 밝혔는데, 이를 깁슨의 역설(Gibson's Paradox)이라 한다.

(2) 현대 경제이론에서는 '금리와 물가는 정(+)의 관계'에 있다는 것이 정설이므로, 깁슨의 역설은 더 이상 역설이 아니다.

학습안내 34회, 38회, 43회 동일 기출

93

정답 ①

틀린 항목의 개수는 0개(모두 옳은 내용)이다.

※ 이자율의 기간구조 이론 : 장·단기 대체관계 / 수익률곡선의 이동 / 수익률곡선의 우상향 현상

구 분	불편기대이론	유동성선호이론	시장분할이론	특정시장선호이론
장단기 대체관계	**완전 대체**	불완전 대체	**대체관계 없음**	불완전 대체
수익률곡선 이동	**가장 잘 설명**	잘 설명	**설명 못함**	어느 정도 설명
우상향	**설명 못함**	**가장 잘 설명**	어느 정도 설명	어느 정도 설명

(1) **수익률곡선의 장·단기 대체관계** : 불편기대이론은 완전 대체관계, 대체관계가 없는 것은 시장분할이론

㉠ 불편기대이론은 미래 기대수익률이 현시점의 예상수익률과 동일하다는 전제가 있으므로, 장기채수익률은 단기채수익률과 내재선도이자율 간의 기하평균관계가 성립한다. 즉 불편기대이론에서는 장기채권과 단기채권 간의 대체관계가 완벽히 성립된다.

㉡ 유동성프리미엄이론의 채권수익률은 '불편기대이론상의 수익률 + 유동성프리미엄'이므로, 장·단기 채권은 대체관계에 있지만 유동성프리미엄의 크기만큼 불완전하게 대체된다.

주의 **유동성선호이론은 장기채권과 단기채권이 불완전 대체관계에 있다고 본다.**

• 유동성선호이론에서는 장기채권과 단기채권이 완전히 대체되는 것은 아니라고 본다(→ O).

• 유동성선호이론에서는 장기채권과 단기채권의 대체관계가 없다고 본다(→ X).

㉢ 시장분할이론은 하위 시장인 '단기 / 중기 / 장기'채권 시장이 단절되어 있다고 보므로, 장기채권과 단기채권의 대체관계는 없다.

㉣ 특정시장선호이론의 채권수익률은 '불편기대이론상의 수익률 + 기간프리미엄'이므로, 장·단기 채권은 대체관계에 있지만 기간프리미엄의 크기만큼 불완전하게 대체된다.

(2) **수익률곡선의 이동** : 가장 잘 설명하는 것은 불편기대이론, 설명할 수 없는 것은 시장분할이론

㉠ 불편기대이론, 유동성선호이론, 특정시장선호이론 : 장기채권수익률과 단기채권수익률의 연계성이 평균식(장기채수익률 = 단기채수익률의 평균)에 의해 확보되므로, 수익률곡선의 이동을 잘 설명한다.

㉡ 시장분할이론 : 하위시장(단기 / 중기 / 장기)이 단절되어 있어 장단기 수익률 간의 연계성이 없으므로 수익률곡선의 이동을 설명할 수 없다.

(3) **(현실적인) 수익률곡선의 우상향 현상** : 가장 잘 설명하는 것은 유동성프리미엄 이론, 설명할 수 없는 것은 불편기대이론

㉠ 불편기대이론은 미래수익률에 대한 예상에 따라 '우상향 / 우하향' 모두 설명할 수 있으므로 '우상향 현상'만에 대해서는 설명할 수 없다.

㉡ 유동성프리미엄이론이 가장 잘 설명하며(∵ 항상 양의 값을 갖는 유동성프리미엄), 시장분할이론과 특정시장선호이론은 대체로 설명할 수 있다.

학습안내 29회, 33회, 36회, 39회, 43회 기출(► '이자율의 기간구조 이론'에 대한 좀 더 상세한 내용은 '36회 93번 해설'을 참조할 것)

94

정답 ②

후행지표(후행종합지수)의 5개 지표는 '취업자수 / 생산자제품재고수 / 소비물가지수변화율 / 소비재수입액 / CP유통수익률'이다.

※ **추가설명**

① 재고순환지표는 선행지표, 생산자제품재고지수는 후행지표이다.

- 재고순환지표는 '재고가 얼마나 빨리 순환되는가 즉 재고가 얼마나 빨리 매출로 이어지는가'를 말하는 것으로서 경기예측의 의미가 있다(재고순환지표의 키워드는 '순환', 생산자제품재고지수의 키워드는 '재고'이다).

③ 기계류내수출하지수는 선행지표, 내수출하지수는 동행지표이다.

- 기계류(자본재) 출하가 많아지면 곧 생산이 증가하는 것을 예측할 수 있으므로 기계류내수출하지수는 선행지표이다(기계류가 아닌 출하지수는 동행지표).

④ 코스피지수는 선행지표이고, CP유통수익률은 후행지표이다.

- 주가는 경기에 선행하고, 금리는 경기에 후행한다.

※ **경기종합지수(CI ; Composite Index)의 구성지표**

경기선행지표(7개)	경기동행지표(7개)	경기후행지표(5개)
재고순환지표 경제심리지수(BSI, CSI등) 기계류내수출하지수 건설수주액 수출입물가비율 코스피지수 장단기금리차	비농림어업취업자수 광공업생산지수 서비스업생산지수 소매판매액지수 내수출하지수 건설기성액 수입액	취업자수 생산자제품재고지수 소비물가지수변화율 소비재수입액 회사채유통수익률

학습안내 33회, 36회, 37회, 40회, 43회 기출

95

정답 ②

②만 옳은 내용이다.

► CI(Composite Index ; 경기종합지수)는 경기변동의 진폭이나 속도를 측정할 수 있다.

비교 'DI / BSI / CSI'는 경기방향이나 전환점파악에는 용이하지만 경기변동의 진폭이나 속도는 측정할 수 없다.

※ **추가해설**

① BSI(0%~200%)는 100%를 균형점으로 하며, 100%를 상회하면 경기확장국면, 100%를 하회하면 경기수축국면으로 본다.

비교 DI(0%~100%)는 50%를 균형점으로 하며 50%를 상회하면 경기확장국면, 50%를 하회하면 경기수축국면으로 본다.

③ 명목GDP에 실질GDP를 나누어 구하는 것은 GDP디플레이터이다(통화유통속도는 명목GDP를 통화량으로 나누어 구함, 아래 해설 참조).

► **GDP디플레이터와 화폐유통속도('MV = PY'에서 도출)**

(1) GDP디플레이터(P) = $\frac{MV}{Y} = \frac{PY}{Y}$ → 명목GDP를 실질GDP로 나누어서 구한다('뭇').

(2) 통화유통속도(V) = $\frac{PY}{M}$ → 명목GDP를 통화량으로 나누어서 구한다('뭍').

④ GNI는 한나라의 국민이 생산활동에 참여한 대가로 받은 소득의 합계로서, 해외로부터 국민(거주자)이 받은 소득은 **포함하고** 국내총생산 중에서 외국인(비거주자)에게 지급한 소득은 **제외한다**(2025 기본서, 5권, p57 인용).

학습안내 36회, 38회, 40회, 43회 유사유형 기출

3-9 분산투자이론(5문항)

96

정답 ④

기대수익률과 위험이 각각 동일한 상태에서 포트폴리오의 위험을 가장 낮게 하는 방법은 상관계수가 가장 낮은 조합으로 포트폴리오를 구성하는 것이다. 즉, 상관계수가 가장 낮은 'A와 C의 조합'에서 분산투자효과가 가장 높다.

학습안내 30회, 34회, 41회, 43회 동일유형 기출

97

정답 ③

지배원리(Dominance Principle)이다.

※ **'지배원리 관련'개념 정리**

(1) 지배원리 : 동일한 위험수준에서는 기대수익이 높은 증권을 선택하고, 기대수익이 동일한 경우는 위험이 적은 증권을 선택하는 원리

(2) 지배원리를 충족시키는 포트폴리오를 **효율적 포트폴리오**라고 하고, 이러한 효율적 포트폴리오를 연결한 선을 **효율적 투자기회선**(efficient frontier)이라 한다.

• 효율적 포트폴리오 : 동일한 위험수준에서는 기대수익이 가장 높은 포트폴리오를 말한다.

학습안내 37회, 40회, 43회 동일 기출

98

정답 ②

차례대로 '자본시장선(CML), 증권시장선(SML)'이다. 자본시장선에는 '(완전히 분산된) 효율적 포트폴리오'만이 위치할 수 있고, 증권시장선에는 모든 개별종목이 위치할 수 있다. 자본시장선의 위험지표는 표준편차(σ)이고 증권시장선의 위험지표는 베타(β)이다.

※ 자본시장선 VS 증권시장선

자본시장선(CML)	증권시장선(SML)
(1) 효율적 포트폴리오의 기대수익률과 위험(표준편차)의 선형관계 (2) 완전히 분산투자된 효율적 포트폴리오만 위치함 (3) 개별증권에 투자할 경우 CML선 아래에 위치하게 된다(∵ 위험보상비율이 CML 보다 낮으므로) (4) CML식 → $E(R_P) = R_F + \dfrac{E(R_M) - R_F}{\sigma_M} \cdot \sigma_P$	(1) 개별증권의 기대수익률과 위험(베타)의 선형관계 (2) 개별증권 및 비효율적 포트폴리오도 위치 가능 (3) 충분히 분산된 포트폴리오에 투자할 경우 'SML = CML'이 된다(이때 베타는 1). (4) SML식 → $E(R_P) = R_F + \beta_P\{E(R_M) - R_F\}$

학습안내 32회, 43회 기출

99

정답 ③

자본시장의 균형상태에서는(또는 더 이상 차익거래가 일어나지 않는 상태), 어떤 위험자산에 투자하든 위험자산 간의 위험프리미엄(위험보상비율 ; RVAR)은 동일해야 한다. 즉 자본시장의 균형상태에서는 A포트폴리오와 B포트폴리오의 위험보상비율이 동일하다. 따라서 $\frac{6-2}{0.8} = \frac{9.5-2}{X} \rightarrow \frac{4}{0.8} = \frac{7.5}{X} \rightarrow X = \frac{6}{4} = 1.5$, (∴) B포트폴리오의 베타 = 1.5

학습안내 33회, 36회, 39회, 41회, 43회 동일유형 기출

100

정답 ①

포트폴리오 리밸런싱(portfolio rebalancing)이다. 리밸런싱은 일정한 주기로 포트폴리오 내의 자산별 비중의 변화를 최초의 비율대로 환원시키는 기법을 말한다. 업그레이딩은 시장에 큰 변화가 발생하여 지배원리상 우위에 있는 새로운 자산이 나타났을 때 해당 자산으로 교체하는 기법을 말한다.

학습안내 33회, 37회, 40회, 43회 기출(► '리밸런싱과 업그레이딩'에 대한 기본서 全文은 '37회 100번 해설'을 참조할 것)

투자자산운용사 출제동형 PLUS 최신 9회분

개정13판1쇄 발행	2026년 01월 06일 (인쇄 2025년 11월 27일)
초 판 발 행	2021년 09월 03일 (인쇄 2021년 08월 26일)
발 행 인	박영일
책 임 편 집	이해욱
편 저	(주)유스터디에듀, 유창호
편 집 진 행	김준일 · 이경민 · 오다움
표지디자인	김도연
편집디자인	하한우 · 최미림
발 행 처	(주)시대고시기획
출 판 등 록	제10-1521호
주 소	서울시 마포구 큰우물로 75 [도화동 538 성지 B/D] 9F
전 화	1600-3600
팩 스	02-701-8823
홈 페 이 지	www.sdedu.co.kr

I S B N	979-11-434-0512-8 (13320)
정 가	35,000원